Tobias Nünlist

Dämonenglaube im Islam

Studies in the History and Culture of the Middle East

Volume 28

Tobias Nünlist

Dämonenglaube im Islam

Eine Untersuchung unter besonderer Berücksichtigung schriftlicher Quellen aus der vormodernen Zeit (600–1500)

DE GRUYTER

ISBN 978-3-11-060945-5
e-ISBN (PDF) 978-3-11-033168-4
e-ISBN (EPUB) 978-3-11-038227-3
ISSN 2198-0853

Library of Congress Cataloging-in-Publication Data
A CIP catalog record for this book has been applied for at the Library of Congress.

Bibliographic information published by the Deutsche Nationalbibliothek
The Deutsche Nationalbibliothek lists this publication in the Deutsche Nationalbibliografie; detailed bibliographic data are available on the Internet at http://dnb.dnb.de.

Dieser Band ist text- und seitenidentisch mit der 2015 erschienenen gebundenen Ausgabe.
Typesetting: epline, Kirchheim/Teck
Printing: Hubert & Co. GmbH & Co. KG, Göttingen
∞ Printed on acid-free paper
Printed in Germany

www.degruyter.com

Vorwort und Dank

Bei der vorliegenden Untersuchung handelt es sich um eine Habilitationsschrift. Sie entstand in den Jahren 2007 bis 2012 am Orientalischen Seminar der Universität Basel und wurde von der dortigen Universität anerkannt. Die Arbeit wurde im Rahmen einer Umhabilitation 2014 ebenso von der Universität Zürich angenommen.

Ausgangspunkt der Studie ist eine umfangreiche Materialsammlung im Nachlass des bekannten Basler Islamwissenschaftlers Fritz Meier (1912–1998), der sich eingehend mit dem Wesen der Geister im Bereich des Islams befasst hat. Die soeben angeführte geographische Umschreibung dient vorliegend zur Bezeichnung all jener Kulturräume, in denen der Islam eine Vorrangstellung einnimmt und Staat und Gesellschaft prägt. Die spezifische Vorgeschichte der einzelnen Regionen und die damit verbundenen religiösen und weltanschaulichen Einflüsse zeigen aber auf, dass dieser Bereich des Islams keine Einheit bildet. Vielmehr lassen sich in diesen Kontexten häufig Auffassungen beobachten, die nur noch schwer mit islamischen Vorstellungen *stricto sensu* zu vereinbaren sind.

Die Studie lehnt sich in doppelter Hinsicht an F. Meiers Materialsammlung an: Einerseits stützt sie sich ebenso wie F. Meiers Zusammenstellung vornehmlich auf Quellen aus der vormodernen Zeit (ca. 600–1500). Anderseits steht auch in der hier vorgelegten Untersuchung textliches Belegmaterial aus der sogenannten *great tradition* im Vordergrund.

Bereits bei dieser Gelegenheit ist aber festzuhalten, dass sich die vorgestellten Erkenntnisse ebenso wenig auf die vormoderne Zeit beschränken, wie sie nur für ein von der *great tradition* geprägtes Umfeld Gültigkeit haben. Diese Arbeit zeigt vielmehr auf, dass *great tradition* und *little tradition* keine eigenen Dämonologien entwerfen. In diesen beiden Kontexten treten die Geister allenfalls in modifizierter Form in Erscheinung, ihr Wesen und Verhalten werden aber nicht grundlegend anders verstanden.

Eine ähnliche Feststellung trifft in chronologischer Hinsicht zu. Obwohl diese Studie in erster Linie Texte aus der vormodernen Zeit auswertet, ist zu betonen, dass sich das Auftreten der Dämonen in Berichten jüngeren Datums nicht wesentlich von Beschreibungen in früheren Quellen unterscheidet. Aus dieser Beobachtung ergibt sich auch, dass die vorliegende Untersuchung nicht historisch-kritisch orientiert ist, sondern sich aus einer kulturwissenschaftlichen Perspektive mit den Geistwesen befasst. Diese Auffassungen beeinflussen die methodologische Ausrichtung der Arbeit maßgeblich und werden im einleitenden Kapitel präzisiert.

Aus den soeben angeführten Bemerkungen geht hervor, dass sich diese Studie trotz ihrer doppelten Einschränkung im Untertitel als Überblickswerk zu dämonologie-relevanten Fragestellungen im Bereich des Islams allgemein versteht. Zugleich ist aber festzuhalten, dass Wesen und Wirken der Geister weit von einer abschließenden Klärung entfernt sind. Zum gegenwärtigen Zeitpunkt bestehen auf diesem Gebiet noch zu viele Forschungslücken, die einer Aufarbeitung harren. Diese Arbeit macht aber auf wichtiges Quellenmaterial aufmerksam und will damit weitergehende Untersuchungen erleichtern.

Zum Gelingen dieser Untersuchung haben viele beigetragen, denen mein Dank gilt: Prof. em. Dr. Gregor Schoeler und Dr. Gudrun Schubert (beide Basel) haben das Vorhaben nicht nur angeregt, sondern mit Rat und Tat auch immer wieder unterstützt. Prof. Dr. Renate Würsch (Basel, Zürich) hat mit ihren Anmerkungen zur Beantwortung zahlreicher offener Fragen beigetragen. Außerdem waren mir die Hinweise von Dr. Edward Badeen und Dr. Johannes Thomann (beide Zürich) immer wieder hilfreich. Mein Dank gilt überdies den Gutachtenden, Prof. Dr. Maurus Reinkowski (Basel), Prof. em. Dr. Gregor Schoeler, Prof. Dr. Andreas Kaplony (München), Prof. em. Dr. Remke Kruk (Leiden) und Prof. Dr. Ulrich Rudolph (Zürich), die die Annahme dieser Arbeit als Habilitationsschrift nicht nur befürwortet, sondern mit ihren Bemerkungen auch zur Klärung wichtiger Aspekte beigetragen haben.

Zu erwähnen sind überdies die maßgeblichen finanziellen Unterstützungen, die das Erstellen dieser Untersuchung erleichtert haben: *Die Freiwillige Akademische Gesellschaft Basel* (FAG) hat das Vorhaben im Rahmen einer Anschubfinanzierung gefördert. Sie ermöglichte damit das Ausarbeiten eines Gesuchs an den *Schweizerischen Nationalfonds zur Förderung der wissenschaftlichen Forschung* (SNF), dem 2008 entsprochen wurde. Die Kosten für die Drucklegung dieser Untersuchung wurden durch den *Fonds zur Förderung der Geisteswissenschaften*, Basel, und den *Fonds zur Förderung der Studien auf dem Gebiete der ägyptologischen, orientalischen und klassischen Altertumskunde*, Basel, übernommen.

Für den Leser mögen die folgenden Hinweise dienlich sein: Die Zitate aus arabischen und persischen Quellen sind wie folgt aufgebaut: Verfasser, *Werktitel*, X. 105.22–25 [Bandnummer, Seitenzahl, Zeilen]. Die konkret benutzte Ausgabe wird, wo nötig, durch einen geeigneten Zusatz (Herausgeber, Verlag, Ort oder Jahr) präzisiert und lässt sich anhand der Angaben im Bibliographieteil identifizieren. Bei Querverweisen innerhalb dieser Studie wurde folgendes Vorgehen beibehalten: Der Verweis „vgl. Kapitel 5.2.3, bei Anm. 53“ bezieht sich auf eine Stelle im fortlaufenden Text in Kapitel 5.2.3, die sich in der Nähe des Fußnotenzeichens 53 befindet. Der Hinweis „vgl. Kapitel 5.2.3, Anm. 53“ dagegen bezieht sich auf Anm. 53 in Kapitel 5.2.3 selbst. Das rasche Auffinden der entsprechenden

Stellen ist durch die Angabe der Kapitelnummer in der Kopfzeile auf jeder Seite gewährleistet. Bei Verweisen innerhalb desselben Kapitels wird die Kapitelnummer nicht erwähnt.

Zürich, den 1. März 2015 Tobias Nünlist

Inhalt

1 Einleitung — 1
1.1 Eckpunkte der Untersuchung — **1**
1.2 Forschungsstand — **6**
1.2.1 Zur Aufarbeitung des Dämonenglaubens in schriftlichen Quellen — **6**
1.2.2 Ethnologische Untersuchungen — **9**
1.2.3 Die Materialsammlung zur Dämonologie im Nachlass Fritz Meiers — **13**
1.3 Hinweise zum untersuchten Textkorpus — **15**
1.4 Exkurs: Zur Etymologie des Wortes *ǧinn* — **22**

2 Zur Existenz der *ǧinn* — 27
2.1 Bejahung der Existenz der *ǧinn* — **28**
2.2 Kritik an der Existenz der *ǧinn* in traditionalistischen Kreisen: Ibn Taymiyya, Faḫr ad-Dīn ar-Rāzī und Ibn Ḥazm al-Andalusī — **30**
2.3 Hin zu einer Psychologisierung: Erklärungen dämonischer Erscheinungen in literarischen Zeugnissen: Masʿūdī, Ǧāḥiẓ und Niẓāmī — **34**
2.4 Das Dilemma traditionalistischer Gelehrter: strikter Monotheismus — **41**

3 Die Geistwesen im Bereich des Islams: Hierarchien und Kategorien — 43
3.1 Die *ǧinn:* die ersten Geschöpfe auf Erden? — **43**
3.2 Eine Triade von Geistwesen — **47**
3.2.1 Engel, Satane und *ǧinn* — **47**
3.2.2 Hierarchische Gliederung unter den Geistwesen — **49**
3.2.3 Iblīs' unklare Zugehörigkeit — **50**
3.2.4 Die *ǧinn:* Iblīs' Nachkommen? — **53**
3.2.5 Zur Abgrenzung zwischen *ǧinn* und *šayāṭīn* — **56**
3.2.6 Zur moralischen Wertung der *ǧinn* — **59**
3.3 Die Arten der *ǧinn* — **61**
3.3.1 Belege aus der vormodernen Zeit — **61**
3.3.2 Hinweise auf Kategorisierungen der *ǧinn* in der Sekundärliteratur — **67**

4 Die *ǧinn* und ihre Religionen — 69
4.1 Zur Fragestellung — 69
4.2 Die *Ǧinn*-Predigt — 71
4.3 Der Sternschnuppen-Mythos — 74
4.4 Gläubige und ungläubige *ǧinn* — 76
4.5 Begegnungen mit den *ǧinn* aus Niṣībīn — 79
4.6 *Ǧinn* auf Pilgerfahrt — 82
4.7 Die *ǧinn* und ihre Nahrung — 84
4.8 Weitere Angaben zur religiösen Einstellung von *ǧinn* — 87
4.9 Die *Ṯaqalān*: *Ǧinn* und *ins* sind *mukallaf* — 90
4.10 Belohnung und Bestrafung der *ǧinn* im Jenseits — 94

5 Die *ǧinn* und ihre Gestalt — 100
5.1 Zur Sichtbarkeit der *ǧinn* — 100
5.1.1 Positionen der westlichen Forschung — 100
5.1.2 Auffassungen muslimischer Gelehrter — 103
5.2 Das Sehen von *ǧinn* — 108
5.2.1 Muḥammad und ʿĀʾiša sehen Dämonen — 108
5.2.2 Tödliche Wirkung: Wer *ǧinn* sieht, stirbt — 110
5.3 Die *ǧinn* und die Veränderlichkeit ihrer Gestalt — 111
5.4 Die *ǧinn* in zoomorpher Gestalt — 114
5.4.1 Reptilien als Hausgeister (*ʿāmir*, pl. *ʿummār*) und die chthonische Natur des Dämonischen: Schlangen, Skorpione und Eidechsen — 114
5.4.2 Das Kamel: Zum potentiell dämonischen Charakter eines Wüstentiers und zu seiner Rolle bei Adams Sündenfall — 123
5.4.3 Schwarze Hunde und Katzen: Darstellungen in arabisch-islamischen und mazdaistischen Quellen — 129
5.4.4 Die Vögel: Eule, Wiedehopf und der weiße Hahn — 137
5.5 Die Manifestation von *ǧinn* in Naturerscheinungen: Zur Einordnung des Winds und seiner Darstellung in arabischen und persischen Quellen — 144
5.6 Anthropomorphe Manifestationen der *ǧinn* — 152
5.6.1 Männliche Teufel – weibliche Dämoninnen? — 154
5.6.2 Dämonische Mischwesen: Einzelbeispiele und Klassen (a. *šiqq*, b. *nasnās* und c. *ġūl*) — 162

6 Zur Liminalität: Die Dämonen als Grenzwesen — 192
6.1 Einleitende Bemerkungen zur Problematik — 192
6.2 *Ǧinn*-Orte: Die Geistwesen und ihre Wohnsitze — 194

6.2.1 Die Perspektive der Ethnologie — 195
6.2.2 Ausgegrenzt und doch omnipräsent: Darstellungen in schriftlichen Quellen — 199
6.2.3 Das Land Wabār und weitere namentlich bekannte *Ǧinn*-Orte — 210
6.2.4 Die *ǧinn*: Grenzwesen in räumlicher Hinsicht — 218
6.3 *Ǧinn*-Zeiten — 218
6.3.1 Die Perspektive der Ethnologie — 218
6.3.2 Darstellungen zur *Ǧinn*-Aktivität zu ausgewählten Zeiten in schriftlichen Quellen — 220
6.3.3 *Ǧinn*-exponierte Lebensphasen: Zur Umm aṣ-ṣibyān — 230
6.4 Die *ǧinn* als moralische Instanz — 235
6.5 Bedrohliche Grenzwesen: die dreifache Liminalität der *ǧinn* — 240
6.6 Exkurs: Schatten und Schattenwesen — 241

7 Von Berittenen und Gerittenen — 247
7.1 Die Dämonen und ihre Reittiere — 247
7.1.1 Frühe Darstellungen — 247
7.1.2 Zur Rezeption: Das Reiten als Metapher — 252
7.1.3 Berittene und Gerittene: eine ambivalente Beziehung — 256
7.2 Die Riemenbeinler und andere Aufhocker — 259
7.3 Wahrsagen und Besessenheit — 266
7.4 Der Mensch als *Ǧinn*-Träger: Zum Eindringen von Dämonen in den menschlichen Körper und Entstehen von Krankheiten — 269
7.4.1 Zur Position der Muʿtazila — 272
7.4.2 Das kleine Tier *(ǧarw)* — 275
7.4.3 Satan und Iblīs im menschlichen Körper: Gähnen, *waswasa* und das Fließen in den Blutbahnen — 276
7.4.4 Der Mensch als Haus für die *ǧinn* — 278
7.5 Exkurs: Zur Stellung exorzistischer Praktiken — 286

8 Die *ǧinn* als Doppelgänger und Komplementärwesen des Menschen — 292
8.1 Hinweise zur Terminologie: *aṯ-ṯaqalān*, *al-ǧinn wa-ăl-ins*, *al-muḫāwī* — 292
8.2 Dämonen: des Menschen Doppelgänger? — 298
8.2.1 Zur Parallelisierung von Mensch und *ǧinn:* Positionen der Forschung — 299
8.2.2 Der *qarīn* und *šayṭān* als Begleitgeist in Koran, *sunna* und späteren Quellen — 303

8.2.3 Der *tābiʿ*: ein Folgegeist — **313**
8.2.4 Der *ṣāḥib* — **318**
8.2.5 *Raʾiyy* und *naǧiyy* — **320**
8.2.6 Die *ǧinn*: des Menschen Komplementärwesen? — **323**
8.3 Die *ǧinn* als Komplementärwesen und ihre positive Funktion — **325**
8.3.1 Der *Hātif*-Glaube: Die *ǧinn* als Übermittler von Nachrichten — **326**
8.3.2 Die *ǧinn* als Retter und Helfer in der Not — **334**
8.3.3 Die dichterische Inspiration: Einleitende Bemerkungen und Hinweise zum Forschungsstand — **341**
8.3.4 Zur dichterischen Inspiration in arabischen Quellen: a. Einzelbelege, b. der Dichter Ḥassān b. Ṯābit und c. Wanderlegende — **347**

9 Bann alles Dämonischen — 374
9.1 Einleitende Bemerkungen — **374**
9.2 Der Ring und seine Symbolik — **375**
9.2.1 Berichte zur *Ǧinn*-Nacht *(Laylat al-ǧinn)* — **378**
9.2.2 Bannkreis wider alles Dämonische: Berichte aus der Mystik — **384**
9.3 Dienstbarmachung von *ǧinn* und Geistern *(tasḫīr al-ǧinn)* — **387**
9.4 Salomon: ein Herr der Ringe — **403**

10 Salomon: Kämpfer wider alles Dämonische — 405
10.1 Einleitende Bemerkungen — **405**
10.2 Salomons Aufstieg — **407**
10.2.1 Geburt Salomons — **407**
10.2.2 Rechtsprechung — **412**
10.2.3 Salomon: Nachfolger Davids — **417**
10.3 Ein weiser und mächtiger Herrscher — **422**
10.3.1 Verleihung von Weisheit und Macht — **422**
10.3.2 Aspekte der Macht: Salomon als Weltenherrscher und Bezwinger der Dämonen — **427**
10.3.3 Aspekte des Wissens: Salomons Kenntnisse der Tiersprache, der Pflanzensprache und der Medizin — **444**
10.3.4 Salomon: Ein weiser Zauberer? — **452**
10.4 Die Begegnung mit der Königin von Saba — **454**
10.4.1 Die Darstellungen in der Bibel, im Koran und im *Targūm šenī* — **454**
10.4.2 Persischer Einfluss? — **462**
10.5 Bilqīs, die Königin von Saba, in nachkoranischen Quellen — **464**

10.5.1 Kindheit — **464**
10.5.2 Eine Männermörderin — **467**
10.5.3 Rätsel — **470**
10.5.4 Verunstaltete Beine — **474**
10.5.5 Keine simple Liebesromanze — **479**
10.6 Kosmos und Chaos — **480**
10.6.1 Salomons Tempel in Jerusalem als *imago mundi* — **480**
10.6.2 Salomons Heimsuchung in biblischen und arabischen Berichten und ihr mythologischer Hintergrund — **492**
10.6.3 Salomons Tod — **502**

11 Anhang: Zur Möglichkeit ehelicher Verbindungen zwischen *ǧinn* und Menschen — 507

12 Nachwort — 523

13 Abkürzungsverzeichnis — 526

14 Bibliographie — 527
14.1 Primärliteratur — **527**
14.2 Sekundärliteratur — **542**

15 Index — 563

16 Verzeichnis der Koranstellen — 606

1 Einleitung

1.1 Eckpunkte der Untersuchung

Dämonen[1] – im Arabischen *ǧinn* genannt – werden in der islamischen Offenbarung vielfach erwähnt. Am prominentesten treten sie in Sure 72 in Erscheinung, deren Titel *al-Ǧinn* lautet.[2] Auch weitere Verse handeln von ihnen.[3] Der Ausdruck *ǧinn* dient in zahlreichen Sprachen des islamischen Kulturraums bis heute als Oberbegriff zur Bezeichnung von Geistern.[4]

In Anschluss an ihre Erwähnung im Koran haben die *ǧinn* Eingang in die spätere islamische Überlieferung gefunden. Die *sunna* erwähnt sie vielfach. Die relevanten *Ḥadīṯe* sind gemäß muslimischer Auffassung derart gut belegt, dass Fälschungen ausgeschlossen werden können *(tawātur al-aḫbār)*.[5] Man kann die Existenz der *ǧinn* nicht in Abrede stellen, ohne den Vorwurf des *kufr* (Unglaube)

---

1 Diese Studie verwendet die Begriffe Dämonen, Geister und dämonische Wesen bzw. Kräfte unterschiedslos. Sie benutzt damit eine Terminologie, die auch von J. Henninger, „Geisterglaube", S. 283, und F. Meier beachtet wurde; vgl. F. Meier, „Die Stellung des Geisterglaubens im Islam", Bl. 2a (unveröffentlichter Vortrag, gehalten 1975 in Freiburg i.Br.; NL Mappe 11; die Stellenverweise „NL" beziehen sich auf F. Meiers Nachlass zur Dämonologie in der Universitätsbibliothek Basel, siehe dazu unten Kapitel 1.2.3).

2 Die Surentitel gehen zwar nicht auf Muḥammad selbst zurück, sondern wurden dem Offenbarungstext erst zu einem späteren Zeitpunkt hinzugefügt (vgl. R. Bell (W. M. Watt), *Bell's introduction to the Qur'ān*, S. 59; A. Neuwirth, *Der Koran als Text der Spätantike*, S. 278). Seither weist Sure 72 allerdings bereits im Titel auf die Existenz von Dämonen hin.

3 Die islamische Offenbarung erwähnt die weitgehend synonym verwendeten Ausdrücke *ǧinn*, *ǧinna* und *ǧānn* an folgenden Stellen: *Ǧinn:* Sure 6.100, 112, 128, 130; 7.38, 179; 17.88; 18.50; 27.17, 39; 34.12, 14, 41; 41.25, 29; 46.18, 29; 51.56; 55.33; 72.1, 5, 6. *Ǧinna:* Sure 7.184; 11.119; 23.25, 70; 32.13; 34.8, 46; 37.158; 114.6. *Ǧānn:* Sure 15.15, 27; 27.10; 28.31; 55.15, 39, 56, 74.

4 I. Mūsāpūr, Artikel „Ǧinn", in *Dāniš-nāma-i Ǧahān-i Islām*, II.1, zeigt auf, wie der Ausdruck *ǧinn* mit den frühen Korankommentaren Eingang ins Persische gefunden hat. Der Begriff wurde teils einfach übernommen, teils übersetzt. Einerseits wurde *ǧinn* häufig mit *parī* bzw. *pariyān* wiedergegeben (z. B. *Tarǧuma-i Tafsīr-i Ṭabarī*). Anderseits lässt sich auch die Übertragung mit *dīw* nachweisen (siehe auch A. Christensen, *Démonologie iranienne*, S. 68–70). Dies ist insofern problematisch, als die *ǧinn* moralisch indifferent sind und sowohl als Wohl- als auch als Übeltäter in Erscheinung treten. Die *dīw* hingegen gelten als grundsätzlich schlecht. Zur Problematik siehe auch Anhang (Kapitel 11), Anm. 68.

5 Vgl. Ibn Taymiyya, *Īḍāḥ ad-dalāla*, S. 100.5. Zur Frage des *tawātur al-aḫbār* in Bezug auf die Existenz der *ǧinn* vgl. E. Badeen und B. Krawietz, „Islamic reinvention of jinn", S. 96. Zum Konzept des *tawātur* allgemein siehe: G. H. A. Juynboll, Artikel „Tawātur", in *EI*[2] X.381. Da die *ǧinn* in der *sunna* derart oft erwähnt werden, muss hier auf eine Übersicht über die entsprechenden Stellen verzichtet werden.

auf sich zu ziehen und aus der Gemeinschaft der Gläubigen ausgeschlossen zu werden *(takfīr)*.[6]

Neben Koran und Prophetenworten unterstreichen zusätzliche, im Lauf der Jahrhunderte entstandene schriftliche Quellen die weit verbreitete Akzeptanz der Existenz von Dämonen in der islamischen Welt. Selbst in modernen muslimischen Gesellschaften ist der *Ǧinn*-Glaube tief verankert.[7] Infolge der Migration aus dem islamischen Kulturraum lassen sich die entsprechenden Auffassungen auch im Westen zunehmend beobachten.[8]

M. Dols macht darauf aufmerksam, dass der *Ǧinn*-Glaube kein strikt islamisches Konzept ist. Er beinhaltet vielmehr zahllose Elemente einer Götzenverehrung, wie sie Muḥammads Gegner zur Zeit der *ǧāhiliyya* in Mekka praktizierten.[9] Gemäß F. Meier integrierte der junge Islam bei seiner raschen Expansion viele heidnische Gottheiten in sein System, indem er sie zu Dämonen degradierte.[10] Auch T. Fahd thematisierte diese Einflüsse[11]: Im Lauf der arabischen Eroberungen kamen die in der islamischen Offenbarung teilweise dokumentierten Auffassungen zum Geisterglauben mit entsprechenden Vorstellungen aus anderen Kulturen und religiösen Bekenntnissen in Kontakt. Neben Vorstellungen aus dem Mazdaismus und dem Gnostizismus im weitesten Sinn lassen sich v. a. Elemente aus dem Judentum nachweisen.

Diese fremden Auffassungen wurden in einem komplexen Prozess rezipiert und assimiliert, der in der Vielschichtigkeit des Dämonenglaubens im Bereich des Islams seinen Niederschlag fand. Die geographische Ausdehnung des islamischen Kulturraums von Marokko bis nach Indonesien und von der Arabischen Halbinsel bis nach Zentralasien lässt die vielfältigen Verflechtungen erahnen.[12]

---

6 Zum *takfīr* siehe H. O. Hunwick, Artikel „Takfīr“, in *EI²* X.122; vgl. T. Fahd, „Anges, démons et djinns en Islam“, S. 186.

7 Für Hinweise auf die weite Verbreitung des Dämonenglaubens in modernen Gesellschaften im islamischen Kulturraum vgl. Kapitel 1.2.2 „Ethnologische Untersuchungen“.

8 Vgl. dazu unten Anm. 52.

9 M. Dols, *Majnūn*, S. 214.

10 F. Meier, unveröffentlichter Vortrag „Die Stellung des Geisterglaubens im Islam“, Bl. 2a (NL Mappe 11, Schlussfassung des Freiburger Vortrags): „1. Im Islam wird die Existenz von Geistern, die weder Engel sind noch unbedingt Teufel sein müssen, anerkannt. 2. Damit besitzt der Islam die Möglichkeit, nicht-biblische[,] nicht koranische Vorstellungen von mythischen Vorstellungen sich einzuverleiben, d. h.: a. Götter zu Geistern zu erniedrigen und so ins islamische Geisterreich aufzunehmen. b. in der heiligen Überlieferung des Islams nicht eigens genannte Dämonen beliebiger Herkunft zu übernehmen. c. eine Berücksichtigung der Geister zu dulden oder gar zu empfehlen und sie zu regeln.“ F. Meier präzisiert diese Grundsätze im Vortrag, Bl. 12–22.

11 T. Fahd, „Anges, démons et djinns en Islam“, S. 155 f.

12 Die vorliegende Studie kann diesen Prozess der Rezeption und Assimilation – wenn über-

Da sich im islamischen Geisterglauben wie kaum auf einem andern Gebiet Überzeugungen unterschiedlichster Herkunft miteinander verbanden, entstand im Lauf der Zeit ein in sich widersprüchliches, heterogenes Gefüge. T. Fahd betrachtet es nahezu als ein Ding der Unmöglichkeit, diese Entwicklungen im Detail zu rekonstruieren und die sich gegenseitig überlagernden Vorstellungen auseinander zu halten.

Die Auseinandersetzung mit islamischer Dämonologie gestaltet sich letztlich auch komplex, da sich im Koran neben den *ǧinn* mit den *šayāṭīn* (sg. *šayṭān*) und den Engeln (*malāʾika*, sg. *malʾak*) zwei weitere Kategorien von Geistwesen nachweisen lassen und sich diese drei Gruppen nicht klar voneinander abgrenzen lassen. Während die Unterscheidung zwischen Engeln und *ǧinn* leicht fällt, lassen sich *šayāṭīn* und *ǧinn* nicht eindeutig auseinanderhalten. Unter den Geistwesen kommt den *ǧinn* als älteste Schicht eine besondere Rolle zu.[13] Die Engel sind in Arabien hingegen erst durch den Islam bekannt geworden.[14]

Aus diesen einleitenden Bemerkungen lassen sich erste Abgrenzungen des Untersuchungsgegenstands ableiten. Die Ausrichtung der vorliegenden Studie ergibt sich aber nicht zuletzt aus der Feststellung, dass der Geisterglaube im Volksislam *(little tradition)* verhältnismäßig gut dokumentiert ist, eine Darstellung zu den diesbezüglichen Vorstellungen im Schriftislam *(great tradition)* aber noch weitgehend fehlt. Die vorliegende Untersuchung versteht sich als Beitrag zur Schließung dieser Forschungslücke.[15]

Die soeben vorgenommene Unterscheidung in Volks- und Schriftislam bzw. in *little* und *great tradition* erweist sich als problematisch und dient hier nur als Behelf.[16] Diese Gegenüberstellung legt implizit die Annahme nahe, dass sich

---

haupt – nur an ausgewählten Einzelbeispielen und ausschließlich in Bezug auf Teilaspekte nachzeichnen.

13 T. Fahd, „Anges, démons et djinns en Islam“, S. 156.

14 Kapitel 3.2.1 „Engel, Satane und *ǧinn*“ (v. a. Text bei Anm. 35 ff.) und Kapitel 3.2.5 „Zur Abgrenzung zwischen *ǧinn* und *šayāṭīn*“ kommen auf die hier erst skizzierte Problematik ausführlich zurück.

15 G. Fartacek macht in einer vom 13. Juli 2011 datierenden schriftlichen Mitteilung an den Verfasser (T. N.) darauf aufmerksam, dass der Dämonenglaube aus ethnologischer Perspektive im arabisch-islamischen Raum wenig erforscht sei (insbesondere in religionsethnologischer Hinsicht). Dies mag aus der fachinternen Perspektive des Ethnologen oder Sozialanthropologen zutreffen. Festzuhalten bleibt allerdings, dass die Erforschung der entsprechenden Vorstellungen in schriftlichen Quellen demgegenüber deutlich weniger weit fortgeschritten ist.

16 Gemäß R. S. Allsion (Artikel „Great tradition/little tradition“, in *Folklore: an encyclopaedia*, I.426–428) umfasst die *great tradition* die höheren, elitären Schichten einer Gesellschaft *(civilization)*. Der Ausdruck *little tradition* hingegen dient zur Bezeichnung der in breiten Kreisen der Bevölkerung vertretenen Auffassungen. Sie wird in Verbindung gebracht mit prä- oder non-urba-

Darstellungen der Dämonologie in schriftlichen Quellen von den im Rahmen von ethnographisch, anthropologisch oder soziologisch orientierten Feldstudien dokumentierten Befunden abheben.[17] Eine solche Sichtweise ist zurückzuweisen. Die Behandlung des Dämonenglaubens in den im Rahmen dieser Untersuchung hauptsächlich konsultierten schriftlichen Quellen unterscheidet sich nicht grundlegend von den im Volksislam zu beobachtenden Auffassungen. Volksislam und Schriftislam entwerfen keine separaten Dämonologien. Dieser Sachverhalt erklärt sich nicht zuletzt daraus, dass mit Koran und *sunna* die beiden im Bereich des Islams für die *great tradition* wichtigsten Quellen die Existenz von *ǧinn* klar bejahen.[18] F. Meier thematisiert diese Ausgangssituation zutreffend mit der Bemerkung, dass die Grenze zum Aberglauben im Islam „jenseits der Anerkennung der Geisterwelt" verlaufe.[19]

Aus dieser Feststellung ergibt sich, dass auf dem Gebiet der islamischen Dämonologie Erkenntnisse aus soziologisch orientierten Studien zur Erklärung von Schilderungen in schriftlichen Quellen herangezogen werden können und *vice versa*. Die Unterscheidung zwischen der Darstellung der Dämonologie in

---

nen Stadien und einem nicht-literarischen bzw. von Analphabetismus geprägten gesellschaftlichen Umfeld. Die *little tradition* lässt sich in Dörfern beobachten und ist das Produkt der breiten Massen *(common people)*. Die *great tradition* ihrerseits ist in der *little tradition* verwurzelt. Im Lauf einer primären Urbanisierung werden die in der *little tradition* vertretenen Vorstellungen kodifiziert und in die *great tradition* übergeführt. Dies ist oft mit einer Unterordnung der in der *little tradition* geltenden Überzeugungen und Haltungen unter die von der *great tradition* verfochtenen Werte verbunden. Die *great tradition* hingegen stellt die höchste Stufe in der Entwicklung von intellektuellen und ästhetischen Fähigkeiten und Werten einer Gesellschaft dar, die in Form von kodifizierten „Texten" überliefert werden. Sie liegen dem sozialen Verhalten und den kulturellen Normen ebenso zugrunde wie philosophischen und religiösen Systemen und ästhetischen Präferenzen. Die *great tradition* ist das Produkt einer zahlenmäßig kleinen intellektuell, literarisch und philosophisch gebildeten Schicht. Aus diesen Feststellungen ergibt sich, dass die Untersuchungen von *great traditions* zumeist mit dem Studium von Texten (literarische Werke, Geschichtsschreibung etc.) verbunden sind, während sich in der Regel Anthropologen, Soziologen, Ethnographen und Ethnologen mit der *little tradition* befassen. Die Unterscheidung in *great* und *little tradition* geht auf den Sozialanthropologen Robert Redfield (1897–1958) zurück, der in Chicago lehrte. Sein Konzept eines *folk-urban continuum* ist wiederholt kritisiert worden (vgl. u. a. R. Redfield, *Peasant society and culture*, S. 42 f.; C. Wilcox, *Robert Redfield*, S. 60–63, 148–152; C. Wilcox, *op.cit.*, *passim*, behandelt die Entwicklung und Rezeption von R. Redfields Auffassungen).

17 Zur Verwendung der Begriffe „Ethnographie", „Anthropologie", „Soziologie" und v. a., gewissermaßen als Oberbegriff dazu, „Ethnologie" vgl. Anm. 33.

18 Vgl. oben Anm. 3.

19 F. Meier, unveröffentlichter Vortrag „Die Stellung des Geisterglaubens im Islam", Bl. 2a (NL Mappe 11, Schlussfassung des Freiburger Vortrags).

Schrift- bzw. Volksislam ergibt höchstens aus methodologischer Sicht einen Sinn. Diese Gegenüberstellung wirkt sich auf die vorliegende Studie insofern aus, als während ihrer Vorbereitung keinerlei eigene Feldforschungen angestellt worden sind. Diese Arbeit stützt sich ausschließlich auf schriftliche Quellen. Die konsultierte Primärliteratur umfasst Texte in arabischer und persischer Sprache, die bis ca. 1500 entstanden sind. Erkenntnisse aus auf Feldforschungen beruhenden Studien wurden aber zum besseren Verständnis der geschilderten Phänomene regelmäßig berücksichtigt (vgl. dazu Kapitel 1.2.2).

Diese grundsätzliche Einheit der Dämonologie in Volks- und Schriftislam ist nur insofern zu relativieren, als Vertreter der traditionalistischen islamischen Theologie[20] (Angehörige der *great tradition*) den in breiten Kreisen der Bevölkerung bis heute zu beobachtenden Auffassungen *(little tradition)* mit Argwohn begegnen. Ihre ablehnende Haltung gegenüber dem Dämonenglauben erklärt sich allerdings ausschließlich aus ihrer ideologisch motivierten Kritik an den einschlägigen Vorstellungen. Die seitens der traditionalistischen Theologie formulierten Vorbehalte gegenüber dem Dämonenglauben lassen sich primär mit der Angst dieser Kreise vor allem erklären, was auch nur im Entferntesten mit Polytheismus *(širk)* zu tun hat. Ihre Einwände stehen zwar nicht im Vordergrund der vorliegenden Arbeit, werden aber vereinzelt thematisiert. Vorläufig sei bloß festgehalten, dass selbst der für seine rigiden Auffassungen bekannte Ḥanbalit Ibn Taymiyya (gest. 1328) nicht umhin kommt, die Existenz der *ǧinn zu* akzeptieren.[21]

---

20 Beachte die Überlegungen zu diesem Begriff in der folgenden Anm.

21 Vgl. B. Krawietz, „Dschinnen und universelle Ordnung des Islams bei Ibn Taymiyya", S. 252. Es fällt auf, dass Ibn Taymiyya auch anderen Phänomenen aus dem Bereich des Volksglaubens mit großer Zurückhaltung begegnet. N. H. Olesen, *Culte des saints et pèlerinages chez Ibn Taymiyya*, hat Ibn Taymiyyas diesbezügliche Ängste und Vorbehalte am Beispiel seiner Einstellung zu Pilger- und Wallfahrten analysiert. Ibn Taymiyya verwahrt sich ganz besonders gegen den rituellen Besuch von Gräbern, da damit die Gefahr von *širk* verbunden sei (vgl. z. B. N. H. Olesen, S. 27 f. und sein Index, s. v. *širk*). Ibn Taymiyya dürfte als Vertreter *par excellence* dessen gelten, was hier soeben *traditionalistische islamische Theologie* genannt wurde. Hauptanliegen dieser Kräfte ist die Bewahrung eines auf absoluten Monotheismus *(tawḥīd)* ausgerichteten Islams vor polytheistischen Auffassungen und Praktiken *(širk)*, die sich gern in der *little tradition* beobachten lassen.
Auch J. Waardenburg macht auf die Spannungen zwischen *great* und *little tradition* im Islam aufmerksam („Official and popular religion as a problem in Islamic studies"). Während er den volkstümlichen Islam *(popular Islam)* der *little tradition* zuordnet, gehört die von den Religionsgelehrten *(ʿulamāʾ)* propagierte Form des Islams zur *great tradition*. J. W. spricht in diesem zweiten Fall von *normativem Islam*. Er zieht diese Bezeichnung dem Begriff *offizieller Islam* vor, da der Islam keine religiöse Institution kennt, die die Rolle der Kirche im Christentum übernimmt.

Jedenfalls lässt sich feststellen, dass auf dem Gebiet der islamischen Dämonologie von einer Dichotomie zwischen *great tradition* und *little tradition* sinnvollerweise nur insofern die Rede sein kann, als sich der Stand der Erforschung der entsprechenden Phänomene in diesen beiden Kontexten deutlich unterscheidet. Ein Überblick über bisherige Studien zum Geisterglauben im Bereich des Islams soll den ungleichen Erschließungsgrad in den beiden Bereichen der *great tradition* (Kapitel 1.2.1) bzw. der *little tradition* (Kapitel 1.2.2) aufzeigen. Diesen Ausführungen schließt sich ein Hinweis auf die umfangreiche Materialsammlung zur islamischen Dämonologie im Nachlass des Basler Orientalisten Fritz Meier (1912–1998) an, auf die die vorliegende Studie regelmäßig zurückgreift (Kapitel 1.2.3). Kapitel 1.3 stellt die wichtigsten Texte vor, auf die sich diese Untersuchung stützt.

1.2 Forschungsstand

1.2.1 Zur Aufarbeitung des Dämonenglaubens in schriftlichen Quellen

Verschiedene Wissenschaftler hielten in jüngerer Vergangenheit übereinstimmend fest, dass die Verankerung und Bedeutung des Dämonenglaubens im *Schriftislam* bis anhin kaum erforscht sei.[22] Sie erachten es als vordringliches

---

Außerdem umgeht die Bezeichnung *normativ* Schwierigkeiten, die mit dem Ausdruck *orthodoxer Islam* implizit verbunden wären (z. B. Gegensatz zwischen Sunna und Schia, die J. W. als *alternative Formen* des normativen Islams bezeichnet). Zwischen normativem und volkstümlichem Islam besteht eine gewisse Polarität. Die beiden Formen der Religion erfüllen in ihrem jeweiligen sozialen Kontext komplementäre Funktionen. Aus der Perspektive des Muslims gründet der normative Islam auf der göttlichen Offenbarung an Muḥammad, als deren Kernstücke *Koran* und *sunna* gelten. Von einem wissenschaftlichen Standpunkt aus betrachtet, handelt es sich beim normativen Islam um ein idealtypisches religiöses System, das im Lauf der ersten Jahrhunderte des Islams historisch gewachsen ist und dabei zahlreiche Ausprägungen entwickelt hat. Im Vordergrund von volkstümlichen Formen des Islams stehen hingegen soziale Werte, Ideen und Bräuche, die für die Bevölkerung religiöse Bedeutung haben und Teil einer umfassenderen sozialen Tradition sind.
Der Begriff *traditionalistische Theologie* wird hier weitgehend im Sinn dessen verwendet, was J. W. *normativen Islam* nennt. Seine Terminologie wird nicht *tel quel* übernommen, da auch volkstümliche Formen des Islams normative Elemente kennen, die für das einzelne Individuum (z. B. Stammesangehörige) absolut bindend sind. Abgesehen von diesem Einwand ist J. Ws. Überlegungen beizupflichten.

22 Die Beobachtungen dieser Forschenden (vgl. die beiden folgenden Anm.) treffen zwar zu. Auch diese Wissenschaftler unterlassen es aber, den Begriff *Schriftislam* zu definieren. Dies gibt Anlass zur Bemerkung, dass auch schriftliche Quellen Schilderungen von Phänomenen enthalten können, die die Vertreter der *great tradition* dem selbstredend ebenso definitionsbedürftigen

Desideratum, dass diese Lücke geschlossen werde. M. Schöller meint in einem 2001 erschienen Artikel, dass wir über die Dämonologie im Schriftislam noch viel zu wenig wissen. Er versteht seine Überlegungen als Beitrag zur Aufarbeitung der *Ǧinnen*-Thematik und will in einem ersten Schritt eine Konstruktion bzw. Rekonstruktion des Text- und Quellenmaterials leisten, die in der Islamwissenschaft bis anhin erst ansatzweise erfolgt sei.[23] E. Badeen und B. Krawietz äußern sich ähnlich und stellen fest, dass „die Forschung bei der Dämonologie als einem Phänomen des Schriftislams noch relativ am Anfang steht."[24]

Die folgenden Ausführungen vermitteln einen Überblick über bis anhin erschienene Arbeiten, die sich mit dem Geisterglauben in erster Linie gestützt auf originalsprachliche Quellen auseinandersetzen. Noch aus dem 19. Jh. stammen zwei Aufsätze von J. von Hammer-Purgstall und G. van Vloten.[25] Wenig später hat sich auch I. Goldziher wiederholt mit Aspekten des Dämonenglaubens befasst.[26] Diese Arbeiten zeigen auf, dass sich die westliche Forschung der Bedeutung des Glaubens an die *ǧinn* für das Verständnis islamischer Mentalitäten früh bewusst geworden ist. Die angeführten Forscher setzen sich primär anhand von literarischen Quellen mit den einschlägigen Vorstellungen auseinander.[27]

Ihre Beiträge stehen in der frühen Forschung allerdings weitgehend isoliert da, hat sich die Islamwissenschaft anfänglich doch primär auf eine Aufarbeitung der Dämonologie im Koran konzentriert und nur selten einen Blick über die islamische Offenbarung hinaus gewagt.[28] E. Zbindens 1953 publizierte Dis-

---

Volksislam *(little tradition)* zuordnen und von denen sie sich aus ideologischen Gründen distanzieren. Dies lässt sich u. a. am Beispiel von ʿAlī b. Ibrāhīm aṣ-Ṣanawbarīs (gest. 815/1412) *Kitāb ar-Raḥma fī ăṭ-ṭibb wa-ăl-ḥikma* illustrieren, das irrtümlicherweise Suyūṭī zugeschrieben wird. Diese Quelle liegt zwar schriftlich fixiert vor, enthält aber zahllose Elemente, die gemeinhin dem Volksislam zugerechnet werden. Zu Pseudo-Suyuṭīs *Kitāb ar-Raḥma* und Ṣanawbarī siehe C. Brockelmann, *GAL*, S II.252, und M. Ullmann, *Die Medizin im Islam*, S. 188.

23 M. Schöller, „His master's voice: Gespräche mit Dschinnen", S. 44.

24 E. Badeen und B. Krawietz, „Eheschließung mit Dschinnen", S. 48; vgl. B. Krawietz und E. Badeen, „Islamic reinvention of jinn", S. 94 f.

25 J. von Hammer-Purgstall, „Die Geisterlehre der Moslimen", 1852 zum ersten Mal veröffentlicht; G. van Vloten, „Dämonen, Geister und Zauberer bei den alten Arabern. Mittheilungen aus Djâhitz' Kitâb al-haiwân", veröffentlicht 1893–94.

26 Man beachte v. a. I. Goldziher, „Excurse und Anmerkungen: II. Die Ǵinnen im Islâm", und „Excurse: Ueber Erscheinungsformen der Ǵinnen I und II"; beide in I. Goldziher, *Abhandlungen zur altarabischen Philologie* (1896).

27 Verwiesen sei außerdem auf Ch. M. Wielands *Dschinnistan, oder, auserlesene Feen- und Geistermärchen* (erschienen 1785/86), das allerdings belletristisch, nicht wissenschaftlich orientiert ist. Ch. M. Wieland kannte A. Gallands Übertragung von *Tausendundeiner Nacht* ins Französische (erschienen 1704–1717).

28 Folgende Studien von deutschen Orientalisten dokumentieren dieses frühe Interesse für den

sertation zeigt zwar Abhängigkeiten des islamischen *Ğinn*-Glaubens von älteren religiösen Lehren im Vorderen Orient auf (z. B. Juden, Babylonier, Assyrer), wirft aber erst einen zaghaften Blick auf die Behandlung der Dämonen außerhalb der islamischen Offenbarung. Seine Arbeit beschränkt sich im Wesentlichen auf eine Auswertung des aus der Sekundärliteratur um die Mitte des 20. Jh. bekannten Materials und enthält nur wenige Hinweise auf arabische oder persische Quellen selbst.[29]

T. Fahd befasst sich in einem wichtigen, 1971 erschienen Übersichtsartikel mit den Eckpunkten des Dämonenglaubens.[30] Sein Aufsatz stützt sich auf zahlreiche schriftliche Quellen, die auch der vorliegenden Untersuchung zugrunde liegen. Erst kürzlich erschienen ist eine Studie R. Leblings zum Thema.[31] Abhandlungen zum Dämonenglauben anhand von schriftlichen Quellen aus der jüngeren Vergangenheit sind aber sonst selten. Wiederholt haben sich allerdings B. Krawietz und E. Badeen in teils allein, teils gemeinsam verfassten Artikeln mit Einzelfragen der Dämonologie in schriftlichen Quellen aus der vormodernen Zeit befasst.[32]

Erwähnung verdient bei dieser Gelegenheit aber v. a. der von J. Henninger veröffentlichte Artikel „Geisterglaube bei den vorislamischen Arabern", vermittelt er doch einen ausgezeichneten Überblick über den Forschungsstand um 1960. Anhand dieses Beitrags lässt sich allerdings auch exemplarisch aufzeigen, dass es letztlich ein eitles Unterfangen ist, Darstellungen des Dämonenglaubens in *little* und *great tradition* strikt auseinanderzuhalten. Zu zahlreich sind die Überschneidungen.

Die vorangehende Zusammenstellung erhebt keinen Anspruch auf Vollständigkeit. Sie beschränkt sich im Wesentlichen auf Beispiele aus der Orientalistik

koranischen Dämonenglauben: W. Niekrens, *Die Geistervorstellungen des Korans*, 1906; W. Eickmann, *Die Angelologie und Dämonologie des Korans im Vergleich zu der Engel- und Geisterlehre der heiligen Schrift*, 1908; P. A. Eichler, *Die Dschinn, Teufel und Engel im Koran*, 1928.

29 E. Zbinden, *Die Djinn des Islam und der altorientalische Geisterglaube*. Für eine Rezension vgl. *Anthropos* 53 (1958) 1039 f. M. al-Ğawharī kritisiert Zbindens Arbeit heftig, da er (Zbinden) kaum Arabisch könne und sich beinahe ausschließlich auf westliche Literatur stütze (M. al-Ğawharī, *ʿIlm al-fūlklūr*, I.399; zitiert bei A. Wieland, *Ğinn-Vorstellung*, S. 31).

30 T. Fahd, „Anges, démons et djinns en Islam".

31 R. Lebling, *Legends of the fire spirits: Jinn and genies from Arabia to Zanzibar* (2010). Seine Studie situiert sich an der Schnittstelle zwischen volksnahen Vorstellungen von Geistern und Auffassungen zum Dämonenglauben, die in schriftlichen Quellen formuliert werden. Siehe auch A. El-Zein, *Islam, Arabs, and the intelligent world of the jinn* (2009); Rezension von B. Krawietz in *Journal of the American Oriental Society* 131.3 (2011) 479–81.

32 B. Krawietz, „Dschinnen und universelle Ordnung des Islams bei Ibn Taymiyya" (2002); E. Badeen und B. Krawietz, „Islamic reinvention of jinn" (2003); E. Badeen und B. Krawietz, „Eheschließung mit Dschinnen nach Badr al-Dīn al-Šiblī" (2002).

im deutschen Sprachraum, wo Darstellungen des Dämonenglaubens in schriftlichen Quellen bereits früh besondere Aufmerksamkeit gefunden haben.

1.2.2 Ethnologische Untersuchungen

Ethnologisch orientierte Untersuchungen[33] zur islamischen Dämonologie sind deutlich zahlreicher.[34] Sie wurden in Anschluss an die Kolonialisierung Nordafrikas und des Nahen Ostens häufig von französischen und britischen Forschern verfasst. Frankreich und die britische Krone machten ihre Machtansprüche in der islamischen Welt ab dem 19. Jh. geltend und hatten offensichtlich ein Interesse daran, sich mit den Weltanschauungen der in den neu eroberten Kolonien ansässigen Bevölkerung vertraut zu machen.

E. W. Lane beschrieb in einer 1836 zum ersten Mal veröffentlichten Bestandsaufnahme die einschlägigen Vorstellungen in Ägypten.[35] Wegweisend sind aber auch die umfassenden Untersuchungen des Finnen E. Westermarck, der hauptsächlich über Marokko arbeitete.[36] Französische Forscher wiederum befassten sich vorwiegend mit den diesbezüglichen Vorstellungen in ihrer Kolonie Alge-

---

33 Es sei darauf hingewiesen, dass viele im Rahmen der vorliegenden Untersuchung beigezogene Studien zur Ausbildung der Dämonologie im sogenannten Volksislam stark von folkloristischen, volkskundlichen und in einem gewissen Sinn auch orientalistischen Vorstellungen und Haltungen geprägt sind. Sie analysieren den Forschungsgegenstand damit nicht nach den in der modernen Ethnologie oder Sozialanthropologie allgemein akzeptierten Kategorien (schriftlicher Hinweis von G. Fartacek, datierend vom 13. Juli 2011). Die vorliegende Arbeit, die sich hauptsächlich auf schriftliche Quellen stützt, weist der einfacheren Verständlichkeit halber aber auch diese frühen Arbeiten zum Dämonenglauben im Bereich des Islams der Ethnologie im weitesten Sinn zu (vgl. v. a. die in Anm. 35–43 angeführten Darstellungen). Der Begriff „Ethnologie" wird damit zugegebenerweise unscharf verwendet und umfasst hier in erster Linie all jene Darstellungen, die in irgendeiner Form mit Feldforschungen verbunden sind.

34 Man beachte auch die in Anm. 15 dazu formulierten Bemerkungen.

35 E. W. Lane, *An account of the manners and customs of the Modern Egyptians: written in Egypt during the years 1833–1835*. Siehe v. a. Kapitel X „Superstitions (Genii, Saints, and Darweeshes)", XI „Superstitions – continued (Charms and Auguration)", XII „Magic, Astrology, and Alchymy". Vgl. auch die deutsche Übersetzung dazu unter dem Titel: *Sitten und Gebräuche der heutigen Egypter* (1852).

36 E. Westermarck, *The belief in spirits in Morocco* (1920); *Ritual and belief in Morocco* (1926); *Survivances païennes dans la civilisation mahométane* (1935).

rien.[37] Später griff T. Fahd ihre Erkenntnisse auf.[38] Der palästinensische Arzt T. Canaan seinerseits setzte sich in verschiedenen Veröffentlichungen mit dem Geisterglauben im Nahen Osten auseinander.[39] Er schenkte den inneren Abhängigkeiten zwischen Dämonologie und Erkrankungen besondere Beachtung. In der Einleitung zu seiner Studie zur Volksmedizin betont er, dass es ihm als Einheimischem im Vergleich zu westlichen Orientalisten leichter gefallen sei, entsprechendes Brauchtum bei der einfachen Bevölkerung zu beobachten.[40] Diese Bemerkung weist darauf hin, dass die Erforschung des Dämonenglaubens ein heikles Unterfangen darstellt, berührt er doch sensible Bereiche des menschlichen Daseinsverständnisses.

Der Geisterglaube in Ägypten ist übrigens nicht nur dank der frühen Darstellung E.W. Lanes dokumentiert. Auch H.A. Winkler hat sich in der ersten Hälfte des 20. Jh. im Rahmen einer in Oberägypten durchgeführten Feldstudie eingehend mit Fällen von Besessenheit befasst.[41] Dieser Forscher hat im Übrigen auch weitere Studien zur islamischen Dämonologie publiziert, greift darin aber zusätzlich auf schriftliches Quellenmaterial zurück.[42] Bei dieser Gelegenheit gilt es außerdem auf die mit dem Dämonenglauben verwandten Zār-Praktiken hinzuweisen, denen u. a. E. Littmann nachgegangen ist.[43] A. Wieland wiederum unter-

37 E. Doutté, *Magie & religion dans l'Afrique du nord* (1909); E. Mauchamp, *La sorcellerie au Maroc* (1911); J. Desparmet, *Le mal magique* (1932); E. Dermenghem, *Le culte des saints dans l'islam maghrébin* (1954).

38 T. Fahds Untersuchungen zum Dämonenglauben und zu damit verwandten Themen lassen sich nicht eindeutig der *little* bzw. *great tradition* zuordnen. Auch sie zeigen auf, dass diese vermeintliche Dichotomie kein geeignetes Kriterium bei der Auseinandersetzung mit islamischer Dämonologie darstellt. T. Fahds wichtigste Studien zum Thema sind: *La divination arabe: études religieuses, sociologiques et folkloriques sur le milieu natif de l'Islam* (1966); „Le monde du sorcier en Islam" (1966); „Anges, démons et djinns en Islam" (1971). T. Fahd ist außerdem der Verfasser von zahlreichen Artikeln zu mit dem islamischen Dämonenglauben verwandten Aspekten in der *Encyclopaedia of Islam*.

39 T. Canaan, *Aberglaube und Volksmedizin im Lande der Bibel* (1914); *Dämonenglaube im Lande der Bibel* (1929). Weitere Hinweise auf T. Canaans Untersuchungen zur Dämonologie in der Bibliographie.

40 T. Canaan, *Aberglaube*, S. VIIf.: „Das häusliche Leben der mohammedanischen Familie [dazu zählt T. Canaan auch den Geisterglauben; Anm. T. N.] tut sich dem Andersgläubigen nur äußerst selten in allen seinen Äußerungen rückhaltlos auf."

41 H. A. Winkler, *Die reitenden Geister der Toten* (1936).

42 H. A. Winkler, *Siegel und Charaktere* (1930); *Salomo und die Ḳarīna* (1931).

43 E. Littmann, *Arabische Geisterbeschwörungen aus Ägypten* (1950); vgl. A. Rouaud und T. Battain, Artikel „Zār", in *EI*² XI.455 f.

suchte ausgewählte Aspekte dieses Kults in einer Studie, die sich primär mit dem *Ǧinn*-Glauben im modernen Ägypten befasst.[44]

K. Hentschel verfolgt in seinen Untersuchungen insofern einen interessanten Ansatz, als er sich nicht ausschließlich dem wissenschaftlichen Diskurs verpflichtet fühlt, sondern die tatsächliche Existenz von *ǧinn* und die Möglichkeit der Kontaktaufnahme mit ihnen voraussetzt.[45] Mit dem Dämonenglauben in Ägypten befasst sich überdies B. Drieskens, deren ethnographisch orientierte Studie die einschlägigen Vorstellungen in Familien aus der unteren Mittelschicht im heutigen Kairo beleuchtet.[46] R. Kriss und H. Kriss-Heinrich haben eine allgemein orientierte ethnologische Übersicht zur Dämonologie im islamischen Kulturraum veröffentlicht. Ihre Studie nimmt eine wichtige Standortbestimmung vor, geht aber kaum über die zum Zeitpunkt der Publikation bekannte westliche Sekundärliteratur hinaus.[47]

P. Schienerls Untersuchungen wiederum sind insofern von besonderem Interesse, als sie die Dämonologie primär aus einer kunsthistorischen und ethnographischen Perspektive beleuchten. Dieser Autor stützt sich in seinen Ausführungen auf umfangreiches, von ihm selbst gesammeltes ethnographisches Belegmaterial (v. a. Amulette und Schmuckstücke) aus Ägypten und dem Nahen Osten.[48] Er betont in seinen Artikeln wiederholt die Abhängigkeiten des islamischen Dämonenglaubens vom vorislamischen Erbe (Pharaonenzeit, römisch-griechische und koptisch-christliche Einflüsse).[49]

---

44 A. Wielands Untersuchung (*Studien zur Ǧinn-Vorstellung im modernen Ägypten*, 1994) ist einem interdisziplinären Ansatz verpflichtet.

45 K. Hentschel, *Geister, Magier und Muslime: Dämonenwelt und Geisteraustreibung im Islam* (1997); diese Darstellung ist weitgehend identisch mit seiner Dissertation: *Ǧinn-Glaube, Zauber- und Heilwesen im heutigen Kairo* (1987).

46 B. Drieskens, *Living with djinns. Understanding and dealing with the invisible in Cairo* (2006).

47 R. Kriss und H. Kriss-Heinrich, *Volksglaube im Bereich des Islam;* Bd. 2: *Amulette, Zauberformeln und Beschwörungen* (1962). Den erwähnten Vorwurf formuliert u. a. der ägyptische Ethnologe M. al-Ǧawharī, *ʿIlm al-fūlklūr*, I.399. Er präzisiert, dass R. Kriss und H. Kriss-Heinrich kaum über die bei E. Lane und H. A. Winkler enthaltenen Kenntnisse hinausgegangen seien. A. Wieland relativiert diese Bemerkung dahingehend, dass dieselbe Kritik auch auf M. al-Ǧawharī selbst zutreffe (A. Wieland, *Ǧinn-Vorstellung*, S. 31).

48 Zu dieser Sammlung vgl. eine Diplomarbeit von S. Gerber, *Die Sammlungen Peter W. und Jutta Schienerl*. Universität Wien. Fakultät für Sozialwissenschaften, 2008; siehe dazu http://othes.univie.ac.at/1382/, konsultiert am 24. Oktober 2010.

49 P. Schienerl, *Tierdarstellungen im Islam. Am Beispiel des Schmuck- und Amulettwesens.* (1984); *Schmuck und Amulett in Antike und Islam* (1988); *Dämonenfurcht und Böser Blick* (1992); vgl. Bibliographie für weitere Artikel dieses Verfassers zum Thema.

V. Crapanzano hat in einer vielbeachteten ethnopsychiatrischen Studie den Geisterglauben der Ḥamadša in Marokko analysiert.[50] Mit Dämonenvorstellungen in Marokko befasst sich außerdem M. Maaroufs Dissertation über das Heiligtum Ben Yeffu und die dort praktizierten *Ǧinn*-Austreibungen.[51] Der belgische Regisseur Dirk Dumon hat diese Riten in einem Dokumentarfilm festgehalten.[52] G. Fartacek wiederum setzt sich in mehreren Publikationen aus soziologischer und ethnologischer Sicht mit dem islamischen Dämonenglauben auseinander. Seine Untersuchungen befassen sich mit den entsprechenden Vorstellungen in peripheren Regionen in Syrien und Jordanien.[53] Die vorliegende Arbeit greift seine aus Feldforschungen resultierenden Erkenntnisse wiederholt auf.

Innerhalb der islamischen Welt kommt dem Dämonenglauben in Iran eine Sonderstellung zu. Auch dazu besteht eine breite westliche und persische Sekundärliteratur, die das Thema aus ethnologischer Sicht beleuchtet.[54] Es fällt auf, dass auch mehrere iranische Schriftsteller die Frage wiederholt aufgegriffen haben. Zu erwähnen sind die Untersuchungen Ṣādiq Hidāyats[55], Aḥmad Kasrawīs[56] und Ǧalāl-i Āl-i Aḥmads[57]. In jüngerer Vergangenheit befasste sich der in den USA lebende Iraner M. Omidsalar intensiver mit dem Dämonenglauben im persischen Kulturraum und setzte sich dabei auch mit Vorstellungen in nicht-schriftlichen Quellen auseinander, wie aus etwa einem Dutzend von ihm verfassten Artikeln

---

50 V. Crapanzano, *The Hamadsha: a study in Moroccan ethnopsychiatry* (1981).

51 M. Maarouf, *Jinn eviction as a discourse of power: a multidisciplinary approach to Moroccan magical beliefs and practices* (2007). Siehe zu Ben Yeffu und den *ǧinn* auch Z. Rhani, *Le culte de Ben Yeffou: sainteté, rituel et pouvoir au Maroc.*

52 D. Dumon, *Vivre les Invisibles.* Der Film zeigt überdies die Bedeutung des *Ǧinn*-Glaubens für maghrebinische Gemeinschaften in den Benelux-Staaten und in Frankreich auf; vgl. http://www.adr-productions.fr/documentaires/vivre-les-invisibles,260, konsultiert am 24. Oktober 2010. Zu Ben Yeffu siehe außerdem Ph. Hermans, *De wereld van de djinn. Traditionele Marokkaanse geneswijzen* (2007).

53 G. Fartacek, *Unheil durch Dämonen?* (2010; es handelt sich um eine stark überarbeitete Fassung seiner Dissertation: *Zonen der Ungewissheit,* 2004); ders., „Begegnung mit Ǧinn" (2002); ders., „Feinde des Fortschritts und Hüter der Moral" (2005).

54 H. Massé, *Croyances et coutumes persanes:* (1938); B. A. Donaldson, *The wild rue: a study of Muhammadan magic and folklore in Iran* (1938). A. Christensen, *Essai sur la démonologie iranienne* (1941), behandelt die Auffassungen zur Dämonologie im vorislamischen Iran; vgl. W. Eilers, *Die Āl, ein persisches Kindbettgespenst* (1979).

55 Ṣ. Hidāyat, *Nayrangistān* (1. Auflage: 1312/1933–34; 2. Auflage: 1334/1956).

56 A. Kasrawī, *Pindār-hā* (1. Auflage: 1322/1943–44; 3. Auflage: 1333/1954).

57 Ǧ. Āl-i Aḥmad, *Tātnišīn-hā-i Bulūk-i Zahrā.* Tihrān 2536/1977.

zum Thema in der *Encyclopaedia Iranica* hervorgeht.[58] In Iran selbst behandelte I. Mūsāpūr wiederholt ausgewählte Aspekte des *Ǧinn*-Glaubens.[59]

1.2.3 Die Materialsammlung zur Dämonologie im Nachlass Fritz Meiers

Die Zuordnung der soeben aufgeführten Untersuchungen zu den Darstellungen des Dämonenglaubens in schriftlichen Quellen bzw. zu den ethnographisch orientierten Studien ist vereinzelt mit Unsicherheiten verbunden. Dennoch zeigt der vorangehende Überblick den ungleichen Forschungsstand in den beiden Bereichen auf, lassen sich doch deutlich weniger Arbeiten zu den Auffassungen in schriftlichen Quellen als zu den im Alltag praktizierten Bräuchen nachweisen.

Auf diesen Umstand ist auch der Basler Orientalist Fritz Meier (1912–1998) aufmerksam geworden. Er hat sich zwischen ca. 1955 und 1995 intensiv der Erschließung von für die Erforschung des islamischen Dämonenglaubens relevanten Quellen gewidmet. Zeugnis seiner jahrelangen Auseinandersetzungen ist eine umfangreiche Materialsammlung (ungefähr 2000 Blatt), die als Teil seines Nachlasses in der Universitätsbibliothek Basel aufbewahrt wird.[60] Diese Vorarbeiten zeigen auf, dass F. Meier eine Monographie zur islamischen Dämonologie plante. Allerdings war es ihm nicht mehr vergönnt, sein Vorhaben zu realisieren. Er machte aber immerhin erste Resultate seiner jahrzehntelangen Studien zum Geisterglauben in mehreren Artikeln der akademischen Öffentlichkeit zugänglich.[61]

---

58 M. Omidsalar, z. B. Artikel „Aždahā“, „Čašm-Zaḵm“, „Charms“, „Divination“, „Dīv“, „Genie“, „Ġūl“, in *Encyclopaedia Iranica.*

59 Man beachte Ibrāhīm Mūsāpūrs Beiträge in *Dāniš-nāma-i Ǧahān-i Islām:* Artikel „Taʿwīḏ“, „Čašm-zaḫm“, Online-Ausgabe, konsultiert am 1. November 2011 (http://www.encyclopaedia-islamica.com/).

60 Ausführlich zum Nachlass Fritz Meiers zur islamischen Dämonologie: T. Nünlist, „Der Dämonenglaube im Bereich des Islams: Eine unbekannte Materialsammlung im Nachlass Fritz Meiers (1912–1998)“. F. Meier hat in seinem Nachlass und in seinen veröffentlichten Untersuchungen meistens auf die im Deutschen übliche Großschreibung von Substantiven verzichtet, diese in andern Arbeiten aber berücksichtigt. Im Sinn einer Vereinheitlichung gibt die vorliegende Untersuchung bei Zitaten aus seinen Studien stets der Großschreibung den Vorzug.

61 F. Meier hat folgende Aufsätze zur islamischen Dämonologie veröffentlicht: „Some aspects of inspiration by demons in Islam“ (1966: englisch; 1964: spanisch); „Das Volk der Riemenbeinler“ (1967); „Orientalische Belege für das Motiv ‚nur einmal zuschlagen‘“ (1974); „Ein arabischer ‚Bet-Ruf‘“ (1979–1981); „Niẓāmī und die Mythologie des Hahns“ (1977); „Dämonen, Dämonologie; F. Islam“, in *Lexikon des Mittelalters.* Ein für F. Meiers Auseinandersetzung mit dem *Ǧinn*-Glauben wichtiges Dokument ist sein unveröffentlichter Vortrag „Die Stellung des Geisterglaubens im

Fritz Meiers Materialsammlung vermittelt in erster Linie einen ausgezeichneten Überblick über das zum Thema vorhandene Quellenmaterial. Im Vordergrund seines Interesses standen Texte in arabischer, persischer und vereinzelt türkischer Sprache, die zumeist bis ca. 1500 christlicher Zeitrechnung entstanden sind. Er hat zu den von ihm zusammengetragenen Belegstellen umfangreiche Arbeitsübersetzungen angelegt. Gleichzeitig arbeitete er auch die Sekundärliteratur zum Thema auf. Seine häufigen Hinweise auf Stellen aus ethnographisch, anthropologisch und soziologisch orientierten Forschungsarbeiten unterstreichen, dass auch ihm eine Unterscheidung der Darstellungen der islamischen Dämonologie in ethnographisch orientierten *(little tradition)* bzw. in schriftlichen *(great tradition)* Quellen wenig sinnvoll schien.

Die Materialsammlung ist alphabetisch nach Stichwörtern angeordnet.[62] Unter jedem Buchstaben listete der Basler Orientalist auch die Eigennamen von Dämonen auf, die ihm bei seinen Forschungsarbeiten begegnet waren. Ihnen gehen die nach thematischen Kriterien gewählten Stichwörter voraus. Diese Materialsammlung erleichterte die Abfassung der vorliegenden Studie, vereinfachte sie doch eine erste Orientierung in der beachtlichen Materialfülle zum Dämonenglauben.

Es zeigte sich allerdings, dass F. Meier die zahllosen Belegstellen – oft handelt es sich um Lesefrüchte – erst ansatzweise analytisch ausgewertet hatte. Dies lässt sich gerade anhand jener Themenkreise illustrieren, zu denen F. Meier Aufsätze verfasst hatte. Seine in der Materialsammlung dokumentierten Vorarbeiten lassen sich in den Artikeln zwar wiedererkennen, doch gehen seine veröffentlichten Beiträge deutlich über die im Nachlass selbst festgehaltenen Erkenntnisse hinaus. Die Materialsammlung zur Dämonologie ist für den Forschenden damit in erster Linie ein sehr umfangreicher Zettelkasten. Sie lässt sich am besten mit einem Steinbruch vergleichen, in dem der Wissenschaftler auf zahlreiche für seine weiteren Auseinandersetzungen mit dem Thema wertvolle Rohlinge stößt.

Die vorliegende Studie greift in diesem Sinn auf F. Meiers Vorarbeiten zurück und will eine Aufarbeitung seiner Sammlung leisten. Sie übernimmt seine Erkenntnisse aber nicht unbesehen. Wäre es F. Meier vergönnt gewesen, die von ihm geplante Monographie zu verfassen, hätten sich seine Resultate bestimmt in wesentlichen Punkten von den hier vorgelegten Ergebnissen unterschieden. Es war aber leider ein aussichtsloses Unterfangen, F. Meiers Interpretationen

Islam" (Vortrag gehalten am XIX. Deutschen Orientalistentag 1975 in Freiburg i.Br. (NL Mappe 11, Schlussfassung des Freiburger Vortrags).

62 Das Verzeichnis der Stichwörter ist über den Online-Katalog der Handschriftenabteilung der Universitätsbibliothek Basel abrufbar (NL Mappe 1–12).

des Dämonenglaubens anhand seiner Sammlung im Detail zu rekonstruieren.[63] Rasch ergab sich die Notwendigkeit, den Forschungsgegenstand anhand von eigenen Studien originalsprachlicher Quellen umfassend zu erschließen. Das im Rahmen der vorliegenden Arbeit berücksichtigte Textkorpus wird im folgenden Abschnitt vorgestellt.

1.3 Hinweise zum untersuchten Textkorpus

Das bearbeitete Textkorpus umfasst Quellen in arabischer und persischer Sprache, die im Wesentlichen zwischen 600 und ca. 1500 christlicher Zeitrechnung entstanden sind. Es lehnt sich an die von F. Meier berücksichtigte Auswahl an, ist aber damit nicht identisch und geht verschiedentlich darüber hinaus.

Die Beschränkung auf vor 1500 entstandene Werke stellt in erster Linie einen Versuch dar, das zu untersuchende Quellenmaterial nicht ins Uferlose anschwellen zu lassen.[64] Sie impliziert nicht, dass spätere Autoren zum Geisterglauben grundlegend andere Auffassungen vertreten. Die vorliegende Arbeit trägt damit durchaus zum Verständnis dämonologie-relevanter Auffassungen in der Moderne bei.

Ebenso wie F. Meiers Auseinandersetzung mit dem Dämonenglauben im Bereich des Islams ist auch die vorliegende Arbeit einem religionswissenschaftlichen Ansatz verpflichtet. Sie ist damit nicht auf eine Aufarbeitung ideologisch motivierter Standpunkte von Gelehrten aus dem islamischen Kulturraum fixiert. Auch befasst sie sich nicht aus der Perspektive der modernen westlichen Geschichtsschreibung mit dem Glauben an die Existenz von Geistwesen. Im Vordergrund der vorliegenden Untersuchung stehen vielmehr mythologische Vorstellungen. Die Arbeit zeigt die Vielfalt und Einheit des Dämonenglaubens im Bereich des Islams auf, indem sie Texte aus unterschiedlichen geographischen Räumen und Epochen befragt. Die beigezogenen Werke gehören überdies ganz verschiedenen literarischen Gattungen an (z. B. Korankommentare, Mirabilienliteratur, Dichtung). Indem die konsultierten Autoren den Forschungsgegen-

---

63 Auch diese dem *Ǧinn*-Glauben selbst gewidmete Studie konnte bei weitem nicht sämtlichen von F. Meier zusammengetragenen Belegen Beachtung schenken. Vieles musste weggelassen werden. Wo es sinnvoll erschien, wurde in Anmerkungen auf ergänzendes Quellenmaterial bei F. Meier verwiesen.

64 Das Jahr 1500 bietet sich zur zeitlichen Einschränkung insofern an, als die Osmanen ab dem 16. Jh. ihren Einfluss auf die arabische Welt ausdehnen (Fall der Mamluken in Syrien im Jahr 1516 und in Ägypten im Jahr 1517). In Iran übernehmen die Safawiden bereits 1501 die Macht.

stand aus ihren spezifischen Blickwinkeln beleuchten, heben sie jeweils andere Aspekte hervor.

Wie bereits eingangs festgehalten[65] äußert sich nicht nur die islamische Offenbarung zu den *ǧinn,*[66] sondern sie werden auch in der *sunna* vielfach erwähnt.[67] Zum besseren Verständnis der Stellen zu den *ǧinn* in der islamischen Offenbarung wurden verschiedene Korankommentare konsultiert. Im Vordergrund stehen die entsprechenden Werke Ṭabarīs (gest. 310/923)[68], Zamaḫšarīs (gest. 538/1144)[69], Bayḍāwīs (gest. um 1300)[70], Faḫr ad-Dīn ar-Rāzīs (gest. 606/1209)[71], Abu ăl-Futūḥ-i Rāzīs (1. Hälfte 6./12. Jh.)[72] und Maybudīs (aktiv um 525/1130)[73].

Außerdem äußern sich im weitesten Sinn historisch orientierte Quellen mehrfach zu Fragen der islamischen Dämonologie. Hier ist das Geschichtswerk *(Ta'rīḫ/*

---

65 Vgl. oben bei Anm. 3 und 5.

66 Koranstellen werden gemäß der Kairiner Ausgabe zitiert; Übersetzungen von Passagen aus der islamischen Offenbarung wurden für die vorliegende Arbeit bis auf ganz wenige Ausnahmen eigens erstellt.

67 Die Prophetenworte *(ḥadīṯe)* werden in dieser Arbeit anhand der Textausgaben zitiert, die von der Thesaurus Islamicus Foundation (Vaduz, Liechtenstein) in gedruckter Form veröffentlicht werden. Dazu ist eine Online-Datenbank vorhanden, die elektronische Recherchen erlaubt und eine brauchbare Alternative zur Erschließung dieses Textkorpus über A. J. Wensincks *Concordance* darstellt (siehe http://www.thesaurus-islamicus.org/ und für die Datenbank selbst http://www. ihsanetwork.org/about.aspx; Websites konsultiert am 26. Oktober 2011). Vgl. für die genauen Angaben zu den benutzen Druckausgaben die Hinweise in der Bibliographie zu den sechs kanonischen *Ḥadīṯ*-Sammlungen von Buḫārī (gest. 256/870), *Ṣaḥīḥ;* Muslim (gest. 261/875), *Ṣaḥīḥ;* Abū Dā'ūd (gest. 275/889), *Sunan;* Tirmiḏī (gest. 279/892), *Sunan;* Nasā'ī, (gest. 303/915), *Sunan*; und Ibn Māǧa (gest. 273/886), *Sunan.* Hingewiesen sei außerdem auf die beiden Sammlungen von Prophetenworten von Aḥmad b. Ḥanbal (Ibn Ḥanbal, gest. 241/855), *Musnad,* und Mālik b. Anas (gest. 179/796), *Muwaṭṭa'.*

68 Vgl. C.E. Bosworth, Artikel „al-Ṭabarī", in *EI²* X.11; Titel des Kommentars: *Ǧāmiʿ al-bayān fī ta'wīl al-Qur'ān (Tafsīr aṭ-Ṭabarī).*

69 Vgl. W. Madelung, Artikel „al-Zamakhsharī", in *EI²* XII.840; der Titel seines Kommentars lautet: *al-Kaššāf ʿan ḥaqā'iq ġawāmiḍ at-tanzīl wa-ʿuyūn al-aqāwīl fī wuǧūh at-ta'wīl (Tafsīr al-Qur'ān).*

70 Vgl. J. Robson, Artikel „al-Bayḍāwī", in *EI²* I.1129; der Titel seines Kommentars lautet: *Anwār at-tanzīl wa-asrār at-ta'wīl (Tafsīr al-Bayḍāwī).*

71 Vgl. G.C. Anawati, Artikel „Fakhr al-Dīn al-Rāzī", in *EI²* II.751; der Titel seines Kommentars lautet: *Mafātīḥ al-ġayb,* auch bekannt als *Kitāb at-Tafsīr al-kabīr.*

72 Zu diesem schiitischen Korankommentator vgl. M. J. McDermott, Artikel „Abu 'l-Fotūḥ Rāzī", in *EIr* I.3.292; der Titel seines Kommentars lautet: *Tafsīr-i šayḫu-nā al-aǧall Abu ăl-Futūḥ-i Rāzī.*

73 Vgl. C.E. Bosworth, Artikel „al-Maybudī", in *EI²* VI.912. Maybudī ist der Verfasser eines umfangreichen persischen Korankommentars mit dem Titel *Kašf ul-asrār wa-ʿuddat ul-abrār.* Die Arbeit an diesem Werk wurde im Jahr 520/1126 begonnen. Siehe dazu A. Keeler, *Sufi hermeneutics: the Qur'an commentary of Rashīd al-Dīn Maybudī.*

Annales) des bereits genannten Ṭabarī[74] und dessen persische Bearbeitung durch Balʿamī (gest. zwischen 382/992 und 387/997)[75] zu erwähnen. Im Rahmen der Untersuchungen zu Salomon wurden außerdem die Chroniken Ibn al-Aṯīrs (gest. 630/1233)[76] und Ibn Kaṯīrs (774/1373)[77] konsultiert. Von Ibn Hišām (gest. 218/834)[78] wiederum wurde das auf Wahb b. Munabbih zurückgeführte *Kitāb at-Tīǧān* beigezogen. Auch andere auf dem Gebiet der Geschichtsschreibung im weiteren Sinn aktive Gelehrte haben sich aber mit dem Wesen der Dämonen befasst, wenn sich dazu Gelegenheit bot. Entsprechende Stellen lassen sich z. B. in Azraqīs *Aḫbār Makka*[79] oder in Dīnawarīs (3./9. Jh.) *Kitāb al-Aḫbār aṭ-ṭiwāl*[80] belegen.

Der Geschichtsschreibung im weitesten Sinn lassen sich außerdem die Biographien über das Leben Muḥammads und die *Qiṣaṣ al-anbiyāʾ*-Literatur[81] zurechnen.[82] Hier ist in erster Linie Ibn Hišāms (gest. 218/833 oder bereits 213/828) *Sīrat an-nabiyy* zu erwähnen.[83] Für die Auseinandersetzung mit der islamischen Dämonologie relevante Stellen lassen sich aber auch in den eigentlichen Sammlungen von Propheten-Viten nachweisen, die u. a. von Fārisī (gest. 289/902)[84], Kisāʾī[85] und Ṯaʿlabī (gest. 427/1035)[86] verfasst worden sind.

---

74 Vgl. Anm. 68.

75 Vgl. Dj. Khaleghi-Motlagh, Artikel „Amīrak Balʿamī", in *EIr* I.971 f.; Balʿamī diente den Samaniden als *wazīr* und übertrug Ṭabarīs Geschichtswerk im Auftrag von Manṣūr b. Nūḥ ins Persische. Er fügte seiner arabischen Vorlage zusätzliches Material hinzu.

76 Vgl. F. Rosenthal, Artikel „Ibn al-A<u>th</u>īr", in *EI*² III.723 (2. Eintrag). Der Titel seines Geschichtswerks lautet: *at-Taʾrīḫ al-kāmil.*

77 Vgl. H. Laoust, Artikel „Ibn Ka<u>th</u>īr, ʿImād al-Dīn Ismāʿīl b. ʿUmar b. Ka<u>th</u>īr", in *EI*² III.817. Sein Geschichtswerk ist unter dem Titel *al-Bidāya wa-ăn-nihāya* bekannt.

78 Vgl. W. M. Watt, Artikel „Ibn Hi<u>sh</u>ām, Abū Muḥammad ʿAbd al-Malik", in *EI*² III.800.

79 Die von F. Wüstenfeld edierte Fassung der *Aḫbār Makka* ist um 900 n. Chr. entstanden (siehe J. W. Fück, Artikel „al-Azraḳī, Abu 'l-Walīd Muḥammad b. ʿAbd Allāh b. Aḥmad", in *EI*² I.826).

80 Vgl. B. Lewin, Artikel „al-Dīnawarī, Abū Ḥanīfa Aḥmad b. Dāwūd", in *EI*² II.300.

81 Geschichten über das Leben der Propheten.

82 Aus der Perspektive eines modernen Geschichtsverständnisses lässt sich diese Zuweisung nur bedingt rechfertigen.

83 Vgl. W. M. Watt, Artikel „Ibn Hi<u>sh</u>ām, Abū Muḥammad ʿAbd al-Malik", in *EI*² III.800 (siehe Anm. 78). Ibn Hišāms *Sīra* stützt sich auf ein heute verlorenes Werk zu Muḥammads Leben, das von Ibn Isḥāq verfasst worden ist. Zu Ibn Isḥāq (gest. 150/767) siehe J. M. B. Jones, Artikel „Ibn Isḥāḳ, Muḥammad b. Isḥāḳ b. Yasār b. <u>Kh</u>iyār", in *EI*² III.810.

84 Für genaue Angaben zu Fārisī vgl. die Einleitung zu R. G. Khourys Textausgabe seiner Sammlung von Prophetenviten *(Les légendes prophétiques)*, v. a. S. 137 ff., S. 150 ff.

85 Vgl. T. Nagel, Artikel „al-Kisāʾī, Ṣāḥib Ḳiṣaṣ al-Anbiyāʾ", in *EI*² V. 176. Bei Kisāʾī handelt es sich um einen sonst unbekannten Autor einer berühmten Sammlung von Legenden über das Leben der Propheten. Die ältesten Manuskripte stammen aus dem 7./13. Jh.

86 Vgl. A. Rippin, Artikel „al-<u>Th</u>aʿlabī, Aḥmad b. Muḥammad b. Ibrāhīm Abū Isḥāḳ al-Nīsābūrī",

Bereits in diesen Sammlungen mit Prophetenviten lassen sich vielfach Berichte belegen, die eigentlich zur Mirabilienliteratur gehören, als deren bedeutendster Vertreter Qazwīnī (gest. 682/1283) gilt.[87] Auch das auf Persisch verfasste *ʿAǧāyib-nāma* zählt zu dieser Textgattung; es enthält zahlreiche Angaben zum Wesen der Dämonen.[88] Zu beachten ist überdies Wāṣifīs unter dem Titel *Aḫbār az-zamān* laufendes Werk, dessen Verfasser in der vorliegenden Untersuchung aufgrund der irrtümlichen Zuschreibung des Texts an Masʿūdī als Pseudo-Masʿūdī bezeichnet wird.[89] Auch verschiedene Geographen machen in ihren Aufzeichnungen zu den als Wohnorte der *ǧinn* bekannten Gegenden wiederholt auf die Charaktereigenschaften von Dämonen und ihr Verhalten aufmerksam.

---

in *EI*[2] X.434. Der Titel seiner Sammlung von Propheten-Viten lautet *ʿArāʾis al-maǧālis* (auch bekannt als *Qiṣaṣ al-anbiyāʾ*).

87 Vgl. T. Lewicki, Artikel „al-Ḳazwīnī, Zakariyyāʾ b. Muḥammad b. Maḥmūd Abū Yaḥyā", in *EI*[2] IV. 865. Sein Werk zur Kosmographie ist unter dem Titel *ʿAǧāʾib al-maḫlūqāt wa-ġarāʾib al-mawǧūdāt* bekannt.

88 Die vorliegende Untersuchung verweist auf diesen Text als Hamadānī-Ṭūsī, *ʿAǧāyib-nāma,* und trägt damit dem Umstand Rechnung, dass die Manuskripte unterschiedliche Verfassernamen nennen (siehe für die folgenden Angaben: Text-Ausgabe Ṣādiqī, Einleitung, *ṣafḥa-i bīst ilā bīst wa čahār).* Dieser Text muss zwischen 571 und 590 (1174 und 1194) verfasst worden sein und ist dem Seldschuken Ṭuġril b. Arslan gewidmet (gemeint ist Tuġril III. b. Arslan, der vom 571–590/1176–1194 an der Macht war; vgl. C.E. Bosworth, *The new Islamic dynasties,* S. 186). Die beiden folgenden Textausgaben wurden benutzt: 1. Muḥammad b. Maḥmūd b. Aḥmad-i Ṭūsī, *ʿAǧāyib ul-maḫlūqāt,* Ausgabe M. Sutūda (1345 h.š.), und 2. Muḥammad-i Ibn-i Maḥmūd-i Hamadānī, *ʿAǧāyib-nāma* [auch *ʿAǧāʾib ul-maḫlūqāt wa-ġarāʾib ul-mawǧūdāt*], Ausgabe Ǧ. M. Ṣādiqī (1375 h.š.). Ǧ. M. Ṣādiqī weist in der Einführung zum Text nach *(ṣafḥa-i bīst wa-yak,* mit Anm. 26), dass es sich beim Verfasser um Hamadānī handeln muss, obwohl verschiedene Handschriften den Autor Aḥmad Ṭūsī nennen. Die beiden benutzten Ausgaben unterscheiden sich in verschiedenen Punkten (siehe die Hinweise in der Ausgabe Ǧ. M. Ṣādiqī, a. a. O.): M. Sutūda hat für seine Edition nur drei Handschriften konsultiert. Die Ausgabe Ṣādiqī stützt sich auf zusätzliche Manuskripte; sie erschien als Nummer 6 in der Reihe *Bāz-ḫwānī-i mutūn* und enthält mehrfach Anpassungen an editorische Vorgaben dieser Textreihe, die darauf abzielt, wichtige Werke aus der klassischen persischen Literatur zugänglich zu machen. Ǧ. M. Ṣādiqī hat insbesondere Eingriffe in die Texteinteilung vorgenommen (vgl. seine Einleitung, *ṣafḥa-i bīst wa du ilā bīst wa čahār*). F. Meier zitiert diesen Text mehrfach anhand von Handschriften, die er in Teheran konsultiert hatte.

89 G. Schoeler, *Arabische Handschriften,* Teil II, S. 364–370, weist darauf hin, dass dieser Text zu Unrecht lange Masʿūdī selbst zugeschrieben wurde. Verfasser ist vielmehr al-Wāṣifī, auch Ibrāhīm b. Wāṣif Šāh genannt (erste Hälfte 5./11. Jh oder etwas früher). Die verwendete Druckausgabe aus dem Jahr 1938 genügt wissenschaftlichen Ansprüchen nicht. Zu diesem Werk siehe auch die Aufsätze von U. Sezgin und A. Ferré (Hinweise in der Bibliographie). Gemäß einer mündlichen Auskunft von G. Schoeler bereitet A. Ferré eine kritische Ausgabe der *Aḫbār az-zamān* vor.

Entsprechende Angaben lassen sich sowohl bei Masʿūdī (gest. 345/956)[90] als auch Yāqūt (gest. 626/1229)[91] nachweisen. Es liegt in der Natur der Sache, dass sich ihre Berichte dazu nur bedingt von der eigentlichen Mirabilienliteratur abgrenzen lassen.

Eine ganz besonders zentrale Rolle bei der Auseinandersetzung mit islamischer Dämonologie kommt Šiblīs (gest. 769/1367) Werk *Ākām al-marǧān fī aḥkām al-ǧānn* zu.[92] Bei diesem Text handelt es sich um die erste umfassende arabische Monographie zum Dämonenglauben im Bereich des Islams; sie ist für dessen Erforschung von außerordentlicher Bedeutung.[93] Šiblī ist in seiner Darstellung mehrfach von der Abhandlung *Īḍāḥ ad-dalāla fī ʿumūm ar-risāla* des ḥanbalitischen Theologen Ibn Taymiyya (gest. 728/1328) abhängig,[94] wie im Rahmen der vorliegenden Untersuchung wiederholt aufgezeigt werden konnte. Šiblīs Untersuchung ihrerseits war Ausgangspunkt und Grundlage für Werke zum Dämonenglauben von Suyūṭī (gest. 911/1505)[95] und Ḥalabī (gest. 1044/1635)[96]. Bereits die Titel ihrer Werke (Suyūṭī: *Laqṭ al-marǧān fī aḥkām al-ǧānn;* Ḥalabī: *ʿIqd al-marǧān fī-mā yataʿallaq bi-ăl-ǧānn*) spielen auf ihre Vorlage *Ākām al-marǧān fī aḥkām al-ǧānn* an und bringen damit die direkte Abhängigkeit dieser beiden Autoren von Šiblīs Monographie zum Ausdruck.[97] Gerade Suyūṭī folgt Šiblīs Ausgangstext verschiedentlich wörtlich. F. Meier hat diese Werke Šiblīs, Suyūṭīs und

---

90 Vgl. Ch. Pellat, Artikel „al-Masʿūdī, Abu ʾl-Ḥasan ʿAlī b. al-Ḥusayn“, in *EI*² VI.784. Von seinen Werken interessieren im vorliegenden Kontext v. a. die *Murūǧ aḏ-ḏahab.*

91 Vgl. Cl. Gilliot, Artikel „Yāḳūt al-Rūmī“, in *EI*² XI.264. Sein Geographiewerk ist unter dem Titel *Muʿǧam al-buldān* bekannt.

92 Zu Badr ad-Dīn Muḥammad b. ʿAbd Allāh aš-Šiblī (712–769/1312–1367); vgl. *GAL* G II.75, S II.82.

93 Dr. E. Badeen (Abteilung Islamwissenschaft, Universität Zürich) bereitet eine kritische Edition dieser Schrift vor. Ihre Veröffentlichung wird weitere Untersuchungen zum Dämonenglauben im Bereich des Islams wesentlich erleichtern. Vgl. zu Šiblīs Text außerdem: E. Badeen und B. Krawietz, „Eheschließung mit Dschinnen nach Badr al-Dīn al-Šiblī“; F. Leemhuis, „Can you marry a *djinni*?“, S. 220 f., ähnlich ders., „Epouser un *djinn*?“, S. 179 f.

94 Siehe H. Laoust, Artikel „Ibn Taymiyya, Taḳī al-Dīn Aḥmad Ibn Taymiyya“, in *EI*² III.951. Die vorliegende Studie greift mehrfach auf Ibn Taymiyyas Werk *Īḍāḥ ad-dalāla fī ʿumūm ar-risāla* zurück. F. Meier bezeichnet diesen Text als „grundlegend für die Stellung der *ǧinn* im Islam“ (vgl. F. Meier, NL Mappe 7, s. v. *Religion*, Bl. 60).

95 Vgl. E. Geoffroy, Artikel „al-Suyūṭī, [...] Dj̲alāl al-Dīn“, in *EI*² IX.913; siehe auch *GAL* G II.150, Nr. 122, mit Verweis auf G II.75, und S II.187, Nr. 122.

96 Vgl. J. W. Fück, Artikel „al-Ḥalabī, Nūr al-Dīn b. Burhān al-Dīn ʿAlī [...]“, in *EI*² III.90; siehe auch *GAL* G II.307 und S II.418. Obwohl dieser Text erst um 1600 entstanden ist, wird er in dieser Untersuchung aufgrund seiner Abhängigkeit von Šiblī und Suyūṭī beigezogen.

97 Vgl. auch *GAL* G II.75 für Handschriften und Angaben zur Abhängigkeit der drei Texte untereinander.

Ḥalabīs zwar gekannt, sie in seiner Materialsammlung zur Dämonologie aber nur ganz am Rand ausgewertet.

Hingegen hat F. Meier Ausführungen zur Dämonologie bei Dichtern und Vertretern der *Adab*-Literatur ganz besondere Beachtung geschenkt. Er stützt sich diesbezüglich v. a. auf Berichte in Ǧāḥiẓ' (gest. 255/868) *Kitāb al-Ḥayawān*,[98] zu denen in seinem Nachlass eine äußerst nützliche Übersetzung vorliegt.[99] Bei seinen Auseinandersetzungen mit Äußerungen zum Dämonenglauben bei arabischen Dichtern greift F. Meier hauptsächlich auf Erkenntnisse ʿAbd ar-Razzāq Ḥamīdas zurück (vgl. Kapitel 8.3.3–8.3.4).[100]

Anfänglich war geplant, im Rahmen der vorliegenden Untersuchung auch Berichte über Dämonen aus der islamischen Magie auszuwerten. Dieses Vorhaben liess sich nur in ganz beschränktem Umfang realisieren (vgl. die Ausführungen in Kapitel 9). Die Werke von Vertretern der Magie – in erster Linie wurden die Darstellungen Būnīs (gest. 622/1225 oder 630/1232)[101] und Tilimsānīs (gest. 737/1336)[102] konsultiert – enthalten zwar für ein umfassendes Verständnis des islamischen Geisterglaubens wertvolle Informationen.[103] Ihre systematische Aufarbeitung überstieg aber die Möglichkeiten der vorliegenden Untersuchung bei weitem.

Diese Arbeit schenkt außerdem den Berichten zum Wirken dämonischer Wesen in der arabischen volkstümlichen Literatur nur am Rand Beachtung. Sie macht zwar wiederholt auf das Auftreten von Geistern in Berichten aus *Tausendundeiner Nacht* aufmerksam. Allerdings werden die darin enthaltenen Informationen ebenso wenig systematisch aufgearbeitet wie entsprechende Hinweise aus den arabischen volkstümlichen Epen.[104] Diese Einschränkung des untersuchten

---

98 Vgl. Ch. Pellat, Artikel „al-D̲j̲āḥiẓ, Abū ʿUt̲h̲mān ʿAmr b. Baḥr al-Fuḳaymī al-Baṣrī", in *EI*² II.385.

99 Siehe F. Meier, NL Mappe 3, s. v. *Auszüge aus Ǧāḥiẓ: Ḥayawān*, 34 Bl.

100 ʿAbd ar-Razzāq Ḥamīda, *Šayāṭīn aš-šuʿarāʾ: dirāsa tārīḫiyya naqdiyya muqārana, tastaʿīnu bi-ʿilm an-nafs* (1956).

101 Vgl. C. Hamès, Artikel „al-Būnī", in *EI Three*, Online-Ausgabe, konsultiert am 27. Oktober 2011. Zu Būnī siehe auch Kapitel 9, Anm. 75.

102 Vgl. zu ihm Kapitel 9, Anm. 77–78.

103 Ein weiterer wichtiger Text zur Erschließung magischer Vorstellungen und ihrer Bezüge zum Geisterglauben ist Sanūsīs (gest. 895/1490) *Kitāb al-Muǧarrabāt*, das von S. Dorpmüller kritisch ediert worden ist; vgl. S. Dorpmüller, *Religiöse Magie im ‚Buch der probaten Mittel'*. Auch Dayrabī (gest. 1738) hat ein Werk über probate Mittel *(muǧarrabāt)* verfasst; es lässt sich mit Sanūsīs Schrift in Beziehung setzen (S. Dorpmüller, *op.cit.*, S. 7).

104 Hingewiesen sei hier besonders auf die *Sīrat Sayf b. Ḏī Yazan;* vgl. R. Paret, *Sīrat Saif ibn Dhī Jazan: ein arabischer Volksroman;* L. Jayyusi, *The adventures of Sayf Ben Dhi Yazan: an arab folk epic.*

Quellenmaterials bedeutet allerdings nicht, dass diese Texte für das Verständnis des Dämonenglaubens im Bereich des Islams unwichtig sind.

Aus der vorangehenden Übersicht ergibt sich, dass die meisten untersuchten Quellen auf Arabisch abgefasst worden sind. Die vorliegende Arbeit berücksichtigt aber wiederholt auch persische Texte. Bereits erwähnt worden ist das von Hamadānī-Ṭūsī verfasste ʿAǧāyib-nāma.[105] Für die Erforschung der islamischen Dämonologie von größter Bedeutung ist überdies die Māhān-Geschichte in Niẓāmīs (12. Jh.) Haft Paykar, die in dieser Untersuchung vielfach aufgegriffen wird.[106] Außerdem macht Firdawsī (gest. 410/1019 oder 416/1025) im Šāh-nāma wiederholt auf die unterschiedlichsten Arten von Dämonen aufmerksam. Auch das bei ihm vorhandene Material konnte in dieser Arbeit aber bei weitem nicht vollständig berücksichtigt werden.[107] Dieselbe Feststellung trifft auf die spätere epische Literatur in persischer Sprache zu, die häufig wertvolle Berichte zum Auftreten von Geistern enthält, wie aus entsprechenden Hinweisen in F. Meiers Nachlass hervorgeht.[108]

Die vorangehende Übersicht zählt die wichtigsten Quellen auf, die im Rahmen der vorliegenden Untersuchung berücksichtigt wurden. Diese Liste ist aber bei weitem nicht abschließend. Wo es angezeigt schien, wurden auch weitere Berichte beigezogen, auf die F. Meier in seinem Nachlass aufmerksam macht und die er während mehr als 40 Jahren zusammengetragen hat. Den Ausführungen verschiedener Autoren hat er ausführlich Beachtung geschenkt, anderen Quellen aber nur einzelne Aussagen entnommen. Dieser Umstand erklärt, dass die bibliographischen Angaben zur vorliegenden Studie äußerst umfangreich ausgefallen sind, waren doch auch jene Autoren und Texte zu verzeichnen, die nur ein einziges Mal zitiert werden.

---

105 Vgl. Anm. 88.
106 Vgl. P. Chelkowski, Artikel „Niẓāmī Gandjawī", in EI² VIII.76.
107 Vgl. Artikel „Ferdowsi, Abu 'l-Qāsem", in EIr, Online-Ausgabe, konsultiert am 27. Oktober 2011.
108 Vgl. z. B. F. Meier, NL Mappe 2, s. v. Entführung, Bl. 15; NL Mappe 3, s. v. Gestalt, Bl. 19, 21, 29 f. (Biġamī, Dārāb-nāma); s. v. ġūl, Bl. 24 (Asadī, Garšāsp-nāma); Mappe 4, s. v. Hahn, Bl. 66 f. (Biġamī); Mappe 5, s. v. Liebe und Ehe, Bl. 18 (Farāmarz-nāma), Bl. 32 (Biġamī); Mappe 6, s. v. Nur einmal zuschlagen, Bl. 65 (Samak-i ʿAyyār, aus dem Umfeld professioneller Geschichtenerzähler); s. v. nasnās, Bl. 10 f., 19 (Asadī); Mappe 8, s. v. Schönheit, Bl. 8 (Farāmarz-nāma), Bl. 10 (Biġamī); s. v. Schwanenfrau, Bl. 6–17 (Samak-i ʿAyyār); s. v. Sterblichkeit der ǧinn, Bl. 6–9; Mappe 10, s. v. Wasser, Bl. 20 (Biġamī); s. v. Wind, Bl. 6. Für einen Überblick zur persischen epischen Literatur siehe: Ḏ. Ṣafā, Ḥamāsa-sarāʾī dar Īrān; K. Yamamoto, The oral background of Persian epics: storytelling and poetry, S. 112 (Überblick); F. de Blois, Artikel „Epics", in EIr, Online-Ausgabe, konsultiert am 18. April 2013.

Der Bibliographieteil enthält jeweils die exakten Angaben zu den benutzten Ausgaben. Es wurde darauf geachtet, die als maßgeblich geltenden Druckausgaben zu zitieren. Im Wesentlichen wurden die von F. Meier selbst beigezogenen Editionen benutzt, die sich entweder in der Universitätsbibliothek Basel[109] oder in der Bibliothek des Orientalischen Seminars der Universität Basel befinden. Dies führte dazu, dass verschiedentlich verhältnismäßig alte Ausgaben konsultiert wurden, auch wenn die entsprechenden Texte inzwischen neu ediert worden sind. Das gewählte Vorgehen lässt sich damit rechtfertigen, dass es sich auch bei jüngeren Textausgaben häufig einfach um Neuauflagen älterer Vorlagen und nicht um neu erarbeitete kritische Editionen handelt. Auch wäre es gerade im Fall von Autoren, die F. Meier nur vereinzelt zitiert, mit einem unverhältnismäßigen Aufwand verbunden gewesen, die entsprechenden Stellen in jüngeren Ausgaben nachzuweisen. Wurden von einem Text unterschiedliche Editionen benutzt, wird dies in den Quellenangaben durch einen entsprechenden Hinweis präzisiert.

1.4 Exkurs: Zur Etymologie des Wortes *ǧinn*

Diese einleitenden Überlegungen sollen mit einem Exkurs über die Etymologie des Begriffs *ǧinn* abgeschlossen werden, der zur Bezeichnung von dämonischen Wesen in der islamischen Welt hauptsächlich verwendet wird. Obwohl sich die Forschung wiederholt mit der Herleitung dieses Ausdrucks befasst hat, lassen sich dazu keine gesicherten Erkenntnisse nachweisen. F. Meier hält am Ende einer ausführlichen Übersicht über bis anhin vertretene Erklärungsversuche lakonisch fest, diese hätten das Rätsel hinter dem Ausdruck *ǧinn* nicht gelöst.[110]

Da F. Meiers Zusammenstellung bis heute als maßgeblich gilt,[111] soll hier zusammenfassend auf seine wichtigsten Feststellungen hingewiesen werden.[112] Den folgenden Ausführungen sei im Sinn eines vorläufigen Fazits vorausge-

109 F. Meiers persönliche Bibliothek befindet sich heute in der Universitätsbibliothek Basel (Signatur *Meier*).

110 F. Meier, „Bet-Ruf", S. 626; vgl. S. 585, wo F. Meier meint, dass die bis anhin unternommenen Versuche, das Wort *ǧinn* zu etymologisieren, teils falsch, teils fragwürdig seien.

111 B. Krawietz und E. Badeen, „Eheschließung" (erschienen 2002), S. 33, Anm. 1, vertreten diese Einschätzung. Siehe außerdem B. Krawietz, „Rezension zu A. A. Fatoum, *Ǧinn-Glaube als islamische Rechtsfrage*", S. 267.

112 F. Meier, „Bet-Ruf", Anhang: „Zur Herkunft des Wortes *ǧinn*", S. 617–631 (erschienen 1979/1981); vgl. das von F. Meier dazu gesammelte Material im Nachlass: NL Mappe 3, s. v. *ǧinn;* NL Mappe 11, s. v. *Name ǧinn*. Nach F. Meiers Aufsatz veröffentlichte Studien behandeln die Frage nach der Etymologie des Ausdrucks *ǧinn* zumeist nur am Rand und enthalten keine grundlegend

schickt, dass F. Meier – jedenfalls bis zum Beweis des Gegenteils – den Ausdruck *ǧinn* im letzten dokumentierbaren Grad mit einem heimischen, arabischen Ursprung in Verbindung bringt.[113]

Der Übersichtsartikel weist in einem ersten Schritt auf terminologische Aspekte hin und hält folgende Punkte fest: arabisch *ǧinn* wird kollektivisch und im Plural verwendet. Es bedeutet „Dämonen, Geister". Der Begriff bezeichnet gute und böse Geistwesen gleichermaßen. Andere Pluralformen lauten *ǧinna, ǧānn, ǧinnān*. Im Maghreb redet man dialektal von *ǧnūn* (für *ǧunūn*). Im persischen Sprachraum stößt man auf die Pluralform *ǧinniyān*. Im Dialekt und in europäischen Sprachen wird *ǧinn* gern auch als Singular verwendet. Der grammatikalisch korrekte Singular lautet aber *ǧinnī* (*nomen relationis* zu *ǧinn*). Eine einzelne weibliche Dämonin heisst *ǧinniyya* (pl. *ǧinniyyāt*). Man stößt daneben aber auch auf *ǧānn*, das ebenso wie *ḥāǧǧ* (Mekkapilger) kollektiv verwendet werden kann.

Verschiedentlich sind Versuche angestellt worden, den Begriff *ǧinn* vom Indogermanischen her zu deuten. Diese Ansätze müssen allerdings als gescheitert gelten. W. Eilers zog eine Verbindung zwischen *ǧānn* und neupersisch *ǧān* (Seele, Leben) in Betracht, verwarf diese „zu kühne Annahme" allerdings sogleich wieder.[114] Interessant ist auch der Ansatz J. N. Lamberts, der sowohl die palmyrenisch-aramäische Form *gny* als auch das arabische *ǧinn* von griechisch γενναῖος (edel) ableitet.[115] C. Brockelmann weist auf ähnliche Zusammenhänge hin.[116]

Beachtung verdient außerdem, dass der Ausdruck *ǧinn* nicht nur oft mit *genius* übersetzt, sondern auch etymologisch von diesem lateinischen Wort abgeleitet wurde.[117] A. J. Wensinck trug die wichtigsten Gründe dafür zusammen,

neuen Erkenntnisse; vgl. A. Wieland, *Ǧinn-Vorstellung*, S. 15 f. (1994); D. Pielow, *Quellen der Weisheit*, S. 108 (1995).

113 F. Meier, „Bet-Ruf", S. 585.

114 W. Eilers, „Iranisches Lehngut im arabischen Lexikon", S. 206, zitiert bei F. Meier, „Bet-Ruf", S. 618.

115 J. N. Lambert, *Aspects de la civilisation à l'âge du fratriarcat*. Algier 1958; zitiert bei F. Meier, *loc.cit.*

116 C. Brockelmann, *GAL*, G I.125, S I.191, stellt sich im Zusammenhang mit der Erklärung des Namens des Grammatikers Ibn Ǧinnī die Frage, ob dahinter allenfalls der griechische Eigenname Γενναῖος stehe. Ibn Ǧinnī war der Sohn eines griechischen Sklaven.

117 D. B. Macdonald Artikel „Djinn", in *EI²* II.546, hält eine Ableitung von *ǧinn* aus lateinisch *genius* nicht für ausgeschlossen. In *EI Three* fehlt der Eintrag „Jinn" zum Zeitpunkt der Arbeit an der vorliegenden Untersuchung noch.

dass diese Interpretation nicht haltbar ist.[118] F. Meier bestätigt seine Vorbehalte.[119] Gegen eine Abhängigkeit der beiden Begriffe spreche allein schon, dass *genius* und *ǧinn* für unterschiedliche Konzepte stünden.

J. Wellhausen zog zuerst eine Herkunft aus dem Äthiopischen in Betracht, entschied sich aber später für eine arabische Etymologie. Er verstand die Grundbedeutung des Ausdrucks *ǧinn* als „die Verborgenen".[120] Weitere Forschende (W. F. Albright; von J. Henninger zustimmend aufgenommen) weisen auf mögliche Zusammenhänge mit dem palmyrenisch-aramäischen *gĕnê*, pl. *gĕnên* „verborgen" (Wurzel *gny* „verborgen sein") hin. W. F. Albright meint, die *ǧinn* seien in spät-vorislamischer Zeit in die arabischen Volksvorstellungen eingedrungen.[121]

J. Starcky wiederum hatte die von W. F. Albright vorgeschlagene Lesung des palmyrenisch-aramäischen Ausdrucks mit nur einem *n* verworfen. Er las den aramäischen Begriff vielmehr als *ginnāyā*, das er als Synonym zu *ĕlāhā* (Gott) betrachtete. Der griechische Begriff γεννεας, auch γενναιος und γιναιος, stehe zur Umschreibung daneben. Starcky betrachtete den aramäischen und griechischen Begriff als Fremdwort aus dem arabischen *ǧinnī*. Den Ausdruck verstand er als Eigennamen für Allāh. Ursprünglich sei die Bedeutung im Arabischen aber appellativ „Schutzgottheit", abgeleitet von *ǧnn* „bedecken".[122] In Anschluss an Bemerkungen A. J. Wensincks lässt sich festhalten, dass die *ǧinn* in der Forschung häufig mit der Vorstellung des Bedeckens in Verbindung gebracht wurden. L. della Vida verstand sie als „Geistbedeckende", W. Eilers übersetzte mit „Zudecker".[123]

F. Meier kommt aufgrund dieser Hinweise zum Schluss, dass der Begriff *ǧinn* damit wieder ganz dem Arabischen zurückgegeben worden sei.[124] Er spricht sich dafür aus, den Ausdruck aus der arabischen Wurzel *ǧnn*, „bedecken", zu erklären. Jedenfalls biete sich einstweilen keine bessere Lösung an. Er weist darauf hin, dass die Forscher mit dem Begriff drei stark divergierende Bedeutungen in Ver-

---

118 A. J. Wensinck, „The etymology of the arabic djinn (spirit)" (1920). Einwände formulierte u. a. auch P. A. Eichler, *Die Dschinn, Teufel und Engel im Koran*, S. 9. J. Starcky widerlegte eine Abhängigkeit des arabischen *ǧinn* von lateinisch *genius* ebenso (zitiert bei F. Meier, *op.cit.*, S. 619, Anm. 146).

119 F. Meier, „Some aspects of inspiration", S. 990 f., meint: „Guardian genies perhaps originated with these jinn who have in their behavior much in common with the Latin's genii, although the words are not related."

120 J. Wellhausen, *Reste*, S. 148, Anm. 3.

121 So gemäß der Zusammenfassung bei F. Meier, „Bet-Ruf", S. 619.

122 Ausführlich zitiert bei F. Meier, „Bet-Ruf", S. 620, mit Quellenangaben.

123 Ausführlich zitiert bei F. Meier, „Bet-Ruf", S. 619 f., mit Quellenangaben.

124 F. Meier, *op.cit.*, S. 620 f.

bindung brachten: a. Für A. J. Wensinck steht „Geistbedecker" im Vordergrund; b. J. Starcky denkt an „Beschützer"; c. die Araber selbst und Wellhausen bevorzugen eine Erklärung der *ǧinn* als „verdeckte, verborgene, unsichtbare" Wesen.

Zentral ist für F. Meier die Feststellung, dass sich diese drei Bedeutungen bis heute nicht beweisen lassen. Am einleuchtendsten ist für ihn selbst die arabische und Wellhausen'sche Erklärung (c.). Man betrachte die *ǧinn* zumeist als geheimnisvolle, häufig, aber nicht immer unsichtbare Wesen. Auch hätten die arabischen Philologen den Ausdruck *ǧinn* fast durchwegs als „verborgen" aufgefasst. Oft würden die *ǧinn* als *ḫawāfī*, „die Verborgenen", bezeichnet.[125] Gegenüber J. Starckys Schutzgottheiten (b.) äußert F. Meier Vorbehalte, da die „*ǧinn* chez eux in den arabischen Wüsten eher unheimliche Gesellen sind." Gelegentlich böten sie zwar Schutz, doch viel öfter fliehe man vor ihnen. Zu den Wensinck'schen Geistverwirrern (a.) bemerkt F. Meier, dass sie aus *maǧnūn* (verrückt) und *ǧunna* (verrückt werden) abgeleitet wurden.[126]

F. Meier zieht es allerdings vor, die Begriffe *maǧnūn* und *ǧunna* an weitere Passive des Leidens anzuschließen, die im Arabischen zur Bezeichnung von Erkrankungen dienen (z. B. *ṣudiʿa:* Migräne haben; *ḥumma:* Fieber haben). *Ǧunna* (verrückt sein, werden) wäre damit als „an Bedeckung leiden" zu verstehen.[127] F. Meier mutmaßt, dass sich daraus in einem ersten Schritt die Bedeutungen „unter

125 Vgl. *Lisān al-ʿarab,* s. v. *ǧinn.* G. Müller, *Ich bin Labīd,* S. 232, Anm. 18 (mit Verweis auf E. Zbinden, *Die Djinn des Islam,* S. 75), betont, dass die arabischen Lexikographen den Ausdruck *ǧinn* mit andern Begriffen der Wurzel *ǧ-n-n* in Verbindung bringen. Die Grundbedeutung dieser Wurzel beinhalte Vorstellungen des „Versteckens, Verborgenseins." Konkret bedeute *aǧanna satara* (verbergen). Die Wendung *ǧanna-hū ăl-layl* bedeutet „Die Nacht hüllte ihn ein" (vgl. z. B. Šiblī, *Ākām al-marǧān,* S. 6.17). *Ǧanīn* bezeichnet den menschlichen Embryo (vgl. Ǧāḥiẓ, *Ḥayawān,* VI.191.8 f.). *Ǧinǧin* ist das Brustbein. Und *aǧanna* kann auch „finster sein" bedeuten. Häufig wird überdies auf eine Beziehung mit *iǧtanna,* „verhüllt, verborgen werden", hingewiesen (z. B. T. Fahd, „Anges, démons et djinns", S. 177).

126 K. Hentschel, *Geister, Magier und Muslime,* S. 20, unternimmt den Versuch, die Wensinck'sche und Wellhausen'sche Auffassungen miteinander in Einklang zu bringen, indem er festhält: „Die Wurzelbedeutung deutet also an, dass sich die Dschinn vor den Sinnen des Menschen verbergen und dass sie ebenso den Verstand des Menschen verhüllen können, so dass er besessen *(maǧnūn)* wird. Wie eine Decke *(ǧunna)* legen sie sich über den Verstand des Menschen und verhüllen ihn wie eine Frucht den Kern." Er weist anschließend darauf hin, dass diese Verhüllung bzw. Besessenheit oft als paradiesähnlicher Zustand verstanden wurde. Er stellt damit eine Beziehung zu *ǧanna* „Garten, Paradies" her *(sic).*

127 M. Dols, *Majnūn,* S. 216, versucht mit dem Hinweis, dass sich Menschen in Besessenheitszuständen *(maǧnūn)* jeweils in Kleider einhüllten einen interessanten Bezug zur Grundbedeutung des Verbs *ǧanna* (bedecken, verhüllen) herzustellen und die unterschiedlichen Deutungen miteinander in Einklang zu bringen. Auch Muḥammad verhüllte sich so, wenn ihm Teile des Korans offenbart wurden.

einem *ǧinnī* leiden" und danach „an *ǧinnitis* leiden" erschließen ließen. Damit dürfte der allgemein arabische Sprachgebrauch erreicht sein, der *ǧunūn* (an *ǧinnitis* leiden) als „Verrücktheit" versteht.[128] Vor diesem Hintergrund ist es dann auch möglich, den Ausdruck *maǧnūn* als „be-jinned, demoniac" zu übersetzen, wie dies Ch. Doughty getan hat.[129]

F. Meiers Überlegungen zur Etymologisierung des Begriffs *ǧinn* sind von Bedeutung, da sie auch Hinweise auf ausgewählte Charaktermerkmale dieser Wesen enthalten, auf die es bei späteren Gelegenheiten zurückzukommen gilt. Wichtig ist aber v. a. F. Meiers Bemerkung, dass sämtliche vorgebrachten Erklärungsversuche unbewiesen seien.[130] Für ihn ist nicht einmal gesichert, dass „*ǧinn* formal und bedeutungsmäßig von der uns bekannten arabischen Wurzel *ǧnn* „bedecken" [...] abgeleitet sein muss."[131] Es könnte sich genauso gut um ein Fremdwort handeln, das nachträglich ein arabisches Aussehen erhalten habe. Jedenfalls müssten wir uns „damit vertraut machen, dass für die richtige Etymologisierung des Wortes *ǧinn* noch immer alle Wege offen stehen."[132]

128 F. Meier, „Bet-Ruf", S. 623.

129 F. Meier, *op.cit.*, S. 624, mit Hinweis auf Ch. Doughty, *Travels in Arabia Deserta*, I.259.

130 F. Meier, „Bet-Ruf", S. 626.

131 Auch J. Henninger, *Geisterglaube*, S. 309, wirft die Frage auf, ob „das Wort *ǧinn* und die damit verbundene Vorstellung überhaupt etwas Altes und bodenständig Arabisches ist." Bei J. Henninger schließen sich Hinweise zur Etymologisierung des Ausdrucks *ǧinn* an (mit ausführlichen Literaturhinweisen).

132 F. Meier, „Bet-Ruf", S. 626.

2 Zur Existenz der *ǧinn*

Die westliche Forschung hat stets betont, dass die islamische Orthodoxie die Existenz von *ǧinn* bejahe. T. Fahd weist darauf hin, dass diesbezüglich ein *consensus doctorum (iǧmāʿ)* bestehe.[1] Auch Muḥammad habe das Vorhandensein von Geistern nie in Abrede gestellt. Weitere Forschende bestätigen dies.[2] Diese Einigkeit erklärt sich aus der vielfachen Erwähnung der Geister in Koran und *sunna*.[3]

Trotz dieser grundsätzlichen Bejahung der Existenz der *ǧinn* ergibt sich beim genaueren Hinschauen ein differenzierteres Bild. Wenn traditionalistisch orientierte Gelehrte das Vorhandensein von Geistern auch nie in Frage stellen, weisen sie in ihren Diskussionen dazu doch regelmäßig auf vom islamischen Dogma abweichende Positionen hin. Sie tun dies allerdings nur, um sich mit Zitaten aus dem Koran sogleich wieder davon zu distanzieren. Ihre Haltung dürfte nicht zuletzt dadurch bedingt sein, dass mit dem *Ǧinn*-Glauben zahlreiche heterodoxe Elemente verbunden sind, die sich nur schwer mit einem strikten Ein-Gottglauben *(tawḥīd)* vereinbaren lassen.[4] Viele traditionalistische Gelehrte vertreten gegenüber dem Dämonenglauben eine auffallend reservierte Haltung und grenzen sich zumindest von seinen Auswüchsen in der breiten Bevölkerung ab. Im Folgenden wird in einem ersten Schritt auf Aussagen von Gelehrten hingewiesen, die am Dogma der Existenz von dämonischen Wesen im Islam grundsätzlich festhalten (Kapitel 2.1). Anschließend werden abweichende Positionen diskutiert (Kapitel 2.2–2.3)

---

1 T. Fahd, „Anges, démons et djinns", S. 186.

2 T. Canaan, *Aberglaube*, S. 49, hält fest, dass die Orientalen bis auf den heutigen Tag an die Existenz von Geistern glauben. F. Meier, „Some aspects of inspiration", S. 995, meint: „Then, too, Islam has expressely recognized the existence and efficacy of the jinn." Auf ähnliche Aussagen stoßen wir u. a. bei E. Zbinden, *Die Djinn*, S. 141; A. Fatoum, *Ǧinn-Glaube*, S. 65 f.; D. Pielow, *Quellen der Weisheit*, S. 43; E. Badeen und B. Krawietz, „Eheschließung mit Dschinnen", S. 40. G. Fartacek, *Zonen der Ungewissheit*, S. 43, betont, dass der Glaube an Teufel und Dämonen kein häretisches Ketzertum darstelle, sondern grundsätzlicher Bestandteil der islamischen Glaubensdoktrin bilde. A. Wieland, *Ǧinn-Vorstellung*, S. 9, bezeichnet die *ǧinn* als Kulturelement der ägyptischen Gesellschaft. Ihre Feststellung lässt sich auf die Situation in anderen muslimisch geprägten Ländern übertragen.

3 Vgl. Kapitel 1.1 „Einleitung", Anm. 3 und 5.

4 Dazu gehören auch die komplexen Fragen zur Stellung der Magie *(siḥr)*. E. Zbinden, *Die Djinn*, S. 141, betont dass der Islam es wegen der unmissverständlichen Aussagen im Koran nie gewagt habe, die Existenz der *ǧinn* ernsthaft in Frage zu stellen. Dämonologie und Magie hätten deshalb noch heute ungebrochene Geltung.

2.1 Bejahung der Existenz der *ǧinn*

Auch der ḥanbalitische Theologe Ibn Taymiyya (gest. 728/1328), dessen Auffassung hier stellvertretend für die Haltung anderer Religionsgelehrter vorgestellt werden soll, äußert sich in deutlichen Worten zugunsten der Existenz der *ǧinn.* Er unterstreicht die Bedeutung dieses Sachverhalts für den Islam, indem er ihn in einem Atemzug mit der Einheit Gottes *(tawḥīd),* der Gesandtschaft Muḥammads *(risālat an-nabiyy),* der Existenz der Engel *(malāʾika)* und der körperlichen Auferstehung am Jüngsten Tag *(maʿād al-abdān)* erwähnt.[5] Šiblī (gest. 768/1367) übernimmt Ibn Taymiyyas Überlegungen und zitiert daraus längere Passagen wörtlich.[6] Auch die von Šiblīs *Ākām al-marǧān* direkt abhängigen Suyūṭī (gest. 911/1505)[7] und Ḥalabī (gest. 1044/1634)[8] halten am Dogma der Existenz der *ǧinn* fest. Dies tut im Übrigen auch Damīrī (gest. 808/1405), indem er aus der vielfachen Erwähnung dieser Geistwesen auf ihre tatsächliche Existenz schließt.[9]

Hamadānī-Ṭūsī trägt in seinem Mirabilienwerk (verfasst um 1180)[10] zahlreiche Überlieferungen über das Wirken dämonischer Wesen zusammen und bestätigt damit ihre Existenz.[11] Es fällt allerdings auf, dass er sich in einer Schlussbemerkung zu seinen Ausführungen zumindest innerlich von diesen Geschöpfen distanziert, hält er doch fest, dass es ihm nicht ziemlich erschienen wäre, über Dämonen zu reden, würden sie nicht im Koran selbst erwähnt.[12] Er stellt die Aus-

---

5 Ibn Taymiyya, *Īḍāḥ ad-dalāla,* S. 99.5–101.2.

6 Šiblī, *Ākām al-marǧān,* S. 5.10–6.5; vgl. die damit teilweise wörtlich identische Stelle bei Ibn Taymiyya, *Īḍāḥ ad-dalāla,* S. 102.14–103.2. Šiblī hält auch in der Einleitung zu den *Ākām al-marǧān,* S. 2.10 f., fest, dass die Position jener, die die Existenz der *ǧinn* leugnen, verdorben sei *(fasād qawl man ankara wuǧūda-hum).* Das erste Kapitel seiner Abhandlung befasst sich danach ausführlich mit der Frage (Titel: *Fī bayān iṯbāt wuǧūd al-ǧinn wa-ăl-ḫilāf fī-hi,* S. 3.18–8.21).

7 Suyūṭī, *Laqt al-marǧān,* S. 6.9–17 (§§ 6–7).

8 Ḥalabī, *ʿIqd al-marǧān:* zur Diskussion über die Existenz der *ǧinn (Iṯbāt wuǧūd al-ǧinn),* S. 26.3–27.15.

9 Damīrī, *Kitāb Ḥayāt al-ḥayawān,* I.206.18–20: „Wisse, dass sich die *Ḥadīṯe* zur Existenz der *ǧinn* und der Satane nicht zählen lassen. Dies trifft auch auf die Gedichte und Überlieferungen (*aḫbār,* sg. *ḫabar*) der Araber zu. Darüber zu streiten läuft auf ein Leugnen von Fakten hinaus, die vielfach belegt sind. Auch handelt es sich um eine Angelegenheit, die der Verstand nicht für unmöglich hält und die die Wahrnehmung *(ḥiss)* nicht in Abrede stellt *(kaḏḏaba).*"

10 Zu Hamadānī-Ṭūsī, vgl. Kapitel 1, Anm. 88.

11 A. Ṭūsī, *ʿAǧāʾib ul-maḫlūqāt,* (Ausgabe M. Sutūda), v. a. 8. *rukn,* S. 484–511; vgl. Hamadānī, *ʿAǧāyib-nāma* (Ausgabe Ṣādiqī), S. 204–226.

12 A. Ṭūsī, *ʿAǧāʾib ul-maḫlūqāt,* (Ausgabe M. Sutūda), S. 511.10–14 (vgl. modifiziert bei Hamadānī, *ʿAǧāyib-nāma* (Ausgabe Ṣādiqī), S. 204.15–17): „این مقدار گفته آمد از حدیث جن واگر نه بر وجود دیو قرآن شاهد بودی روا نداشتمی در آن سخن گفتن. ولیکن چون آفریدگار می گوید «خلق الجان من مارج من نار» (سورة الرحمن آیة ١٥) انکار کردن کفر است. چنانک گفت «خلق

sagen des Korans nicht in Frage und bezeichnet das Leugnen der Existenz von *ǧinn* mit einem Verweis auf Sure 55.14 f.[13] als Unglaube *(kufr)*.[14]

Die beigebrachte Stelle bei Hamadānī-Ṭūsī enthält erste Hinweise auf die ambivalente Haltung muslimischer Gelehrter gegenüber der Existenz von *ǧinn* und ihr Hinundhergerissensein zwischen Verstand und religiösem Dogma. Hamadānī-Ṭūsīs Rückgriff auf die Erwähnung der *ǧinn* im Koran ist typisch für die Art, wie muslimische Gelehrte aufkeimende Zweifel am Vorhandensein von Geistern entkräften. Zwar überwiegen in den im Rahmen der vorliegenden Studie untersuchten Quellen Stellungnahmen zugunsten der Existenz der *ǧinn* deutlich. Dennoch lässt sich fundamentale Kritik am Geisterglauben auch im islamischen Kulturraum häufig belegen.

Im Westen hat bereits I. Goldziher auf diesen Sachverhalt aufmerksam gemacht.[15] Neben Anhängern philosophischer und allegoristischer Richtungen hätten in Anschluss an Masʿūdī auch weitere Gelehrte den Mut aufgebracht, auf Vernunft basierende Schlüsse zu ziehen. Sie alle hätten die Existenz der *ǧinn* und die damit zusammenhängenden Vorstellungen aus dem Volksglauben „in das Reich der Fabel“ verwiesen.[16] Traditionalistisch ausgerichtete Gelehrte nehmen ihre Auffassungen zwar zur Kenntnis, widerlegen sie aber sogleich, wie es im Folgenden aufzuzeigen gilt.

الانسان من صلصال» (سورة الرحمن آية ١۴) می گوید آدمی را از گل آفریدم، چون درین انکار نتوان کرد چرا در کار جن انکار کنند“.

13 „[...] Aber da der Schöpfer sagt: ‚Er hat die *ǧānn* aus reinem Feuer *(māriǧ min nār)* erschaffen.‘ (Sure 55.15), wäre es *kufr*, [ihre Existenz] zu leugnen.“ Vgl. vorangehende Anm.

14 A. Ṭūsī, *ʿAǧāʾib ul-maḫlūqāt*, (Ausgabe M. Sutūda), S. 512 (vgl. F. Meier, NL Mappe 1, s. v. *Aufklärung*, Bl. 35 Schluss), kommt am Anfang des 9. *rukn* kurz auf die Existenz von Engeln, *ǧinn* und *parī* zurück. Er ergänzt hier, dass der Schöpfer sich bewusst gewesen sei, dass gewisse Leute später ihre Existenz leugnen würden.

15 I. Goldziher, *Abhandlungen zur arabischen Philologie*, „Excurse und Anmerkungen: Die Ǵinnen im Islâm“, S. 109.

16 Auch weitere Forscher haben dies nicht übersehen. Vgl. E. Badeen und B. Krawietz, „Eheschließung mit Dschinnen“, S. 39 f. I. Mūsāpūr, Artikel „Ǧinn“ in *Dāniš-nāma-i Ǧahān-i Islām*, II.2a, betont ebenso, dass gewisse Gelehrte *(ḥukamā)* die Existenz der Geistwesen leugnen. T. Nagel machte im Rahmen eines Vortrags über Ġazzālī ausführlich darauf aufmerksam, dass gerade Naturphilosophen die Existenz von Dämonen in Abrede stellen („Die ‚Grundregel der Auslegung‘: Zu al-Ġazzālīs Stellung in der Geschichte des sunnitischen Islams“; Universität Zürich, 18. Oktober 2012). Eine Veröffentlichung des Vortrags ist nicht vorgesehen.

2.2 Kritik an der Existenz der *ǧinn* in traditionalistischen Kreisen: Ibn Taymiyya, Faḫr ad-Dīn ar-Rāzī und Ibn Ḥazm al-Andalusī

In ihren Berichten über das Wirken der *ǧinn* weisen selbst traditionalistische Kreise regelmäßig auf die Position von Gelehrten hin, die grundlegende Kritik an der Existenz von Geistwesen üben. Diese Gegner des Dämonenglaubens formulieren ihre Einwände vor dem Hintergrund ihrer philosophischen oder theologischen Überzeugungen. Da eine ausführliche Diskussion ihrer Standpunkte umfassende Untersuchungen der diesen Systemen zugrunde liegenden Vorstellungen erfordern würde, diese im Rahmen der vorliegenden Studie aber nicht aufgearbeitet werden können, zielt die folgende Darstellung einzig darauf ab, auf philosophisch oder theologisch motivierte Einwände gegen die Existenz von Geistern hinzuweisen und dadurch einen Eindruck von diesen oft hitzig geführten Debatten zu vermitteln. Dieser Einblick stützt sich in einem ersten Schritt auf Äußerungen bei Ibn Taymiyya, Faḫr ad-Dīn ar-Rāzī und Ibn Ḥazm al-Andalusī, die als Vertreter traditionalistischer Standpunkte bekannt sind.

Der ḥanbalitische Theologe Ibn Taymiyya hält in seinen Ausführungen zum Dämonenglauben unmissverständlich fest, dass er von der Existenz von Geistwesen überzeugt sei.[17] Allerdings macht sogar er auf ablehnende Positionen aufmerksam[18]:

> Kein Angehöriger von muslimischen Gruppierungen *(ṭā'ifa)* widersetzte sich der Existenz der *ǧinn*. [Sie widersetzten sich ja auch] nicht der Tatsache, dass Gott Muḥammad zu ihnen gesandt hatte. [Auch] die große Masse der Gruppierungen der Ungläubigen bejahen die Existenz der *ǧinn*. Was die Leute der Schrift unter den Juden und Christen anbetrifft, so schließen sie sich im Hinblick auf die Existenz der *ǧinn* den Muslimen an, obwohl es unter ihnen Leute gibt, die dies leugnen. Ebenso gibt es auch unter den Gruppierungen der Muslime, wie der Ǧahmiyya und der Muʿtazila, Leute, die die Existenz der *ǧinn* in Abrede stellen, selbst wenn das Gros der Gruppierung (sg.) und ihre Imame deren Vorhandensein bejahen.

Indem das beigebrachte Zitat der Existenz der *ǧinn* denselben Stellenwert zumisst wie dem Glauben an Muḥammads Gesandtschaft, schließt es jegliche Kritik am Dämonenglauben aus. Ibn Taymiyya verweist zum Vergleich auch auf die Situation bei Juden und Christen, die das Vorhandensein von Geistern ebenso akzep-

---

17 Zu Ibn Taymiyyas Darstellung der islamischen Dämonologie allgemein vgl. B. Krawietz, „Dschinnen und universelle Ordnung des Islams bei Ibn Taymiyya".

18 Vgl. Ibn Taymiyya, *Īḍāḥ*, S. 99.14–100.4.

tierten. Allerdings gesteht er ein, dass sich unter ihnen auch ablehnende Positionen nachweisen lassen.

Nachdem Ibn Taymiyya subtil argumentierend auf zwar isolierte Kritiken am Geisterglauben bei Juden und Christen hingewiesen und damit Auffassungen von Ungläubigen ins Spiel gebracht hat, brandmarkt er auch negative Positionen zur Existenz von Geistern unter den Muslimen selbst als mit dem Islam unvereinbar. Er hält fest, dass sich die Ǧahmiyya[19] und die Muʿtazila[20] gegen den Dämonenglauben ausgesprochen hätten.[21] Ibn Taymiyya bestätigt die Leugnung der Existenz der *ǧinn* durch gewisse muslimische Kreise in seiner Abhandlung später noch einmal.[22] Er spricht dabei von einigen wenigen Grüppchen von unwissenden Philosophastern, Ärzten und dergleichen *(širḏama qalīla min ǧuhhāl al-mutafalsifa wa-ăl-aṭibbāʾ wa-naḥwa-hum)* und bringt schon durch die Wortwahl seine Geringschätzung der entsprechenden Standpunkte zum Ausdruck. Ibn Taymiyya selbst schlägt sich klar auf die Seite jener führenden Männer unter den Muslimen, die das Vorhandensein der *ǧinn* entweder bestätigen oder von denen diesbezüglich keine Äußerungen bekannt seien. Er weist zugunsten der Existenz der *ǧinn* auch auf die Überzeugungen anderer Völker hin und erwähnt die Nachkommen Sāms, Ḥāms, Yāfiṯs,[23] die Kanaäer, die Inder und die Griechen namentlich. Auch bei ihnen sei der Glaube an dämonische Wesen belegt.[24]

Während sich in Ibn Taymiyyas Hinweisen auf ablehnende Positionen zur Existenz von Dämonen die philosophischen Dimensionen der Debatte nur erahnen lassen, kommen diese Aspekte in einer vermutlich aus Faḫr ad-Dīn ar-Rāzīs (gest. 606/1209)[25] *at-Tafsīr al-kabīr* stammenden Passage deutlicher zum Ausdruck.[26] Die folgenden Ausführungen gehen auf ausgewählte Argumente ein,

---

19 Die Ǧahmiyya, eine frühe Sekte, vertrat eine besonders strikte Auslegung der Doktrin des *ǧabr*, gemäß der der Mensch nur im übertragenen Sinn handelt; vgl. M. W. Montgomery Watt, Artikel „Djahmiyya", in *EI²* II.388.

20 Die Muʿtazila, eine religiöse Bewegung, die von Wāṣil b. ʿAṭāʾ (gest. 131/748) in Baṣra gegründet wurde, zählt zu den bedeutendsten theologischen Schulen im Islam; vgl. D. Gimaret, Artikel „Muʿtazila", in *EI²* VII.783.

21 In Anschluss an Ibn Taymiyya lassen sich bei Šiblī, *Ākām al-marǧān*, S. 3.18–8.21, vergleichbare Aussagen nachweisen. Siehe auch die knapperen Äußerungen bei Suyūṭī, *Laqṭ al-marǧān*, S. 6 (§§ 6–7).

22 Ibn Taymiyya, *Īḍāḥ*, S. 118.9–12.

23 Sām, Ḥām und Yāfiṯ sind Nachkommen Noahs. Vgl. B. Heller-[A. Rippin], Artikel „Yāfith", in *EI²* XI.236.

24 Ibn Taymiyya, *Īḍāḥ*, S. 102.14–17. Dieses letzte Argument zitiert Šiblī, *Ākām al-marǧān*, S. 5.18–22, wörtlich. Auch die Fortsetzung bei Šiblī (S. 5.22–6.5) stimmt oft mit Ibn Taymiyya überein.

25 Vgl. G. C. Anawati, Artikel „Fakhr al-Dīn al-Rāzī", in *EI²* II.751.

26 Die weitere Darstellung stützt sich auf eine Passage aus einem aus dem 10. Jh. h. datierenden

die die Gegner der Existenz der *ǧinn* am Anfang der Rāzī-Stelle vorbringen. Die anschließende Widerlegung ihrer Positionen durch Rāzī wird nicht diskutiert.[27]

Die Kritiker an der Existenz von *ǧinn* argumentieren gemäß der Darstellung bei Rāzī in einem ersten Schritt damit, dass diese Geistwesen über einen Körper verfügen müssen. Er könne entweder feinstofflich *(laṭīf)* oder grobstofflich *(kaṯīf)* sein. Wenn ihr Körper aber feinstofflich sei, würden ihn heftige Winde zerreißen. Auch wären die Dämonen unter diesen Umständen nicht in der Lage, jene schweren Arbeiten zu verrichten, die ihnen im Allgemeinen zugeschrieben werden.[28] Wäre ihr Körper aber grobstofflich, müsste sie jeder Mensch mit intaktem Sehvermögen wahrnehmen können. Da beides nicht zutreffe, schließen die Vertreter dieser Auffassung auf die Inexistenz der *ǧinn*. Rāzī schenkt in seiner Zusammenstellung von Argumenten der Gegner des Geisterglaubens außerdem deren Auffassungen zum Erlangen von Erkenntnis *(ṭarīq al-maʿrifa)* Beachtung. Aus seinen Ausführungen ergibt sich, dass diese Kritiker drei Arten des Erwerbs von Wissen unterscheiden: a. Sinneswahrnehmung *(ḥiss)*, b. religiöse Tradition *(ḫabar)* und c. logischer Beweis *(dalīl)*. Rāzī präzisiert ihre Positionen dazu anschließend und hält fest:

a. Gegenüber der Existenz von Dämonen kritische Kreise stellen in Abrede, dass es Beweise für die sinnliche Wahrnehmung der *ǧinn* gebe. Da man die Gestalt der Dämonen nicht sehen und ihre Laute nicht hören könne, lasse sich keine Sinneswahrnehmung behaupten. Wer *ǧinn* gesehen oder gehört haben wolle, verfüge entweder über ein außerordentliches Vorstellungsvermögen *(taḫayyul)* oder dann zähle er zu den Menschen mit schwachen Verstandeskräften *(ḍuʿafāʾ al-ʿuqūl)*, wozu Frauen, Kinder und Verrückte zu rechnen seien. Auch könnte es sich um einen Erzähler von Geschichten handeln, der die Wahrheit in lügnerischer Absicht verdrehe. b. Die von Rāzī erwähnten Kritiker widerlegen auch den Standpunkt, dass sich aufgrund der religiösen Tradition *(ḫabar)* auf die Existenz der *ǧinn* schließen lasse. Gäbe es nämlich *ǧinn*, kämen alle von den Gottesgesandten verrichteten Wunder nur mit ihrer Unterstützung zustande. Diese Kritiker betrachten Wunder als zentralen Aspekt der Legitimation von Muḥammads Prophetschaft und würden mit ihrer Argumentation ganz direkt seinen Anspruch

---

Istanbuler Anonymus (Aya Sofya 4785, Bl. 104r–105r), die H. Ritter F. Meier hat zukommen lassen (vgl. F. Meier, NL Mappe 1, s. v. *Aufklärung*, Bl. 13–20: anschließend Abschrift aus dem Manuskript von der Hand H. Ritters, 6 Bl.). H. Ritter vermutet Faḫr ad-Dīn ar-Rāzī als Verfasser. Die Stelle liess sich in der Druckausgabe bis anhin nicht nachweisen.

27 Diese Einschränkung drängt sich auf, da die vorliegende Untersuchung nicht der Auseinandersetzung mit philosophisch motivierten Auffassungen für oder wider die Existenz von *ǧinn* allein gewidmet ist. Für eine ausführliche Darstellung von Rāzīs Erwiderung wird auf F. Meiers Nachlass verwiesen (vgl. vorangehende Anm.).

28 Zu diesen Arbeiten der Dämonen vgl. Kapitel 10.3.2, bei Anm. 130–167.

untergraben, Gesandter Gottes zu sein.[29] c. Letztlich verneinen die *Ǧinn*-Gegner auch, dass sich aufgrund von verstandesmäßigen Beweisen und logischer Spekulation auf die Existenz von Dämonen schließen lasse. Interessanterweise bricht die Argumentation zu diesem Punkt in der beigezogenen Handschrift darauf unmittelbar ab. Rāzī bemerkt jedoch am Schluss zusammenfassend, dass die Gegner des *Ǧinn*-Glaubens u. a. aus diesen Argumenten ableiten, dass man um die Existenz dieser Dinge, also der Geister, nicht wissen könne.[30]

Außerdem befasste sich auch Ibn Ḥazm al-Andalusī (gest. 456/1064) in seinem Werk *al-Faṣl fī ăl-milal* mit der Frage nach der Existenz der *ǧinn.*[31] Seine Erklärungen sind zumeist bereits bekannt und zeigen auf, dass das Argumentarium der Befürworter der Geistwesen beschränkt ist. Aus der Sicht der traditionalistischen islamischen Theologie lassen sich die Diskussionen zur Existenz der Dämonen mit dem Rückgriff auf den Wortlaut der Offenbarung abschließend entscheiden.

Ibn Ḥazm argumentiert einerseits damit, dass Gott in der Lage gewesen sei, Menschen und Tiere aus Erde und Wasser zu erschaffen. Aufgrund seiner Macht lasse sich nicht in Abrede stellen, dass er auch aus Feuer Lebewesen, nämlich die Dämonen, habe erschaffen können. Aus dem Koran gehe hervor, dass Gott auch die *ǧinn* erschaffen habe. Allfällige Zweifel daran liefen auf eine Leugnung von Muḥammads Prophetschaft hinaus, durch die der Koran geoffenbart worden sei. Anderseits verweist Ibn Ḥazm ähnlich wie Ibn Taymiyya darauf, dass sich die Muslime in der Bejahung der Existenz von Dämonen einig seien *(aǧmaʿa, iǧmāʿ).* Auch die Christen, Zoroastrier, Sabier und die meisten Juden, hier mit Ausnahme der Samaritaner, würden sich zustimmend zum Geisterglauben äußern. Ibn Ḥazm schließt seine Überlegungen zur Existenz von *ǧinn* mit der folgenden, für die Position traditionalistischer Kreise bezeichnenden Bemerkung[32]:

> Wer die *ǧinn* leugnet oder über sie Umdeutungen ersinnt, durch die er sie aus der äußeren Welt[33] hinausdrängt, ist ein ungläubiger Polytheist *(kāfir mušrik),* dessen Blut und Besitz vogelfrei sind *(ḥalāl ad-dam wa-ăl-māl).*

---

29 Es fällt auf, dass der Koran wiederholt darauf hinweist, dass Muḥammad seine Prophetschaft gerade nicht durch Wunder legitimiert. Der Koran selbst ist für ihn Wunder genug. Dieser Widerspruch wird hier nicht weiter kommentiert.

30 F. Meier, NL Mappe 1, s. v. *Aufklärung,* nach Bl. 20: Abschrift aus dem Istanbuler Manuskript durch H. Ritter, Bl. 1: „فثبت انه لا سبيل الى العلم بوجود هذه الاشياء“. F. Meier korrigiert *min al-ʿilm* in *ilā ăl-ʿilm.*

31 Vgl. Ibn Ḥazm al-Andalusī, a*l-Faṣl fī ăl-milal,* V. 12.9–19. Zu Ibn Ḥazm vgl. R. Arnaldez, Artikel „Ibn Ḥazm“, in *EI²* III.790; Ibn Ḥazm ist v. a. als Verfasser des *Ṭawḳ al-ḥamāma* bekannt.

32 Ibn Ḥazm, a*l-Faṣl fī ăl-milal,* V. 12.18 f.

33 Im Text einfach *aẓ-ẓāhir.*

Mit dieser Aussage brandmarkt Ibn Ḥazm das Leugnen der *ǧinn* als *kufr* (Unglaube) und bezeichnet all jene als vogelfrei, die die tatsächliche Existenz von Dämonen nicht akzeptieren.[34]

2.3 Hin zu einer Psychologisierung: Erklärungen dämonischer Erscheinungen in literarischen Zeugnissen: Masʿūdī, Ǧāḥiẓ und Niẓāmī

Während sich die bisherigen Ausführungen auf Darstellungen traditionalistisch ausgerichteter Gelehrter stützten und indirekt auf die Standpunkte von Gegnern des Geisterglaubens hinwiesen, stehen im Folgenden Äußerungen von Polygraphen und Literaten im Vordergrund. Ihre Aussagen widersprechen der korani-

---

34 Im Sinn einer Ergänzung sei bei dieser Gelegenheit auf eine Episode bei Hamadānī-Ṭūsī hingewiesen (vgl. A. Ṭūsī, *ʿAǧāʾib ul-maḫlūqāt* (Ausgabe M. Sutūda), S. 485.5–18, und Hamadānī, *ʿAǧāyib-nāma* (Ausgabe Ṣādiqī), S. 204.18–205.10). Diese Quelle berichtet von einer Auseinandersetzung zur Existenz der *ǧinn* zwischen dem Theologen *(mutakallim)* Naẓẓām und Abu ăl-Huḏayl. Während Naẓẓām die Existenz von Geistern bejahte, verneinte dies Abu ăl-Huḏayl. Schließlich schaltete sich der Kalif vermittelnd in ihren Disput ein und hielt fest: „Man kann die Existenz von Dämonen *(dīw)* nicht durch Beweis *(burhān)* darlegen, sondern man muss aufgrund des Korans an sie glauben." Allerdings gibt sich Naẓẓām nicht geschlagen und versucht weiter, seinen Gegner von der Realität der Geister zu überzeugen: Abu ăl-Huḏayl besaß einen Sodbrunnen, in dem sich Naẓẓām versteckte. Als sein Gegner einen Eimer hinunterließ, packte Naẓẓām diesen und rief mit furchterregender Stimme nach oben: „Warum greifst du *ǧinn* und *parī* an?" Doch Abu ăl-Huḏayl durchschaut die Angelegenheit, versperrt den Brunnen mit einem Steinblock und verständigt den Kalifen. Dessen Bedienstete ziehen den beschämten *mutakallim* wenig später aus dem Brunnen und bringen ihn vor den Herrscher. Der Kalif hält darauf fest: „Niemand kann das Verborgene *(ġayb)* sichtbar machen und dafür den Beweis *(burhān)* erbringen." Er führt als Vergleich die Befragung und allfällige Bestrafung des Verstorbenen durch Munkar und Nakīr an. An diese Dinge müsse man einfach glauben. Es beruhe auf heiliger Überlieferung *(samʿī)* und lasse sich durch den Verstand *(ʿaqlī)* nicht erklären. Wer solche Dinge zu ergründen versuche, werde beschämt wie Naẓẓām. Hamadānī-Ṭūsī schließt mit der Bemerkung: „Da der Schöpfer sagte ‚Es gibt *ǧinn*', muss man daran glauben." (مقصود ازین آنست کی آفریدگار چون گفت جنی هست ایمان باید داشت). Bei Naẓẓām handelt es sich um den Muʿtaziliten Abū Isḥāq an-Naẓẓām (gest. ca. 221/836), der von Abu ăl-Huḏayl al-ʿAllāf, seinem Onkel mütterlicherseits, in Baṣra ausgebildet worden war. Naẓẓām griff die Positionen Abu ăl-Huḏayls später an (vgl. J. van Ess, Artikel „an-Naẓẓām, Abū Isḥāq", in *EI*^{2} VII.1057; ders., Artikel „Abū Esḥāq Naẓẓām", in *EIr*, Online-Ausgabe; siehe außerdem J. van Ess, *Theologie und Gesellschaft*, III.296–419, und sein Index s. v. Naẓẓām; zu Abu ăl-Huḏayl beachte H. S. Nyberg, Artikel „Abu ăl-Huḏayl al-ʿAllāf", in *EI*^{2} I.127; J. van Ess, *Theologie und Gesellschaft*, III.209–297, und sein Index s. v. Abu ăl-Huḏayl). Auch Ǧāḥiẓ kommt übrigens auf Naẓẓāms Positionen zu sprechen (vgl. bei Anm. 50).

schen Position oft diametral, wie sich anhand von Bemerkungen bei Ǧāḥiẓ (gest. 255/868–69)[35], Masʿūdī (gest. 345/956)[36] und Niẓāmī (12. Jh.)[37] aufzeigen lässt.[38]

Masʿūdī formuliert in den *Murūǧ aḏ-ḏahab* deutliche Einwände gegen die Existenz der *ǧinn,*[39] die als Ausgangspunkt der weiteren Diskussion dienen. Bevor Masʿūdī seine Kritik allerdings im Einzelnen vorbringt, stellt er unterschiedliche Berichte über Dämonen vor und verweist auf seine detaillierten Ausführungen dazu in einem heute verlorenen Werk.[40] Es sei seine schriftstellerische Pflicht, die einschlägigen Auffassungen unvoreingenommen festzuhalten.[41] Masʿūdī betont, dass die von den muslimischen Rechtsgelehrten *(ahl aš-šarʿ)* vorgestellten Beschreibungen der Dämonen zwar grundsätzlich möglich und nicht *a priori* unglaubwürdig seien. Er unterstreicht jedoch, dass sich ihre Darstellungen nicht aufdrängen. Jedenfalls hätten die meisten Gelehrten, die sich des Themas aus rationaler Sicht angenommen hätten, die entsprechenden Beschreibungen als unhaltbar zurückgewiesen.[42]

Der Verfasser der *Murūǧ aḏ-ḏahab* verdeutlicht seine Vorbehalte anschließend.[43] Er verweist auf die Auffassung einer Gruppierung *(farīq)*, die die Entstehung des Dämonenglaubens damit erklärt, dass die Araber in Einsamkeit und Abgeschiedenheit leben.[44] Wenn der Mensch auf seinen Reisen schreckliche

35 Vgl. Ch. Pellat, Artikel „Djāḥiẓ", in *EI²* VI.784 ff.

36 Vgl. Ch. Pellat, Artikel „Masʿūdī", in *EI²* II.385 ff.

37 Vgl. P. Chelkowski, Artikel „Niẓāmī", in *EI²* VIII.76.

38 F. Meier macht auf weitere kritische Äußerungen zur Existenz der *ǧinn* aufmerksam, die hier nicht ausgewertet werden; vgl. NL Mappe 1, s. v. *Aufklärung*, 67 Bl.; NL Mappe 11, s. v. *Aufklärung, Leugnung der Existenz der ǧinn.*

39 Masʿūdī, *Murūǧ* (de Meynard/de Courteille), III.321.8–324.8; (Pellat), II.293.7–296.2, §§ 1204 (Schluss)–1207.

40 Masʿūdī befasst sich mit den Dämonen in *Murūǧ aḏ-ḏahab* (Kapitel 49–50): (de Meynard/de Courteille), III.314.1–333.2; (Pellat), II.289.1–300.8, §§ 1196–1216. Masʿūdī (*Murūǧ*, Pellat, II.294.4) gibt an, sich in seinem heute verlorenen Werk *Kitāb al-Maqālāt fī uṣūl ad-diyānāt* (Nr. 19 in der Aufzählung im *EI*-Artikel; vgl. Anm. 36) ausführlich mit Berichten über Dämonen befasst zu haben.

41 Masʿūdī, *Murūǧ* (Pellat), II.293.12–294.2.

42 Masʿūdī, *Murūǧ* (Pellat), II.293.11 f.: „وإن كان اكثر أهل النظر والبحث والمستعلمين لقضية العقل والفحص يمتنعون مما ذكرناه ويأبون ما وصفنا".

43 Masʿūdī, *Murūǧ* (Pellat), II.295.6–296.2.

44 Die Vorstellung, dass Einsamkeit das Entstehen des Glaubens an dämonische Wesen begünstige, lässt sich mehrfach nachweisen. D. Pielow, *Lilith*, S. 167 f., belegt anhand von Beispielen, dass Einzelpersonen außerhalb ihres Gruppenverbands leichter zu Opfern von Dämonen würden. Auch F. Meier macht in seiner Materialsammlung darauf aufmerksam, dass dämonische Erscheinungen den Menschen überkommen, wenn er zu viel allein sei. Daraus lässt sich ableiten, dass der Mensch Einsamkeit meiden und ein Leben in Gesellschaft vorziehen soll. Die exakte Stelle dazu in F. Meiers Nachlass zur Dämonologie liess sich leider nicht mehr auffinden.

Landschaften durchquere, fürchte er sich. Diese Angst bilde den Nährboden für Täuschungen, quälende Wahnvorstellungen und nichtige Vorahnungen von Unheil.[45] Ein solches Umfeld begünstige das Wahrnehmen von Stimmen und Phantomen. Besonders Personen, die unter Wahnvorstellungen leiden,[46] seien davon betroffen. Masʿūdī erklärt diese Wahrnehmungsstörungen mit falschem Denken *(sūʾ at-tafkīr)* und einem Leben in unwegsamen, strukturlosen Gegenden. In seiner Isolation sehe der Mensch überall Gefahren und sei für die aus dem islamischen Dämonenglauben bekannten Vorstellungen empfänglich.

In diesen Ausführungen formuliert Masʿūdī fundamentale Kritik am islamischen *Ǧinn*-Glauben. Seine Einwände stehen dabei nicht isoliert da, hat doch bereits Ǧāḥiẓ Vorbehalte an der Existenz von Dämonen geäußert. Diese fallen gegenüber Masʿūdīs Angriffen allerdings gemäßigter aus. Ǧāḥiẓ hält im *Kitāb al-Ḥayawān* fest,[47] dass Wahnvorstellungen *(waswasa)* und Wahrnehmungsschwierigkeiten das Entstehen eines Glaubens an dämonenartige Wesen zumindest begünstigen.[48] Die folgende Darstellung verdeutlicht seine Auffassungen.[49]

Ǧāḥiẓ greift in seinen Ausführungen Äußerungen des Muʿtaziliten Abū Isḥāq [an-Naẓẓām] auf.[50] Demnach würden Gefühle der *waḥša*[51] die Leute auf ihren Reisen durch verlassene, wüste Gegenden *(bilād al-waḥš)* packen. Ihre Isolation *(infirād, infarada)*, der lange Aufenthalt in öden Landstrichen *(muqāmu-hū fī ăl-bilād wa-ăl-ḫalāʾ)* und die Abgeschiedenheit von andern Menschen *(buʿd min al-ins)* führten dazu, dass sich der Reisende fürchte und niedergeschlagen sei *(istawḥaša)*. Mangel an Beschäftigungsmöglichkeiten und Gesprächspartnern trügen zusätzlich zur Unerträglichkeit der Situation bei.

---

45 Masʿūdī, *Murūǧ* (Pellat), II.295.10: „واذا هو جبن داخلته الظنون الكاذبة والاوهام المؤذية والسوداوية الفاسدة“.

46 Masʿūdī, *Murūǧ* (Pellat), II.295.11 f.: „بنحو ما يعرض لذى الوسواس“.

47 F. Meier, NL Mappe 1, s. v. *Aufklärung*, Bl. 38 f., macht auf diese Stelle aufmerksam.

48 Ǧāḥiẓ, *Ḥayawān*, VI.249.6.

49 Vgl. Ǧāḥiẓ, *Ḥayawān*, VI.248.10–255.2.

50 Ǧāḥiẓ, *Ḥayawān*, VI.249.1–7. A. Ṣaqr, der Herausgeber von Ibn Qutayba, *Taʾwīl muškil al-Qurʾān*, S. 86, Anm. 1–2, macht auf diese Ǧāḥiẓ-Stelle aufmerksam und präzisiert den Namen Abū Isḥāq durch die Hinzufügung des *laqab* an-Naẓẓām. Für Hinweise auf Ǧāḥiẓʾ Abhängigkeit von Naẓẓāms Positionen und Naẓẓām selbst vgl.: J. van Ess, Artikel „al-Naẓẓām, Abū Isḥāq“, in *EI*² VII.1057; ders., Artikel „Abū Esḥāq Naẓẓām“, in *EIr*, Online-Ausgabe; siehe außerdem ders., *Theologie und Gesellschaft*, III.296–419 und sein Index s. v. Naẓẓām; die hier diskutierte Ǧāḥiẓ-Stelle ist übersetzt bei J. van Ess, *Theologie und Gesellschaft*, VI.174 f. (Nr. 233). Auch Hamadānī-Ṭūsī thematisierte Naẓẓāms Auffassungen zur Existenz der *ǧinn*; vgl. Anm. 34. Die unterschiedlichen Akzente in den entsprechenden Darstellungen bei Ǧāḥiẓ einerseits und Hamadānī-Ṭūsī andererseits sollen hier nicht kommentiert werden.

51 Also: „Einsamkeit, Trostlosigkeit, Düsterkeit“.

Sein Alleinsein *(al-waḥda)* veranlasse den Menschen schließlich dazu, sich Wunschvorstellungen *(munan,* sg. *munya)* und Gedankenspielereien *(tafkīr)* hinzugeben. Dieses Nachdenken könne unter Umständen Einflüsterungen *(waswasa)* verursachen.[52] Wenn sich der Mensch ängstige *(istawḥaša)*, erscheine ihm etwas Kleines groß und er beginne zu zweifeln.[53] Seine Verstandeskräfte *(ḏihn)* würden sich auflösen und seine Säfte zerfallen. Er sehe und höre dann Dinge, die sich nicht wahrnehmen ließen. Auch stelle er sich etwas Leichtes und Geringes als gewaltig und erhaben vor.[54]

Die Menschen würden darauf über diese vermeintlichen Erscheinungen Gedichte verfassen und sich diese gegenseitig rezitieren *(tanāšada)*. Auch würden sie ihre Erlebnisse in Erzählungen *(ḥadīṯ)* festhalten und von Generation zu Generation weiterreichen. Dadurch wachse ihr Glaube daran. Die Jugendlichen würden mit diesen Vorstellungen aufwachsen und die Kinder würden durch ihre Erziehung damit vertraut. Wenn sich jemand später in einer stockfinstern Neumondnacht mitten in weiten Wüsteneien befinde, erinnere er sich an diese Geschichten. Beim ersten Anflug von Furcht oder Schrecken, bei jedem Kauzenschrei oder beim Widerhall des Echos glaube er dann, allerhand Nichtiges zu sehen, und bilde sich falsche Dinge ein *(tawahhama)*. Wenn er lügnerisch veranlagt sei und gern prahle, verfasse er darüber sogar Gedichte[55]:

> Er sagt dann: ‚Ich habe die *ġūl*[56] gesehen.‘ Oder: ‚Ich habe mit der *si'lāh*[57] geredet.‘ Später geht er noch einen Schritt weiter und sagt: ‚Ich habe sie getötet.‘ Dann macht er nochmals einen Schritt und sagt: ‚Ich war mit ihr befreundet.‘ Und wenn er nochmals einen Schritt weitergeht, sagt er: ‚Ich habe mich mit ihr verheiratet.‘

Ǧāḥiẓ verdeutlicht seinen Standpunkt anschließend anhand von Versen 'Ubayd b. Ayyūbs. Im Sinn eines vorläufigen Fazits hält er fest, dass man mit derartigen Gedichten und Berichten nur Beduinen oder Ungebildete fangen könne. Solche Leute seien nicht in der Lage zu unterscheiden, was Zustimmung *(taṣdīq)*, was Ablehnung *(takḏīb)* und was Zweifel *(šakk)* verdiene. Im Urteil über solche Dinge hätten die Beduinen noch keine Sicherheit und Gewissheit gefunden.[58]

---

52 Ǧāḥiẓ, *Ḥayawān*, VI.249.5 f.: „والفكر ربما كان من اسباب الوسوسة“.
53 Ǧāḥiẓ, *Ḥayawān*, VI.250.2–4.
54 Ǧāḥiẓ, *Ḥayawān*, VI.250.3 f.: „فرأى ما لا يُرى، وسمع ما لا يُسمع، وتوهم على الشيء اليسير الحقير، أنه عظيم جليل“.
55 Ǧāḥiẓ, *Ḥayawān*, VI.250.11–251.2.
56 Zu den *ġūl*, einer Dämonenart, vgl. Kapitel 5.6.2, c. „Die *ġūl*“, bei Anm. 510–585.
57 Zu den *si'lāh*, einer weiteren Dämonenart, vgl. Kapitel 5, bei Anm. 383 und 583, sowie die Anm. 462, 555, 564, 576 in Kapitel 5.
58 Ǧāḥiẓ, *Ḥayawān*, VI.251.10–13.

Wenn auch Ǧāḥiẓ in seinen Ausführungen teilweise auf Standpunkte Abū Isḥāq an-Naẓẓāms zurückgreift, lassen sich doch auch bei ihm selbst grundsätzliche Vorbehalte gegenüber der Existenz dämonischer Wesen feststellen. Aus seiner Darstellung ergibt sich jedenfalls, dass auch er die entsprechenden Auffassungen hinterfragt und sie mit irregeleiteten Wahrnehmungen zu erklären versucht. Ähnlich wie Masʿūdī sieht auch Ǧāḥiẓ das Leben in Einsamkeit und Abgeschiedenheit in einer häufig furchteinflößenden Landschaft als Szenario, das der Ausbildung eines Glaubens an dämonische Wesen zuträglich ist. Vergleichbare Vorstellungen lassen sich indirekt auch bei Ibn Qutayba (gest. 276/889) belegen.[59] Die vorangehenden Ausführungen zeigen jedenfalls auf, dass sich bei weitem nicht alle Gelehrten und Literaten dem koranischen Dogma der Existenz der *ǧinn* beugen. Sie erklären das Auftreten von *ǧinn* vielmehr mit Sinnestäuschungen. Auch lassen sich bereits bei diesen Autoren Hinweise auf eine psychologische Interpretation der Geister feststellen, die ihnen letztlich jegliche äußere und damit tatsächliche Existenz in der unmittelbaren Realität absprechen.

Diese psychologisch motivierte Erklärung der Dämonologie lässt sich anhand der Māhān-Geschichte in Niẓāmīs *Haft Paykar* gut illustrieren, die wichtige Einblicke in Interpretationen des Geisterglaubens außerhalb des traditionalistisch orientierten Islams vermittelt.[60] Niẓāmīs Erzählung beschreibt die nächtlichen

---

59 F. Meier, NL Mappe 1, s. v. *Aufklärung*, Bl. 36–38, macht auf eine Stelle in Ibn Qutaybas *Taʾwīl muškil al-Qurʾān*, S. 85.14–92.5, aufmerksam (vgl. G. Lecomte, Artikel „Ibn Ḳutayba", in *EI*² III.844 ff.). Ibn Qutayba trägt hier in einem ersten Schritt Argumente zusammen, die die Gegner des Dämonenglaubens als Beweise für die Inexistenz der *ǧinn* anführen. Viele ihrer Einwendungen lassen sich auch bei Ǧāḥiẓ und Masʿūdī nachweisen. Auffällig häufig greift Ibn Qutayba in seiner Argumentation überdies Verse altarabischer Dichter auf (Dū ăr-Rumma, Ḥumayd b. Ṯawr, Aʿšāʾ), die das Vorhandensein von Dämonen in Frage stellen. Doch in Übereinstimmung mit dem Vorgehen anderer traditionalistisch orientierter Gelehrter lässt auch der Korankommentator Ibn Qutayba ihre Einwände nicht unwidersprochen stehen. Seine Kritik richtet sich v. a. gegen den Versuch, das Wahrnehmen von Dämonen mit Sinnestäuschungen zu erklären. Er bringt seine Einwände u. a. in folgender Aussage auf den Punkt (*Taʾwīl*, S. 90.1–3; Übersetzung in Anlehnung an F. Meier): „Was könnte einen dazu verleiten, die Araber insgesamt für Toren und Lügner zu halten, wo doch der Koran, der Gottgesandte, die früheren Offenbarungsbücher, die Profeten und die nichtarabischen Völker alle die Aussagen der Araber bestätigen? Gott schuf die *ǧinn* als eine der beiden [Gruppen der] Gewichtigen *(ṯaqalān)*, sprach sie in seinem Buche an wie uns und nannte sie Männer wie uns [es folgen Verweise auf Koranstellen]." Vgl. Ibn Qutayba, *Taʾwīl muškil al-Qurʾān*, S. 90.11–14 (siehe dazu F. Meier, NL Mappe 1, s. v. *Aufklärung*, Bl. 38): Diese Stelle greift das Argument nochmals auf, Dämonen ließen sich als aus Sinnestäuschungen resultierende und damit nichtige Erscheinungen erklären. Auch hier lässt Ibn Qutayba diesen Einwand nicht gelten. Denn trotz ihrer empfindlichen Wahrnehmungs- und Vorstellungskraft seien nicht alle Araber derart veranlagt, dass sie Einbildungen und Wahngebilden zum Opfer fielen.

60 Niẓāmī, *Haft Paykar* (Ausgabe B. Ṯirwatiyān), § 36, S. 269–290.

Schreckenserlebnisse Māhāns, eines bildschönen Jünglings aus Ägypten, zu dessen Ehre seine Freunde ein Fest in einem wunderbaren Garten veranstaltet hatten.[61] Als Māhān die Gesellschaft für einen Spaziergang verlässt, spricht ihn ein Fremder an und gibt sich als Handelsgefährte aus. Māhān werde leichten Gewinn erzielen, wenn er ihm behilflich sei, Ware nachts am Zoll vorbei in die Stadt zu schmuggeln. Doch bald entpuppt sich sein vermeintlicher *compagnon* als schrecklicher Dämon und entführt ihn in die Wüste. In den nächsten drei Nächten sieht sich Māhān mit weiteren Geistern konfrontiert. Am vierten Abend zieht sich der Protagonist zum Schlafen in eine Hütte zurück, wo er einem fahlen Licht am Ende eines Schachts nachgeht und schließlich in eine schöne Gartenanlage gelangt. Anfänglich hält der Besitzer des Gartens, ein alter Mann, den Eindringling zwar für einen Dieb, doch bald schließen die beiden Freundschaft. Nachdem Māhān von seinen schrecklichen Erlebnissen berichtet hat, äußert sich der Alte erklärend dazu.[62]

Aus den Ausführungen des Alten ergibt sich, dass Dämonen *(dīw)*[63] dem Menschen anfänglich etwas vorgaukeln. Habe er sich täuschen lassen, zerbrächen sie all seine Knochen.[64] Vordergründig würden sie zwar die Wahrheit sagen, doch eigentlich stehe ihnen der Sinn nur nach krummen Touren. Sie nähmen den Menschen bei der Hand, würden ihn aber in den Abgrund stürzen.[65] Ihre Liebe bestehe darin, zum Hass hinzuführen. Dieses Verhalten entspreche ihrem eigentlichen Wesen.[66]

Für Niẓāmīs Interpretation der Dämonologie von Bedeutung sind seine Feststellungen, dass auch Menschen täuschen und verführen können. Der Alte bezeichnet sie als *farībnāk* und hält fest, dass es auf der Welt ihrer viele gebe. Sie seien dumm *(ablah)* und würden sich über die Dummen lustig machen. Sie gäben Lügnerisches als Wahres aus. Allerdings gebe es in der Vorstellung von Lügenhaftem *(dar ḫiyāl-i durūġ)* keine Hilfe. Nur die Wahrheit habe auf immer

---

61 Gärten werden insbesondere in einem iranischen Kontext mit dem Paradies assoziiert; vgl. J. S. Meisami, „Allegorical Gardens in the Persian Poetic Tradition: Nezami, Rumi, Hafez"; E. B. Moynihan, *Paradise as a garden: in Persia and Mughal India.*

62 Niẓāmī, *op.cit.*, § 36, vv. 238–243.

63 Im Persischen dient *dīw* häufig als Synonym für den arabischen Begriff *ǧinn*. Dies ist insofern problematisch als die *dīw* grundsätzlich schädlich sind, während die *ǧinn* als moralisch neutral gelten (vgl. Kapitel 1, Anm. 4). Zum Ausdruck *dīw* siehe außerdem M. Omidsalar, Artikel „Dīv", in *EIr*, Online-Ausgabe, konsultiert am 27. Oktober 2011.

64 Niẓāmī, *op.cit.*, § 36, vv. 241: „بفریبند مردرا ز نخست || بشکنندش شکستنی به درست".

65 Niẓāmī, *op.cit.*, § 36, vv. 242: „راست خوانی کنند وکژبازند || دست گیرند ودر چه اندازند".

66 Niẓāmī, *op.cit.*, § 36, vv. 243: „مهرشان رهنمای کین باشد || دیورا عادت این چنین باشد".

Bestand.[67] Nach diesen Vorbemerkungen wendet sich der Alte erneut an Māhān und erklärt ihm, er sei aufgrund seines im innersten Kern einfältigen Wesens Opfer trügerischer Vorstellungen *(ḫiyāl)* geworden. Nur den Arglosen und Einfältigen *(sāda-dil)* könnten die Dämonen Nichtiges vorgaukeln.[68] Niẓāmī weist in diesen Ausführungen des Alten auf eine innere Prädisposition von potentiellen Opfern der Dämonen hin. Er bezeichnet sie als dumm *(ablah)*[69] bzw. einfältig *(sāda-dil)*. Nur derart veranlagte Menschen ließen sich durch das abscheuliche Spiel *(bāzī-i karīh-galān)* der Geister täuschen.

Indem Niẓāmī die Konzepte Spiel *(bāzī)* und trügerische Vorstellung *(ḫiyāl)* aufgreift, spricht er den Dämonen implizit jegliche tatsächliche Existenz ab. Der Dichter verdeutlicht diese Auffassung in weiteren Überlegungen zu Māhāns Schreckenserlebnissen. Er betrachtet Māhāns Furcht *(tars)*, also ein inneres Gefühl, als Auslöser dafür, dass die Dämonen überhaupt Macht über ihn bekommen hätten. Erst diese Furcht habe es den Geistern gestattet, Māhāns Vorstellungskraft *(ḫiyāl)* Trugbilder vorzugaukeln *(ḫiyāl-bāzī)*.[70] Diese Trugbilder hätten aber ebenso wie Zauberei *(siḥr)* nicht wirklich Bestand.[71] Niẓāmī bestätigt diese Hinweise auf die Irrealität der Dämonen und deren Interpretation als Auswüchse einer gequälten Persönlichkeit mit dem Hinweis, dass Māhāns Geist *(ḫāṭir)* nicht zum Opfer trügerischer Vorstellungen *(ḫiyāl)* geworden wäre, hätte er sein Herz auf dem rechten Fleck gehabt[72]:

گر دلت بودی آن زمان بر جای   نشدی خاطرت خیال نمای

Wenn sich dein Herz damals auf dem rechten Fleck befunden hätte, hätte dir dein Geist keine trügerischen Vorstellungen vorgegaukelt.

Dieser Bericht über Māhāns Begegnungen mit den Dämonen beschreibt auf den ersten Blick ein Geschehen in der äußeren Welt. Indem der Dichter in den Erklärungen des alten Gartenbesitzers aber mehrfach Begriffe wie Spiel *(bāzī)*, trügerische Vorstellungen *(ḫiyāl)* und das Vorgaukeln von Trugbildern *(ḫiyāl-bāzī)* aufgreift, rückt er von dieser unmittelbaren Interpretation ab. Gerade der zuletzt zitierte Vers zeigt auf, dass Niẓāmī Dämonen als trügerische Produkte des menschlichen Geists und damit als psychologisch zu erklärende Erscheinungen

67 Niẓāmī, *op.cit.*, § 36, v. 247: „در خیالِ دروغ بی مددیست || راستی حکم نامهِ ابدیست“.
68 Niẓāmī, *op.cit.*, § 36, v. 249 f.: „ساده دل شد در اصل گوهر تو || کاین خیال اوفتاد در سر تو ||| این چنین بازی کریه گلان || ننمایند جز به ساده دلان“.
69 So Niẓāmī, *op.cit.*, § 36, v. 245.
70 Niẓāmī, *op.cit.*, § 36, v. 251: „ترس تو بر تو ترکتازی کرد || با خیالت خیال بازی کرد“.
71 Vgl. Niẓāmī, *op.cit.*, § 36, v. 248.
72 Niẓāmī, *op.cit.*, § 36, v. 253.

versteht. Vieles spricht dabei dafür, dass der Verfasser des *Haft Paykar* die soeben beigebrachten Erklärungen dem Gartenbesitzer in den Mund legt, damit er selbst allfälligen Angriffen von Vertretern der muslimischen Orthodoxie entgeht.

2.4 Das Dilemma traditionalistischer Gelehrter: strikter Monotheismus

Die vorangehenden Ausführungen zeigen auf, dass im Bereich des Islams mehrfach Zweifel an der Existenz der *ǧinn* geäußert wurden. Die traditionalistisch ausgerichteten Gelehrten haben aber dem differenzierten Argumentarium dieser in logischem Denken geschulten *ǧinn*-kritischen Kreise nur wenig entgegenzusetzen. F. Meier hat in diesem Zusammenhang von einem Dilemma der Traditionalisten gesprochen und festgehalten: „Die Verteidiger der *ǧinn* haben [zugunsten der Existenz der Dämonen] anscheinend nichts anderes vorzubringen als die Offenbarung.“[73] Die Ratlosigkeit dieser Gelehrten äußert sich nicht zuletzt in einer ambivalenten Einstellung gegenüber der Behandlung des *Ǧinn*-Glaubens allgemein. Es fällt jedenfalls auf, dass sich bekannte Korankommentatoren (z. B. Ṭabarī, Zamaḫšarī, Bayḍāwī, Faḫr ad-Dīn ar-Rāzī, Abu ăl-Futūḥ ar-Rāzī, Maybudī) sogar in ihren Ausführungen zu Sure 72, die bereits im Titel auf die *ǧinn* hinweist, nur sehr zurückhaltend zum Dämonenglauben äußern. Jedenfalls bieten sich ihre Bemerkungen zu dieser Koranstelle nur beschränkt als Quellen für die Aufarbeitung der *Ǧinn*-Thematik im Allgemeinen an.[74]

Dieser vorsichtige Umgang traditionalistisch geprägter Kreise mit dem Geisterglauben lässt sich mit einem gespannten Verhältnis zwischen *Ǧinn*-Glauben einerseits und striktem Monotheismus *(tawḥīd)* anderseits erklären. Vieles spricht dafür, dass die Integration heidnischer Gottheiten in den Islam zumindest aus traditionalistischer Perspektive nicht unproblematisch verlaufen ist. Sie dürfte jedenfalls nicht in jeder Hinsicht derart reibungslos erfolgt sein, wie dies u. a. von F. Meier postuliert worden ist.[75]

---

73 F. Meier, NL Mappe 1, s. v. *Aufklärung*, Bl. 38.

74 Die *Tafsīr*-Literatur äußert sich nur bei der Behandlung von Salomons Kampf gegen alles Dämonische eingehender zu den entsprechenden Vorstellungen (vgl. Kapitel 10: „Salomon: Kämpfer wider alles Dämonische“). Diese Darstellungen stützen sich stark auf Material aus jüdischen Quellen. Möglicherweise fiel es den muslimischen Korankommentatoren vor dem Hintergrund der fremden Herkunft dieser Berichte leichter, sie in ihren Ausführungen zu berücksichtigen. Vgl. dazu u. a. auch Kapitel 10, Anm. 210.

75 Vgl. dazu oben, Kapitel 1, Anm. 10.

Die Vorbehalte der muslimischen Religionsgelehrten kommen in Äußerungen zum mit dem Dämonenglauben eng verwandten Amulettwesen besonders deutlich zum Ausdruck, wie sich anhand von Ausführungen Ibn Taymiyyas aufzeigen lässt.[76] Gemäß zwei Prophetenworten, die der ḥanbalitische Theologe aus Muslims *Ṣaḥīḥ* zitiert,[77] soll sich Muḥammad zwar nicht grundsätzlich gegen Geisterbeschwörungen (*ruqya*, pl. *ruqan*) und den Gebrauch von Amuletten ausgesprochen haben. Solange der Beschwörer seinem Nächsten *(aḫ)* nützen wolle und keine Ketzerei betreibe, sei gegen solche Praktiken nichts einzuwenden.[78] Allerdings spricht sich Ibn Taymiyya in deutlichen Worten dagegen aus, dass der Zauberer auf Amulette zurückgreife, die im Arabischen unverständliche Formeln enthalten, wittert er hier doch große Gefahr für das Eindringen polytheistischen Gedankenguts[79]:

فان المشركين يقرأون (كذا) من العزائم والطلاسم والرقى ما فيه عبادة للجن والتعظيم لهم: وعامة ما بأيدى الناس من العزائم والطلاسم والرقى التى لا تفقه بالعربية فيها ما هو شرك بالجن.

Denn die Polytheisten rezitieren [auch] solche Beschwörungen, Zaubersprüche und exorzistische Formeln, die Elemente der Verehrung und Wertschätzung gegenüber den *ǧinn* enthalten. Die Beschwörungen, Zaubersprüche und exorzistischen Formeln, die unter den Leuten allgemein im Umlauf sind und im Arabischen unverständliche [Begriffe] enthalten, weisen Elemente auf, die einer Beigesellung durch die *ǧinn* gleichkommen.

Diese Äußerungen bringen Ibn Taymiyyas Grundgedanken auf den Punkt, dass der Umgang mit dem *Ǧinn*-Glauben einer gefährlichen Gratwanderung gleichkommt: Bald ergibt sich ein Widerspruch zur islamischen Offenbarung, die an der Existenz von Dämonen festhält; bald droht aus orthodoxer Perspektive ein Abgleiten in den Polytheismus *(širk)*.[80]

---

76 Ibn Taymiyya, *Īḍāḥ ad-dalāla*, S. 103.3–11.

77 1. Muslim, *Ṣaḥīḥ, 40 Kitāb as-Salām, 22 Bāb Lā ba'sa bi-ăr-ruqā mā lam yakun fī-hi širk, Ḥadīṯ* Nr. 5862; vgl. Abū Dāwūd, *Sunan, Kitāb aṭ-Ṭibb, Bāb Mā ǧā'a fī ar-ruqā, Ḥadīṯ* Nr. 3888. 2. Muslim, *Ṣaḥīḥ, 40 Kitāb as-Salām, 21 Bāb istiǧāb ar-ruqya min al-ʿayn [...], Ḥadīṯ* Nr. 5861 (vgl. Nr. 5859); mit Parallelen in weiteren *Ḥadīṯ*-Sammlungen.

78 Ibn Taymiyya, *Īḍāḥ ad-dalāla*, S. 103.3–11.

79 Ibn Taymiyya, *Īḍāḥ ad-dalāla*, S. 102.19–103.2.

80 Es fällt auf, dass Šiblī, *Ākām al-marǧān*, S. 5.21–6.5, die zitierte Ibn Taymiyya-Stelle wörtlich übernimmt. In Anschluss an Šiblī argumentieren Suyūṭī und Ḥalabī weitgehend identisch (siehe Suyūṭī, *Laqṭ al-marǧān*, S. 109.18–110.6, § 297; und Ḥalabī, *ʿIqd al-marǧān*, v. a. S. 71.8–72.3: „al-Iḫtilāf fī ǧawāz mā yadfaʿu ḏālika ʿan-hum“.

3 Die Geistwesen im Bereich des Islams: Hierarchien und Kategorien

3.1 Die *ǧinn:* die ersten Geschöpfe auf Erden?

Die untersuchten Quellen halten verschiedentlich fest, dass die *ǧinn* die ersten Geschöpfe auf der Erde gewesen seien. Ḥalabī beispielsweise meint, die *ǧinn* seien an einem Donnerstag 2000 Jahre vor Ādam erschaffen worden.[1] Andere Autoren geben an, die Dämonen hätten 40 Jahre auf der Erde gelebt, bevor Ādam erschaffen worden sei.[2] Ṭabarī seinerseits hält fest, dass Gott die Engel an einem Mittwoch, die *ǧinn* an einem Donnerstag, Ādam aber an einem Freitag erschaffen habe. Diese Wochentage folgten nicht unmittelbar aufeinander, sondern lagen mehrere tausend Jahre auseinander.[3]

In den *Rasāʾil Iḫwān aṣ-Ṣafāʾ* (10. Jh.)[4] hebt der Weise gegenüber dem König ebenso hervor, dass die *ǧinn* die Erde vor den Menschen besiedelt hätten.[5] Die *ǧinn* hätten sich überall verbreitet und Meere, Festland, Ebenen und Gebirge für sich in Besitz genommen.[6] Dieser Bericht weiß überdies davon, dass sich Menschen und *ǧinn* bald angefeindet haben. Die folgenden Ausführungen gehen Aussagen über die potentielle Feindschaft zwischen Menschen und *ǧinn* nach, zu der sich die Lauteren Brüder besonders eingehend äußern.[7]

---

1 Ḥalabī, *ʿIqd al-marǧān,* S. 28.15 f.; ähnlich auch Šiblī, *Ākām al-marǧān,* S. 9.5, 9.9. Außerdem spielt Ṭabarī, *Taʾrīḫ (Annales),* z. B. I.81.16 f., I.82.2–6, I.85.14, auf die Auffassung an, dass die *ǧinn* bereits vor Ādam auf der Erde gelebt haben. Auch die Sekundärliteratur weist auf diesen Sachverhalt hin: T. Fahd, „Anges, démons et djinns", S. 177, 187 und S. 208 (Anm. 112), macht auf entsprechende Aussagen bei Qazwīnī und Ibn al-Aṯīr aufmerksam. Siehe außerdem A. Christensen, *Démonologie iranienne,* S. 73.

2 Gemäß Šiblī, *Ākām al-marǧān,* S. 9.9 f., ist Ādam vierzig Jahre nach den *ǧinn* erschaffen worden.

3 Ṭabarī, *Taʾrīḫ (Annales),* I.82.3–5, Gewährsmann: ar-Rābīʿ b. Anas.

4 Vgl. Y. Marquet, Artikel „Ikhwān al-Ṣafāʾ", in *EI²* III.1071.

5 Iḫwān aṣ-Ṣafāʾ, *Rasāʾil,* II.228.5–7,

6 Der Bericht weist beiläufig darauf hin dass die *ǧinn* langlebig und glückselig sind und es bei ihnen Königtum *(mulk),* Prophetschaft *(nubuwwa),* Religion *(dīn)* und religiöses Gesetz *(šarīʿa)* gibt (Iḫwān aṣ-Ṣafāʾ, *Rasāʾil,* II.228.8).

7 Iḫwān aṣ-Ṣafāʾ, *Rasāʾil,* II.228.1–233.24 *(Faṣl fī bayān al-ʿadāwa bayna Banī ăl-ǧānn wa-bayna Banī Ādam wa-kayfa kānat);* vgl. Übersetzung von A. Giese, *Mensch und Tier vor dem König der Dschinn,* S. 32–39. Ähnliche Darstellungen lassen sich nachweisen bei Balʿamī (gest. 974?), *Tārīḫ-i Balʿamī,* I.66.11–70.2; Šiblī, *Ākām al-marǧān,* S. 9.1–11.11 (z. B. Überlieferung Ǧubayrs und ʿUṯmāns: S. 9.15–10.3.); mit Parallelen bei Suyūṭī, *Laqṭ al-marǧān,* S. 7.14–9.12 (§§ 11–16; v. a. § 11),

Gemäß den Iḫwān aṣ-Ṣafā' missachteten die Dämonen nach einer längeren Periode des Wohlverhaltens die Gesetze ihrer Propheten, brachten viel Verderben *(fasād)* über die Erde[8] und richteten darauf ein fürchterliches Blutvergießen an.[9] Die Erde schrie wegen ihrer Frevelhaftigkeit auf. Als sich das Zeitalter dem Ende zuneigte, sandte Gott ein Heer von Engeln herab. Sie stiegen vom Himmel herab und ließen sich auf der Erde nieder. Dieses Engel-Heer schlug die *ǧinn* in die Flucht und verbannte sie an die Grenzen der Erde *(ilā aṭrāf al-arḍ)*. Auch nahmen die Engel viele *ǧinn* gefangen. Danach richteten sie sich selbst auf der Erde ein.[10]

Diese Ausführungen in den *Rasā'il Iḫwān aṣ-Ṣafā'* und in Parallelstellen zeigen auf, dass Menschen und *ǧinn* miteinander rivalisieren. Die *ǧinn* beanspruchen u. a. aufgrund ihrer Anciennität eine Vorrangstellung vor ihnen.[11] Der Weise bringt das gespannte Verhältnis zwischen diesen beiden Gattungen von Geschöpfen im Gespräch mit dem König in der Feststellung auf den Punkt, dass zwischen Menschen und *ǧinn* (als *Banū ăl-ǧānn* bezeichnet) eine grundlegende Feindschaft bestehe, die durch gegensätzliche natürliche Veranlagungen bedingt sei.[12]

Es sind nicht nur die Lauteren Brüder, die diese grundlegende Feindschaft zwischen Menschen *(ins)* und *ǧinn* mit Iblīs in Verbindung bringen, doch sie tun es besonders deutlich.[13] Die Iḫwān aṣ-Ṣafā' weisen darauf hin, dass die Engel bei ihrem Kampf gegen die widerspenstigen *ǧinn* auch Gefangene gemacht haben. Darunter habe sich ein noch ganz kleiner Junge namens ʿAzāzīl-Iblīs, der Verfluchte *(al-laʿīn)*, befunden.[14] Dieser Knabe sei anschließend unter den Engeln aufgewachsen, habe sich ihr Wissen angeeignet und sei ihnen zum Schein ähnlich geworden *(wa-tašabbaha bi-hā fī ẓāhir al-amr)*. Mit der Zeit sei er unter den Engeln Gottes zu einem Vorsteher *(ra'īs)* geworden.

und Ḥalabī, *ʿIqd al-marǧān*, S. 29.8–15. Zu beachten ist überdies Pseudo-Masʿūdī, *Aḫbār az-zamān*, S. 11.6–18.

8 Iḫwān aṣ-Ṣafā', *Rasā'il*, II.228.9. Ganz ähnlich: Balʿamī, *Tārīḫ-i Balʿamī*, I.67.9 ff. Ǧāḥiẓ, *Ḥayawān*, I.189.7–11, spielt knapp darauf an, dass die Engel eine frevelnde Nation von der Erde vertrieben haben.

9 Iḫwān aṣ-Ṣafā', *Rasā'il*, II.228.20.

10 *Loc.cit.*, II.228.10–12.

11 Die Iḫwān aṣ-Ṣafā', *Rasā'il*, II.232.2, relativieren diesen Sachverhalt wenig später in einem andern Kontext und halten fest, dass die Menschen den *ǧinn* überlegen seien *(wa-tabayyana faḍl al-ins ʿalā ăl-ǧinn)*.

12 Iḫwān aṣ-Ṣafā', *Rasā'il*, II.228.2 f.: „Es sagte der Weise: ‚Ja, zwischen den Menschen und den *ǧinn* bestehen naturbedingte Feindschaft, althergebrachte Parteilichkeit und widersprüchliche Charaktereigenschaften, deren Erklärung lang dauert.'" „قال الحكيم: نعم، إن بين بنى آدم وبنى الجان عداوة طبيعية، وعصبية جاهلية، وطباعا متنافرة يطول شرحها".

13 Vgl. auch die weiteren in Anm. 7 angeführten Darstellungen.

14 Iḫwān aṣ-Ṣafā', *Rasā'il*, II.228.12–16.

An diese Erklärungen schließt sich die auch aus dem Koran bekannte Geschichte an, dass Gott den Engeln mitgeteilt habe, er wolle auf Erden einen Stellvertreter *(ḫalīfa)*, nämlich Ādam, erschaffen.[15] Die Engel hätten Gott angefleht, davon abzusehen, da die Menschen auf Erden Blut vergießen würden, wie dies vor ihnen die *ǧinn* getan hätten.[16] Doch Gott lässt sich mit Hinweis auf sein Allwissen nicht von seinem Vorhaben abbringen. Auf Geheiß Gottes unterwerfen sich alle Engel Ādam; nur ʿAzāzīl-Iblīs widersetzt sich.[17]

Iblīs' Widerstand wird damit erklärt, dass er seiner wahren Natur nach eben ein *ǧinnī* sei und bloß versehentlich unter den Engeln aufgewachsen sei. Da sich Iblīs-ʿAzāzīl mit der Ādam und Eva zugedachten Vorrangstellung nicht abfinden konnte, führte er sie in die Irre. Er verleitete sie dazu, vom Baum des Wissens zu essen, worauf die beiden aus dem Paradies vertrieben wurden.[18] Nach ihrer Verstoßung erbarmte sich Gott Ādams und Evas und schickte ihnen einen Engel, der sie in den grundlegendsten kulturellen Techniken unterwies.[19]

Die Iḫwān aṣ-Ṣafāʾ weisen bei dieser Gelegenheit auf die für sie zentrale Vorstellung hin, dass die Beziehungen zwischen Menschen und *ǧinn* nach ihrer Verbannung aus dem Paradies nicht abbrechen. Vielmehr bahnen sich zwischen ihnen enge Kontakte an, und es ergeben sich freundschaftliche Bande. Das Zusammenleben von Menschen und *ǧinn* gestaltet sich während längerer Zeit angenehm. Die Lauteren Brüder präzisieren übrigens, dass nicht nur ein Engel, sondern auch die *ǧinn* die Menschen verschiedene Fähigkeiten (u. a. Pflügen, Pflanzen, Bauen) lehren und damit als Kulturvermittler in Erscheinung treten.[20]

Allerdings vergessen die Menschen die vielfältigen Nachteile nie, die ʿAzāzīl-Iblīs ihren Vorfahren zugefügt hat.[21] Als Kain seinen Bruder ermordet, verschlechtern sich die Beziehungen der Menschen zu den Dämonen erneut. Abels Nachkommen mutmaßen, die *ǧinn* hätten Kain zu seiner Untat angestachelt, und ersinnen zahlreiche Abwehrmittel gegen sie. Dazu zählen Beschwörungen

---

15 Vgl. *Koran*, Sure 2.30–34.

16 Iḫwān aṣ-Ṣafāʾ, *Rasāʾil*, II.228.20 f.

17 Der Koran befasst sich bei verschiedenen Gelegenheiten mit Iblīs' Weigerung, sich vor Ādam niederzuwerfen, vgl. Suren 7.11–18; 15.28–40; 17.61; 18.50; 20.116; 38.71–76. P. Awn, *Satan's tragedy and redemption*, hat Iblīs' Verhalten unter besonderer Berücksichtigung von Texten aus der islamischen Mystik untersucht.

18 Iḫwān aṣ-Ṣafāʾ, *Rasāʾil*, II.230.2–13.

19 Die Iḫwān aṣ-Ṣafāʾ, *Rasāʾil*, II.230.14–16, zählen Pflügen, Säen, Dreschen, Ernten, Mahlen, Backen, Spinnen, Kochen und Nähen auf.

20 Iḫwān aṣ-Ṣafāʾ, *Rasāʾil*, II.230.17–22.

21 *Op.cit.*, II.230.20.

(ʿazīma), Zaubersprüche *(ruqya,* lat. *carmen), Mandal*-Technik (Tintenspiegel)[22], Beräucherungen *(daḫn, duḫān, buḫārāt),* Naphta *(nifṭ),* Schwefel *(kibrīt)* und das Einsperren in Flaschen *(al-ḥabs fī ăl-qawārīr).*[23] Auch äußern die Lauteren Brüder die Vermutung, dass die *ǧinn* Nimrod unterstützt hatten, als er Abraham verbrennen wollte.[24] Außerdem seien sie es gewesen, die Josefs Brüder dazu angestachelt hätten, den Lieblingssohn ihres Vaters in den Brunnen zu werfen.[25] Aus diesen Beispielen ergibt sich, dass das Verhältnis zwischen Menschen und Dämonen grundsätzlich gespannt ist.[26]

Allerdings kommt es auch wiederholt zu einem friedlichen Miteinander der beiden Gattungen.[27] Nachdem Hermes-Idrīs die *ǧinn (Banū ăl-ǧānn)* mit den Menschen *(awlād Ādam)* versöhnt hatte, kehrten die Geister an ihre ursprünglichen Wohnstätten unter den Menschen zurück und hatten regelmäßigen Umgang mit ihnen. Bis zur Zeit Abrahams habe sich ihr Zusammenleben angenehm gestaltet. Auch später ergeben sich Phasen eines einvernehmlichen Nebeneinanders. Seit Muḥammads Auftreten hätten sich die Beziehungen der Dämonen zu den Menschen, zumindest zu den Muslimen, verbessert.[28] Dies wird nicht zuletzt damit erklärt, dass gewisse *ǧinn* den Islam angenommen haben.[29] Der Weise fordert die Versammlung der *ǧinn* in seiner Rede deshalb auf, die friedliche Koexistenz mit den Menschen nicht durch unbedachtes Verhalten zu gefährden. Die alten Hassgefühle und Animositäten zwischen den beiden Gattungen sollen keine neue Nahrung erhalten[30]:

> Darauf sagte der Weise: ‚O Versammlung der *ǧinn,* stellt euch [den Menschen] nicht entgegen und verderbt das Verhältnis zwischen euch und ihnen nicht! Stachelt die schlummernden Hassgefühle nicht an! Weckt nicht den verschütteten Groll, die Wutgefühle und die alte Feindschaft, die tief in unseren Charaktereigenschaften *(ṭibāʿ)* und in unserer Veranlagung *(ǧabla)* verwurzelt sind. Denn es verhält sich damit wie mit dem Feuer, das sich in den Steinen verbirgt und sich [erst] zeigt, wenn man sie gegeneinander schlägt.‘

22 A. Giese definiert den *ḍarb al-mandal* als „eine magische Praktik, bei der der Zauberer oder ein Medium auf eine spiegelnde Fläche blickt und daraus wahrsagt (aus Iḫwān aṣ-Ṣafāʾ, *Mensch und Tier vor dem König der Dschinnen.* Übersetzt von A. Giese. S. 36, mit Anm. 23, S. 214); zum Begriff vgl. außerdem R. Kriss und H. Kriss-Heinrich, *Volksglaube,* II.85 f.

23 Vgl. dazu auch Kapitel 10, bei Anm. 127 f..

24 Iḫwān aṣ-Ṣafāʾ, *Rasāʾil,* II.231.5–7; vgl. dazu B. Heller, Artikel „Namrūd“, in *EI*² VII.952.

25 Iḫwān aṣ-Ṣafāʾ, *op.cit.,* II.231.7 f.

26 *Op.cit.,* II.231.5–22.

27 *Op.cit.,* II.231.1–5.

28 *Op.cit.,* II.232.18 f.: „وانصلح الأمر بين بنى الجان وبين المسلمين من اولاد آدم“.

29 Vgl. dazu unten Kapitel 4.2 „Die *Ǧinn*-Predigt“.

30 Iḫwān aṣ-Ṣafāʾ, *Rasāʾil,* II.232.20–233.2.

Trotz dieser Spannungen kommt es aber wiederholt zu Phasen eines friedlichen Miteinanders, während deren die *ǧinn* als Helfer in Erscheinung treten und den Menschen wichtige kulturelle Techniken beibringen.[31] Doch ein kleiner Funken genügt, um die alten Feindschaften zwischen Menschen und *ǧinn* wieder aufflammen zu lassen. Denn grundsätzlich sind die *ǧinn* den Menschen eher unangenehm.[32]

3.2 Eine Triade von Geistwesen

3.2.1 Engel, Satane und *ǧinn*

In einer Überlieferung, die Šiblī in den *Ākām al-marǧān* aus Zamaḫšarīs *Rabīʿ al-abrār* zitiert, hält Abū Hurayra, gestützt auf den Propheten, fest, Gott habe vier Gattungen (*ṣinf*, pl. *aṣnāf*) von Geschöpfen erschaffen.[33] Es handelt sich um die Engel *(malāʾika*, sg. *malʾak)*, die Satane *(šayāṭīn*, sg. *šayṭān)*, die *ǧinn* und die Menschen *(ins)*. Die Verhältnisse zwischen den einzelnen Gattungen betragen 900 *(malāʾika)* : 90 *(šayāṭīn)* : 9 *(ǧinn)* : 1 *(ins)*. Die Zahl der *ǧinn* übersteigt jene der Menschen also um das Neunfache.[34] Die folgenden Ausführungen befassen sich mit den Geistwesen, von denen es gemäß der erwähnten Überlieferung drei Gattungen gibt. Sie nehmen eine vorläufige Charakterisierung vor und grenzen die drei genannten Arten so weit als möglich voneinander ab. Auch die westliche Forschung hat die aus dem Islam bekannten Geistwesen in die erwähnten Kategorien eingeteilt.[35]

In Anschluss an die Beobachtungen T. Fahds lässt sich verallgemeinernd festhalten, dass die *ǧinn* einem polytheistischen Umfeld zuzuordnen sind,

---

31 So explizit Iḫwān aṣ-Ṣafāʾ, *Rasāʾil*, II.230.17 f.: „ثم لما توالدا [آدم وحواء] وتناسلا وكثرت ذريتهما خالطهم أولاد بنى الجان وعلموهم الصنائع والحرث والغرس والبنيان والمنافع والمضار."
32 J. Henninger, „Geisterglaube", S. 303.
33 *Šiblī, Ākām al-marǧān*, S. 11.4–11. Zu Zamaḫšarī, *Rabīʿ al-abrār wa-nuṣūṣ al-aḫbār*, vgl. *GAL* G I.292, S I.512 (S I.193).
34 F. Meier, NL Mappe 7, s. v. *Religion*, Bl. 60, macht auf Asad b. Mūsā (gest. 212/827), *Kitāb az-Zuhd* (Ausgabe R. Khoury, S. 69–70, Nr. 52) aufmerksam, der auf ähnliche Zahlenverhältnisse hinweist. Auch gemäß Asad b. Mūsā übersteigt die Zahl der *ǧinn* jene der Menschen um das Neunfache.
35 Vgl. dazu Kapitel 1, Text bei Anm. 14 f. Auf die Dreiteilung haben im Westen u. a. hingewiesen: T. Fahd, „Anges, démons et djinns", S. 156, und J. von Hammer-Purgstall, *Die Geisterlehre der Moslimen*. Bei J. von Hammer-Purgstall ergibt sich die Dreiteilung der Geistwesen aus dem Aufbau der Studie.

während Engel und Satane als Geistwesen monotheistisch geprägter Auffassungen (Judentum, Christentum) zu betrachten sind.[36] Engel und Satane haben erst mit der Offenbarung des Korans durch Muḥammad Eingang ins arabische Weltbild gefunden.[37] Verschiedentlich wird aber auch darauf hingewiesen, dass Engel nicht erst aus Juden- und Christentum bekannt sind, sondern ursprünglich aus Iran stammen dürften.[38] Die *ǧinn* hingegen bilden die älteste Schicht einer arabischen Dämonologie. Im autochthon arabischen Geisterglauben auf der arabischen Halbinsel waren neben den *ǧinn* ursprünglich keine weiteren Geistwesen bekannt. Zur Zeit der *ǧāhiliyya* wurden verschiedene *ǧinn* als Gottheiten verehrt.[39]

Die Abgrenzung dieser drei Gattungen von Geistwesen gegeneinander ist mit großen Schwierigkeiten verbunden.[40] Die komplexe Situation ist u. a. dadurch bedingt, dass sich polytheistisch und monotheistisch geprägte Vorstellungen in den untersuchten Quellen aus der islamischen Zeit überlagern und sich kaum mehr auseinanderhalten lassen. Insbesondere die Unterscheidung zwischen *ǧinn* und *šayāṭīn* gestaltet sich problematisch.[41]

Die Unterscheidung zwischen Engeln und *ǧinn* hingegen fällt leichter. F. Meier weist darauf hin, dass die Existenz von Engeln im Islam ein Dogma darstellt. Er charakterisiert sie als Wesen, die eine Vermittlerrolle wahrnehmen und ausschließlich im Auftrag Gottes handeln. Ihnen fehlt im Gegensatz zu den *ǧinn* jegliche Entschlusskraft und Entscheidungsbefugnis. F. Meier versteht die Engel als „reine Beamte, Soldaten, Polizeiorgane [und] Burschen Gottes". Sie würden Gottes Befehle gefühl- und willenlos entgegennehmen und roboterhaft ausführen.[42] Gestützt auf Qazwīnīs *ʿAǧāʾib al-maḫlūqāt* bezeichnet T. Fahd ähnliche Eigenschaften der Engel als zentral.[43]

---

36 T. Fahd, „Anges, démons et djinns", S. 156, 185 f.

37 P. Eichler, *Die Dschinn, Teufel und Engel im Koran*, S. 81: „Die Engelvorstellung hat Muhammad ebenso wie die der Satane von den biblischen Religionen übernommen."

38 Siehe L. Petzold, „The universe of demons and the world of the late Middle Ages", S. 14: „The very idea of angels might have originated in Persia long before the appearance of Islam which then elaborated the universe of the angels into a new sovereignty of demonic creatures." In der *Encyclopaedia Iranica* fehlt der geplante Artikel „Angels" noch; Online-Ausgabe konsultiert am 23. März 2012.

39 Vgl. F. Meier, „Bet-Ruf", S. 581. Die *ǧinn* verloren diese Stellung wieder, war doch Muḥammad darum bemüht, den Raum zwischen Himmel und Erde zu reinigen und den Menschen zur ausschließlichen Verehrung des *Einen* Gottes anzuhalten. Siehe auch Kapitel 1, Anm. 10.

40 M. Dols, *Majnūn*, S. 291, stellt bei der Abgrenzung zwischen Engeln, Heiligen und *ǧinn* eine große Verwirrung fest: „There is an irreducible confusion about the jinn."

41 Vgl. dazu ausführlich unten Kapitel 3.2.5.

42 F. Meier, „Bet-Ruf", S. 581.

43 T. Fahd, „Anges, démons et djinns", S. 160 (mit Anm. 28–29). Vgl. Qazwīnī, *ʿAǧāʾib al-maḫlū-*

3.2.2 Hierarchische Gliederung unter den Geistwesen

Im Islam lässt sich die unübersehbare Tendenz feststellen, unter den Geistwesen eine klare hierarchische Gliederung durchzusetzen. Die traditionalistisch ausgerichtete Theologie unterscheidet – und zwar zumeist in dieser absteigenden Reihenfolge – zwischen Engeln, Satanen und *ǧinn*. Die *ǧinn* verlieren ihre anfängliche Vorrangstellung an die Engel und teilweise an die Satane. Auch die Menschen werden in diese Hierarchisierung eingebunden.[44] Eine Rangordnung ergibt sich dabei nicht nur aufgrund einer allfälligen Anciennität der *ǧinn*.[45] Entscheidend ist vielmehr, dass Geistwesen und Menschen gemäß den übereinstimmenden Darstellungen im Koran und in der späteren islamischen Überlieferung aus unterschiedlichen Substanzen erschaffen worden sind.

Die Quellen halten vielfach fest, dass das Feuer *(nār)* die Grundsubstanz von Engeln, Satanen und *ǧinn* bilde, während der Mensch aus Lehm *(ṭīn)* erschaffen worden sei.[46] Für das Verständnis der hierarchischen Gliederung entscheidend ist, dass das Feuer gegenüber dem Lehm als höher eingestuft wird. Qazwīnī präzisiert diese Vorstellung dahingehend, dass Allāh die Engel aus dem Licht des Feuers, die *ǧinn* aus dessen Flamme und die Satane aus dessen Rauch erschaffen habe.[47] Die Hierarchisierung ergibt sich auch hier aus der abnehmenden Reinheit und Subtilität dieser Grundsubstanzen.[48]

Ṭabarī wiederum hält sich enger an Begrifflichkeiten aus dem Koran, wo eine Rangordnung unter den Geistwesen vorweggenommen ist. Er stellt fest, dass die *ǧinn* aus *māriǧ min nār* erschaffen worden seien, worunter er die Zunge des Feuers versteht.[49] Seine Aussagen decken sich weitgehend mit einem Bericht bei Ibšīhī,

---

qāt (Ausgabe F. Wüstenfeld), S. 55, und (Ausgabe Miṣr), S. 35 f.; siehe auch Maqdisī (Pseudo-Balḫī), *Kitāb al-bad' wa-ăt-ta'rīḫ* (Cl. Huart, *Le Livre de la création*), I.169–175, v. a. S. 169, 171.

44 Vgl. F. Meier, NL Mappe 11, „Die Stellung des Geisterglaubens im Islam", Bl. 1.

45 Vgl. dazu oben Anm. 1–3.

46 Hinweise auf die relevanten Koranstellen folgen in den weiteren Ausführungen.

47 Qazwīnī, *'Aǧā'ib al-maḫlūqāt* (Ausgabe Miṣr), S. 211.25 (vgl. Ausgabe F. Wüstenfeld, S. 368.4 f.): „ومنهم من ذهب الى ان الله تعالى خلق الملائكة من نور النار وخلق الجن من لهبها، والشياطين من دخانها". Gemäß Hamadānī-Ṭūsī, *'Aǧāyib-nāma* (Ṣādiqī), S. 217.9 f., sind die *dīw* aus Feuer *(ātiš)* und Rauch *(dūd)* erschaffen worden. Bestünden sie nur aus Licht *(agar ḫāliṣ az nūr būdī)*, wären sie Engel *(firīšta)*.

48 Ausführungen bei Ibšīhī, *al-Mustaṭraf fī kull fann mustaẓraf* (Ausgabe D. Ǧuwaydī), II.218.4 f., stimmen mit Qazwīnīs Bemerkungen überein. Auch Ibšīhī betont, Gott habe die Engel aus dem Licht des Feuers *(min nūr an-nār)*, die *ǧinn* aus dessen Flamme *(lahab)* und die Satane aus dessen Rauch *(duḫān)* erschaffen.

49 Ṭabarī, *Ta'rīḫ (Annales)*, I.81.14–16: „من مارج من نار وهو لسان النار الذى يكون فى طرفها اذا لهبت".

der *nār as-samūm* mit *māriğ min nār* umschreibt.⁵⁰ Diese Zitate aus der islamischen Überlieferung greifen im Koran selbst verwendete Ausdrücke auf, hält die islamische Offenbarung doch fest, dass Gott die *ğānn*⁵¹ vor den Menschen aus *nār as-samūm* (Sure 15.27) bzw. aus *māriğ min nār* (Sure 55.15) erschaffen habe. Der Mensch hingegen sei aus Lehm erschaffen worden (Sure 7.12).⁵² Im Rahmen dieser Hinweise zur Erschaffung von Menschen und Geistwesen ist auch Iblīs erneut Beachtung zu schenken, auf dessen unklare Zugehörigkeit zu den Engeln bzw. den *ğinn* bereits die Iḫwān aṣ-Ṣafāʾ hingewiesen haben.⁵³

3.2.3 Iblīs' unklare Zugehörigkeit

Die vielfältigen Fragen zur hierarchischen Abstufung der Geistwesen untereinander und gegenüber dem Menschen spitzen sich an Iblīs'⁵⁴ unklaren Zugehörigkeit zu den Engeln bzw. den *ğinn* zu. Auch Ṭabarī thematisiert diese Zuordnung und hält gestützt auf eine Überlieferung des Gewährsmanns Ibn ʿAbbās fest, Iblīs gehöre zu einer Gruppe von Engeln, die als *ğinn* bezeichnet würden. Diese Gruppe sei aus dem *Samūm*-Feuer erschaffen worden. Alle andern Engel aber bestünden aus Licht *(nūr)*.⁵⁵

---

50 Ibšīhī, *al-Mustaṭraf*, II.218.2 f. P. Eichler, *Die Dschinn, Teufel und Engel im Koran*, S. 36, versteht *māriğ min nār* als Feuer ohne Rauch. Er unterscheidet inhaltlich nicht zwischen *nār as-samūm* und *māriğ min nār*. Der Ausdruck *samūm* bezeichne üblicherweise einen aus dem Süden wehenden Glutwind. P. Eichler äußert die Vermutung, Muḥammad habe diese Vorstellung von den biblischen Religionen übernommen.
51 Zum Gebrauch des Ausdrucks *ğānn* als Kollektiv zur Bezeichnung der *ğinn* vgl. Kapitel 1, Text zwischen Anm. 113 und 114.
52 Der Koran verwendet zur Bezeichnung der Grundsubstanz des Menschen die Ausdrücke *ṭīn* (z. B. Sure, 7.12; 17.61; 38.76), *ṣalṣal min ḥamaʾ masnūn* (Sure 15.26, 32) und *ṣalṣal ka-ăl-faḫḫār* (Sure 55.14). Šiblī, *Ākām al-marğān*, S. 11.12–14.22, befasst sich mit der vorliegenden Problematik und weist am Anfang der aufgeführten Stelle auf die soeben beigebrachten Koranverse hin: „Es sprach Gott: ‚Und die *ğānn* haben wir zuvor aus dem Samūm-Feuer erschaffen.' (Sure 15.27). Der Erhabene sagte [auch]: ‚Die *ğānn* wurden aus reinem Feuer *(māriğ min nār)* erschaffen.' (Sure 55.15). [Außerdem] führte der Erhabene Iblīs' Aussage an: ‚Du hast mich aus Feuer *(nār)*, ihn aber aus Lehm *(ṭīn)* erschaffen.' (Sure 7.12)." Bei Šiblī schließt sich eine Diskussion über die Möglichkeit an, dass Iblīs bzw. die *ğinn* tatsächlich aus Feuer erschaffen worden sind.
53 Vgl. bei Anm. 13–14.
54 Ausführlich zur Problematik vgl. P. Awn, *Satan's tragedy and redemption: Iblīs in Sufi psychology*, Part I: „Mythic biography", S. 18–56. W. C. Chittick befasst sich in einem jüngeren Aufsatz mit Iblīs' Stellung bei Ibn ʿArabī („Iblīs and the jinn in *al-Futūḥāt al-makkiyya*").
55 Ṭabarī, *Taʾrīḫ (Annales)*, I.81.10–14: عن ابن عباس قال كان ابليس من حيّ من احياء

Die in der islamischen Überlieferung oft hitzig geführten Debatten zu Iblīs' Einordnung entzünden sich an der Frage, ob dieser ein gefallener Engel oder eben ein *ǧinnī* sei. Diese Auseinandersetzungen stehen zusätzlich im Zusammenhang mit der Erschaffung Ādams, den Allāh als seinen Stellvertreter *(ḫalīfa)* auf Erden vorgesehen hatte (vgl. Sure 2.30). Und diese Vorstellung wiederum ist es, die Iblīs' Weigerung ins Spiel bringt, Ādam anzubeten. Allāh hatte die Engel bekanntlich dazu aufgefordert, sich vor Ādam niederzuwerfen. Diese Diskussionen gehen in ihrem Kern auf den Koran selbst zurück, wo die Verwirrung zu Iblīs' Zuordnung durch widersprüchliche Angaben bereits angelegt ist.[56] Ausgangspunkt der Debatte ist Sure 18.50, die festhält:

وَإِذْ قُلْنَا لِلْمَلَائِكَةِ اسْجُدُوا لِآدَمَ فَسَجَدُوا إِلَّا إِبْلِيسَ كَانَ مِنَ الْجِنِّ فَفَسَقَ عَنْ أَمْرِ رَبِّهِ.

Als wir [Gott] zu den Engeln sagten: ‚Werft euch nieder vor Ādam!', da warfen sie sich nieder, außer Iblīs, der zu den *ǧinn* gehörte. Er wich vom Befehl seines Herrn ab.

Die westliche Forschung hat wiederholt auf die komplexen Auseinandersetzungen rund um die Interpretation dieses Verses hingewiesen.[57] Auch die islamische Exegese diskutiert die beigebrachte Stelle kontrovers. Das angeführte Koranzitat stiftet Verwirrung, da Gott seinen Befehl einerseits an die Engel *(malāʾika)* richtet, unter denen sich mutmaßlich auch Iblīs befunden hat. Anderseits hält der diskutierte Vers unmissverständlich fest, dass Iblīs zu den *ǧinn* gehört. Unabhängig von dem dieser Koranstelle inhärenten Widerspruch, lässt sich festhalten, dass Iblīs' Zugehörigkeit zu den *ǧinn* seinen Ungehorsam gegenüber Gottes Befehl zwar nicht rechtfertigen, aber doch erklären soll.[58]

Sure 18.50 gewinnt im Kontext von zwei weiteren Passagen aus der islamischen Offenbarung (Sure 15.26–33 und Sure 38.74–76) an Deutlichkeit. An beiden Stellen bringt Iblīs zum Ausdruck, dass er aufgrund seiner Erschaffung aus Feuer *(nār)* keinen Anlass sehe, sich vor Ādam zu verneigen, bestehe dieser doch bloß

الملائكة يقال لهم الجنّ خُلقوا من نار السموم من بين الملائكة"; vgl. dazu ausführlicher unten bei Anm. 65–68).

56 Vgl. F. Meier, „Bet-Ruf", S. 631. Im Nachlass meint F. Meier (NL Mappe 11, s. v. *Verhältnis zu den Engeln, Teufel*, Bl. 81(?), zu Iblīs' Zugehörigkeit: „Wir dürfen [in dieser Hinsicht] nicht zu harmonisieren versuchen, sondern müssen den Widerspruch hervorheben."

57 F. Meier, „Bet-Ruf", S. 629–31.

58 *Loc.cit.*, S. 581.

aus Lehm *(ṭīn)*.[59] Iblīs' Verhalten wird nicht zuletzt damit erklärt, dass er sich aus Stolz Gottes Befehl widersetzt habe.[60]

Die spätere Überlieferung war sich dieser bereits im Koran angelegten Widersprüche zu Iblīs' Zugehörigkeit bewusst und hat Versuche angestellt, die gegensätzlichen Auffassungen miteinander in Übereinstimmung zu bringen.[61] Die folgenden Ausführungen beleuchten diese Bemühungen anhand der Darstellungen in Ṭabarīs Geschichtswerk. wo sich unterschiedliche Überlieferungsstränge zur Erklärung von Iblīs' Zugehörigkeit nachweisen lassen.[62]

Der erste Strang stützt sich auf ein sowohl auf Ibn ʿAbbās als auch auf Ibn Masʿūd zurückgeführtes Prophetenwort, wonach Iblīs zum Herrscher über den untersten Himmel gemacht worden sei. Er habe zu einem Stamm von Engeln gehört, der *ǧinn* genannt werde. Dieser Stamm habe über das Paradies *(ǧanna)* gewacht.[63] Eine weitere, ebenso auf Ibn ʿAbbās zurückgehende Überlieferung ergänzt diese Angaben mit dem Hinweis, Iblīs habe dem vornehmsten Stamm der Engel angehört.[64] Eine dritte Fassung dieses ersten Strangs (Gewährsmann Ibn ʿAbbās) bestätigt, dass Iblīs zu einem Engel-Stamm namens *ǧinn* gehört habe. Iblīs habe über alles zwischen Himmel und Erde geherrscht. Da er aber ungehorsam geworden sei, habe ihn Allāh in einen gesteinigten Satan *(šayṭān raǧīm)* verwandelt.[65]

Ein zweiter Überlieferungsstrang bei Ṭabarī (Gewährsleute Šahr b. Ḥawšab bzw. Saʿd b. Masʿūd) ordnet Iblīs dann aber jenen *ǧinn* zu, die vor Ādam die Erde besiedelt hatten.[66] Da die *ǧinn* sich auf der Erde unflätig benommen und sich Gott widersetzt hätten, habe Allāh ein Heer von Engeln ausgesandt, damit sie gegen die *ǧinn* kämpften.[67] Bei diesen Kämpfen hätten die Engel unter den *ǧinn* auch Gefangene gemacht. Dazu habe Iblīs gezählt, der damals noch ein kleiner Junge

---

59 Vgl. außerdem Sure 7.10–18. Auch Balʿamī, *Tārīḫ*, S. 69.13–70.2, weist auf diese Auseinandersetzung hin.

60 P. Eichler, *Die Dschinn, Teufel und Engel im Koran*, S. 65, bezeichnet Gottes Aufforderung an die Engel, den von ihm erschaffenen Ādam – mag er auch ein noch so vollkommenes Abbild Gottes sein – zu verehren, als etwas Unerhörtes. Gottes Befehl fordere in seinem innersten Kern zum Polytheismus auf.

61 F. Meier, „Bet-Ruf", S. 629.

62 Ṭabarī, *Taʾrīḫ (Annales)*, I.78–86. Ṭabarīs Ausführungen zu Sure 18.50 in seinem Korankommentar werden im Folgenden nicht speziell berücksichtigt.

63 Ṭabarī, *op.cit.*, I.79.20–80.3. Diese Überlieferung setzt den Namen *ǧinn* implizit mit *ǧanna* in Beziehung; sie betrachtet die *ǧinn* als Wächter des Paradieses *(ḫuzzān al-ǧanna)*.

64 *Loc.cit.*, I.80.6–8.

65 *Loc.cit.*, I.80.9–13; für Iblīs' Zuordnung zu den *ǧinn* vgl. auch I.82.18–83.9.

66 *Loc.cit.*, I.84.14–85.4.

67 Ṭabarī, *Taʾrīḫ (Annales)*, I.84.10–85.4; auch Qazwīnī, *ʿAǧāʾib al-maḫlūqāt* (Ausgabe Miṣr),

gewesen sei. Er habe anschließend zusammen mit den Engeln im Himmel gelebt und Gott verehrt. Da er aber kein richtiger Engel gewesen sei, habe er sich geweigert, sich vor Ādam niederzuwerfen.

3.2.4 Die *ǧinn:* Iblīs' Nachkommen?

F. Meier hebt in Übereinstimmung mit dem zweiten Überlieferungsstrang bei Ṭabarī hervor, dass der islamische Teufel kein gefallener Engel, sondern ein *ǧinnī* sei.[68] Andernfalls hätte er sich nie gegen Gott aufgelehnt. F. Meier verweist zur Stützung seiner Auffassung auch auf T. Fahd.[69] Entscheidend für Iblīs' Zuordnung zu den *ǧinn* sei letztlich, dass er gemäß den islamischen Quellen Nachkommen habe, während Engel *per definitionem* keine Nachkommen hätten. In Anschluss an Überlegungen ʿA. Ḥusayns ist auch für A. Wieland Iblīs' Nachkommenschaft für seine Zugehörigkeit zu den *ǧinn* entscheidend.[70] Sie betrachtet Iblīs' Einordnung unter die Engel überdies vor dem Hintergrund des Sternschnuppen-Mythos als wenig sinnvoll.[71]

Ibšīhī hält in diesem Zusammenhang fest, Iblīs habe sich nach seiner Auseinandersetzung mit Gott in Anschluss an die Erschaffung Ādams zum Umgebenden Meer *(al-baḥr al-muḥīṭ)* zurückgezogen[72] und habe dort den intensiven Wunsch nach Geschlechtsverkehr empfunden. Allerdings sei er nicht zur Zeugung fähig gewesen. Er werde vielmehr befruchtet wie die Vögel und lege anschließend Eier. Aus diesen Eiern seien Iblīs' Nachkommen hervorgegangen. Gemäß Ibšīhīs Ausführungen schlüpften aus jedem Ei 60 000 Teufel (*šayṭān*, pl. *šayāṭīn*). Diese

S. 211.29–212.2 (vgl. Ausgabe F. Wüstenfeld, S. 360.7 ff.). Vgl. dazu auch die Darstellung bei den Iḫwān aṣ-Ṣafāʾ, oben bei Anm. 13–14.

68 F. Meier, „Bet-Ruf", S. 581.

69 T. Fahd, „Anges, démons et djinns", S. 177 f. F. Meier, „Bet-Ruf", S. 581, Anm. 1, distanziert sich explizit von Auffassungen T. Canaans (*Aberglaube*, S. 12) und E. Westermarcks (*Ritual and belief*, I.412), wonach Iblīs, der Prototyp des islamischen Teufels, zuerst eben doch ein Engel gewesen sei.

70 A. Wieland, *Ǧinn-Vorstellung*, S. 21, stützt sich auf as-Sayyid ʿAbdallāh Ḥusayn, *al-Ǧinn fī ḏikr ǧāmiʿ aḥwāl al-ǧinn*, Kairo ohne Datum (um 1956). Dieser Autor halte fest, dass Iblīs und die *ǧinn* Nachkommen haben können, während dies den Engeln nicht möglich sei. Der Koran (Sure 43.19) zweifle nämlich an, dass es unter den Engeln Frauen gebe. Deshalb könnten sich die Engel auch nicht fortpflanzen. A. Wielands Erklärung soll bei dieser Gelegenheit nicht hinterfragt werden. Es sei allerdings hingewiesen auf P. Eichler, *Die Dschinn, Teufel und Engel im Koran*, S. 98, der bemerkt, dass die Engel im arabischen Heidentum *(ǧāhiliyya)* oft als Allāhs Töchter bezeichnet wurden, Muḥammad selbst die Engel jedoch als männlich betrachtete (P. Eichler, S. 102).

71 Zum Sternschnuppen-Mythos vgl. Kapitel 4.3.

72 Ibšīhī, *al-Mustaṭraf* (Ausgabe D. Ǧuwaydī), II.218.16 f.

Teufel griffen anschließend die andern Geschöpfe auf der Erde, insbesondere die Menschen, an. Iblīs schätze die verwerflichsten Teufel am meisten.

Ausführlicher als Ibšīhī äußert sich Damīrī zu Iblīs' Nachkommenschaft.[73] Seine Darstellung hält einleitend fest, dass die *ǧinn* Iblīs' Nachkommen seien. Deshalb könne Iblīs auch kein Engel sein.[74] Zur Untermauerung seiner Auffassung verweist Damīrī auf den Koran *(bi-naṣṣ al-Qurʾān)*, nennt allerdings keine konkrete Stelle. Damīrī führt zu Iblīs' Fortpflanzung verschiedene Versionen an. Er hält in einem ersten Schritt fest, Allāh habe Iblīs in Zorn *(ġaḍab)* entbrennen lassen, als er für ihn eine Gattin und Nachkommen erschaffen wollte.[75] Darauf habe sich von Iblīs ein Splitter *(šaẓẓiyya)* Feuer gelöst, aus dem Gott eine Gattin für ihn erschaffen habe. Später weist Damīrī unter Berufung auf einen Bericht in Ibn Ḫallikāns Geschichtswerk[76] darauf hin, Iblīs' Nachkommenschaft sei gewissermaßen aus ihm selbst hervorgegangen, womit Iblīs als Hermaphrodit zu betrachten wäre. Allāh habe in seinem rechten Oberschenkel einen Penis *(ḏakar)* und in seinem linken Oberschenkel eine Vulva *(farǧ)* erschaffen. Jeden Tag seien aus der Vereinigung dieser beiden Organe zehn Eier entstanden. Aus jedem Ei seien jeweils siebzig Satane und Sataninnen *(šayṭān wa-šayṭāna)* geschlüpft.[77]

Auch Ḥalabī erwähnt in seinen Ausführungen zu Sure 18.50 Angaben, die mit der Darstellung bei Damīrī übereinstimmen.[78] Es fällt allerdings auf, dass Ḥalabī den von Damīrī zitierten Bericht, wonach Iblīs an einem Oberschenkel mit einem männlichen Glied, am andern mit einer weiblichen Vulva versehen sei, auf den Satan (aš-Šayṭān) bezieht. Ḥalabī präzisiert diesen Bericht dahingehend, dass der Satan mit sich selbst Geschlechtsverkehr habe und so Kinder zeuge.[79] Gemäß

---

73 Die folgenden Ausführungen stützen sich auf Damīrī, *Ḥayāt al-ḥayawān*, I.209.23–210.33.

74 Damīrī, *op.cit.*, I.209.24, hält fest, dass Iblīs nicht zu den Engeln gehöre. Denn Engel würden sich nicht fortpflanzen; unter ihnen gebe es keine weiblichen Wesen: „ليس [ابليس] من الملائكة لان الملائكة لا يتناسلون لانهم ليس فيهم اناث".

75 Damīrī, *op.cit.*, I.209.26 f.

76 Diese Angaben ließen sich in Ibn Ḫallikāns *Wafayāt al-aʿyān* (Ausgabe Bayrūt, Dār aṯ-Ṯaqāfa, Nr. 317, III.12–15) im Bericht über ʿĀmir aš-Šaʿbī nicht nachweisen.

77 Damīrī, *op.cit.*, I.209.27–34, besonders S. 209.33 f. Zur Vorstellung, dass Satane bzw. die *ǧinn* und ähnliche Wesen aus Eiern hervorgehen, siehe auch S. 210.8 ff. Damīrī erwähnt in der Fortsetzung die auch von Ṭabarī bekannte Ausführungen zu Iblīs' ungeklärter Zugehörigkeit zu den Engeln bzw. den *ǧinn*. Damīrī führt zuerst Gewährsleute an, die Iblīs zu einer Gruppe von Engeln namens *ǧinn* zählen (*op.cit.*, I.210.13–20). Anschließend werden Überlieferungen aufgeführt, wonach Iblīs keinen einzigen Moment lang zu den Engeln gehört habe, sondern sich unter den *ǧinn* befunden habe, gegen die die Engel gekämpft hätten. (Damīrī, I.210.20–26).

78 Ḥalabī, *ʿIqd al-marǧān*, S. 56.5–57.4.

79 Ḥalabī, *ʿIqd al-marǧān*, S. 57.1–3. Die Überlieferung wird allerdings als isoliert *(riwāya šāḏḏa)* bezeichnet und lässt sich in den kanonischen *Ḥadīṯ*-Sammlungen nicht nachweisen.

einer andern Auffassung hat Iblīs seinen Penis in seinen eigenen Hintern eingeführt.[80] Außerdem lässt sich bei Ḥalabī auch die bereits bekannte Vorstellung einer Fortpflanzung durch Eier nachweisen; auch sie bezieht sich allerdings auf die Satane und nicht auf Iblīs.[81] Die Satane hätten demnach keinen geschlechtlichen Umgang miteinander, sondern würden Eier legen. Sie würden diese Eier jeweils legen, wenn sie sich über ungehorsames Verhalten der Menschen freuten. Aus dem Ei gehe dann ihre Nachkommenschaft hervor.[82]

Ergänzend sei bei dieser Gelegenheit ein Bericht Qazwīnīs erwähnt, der die *ǧinn* zwar nicht allgemein als Iblīs' Kinder bezeichnet, in einer auf Muǧāhid zurückgehenden Überlieferung aber festhält, dass Iblīs fünf Nachkommen hatte. Sie werden mit Namen und knappen Angaben zu ihren Eigenschaften vorgestellt[83]:

> Iblīs hatte fünf Kinder. Einem jeden von ihnen übertrug er etwas von seiner Angelegenheit. Ihre Namen lauten: Bīrah, al-Aʿwar, Masūṭ (?), Dāsim und Zalanbūr.[84] Bīrah ist der Herr über die Unglücksfälle; er fordert zu Wehklagen und Zerreißen der Kleidung auf.[85] Al-Aʿwar[86] gebietet über die Unzucht. Er fordert dazu auf und schmückt sie in den Augen der Leute aus. Masūṭ [hingegen] gebietet über die Lüge. Dāsim [seinerseits] führt sich ein zwischen zwei Eheleute und lässt zwischen ihnen Hass entstehen. Zalanbūr [wiederum] ist der Herr des Marktes *(sūq)*. Seinetwegen hören die Marktleute nicht auf, miteinander zu streiten.

Die vorangehenden Ausführungen gestatten es zwar, die Frage nach Iblīs' Zugehörigkeit zu den Engeln bzw. den *ǧinn* einer Klärung näherzubringen. Allerdings ergibt sich die zusätzliche Schwierigkeit, dass in der islamischen Überlieferung auch die Abgrenzung zwischen Iblīs, den Satanen *(šayāṭīn)* bzw. dem Satan (aš-Šayṭān) und den *ǧinn* diffus ist. Die folgende Darstellung geht den Abgrenzungen zwischen den *ǧinn* und den Satanen *(aš-šayāṭīn)* nach. Es fällt dabei auf,

80 Ḥalabī, *op.cit.*, S. 57.3.
81 Ḥalabī, *op.cit.*, S. 56.11–13; mit Hinweis auf weitere Belege in einer Anmerkung des Herausgebers zur Stelle.
82 Der Herausgeber des Ḥalabī-Texts weist in einer Anmerkung (S. 56) auf weitere ähnliche Berichte hin. Auch Pseudo-Masʿūdī, *Aḫbār az-zamān*, S. 12.15, weiß, dass Iblīs Geschlechtsverkehr gehabt habe wie die Vögel; er habe Eier gelegt.
83 Qazwīnī, *ʿAǧāʾib al-maḫlūqāt* (Ausgabe Miṣr), S. 212.6–10 (vgl. Ausgabe F. Wüstenfeld, S. 368.16–21).
84 Die Wüstenfeldtsche Ausgabe liest für Bīrah Ṯabr und für Masūṭ Mabsūṭ; siehe auch die Übersetzung J. Ansbacher, S. 8.2.
85 I. Goldziher, *Muhammedanische Studien*, I.251 f., weist darauf hin, dass der Islam diese Formen der Trauer verbietet.
86 *Aʿwar* bedeutet „einäugig".

dass sämtliche Koranstellen zu Ādams Fall Evas Verführer nicht Iblīs, sondern aš-Šayṭān nennen.[87]

3.2.5 Zur Abgrenzung zwischen *ǧinn* und *šayāṭīn*

Die beigezogenen Berichte zeigen auf, dass die Trennlinie zwischen *ǧinn* und *šayāṭīn* fließend verläuft. Die islamische Überlieferung bezeichnet Iblīs einerseits als Vater der *ǧinn (abu ăl-ǧinn)*.[88] Anderseits halten weitere Berichte fest, dass den von Iblīs gelegten Eiern Heere übelwollender Satane *(šayāṭīn)* entschlüpfen.[89] Überhaupt lässt sich feststellen, dass Angaben zu den *ǧinn* häufig unbesehen auf die *šayāṭīn* übertragen werden und umgekehrt.

Nicht allein T. Fahd hat auf die große Verwirrung hingewiesen, die in der islamischen Überlieferung in Bezug auf die genaue Abgrenzung zwischen *šayāṭīn* und *ǧinn* herrscht.[90] I. Goldziher meinte bereits 1896, *ǧinn* und *šayṭān* seien gleichbedeutend.[91] P. Eichler gibt an, dass in der *ǧāhiliyya šayṭān* und *ǧinn* nahezu gleichgesetzt worden seien.[92] M. Dols seinerseits übernimmt T. Fahds Argumente weitgehend.[93] Besonders deutlich äußert sich D. de Smet zu dieser Frage und betont[94]: „Pour autant que le terme *šayṭān* revêt généralement un sens

---

87 Vgl. T. Fahd, „Anges, démons et djinns“, S. 204, Anm. 64: „Il est remarquable que, dans les fragments relatifs à la chute d’Ādam, il est question d’ash-shaytan et non plus d’Iblīs.“

88 Damīrī, *Ḥayāt al-ḥayawān*, I.210.26 f., stellt eine Parallele zwischen Iblīs, dem Vater der *ǧinn*, und Ādam, dem Vater der Menschen, her: „الاكثر على انه [يعنى: ابليس] ابو الجن كما ان آدم ابو البشر“. So auch Šiblī, *Ākām al-marǧān*, S. 156.11 f.; Suyūṭī, *Laqṭ al-marǧān*, § 237, S. 93.3–7, §§ 537–538, S. 247.8–12; Ḥalabī, *ʿIqd al-marǧān*, S. 29.14. Šiblī, *Ākām al-marǧān*, bezeichnet aber auch Ǧānn (S. 6.23) bzw. Sūmiyya (?, S. 9.11) als Vater der *ǧinn*.

89 Vgl. Text bei Anm. 72, 77, 81 und 133.

90 Vgl. T. Fahd, „Anges, démons et djinns“, S. 176 (mit Anm. 68, S. 204): „Un examen de l’ensemble des données coraniques révèle à maintes reprises une identité certaine entre *shaytân* – surtout le pluriel *shayâtîn* – et djinn.“

91 I. Goldziher, *Abhandlungen zur arabischen Philologie*, Exkurs: „Sejṭân vor dem Islâm. – Ǵinn als Eigenname“, S. 106.

92 Vgl. P. Eichler, *Die Dschinn, Teufel und Engel im Koran*, S. 26. P. Eichler meint bei einer anderen Gelegenheit, dass die *ǧinn* dem Polytheismus, die Satane aber dem Monotheismus angehören (S. 186).

93 M. Dols, *Majnūn*, S. 213 f.: „The jinn are closely associated with and sometimes identified with the demons and ‚satans‘ (shayāṭīn) in the Qurʾān. [...] Thus, where the jinn and *shayāṭīn* are evil, mischievous, or unbelieving in the Qurʾān, they are synonymous.“ A. Wieland, *Ǧinn-Vorstellung*, S. 21, argumentiert in derselben Richtung: „*Ǧinn* und *šayāṭīn* hingegen weisen im Koran einige Gemeinsamkeiten auf, die darauf hinweisen, dass sie derselben Gattung zuzuordnen sind.“

94 D. de Smet, „Anges, diables et démons en gnose islamique“, S. 62, vgl. S. 64.

péjoratif, la littérature musulmane l'emploie volontiers comme synoyme du *ǧinn* maléfique."[95] K. Hentschel[96], M. Schöller[97] und G. Fartacek[98] gelangen zu identischen Feststellungen zur Situation in der Moderne. Obwohl diese Befunde aus der westlichen Sekundärliteratur eindeutig ausfallen, soll die Problematik der unscharfen Abgrenzung zwischen *ǧinn* und *šayāṭin* an dieser Stelle doch auch anhand von ausgewählten Beispielen aus den Quellen konkretisiert werden.

Ǧāḥiẓ zitiert im *Kitāb al-Ḥayawān* bei der Vorstellung der unterschiedlichen Arten von Dämonen eine auf Ibn ʿAbbās zurückgeführte Überlieferung und hält fest, dass man einen *ǧinnī*, der undankbar bzw. ungläubig sei, Unrecht tue, gewalttätig handle und Zwietracht säe, *šayṭān* nenne.[99] An einer andern Stelle bezeichnet der Begriff *šayṭān* im *Kitāb al-Ḥayawān* einen *ǧinnī*, der bösartig und starrköpfig ist.[100] Etwas später äußert sich Ǧāḥiẓ über eine *ǧinniyya*, die widerspenstig *(taʿarraḍa)* und wankelmütig *(talawwana)* ist und Unfug treibt *(ʿabiṯa)*. Er nennt dieses Wesen explizit *šayṭāna*.[101]

Šiblī seinerseits hält in den *Ākām al-marǧān* im Rahmen von Erläuterungen zu den Beziehungen zwischen Iblīs, den *ǧinn* und den *šayāṭīn* fest, dass die *šayāṭīn* die Ungehorsamen unter den *ǧinn* seien *(al-ʿuṣāt min al-ǧinn)*. Diese widerspenstigen *ǧinn* seien Iblīs' Kinder und Gehilfen.[102] Suyūṭī bestätigt diese Angaben in weitgehend identischen Worten und meint: „Die *šayāṭīn*, das sind

---

95 F. Meier, Artikel „Dämonologie, 6. Islam", in *Lexikon des Mittelalters,* III.483 f. (Online-Ausgabe konsultiert am 12. Oktober 2011), betont, dass Iblīs nicht der Vater der *ǧinn* im allgemeinen, sondern nur der bösen Geister sei.

96 K. Hentschel, *Geister, Magier und Muslime,* S. 27–32.

97 M. Schöller, „His master's voice", S. 42, Anm. 30: „In vormodernen (wie auch zeitgenössischen) Texten wird *šayṭān* oft gleichbedeutend mit *ǧinn/ǧinnī* gebraucht; ebenso kann der Plural *šayāṭīn* anstelle von *ǧinn/ǧānn* verwendet werden."

98 G. Fartacek, „Begegnung mit Ǧinn", S. 472 f.

99 Ǧāḥiẓ, *Ḥayawān,* I.291.10: „كما ان الجنى اذا كفر وظلم وتعدى وافسد، قيل شيطان".

100 Ǧāḥiẓ, *op.cit.,* VI.190.6: „فان خبث احدهم وتعرم فهو شيطان".

101 *Loc.cit.,* VI.195.12: „وإذا تَعَرَّضَت الجنية وتلوَّنت وعَبِثَت فهى شيطانة". F. Meier, NL Mappe 3, s. v. *Ǧāḥiẓ,* Bl. 13, übersetzt: „Wenn die *ǧinniyya* sich anbietet, sich verwandelt und unnützes Zeug treibt, ist sie eine Satanin." A. Kazimirski, *Dictionnaire,* s. v. *taʿarraḍa,* gibt Bedeutungen an, die auf ein feindliches, widerspenstiges Verhalten hindeuten: „6. Combattre, contredire q. (par le raisonnement etc.). 7. Entreprendre qc. à la légère, témérairement." Auch bei R. Dozy, *Supplément aux dictionnaires arabes,* fehlt unter *taʿarraḍa* die Bedeutung „sich anbieten". Das Verb *talawwana* betont grundsätzlich die Veränderlichkeit der Farbe und damit der Gestalt. Gemäß H. Wehr, *Wörterbuch,* s. v., kann es „wankelmütig sein" bedeuten.

102 Šiblī, *Ākām al-marǧān,* S. 7.13 f.

die Ungehorsamen unter den *ǧinn*. Sie gehören zu den Kindern Iblīs'. Es sind die rebellischsten, die unbändigsten und kräftigsten unter ihnen."[103]

F. Meier macht außerdem auf ein Kapitel über Dämonologie in einem persischen Anonymus aufmerksam, der von ca. 600/1200 datiert. Diese Handschrift hält fest, dass *ǧinn* und Satane einen gemeinsamen Ursprung haben und präzisiert[104]:

> Über den Unterschied zwischen *ǧinnī* und *šayṭān:* Einige sagten: ‚Der Ursprung von *ǧinnī* und *šayṭān* ist ein und derselbe, denn Gott hat sie beide aus Feuer erschaffen, aber die Ungläubigen [unter ihnen] nennt man *šayāṭīn* und die Muslime *ǧinn*.'

Der anonyme Verfasser dieses Texts unterscheidet zwischen *ǧinn* und *šayāṭīn*, indem er ihren Glauben als maßgeblich betrachtet. Während es sich bei den *ǧinn* um Muslime handelt, werden die *šayāṭīn* als Ungläubige *(kāfir)* bezeichnet.[105]

Auch im heutigen Volksglauben ist Iblīs als Vater der *ǧinn* bekannt. G. Fartacek jedenfalls konnte diese Vorstellung bei jüngeren Feldforschungen in Syrien belegen.[106] Er weist u. a. darauf hin, dass Iblīs die *ǧinn* zusammen mit Maṭrūda gezeugt habe. Maṭrūda („die Verstoßene") war Ādams erste Frau vor Eva. Da sie ihm aber keine Nachkommen schenkte und sich auch sonst gegen ihn auflehnte, verstieß Ādam sie wieder. Maṭrūda sann danach nach Rache, wandte sich an Iblīs und zeugte mit ihm zusammen die *ǧinn*.[107]

Die vorangehenden Ausführungen zeigen auf, dass die Abgrenzung der einzelnen Kategorien von Geistwesen im Islam mit Schwierigkeiten verbunden ist. Während der Verlauf der Trennlinie zwischen Engeln einerseits und Teufeln–Dämonen anderseits in ihren Grundzügen als gesichert gilt, lassen sich zur Unterscheidung zwischen *ǧinn* und *šayṭān* bzw. *šayāṭīn* keine allgemein verbindlichen Aussagen machen. Diese Verwirrung ist – wie aufgezeigt – in teilweise widersprüchlichen Angaben im Koran bereits angelegt. Da die koranischen Auf-

103 Suyūṭī, *Laqṭ al-marǧān*, S. 6.1 f.: „والشياطين: العصاة من الجن، وهم من ولد ابليس والمردة اعتاهم واقواهم".

104 Vgl. F. Meier, NL Mappe 1, s. v. *Aufklärung*, Bl. 45–47, dort anschließend Abschrift des persischen Texts. Das zitierte Manuskript gehört zur Privatbibliothek Faḫr ad-Dīn an-Naṣīrī-Amīnīs, Nr. 885: „در فرق ميان جنى وشيطان: بعضي گفته اند اصل جنى وشيطان هر دو يكى است زيراك (كذا) خداى تعالى همه را از آتش آفريده است لكن كّفاررا شياطين خوانند ومسلمانان را جنى".

105 Kapitel 4 „Die *ǧinn* und ihre Religionen" befasst sich mit dem Glauben der *ǧinn*.

106 G. Fartacek, „ Feinde des Fortschritts und Hüter der Moral?" S. 55.

107 G. Fartacek, *Unheil durch Dämonen?* S. 58 f., macht auf Parallelen dieser im Ḥawrān und im Qalamūn-Gebirge nachgewiesenen Berichte zur Lilithlegende aufmerksam. Gemäß der jüdischen Überlieferung ist Lilith Ādams erste Frau. Als sie nicht bereit war, sich beim Geschlechtsverkehr Ādam unterzuordnen, verstieß er sie, worauf sie sich in ihrem Hass an Iblīs wandte. Aus ihrer Verbindung mit ihm gingen die *ǧinn* hervor.

fassungen im Lauf der islamischen Expansion mit weiteren Vorstellungen unterschiedlichster Herkunft in Verbindung gebracht wurden, stellt die Klärung der vielfältigen Abhängigkeiten letztlich ein aussichtsloses Unterfangen dar. Die vorliegenden Ausführungen beschränken sich deshalb darauf, auf diese Widersprüche aufmerksam zu machen.[108]

Zur Klärung der unterschiedlichen Auffassungen zu den Beziehungen zwischen *ǧinn* und *šayāṭīn* können aber Überlegungen zu ihrer moralischen Einordnung beitragen, die ansatzweise bereits Šiblī und Suyūṭī vornehmen, indem sie die *šayāṭīn* als die „Ungehorsamen der *ǧinn*" *(al-ʿuṣāt min al-ǧinn)* bezeichnen.[109] Dieser Gedanke soll im Folgenden verdeutlicht werden.

3.2.6 Zur moralischen Wertung der *ǧinn*

Ausgangspunkt der folgenden Überlegungen ist F. Meiers Feststellung, dass die *ǧinn* moralisch indifferent sind.[110] *Ǧinn* können gut oder böse sein, d. h., sie können gute oder schlechte Handlungen ausführen.[111] Diese Auffassung kommt auch in Sure 72.11 zum Ausdruck, die festhält, dass es unter den *ǧinn* Rechtschaffene *(ṣāliḥ)* aber auch anders Veranlagte gebe.[112] T. Fahd bemerkt dazu verallgemeinernd, dass Ungehorsam einen *ǧinnī* in einen *šayṭān* verwandle.[113] Dies trifft

---

108 Auch T. Fahd, „Anges, démons et djinns", S. 155, betont, dass es ein Ding der Unmöglichkeit sei, für diese wechselseitigen Abhängigkeiten und Beeinflussungen Beweise zu erbringen, die wissenschaftlichen Kriterien zu genügen vermögen. Die entsprechenden Vorstellungen seien zu stark durch ein unlogisches Nebeneinander heterogener und heterokliter Elemente geprägt, das sich kaum mehr schlüssig entwirren lasse.

109 Vgl. oben Text bei Anm. 102 f.

110 Vgl. dazu F. Meier, „Die Stellung des Geisterglaubens im Islam." (unveröffentlichter Vortrag, gehalten 1975 in Freiburg i.Br.), NL Mappe 11, v..a. Einleitung: Bl. 1–2a. Siehe außerdem F. Meier, „Bet-Ruf", S. 582.

111 Auch weitere Forschende weisen darauf hin, dass die *ǧinn* nicht einfach böse sind. J. Wellhausen, *Reste*, S. 149, meint: „Moralisch sind [die Dämonen] indifferent; sie nützen oder schaden, wem sie freund oder feind sind. Im Allgemeinen sind sie aber doch nicht recht geheuer [...]." J. Henninger, „Geisterglaube", S. 303, 308, hält fest, dass die *ǧinn* moralisch indifferent sind; sie nützen und schaden nach Lust und Laune. Im Ganzen gesehen seien sie dem Menschen aber eher unangenehm. M. Dols, *Majnūn*, S. 263, betont, dass der Islam der Welt der Dämonen ihren ambivalenten Charakter zurückgegeben habe. Die *ǧinn* seien nicht gänzlich schlecht und unmenschlich. In Anschluss an M. Dols argumentieren E. Badeen und B. Krawietz, „Islamic reinvention of jinn", S. 100, weitgehend identisch.

112 Sure 72.11: „وانّا منا الصالحون ومنا دون ذلك كنا طرائق قدداً". Vgl. dazu bei Anm. 104 f. und besonders Kapitel 4 „Die *ǧinn* und ihre Religionen".

113 T. Fahd, „Anges, démons et djinns", S. 177; vgl. S. 204, Anm. 72, mit Quellenhinweisen.

auf Iblīs besonders zu, der erst zum Satan *par excellence (aš-Šayṭān)* geworden ist, nachdem er sich dem göttlichen Befehl widersetzt hatte.

Diese Hinweise zeigen auf, dass sich die islamische Dämonologie deutlich von der christlichen unterscheidet. Im Christentum steht der Dämonenglauben mit seinen negativ besetzten Gestalten der Angelologie diametral gegenüber. Im Christentum sind Engel zumeist Lichtgestalten mit löblichen Charaktereigenschaften. Da *ǧinn* aber nicht nur negativ, sondern auch positiv in Erscheinung treten können, ist die Ausgangslage im islamischen Kulturraum eine grundsätzlich andere. F. Meier bringt diesen Sachverhalt in der Bemerkung auf den Punkt, dass sich der Islamwissenschaftler bei seinen Auseinandersetzungen mit dem Dämonenglauben „nicht lauter schwere Jungs vorknöpfe". Im islamischen Kontext verliere die Bezeichnung Dämonologie ihren „grimmen Beiklang".[114]

A. Wieland wiederum hält in Ergänzung ihrer Überlegungen zu den widersprüchlichen Angaben in Sure 18.50 fest,[115] dass mit dem Begriff *šayāṭīn* nicht zwangsläufig Geistwesen gemeint seien. Sie vertritt vielmehr die Auffassung, der Ausdruck *šayāṭīn* stehe für eine in ihren Grundzügen üble Charaktereigenschaft[116] und verweist auf Sure 6.112:

> So haben wir für jeden Propheten [gewisse] Feinde bestimmt, nämlich die Satane der Menschen und der *ǧinn (šayāṭīn al-ins wa-ăl-ǧinn)*. Um sie zu betören, geben die einen den andern prunkvolles Gerede ein.

R. Paret betont, dass die Übersetzung der diskutierten Koranstelle mit sprachlichen und sachlichen Schwierigkeiten verbunden ist.[117] Er betrachtet die Klärung der syntaktischen Funktion von *šayāṭīn al-ins wa-ăl-ǧinn* als besonders heikel. Die Korankommentatoren verstehen den Ausdruck im Allgemeinen als Apposition zu *ʿaduww* (Feind). Auch A. Wieland bevorzugt diese Interpretation. Sie nimmt an, der Ausdruck *šāyāṭīn al-ins wa-ăl-ǧinn* bezeichne schlechte Menschen und *ǧinn*, die zu verführen versuchen und spricht von einer Adjektivierung des Ausdrucks *šayāṭīn*. F. Meier bemerkt in seinem Freiburger Vortrag, dass ein Bösewicht im Islam „Teufel" oder „Satan" heiße. Später präzisiert er, dass es „daher menschliche Satane *(šayāṭīn al-ins)* und Satane des Geistreichs *(šayāṭīn al-ǧinn)*" gebe und belegt seine Auffassung mit einem Verweis auf Sure 6.112.[118]

---

114 F. Meier, „Die Stellung des Geisterglaubens im Islam", NL Mappe 11, Bl. 1.
115 A. Wieland, *Ǧinn-Vorstellung*, S. 21.
116 Dies bedeutet implizit, dass es auch gute Dämonen gibt.
117 R. Paret, *Der Koran. Kommentar und Konkordanz, ad.loc.*
118 F. Meier, „Die Stellung des Geisterglaubens im Islam", NL Mappe 11, v. a. Bl. 2. Der Vollständigkeit halber sei hier darauf hingewiesen, dass *Šayṭān* zur Zeit der *ǧāhiliyya* auch als Personen-

Aus diesen Ausführungen ergibt sich, dass der Ausdruck *šayāṭīn* nicht *a priori* eine Gattung von Geistwesen bezeichnet. Vielmehr ist mit dem Begriff *šayṭān* eine moralische Konnotation verbunden. *Šayṭān* (pl. *šayāṭīn*) bezeichnet primär einen Charakterzug und meint die Schlechten, Rebellischen, Bösen und Ungehorsamen. Also eigentlich alle, die gegenüber Gott anmaßend auftreten.[119] Letztlich ist allerdings festzustellen, dass sich zur Abgrenzung von *šayāṭīn* und *ǧinn* kaum klarere Aussagen machen lassen als dies bereits W. Niekrens in folgender pragmatischen Bemerkung getan hat[120]:

> Denn nachdem Muhammed einmal einen Unterschied gesetzt hatte zwischen guten und bösen *Ǧinn*, war es für ihn auf die Dauer nicht möglich, einen Unterschied zwischen einem bösen *Ǧinn* und einem *Šaiṭān* festzuhalten, und so wird er im Streben nach möglichster Vereinfachung und Einheitlichkeit beide Kategorien wohl zusammengeworfen und *Šaiṭān* zu einem *Ǧinn* gemacht haben.

Nach den Hinweisen auf diese terminologischen Schwierigkeiten soll im Folgenden eine erste Charakterisierung der *ǧinn* selbst vorgenommen und aufgezeigt werden, dass diese Wesen keine Einheit darstellen, sondern eine heterogene Gruppe mit vielen Unterarten bilden.

3.3 Die Arten der *ǧinn*

3.3.1 Belege aus der vormodernen Zeit

In den Sendschreiben der Iḫwān aṣ-Ṣafā' richtet ein weiser *ǧinnī* Vorwürfe an die Menschen und Tiere, die Erde, Meer und Luft bewohnen und einen grobstofflichen Körper haben.[121] Er hält ihnen vor, ihnen fehle das Bewusstsein dafür, dass neben ihnen noch zahlreiche weitere Kreaturen existieren. Die Menschen hätten keine Kenntnis von der Vielzahl der geistigen Geschöpfe und Lichtgestalten, der leichten Geister und der feinen Körper, der einfachen Seelen und der stofflosen Formen, die in den Weiten der himmlischen Sphären zu Hause seien. Zu diesen Lichtgestalten zählen auch die geistigen Engel, die Cherubim und die Träger des

---

name belegt ist (siehe I. Goldziher, „Die Ǵinnen der Dichter", S. 685, Anm. 2; ders., *Abhandlungen zur arabischen Philologie,* I.106).

119 A. Wieland, *Ǧinn-Vorstellung,* S. 22.

120 W. Niekrens, *Die Engel- und Geistervorstellungen des Korans* (1906), S. 69 f.; hier zitiert gemäß A. Wieland, *Ǧinn-Vorstellung,* S. 23.

121 Iḫwān aṣ-Ṣafā', *Rasā'il,* II.372.23–374.5; vgl. Übersetzung A. Giese, S. 196 f.; Kapitel: „Die große Zahl der Dschinnen".

Gottesthrones. Außerdem gehören zu ihnen weitere feurige Geistwesen, die den Äther besiedeln. Und diese Aufzählung macht überdies auf die unterschiedlichen Stämme der *ǧinn*, die Scharen der Teufel und die Heere Iblīs' aufmerksam. Die Zahl der Lebewesen mit irdischen Leibern jedenfalls sei im Vergleich zu jener dieser Geistwesen äußerst gering.[122] Diese Aussagen der Lauteren Brüder rufen jene auf Abū Hurayra zurückgehende Überlieferung in Erinnerung, in der Šiblī auf die verschiedenen Gattungen von Lebewesen aufmerksam macht und betont, dass die Geistwesen viel zahlreicher seien als die Menschen.[123]

Die folgenden Ausführungen machen anhand der Angaben in ausgewählten Quellen auf die unterschiedlichen Arten der *ǧinn* aufmerksam und versuchen, eine erste Kategorisierung vorzunehmen. Diese wird im Lauf der vorliegenden Untersuchung zu präzisieren und teilweise auch zu modifizieren sein. Es sei betont, dass die in diesem Abschnitt folgenden Hinweise nur darauf abzielen, einen vorläufigen Überblick über die Vielfalt der Geistwesen zu vermitteln. Auch sei bereits jetzt festgehalten, dass die berücksichtigten Quellen kein einheitliches Bild zeichnen.

Ǧāḥiẓ unterscheidet zwei Gruppen von irdischen Geschöpfen. Es gebe einerseits menschliche Wesen *(bašar)*. Sie sind grundsätzlich sichtbar und umfassen die beiden Untergruppen *nās* und *nasnās*.[124] Daneben aber gebe es die Verborgenen (*ḫawāfī*, sg. *ḫāfī*, bzw. die *mustaǧinnāt*[125]). Ǧāḥiẓ unterscheidet im Fall der verborgenen Wesen vor irgendeiner weiteren Unterteilung zwischen *ǧinn* und *ḥinn*,[126] wobei die Araber die *ǧinn* über die *ḥinn* setzen.[127] An einer andern Stelle bezeichnet Ǧāḥiẓ die *ḥinn* als die schwächsten unter den *ǧinn*.[128] Indem er seinen

---

122 Iḫwān aṣ-Ṣafā', *Rasā'il*, II.373.6 f.

123 Vgl. oben Text bei Anm. 33 f.

124 Ǧāḥiẓ, *Ḥayawān*, VI.194.1. Für eine Darstellung der als *nasnās* bekannten Dämonenart, siehe Kapitel 5.6.2, b. *nasnās* (bei Anm. 442–509).

125 Gemäß A. Kazimirski, *Dictionnaire*, bedeutet das Verb *istaǧanna* „1. se couvrir, s'envelopper de qc. 2. être caché, se cacher, se dérober aux regards de q."

126 Ǧāḥiẓ, *Ḥayawān*, VI.193.5 f.

127 F. Meier, NL Mappe 4, s. v. *ḥinn* (2 Bl.), vermutet, dass die *ḥinn* ihre Entstehung arabischer Spekulation und Sprachspielerei verdanken. Oft wird von den Lauten der *ǧinn* gesprochen. Gelegentlich wird das Wiehern von Pferden mit diesen Lauten verglichen. Da wiehern aber *ḥanna* heisst (vgl. Kazimirski, *Dictionnaire*, s. v.) sei es denkbar, dass man daher eine Gattung mit dem Namen *ḥinn* bildete.

128 Ǧāḥiẓ, *Ḥayawān*, I.291 f., mit I.291.8 f. Gemäß einer auf Ibn ʿAbbās zurückgeführten Überlieferung bezeichnet Ǧāḥiẓ präzisierend die schwarzen Hunde als *ǧinn*, die gefleckten Hunde aber als *ḥinn*. Die hier diskutierte Stelle wird Kapitel 5, bei Anm. 218–224, in einem andern Zusammenhang erneut aufgegriffen. Siehe auch Kapitel 5, bei Anm. 453.

Versuch einer Klassifizierung der *ǧinn* fortsetzt,[129] hält der Verfasser des *Kitāb al-Ḥayawān* fest, dass ungläubige Dämonen, die Unrecht tun und Zwietracht säen, *šayṭān* (pl. *šayāṭīn*) genannt würden. Ein *ǧinnī*, der Bauwerke errichte, schwere Lasten trage oder insgeheim am Himmel lausche *(istirāq as-samʿ)*,[130] heiße *mārid* (pl. *marada*). Aus seinen weiteren Ausführungen ergibt sich, dass ein *mārid* schlimmer ist als ein *šayṭān*. Einen *ǧinnī* aber, der noch übler handelt als ein *mārid*, nennt man *ʿifrīt (fa-in zāda fa-huwa ʿifrīt)*. Als letzte Stufe der *ǧinn* erwähnt Ǧāḥiẓ an dieser Stelle die *ʿabqarī*.[131] Die beigebrachte Übersicht zeigt auf, dass das *Kitāb al-Ḥayawān* verschiedene Kategorien von *ǧinn* kennt. Die Überschrift der soeben beigezogenen Stelle zur Unterscheidung zwischen *ǧinn* und *ḥinn* spricht denn auch explizit von den Stufen der *ǧinn (marātib al-ǧinn)*,[132] wobei ihre Bosheit das für die Hierarchisierung maßgebliche Kriterium darstellt.

Auch Masʿūdī nimmt eine Klassifizierung der Dämonen vor. Er greift in den *Murūǧ aḏ-ḏahab* die bereits bekannte Vorstellung der Geburt der *ǧinn* aus Eiern auf und modifiziert sie in Einzelheiten.[133] Er hält fest, dass Gott für al-Ǧānn, den Urvater der *ǧinn*,[134] auf dieselbe Art wie für Ādam eine Gattin erschaffen habe. Nachdem al-Ǧānn mit ihr geschlafen habe, sei sie schwanger geworden und habe 31 Eier gelegt. Einem dieser Eier sei eine *quṭruba* (m. *quṭrub*), die Mutter der *qaṭārib*, entschlüpft. Sie sehe aus wie eine Katze. Die Iblīsse *(abālīs)* seien aus einem andern Ei hervorgegangen. Masʿūdī zählt zu ihnen auch al-Ḥāriṯ Abū Murra[135]. Sie hätten die Meere als ihren Wohnsitz gewählt. Die *mārid* wiederum seien einem weiteren Ei entschlüpft; sie leben auf Inseln im Meer. Als vierte

129 Ǧāḥiẓ, *Ḥayawān*, I.291.10–14.

130 Vgl. dazu Kapitel 4.3 „Der Sternschnuppen-Mythos".

131 Gemäß A. Kazimirski, *Dictionnaire*, bedeutet *ʿabqar*: „1. nom d'un démon ou génie d'une grandeur colossale; 2. Nom d'une localité remplie de démons." Zu den *ʿabqarī*-Dämonen äußert sich auch Yāqūt, *Buldān*, III.606 f.

132 Ǧāḥiẓ, *Ḥayawān*, VI.193.4 f.

133 Für die folgende Darstellung vgl. Masʿūdī, *Murūǧ aḏ-ḏahab* (Pellat), II.292.12–293.8 (§ 1204); zu den Berichten über die Geburt dämonischer Wesen aus Eiern vgl. oben, Text bei Anm. 72, 77 und 81.

134 Al-Ǧānn ist hier der Urvater der *ǧinn*. Andere Stellen bezeichnen al-Ǧānn explizit als Vater der *ǧinn (Abu ăl-ǧinn)*; so z. B. Qazwīnī, *ʿAǧāʾib al-maḫlūqāt* (Miṣr), S. 216.1 (vgl. F. Wüstenfeld, S. 372.12); Šiblī, *Ākām al-marǧān*, S. 6.23; Suyūṭī, *Laqṭ al-marǧān*, S. 5.14; Abu ăl-Futūḥ-i Rāzī, *Tafsīr*, Kommentar zu Sure 55.15, IX.291.10; Maybudī, *Kašf ul-asrār*, Kommentar zu Sure 55.15, IX.411.1.

135 Mit al-Ḥāriṯ Abū Murra ist Iblīs selbst gemeint; vgl. Pseudo-Masʿūdī, *Aḫbār az-zamān*, 12.6 f.: „Und für Iblīs gibt es in den unterschiedlichen Sprachen ganz verschiedene Namen, aber im Arabischen heisst er al-Ḥāriṯ. Und er war versehen mit der *kunya* Abū Murra." Siehe auch Damīrī, *Ḥayāt al-ḥayawān*, I.210.11.

Gruppe erwähnen die *Murūǧ aḏ-ḏahab* die *ġūl* (pl. *ġīlān*), die in Ruinen und Wüsteneien hausen. Die *siʿlāh* (pl. *saʿālī*) ihrerseits entschlüpfen einem fünften Ei und bewohnen die Berge. Als sechste Gruppe folgen die *waswās* (pl. *wasāwīs*)[136], die angeblich als geflügelte Schlangen durch die Lüfte brausen. Aus einem weiteren Ei entstehen die *dawāsiq*.[137] Masʿūdī schließt diese Aufzählung mit der Erwähnung der Geburt der *ḥamāmīṣ* aus einem achten Ei ab.[138]

Der Verfasser der *Murūǧ aḏ-ḏahab* nimmt an dieser Stelle eine Aufteilung der *ǧinn* in acht Gruppen vor, die sich von jener bei Ǧāḥiẓ wesentlich unterscheidet. Außerdem fällt auf, dass Masʿūdī einleitend von 31 Eiern spricht, die al-Ǧānns Gattin gelegt hat, die soeben beigebrachte Aufzählung aber nur Angaben zu acht Klassen enthält und damit unvollständig ist. Masʿūdī selbst räumt dies übrigens unter Verweis auf präzisere Ausführungen zur Frage in andern seiner Werke ein, die heute als verloren gelten.[139] Die bisherige Übersicht lässt sich damit nur anhand von zusätzlichen Quellen ergänzen, die jedoch nochmals neue Aspekte ins Spiel bringen und es zusätzlich erschweren, ein einheitliches Bild zu zeichnen.[140]

Pseudo-Masʿūdī (Wāṣifī) hält ebenso wiederholt fest, dass die *ǧinn* in zahlreiche Stämme zerfallen. Diese Vorstellung sei auch bei den Indern, Persern und Griechen bekannt. Sie hätten behauptet, dass es unter den *ǧinn* 21 Stämme *(qabīla)* gebe.[141] Wenig später folgt die Bemerkung, einige Gelehrte hätten die Arten der *ǧinn* erwähnt. Sie hätten behauptet, dass die *šayāṭīn* 35 Stämme umfassen.[142] Die Textstelle präzisiert unmittelbar danach, dass die fliegenden *ǧinn* 15 Stämme

---

136 Masʿūdī, *Murūǧ aḏ-ḏahab* (Ausgabe de Meynard, de Courteille), III.321.6, liest *wahāwīs*.

137 Ch. Pellat (zu Masʿūdī, *Murūǧ*, II.293, Anm. 12; § 1204) äußert in einer Anmerkung die Vermutung, es handle sich um eine Verballhornung von *ad-dawāl bāy*, Riemenbeinler; zu dieser Dämonenart vgl. unten Kapitel 7.2 „Die Riemenbeinler."

138 Dieser Liste könnte man allenfalls die *ʿudār (varia lectio: ġaddār)* hinzufügen, die Masʿūdī, *Murūǧ* (Pellat), II.292.2–11, wenig zuvor erwähnt. Es soll sich um eine satanische Art von Wesen handeln *(nawʿ min al-anwāʿ al-mutašayṭina)*.

139 Masʿūdī, *Murūǧ* (Pellat), II.293.7 f.

140 Auch Ibšīhī, *al-Mustaṭraf* (Ausgabe Ǧuwaydī), II.220 f., erwähnt, dass es zahlreiche *Ǧinn*-Arten gibt. Er zählt dann aber nur vier Arten auf. Neben den bereits aus Masʿūdīs Liste bekannten *siʿlāh* und *ʿifrīt* weist er zusätzlich auf die *walhān* (II.220.3) und die *muḏahhab* (II.220.10–19) hin. Während die *walhān* Menschengestalt haben und auf Inseln im Meer leben, erweisen die *muḏahhab* den Menschen zwar viel Ehre, leiten sie aber letztlich in die Irre. In einem andern Zusammenhang hält Ibšīhī (II.221.4 f.) fest, dass die Zahl der Salomon unterworfenen *Ǧinn*-Familien 24 beträgt.

141 Pseudo-Masʿūdī, *Aḫbār az-zamān*, S. 12.2 f.

142 Pseudo-Masʿūdīs Terminologie scheint nicht gefestigt zu sein. Er redet zuerst von den *ǧinn*, unmittelbar darauf gebraucht er aber, ganz offensichtlich synonym dafür, *aš-šayāṭīn*.

bilden. Zehn Stämme von Dämonen stehen mit der Feuerflamme in Verbindung. Und jene *ǧinn*, die insgeheim am Himmel lauschen, bilden nochmals 30 Stämme.[143] In dieser Darstellung lässt sich der Versuch erkennen, die *ǧinn* in drei Hauptgruppen einzuteilen. Auch andere Quellen verfolgen diesen Ansatz, nehmen die Einteilung in drei Kategorien allerdings nach abweichenden Kriterien vor.[144]

Auch das *Kitāb al-Mandal as-sulaymānī*, ein anonymes Werk exorzistischen Inhalts,[145] das nach dem 11. Jh. im Jemen entstanden und dort noch heute weit verbreitet ist, enthält Angaben zur Kategorisierung der Dämonen. Die Manuskripte wissen, dass die *ǧinn* in Stämmen leben. Es lassen sich Hinweise auf 7[146] bzw. 12[147] *Ǧinn*-Stämme belegen. Gemäß einer andern Darstellung befragte Salomon den Dämon Ṣaḫr über die Stämme der *ǧinn*[148] und erfährt von ihm, dass es 70 *Ǧinn*-Stämme gebe.[149] 58 befänden sich bei den Griechen (Rūm), im Innern von Götzenbildern, auf ihren Ländereien und bei den Christen. Zwölf *Ǧinn*-Stämme aber würden bei den Muslimen leben. Im Weiteren lässt sich im *Kitāb al-Mandal as-sulaymānī* die Auffassung nachweisen, dass es 420 *Ǧinn*-Stämme gebe.[150] Diese Zahl erwähnt im Übrigen auch Qazwīnīs Bericht darüber, wie Gott Salomon die *ǧinn* unterworfen hat.[151] Qazwīnīs Darstellung hält fest, dass sich am fraglichen Tag 420 Gruppen (*firqa*) von *ǧinn* und Satanen vor Salomon versammelt und „labbayka, labbayka" gerufen hätten. Damit übereinstimmende Angaben lassen sich in Pseudo-Suyūṭīs *Kitāb ar-Raḥma fī ăṭ-ṭibb wa-ăl-ḥikma* belgen.[152]

---

143 Die *ǧinn* umfassen damit gemäß Pseudo-Masʿūdī total 55 Stämme. Die Passage ist korrumpiert bzw. stellt Angaben aus unterschiedlichen Berichten zusammen, ohne sie miteinander in Einklang zu bringen.

144 Vgl. dazu Kapitel 5, bei Anm. 84–88.

145 A. Regourd, „Le Kitāb al-mandal as-sulaymānī, un ouvrage d'exorcisme yéménite postérieur au Ve/XIe s.?"

146 *Loc.cit.*, S. 126, Spalte b. Die Zahl 7 weist auf Abhängigkeiten von der Vorstellung von sieben Planetenhimmeln hin.

147 *Loc.cit.*, S. 125, Spalte b, S. 126, Spalte b.

148 *Loc.cit.*, S. 128, Spalte a.

149 A. Regourd, *op.cit.*, S. 128, Anm. 24, weist darauf hin, dass es sich bei dieser Aufzählung eigentlich um eine Liste von Eigennamen handelt. Eine ähnliche Liste ist auch aus Ibn an-Nadīm, *Fihrist*, Ausgabe M. Mīnovī, S. 370; Übersetzung B. Dodge, II.727 f., bekannt.

150 A. Regourd, *op.cit.*, S. 129, Spalte a.

151 Qazwīnī, *ʿAǧāʾib al-maḫlūqāt* (Miṣr), S. 215.21–216.1: Kapitel: *Faṣl fī ḥikāyāt ʿaǧība ʿan al-ǧinn wa-mā ǧarā la-hum* (vgl. Ausgabe F. Wüstenfeld, S. 372); Übersetzung J. Ansbacher, S. 20.

152 Gemäß einem Hinweis bei A. Regourd, *op.cit.*, S. 129, Anm. 27. Die Stelle liess sich in der zur Verfügung stehenden Ausgabe des *Kitāb ar-Raḥma* (Exemplar der Abteilung Islamwissenschaft der Universität Zürich) nicht nachweisen.

Zusammenfassend lässt sich feststellen, dass die Quellen mehrfach von einer Einteilung der *ǧinn* in Stämme *(qabīla)* reden. Auch J. Henninger stellt im Rahmen seiner Untersuchungen fest, dass die *ǧinn* ebenso wie die Menschen in Stämmen, Sippen und Familien leben.[153] In Übereinstimmung mit den Erkenntnissen aus den soeben untersuchten Quellen betont auch er, dass Einteilungen der Dämonen zwar weit verbreitet, aber vielfach anders nuanciert seien. Besonders häufig lasse sich die Vorstellung belegen, dass es sieben *Ǧinn*-Stämme gebe, die von Geisterfürsten mit verschiedenen Farben regiert werden. Diese werden ihrerseits mit den sieben Planetengeistern in Beziehung gesetzt.[154] J. Henninger ergänzt diese Beobachtung mit dem Hinweis darauf, dass das Kollektiv auch bei den *ǧinn* mehr zähle als das Individuum, und sieht darin Parallelen zu den tribalen Gesellschaften unter den Arabern im Allgemeinen.[155] Es fällt jedenfalls auf, dass die fehlende Individualität ein wesentlicher Charakterzug der *ǧinn* ist, was vermutlich auch die Herausbildung einer kohärenten Kategorisierung der Dämonen erschwert hat.[156]

Da sich in den untersuchten Quellen keine Berichte zu einer Einteilung der *ǧinn* nachweisen lassen, die deutlich über die Darstellungen bei Ǧāḥiẓ oder Masʿūdī hinausgehen, soll im folgenden anhand von Angaben aus der Sekundärliteratur ein hypothetisches Schema einer Kategorisierung der Dämonen aufgestellt werden, das die bisher bekannten Angaben zur Einteilung der Geister in Klassen und zu ihrer Vielfalt ergänzen soll.

---

153 Vgl. M. Maarouf, *Jinn eviction*, S. 1, der für das moderne Marokko feststellt: „It is commonly believed that these spirits live in tribes and nations, and belong to different religions."

154 J. Henninger, „Geisterglaube", S. 290 mit Anm. 72; vgl. S. 299. Für weitere Abgaben zu den Geisterfürsten verweist J. Henninger auf T. Canaan, *Aberglaube,* 22 f.; ders., *Dämonenglaube,* S. 27–30, 39 f.; A. Winkler, *Siegel und Charaktere,* S. 86–109, bes. S. 92, 97–108; E. Zbinden, *Die Djinn,* S. 42 f., 64.

155 J. Henninger, „Geisterglaube", S. 299. Zu ganz ähnlichen Schlüssen sind auch D. Pielow, *Lilith,* S. 55, und E. Westermarck, *Survivals,* S. 21, gelangt. Dieser Umstand kann zu einer Parallelisierung der Gesellschaft der Menschen und jener der *ǧinn* führen; vgl. zu dieser Vorstellung Kapitel 8 „Die *ǧinn* als Doppelgänger und Komplementärwesen des Menschen". Es sei auch darauf hingewiesen, dass – ähnlich wie bei den Beduinen – die Rache eines ganzen *Ǧinn*-Stamms auf sich zieht, wer auch nur einem einzigen *ǧinnī* Schaden zufügt.

156 Ergänzend sei hier auf Äußerungen weiterer Autoren zur vorliegenden Frage aufmerksam gemacht: M. Schöller, „His master's voice", S. 65, weist anhand eines Exorzismus für das moderne Ägypten die Auffassung nach, es gebe sieben *Ǧinn*-Stämme. K. Hentschel, *Geister, Magier und Muslime,* S. 41, belegt für das moderne Ägypten auch die Vorstellung von neun *Ǧinn*-Klassen. Gemäß dieser Aufteilung ist Iblīs der Oberste der *ǧinn*. Ihm sind sieben Fürsten unterstellt, die über sieben Königreiche herrschen. Die *quranāʾ* sind die unterste Klasse in dieser Hierarchie. Diese Einteilung in neun Klassen dürfte mit der weit verbreiteten Vorstellung von neun Himmeln einen astrologischen Hintergrund haben.

3.3.2 Hinweise auf Kategorisierungen der *ǧinn* in der Sekundärliteratur

Umfassende Darstellungen zur Einteilung der Dämonen sind auch in der Sekundärliteratur selten. A. Wieland schlägt eine Einteilung vor, indem sie die Resultate von Untersuchungen der ägyptischen Volkskundler A. Amīn und M. al-Ǧawharī (M. El-Gawhary) aufgreift, die mehrere Hauptklassen von *ǧinn* unterscheiden.[157] Die angegebenen Autoren halten einerseits fest, dass es eine Dämonen-Klasse *ǧinn* gibt.[158] In erster Linie diene der Ausdruck *ǧinn* aber als Oberbegriff und bezeichne eine Gattung übernatürlicher Wesen (*al-kā'ināt fawq aṭ-ṭabī'iyya* gemäß M. al-Ǧawharīs Terminologie). Unter Berücksichtigung von Teufeln und Engeln führt M. al-Ǧawharī 25 verschiedene Arten von nicht-menschlichen Wesen auf.[159]

A. Wielands Überblick beschränkt sich auf jene zehn Dämonenarten, die in der volkskundlichen Literatur am besten belegt sind. Sie stellt zuerst jene Geister vor, die aus dem Koran bekannt sind und damit von der islamischen Orthodoxie akzeptiert werden (Nr. 1–4 der folgenden Aufzählung). Die andern Arten erwähnt sie in ihrer alphabetischen Reihenfolge und weist auf deren wichtigsten Eigenschaften hin. Ihre Beschreibungen stimmen nicht in allen Einzelheiten mit den Angaben in den soeben berücksichtigten arabischen Quellen überein.

1. *ǧinn* (kollektiv), manchmal *ǧānn* genannt.
2. *šayṭān* (pl. *šayāṭīn*).
3. *'ifrīt* (pl. *'afārīt*)[160]: Ihre Abgrenzung gegenüber den *ǧinn* ist unklar. Die *'ifrīt* sind grundsätzlich schlecht.
4. *mārid* (pl. *marada*)[161]: Ein *mārid* wird als hochmütiger, starker *šayṭān* oder besonders übler *'ifrīt* verstanden.

---

157 A. Wieland, *Ǧinn-Vorstellung*, S. 35–47, stützt sich v. a. auf Angaben aus M. al-Ǧawharī, *ad-Dirāsa al-'ilmiyya li-ăl-mu'taqidāt aš-ša'biyya*.

158 A. Wieland, *op.cit*, S. 35.

159 M. al-Ǧawharī, *ad-Dirāsa al-'ilmiyya*, S. 343 f., zitiert bei A. Wieland, *op.cit.*, S. 35. Gemäß M. al-Ǧawharī werden Merkmale der *ǧinn* als Art gern auf andere Dämonenarten übertragen. Dieser Prozess lasse sich im Detail zwar nicht nachweisen. Al-Ǧawharī wirft vor diesem Hintergrund allerdings die Frage auf, ob sich die einzelnen *Ǧinn*-Arten wirklich derart stark voneinander unterscheiden, dass sie je einen eigenen Namen bräuchten. Indem er diese Frage bejaht, relativiert er die bereits thematisierte Vorstellung, dass die Individualität bei den *ǧinn* schlecht ausgebildet sei (vgl. hier Text bei Anm. 155–156; siehe M. al-Ǧawharī, *'Ilm al-fūlklūr*, II.421, zitiert bei A. Wieland, *op.cit.*, S. 35).

160 Vgl. *Koran*, Sure 27.39.

161 *Koran*, Sure 37.7.

5. *bu'bu'* (pl. *ba'ābi'*): Es handelt sich um eine Art Kinderschreck.[162]
6. *si'lāh,* (pl. *sa'ālī, si'layāt*): ein weiblicher Dämon.[163]
7. *'āmir* (pl. *'ummār*): Die *'āmir* gelten als Hausgeister.[164]
8. *ġūl* (pl. *ġīlān, aġwāl*): Sie sind grundsätzlich böse und leben in der Wüste.[165]
9. *qarīna* (sg. m. *qarīn*, pl. *quranā'*): Die Qarīna (Eigenname) selbst ist eine Kindbettdämonin.[166]
10. *hātif* (pl. *hawātif*): Beim *hātif* (der Rufende) handelt es sich um ein geheimnisvolles Phänomen. Den *hātif* kann man nur hören, bekommt ihn aber nie zu Gesicht.[167]

Diese Zusammenstellung ist nicht abschließend und ist im Lauf der vorliegenden Untersuchung zu präzisieren. Sie soll hier einzig eine vorläufige Übersicht ermöglichen.[168] Die beigebrachte Liste zeigt jedenfalls auf, dass unter dem Oberbegriff *ǧinn* eine große Vielfalt dämonischer Wesen subsumiert wird. Für die weiteren Überlegungen von besonderer Bedeutung ist die Feststellung, dass Dämonen moralisch indifferent sind.[169] Die Quellen identifizieren gute *ǧinn* gern mit solchen, die gläubig *(mu'min)* sind. Böse Dämonen hingegen sind in der Regel ungläubig *(kāfir)*. Diese Terminologie weist darauf hin, dass auch die *ǧinn* einen Glauben haben. Das folgende Kapitel befasst sich mit der religiösen Einstellung der Dämonen.

162 Die *bu'bu'* sind eine wenig bekannte Dämonenart. Der Ausdruck fehlt in F. Meiers Nachlass zur Dämonologie (Verzeichnis der Dämonennamen).

163 Zu den *si'lāh*, vgl. Kapitel 5, bei Anm. 383 und 583, sowie die Anm. 462, 555, 564, 576 ebenfalls in Kapitel 5.

164 Zu den *'āmir* (Hausgeister) vgl. Kapitel 5.4.1, Text bei Anm. 135–148.

165 Zu den *ġūl* vgl. Kapitel 5.6.2, c. „*ġūl*", Text bei Anm. 510–585.

166 Zur Qarīna vgl. Kapitel 6.3.3 „*Ǧinn*-exponierte Lebensphasen: Zur Umm aṣ-ṣibyān".

167 Zu den *hātif* vgl. Kapitel 8.3.1 „Der *Hātif*-Glaube".

168 A. Fatoum, *Ǧinn-Glaube*, S. 15–21, und G. Fartacek, *Unheil durch Dämonen?* S. 75–79, ergänzen diese Zusammenstellung bei A. Wieland um weitere Arten: (A. Fatoum) 11. *zawba'a* (pl. *zawābi');* diese *ǧinn* manifestieren sich als Sturmwind; 12. *šiqq* sind Halblinge (vgl. Kapitel 5.6.2, a. „*šiqq*", Text bei Anm. 414–441); 13. *nasnās* (vgl. Kapitel 5.6.2, b. „*nasnās*", Text bei Anm. 442–509); 14. *ṭāġūt* (pl. *ṭawāġīt;* im koranischen Sprachgebrauch handelt es sich primär um Götzen, vgl. z. B. Sure 2.256 f., Sure 4.51, 60, 76); 15. *dilhāṯ:* eine Art von boshaften *ǧinn*, die das Meer bewohnen (vgl. Kapitel 7, Text bei Anm. 38–40). G. Fartacek (*Unheil?* S. 75–79) hat bei Feldforschungen in Syrien die beiden folgenden zusätzlichen Dämonenarten nachweisen können, die unter dem Begriff *ǧinn* subsumiert werden: 16. *sa'lawiyya;* sie sind abartig, bestialisch und grausam. Es handelt sich zumeist um weibliche Wesen, wenngleich es unter ihnen auch Männer gibt. Bei der Bezeichnung *sa'lawiyya* dürfte es sich um eine dialektale Form für *si'lāh* (vgl. Nr. 6) handeln. 17. Der *raṣad* wacht über die kulturellen Schätze des Altertums.

169 Vgl. Kapitel 3.2.6 „Zur moralischen Wertung der *ǧinn*".

4 Die *ǧinn* und ihre Religionen

4.1 Zur Fragestellung

Der Koran hält in Sure 51.56 fest. „Ich [Gott] habe die *ǧinn* und Menschen nur erschaffen, damit sie mich verehren.“[1] und gibt mit dieser Aussage zu verstehen, dass Dämonen einen Glauben haben. Zumindest *idealiter* müsste es der Islam sein. Der Vers formuliert mit dieser Vorstellung die Eckpunkte für jede weitere Auseinandersetzung mit der Religion der *ǧinn*. Spätere Quellen nehmen den in Sure 51.56 enthaltenen Gedanken auf.[2]

In Anschluss an die zitierte Koranstelle lässt sich festhalten, dass der Glaube an die *ǧinn* im Bereich des Islams nicht nur allgemein verbreitet ist,[3] sondern dass auch die Geister selbst einen Glauben haben; sie sind z. B. Muslime oder Juden. Ǧaʿfar-i Badaḫšī charakterisiert diese Ausgangslage treffend, indem er festhält[4]: „Jede Religion, die es unter den Menschen gibt, gibt es auch unter den *ǧinn*.“[5] Für die Einordnung der folgenden Ausführungen sei außerdem daran erinnert, dass die Dämonen im Islam als moralisch indifferent gelten.[6]

1 Sure 51.56: „وما خلقتُ الجن والإنس إلا ليَعبُدُونِ“.

2 So z. B. Balʿamī (gest. 974?), *Tārīḫ-i Balʿamī*, I.67.3–5: „وخدای عز وجل این گروه فریشتگان که ایشان‌را جان خواند بر زمین [به]نشاند تا اورا بپرستند بزمین“. Bei Iṣbahānī, *Ḥilyat al-awliyāʾ*, VIII.40.8 f., hält Ibrāhīm b. Adham (gest. 161/777) in Anlehnung an Sure 51.56 fest, dass Menschen und *ǧinn* allein dazu erschaffen worden seien, Gott zu verehren; es sei nicht ihre Aufgabe, Häuser zu bauen, Geld anzuhäufen etc. F. Meier, NL Mappe 7, s. v. *Religion*, Bl. 10, macht außerdem auf folgende Aussage bei Sayf ud-Dīn-i Bāḫarzī, *Aḫbār ul-ʿuššāq* aufmerksam: Menschen und *ǧinn* seien nur erschaffen worden, damit sie in Anerkennung der Last der Liebe „voller Ehrlichkeit und Liebe die Dienstbarkeit *(bandagī)* des Hofes der Großmächtigkeit *(kibriyā)* ausüben.“ (Hs. Bāstānī Rād Nr. 63, S. 12, geschrieben wohl 667 h., spätestens aber im 8. Jh. h.).

3 F. Meier, NL Mappe 7, s. v. *Religion*, Bl. 58, weist präzisierend darauf hin, dass „die Existenz der *ǧinn* [im Islam] kein eigener Glaubensartikel [ist]. Meist erscheinen die *ǧinn* in den Glaubensbekenntnissen überhaupt nicht.“ Mit Hinweisen auf fehlende Belege bei A. J. Wensinck, *The Muslim creed*, und bei Maḥmūd b. ʿUṯmān, *Firdaws al-muršidiyya;* Kapitel 31: „*Iʿtiqād* des Kāzarūnī“; vgl. die Darstellung in F. Meiers Dissertation: *Die Vita des Scheich Abū Isḥāq al-Kāzarūnī*, S. 290–299.

4 Ǧaʿfar-i Badaḫšī, *Ḫulāṣat ul-manāqib*, zitiert nach F. Meier, NL Mappe 7, s. v. *Religion*, Bl. 1, der sich auf Handschriften in Berlin (Bl. 121a) und Oxford (Bl. 87a) stützt. Zu Ǧaʿfar-i Badaḫšī siehe: Johann Karl Teufel, *Eine Lebensbeschreibung des Scheichs ʿAlī-i Hamadānī (gestorben 1385): die „Xulāṣat ul-manāqib“ des Maulānā Nūr ud-dīn Caʿfar-i Badaxšī.*

5 Badaḫšī fasst die *ǧinn* damit zumindest implizit als Parallelgesellschaft zu den Menschen auf; zu dieser Parallelisierung vgl. Kapitel 8 „Die *ǧinn* als Doppelgänger und Komplementärwesen des Menschen“.

6 Vgl. Kapitel 3.2.6 „Zur moralischen Wertung der *ǧinn*“.

Während Sure 51.56 nur allgemein festhält, dass auch die *ǧinn* zur Verehrung angehalten sind *(ʿabada, ʿibāda)*, lassen sich aus Sure 72.1–2 präzisierende Angaben zu ihrem Glauben ableiten, die ihrerseits durch Sure 46.29–31 verdeutlicht werden. Die beiden zuletzt angeführten Stellen stammen aus der spät-mekkanischen Periode der Offenbarung und halten fest[7]:

> (72.1) Im Namen Gottes, des barmherzigen Erbarmers. Sag: ‚Es ist mir [Muḥammad] offenbart worden, dass eine Gruppe der *ǧinn* lauschte.' – Da sagten sie: ‚Wahrlich, wir haben einen wunderbaren *Qurʾān (qurʾān ʿaǧab)*[8] gehört, (2) der zur Rechtleitung *(rušd)* hinführt. Da glaubten wir daran. Und wir werden unserem Herrn niemanden beigesellen.' (Sure 72.1–2)

> (46.29) Als wir eine Gruppe von *ǧinn* zu dir [*scil.* Muḥammad] geschickt hatten, damit sie den *Qurʾān* hören, und sie zugegen waren, sagten sie: ‚Hört still zu!' – Als es fertig war, kehrten sie als Warner *(munḏir)* zu ihrem Volk zurück. (30) Sie sagten: ‚Unser Volk! Wir haben ein Buch gehört, das nach Moses offenbart worden ist. Es bestätigt die früheren Bücher. Es leitet hin zur Wahrheit *(ḥaqq)* und zu einem Geraden Pfad *(ṭarīq mustaqīm)*. (31) Unser Volk! Gebt dem Rufer Gottes Antwort! Glaubt an ihn! [Gott] wird euch einen Teil eurer Sünden vergeben und euch vor einer schmerzlichen Strafe schützen.' (Sure 46.29–31)

Diese beiden Koranstellen lassen die Hintergründe des oder der darin geschilderten Ereignisse weitgehend im Dunkeln. Aus den knappen Angaben in den zitierten Passagen ergibt sich, dass eine Gruppe von *ǧinn* – vermutlich ohne Muḥammads Wissen – bei Rezitationen von Stellen aus der islamischen Offenbarung anwesend gewesen war. Diese *ǧinn* erkennen in den Lesungen des Propheten eine implizite Aufforderung zur Annahme der wahren Religion *(rušd, ḥaqq, ṭarīq mustaqīm)*. Jedenfalls kehren sie als Warner *(munḏir)* zu ihrem Volk zurück und teilen daheim mit, dass die Unterwerfung unter den neuen Glauben vor schmerzlicher Strafe (im Jenseits) schütze. Die Angaben in der Kommentarliteratur zum Koran selbst, v. a. aber die in weiteren Quellen enthaltenen Informationen, gestatten es, die Hintergründe der in Suren 72.1–2 und 46.29–31 behandelten Ereignisse besser zu verstehen.[9]

---

7 A. Wieland, *Ǧinn-Vorstellung*, S. 19.

8 Oder auch: „eine wunderbare Rezitation"; der Ausdruck *qurʾān* ist für die arabischen Philologen *maṣdar* zu *qaraʾa*, „rezitieren". Die Grundbedeutung von *qurʾān* lautet damit „Rezitation". Siehe aber auch die abweichenden Erklärungen bei A. T. Welch, Artikel „Ḳurʾān", in *EI²* V. 400 (Anfang des Artikels); Ch. Luxenberg, *Die syro-aramäische Lesart des Koran*, S. 54 ff. und 79 f., und A. Neuwirth, *Der Koran als Text der Spätantike*, S. 240.

9 Es sei daran erinnert, dass allein der Titel von Sure 72, „Die *Ǧinn*", die Hoffnung weckt, in der Kommentarliteratur dazu auf umfassende Informationen zur islamischen Dämonologie zu

4.2 Die *Ǧinn*-Predigt

In der westlichen Forschung ist das Geschehen, auf das Sure 72.1–2 und Sure 46.29–31 nur anspielen, als „*Ǧinn*-Predigt" bekannt.[10] Die in den späteren arabischen und persischen Quellen zu diesem speziellen Ereignis enthaltenen Angaben fallen gegenüber jenen in der islamischen Offenbarung ausführlicher aus.[11] Die folgende Darstellung greift ausgewählte Berichte auf; sie stützt sich hauptsächlich auf Schilderungen bei Ibn Hišām *(Sīra)* und Ṭabarī *(Tafsīr)*. Die Ausführungen bei Ibn Hišām bieten sich für einen ersten Überblick besonders an[12]:

> Die Angelegenheit der *ǧinn* und die Offenbarung der Koranstelle: ‚Als wir eine Gruppe von *ǧinn* zu dir [*scil.* Muḥammad] geschickt hatten'[13]: Nachdem der Gesandte Gottes die Hoffnung auf wohlwollende Behandlung durch die Ṯaqīf aufgegeben hatte, verließ er Ṭā'if und kehrte nach Mekka zurück. Als er in Naḫla war, erhob er sich mitten in der Nacht, um zu beten. Da ging [jene] Gruppe von *ǧinn* vorüber, die Gott [im Koran] erwähnt hatte. Gemäß dem, was mir erzählt worden ist, handelte es sich um sieben *ǧinn* aus Niṣībīn. Da hörten sie ihm zu. Als er mit seinem Gebet fertig war, kehrten sie als Warner zu ihrem Volk zurück. Sie waren gläubig und leisteten dem Gehörten Folge. Da erzählte Gott ihm [*scil.* Muḥammad] das Vorgefallene und sagte: ‚Als wir eine

---

stoßen. Diese Hoffnung zerschlägt sich allerdings. Vgl. Kapitel 2.4: „Das Dilemma traditionalistischer Gelehrter: strikter Monotheismus" (bei Anm. 74 f.).

10 Mit der *Ǧinn*-Predigt haben sich u. a. folgende westliche Autoren befasst, tun dies allerdings zumeist nur im Vorbeigehen: J. von Hammer-Purgstall, *Die Geisterlehre der Moslimen*, S. 159 f. Etwas ausführlicher: P. Eichler, *Die Dschinn, Teufel und Engel im Koran*, S. 32–35. T. Fahd, „Anges, démons et djinns", S. 189; F. Meier, „Bet-Ruf", S. 602; ders., „Zum Vorrang des Glaubens und des guten Denkens", S. 899; A. Wieland, *Ǧinn-Vorstellung*, S. 19 f.; E. Badeen und B. Krawietz, „Islamic reinvention of jinn", S. 100; A. Fatoum, *Der Ǧinn-Glaube*, S. 50 f.

11 Für Darstellungen zur *Ǧinn*-Predigt vgl. a. die *Ḥadīṯ*-Sammlungen (zitiert nach Thesaurus Islamicus): Buḫārī, *Ṣaḥīḥ*, *Kitāb al-Aḏān*, *Bāb al-Ǧahr bi-qirā'ati ṣalāt al-faǧr*, *Ḥadīṯ* Nr. 780; *Kitāb at-Tafsīr*, *Bāb Sūrat Qul ūḥiya ilayya*, *Ḥadīṯ* Nr. 4970 (Übersetzung bei Anm. 34 unten); Muslim, *Ṣaḥīḥ*, *Kitāb aṣ-ṣalāt*, *Bāb al-Ǧahr bi-ăl-qirā'a fī-ăṣ-ṣubḥ...*, *Ḥadīṯ* Nr. 1034; Tirmiḏī, *Sunan*, *Kitāb Tafsīr al-Qur'ān*, *Bāb Wa-min Sūrat al-Ǧinn*, *Ḥadīṯ* Nr. 3641; Aḥmad b. Ḥanbal. *Musnad*, *Musnad Banī Hāšim*, *Musnad 'Abdallāh b. al-'Abbās*, *Ḥadīṯ* Nr. 2307; b. die Kommentare zu Sure 72.1–2 und 46.29–31 in der *Tafsīr*-Literatur (u. a. Ṭabarī, Zamaḫšarī, Bayḍāwī, Abu ăl-Futūḥ ar-Rāzī, Maybūdī); c. Ibn Hišām, *Kitāb Sīrat rasūl Allāh* (F. Wüstenfeld), I.1.281.9–16; Damīrī, *Ḥayāt al-ḥayawān*, I.204.30–205.2; Ibn Taymiyya, *Īḍāḥ ad-dalāla*, S. 121.13–15, 123.5–16; Šiblī, *Ākām al-marǧān*, S. 38.17–39.17 (mit weiteren Berichten über Muḥammads Zusammentreffen mit den *ǧinn* in Kapitel 18: *Fī bayān ṣarf al-ǧinn ilā ăn-nabiyy wa-ĭstimā'i-him al-Qur'ān*); Suyūṭī, *Laqṭ al-marǧān*, S. 54.9–55.7 (§ 159).

12 Ibn Hišām, *Kitāb Sīrat rasūl Allāh* (F. Wüstenfeld), I.1.281.9–16; vgl. Ibn Hišāms Hinweise zu Muḥammads Erlebnissen bei den Ṯaqīf (*Sīra* I.1.280).

13 Sure 46.29.

> Gruppe von *ǧinn* zu dir geschickt hatten […].‘[14] – Dann sagte Gott: ‚Sag: Es ist mir [*scil.* Muḥammad] offenbart worden, dass eine Gruppe der *ǧinn* lauschte.‘[15] Bis ans Ende des Berichts über sie in dieser Sure.

Ibn Hišāms Bericht stellt eine einfache Fassung von Muḥammads nächtlichem Erlebnis vor. Im Lauf der Zeit wurde dieses Kerngeschehen um weitere Vorfälle ergänzt, wie es in der Folge aufzuzeigen gilt. Ibn Hišāms Darstellung ist insofern besonders interessant, als sie das Geschehen zeitlich klar einordnet. Sie hält fest, dass sich Muḥammad als Folge seiner prekären Stellung unter den Qurayšiten nach Abū Ṭālibs Tod auch in der Umgebung Mekkas nach Unterstützung umsah. Er begab sich deshalb nach Ṭā'if, um die Ṯaqīf für seine Sache zu gewinnen. Ibn Hišām bemerkt allerdings, dass Muḥammads diesbezügliche Hoffnungen enttäuscht worden sind.[16]

Th. Nöldeke bezeichnet Ibn Hišāms Bericht als eine von drei Fassungen zu Muḥammads *Ǧinn*-Predigt, die in der islamischen Überlieferung im Umlauf sind.[17] Andere Quellen lokalisieren das Ereignis ebenso in Naḫla, lassen es aber zu einem andern Zeitpunkt stattfinden. Muḥammad soll sich demnach zum Jahrmarkt nach ʿUkāẓ begeben haben.[18] Außerdem macht Th. Nöldeke auf eine dritte Version aufmerksam, die das Geschehen in unmittelbarer Nähe Mekkas stattfinden lässt.[19] Es handle sich dabei um eine Lokaltradition zu Mekka und sei damit am unzuverlässigsten.[20] Bei Mekka zeige man den Pilgern noch heute einen als *Masǧid al-ǧinn* bekannten Ort, wo Muḥammad angeblich den Dämonen gepredigt habe.[21]

---

14 Sure 46.29–31.

15 Sure 72.1.

16 Muḥammad reiste im Jahr 619 n.Chr. nach Ṭā'if; vgl. W. M. Watt, *Muhammad at Mecca*, S. 137–140. Šiblī, *Ākām al-marǧān*, S. 41.19 f., vgl. S. 40.22–41.3, bestätigt diese zeitliche Einordnung. Er datiert die *Ǧinn*-Predigt durch die beiden folgenden Hinweise: a. drei Jahre vor der *hiǧra* (im Jahr 622), b. im Jahr 11 von Muḥammads Prophetschaft. Eine mit diesen Angaben übereinstimmende Datierung auch bei Maybudī, *Kašf ul-ašrār*, Kommentar zu Sure 46, IX.162.17–21.

17 Th. Nöldeke, *Geschichte des Qorans*, I.132–133.

18 Th. Nöldeke, *loc.cit.*, führt Hinweise auf weitere Darstellungen in Primär- und Sekundärliteratur an. Zu ʿUkāẓ siehe Irfan Shahîd, Artikel „ʿUkāẓ", in *EI²* X.789. ʿUkāẓ ist zwischen Naḫla und Ṭā'if gelegen und war in vorislamischer Zeit der Ort eines bedeutenden Jahrmarkts (Sūq ʿUkāẓ). Sūq ʿUkāẓ wird gern auch als Ganzes als Ortsname verstanden.

19 Th. Nöldeke, *loc.cit.*, ebenso mit Hinweisen zu weiteren Darstellungen in Primär- und Sekundärliteratur.

20 Vgl. Azraqī, *Aḫbār Makka*, II.424.

21 Th. Nöldeke macht aufmerksam auf R. F. Burton, *Personal narrative of a pilgrimage to El-Medinah and Meccah*, III.353. Auf diese Moschee weisen außerdem hin: Ibn Baṭṭūṭa, *Riḥla* (Ausgabe Paris 1853), I.331, (Ausgabe Bayrūt 1384), S. 142.15–17, und Ibn Ǧubayr, *Riḥla* (Ausgabe Leiden

In Anschluss an Th. Nöldekes Hinweise auf eine Predigt Muḥammads bei Naḫla soll auf verschiedene Angaben dazu bei Ṭabarī aufmerksam gemacht werden. Der große Korankommentator greift in seinen Ausführungen zu den einschlägigen Stellen in Sure 46 bzw. Sure 72 unterschiedliche Überlieferungen auf, die die Angaben bei Ibn Hišām präzisieren. Sie halten fest, dass sich Muḥammad mit seinen Gefährten zum Jahrmarkt nach ʿUkāẓ aufgemacht[22] bzw. diesen Ort unmittelbar zuvor verlassen habe[23]. In Naḫla[24] bzw. im Wādī ăn-Naḫla[25] oder an dessen tiefsten Stelle (*baṭn* an-Naḫla)[26] habe der Prophet mit seinen Gefährten das Morgengebet *(ṣalāt al-faǧr,* auch *ṣalāt al-ġadāh)* verrichtet.[27] Daran hätten auch einige *ǧinn* teilgenommen. Ibn Taymiyya ist übrigens darüber informiert, dass Muḥammad in Anwesenheit der *ǧinn* Sure 55, *ar-Raḥmān*, rezitiert habe.[28] Wenn Muḥammad die in dieser Sure als Anapher wiederkehrende Frage vortrug: „فبأى آلاء ربكما تكذبان“ („Welches Wunderzeichen eures Herrn leugnet ihr?“), hätten die *ǧinn* jeweils geantwortet, dass sie keines der Wunder Gottes in Abrede stellten („قالوا ولا بشىء من آلائك ربنا [كذا] نكذبون فلك الحمد“[29]).

Die soeben aufgegriffenen Berichte aus den Werken Ibn Hišāms und Ṭabarīs vermitteln einen Überblick über das als *Ǧinn*-Predigt bekannte Geschehen.[30] In der islamischen Überlieferung sind in Anschluss und in Erweiterung zu diesem Kerngeschehen weitere Berichte im Umlauf, die im Folgenden vorgestellt werden

---

1907), S. 110.13–15, (Ausgabe Bayrūt 1379), S. 88.1 f.: „Rechts von dir, wenn du dich dem Friedhof [nördlich von Mekka] zuwendest, befindet sich im Tal zwischen zwei Bergen eine Moschee, von der es heißt, dass die *ǧinn* darin dem Propheten gehuldigt hätten.“ Vgl. dazu F. Meier, NL Mappe 7, s. v. *Religion*, Bl. 3.

22 Ṭabarī, *Tafsīr*, Kommentar zu Sure 72, 29. *ǧuz*ʾ. S. 64.18 (Gewährsmann Ibn ʿAbbās): „انطلق رسول الله فى نفر من أصحابه عامدين إلى سوق عكاظ“. Ṭabarī, *Tafsīr*, Kommentar zu Sure 46, 26. *ǧuz*ʾ, S. 19.35 (Gewährsmann: Saʿīd b. Ǧubayr): „فذهبوا [الجن] يطلبون حتى رأوا النبى خارجا من سوق عكاظ“.

23 Ṭabarī, *Tafsīr*, Kommentar zu Sure 46, 26. *ǧuz*ʾ, S. 19.29–20.14.

24 *Loc.cit.*, S. 20.4.

25 *Loc.cit.*, S. 20.11 f.

26 *Loc.cit.*, S. 20.12: *Baṭn* kann „tiefste Stelle“ bedeuten; der Ausdruck wird aber auch als reine Ortsbezeichnung verstanden.

27 So gemäß den Fortsetzungen zu den in den vorangehenden Anmerkungen verzeichneten Stellen bei Ṭabarī.

28 Ibn Taymiyya, *Īḍāḥ ad-dalāla*, S. 123.14 f. Šiblī, *Ākām al-marǧān*, S. 40.16, bestätigt diese Identifikation, indem er sich auf Ibn Taymiyya selbst beruft.

29 Ibn Taymiyya, *Īḍāḥ ad-dalāla*, S. 123.15 f.

30 Die islamische Überlieferung bringt Muḥammads Predigt vor den *ǧinn* auch mit andern Ereignissen in Verbindung; vgl. dazu Kapitel 9.2.1: „Berichte zur *Ǧinn*-Nacht *(Laylat al-ǧinn)*“. Die einzelnen Versionen über diese Begegnungen lassen sich nicht eindeutig auseinanderhalten.

sollen. Ṭabarī bringt den Vorfall im Kommentar zu Sure 46.29 explizit mit dem als Sternschnuppen-Mythos bekannten Geschehen in Verbindung.[31]

4.3 Der Sternschnuppen-Mythos

Der Sternschnuppen-Mythos hält fest, dass die *ǧinn* vor Muḥammads Auftreten auf Sitzen am Himmel den Unterhaltungen der Engel zu lauschen und daraus die wichtigsten Brocken aufzuschnappen pflegten. Sie reichten ihre Erkenntnisse darauf ihren Schützlingen auf der Erde, den als *kāhin* (pl. *kuhhān*) bekannten vorislamischen Wahrsagern, weiter. Diese Berichte thematisieren das in der islamischen Überlieferung als *istirāq as-sam*ʿ („heimliches Lauschen") bekannte Phänomen. Gemäß J. Wellhausen dürfte Muḥammad den Sternschnuppen-Mythos aus der jüdischen oder christlichen Gnosis übernommen haben.[32] Obwohl sich auch der Koran mehrfach zu dieser Angelegenheit äußert,[33] stellen die folgenden Ausführungen das Geschehen anhand eines Berichts bei Buḫārī vor[34]:

> Einst machte sich der Gesandte Gottes an der Spitze einer Anzahl seiner Gefährten auf, um sich nach Sūq ʿUkāẓ zu begeben. Da aber trat zwischen den *šayāṭīn* und den Nachrichten des Himmels etwas hindernd in den Weg. Und die Sternschnuppen wurden ihnen nachgejagt. Die *šayāṭīn* kehrten zurück und wurden gefragt: ‚Was ist euch widerfahren?' – ‚Zwischen uns und den Nachrichten vom Himmel ist ein hindernder Unterbruch eingetreten, und die Sternschnuppen wurden uns nachgejagt.'
>
> Er [Iblīs[35]] sagte: ‚Zwischen euch und die Nachrichten vom Himmel ist nur etwas getreten, was sich ereignet hat.[36] Durchzieht die östlichen und westlichen Gegenden der Erde und seht, was das ist, was vorgefallen ist.'
>
> Sie machten sich auf und durchzogen Osten und Westen der Erde, um herauszubringen, was das sei, was hindernd zwischen sie und die Nachrichten vom Himmel getreten war. Diejenigen, die sich nach der Tihāma gewandt hatten, stießen bei Naḫla auf den Gesandten Gottes, wie er eben nach Sūq ʿUkāẓ unterwegs war und mit seinen

---

31 Ṭabarī, *Tafsīr*, Kommentar zu Sure 46, 26. *ǧuz*ʾ, S. 19.29–20.14.

32 J. Wellhausen, *Reste*, S. 137 mit Anm. 6, verweist auf Quellen, die einen solchen Ursprung nahelegen.

33 Vgl. *Koran*, Suren 15.17 f., 37.7–10, 41.12, 67.5, 72.8 f., 26.212, 21.32. Zum Sternschnuppen-Mythos selbst siehe P. Eichler, *Die Dschinn, Teufel und Engel*, S. 30–32; F. Meier, NL Mappe 8, s. v. *Sternschnuppen*, 11 Bl., und NL Mappe 12, s. v. *Sternschnuppen*, 14 Bl.

34 Buḫārī, *Ṣaḥīḥ*, *Kitāb at-Tafsīr*, *Bāb Sūrat Qul ūḥiya ilayya*, *Ḥadīṯ* Nr. 4970 (für weitere Stellen in den *Ḥadīṯ*-Sammlungen siehe Anm. 11). Die Übersetzung stammt aus F. Meier, NL Mappe 7, s. v. *Religion*, Bl. 31.

35 Die Identifizierung ergibt sich aus den unten, Anm. 38 f., beigebrachten Parallelstellen.

36 F. Meier merkt an: „D. h. kann nur ein besonderes Ereignis sein."

> Gefährten das Morgengebet verrichtete. Als sie den Koran hörten, liehen sie ihm ihr Ohr und sprachen dann: ‚Das ist es, was hindernd zwischen uns und die Nachrichten vom Himmel getreten ist.‘
>
> Sofort kehrten sie zu ihrem Volk zurück und sagten: ‚O unser Volk, „wir hörten einen wunderbaren Koran, der zur Rechtleitung führt. Wir glaubten ihm und werden unserm Herrn niemanden mehr beigesellen“ (vgl. Sure 72.1 f.).‘ Da offenbarte Gott seinem Propheten die Worte: „Sprich: Es ist mir offenbart worden, dass einige *ǧinn* zugehört und gesprochen haben [...]“ (Sure 72.1). Ihm wurden nur die Worte der *ǧinn* offenbart.[37]

Der Buḫārī-Bericht soll bei dieser Gelegenheit nicht eingehend analysiert werden. Es sei einzig darauf hingewiesen, dass die beigezogene Überlieferung anfänglich von den *šayāṭīn* spricht, die zurückkehrten, weil sie nicht mehr wie bis anhin am Himmel lauschen konnten. Später aber redet derselbe Bericht von den *ǧinn*, die bei Sūq ʿUkāẓ den Rezitationen des Propheten zuhörten. Diese terminologische Ungereimtheit bei Buḫārī bringt einmal mehr zum Ausdruck, dass sich zwischen *šayāṭīn* und *ǧinn* nicht klar unterscheiden lässt.

Die Darstellungen des Geschehens bei Ṭabarī fallen gegenüber dem zitierten Buḫārī-Bericht detaillierter aus. Er bemerkt, dass die am Himmel lauschenden *ǧinn* plötzlich unter stärkerem Beschuss durch Steine bzw. Sternschnuppen zu leiden hatten. Auf die Gewährsleute Ibn ʿAbbās[38] bzw. Ḍaḥḥāk[39] zurückgeführte, inhaltlich weitgehend identische Prophetenworte erklären dies, indem sie auf die kürzlich erfolgte Sendung Muḥammads als Prophet hinweisen. Die beiden Überlieferungen bei Ṭabarī halten einleitend fest, dass der Himmel in der Zeit zwischen ʿĪsā (Jesus) und Muḥammad nicht bewacht worden sei. Die *ǧinn* bzw. die *šayāṭīn*[40] hätten deshalb auf ihren Sitzen am Himmel lauschen und von den Engeln Neuigkeiten aufschnappen können. Seit aber Muḥammad gesandt worden sei, werde der unterste Himmel wieder beschützt und die *šayāṭīn* würden mit Sternschnuppen (*šihāb*, pl. *šuhub*) beworfen. Iblīs, an den sich die Dämonen in ihrer Not wenden, weist sie darauf hin, dass auf der Erde etwas Ernsthaftes vorgefallen sein müsse. Er befiehlt ihnen deshalb, die Welt zu durchmessen und ihm Neuigkeiten von diesem Vorfall mitzuteilen. Als erste Gruppe wird eine Abordnung von *ǧinn* aus Niṣībīn ausgeschickt, das sich gemäß Ṭabarī im Jemen befindet.[41] Bei dieser Gruppe handelt es sich um die Vornehmsten der *ǧinn* und ihre

---

37 F. Meier folgert aus dieser Bemerkung: „Alles, was in der Sure 72 folgt, sind Worte der *ǧinn*, die Mohammed von Gott geoffenbart worden sind.“

38 Ṭabarī, *Tafsīr*, Kommentar zu Sure 46, 26. *ǧuz*ʾ, S. 20.5–14.

39 Ṭabarī, *Tafsīr*, Kommentar zu Sure 72.1–2, 29. *ǧuz*ʾ, S. 65.2–10.

40 Die Terminologie schwankt auch bei diesen beiden Gewährsleuten.

41 Ṭabarī, *Tafsīr*, Kommentar zu Sure 72.1–2, 29. *ǧuz*ʾ, S. 65.6: „وكان اول من بُعِثَ نفرا من اهل نصيبين وهى ارض باليمن وهم اشراف الجن وساداتهم“. Gemäß Maybudī, *Kašf ul-asrār*, Kommen-

Herren. Iblīs habe diese Gruppe in Richtung Tihāma gesandt; sie seien schließlich ins Tal von Naḫla gelangt und hier auf den Propheten gestoßen, der gerade das Morgengebet verrichtet und den Koran rezitiert habe. Sie hätten ihm zugehört und seien als *munḏir* (vgl. Sure 46.29) zu ihrem Volk zurückgekehrt. Der Prophet habe erst von ihrer Anwesenheit erfahren, nachdem ihm Sure 72.1–2 offenbart worden sei.[42]

Diese Ausführungen zum Sternschnuppen-Mythos haben die Frage nach den Glaubensüberzeugungen der *ǧinn* in den Hintergrund treten lassen. Eine Glosse bei Ṭabarī, die den Begriff *munḏir* (eigentlich: „Warner") mit *mu'min* („gläubig") umschreibt, ruft jedoch das Hauptthema des vorliegenden Kapitels in Erinnerung.

4.4 Gläubige und ungläubige *ǧinn*

Die untersuchten Quellen sind sich insofern einig, als sie jene *ǧinn* besonders verehren, die Muḥammad den Koran haben rezitieren hören. Sie weisen ihnen als gläubige *ǧinn* eine Sonderstellung zu und bezeichnen sie wiederholt als Muslime. Auch Sure 72.11–15 äußert sich zum Glauben der Dämonen und unterscheidet zwischen rechtschaffenen *ǧinn* und solchen, die es nicht sind:

> (72.11) Unter uns [*scil.* den *ǧinn*] gibt es Rechtschaffene, aber auch solche, die es nicht sind. Wir folgen ganz unterschiedlichen Wegen. (12) Wir meinten, dass wir Gottes Macht auf Erden nicht schwächen und Ihm nicht durch Flucht entrinnen könnten. (13) Als wir die Rechtleitung *(hudan)* gehört hatten, glaubten wir daran. Wer auch immer an seinen Herrn glaubt, hat weder Übles *(naǧs)*[43] noch Böses *(rahaq)* zu befürchten.[44] (14) Unter uns gibt es solche, die sich unterworfen haben *(muslim)*, und solche, die unrecht handeln *(qāsiṭ)*. Jene, die sich unterworfen haben *(aslama)*, entschieden sich für die Rechtleitung *(rašad)*. (15) Was aber die unrecht Handelnden anbetrifft, so waren sie als Brennholz für die Hölle *(ǧahannam)* bestimmt. (Sure 72.11–15)

---

tar zu Sure 72, X.250.2, liegt Niṣībīn in der Gegend von Mawṣil *(min arḍ al-Mawṣil)*. Šiblī, *Ākām al-marǧān*, S. 43.1, lokalisiert Niṣībīn in *Šām (Niṣībīn aš-šāmiyya)*. Zu Niṣībīn siehe auch Yāqūt, *Buldān*, IV. 787 f.; S. 787.14: Niṣībīn liegt in der Nähe von Mawṣil. J. Wellhausen, *Reste*, S. 150, identifiziert Niṣībīn mit einer aramäischen Kolonie in Arabien. Er stellt eine Gleichsetzung mit dem bekannteren Nisibis in Frage. Vereinzelte Quellen wissen von sieben *ǧinn*, die Muhammad den Koran hatten rezitieren hören. Drei stammten aus Nisibis, vier aus Niniveh (vgl. al-Iṣfahānī, *Ḥilyat al-awliyā'*, VII.395, v. a. Zeilen 12–15, zitiert bei F. Meier, NL Mappe 7, s. v. *Religion*, Bl. 61).

42 Dieser Hinweis bereits in der Buḫārī-Stelle (Text bei Anm. 37).

43 Mit der Wurzel *naǧasa* ist die Vorstellung von Schmutzigkeit verbunden.

44 Gemäß R. Paret, *Der Koran, ad.loc.*, bezieht sich diese Aussage auf die Abrechnung beim Jüngsten Gericht.

Die zitierten Verse halten einerseits fest, dass die *ğinn* unterschiedlichen Wegen folgen.[45] Unter ihnen gibt es solche, die sich unterworfen bzw. den Islam angenommen haben *(muslim, aslama)*[46] und an die Rechtleitung *(rašad, hudan)* glauben. Andere aber, die in ihrem Unglauben verharren und Unrecht tun *(qāsiṭ)*, sind als Brennholz für das Höllenfeuer *(ğahannam)* bestimmt. Unter den gläubigen Dämonen kommt jener Gruppe von *ğinn* ein besonderer Platz zu, die gemäß Sure 72.1 einen wunderbaren *Qur'ān*[47] gehört hat. Die islamische Überlieferung identifiziert sie mit den bereits erwähnten *ğinn* aus Niṣībīn und äußert sich wiederholt zu ihnen. Ṭabarī hält fest, dass diese Gruppe sieben oder neun *ğinn* umfasste.[48] Der Gewährsmann Ibn ʿAbbās spricht von einer Zahl von sieben Personen aus Niṣībīn, die Muḥammad als Gesandte (*rasūl*, pl. *rusul*) zu ihrem Volk zurückgeschickt habe. Eine Überlieferung, die auf Zirr [b. Ḥubayš[49]] zurückgeht, weiß hingegen von neun *ğinn*. Einer davon habe Zawbaʿa[50] geheißen.[51]

Auch Maybudī äußert sich in seinem Korankommentar *Kašf ul-asrār* zur vorliegenden Frage.[52] Er weiß, dass neun bzw. 70 *ğinn* Muḥammads Predigt gehört haben.[53] Er befasst sich eingehender mit den neun *ğinn;* sie sollen aus Niṣībīn stammen und sind auch namentlich bekannt.[54] Unter Berufung auf den Überlieferer Ibn ʿAbbās hält Maybudī fest, dass die *ğinn* aus Niṣībīn aus der Gegend von al-Mawṣil, also aus dem Irak[55], stammen. Es handle sich bei ihnen um Juden. Sie

---

45 Sure 72.11: „كنّا طرائقَ قِدَداً".

46 Die doppelte Bedeutung des Verbs *aslama* „sich ergeben" bzw. „sich in den Willen Gottes ergeben, d. h. Muslim werden, den Islam annehmen" ist bekannt, vgl. H. Wehr, *Wörterbuch*, s. v.

47 Auch: „eine wunderbare Rezitation", vgl. oben Anm. 8.

48 Ṭabarī, *Tafsīr*, Kommentar zu Sure 46, 26. *ğuz'*, S. 20.14–21.

49 Identifizierung unsicher. Zirr b. Ḥubayš ist im Jahr 82/701–2 gestorben; vgl. A. Jeffery, Artikel „ʿĀṣim, Abū Bakr ʿĀṣim b. Bahdala Abi 'l-Na<u>dj</u>dj<u>ū</u>d al-Asadī", in *EI*² I.706.

50 Zu Zawbaʿa vgl. ausführlicher Kapitel 5.5, bei Anm. 294–306 („Darstellung des Winds in arabischen und persischen Quellen").

51 Zur Frage nach der Anzahl der zuhörenden *ğinn* vgl. auch Šiblī, *Ākām al-marğān*, S. 41.4–8.

52 Gemäß C. E. Bosworth, Artikel „Maybudī", in *EI*² VI.912, hatte Maybudī seinen Korankommentar im Jahr 520/1126 begonnen.

53 Maybudī, *Kašf ul-asrār*, Kommentar zu Sure 46, IX.162.15 und IX.164.9 f.

54 Vgl. Maybudī, *Kašf ul-asrār*, Kommentar zu Sure 46, IX.162.14–164.14.

55 Die untersuchten Quellen bezeichnen den Irak wiederholt als Land der Dämonen und Zauberer. So z. B. Šiblī, *Ākām al-marğān*, S. 23.19–21, und Suyūṭī, *Laqṭ al-marğān*, § 110, S. 38.12–14. Beide Autoren zitieren Mālik, *Muwaṭṭa'*, *Kitāb al-Istiʾḏān*, *Bāb Mā ğāʾa fī āl-mašriq*, *Ḥadīṯ* Nr. 1795 (Thesaurus Islamicus): „Es erzählte mir Mālik, dass ihm zu Ohren gekommen war, dass sich ʿUmar b. al-Ḫaṭṭāb in den Irak begeben wollte. Da sagte Kaʿb al-Aḥbār zu ihm: ‚Geh nicht dorthin, o Fürst der Gläubigen. Denn dort befinden sich neun Zehntel des Zaubers *(siḥr)*, dort leben die treulosen *ğinn (fasaqat al-ğinn)* und dort gibt es unheilbare Krankheit *(dāʾ ʿuḍāl)*.'" Suyūṭī, *Laqṭ al-marğān*, § 225, S. 90.3–7, beruft sich auf Abū Saʿīd al-Ḫudrī, der sich seinerseits auf den

würden zu den Vorstehern und Königen unter den *ǧinn* gehören.[56] Anschließend zählt Maybudī ihre Namen auf: 1. Ḥaṣā (?), 2. Maṣā, 3. Šāṣir, 4. Nāṣir, 5. Afḥam, 6. Yarid, 7. Īnān, 8. Zawbaʿa und 9. ʿUmar b. Ǧābir.[57] Maybudī hält in der bereits erwähnten zweiten Stelle fest, dass neun bzw. 70[58] *ǧinn* Muḥammads Predigt gehört hätten.[59] Sie seien anfänglich Juden gewesen, hätten sich in Anschluss an ihre Begegnung mit dem Propheten aber zum Islam bekehrt.[60] Auch aus Maybudīs Äußerungen geht hervor, dass zumindest gewisse *ǧinn* eine Religion gehabt haben, Juden gewesen und darauf Muslime geworden sind. Im offensichtlichen Bemühen, unterschiedliche Berichte miteinander in Übereinstimmung zu bringen, präzisiert Maybudī unmittelbar anschließend, dass Iblīs diese *ǧinn* aus Niṣībīn für Erkundigungen ausgeschickt habe. Nach ihrer Bekehrung zum Islam seien sie aber nicht mehr zu ihm zurückgekehrt. Muḥammad habe sie vielmehr zu ihrem Volk gesandt, damit sie auch es zur Annahme der neuen Religion auffordern.[61]

Bereits die Iḫwān aṣ-Ṣafāʾ berichten in Anlehnung an Sure 72 übrigens davon, dass einige *ǧinn* den Propheten den Koran haben rezitieren hören und darauf als Warner *(munḏir)* zu ihrem Volk zurückgekehrt seien.[62] Die Lauteren

---

Propheten stützt. Demnach kämen im Jahr 135 alle Satane *(šayāṭīn)*, die Salomon auf den Inseln im Meer gefangen hielt, frei. Neun Zehntel von ihnen würden sich in den Irak begeben und dort über den Koran streiten; ein Zehntel begebe sich aber ins Land Šām (Syrien).

56 Maybudī, *Kašf ul-asrār*, Kommentar zu Sure 46, IX.162.16: „وكانوا من رؤسهم (كذا) وملوكهم".

57 F. Meier, NL Mappe 7, s. v. *Religion*, Bl. 50, macht darauf aufmerksam dass in den Anmerkungen zu Ibn Hišām, *Kitāb Sīrat rasūl Allāh* (F. Wüstenfeld), II.41–42, die folgenden sieben Namen erwähnt werden: 1. Šāṣir, 2. Māṣir, 3. Munšī, 4. Māšī, 5. al-Aḥqab, 6. Surraq und 7. ʿAmr b. Ǧābir. Weitere Listen lassen sich nachweisen bei Šiblī, *Ākām al-marǧān*, S. 41.7 f., Liste mit fünf Namen: 1. Šāṣir, 2. Māṣir, 3. Munšī, 4. Māšī und 5. al-Aḥqab. Šiblī wiederholt diese Aufzählung S. 44.13. Unmittelbar anschließend führt er weitere Listen an, die die folgenden Namen enthalten (S. 44.14–18): 1. Ḥasā, 2. Masā, 3. Šāṣir, 4. Māṣir, 5. die Ibnā al-izb (die beiden Söhne des kleinen, untersetzten Mannes), 6. Anīn (Stöhnen) und 7. al-Aḫṣam (Gewährsmann: Ibn Isḥāq). Šiblī, *loc. cit.*, erwähnt außerdem noch die Namen der beiden Dämonen Surraq und Zawbaʿa. F. Meier, NL Mappe 7, s. v. *Religion*, Bl. 57, macht auf eine weitere Liste bei Ibn Ḥaǧar al-ʿAsqalānī, *Iṣāba*, I.29 (Nr. 77), aufmerksam. ʿAsqalānī stützt sich auf Ibn ʿAbbās, der neun Namen angibt: 1. Salīṭ, 2. Šāṣir, 3. Ḥāṣir, 4. Ḥasā (Variante: Ǧasā), 5. Masā (Variante: Lasā), 6. Laḥʿam (Variante: Naḫʿam), 7. al-Arqam und 8. al-Adras und 9. Ḥāḍir; diese Namen gemäß der Schreibung des Muġulṭāy. Auch Ṭabarī, *Taʾrīḫ (Annales)*, I.1202.18 f., kennt eine Liste.

58 Maybudī, *Kašf ul-asrār*, Kommentar zu Sure 46, IX.164.10, präzisiert, dass die 70 *ǧinn* zu den Banū Iqlīqī (?) gehörten.

59 Maybudī, *Kašf ul-asrār*, Kommentar zu Sure 46, IX.164.9–14.

60 *Loc.cit.*: „همه مسلمان شدند وبرسول ایمان آوردند".

61 Maybudī, *Kašf ul-asrār*, Kommentar zu Sure 46, IX.164.9–14.

62 Iḫwān aṣ-Ṣafāʾ, *Rasāʾil* (Bayrūt), II.308.3–8, Ausgabe Fr. Dieterici, S. 80.8–12, vgl. F. Meier, NL Mappe 7, s. v. *Religion*, Bl. 32.

Brüder erwähnen dieses Beispiel zur Illustration der von ihnen zuvor aufgeworfenen Frage, wie es um den Gehorsam der Dämonen gegenüber ihren Häuptern und Königen im Allgemeinen bestellt sei.[63] Der König der *ǧinn* hatte diese Frage vorläufig dahingehend beantwortet, dass es unter den Dämonen Gute und Böse, Muslime und Ungläubige, Fromme und Sünder gebe, wie dies auch unter den Menschen der Fall sei.[64] Wichtig ist die Feststellung, dass sowohl die guten als auch die bösen *ǧinn* gegenüber ihrem Herrscher loyal sind. Dies zeigt nicht zuletzt das Beispiel Salomons, dem viele böse Geister untertan waren.[65] Auch diese Passage hebt jedenfalls hervor, dass Dämonen gemäß islamischer Auffassung einen Glauben haben und rechtschaffen sein können.

Mit Muḥammads Predigt für die *ǧinn* verbindet die spätere islamische Überlieferung sekundär weitere Ereignisse, denen bei dieser Gelegenheit der Vollständigkeit halber nachgegangen werden soll. Einerseits lassen sich Berichte über Begegnungen von Mekka-Pilgern mit einzelnen *ǧinn* aus Niṣībīn nachweisen (Kapitel 4.5). Anderseits ist bekannt, dass gewisse Dämonen selbst die Pilgerfahrt *(ḥaǧǧ)* nach Mekka unternahmen (Kapitel 4.6). Und drittens enthalten die Quellen wiederholt Berichte darüber, dass Muḥammad den *ǧinn* in Anschluss an seine Predigt Nahrung gewährte (Kapitel 4.7).

4.5 Begegnungen mit den *ǧinn* aus Niṣībīn

Zahlreiche Quellen wissen von Begegnungen von Menschen mit einzelnen jener *ǧinn*, die von Muḥammad den Koran gehört hatten und gemäß der Überlieferung in der Regel aus Niṣībīn stammen.[66] Zumeist zeigt sich den Menschen der letzte oder zweitletzte Dämon aus jener Gruppe, die den Propheten gesehen hatte. Das Geschehen soll hier anhand von Berichten in Damīrīs *Kitāb Ḥayāt al-ḥayawān* vorgestellt werden.[67]

---

63 Iḫwān aṣ-Ṣafā', *Rasā'il* (Bayrūt), II.306.1–309.14: *Faṣl fī bayān ḥusn ṭā'at al-ǧinn li-ru'asā'i-him wa-mulūki-him.*

64 Iḫwān aṣ-Ṣafā', *Rasā'il* (Bayrūt), II.306.6 f.: „قال [ملك الجن]: نعم، فاعلم أن الجن أخيار وأشرار، ومسلمون وكفار، وابرار وفجار، كما يكون فى الناس من بنى آدم".

65 Zu Salomons Herrschaft über die Dämonen vgl. Kapitel 10, v. a. Kapitel 10.3.2, bei Anm. 107–129 (zur „Unterjochung der Dämonen").

66 Šiblī behandelt diese Berichte im 18. Kapitel seines Werks (*Ākām al-marǧān*, S. 38.17–41.3); siehe Suyūṭī, *Laqṭ al-marǧān*, §§ 145–158, S. 46.14–54.8; vgl. §§ 209–212, S. 81.18–85.3; Ḥalabī, *'Iqd al-marǧān*, S. 81.9–82.17.

67 Damīrī, *Ḥayāt al-ḥayawān*, I.207.1–28.

Damīrī greift zuerst eine Überlieferung über den Dämon ʿAmr b. Ǧābir auf.[68] Sie geht auf Ṣafwān b. al-Muʿaṭṭil as-Sulamī zurück, der zusammen mit andern nach Mekka unterwegs gewesen war, um die Pilgerfahrt zu unternehmen.[69] Bei al-ʿArǧ[70] hätten sie am Wegrand eine Schlange gesehen, die mit dem Tod rang und wenig später starb. Ein Mann aus der Karawane habe sie in einen Stofffetzen eingewickelt und bestattet. Nachdem sie in Mekka angekommen seien, habe sich vor der Heiligen Moschee jemand bei ihnen nach dem Gefährten *(ṣāḥib)* ʿAmr b. Ǧābirs erkundigt. Als die Pilger keinen Mann namens ʿAmr kannten, erklärte ihnen der Fremde, er frage nach dem Wohltäter jener verstorbenen Schlange *(ṣāḥib al-ǧānn)*. Nachdem er die gewünschte Antwort erhalten hatte, ergänzte er, bei der begrabenen Schlange habe es sich um den letzten jener Dämonen gehandelt, die vom Propheten den Koran gehört hätten. Gott möge jener Person ihre Wohltat vergelten, die die Schlange schicklich bestattet habe.[71]

Eine Variante bringt das Geschehen mit dem Omayyaden ʿUmar b. ʿAbd al-ʿAzīz (regierte 99–101/717–720) in Verbindung.[72] Als der Kalif in der Wüste, unterwegs gewesen sei, habe er eine tote Schlange in ein Stück seines Mantels eingewickelt und anschließend bestattet. Darauf habe eine Stimme gerufen[73]: „O Surraq, ich bezeuge, gehört zu haben, wie der Prophet Gottes zu dir sagte: ‚Du wirst in der Wüste sterben. Ein rechtschaffener Mann wird dich dort in ein Leichentuch einhüllen und bestatten.'“ Als ʿUmar den Rufer bittet, sich zu erkennen zu geben, stellt sich dieser als einer jener *ǧinn* vor, die vom Gesandten Gottes den Koran gehört hatten. Von ihnen seien nur noch er selbst, also der Rufer, und der soeben verstorbene Surraq übrig geblieben.[74]

---

68 Verschiedene Autoren erwähnen ʿAmr b. Ǧābir [al-Ǧinnī] bei der Aufzählung der *ǧinn* aus Niṣībīn, vgl. Anm. 57.

69 Damīrī, *Ḥayāt al-ḥayawān*, I.207.1–6.

70 Gemäß Yāqūt, *Buldān*, III.637, ist al-ʿArǧ an der Pilgerroute zwischen Medina und Mekka gelegen.

71 Eine Variante (Damīrī, *Ḥayāt al-ḥayawān*, I.207.6–9) präzisiert, dass es sich bei der verstorbenen Schlange um einen rechtschaffenen Mann von den *ǧinn* aus Niṣībīn gehandelt habe. Er heiße Zawbaʿa: „وأخبر أن تلك الحية كان رجلا صالحا من جن نصيبين إسمه زوبعة“.

72 Damīrī, *Ḥayāt al-ḥayawān*, I.207.9–13. Parallelen dieser Fassung lassen sich auch bei Šiblī, Suyūṭī und Ḥalabī nachweisen; vgl. Anm. 66.

73 Auf das Phänomen des unsichtbaren Rufers ist bei der Behandlung des *Hātif*-Glaubens einzugehen; vgl. Kapitel 8.3.1 „Der *Hātif*-Glaube: Die *ǧinn* als Übermittler von Nachrichten“. Die zitierte Damīrī-Stelle bezeichnet diesen Rufer als *qā'il*.

74 Verschiedene Autoren erwähnen Surraq bei der Aufzählung der *ǧinn* aus Niṣībīn, vgl. Anm. 57.

Damīrī greift anschließend eine weitere Version des Geschehens auf, indem er sich auf das *Kitāb Ḫayr al-bišar bi-ḫayr al-bašar* stützt.[75] Demnach unternimmt Ibrāhīm [an-Naḫaʿī?[76]] mit einer Gruppe von Leuten ʿAbdallāh b. Masʿūds[77] die Wallfahrt nach Mekka. Unterwegs stoßen sie auf eine weiße Schlange, die mit dem Tod ringt und bald stirbt. Da die Schlange angenehm nach Moschus duftet, wird sich Ibrāhīm des besonderen Charakters des Reptils bewusst und bestattet es. Als er seine Leute einholt, nähern sich aus Westen vier Frauen. Es stellt sich heraus, dass es sich bei der verstorbenen Schlange um einen frommen Fastenden[78] gehandelt hat. Er habe an die Offenbarung und den Propheten geglaubt. Bereits vierhundert Jahre vor Muḥammads Auftreten habe er Kunde von dessen Prophetschaft gehabt. Auch diese Fassung insistiert darauf, dass es fromme, gläubige *ǧinn* gebe. Bei Damīrī und weiteren Autoren lassen sich außerdem zusätzliche Darstellungen des vorliegenden Geschehens nachweisen, die in einem andern Zusammenhang aufgegriffen werden sollen.[79]

Während sich die von Damīrī zusammengestellten Berichte weitgehend ähneln, lässt sich bei Šiblī eine Erzählung nachweisen, die sich zwar an den Hauptstrang bei Damīrī anschließt, aber zusätzlich ein neues Moment ins Spiel bringt.[80] Gemäß Šiblī irrte zur Zeit ʿUṯmāns eine Karawane durstig durch die Wüste. Bis zum Einbruch der Nacht waren die Reisenden nur auf Salzwasser gestoßen. Als es schon dunkel geworden war, entdeckten sie einen Mimosenbaum *(šaǧara samur)*, wo ihnen ein pechschwarzer Mann entgegentritt. Er gibt sich als guter Muslim zu erkennen und weist ihnen den Weg zu einer nahe gelegenen Wasserstelle. Zwar fürchten einige, dem Satan auf den Leim zu kriechen. Andere aber sind überzeugt, dass es sich bei diesem Mann um einen gläubigen (!) *ǧinn (muʾmin min al-ǧinn)* handelt. Sie folgen dem ihnen beschriebenen Weg und stoßen tatsächlich auf Wasser.[81]

---

75 Damīrī, *Ḥayāt al-ḥayawān*, I.207.13–22. Zu Ibn Ẓafar al-Ḥamawīs *Kitāb Ḫayr al-bišar bi-ḫayr al-bašar* vgl. *GAL*, G I.352 und S I.595; U. Rizzitano, Artikel „Ibn Ẓafar", in *EI*² III.970.

76 Zu Naḫaʿī vgl. G. Leconte, Artikel „al-Na<u>kh</u>aʿī, Ibrāhīm b. Yazīd, al-Kūfī, Abū ʿImrān", in *EI*² VII.921. Naḫaʿī lebte ca. 50–96/670–717 und war ein berühmter Überlieferer und Rechtsgelehrter.

77 Zum berühmten Prophetengenossen ʿAbdallāh b. Masʿūd vgl. J.-C. Vadet, Artikel „Ibn Masʿūd", in *EI*² III.873.

78 *Qawwām ṣawwām;* von einem *ǧinn* ist hier nicht explizit die Rede.

79 Vgl. Kapitel 5, bei Anm. 123–132.

80 Šiblī, *Ākām al-marǧān*, S. 80.19–81.12; zu diesem Bericht siehe auch Kapitel 5, bei Anm. 364–366.

81 Auch die westliche Sekundärliteratur ist auf die Berichte über Begegnungen mit dem letzten oder zweitletzten jener *ǧinn* aufmerksam geworden, die von Muḥammad den Koran gehört hatten; vgl. T. Fahd, „Anges, démons et djinns", S. 194 f., mit Anm. 157–159.

4.6 *Ǧinn* auf Pilgerfahrt

Es ist nicht nur bekannt, dass Pilger unterwegs nach Mekka mit Dämonen in Schlangengestalt zusammentreffen, sondern Dämonen-Schlangen unternehmen gern auch selbst Pilgerfahrten, wie aus verschiedenen Darstellungen hervorgeht.

Azraqī macht in den *Aḫbār Makka* auf einen auf den Gewährsmann Abū Ṭufayl zurückgeführten Bericht aufmerksam.[82] Demnach lebte zur Zeit der *ǧāhiliyya* im Ort Ḏū Ṭawā eine Frau von den *ǧinn*. Sie hatte nur einen einzigen Sohn, den sie sehr liebte. Nachdem er sich verheiratet hatte, wollte er sich nach Mekka begeben und dort die Kaʿba bei Tag sieben Mal umrunden.[83] Seine Mutter fürchtete sehr, dass ihm die dummen Quraysiten ein Unheil zufügen könnten. Der Sohn ließ sich aber nicht von seinem Vorhaben abbringen und begab sich als Schlange *(fī ṣūrat ǧānn)* nach Mekka. In dieser Gestalt vollzog er den *ṭawāf* sieben Mal und betete hinter dem *maqām* zwei *raqʿa*. Auf dem Heimweg versperrte ihm ein Jüngling der Banū Sahm den Weg und schlug ihn tot.[84]

Azraqī weist auch in einem weiteren Bericht auf die Pilgerfahrt einer Schlange *(ayyim)* nach Mekka hin. Diese Darstellung enthält verschiedene Elemente, deren Bedeutung sich nicht abschließend klären ließ, und wird hier einzig zur Illustration angeführt[85]:

عن طَلق بن خُبيب قال كنّا جلوساً مع عبد الله بن عمرو بن العاص فى الحِجر اذ قلص الظلُّ وقامت المجالس اذ نحن بِبُرَيقٍ أيِّم طالع من هذا الباب يعنى باب بنى شيبة فاشرأبَّت له اعينُ الناس فطاف بالبيت سبعا وصلى ركعتين وراءَ المقام فقُمنا اليه فقلنا الا ايها المعتمر قد قضى الله نُسُكَك وانّ بأرضنا عبيدا وسفهاء وإنّا نخشى

82 Azraqī, *Aḫbār Makka* (Wüstenfeld), S. 261.20–262.10; anschließend Erweiterungen (S. 262.10–263.6). Die von F. Wüstenfeld edierte Fassung der *Aḫbār* ist um 900 n.Chr. entstanden (siehe J. W. Fück, Artikel „al-Azraḳī, Abu 'l-Walīd Muḥammad b. ʿAbd Allāh b. Aḥmad", in *EI*[2] I.826). Vgl. zum Inhalt des Berichts: F. Meier, NL Mappe 8, s. v. *Schlange*, Bl. 12 f., der aufmerksam macht auf eine Übersetzung bei Th. Nöldeke, „Die Schlange nach arabischem Volksglauben", S. 414; besprochen von H. Wohlstein, „Zu einigen Zaubermotiven in der biblischen Umwelt", S. 229.

83 Azraqī, *Aḫbār Makka* (Wüstenfeld), S. 262.2 f.: „قال لأُمّه يأُمّت انى احبُّ ان اطوف بالكعبة سبعا نهارا".

84 Azraqī, *Aḫbār Makka* (Wüstenfeld), S. 262.10–20 und S. 262.21–263.6, fügt hier zwei Ergänzungen an. Die erste Erweiterung schildert, wie es in Anschluss an die Ermordung des dämonischen Pilgers zu einem bitteren Rachekrieg zwischen den Banū Sahm und den *ǧinn* kommt. Die beiden verfeindeten Parteien beenden die Auseinandersetzung mit einem Friedenspakt.

85 Azraqī, *Aḫbār Makka* (Wüstenfeld), S. 263.9–14. Übersetzung in Anlehnung an F. Meier, NL Mappe 8, s. v. *Schlange*, Bl. 13.

عليك منهم فكَوَّمَ براسه كومة بطحاء فوضع ذنبه عليها فسما فى السماء حتى مثل علينا فما نراه.

Von Ṭalq b. Ḥubayb, der sagte: ‚Wir saßen mit ʿAbdallāh b. ʿAmr b. al-ʿĀṣ im *ḥiǧr* [hinter der Kaʿba] zusammen, als sich der Schatten verkleinerte und sich die Leute zum Zusammensitzen zurückzogen.[86] Plötzlich nahmen wir das Blitzen einer [männlichen] Schlange *(ayyim)* wahr, die aus dieser Tür herauskam, nämlich aus der Tür der Banū Šayba. Die Leute machten ihretwegen Stielaugen. Da vollzog sie sieben Mal den *ṭawāf* um das [Heilige] Haus und verrichtete zwei *rakʿa* hinter dem *maqām*. Da begaben wir uns zu ihr und sagten: Der du die *ʿumra* verrichtet hast, Gott hat deine fromme Handlung zu Ende gehen lassen. In unserem Land gibt es Diener und Dummköpfe. Wir fürchten ihretwegen um dich. Da schob sie mit ihrem Kopf Kieselsteine zu einem Haufen zusammen, legte ihren Schwanz darauf und richtete sich zum Himmel auf, bis sie aufrecht vor uns stand. Dann sahen wir sie nicht [mehr].

Es sind auch weitere Beispiele von frommen *ǧinn* bekannt, die die Reise nach Mekka unternehmen. Qušayrī macht auf einen Bericht Ibrāhīm al-Ḫawwāṣ' aufmerksam, der auf der Wallfahrt einer wild aussehenden Gestalt begegnete.[87] Auf die Frage, ob sie *ǧinnī* oder Mensch sei, gab sie sich als Dämon zu erkennen.[88] Sie sei unterwegs nach Mekka.[89] Diese Gestalt reiste ohne Proviant und erklärte ihrem erstaunten Gegenüber dazu: „Auch unter uns [Dämonen] gibt es Leute, die im Vertrauen auf die Versorgung durch Gott *(tawakkul)* Reisen unternehmen."[90] Übrigens sollen *ǧinn* auch die Wallfahrt nach Karbalā' unternommen haben.[91]

Fromme *ǧinn* unternehmen aber nicht nur Reisen nach Mekka und Karbalā', sondern sie suchen auch Heilige auf. Dies geht jedenfalls aus einem Bericht bei

---

86 Der Schattenwurf ist zur Mittagszeit besonders klein. Es ist bekannt, dass sich Dämonen gern zeigen, wenn die Sonne im Zenit steht; vgl. Kapitel 6.3.2, b. „Über Mittag" (bei Anm. 178–203). Die Leute ziehen sich zur heißen Mittagszeit an schattige Plätze zurück und sitzen dort zusammen.

87 Qušayrī, *Risāla*, S. 77.30–32 (zum *tawakkul*; Ausgabe Miṣr 1330); zitiert bei F. Meier, NL Mappe 7, s. v. *Religion*, Bl. 18, siehe auch Bl. 50.

88 Diese Frage stellen Reisende regelmäßig, wenn sie in einer einsamen Gegend mit einer ihnen unbekannten Person zusammentreffen: „قال ابراهيم الخواص كنت فى طريق مكة فرأيت شخصا وحشيا فقلت جنى أو إنسى فقال جنى" (vgl. die Stellenangabe in der vorangehenden Anm.).

89 F. Meier, NL Mappe 7, s. v. *Religion*, Bl. 26, weist außerdem auf eine Stelle bei Ibn Šahrāšūb, *Manāqib Āl Abī Ṭālib*, I.76–77, hin, der ein Gedicht zitiert, das folgende Aussage mehrfach enthält „Ich wundere mich über die *ǧinn* [...], sie reisen nach Mekka, begierig nach Rechtleitung."

90 F. Meier, NL Mappe 7, s. v. *Religion*, Bl. 50, macht auf Parallelen dazu bei ʿAṭṭār, *Taḏkirat ul-awliyāʾ* (Ausgabe Nicholson), II.152.8–11, aufmerksam. ʿAṭṭār spricht dabei von der Begegnung mit einem (*sic*, so gemäß F. Meier) *parī*.

91 F. Meier, NL Mappe 6, s. v. *Nahrung*, Bl. 6, macht auf eine Stelle bei ʿAlī Akbar Nahāwandī, *Gulzār-i Akbarī*, S. 421, aufmerksam, wo ein *ǧinnī* nach Karbalāʾ pilgert.

Damīrī hervor[92]: Auf dem Qarāfa-Friedhof bei Kairo befand sich das Grab des 448/1056 verstorbenen Schafiiten Abu ăl-Ḥasan ʿAlī b. al-Ḥusayn[93] b. al-Ḥasan b. Muḥammad al-Ḫilaʿī. Er war als Richter der *ğinn (qāḍī ăl-ğinn)* bekannt. Bei seinem Grab verrichtete Gebete gelten als erhört. Die *ğinn* übrigens pflegten bei Abu ăl-Ḥasan den Koran zu studieren. Als sie an einem Freitag einmal zu spät erschienen, erkundigte sich der Šayḫ nach dem Grund. Sie wiesen ihn darauf hin, dass sich etwas Zitrone in seinem Haus befunden habe. Die Dämonen würden jene Stätten meiden, wo Zitronen herumlägen. Auch Tādilī (12. Jh. n.Chr.)[94] macht auf Beispiele dafür aufmerksam, dass Dämonen Heilige aufsuchen.[95] So berichtet Maymūn, er habe eines Nachts bei seinem Šayḫ ʿAbd al-Ḫāliq b. Yāsīn ad-Duġūġī (gest. 571/1175) übernachtet und gehört, wie eine Anzahl von Leuten den Koran rezitierte. Er habe aufstehen wollen, um das Frühgebet zu verrichten, doch es sei noch Nacht gewesen. ʿAbd al-Ḫāliq erklärte ihm am nächsten Morgen, dass es sich bei jenen Koranlesern um gläubige *ğinn* gehandelt habe. Sie hätten ihn darum gebeten, zusammen mit den Frommen an seinen Bittgebeten und Gottesgedenken teilnehmen zu dürfen.[96]

4.7 Die *ğinn* und ihre Nahrung

Ğinn allerdings sind nicht unbedingt gläubig, sondern sie können auch als Rebellen auftreten. Jedenfalls tut der Mensch gut daran, sich vor Dämonen zu hüten. Auch Berichte darüber, dass die *ğinn* den Propheten in Anschluss an seine Predigt (vgl. Kapitel 4.2) um Nahrung für sich und ihre Reittiere baten, thematisieren diese Scheu und diesen Respekt vor dem Dämonischen. Die muslimische Überlieferung bringt diese Bitte der Geister übrigens auch mit der sogenannten *Ğinn*-Nacht in Verbindung.[97] Außerdem spielt ein Prophetenwort zu den für die rituelle Waschung verbotenen Substanzen auf die diskutierte Problematik an. Da die einzelnen Fassungen trotz ihrer unterschiedlichen Hintergründe (*Ğinn*-Predigt, *Ğinn*-Nacht, rituelle Waschung) inhaltlich nicht wesentlich voneinander

92 Damīrī, *Ḥayāt al-ḥayawān*, I.214.33–215.4.
93 F. Meier, NL Mappe 7, s. v. *Religion*, Bl. 47, korrigiert al-Ḥasan hier in al-Ḥusayn.
94 Zum Hagiographen Tādilī vgl. A. Faure, Artikel „Ibn al-Zayyāt, Abū Yaʿḳūb Yūsuf b. Yaḥyā b. ʿĪsā b. ʿAbd al-Raḥmān“, in *EI*² III.975.
95 Tādilī, (Ibn az-Zayyāt), *Tašawwuf*, S. 206.14–207.2; vgl. F. Meier, NL Mappe 7, s. v. *Religion*, Bl. 48.
96 F. Meier, NL Mappe 7, s. v. *Religion*, Bl. 48 f., macht auf verschiedene weitere Berichte bei Tādilī aufmerksam, die dieses Motiv aufgreifen.
97 Zur *Ğinn*-Nacht vgl. Kapitel 9.2.1: „Berichte zur *Ğinn*-Nacht *(Laylat al-ğinn)*“.

abweichen, stützen sich die weiteren Ausführungen z. T. auch auf die erwähnten Parallelen.

Gemäß einer bei Buḫārī verzeichneten Überlieferung waren es die *ǧinn* aus Niṣībīn, die Muḥammad um Nahrung für sich und ihre Reittiere baten.[98] Der Prophet untersagt in diesem auf Abū Hurayra zurückgeführten Bericht den Gläubigen, für die rituelle Waschung *(wuḍūʾ)* Knochen *(ʿaẓm)* oder Dung *(rawṯa) zu* verwenden.[99] Als eine Abordnung der lobenswerten[100] *ǧinn* aus Niṣībīn zu ihm gekommen sei, habe er sich nämlich bei Gott dafür eingesetzt, dass Knochen und Dung den *ǧinn* bzw. ihren Reittieren als Nahrung vorbehalten seien.

Die islamische Überlieferung greift diese Vorstellung vielfach auf.[101] Unklarheit scheint dabei darüber zu herrschen, ob den *ǧinn* und ihren Reittieren Nahrung zugewiesen wird, über die der Name Gottes ausgesprochen worden ist oder eben nicht. Da die *ǧinn* eine Vorliebe für alles Schmutzige haben, wäre eigentlich zu erwarten, dass ihnen gerade jene Nahrung zufällt, über die der Name Gottes *nicht* ausgesprochen worden ist. Wider Erwarten weisen aber die von verschiedenen Autoren, darunter Ibn Taymiyya, beigebrachten Überlieferungen den *ǧinn* gerade jene Knochen zu, über die der Name Gottes ausgesprochen worden ist.[102] Andere Belege ziehen aber auch die gegenteilige Möglichkeit in Betracht.[103] Der abwei-

---

98 Buḫārī, *Ṣaḥīḥ, 63 Kitāb Manāqib al-anṣār, 32 Bāb Ḏikr al-ǧinn, Ḥadīṯ* Nr. 3908; auch *4 Kitāb al-Wuḍūʾ, 21 Bāb al-Istinǧāʾ bi-ăl-ḥiǧāra, Ḥadīṯ* Nr. 155.

99 Die islamische Rechtslehre gestattet es, bei der rituellen Reinigung auf andere Mittel zurückzugreifen, wenn kein Wasser vorhanden ist; vgl. A. J. Wensinck-[A. K. Reinhart], Artikel „Tayammum", in *EI*² X.399.

100 Dieser Hinweis auf den lobenswerten Charakter der *ǧinn* aus Niṣībīn deutet darauf hin, dass sie zu den gläubigen Dämonen zählten; vgl. Ibn Taymiyya, *Īḍāḥ ad-dalāla*, S. 122.19: „انه اتانى وفد جن نصيبين ونعم الجن"; siehe ebenso die in Anm. 98 zitierten Buḫārī-Stellen.

101 Vgl. z. B. Ibn Taymiyya, *Īḍāḥ ad-dalāla*, S. 121.13–123.16. Siehe aber auch: Šiblī, *Ākām al-marǧān*, v. a. S. 29.11–30.6, der auf Muslim und Buḫārī verweist und stark von Ibn Taymiyya abhängig ist. Vgl. außerdem Suyūṭī, *Laqṭ al-marǧān*, §§ 49–64, S. 17.12–23.5 (Kapitel: *Ḏikr akli-him wa-šarbi-him*); Ḥalabī, *ʿIqd al-marǧān*, S. 54.14–56.1 (mit Berichten, die bei Šiblī und Suyūṭī fehlen). Ähnliche Angaben wie bei Ibn Taymiyya auch bei Damīrī, *Ḥayāt al-ḥayawān*, I.205.3–9 (Gewährsmann: Ibn Masʿūd); 205.9–21 (Gewährsmann: az-Zubayr b. al-ʿAwwām); 205.21–25 (Gewährsmann: Ibn Masʿūd).

102 So Ibn Taymiyya, *Īḍāḥ ad-dalāla*, S. 121.17 und 122.12.

103 Šiblī, *Ākām al-marǧān*, S. 30.7–10, macht in diesem Zusammenhang auf zwei voneinander abweichende Fassungen der Überlieferungen bei Muslim und Ibn Dāwūd (*sic*, *recte* aber wohl Tirmiḏī) aufmerksam: Während Muslim, *Ṣaḥīḥ, 5 Kitāb aṣ-Ṣalāt, 33 Bāb al-Ǧahr bi-ăl-qirāʾa…*, *Ḥadīṯ* Nr. 1035, den *ǧinn* jene Nahrungsstücke zuweist, über die der Namen Gottes ausgesprochen worden ist („وسَألوه الزاد فقال [الرسول] لكم كل عظم ذُكِرَ إسمُ اللهِ عليه"), redet Tirmiḏī (nicht der von Šiblī wohl irrtümlich genannte Abū Dāwūd) in seiner Lesung von Knochen und Dung, über die Allāhs Name gerade *nicht* ausgesprochen worden ist (Tirmiḏī, *Sunan, 43 Kitāb Tafsīr al-*

chende Wortlaut der fraglichen Prophetenworte dürfte letztlich auf eine ungesicherte Textüberlieferung zurückzuführen sein.

Die islamische Überlieferung diskutiert übrigens auch mit diesen Prophetenworten indirekt zusammenhängende Fragestellungen. Šiblī äußert sich dazu besonders ausführlich und geht in seinen Überlegungen auch der grundsätzlichen Frage nach, ob es den Dämonen überhaupt möglich sei, Nahrung und Flüssigkeit aufzunehmen. Seine diesbezüglichen Ausführungen sollen im Folgenden vorgestellt werden.[104]

Für Šiblī stellt die Klärung der Frage nach der Nahrungsaufnahme bei den *ǧinn* ein vordringliches Anliegen dar, leitet er aus ihrer Beantwortung doch Hinweise darauf ab, ob Dämonen heiraten und Nachkommen haben können.[105] Am Anfang seiner Ausführungen zur Nahrungsaufnahme der *ǧinn* vermittelt Šiblī einen Überblick über die verschiedenen Auffassungen dazu.[106] Er unterscheidet dabei drei bzw. vier *(sic)* Standpunkte. In einem ersten Schritt verwirft er die Auffassung jener Gelehrten, die in Abrede stellen, dass *ǧinn* überhaupt essen und trinken. Gemäß einer zweiten Meinung essen und trinken gewisse Dämonen, während andere dies nicht tun. Die Anhänger der dritten Position gehen davon aus, dass alle *ǧinn* essen und trinken. Šiblī weist allerdings präzisierend darauf hin, dass die *ǧinn* gemäß einer Meinung beim Essen und Trinken an der Nahrung nur schnuppern und riechen, andere aber festhalten, dass die Dämonen die Nahrung auch tatsächlich zu sich nehmen. Sie kauen ihr Essen und schlucken es hinunter. Šiblī selbst scheint sich zugunsten dieser letzten Position auszusprechen, werde sie doch durch vertrauenswürdige *Ḥadīṯe* und allgemein akzeptierte Erkenntnisse gestützt.[107] Zu beachten bleibt allerdings noch die letzte, auf Wahb

Qur'ān, 46 Bāb Wa-min Sūrat al-Aḥqāf, Ḥadīṯ Nr. 3567: „وسألوه [الجن] الزاد [...] فقال [الرسول] كل عظم لم يُذكر إسم الله عليه“). Gemäß den Angaben bei Šiblī folgen die meisten Lesungen Abū Dāwūd (*sic, recte* aber wohl Tirmiḏī, denn bei Abū Dāwūd lässt sich keine entsprechende Überlieferung nachweisen). Der Verfasser der *Ākām al-marǧān* versucht die beiden Lesungen mit dem Hinweis darauf in Übereinstimmung zu bringen, dass Muslim die gläubigen *ǧinn* meinte, Abū Dāwūd *(sic)* aber von den Satanen *(šayāṭīn)* sprach.

104 Šiblī, *Ākām al-marǧān*, S. 28.11–31.3: 11. Kapitel: *Fī bayān anna al-ǧinn ya'kulūna wa-yašrabūna.*

105 E. Badeen und B. Krawietz, „Eheschließungen mit den Dschinnen“, S. 38, 45–47, heben hervor, dass die Erörterung der theoretischen Möglichkeit *(imkān)* einer Eheschließung *(nikāḥ)* zwischen Menschen und *ǧinn* im Mittelpunkt von Šiblīs *Ākām al-marǧān* stehe. Zur Problematik siehe auch Kapitel 10.5.4 „Verunstaltete Beine“, bei Anm. 271 und 274–278. Siehe auch Anhang Kapitel 11 „Zur Möglichkeit ehelicher Verbindungen zwischen *ǧinn* und Menschen“.

106 Šiblī, *Ākām al-marǧān*, S. 28.13–29.11.

107 *Loc.cit.*, S. 29.2; vgl. 30.10 f. und 30.19–22.

b. Munabbih zurückgehende Sichtweise.[108] Dieser Überlieferer unterscheidet verschiedene Gattungen *(ǧins*, pl. *aǧnās)* von *ǧinn*. Die reinen Dämonen *(ḫāliṣ al-ǧinn)* bestünden aus Wind *(rīḥ);* sie würden weder essen noch trinken noch sich fortpflanzen. Andere Gattungen würden aber Nahrung zu sich nehmen, trinken und sich untereinander verheiraten. Als Beispiele dafür erwähnt Wahb b. Munabbih namentlich die *saʿālī*, die *ġūl* und den *quṭrub*.

Diese von unterschiedlichen muslimischen Gelehrten geführten Diskussionen über das Essen und Trinken der Dämonen sollen bei dieser Gelegenheit nicht weiter kommentiert werden. In Übereinstimmung mit F. Meier sei jedoch darauf hingewiesen, dass „Dämonen oft Fresser größten Stils" sind und auch als Menschenfresser in Erscheinung treten.[109] F. Meier widerspricht mit dieser Feststellung diametral den Überlegungen U. Johansens, wonach die Geister als immaterielle Wesen niemals das Materielle, also das Fleisch, an einem Menschen oder Tier essen wollten. Ihre Nahrung müsse vielmehr ebenso immateriell sein; sie fräßen die Seele.[110] F. Meier belegt seine Sichtweise außerdem mit einem Hinweis auf ein Märchen, wonach Prinz ʿAlī zur Bewirtung eines ihm freundlich gesinnten *ġūl* vier Kamele schlachtet und dies damit begründet, dass dieser Dämon eben ein großer Fresser sei.[111]

4.8 Weitere Angaben zur religiösen Einstellung von *ǧinn*

Die vorangehenden Ausführungen zeigen auf, dass es gläubige *ǧinn* gibt. Es sei auch an Ǧaʿfar-i Badaḫšīs bereits am Anfang dieses Kapitels zitierte Bemerkung erinnert, wonach sich jede Religion, die es unter den Menschen gebe, auch unter den *ǧinn* nachweisen lasse.[112] Darstellungen bei Abu ăl-Futūḥ-i Rāzī, Maybudī und Šiblī stützen seinen Standpunkt.

Abu ăl-Futūḥ-i Rāzī trägt in seinem Kommentar zu Sure 72.11[113] Auffassungen verschiedener Gelehrter zu den Religionen der *ǧinn* zusammen.[114] Er bemerkt ein-

---

108 *Loc.cit.*, S. 29.5–11.

109 F. Meier, NL Mappe 6, s. v. *Nahrung*, Bl. 7.

110 U. Johansen, „Die Alpfrau", S. 313.

111 Vgl. F. Meier, NL Mappe 6, s. v. *Nahrung*, Bl. 7, der auf H. Stumme, *Tunisische Märchen*, II.70, verweist. F. Meier bringt unter dem Stichwort *Nahrung* noch weitere Belege dafür bei, dass *ǧinn* essen und trinken (NL Mappe 6, 11 Bl.).

112 Vgl. Anm. 4.

113 Sure 72.11: „Unter uns [*scil.* den *ǧinn*] gibt es Rechtschaffene, aber auch solche, die es nicht sind. Wir folgen ganz unterschiedlichen Wegen *(kunnā ṭarāʾiqa qidadan).*"

114 Abu ăl-Futūḥ-i Rāzī, *Tafsīr* zu Sure 72.11, X.143.5–12.

leitend, dass eine Gruppe der *ǧinn* gläubig *(mu'min)* sei, bei einer weiteren Gruppe handle es sich um Ungläubige *(kāfir)*. Drittens gebe es unter den Dämonen aber auch Heuchler *(munāfiq)*. Es verhalte sich bei den Geistern ähnlich wie bei den Menschen. Einige seien rechtschaffen *(ṣāliḥ)* und verhielten sich ziemlich *(nīkmard)*. Andere aber würden diese Kriterien nicht erfüllen.

Indem er auf Musayyib verweist, präzisiert Abu ăl-Futūḥ-i Rāzī,[115] dass es unter den *ǧinn* Muslime, Juden und Christen gebe. Besonders interessant ist sein Hinweis, dass unter den Dämonen nicht nur die Religionen selbst vertreten seien. Vielmehr stoße man unter ihnen auch auf unterschiedliche Rechtsschulen *(maḏhab)* und Sekten (*firqa;* aber auch *hawā*, pl. *ahwā'*[116]). Abu ăl-Futūḥ-i Rāzī erwähnt die Ǧabriyya[117], die Qadariyya[118] und die Murǧi'a[119] namentlich. Indem er sich auf eine auf al-Ḥasan [al-Baṣrī?] und Suddī zurückgeführte Überlieferung stützt, macht Maybudī ganz ähnliche Angaben. Er hält fest, dass sich unter den *ǧinn* die Qadariyya, die Murǧi'a und die Rāfiḍa[120] nachweisen lasse.[121]

Auch Šiblī befasst sich in seiner Monographie zum islamischen Dämonenglauben in einem besonderen Kapitel mit der Frage nach den Glaubensauffassungen der *ǧinn*.[122] Ebenso wie bei Rāzī schließt sich die Debatte an Erörterungen

---

115 *Loc.cit.*, X.143.9 f.

116 Vgl. I. Goldziher, Artikel „Ahl al-ahwā", in *EI*² I.257: *Hawā* bedeutet „Vorliebe, Neigung der Seele" (vgl. *Qur'ān*, Sure 6.151). Die traditionalistische Theologie ordnet jene Richtungen den *ahl al-ahwā'* zu, deren Auffassungen sich nicht gänzlich mit den Standpunkten der sunnitischen Theologie decken. I. Goldziher weist auf die Ǧabriyya, die Qadariyya, die Rāfiḍa, die Ḫāriǧiyya, die Anthropomorphisten und die Mu'aṭṭila hin. Diese Richtungen ließen sich aber nicht als eigentliche Sekten bezeichnen. Zur Problematik siehe außerdem J. van Ess, *Theologie und Gesellschaft*, der den Ausdruck *ahl al-hawā* mit ‚Häretiker' (I.50, II.85, II.665) und ‚Sektierer' (II.20, III.36) übersetzt; siehe zur Frage außerdem *Theologie und Gesellschaft*, IV.690, und IV.1016 (Index s. v. *h-w-y*).

117 Vgl. W.M. Watt, Artikel „D̲jabriyya" in *EI*² II.365. Die *Ǧabriyya* erhielt ihren Namen von den Gegnern ihrer Auffassungen. Die *Ǧabriyya* vertritt die Meinung, dass der Mensch nicht wirklich handelt; nur Gott handelt in der Tat. *Ǧabr* bedeutet „Zwang".

118 Die Qadariyya (8. Jh. n. Chr.) insistierte auf die zentrale Rolle des freien Willens *(liberum arbitrium)*; vgl. J. van Ess, Artikel „Ḳadariyya", in *EI*² IV.368.

119 Im persischen Text: *murǧiyya*. Zur Murǧi'a vgl. W. Madelung, Artikel „Murd̲ji'a", in *EI*² VII.605. Es handelt sich um eine politisch-religiöse Bewegung, die in der Frühzeit des Islams, aber auch später, aktiv war. Ihre Vertreter hielten sich an das Prinzip des *irǧā'* (Aufschiebung des Urteils; vgl. *Qur'ān*, Sure 9.106).

120 Unter der Rāfiḍa versteht man gemeinhin a. die Proto-Imāmiyya (und in Anschluss daran die Zwölfer-Šī'a) bzw. b. gewisse schiitische Sekten; vgl. E. Kohlberg, Artikel „Rāfiḍa", in *EI*² VIII.386.

121 Maybudī, *Kašf ul-asrār*, Kommentar zu Sure 72.11, X.254.4 f.

122 Šiblī, *Ākām al-marǧān*, S. 54.1–13, 20. Kapitel: *Fī bayān firaq al-ǧinn wa-mā yantaḥilūna-hū*.

zu Sure 72.11 an. Šiblī hält fest, dass es unter den *ğinn* Muslime und Ungläubige, Rechtgläubige *(ahl sunna)* und Ketzer *(ahl bidʿa)* gebe. Außerdem verweist er auf die *ğinn* aus Niṣībīn und gibt an, dass es sich bei ihnen bekanntlich um Juden handle. Gemäß einer Aussage wiederum, die Muṭallib b. Ziyād auf Suddī zurückführt, sollen die *ğinn* u. a. der Qadariyya, der Murğiʾa und der Šīʿa angehören. Qatāda seinerseits meint, die *ğinn* folgten verschiedenen Neigungen (*hawā*, pl. *ahwāʾ*). Bei einer andern Gelegenheit weist Šiblī darauf hin, dass es unter den *ğinn* Juden, Christen, Magier *(mağūs)* und Götzenverehrer *(ʿabadat awṯān)* gebe.[123]

Auch die islamischen Rechtsgelehrten haben sich wiederholt mit der Frage beschäftigt, ob die *ğinn* eine Religion haben. Šiblī hält fest, dass sie in diesem Zusammenhang kontrovers diskutiert hätten, ob es *šarīʿa*-rechtlich zulässig sei, das muslimische Ritualgebet *(ṣalāt)* hinter einem *ğinnī* zu verrichten.[124] Zwei von Šiblī angeführte ḥanbalitische Gewährsleute bejahen diese Zulässigkeit ohne Zögern und begründen ihren Standpunkt damit, dass nicht nur die Menschen *(ins)*, sondern auch die *ğinn mukallaf* seien.[125] Der Prophet Muḥammad sei zu beiden gesandt *(mursal)* worden. Das Konzept des *taklīf* (vgl. das dazugehörige Partizip *mukallaf*) spielt eine bedeutende Rolle für das Verständnis der islamischen Dämonologie. Der folgende Abschnitt beleuchtete dessen Implikationen.

---

123 Šiblī, *Ākām al-marğān*, S. 56.18–22. Der Begriff *mağūs* bezeichnet im arabischen Sprachgebrauch die Anhänger des Zoroastrismus; vgl. M. Morony, Artikel „Madjūs", in *EI²* V. 1110.

124 Šiblī, *Ākām al-marğān*, S. 62.5–9. Es sei allerdings darauf hingewiesen, dass die *ğinn* üblicherweise zu jenen Störungen zählen, die zur Ungültigkeit des islamischen Ritualgebets führen (vgl. z. B. Siblī, *Ākām al-marğān*, S. 51.8 f., wo ein *ʿifrīt* von den *ğinn* Muḥammads Gebet unterbricht. Šiblī greift Überlieferungen auf, die sich bereits in den kanonischen *Ḥadīṯ*-Sammlungen nachweisen lassen; siehe Muslim, *Ṣaḥīḥ, 6 Kitāb al-masāğid wa-mawāḍiʿ aṣ-ṣalāt, 9 Bāb Laʿn aš-šayṭān [...], Ḥadīṯ* Nr. 1237, und Buḫārī, *Ṣaḥīḥ, 8 Kitāb aṣ-Ṣalāt, Ḥadīṯ* Nr. 461; *21 Kitāb al-ʿAmal fī ăṣ-ṣalāt, Bāb Mā yağūzu min al-ʿamal, Ḥadīṯ* Nr. 1220; *65 Kitāb at-Tafsīr, Sūrat Ṣād, 2 Bāb Qawli-hī: Hab lī [...], Ḥadīṯ* Nr. 4856.

125 Šiblī stützt sich auf das Werk *al-Fawāʾid* von Ibn Abi ăṣ-Ṣayrafī ăl-Ḥarrānī ăl-Ḥanbalī (gest. 678/1279) , der sich seinerseits auf seinen Šayḫ, Abu ăl-Baqāʾ al-ʿUkbarī ăl-Ḥanbalī (gest. 616/1219) beruft. Diese beiden ḥanbalitischen Gewährsleute dürften primär an einen gläubigen *ğinn* als Imām gedacht haben. Vgl. zur Frage auch E. Badeen und B. Krawietz, „Eheschließungen mit Dschinnen", S. 44, mit Verweis auf A. Fatoum, *Der Ğinn-Glaube*, S. 49. Damīrī, *Ḥayāt al-ḥayawān*, I.209.17 f., macht auf eine Aussage Qamūlīs aufmerksam, wonach das Freitagsgebet *(ṣalāt al-ğumʿa)* gültig sei, wenn mindestens vierzig Verpflichtete *(mukallaf)* daran teilnähmen. Es sei gleichgültig, ob es sich um Menschen oder *ğinn* handle. Beim erwähnten Qamūlī dürfte es sich um Yūsuf b. Aḥmad al-Qamūlī, einem Lehrer Ḏahabīs (gest, um 750/1350) handeln (vgl. M. Bencheneb, J. de Somogyi, Artikel „adh-Dhahabī", in *EI²* II.214).

4.9 Die *Ṯaqalān*: *Ǧinn* und *ins* sind *mukallaf*

Mit der Einführung des Konzepts des *taklīf* verlagert sich die Diskussion über die Glaubensrichtungen der *ǧinn* auf eine andere Ebene. Im Zentrum der Debatte steht nicht mehr ihre Zugehörigkeit zu einer bestimmten Religion. Vielmehr rückt die Auffassung in den Vordergrund, dass die *ǧinn* aus grundsätzlichen Überlegungen „dem Religionsgesetz verpflichtet" *(mukallaf)* sind.[126] Aus dem Ausdruck *mukallaf* lässt sich ableiten, dass Menschen und *ǧinn* von Gott gleichsam mit einem Auftrag betraut worden sind.

Die beiden Ausdrücke (*taklīf* bzw. *mukallaf*) lassen sich in der vorliegenden Bedeutung im Koran selbst nicht belegen. Das ihnen zugrundeliegende Konzept aber ist der islamischen Offenbarung nicht fremd und lässt sich über verwandte Vorstellungen (z. B. *ṯaqalān*) erschließen. Auch in den *Ḥadīṯ*-Sammlungen ist die Auffassung, dass Mensch und *ǧinn mukallaf* sind, erst ansatzweise entwickelt.[127] Den späteren Autoren jedoch ist dieser Gedanke geläufig. Er lässt sich sowohl in den Kommentaren zu verschiedenen Koranstellen als auch in der weiteren islamischen Überlieferung nachweisen. Die folgenden Überlegungen erörtern das Konzept des *taklīf* von Menschen und *ǧinn* anhand von ausgewählten Darstellungen bei ʿAbd al-Ǧalīl ar-Rāzī[128], Maybudī, Ibn Taymiyya, Šiblī, Suyūṭī und Ḥalabī. In einem ersten Schritt stehen Äußerungen aus ʿAbd al-Ǧalīl ar-Rāzīs auf Persisch verfasstem *Kitāb an-Naqḍ* im Vordergrund. Die Stelle wird hier ausschließlich zur

---

126 F. Meier, NL Mappe 7, s. v. *Religion*, Bl. 57 (Mitte), schlägt diese Umschreibung als Übersetzung von *mukallaf* vor. Die Grundbedeutung des Verbs *kallafa* (Verbalnomen: *taklīf;* Part. Perf. passiv: *mukallaf*) lautet „jemandem eine Arbeit auferlegen, übertragen". Zumeist ist damit eine mühselige Aufgabe gemeint.

127 Die Suche nach dem Begriff *mukallaf* in A. J. Wensincks *Concordance* und in der Online-Datenbank der Thesaurus Islamicus Foundation ergab keinerlei Treffer. *Taklīf* ist zwar einmal verzeichnet, aber nicht im vorliegend interessierenden Zusammenhang. Der Ausdruck *ṯaqalān* lässt sich in der gesuchten Bedeutung nachweisen bei Aḥmad b. Ḥanbal, *Musnad, 5. Musnad Abī Hurayra, Ḥadīṯ* Nr. 10034 (Thesaurus Islamicus). Im *casus constructus (ṯaqalayn)* ist dieser Begriff in den *Ḥadīṯ*-Sammlungen 24 Mal verzeichnet.

128 ʿAbd al-Ǧalīl ar-Rāzī war ein schiitischer Gelehrter, Prediger und Autor. Er wurde wahrscheinlich im frühen 6./12. Jh. geboren. Auf Persisch verfasste er das *Kitāb an-Naqḍ*, sein einziges heute noch erhaltenes Werk (Paralleltitel: *Baʿḍ maṯālib an-nawāṣib fī naqḍ baʿḍ faḍāʾiḥ al-rawāfiḍ*). ʿAbd al-Ǧalīl ar-Rāzī widerlegt in diesem Text die Angriffe auf die Schia, die ein früherer Schiit nach seinem Übertritt zum Sunnismus verfasst hatte. Zu ʿAbd al-Ǧalīl ar-Rāzī vgl. W. Madelung, Artikel „ʿAbd- al-Jalīl Rāzī", in *EIr*, Online-Ausgabe, konsultiert am 25. November 2010.

Erläuterung des Konzepts des *taklīf* beigezogen; allfällige weitere religiös motivierte Aspekte seiner Argumentation werden nicht erörtert.[129]

ʿAbd al-Ǧalīl ar-Rāzī leitet seine Ausführungen zum *taklīf* mit Hinweisen auf Berichte über ʿAlīs Kampf gegen die *ǧinn* und *šayāṭīn* ein.[130] Er qualifiziert derartige Erzählungen *in globo* als Ammenmärchen *(ḫurāfāt)* und verdeutlicht seine Kritik daran mit Hinweisen auf die islamische Offenbarung. Er hebt hervor, dass die *ǧinn* ebenso wie die Menschen an das Religionsgesetz *(šarīʿa)* und die Gebote des Korans gebunden seien, und präzisiert damit den Begriff *mukallaf*.[131]

Rāzī macht Hinweise auf das Konzept des *taklīf* in der islamischen Offenbarung selbst aus. Er greift in einem ersten Schritt auf Sure 55.31 zurück, die sich an die *ṯaqalān* richtet und festhält: „Wir werden uns mit euch befassen, ihr beiden *ṯaqalān*!"[132] Die Bedeutung des Begriffs *ṯaqalān* ist weitgehend ungeklärt, wird aber gern mit „die beiden Gewichtigen" übersetzt. Gewiss ist, dass die islamische Überlieferung unter den *ṯaqalān* die Menschen *(ins)* und die *ǧinn* zusammen versteht.[133] Sie werden in Sure 55 *(ar-Raḥmān)* unmittelbar nach dem zitierten Vers auch angesprochen.[134]

Gemeinhin wird Sure 55.31 dahingehend verstanden, dass sich Gott am Tag der Auferstehung sowohl mit den *ǧinn* als auch mit den Menschen befassen wird. Die islamische Überlieferung zur Stelle präzisiert, dass Allāh am Jüngsten Tag die *ǧinn* und die Menschen zur Rechenschaft ziehen, sie belohnen oder bestrafen wird. Diese Auffassung wird mit einem Verweis auf die in Sure 72.1–2 thematisierte *Ǧinn*-Predigt begründet, aus der sich ergibt, dass Allāhs Botschaft nicht nur den Menschen, sondern auch den *ǧinn* bekannt war. Auch die Dämonen waren

---

129 ʿAbd al-Ǧalīl ar-Rāzī, *Kitāb an-Naqḍ*, S. 39.6–40.19. Auf die Stelle macht F. Meier, NL Mappe 9, s. v. *Verwundbarkeit der ǧinn*, Bl. 1–2, aufmerksam.

130 Zu den Berichten über ʿAlīs Kampf gegen die *ǧinn* siehe Kapitel 6, Anm. 19.

131 ʿAbd al-Ǧalīl ar-Rāzī, *Kitāb an-Naqḍ*, S. 39.10–12: „اگر این مدعی هنوز ندانسته است که جنیان نیز مکلفند بشریعت واحکام قرآن چنانکه انسان پس قرآن مجید پیش باید گرفتن".

132 *Qurʾān*, Sure 55.31: „سنفرغ لكم ايه الثقلان".

133 Vgl. auch Kapitel 8.1, das sich aus einer andern Perspektive mit den *ṯaqalān* befasst (Vorstellung von Doppelgängern). Mit dem Konzept der *ṯaqalān* haben sich eingehender auseinandergesetzt: P. Eichler, *Die Dschinn, Teufel und Engel im Koran*, S. 35–39, v. a. S. 37; A. Wieland, *Ǧinn-Vorstellung*, S. 24–27; A. Fatoum, *Der Ǧinn-Glaube*, S. 74–76. T. Fahd, „Génies, anges, démons", S. 186 f., hält fest: „Et dans le Coran et dans la Tradition, un parallélisme étroit et constant est établi entre ces deux catégories d'êtres [*scil.* les hommes et les djinns], appelés d'un seul mot, *ath-thaqalân*, c'est-à-dire les plus précieuses parmi les créatures terrestres." (mit Anm. 111, S. 208).

134 *Qurʾān*, Sure 55.33: „يمعشر الجن والإنس" (auch Sure 6.130). Aus dem feststehenden Doppelbegriff *al-ǧinn wa-ăl-ins* im Koran und dem Ausdruck *aṯ-ṯaqalān* lässt sich ableiten, dass Menschen und Dämonen gern als Paar verstanden werden; zu dieser Auffassung vgl. ausführlich unten Kapitel 8.1 „Hinweise zur Terminologie: *aṯ-ṯaqalān, al-ǧinn wa-ăl-ins, al-muḫāwī*".

damit gehalten bzw. verpflichtet *(mukallaf)*, die Offenbarung zu beachten. Missachten sie die im Koran formulierten Vorschriften, zieht dies für sie negative Konsequenzen nach sich.

ʿAbd al-Ǧalīl ar-Rāzī macht im Zusammenhang mit der *Taklīf*-Diskussion außerdem auf Sure 6.130 aufmerksam.[135] Er bemerkt, dass Gott die *ǧinn* in diesem Vers, vor den Menschen erwähne und sie damit auch über diese stelle.[136] In Übereinstimmung mit der weiteren islamischen Überlieferung vertritt er die Auffassung, dass sich Sure 6.130 auf die Auferstehung bezieht. Er wiederholt in seinem Kommentar, dass die *ǧinn* verpflichtet *(mukallaf)* seien, das religiöse Gesetz *(šarīʿa)* zu respektieren, und begründet dies damit, dass Muḥammad als Gesandter Gottes auch an sie geschickt worden sei. Da die *ǧinn* an das religiöse Gesetz gebunden seien, seien sie mit freiem Willen begabt.[137] Es gebe unter ihnen daher Gläubige *(muʾmin)* und Ungläubige *(kāfir)*, Bekennende *(muqirr)* und Ablehnende *(munkir)*. Rāzī ruft mit diesen Bemerkungen in Erinnerung, dass die *ǧinn* durchaus eine Religion haben können. Die von Rāzī formulierten Auffassungen zum *taklīf* entsprechen im Wesentlichen den Standpunkten der traditionalistisch orientierten Theologen.

Šiblī vertritt in seiner Monographie zur islamischen Dämonologie weitgehend dieselben Positionen wie Rāzī.[138] Indem er sich auf Abū ʿUmar b. ʿAbd al-Barr beruft, weist der Verfasser der *Ākām al-marǧān* auf Sure 55.32 hin. Aus dem Wortlaut dieses Verses *(Fa bi-ayyi alāʾi rabbi-kumā tukaḏḏibān)*[139] lasse sich gemäß der allgemein vertretenen Interpretation *(ʿinda ăl-ǧamāʿa)* ableiten, dass sich Gottes Rede im Koran auch an die *ǧinn* gerichtet habe. Die Dämonen seien *muḫāṭab*, d. h. Gottes Wort sei direkt an sie gerichtet. Und da die *ǧinn* Kenntnis von Gottes Botschaft hätten, seien sie auch verpflichtet *(mukallaf)*, ihr zu folgen.

---

135 Koran, Sure 6.130: „Ihr *ǧinn* und Menschen (*yā maʿšar al-ǧinn wa-ăl-ins*, vgl. Sure 55.33), sind zu euch nicht Gesandte (*rasūl*, pl. *rusul*) aus eurer Mitte gekommen? Wobei sie euch erzählt haben meine Wunderzeichen *(āya)* und euch gewarnt haben *(yunḏirūna-kum)* vor eurer Begegnung an diesem [Jüngsten] Tag ."

136 ʿAbd al-Ǧalīl ar-Rāzī, *Kitāb an-Naqḍ*, S. 39.14 f.

137 Šiblī, *Ākām al-marǧān*, S. 34.10 f., weist die von Zarqān und Ġassān vorgebrachte Auffassung zurück, dass die *ǧinn* zu ihren Handlungen gezwungen werden. Die islamische Offenbarung verdamme die Missetaten der Satane *(šayāṭīn)* mehrfach. Gott habe für sie auch Strafen vorgesehen. Dies ergebe nur einen Sinn, wenn die *ǧinn* (bzw. die *šayāṭīn*) auch die Möglichkeit hätten, gemäß den göttlichen Vorschriften zu handeln.

138 Šiblī, *Ākām al-marǧān*, S. 34.5–18: 15. Kapitel: *Fī bayān taklīf al-ǧinn;* vgl. S. 3.4 f.; siehe außerdem: Suyūṭī, *Laqṭ al-marǧān*, §§ 120–123, S. 40.7–20: *Ḏikr taklīfi-him;* vgl. zur Frage ebenso: §§ 179–181, S. 64.17–69.10; Ḥalabī, *ʿIqd al-marǧān*, S. 60.1–61.11: 5. Kapitel: *Hal hum mukallafūn? Wa-hal yuḥāsabūn?*

139 Diese Frage wird in Sure 55 refrainartig wiederholt.

Auch Maybudī macht mit deutlichen Worten auf diesen Sachverhalt aufmerksam.[140] Er betont, dass Gott Muḥammad für die gesamte Welt *(bi-kull-i ʿālam)* als Propheten geschickt habe. Unmittelbar anschließend präzisiert er, dass Muḥammad sowohl zu den Menschen als auch zu den *ǧinn* als Gesandter Gottes geschickt worden sei *(ham bi-ʿālam-i ins wa-insiyyān, ham bi-ʿālam-i ǧinn wa-ǧinniyyān)*. Ibn Taymiyya vertritt ganz ähnliche Auffassungen und unterstreicht dies bereits in der Einleitung zu seiner Schrift über die islamische Dämonologie.[141] Auch er meint, dass sowohl die Menschen als auch die *ǧinn* verpflichtet *(mukallaf)* seien, an Muḥammad und seine Botschaft zu glauben. Die Strafe Gottes werde all jene Menschen und *ǧinn* treffen, die zwar Kunde von Muḥammads Botschaft erhalten hätten, daran aber nicht glaubten.

Verwirrend äußern sich die Quellen zur Frage, ob die *ǧinn* Propheten aus ihrer Mitte haben, also ob es dämonische Propheten gebe. Die Quellen zweifeln grundsätzlich nicht daran, dass Muḥammad Gottes Gesandter an Menschen und *ǧinn* gewesen sei. In der Regel aber wird in Abrede gestellt, dass die Dämonen eigene Gesandte haben, wie die untersuchten Quellen in Anschluss an Sure 6.130 festhalten. Ṭabarī vermittelt einen Überblick über die unterschiedlichen Auffassungen, die dazu vertreten wurden.[142] Eine auf den Gewährsmann Ḍaḥḥāk zurückgehende Überlieferung hält fest, dass die *ǧinn* ebenso wie die Menschen Propheten *(nabiyy)* bzw. Gesandte *(rasūl)* aus ihrer Mitte gehabt haben. Muḥammad sei nicht der erste Prophet an sie gewesen. Andere Überlieferer *(āḫarūn)* meinten aber, es habe nie einen *ǧinnī* gegeben, der als Gesandter oder Prophet Gottes an die Dämonen geschickt worden sei. Die Gesandten *(rusul)* gehörten ganz besonders zu den Menschen. Allerdings hätten Warner (*naḏīr*, pl. *nuḏur*) gegenüber den *ǧinn* vergleichbare Aufgaben erfüllt. Diese Warner sind den Propheten oder Gesandten hierarchisch aber untergeordnet.

Der Standpunkt, es habe unter den *ǧinn* keine wirklichen Gesandten oder Propheten gegeben, geht auf Ibn ʿAbbās zurück. Er vertritt die Auffassung, dass die Gesandten der Menschen Gesandte Gottes von und an die Menschen seien. Die Gesandten der *ǧinn* aber seien letztlich ihrerseits Abgeordnete der Gesandten Gottes unter den Menschen. Diese Auffassung wird mit dem Wortlaut von Sure 46.29 begründet, wonach die *ǧinn* als Warner (*munḏir*, vgl. Sure 6.130: *yunḏirū-*

140 Maybudī, *Kašf ul-asrār*, Kommentar zu Sure 72, X.260.7 f.

141 Ibn Taymiyya, *Īḍāḥ ad-dalāla*, S. 99.5–14, vgl. S. 104.4–6. Die erste Passage beginnt mit der Feststellung: „يجب على الإنسان أن يعلم ان الله عز وجل ارسل محمدا إلى جميع الثقلين الإنس والجن“. Auch ʿAbd al-Ǧalīl ar-Rāzī, *Kitāb an-Naqḍ*, S. 39.17, betont, dass Muḥammad Gottes Gesandter an die *ǧinn* ist („ومحمد مصطفى (ص) رسول است از خداى تعالى بديشان“).

142 Ṭabarī, *Tafsīr*, Kommentar zu Sure 6.130, 8. *ǧuz'*, S. 27.9–28.1.

na-kum) zu ihrem Volk zurückgekehrt seien, nachdem sie von Muḥammad den Koran gehört hätten.

Auch Šiblī stützt diese Sichtweise. Gemäß seinen Ausführungen halten die Gelehrten geschlossen fest, dass es unter den *ǧinn* nie einen Gesandten gegeben habe. Denn Gesandte im eigentlichen Sinn des Wortes habe es nur unter den Menschen gegeben.[143] Abu ăl-Futūḥ-i Rāzī wiederum erwähnt zwar die Meinung, dass auch die *ǧinn* Gesandte Gottes gehabt haben. Er selbst neigt aber dem gegenteiligen Standpunkt zu und betont, dass sich *min-kum* in Sure 6.130[144] ausschließlich auf die Menschen *(ins)* beziehe. Denn es sei allgemein bekannt, „dass Gott von den *ǧinn* keinen einzigen Propheten gesandt hatte."[145]

Obwohl diese Aussagen unmissverständlich ausfallen, lassen sich doch auch Hinweise auf die gegenteilige Position feststellen. Šiblī bringt einen Bericht darüber bei, dass die *ǧinn* noch vor der Zeit Ādams ihren Propheten *(nabiyy)* Yūsuf getötet hätten.[146] Auch habe Gott Gesandte an die Dämonen geschickt, denen sie gehorchen mussten. Damit bestünde doch wieder die Möglichkeit, dass auch die *ǧinn*, zumindest ihre prä-adamitischen Vorfahren, Propheten gehabt haben.

4.10 Belohnung und Bestrafung der *ǧinn* im Jenseits

Da die *ǧinn* von Muḥammads Botschaft wissen, Kunde vom Koran und von *šarīʿa*-rechtlichen Bestimmungen haben, werden sie für ihre Handlungen am Jüngsten Tag im Sinn einer Belohnung bzw. Bestrafung zur Rechenschaft gezogen. Die untersuchten Quellen äußern sich dabei auch zum Leben der *ǧinn* in Paradies und Hölle.[147] Bereits P. Eichler betont, dass gemäß koranischer Auf-

---

143 Šiblī, *Ākām al-marǧān*, S. 34.21–35.1: „جمهور العلماء سلفا وخلفا على انه لم يكن من الجن قط رسول ولم تكن الرسل الا من الانس". Dieser Standpunkt wird auf die Gewährsleute Ibn ʿAbbās, Ibn Ǧurayǧ, Muǧāhid, al-Kalbī, Abū ʿUbayd und al-Wāḥidī zurückgeführt.

144 Sure 6.130: „ألم يأتِكم رسلٌ منكم".

145 Abu ăl-Futūḥ-i Rāzī, *Tafsīr*, Kommentar zu Sure 6.130, IV. 285.17 f.: „اما 'منكم' مخصوص باشد بانس دون جن براى آنكه اجماع است كه خداى تعالى از جن هيچ پيغمبر نفرستاد".

146 Šiblī, *Ākām al-marǧān*, S. 35.2 f. Šiblī erwähnt diese Darstellung bereits im 2. Kapitel kurz (*Ākām al-marǧān*, S. 10.14–17); die Überlieferung geht auf Ibn ʿAbbās zurück. Während diese beiden Passagen Yūsuf klar als Propheten *(nabiyy)* bezeichnen, ist an einer andern Stelle nur von einem König *(malik)* namens Yūsuf die Rede, den die *ǧinn* getötet hätten (*op.cit.*, S. 9.15 ff.).

147 Auf die Frage nach der Sterblichkeit der Dämonen kann hier nur am Rand eingegangen werden. Die konsultierten Autoren halten wiederholt fest, dass die *ǧinn* sterblich sind. Ǧāḥiẓ, *Ḥayawān*, VI. 206.7–207.10, weist auf das Beispiel ʿAlqamas hin, der mit einem Dämon *(šiqq)* gekämpft hatte. Dabei sind der Dämon und er selbst umgekommen. Auch Šiblī, *Ākām al-marǧān*, S. 64.13–65.24 (29. Kapitel: *Fī bayān al-ḥukm iḏā qatala al-insiyy ǧinniyyan*), trägt Beispiele dafür zusam-

fassung das Jüngste Gericht auch über die *ǧinn* ergehen wird.[148] Die ganze Sure 55 *(ar-Raḥmān)* sei eigentlich eine Predigt an die beiden Gattungen Mensch und *ǧinn*. Indem diese Koranstelle das Gemeinschaftliche in ihrem Wesen betone, rücke sie die *ǧinn* außerordentlich nahe an die Menschen heran. Ebenso wie Gott über die Menschen nach ihrem Glauben und ihren Handlungen urteile, richte er am Jüngsten Tag auch über die *ǧinn* gemäß diesen Kriterien.

Aus verschiedenen Koranstellen lässt sich ableiten, dass es für die Dämonen ein Leben und damit auch Vergeltung im Jenseits gibt. Sure 7.38 z. B. hält fest, dass im Höllenfeuer *(nār)* sowohl Menschen als auch *ǧinn* leben. Gemäß Sure 11.119 und Sure 32.13 wiederum wird Gott die Hölle mit den Menschen und den *ǧinn* zusammen füllen.[149] Auch Sure 55, die koranische Schlüsselstelle dafür, dass auch die *ǧinn* am Jüngsten Tag zur Rechenschaft gezogen werden, insistiert auf ihre Bestrafung (z. B. Sure 55.39–45). Die koranischen Angaben betonen, dass zwischen *ǧinn* und Menschen *(ins)* am Auferstehungstag keinerlei Unterschiede bestehen. Wer Schlechtes getan und das irdische Leben dem Jenseits vorgezogen habe, habe sich selbst betrogen (vgl. Sure 6.130). Sure 72.15 unterstreicht, dass die unrecht handelnden Dämonen Brennholz für die Hölle *(ǧahannam)* sein werden.

---

men, dass Menschen einen *ǧinnī* getötet haben. Die Sekundärliteratur äußert sich ebenso zur Frage der Sterblichkeit der Dämonen: T. Canaan, *Dämonenglaube*, S. 24, meint: „Die Dämonen sind sterblich, obgleich sie im Verhältnis zum Menschen ein sehr hohes Alter erreichen. Nicht nur der natürliche Tod ereilt sie, sondern sie können auch getötet werden.“ J. Wellhausen, *Reste*, S. 149, relativiert diese Sichtweise, indem er feststellt: „Nur sind [die Dämonen] den Gesetzen der gemeinen Creatürlichkeit doch nicht unterworfen; sie haben dadurch etwas Widerspruchsvolles an sich. Sie wechseln ihre Gestalt; sie sterben auf den ersten Hieb und leben vom zweiten wieder auf.“ Vgl. zu diesem Motiv Ǧāḥiẓ, *Ḥayawān*, VI.233.7–12 (Abschnitt: *Qatl al-ġūl bi-ḍarba wāḥida*); dieses Motiv wird ausführlicher diskutiert unten in Kapitel 5.6.2, c. „*ġūl*“, Text bei Anm. 567–575. Auch A. Wieland, *Ǧinn-Vorstellung*, S. 25, hält fest, dass Menschen und *ǧinn* sterblich sind, und verweist auf Sure 41.25. M. Schöller, „His master's voice“, S. 50, wiederum macht darauf aufmerksam, dass *ǧinn* ein sehr hohes Alter erreichen können. G. Fartacek, *Unheil durch Dämonen?* S. 59, Anm. 83, meint gestützt auf seine Feldforschungen in Syrien: „Es besteht keine einheitliche Auffassung darüber, ob *ǧinn* sterblich sind. Der Sternschnuppenmythos [Kapitel 2.4.3 bei G. F.] sowie das Fallbeispiel des Verbrühens des *Ǧinn*-Kindes durch heißes Wasser [Fallbeispiel 20, S. 121 f., bei G. F.] belegen, dass [...] die *ǧinn* unter bestimmten Umständen auch sterben können.“ F. Meier hat sich ebenso mit der Sterblichkeit der Dämonen auseinandergesetzt: NL Mappe 8, s. v. *Sterblichkeit der ǧinn*, 14 Bl., und NL Mappe 12, s. v. *Verwundbarkeit und Sterblichkeit der ǧinn*, 2 Bl. Er weist auf eine Stelle aus Ǧaʿfar-i Badaḫšī, *Ḫulāṣat ul-manāqib* (Handschrift Berlin: Bl. 121a; Handschrift Oxford: Bl. 87a) hin, die festhält: „Wenn ein Mensch einen von den *ǧinn* unrechtmäßig tötet, so wird von ihm in dieser oder in der übersinnlichen Welt Vergeltung gefordert.“ Zitiert gemäß F. Meier, NL Mappe 8, s. v. *Sterblichkeit der ǧinn*, Bl. 1.

148 P. Eichler, *Die Dschinn, Teufel und Engel im Koran*, S. 34, 37.

149 Suren 11.119 und 32.13: „لَأَمْلَأَنَّ جهنم من الجنة والناس اجمعين“.

Allerdings gehen gemäß der islamischen Offenbarung zwar viele *(kaṯīr)*, aber nicht alle *ǧinn* in die Hölle ein.[150] Es gibt durchaus auch Dämonen, die im Paradies der Seligkeit teilhaftig werden.

Die *ǧinn* genießen im Paradies dieselben Freuden wie die frommen Menschen (siehe z. B. Sure 55.46 ff.). Gerade auch die Diskussion über die Huris zeigt auf, dass es im Paradies Dämonen gibt. Sure 55.56 beschreibt die Huris als Frauen mit züchtigem Blick, die zuvor weder von einem Menschen noch von einem *ǧinnī* berührt worden seien.[151] Die islamische Überlieferung schließt aus der Erwähnung der *ǧinn* in diesem Kontext, dass es im Paradies *ǧinn* gebe und sie dort belohnt würden.

Wissenschaftliche Untersuchungen aus dem Westen betonen ebenso, dass sowohl Menschen als auch Dämonen am Jüngsten Tag zur Rechenschaft gezogen werden.[152] E. Badeen und B. Krawietz heben hervor, dass die *ǧinn* den Menschen gleichgestellt seien und am Jüngsten Tag vor Gott erscheinen müssen.[153] Sie verweisen in diesem Zusammenhang auf die Kapitel 22–25 in Šiblīs *Ākām al-marǧān*.[154]

Die folgende Darstellung zur Situation der *ǧinn* im Jenseits stützt sich in einem ersten Schritt auf Auffassungen Ibn Taymiyyas, mit denen sich auch A. Morabia auseinandergesetzt hat.[155] Ibn Taymiyya macht auf bereits bekannte Aspekte aufmerksam und erinnert daran, dass Gott die *ǧinn* ebenso wie die Menschen nur erschaffen habe, damit sie ihn anbeten (vgl. Sure 51.56).[156] Unter den Dämonen gebe es Muslime, Götzenverehrer, Juden, Christen und Häretiker. Außerdem seien unter ihnen Orthodoxe und Neuerer *(ahl sunna wa-ahl bidʿa)* vertreten.[157]

Ibn Taymiyya geht davon aus, dass gewisse *ǧinn* ins Paradies eingehen, andere aber in der Hölle leiden werden. Der ḥanbalitische Theologe präzisiert seine Auffassung in der Schrift *Īḍāḥ ad-dalāla* dahingehend,[158] dass die *ǧinn*

---

150 Vgl. Sure 7.179: „ولقد ذرأنا لجهنم كثيرا من الجن والانس".

151 Sure 55.56: „فِيهِنَّ قَصِرَاتُ الطَرفِ لَم يَطمِثهُنَّ إنسٌ قَبلَهُم ولا جآنٌّ".

152 Vgl. Cl. Huart und H. Massé, Artikel „Dīw", in EI^2 II.322, mit Verweis auf Murtaḍā-i Rāzī, *Tabṣirat al-ʿawāmm*, S. 210.18–20: „وگويند آدمى وجن وديو روز قيامت مستحقّ عذاب وثواب باشند يا هم عقاب وهم ثواب إلا ملائكه وانبيا وامامان كه ايشان مستحقّ ثواب ودرجات باشند نه عقاب ونه نكوهش".

153 E. Badeen und B. Krawietz, „Islamic reinvention of jinn", S. 101.

154 Šiblī, *Ākām al-marǧān*, S. 55–62: Kapitel 22: *Fī bayān ṯawāb al-ǧinn ʿalā aʿmāli-him;* Kapitel 23: *Fī bayān duḫūl kuffār al-ǧinn an-nār;* Kapitel 24: *Fī bayān duḫūl muʾminī ăl-ǧinn al-ǧanna;* Kapitel 25: *Fī bayān muʾminī ăl-ǧinn iḏā daḫalū ăl-ǧanna, hal yarawna Allāh taʿālā.*

155 A. Morabia, „Prodiges prophétiques et surnaturel démoniaque selon Ibn Taymiyya", S. 165.

156 Siehe bei Anm. 1.

157 Ibn Taymiyya, *Īḍāḥ ad-dalāla*, S. 124.1 f.

158 *Loc.cit.*, S. 124.1–17.

grundsätzlich lebendig und verständig seien.[159] Sie würden deshalb zum Guten an- und vom Bösen abgehalten.[160] Gott habe seinen Gesandten zugleich an die Menschen und Dämonen geschickt. Dies erkläre, dass es für die *ğinn* Belohnung und Bestrafung gebe. Jedenfalls würden die ungläubigen *(kāfir) ğinn* im Jenseits bestraft *(muʿaḏḏab)*, während die gläubigen *(muʾmin) ğinn* gemäß allgemeiner Auffassung der Gelehrten im Paradies *(ğanna)* lebten. Ihre Belohnung bestehe darin, dass sie vor dem Höllenfeuer gerettet würden. Auch Ibn Taymiyya leitet aus dem Wortlaut von Sure 55.56 ab, dass es im Paradies *ğinn* gebe. Sonst würde die islamische Offenbarung nicht besonders erwähnen, dass auch die *ğinn* die Huris im Paradies nicht berührt hätten.[161]

Während die muslimischen Gelehrten die Möglichkeit einer Bestrafung der *ğinn* in der Hölle im allgemeinen akzeptierten,[162] wurde ihre allfällige Belohnung im Paradies kontrovers diskutiert. Die zuvor angeführten Koranstellen enthalten zwar deutliche Hinweise darauf, dass es im Paradies *ğinn* gibt.[163] Dennoch scheint der Gedanke, dass Dämonen sogar ins Paradies eingehen können, für gewisse Überlieferer inakzeptabel gewesen zu sein. Auch der oft von Ibn Taymiyya abhängige Šiblī setzt sich eingehend mit dieser Debatte auseinander und trägt die unterschiedlichen Auffassungen dazu zusammen.[164]

Šiblī selbst widerspricht der Möglichkeit einer Belohnung der *ğinn* im Paradies nicht. Angesichts mehrerer unmissverständlicher Aussagen in der islamischen Offenbarung scheint es ihm offensichtlich nicht opportun, eine abweichende Auffassung zu vertreten. Er weist jedenfalls zustimmend auf die Grundüberzeugung der Muslime hin, dass die gläubigen *ğinn* ins Paradies eingehen.[165] Allerdings macht Šiblī auch auf abweichende Positionen aufmerksam. Gemäß den beiden Gewährsleuten Abū Ḥanīfa und Layṯ b. Abī Salīm besteht die einzige Belohnung der *ğinn* darin, dass ihnen eine Bestrafung im Höllenfeuer erspart bleibe.[166] Sie

159 *Loc.cit.*, S. 124.12–17.
160 Es handelt sich um das Prinzip des *al-amr bi-ăl-maʿrūf wa-ăn-nahy ʿan al-munkar.*
161 Ibn Taymiyya, *Īḍāḥ ad-dalāla*, S. 124.9 f.
162 Vgl. Šiblī, *Ākām al-marğān*, S. 57.3–6.
163 Im Folgenden nicht berücksichtigt werden wichtige Äußerungen zur Frage bei Muḥāsibī, auf die F. Meier aufmerksam macht (NL Mappe 7, s. v. *Religion*, Bl. 4–6, mit Zitaten aus J. van Ess' handschriftlicher Dissertation, *Die Gedankenwelt des Ḥāriṯ al-Muḥāsibī*, S. 117 (Druckausgabe: S. 72); a. Muḥāsibī, *Māʾiyyat al-ʿaql*, Bl. 105b.12 ff. (Handschrift Carullah); b. Muḥāsibī, *Tawahhum* (Ausgabe Arberry, Kairo 1937), S. 5.
164 Šiblī, *Ākām al-marğān*, Kapitel 22–25, S. 55–62.
165 Šiblī, *Ākām al-marğān*, S. 60.2 f.: „وقد اجمع المسلمون على ان مؤمنيهم (يعنى مؤمنى الجن) دخل الجنة".
166 Šiblī, *Ākām al-marğān*, S. 55.13–20.

würden zwar zuerst nahe an das Feuer *(an-nār)* herangebracht, zerfielen dann aber einfach zu Staub *(turāb)* wie die wilden Tiere *(bahā'im)*.[167] Bei einer andern Gelegenheit greift Šiblī erneut eine auf Layṯ b. Abī Salīm zurückgeführte Überlieferung auf. Demnach gehen selbst die muslimischen *ǧinn* weder in die Hölle noch ins Paradies ein. Denn Gott habe den Vorfahren der *ǧinn* aus dem Paradies vertrieben.[168] In der islamischen Überlieferung sei anschließend nirgends davon die Rede, dass er ihn oder seine Nachkommen wieder ins Paradies zurückgebracht habe.[169]

Auch eine Überlieferung des Gewährsmanns Anas [b. Mālik] zeigt auf, dass es gewissen Gelehrten schwer fiel, den *ǧinn* einen Platz im Paradies selbst zuzugestehen.[170] Gemäß seinem Bericht besteht die Belohnung der *ǧinn* einfach darin, dass sie sich auf den *a'rāf* [171] aufhalten. Diese Überlieferung verneint explizit, dass sich die *ǧinn* im Paradies selbst befinden.[172] Allerdings distanziert sich Šiblī von dieser Darstellung und weist abschließend auf Abū 'Abdallāh aḏ-Ḏahabī hin, der diesen Bericht als äußerst tadelnswert *(munkar ǧiddan)* bezeichnet. Außerdem lässt sich in den untersuchten Quellen mehrfach die Auffassung nachweisen, dass sich die *ǧinn* nach ihrer Aburteilung nur im *rabaḍ* des Paradieses und nicht im Paradies selbst aufhielten.[173] Der Herausgeber des Ibn Taymiyya-Texts definiert *rabaḍ* als die unmittelbare Umgebung außerhalb des Paradieses.[174]

---

167 Auch Damīrī, *Ḥayāt al-ḥayawān*, I.204.3–17, macht auf die unterschiedlichen Standpunkte zur Belohnung bzw. Bestrafung der *ǧinn* aufmerksam. Er diskutiert die Auffassung Abū Ḥanīfas und Layṯ b. Abī Salīms in *Ḥayāt al-ḥayawān*, I.204.5 ff.

168 Zum Mythos der Vertreibung der *ǧinn* aus dem Paradies vgl. Kapitel 3.1 „Die *ǧinn:* die ersten Geschöpfe auf Erden?", Text bei Anm. 8–10.

169 Šiblī, *Ākām al-marǧān*, S. 58.3–5: „عن ليث بن أبى سليم قال مسلموا (كذا) الجن لا يدخلون الجنة ولا النار وذلك ان الله تعالى اخرج اباهم من الجنة فلا يعيده ولا يعيد بنيه". Dieser Bericht auch bei Suyūṭī, *Laqṭ al-marǧān*, § 243, S. 94.13–16.

170 Šiblī, *Ākām al-marǧān*, S. 60.5–12.

171 Die zitierte Überlieferung definiert *al-a'rāf* als *ḥā'iṭ al-ǧanna*. Dort gibt es Flüsse und es gedeihen Bäume und Früchte. Der Ausdruck *al-a'rāf* geht auf den Koran zurück (Sure 7.46 und 7.48). Seine Bedeutung ist umstritten. D. Masson definiert den Begriff in ihrer Koranübersetzung als „élévation du sol, crête, frange, bordure, bord, lieu d'attente située entre le Paradis et la Géhennne"; vgl. D. Masson, *Essai d'interprétation du Coran inimitable:* Anmerkung zu Sure 7.46.

172 Šiblī, *Ākām al-marǧān*, S. 60.9 f.: „فسألنا عن ثوابهم (عن ثواب الجن) وعن مؤمنيهم فقال على الاعراف وليسوا فى الجنة". Ein Bericht dieses Wortlauts ließ sich in den klassischen *Ḥadīṯ*-Sammlungen nicht nachweisen.

173 Vgl. Ibn Taymiyya, *Īḍāḥ ad-dalāla*, S. 124.5 f.; Damīrī, *Ḥayāt al-ḥayawān*, I.204.10 f.; Šiblī, *Ākām al-marǧān*, S. 57.18–58.2; Suyūṭī, *Laqṭ al-marǧān*, § 243, S. 94.11 f.; Ḥalabī, *'Iqd al-marǧān*, S. 64.2 f.

174 Ibn Taymiyya, *Īḍāḥ ad-dalāla*, S. 124, Anm. 1: „الربض بفتحين ما حول الجنة خارجا عنها". A. Kazimirski, *Dictionnaire*, s. v. *rabaḍ*, weist u. a. auf folgende Bedeutungen hin: „4. Faubourg;

Damit wären die *ǧinn* entgegen der von der islamischen Orthodoxie im Allgemeinen vertretenen Auffassung, dass die *ǧinn* im Paradies belohnt werden, wieder aus dem Garten Eden verbannt.

Zusammenfassend lässt sich festhalten, dass die islamische Überlieferung eine Belohnung bzw. Bestrafung der Dämonen im Jenseits klar bejaht. Denn die *ǧinn* sind *mukallaf* wie die Menschen. Bezüglich ihres allfälligen Aufenthalts im Paradies lassen sich allerdings vereinzelt ablehnende Standpunkte feststellen. Diese Stimmen können sich angesichts der klaren Aussagen im Koran aber nicht durchsetzen. Der Vollständigkeit halber sei bei dieser Gelegenheit auf zwei weitere Aspekte hingewiesen, die mit der Frage nach einem allfälligen Aufenthalt von Dämonen im Paradies zusammenhängen:

Šiblī macht auf die sprachliche Nähe von *ǧinn* (Dämonen) und *ǧanna* (Paradies) aufmerksam. Er hebt hervor, dass der Name der Dämonen in der islamischen Überlieferung auch damit erklärt wird, dass die *ǧinn* die Wächter über das Paradies seien.[175] Bereits Ṭabarī führt diese Erklärung mit identischem Wortlaut in seinem Geschichtswerk und seinem Korankommentar an.[176] Dieser Bericht beweist zwar nicht abschließend, dass sich die *ǧinn* in ihrer Funktion als Wächter im Paradies selbst befinden. Aber dennoch geben Ṭabarī und Šiblī mit dieser volksetymologischen Erklärung den *ǧinn* jenes Paradies *(ǧanna)* zumindest symbolisch zurück, das ihnen andere Autoren haben streitig machen wollen.

Eine letzte Bemerkung in der soeben beigezogenen Überlieferung, wonach die *ǧinn* in unmittelbarer Nähe *(rabaḍ)* des Paradieses, aber nicht im Garten Eden selbst gelebt haben, verlangt nach einem Kommentar. Ibn Taymiyya und Šiblī halten in ihren Berichten dazu übereinstimmend fest, dass die Menschen im Paradies die *ǧinn* sehen, während die *ǧinn* die Menschen nicht sehen.[177] Diese Bemerkung wirft die grundsätzliche Frage nach der Sichtbarkeit der Dämonen auf, die am Anfang des folgenden Kapitels zu erörtern ist.

---

habitations à l'entrée de la ville. 5. Murailles, murs d'une ville. 7. Demeure." F. Meier, NL Mappe 7, s. v. *Religion*, Bl. 35, übersetzt mit „Vorstadt des Paradies".

175 Šiblī, *Ākām al-marǧān*, S. 155.21 f.: „جعل ابليس ملك سماء الدنيا (كذا) وكان من قبيلة من الملائكة يقال لهم الجن وانما سموا الجن لانهم خزان الجنة وكان ابليس مع ملكه خازنا". Ähnlich auch S. 194.19 f.

176 Ṭabarī, *Ta'rīḫ (Annales)*, I.79.18–80.3; vgl. auch S. 83.2–4. Auch Ṭabarī, *Tafsīr*, Kommentar zu Sure 2.30 und 34; diese Hinweise aus Ṭabarī, *The History of al-Ṭabarī*, übersetzt von F. Rosenthal, I.251, Anm. 513.

177 Ibn Taymiyya, *Īḍāḥ ad-dalāla*, S. 124.5 f.: „واما مؤمنهم فجمهور العلماء على أنه فى الجنة وقد روى أنهم يكونون فى ربض الجنة تراهم الإنس من حيث لا يرونهم". Vgl. Šiblī, *Ākām al-marǧān*, S. 57.16–58.2; ähnlich auch Suyūṭī, *Laqṭ al-marǧān*, § 242, S. 94.11 f.

5 Die *ǧinn* und ihre Gestalt

5.1 Zur Sichtbarkeit der *ǧinn*

5.1.1 Positionen der westlichen Forschung

Ibn Taymiyya und Šiblī machen mit ihrem Hinweis darauf, dass die Menschen im Paradies die *ǧinn* sehen, während sie selbst für die Dämonen unsichtbar bleiben, auf ein wichtiges Merkmal der Geister, nämlich ihre Sichtbarkeit bzw. Unsichtbarkeit, aufmerksam.[1] Šiblī weist in diesem Zusammenhang auf die Auffassung al-Ḥāriṯ al-Muḥāsibīs[2] hin, wonach die Situation im Paradies genau dem Gegenteil *(ʿaks)* dessen entspreche, woran sich die Menschen aus ihrem Alltag gewohnt seien.[3] Während die Menschen die *ǧinn* im Diesseits gemäß dieser Meinung nicht sehen, sind es im Paradies gerade sie, die für die Dämonen unsichtbar bleiben. Wie es in der Folge aufzuzeigen gilt, hat die islamische Überlieferung die Frage nach der Sichtbarkeit der *ǧinn* kontrovers diskutiert. In einem ersten Schritt soll dazu die Sekundärliteratur befragt werden.

Bereits J. Wellhausen hat festgehalten, dass das Wirken der *ǧinn* in der Regel geheimnisvoll und unsichtbar ist. Man macht die *ǧinn* für alles verantwortlich, was nicht mit rechten Dingen zu und her geht. Der Mensch bemerkt nur die Tat, nicht den Täter.[4] J. Henninger seinerseits beschreibt die Geister als „an sich unsichtbar".[5] F. Meier wiederum charakterisiert die Situation dahingehend, dass es sich bei den *ǧinn* um „geheimnisvolle, vielfach, aber bei weitem nicht immer

---

1 Ibn Taymiyya, *Īḍāḥ ad-dalāla*, S. 124.5 f.; vgl. Šiblī, *Ākām al-marǧān*, S. 57.16–58.2. Šiblī lehnt sich in seinen Ausführungen an Ibn Taymiyyas Auffassungen an und erwähnt dessen Namen.

2 Muḥāsibī (gest. 243/857) ist ein bekannter Mystiker. Siehe zu ihm: R. Arnaldez, Artikel „al-Muḥāsibī, Abū ʿAbd Allāh al-Ḥārith", in *EI²* VII.466; J. van Ess, *Die Gedankenwelt des Ḥāriṯ al-Muḥāsibī*.

3 Šiblī, *Ākām al-marǧān*, S. 57.16–18: „وذهب الحارث المحاسبى إلى أن الجن الذين يدخلون الجنة يوم القيامة نراهم فيها ولا يرونا عكس ما كانوا عليه فى الدنيا". F. Meier, NL Mappe 3, s. v. *Gegenteil*, 5 Bl., macht in allgemeiner Form darauf aufmerksam, dass „der Teufel oder der Dämon das Gegenteil von dem tut, was er vorgibt tun zu wollen." (Bl. 1). F. Meier verweist auch auf R. Paret, *Sīrat Saif ibn Dhī Jazan*, S. 28: „Der *mārid* Irmiš al-Muḫālif verspricht Sayf, ihn zu dem Hort Salomos zu tragen, bringt ihn aber, seinem Namen *(al-Muḫālif)* entsprechend und seiner Natur folgend, in die entgegengesetzte Richtung zum Berg Qāf. Dort erfährt er von al-Ḫiḍr, dass er von dem *mārid* gerade das Gegenteil von dem verlangen muss, was er will." (F. Meier, Bl. 3).

4 J. Wellhausen, *Reste*, S. 154 f.

5 J. Henninger, *Geisterglaube*, S. 286.

unsichtbare Wesen" handle.[6] E. Westermarck macht auf die im Volksislam belegte Auffassung aufmerksam, dass man die *ǧinn* zwar höre, aber nicht sehe.[7]

P. Eichler meint, dass sich der Koran selbst nicht explizit zur Sichtbarkeit der Dämonen äußert.[8] Er setzt es als selbstverständlich voraus, dass die *ǧinn* unsichtbar sind und begründet dies mit ihrem Namen, der sich aus der Wurzel *ǧ-n-n* mit der Grundbedeutung „verdecken, verhüllen" ableiten lasse.[9] In Bezug auf den Koran hofft P. Eichler, die Frage gestützt auf die Darstellung von Muḥammads Predigt vor den *ǧinn* in Sure 72 einer Klärung näherzubringen.[10] Er kommt zum Schluss, dass die *ǧinn* bei dieser Gelegenheit für den Propheten unsichtbar gewesen seien und dieser erst durch göttliche Eingebung[11] erfahren habe, dass ihm *ǧinn* beim Rezitieren des Korans zugehört hatten. Muḥammad habe die Dämonen aber nicht gesehen.[12] P. Eichler gesteht jedoch selbst ein, dass der Prophet ihre Anwesenheit damals irgendwie körperlich gefühlt habe. Denn Sure 72.19 halte fest, dass sich die Dämonen in Scharen *(libadan)* um Muḥammad gedrängt hätten und er kaum mehr habe aufstehen können. Daraus lasse sich schließen, dass die *ǧinn* nicht nur Geist seien und ihnen eine gewisse Körperlichkeit eigen sei.

A. Wieland stützt ihre Überlegungen in dieser Angelegenheit nicht ausschließlich auf die islamische Offenbarung selbst und zeigt auf, dass spätere Überlieferer und Rechtsgelehrte hitzige Debatten über die Sichtbarkeit der Dämonen führten. In deren Verlauf werden die Aussage von Sure 7.27, der koranischen Schlüsselstelle zur Frage nach der Sichtbarkeit der *ǧinn*,[13] und Bemer-

6 F. Meier, „Bet-Ruf", S. 621; vgl. F. Meier, NL Mappe 11, s. v. *Ǧinn sind verborgene, aber nicht unbedingt unsichtbare Wesen*, 5 Bl.

7 E. Westermarck, *Pagan Survivals*, S. 6.

8 P. Eichler, *Die Dschinn, Teufel und Engel im Koran*, S. 38.

9 Vgl. dazu Kapitel 1.4, bei Anm. 122–123.

10 P. Eichler, *op.cit.*, S. 38.

11 Vgl. Sure 72.1. „أُوحِيَ إِلَيَّ".

12 Verschiedene nachkoranische Quellen teilen P. Eichlers Auffassung: Ṭabarī, *Tafsīr*, Kommentar zu Sure 72.1, *ǧuzʾ* 29, S. 64.17 f., meint, dass der Prophet die *ǧinn* bei seiner Predigt nicht gesehen habe, sondern durch eine Offenbarung Gottes erst nachträglich von ihrer Anwesenheit erfahren habe. Er stützt sich auf den Überlieferer Ibn ʿAbbās. Ibn Taymiyya, *Īḍāḥ ad-dalāla*, S. 123.4–16, hält ebenso fest, dass der Prophet die *ǧinn* bei dieser Gelegenheit nicht gesehen und sie auch nicht direkt angesprochen habe *(ḫāṭaba)*. Vielmehr sei ihm im Nachhinein mitgeteilt worden, dass die *ǧinn* den Koran gehört hätten (Gewährsmann: Ibn ʿAbbās). Ibn Taymiyya relativiert diesen Standpunkt allerdings mit einem Hinweis auf die Auffassungen Ibn Masʿūds und Abū Hurayras.

13 In Sure 7.27 ist zwar in erster Linie von Satan und den Seinen *(qabīlu-hū)* die Rede. Da die islamische Überlieferung aber gern auch die *ǧinn* zu Satans Stamm zählt, wird bei der Debatte über die Sichtbarkeit der Geister oft auf diese Stelle verwiesen. Sie hält fest: „إِنّهُ يراكم هو [يعنى

kungen in Sure 72 kontrovers diskutiert. Gemäß A. Wieland lässt sich die Problematik der Sichtbarkeit der *ǧinn* anhand des Korantexts allein nicht abschließend entscheiden.[14] Sie macht jedoch darauf aufmerksam, dass die meisten Rechtsgelehrten das Zeugnis jener Personen als unglaubwürdig zurückweisen, die *ǧinn* gesehen haben wollen.[15] Diese Fähigkeit sei unter den Menschen – wenn überhaupt – einzig den Propheten vorbehalten.[16]

Auch andere Forschende halten fest, dass die Menschen die Dämonen nicht sehen können. Sie zeigen allerdings auf, dass gewisse Tiere, z. B. Esel, Hund und Hahn, geistersichtig sind.[17] E. Badeen und B. Krawietz ihrerseits heben hervor, dass sich die Existenz der *ǧinn* nur in bescheidenem Ausmaß durch menschliche Sinneswahrnehmung belegen lasse. Die *ǧinn* könnten alles sehen, was die Menschen tun. Oft würden sie sie auch intensiv beobachten, um deren Schwächen zu ihrem eigenen Vorteil auszunutzen.[18] Zwar seien verschiedene vertrauenswürdige Berichte zum Leben der *ǧinn* im Umlauf, aber dennoch bleibe ihre Welt schwer verständlich. Jedenfalls sei ihre Sichtbarkeit eher die Ausnahme als die Regel.[19]

Die vorangehende Zusammenstellung von Äußerungen zur Sichtbarkeit von Dämonen aus der Sekundärliteratur zeigt die Grundprobleme der einschlägigen Debatten auf. Die weiteren Ausführungen skizzieren die Stoßrichtungen dieser Auseinandersetzungen gestützt auf originalsprachliche Quellen.

الشيطان] وقبيله من حيث لا ترونهم“. „Wahrlich [der Satan] und sein Stamm sehen euch, während ihr sie nicht seht.“

14 A. Wieland, *Ǧinn-Vorstellung*, S. 19 f.

15 A. Wieland, *Ǧinn-Vorstellung*, S. 20; vgl. z. B. Šiblī, *Ākām al-marǧān*, 21.4–14, der auf entsprechende Aussagen Abu ăl-Qāsim b. ʿAsākirs und Šāfiʿīs aufmerksam macht. Auch Damīrī, *Ḥayāt al-ḥayawān*, I.20919 f., weist darauf hin, dass Šāfiʿī das Zeugnis einer Person zurückweist, die *ǧinn* gesehen haben will.

16 Vgl. Ḫalīl ʿAṯāmina, „Al-ǧinn: ǧīrān lā narā-hum.“ S. 91 f., in: *al-Karmil* 8 (1987). Hier zitiert gemäß A. Wieland, *op.cit.*, S. 20. A. Wieland, *op.cit.*, S. 74, weist erneut darauf hin, dass die *ǧinn* für das menschliche Auge unsichtbar sind.

17 Vgl. ʿUmar Sulaymān al-Ašqar, *ʿĀlam al-ǧinn wa-ăš-šayāṭīn*, S. 12 (Kairo 1985); zitiert bei A. Wieland, *op.cit.*, S. 20. Auf die Geistersichtigkeit von Tieren macht knapp auch F. Meier, NL Mappe 3, s. v. *Geistersichtigkeit*, 2 Bl., aufmerksam; siehe außerdem ders., „Niẓāmī und die Mythologie des Hahns“: „3. Der Hahn gilt als geistersichtig“, S. 1013 f.

18 G. Fartacek, *Zonen der Ungewissheit*, S. 44 f., weist auf ähnliche Aspekte hin.

19 E. Badeen und B. Krawietz, „Islamic reinvention of jinn“, S. 99.

5.1.2 Auffassungen muslimischer Gelehrter

Ausgangspunkt der weiteren Überlegungen ist ein Bericht, den Šiblī am Anfang seiner Monographie zum Dämonenglauben aufgreift. Diese Darstellung (Gewährsmann Ibn ʿAbbās) begründet die Unsichtbarkeit der *ǧinn* damit, dass Gott Sūmiyyā, dem Urahnen der *ǧinn (Abu ăl-ǧinn)*, unmittelbar nach seiner Erschaffung einige Wünsche freigestellt habe.[20] Sūmiyyā habe darauf u. a. darum gebeten, dass die *ǧinn* zwar sehen können, selbst aber nicht gesehen werden.[21] Eigentlich würde sich mit Ibn ʿAbbās' Hinweis, dass Gott dieser Bitte entsprochen hat, jegliche weitere Diskussion erübrigen. Beim genaueren Hinsehen zeigt sich allerdings, dass nicht nur andere Quellen, sondern auch Šiblī selbst die vorliegende Problematik kontrovers behandeln. Dies soll im Folgenden anhand ausgewählter Beispiele aufgezeigt werden.

Qazwīnī äußert sich im vierten Vorwort zu den *ʿAǧāʾib al-maḫlūqāt* zur Einteilung der Geschöpfe und unterscheidet in einem ersten Schritt zwischen sichtbaren und unsichtbaren Dingen.[22] Während z. B. Himmel und Erde sichtbar sind, bezeichnet Qazwīnī den Gottesthron *(ʿarš)*, den Thronschemel *(kursī)*, die Engel *(malāʾika)*, die *ǧinn* und die Satane *(šayāṭīn)* für das menschliche Auge explizit als unsichtbar. Der bekannte Kosmograph präzisiert in einem andern Kontext, dass es sich bei den *ǧinn* um Feuerwesen *(ḥayawān nāriyy)* mit durchsichtigem Körper handle *(mušaff al-ǧirm)*.[23] Er ergänzt, dass der Schauende *(nāẓir)* nicht in der Lage sei, die Engel *(malāʾika)*, die *ǧinn* und die Satane *(šayāṭīn)* zu sehen; ihre Unsichtbarkeit ergebe sich aus ihrer Feuernatur. Diese Wesen könnten aber jede beliebige Gestalt annehmen.[24] Wenn sich ihre Gestalt *(ṣūra)* verdichte *(takāṯafa)*, würden sie für das menschliche Auge sichtbar.[25]

Auch Hamadānī-Ṭūsī stellt sich im *ʿAǧāyib-nāma* primär auf den Standpunkt, dass es den Menschen nicht möglich sei, die *dīw* zu sehen.[26] Wenn

20 Šiblī, *Ākām al-marǧān*, S. 9.10–15. Für Parallelen vgl. Suyūṭī, *Laqṭ al-marǧān*, S. 7, § 10; Ḥalabī, *ʿIqd al-marǧān*, S. 29.8–10 und 36.1–4. Bei Suyūṭī heißt der Urvater der *ǧinn* Samūm (vgl. *Koran*, Sure 15.27, wo die *ǧinn* aus dem Samūm-Feuer, *nār as-samūm*, erschaffen werden). Bei Ḥalabī heißt ihr Stammvater Šūmiyyā.

21 Sūmiyyā bat gemäß Šiblī im Übrigen darum, dass die *ǧinn* a. im Erdboden verborgen seien und b. wieder zu Jünglingen *(šābb)* werden, wenn sie ein reifes Alter erlangt haben.

22 Qazwīnī, *ʿAǧāʾib al-maḫlūqāt* (Miṣr), S. 9.10 f. (vgl. Ausgabe F. Wüstenfeld, S. 12.23 f.).

23 Qazwīnī, *ʿAǧāʾib al-maḫlūqāt* (Miṣr), S. 211.23–27 (vgl. Ausgabe F. Wüstenfeld, S. 368.2–7).

24 Diese Bemerkung ruft J. Wellhausens (*Reste*, S. 151) Beobachtung in Erinnerung, dass sich die *ǧinn* den Menschen hauptsächlich in verwandelter Gestalt zeigen.

25 A. Christensen, *Démonologie iranienne*, S. 73, spricht von einem Kondensationsprozess.

26 Hamadānī, *ʿAǧāyib-nāma* (Ṣādiqī), S. 211.16 f.

jemand behaupte, er könne die Geister sehen, solle man ihm kein Gehör schenken. In Übereinstimmung mit Qazwīnī hält allerdings auch er fest, dass sich die *dīw* den Menschen in jeder beliebigen Gestalt zeigen können. Er bringt mehrere Berichte von Gewährsleuten bei, die die *ǧinn* gesehen haben wollen. Er macht dabei auf den Fall eines anonymen Gelehrten aufmerksam,[27] der stets kategorisch in Abrede gestellt habe, dass die *dīw* für das menschliche Auge sichtbar seien. Dieser Gelehrte habe aber gehört, dass man bei einem Berg in der Nähe von Ġundiyān[28] hässliche *dīw* gesehen habe. Ein abscheulicher Gestank künde ihr Auftreten an.[29] Als der Mann den Sachverhalt überprüfen will, bekommt er tatsächlich einen *dīw* zu Gesicht. Es handelt sich um ein Lebewesen *(ǧān-war)* mit Elefantengesicht *(rūy-i fīl)*. Der Gelehrte vertraut seine Begegnung anschließend einem Theologen *(mutakallim)* an, der sich spottend auf die Suche nach den *ǧinn* macht.[30] Die Geistwesen spielen diesem Zweifler aber derart übel mit, dass er bald nach seiner Rückkehr stirbt.

Hamadānī-Ṭūsī schließt seinen Bericht mit dem Hinweis, dass viele Erzählungen dieser Art im Umlauf seien.[31] Die Philosophen *(ahl-i falsafa)* aber würden sich darüber lustig machen. Denn in ihren Augen seien die *dīw* subtile, feinstoffliche *(laṭīf)* Wesen. Der Mensch jedoch sei grobstofflich *(kaṯīf)*. Die *dīw* seien daher für die Menschen unsichtbar. Die Philosophen würden ebenso in Abrede stellen, dass man die Engel *(malāʾika)* sehen könne, seien sie doch subtiler als die *dīw*. Wenn auch Hamadānī selbst die Auffassungen dieser Kritiker als Unglaube (*kufr*) abtut, weisen seine Ausführungen doch darauf hin, dass über die Sichtbarkeit der Dämonen eine philosophische Debatte geführt wurde. Dabei wurden wiederholt Argumente vorgebracht, die bereits aus der Diskussion über die Existenz von

---

27 *Loc.cit.*, S. 213.17–25.

28 Ein Ort namens Ġundiyān ist bei Yāqūt, *Muʿǧam al-buldān*, nicht verzeichnet; er kennt allerdings eine Stadt namens Ġundiǧān, die in der Provinz Fārs (Süd-Iran) gelegen ist (*Muʿǧam al-buldān*, III.820, I.199), ohne Hinweis auf den hier geschilderten Vorfall; siehe G. Cornu, *Atlas*, S. 49 und Karte 6: B4; G. Le Strange, *The lands of the eastern caliphate*, S. 260, 268, 294), Bei Recherchen im Internet ließ sich jedoch ein Dorf Ġundiyān im *Šahristān* Balǧuwān (Baljuvon) in Tadschikistan nachweisen; vgl. http://www.torghabehonline.com/news/detail.asp?id=1393; Website konsultiert am 15. Dezember 2011. Ob diese Identifikation zutrifft, muss offen bleiben.

29 F. Meier, NL Mappe 3, s. v. *Gestank*, 1 Bl., macht kurz darauf aufmerksam, dass böse Dämonen stinken. Damīrī, *Ḥayāt al-ḥayawān*, I.209.9–15, bringt einen Bericht bei, wonach der Satan auf eine bestimmte Formel hin mit einem Furz wie von einem Esel das Haus verlässt. Gute Dämonen aber sind wohlriechend; vgl. dazu die Geschichte von der schicklichen Bestattung einer wohlriechenden Schlange, Kapitel 5.4.1, bei Anm. 93 und 124–133 („Berichte über den dämonischen Charakter von Schlangen").

30 Hamadānī, *ʿAǧāyib-nāma* (Ṣādiqī), S. 214.4–12,

31 Hamadānī, *ʿAǧāyib-nāma* (Ṣādiqī), S. 214.13–16.

Dämonen bekannt sind.[32] Die weitere Darstellung folgt Šiblī, der in den *Ākām al-marǧān* die Eckpunkte dieser Auseinandersetzungen nachzeichnet.[33]

Šiblī macht in seinen Ausführungen auf die Position des Aš'ariten Abū Bakr al-Bāqillānī (gest. 403/1013)[34] und der Qadariyya in dieser Frage aufmerksam.[35] Sie hätten die Existenz von Dämonen anfänglich bejaht, später aber verneint. Befürworter der Dämonen unter ihnen wiederum verträten die Auffassung, dass man die *ǧinn* wegen der Feinstofflichkeit ihrer Körper *(riqqat aǧsāmi-him)* nicht sehe. Die Lichtstrahlen würden sie einfach durchdringen. Andere Gelehrte seien aber der Meinung, dass die Dämonen aufgrund ihrer Farblosigkeit unsichtbar blieben. Diese beiden Argumente werden auch in der weiteren Debatte zur Sichtbarkeit der *ǧinn* wiederholt aufgegriffen.

Šiblī äußert sich später im Zusammenhang mit der Frage nach der Körperlichkeit der *ǧinn* erneut und ausführlicher zur vorliegenden Problematik.[36] Er leitet seine Überlegungen mit einem Hinweis auf den Ḥanbaliten Ibn al-Farrā' (gest. 458/1066) ein.[37] Dieser Gelehrte betrachtet die *ǧinn* als voll ausgebildete Körper und gestalthafte Personen *(aǧsām mu'allafa wa-ašḫāṣ mumaṯṯala)*. Während die Mu'tazila aufgrund der Feinstofflichkeit ihrer Körper *(riqqat aǧsā-mi-him)* ausschließt, dass man die *ǧinn* sieht, zieht es Ibn al-Farrā' in Betracht, dass sie grobstoffliche Körper haben *(yaǧūzu an takūna [aǧsāmu ăl-ǧinn] kaṯīfa)* und damit sichtbar sind. Šiblī präzisiert in seinen weiteren Überlegungen, dass Körper grobstofflich *(kaṯīf)* oder feinstofflich *(raqīq)* sein können. Die Beschaffenheit der Körper der Dämonen lasse sich allerdings nur durch Augenschein *(mušāhada)* oder eine Aussage Gottes bzw. seines Gesandten feststellen. Beides

32 Vgl. dazu Kapitel 2 „Zur Existenz der *ǧinn*".

33 Es wird hier bewusst darauf verzichtet, Šiblīs Ausführungen anhand der von ihm zitierten Quellen zu überprüfen, ist die vorliegende Arbeit doch nicht einer Untersuchung der entsprechenden philosophischen Debatten und ihrer Rezeption bei späteren Gelehrten gewidmet. T. Nagel machte aber im Rahmen eines Vortrags über Ġazzālī auf diese Zusammenhänge aufmerksam („‚Die Grundregel der Auslegung': Zu al-Ġazzālīs Stellung in der Geschichte des sunnitischen Islams"; Universität Zürich, 18. Oktober 2012; keine Veröffentlichung vorgesehen). Der Verfasser (T. N.) dankt Dr. E. Badeen (Zürich) für Erklärungen zu Šiblīs Überlegungen zur Sichtbarkeit der *ǧinn*.

34 Zu Abū Bakr al-Bāqillānī vgl. R. J. McCarthy, Artikel „al-Bāḳillānī", in *EI²* I.958.

35 Šiblī, *Ākām al-marǧān*, S. 4.4–6. Auch Bayḍāwī, *Anwār at-tanzīl*, Kommentar zu Sure 72.1, Bd. II.360 f., spricht die Problematik an.

36 Šiblī, *Ākām al-marǧān*, 4. Kapitel: *Fī bayān aǧsām al-ǧinn*, S. 15.1–17.19. Die Frage nach der Sichtbarkeit der *ǧinn* behandelt summarisch auch Ḥalabī, *'Iqd al-marǧān*, S. 34.10–36.4.

37 Zu Abū Ya'lā Muḥammad b. al-Ḥusayn b. al-Farrā' al-Ḥanbalī vgl. H. Laoust, Artikel „Ibn al-Farrā'", in *EI²* III.765. Ibn al-Farrā' war ein bedeutender Ḥanbalit, aktiv in Baġdād um das Jahr 1000 n.Chr.

fehle *(mafqūd)* in diesem Fall aber. Für Šiblī ist die Klärung der aufgeworfenen Fragen im vorliegenden Kontext aber letztlich irrelevant. Denn aus der Beschaffenheit ihrer Körper lasse sich nicht darauf schließen, ob die *ǧinn* sichtbar oder unsichtbar seien. Selbst grobstoffliche Körper ließen sich nicht wahrnehmen, wenn die Sehkraft zu schwach sei.[38]

ʿAbd al-Ǧabbār (prominenter muʿtazilitischer Theologe, gest. 415/1025)[39] greift dieses letzte Argument etwas später wieder auf, wonach die Körper der *ǧinn* feinstofflich seien und wir sie nur aufgrund unserer Sehschwäche nicht wahrnehmen. Würde aber Gott unsere Sehkraft stärken bzw. ihre Körper verdichten *(kaṯṯafa)*, wären wir in der Lage, die Dämonen zu sehen.[40] Gerade auch aus dem Wortlaut von Sure 7.27 lasse sich darauf schließen, dass die *ǧinn* feinstofflich und damit unsichtbar seien. Wenn sie nämlich grobstofflich wären, sich in unserer Nähe befänden und es zwischen den Menschen und ihnen kein Hindernis gäbe, müssten sie eigentlich sichtbar sein. Die Erfahrung lehre allerdings, dass dem nicht so sei. Gerade dies soll die Richtigkeit von ʿAbd al-Ǧabbārs Auffassung von der Feinstofflichkeit der *ǧinn* belegen.[41]

Šiblī meint anschließend, dass die Feinstofflichkeit in der Tat eines der Kriterien darstelle, dass sichtbare Dinge unsichtbar würden. Dies gelte allerdings unter der Bedingung, dass die Sehkraft zu schwach oder das fragliche Objekt zu weit entfernt sei. Wenn aber Gott unsere Sehkraft stärke, könnten wir die Dämonen wahrnehmen. Auch wenn Gott ihre Körper verdichte, würden sie sichtbar. Šiblī erklärt damit, dass gewisse Personen die Engel sehen können, andere in ihrer Nähe aber nicht. So können die Propheten die Engel und die *ǧinn* sehen, während dies andern Menschen verwehrt bleibe. Da nur ausgewählte Personen die *ǧinn* wahrnehmen können, sieht sich Šiblī auch in seiner Auffassung bestätigt, dass die Dämonen feinstoffliche Körper haben. Hätten die *ǧinn* einen grobstofflichen Körper, würde dies die Menschen daran hindern, Personen oder Gegenstände zu sehen, wenn ein Dämon dazwischentrete. Aus dem Geflüster *(waswās)*, das die Menschen in ihrer Umgebung regelmäßig vernehmen, können sie aber schließen, dass zwar *ǧinn* anwesend sind. Da die Dinge in ihrer Nähe aber dennoch sichtbar bleiben, muss der Körper der Geister feinstofflich sein. Wäre er grobstofflich,

---

38 Šiblī, *Ākām al-marǧān*, S. 15.5–11.

39 Vgl. S. M. Stern, Artikel „ʿAbd al-Djabbār", in *EI*² I.59; M. T. Heemskerk, Artikel „ʿAbd al-Jabbār b. Aḥmad al-Hamadhānī", in *EI Three*, Online-Ausgabe, konsultiert am 6. September 2012; W. Madelung, Artikel „ʿAbd-al-Jabbār b. Aḥmad", in *EIr* I.116–117.

40 Vgl. die Darstellung bei Šiblī, *Ākām al-marǧān*, S. 15.23–16.2. Šiblī (*Ākām al-marǧān*, S. 15.13 f.) weist darauf hin, dass viele Muʿtaziliten die Meinung vertreten, dass die *ǧinn* einfache und feine Körper *(aǧsām raqīqa basīṭa)* haben.

41 Šiblī, *Ākām al-marǧān*, S. 15.23–16.5.

würde er den Blick auf Gegenstände und Personen versperren, die sich hinter den Geistern befinden.[42]

Šiblī geht in seinen weiteren Ausführungen außerdem auf eine zweite Auffassung ein.[43] Demnach hat die Unsichtbarkeit der Dämonen nichts mit ihrer allfälligen Feinstofflichkeit zu tun. Vielmehr meinen gewisse Gelehrte, dass die Dämonen farblos und deshalb nicht wahrnehmbar seien. Šiblī weist allerdings auf Kritiken ʿAbd al-Ǧabbārs an diesem Standpunkt hin.[44] So könnte z. B. auch Gott die *ǧinn* nicht sehen, wenn ihre Sichtbarkeit allein davon abhänge, ob sie eine Farbe haben oder nicht. Auch müssten die *ǧinn* für die Menschen sichtbar sein, wenn dafür einzig ausschlaggebend sei, dass ihr Körper farbig sei. Außerdem sei es grundsätzlich nicht möglich, dass ein Körper farblos sei. Daraus leitet Šiblī ab, dass eben doch die Feinstofflichkeit der *ǧinn* ihre Unsichtbarkeit erkläre.[45] Šiblī beendet seine Beweisführung zusammenfassend mit Hinweisen darauf, dass zwei Faktoren dazu beitragen können, dass die *ǧinn* sichtbar werden: Einerseits muss das Sinnesorgan dafür stark bzw. subtil genug sein. Anderseits kann auch eine Verdichtung dazu beitragen, dass die Dämonen sichtbar werden. Šiblī verdeutlicht diese Auffassung anhand des Beispiels des Winds, der erst sichtbar werde, wenn er Staub durch die Luft wirble.[46]

Bei einer späteren Gelegenheit kommt Šiblī auf die Sichtweise der Muʿtazila zurück, wonach die *ǧinn* aufgrund ihrer Feinstofflichkeit unsichtbar seien.[47] Gemäß dieser Darstellung präzisieren die Muʿtaziliten ihre Auffassung dahingehend, dass Gott die Körper der Dämonen zur Zeit der Propheten verdichte und die *ǧinn* dann sichtbar seien. Šiblī illustriert diesen Standpunkt, indem er auf Erklärungen ʿAbd al-Ǧabbārs zur Salomonsgeschichte im Koran zurückgreift.[48] Gott habe die *ǧinn* zur Zeit des Propheten Salomon derart verdichtet, dass die Menschen in der Lage gewesen seien, sie zu sehen. Auch habe Allāh die Dämonen so stark gemacht, dass sie für Salomon harte Arbeiten ausführen konnten (vgl.

---

42 *Loc.cit.*, S. 16.6–15.

43 *Loc.cit.*, S. 16.15–17.11.

44 *Loc.cit.*, S. 16.17 ff.

45 Šiblī, *Ākām al-marǧān*, S. 17.10 f. Ibn Ḥazm al-Andalusī, *Kitāb al-Faṣl fī ăl-milal*, V. 12 f. (v. a. S. 13.4–10) meint unter Berufung auf Abū Muḥammad, die *ǧinn* hätten keine Farbe, sonst sähen wir sie; vgl. F. Meier, NL Mappe 8, s. v. *Sehen von ǧinn*, Bl. 3. Auch Pseudo-Masʿūdī, *Aḫbār az-zamān*, S. 16.21, weist in der Beschreibung der *wāq-wāq*, einer Gattung von *ǧinn* mit Menschengestalt, darauf hin, dass sie farbig sind *(„wa-la-hā [...] alwān")*. Zu den *wāq-wāq* vgl. unten bei Anm. 399, 503 und 508.

46 Šiblī, *Ākām al-marǧān*, S. 17.15–19.

47 *Loc.cit.*, S. 20.17–21.4.

48 *Loc.cit.*, S. 20.19–21.4.

Sure 34.13).[49] Überdies habe der Sohn Davids widerspenstige Dämonen in Ketten gelegt (Sure 38.38).[50] Aus diesen Hinweisen, gerade auch aus dem Anketten, lasse sich ableiten, dass die Dämonen zur Zeit Salomons einen grobstofflichen Körper *(ǧism kaṯīf)* hatten. ʿAbd al-Ǧabbār bemerkt allerdings abschließend, dass sich die Dämonen in prophetenlosen Zeiten nicht zeigen, da ihre Körper dann nicht grobstofflich seien. Wären sie auch dann sichtbar, stünde dies im Widerspruch zur Gewohnheit *(naqḍ li-ăl-ʿāda).*

Die vorangegangenen Erläuterungen zeigen auf, dass unter den Gelehrten eine intensive Debatte über die Sichtbarkeit der *ǧinn* stattfand. Verschiedentlich lässt sich die Auffassung nachweisen, dass die *ǧinn* zur Zeit von Propheten oder zumindest für Propheten sichtbar sind.[51] Die im Folgenden zu erörternden Berichte darüber, dass Muḥammad *ǧinn* gesehen hat, stünden damit in Übereinstimmung mit dieser Lehrmeinung. Aber auch andere Menschen behaupten, dass ihnen Dämonen zu Gesicht gekommen seien. Ausgewählte Berichte dazu sollen in der Folge aufgegriffen werden.

5.2 Das Sehen von *ǧinn*

5.2.1 Muḥammad und ʿĀʾiša sehen Dämonen

In der islamischen Überlieferung lassen sich verschiedentlich Berichte darüber auffinden, dass Muḥammad Dämonen gesehen hat. Dies war z. B. in der *Ǧinn*-Nacht der Fall, auf die hier allerdings nicht eingegangen wird.[52] Die folgenden Ausführungen stützen sich vielmehr auf Darstellungen in den *Ḥadīṯ*-Sammlungen, wonach ein Dämon – in der Regel handelt es sich um einen *ʿifrīt* – das Gebet des Propheten unterbrochen hatte.

Buḫārī und Muslim erwähnen die fragliche Überlieferung (Gewährsmann: Abū Hurayra) in ihren *Ḥadīṯ*-Sammlungen mit geringen Abweichungen im Wort-

---

49 Sure 34.13 zählt beschwerliche Arbeiten auf, die die *ǧinn* für Salomon verrichteten: „Sie machten für ihn, was er wollte: Gebetsnischen, Statuen, Schüsseln gleich Wassertrögen und feststehende Töpfe."

50 Sure 38.38: „Und noch andere, zu zweit gefesselt."

51 Ibn Ḥazm al-Andalusī, *Kitāb al-Faṣl fī ăl-milal,* V. 12–13, hält fest: „Da uns Gott also [im Koran] mitgeteilt hat, dass wir [die Dämonen] nicht sehen, ist jeder, der behauptet, er sehe sie oder habe sie gesehen, ein Lügner, es sei denn, dass er zu den Propheten gehöre. In diesem Fall ist es ein Machtwunder von ihnen." (Übersetzung F. Meier, NL Mappe 8, s. v. *Sehen von ǧinn,* Bl. 3).

52 Vgl. Kapitel 9.2.1 „Berichte zur *Ǧinn*-Nacht *(Laylat al-ǧinn)*".

laut mehrfach.[53] Anhand der unterschiedlichen Versionen lässt sich folgendes Geschehen rekonstruieren: Während Muḥammad das Ritualgebet *(ṣalāt)* verrichtet, fällt ein *ʿifrīt* von den *ǧinn* über ihn her und unterbricht dadurch seine Andacht. Eigentlich möchte er den Störenfried an einer Säule des Gebetsplatzes *(masǧid)* festbinden und den gefesselten *ʿifrīt* den Leuten am nächsten Morgen zur Schau stellen.[54] Allerdings erinnert er sich an das Gebet Salomons und kann den Dämon allein damit verjagen.

Weitere Fassungen dieser Überlieferung lassen sich auch bei späteren Autoren nachweisen.[55] Ihre Berichte äußern sich in der Regel kurz zu einer kämpferischen Auseinandersetzung zwischen Muḥammad und dem *ʿifrīt*. Gemäß Šiblīs Darstellung hat der Prophet den störenden *šayṭān (sic)*[56] im Gerangel gewürgt und die Kühle seines Speichels auf seinen Händen gespürt.[57] Unabhängig von ihrer konkreten Ausgestaltung bestätigen die angeführten Berichte einerseits, dass die *ǧinn* einen Körper haben. Anderseits legen sie die Annahme nahe, dass der *ʿifrīt* nicht nur für Muḥammad selbst, sondern grundsätzlich auch für die andern Menschen sichtbar war.

Ergänzend soll bei dieser Gelegenheit auf einen Bericht hingewiesen werden, wonach der Prophet auch bei der Himmelfahrt *(isrāʾ* bzw. *miʿrāǧ)* einen *ʿifrīt* von den *ǧinn* gesehen hat. Dies jedenfalls ergibt sich aus einem von Mālik angeführten *Ḥadīṯ* (Gewährsmann Yaḥyā b. Saʿīd). Gemäß dieser Darstellung hatte es ein mit einer Feuerflamme bewaffneter *ʿifrīt* von den *ǧinn* damals auf Muḥammad abgesehen. Der Erzengel Gabriel habe darauf ein Gebet apotropäischen Inhalts rezitiert, das Mālik in seiner *Ḥadīṯ*-Sammlung wörtlich anführt.[58]

Bei Šiblī, Suyūṭī und Ḥalabī lassen sich überdies Berichte darüber nachweisen, dass auch ʿĀʾiša einen Dämon zu Gesicht bekommen hat.[59] Ein

---

53 Buḫārī, *Ṣaḥīḥ*, *Ḥadīṯ* Nr. 461, 1220, 3320, 3460, 4856; Muslim, *Ṣaḥīḥ*, *Ḥadīṯ* Nr. 1237, 1238; zitiert anhand der Ausgabe der Thesaurus Islamicus Foundation.

54 Buḫārī, *Ṣaḥīḥ*, *8 Kitāb aṣ-Ṣalāt*, *75 Bāb al-Asīr [...] yurbaṭu fī ăl-masǧid*, *Ḥadīṯ* Nr. 461: „فاردت ان اربطه الى سارية من سوارى المسجد، حتى تصبحوا وتنظروا اليه كلكم".

55 Z. B. Ibn Taymiyya, *Īḍāḥ ad-dalāla*, S. 136.17–137.7; vgl. abweichender Bericht S. 135.15–136.10. Siehe auch Ibn Ḥazm al-Andalusī, *Kitāb al-Faṣl fī ăl-milal*, V. 12 f. (zitiert bei F. Meier, NL Mappe 8, s. v. *Sehen von ǧinn*, Bl. 3), und Suyūṭī, *Laqṭ al-marǧān*, § 583, S. 265; vgl. § 205, S. 79.13–80.3.

56 Die schwankende Terminologie unterstreicht die fließenden Abgrenzungen zwischen *ǧinn*, *ʿifrīt* und *šayāṭīn*.

57 Šiblī, *Ākām al-marǧān*, S. 13.22 f.

58 Mālik, *Muwaṭṭaʾ*, *51 Kitāb aš-Šiʿr, 4 Bāb Ma yuʾmaru bi-hī bi-ăt-taʿawwuḏ*, *Ḥadīṯ* Nr. 1742.

59 Šiblī, *Ākām al-marǧān*, S. 64.15–20; Suyūṭī, *Laqṭ al-marǧān*, S. 145, § 372; Ḥalabī, *ʿIqd al-marǧān*, S. 82.17 f. Auch E. W. Lane, *Arabian society in the Middle Ages*, S. 34 f., erwähnt dieses Beispiel. In den sechs klassischen *Ḥadīṯ*-Sammlungen (Buḫārī, Muslim, Abū Dāwūd, Tirmiḏī, Nasāʾī, Ibn Māǧa) ließ sich diese Überlieferung aber nicht nachweisen.

ǧānn[60] soll sich ʿĀʾiša regelmäßig gezeigt haben. Da sie sich dadurch gestört fühlte, befahl sie, dass das Geistwesen umgebracht werde. Sie habe darauf jedoch geträumt, dass es sich beim getöteten *ǧānn* um einen gläubigen Muslim namens ʿAbdallāh[61] gehandelt habe. ʿĀʾiša selbst stellt diesen Sachverhalt zwar mit dem Hinweis in Frage, dass sich kein muslimischer *ǧānn* den Gattinnen des Propheten zeigen würde. Eine Stimme im Traum wendet allerdings ein, dass sich der *ǧānn* ihr nur zeige, da sie sich nicht geziemend verhülle.[62] Auch sei er nur aufgetaucht, da er den Koran habe hören wollen. Von Gewissensbissen geplagt verteilte ʿĀʾiša am folgenden Morgen 12 000 Dirham an die Armen.[63]

5.2.2 Tödliche Wirkung: Wer *ǧinn* sieht, stirbt

F. Meier macht zusätzlich auf Beispiele dafür aufmerksam, dass auch gewöhnliche Menschen *ǧinn* sehen können.[64] Das Anschauen eines Dämons ist allerdings mit Gefahren verbunden und kann tödlich enden. Hamadānī-Ṭūsī weiß, dass nicht nur der Anblick, sondern bei gewissen Schlangenarten bereits ihr Gesang zum Tod des Beobachters führt.[65] Und Tādilī wiederum berichtet vom Schicksal Abū ʿAbdallāh Muḥammad aṣ-Ṣabbāġs (6./12.Jh.) aus Fās.[66] Ṣabbāġ hatte eine angenehme Stimme und rezitierte nachts Litaneien. Eines Abends hörte er hinter sich ein Weinen. Als er sich in sich zurückzog, vernahm er eine unbekannte Stimme, die ihm mitteilte, dass jede Nacht eine Anzahl gläubiger *ǧinn* aus Indien zu ihm käme, um wegen seiner schönen Stimme und Rezitation das Gebet hinter ihm zu verrichten. Seine Stimme habe schon mehrere Dämonen umgebracht.[67]

Nach längerer Zeit bittet Ṣabbāġ den Dämon, er möge sich ihm in jener Gestalt zeigen, in der Gott ihn erschaffen habe. Der fromme *ǧinn* legt Ṣabbāġ wiederholt nahe, er solle auf sein Anliegen verzichten, könnte ihm andernfalls doch ein

---

60 Es sei daran erinnert, dass der Ausdruck *ǧānn* sowohl Schlange als auch Dämon bedeuten kann.
61 Oder: „einen Diener Gottes, der Muslim war“.
62 Šiblī, *Ākām al-marǧān*, S. 64.19: „ما كان يطلع حتى تجمعي عليك ثيابك“.
63 In diesem Bericht tritt der *ǧānn* als Hüter der Moral in Erscheinung. Er zeigt sich, da ʿĀʾiša gesellschaftliche *codes*, im vorliegenden Fall Kleidervorschriften, missachtet hat. Zur Rolle der Dämonen als Hüter der Moral vgl. ausführlich Kapitel 6.4 „Die *ǧinn* als moralische Instanz“.
64 F. Meier, NL Mappe 8, s. v. *Sehen von ǧinn*, 4 Bl.
65 Hamadānī, *ʿAǧāyib-nāma* (Ṣādiqī), S. 310.8 f.
66 Die folgende Darstellung stützt sich auf F. Meier, NL Mappe 3, s. v. *Religion*, Bl. 48, der einen Bericht bei Tādilī, *Tašawwuf*, S. 267 f., beizieht; mit Parallele bei Ibn al-Qāḍī (gest. 1025/1616), *Ǧiḏwat al-iqtibās*, S. 217 f.
67 Man beachte die Umkehr des Motivs.

Unheil zustoßen. Einige Zeit später teilt Ṣabbāġ dem Dämon allerdings mit, dass sein Entschluss unumstößlich sei. Der *ǧinn* fordert Ṣabbāġ darauf auf, in Hinblick auf die Begegnung verschiedene Vorbereitungen zu treffen (Aufräumen und Reinigen seines Zimmers, Rezitation von Koranstellen). Er werde unter dem Lärm von Trommeln *(ṭubūl)*, Trompeten *(abwāq)* und Saiteninstrumenten *(awtār)* erscheinen und ihn damit erschrecken. Als Ṣabbāġ in einer Nacht auf den Freitag das angekündigte Getöse vernimmt, blickt er hinter sich und sieht in der Ecke des Zimmers eine hochgewachsene Gestalt mit zahlreichen Gesichtern und Augen. Jener Dämon gehörte zu den Herrschern (*sulṭān*, pl. *salāṭīn*) der *ǧinn*. Nachdem Ṣabbāġ den Dämon gesehen hatte, verschwand dieser wieder. Der Bericht fährt fort[68]:

> Drei Tage blieb Abū ʿAbdallāh [aṣ-Ṣabbāġ], ohne etwas tun zu können, es schreckte ihn, was er gesehen hatte. In der vierten Nacht wollte er sich wieder erheben zu seiner Litanei, aber er war unfähig dazu. Der *ǧinnī* kam zu ihm und sagte zu ihm: ‚Abū ʿAbdallāh, habe ich dir nicht gesagt: Verzichte darauf, damit dir nicht etwas zustößt?‘

Bereits im Irak habe ihn ein Mann darum gebeten, ihn sehen zu dürfen, und sei darauf umgekommen. Auch ihn, Ṣabbāġ, habe er gewarnt; er habe ihn aber gezwungen, ihm zu gehorchen. Ṣabbāġ war darauf einige wenige Tage krank, bevor er starb.

Diese Darstellung ist in doppelter Hinsicht interessant: Sie hebt einerseits den potentiell gefährlichen Charakter von Begegnungen mit *ǧinn* hervor. Anderseits enthält sie eine erste kurze Beschreibung eines *ǧinnī*. Im vorliegenden Fall ist der Dämon hochgewachsen und hat zahlreiche Gesichter und Augen.[69]

5.3 Die *ǧinn* und die Veränderlichkeit ihrer Gestalt

Die bisherigen Ausführungen haben die tatsächliche Gestalt von Dämonen, sollten sie denn wirklich sichtbar sein, kaum thematisiert. Im Folgenden soll dieser für das Verständnis der islamischen Dämonologie zentrale Aspekt aber näher untersucht werden. In einem ersten Schritt wird auf die Veränderlichkeit der Gestalt der Geister hingewiesen.

J. Wellhausen vertritt die Auffassung, dass die *ǧinn* für die Menschen primär in ihren Metamorphosen sichtbar werden,[70] und zählt auch die Metempsychose

---

68 Übersetzung F. Meier, NL Mappe 3, s. v. *Religion*, Bl. 48.

69 Tādilī, *Tašawwuf*, S. 268.10: „فرأى شخصا طويلا كثير الوجوه والعيون“.

70 J. Wellhausen, *Reste*, S. 151.

zum Grundinventar des arabischen *Ǧinn*-Glaubens.[71] O. Rescher wiederum hält fest, dass die Dämonen im Islam nie nur einer einzigen Erscheinungsform verhaftet bleiben.[72] Und A. Wieland weist präzisierend darauf hin, dass den *ǧinn* ein Gestaltwechsel aus eigener Initiative verwehrt sei. Es stehe nur in Gottes Macht, dies zu ermöglichen.[73] Grundsätzlich zeigten sich die *ǧinn* den Menschen aber mit Vorliebe in veränderter Form.[74] Diese anhand von Hinweisen aus der Sekundärliteratur angedachte Debatte über die Veränderlichkeit der Gestalt der *ǧinn* hat auch die arabischen Autoren beschäftigt.

Auch Šiblī äußert sich in seiner Abhandlung zur Dämonologie ansatzweise zur Problematik.[75] Er greift in seinen Äußerungen zur Verwandlungsfähigkeit der Dämonen auf die Verben *taṭawwara, tašakkala* und *taṣawwara* zurück.[76] Später charakterisiert er den Transformationsprozess auch mit dem Begriff *tamaṯṯala.*[77] Indem er sich auf Abū Yaʿlā[78] stützt, hebt Šiblī hervor, dass es nicht in der Macht der Satane[79] stehe, ihre Gestalt zu verändern und eine andere Form anzunehmen.[80] Dies gelinge ihnen nur, da Allāh sie gewisse Worte und Handlungen lehre. Wenn sie diese Worte aussprechen bzw. diese Handlungen ausführen, verwandle Gott sie in eine andere Gestalt.[81] Es sei aber ausgeschlossen, dass sich ein Dämon kraft seiner eigenen Fähigkeiten in eine andere Gestalt verwandle. Denn diese Transformation *(intiqāl)* sei in einem ersten Schritt mit einer Vernichtung des Körpers und einer Zerstreuung von dessen Teilen verbunden. Dies aber führe notwendigerweise zum Erlöschen der Lebenskraft. Darauf sei das dämonische Wesen zu keiner weiteren Handlung mehr fähig. Es könne deshalb auch zu keiner Umwandlung der Lebensform kommen. Somit sei es auch nicht in der Lage, seine Gestalt zu verändern.[82]

---

71 *Loc.cit.*, S. 157.

72 Vgl. O. Rescher, „Über das ‚Geister- und Teufelsbuch' des Schibli (Cairo 1326)", v. a. S. 246 f.

73 A. Wieland, *Ǧinn-Vorstellung*, S. 20.

74 D. Pielow, *Quellen der Weisheit*, S. 113, hält fest, dass die *ǧinn* unsichtbar und körperlos seien, sich aber eines fremden Körpers bedienen und ihre Gestalt nach Belieben wechseln können.

75 Vgl. Šiblī, *Ākām al-marǧān*, Kapitel 5: *Fī bayān aṣnāf al-ǧinn* und Kapitel 6: *Fī bayān taṭawwur al-ǧinn wa-tašakkuli-him fī ṣuwar šittā.*

76 Šiblī, *Ākām al-marǧān*, S. 18.21.

77 Šiblī, *op.cit.*, S. 20.13.

78 Zu Abū Yaʿlā vgl. Anm. 37 sowie Hinweis bei A. Fatoum, *Ǧinn*-Glaube, S. 44.

79 Aus dem Kontext ergibt sich, dass die *ǧinn* unter die *šayāṭīn* zu subsumieren sind.

80 Šiblī, *Ākām al-marǧān*, S. 19.10f: „وقال القاضى ابو يعلى ولا قدرةَ للشياطين على تغيير خلقهم والانتقال فى الصور".

81 Šiblī, *Ākām al-marǧān*, S. 19.13: „نقله الله تعالى من صورته الى صورة اخرى".

82 Šiblī, *Ākām al-marǧān*, S. 19.10–16.

Später weist Šiblī auf eine oft vertretene Auffassung hin und präzisiert, dass die Veränderlichkeit der *ǧinn* nicht mit einer tatsächlichen Umwandlung ihrer Gestalt verbunden sei.[83] Vielmehr seien dämonische Wesen in der Lage, den Menschen als Phantasiegebilde zu erscheinen *(taḫayyul)* und in ihnen falsche Vorstellungen hervorzurufen *(tawahhum)*. Die Menschen hielten dann das Gesehene für einen Engel *(malak)* oder Satan *(šayṭān)*. Es handle sich dabei aber nur um Phantasmagorien *(ḫayālāt)* und Mutmaßungen *(iʿtiqādāt)*. Eine tatsächliche Verwandlung sei ausgeschlossen *(muḥāl)*.

Unabhängig von dieser hier nur skizzierten philosophisch ausgerichteten Debatte über die Verwandlungsfähigkeit der *ǧinn* lässt sich oft eine Einteilung der Dämonen in drei Kategorien beobachten. Diese Dreiteilung erfolgt in den untersuchten Quellen nach Kriterien, die in den Einzelheiten voneinander abweichen.[84] In den Grundzügen stimmt sie aber jeweils mit jenem Schema überein, das auch in der westlichen Sekundärliteratur als verbindlich angesehen wird.[85] Demnach lassen sich unter den Dämonen die drei folgenden Kategorien feststellen:

a. *ǧinn* in Gestalt von Tieren: zoomorphe Manifestationen.[86]
b. *ǧinn* in menschlicher Gestalt: anthropomorphe Manifestationen.[87]
c. *ǧinn* in Gestalt von Windhosen[88]: Unter diese Kategorie sollen in der folgenden Übersicht der Einfachheit halber weitere Naturphänomene und Erscheinungen der *ǧinn* in Pflanzen subsumiert werden.

---

83 Šiblī, *Ākām al-marǧān*, S. 20.12–16.

84 Šiblī bringt diese Dreiteilung in den *Ākām al-marǧān*, S. 18.3–11, am deutlichsten zum Ausdruck. Er macht in der Fortsetzung (S. 18.11–18) auf abweichende Einteilungen aufmerksam.

85 Auf diese Dreiteilung weisen u.a. hin: E. Badeen und B. Krawietz, „Eheschließung mit Dschinnen", S. 41; G. Fartacek, *Zonen der Ungewissheit*, S. 45. D. Pielow, *Quellen der Weisheit*, S. 113 f., greift einen bei R. Kriss und H. Kriss-Heinrich, *Volksglaube im Bereich des Islam*, II.15, ohne Belege zitierten *Ḥadīṯ* auf, wonach Muḥammad die *ǧinn* ihrer Erscheinung nach in drei Gruppen eingeteilt habe: „solche, die wie Schlangen und Skorpione aussehen, solche, die den Winden ähnlich sind, und solche, die den Menschen gleichen." Auch gemäß T. Canaan, *Dämonenglaube*, S. 15, hat Muḥammad die Geister nach ihren Erscheinungsformen in drei Gruppen eingeteilt. Es handelt sich um solche, die a. wie Schlangen und Skorpione aussehen, solche, die b. den Winden ähneln. Und solche, die c. den Menschen gleichen.

86 Šiblī, *Ākām al-marǧān*, erwähnt v. a. im Kapitel 5 Beispiele für die Erscheinung der Dämonen in der Gestalt von Tieren. Siehe aber auch Kapitel 6 (Anfang: S. 18.22 f.).

87 Šiblī führt in den *Ākām al-marǧān* (Kapitel 6) Beispiele für die Erscheinung von Dämonen in Menschengestalt an (vgl. S. 18.20–19.9).

88 Šiblī erwähnt die Erscheinung der Dämonen als Wind in den *Ākām al-marǧān* nur beiläufig; siehe z. B. S. 17.23, 18.2, 18.7.

Auch die anschließende Übersicht über die unterschiedlichen Erscheinungsformen von Dämonen folgt dieser Dreiteilung. Da zoomorphe Manifestationen eine besonders wichtige Rolle spielen, gilt die Aufmerksamkeit in einem ersten Schritt dem Auftreten der *ǧinn* in der Gestalt von Tieren.

5.4 Die *ǧinn* in zoomorpher Gestalt

J. Wellhausen unterstreicht, dass sich Dämonen mit Vorliebe – aber nicht ausschließlich – als Tiere manifestieren, und vertritt die Auffassung, dass die islamische Zoologie zugleich Dämonologie ist.[89] Auch J. Henninger hebt hervor, dass sich die an und für sich unsichtbaren *ǧinn* am häufigsten in der Gestalt von Tieren zeigen.[90] Sie erscheinen hauptsächlich als Wild-, seltener als Haustiere.[91] Letztlich seien die Grenzen zwischen den *ǧinn* und den Tieren fließend.[92] Die Dämonen pflegen in manchen Gestalten häufiger aufzutreten als in andern. Besonders oft zeigen sie sich als a. Schlangen, Skorpione oder Eidechsen, b. Hunde, c. Katzen, d. Kamele, e. Eulen, f. Esel und g. Ziegen. Diese Aufzählung ist bei weitem nicht abschließend. Anhand dieser ausgewählten Beispiele soll im Folgenden aber aufgezeigt werden, dass *ǧinn* gern Tiergestalt annehmen.

5.4.1 Reptilien als Hausgeister (*ʿāmir*, pl. *ʿummār*) und die chthonische Natur des Dämonischen: Schlangen, Skorpione und Eidechsen

Berichte über den dämonischen Charakter von Schlangen: Ǧinn manifestieren sich gern als Schlangen, wie u. a. aus Berichten hervorgeht, die in Anschluss an Muḥammads Predigt in Sūq ʿUkāẓ in Umlauf gelangten.[93] Gemäß diesen Überlieferungen stößt eine Karawane auf dem Weg durch ödes Land auf eine Schlange, die mit dem Tod ringt oder bereits verendet ist. Ein Reisender, oft handelt es sich um ʿUmar, wird wegen eines angenehmen Dufts auf das tote Tier aufmerksam. Er erbarmt sich seiner und bestattet es schicklich. Wenig später erkundigen sich unsichtbare Rufende nach dem Wohltäter. Als niemand Auskunft weiß, erklären

89 J. Wellhausen, *Reste*, S. 151.
90 J. Henninger, „Geisterglaube", S. 286 f. und 299.
91 *Loc.cit.*, S. 289.
92 *Loc.cit.*, S. 300.
93 Vgl. dazu Kapitel 4.5 „Begegnungen mit den *ǧinn* aus Niṣībīn".

die Stimmen, es habe sich bei der toten Schlange um den zweitletzten jener *ǧinn* gehandelt, die von Muḥammad den Koran gehört hatten.

Dieser Bericht illustriert die potentielle Nähe zwischen *ǧinn* und Schlangen, auf die auch die westliche Sekundärliteratur wiederholt aufmerksam gemacht hat. Die folgenden Hinweise greifen in einem ersten Schritt Positionen ausgewählter Forschender dazu auf und erläutern die Problematik anschließend anhand von Belegen aus arabischen und persischen Quellen selbst.

Bereits P. Eichler zeigte auf, dass sich Dämonen gern in der Gestalt von Schlangen manifestieren.[94] Während J. Wellhausen in der ersten Auflage seiner Untersuchung *Reste arabischen Heidentums* die Auffassung vertreten hat, dass „die Schlange die eigentliche und wahre Gestalt der Dschinn sei",[95] äußert er sich in der zweiten Auflage zurückhaltender und spricht von einer sehr engen und notwendigen Verbindung zwischen den *ǧinn* und der Schlange.[96] Gemeinsames Charakteristikum sei ihre chthonische Natur. Auch der Begriff *šayṭān* bezeichne gemäß den Lexika häufig eine Schlange. Überdies legen die koranischen Berichte zu Moses' Stabwunder eine enge Beziehung zwischen *ǧinn* und Schlangen nahe.[97] Gerade auch A. J. Wensinck hat ausführlich auf die Bedeutung dieses Kriech-

---

94 P. Eichler, *Die Dschinn, Teufel und Engel*, S. 11 f.

95 Vgl. den Hinweis bei P. Eichler, *op.cit.*, S. 12.

96 J. Wellhausen, *Reste*, S. 152 f.

97 Der Koran erwähnt Moses' Stabwunder mehrfach (vgl. Suren 7.106–123, 20.17–21 und 20.64–70, 26.36–51; beachte aber v. a. Sure 27.10 und Sure 28.31). Die Geschichte ist aus dem *Alten Testament* bekannt. Gemäß der Fassung in 2 *Moses* 7.8–13 wirft allerdings Aaron, nicht Moses den Stab. Gemäß 2 *Moses* 4.1–7 jedoch wirft Moses selbst den Stab; diese zweite Version erwähnt die Auseinandersetzung mit den Zauberern Pharaos aber nicht. Vgl. dazu H. Speyer, *Die biblischen Erzählungen im Qoran*, S. 258 f.; zum Stabwunder aus biblischer Sicht siehe außerdem H. Wohlstein, „Zur Tier-Dämonologie der Bibel", S. 485 f. Gemäß den Darstellungen in der islamischen Offenbarung legitimiert sich Moses durch das Stabwunder gegenüber Pharao als Prophet. Als die Zauberer Pharaos ihre Stäbe hinwerfen, verwandeln sie sich sogleich in Schlangen. Die aus Moses' Stab hervorgehende Schlange ist allerdings stärker als sie und verschlingt sie alle. Auffällig ist die Wortwahl im Koran: Sure 7.107 hält fest, dass sich Moses' Stab sogleich in einen *ṯuʿbān* (Drache, Schlange) verwandelte. In Sure 20.20 ist dann von einer *ḥayya* (Schlange) die Rede. Bemerkenswert sind Sure 27.10 und 28.31, verwandelt sich Moses' Stab gemäß diesen beiden Versen doch in einen *ǧānn*. Die Übersetzer haben sich mit der Wiedergabe dieser beiden Verse wegen der ambivalenten Bedeutung des Ausdrucks *ǧānn* schwer getan. D. Masson hält fest dass sich der Stab bewege wie die *ǧinn* („Lorsque Moïse le vit s'agiter comme des Djinns." Sure 27.10). Die Übertragungen ins Deutsche (R. Paret, M. Henning, H. Bobzin) greifen hingegen auf die lexikalisch und in den angeführten koranischen Parallelstellen ebenso gut belegte Bedeutung von *ǧānn* als Schlange zurück. Jedenfalls weist die Verwendung von *ǧānn* in Suren 27.10 und 28.31 auf die potentielle Nähe der Dämonen zu den Schlangen hin. Mit der Problematik befasst sich insbesondere G. Schubert, „Dämon oder Haustier, ungläubig oder heilig", S. 17 f.

tiers in der semitischen Mythologie hingewiesen.[98] T. Fahd wiederum erkennt nicht nur eine auffällige Nähe von *ǧinn* und Schlangen, sondern zieht sogar die Existenz eines vorislamischen Schlangenkults in Erwägung.[99] Er betont, dass aus den schriftlichen Quellen und dem Volksglauben zahllose Beispiele für die Manifestation von Dämonen in Gestalt von Schlangen bekannt sind. D. Pielow macht ergänzend darauf aufmerksam, dass der Islam zwar die Verführung der Menschheit durch eine Schlange nicht kenne, doch auch er dieses Reptil in der Regel dämonisiere. Sie bezeichnet das Schlangenbild im Koran jedenfalls als düster und dämonisch.[100] G. Schubert gelangt zu ähnlichen Schlüssen.[101] Auch Ṣ. Hidāyat befasst sich mit der Rolle der Schlange und ihrer Nähe zu den Dämonen.[102] Nicht mehr berücksichtigt werden konnten die Resultate einer Studie A. Daneshvaris zur Problematik, erschien sie doch erst kurz vor Abschluss der Arbeiten an der vorliegenden Untersuchung.[103] Die folgenden Ausführungen stützen sich hingegen wiederholt auch auf das von F. Meier zusammengetragene Material zur Natur der Schlange.[104]

Im Rahmen der weiteren Überlegungen stehen Quellentexte im Vordergrund, die das Schicksal eines Jünglings thematisieren, der während kriegerischer Auseinandersetzungen seine Frau besucht.[105] Gemäß Ibn Taymiyyas Darstel-

98 A. J. Wensinck, *The Navel*, S. 60–64; ders., *Tree and bird*, S. 46 f.; ders., *Ocean*, S. 25.

99 T. Fahd, „Anges, démons et djinns", S. 195, v. a. S. 211, Anm. 157, mit Hinweisen auf Primär- und Sekundärliteratur. T. Fahd vermutet enge Beziehungen zwischen den *ǧinn* und heidnischen Gottheiten. Als mögliche Quellen für einen allfälligen Schlangenkult verweist er einerseits auf den Hinduismus, anderseits auf antike Ackerbaukulte unter den West-Semiten, ganz besonders den Kanaäern. Th. Nöldeke, „Die Schlange nach arabischem Volksglauben", S. 416, meint allerdings: „Von einem eigentlichen Cultus der Schlange bei den Arabern ist dagegen keine Spur zu finden."

100 D. Pielow, *Lilith*, S. 68.

101 G. Schubert, „Dämon oder Haustier, ungläubig oder heilig".

102 Ṣ. Hidāyat, *Nayrangistān*, S. 126, 128.

103 A. Daneshvari, *Of serpents and dragons in Islamic art and architecture.*

104 F. Meier, NL Mappe 8, s. v. *Schlange*, 15 Bl.

105 Der Zwischenfall ist in den Quellen mit Abweichungen im Detail gut belegt. Die folgenden Ausführungen stützen sich in einem ersten Schritt auf Ibn Taymiyya, *Īḍāḥ ad-dalāla*, S. 127.11–129.7, v. a. S. 128.11–129.7. Die Angelegenheit lässt sich bereits in den *Ḥadīṯ*-Sammlungen nachweisen; so bei Muslim, *Ṣaḥīḥ, Kitāb as-salām, Bāb Qatl al-ḥayyāt, Ḥadīṯ* Nr. 5976, und Abū Dāwūd, *Sunan, Kitāb al-Adab, Bāb Fī qatl al-ḥayyāt, Ḥadīṯ* Nr. 5259. Für Parallelen vgl. u. a. Damīrī, *Ḥayāt al-ḥayawān*, I.282 f. (vgl. F. Meier, NL, s. v. *Schlange*, Bl. 10.); Šiblī, *Ākām al-marǧān*, S. 65.9–17 (mit Verweis auf Muslim); Suyūṭī, *Laqṭ al-marǧān*, § 370, S. 143.15–144.8 (mit Verweis auf Muslim und Abū Dāwūd). Pseudo-Masʿūdī, *Aḫbār az-zamān*, S. 13.10–15, leitet seinen Bericht mit der Bemerkung ein, dass es unter den *ǧinn* solche gebe, deren Gestalt sich in nichts von Schlangen unterscheide. Wenn ein Mann sie töte, laufe er Gefahr, selbst umzukommen.

lung zieht der Prophet zusammen mit Begleitern in den Grabenkrieg *(ḫandaq)*.[106] Unter seinen Leuten befindet sich auch ein Jüngling, der sich erst kürzlich verheiratet hat, und den Propheten um die Erlaubnis bittet, für einen Tag zu seiner Frau zurückkehren zu dürfen. Da Muḥammad befürchtet, dass Angehörige des jüdischen Stamms der Qurayẓa[107] den Jüngling angreifen, rät er ihm, seine Waffen mitzunehmen. Als ihn seine Frau zu seinem Befremden bereits vor der Haustür erwartet, fühlt sich der junge Mann in seinem Ehrgefühl *(ġayra)* verletzt und geht mit der mitgebrachten Lanze auf seine Gattin los. Sie aber gebietet ihm Einhalt. Er solle zuerst den Gründen nachforschen, warum sie das Haus verlassen habe. Als der Jüngling im Haus Nachschau hält, entdeckt er auf seinem Lager eine gewaltige Schlange *(ḥayya ʿaẓīma)*, stürzt sich wutentbrannt auf sie, spießt sie mit seiner Lanze auf und pflanzt darauf seine Waffe im Hof auf, wo die Schlange noch einen Moment lang zuckt. Auch der Jüngling überlebt den Vorfall nicht. Ibn Taymiyya jedenfalls bemerkt, dass unklar sei, wer von beiden schneller starb.[108] Als sich Gefährten des Opfers mit der Bitte an den Propheten wenden, Gott möge den Jüngling wieder zum Leben erwecken, ist Muḥammad nicht bereit, für den getöteten Burschen ein gutes Wort einzulegen. Er erklärt den Bittstellern, dass es in Medina *ǧinn*[109] gebe, die den Islam angenommen hätten.[110] Wenn man sie sehe, solle man ihnen eine Frist von drei Tagen einräumen.[111] Erst wenn sie sich dann noch zeigten, dürfe man sie umbringen. Durch ihren Ungehorsam gebe die Schlange in diesem Fall zu erkennen, dass sie eigentlich ein Satan sei.[112]

106 Ibn Taymiyya spricht einfach von *ḫandaq*. Der Zwischenfall wird in der Regel mit dem Grabenkrieg in Verbindung gebracht, bei dem Muḥammad im Jahr 5/627 den Sieg gegen die angreifenden Mekkaner davonträgt, indem er einen Graben zur Verteidigung Medinas ausheben lässt; vgl. dazu W.M. Watt, Artikel „Khandaḳ", in *EI*^{2} IV.1020, und derselbe, *Muḥammad at Medina*, S.35–39. Wāqidī (verkürzte deutsche Wiedergabe von J. Wellhausen), *Muhammed in Medina*, S.203, weist auf das im folgenden diskutierte Erlebnis knapp hin.

107 Die Banū Qurayẓa sind einer der drei wichtigen jüdischen Stämme in Medina; vgl. W.M. Watt, Artikel „Ḳurayẓa, Banū", in *EI*^{2} V.436.

108 Ibn Taymiyya, *Īḍāḥ ad-dalāla*, S.128.19–129.1. Der Text präzisiert die Ursache für den Tod des jungen Mannes nicht.

109 Ibn Taymiyya hält zwar nicht explizit fest, dass es sich bei der getöteten Schlange um einen *ǧinnī* handelt. Die Gleichsetzung ergibt sich allerdings aus dem Kontext. Ibn Taymiyya bestätigt diese Sichtweise auch, indem er eine weitere Überlieferung aus Muslims *Ṣaḥīḥ* zitiert (*Īḍāḥ ad-dalāla*, S.129.4–6).

110 Ibn Taymiyya, *Īḍāḥ ad-dalāla*, S.129.2f.: „ثم قال ان بالمدينة جناً قد اسلموا".

111 Auch die bereits beigebrachte Überlieferung bei Muslim *(Ṣaḥīḥ, Kitāb as-Salām, Bāb Fī qatl al-ḥayyāt, Ḥadīṯ* Nr.5976 (vgl. Anm. 105) hält fest, man dürfe eine Schlange erst nach einer dreitägigen Frist töten. Wenn sie sich auch nach drei Tagen noch zeige, handle es sich bei ihr um einen Satan *(šayṭān)*.

112 Die Überlieferung läuft darauf hinaus, dass der Jüngling zu recht umgekommen ist, hätte er

Andere Quellen äußern weniger Vorbehalte gegenüber dem Töten von Schlangen, wie G. Schubert anhand von zahlreichen Beispielen aufzeigt, in denen der Prophet zum Umbringen von Schlangen auffordert.[113] Ihre Belege stammen zumeist aus Ǧāḥiẓ, Damīrī und Qazwīnī. Am deutlichsten richtet sich eine Aussage gegen die Schlangen, wonach einen Ungläubigen töte, wer eine Schlange umbringe.[114] G. Schubert macht außerdem auf die im Volksglauben weit verbreitete Vorstellung aufmerksam, dass in jeder Schlange ein Dämon oder Satan wohne.[115]

Die *Ḥadīṯ*-Sammlungen wiederum erörtern die Zulässigkeit des Tötens von Schlangen sogar in besonderen Kapiteln.[116] Gemäß einem Bericht, der auf den Gewährsmann Ibn ʿUmar zurückgeht, soll der Prophet v. a. vor den Ḏū ăṭ-ṭufyatayn-Schlangen und den Abtar-Schlangen gewarnt haben,[117] die ausdrücklich mit den *ǧinn* in Beziehung gebracht werden. Während die Ḏū ăṭ-ṭufyatayn-Schlange[118]

---

der Schlange doch eine dreitägige Frist einräumen müssen. Ibn Taymiyya stellt im Übrigen auch *šarīʿa*-rechtliche Überlegungen zum Töten von *ǧinn* an. Gemäß B. Krawietz, „Dschinnen und universelle Ordnung des Islams bei Ibn Taymiyya", S. 255, muss den Dämonen das Urteil Gottes und seines Gesandten zur Kenntnis gebracht werden, falls sie Übergriffe auf die Menschen verüben. Dieses Urteil müsse sich auf autoritative Quellen stützen. Auch müssen die *ǧinn* gemäß dem bekannten muslimischen Gebot zum Guten an- und vom Schlechten abgehalten werden *(al-amr bi-ăl-maʿrūf wa-ăn-nahy ʿan al-munkar)*. Denn neben den Menschen seien auch sie Adressaten der *šarīʿa* (vgl. Ibn Taymiyya, *Īḍāḥ*, S. 127.11 f.). Den Menschen sei es untersagt, einen *ǧinnī* widerrechtlich *(bi-ġayr ḥaqq)* zu töten (Ibn Taymiyya, *Īḍāḥ*, S. 129.8–10). Selbst wenn es sich um einen ungläubigen *ǧinn* handle, dürfe er nur unter Einhaltung bestimmter Bedingungen – *in casu* eine Warnung und das Ansetzen einer dreitägigen Frist – umgebracht werden. Andernfalls würde sich der Mensch des Unrechts *(ẓulm)* schuldig machen (besonders deutlich bei Ibn Taymiyya, *Īḍāḥ ad-dalāla*, S. 128.3–7).

113 G. Schubert, „Dämon oder Haustier, ungläubig oder heilig", S. 19–21. Auch gemäß E. Zbinden, *Die Djinn des Islam*, S. 76 f., warnt Muḥammad davor, dass in jeder Schlange ein *ǧinn* zu fürchten sei. Bei Muslim und Buḫārī lassen sich weitere Überlieferungen nachweisen, in denen sich Muḥammad für die Tötung von Schlangen ausspricht; vgl. dazu unten, Text bei Anm. 116 ff.

114 G. Schubert, *op.cit.*, S. 19 f., verweist auf Belege aus Damīrī, *Ḥayāt al-ḥayawān*, I.402.1; Ǧāḥiẓ, *Ḥayawān* IV. 293, und Qazwīnī, *ʿAǧāʾib al-maḫlūqāt* (Ausgabe F. Wüstenfeld), S. 432.2.

115 G. Schubert, *op.cit.*, S. 22. Suyūṭī, *Laqṭ al-marǧān*, § 46 f., S. 17, weist auf eine weitere Nuance hin und bezeichnet die Schlangen als verwandelte *ǧinn:* „الحيات مسيخ الجن". Er setzt dazu in Parallele, dass Affen und Schweine verwandelte Menschen seien.

116 Muslim, *Ṣaḥīḥ*, *Kitāb as-Salām*, *Bāb qatl al-ḥayāt wa-ġayri-hā* („Kapitel über die Tötung von Schlangen und andern Lebewesen"), *Ḥadīṯe* Nr. 5959–5978; Buḫārī, *Ṣaḥīḥ*, *Kitāb Badʾ al-ḫalq*, *Bāb 14 Qawl Allāh ‚Wa-baṯṯa fī-hā [...]ʻ*, *Ḥadīṯe* Nr. 3333–3335; Abū Dāwūd, *Sunan*, *Kitāb al-adab*, *Bāb Fī qatl al-ḥayyāt*, *Ḥadīṯ* Nr. 5250–5266.

117 Buḫārī, *Ṣaḥīḥ*, *Ḥadīṯe* Nr. 3333–3334.

118 Gemäß A. Kazimirski, *Dictionnaire*, s. v. *ṭufān*, *nomen unitatis ṭufya*, bezeichnet der Aus-

das Augenlicht raubt, wird die Abtar-Schlange[119] für Fehlgeburten verantwortlich gemacht.[120] Diese beiden Schlangenarten sollen getötet werden. Weiße Schlangen allerdings sollen geschont werden, wie aus einer auf Ibn Masʿūd zurückgehenden Überlieferung hervorgeht.[121] Auch G. Schubert hält fest, dass die Hanafiten das Töten weißer Schlangen untersagen; es handle sich bei ihnen um gute Dämonen.[122] Damīrī äußert sich in seinem Werk zur Zoologie in demselben Sinn.[123]

Weiße Schlangen bzw. Schlangen im Allgemeinen spielen auch in einem Bericht über kämpferische Auseinandersetzungen zwischen Dämonenheeren eine Rolle. Die beizuziehende Erzählung ist als Erweiterung zu den bereits bekannten Berichten im Umlauf, wonach eine Gruppe Reisender in ödem Land auf eine Schlange stößt, die mit dem Tod ringt bzw. bereits verendet ist und darauf schicklich bestattet wird.[124] Das Geschehen wird hier gemäß einer Fassung bei Maybudī vorgestellt, der in Übereinstimmung mit andern Quellen davon berichtet,[125] dass am Abend zwei Frauen erscheinen und ʿAmrs Wohltäter belohnen wollen. Bei der verstorbenen Schlange habe es sich um den letzten jener *ǧinn* gehandelt, die von Muḥammad den Koran gehört hätten. Die beiden Frauen weisen gemäß Maybudīs Version darauf hin, dass ʿAmr b. Ǧābir zum Opfer kämpferischer Auseinandersetzungen zwischen Dämonen geworden sei. Zwischen den gläubigen und ungläubigen *ǧinn* sei es nämlich zu einer Auseinandersetzung mit Toten gekommen. Maybudī distanziert sich allerdings in einer Schlussbemerkung von der aufgeführten Überlieferung, handle es sich beim Wohltäter der Schlange doch um den als Urheber von Lügengeschichten wohlbekannten Ṣafwān b. Muʿaṭṭil al-Murādī.[126]

---

druck „3. [un] serpent très venimeux marqué au dos de deux raies semblables aux feuilles de palmier nain. On l'appelle aussi ذو الطفيتين."

119 Gemäß A. Kazimirski, *Dictionnaire*, bedeutet *abtar* u. a. „1. Ecourté, qui a la queue coupée. 2. en général, mutilé [...] 3. Qui n'a pas de postérité, surtout mâle."

120 Vgl. dazu Buḫārī, *Ṣaḥīḥ, Kitāb Badʾ al-ḫalq, Bāb Ḫayr māl al-muslim [...], Ḥadīṯe* Nr. 3344–3345 (Gewährsperson: ʿĀʾiša).

121 Abū Dāwūd, *Sunan, Kitāb al-Adab, Bāb Fī qatl al-ḥayyāt, Ḥadīṯ* Nr. 5263. Die Überlieferung wird zitiert bei Suyūṭī, *Laqṭ al-marǧan*, S. 146.11 f., § 377.

122 G. Schubert, „Dämon oder Haustier, ungläubig oder heilig", S. 22,

123 Damīrī, *Ḥayāt al-ḥayawān*, I.283.23 f.

124 Vgl. dazu oben Kapitel 4.5 „Begegnungen mit den *ǧinn* aus Niṣībīn" und hier Anfang Kapitel 5.4.1 (nach Anm. 93).

125 Maybudī, *Kašf ul-asrār*, Kommentar zu Sure 72, X.251.14–24.

126 Maybudī, *Kašf ul-asrār*, Kommentar zu Sure 72, X.251.20 f. Murādī ließ sich nicht näher identifizieren; auch J. van Ess, *Theologie und Gesellschaft*, Index, führt keinen Murādī mit den vorliegenden Namenszusätzen auf.

Auch Suyūṭī kennt die Grundfassung des soeben vorgestellten Berichts.[127] Er macht aber außerdem auf eine auf Ibn Masʿūd zurückgehende Version aufmerksam,[128] wonach einige Prophetengenossen, darunter Ibn Masʿūd, in der Wüste in einen Sturm geraten seien. Kurz nachdem eine erste Windhose *(iʿṣār)* erschienen sei, sei eine zweite, gegenüber der ersten noch gewaltigere Windhose aufgezogen.[129] Als sich die Sturmwolken gelichtet hätten, habe eine tote Schlange auf dem Boden gelegen.[130] Suyūṭī spricht in einer weiteren Fassung sogar davon, dass nach dem Aufeinandertreffen der beiden Sturmwolken zahlreiche tote Schlangen auf dem Boden gelegen hätten.[131] Von einer dieser Schlangen, sie soll gelb gewesen sein, sei ein wohlriechender Duft ausgegangen. Sie habe zu jenen *ǧinn* gehört, die von Muḥammad den Koran gehört hätten, und habe beim vorangehenden Zusammenstoß den Märtyrertod erlitten.[132] Šiblī und Suyūṭī kennen außerdem die Stammeszugehörigkeit der Kämpfer. Demnach sind die Banū ăš-Šayṣabān und die Banū Uqays aufeinander getroffen, die Šiblī beide zu den Stämmen der *ǧinn* zählt.[133] Auch in diesen Fassungen folgen Hinweise auf die schickliche Bestattung der verstorbenen Schlange und die Belohnung des Wohltäters.

Aus den vorangehenden Berichten ergibt sich die große Nähe zwischen Schlangen und *ǧinn* von selbst. Die beigebrachten Schilderungen zeigen außerdem auf, dass enge Beziehungen zwischen dem Wind, insbesondere dem Sturm-

---

127 Suyūṭī, *Laqṭ al-marǧān*, § 145, S. 46.15–47.8. Eine ähnliche Überlieferung findet sich bei Yāqūt, *Buldān*, III.476–478, und wird unten nach Anm. 307 aufgegriffen.

128 Suyūṭī, *Laqṭ al-marǧān*, § 146, S. 47.9–17.

129 Gemäß H. Wehr, *Wörterbuch*, bedeutet *iʿṣār* „Wirbelwind, Zyklon, Orkan, Tornado". A. Kazimirski, *Dictionnaire*, s. v., erwähnt die Bedeutungen „2. Ouragan, ou nuage qui amène l'ouragan, accompagné de tonnerres et d'éclairs".

130 Ähnliche Versionen lassen sich nachweisen bei 1. Damīrī, *Ḥayāt al-ḥayawān*, I.207.22–28 (G. Schubert, „Dämon oder Haustier, ungläubig oder heilig", S. 22 f., macht auf diese Fassung aufmerksam); vgl. die mit der Damīrī-Fassung über weite Strecken wörtlich identische Parallele bei Suyūṭī, *Laqṭ al-marǧān*, § 148, S. 48.8–49.6. 2a. Šiblī, *Ākām al-marǧān*, S. 42.18–43.3: mit namentlicher Identifikation der beiden Widersacher (nämlich: ʿAmr b. al-Ǧawmāna (ein Gläubiger) und Muḥṣin b. Ǧawšan an-Naṣrānī (also ein Christ, *naṣrānī*, und damit offensichtlich ein Ungläubiger). 2b. Šiblī, *Ākām al-marǧān*, S. 43.3–14. 3. Šiblī, *Ākām al-marǧān*, S. 43.14–44.10: Version mit toter Schlange, die schicklich bestattet wird. Von einem Kampf zwischen Sturmwinden ist hier nicht die Rede. Die Fassung weicht auch in weiteren Einzelheiten von den üblichen Darstellungen ab. 4. Yāqūt, *Buldān*, III.476–478; vgl. Hinweis bei T. Fahd, „Anges, démons et djinns", S. 188 mit Anm. 118 (S. 208).

131 Suyūṭī, *Laqṭ al-marǧān*, § 148, S. 48.8–49–6; siehe v. a. S. 48.14 ff.

132 Suyūṭī, *op.cit.*, S. 49.5: *ustušhida*.

133 Šiblī, *Ākām al-marǧān*, S. 43.12 f. Suyūṭī, *Laqṭ al-marǧān*, S. 49.3 f., redet von den beiden Stämmen Banū Šuʿaybān und den Banū Qayš.

wind, und allem Dämonischen bestehen, bleiben doch zahlreiche tote Schlangen auf dem Schlachtfeld zurück, nachdem sich die Staubwolken verzogen haben. Die Abhängigkeiten zwischen allem Dämonischen, dem Wind und allenfalls von Windgeistern werden später untersucht.[134]

*Die Hausgeister (*ʿāmir, *pl.* ʿummār*):* Die Berichte über den Besuch eines jungen Mannes bei seiner Frau während des Grabenkriegs teilen mit, dass sich eine Schlange im Haus des frisch vermählten Paars aufhält.[135] Auch andere Quellen erzählen von Schlangen und Dämonen, die Häuser bewohnen. J. Henninger macht ebenso auf diese unter dem Namen *ʿāmir* bekannten Hausgeister aufmerksam.[136] Auch F. Meier befasst sich mit den *ǧinnān al-buyūt* („*ǧinn* der Häuser").[137] Und M.-L. von Franz hält fest, dass der *genius loci* bei den Römern stets als Schlange dargestellt wurde.[138]

Vergleichbare Hinweise in den konsultierten Quellen sind zahlreich. Damīrī z. B. hält fest, dass die *ǧinnān al-buyūt* Schlangenform hätten.[139] Und Suyūṭī weiß von Häusern, die von *ʿummār* (pl. auch *ʿawāmir*, sg. *ʿāmir*) bewohnt werden.[140] Ibn Taymiyya erinnert, gestützt auf ein bei Muslim zitiertes Prophetenwort, daran, dass Muḥammad verboten habe die Hausschlangen *(ḥayyāt al-buyūt)* bzw. die *ʿummār* umzubringen.[141] Gemäß diesem Bericht begab sich Abu ăs-Sāʾib zu Abū Saʿīd al-Ḫudrī, der gerade am Beten war. Während Abu ăs-Sāʾib das Ende des Gebets abwartete, vernahm er aus den Zweigen einer Dattelpalme beim Haus ein

134 Vgl. unten Kapitel 5.5 „Zur Einordnung des Winds und seiner Darstellung in arabischen und persischen Quellen". Der Vollständigkeit halber seien hier zwei Ergänzungen festgehalten: 1. Die islamische Mystik betrachtete die Schlange gern als Sinnbild der menschlichen Triebseele *(nafs)* und dämonisierte sie deshalb; vgl. G. Schubert, „Dämon oder Haustier", S. 26–28. 2. Hamadānī-Ṭūsī, *ʿAǧāyib-nāma* (Ṣādiqī), S. 310.6 f., weiß, dass sich die *ǧinn* in Abhängigkeit von ihrem Alter als unterschiedliche Arten von Schlangen zeigen. Die *mār* („Schlange") werde bei jedem Auftreten jünger *(sic)*. Zuerst zeige sie sich als *ḥayya*, dann als *ǧān* (persisch) und schließlich als *ṯuʿbān*. Ein *ṯuʿbān* sei tausend Jahre alt.

135 Vgl. oben, Text bei Anm. 105–112.

136 J. Henninger, *Geisterglaube*, S. 301, mit Hinweisen auf J. Wellhausen, *Reste*, S. 151, 164; W. R. Smith, *Lectures on the Religion of the Semites*, S. 120, Anm. 1; A. S. Tritton, „Spirits and demons in Arabia", S. 717; E. Zbinden, *Die Djinn des Islam*, S. 76.

137 F. Meier, NL Mappe 4, s. v. *Hausgeister*, 3 Bl.

138 M.-L. von Franz, *Spiegelungen der Seele*, S. 148.

139 Damīrī, *Ḥayāt al-ḥayawān*, I. 215.24 f.

140 Suyūṭī. *Laqṭ al-marǧān*, S. 144.12f: „ان لهذه البيوت عوامر".

141 Ibn Taymiyya, *Īḍāḥ ad-dalāla*, S. 128.7–11; vgl. die Überlieferung bei Muslim, *Ṣaḥīḥ*, *Kitāb as-Salām*, *Bāb Fī qatl al-ḥayyāt*, *Ḥadīṯ* Nr. 5976, auf die bereits in anderem Zusammenhang hingewiesen worden ist (siehe bei Anm. 105 und 111).

Geräusch und entdeckte beim Nachschauen eine Schlange *(ḥayya)*. Ḫudrī habe ihn daran gehindert, das Reptil zu töten. Er habe das Verbot mit einem Hinweis auf das Schicksal jenes jungen Mannes begründet, der während des Grabenkriegs zu seiner Frau zurückgekehrt und nach dem Kampf mit der Schlange im Haus selbst umgekommen sei.

Auch bei Buḫārī lässt sich eine Überlieferung nachweisen, die auf die besondere Stellung der Hausgeister aufmerksam macht.[142] Demnach soll ʿAbdallāh einer Schlange *(ḥayya)* nachgestellt haben, um sie zu töten. Abū Lubāba bittet ihn jedoch, das Tier am Leben zu lassen. Zwar habe der Prophet dazu angehalten, die Schlangen zu töten. Die Hausschlangen *(ḏawāt al-buyūt)* allerdings, die zitierte Überlieferung bezeichnet sie auch als *ʿawāmir*, solle man gemäß einem späteren Hinweis des Propheten verschonen.[143] Ǧāḥiẓ äußert sich in einer kurzen Übersicht über die verschiedenen Arten von Dämonen und Engeln ebenso zu den *ʿummār*. Er versteht darunter jene *ǧinn*, die mit den Menschen zusammenwohnen.[144] Diese Definition lässt sich in späteren Quellen mit jeweils geringen Abweichungen nachweisen.[145] Suyūṭī fügt verdeutlichend hinzu, dass der Begriff *ʿummār* ein Synonym für *sukkān* sei.[146] Auch Ḥalabī bezeichnet als *ʿāmir* jene *ǧinn*, die mit den Menschen zusammenleben.[147] Bereits hier sei auf die Interpretation dieser Hausgeister als eine Art Begleitdämonen des Menschen hingewiesen.[148]

Das Chthonische als Charakteristikum des Dämonischen: Der dämonische Charakter der Schlange erklärt sich auch aus ihrer chthonischen Natur. Sie kriecht auf dem Boden und haust in Erdlöchern. Sie zählt damit im eigentlichen Sinn des Wortes zu den *ahl al-arḍ*, den „Leuten der Erde", die auf oder unter der Erdoberfläche hausen.[149] Grundsätzlich haben alle Kriechtiere eine Verbindung zum Dämonischen. Die vorangehenden Ausführungen stellten die Schlange einfach deshalb in den Vordergrund, da die Quellen ihre dämonische Seite besonders

---

142 Buḫārī, *Ṣaḥīḥ, Kitāb Badʾ al-ḫalq, Bāb Ḫayr māl al-muslim ġanam [...], Ḥadīṯ* Nr. 3334; vgl. *Ḥadīt* Nr. 3348, und *Kitāb al-maġāzī, Bāb Ḥaddaṯa-nī ḫalīfa, Ḥadīṯ* Nr. 4065–4066: Der Prophet soll untersagt haben, die Hausschlangen *(ǧinnān al-buyūt)* zu töten.

143 Vgl. ausführlicher dazu unten Kapitel 6, bei Anm. 93–99.

144 Ǧāḥiẓ, *Ḥayawān*, VI.190.4 f.: „ثم ينزلون الجن فى مرات [...] فاذا ارادوا انه ممن سكن مع الناس قالوا عامر، والجميع عُمّار".

145 Vgl. Šiblī, *Ākām al-marǧān*, S. 8.18; Suyūṭī. *Laqṭ al-marǧān*, S. 6.5.

146 Suyūṭī, *Laqṭ al-marǧān*, S. 7.4.

147 Ḥalabī, *ʿIqd al-marǧān*, S. 28.6 f.

148 Vgl. dazu unten Kapitel 8 „Die *ǧinn* als Doppelgänger und Komplementärwesen des Menschen".

149 Zu den *ahl al-arḍ* vgl. Kapitel 6.2.1 „Die Perspektive der Ethnologie", Text bei Anm. 16.

betonen. Aber nicht nur die Schlangen, sondern Reptilien ganz allgemein, z.B. Eidechsen, Skorpione, aber auch Insekten, werden mit den *ǧinn* in Verbindung gebracht. Die Ameise hat ebenso dämonische Eigenschaften, wie aus der Salomonlegende hervorgeht. Auch sie gehört zu den *ahl al-arḍ*, legt sie doch Gänge im Boden an.[150]

Der Koran selbst bringt zwar die Schlange nicht mit Adams Vertreibung aus dem Paradies in Verbindung. In der späteren islamischen Überlieferung ist diese Geschichte aber bekannt. In diesen Berichten spielt auch das Kamel eine Rolle, dem teilweise dämonische Charakterzüge zugeschrieben werden. Verschiedene Quellen weisen auf eine enge Verwandtschaft zwischen Kamel und Schlange hin. Die folgenden Ausführungen befassen sich mit dem Kamel und seinen Eigenschaften.

5.4.2 Das Kamel: Zum potentiell dämonischen Charakter eines Wüstentiers und zu seiner Rolle bei Adams Sündenfall

Das Kamel als Vertreter des Dämonischen: Sabzawārī bemerkt im Werk *Maǧmaʿ un-nūrayn*, dass *ǧinn* und *šayāṭīn* zu gewissen Tieren eine besondere Zuneigung *(ulfat)* entwickeln. Er illustriert diese Aussage mit einem Hinweis auf den Spruch, wonach man nie durch eine Kamelkarawane schreiten solle. Unter den Kamelen halte sich stets ein Satan auf. Er scheuche die Kamele auf, worauf der Besitzer herunterfalle. Sein Sturz bringe die übrigen *šayāṭīn* zum Lachen.[151] Weitere Quellen stützen Sabzawarīs negatives Bild des Kamels, wie es sogleich aufzuzeigen gilt. Allerdings gibt es auch Hinweise auf positive Einschätzungen dieses Tiers; sie werden am Schluss dieses Abschnitts zusammengestellt.

Bereits verschiedene Prophetenworte und Ǧāḥiẓ machen auf die negativen Eigenschaften des Kamels aufmerksam, wie T. Fahd festhält.[152] Šiblī vergleicht die Kamele wegen ihres widerspenstigen und eigensinnigen Wesens mit den Geistern: Er bezeichnet die Kamele als *ǧinn* und meint, dass die *ǧinn* von den Kamelen abstammen.[153] Man bezeichne auch einen besonders bösen und schlechten Men-

150 Vgl. Kapitel 10.3.3 „Aspekte des Wissens", Text bei Anm. 180–190.

151 Sabzawarī, *Maǧmaʿ un-nūrayn, Ḥayawān*, S. 417.5 ff.; Hinweis bei F. Meier, NL Mappe 5, s. v. *Kamel*, Bl. 1 (insgesamt 2 Bl.). Zu Sabzawarī vgl. Anm 225.

152 Vgl. die Stellenangaben bei T. Fahd, „Anges, démons et djinns", S. 182 und S. 206 mit Anm. 95, der hinweist auf a. Prophetenworte bei J. von Hammer-Purgstall, „Geisterlehre", S. 211 f., mit den *Ḥadīṯen* Nr. 114 (S. 176), 138 (S. 178), 187 (S. 183), 190 (S. 183); b. Ǧāḥiz zitiert bei G. van Vloten, „Dämonen, Geister und Zauberer bei den alten Arabern", S. 239 f.

153 Ṣ. Hidāyat, *Nayrangistān*, S. 142.6, hält fest, dass der Groll *(kīna)* eines Kamels vierzig Jahre

schen als *šayṭān*.[154] Suyūṭī wiederum zitiert eine Überlieferung, laut der man eine Kamelstute *(nāqa)* mit umgehängter Glocke vor dem Propheten vorbeigeführt und Muḥammad sie als Reittier des Satans *(maṭiyyat aš-šayṭān)* bezeichnet habe.[155] Die folgenden Ausführungen stützen sich allerdings nicht auf diese soeben zitierten Autoren, sondern greifen Aussagen zum dämonischen Charakter der Kamele bei Ibn Qutayba (3./9. Jh.) auf.[156]

Dieser Gelehrte macht auf ein Prophetenwort aufmerksam, wonach es Muḥammad untersagt hatte, das Ritualgebet auf dem von den Kamelen zertretenen Platz *(aʿṭān)* bei den Tränkstellen zu verrichten. Denn die Kamele seien aus den Satanen erschaffen worden.[157] Ibn Qutayba stellt anschließend kritische Überlegungen zu dieser Überlieferung an und hält fest,[158] dass dem Propheten durchaus bekannt gewesen sei, dass Kamele nur aus Kamelen hervorgehen und nicht direkt von den *šayāṭīn* abstammen können. Es sei ausgeschlossen, dass eine *šayṭāna* ein Kamel gebäre oder eine Kamelstute einen *šayṭān*. Die Beziehungen zwischen *šayṭān* bzw. *ǧinn* einerseits und den Kamelen anderseits müsse man sich vielmehr derart vorstellen, dass die Kamele ihrem Ursprung nach aus derselben Gattung erschaffen worden seien wie die *šayāṭīn*. Ibn Qutayba stützt seine

---

anhält. Auf den dämonischen Charakter des Kamels dürfte auch die Auffassung hinweisen, dass der Hausherr stirbt, wenn unter seinem Dach ein Kamel schläft (Ṣ. Hidāyat, *loc.cit.*, S. 142.5). Zum Groll der Kamele vgl. außerdem: Qazwīnī, *ʿAǧāʾib al-maḫlūqāt* (Miṣr), S. 222.13 ff. (vgl. Ausgabe F. Wüstenfeld, S. 379); siehe *Die Wunder des Himmels und der Erde* (Übersetzung A. Giese), S. 196: „Man sagt, dass das Kamel ein grollhegendes Tier sei: Wenn der Kameltreiber es schlägt, wartet es auf eine Gelegenheit, ihn zu erwischen – und sei es auch nach einiger Zeit –, um sich an ihm zu rächen."

154 Šiblī, *Ākām al-marǧān*, S. 22.22–23.2; vgl. die Parallele bei Suyūṭī, *Laqṭ al-marǧān*, § 44, S. 16.10–15. Šiblī (S. 23.2 f.) hält fest: „والابل تشبه الجن فى صعوبتها وصولتها".

155 Suyūṭī, *Laqṭ al-marǧān*, S. 298.7 f. (§ 713). Ḥalabī, *ʿIqd al-marǧān*, S. 89.3 f., bringt den teuflischen Charakter primär mit der Glocke in Zusammenhang, die man der Kamelin umgebunden hatte.

156 Ibn Qutayba, ein bedeutender sunnitischer Polygraph, war sowohl als Theologe als auch als *Adab*-Schriftsteller tätig; vgl. G. Lecomte, Artikel „Ibn Ḳutayba", in *EI*² III.844.

157 Ibn Qutayba, *Taʾwīl muḫtalif al-ḥadīṯ*, S. 132.5 f.; siehe auch Abū Dāwūd, *Sunan, Kitāb aṭ-ṭahāra, Bāb wuḍūʾ min luḥūm al-ibl, Ḥadīṯ* Nr. 148, 493; Ibn Māǧa, *Sunan, Kitāb al-masāǧid wa-ăl-ǧamāʿāt, Bāb aṣ-Ṣalāt fī aʿṭān al-ibl, Ḥadīṯ* Nr. 818; Aḥmad b. Ḥanbal, *Musnad, Ḥadīṯ* Nr. 17062, 17073, 18836, 20871, 20902; vgl. F. Meier, NL Mappe 5, s. v. *Kamel*. Das Verbot ist auch Ǧāḥiẓ (*Ḥayawān*, VI.223.2 f.) bekannt. Hamadānī-Ṭūsī, *ʿAǧāyib-nāma* (Ausgabe Ṣādiqī), S. 253.10, hält fest, dass es in den Kamelen *(šutur)* eine Ader *(ʿirq)* der *ǧinn* gebe. Deshalb habe der Prophet verboten, an den Plätzen der Kamele das Ritualgebet zu verrichten. Hamadānī-Ṭūsī hält außerdem fest (S. 254.24 f.), dass Sulaymān b. ʿAbd al-Malik seinen Statthalter aufforderte für ihn im Jemen einen edlen Kamelhengst *(naǧīb)* vom Geschlecht der *ǧinn (az nasl-i ǧinn)* zu kaufen.

158 Ibn Qutayba, *Taʾwīl muḫtalif al-ḥadīṯ*, S. 132.7 ff.

Auffassung, indem er eine weitere Überlieferung beibringt, wonach die Kamele aus den *aʿnān aš-šayāṭīn* entstanden seien.[159] Er definiert die *aʿnān* in einer Glosse als „Ränder, Seiten“. Er schließt eine direkte Abstammung der Kamele von den *šayāṭīn* aber aus, da der Prophet sonst gesagt hätte, die Kamele seien aus dem Geschlecht oder aus dem Bauch bzw. den Lenden der *šayāṭīn* hervorgegangen.[160]

Ibn Qutayba macht in Anschluss an diese Ausführungen auf die Gattung der ḥūšitischen Kamele aufmerksam, die wegen ihres störrischen Verhaltens besonders übel beleumdet sind.[161] Die Araber glauben, dass die *ǧinn* Vieh im Land Ḥūš haben, wo ihre Tiere das Vieh der Menschen gedeckt haben. Aus dieser Verbindung seien die ḥūšitischen Tiere bzw. Kamele hervorgegangen. Ibn Qutayba schließt daraus, dass die ḥūšitischen Kamele aus dem Wurf des Viehs der *ǧinn*, nicht aber von den *ǧinn* selbst stammen.[162] Die ḥūšitischen Kamele lassen sich auch in weiteren Quellen nachweisen. Ǧāḥiẓ bezeichnet das Land Wabār als ihre Heimat.[163] Auch Yāqūt lokalisiert sie in dieser Gegend.[164] Zahlreiche weitere Dichter kennen dieses Land ebenso. Heute lebten dort nur noch die *ǧinn* und die ḥūšitischen Kamele.[165] Ǧāḥiẓ präzisiert auch, dass diese Tiere von den Kamelhengsten der *ǧinn* abstammen, und bezeichnet die ḥūšitischen Kamele als Nachkommen der Kamele der *ǧinn*.[166] Von den ḥūšitischen Kamelen wiederum stammen weitere Kamelarten ab, die der Verfasser des *Kitāb al-Ḥayawān* namentlich aufführt.[167]

Die Rolle von Kamel und Schlange bei Adams Sündenfall: Der dämonische Charakter des Kamels lässt sich nicht nur anhand solcher isolierter Bemerkungen illustrieren. Auch Berichte über seine Rolle bei Ādams Sündenfall bringen dies

---

159 A. Kazimirski, *Dictionnaire*, führt s. v. *aʿnān*, pl. von *ʿanan*, auch die Wendung *aʿnān aš-šayāṭīn* auf und definiert den Ausdruck als „3. Moeurs, habitudes des démons“. Das Passivpartizip *maʿnūn* übersetzt er mit „fou, aliéné“ und verweist auf die Einträge zu *ǧinn* und *maǧnūn*. Auch diese Erklärungen lassen auf eine charakterliche Nähe von *šayāṭīn* und Kamelen schließen.

160 Ibn Qutayba, *Taʾwīl muḫtalif al-ḥadīṯ*, S. 132.15–19.

161 Ibn Qutayba, *op.cit.*, S. 132.20 ff.

162 A. Kazimirski, *Dictionnaire*, übersetzt *ḥūš* (collectif) mit „1. Bêtes fauves débusquées et traquées. 2. Démons mâles qui, selon les croyances populaires, se sont mêlés aux chameaux, et ont engendré la race des chameaux *ḥūšiyya*.“

163 Ǧāḥiẓ, *Ḥayawān*, VI.215.6–216,10. Zum Land Wabār vgl. ausführlich Kapitel 6.2.3 „Das Land Wabār“; dort (Anm. 126–128) auch weitere Angaben zu den ḥūšitischen Kamelen.

164 Vgl. Yāqūt, *Buldān*, IV. 896–898.

165 Ǧāḥiẓ, *Ḥayawān*, VI.216.8–10,

166 Ǧāḥiẓ, *Ḥayawān*, VI.216.13: „فالحوشية من نسل ابل الجن“.

167 Ǧāḥiẓ, *Ḥayawān*, VI.216.13 f.: es handelt sich um die Rassen *ʿīdiyya*, *mahriyya*, *ʿasǧadiyya* und *ʿumāniyya*.

zum Ausdruck. Dies lässt sich anhand von Überlieferungen bei späteren Autoren (u.a. Šiblī, Suyūṭī und Ḥalabī) aufzeigen, die in der koranischen Fassung fehlende Elemente enthalten.[168]

Šiblī leitet seinen Bericht mit einem Hinweis auf Gottes Warnung im Koran (Sure 2.35 und Sure 7.19) ein, wonach Ādam und Eva zwar im Paradies leben dürfen, ihnen aber die Früchte eines einzigen Baums dort verboten sind. Šiblīs Darstellungen entfernen sich nach diesen Bemerkungen aber von der aus der islamischen Offenbarung bekannten Fassung des Geschehens. Als Iblīs von Ādams und Evas Glück erfährt, will er ins Paradies eindringen und sie verführen. Die Wächterengel verwehren ihm jedoch den Zutritt. Iblīs begibt sich darauf zur *ḥayya*[169] und bittet dieses Tier, ihm beim Eindringen in den Garten Eden behilflich zu sein. Er schlägt ihm vor, ihn in seinem Maul *(fuqum)* ins Paradies zu schmuggeln. Der Betrug entgeht den Wächterengeln in der Tat. Einmal im Paradies, gelingt es Iblīs, Eva zum Übertreten des göttlichen Verbots zu verleiten. Da ihr im ersten Moment nichts Schlimmes widerfährt, isst auch Ādam vom verbotenen Baum.

Im vorliegenden Kontext interessiert nicht diese aus weiteren Quellen gut belegte Fassung des Geschehens.[170] Wichtig ist vielmehr Šiblīs Bemerkung, die *ḥayya* sei anfänglich ein vierbeiniges Tier gewesen. Auch er bezeichnet die *ḥayya* als das schönste Tier und vergleicht sie explizit mit einem Kamel *(baʿīr)*.[171] Eine auf den Gewährsmann Rabīʿ zurückgehende Überlieferung hält fest, dass der *šayṭān* in der Gestalt eines Tiers mit Füssen ins Paradies eingedrungen sei, das er als *baʿīr* (Kamel) bezeichnet.[172] Indem er sich auf Abu ăl-ʿĀliyya beruft, gibt Rabīʿ in einer Glosse an, dass gewisse Kamele von den *ǧinn* abstammen.[173] Die von Šiblī beigebrachten Berichte stimmen darin überein, dass jenes Tier, das dem Bösen

---

168 Die folgenden Ausführungen stützen sich primär auf Šiblī, *Ākām al-marǧān*, S. 200.1–16 (Gewährsleute: Ibn Masʿūd und ungenannte Gefährten des Gesandten), vgl. die Varianten: S. 200.17–201.1 (Gewährsleute: Ibn ʿAbbās und ar-Rabīʿ) und S. 201.9–19 (Gewährsmann: Abū Zayd). Zusammenfassende Schlussbemerkungen Šiblīs: S. 201.19–23. Für Parallelen vgl. Suyūṭī, *Laqṭ al-marǧān*, S. 248.8–249.11, §§ 543–546.

169 *Ḥayya* bedeutet Schlange, was der Bericht vorläufig ausblendet.

170 P. Awn, *Satan's tragedy and redemption*, S. 41–44 (mit Anmerkungen), macht auf Parallelfassungen des Geschehens bei weiteren arabischen Schriftstellern aufmerksam. P. Awn (S. 41) weist besonders darauf hin, dass der islamische Bericht über die Versuchung verschiedene Ungereimtheiten enthält. Muslimische Autoren hätten sich zu erklären bemüht, wie Iblīs Eva im Paradies eben doch wieder behelligen konnte.

171 Šiblī, *Ākām al-marǧān*, S. 200.7 f.: „فأتى [إبليس] الحية وهى دابة لها اربع قوائم كأنها البعير وهى كأحسن الدواب".

172 Šiblī, *op.cit.*, S. 200.23–201.1.

173 Šiblī, *op.cit.*, S. 201.1: „ان من الابل ما كان أولها من الجن".

beim Eindringen ins Paradies behilflich gewesen war, für seine Missetat bestraft wird. Gott jedenfalls verflucht das *baʿīr:* Seine Füße fallen ab, und es ist fortan gezwungen, auf seinem Bauch über die Erde zu kriechen und seine Nahrung im Staub zu suchen. Das *baʿīr* (Kamel) ist damit zur *ḥayya* (Schlange) geworden.[174]

Zur positiven Bewertung des Kamels und seiner Dämonisierung: Die vorangehenden Berichte weisen wiederholt auf den negativen Charakter des Kamels hin. Auch seine engen Beziehungen zur Wüste dürften zu seiner Dämonisierung beigetragen haben, gilt diese doch als Heimat der *ǧinn par excellence.*[175] Der Vollständigkeit halber sei allerdings darauf hingewiesen, dass die Quellen das Kamel nicht ausschließlich negativ bewerten. Verschiedene Berichte stellen es als vornehmes Tier dar und loben seine Qualitäten.

Zwar weist Hamadānī–Ṭūsī im *ʿAǧāyib-nāma* auch auf die negativen Eigenschaften der Kamele hin.[176] Es fällt aber auf, dass er seine Darstellung mit einem eigentlichen Loblied auf dieses Tier einleitet.[177] Er nennt das Kamel ein gesegnetes *(mubārak)* und ausgesprochen nützliches *(pur-manāfiʿ)* Lebewesen. Es esse wenig, sei genügsam, demütig und stark. Auch könne es schnell rennen. Es singe schön und sein Fleisch schmecke bekömmlich. Das Kamel sei deutlich stärker als der Elefant, der sich nur unter Aufwendung all seiner Kräfte erheben könne, wenn er beladen sei. Das Kamel hingegen stehe mit Leichtigkeit auf. Qazwīnī betont ebenso, dass das Kamel ein guter Lastenträger sei.[178] Man könne sogar Häuser – gemeint sind Sänften – auf seinen Rücken setzen. Allerdings übersähen die Menschen die Qualitäten des Kamels nur zu oft. Es habe einen gewaltigen Körper und zeichne sich durch seine Größe und Genügsamkeit aus. Es komme während 30 Tagen ohne Futter und während 10 Tagen sogar ohne Wasser aus.

Auch Ibšīhī äußert sich grundsätzlich positiv zu den Eigenschaften des Kamels.[179] Er übernimmt viele Charakterisierungen aus Qazwīnīs *ʿAǧāʾib al-maḫlūqāt* und nennt das Kamel ein vornehmes Tier. Es gehöre zu den nütz-

---

174 Šiblī, *op.cit.*, S. 200.25 und 201.22; vgl. 200.21 f. Auch H. A. Winkler, *Die reitenden Geister der Toten*, S. 34 (mit Anm. 1), schließt aus Feldstudien in Ägypten auf eine große Nähe von Schlangen, Drachen und Kamelen.

175 Zur Wüste als Stätte der Dämonen vgl. Kapitel 6.2 „*Ǧinn*-Orte: Die Geistwesen und ihre Wohnsitze", z. B. bei Anm. 37.

176 Zu Hinweisen auf dämonische Eigenschaften des Kamels bei Hamadānī–Ṭūsī, vgl. Anm. 157.

177 Hamadānī, *ʿAǧāyib-nāma* (Ausgabe Ṣādiqī), S. 252.6–23.

178 Qazwīnī, *ʿAǧāʾib al-maḫlūqāt* (Miṣr), S. 222; vgl. Übersetzung A. Giese, S. 196 f.

179 Ibšīhī, *al-Mustaṭraf fī kull fann mustaẓraf* (Ausgabe D. al-Ǧuwaydī), II.169 f.; vgl. Übersetzung G. Rat, II.221–223.

lichsten Lebewesen, die Gott erschaffen habe.[180] Ibšīhī belegt seine positive Einschätzung mit verschiedenen Überlieferungen. Er weist u. a. auf einen *Ḥadīṯ* hin, wonach das Kamel für seinen Besitzer Ansehen bis zum Tag der Auferstehung bedeute.[181] Eine andere Aussage warnt explizit davor, ein Kamel zu beschimpfen. Denn dieses Tier sei aus dem Odem Gottes entstanden.[182] Diese ausgesprochen positive Bewertung wird nur in Nebenpunkten getrübt. Ibšīhī kritisiert beispielsweise das störrische Verhalten brünstiger Kamele.[183]

Beobachtungen aus dem Volksglauben bestätigen diese positive Bewertung des Kamels in den klassischen arabischen und persischen Quellen. T. Canaan bezeichnet das Kamel als das nützlichste und deshalb wertvollste Tier des Fellachen. Der Broterwerb einer ganzen Familie könne von ihm abhängen.[184] Auch G. Fartacek ist bei Feldstudien in Syrien auf die hohe Stellung dieses Tiers aufmerksam geworden.[185] Seine Aufzählung der positiven Eigenschaften ruft Ibšīhīs Übersicht in Erinnerung.[186]

Die Gründe für die ambivalente Bewertung des Kamels ließen sich nicht abschließend klären. Vermutlich dürfte aber das gesellschaftliche Umfeld für die Einschätzung des Kamels mitverantwortlich sein. Vieles deutet jedenfalls darauf hin, dass Nomaden dieses Tier anders einschätzen als Sesshafte. H. A. Winkler weist darauf hin, dass sich das Weltbild des oberägyptischen Fellachen im Wesentlichen auf den schmalen Streifen des Niltals beschränke. Daran grenze im Osten und Westen die Wüste an, die den Sesshaften fremd und unheimlich erscheine. Es liege auf der Hand, dass die Sesshaften die Wüste mit dem Dämonischen in Verbindung brächten.[187] J. Henninger stellt zwar fest, dass die Grundzüge des Geisterglaubens bei allen Bevölkerungsgruppen (Nomaden, Bauern, Städter)

---

180 Ibšīhī, *al-Mustaṭraf*, II.169.12 f.

181 Ibšīhī, *op.cit.*, II.169.13; vgl. Ibn Māǧa, *Sunan, 13 Kitāb at-Tiǧārāt, 69 Bāb Ittiḫāḏ al-māšiya, Ḥadīṯ* Nr. 2393.

182 Ibšīhī, *Mustaṭraf*, II.169.18 f.: „لا تَسَبُّوا الإبل فَإنَّها من نَفَسِ الله تعالى“. Diese Aussage ließ sich in den klassischen *Ḥadīṯ*-Sammlungen nicht nachweisen.

183 *Loc.cit.*, II.169.20 f.

184 T. Canaan, *Aberglaube*, S. 68, Anm. 1.

185 G. Fartacek, *Unheil durch Dämonen?* S. 109 f.

186 G. Fartacek, *loc.cit.*, hält fest, dass sich das Kamel nie beim Geschlechtsverkehr beobachten lasse. Würde ein Kamelhengst während des Koitus einen Zuschauer bemerken, würde er ihn sofort angreifen. Dies erinnert an Ibšīhī, *Mustaṭraf* (Ausgabe D. al-Ǧuwaydī, II.169.22 ff.; vgl. Übersetzung G. Rat, II.222), der das verletzte Schamgefühl von Kamelen thematisiert. Gemäß dieser Darstellung weigert sich das Kamel, seine Schwester oder seine Mutter zu bespringen. Verleitet man es durch eine List dennoch dazu, werde es sich an seinem Besitzer rächen und ihn umbringen.

187 Vgl. H. A. Winkler, *Die Reitenden Geister der Toten*, S. 3 f., 38 f.

gleich seien.[188] Dennoch beobachtet auch er Unterschiede, die es als nicht angezeigt erscheinen ließen, die heutige arabische Bevölkerung als Einheit zu verstehen. Er meint, dass der Geisterglaube „bei den reinen Vollbeduinenstämmen (Kamelzüchtern) weniger intensiv ist." Die Nomaden betrachteten die Dämonen als Sesshafte, auf die man nur an bestimmten Stellen treffe. Sie seien weniger grobstofflich und unsterblich. Diese Feststellungen stimmen mit Beobachtungen G. Fartaceks überein, wonach sich die Dämonen der Beduinen tendenziell an den Orten der sesshaften Bevölkerung aufhalten. Die Sesshaften wiederum siedelten die Geister mit Vorliebe in leeren, unbewohnten Gegenden an.[189] D. Johannes macht auf ähnliche Zusammenhänge aufmerksam.[190] Während die Fellachen vor der Wüste eine panische Angst hätten, sei sie den Beduinen vertraut. Die Fellachen fürchteten den Wolf als schreckliches Ungeheuer, die Wüstenbewohner hingegen beschrieben ihn als scheues Tier, das man nur selten zu Gesicht bekomme.

Diese Aussagen legen die Vermutung nahe, dass kontextbedingte Faktoren mitbestimmen, ob gewisse Phänomene als dämonisch eingeordnet werden. Während sich diese Zusammenhänge im Fall des Kamels nicht restlos klären ließen, konnte F. Meier komplexe Wechselwirkungen feststellen, die zu einer Dämonisierung des Hundes in einem arabisch-islamischen Kontext führten. Die folgenden Ausführungen gehen dem dämonischen Charakter von Hunden und Katzen nach.

5.4.3 Schwarze Hunde und Katzen: Darstellungen in arabisch-islamischen und mazdaistischen Quellen

Die beigezogenen Quellen schreiben nicht nur den Tieren der Erde (Schlangen, Skorpione, Ameisen etc.) und der Wüsteneien (z. B. Kamele, Schakalwolf, Hyänen, Wildesel) dämonischen Charakter im negativen Sinn zu. Auch Haustiere werden gern mit den *ǧinn* in Verbindung gebracht. Dies trifft u. a. auf Esel[191], Ziegen, Kühe, Schafe, Pferde,[192] sowie Hunde und Katzen zu. Besonders schwarze Hunde und Katzen gelten als dämonisch. Es fällt auf, dass die Quellen Katzen weit seltener als Hunde in die Nähe von Geistern rücken. Auch schließen sich

188 J. Henninger, *Geisterglaube*, S. 296.
189 G. Fartacek, *Unheil durch Dämonen?* S. 151 f.
190 D. Johannes, „Der ägyptische ‚dib'", S. 188 f.
191 Zum Esel vgl. F. Meier, NL Mappe 2, s. v. *Esel*, 2 Bl.
192 Vgl. Šiblī, *Ākām al-marǧān*, S. 18.22.

Bemerkungen zur dämonischen Natur von Katzen in der Regel an entsprechende Aussagen über Hunde an und bringen inhaltlich kaum neue Aspekte ins Spiel.

Verschiedene Autoren äußern sich in Anschluss an die zwar kontrovers geführte, in der Regel aber positiv entschiedene Debatte, ob *ǧinn* überhaupt eine Farbe haben,[193] auch zur Bedeutung schwarzer Tiere. Ibn Taymiyya befasst sich damit im Zusammenhang mit einer Überlieferung, wonach das Vorbeigehen eines schwarzen Hundes das Ritualgebet annulliere.[194] Der ḥanbalitische Gelehrte erklärt diese Auffassung mit der Aussage des Propheten, dass der schwarze Hund ein verkappter Satan sei. Auch bezeichnet er den schwarzen Hund als Satan der Hunde *(šayṭān al-kilāb)*, wobei er unter dem Begriff *šayṭān* einen Ausbund des Bösen verstehen dürfte. Die satanischen Kräfte *(al-quwā aš-šayṭāniyya)* würden sich in der schwarzen Farbe mehr als in allen andern Farben manifestieren.[195]

Die Gründe dafür, dass Ibn Taymiyya Schwarz als die Farbe des Dämonischen *par excellence* bezeichnet, liegen auf der Hand, gilt doch Schwarz als die Farbe des Bösen. Ergänzend sei festgehalten, dass auch Rot gelegentlich mit dem Teuflischen in Verbindung gebracht wird. Suyūṭī jedenfalls ordnet die rote Farbe dem Satan zu.[196] Gemäß Ibn ʿArabī warnt der Prophet ʿAlī vor der roten Farbe, da sie den Satan anziehe.[197]

Zur dämonischen Natur von Katzen: Wie bereits erwähnt, äußern sich die Quellen zumeist in Anschluss an entsprechende Aussagen über Hunde zum dämonischen Charakter von Katzen.[198] Qazwīnī weist bei der Beschreibung der *ġūl*, einer besonders gefürchteten Dämonin,[199] daraufhin, dass sie einen Katzenkopf habe.[200] Und Šiblī berichtet davon, dass Wahb b. Munabbih in Mekka zur Jahrmarkts- und Pilgerfahrtszeit *(mawsim)* jeweils einen *ǧinnī* getroffen habe. Der Dämon habe

---

193 Vgl. dazu Kapitel 5.1.2, bei Anm. 43–45.

194 Ibn Taymiyya, *Īḍāḥ ad-dalāla*, S. 137.8–14; mit Ibn Taymiyya weitgehend identische Parallele bei Šiblī, *Ākām al-marǧān*, S. 22.16–20; siehe Suyūṭī, *Laqṭ al-marǧān*, § 36, S. 14.1–5, vgl. teilweise abweichend § 205, S. 79.13–80.3. Siehe dazu Muslim, *Ṣaḥīḥ, Kitāb aṣ-Ṣalāt, Bāb Qadr mā yasturu ăl-muṣallī, Ḥadīṯ* Nr. 1165.

195 Ibn Taymiyya, *Īḍāḥ ad-dalāla*, S. 137.13, hält ergänzend fest, dass sich *ǧinn* gern als schwarze Katzen zeigen.

196 Suyūṭī, *Laqṭ al-marǧān*, § 59, S. 21.6–8.

197 Hinweis aus F. Meier, NL Mappe 2, s. v. *Farbe;* vgl. Ibn ʿArabī, *Waṣāyā*, S. 176.7.

198 Vgl. z. B. Ibn Taymiyya, *Īḍāḥ ad-dalāla*, S. 137.13; damit identisch Šiblī, *Ākām al-marǧān*, S. 22.18 f. Siehe auch Ḥalabī, *ʿIqd al-marǧān*, S. 41.11 f.

199 Zur *ġūl* ausführlich unten Kapitel 5.6.2, c. „*ġūl*" (Text bei Anm. 510–585).

200 Qazwīnī, *ʿAǧāʾib al-maḫlūqāt* (Ausgabe Miṣr), S. 214.15. S. 216.23 f. (vgl. Ausgabe F. Wüstenfeld, S. 373.9): Salomon sieht einen Satan, der halb Hund, halb Katze ist.

ihm zum Gruß eine Hand mit den Krallen eines Katers entgegengestreckt.[201] Auch F. Meier hat auf die dämonische Natur von Katzen hingewiesen.[202]

Außerdem illustriert F. Rückerts Gedicht *Der Kater* die Nähe der Katzen zu den Dämonen.[203] Es hält einleitend fest, dass die *ǧinn* Menschennähe schätzen und gern Tiergestalt annehmen. Auch feie der Name Gottes den Frommen vor Übergriffen durch Dämonen. Als ein ägyptischer *šayḫ* einmal um Mitternacht aufwacht, wird er Zeuge eines Gesprächs zwischen seinem schwarzen Kater und dessen Bekannten aus früheren Tagen namens Quṭrub Ġaḍanfar[204]. Quṭrub bittet den Kater zuerst um Einlass beim frommen *šayḫ*, dann um einen Bissen Brot und schließlich um einen Schluck Wasser. Der schwarze Kater schickt seinen Bekannten aber zum Nachbarn, der nicht gottesfürchtig sei und als Schutzmaßnahme weder über dem Türschloss noch dem Brot noch dem Wasserkrug den Namen Gottes ausgesprochen habe. Am andern Morgen wirft der ägyptische *šayḫ* seinem Kater einen besonders großen Bissen hin. Auch bittet der arme Mann sein Haustier, ihm doch ein wenig Gold zu bringen. Das Gedicht endet damit, dass sich der Kater erkannt fühlt und auf Nimmerwiedersehen verschwindet.

Ein Bericht über den Bagdader Hofmusiker Ibrāhīm al-Mawṣilī (gest. 188/804) hebt die dämonische Natur von Katzen ebenso hervor und zeigt zugleich auf, dass Tierdämonen die Menschen Musik lehren.[205] Gemäß dieser Anekdote erschienen Ibrāhīm im Traum eine weiße und eine schwarze Katze. Die schwarze Katze trug dem Mann ein Lied vor, das ihn entzückte und das sie ihn deshalb lehrte. Jene Schülerin aber, der er es als erste weitergab, wurde wahnsinnig, wie es die Katzen vorausgesagt hatten.

E. Westermarck seinerseits hat beobachtet, dass Katzen in gewissen Schreinen in Marokko verehrt werden. Aber auch ihm ist ihr negativ-dämonischer Charakter nicht entgangen.[206] G. Fartacek und A. Wieland betonen die dämonische

---

201 Šiblī, *Ākām al-marǧān*, S. 82.4–6; vgl. zu diesem Bericht ausführlicher unten bei Anm. 380.

202 F. Meier, NL Mappe 5, s. v. *Katze*, 5 Bl.

203 F. Meier [F. Rückert], *Rückerts Morgenländische Sagen und Geschichten*, S. 150–152; mit allgemeinen Hinweisen F. Meiers zum Dämonenglauben im Bereich des Islams. Der Verfasser (T. N.) dankt Prof. Dr. R. Würsch für den Hinweis auf dieses Gedicht.

204 F. Meier, *op.cit.*, S. 152, erklärt zum Namen: „Quṭrub ist der Name eines Nachtvogels und bedeutet zugleich das männliche Gegenstück zur Dämonin Siʿlāh oder Ġūl. Ġaḍanfar heißt Löwe. Das Ganze also etwa ‚Dämon Löwe'".

205 Vgl. E. Neubauer, „Affe, Laute, Nachtigall. Tiere und Musik im Islam", S. 452. Die Geschichte stammt aus Abu ăl-Faraǧ al-Iṣfahānī, *Kitāb al-Aġānī*, V. 193 f. (hier zitiert gemäß E. Neubauer). Der Verfasser (T. N.) dankt Prof. Dr. R. Würsch für den Hinweis auf diesen Bericht.

206 E. Westermarck, *Survivals*, S. 107.

Natur von Katzen ebenso.[207] Und in magischen Texten treten die Geister wiederholt als Katzen in Erscheinung.[208]

Zur Stellung des Hundes in arabisch-islamischen Quellen: Die geringe Wertschätzung des Hundes lässt sich nicht erst bei Ibn Taymiyya oder Šiblī beobachten. Neben Muḥammads Hinweisen zum Verhalten gegenüber Hunden, die das Ritualgebet stören, äußern sich die *Ḥadīṯ*-Sammlungen auch an andern Stellen negativ über sie. Gemäß einer Überlieferung, die Buḫārī auf den Gewährsmann Abū Ṭalḥa zurückführt, soll der Prophet gesagt haben, dass die Engel kein Haus betreten, in dem sich ein Hund aufhalte oder in dem ein Bild hänge.[209] Bei Muslim wiederum fordert der Prophet zum Töten der Hunde und Schlangen, besonders der Abtar-Schlange und der Ḏū ăṭ-ṭufyatayn-Schlange, auf. Indem er diese Tiere in einem Atemzug erwähnt, unterstreicht er ihre Gemeinsamkeiten.[210] Buḫārī und Muslim heben die dem Hund entgegengebrachte Geringschätzung außerdem in Überlieferungen hervor, die ihn unter weiteren Tieren aufzählen, die im Ḥaram-Bezirk bzw. im Weihezustand des *iḥrām* getötet werden dürfen.[211] Andere Belege meinen allerdings, dass die Hunde eine Nation *(umma)* bilden und es der Prophet als nicht angebracht bezeichnet habe, eine Nation als Ganzes auszulöschen. Deshalb habe er befohlen, nur die schwarzen Hunde zu töten. Denn ein schwarzer Hund sei ein verkappter Satan. Šiblī bezeichnet den schwarzen Hund als den übelsten und nutzlosesten aller Hunde.[212]

---

207 G. Fartacek, *Unheil durch Dämonen?* S. 17; A. Wieland, *Ǧinn-Vorstellung*, S. 68.

208 So M. el-Gawhary, *Gottesnamen*, S. 208 mit Anm. 2.

209 Buḫārī, *Ṣaḥīḥ, Kitāb al-Maġāzī, Bāb 12 Ḥaddaṯa-nī ḫalīfa, Ḥadīṯ* Nr. 4052; vgl. dazu Muslim, *Ṣaḥīḥ, Kitāb al-Libās wa-ăz-zīna, Bāb Lā tadḫulu ăl-malā'ikatu baytan fī-hi kalb wa-lā tamṯīl*, z. B. *Ḥadīṯ* Nr. 5633.

210 Muslim, *Ṣaḥīḥ, Kitāb as-Salām, Bāb Iǧtināb al-maǧḏūm wa-naḥwi-hī, Ḥadīṯ* Nr. 5962 (Gewährsmann: Ibn ʿUmar).

211 Buḫārī, *Ṣaḥīḥ, Bad' al-ḫalq, Bāb 16 Ḫams min ad-dawābb fawāsiq yuqtalna fī ăl-ḥaram*, z. B. *Ḥadīṯ* Nr. 3349, 3350. Buḫārī zählt Maus, Skorpion, Gabelweih, Rabe und Hund zu jenen Lebewesen, die selbst im Zustand des *iḥrām* getötet werden dürfen. Vgl. damit Muslim, *Ṣaḥīḥ, Kitāb al-ḥaǧǧ, Bāb 9 Mā yundab li-ăl-muḥrim [...]*, z. B. *Ḥadīṯ* Nr. 2918, 2919. Das muslimische Recht untersagt das Töten von Lebewesen im Weihezustand des *iḥrām* sonst; vgl. M. Gaudefroy-Demombynes, *Le Pèlerinage à La Mekke*, S. 9–16.

212 Šiblī, *Ākām al-marǧān*, S. 22.14 f. und 23.1; für Parallelen vgl. oben Anm. 194. Siehe außerdem Abū Dāwūd, *Sunan, 17 Kitāb aṣ-Ṣayd, 1 Bāb Fī ittiḫāḏi ăl-kalb li-ăṣ-ṣayd, Ḥadīṯ* Nr. 2847; Tirmiḏī, *Sunan, 14 Kitāb aṣ-Ṣayd, 16 Bāb Mā ǧā'a fī qatl al-kilāb, Ḥadīṯ* Nr. 1563, 1566; Nasā'ī, *Sunan, 43 Kitāb aṣ-Ṣayd wa-ăḏ-ḏabā'iḥ, Ḥadīṯ* Nr. 4297; Ibn Māǧa, *Sunan, 29 Kitāb aṣ-Ṣayd, 2 Bāb an-Nahy ʿan iqtinā' al-kalb [...], Ḥadīṯ* Nr. 3326.

Auch weitere Quellen behandeln die Hunde, insbesondere schwarze Hunde, als den Dämonen nahestehende Tiere. Qazwīnī vergleicht die teuflischen Wesen, die sich bei Salomon einstellen, u. a. mit Hunden und Katzen. Ein Dämon wird z. B. als hässlich wie ein schwarzer Hund bezeichnet.[213] In einem andern Kontext schildert Hamadānī–Ṭūsī die Verehrung eines Götzen namens Yām im Jemen, dessen Heiligtum als Kanīsa-i Yām (Yām-Kirche) bezeichnet wird.[214] Dort wird offensichtlich ein Dämon *(dīw)* verehrt, der die Menschen in die Irre leitet. Als man seinen Tempel auf den Befehl des Königs hin niederreißt, kommt daraus ein kläffender schwarzer Hund hervor, der getötet wird.[215]

Der dämonische Charakter der Hunde lässt sich aber nicht nur anhand der soeben angeführten Einzelaspekte aufzeigen. Die beigezogenen Quellen weisen vielmehr häufig bereits in den einleitenden Bemerkungen zur Einteilung der *ǧinn* darauf hin, dass die Hunde eine besondere Gattung der Dämonen bilden. Šiblī, Suyūṭī und Ḥalabī erwähnen die Hunde in ihrer Übersicht über die dämonischen Wesen wiederholt als zweite Gruppe. Šiblī hält anhand eines Berichts Abu ăl-Qāsim as-Suhaylīs fest, dass es drei Gattungen von *ǧinn* gebe: 1. solche in Gestalt von Schlangen *(ʿalā ṣuwar al-ḥayyāt)*, 2. solche in Gestalt von schwarzen Hunden *(ʿalā ṣuwar kilāb sūd)* und 3. solche in Windform *(rīḥ ṭayyāra)*.[216]

Neben dieser Einteilung der Dämonen in drei Gruppen lässt sich bei den untersuchten Autoren auch eine übergeordnete Klassifizierung in zwei Kategorien nachweisen. Ǧāḥiẓ hält fest, dass die Araber die Dämonen – er spricht von den Verborgenen *(ḫawāfī)* und den *ǧinn (mustaǧinnāt)*[217] – grundsätzlich in zwei Gattungen *(ǧins)* einteilen und zwischen *ǧinn* (mit *ǧīm*) und *ḥinn* mit *ḥāʾ*

213 Qazwīnī, *ʿAǧāʾib al-maḫlūqāt* (Ausgabe Miṣr), S. 216.23 und 216.27 (vgl. Ausgabe F. Wüstenfeld, S. 373.9 und S. 373.12); siehe auch Hamadānī, *ʿAǧāyib-nāma* (Ṣādiqī), S. 211.3 f. Die Fortsetzung bei Hamadānī (S. 211.3–17) dürfte Qazwīnī (*ʿAǧāʾib al-maḫlūqāt* (Ausgabe Miṣr), S. 216.20–217.3) bekannt gewesen sein.

214 Hamadānī, *ʿAǧāyib-nāma* (Ṣādiqī), S. 217.12–18; vgl. die Parallele bei Ibn Hišām, *Sīrat an-nabiyy* (F. Wüstenfeld), I.1.20–18.4.

215 Pseudo-Masʿūdī, *Aḫbār az-zamān*, S. 14.16–18, zählt die Hunde ebenso zu den *ǧinn*: „وان الكلاب من الجن“. Auch Sabzawarī, *Maǧmaʿ un-nūrayn, Ḥayawān*, S. 639, thematisiert die dämonische bzw. satanische Natur von Hunden mehrfach.

216 Šiblī, *Ākām al-marǧān*, S. 17.22 f. Anschließend erwähnt Šiblī Varianten zur Einteilung der *ǧinn* in Gattungen: S. 18.11–15. Eine Darstellung darunter (S. 18.3–11) erwähnt die Hunde allerdings nicht als Gattung der *ǧinn*. Für Parallelen vgl. Sūyūṭī *Laqṭ al-marǧān*, S. 13.5–9 (§ 32), S. 17.1–3 (§ 45); Ḥalabī, *ʿIqd al-marǧān*, S. 38.5–16.

217 Beide Begriffe, *ḫawāfī* und *mustaǧinnāt*, bringen die Dämonen mit Vorstellungen des Verborgenseins in Beziehung; vgl. auch Kapitel 3, Anm. 125.

unterscheiden.[218] Die *ǧinn* seien den *ḥinn* überlegen.[219] Bei einer andern Gelegenheit bezeichnet Ǧāḥiẓ die schwarzen Hunde gestützt auf Ibn ʿAbbās als *ǧinn*. Die schwarz-weiß gefleckten (*abqaʿ*, pl. *buqʿ*) Hunde aber nennt er *ḥinn*. Bei den *ḥinn* handle es sich um die schwachen *ǧinn*.[220] Auch Ibn Qutayba ist Ibn ʿAbbās' Aussage bekannt, wonach die *ḥinn* die schwachen *ǧinn* seien.[221] Die *ǧānn* wiederum seien ein Verwandlungsprodukt der *ǧinn*.[222] Ǧāḥiẓ' Vorstellung von *ǧinn* und *ḥinn* lässt sich später bei Šiblī, Suyūṭī und Ḥalabī belegen. Šiblī bezeichnet die *ḥinn* als die Hunde der *ǧinn*.[223] Anhand der beigebrachten Quellen lässt sich aber nicht abschließend klären, was es mit diesen *ḥinn* auf sich hat. Indem sie jedoch die Hunde mit ihnen identifizieren, erkennen sie in ihnen eindeutig Vertreter des Dämonischen mit einer negativen Konnotation.[224]

Mazdaismus und Islam: Von der Verehrung zur Dämonisierung des Hundes: F. Meier teilt die Auffassung, dass arabische Quellen den Hund primär als Vertreter des Bösen betrachten.[225] Allerdings weist er auch auf Aussagen hin, die sich positiv zu ihm äußern, und belegt dies anhand von Beispielen bei Ǧāḥiẓ und Ibn Qutayba. Auch spätere Tierbücher aus der islamischen Welt stellen Hunde wiederholt wohlwollend dar. Diese widersprüchliche Würdigung des Hundes lässt sich mit einem Aufeinanderprallen von zwei divergierenden Wertesystemen erklären: Während die persische Tradition (Mazdaismus, Zoroastrismus)

---

218 Ǧāḥiẓ, *Ḥayawān*, VI.193.4–194.2; auf diese Stelle wurde bereits Kapitel 3, bei Anm. 124–128 hingewiesen. Ǧāḥiẓ nimmt abschließend eine interessante Parallelisierung von Dämonen und Menschen vor, indem er in Anlehnung der Einteilung der *ḫawāfī* in *ǧinn* und *ḥinn* bei den Menschen *(bašar)* zwischen *nās* und *nasnās* unterscheidet (S. 194.1). Der Ausdruck *nasnās* bezeichnet aber auch eine Dämonenart; vgl. zum Begriff in dieser Bedeutung Kapitel 5.6.2, b. „*nasnās*" (Text bei Anm. 442–509).

219 Ǧāḥiẓ, *Ḥayawān*, VI.193.8: „ويجعلون [الاعراب] الجن فوق الحن".

220 Ǧāḥiẓ, *Ḥayawān*, I.291.9 f.: „سمعت ابن عباس يقول: السود من الكلاب الجن، والبقع منها الحن. ويقال ان الحن ضعفة الجن".

221 Ibn Qutayba, *Ta'wīl muḫtalif al-ḥadīṯ*, S. 135.9 f.; Hinweis aus F. Meier, NL Mappe 4, s. v. *ḥinn*.

222 Ibn Qutayba, *op.cit.*, S. 135.13 f.: „الجان مسيخ الجن، كما مُسخت القردة من بنى إسرائيل".

223 Šiblī, *Ākām al-marǧān*, S. 6.20–23; vgl. ähnlich: Suyūṭī, *Laqṭ al-marǧān*, S. 5.9–13, §§ 1–2; auch Ḥalabī, *ʿIqd al-marǧān*, S. 28.12 f.

224 Zu einer weiteren Erklärung des Ausdrucks *ḥinn* vgl. oben Kapitel 3, Anm. 127. R. Dussaud, *Histoire et religion des Nosairis*, S. 74 f., weist auf die sieben präadamitischen Zyklen der höheren Welt hin. Es handelt sich um die *ḥinn*, *binn*, *ṭimm*, *rimm*, *ǧānn*, *ǧinn* und *yunān* in dieser Reihenfolge (Hinweis zitiert gemäß F. Meier).

225 Vgl. F. Meier, NL Mappe 4, s. v. *Hund* (11 Bl.); NL Mappe 5, s. v. *Katze* (5 Bl.); NL Mappe 12, s. v. *Freundschaft Hund* (19 Bl.) und s. v. *Freundschaft: Hund, Mazdaismus* (4 Bl.). F. Meier stützt sich stark auf Ismāʿīl b. Muḥammad Ǧaʿfar Sabzawarī (gest. 1898), *Kitāb Maǧmaʿ un-nurayn mašhūr bi-Ḥayawān*, S. 417, 595, 630, 638 f., 667, 672–677, 681.

den Hund positiv darstellt, wird er in arabisch-islamischen Quellen verteufelt. Die folgenden Ausführungen zeichnen F. Meiers Überlegungen dazu gestützt auf seine Materialsammlung nach.[226]

F. Meier hat die negativen Bewertungen des Hundes bei Ǧāḥiẓ nicht übersehen, macht allerdings zugleich auf Stellen aufmerksam, die seine Stärken hervorheben.[227] Diese Passagen erwähnen regelmäßig auch den Hahn, was nicht zufällig geschieht. Denn der Hahn, besonders der weiße Hahn, wird für seine dämonenbannende Wirkung geschätzt.[228] Bei Ǧāḥiẓ weist ein Fürsprecher des Hundes mit Nachdruck auf dessen positive Eigenschaften hin.[229] Gott halte durch die Wachsamkeit des Hundes viel Schlimmes von den Menschen ab. Der Hund beschütze Vieh und Saatfelder. Seine Fähigkeiten bei der Jagd ließen seine allfällig negativen Eigenschaften in den Hintergrund treten. Der Hund wird auch als wertvoller eingestuft als der Hahn. Die Menschen würden gern von Hunden abgeleitete Namen als Ruhmestitel tragen. Ibn Qutayba bringt ähnliche Argumente bei. Auch ihm sind die Überlieferungen zum negativen Charakter der Hunde nicht entgangen, doch würdigt er auch ihre Qualitäten.[230]

F. Meier erklärt diese wohlwollenden Einschätzungen des Hundes mit seiner Stellung im Zoroastrismus.[231] Bereits Herodot weise darauf hin, dass die Magier (ein medischer Stamm mit besonderen Observanzen) weder Hunde noch Menschen töten könnten, sonst aber allerhand Lebewesen umbrächten.[232] Herodot erinnere außerdem an den Brauch der Perser, Tote vor dem Begräbnis durch einen Vogel oder einen Hund zerreißen zu lassen. *Vidēvdāt* 6.45 und 6.47 lege den Schluss nahe, dass Hunde und Vögel als Leichenfresser respektiert werden. F. Meier erkennt in Hunden und Raubvögeln die lebenden Grabmäler der Menschen oder jene Lebewesen, in denen die Toten hausen. Außerdem würden sie die Toten vor Übergriffen bewahren.

---

226 Vgl. F. Meier, NL Mappe 12, s. v. *Freundschaft Hund* (19 Bl.) und s. v. *Freundschaft: Hund, Mazdaismus* (4 Bl.).

227 Ǧāḥiẓ, *Ḥayawān*, I.376–377, II.207; vgl. F. Meier, NL Mappe 12, s. v. *Freundschaft Hund: Vergleich zwischen Hund und Hahn.*

228 Zur dämonenbannenden Wirkung des weißen Hahns vgl. Kapitel 5.4.4 „Der weiße Hahn: ein Dämonenschreck" (Text bei Anm. 252–278).

229 Vgl. dazu auch Anm. 252: zum Streitgespräch zwischen dem Fürsprecher des Hundes *(ṣāḥib al-kalb)* und dem Verteidiger des Hahns *(ṣāḥib ad-dīk).*

230 Ibn Qutayba, *Taʾwīl muḫtalif al-ḥadīṯ*, S. 133.10–134.13; zu den positiven Eigenschaften vgl. S. 134.14–135.4. Hinweis aus F. Meier, NL Mappe 12, s. v. *Freundschaft Hund: Harmonisierungsversuche.*

231 Die folgende Darstellung stützt sich auf F. Meier, NL Mappe 12, s. v. *Freundschaft Hund. Mazdaismus* (4 Bl.).

232 Herodot, I.140. Hier zitiert nach F. Meier, vgl. vorangehende Anm.

Der spätere Mazdaismus hat das Auffressen der Leichen allein den Vögeln vorbehalten, um dem Verschleppen der Knochen durch die Hunde vorzubeugen. Allerdings erhalten die Hunde im Rahmen des *sagdīd* (Hundesehen) eine andere Funktion. Nach dem Ableben eines Menschen führt man einen Hund zum Verstorbenen hin.[233] Der Hund soll die bösen Geister vertreiben oder – gemäß einer andern Auffassung – anzeigen, dass die Person tatsächlich verstorben ist. Hunde schauen erst den Toten, nicht bereits den Sterbenden an. Man soll diesen Hund am Anfang jedes Tagesfünftels *(gāh)* zum Toten führen. Eine alte Auffassung hält dazu an, nach der Aussetzung der Leiche auf dem Totenturm jenen Weg, noch drei Mal mit einem vieräugigen Hund abzuschreiten, auf dem der Tote weggetragen worden ist. Der Weg sei danach für Mensch und Vieh wieder gefahrlos begehbar (vgl. *Vidēvdāt* 8.14 ff.).

Im *Vidēvdāt* lässt sich also sowohl die Vorstellung vom aasfressenden als auch jene vom dämonenvertreibenden Hund nachweisen. F. Meier meint, dass sich diese beiden Auffassungen im *Vidēvdāt* gegenseitig ergänzen. Er erkennt im Hund zugleich Leichenfresser, Dämonenabwehrer und Säuberer des verunreinigten Wegs. Außerdem ist in *Vidēvdāt* 13.9 und 19.30 von zwei Hunden die Rede, die die Brücke zum Paradies bewachen. Während sie den Sünder in die Tiefe stürzen lassen, kann der Gerechte passieren. Die Forschung hat den *Sagdīd*-Hund und die beiden Brückenhunde wiederholt miteinander in Verbindung gebracht. F. Meier teilt diesen Standpunkt allerdings nicht und kann im besten Fall eine brüderliche Beziehung zwischen diesen Hunden erkennen. Beim Ableben des Menschen und dem Beseitigen seiner Leiche übernimmt der Hund eine reinigende, das Böse abschreckende Funktion. Die beiden Brückenhunde erfüllen eine ähnliche Aufgabe, verteidigen sie doch das Gute gegen das Böse, indem sie nur den Gerechten ins Paradies eingehen lassen.[234]

Der Mazdaismus zählt den Hund also zu den guten Tieren. Er steht hier in hohem Ansehen, wie sich auch anhand des *Bundahišn* aufzeigen lässt.[235] Verschiedene Ǧāḥiẓ-Stellen und Aussagen in späteren Tierbüchern zeigen auf, dass die positiven Qualitäten des Hundes im islamischen Kulturraum durchaus bekannt waren. Religiös orientierte islamische Quellen bestehen allerdings auf

---

233 Der Hund soll wenn immer möglich vieräugig sein, also zwei Flecken über seinen beiden Augen haben.

234 F. Meier, NL Mappe 12, s. v. *Freundschaft Hund. Mazdaismus*, Bl. 3, weist ergänzend darauf hin, dass sich diese Vorstellungen auf eine Todesmythologie zurückführen lassen, die im alten Indien mit dem Todesgott Yama in Verbindung gebracht wird. Gemäß *Ṛgveda* X 14.10 und *Atharvaveda* XVIII 3.13 hat Yama zwei vieräugige Hunde, die als Boten den Sterbenden abholen. Solche Vorstellungen könnten in Iran in modifizierter Form übernommen worden sein.

235 Vgl. *Bundahišn* (Ausgabe Justi), Kapitel 19; hier zitiert nach F. Meier, vgl. Anm. 231.

dem unreinen Charakter des Hundes und werten ihn ab.[236] Dies lässt sich auch damit illustrieren, dass Mystiker ihre eigene Wertlosigkeit hervorheben, indem sie sich mit Hunden vergleichen.

F. Meier fasst seine Beobachtungen dahingehend zusammen, dass der Hund, im Gegensatz zum Hahn, beim Zusammenstoß der islamischen und der mazdaistischen Tradition ins Kreuzfeuer von zwei einander diametral entgegengesetzten Auffassungen geraten sei.[237] Das islamische Gedankengut habe die mazdaistischen Überzeugungen verdrängt. Während der Hahn seinen positiven Charakter bewahrt habe, habe im Fall des Hundes auf der ganzen Linie die arabisch-islamische Auffassung von seiner Minderwertigkeit gesiegt. Der Hund sei im Bereich des Islams verteufelt worden. Er ist gemäß F. Meier eindeutig den bösen Mächten und unreinen Geistern zuzurechnen.[238]

5.4.4 Die Vögel: Eule, Wiedehopf und der weiße Hahn

Quellen aus dem islamischen Kulturraum bringen auch die Vögel mit dem Dämonischen in Verbindung. Dies lässt sich u. a. am Beispiel der Eule aufzeigen, die als Vogel der Nacht als Vertreterin dunkler Mächte verstanden wird. Auch der Wiedehopf *(hudhud)* steht in erster Linie mit der Welt der Dämonen in Verbindung. Unter den Vögeln stellt allerdings der Hahn, insbesondere der weiße Hahn, eine gewichtige Ausnahme dar, gilt er doch als Dämonenschreck *par excellence*, wie bereits aufgezeigt worden ist.

---

236 Trotz ihres Titels *Faḍl al-kilāb ʿalā kaṯīr mimman labisa ăṯ-ṯiyāb* („Vorzug der Hunde vor vielen, die Kleider anziehen [= Menschen]") lässt sich auch aus dieser Schrift Ibn al-Marzubānīs (gest. 309/921) nichts zugunsten der Hunde ableiten. Denn das Werk stellt die Niedertracht der Menschen dar, die schlimmer sei als jene der Hunde.

237 F. Meier, NL Mappe 12, s. v. *Freundschaft Hund. Mazdaismus*, Bl. 4.

238 Im Sinn einer Ergänzung sei darauf hingewiesen, dass der mit dem Hund eng verwandte Wolf auch in einem arabisch-islamischen Kontext in hohem Ansehen steht und als Dämonenschreck gilt. Die Dämonen nehmen nie Wolfsgestalt an; dieses Raubtier ist ihnen sehr gefährlich. Vgl. dazu J. Henninger, „Geisterglaube", S. 287. Auch G. Fartacek, *Unheil durch Dämonen?* S. 111–115, macht auf die besondere Stellung des Wolfs aufmerksam und hält fest (S. 112): „Alle meine Interviewpartner waren sich darin einig, dass der Wolf ein Tier ist, welches von den *ğinn* gemieden wird. Wenn ein *ğinn* einem Menschen begegnet, so würde er niemals die Gestalt eines Wolfes annehmen." Siehe ebenso: T. Canaan, *Dämonenglaube*, S. 13; E. Zbinden, *Die Djinn des Islam*, S. 35. D. Johannes, „Der ägyptische ‚dib'", weist auf unterschiedliche Einschätzungen des Wolfs hin. Er kann Ungeheuer oder scheues Wüstentier sein (vgl. oben Anm. 190; siehe auch Kapitel 7, bei Anm. 30–31).

Eule und Wiedehopf: In der griechischen Mythologie symbolisiert die Eule die Weisheit; sie wird mit Athene, der Göttin des Wissens, in Verbindung gebracht.[239] Texte aus dem islamischen Kulturraum hingegen insistieren auf dem dämonischen Charakter dieses Nachtvogels. Ihre Einschätzung stimmt mit den Auffassungen in weiteren Kulturen im Vorderen Orient überein. Die negative Einordnung der Eule erklärt sich einerseits aus ihrer Verbindung zur nächtlichen Finsternis. Anderseits haust sie gern auf Friedhöfen oder in Ruinen, die als Stätten des Dämonischen gelten.[240]

D. Pielow zeigt auf, dass jüdische und islamische Quellen die Eule mit Lilith bzw. der Umm al-Layl identifizieren, deren dämonische Züge allgemein bekannt sind.[241] Verschiedene Belege beschreiben Lilith und die Umm al-Layl als eulengestaltig. Ein Terrakotta-Relief aus Sumer zeigt sie als geflügeltes Wesen, das von zwei Eulen flankiert wird.[242] R. Ranke-Graves seinerseits weist auf eine hebräische Quelle hin, die Lilith als Eulengöttin bezeichnet.[243] In vorislamischer Zeit galt die Eule den Arabern außerdem als Wesen aus dem Totenreich. Man brachte sie mit einem Geist mit vampirähnlichen Eigenschaften in Verbindung, der ruhelos herumspukt.

Diese Charakterisierung der Eule kommt auch in Werken moderner arabischer Autoren zum Dämonenglauben zum Ausdruck, wie D. Pielow gestützt auf Werke Ṭūḫīs aufzeigen konnte.[244] Ṭūḫī vergleicht das nächtliche Schreien der Eule mit dem Rufen vorzeitig Verstorbener. Bei einer andern Gelegenheit identifiziert dieser Autor die Eule mit der Umm al-Layl. Er macht überdies auf einen Bericht aufmerksam, wonach die Eule ursprünglich eine Frau gewesen sei. Als ein ihr zur Erziehung anvertrautes Kind sie erzürnt habe, habe sie ihm einen heftigen Schlag versetzt und es getötet. Gott habe die Frau darauf in eine Eule verwandelt, um sie an weiteren Missetaten zu hindern.

Allerdings trachtete der bestrafte Vogel den Menschen, insbesondere den Kindern, auch danach noch nach dem Leben. Er fliegt bei Sonnenuntergang zu den Kindern und fügt ihnen die Würgekrankheit zu, indem er seine Flügel über sie ausbreitet. Ṭūḫī schließt seinen Bericht mit dem Hinweis, dass ein Frommer die

---

239 Gemäß Ch. Hünemörder, Artikel „Eulen, B. Käuze“, in *Der Neue Pauly,* Online-Ausgabe (konsultiert am 20. September 2011), gilt der Kauz als Attribut der klugen Athene.

240 Vgl. zu den Hintergründen dieser Zuordnungen Kapitel 6 „Zur Liminalität: Die Dämonen als Grenzwesen“, nach Anm. 36.

241 Die folgende Darstellung stützt sich auf D. Pielow, *Lilith und ihre Schwestern,* S. 62–66.

242 Vgl. D. Pielow, *Lilith,* S. 63. Das Relief datiert aus der Zeit um ca. 1950 v. Chr.

243 R. Ranke-Graves, *Die weisse Göttin. Sprache des Mythos,* S. 258 (Anm.).

244 Ṭūḫī, ʿAbd al-Fattāḥ as-Sayyid aṭ-Ṭūḫī, *Kitāb Siḥr al-kuhhān fī ḥuḍūr al-ǧānn.* Ägypten, o. O., o. J., S. 90; hier zitiert gemäß D. Pielow, *Lilith,* S. 65.

Eule von weiteren Untaten abhalten wollte und ihr auf den Schädel schlug. Eine schwarze Linie an dieser Stelle erinnere seither an diesen Hieb.[245] In einem weiteren Bericht macht Ṭūḫī auf die Friedhofseule *(ḥāma)* aufmerksam.[246] Demnach verlässt eine Eule den Sterbendem, dem ein Schlag auf den Kopf zugefügt worden ist, und begehrt, mit dem Blut des Mörders getränkt zu werden. H. Eisenstein wiederum hält fest, dass die Eule besonders bei Mordfällen zu rufen pflegt. Er erklärt diese Vorstellung mit der Auffassung, dass die Seele den Körper in der Gestalt einer Eule verlässt.[247]

Auch Qazwīnī macht auf mehrere Elemente aufmerksam, die die Eule in erster Linie als Vertreterin des Dämonischen ausweisen.[248] Dazu gehört ihre Vorliebe für die Einsamkeit und verlassene Ruinen. Er hält außerdem fest, dass dieser Vogel als böses Omen gilt. Wenn sie sich an einem bestimmten Ort oder in einem Haus niederlasse, verheiße dies für die Bewohner nichts Gutes.

Während die arabischen Berichte die Eule ausschließlich als Vertreterin des Dämonischen im negativen Sinn darstellen, genießt der Wiedehopf *(hudhud)* einen vorteilhafteren Ruf. Auch er zählt jedoch zu den Geistern.[249] Der *Lisān al-ʿarab* erklärt den Begriff *hadhad* – er weist dasselbe Konsonantengerüst wie *hudhud* auf – als Stimme der *ǧinn (aṣwāt al-ǧinn)*.[250] Es fällt allerdings auf, dass die Quellen den Wiedehopf trotz seiner Nähe zum Dämonischen mehrheitlich positiv bewerten. Dies dürfte darauf zurückzuführen sein, dass er als Botenvogel Salomons seinem Meister treu ergeben ist.[251]

Der weiße Hahn: ein Dämonenschreck: Ǧāḥiẓ macht wiederholt auf ein Streitgespräch zwischen einem Fürsprecher des Hahns *(ṣāḥib ad-dīk)* und einem Verteidiger des Hundes *(ṣāḥib al-kalb)* aufmerksam, die beide auf die Vorzüge des von

---

245 Aus der islamischen Welt sind auch weitere Berichte über das Wirken von Kindbettdämoninnen bekannt. Lilith und die Umm al-Layl treten als solche in Erscheinung. Vgl. dazu Anm. 290 und Kapitel 6.3.3 „*Ǧinn*-exponierte Lebensphasen: Zur Umm aṣ-ṣibyān".

246 Hier dargestellt gemäß D. Pielow, *Lilith*, S. 65 f.

247 H. Eisenstein, *Einführung in die arabische Zoographie*, S. 226. Auch Damīrī, *Ḥayāt al-Ḥayawān*, I.160.15 f., macht im Abschnitt über die Eulen *(Būm)* darauf aufmerksam, dass die Seele den Menschen in der Gestalt eines Vogels verlässt.

248 Qazwīnī, *ʿAǧāʾib al-maḫlūqāt* (Miṣr), S. 244.19 ff. (vgl. Ausgabe F. Wüstenfeld, S. 408; Übersetzung A. Giese, S. 217).

249 Auf den dämonischen Charakter des Wiedehopfs weisen hin: J. Henninger, *Geisterglaube*, S. 299; J. Wellhausen, *Reste*, S. 152. Zum Wiedehopf im Islam im allgemeinen vgl. H. Venzlaff, *Al-Hudhud: eine Untersuchung zur kulturgeschichtlichen Bedeutung des Wiedehopfs im Islam.*

250 Vgl. F. Meier, NL Mappe 5, s. v. *Laute*, Bl. 3; *Lisān al-ʿarab*, s. v.

251 Vgl. dazu Kapitel 10, Text bei Anm. 52–53 und 168–176.

ihnen vertretenen Tiers hinweisen.[252] Aus ihrem Wortwechsel lässt sich ableiten, dass mit dem Hahn, insbesondere mit dem weißen Hahn, positive Vorstellungen verbunden sind. Er gilt als Dämonenschreck *par excellence* und ist im vorliegenden Kontext nicht aufgrund seiner dämonischen Natur, sondern aufgrund seiner dämonenbannenden Wirkung zu erwähnen. F. Meier hat sich eingehend mit der Mythologie des Hahns befasst.[253] Da seine Darstellung nicht überholt ist, rechtfertigt sich eine neue Untersuchung der Frage nicht. Die folgenden Ausführungen beschränken sich auf eine Zusammenfassung seiner Erkenntnisse.[254] Grundsätzlich unterscheidet die religiöse Überlieferung zwischen dem Hahn als a. kosmischem und b. irdischem Vogel.

a. Der kosmische Hahn tritt einerseits als Interessenvertreter der Vögel vor Gott in Erscheinung. Anderseits ist er als Hahn des Gottesthrons *(dīk al-ʿarš)* kosmischer Gebetsrufer. Gemäß einer Ǧaʿfar aṣ-Ṣādiq (6. Imām, gest. 148/765) zugeschriebenen Überlieferung ruht Gottes Thron auf vier Trägern, die die Gestalt eines Menschen, eines Hahns, eines Löwen und eines Stiers haben. Sie bitten Gott um den Lebensunterhalt für die Menschen, die Vögel, die Raubtiere bzw. das Vieh.[255] Die zweite Funktion des Hahns, nämlich jene des Gebetsrufers, lässt sich aus einem auf Muḥammad selbst zurückgeführten Prophetenwort aus dem 3./9. Jh. ableiten. Demnach hat Gott einen Hahn erschaffen, dessen Kamm den Thron des Erhabenen berührt. Der Hahn steht mit seinen Krallen auf der untersten Erde, und seine Flügel befinden sich in der Luft. Wenn nur noch ein Drittel der Nacht übrigbleibt, schlägt er mit den Flügeln und lobpreist Gott. Auf sein Zeichen hin schlagen alle Vögel der Erde mit den Flügeln und die irdischen Hähne krähen.[256]

---

252 Gemäß L. Kopf, Artikel „Dīk“, in *EI*² II.275, zitiert Ǧāḥiẓ dabei aus einem anonymen Werk, das zur sogenannten Rangstreit-Literatur gehört. Zu diesem Streitgespräch vgl. auch bei Anm. 229. Siehe außerdem: Ǧāḥiẓ, *Ḥayawān*, I.376–377. II.207, I.299; diese Hinweise aus F. Meier, NL Mappe 12, s. v. *Freundschaft Hund: Vergleich zwischen Hund und Hahn.*

253 F. Meier, „Niẓāmī und die Mythologie des Hahns“, S. 996–1056. Beachtlich sind auch F. Meiers Vorarbeiten dazu in seiner Materialsammlung, wo er sich auf ca. 110 Bl. mit der Stellung des Hahns befasst: vgl. NL Mappe 4, s. v. *Hahn* (69 Bl.), und NL Mappe 12, s. v. *Feindschaft Hahn* (44 Bl.).

254 F. Meier war es bekanntlich nicht mehr möglich, die von ihm geplante Studie zur islamischen Dämonologie zu verfassen. Anhand seiner Voruntersuchungen zum Hahn in der Materialsammlung und der definitiven Darstellung des Themas in seinem Aufsatz lässt sich aufzeigen, dass F. Meier das zusammengetragene Material erst beim Abfassen von zur Publikation bestimmten Aufsätzen vertieft analysierte.

255 Anhand von *Ezechiel* 1.10 lässt sich aufzeigen, dass der Hahn unter den erwähnten Symboltieren den Adler ersetzt; vgl. F. Meier „Niẓāmī und die Mythologie des Hahns“, S. 996 f.

256 F. Meier, *op.cit.*, S. 997, Anm. 3, weist auf mehrere Versionen dieser Überlieferung hin.

Während alle andern Lebewesen den Ruf dieses kosmischen Hahns direkt vernehmen, können ihn die *ṯaqalān*, also die Menschen und die *ǧinn*, nur mittelbar über die Weitergabe durch die irdischen Hähne hören. Auch ist es nur auserwählten Menschen vorbehalten, den kosmischen Hahn zu sehen. Muḥammad soll ihn bei seiner Himmelfahrt zu Gesicht bekommen haben.[257] Angebliche Aussagen des Propheten halten überdies fest, dass der himmlische Hahn alle fünf Ritualgebete ankündet. Die sunnitische *Ḥadīṯ*-Kritik akzeptiert die Authentizität dieser Prophetenworte zum himmlischen Hahn allerdings nicht.[258] Entsprechende Aussagen lassen sich daher erst bei Ǧāḥiẓ (3./9. Jh.) belegen. Die Schia hingegen betrachtet diese Auffassungen als kanonisch und führt sie auf Muḥammad al-Bāqir (5. Imām, erste Hälfte 2./8. Jh.) zurück.

b. Der irdische Hahn nimmt mehrere Aufgaben wahr. Auch er ruft zum Gebet. Gemäß angeblich echten Aussagen soll der Prophet festgehalten haben: „Schmäht nicht den Hahn, denn er ruft zum Ritualgebet."[259] Die Lauteren Brüder (4./10. Jh.) nennen den Hahn explizit „Gebetsrufer" *(muʾaḏḏin)*.[260] Eine auf ʿAlī zurückgeführte Aussage bezeichnet das Krähen des Hahns sogar als sein Ritualgebet, sein Flügelschlagen als Verbeugung *(rukūʿ)* und Prostration *(suǧūd)*. Besonders wichtig sind angebliche Aussprüche Muḥammads, die dem Hahn, v.a. dem weißen, die Fähigkeit zuschreiben, Dämonen abzuwehren.[261] F. Meier belegt dies mit folgenden Aussagen[262]: „Ein weißer Hahn mit gespaltenem Kamm beschützt das Haus seiner Besitzer und sieben Häuser der Umgebung." Oder: „Er vertreibt, soweit seine Stimme reicht, die *ǧinn*." Interessant ist auch die Auffassung: „Wer sich einen weißen Hahn hält, bleibt vor dreierlei Übeln geschützt: vor jedem Satan, Zauberer, Wahrsager."

Ibn Qayyim al-Ǧawziyya (gest. 751/1350) allerdings bezeichnet alle Hahn-*Ḥadīṯe* als erlogen. Er akzeptiert nur die Authentizität der Aussage: „Wenn ihr das Krähen der Hähne hört, so bittet Gott um eine Güte, denn dann haben die Hähne einen Engel gesehen!"[263] Die Zwölfer-Schiiten sind großzügiger. Es fällt allerdings auf, dass sie verschiedene Überlieferungen nicht dem Propheten, sondern ihren Imamen zuschreiben. Auch eine Spielform der bei Ǧāḥiẓ und Ibn Qutayba für

---

257 F. Meier, *op.cit.*, S. 999, Anm. 8, weist auf Abbildungen des kosmischen Hahns hin; vgl. M.-R. Séguy, *Muhammeds wunderbare Reise*, S. 46, Abb. 9.

258 F. Meier, *op.cit.*, S. 1001.

259 Zitiert nach F. Meier, *op.cit.*, S. 1001 f., mit Quellenangaben dort in Anm. 19.

260 Vgl. F. Meier, *op.cit.*, S. 1004, mit weiteren Beispielen.

261 F. Meier. *op.cit.*, S. 1007–1013.

262 Alle zitiert nach F. Meier, *op.cit.*, S. 1007.

263 Ibn Qayyim al-Ǧawziyya, *Al-manār al-munīf fī ăṣ-ṣaḥīḥ wa-ăḍ-ḍaʿīf.* Nr. 76–79. Hier zitiert nach F. Meier, *op.cit.*, S. 1007.

das 3./9. Jh. belegten Aussage „Der weiße Hahn ist mein Freund und der Feind des Widersachers Gottes. Er bewacht das Haus seines Herrn und sieben weitere Häuser." wird von den Schiiten Muḥammad al-Bāqir und Ǧaʿfar aṣ-Ṣādiq zugeschrieben.

Zahlreiche Berichte in der arabischen und persischen Weisheits- und Erbauungsliteratur thematisieren diese Feindschaft zwischen Hahn und Dämonen. Besonders bekannt ist eine Geschichte, die sich ab dem 5./11. Jh. in unterschiedlichen Fassungen nachweisen lässt. Die Ausgangsversion macht auf folgende Aspekte aufmerksam[264]: Ein *ǧinnī* hat sich in ein Mädchen verliebt. Doch ein Hahn in dessen Haus verunmöglicht es ihm, zu seiner Angebeteten zu gelangen. Der Dämon bittet darauf einen Menschen, den Hahn zu töten. Nachdem dies geschehen ist, wird das Mädchen wahnsinnig. Der *ǧinnī* hat sich seiner bemächtigen können. Gemäß erweiterten Fassungen, u. a. bei Damīrī[265], war der Helfer des *ǧinnī* aber nicht bereit gewesen, die Bitte bedingungslos zu erfüllen. Er hatte vielmehr auch Auskunft darüber verlangt, wie sich ein Dämon wieder austreiben lässt. Der Helfer greift in der Tat auf dieses Rezept zurück, um das Mädchen von seiner Besessenheit zu heilen.[266] Weitere Berichte zeigen auf, dass nicht nur der Körper oder die Stimme, sondern sogar die Federn des Hahns die Dämonen fernhalten. Jedenfalls konnte R. Paret bei der Untersuchung des Volksromans von Sayf b. Ḏī Yazan nachweisen, wie die bösen *ġūl* mit Federn eines verzauberten Hahns vernichtet werden.[267]

Die positive Bewertung des Hahns dürfte sich damit erklären lassen, dass sein Schrei den Tagesanbruch und somit die Rückkehr des Lichts ankündet. Als Vogel des Lichts steht er den Mächten der Finsternis gegenüber.[268] Der Hahnkrat gebietet in verschiedenen Erzählungen nächtlichem Spuk und teuflischem Treiben Einhalt, was sich gerade auch anhand der Māhān-Geschichte in Niẓāmīs

---

264 Vgl. F. Meier, *op.cit.*, S. 1009, mit Hinweis auf *Tausendundeine Nacht* (Übersetzung E. Littmann, 1953), III.186 f. (303. Nacht): „Abu Muhammad der Faulpelz".

265 Damīrī, *Ḥayāt al-ḥayawān*, II.408.7–21; vgl. F. Meier, *op.cit.*, S. 1009, Anm. 63.

266 Das Verhalten des *ǧinnī*, der das Mittel zu seiner Austreibung verrät, ruft in Erinnerung, dass Dämonen als dumm und einfältig gelten. F. Meier, NL Mappe 6, s. v. *nasnās*, Bl. 12, hält fest: „Die *nasnās* [vgl. Kapitel 5.6.2, b. „*nasnās*", Text bei Anm. 442–509] sind für ihre Dummheit und Gleichgültigkeit sprichwörtlich." Siehe außerdem M. Schöller, „Gespräche mit Dschinnen", S. 54 f.: „Manche [Dämonen] fallen sogar [...] ihrer eigenen Dummheit zum Opfer." (S. 55). Zum Motiv siehe auch unten Anm. 485 und 545.

267 R. Paret, *Sīrat Saif ibn Dhī Jazan*, S. 14 f. Der Roman stammt aus Ägypten und datiert wohl aus dem 15. Jh. Zitiert nach F. Meier, *op.cit.*, S. 1010.

268 Die Eule hingegen, der Vogel der Nacht, ist eine Vertreterin des Dämonischen (vgl. Kapitel 5.4.4, Text bei Anm. 239–248).

Haft-Paykar aufzeigen lässt. Hier endet jede von Māhāns vier Schreckensnächten mit dem morgendlichen Schrei des Hahns.[269]

Seine positive Bewertung verdankt der Hahn aber auch dem Umstand, dass sein Krähen die Nähe von menschlichen Siedlungen anzeigt.[270] Ǧāḥiẓ hält fest, dass der weithin hörbare Schrei des Hahns auf die unmittelbare Nähe bewohnter und traulicher Orte hinweise. Auch gelte eine Gruppe von Häusern solange nicht als Dorf, als darin kein Hahn krähe.[271] Überdies ermuntere sein Krähen die Reisenden bei langen Nachtmärschen, weshalb Karawanen einen Hahn mitführten. Persische Pilger sollen einen weißen Hahn auf ihre Fahrt nach Mekka mitgenommen haben.[272] Der Hahn zählt außerdem zu den geistersichtigen Tieren, wie sich u. a. aus dem einzigen auch von Ibn Qayyim al-Ǧawziyya als authentisch anerkannten Hahn-*Ḥadīṯ* ergibt.[273] Das fragliche Prophetenwort ordnet den Hahn eindeutig den guten Mächten zu. Anerkannte Erweiterungen dieser Überlieferung heben hervor, dass der Esel iaht, wenn er einen bösen Geist zu Gesicht bekommt.[274]

F. Meier stellt abschließend Überlegungen zur Herkunft dieser Auffassungen an.[275] Er macht als Heimatland Iran aus, woher im Wesentlichen auch der Hahn stamme.[276] F. Cumont hatte aufgezeigt, dass der Hahn in Griechenland zwar bereits früh bekannt war, aber erst im 6. Jh. v. Chr. wirklich heimisch wurde. Auch seine Bezeichnung als „persischer Vogel“ deute darauf hin, dass die Griechen den Hahn mit Iran in Verbindung brachten. Auf seiner Wanderung nach Westen begleiteten ihn jene Vorstellungen, die man in Persien und Kleinasien mit ihm verband. Als Hauptstelle für die Bedeutung des Hahns im iranischen Glauben weist F. Meier auf *Vidēvdāt* 18.24–29 hin.[277] Gemäß dieser Stelle weckt das Feuer den Sraōša, dieser den Hahn, der dann mit seinem Krähen den Schlaf der Men-

269 Niẓāmī, *Haft Paykar* (Ausgabe B. Ṯirwatiyān), § 36, S. 270–290; vgl. F. Meier, *op.cit.*, S. 1034–1036.

270 F. Meier, *op.cit.*, S. 1015–1017.

271 Ǧāḥiẓ, *Ḥayawān*, II.242; zitiert nach F. Meier, *op.cit.*, S. 1016 f.

272 Vgl. F. Meier, *op.cit.*, S. 1002 und 1008, der den zweiten Hinweis Ch. M. Doughty, *Travels*, I.70, entnimmt.

273 F. Meier, *op.cit.*, S. 1013 f., das Prophetenwort wurde bei Anm. 263 zitiert.

274 Vgl. bereits J. Wellhausen, *Reste*, S. 151. F. Meier weist auf Sure 31.19 hin, wonach der Esel die grässlichste Stimme habe. Siehe Buḫārī, *Ṣaḥīḥ*, *Kitāb Bad' al-ḫalq*, *Bāb Ḫayr māl al-muslim*, *Ḥadīṯ* Nr. 3339; Parallele bei Muslim, *Ṣaḥīḥ*, *Kitāb aḏ-ḏikr wa-ăd-du'ā' [...]*, *Bāb Istiǧāb ad-du'ā' 'inda ṣiyāḥ ad-dīk*, *Ḥadīṯ* Nr. 7096; Abū Dāwūd, *Sunan*, *Kitāb al-adab*, *Bāb Mā ǧā'a fī ăd-dīk wa-ăl-bahā'im*, *Ḥadīṯ* Nr. 5104; Tirmiḏī, *Sunan*, *Kitāb ad-da'wāt 'an rasūl Allāh*, *Bāb Mā yaqūl iḏā sami'a nahīqa ăl-ḥimār*, *Ḥadīṯ* Nr. 3793: Diese Quellen nennen den bösen Geist *šayṭān*.

275 F. Meier, *op.cit.*, S. 1011 und 1019–1022.

276 Wobei F. Meier, *op.cit.*, S 1019, Indonesien als Urheimat der Hühnerrasse bezeichnet.

277 F. Meier, *op.cit.*, S. 1011.

schen unterbricht. Sie sollen beten, die Dämonen schmähen und den Feuerkult verrichten. *Bundahišn* (9. Jh. n. Chr.; Kapitel 19) hält später fest, der Hahn sei zur Bekämpfung der *daēvas* und Zauberer erschaffen worden.

Die Bedeutung des weißen Hahns als Dämonenschreck lässt sich im iranischen Gedankengut auch sonst belegen, empfiehlt doch Kayōmarṯ seiner Tochter, in ihrem Haus einen weißen Hahn zu halten. Dann könnten die Dämonen ihrem neugeborenen Sohn kein Unheil zufügen.[278] F. Meier bedauert, dass diese Legende aus verhältnismäßig später Zeit datiert und sich islamische Einflüsse nicht mit letzter Sicherheit ausschließen lassen. Er glaubt jedoch, wenigstens verschwommen die Umrisse eines iranischen Komplexes zur Mythologie des Hahns feststellen zu können, mit dem islamische Quellen in hellenistisch-christlichen und iranisch-mazdaistischen Ausgestaltungen in Kontakt gekommen sein mögen.

5.5 Die Manifestation von *ǧinn* in Naturerscheinungen: Zur Einordnung des Winds und seiner Darstellung in arabischen und persischen Quellen

Während im vorangehenden Kapitel (5.4) Beispiele für die Verkörperung von *ǧinn* in Tieren im Zentrum standen und der nächste Teil (5.6) auf ihr Auftreten in Menschengestalt eingeht, befasst sich der vorliegende Abschnitt mit Manifestationen des Dämonischen in Naturerscheinungen. Gemäß der einleitend vorgestellten Übersicht treten Geister gern in der Form von Naturphänomenen auf (dritte Hauptkategorie dämonischer Wesen).[279] Es gilt allerdings sogleich zu präzisieren, dass sich die Beispiele dafür in den untersuchten Texten im Wesentlichen auf den Wind beschränken. Andere Naturphänomene (Luftspiegelungen: Fata Morgana; Lichterscheinungen) werden in diesem Zusammenhang selten erwähnt.

Zur Einordnung des Winds: W. Eilers weist in seiner Untersuchung zur Āl darauf hin, dass der Wind im ganzen Vorderen Orient als Geistererscheinung gefürchtet wird.[280] Semitische Sprachen behandeln den Wind, wie andere unheimliche Phänomene auch, gern als Femininum. Dies trifft auf das arabische *rīḥ* (Wind) ebenso zu. Will ein Kind nicht heimkehren, droht man ihm im Persischen: „Bād mī-ā[ya]d, báradat."[281] K. Hentschel weist auf die Überzeugung hin, dass Wind-

---

278 F. Meier, *op.cit.*, S. 1021. Die persische Kayōmarṯ-Legende stammt aus dem 4.–5./10.–11. Jh.
279 Vgl. die Übersicht bei Anm. 85–88.
280 W. Eilers, *Die Āl*, S. 51.
281 „Der Wind kommt und trägt dich davon."

hosen oder Staubwolken von Geistern bewohnt werden.[282] Und E. Westermarck betont, dass die vom Wirbelwind verursachte Staubsäule den Dämonen zugeschrieben wird.[283] H. A. Winkler seinerseits weiß, dass der Teufel in der Windhose steckt, die durch die Wüste fegt,[284] und auch F. Meier bringt Belege für die engen Beziehungen zwischen Wind und Dämonen bei.[285]

W. Vycichl macht anhand von Beispielen aus dem Maghreb auf ähnliche Zusammenhänge aufmerksam.[286] Die Schilḥ, ein Berberstamm aus Südmarokko, nennen den Wirbelwind mit Staub *tamzawit*[287], was „Menschenfresser“ bedeutet. Die Kabylen wiederum bezeichnen den Staubwirbel als *ṯabušiṭant*, was „die den Teufel beherbergenden“ heißt. Außerdem reden die Tuareg über den Zyklon als „caravane des démons“ *(tahak en Kel Asouf)*. Gemäß W. Vycichl verbindet sich damit die Vorstellung eines Hochzeitszugs der Geister. Er hebt mit dieser Feststellung die Nähe zur aus dem deutschen Sprachraum bekannten Windsbraut hervor.

W. Mannhardt wiederum hat auf die Auffassung hingewiesen, dass in Griechenland die Nereiden als Urheberinnen des alles mit sich fortreißenden Wirbelwinds gelten.[288] D. Pielow zeigt anhand von Beispielen aus dem orientalischen Volksglauben überdies auf, dass starke Winde, v. a. wenn sie heiß und sandig sind, als Verursacher von Krankheiten gelten. In Ägypten und im Maghreb bezeichnet der Ausdruck *rīḥ aḥmar (sic)* noch heute zugleich einen Dämon und eine Erkrankung von Magen und Darm.[289] D. Pielow weist außerdem auf eine babylonische

282 K. Hentschel, *Geister, Magier und Muslime*, S. 23 f.

283 E. Westermarck, *Pagan survivals*, S. 6.

284 H. A. Winkler, *Die reitenden Geister der Toten*, S. 16.

285 F. Meier, NL Mappe 10, s. v. *Wind*, 9 Bl.

286 W. Vycichl, „Der Teufel in der Staubwolke“, zitiert nach F. Meier, NL Mappe 10, s. v. *Wind*, Bl. 7.

287 Es handelt sich um einen Ausdruck, der bei den Berbern in Gebrauch ist; vgl. G. Bidault und J. Debrach „Physique du globe et météorologie au Maroc“, S. 96.

288 W. Mannhardt, *Wald- und Feldkulte*, II.37. F. Meier, NL Mappe 10, s. v. *Wind*, weist auf weitere Beispiele hin.

289 Vgl. D. Pielow, *Lilith*, S. 105, Dr. Edward Badeen (Zürich) macht darauf aufmerksam, dass Būnī, *Manbaʿ uṣūl al-ḥikma* (Ausgabe Bayrūt, al-Maktaba aṯ-Ṯaqāfiyya), S. 130.24–28, zwei unter dem Namen *rīḥ aḥmar* bzw. *rīḥ aswad* bekannte Krankheitsdämonen erwähnt und auf ein Siegel *(ḫātim)* zum Schutz gegen sie hinweist. Diese Dämonen könnten jener Person keinen Schaden mehr zufügen, die das Siegel trage. Die beiden Krankheitsdämonen werden dabei als männlich vorgestellt, wie sich aus der Būnī-Stelle ergibt: „وإن علقه (يعنى علق الخاتمَ) على من به ريح احمر أو أسود زال عنه ولا يؤذونه بعد ذلك“. (Verb *yuʾḏūna:* 3. Pers. mask. pl.; die Būnī-Stelle verwendet keine Dualform).
Solche als *rīḥ* bezeichnete Krankheitsdämonen sind im arabischen Kulturraum auch heute noch bekannt, wie sich aus Diskussionsforen im Internet ergibt. Sie werden sowohl als männlich als auch als weiblich vorgestellt. Eine Antwort auf Fragen zum *ar-rīḥ al-aḥmar (sic)* und zu dessen

Triade von Sturmgottheiten hin, die sich aus Lilū (mask.), Lilītu (fem.) und der Ardat (Mädchen) Lilī zusammensetzt. Anfänglich habe man in diesen drei Gottheiten die Verursacher böser Stürme gesehen. Später hätten sie als Wesen gegolten, die bei Geburt und Kindbett Schaden zufügen. Auch Lilith gehöre hierhin.[290] Die Namen Lilith oder Enlil würden sich aus sumerisch *lil* (akkadisch *zakiku*) „Sturm“ erklären. Lilith sei ursprünglich ein Wind- und Sturmdämon gewesen. Man habe sich diesen Dämon als Tier gedacht, das über die Steppen hinwegsause und alles Leben dahinfege. Übrigens werde Lilith gern als Flügelwesen dargestellt, was auf ihren ursprünglichen Windcharakter hinweise.[291]

Diese Aussagen aus der Sekundärliteratur unterstreichen die engen Beziehungen zwischen Dämonen und Wind. Auch die im Folgenden beizuziehenden Quellen belegen diese Zusammenhänge. Den weiteren Ausführungen ist die Bemerkung vorauszuschicken, dass unterschiedliche Faktoren zur Dämonisierung des Winds beitragen. Ausschlaggebend dürften u. a. seine Unsichtbarkeit, Zerstörungskraft und Schnelligkeit sein. Beim Auftreten des Winds sind stets Kräfte im Spiel, die zwar große Wirkung entfalten, letztlich aber nicht fassbar sind.

Behandlung hält fest, dass man den Atem (*nafas*, pl. *anfās*) und den Nimbus *(hāla)* der Geister als *aryāḥ al-ǧinn* bezeichne. Die Geister selbst seien durchsichtig und subtil. Ihr Atem und ihre Ausstrahlung *(hāla)* riefen beim Menschen oft Erkrankungen hervor; selbst die Heiler seien davor nicht gefeit (vgl. http://www.qassimy.com/vb/showthread.php?t=493149; Website konsultiert am 3. Mai 2013): „الريح الاحمر الاعراض وطريقة العلاج: من المعروف أن الشفافية واللطافة هي الغالبه على أجساد الجن و أن أنفاس الجن و هالتهم المحيطة بهم يقال لها أرياح الجن. و الأرياح تعتبر من أنواع الإصابات التي تصيب الإنس كثيرا. و حتى أن المعالجين لا يسلمون منها.“ Neben den Ausdrücken *rīḥ aḥmar* bzw. *ar-rīḥ al-aḥmar* lässt sich auch die eigentlich zu erwartende, grammatikalisch korrekte Form *ar-rīḥ al-ḥamrā'* (Der Rote Wind) belegen. Der Wind wird hier offensichtlich als weibliche Krankheitsdämonin vorgestellt wie aus einem Kommentar zu einem Gebet gegen *ar-rīḥ al-ḥamrā'* hervorgeht (*Du'ā' ar-rīḥ al-ḥamrā'*; vgl. http://www.mezan.net/vb/showthread.php?t=31280; Website konsultiert am 3. Mai 2013). Darin erklärt eine *ar-rīḥ al-ḥamrā'* genannte Krankheitsdämonin ihr Wirken dem Propheten Salomon wie folgt: „قالت: يا نبي الله ما عرفتني. قال: لا قالت أنا الريح الحمراء. أنا علة من العلل ومرض من الإمراض. خلقني الله تعالى فإذا أراد الله تعالى أن يعذب أحدا من خلقه أرسلني إليه. وسلطني عليه. فإذا دخلت في دماغه خفقته. وان دخلت في عينيه أعميته. وان دخلت في منخريه ظهرت فيه علة الناسور. ثم انزل إلى حلقه واخنقه. وان دخلت في أذنيه أخذت سمعه.“ Das Zitat dürfte aus einer alten Quelle stammen, die auf der Website allerdings nicht erwähnt wird.

290 Zu den Kindbettdämoninnen vgl. Anm. 245 und Kapitel 6.3.3 „*Ǧinn*-exponierte Lebensphasen: Zur Umm aṣ-ṣibyān“.

291 Da man den Namen Lilith oft mit der allgemein-semitischen Wurzel *lyl* (Nacht) in Verbindung brachte, bezeichnete man sie gern als Nachtgespenst. Bei dieser Deutung handelt es sich allerdings um eine sekundäre Volksetymologie; vgl. H. Wohlstein, „Zur Tier-Dämonologie der Bibel“, S. 490 f.

Darstellung des Winds in arabischen und persischen Quellen: Die untersuchten arabischen und persischen Quellen erklären Winde, v. a. Stürme, gern als Manifestationen des Dämonischen. Es fällt allerdings auf, dass u. a. Qazwīnī und Ġazzālī die Entstehung von Windhosen auch rein naturwissenschaftlich beschreiben. Qazwīnī meint, dass das Zusammentreffen von zwei verschiedenen Luftströmungen Windhosen *(zawbaʿa)* entstehen lasse.[292] Da beim Aufeinanderprallen der eine Wind den andern am Wehen hindere, entstehe ein sich drehender Wind, der einem Turm ähnle. Auch Ġazzālī betont, dass sich in Windhosen der Staub nicht selbst in Bewegung setze. Vielmehr befinde sich bei jedem Staubatom ein Luftteilchen, das die Staubpartikel bewege. Der Betrachter nehme dies unter Umständen als sich drehenden Turm wahr.[293]

Qazwīnī verwendet zur Bezeichnung von Windhosen den Begriff *zawbaʿa*.[294] Die beigezogenen Quellen kennen diesen Ausdruck auch als Eigennamen eines Dämons. Ṭabarī weiß, dass der Fürst der *ǧinn* im Jemen Zawbaʿa hieß und dem dortigen König auf Salomons Geheiß Schlösser erbaute.[295] Im Kommentar zu Sure 72.1–3 hält Ṭabarī, gestützt auf einen Bericht Warqā's, fest, dass Zawbaʿas Schar nach Mekka gekommen sei, um Muḥammad beim Rezitieren des Korans zuzuhören. Er präzisiert unmittelbar anschließend, dass es sich um neun Zuhörer von den *ǧinn* gehandelt habe. Unter ihnen habe sich auch Zawbaʿa befunden.[296] Auch Šiblī erwähnt Zawbaʿa bei der Aufzählung jener *ǧinn*, die bei Naḫla zu Muḥammad gekommen waren, um den Koran zu hören.[297]

Indem er sich auf Naysābūrīs *Mustadrak* stützt, greift Damīrī die Berichte über jene Schlange auf, die in der Wüste den Tod gefunden hat und von einem frommen Muslim schicklich bestattet worden ist. Er erkennt in ihr einen rechtschaffenen Mann von den *ǧinn* aus Niṣībīn, die von Muḥammad den Koran gehört hatten. Er habe Zawbaʿa geheißen.[298] Azraqī wiederum weiß unter Berufung auf Abū Ṭufayl zu berichten, dass sich beim Tod großer *ǧinn* immer Staub erhebe,

---

292 Qazwīnī, *ʿAǧāʾib al-maḫlūqāt* (Ausgabe F. Wüstenfeld), S. 94 f. (vgl. Ausgabe Miṣr, S. 62); siehe den Hinweis bei F. Meier, NL Mappe 10, s. v. *Wind*, Bl. 8.

293 Ġazzālī, *Faḍāʾil ul-anām*, S. 26; siehe auch den Hinweis bei F. Meier, NL Mappe 10, s. v. *Wind*, Bl. 4.

294 Ġazzālī, *Faḍāʾil*, S. 26.7, redet von einem *manāra-i mustaṭīl*.

295 Ṭabarī, *Taʾrīḫ (Annales)*, II.585.9.

296 Ṭabarī, Tafsīr, zu Sure 72.1–3. *Ǧuzʾ* 29, S. 64.27–65.1.

297 Šiblī, *Ākām al-marǧan*, S. 40.3–7; vgl. S. 44.17. Siehe dazu auch Kapitel 4.4 „Gläubige und ungläubige *ǧinn*", wo ein Dämon namens Zawbaʿa mehrfach genannt wird.

298 Damīrī, *Ḥayāt al-ḥayawān*, I.207.6–9; vgl. al-Ḥākim an-Naysābūrī, *al-Mustadrak*, III.519.12–17.

der die Berge verhülle.[299] Auch diese Darstellung hebt die Nähe zwischen *ǧinn* und (Staub-)Winden hervor. Ǧāḥiẓ seinerseits bezeichnet die *zawābiʿ* dann als die Söhne eines *ǧinnī* namens Zawbaʿa.[300] In einer Glosse bringt er die *zawābiʿ* mit dem Staub (*rahǧ* und *qatām*) bzw. dem Aufwirbeln von Staub *(taṯwīr)* in Verbindung. Außerdem zitiert Ǧāḥiẓ einen Vers, der Zawbaʿa zu den Satanen zählt.

Auch Tilimsānī weist mehrfach auf die Nähe der Dämonen zu den Winden hin. Er stellt Zawbaʿa als *zawbaʿat ar-riyāḥ* (Zawbaʿa der Winde) vor.[301] Und eine andere Stelle hält fest, dass gewisse *zawābiʿ* auf den Winden reiten.[302] Bestens ins Bild passt, dass Tilimsānī Epilepsieanfälle einer frisch verheirateten Frau den *ʿafārīt* (sg. *ʿifrīt*) *az-zawābiʿ* zuschreibt.[303] Badaḫšī wiederum erklärt, dass bestimmte feinstoffliche *ǧinn* in den Winden wohnen und wirken. Als Wirbelwinde *(girdbād)* werfen sie den Menschen Staub, Schnee und Gras ins Gesicht.[304] Und Niẓāmī berichtet in der Mittwochsgeschichte im *Haft Paykar* von einem Winddämon *(dīw-bād)*.[305] W. Eilers hält fest, dass Zawbaʿa ursprünglich wie die Lilith das Unheimliche des Sturmwinds mit sich führte, ähnlich wie der *ġūl*.[306]

Auch die bereits kurz erwähnten Berichte über einen Kampf zwischen zwei *Ǧinn*-Völkern bringen die engen Beziehungen zwischen Winden, Wüsteneien, Schlangen und allem Dämonischen zum Ausdruck.[307] Winde und die wegen ihrer Sandstürme gefürchteten Wüsteneien stehen nicht zuletzt daher miteinander in Verbindung, da öde Gegenden *per se* als Heimat alles Dämonischen gelten.[308] Die unterschiedlichen Schilderungen dieses Kampfes stimmen darin überein, dass zwei Geisterheere in Gestalt von Windhosen aufeinandertreffen. Die zu diskutierende Erzählung lässt sich u. a. bei den voneinander abhängigen Šiblī, Suyūṭī und Ḥalabī nachweisen.[309] In den Grundzügen stimmt ein Bericht bei Yāqūt damit

---

299 Azraqī, *Aḫbār Makka*, S. 262.10 f.

300 Ǧāḥiẓ, *Ḥayawān*, VI.231.1–3: „الزوابع: بنو زوبعَة الجنى، وهم أصحاب الرهج والقَتام [والتثوير. و] قال راجزهم:

إن الشياطين اتونى أربعه في غَبَش الليل وفيهم زَوبعه.“

301 Tilimsānī, *Šumūs al-anwār*, S. 39.27.

302 Tilimsānī, *op.cit.*, S. 106.11: „وبعض الزوابعة (كذا) ركبوا الرياح.“.

303 Tilimsānī, *op.cit.*, S. 107.7 f.

304 Badaḫsī, *Ḫulāṣat ul-manāqib*, Hs. Berlin, Bl. 121a; Hs. Oxford, Bl. 86b; zitiert bei F. Meier, NL Mappe 6, s. v. *Orte*, Bl. 4, unten.

305 Niẓāmī, *Haft Paykar* (Ausgabe B. Ṯirwatiyān), S. 275, v. 122 (§ 36). F. Meier, NL Mappe 5, s. v. *Laute*, Bl. 1,1 übersetzt *dīw-bād* mit „Dämonenwind (= Wirbelwind)“.

306 W. Eilers, *Die Āl*, S. 65.

307 Vgl. oben bei Anm. 127–133.

308 Vgl. Kapitel 6.2 „*Ǧinn*-Orte: Die Geistwesen und ihre Wohnsitze“, *passim*.

309 Šiblī, *Ākām al-marǧān*, S. 42.1–43–17; Suyūṭī, *Laqṭ al-marǧān*, § 146 S. 47.9–17, § 148, S. 48.8–

überein, fällt aber deutlich reicher aus, weshalb sich die weiteren Ausführungen auf seine Schilderung stützen.[310]

Yāqūt greift in seinem Geographiewerk unter dem Eintrag *ḍilaʿ* einen Bericht Abū Ziyāds auf.[311] Diese Stelle hält fest, dass zwei *ḍilaʿ* bekannt seien. Es handle sich um zwei Berge im Süden des Asylbezirks *(ḥimā)*. Während der erste *ḍilaʿ* den Banū Mālik zugeordnet wird, beanspruchen die Banū Šayṣabān den andern. Bei beiden Gruppen handelt es sich um bekannte *Ǧinn*-Stämme. Während sich die Banū Mālik zum Islam bekennen, gelten die Banū Šayṣabān als ungläubig. Das Land der Banū Mālik ist sehr fruchtbar, die Gegend der Banū Šayṣabān aber ist als Ödland bekannt.

Eines Abends erscheinen einige Männer aus dem *ḍilaʿ* der Banū Mālik beim Wasserplatz ihrer Nachbarn, dem Stamm der Ġanī. Sie tragen weiße Kleider und sind unterschiedlichen Alters. Die Gruppe bittet die Ġanī um Hilfe im Kampf gegen die ungläubigen Banū Šayṣabān; ihnen wäre nur schon damit geholfen, wenn ihnen Waffen zur Verfügung gestellt würden. Die Ġanī willigen ein, und die Abgeordneten der Banū Mālik ziehen sich zurück. In der Nacht verschwinden die Waffen der Ġanī wie von selbst.

Abū Miḥǧan, ein Mann aus dem Stamm der Ġanī, geht daraufhin der Angelegenheit nach. Zur Mittagszeit[312] erreicht er eine Gegend mit viel Staub (*ġubār*). Es ist zwar vorläufig windstill, aber sowohl hinter als auch vor ihm wird Staub aufgewirbelt. Abū Miḥǧan ist bekannt, dass die beiden verfeindeten Stämme an diesem Tag aufeinander treffen. Plötzlich brausen aus dem *ḍilaʿ* der Banū Šayṣabān Wirbelwinde (*aʿāṣīr*, sg. *iʿṣār*) heran, mischen sich unter die Staubwolken vor Ort, lösen sich wieder aus ihnen, kommen aber erneut zurück. Die Staubwolken wälzen sich während längerer Zeit ineinander. Als sich der Staub zur Zeit des Nachmittagsgebets legt, entfernen sich einige Windhosen in Richtung des Bezirks der Banū Šayṣabān. Kurz darauf ziehen sich zahlreiche weitere Staubwolken zum *ḍilaʿ* der Banū Mālik zurück.[313]

49.6; Ḥalabī, *ʿIqd al-marǧān*, S. 82.5–17. Kurzer Hinweis auch bei Qazwīnī, *ʿAǧāʾib al-maḫlūqāt* (Ausgabe F. Wüstenfeld), S. 167.1–7 (vgl. Ausgabe Miṣr, S. 105.6–10).

310 Yāqūt, *Muʿǧam al-buldān*, III.476–478, mit Parallele bei Fīrūzābādī, *Maġānim*, S. 233–235; zitiert bei F. Meier, NL Mappe 6, s. v. *Orte*, Bl. 7–10. Auch T. Fahd, „Anges, démons et djinns", S. 188, kennt den Vorfall.

311 F. Meier, NL Mappe 6, s. v. *Orte*, Bl. 64, identifiziert Abū Ziyād Yazīd b. ʿAbdallāh al-Kilābī al-Kaʿbī als Quelle von Yāqūts Darstellung. Er hält fest, dass sich dieser Autor irgendwann zwischen 158/775 und 169/785 in Bagdad aufgehalten haben soll.

312 Dämonen manifestieren sich gern zur Mittagszeit; vgl. Kapitel: 6.3.2, b. „Über Mittag", bei Anm. 178–203.

313 A. Wieland, *Ǧinn-Vorstellung*, S. 38, weist hin auf E. W. Lane, *Sitten und Gebräuche der heu-*

Abū Miḥǧan hat keine Zweifel daran, dass es sich bei der zweiten Gruppe von Staubwolken um seine Freunde handelt. Er begibt sich zur Stelle, wo sich die Wolken gedreht hatten. Der Boden dort ist mit toten Schlangen übersät. Als er dem Weg folgt, auf dem sich die Banū Šayṣabān zurückgezogen hatten, entdeckt er zahlreiche weitere tote und halbtote Schlangen. Nachdem Abū Miḥǧan am Abend zu seinem Stamm zurückgekehrt ist, nähern sich Männer und bedanken sich bei den Ġanī für die ihnen zur Verfügung gestellten Waffen. Von den gegnerischen Banū Šayṣabān hätten nur wenige das Gefecht überlebt und flüchten können. Am nächsten Tag bemerken die Ġanī, dass sich ihre Waffen auf unerklärliche Weise wieder an ihrem Platz befinden.

Auch ein Bericht bei Suyūṭī thematisiert die engen Beziehungen zwischen Wind und *ǧinn*.[314] Demnach hatten zur Zeit ʿUmar [b.] al-Ḫaṭṭābs ungläubige Dämonen einen Mann in ihr Land entführt.[315] Gläubige *ǧinn* greifen die Unholde vier Jahre später an, unterwerfen sie und machen zahlreiche Gefangene, unter denen sich auch das Entführungsopfer befindet. Als die Sieger feststellen, dass der verschleppte Mann wie sie selbst frommer Muslim ist, lassen sie ihm die Wahl, entweder zu bleiben oder heimzukehren. Nachdem sich der Mann für die Rückkehr entschieden hat, begleiten sie ihn ein Stück weit.[316] Nachts haben sie dabei menschliche Gestalt und unterhalten sich mit ihm.[317] Tagsüber weisen sie ihm als Windhosen *(iʿṣār rīḥ)* den Weg.

Suyūṭīs Hinweis auf das Erscheinen der Dämonen als Windhosen stimmt mit den Angaben bei Yāqūt überein. Auch der Koran weist übrigens indirekt auf die dämonische Natur des Windes hin, halten doch verschiedene Verse (Suren 21.81; 34.12; 38.36) übereinstimmend fest, dass Salomon über die Winde gebietet. Sie blasen, wohin auch immer er will. Auch spätere Quellen thematisieren Salomons

---

tigen Egypter, II.33, der festhält, dass der Wirbelwind durch einen flüchtenden *ǧinnī* verursacht werde.

314 Suyūṭī, *Laqṭ al-marǧān,* § 304, S. 113.1–16; damit weitgehend identisch: Šiblī, *Ākām al-marǧān,* S. 77.18–78.16 (35. Kapitel).

315 F. Meier, NL Mappe 2, s. v. *Entführung,* 21 Bl., trägt weitere Beispiele dafür zusammen, dass Dämonen Menschen entführen.

316 Suyūṭī illustriert anhand dieses Berichts den Fall einer Frau, die sich erneut verheiratet hatte, nachdem ihr Mann vier Jahre lang verschollen gewesen war. ʿUmar [b.] al-Ḫaṭṭāb hatte ihr dies gestattet. Wenig später taucht ihr erster Ehemann allerdings wieder auf und gibt an, er sei von den *ǧinn* entführt worden, als er abends das Gebet verrichten wollte. Der Mann und die Frau werden bei ʿUmar vorstellig und ersuchen ihn, ihr Rechtsproblem zu lösen. Der Kalīf lässt dem Mann die Wahl, entweder mit seiner bisherigen Frau zusammenzubleiben oder sie zu verstossen.

317 Suyūṭī, *Laqṭ al-marǧān,* S. 113.12 f.: „فاقبلوا معى بالليل بَشَراً يحدثوننى وبالنهار إعصار ريح“. Die aufgrund der Konsonantenfolge mögliche Vokalisation *bušr* (pl. zu *bašīr;* A. Kazimirski, *Dictionnaire,* s. v., „1. porteur d'une nouvelle bonne et attendue“) wurde verworfen.

Macht über den Wind regelmäßig.[318] Da Salomon in der islamischen Welt allgemein als Bezwinger der Geister gilt, lässt sich aus seiner Macht über die Winde auf ihre dämonische Natur schließen. Diese Zusammenhänge lassen sich außerdem am Beispiel von Salomons fliegendem Teppich aufzeigen, den die Winddämonen auf seinen Befehl hin durch die Lüfte tragen.[319]

Diese Überlegungen führen erneut zu Šiblī zurück, der das Fliegen als charakteristische Eigenschaft von Dämonen ansieht. Indem er sich auf Abu ăl-Qāsim as-Suhaylī beruft, bezeichnet Šiblī den fliegenden Wind *(rīḥ ṭayyāra)* bzw. den sanften, mit Flügeln versehenen Wind *([rīḥ] haffāfa ḏū [sic] aǧniḥa)*[320] neben Schlangen und schwarzen Hunden als dritte Hauptgattung *(ṣinf)* der Dämonen. Eine gemäß Šiblī auf Ibn Abi ăd-Dunyā *(Makā'id aš-šayṭān)*[321] zurückgehende Auffassung teilt die *ǧinn* ein in a. Reptilien, b. eine Gattung wie den Wind in der Luft *(wa-ṣinf ka-ăr-rīḥ fī-ăl-hawā')* und c. solche, denen Belohnung bzw. Bestrafung bevorsteht.[322] Eine Version aus Ḫarā'iṭīs *Kitāb Hawātif al-ǧinnān* weiß überdies, dass die Windgeister Flügel haben und durch die Luft fliegen *(ṣinf la-hum aǧniḥa yaṭīrūna fī ăl-hawā').*[323]

Allgemein lässt sich festhalten, dass nicht nur dem Wind selbst dämonische Eigenschaften zugeschrieben werden. Auch die Begleiterscheinungen von Wirbelstürmen und Unwettern werden gern mit den Geistern in Verbindung gebracht. Dazu gehören die dräuenden Wolken oder Blitz und Donner. Allerdings lässt sich

---

318 Vgl. z. B. Ǧāḥiẓ, *Ḥayawān,* VI.269.1 f.; Qazwīnī, *'Aǧā'ib al-maḫlūqāt* (Ausgabe Miṣr), S. 216.19 ff. (vgl. Ausgabe F. Wüstenfeld, S. 373.4 f.); Hamadānī, *'Aǧāyib-nāma* (Ṣādiqī), S. 323.6–8; Šiblī, *Ākām al-marǧān,* S. 71.6 f.

319 Zu Salomon als Bezwinger alles Dämonischen vgl. Kapitel 10. Qazwīnī, *'Aǧā'ib al-maḫlūqāt* (Ausgabe Miṣr), S. 216.17–19, weist auf Salomons fliegenden Teppich hin.

320 Da *rīḥ* weiblich ist, wäre eigentlich *ḏāt* zu erwarten. A. Kazimirski, *Dictionnaire,* s. v. *haffāfa,* kennt den Ausdruck *rīḥ haffāfa:* „vent dont le souffle est léger".

321 Bei Ibn Abi ăd-Dunyā (gest. 281/894) handelt es sich um den Überlieferer Abū Bakr 'Abdallāh b. Muḥammad al-Qurašī. Viele seiner Werke sind nicht erhalten. Vgl. zu ihm: A. Dietrich, Artikel „Ibn Abi 'l-Dunyā", in *EI²* III.684; zu den ihm zugeschriebenen Werken siehe R. Weipert und St. Weninger, „Die erhaltenen Werke des Ibn Abī d-Dunyā", mit Hinweis auf die *Makā'id aš-šayṭān,* S. 434 (mit Angaben von Druckausgaben). Man beachte außerdem: L. Librande, „Ibn Abī al-Dunyā: Certainty and morality" (2005); C. Brockelmann, *GAL* G I.153 f., S I.247 (Nr. 12), und T. Fahd, „Anges, démons et djinns", S. 158 (mit Anm. 22, S. 201).

322 Vgl. Šiblī, *Ākām al-marǧān,* S. 17.20–18.18; gemäß einer weiteren Aussage (S. 29.9) handelt es sich bei den reinen *ǧinn* um den Wind („fa-ammā ḫāliṣ al-ǧinn fa-hum ar-rīḥ"). Für ähnliche Aussagen siehe: Suyūṭī, *Laqṭ al-marǧān,* §§ 31–32, S. 12.18–13.9 und § 50, S. 18.1; Ḥalabī, *'Iqd al-marǧān,* S. 38.5–14 und S. 54.10 f.; Damīrī, *Ḥayāt al-ḥayawān,* I.203.20–31 und I.210.30 f.

323 Ḫarā'iṭī, *Hawātif al-ǧinnān,* S. 34.2 f. Vgl. auch Kapitel 6, Anm. 3.

der dämonische Charakter von Sturmwinden in den untersuchten Quellen einfacher belegen, als dies auf diese weiteren Wetterphänomene zutrifft.[324]

I. Goldziher übrigens hat auch die als *Fata Morgana* bekannte Erscheinung als Werk von *ǧinn* erklären wollen.[325] Er kann dafür jedoch nur sehr spärlich Belegstellen anführen, die außerdem den Satan und nicht die *ǧinn* für diese Sinnestäuschung verantwortlich machen.[326] Auch F. Meier ist I. Goldzihers Interpretation nachgegangen, stieß in den Quellen aber auf keine überzeugenden Beispiele. Er hält deshalb fest, dass die Fata Morgana ganz allgemein als Spiel des Satans bezeichnet werde, da er der Vorgaukler falschen Scheins und Verführer *par excellence* sei. Die *ǧinn* hingegen fehlten bei der Fata Morgana. Dies erstaune umso mehr, als sie sonst gern als Verursacher von merkwürdigen Naturerscheinungen gälten.[327]

5.6 Anthropomorphe Manifestationen der *ǧinn*

Wie auch Šiblī betont, zeigen sich die *ǧinn* neben ihren Manifestationen in Tiergestalt (5.4) und ihrem Auftreten in Naturphänomenen (5.5) drittens gern in der Gestalt von Menschen.[328] Für das 19. Jahrhundert lässt sich unter den Arabern die Auffassung belegen, dass viele *ǧinn* unerkannt in Menschengestalt herumlaufen.[329] Sie erhalten dabei bis zu einem gewissen Grad eine eigene Persönlichkeit,

---

324 F. Meier, NL Mappe 10, s. v. *Wolke* (9 Bl.), belegt den dämonischen Charakter von Wolken v. a. mit Beispielen aus der Sekundärliteratur; er verweist nur selten auf Stellen aus den Quellen selbst. Interessant ist ein Bericht aus (Hamadānī-) Ṭūsīs *ʿAǧāʾib ul-maḫlūqāt*, Hs. Mahdawī (S. 315), wo eine schwarze Wolke mit einem Heer von Dämonen *(lašgar-i dēw)* identifiziert wird; zitiert bei F. Meier, Nachlass, s. v. *Wolke*, Bl. 8. Badaḫsī, *Ḫulāṣat ul-manāqib*, Hs. Berlin, Bl. 121a, Hs. Oxford, Bl. 86b, meint, dass feinstoffliche Dämonen in den Wolken wohnen; zitiert bei F. Meier, NL Mappe 6, s. v. *Orte*, Bl. 4, unten. Ergänzend sei hingewiesen auf einen Bericht bei Šiblī, *Ākām al-marǧān*, S. 45.14–46.2. Gemäß dieser Darstellung begleitet Ibn Masʿūd Muḥammad nachts zum Gebet außerhalb von Mekka. Während der Prophet seinen Begleiter in einem Bannkreis (vgl. dazu unten Kapitel 9.2 „Der Ring") zurücklässt, trifft er selbst mit den Dämonen zusammen und hält ihnen eine Predigt. Nach der Predigt gehen die *ǧinn* auseinander wie Wolken (!), die auseinander gerissen werden *(miṯl qaṭʿ as-saḥāb)*.

325 I. Goldziher, „Die Ǵinnen im Islâm", S. 116.

326 Vgl. z. B. *Alf layla wa-layla*, Būlāq 1279, III.59.8: „kaʾanna-hā sarāb baqīʿa […] yuzaḫrifu-hā ăš-šayṭān li-ăl-insān." Hier zitiert gemäß den Angaben bei I. Goldziher (vgl. vorangehende Anm.).

327 Vgl. F. Meier, NL Mappe 2, s. v. *Fata Morgana*, Bl. 2.

328 Šiblī, *Ākām al-marǧān*, S. 18.21: „لا شك أن الجن يتطورون ويتشكلون فى صور الإنس". „Es besteht keinerlei Zweifel daran, dass die *ǧinn* die Gestalt von Menschen annehmen."

329 J. Wellhausen, *Reste*, S. 156.

was der allgemein gültigen Beobachtung widerspricht, wonach den *ǧinn* die Individualität abgehe.

Bereits J. Wellhausen bemerkte, dass die Individualität der Dämonen schlecht ausgebildet sei. Die Gattung bzw. das Geschlecht bedeute ihnen alles, persönliche Züge seien bei ihnen nur schwach ausgebildet.[330] E. Westermarck wiederum hebt hervor, dass es den *ǧinn* gemeinhin an Individualität mangle. Gattung und Stamm hätten bei ihnen mehr Gewicht als das Einzelwesen.[331] Selbst wenn sie persönlichere Züge aufwiesen, handle es sich bei ihnen um „very shadowy beings without any distinct personality." E. Doutté äußert sich ganz knapp ähnlich und bezeichnet die Dämonen als „des êtres dont la personnalité est généralement peu accentuée."[332] J. Henninger seinerseits meint, dass das Kollektivum bei den Geistern wichtiger sei als das Individuum. Er erklärt dies damit, dass bei den Arabern im Allgemeinen die Gemeinschaft mehr zähle als der einzelne Mensch.[333] D. Pielow schließt sich diesen Auffassungen mit der Bemerkung an, dass „die islamischen *ǧinn* in der Regel keine Individuen sind."[334]

Den Einschätzungen dieser Forschenden soll nicht grundsätzlich widersprochen werden. Allerdings ist ihre Sichtweise dahingehend zu relativieren, dass die *ǧinn* in ihren Erscheinungen als Menschen an Individualität gewinnen. Dies kommt auch darin zum Ausdruck, dass verschiedene Dämonen unter ihrem Eigennamen bekannt sind, was als Hinweis auf stärker ausgeprägte persönliche Züge verstanden werden kann. So ist mit Ṣaḫr ein besonders gefürchteter Vertreter der Geister namentlich bekannt, dem menschliche Züge zugeschrieben werden. Außerdem hat F. Meier in seiner Materialsammlung zahlreiche Namen von Dämonen zusammengetragen und auf deren Bedeutung für die Untersuchung der islamischen Dämonologie hingewiesen.[335] Auch macht die islamische Überlieferung verschiedentlich auf die Namen jener *ǧinn* aufmerksam, die

330 *Loc.cit.*, S. 148.

331 E. Westermarck, *Survivals*, S. 21.

332 E. Doutté, *Magie et religion*, S. 64.

333 J. Henninger, *Geisterglaube*, S. 299; vgl. dazu: A. S. Tritton, „Spirits and demons in Arabia", S. 717: „[The *ǧinn*] were organized in tribes under chiefs and princes, but single membres had little or no individuality." Diese Aussagen deuten zugleich Parallelen zwischen der Gesellschaft der Menschen und jener der Dämonen an; vgl. dazu Kapitel 8 „Die *ǧinn* als Doppelgänger und Komplementärwesen des Menschen".

334 D. Pielow, *Lilith*, S. 55.

335 F. Meier betont am Schluss eines unveröffentlichten Vortrags die Notwendigkeit, „vermehrt Material über die *Namen*, Arten und Verhaltensweisen der Dämonen zusammenzutragen." Sein Nachlass (Mappen 1–10) listet denn auch unter jedem Buchstaben zahlreiche Namen von Geistern auf. Vgl. dazu T. Nünlist, „Der Dämonenglaube im Bereich des Islams: Eine unbekannte Materialsammlung im Nachlass Fritz Meiers", S. 1031 und 1034 f.

von Muḥammad den Koran gehört hatten, und löst sie damit aus der anonymen Masse der Dämonen heraus.[336] Überdies zählt T. Canaan die Namen der aus der islamischen Magie bekannten Dämonenfürsten auf.[337] Und wenn Niẓāmī im *Haft Paykar* die Eigennamen von zwei *ġūl* erwähnt, verhilft er ihnen ebenso zu einer klarer ausgebildeten Identität.[338]

5.6.1 Männliche Teufel – weibliche Dämoninnen?

Die im Folgenden beigebrachten Beispiele legen die Vermutung nahe, dass sich das Dämonische mit Vorliebe in Gestalt von Frauen zeigt. Männliche Geister jedoch entpuppen sich auffällig häufig als Manifestationen teuflischer Kräfte (Iblīs, Šayṭān). Diese Beobachtung ist allerdings eher als Tendenz denn als verbindliche Feststellung aufzufassen, fällt es doch schwer, eine klare Abgrenzung zwischen dem Dämonischen in der Gestalt von *ǧinn* und dem Teuflischen in der Person von Iblīs oder Satan vorzunehmen.[339] Ausgewählte Beispiele sollen im Folgenden aufzeigen, dass Teufel und Dämonen menschliche Gestalt annehmen können.

Manifestationen in männlicher Gestalt: Bereits bei Ǧāḥiẓ lassen sich Überlieferungen nachweisen, wonach Iblīs in der Gestalt von Surāqa b. Mālik b. Ǧuʿšum bzw. eines Šayḫ aus dem Naǧd *(aš-šayḫ an-naǧdī)* in Erscheinung tritt.[340] Auch Ibn Hišām erwähnt diese beiden Begebenheiten.[341] Während Ibn Taymiyya nur knapp auf die Vorfälle anspielt,[342] äußern sich Šiblī[343] und der von ihm abhängige

336 Vgl. dazu Kapitel 4.4, Text bei Anm. 52–59.

337 T. Canaan, *Dämonenglaube*, S. 39, und ders., „Decipherment", Abschnitt 3: „Names of demons" (S. 83–86).

338 Vgl. bei Anm. 548.

339 Vgl. Kapitel 3.2.5 „Zur Abgrenzung zwischen *ǧinn* und *šayāṭīn*".

340 Ǧāḥiẓ, *Ḥayawān*, VI.221.4 f. Gemäß einer Anmerkung des Herausgebers (ʿA. M. Hārūn) zur Stelle handelt es sich bei Surāqa um einen Gefährten des Propheten, der im Jahr 24 (h. q.) gestorben ist. Vgl. die Ausführungen zu *aš-šayḫ an-naǧdī* bei Ǧāḥiẓ, VI.221, Anm. 4, mit Verweis auf S. 163, Anm. 4.

341 Ibn Hišām, *Sīra* (F. Wüstenfeld), 1. Surāqa b. Mālik b. Ǧuʿšum: I.1.432.12 und S. 474; 2. Šayḫ aus dem Naǧd: I.1.323 f. (besonders S. 324.3 f.): „فاعترضهم [يعنى القريش] ابليس في هيئة شيخ جليل عليه بتٌّ له فوقف على باب الدّار فلما راوه واقفاً على بابها قالوا مَن الشيخُ قال شيخٌ من اهل نَجد".

342 Ibn Taymiyya, *Īḍāḥ ad-dalāla*, 1. Surāqa: S. 129.13–16; 2. *Šāyḫ naǧdī:* S. 129.16–131.3.

343 Šiblī, *Ākām al-marǧān*, 1. Surāqa: S. 18.23–19.3; 2. *Šayḫ naǧdī:* S. 19.3–6; ausführliche Fas-

Suyūṭī[344] ausführlicher dazu. Ḥalabī wiederum nimmt nur kurz Stellung.[345] All diese Darstellungen stimmen darin überein, dass sich der Teufel am Badr-Tag an die Gestalt Surāqas heftete.[346] Iblīs hingegen zeigte sich als Šayḫ aus dem Naǧd,[347] als sich die Qurayšiten Muḥammads entledigen wollten und sich zu Beratungen in die Dār an-nadwa zurückgezogen hatten.

Šiblī beruft sich in seinen Ausführungen zum Auftreten des Šayḫ aus dem Naǧd auf den Gewährsmann Ibn ʿAbbās und hält folgende Einzelheiten fest: Als sich die vornehmen Mekkaner zur Dār an-nadwa begeben, treffen sie vor dem Eingang auf einen erhabenen Šayḫ *(šayḫ ǧalīl)*, den Šiblī einleitend mit Iblīs identifiziert. Dieser Fremde mischt sich in die Beratungen der Qurayšiten über das Schicksal des Propheten ein. Er weist zwei aus der Versammlung vorgebrachte Vorschläge als untauglich zurück, die darauf abzielen, Muḥammad entweder gefangen zu setzen oder ins Exil zu schicken. In beiden Fällen könnte es dem Gesandten Gottes gelingen, sich später an den Mekkanern zu rächen. Zustimmend äußert er sich hingegen zu Abū Ǧahls[348] Vorschlag, Muḥammad umzubringen. Junge Männer aus möglichst vielen Stämmen sollen den Propheten nachts überrumpeln und gemeinsam töten. Da damit die meisten Stämme aus Mekka an Muḥammads Ermordung beteiligt wären, könnten seine Leute keine Blutrache üben. Vielmehr würden sie Vernunft walten lassen und sich mit einem Blutgeld zufrieden geben.[349] Der vom Erzengel Gabriel gewarnte Muḥammad verbringt die für seine Ermordung vorgesehene Nacht allerdings nicht in seinem Bett und entgeht dem Anschlag seiner Widersacher.[350]

---

sung zum Auftreten des Šayḫ aus dem Naǧd: Kapitel 137: S. 219.6–222.6. Gemäß *Ākām al-marǧān*, S. 187.10–19, erscheint der Šayḫ aus dem Naǧd, als die Qurayšiten an der Kaʿba bauen.

344 Suyūṭī, *Laqṭ al-marǧān*, 1. *Šayḫ naǧdī:* § 596, S. 268.11–270.2; 2. Surāqa: §§ 597–598, S. 270.3–15.

345 Ḥalabī, *ʿIqd al-marǧān*, 1. *Šayḫ naǧdī:* S. 39.8–10*;* 2. Surāqa: S. 39.11 f.

346 In Badr führte Muḥammad im Jahr 2/624 seine erste große Schlacht gegen die Mekkaner; vgl. W. M. Watt, Artikel „Badr“, in *EI²* I.867, und Khalil Athamina, Artikel „Badr“, in *EI Three*, Online-Ausgabe, konsultiert am 5. Oktober 2011.

347 Gemäß den beigebrachten Quellen nimmt in der Regel Iblīs, nicht aš-Šayṭān, die Gestalt des Šayḫ aus dem Naǧd an. So bei Šiblī, *Ākām al-marǧān*, S. 219.17 f.; vgl. aber die Ergänzung (S. 221.17 f.), wo von aš-Šayṭān die Rede ist. Auch Suyūṭī (*Laqṭ al-marǧān*, S. 268.13 f., § 596) hält fest, dass Iblīs die Gestalt des Šayḫ angenommen habe.

348 Zu Abū Ǧahl, einem bedeutenden Gegenspieler Muḥammads in Mekka, vgl. W. M. Watt, Artikel „Abū D̲jahl“, in *EI²* I.115; U. Rubin, Artikel „Abū Jahl“, in *EI Three*, Online-Ausgabe, konsultiert am 15. Februar 2012.

349 Vgl. Suyūṭī, *Laqṭ al-marǧān*, S. 269.16 f.

350 Šiblī, *Ākām al-marǧān*, S. 220.23–221.16, äußert sich in einer Erweiterung dazu, wie es Muḥammad gelang, den Qurayšiten zu entkommen. Gemäß einer ersten Version soll er ʿAlī gebe-

Neben diesen Berichten über Surāqa und den Šayḫ aus dem Naǧd sind zahlreiche Belegstellen dafür bekannt, dass ein männlicher *ǧinnī (raǧul min al-ǧinn)* den Menschen in Tiergestalt erscheint.[351] Deutlich seltener hingegen lassen sich Erzählungen nachweisen, wonach *ǧinn* in Menschengestalt auftreten. Eigentlich nennen die untersuchten Quellen unter den Manifestationen in Männergestalt nur Ṣaḫr explizit einen *ǧinnī*. Hamadānī-Ṭūsī erwähnt im *ʿAǧāyib-nāma* am Anfang seiner Zusammenstellung über die *dīw* einen Dämon namens Ṣaḫr *(Ṣaḫr-i ǧinnī)*[352] und hält fest, dass er menschliche Gestalt *(ṣifat-i ādamī)* habe.[353] Ibn al-Faqīh macht ebenso auf diesen *Ṣaḫr al-ǧinnī* aufmerksam und ergänzt Hamadānī-Ṭūsīs Angaben dahingehend,[354] dass dieser Übeltäter Salomons Siegelring gestohlen habe.[355] Er habe für Salomon schwierige Arbeiten verrichtet.[356] Auch Qazwīnī ordnet Ṣaḫr den Dämonen zu und redet von Ṣaḫr *al-ǧinnī*.[357] Ṭabarī hingegen bezeichnet diesen Ṣaḫr nicht als *ǧinnī* sondern als *šayṭān*.[358] Ob er dies tut, da Teufel eher als Männer, *ǧinn* aber tendenziell als Frauen auftreten, wäre im Rahmen weiterführender Untersuchungen zu klären.

---

ten haben, auf seinem Nachtlager zu schlafen. Eine zweite Fassung (Gewährsmann: Muḥammad b. Kaʿb) hält fest, dass Allāh ihn für die Blicke seiner Häscher unsichtbar gemacht habe. Muḥammad sei dann unbemerkt weggegangen und habe jedem seiner versammelten Gegner eine Handvoll Staub aufs Haupt gestreut. Dabei habe er Sure 36.1–9 rezitiert. Die Sure *Yāsīn* (Sure 36) ist für ihre apotropäische Wirkung bekannt; vgl. dazu z. B. Šiblī, *Ākām al-marǧān*, S. 32.16 f.; M. el-Gawhary, *Gottesnamen*, S. 333: Ein Zauberer hat eine besondere Vorliebe für Sure 36.

351 Vgl. z. B. Ḥalabī, *ʿIqd al-marǧān*, S. 39.3–6, wo eine Schlange *(ḥayya)* dem Propheten etwas ins Ohr flüstert. Als sie sich wieder entfernt hatte, erklärte Muḥammad den Anwesenden, dass es sich um einen Mann von den *ǧinn (raǧul min al-ǧinn)* oder eben einen männlichen *ǧinn* gehandelt habe.

352 Hamadānī, *ʿAǧāyib-nāma* (Ṣādiqī), S. 210.22–211.2.

353 Hamadānī präzisiert allerdings, dass Ṣaḫrs Glieder den Körperteilen verschiedener Tiere entsprechen. Zur Nähe zwischen Tieren und Dämonen vgl. J. Wellhausen, *Reste*, S. 151, und Kapitel 5.4, Anm. 89.

354 Ibn al-Faqīh, *Muḫtaṣar Kitāb al-buldān*, S. 279.1–3; siehe Hinweis bei F. Meier, NL Mappe 8, s. v. *Ṣaḫr*, Bl. 7.

355 Die Einzelheiten von Ṣaḫrs Rolle bei der Entwendung von Salomons Siegelring werden in Kapitel 10.6.2 „Salomons Heimsuchung" untersucht. Bereits hier sei aufmerksam gemacht auf H. A. Winkler, *Salomo und die Ḳarīna*, S. 42, der aufzeigt, dass Ṣaḫr quasi als männliches Gegenstück zur weiblichen Qarīna einer der ganz großen Herausforderer Salomons ist. H. A. Winkler sieht in ihm einen mit großer Macht versehenen Seedämon (vgl. D. Pielow, *Lilith*, S. 55).

356 Zur zentralen Rolle Salomons in der islamischen Dämonologie vgl. ausführlich unten Kapitel 10 „Salomon: Kämpfer wider alles Dämonische".

357 Qazwīnī, *ʿAǧāʾib al-maḫlūqāt* (Miṣr), S. 216.11.

358 Ṭabarī, *Taʾrīḫ (Annales)*, II.590.4 ff. Ṣaḫr wird teilweise Ṣaḫrā genannt.

Auch die folgenden Ausführungen bestätigen jedenfalls die Beobachtung, dass sich Erscheinungen des Dämonischen bei genauerem Hinschauen in der Regel als Manifestationen des Teufels *(aš-šayṭān)* entpuppen. Šiblī und die von ihm abhängigen Suyūṭī und Ḥalabī weisen auf eine Begegnung ʿAmmār b. Yāsirs[359] mit einem dämonischen Wesen hin.[360] ʿAmmār soll sich in den Schlachten Muḥammads oft als mutiger Kämpfer gegen *ǧinn* und Menschen *(al-ǧinn wa-ăl-ins)* hervorgetan haben, wie aus einleitenden Bemerkungen hervorgeht. Nach seinen Auseinandersetzungen mit dämonischen Wesen gefragt, berichtet ʿAmmār von folgendem Erlebnis[361]: Als er mit dem Propheten auf einer Reise war, schickte ihn Muḥammad Wasser holen. Beim Brunnen versperrte ihm aber ein schwarzer Mann *(raǧul aswad)* bzw. ein schwarzer Diener *(ʿabd aswad)*[362] den Zugang zum Wasser. Er werde ihn heute keinen einzigen Eimer Wasser schöpfen lassen. Nachdem ʿAmmār seinem Widersacher im Kampf mit einem Stein Nase und Gesicht eingeschlagen hat, erklärt ihm der Prophet, dass es sich beim schwarzen Mann um den Satan gehandelt habe.[363]

Suyūṭī weist in einer andern Überlieferung auf einen Mann hin, der zur Zeit von ʿUṯmāns Kalifat (23–35/644–655) Ḥaǧǧāǧ und seinem Gefolge in der Wüste den Weg zur nächsten Wasserstelle zeigt, als sie am Verdursten sind.[364] Bei einer Dattelpalme tritt Ḥaǧǧāǧs Leuten ein tiefschwarzer, kräftig gebauter Mann entgegen.[365] Während ihn die einen für einen *šayṭān* halten und davon abraten, ihm zu folgen, vertrauen andere seiner frommen Rede und erkennen in ihm einen gläubigen *ǧinnī*. Dieser Mann hatte nämlich erklärt, dass ein Gläubiger für den Gläubigen nur erhoffe bzw. verabscheue, was er auch für sich selbst gern habe bzw. ablehne. Die zweite Gruppe sollte Recht behalten, erreichen die Durstenden doch kurz darauf die Wasserstelle.[366]

---

359 ʿAmmār b. Yāsir b. ʿĀmir b. Mālik, Abu ăl-Yaqẓān, war ein früher Gefährte Muḥammads und später Anhänger ʿAlīs; vgl. H. Reckendorf, Artikel „ʿAmmār b. Yāsir [...], in *EI*^{2} I.448; I. Hasson, Artikel „ʿAmmār b. Yāsir“, in *EI Three*, Online-Ausgabe, konsultiert am 15. Februar 2012.

360 Šiblī, *Ākām al-marǧān*, 58. Kapitel, S. 118.5–119.3; Suyūṭī, *Laqṭ al-marǧān*, §§ 608–609, S. 272.15–273.16; Ḥalabī, *ʿIqd al-marǧān*, S. 39.13–40.7.

361 Die Zusammenfassung folgt Šiblī. *Ākām al-marǧān*, S. 118.7–15, und der Parallele dazu S. 118.15–119.3.

362 Šiblī, *Ākām al-marǧān*, S. 118.20.

363 Auch die Fassungen Suyūṭīs und Ḥalabīs (vgl. Anm. 360) bezeichnen ʿAmmārs Widersacher anfänglich als *ǧinnī*, identifizieren ihn aber zuletzt mit dem Satan.

364 Suyūṭī, *Laqṭ al-marǧān*, § 207, S. 80.14–81.10; dieser Bericht wurde bereits Kapitel 4, bei Anm. 80–81, zur Illustration des frommen Charakters von *ǧinn* angeführt.

365 Suyūṭī, *Laqṭ al-marǧān*, § 207, S. 81.4: „فخرج عليهم رجل أسود شديد السواد جسيم“.

366 In einer Variante des Geschehens (Suyūṭī, *Laqṭ al-marǧān*, § 208, S. 81.11–17) weist ein un-

Damīrī wiederum macht auf einen auf Anas b. Mālik zurückgehenden Bericht aufmerksam, den er aus Ibn al-Aṯīrs *Usd al-ġāba* aufgreift.[367] Gemäß dieser Darstellung kehrte Anas mit Muḥammad aus den Bergen in der Umgebung Mekkas zurück. Unterwegs näherte sich ihnen ein *šayḫ*, der am Stock ging. Der Prophet schließt aus seiner Gangart *(mašiyya)* und seinem Tonfall *(naġama)*, dass es sich um einen *ǧinnī* handle. Der Alte bestätigt diese Vermutung, indem er sich dem Propheten auf die Frage, zu welchen *ǧinn* er gehöre, doch als Hāma b. al-Hayyim oder als Ibn Hayyim b. Lāqīs b. Iblīs zu erkennen gibt. Als Kain Abel umgebracht habe, sei er erst einige Jahre alt gewesen.[368] Auch dieser Bericht zeigt auf, dass *ǧinn* in menschlicher Gestalt auftreten können. Allerdings gibt sich der *šayḫ* mit den *ǧinn*-haften Zügen am Schluss als Abkömmling Iblīs' zu erkennen und betont damit die fließenden Grenzen zwischen dem Dämonischen und dem Teuflischen.

Ḥalabī seinerseits macht auf einen weiteren Bericht aufmerksam.[369] Demnach stellte ʿAbdallāh b. az-Zubayr fest, dass auf dem Sattel seines Kamels ein Mann saß, der nur zwei Spannen maß. Auf ʿAbdallāhs Frage, *was* er sei *(mā anta),*[370] gibt sich der Zwerg als Mann von den *ǧinn (raǧul min al-ǧinn)* zu erkennen. ʿAbdallāh vertreibt dieses Wesen darauf, indem er ihm auf den Kopf schlägt.[371] Im Gegensatz zu Ḥalabī, der das Zusammentreffen mit einem Dämon in Zwerggestalt beschreibt, weiß Šiblī von einer Begegnung Muḥammads und Zubayr b. al-ʿAwwāms mit riesigen *ǧinn* in den Bergen bei Medina zu berichten.[372] Gemäß Šiblīs Schilderung bekommt Zubayr dort Dämonen zu Gesicht, die dargestellt werden als „hochgewachsene Männer, so lang wie Lanzen, die ihre Kleider zwischen den Beinen herschleppen."[373] Qazwīnī wiederum geht in seinen Ausführungen zu den dämonisch-teuflischen Wesen (pl. *mutašayṭina*) auf den Dalhāb ein. Er habe die

---

sichtbarer Rufer den Weg zum Wasser. Zu den unsichtbaren Rufern und dem *Hātif*-Glauben vgl. Kapitel 8.3.1 „Der *Hātif*-Glaube: Die *ǧinn* als Übermittler von Nachrichten".

367 Damīrī, *Ḥayāt al-ḥayawān*, I.208.12–24.

368 Diese Bemerkung betont, dass *ǧinn* ein sehr hohes Alter erreichen können.

369 Halabī, *ʿIqd al-marǧān*, S. 40.14–41.2.

370 Die Verwendung der Fragepartikel *mā* (was) und nicht etwa *man* (wer) zeigt auf, dass der Dämon hier eher als Sache denn als Person wahrgenommen wird.

371 Zum Schlagen von Dämonen vgl. ausführlicher unten bei Anm. 567–575 (Kapitel 5.6.2, c. „*ġūl*"). Halabī, *ʿIqd al-marǧān*, S. 40.11–13, berichtet unmittelbar davor, dass sich der Satan immer in der Gestalt von Ibn ʿAbbās bei Muǧāhid zeigte, wenn dieser das Ritualgebet verrichten wollte. Als Muǧāhid erneut behelligt wurde, stach er seinen Widersacher mit einem Messer nieder. Die Störungen waren darauf zu Ende.

372 Šiblī, *Ākām al-marǧān*, S. 49.1–19, besonders S. 49.6 f. Zum Kontext dieses Berichts vgl. Kapitel 9.2.1 „Berichte zur *Ǧinn*-Nacht *(Laylat al-ǧinn)*", mit Anm 40.

373 Šiblī, *Ākām al-marǧān*, S. 49.6 f.: „فإذا رجال طوال كأنهم الرماح مستدفرى ثيابهم من بين أرجلهم".

Gestalt eines Menschen (*ʿalā ṣūrat insān),* reite auf einem Strauß und ernähre sich vom Fleisch jener, die das Meer an sein Ufer spüle.[374]

Šiblī bringt einen zusätzlichen Bericht zur Erscheinung von *ǧinn* bei.[375] Gemäß dieser Erzählung erhalten die Dämonen ihr Wissen von den Menschen, geben es aber auch an sie weiter, indem sie Gutachten in heiklen Rechtsfragen formulieren. Dies wird anhand einer Überlieferung illustriert, wonach sich Yaḥyā b. Ṯābit zusammen mit Ḥafṣ aṭ-Ṭāʾifī in Minā aufgehalten habe.[376] Die beiden hätten dort einen *šayḫ* mit weißem Haupt- und Barthaar getroffen, der den Leuten Rechtsgutachten erteilte und im Text als *ʿifrīt* bezeichnet wird. Aus Šiblīs Ausführungen geht nicht mit letzter Sicherheit hervor, ob der Mann Gutachten verwerflichen Inhalts abgibt und deshalb als *ʿifrīt* bezeichnet wird oder ob es sich bei ihm um einen Dämon in menschlicher Gestalt handelt. Der erwähnten Darstellung geht dabei ein Bericht voraus, der aus zwei sich ergänzenden Teilen besteht und die zweite Möglichkeit nahelegt (Gewährsmann: Wahb b. Munabbih).[377] Demnach verbrachte Wahb b. Munabbih die Nächte während der Pilgerfahrt mit al-Ḥasan al-Baṣrī in der al-Ḫayf-Moschee[378], wo sie mit weiteren Anwesenden Gespräche führten. Eines Nachts nähert sich unter Rauschen ein *ṭāʾir,* ein Fliegender bzw. ein Vogel, und lässt sich bei Wahb nieder. Dieser erklärt, es handle sich beim Vogel um einen Mann von den *ǧinn* (*raǧul min al-ǧinn,* auch männlicher *ǧinn*), und zwar um einen muslimischen *ǧinn.*[379]

Der zweite Teil des Berichts[380] enthält präzisierende Angaben zum Aussehen dieses *ǧinnī.* Wahb erklärt, er habe den Dämon jedes Jahr zur Pilgerfahrts-

374 Qazwīnī, *ʿAǧāʾib al-maḫlūqāt* (Miṣr), S. 215.1–3, vgl. damit S. 217.30, wo ein Reiter auf einem gewaltigen Straußenvogel erscheint. Zum Dalhāb siehe Kapitel 6, bei Anm. 66, und Kapitel 7.1.2 „Zur Rezeption: Das Reiten als Metapher", bei Anm. 38–40.

375 Šiblī, *Ākām al-marǧān,* S. 81.13–82.15. Vgl. die wörtlich weitgehend identische Parallele dazu bei Suyūṭī, *Laqṭ al-marǧān,* § 199, S. 75.6–76.13.

376 Šiblī, *Ākām al-marǧān,* S. 82.10–15; diese Erweiterung fehlt bei Suyūṭī.

377 Vgl. Šiblī, *Ākām al-marǧān,* 1. Teil: S. 81.10–82.3; 2. Teil: S. 82.3–10; vgl. damit Suyūṭī, *Laqṭ al-marǧān,* § 199, S. 75.6–76.13 (Wortlaut weitgehend identisch).

378 Der Masǧid al-Ḫayf befindet sich in Minā, wo die Mekka-Pilger ein Tier opfern; vgl. Fr. Buhl, Artikel „Minā", in *EI*[2] VII.65.

379 Die vorliegenden Ausführungen befassen sich einzig mit der Möglichkeit, dass *ǧinn* in der Gestalt von Menschen auftreten können. Šiblī, *Ākām al-marǧān,* S. 81.20–82.3, äußert sich allerdings auch dazu, weshalb der *ǧinnī* überhaupt zu Wahb gekommen sei: Dämonen würden ihr Wissen, v. a. auch religiöses Wissen, von den Menschen erhalten. Unter den Geistern stünden Überlieferungen in besonders hohem Ansehen, die auf al-Ḥasan al-Baṣrī zurückgehen. Der Gelobte fürchtet, dass sich diese Aussage negativ auf seinen Ruf auswirke, und bittet Wahb, die Angelegenheit für sich zu behalten. Die Menschen würden solche Berichte verfälschen.

380 Šiblī, *Ākām al-marǧān,* S. 82.3–10; vgl. zum Bericht bereits oben bei Anm. 201.

zeit *(mawsim)* getroffen und sich mit ihm unterhalten. Auch hätten sie einmal zusammen den *ṭawāf*, die rituelle Umrundung der Kaʿba, vollzogen. Danach habe der Dämon ihm die Hand *(yad)* gereicht. Šiblīs Beschreibung legt die Vermutung nahe, dass es sich bei diesem Geist grundsätzlich um ein menschengestaltiges Wesen handelt. Allerdings lassen sich an ihm auch verschiedene tierische Elemente feststellen: So hat die hingestreckte Hand die Form von Katzenkrallen und ist behaart.[381] Auch entspringen an seiner Schulter Flügel. Wahb schließt seinen Bericht mit der Bemerkung, dass er diesen Dämon *(ǧinnī)* später nicht mehr gesehen habe. Er sei vermutlich gestorben oder getötet worden.

Erscheinungen von ǧinn *in Frauengestalt:* Die Quellen bringen Berichte über das Auftreten dämonischer Wesen in der Gestalt menschlicher Frauen oft zur Illustration der Möglichkeit von ehelichen Verbindung zwischen Menschen und *ǧinn* bei. Die Zulässigkeit solcher Heiraten über die Artgrenzen hinweg wird zwar kontrovers diskutiert und ist *šarīʿa*-rechtlich umstritten. Ausgewählte Berichte belegen aber, dass solche Verbindungen grundsätzlich möglich sind.[382]

Pseudo-Masʿūdī weiß davon, dass die *siʿlā* (sg. auch *siʿlāh*, pl. *saʿālin, siʿlāyāt)*[383] die Gestalt einer schönen Frau annehmen und sich mit Männern von den Menschen verheiraten.[384] Eine solche Ehe ist auch von Saʿd b. Ǧubayr bekannt, der eine *Siʿlā*-Frau geheiratet haben soll, ohne sich dessen bewusst gewesen zu sein. Die Frau gebar ihm mehrere Kinder. Als sich der Mann mit seiner Gattin eines Abends auf einer Terrasse aufhielt, von wo sich der Blick in die Wüste *(ǧabāna)* öffnete, ertönten aus einem entlegenen Winkel Stimmen wehklagender Frauen. Als sie in der Ferne die Feuer der *siʿlā (nīrān as-saʿālī)* wahrnahm, geriet die Frau in Erregung. Nachdem sie ihren Mann aufgefordert hatte, zu seinen Söhnen Sorge zu tragen, flog sie davon und kehrte nie mehr zu ihm zurück. Hamadānī-Ṭūsī bringt einen ähnlichen, allerdings deutlich kürzeren Bericht bei.[385] Gemäß

---

381 Šiblī, *Ākām al-marǧān*, S. 82.5 f.: „فقلت له ناولنى يدك فمد يده إلىّ فإذا هى مثل برثن الهر وإذا عليها وبر“.

382 Die folgenden Ausführungen weisen anhand von Einzelbeispielen auf die Möglichkeit solcher Verbindungen hin. Sie zeigen aber primär auf, dass Dämoninnen in der Gestalt von Frauen auftreten. Kapitel 11 (Anhang) „Zur Möglichkeit ehelicher Verbindungen zwischen *ǧinn* und Menschen“ beleuchtet ausgewählte Aspekte dieser Debatten über sexuelle Beziehungen aus philosophisch-wissenschaftlicher und *šarīʿa*-rechtlicher Perspektive.

383 Bei den *siʿlā* handelt es sich um eine bestimmte Gruppe weiblicher Dämoninnen; vgl. zu ihnen bei bzw. in Anm. 555, 564, 576, 583.

384 Pseudo-Masʿūdī, *Aḫbār az-zamān*, S. 13.3–7: „وحكى أن صنفا من الصعالى يتصورن فى صور النساء الحسان ويتزوجن برجال الإنس“.

385 Hamadānī, *ʿAǧāyib-nāma* (Ṣādiqī), S. 224.15 f.

seiner auf den Grammatiker Abū Yazīd zurückgehenden Darstellung hielt sich eine weibliche *ġūl*[386] bei den Banū Tamīm auf und gebar bei ihnen einen Sohn. Als plötzlich ein Blitz aus dem Land der *ġūl (wilāyāt-i ġūlān)* aufzuckte, stöhnte das Weib, flog weg und kehrte in seine Heimat zurück.

Pseudo-Masʿūdī illustriert die Möglichkeit ehelicher Verbindungen zwischen Menschen und *ǧinn* wenig später außerdem anhand eines weiteren Beispiels.[387] Demnach verschlägt ein Sturm einige Seefahrer auf eine bewaldete Insel. Als sie aus der Ferne Gelächter von Frauen vernehmen, lauern sie ihnen auf, nehmen zwei von ihnen gefangen und legen sie in Fesseln. Zwei Männer haben mit den beiden Frauen oft Geschlechtsverkehr und empfinden dabei ein seltsames Vergnügen *(laḏḏa ʿaǧība)*. Als aber einer der beiden Männer die Fesseln seiner Gattin löst, entkommt sie in Richtung Meer und verschwindet auf Nimmerwiedersehen. Der zweite Mann löst die Fesseln seiner Frau aus Vorsicht erst auf dem Schiff. Sie wird bald schwanger und gebiert ihm einen Sohn. Da der Mann vermutet, seine Gattin würde ihr Kind nicht verlassen, vernachlässigt er ihre Bewachung zunehmend. Als sich eine Gelegenheit bietet, springt die Frau ins Meer. Sie taucht einen Tag später nochmals auf und wirft ihrem Mann eine Muschel zu, in der sich eine kostbare Perle verbirgt. Auch gemäß diesem Bericht verliert der Mann seine dämonische Gattin wieder.[388]

Berichte über Heiraten zwischen Menschen und *ǧinn* lassen sich übrigens bereits bei Ǧāḥiẓ belegen.[389] Auch er kennt die schon von Pseudo-Masʿūdī und Hamadānī bekannte Erzählung, wonach sich ein Mann mit einer *siʿlā* verheiratet hat.[390] Als sie nachts einen Blitz aus ihrer Heimat wahrgenommen habe, sei sie in ihr Land zurückgeflogen.[391] Ǧāḥiẓ belegt die Möglichkeit von Heiraten zwischen Menschen und Dämoninnen außerdem anhand weiterer Beispiele. Aus einer solchen gemeinsamen Fortpflanzung und zusammengesetzten Schöpfung

386 Zu den *ġūl* (arabisch: pl. *ġīlān*) vgl. Kapitel 5.6.2, c. „*ġūl*" (Text bei Anm. 510–585).

387 Pseudo-Masʿūdī, *Aḫbār az-zamān*, S. 17.8–16.

388 Pseudo-Masʿūdī, *op.cit.*, S. 17.17–20, bemerkt, dass er diese seltsamen Geschichten bloß überliefere. Damit sei keine inhaltliche Bestätigung verbunden.

389 Ǧāḥiẓ, *Ḥayawān*, VI.196–6–198.5. Kapitel 11, bei Anm. 7–25, beleuchtet Ǧāḥiẓ' Auffassung in dieser Frage ausführlicher.

390 Während Hamadānī den Bericht auf den Grammatiker Abū Yazīd zurückführt, heißt der Gewährsmann bei Ǧāḥiẓ Abū Zayd (*Ḥayawān*, VI.197.3). Es handelt sich um Abū Zayd al-Anṣārī (gest. 215/830), den Verfasser der *Nawādir;* vgl. L. Fleischer, *Kleinere Schriften*, III.471–498; C. Brockelmann, Artikel „Abū Zayd al-Anṣārī, Saʿīd b. Aws", in *EI*² I.167; R. Weipert, Artikel „Abū Zayd al-Anṣārī", in *EI Three*, Online-Ausgabe, konsultiert am 15. Dezember 2011.

391 F. Meier, NL Mappe 3, s. v. *Ǧāḥiẓ, Ḥayawān*, Bl. 13, weist auf eine weitere Parallele der Geschichte bei Maʿarrī, *al-Fuṣūl wa-ăl-ġāyāt*, S. 210 f., hin.

ist seiner Meinung nach neben den Banū ăs-Siʿlāh von den Banū ʿAmr b. Yarbūʿ auch Bilqīs, die Königin von Saba, hervorgegangen.[392] Gerade der Fall Bilqīs', die sich angeblich mit Salomon verheiratet hat, soll die Möglichkeit von ehelichen Verbindungen zwischen Menschen und *ǧinn* belegen.[393] Bei einer andern Gelegenheit hält Ǧāḥiẓ fest, dass bei Nachkommen aus einer Verbindung zwischen Mensch und *ǧinn* die dämonischen Elemente dominieren. Jedenfalls ließen sie sich stets noch feststellen.[394]

5.6.2 Dämonische Mischwesen: Einzelbeispiele und Klassen (a. *šiqq*, b. *nasnās* und c. *ġūl*)

Nach diesen Ausführungen zur Möglichkeit von ehelichen Verbindungen zwischen Menschen und *ǧinn* soll im Folgenden aufgezeigt werden, dass sich das Dämonische besonders gern in der Gestalt von Mischwesen manifestiert. Sie weisen zwar deutlich erkennbare menschliche Züge auf, allerdings lassen sich an ihnen auch Elemente aus der Tierwelt und der Vegetation sowie aus dem Bereich der Mirabilia feststellen. Die folgende Darstellung illustriert dies in einem ersten Schritt anhand von ausgesuchten Einzelbeispielen. Anschließend stehen mit den *šiqq, nasnās* und *ġūl* eigentliche Klassen dämonischer Wesen im Vordergrund, deren teils menschliche, teils tierische Züge gut belegt sind.[395]

392 Ǧāḥiẓ, *Ḥayawān*, VI.197.7 f.: „فمن هذا النِتاج المُشترَك، وهذا الخلق المُرَكَّب عندهم، بنو السِعلاة، من بنى عمرو بن يربوع، وبلقيس ملكة سبأ“. Es fällt auf, dass Ǧāḥiẓ nicht von *wilāda* (Geburt), sondern von *nitāǧ* spricht. Der Begriff *nitāǧ* bezeichnet im allgemeinen das Gebären bei Tieren; vgl. A. Kazimirski, *Dictionnaire*, s.v. *nataǧa, maṣdar: nitāǧ:* „1. Mettre bas (se dit des femelles d'animaux, chamelle, brebis, jument).“ Zu Ǧāḥiẓ' Auffassung zu allfälligen Söhnen der *siʿlāḥ* siehe auch Kapitel 11, Anm. 23.

393 Zu einer allfälligen Heirat Salomons mit der Königin von Saba vgl. Kapitel 10.5.4 „Verunstaltete Beine“. Zu Ǧāḥiẓ' Auffassungen zu Bilqīs vgl. Anhang Kapitel 11, bei Anm. 10–13.

394 Vgl. dazu Ǧāḥiẓ, *Ḥayawān*, VI.235.6–236.8, besonders VI.235.8–10, der zu den Versen 23–24 von Bahrānī festhält: „[Vers 23] Mein Weib nahm mir die Vornehmheit, nachdem in der Vornehmheit mein Ruf lange gewährt hatte. // [Vers 24] Und ich entdeckte in ihnen (= den Kindern) Züge der Menschenart, aber die Wurzel ist die von bösen Dämonen *(ʿifr)*. [Ǧāḥiẓ' Kommentar: Bahrānī] will sagen: ‚Obwohl die Nachkommenschaft aus mir [d. h. einem Menschen] und ihr [d. h. einer Dämonin] zusammengesetzt war, überwog doch in ihr die Ähnlichkeit mit meinem Weib.“ Übersetzung: F. Meier, NL Mappe 3, s. v. *Ǧāḥiẓ, Ḥayawān*, Bl. 24.

395 Siehe dazu unten: a. *šiqq* (Text bei Anm. 414–441); b. *nasnās:* (Text bei Anm. 442–488) mit besonderer Berücksichtigung ihrer Funktion als Übergangswesen zwischen Tier- und Menschenreich (Text bei Anm. 489–509); und c. *ġūl* (Text bei Anm. 510–585).

Einzelbeispiele von Mischwesen: Pseudo-Mas'ūdī erwähnt in den *Aḫbār az-zamān* mehrere Beispiele von Mischwesen und betont in den Beschreibungen ihre tierischen Eigenschaften.[396] Er macht u. a. auf eine Nation *(umma)* aufmerksam, die östlich von al-Qulzum[397] beheimatet ist. Sie stamme einerseits von wilden Tieren, anderseits von Menschen ab.[398] Ihre Gesichter seien stark behaart. Sie hätten runde Augen, hervortretende Eckzähne und lange Ohren. Ihre Körper aber entsprächen jenen von Menschen *(nās)*. Ihre Nägel jedoch seien lang und gekrümmt. Sie ernährten sich von Meertieren. Hinter ihrer Stadt würden keine andern Leute leben.

Bei der Charakterisierung der als *wāqwāq* bekannten Mischwesen hebt Pseudo-Mas'ūdī ähnliche Merkmale hervor.[399] Auch sie haben menschliche Züge, und ihre Schamteile (*farǧ*, pl. *furūǧ*) gleichen jenen von normalen Frauen. Ihr Haar jedoch bestehe aus großen Bäumen. Sie würden unablässig *wāqwāq* schreien. Werde eines dieser Wesen abgeschnitten, falle es tot um und sage nichts mehr. Bei der Beschreibung anderer Mischwesen weist Pseudo-Mas'ūdī auf ihren schönen Hintern, ihr Gesicht und ihre Schamteile hin.[400] Auch berichtet er von Meerwesen *(ḫalq baḥriyya, sic)*, die aussehen wie Frauen und als Wasserjungfrauen *(banāt al-mā')* bekannt sind. Es handle sich um schöne Frauen mit glattem Haar. Erneut weist Pseudo-Mas'ūdī auf ihre gewaltigen Schamteile und Brüste hin. Sie sprechen eine nahezu unverständliche Sprache und zeichnen sich durch ihr schallendes Gelächter *(qahqaha)* aus.[401]

Šiblī kennt derartige Mischwesen ebenso.[402] In einem Bericht hält Ubayy b. Ka'b[403] fest, sein Vater habe ein großes Becken besessen und darin Früchte[404] aufbewahrt. Da er feststellt, dass Obst wegkommt, legt er sich nachts auf die Lauer. Plötzlich steht vor ihm ein Tier, das aussieht wie ein Jüngling in mannbarem Alter.[405] Als sich der Besitzer der Früchte erkundigt, ob er denn Mensch

---

396 Pseudo-Mas'ūdī, *Aḫbār az-zamān*, S. 16.15–17.7.

397 Zu al-Qulzum, einer alten Hafenstadt am Roten Meer (arabisch: Baḥr al-Qulzum) vgl. E. Honigmann und R. Y. Ebied, Artikel „al-Ḳulzum", in *EI²* V. 367.

398 Pseudo-Mas'ūdī, *Aḫbār az-zamān*, S. 16.15 f.: „أمة متولدة من صنف من السباع وبنى آدم".

399 Pseudo-Mas'ūdī, *op.cit.*, S. 16.20–22; verderbtes Arabisch. Die *wāqwāq* werden teilweise als Bäume beschrieben; siehe zu diesen Wesen Anm. 45, 503 und 508.

400 Pseudo-Mas'ūdī, *op.cit.*, S. 17.1–4.

401 *Loc.cit.*, S. 17.5–7; zu den *Banāt al-mā'* siehe auch Kapitel 6, bei Anm. 69.

402 Šiblī, *Ākām al-marǧān*, S. 91.19–92.7.

403 Vgl. A. Rippin, Artikel „Ubayy b. Ka'b", in *EI²* X.764. Ubayy, ein Sammler des Korans, soll zwischen 19/640 und 35/656 gestorben sein.

404 Unklar gedruckt; das Wort lässt sich als *ṯamar* (Früchte) oder *tamr* (Datteln) lesen.

405 Šiblī, *Ākām al-marǧān*, S. 91.22 f.: „فإذا هو بداية شبه الغلام المحتلم".

oder *ǧinnī* sei,[406] gibt sich der Angesprochene als Dämon zu erkennen und streckt seinem Gegenüber zum Gruß eine behaarte Hundepfote entgegen.[407] Dies sei ein für die *ǧinn* typisches Merkmal. Der *ǧinnī* selbst allerdings gibt zu bedenken, dass es noch befremdlichere Geschöpfe als ihn gebe. Interessanterweise macht in dieser Erzählung der Geist selbst den Geschädigten auf die Schutzwirkung des Thronverses (Sure 2.255) gegen alles Dämonische aufmerksam.[408]

Auch bei Hamadānī-Ṭūsī lassen sich Berichte über die Existenz dämonischer Mischwesen belegen. Dieser Gelehrte weiß einerseits von einem See in der Nähe von Ǧālhandar[409], in dem Wasser-*Ǧinn* hausen[410] und nachts zum Tanzen ans Ufer kommen. Hamadānī-Ṭūsī fügt anderseits unmittelbar anschließend einen weiteren Bericht hinzu, dessen Überlieferer sich nachts auf einem Berg in der Nähe von Ǧālhandar begibt.[411] Er sei dort auf Frauen gestoßen, deren obere Körperhälfte Menschengestalt hatte. Vom Nabel an abwärts hätten sie jedoch Tiergestalt gehabt. Die Bewohner jener Gegend seien jeweils in den Vollmondnächten gekommen, um sich das Spektakel anzuschauen.

Übel haben die Dämonen allerdings jenem König mitgespielt, der Erkundigungen über ein anderes Mischwesen einholen wollte, das in einem Gewässer auf einem unzugänglichen Berg hauste.[412] Dieses Lebewesen habe zur Hälfte einem Menschen, zur Hälfte einem Pferd ähnlich gesehen. Während der König am Ufer auf Nachrichten wartete, suchte ein Taucher auf seinen Befehl nach dem Mischwesen. Nach einer Stunde stieg der Taucher schreiend aus dem See und rannte auf einen nahen Hügel. Eine Schar von Meerwesen *(qawmī-i baḥriyyān)* verfolgte den Mann. Als sie ihn eingeholt hatten, erhängten sie ihn und fraßen ihn auf. Der König zog danach ab.

Die soeben beigebrachten Berichte zeigen die engen Beziehungen zwischen Dämonischem und Tierischem anhand von zumeist isolierten Einzelbeispielen auf. Sie bestätigen die bereits von J. Wellhausen gemachte Feststellung, dass zwischen Dämonologie und Zoologie enge Bande bestehen und Gleichsetzungen

---

406 Dieser Wortwechsel ist bei Begegnungen mit unbekannten Wesen in entlegenen Gegenden typisch; Šiblī, *Ākām al-marǧān*, S. 91.23 f.: „فقلت ما أنت جنى أم انسى قال جنى“. Also: „Was (!) bist du, *ǧinnī* oder Mensch. – Er antwortete: „Ein *ǧinnī*.“

407 Šiblī, *Ākām al-marǧān*, S. 91.24: „فناولنى يده فإذا يد كلب وشعر كلب“.

408 Für Hinweise auf weitere Schutzmittel gegen Übergriffe durch Dämonen vgl. Kapitel 9 „Bann alles Dämonischen“.

409 Stadt im Osten Punjabs, heute meistens Jalandar geschrieben.

410 Hamadānī, *ʿAǧāyib-nāma* (Ṣādiqī), S. 209.4: „به حدود جالهندر بُحَيره ای ست در آن جنّیانند آبی. شب بر ساحل آیند ورقص کنند“.

411 Hamadānī, *op.cit.*, S. 209.5–7.

412 *Loc.cit.*, S. 209.15–21.

häufig seien.[413] Es erstaunt daher nicht, dass die Quellen bei Beschreibungen von Dämonen regelmäßig ihre tierischen Merkmale hervorheben. Dies trifft im Übrigen auch auf weitere Mischkreaturen aus dem islamischen Kulturraum zu, die eigentliche Klassen von Geistwesen bilden und im Folgenden eingehender vorgestellt werden sollen.

Klassen von Mischwesen: a. Die šiqq *(pl.):* Der arabische Ausdruck *šiqq* bedeutet „Hälfte"; in der Dämonologie dient er zur Bezeichnung von Halblingen.[414] Šiblī greift in seinem Überblick über die Klassen *(ṣinf)* von Dämonen Aussagen Zamaḫšarīs auf, der sich in seinen Bemerkungen zur Existenz seltsamer Geschöpfe unter den *ǧinn* auch zu den *šiqq* äußert.[415] Sie hätten die Gestalt eines halben Menschen[416] und zeigten sich Reisenden, die allein unterwegs seien. Oft brächten sie ihre Opfer um. Während Šiblī später erstaunlicherweise nicht ausführlicher auf die *šiqq* eingeht, bestätigen weitere Quellen – u. a. Ǧāḥiẓ[417], Masʿūdī[418], Qazwīnī[419], Hamadānī–Ṭūsī[420] und Damīrī[421] – seine Angaben; sie beschreiben die wichtigsten Merkmale der *šiqq* weitgehend übereinstimmend. Masʿūdī hebt dabei besonders hervor, dass die *šiqq* gern Reisende in der Einsamkeit angreifen.[422]

Ǧāḥiẓ und – in Anschluss an ihn – die soeben aufgeführten Autoren wissen von Überfällen der *šiqq* auf Menschen und illustrieren dies mit dem Schicksal ʿAlqama b. Ṣafwān b. Umayya b. Muḥarrab al-Kinānīs.[423] Gemäß Ǧāḥiẓ' Bericht wollte ʿAlqama eines Nachts eine seiner Besitzungen in Mekka aufsuchen. Als er

---

413 Vgl. J. Wellhausen, *Reste*, S. 151.

414 Zu den Halblingen im allgemeinen vgl. A. Jensen, „Die mythische Vorstellung vom halben Menschen".

415 Šiblī, *Ākām al-marǧān*, S. 18.16–18.

416 Šiblī, *op.cit.*, S. 18.16 f.: „يقولون من الجن جنس صورته على نصف صورة إنسان".

417 Ǧāḥiẓ, *Ḥayawān*, VI.206.3–207.10: Abschnitt: *Ẓuhūr aš-šiqq li-ăl-musāfirīn.*

418 Masʿūdī, *Murūǧ aḏ-ḏahab* (Ausgabe de Meynard, de Courteille), III.324.8–326.6.

419 Qazwīnī, *ʿAǧāʾib al-maḫlūqāt*, (Miṣr), S. 215.4–10.

420 Hamadānī, *ʿAǧāyib-nāma* (Ṣādiqī), S. 207.13–16.

421 Damīrī, *Ḥayāt al-ḥayawān*, II.54 ff.; vgl. auch die Hinweise T. Fahds auf weitere Quellen: „Anges, démons et djinns", S. 210, Anm. 152.

422 Einsamkeit und Alleinsein begünstigen das Auftreten von Dämonen grundsätzlich. Die Quellen raten dazu, Einsamkeit zu meiden.

423 Ǧāḥiẓ, *Ḥayawān*, VI.206.7–207.9; Übersetzung bei F. Meier, NL Mappe 3, s. v. *Ǧāḥiẓ*, Bl. 15 f. Vgl. die Parallele zur Stelle bei Masʿūdī, *Murūǧ aḏ-ḏahab* (de Meynard, de Courteille), III.324.8–326.4, mit Übersetzung bei F. Meier, NL Mappe 8, s. v. *šiqq*, Bl. 2. Der Wortlaut der Verse bei Ǧāḥiẓ und Masʿūdī weicht in Einzelheiten voneinander ab. Die folgende Übersetzung der Versstellen lehnt sich an F. Meier an. Auch Hamadānī, *ʿAǧāyib-nāma* (Ṣādiqī), S. 207.13–16, weist auf ʿAlqamas Kampf mit einem *šiqq* hin. Zu dieser Auseinandersetzung siehe außerdem: J. von Hammer-Purgstall, *Geisterlehre*, S. 162; T. Fahd, „Anges, démons et djinns", S. 210, Anm. 152.

den Ort Ḥā'iṭ Ḥizmān[424] erreichte, stand plötzlich ein *šiqq* vor ihm. Der Dämon hatte nur eine Hand, einen Fuß, ein Auge und war mit einem Schwert bewaffnet. Das *Kitāb al-Ḥayawān* vermittelt einen Eindruck von der anschließenden Auseinandersetzung zwischen ʿAlqama und dem Dämon anhand der Verse, mit denen sich die beiden anfänglich bekämpfen. Der *šiqq* erklärt zuerst (Metrum: *Raǧaz*):

> ʿAlqama, ich werde umgebracht werden,
> und man wird mein Fleisch verzehren.
> Aber ich werde sie mit dem Huḏlūl-Schwert[425] schlagen,
> wie dies ein tüchtiger, behender und
> großzügiger Bursche mit kräftigen Armen tut.

Als ʿAlqama sich derart bedroht sieht, erwidert er:

> *Šiqq* aus diesem Land, was habe ich mit dir zu schaffen?
> Steck deinen Säbel wieder ein, erspar es mir!
> Willst du töten, wer dich nicht töten will?

Doch der *šiqq* entgegnet ihm erneut:

> Ich habe mich für dich bereit gemacht, bereit gemacht,
> um dir die Hinrichtung zu verabreichen.
> Erwarte geduldig, was über dich verhängt worden ist!

Die beiden Widersacher stürzen nach diesem Wortwechsel aufeinander los und sinken nach kurzem Kampf tot zu Boden. Ǧāḥiẓ schließt seinen Bericht mit dem Hinweis, ʿAlqama sei bekanntlich von den *ǧinn* umgebracht worden.[426]

---

424 Wörtlich: „Mauer des Unglücks". Masʿūdī (de Meynard, de Courteille, III.325.4) liest Ḥā'iṭ Ḥirmān; Qazwīnī, (S. 215.6) schreibt Ḥawmān; Hamadānī (S. 207.15) liest Ḥāyiṭ-i Ḥaramān (vokalisiert).

425 Der Ausdruck *huḏlūl* bezeichnet gemäß Ibn Manẓūr, *Lisān al-ʿarab*, ein Schwert, das die Banū Maḫzūm zu benutzen pflegten (Hinweis ʿA. Hārūns bei Ǧāḥiẓ, *Ḥayawān*, zur Stelle).

426 Ǧāḥiẓ, *Ḥayawān*, VI.204.2 macht außerdem auf einen Wahrsager *(kāhin)* namens Šiqq aufmerksam, den A. Hārūn (Herausgeber des Ǧāḥiẓ-Texts; zur Stelle Anm. 3) mit Šiqq b. Aṯmār b. Nizār identifiziert. Man erzählte von ihm, er sei ein halber Mensch *(šiqq insān)* gewesen, habe nur eine einzige Hand, einen einzigen Fuß und ein einziges Auge gehabt. Siehe dazu auch: Qazwīnī, *ʿAǧā'ib al-maḫlūqāt* (Ausgabe F. Wüstenfeld), S. 371.12–18; Miṣr, S. 215.6–10. Vgl. außerdem die Hinweise bei Maḥmūd Šukrī ăl-Alūsī, *Bulūġ al-irab*, III.282–284 (zu Alūsī, 1273–1342/1857–1924, siehe E. Méténier, Artikel „al-Alūsī family", in *EI Three*, Online-Ausgabe, konsultiert am 20. Dezember 2011). F. Meier, NL Mappe 8, s. v. *šiqq*, Bl. 2, verweist überdies auf Ibn ʿArabī, *Muḥāḍarat al-abrār*, II.28 f. (S. 29.8 f.), wo von einem Traumdeuter namens Šiqq b. Saʿb b. Yaškur die Rede ist.

Auch Dimašqī (gest. 727/1327)[427] weiß von Wesen namens *šiqq* zu berichten.[428] Gemäß seiner Darstellung erreicht ein Mann das Land Šiḥr, wo er bei einer vornehmen Person absteigt. Im Lauf ihrer Unterhaltung kommen er und sein Gastgeber auf die *šiqq* und *nasnās* zu sprechen. Der Würdenträger befiehlt seinen Knechten darauf, ein solches[429] Wunderwesen herbeizuschaffen. Bald schleppen die Diener eine Kreatur herbei, die nur ein halbes Gesicht, eine halbe Nase, einen halben Mund, einen halben Gaumen[430], ein einziges Bein und einen einzigen Arm hat. Es sieht aus, als ob es ein Mensch wäre, der in zwei Hälften zerlegt worden ist.[431] Da dieses Geschöpf den Gast bittet, es freizulassen, erbarmt er sich seiner. Der *šiqq* hüpft darauf auf seinem einzigen Bein davon. Als der Hausherr zum Essen einen *Šiqq*-Braten auftischen möchte, gesteht ihm der Gast, er habe das erbeutete Wesen laufen lassen. Der Würdenträger schickt seine Leute deshalb erneut auf die Jagd. Im Wald dringen die Stimmen von *šiqq* an ihre Ohren, die sich in Versen gegenseitig vor der nahenden Gefahr warnen. Bald hetzen die Jagdhunde einem *šiqq* namens Abū Muǧīr nach, der die folgenden Verse vorträgt (Metrum: *Raǧaz*)[432]:

> Weh mir über die Sorgen und Klagen,
> die mir mein Schicksal auferlegt hat!
> Bleibt stehen ein wenig, ihr beiden Hunde,
> fort, wie lange noch bekämpft ihr mich?

Der Hausherr setzt diesen Abū Muǧīr am nächsten Morgen seinem Gast als Braten vor. Dieser aber mochte aus Widerwillen keinen Bissen davon verzehren, wie Dimašqī abschließend bemerkt.[433]

---

427 Zu Šams ad-Dīn Dimašqī vgl. D. M. Dunlop, Artikel „Dimashḳī“, in *EI*^{2} II.291.

428 Dimašqī, *Nuḫbat ad-dahr* (Ausgabe Mehren), S. 219.1 ff., unterscheidet nicht klar zwischen *šiqq* und *nasnās* (siehe bei Anm. 442–488 und 489–509). Hinweis aus F. Meier, NL Mappe 6, s. v. *nasnās*, Bl. 17 f.

429 Also einen *šiqq* oder einen *nasnās*, die Dimašqī nicht klar unterscheidet.

430 Lies *ḥanak*.

431 Dimašqī, *Nuḫbat ad-dahr* (Mehren), S. 219.3: „كأنه إنسان شُطِرَ نصفين“.

432 Übersetzung F. Meier, NL Mappe 6, s. v. *nasnās*, Bl. 17 f.

433 Dimašqī, *Nuḫbat ad-dahr* (Mehren), S. 219.13 ff., erwähnt unmittelbar anschließend eine Parallele zu diesem Bericht (Gewährsmann: der *Muftī* Aḥmad al-Ḫarūf). Aḥmad hatte sich lange im Jemen aufgehalten und wurde dort auf die *Šiqq*-Jagd mitgenommen. Er konnte selbst einen *šiqq* erbeuten, lässt sein altes und gebrechliches Opfer aus Mitleid aber wieder frei. Seine Jagdgenossen tadeln ihn dafür. Als beim Essen ein anderer *šiqq* als Braten aufgetischt wird, isst Aḥmad aus Widerwillen nicht mit.

F. Meier macht überdies darauf aufmerksam, dass Muḥāsibī eine Überlieferung beibringt, wonach Salomon beabsichtigte, in einer einzigen Nacht mit hundert Frauen zu schlafen. Jede würde ihm einen kräftigen Jüngling gebären, der für die Sache Gottes kämpfen würde.[434] Da Salomon aber das obligate *in šā'a Allāh* vergaß, wurde ihm nur ein *šiqq ġulām* geboren. Aus Parallelstellen geht hervor, dass dieser Knabe schwächelte.[435] F. Meier zieht die Möglichkeit in Betracht, in diesem *šiqq ġulām* nur die Hälfte eines Knaben zu sehen. Allenfalls könne man darin einen Knaben erkennen, der nur halb Mensch sei. Es handle sich allenfalls um einen Wechselbalg.[436]

Die Abgrenzung zwischen *šiqq* und *nasnās*, einer weiteren, im folgenden Abschnitt behandelten Dämonenart, fällt unklar aus, wie aus Quellen und Sekundärliteratur hervorgeht. Die soeben beigebrachten Berichte über die Jagd nach den *šiqq* sind beispielsweise auch über die *nasnās* im Umlauf. Gemäß Dimašqī unterscheiden sich *nasnās* und *šiqq*, wenn überhaupt, höchstens aufgrund ihrer Herkunft. Während die Heimat der *nasnās* das Land Wabār ist, sollen die *šiqq* aus Šiḥr stammen.[437] Auch Hamadānī-Ṭūsī grenzt diese beiden Dämonenarten nicht klar voneinander ab.[438] Seine Darstellung hält fest, dass der Schöpfer die *nasnās* aus Wut einerseits in *šiqq* und anderseits in *duwāl-pā*[439] verwandelte *(masḫ kard).* Wenig später meint Hamadānī-Ṭūsī, dass die diskutierten Geschöpfe bei den Arabern als *šiqq*, bei den Barbaren *(ʿaǧam)*[440] aber als *nasnās* bekannt seien.[441] Die folgenden Ausführungen befassen sich mit den *nasnās;* sie charakterisieren sie und beleuchten ihre Stellung als Übergangswesen zwischen Tier- und Menschenreich.

---

434 Muḥāṣibī, *Riʿāya,* S. 58.19–24; vgl. F. Meier, NL Mappe 8, s. v. *šiqq,* Bl. 2. Siehe dazu auch Kapitel 10, bei Anm. 207 und 281–283.

435 Vgl. dazu Kapitel 10.5.4 „Verunstaltete Beine“, Text bei Anm. 271–276.

436 Vgl. dazu F. Meier, NL Mappe 8, s. v. *šiqq,* Bl. 2. Qazwīnī, *ʿAǧā'ib al-maḫlūqāt* (Ausgabe F. Wüstenfeld), S. 12.4–7 (vgl. Miṣr, S. 8.25 f.; mit weiteren Hinweisen auf die Geburt verunstalteter Kinder), berichtet von einer Frau aus einem Dorf in der Nähe von Balḫ, die im Jahr 528/1133–34 ein Kind geboren hatte, das nur einen halben Kopf, einen halben Körper, nur einen Arm und nur ein Bein besaß und damit aussah wie ein *nasnās;* siehe Hinweis bei F. Meier, NL Mappe 6, s. v. *nasnās,* Bl. 18.

437 Dimašqī, *Nuḫbat ad-dahr* (Ausgabe Mehren), S. 218 f.; Wabār: S. 218.12; Šiḥr: S. 219.1. Zum Land Wabār vgl. Kapitel 6.2.3 „Das Land Wabār“ (Text bei Anm. 105–136).

438 Hamadānī, *ʿAǧāyib-nāma* (Ṣādiqī), S. 223.14 f.

439 Zu den *duwāl-pā* vgl. Kapitel 7.2 „Die Riemenbeinler und andere Aufhocker“.

440 Der Ausdruck *ʿaǧam* bezeichnet nicht-arabische Völker, besonders die Perser.

441 Hamadānī, *ʿAǧāyib-nāma* (Ṣādiqī), S. 223.23 f.

b. Die nasnās *(pl.):* Bereits J. von Hammer-Purgstall hat auf die *nasnās* (pl.) aufmerksam gemacht.[442] Indem er aus Seydi Ali Reis' (1498–1563) *Kitāb al-Muḥīṭ* zitiert,[443] hält er fest, dass die *nasnās* indische Inseln bewohnen. Unter den *nasnās* seien Paviane und andere große Affen zu verstehen.[444] A. Christensen meint, dass die Perser die *nasnās* von den Arabern entlehnt hätten.[445] Ṣ. Hidāyat hat sich ebenso mit diesen Geschöpfen befasst.[446] T. Fahd seinerseits charakterisiert die *nasnās* als „créatures monstrueuses [...] issues d'unions entre humains et djinns."[447] Und A. Fatoum rechnet die *nasnās zu* den *Ǧinn*-Arten des Meeres.[448] Auch F. Meier hat wichtiges Material zu diesen Wesen zusammengetragen, auf das sich die weiteren Ausführungen u. a. stützen.[449]

Ǧāḥiẓ meint, die *nasnās* würden sich aus *šiqq* und Mensch *(insān)* zusammensetzen.[450] Dimašqī seinerseits betrachtet die *nasnās* als Mischwesen zwischen Menschen und Dämonen.[451] Bei einer andern Gelegenheit äußert sich

442 J. von Hammer-Purgstall, *Geisterlehre,* S. 161, vokalisiert den Ausdruck *nisnās.*

443 F. Sezgin hat eine Handschrift des Werks (MS 1643, Revan Köşkü, Istanbul) als Faksimile reproduziert (Sīdī ʿAlī b. Ḥusain, *Book of the Indian Ocean = Kitāb al-muḥīṭ.* Frankfurt 1997).

444 Ähnlich mehrfach F. Meier: „Bet-ruf", S. 599, Anm. 67: „[Die *nasnās*] sind entweder Affen oder eine Dämonenart." F. Meier, NL Mappe 6, s. v. *nasnās,* Bl. 12, weist außerdem hin auf Ibn-i Mullā Darwīš Muḥammad-i Balḫī, *Maǧmaʿ ul-ġarāʾib,* Handschrift Miškāt (Teheran) Nr. 898, Bl. 27b, wo Affenmenschen *(ādam-i būzīna-sār)* beschrieben werden: „In Ägypten gibt es eine Art Affen, die den Menschen sehr ähnlich sind und die man *nasnās* heißt. Sie sind körperlich [...] groß, nackt, haben behaarte Glieder und haben einen Schwanz (nach *Nuzhat al-qulūb*)." Auch R. Dozy, *Supplément aux dictionnaires arabes,* s. v. *nasnās,* redet von Affen. Ganz ähnlich der Hinweis bei Cl. Cahen, „Douanes et commerces d'après le Minhādj", S. 232.

445 A. Christensen, *Démonologie iranienne,* S. 85, mit Anm. 6.

446 Ṣ. Hidāyat, *Nayrangistān,* S. 179–181.

447 T. Fahd, „Anges, démons et djinns", S. 193; vgl. ders., „Le merveilleux dans la faune, la flore et les minéraux", S. 128, und M. Rodinson, „La place du merveilleux", S. 187. M. Rodinson vermutet, dass die *nasnās* bereits im vorislamischen Arabien bekannt waren.

448 A. Fatoum, *Ǧinn-Glaube,* S. 20.

449 F. Meier, NL Mappe 6, s. v. *nasnās,* 22 Bl. F. Meier (Bl. 15) macht, gestützt auf G. Ferrand, auf folgende Stellen zu den *nasnās* aufmerksam: *Abrégé des merveilles,* traduction Carra de Vaux, S. 25 f. und 45; Ibšīhī, *Mustaṭraf,* Übersetzung G. Rat, II.341 f.; Masʿūdī, *Murūǧ aḏ-ḏahab (Prairies d'or;* de Meynard, de Courteille*),* II.56, IV. 10 ff.; Yāqūt, *Muʿǧam al-buldān,* IV. 896, 955; Qazwīnī, *ʿAǧāʾib al-maḫlūqāt,* II.41 f.; Maqdisī (Huart), Index (Bd. 6), s. v. *Wabār; Tāǧ al-ʿarūs,* s. v. *Wabār,* X.595; auch *Lisān al-ʿArab,* s. v. *Wabār* [diese Stellenangaben wurden direkt von F. Meier übernommen].

450 Ǧāḥiẓ, *Ḥayawān,* I.189.4 f. Ǧāḥiẓ hält unmittelbar anschließend fest, dass hinter dem Damm (*as-sadd,* der Damm gegen Gog und Magog) Kreaturen *(ḫalq)* leben, bei denen es sich um *nasnās, nās, šiqq,* Yāǧūǧ und Māǧūǧ (Gog und Magog) handle.

451 Dimašqī, *Nuḫbat ad-dahr* (Ausgabe Mehren), S. 218.15 f.: „ويقال إن هذه الأرض معمورة بخلق يسمون النسناس وإنهم خلق متوسطون بين الناس والجان والله اعلم".

Ǧāḥiẓ zu den Stufen der Dämonen *(marātib al-ǧinn)* und unterscheidet grundsätzlich zwischen *bašar* einerseits und *ḫawāfī* anderseits.[452] Zu den *ḫawāfī* (wörtlich: die Verborgenen) zählt er *ḥinn* und *ǧinn*, während er bei den *bašar* (eigentlich: Mensch) die *nās* den *nasnās* gegenüberstellt. Da Ǧāḥiẓ die *ḥinn* als schwache *ǧinn* betrachtet,[453] könnten sich mit der Gegenüberstellung von *nasnās* und *nās* ähnliche Vorstellungen verbinden. Gemäß einer Aussage al-Ḥasan al-Baṣrīs habe es früher noch Menschen gegeben, die viel Gutes verrichtet hätten, aber dennoch stets in Sorge über ihr Schicksal im Jenseits gewesen seien.[454] Die heutigen Leute aber täten viel Schlechtes und seien trotzdem völlig unbesorgt. Ḥasan formuliert vor diesem Hintergrund die Frage: „Warum höre ich wohl Stimmen, sehe aber keine Menschen? Die Menschen sind dahin. Und geblieben sind die *nasnās*."[455]

F. Meier vermutet, Abū Nuwās könnte von al-Ḥasan al-Baṣrīs Aussage über die *nasnās* als minderwertige Geschöpfe abhängig sein, zieht allerdings auch in Betracht, dass die soeben angeführte Redensart allgemein verbreitet war.[456] Jedenfalls hält Abū Nuwās im *Dīwān* fest[457]:

---

452 Ǧāḥiẓ, *Ḥayawān*, IV.193.4–194.2, besonders S.193.9–194.2.
453 Vgl. dazu Kapitel 3.3 „Die Arten der *ǧinn*", Text bei Anm. 124–128.
454 Ǧāḥiẓ, *Bayān* (Hārūn), III.133.14–17.
455 Ǧāḥiẓ, *Bayān* (Hārūn), III.133.16 f.: „ما لى أسمع حَسيساً ولا أرى أنيساً. ذهب الناس وبقي النسناس". Übersetzung F. Meier, NL Mappe 6, s. v. *nasnās*, Bl. 6. Für F. Meier legt Ḥasans Aussage für die *nasnās* die Bedeutung „Halbmensch" nahe. Er versteht darunter nicht unbedingt ein gehälftetes Wesen. Es könne sich auch um ein stummes, dumpfes, doch sonst wie ein Mensch aussehendes Geschöpf handeln.
456 F. Meier, NL Mappe 6, s. v. *nasnās*, Bl. 6.
457 Die folgende Übersetzung nach F. Meier, NL Mappe 6, s. v. *nasnās*, Bl. 4 f.; vgl. Abū Nuwās, *Dīwān* (Ġazzālī), S. 605 (Vers jetzt auch in E. Wagner (Hg.); *Der Dīwān des Abū Nuwās*, I.395.7). Ġazzālī weist in einem Kommentar zur Stelle (Anm. 1) auf folgende, auf Abū Hurayra zurückgehende Überlieferung hin: „‚Die Menschen sind dahin, und geblieben sind die *nasnās.*' – Man fragte: ‚Was sind die *nasnās*?' – Er erwiderte: ‚Jene, die sich wie Menschen *(nās)* aufspielen, aber keine sind.'" Arabisch: „ذهب الناس وبقى النسناس قيل فما النسناس قال الذين يتشبهون بالناس وليسوا من الناس". Diese angebliche Überlieferung ließ sich in den klassischen *Ḥadīṯ*-Sammlungen nicht nachweisen. Die Suche nach *nasnās* bei A. J. Wensinck, *Concordance*, und in der Online-Datenbank zu den *Ḥadīṯ*-Ausgaben der Thesaurus Islamicus Foundation (www.ihsannetwork.org) führte zu keinen Ergebnissen.
F. Meier, NL Mappe 6, s. v. *nasnās*, Bl. 11, macht außerdem auf Erklärungen Maḥmūd Afandī Wāṣifs zu den *nasnās* aufmerksam [zitiert aus Abū Nuwās, *Dīwān* (Ausgabe I. Āṣaf), S. 151 (Anm. 5)]: Demnach sind die *nasnās* Geschöpfe, die auf einem Bein hüpfen. Es folgt der Verweis auf einen angeblichen *Ḥadīṯ*, wonach ein Stamm der ʿĀd gegen ihren Propheten gesündigt habe. Gott habe diese Leute darauf in *nasnās* verwandelt *(masaḫa)*. Jeder Mensch *(insān, sic)* unter ihnen habe nur eine Hand und nur einen Fuß. Sie hüpften wie Vögel und weideten wie das Vieh. Auch hier folgt ein Hinweis auf die oben zitierte Überlieferung Abū Hurayras, die sich nicht belegen ließ.

Dahin sind die Menschen und verflogen, und wir sind
Zurückgeblieben unter niederträchtigen *nasnās*.
Jedes Mal, wenn ich komme, um sie um eine Gunsterweisung zu bitten
Kommen sie meiner Bitte zuvor mit einer eigenen Hoffnungslosigkeit.
Und weinen mir vor,[458] dass ich wünsche, bei diesem Handel
Wenigstens als *parī* wieder davonzukommen.
Zurückgeblieben unter Menschen, die du für Deinesgleichen hältst,
Doch wenn man sie genauer untersucht, so sind sie keine Menschen.

Gemäß Dimašqī vergleichen auch andere Quellen die *nasnās* mit minderen bzw. fehlbaren Menschen. Dimašqī verweist auf gewisse Chronisten, die die *nasnās* mit den ersten ʿĀd in Verbindung bringen.[459] Die ʿĀd seien sehr mächtig und fett gewesen. Gott habe sie aber wegen ihres Unglaubens heimgesucht und sie durch Veränderung ihrer Gestalt bestraft. Sie seien in zwei gleiche Hälften zerfallen. Jede Hälfte entspreche einem halben Menschen, habe nur ein Auge, einen halben Kopf, ein halbes Maul, eine halbe Brust und nur eine Hand. Sie würden jetzt verwirrt im Land Wabār durch die Wälder streifen und bis zur Küste des Meeres gelangen. Andere Gelehrte meinen,[460] die *nasnās* seien schon immer so beschaffen gewesen. Sie betrachten dieses Geschlecht als Nachkommen von Nasnās b. Umaym b. Lāwūd. Da die *nasnās* den landwirtschaftlichen Kulturen Schaden zufügen, würden sie mit Hunden gejagt und ihr Fleisch gebraten gegessen.[461]

Yāqūt (gest. 626/1229) bezeichnet die *nasnās* als Kinder des Nasnās b. Umaym b. ʿImlīq[462] b. Yalmaʿ b. Lāwūḏ b. Sām.[463] Sie sollen zwischen Wabār, dem Land Šiḥr und dem Jemen beheimatet sein und dort die Saat zerstören. Deshalb mache man Jagd auf sie. Auch Yāqūt weist darauf hin, dass die *nasnās* Halblinge seien, nur eine Hand, einen Fuß und ein Auge hätten. Gemäß seiner Darstellung zeich-

458 Obwohl die Wörterbücher für *bakā li-fulān* die Bedeutung „weinen über" angeben, zieht F. Meier die gewählte Übersetzung vor.

459 So Dimašqī, *Nuḫbat ad-dahr* (Mehren), S. 218.16; zitiert bei F. Meier, NL Mappe 6, s. v. *nasnās*, Bl. 17. Der Koran äußert sich in Sure 51.41 zum Untergang der ʿĀd.

460 So Dimašqī, *op.cit.*, S. 218.19 f.

461 Es schließt sich der bei Anm. 427–433 vorgestellte Bericht über die Jagd auf die *šiqq* an. Diese Darstellung trifft zugleich auf die *nasnās* zu.

462 Šiblī, *Ākām al-marǧān*, S. 71.8, macht auf Mischwesen aufmerksam, die aus Verbindungen zwischen Menschen und Dämonen hervorgegangen sind. Gemäß seinem Hinweis gehen die *ʿamlūq* aus der Vereinigung zwischen einem Menschen *(ādamī)* und einer *siʿlāh* hervor. Die Ausdrücke *ʿimlīq* und *ʿamlūq* dürften miteinander zusammenhängen; vgl. ebenso Suyūṭī, *Laqṭ al-marǧān*, § 73, S. 25.14 f.

463 Yāqūt, *Muʿǧam al-buldān*, IV. 899.3 ff. s. v. *Wabār;* siehe F. Meier, NL Mappe 6, s. v. *nasnās*, Bl. 1.

nen sie sich außerdem durch ihren schnellen Lauf[464] aus, bei dem sie sich auf ihrem einzigen Bein hüpfend fortbewegen.[465]

Es liegt in der Natur der Sache, dass die Abgrenzung zwischen Menschen und *nasnās* schwer fällt. Dies zeigen auch Berichte bei Yāqūt auf, die sich auf die Gewährsleute Daġfal und al-Ḥusām b. Qudāma stützen.[466] Daġfal weiß von einigen Arabern, die auf der Reise durch Sandberge *(raml ʿāliǧ)* vom Weg abgekommen und in einen weiten Wald am Ufer des Meeres gelangt waren. Dort sei ihnen ein Mann *(šayḫ)* mit einem halben Kopf und nur einem einzigen Auge entgegengekommen. Auch von allen andern Gliedern hätte er nur je eins gehabt. Als er sie entdeckt habe, sei er schnell wie ein Rennpferd an ihnen vorbeigeeilt und habe dabei Raǧaz-Verse rezitiert.

Al-Ḥusām b. Qudāma lokalisiert einen ähnlichen Vorfall im Land Šiḥr.[467] Ein Mann begleitete dort seine Gastgeber auf die Jagd in die Wüste. Als sie einen großen Wald erreichen, lassen sie ihren Gast zurück und ziehen auf der Suche nach Beute weiter. Plötzlich taucht ein Individuum *(šaḫṣ)* in Menschengestalt vor dem zurückgebliebenen Mann auf.[468] Auch bei diesem Wesen handelt es sich um einen Halbling. Es dichtet Raǧaz-Verse, in denen es sich über seine Verfolger beklagt. Bei ihrer Rückkehr werfen die Jäger ihrem Gast vor, er habe das ihm zugetriebene Beutetier entkommen lassen. Der Mann erkundigt sich darauf erstaunt, ob sie Menschenfleisch äßen. Er habe das ihm zugetriebene Wesen nicht erlegt, da es gesprochen und sogar Gedichte rezitiert habe.[469] Die enttäuschten Jäger erklären ihrem Begleiter, sie hätten ihm bis anhin nur Trockenfleisch und Braten von solchen Wesen aufgetischt. Das Verzehren ihres Fleisches sei erlaubt, da sie einen Wiederkäuermagen hätten.[470]

---

464 Vgl. dazu I. Goldzihers Bemerkung („Excurse über Erscheinungsformen der *ǵinn*“, S. 207), dass „der schnelle Lauf des Thieres die Wirkung des auf seinem Rücken sitzenden Ǵinn [ist].“

465 Plinius, *Naturalis historia*, VII.2.23 und 24, erwähnt zahlreiche Wunderwesen. Eines davon ähnelt den *šiqq* bzw. *nasnās*: „Ktesias beschreibt ferner eine Gattung von Menschen, Einbeiner (μονόκωλον) geheißen, die sich mit ihrem einzigen Bein in Sprüngen von fabelhafter Schnelligkeit fortbewegen. [...].“ Hinweis und Übersetzung aus F. Meier, NL Mappe 6, s. v. *nasnās*, Bl. 7.

466 Yāqūt, *Muʿǧam al-buldān:* Gewährsmann Daġfal: IV. 899.15 ff.; Gewährsmann al-Ḥusām b. Qudāma: IV. 899.21 ff.

467 Auch Hamadānī, *ʿAǧāyib-nāma* (Ṣādiqī), S. 223.5–13, erwähnt al-Ḥusām b. Qudāmas Bericht.

468 Yāqūt, *Muʿǧam al-buldān*, IV. 900.2 f.: „قال فبينما انا واقف اذ خرج من الغيضة شخص في صورة الانسان له يد واحدة ورجل واحدة ونصف لحية وفرد عين“.

469 Die Quellen vertreten unterschiedliche Auffassungen dazu, ob die *nasnās* sprechen können oder nicht; vgl. dazu unten bei Anm. 481–485 und 505–509.

470 Yāqūt (*Muʿǧam al-buldān*, IV. 900.15 f.) distanziert sich abschließend von diesem Bericht und hält fest: „Solche Erzählungen haben sie viele. Doch Gott allein weiß, was daran richtig und was daran Unsinn ist.“ (Übersetzung F. Meier, NL Mappe 6, s. v. *nasnās*, Bl. 2).

Qazwīnīs (gest. 682/1283) Ausführungen zu den *nasnās* stützen sich auf Yāqūt, fallen aber deutlich knapper aus.[471] Er hält fest, dass es unter den Geschöpfen von seltsamer Gestalt *(ġarīb al-aškāl)* eine Gemeinschaft *(umma)* namens *nasnās* gebe. Sie hätten nur einen halben Kopf, eine einzige Hand und einen einzigen Fuß. Sie sähen aus wie ein in zwei Hälften gespaltener Mensch (كأنه إنسان شُقَّ نصفين). Diese Wesen würden sich durch ihre Geschwindigkeit auszeichnen und auf ihrem einzigen Bein riesige Sprünge machen. Auch könnten diese Wesen reden *(nāṭiq)*.[472] Hamadānī-Ṭūsī wiederum widmet den *nasnās* in seinem Mirabilien-Werk ein eigenes Kapitel, bringt darin aber auch Berichte mit ihnen in Verbindung, die üblicherweise zu andern Dämonenarten (*šiqq, duwāl-pā*) im Umlauf sind.[473] Indem Hamadānī–Ṭūsī aus einer ungenannten Quelle zitiert, macht er auf weitere Eigenschaften der *nasnās* aufmerksam.[474] Er hält fest, dass es in unterschiedlichen Gegenden *nasnās* gebe. Sie seien zwar Menschen, glichen aber den Affen. Sie seien verwandelt worden. In jeder Gegend sähen sie wie die dort ansässigen Menschen aus. Im Süden hätten sie ein menschliches Gesicht und seien zwölf Ellen groß.[475] Ihre Farbe sei schwarz und weiß. Sie erreichten ein Alter, das drei Mal so hoch sei wie jenes der Menschen.[476] Sie würden jagen, aber auch gejagt werden. Ihr Fleisch werde gegessen. Außerdem hätten die *nasnās* keinen

---

471 Qazwīnī, *ʿAğāʾib al-maḫlūqāt* (Ausgabe F. Wüstenfeld), I.449.22–24, Ausgabe Miṣr, S. 278.9–11: die Angaben zu den Eigenschaften der *nasnās* stimmen in diesen beiden Ausgaben weitgehend, aber nicht gänzlich überein; vgl. F. Meier, NL Mappe 6, s. v. *nasnās*, Bl. 3.

472 Ganz ähnlich äußern sich Ibn al-Faqīh, *Muḫtaṣar Kitāb al-buldān*, S. 38.15–18 (zitiert nach F. Meier *nasnās* Bl. 4), und Pseudo-Masʿūdī, *Aḫbār az-zamān*, S. 16.5–14.

473 Hamadānī, *ʿAğāyib-nāma* (Ṣādiqī), S. 221.1–223.24. Er ordnet die *nasnās* einleitend ausdrücklich den Dämonen *(dīw)* zu (S. 221.2): „بدان که نسناس جنسی اند از دیو“ und präzisiert diese Aussage wenig später (S. 221.7), indem er die *nasnās* aus BLWR (?) als *dīw-mardum* (Dämonenmenschen) bezeichnet (ein Ort namens BLWR fehlt bei Yāqūt, *Muʿğam al-buldān*). F. Meier, NL Mappe 6, s. v. *nasnās*, Bl. 12, macht außerdem aufmerksam auf *Farāmarz-nāma* (Bombay 1324), S. 334 f. (die Stelle ließ sich in der Quelle nicht nachweisen und wird gemäß F. Meier zitiert): Farāmarz erreicht in der Nähe des Berges Qāf ein Land mit Wesen so schön wie der Mond. Sie sind so groß wie Zypressen. Ihr Kopf, Körper und ihre Beine sind behaart. Da sie äußerst schnellfüßig sind, können Farāmarz' Leute sie nicht einfangen. Der Text bezeichnet diese Wesen als *nasnās* bzw. *mardum-i dīw* (Teufelsmenschen): „بدانند ونسناس خوانندشان || همان مردم دیو داننددشان“. Auch *Burhān-i Qāṭiʿ*, s. v., nennt die *nasnās* Dämonenmenschen *(dīw-mardum)*.

474 Hamadānī, *ʿAğāyib-nāma*, S. 222.16–21.

475 Auch Ibn-i Mullā Darwīš Muḥammad-i Balḫī, *Mağmaʿ ul-ġarāʾib* (Handschrift Miškāt, Teheran, Nr. 898), Bl. 26b, gibt an, dass diese Wesen zwölf Ellen groß waren. Hinweis aus F. Meier, NL Mappe 6, s. v. *nasnās*, Bl. 12.

476 Balḫī (vgl. vorangehende Anm.) hält fest, dass die *nasnās* 360 Jahre alt werden. Er weiß außerdem, dass die Menschen die *nasnās* fangen, mit ihnen Geschlechtsverkehr haben und Kinder zeugen. Diese Auffassung ließ sich sonst nicht belegen.

Verstand (*ʿaql*).[477] Auch Hamadānī–Ṭūsī ordnet die *nasnās* in erster Linie dem Jemen zu.

Abū Ḥāmid al-Ġarnāṭī äußert sich in seinem 557/1162 verfassten Werk *Tuḥfat al-albāb* ebenso zu den *nasnās* und siedelt sie in der Nähe von Ṣanʿāʾ im Jemen an.[478] Seine weiteren Beschreibungen halten sich weitgehend an die bereits bekannten Charakterisierungen, weichen im Detail allerdings davon ab. Ġarnāṭī bezeichnet die *nasnās* als arabisches Volk, das von Iram b. Sām, dem Bruder von Ṯamūd und ʿĀd abstamme. Jeder Mensch von ihnen sei in einen halben Menschen verwandelt worden.[479] Auch dieser Autor weiß, dass die *nasnās* Gedichte in Raǧaz-Versen verfassen.[480]

Neben Ġarnāṭī berichten Yāqūt und Dimašqī davon, dass die *nasnās* Verse rezitieren. Und Ibn al-Faqīh gibt an, dass sie sprechen können.[481] Ġarnāṭī präzisiert diesen Hinweis dahingehend, dass die *nasnās* arabisch reden.[482] Dieser Auffassung stehen allerdings Aussagen in von F. Meier konsultierten Manuskripten entgegen, wonach die *nasnās* gerade nicht sprechen können.[483] Diese Angaben in den handschriftlichen Quellen stehen ihrerseits wiederum in Widerspruch zu den vielfach belegten Berichten, dass sich die *nasnās* in Bäumen verstecken, wenn man auf sie Jagd macht. Sie verraten ihren Zufluchtsort aber tölpelhaft, indem sie zu reden beginnen und den Jägern dadurch den Weg zu ihrem Versteck

477 Vgl. dazu unten bei Anm. 484 f.

478 Abū Ḥāmid al-Ġarnāṭī, *Tuḥfat al-albāb* (Ferrand), S. 44 f., lokalisiert die *nasnās* zwar zuerst in Ṣanʿāʾ. Er bringt dann aber den Begriff *Wabār* ins Spiel, der nach seinen Angaben das Volk der *nasnās* bezeichnet. *Wabār* ist allgemein aber als Ortsbezeichnung bekannt (vgl. Kapitel 6.2.3 „Das Land Wabār", Text bei 105–136). Ġarnāṭī, der darauf auch das Gebiet Šiḥr am Indischen Ozean als Heimat der *nasnās* bezeichnet, versucht offensichtlich, unterschiedliche Überlieferungen miteinander zu harmonisieren, verstrickt sich dabei aber in Widersprüche.

479 Ġarnāṭī, *op.cit.*, S. 44.14f: „وعند صنعاء أمة من العرب قد مسخوا كلُّ إنسان منهم نصف إنسان".

480 Ġarnāṭī, *op.cit.*, S. 45.7 f., zitiert daraus einige Verse. F. Meier, NL Mappe 6, s. v. *nasnās*, Bl. 13 f., macht auf einen weiteren Beleg zu den *nasnās* und ihrer Dichtkunst aufmerksam: ʿAbd ar-Raḥmān b. Aḥmad b. Aqbāy ar-Ramaḍānī, *Rawḍ al-azhār fī raqīq al-ašʿār*, Autograph vom 13. Ǧumādā I 1000 h. q.; Handschrift Bāstānī-i Rād (Teheran), Nr. 1550, Bl. 287b .

481 Ibn al-Faqīh, *Muḫtaṣar Kitāb al-buldān*, S. 38.17.

482 Ġarnāṭī, *op.cit.*, S. 45.1; siehe F. Meier NL, s. v. *nasnās*, Bl. 14.

483 Vgl. F. Meier, NL Mappe 6, s. v. *nasnās*, Bl. 12: 1. Mustawfī Qazwīnī, *Nuzhat ul-qulūb*, Handschrift Miškāt (Teheran), Nr. 209 (Katalog 2, Nr. 235), Bl. 149b: „In den Viten Mohammeds und [...] der Propheten ist die Rede von den *nasnās*, die aussehen wie die Menschen, aber keine Sprache haben. Man kann sie fangen und mit ihnen Kinder zeugen, die dann stumm sind. Man nennt diese Art *nasnās: mālūf* (?)." 2. Ibn-i Mullā Darwīš Muḥammad-i Balḫī, *Maǧmaʿ ul-ġarāʾib*, Handschrift Miškāt (Teheran), Nr. 898, Bl. 26b, meint, dass die *nasnās* nicht sprechen können. Dieser Autor widerspricht sich allerdings unmittelbar anschließend selbst und weist darauf hin, dass die *nasnās* ihr Versteck durch Reden verraten; vgl. dazu die folgende Anm.

weisen.[484] Solche Berichte illustrieren auch die sprichwörtliche Dummheit der Dämonen.[485]

Die bisherigen Erkenntnisse lassen sich dahingehend zusammenfassen, dass die Quellen zwischen *šiqq und nasnās* nicht klar unterscheiden. Ebenso wie die *šiqq* zeichnen sich auch die *nasnās* dadurch aus, dass sie eigentlich halbe Menschen sind.[486] Es fällt dabei schwer zu entscheiden, ob die *nasnās* den Tieren, Dämonen oder Menschen zuzuordnen sind. Im letzteren Fall wären sie als „mindere" Menschen anzusehen.[487] Gewisse Quellen machen an ihnen sogar pflanzliche Eigenschaften aus. So hat auch Hamadānī-Ṭūsī die *nasnās* mit Palmen

---

484 Vgl. z. B. Pseudo-Masʿūdī, *Aḫbār az-zamān*, S. 16.6–14: „Zu den Mirabilia gehört auch das Volk der *nasnās*. [...] Die Araber jagen und essen sie. In einer ihrer Geschichten heißt es, dass Reisende in eine Gegend mit vielen *nasnās* gelangten. Sie erlegten einen, schlachteten und kochten ihn; er war fett. Als sie sich hingesetzt hatten, um ihn zu essen, sagte einer der Leute: ‚Dieser *nasnās* war aber fett!' Da sagte ein anderer *nasnās*, der sich in einem Baum in der Nähe versteckt hatte: ‚Er aß immer Zypresse *(sarw)* und ist deshalb so fett geworden.' Er machte die Leute dadurch auf sich aufmerksam. Sie packten und schlachteten ihn. Da sprach ein weiterer *[nasnās]*, der sich in einem andern Baum vor ihnen versteckt hatte: ‚Wenn er gescheit *(ʿāqil)* gewesen wäre, hätte er geschwiegen und nichts gesagt.' Da packten und schlachteten sie [auch] ihn. Da rief ihnen ein dritter *nasnās* zu, der sich in einem Erdloch verkrochen hatte: ‚Ich aber hab's gut gemacht und keinen Mucks getan.' Da packten und schlachteten sie ihn [ebenso]. Und sie stärkten sich an ihnen."

485 Vgl. dazu auch Anm. 266 und 545.

486 Der Vollständigkeit halber sei hier auf F. Meier, NL Mappe 6, s. v. *nasnās*, Bl. 10 f. und 19, hingewiesen, der aufmerksam macht auf Asadī Ṭūsī (gest. ca. 465/1072–73), *Garšāsp-nāma*, S. 119–121 [vgl. F. de Blois, Artikel „Ǧaršāsp-nāma", in *EIr*, Online-Ausgabe, konsultiert am 10. Januar 2011]. Asadī zeichnet von den *nasnās* ein Bild, das sich wesentlich von den bisherigen Angaben unterscheidet und sie als eine Art Doppelwesen beschreibt. Gemäß Asadī führte Garšāsp sein Heer nach Zanzibar, wo er auf einer bergigen und bewaldeten Insel auf die *nasnās* stößt. Plötzlich erhebt sich das Geschrei, zwei Dämonen *(dīw)* seien aus dem Wald aufgetaucht und hätten zwei Soldaten verschleppt, getötet und verzehrt. Der Feldherr rüstet sich sofort zum Kampf gegen die Angreifer und ist trotz ihrer außerordentlichen Stärke in der Lage, sechs *nasnās* zu erlegen. Asadīs Beschreibung der *nasnās* stimmt mit den bisher beigezogenen Darstellungen zwar in verschiedenen Punkten überein (z. B. hoher Wuchs wie bei Zypressen, starke Körperbehaarung, Schnellfüßigkeit). Allerdings haben die *nasnās* gemäß dem *Garšāsp-nāma* insgesamt vier Augen, zwei auf dem Nacken und zwei im Gesicht. Auch haben sie zugleich weibliche und männliche Geschlechtsteile und zeugen die Kinder wie miteinander. Asadī charakterisiert die *nasnās* nicht mehr als Halbmenschen, sondern als Doppelmenschen. Sie sind zweigeschlechtlich, haben vier Augen und sind außerordentlich kräftig.

487 Dies kann einerseits im moralischen Sinn zutreffen, werden die *nasnās* doch mit fehlbaren Völkern (z. B. ʿĀd) verglichen. Anderseits sind sie aufgrund ihres „hälftigen Charakters" auch physisch gesehen nicht volle Menschen.

(naḫl) verglichen.[488] Er dürfte damit nicht nur auf ihren hohen Wuchs anspielen, wie der folgende Exkurs aufzeigt.

Die weiteren Ausführungen befassen sich nicht mit Dämonologie im engeren Sinn, sondern greifen Äußerungen zu den *nasnās* in Darstellungen persischer Autoren zur Emanationslehre bzw. zum anschließenden Prozess einer Rückkehr der Geschöpfe zu Gott *(maʿād)* auf. Niẓāmī-i ʿArūḍī-i Samarqandī (6./12. Jh.)[489] und ʿAzīz-i Nasafī (7./13. Jh.)[490] weisen den *nasnās* bei diesem Vorgang eine Übergangsstellung zu.[491]

Niẓāmī-i ʿArūḍī bezeichnet den *ḫirrāṭīn*, einen roten Wurm, im Rahmen seiner Ausführungen zur Hierarchie der Tiere in den *Čahār Maqāla* als niederstes Tier. Das höchste Tier aber sei der *nasnās*.[492] Man begegne ihm in der Wüste von Turkestan. Sein Gang sei aufrecht wie ein I *(alif)*. Er habe breite Nägel (nicht Klauen) und zeichne sich durch seine Menschenfreundlichkeit aus. Wenn er einen allein reisenden Menschen sehe, nehme er ihn mit und lasse sich von ihm befruchten.[493] Nach dem Menschen seien die *nasnās* die edelsten Lebewesen.[494] Denn sie seien den Menschen in vielen Dingen ähnlich.

Niẓāmī-i ʿArūḍī illustriert seine Darstellung mit einem Bericht von Abū Riḍā b. ʿAbd as-Salām an-Naysābūrī aus dem Jahr 510/1116–17.[495] Dieser Gewährsmann erzählt, er sei mit einer Karawane mit mehreren tausend Kamelen unterwegs

---

488 Hamadānī, *ʿAǧāyib-nāma* (Ṣādiqī), S. 221.4 hält fest: „به حدود بلور نسناس بود وحشی. وهر یکی از ایشان چندان که نخلی." – „In der Umgebung von BLWR (?, vgl. Anm. 473) gab es wilde *nasnās*; ein jeder von ihnen [sah aus] wie eine Palme."

489 Vgl. Ġ.-Ḥ. Yūsofī, Artikel „Čahār Maqāla", in *EIr*, Online-Ausgabe, konsultiert am 10. Januar 2011.

490 Zu ʿAzīz-i Nasafī vgl. H. Landolt, „Le paradoxe de la ‚face de Dieu': ʿAzīz-e Nasafī (VIIe/XIIIe siècle) et le ‚monisme ésotérique' de l'Islam"; ders., Artikel „Nasafī" in *Encyclopaedia Iranica*, Online-Ausgabe, konsultiert am 5. Oktober 2011. Siehe auch F. Meier, „Das Problem der Natur im esoterischen Monismus des Islams", S. 198 und S. 180–227 zu Nasafī allgemein.

491 F. Meier, NL Mappe 6, s. v. *nasnās*, Bl. 2–3, 8–10 und 20, macht auf diese Zusammenhänge aufmerksam. 1. Niẓāmī-i ʿArūḍī-i Samarqandī, *Čahār Maqāla* (Ausgabe M. Muʿīn), S. 14 f.; 2. ʿAzīz-i Nasafī, *Tanzīl ul-arwāḥ;* F. Meier, NL, Bl. 8–10, übersetzt aus der Handschrift Şehit Ali 1363, Bl. 133a–135a.

492 Zum Geschlecht der *nasnās* vgl. folgende Anm.

493 Da das Persische kein grammatikalisches Geschlecht kennt, lässt sich rein sprachlich nicht ableiten, ob es sich bei den *nasnās* um männliche oder weibliche Wesen handelt. Der Hinweis, dass sich die *nasnās* von Reisenden befruchten lassen, bezieht sich dann allerdings klar auf ein weibliches Wesen.

494 Niẓāmī-i ʿArūḍī-i Samarqandī, *Čahār Maqāla* (Ausgabe Qazwīnī, Muʿīn), S. 15.3: „پس بعدِ انسان از حیوان او [نسناس] شریفتر است."

495 Niẓāmī-i ʿArūḍī-i Samarqandī, *Čahār Maqāla*, S. 15.6–13.

gewesen. Zur heißen Mittagszeit *(garmgāh)*[496] hätten sie auf einem Sandhügel plötzlich ein nacktes, barhäuptiges Weib gesehen. Der Bericht beschreibt die Frau als außerordentlich schön; sie habe langes Haar, ein Mondgesicht und den Wuchs einer Zypresse gehabt. Die Reisenden sprechen sie an, erhalten aber keine Antwort. Als sie ihrer habhaft werden wollen, entflieht sie mit großer Geschwindigkeit. Die türkischen Reittiervermieter *(kirā-kašān)* erklärten, dass es sich eben um einen wilden Menschen *(ādamī-i waḥšī)* handle. Man nenne sie *nasnās*. Sie gelte aufgrund ihrer Qualitäten als höchstes Tier.[497] ʿArūḍī befasst sich danach mit den unterschiedlichen Klassen von Menschen. Er teilt sie aufsteigend ein in 1. die Wüsten- und Gebirgsbewohner *(biyābāniyān wa kūhiyān)*, sie stellen die einfachsten Menschen dar; 2. die Bewohner der Dörfer und Städte und 3. die Philosophen und Propheten, die die höchste Klasse des Menschengeschlechts bilden.

ʿAzīz-i Nasafī beleuchtet vergleichbare Auffassungen aus einer mystischen Perspektive.[498] Seine Ausführungen schildern die Entwicklung der Seelenkräfte in den einzelnen Naturreichen[499] in Anlehnung an die antike Lehre bzw. deren Rezeption in der islamischen Welt.[500] Er interessiert sich dabei konkret für den Aufstieg der einzelnen Teilseelen *(nafs-i ǧuzwī)* von der Natural-Seele *(nafs-i ṭabīʿī)* über die Pflanzen-Seele *(nafs-i nabātī)* zur Rational-Seele *(nafs-i nāṭiqa;* auch sprachbegabte Seele genannt). Diese Seelenkräfte bringen auf den einzelnen Stufen Wesen hervor, die ihrem jeweiligen Grad an Vollkommenheit entsprechen.

Nachdem sie das Erdreich durchlaufen hat, erreicht die Teilseele die Stufe der einfachsten Pflanzen. Dazu zählen die Moose *(ṭiḥlib, ṭuḥlub)*. Bei der Weiterentwicklung bilden sich stets höhere Pflanzen aus; schließlich entstehen Bäume. Die am höchsten entwickelten Bäume stehen den niedersten Tieren nahe. Wenn die Seelenkräfte[501] auf dieser Stufe einen hohen Grad an Ausgeglichenheit

---

496 Gemäß ʿA. Dihḫudā, *Luġat-nāma*, s. v., bedeutet *garmgāh* „میان روز باشد که هوا در نهایت گرمی است“. Es ist nicht unüblich, dass Dämonen zur Mittagszeit erscheinen, vgl. dazu Kapitel 6.3.2 (Text bei Anm. 178–203). Dieser Hinweis sei gestattet, obwohl Niẓāmī-i ʿArūḍī in der vorliegenden Stelle die *nasnās* nicht zu den Dämonen *(dīw)* zählt.

497 Niẓāmī-i ʿArūḍī-i Samarqandī, *Čahār Maqāla* (Ausgabe Qazwīnī, Muʿīn), S. 15.12 f.: „اما باید دانست که او [نسناس] شریفترین حیوان است“.

498 Anm. 491 (Nr. 2) präzisiert die diskutierte Textstelle. Die Passage wurde übersetzt von S. Orsini-Sadjed, „La description de l'arbre de Wâq-Wâq“.

499 Also Mineral-, Vegetal- und Animal-Reich.

500 Vgl. z. B. die Auffassungen Ibn Sīnās, dargestellt in: S. H. Nasr, *An introduction to Islamic cosmological doctrines* (part III), S. 197–274.

501 Es handelt sich hier um die Kräfte der Vegetal-Seele *(nafs-i nabātī)*.

erreicht haben, entstehen Palmen, der Alraun *(luffāḥ)*[502] und zuletzt der Baum Waqwāq[503].

An diesem Punkt erfolgt der Übergang vom Pflanzen- zum Tierreich. Zuerst entsteht der als *ḫirrāṭīn* bekannte rote Wurm. Im Lauf einer stufenweisen Höherentwicklung bilden sich allmählich auch sprachbegabte Tiere aus. Nasafī erwähnt konkret Elefant, Pferd *(bōz)*, Affe *(būzīna)* und den *nasnās*. Es folgt darauf der Übergang von den Tieren zu den Menschen, wobei die Schwarzen als niedrigste Ausbildung des Menschengeschlechts gelten. Danach kommt es zu einem schrittweisen Aufstieg über die Weisen *(ḥukamā')* und die Heiligen bis hin zu den Propheten. Im Fall der Propheten spricht man von beruhigten Seelen *(nafs-i muṭma'inna)*. Diese Wesen sind aufgrund ihrer Vollkommenheit zur Rückkehr zu Gott *(maʿād)* fähig, womit der Prozess abgeschlossen ist.[504]

Die erwähnten Übergangswesen sind zwischen Pflanzen- und Tierreich bzw. zwischen Tierreich und der Welt der Menschen anzusiedeln. Nasafī illustriert ihre Funktion am Beispiel von Bäumen in Menschenform, die auf den Inseln des Umgebenden Weltmeers *(Baḥr-i Muḥīṭ)* gedeihen. Sie haben weder Empfindungen noch willentliche Bewegungsfähigkeit. In ihnen sind jedoch vielfältige Wirkungskräfte enthalten, die sich Chemie und Magie zunutze machen. Zu diesen Baumarten zählt auch die Alraune, die menschliche Gestalt hat.[505] Auf den erwähnten Inseln gedeihen aber auch Bäume mit Früchten wie Menschenköpfe. Andere Früchte wiederum sehen aus wie Menschen und hängen wie Kürbisse an den Bäumen.

---

502 Der Alraun, die Alraune: Menschenähnlich gewachsene Zauberwurzel, Zauberwesen; vgl. Anm. 505 und H. Marzell, Artikel „Alraun", in *Handwörterbuch des deutschen Aberglaubens*, I.312–323. Der persische (arabische) Ausdruck für Alraun lautet *luffāḥ;* vgl. dazu Dihḫudā, *Luġat-nāma*, s. v. *luffāḥ*.

503 Es ist auch eine Dämonenart *waqwāq* bekannt; vgl. bei Anm. 45 und 399.

504 Auch Rūmī, *Maṯnawī*, III.3901 ff. (S. 590.25–591.5: „Ǧawāb-i ʿāšiq ʿāḏilān wa tahdīd-kunandigān-rā") thematisiert diesen Aufstieg; Diskussion und Übersetzung bei A. Schimmel, *I am wind, you are fire*, S. 156. Die Stelle lautet in F. Rückerts Übersetzung (*Gesammelte Gedichte*, I.38): „Sieh! ich starb als Stein und gieng als Pflanze auf; / Starb als Pflanz' und nahm darauf als Thier den Lauf; / Starb als Thier und ward ein Mensch. Was fürcht' ich dann, / Da durch Sterben ich nicht minder werden kann? / Wieder, wann ich werd' als Mensch gestorben seyn, / Wird ein Engelsfittig mir erworben seyn. / Und als Engel muss ich seyn geopfert auch, / Werden, was ich nicht begreif', ein Gotteshauch."

505 F. Meier übersetzt (Bl. 9, persischer Text: Bl. 134b): „Eine jener Baumarten heißt Alraun *(luffāḥ)* und ihre Wurzel *yabrūḥ*, und diese *yabrūḥ* hat zahlreiche eigentümliche Wirkungskräfte. Sie gleicht der Gestalt des Menschen und wird von den Ärzten unter den Drogen als Schlafmittel und zum Stillen von Schmerzen verwendet."

Wenn diese Bäume an einem Ort mit einem besonders angenehmen Klima gedeihen, erreichen diese Gestalten, gemeint sind die Früchte, einen noch höheren Grad der Ausgeglichenheit. In ihnen entwickeln sich Empfindungen und willentliche Bewegungen. Aufgrund dieser Entwicklung erfolgt der Übergang von der Pflanzen- zur Menschenstufe. Die entstehenden Wesen haben bereits Menschengestalt, können aber noch nicht sprechen. Auf solche sprechunfähigen, menschenähnliche Gestalten stößt man auf Inseln und an den Küsten des Meeres. Sie sind unter dem Namen *nasnās* bekannt. Wenn diese Geschöpfe Gegenden mit einem noch ausgeglicheneren Klima erreichen, z. B. am Äquator in Ceylon leben, erlangen sie nach und nach Sprechfähigkeit. In diesem Moment erfolgt der Übergang von der Tier- zur Menschenstufe.[506]

ʿAzīz-i Nasafī weist im *Kašf ul-ḥaqāʾiq* auf ähnliche Auffassungen bei den Seelenwanderungsgläubigen hin.[507] Sie halten fest, dass in einem ausgeglichenen Klima Bäume mit sprachlosen Menschen als Früchte gedeihen, die *wāqwāq*[508] heißen.[509] Mit zunehmender Ausgeglichenheit entwickeln sich diese Bäume zuerst zu Tieren und dann zu Menschen. Solange diese Wesen sprachlos sind, bezeichnet man sie als *nasnās*. Vertrauenswürdige Leute wollen solche Geschöpfe gesehen haben. Wenn sich das Klima durch besondere Ausgeglichenheit auszeichnet, erlangen die *nasnās* Sprechfähigkeit und steigen zu eigentlichen Menschen auf.

c. Die ġūl*:* Nach diesem Exkurs zur Übergangsstellung der *nasnās* wird auf die *ġūl* (pl. *ġīlān, aġwāl*) hingewiesen; sie gelten als dritte wichtige Klasse von Mischwesen.[510] Indem Masʿūdī die Aussage einiger Philosophierenden *(mutafalsifūn)* auf-

---

506 Auch andere Gelehrte vertreten vergleichbare Auffassungen; sie behandeln die *nasnās* allerdings nicht als verbindendes Glied zwischen den einzelnen Naturreichen. Suhrawardī, *Ḥikmat al-išrāq* (Ausgabe H. Corbin, II.165 f.), führt folgende Zwischenglieder auf: Koralle *(marǧān)*, Palme, Affe. Ibn ʿArabī, *ʿUqlat al-mustawfiz*, (Ausgabe Nyberg, *Kleinere Schriften*), S. 93.15–94.4, erwähnt folgende Bindeglieder: Trüffel *(kamʾa)*, Palme *(naḫla)*, Affe *(qird)*.

507 Vgl. ʿAzīz-i Nasafī, *Kašf ul-ḥaqāʾiq*, S. 96.

508 ʿAzīz-i Nasafī, *Kašf ul-ḥaqāʾiq*, S. 96.9: *wāqwāq:* mit zwei Längen; vgl. Anm. 45, 399 und 503.

509 Jean-Louis Bacqué-Grammont hat einen Sammelband zum Thema herausgegeben, der die unterschiedlichen Aspekte dieses Baums beleuchtet: *L'arbre anthropogène du Waqwaq, les femmes-fruits et les îles des femmes* (2007).

510 Die vorliegende Darstellung beschreibt das Wesen der *ġūl* anhand von Berichten in arabischen und persischen Quellen selbst. Aber auch die Sekundärliteratur hat den *ġūl* eingehend Beachtung geschenkt, wie folgende Zusammenstellung aufzeigt, die keinen Anspruch auf Vollständigkeit erhebt: J. Henninger, *Geisterglaube*, S. 287 mit Anm. 51 und S. 300; J. von Hammer-Purgstall, *Geisterlehre*, S. 187–189; I. Goldziher, „Excurse: Ueber Erscheinungsformen der Ǧinnen", S. 206; G. van Vloten, *Dämonen, Geister und Zauberer*, S. 178 f.; J. Wellhausen, *Reste*,

greift, hält er fest, dass die *ġūl* der Form nach den Menschen und wilden Tieren gleichen.[511] Auch Qazwīnī betont, dass die *ġūl* teils menschliche, teils tierische Züge haben.[512] Hamadānī-Ṭūsī behandelt die *ġūl* ebenso als Mischwesen, ordnet sie allerdings zwischen *parī* und Tieren *(bahīma)* ein.[513] Dimašqī wiederum meint, dass die *ġūl* im Aussehen die Mitte hielten zwischen *ǧānn*, Tier und Mensch. In der Einbildung des Menschen nähmen sie die Gestalt jedes beliebigen Tiers an und redeten in Menschensprache. Sie könnten aber auch in menschlicher Gestalt erscheinen, würden ihre Beute jedoch wie Raubtiere zerreißen.[514]

Die Existenz der *ġūl* ist vielfach angezweifelt worden. Der Ausdruck *ġūl* fehlt im Koran,[515] kommt aber in der *sunna* wiederholt vor.[516] Gemäß einer Überlieferung soll bereits der Prophet ihre Existenz geleugnet haben.[517] Auch Yāfiʿī weist darauf hin, dass es Dinge gebe, von denen man immer nur höre, die man aber nie

S. 149 f., 152, 154 f.; T. Canaan, *Dämonenglaube*, S. 17–19; ders., *Aberglaube und Volksmedizin*, S. 15; E. Zbinden, *Die Djinn des Islam*, S. 35–37, 46 f., 50; Ṣ. Hidāyat, *Nayrangistān*, S. 175 f.; W. Eilers, *Die Āl*, S. 51 (Anm. 18), S. 52, 65; A. Wieland, *Ǧinn-Vorstellung*, S. 44 f.; G. Fartacek, *Unheil durch Dämonen?* S. 74 f.; ders., „Feinde des Fortschritts“, S. 61 f.; D. Pielow, *Lilith*, S. 54 f., 106, dies., *Weisheit*, S. 114; K. Hentschel, *Geister, Magier und Muslime*, S. 36; D. B. Macdonald und Ch. Pellat, Artikel „Ghūl“, in *EI²* II.1078; M. und T. Omidsalar, Artikel „Ġūl“, in *EIr*, Online-Ausgabe, konsultiert am 10. Januar 2011. Auch F. Meier, NL Mappe 3, s. v. *ġūl* (42 Bl.), hat sich mit dieser Dämonenart befasst. Das von ihm zusammengetragene Material konnte nicht vollständig verarbeitet werden. Die folgende Übersicht berücksichtigt insbesondere seine Hinweise auf Märchen über die *ġūl* (v. a. Bl. 30–42) und auf Berichte europäischer Reisender über die *ġūl* nicht.

511 Masʿūdī, *Murūǧ aḏ-ḏahab* (Ausgabe de Meynard, de Courteille), III.316.5–8.

512 Qazwīnī, *ʿAǧāʾib al-maḫlūqāt* (Miṣr), S. 213.28 f.: „زعموا ان الغول [...] يناسب الانسان والبهيمة“.

513 Hamadānī, *ʿAǧāyib-nāma* (Ṣādiqī), S. 225.15 f., ergänzt, dass die *ġūl* ebenso Zwischenwesen seien wie die Affen *(būzīna)*, die er zwischen Menschen *(ādamī)* und Raubtieren *(sabuʿī)* einordnet: „وغول نه پری تمام است، نه بهیمه ی تمام. چندان که بوزینه نه آدمی تمام است، نه سَبُعی تمام“.

514 Dimašqī, *Nuḫbat ad-dahr* (Mehren), S. 92.13–15; Übersetzung (Mehren), S. 111 f.; vgl. F. Meier, Nachlass, s. v. *ġūl*, Bl. 11.

515 Gemäß K. Hentschel, *Geister, Magier und Muslime*, S. 36, hat man aber in *Qurʾān*, Sure 6.71, einen Hinweis auf die *ġūl* feststellen wollen.

516 Vgl. A. J. Wensinck, *Concordance*, s. v. *ġūl;* siehe ebenso *Ḥadīṯ*-Datenbank der Thesaurus Islamicus Foundation: http://www.ihsanetwork.org; konsultiert am 10. Oktober 2011.

517 Muslim, *Ṣaḥīḥ, Kitāb as-Salām, Bāb Lā ʿadwā wa-lā ṭiyara wa-lā ġūla [...], Ḥadīṯ* Nr. 5928 (Thesaurus Islamicus): „وحدّثنا يحيى بن يحيى أخبرنا أبو خَيْثَمَةَ عَنْ أبى الزُّبَيرِ عَن جَابرٍ قال قال رسول الله صلى الله عليهً وسلم لا عَدْوَى ولا طِيَرَةَ وَلاَ غُول.“ „[...] von Ǧābir, dass der Gesandte Gottes sagte: Es gibt keine Ansteckung, keine schlimmen Vorzeichen und keine *ġūl*.“ Muslim, *Ṣaḥīḥ, Ḥadīṯ* Nr. 5929: „وحدّثني عبد اللّه بن هَاشِم بن حَيَّانَ حدّثنا بَهْزٌ حدّثنا يَزِيدُ – وهو التُّسْتَرِى – حدّثنا أبو الزُّبَير عن جابِر قال قال رسول اللّه صلى الله عليه وسلم لَا عَدْوَى ولا غُولَ وَلاَ صَفَرَ.“ „[...] von Ǧābir, dass der Gesandte Gottes sagte: Es gibt keine Ansteckung, keine *ġūl* und keine *Ṣafar*-Würmer.“

sehe. Dazu zählten ʿAnqāʾ[518] und *ġūl.*[519] Ganz ähnlich äußert sich Ǧamāl ad-Dīn ʿAbdallāh b. Hišām (8. Jh.) und hält in seinem Kommentar zu einem Gedicht Kaʿb b. Zuhayrs fest,[520] dass die Araber von verschiedenen Dingen sprechen, die es nicht gebe. Dazu gehörten die *ġūl,* die *Hadīl*-Taube,[521] die *Ṣafar*-Würmer,[522] der *Hāma*-Vogel[523] und die Akronychie *(nawʾ).*[524] Ibn Hišām deutet unmittelbar anschließend an, dass noch weitere Ammenmärchen *(ḫurāfāt)* über inexistente Dinge im Umlauf seien, und illustriert dies anhand von *Ḥadīṯen* aus Muslims *Ṣaḥīḥ.*[525] Auch weitere Quellen zählen die *ġūl* zu jenen Dingen, die nie erschaffen worden sind. Zwar erwähnt Imruʾ al-Qays in einem seiner Gedichte die Zähne der *ġūl (anyāb aġwāl).*[526] Doch ist dazu ein Kommentar im Umlauf, wonach Mubarrid gesagt hat[527]: „Noch kein Ehrlicher konnte mitteilen, dass er die *ġūl* gesehen habe." Ibn Hišām macht in seinem Kommentar außerdem auf folgende Verse aufmerksam[528]:

---

518 Vgl. Ch. Pellat, Artikel „ʿAnḳāʾ", in *EI*^{2} I.509; kein Eintrag in *EI Three* s. v.

519 Yāfiʿī, *Mirʾāt al-ǧinān,* IV. 33.17–20. Yāfiʿī präzisiert allerdings, dass die ʿAnqāʾ nicht existiere, da sie ausgestorben sei.

520 Ǧamāl ad-Dīn ʿAbdallāh b. Hišām, (Ausgabe I. Guidi), *Gemâleddîni ibn Hisâmi: commentarius in carmen Kaʿbi ben Zoheir Bânat Suʿâd appellatum,* S. 75 f.

521 Ibn Hišām erklärt, es handle sich um ein Taubenjunges, das zur Zeit Noahs von einem Raubvogel erbeutet worden sei. Alle Tauben beklagten es bis zum Jüngsten Tag.

522 Gemäß Ibn Hišām handelt es sich um eine Schlange, die im Bauch des Menschen haust und in seine Rippenknorpel beisst, wenn er Hunger hat; vgl. F. Meier, NL Mappe 3, s. v. *ġūl,* Bl. 6.

523 Gemäß Ibn Hišām handelt es sich um einen Vogel, der aus dem Haupt eines Erschlagenen entweicht und verlangt, dass er mit Blut getränkt werde. Er sei durstig und bitte, dass für ihn Rache genommen werde. Die *hāma* gilt als weiblich. A. Kazimirski, *Dictionnaire,* s. v., hält fest, dass *hāma* „Eule" bedeute und meint ergänzend: „1. Chouette (selon les croyances des arabes païens, une chouette représentait l'âme d'un individu mort)".

524 Ibn Hišām erklärt zur Akronychie *(nawʾ):* Ein Sternbild der 28 Mondstationen gehe in der Morgendämmerung im Westen unter, während im Osten, dem untergehenden Sternzeichen diametral gegenüber, gleichzeitig ein anderes Sternzeichen aufgehe. Dies bringe Regen. Ausführlicher zur Bedeutung der Akronychie vgl. Ch. Pellat, Artikel „Anwāʾ", in *EI*^{2} I.523; Daniel M. Varisco, Artikel „Anwāʾ", in *EI Three,* Online-Ausgabe, konsultiert am 15. Dezember 2011.

525 Vgl. Anm. 517.

526 Zitiert bei W. Ahlwardt, *The Divans,* S. 153, Vers 29; Imruʾ al-Qays, *Dīwān* (Ausgabe Kairo 1990), S. 33, Vers 28.

527 Vgl. Imruʾ al-Qays, *Dīwān* (*Šarḥ* Sandūbī, S. 141, Anm. 8): „قال المبرد: لم يخبر صادق أنه رأى الغول". Übersetzung F. Meier, NL Mappe 3, s. v. *ġūl,* Bl. 6 f.

528 Ǧamāl ad-Dīn ʿAbdallāh b. Hišām, (Ausgabe I. Guidi), *Gemâleddîni ibn Hisâmi: commentarius in carmen Kaʿbi ben Zoheir Bânat Suʿâd appellatum,* S. 76.9 f. Übersetzung F. Meier, NL Mappe 3, s. v. *ġūl,* Bl. 6. Ganz ähnlich auch der bei Damīrī, *Ḥayāt al-ḥayawān,* II.195.33, zitierte Vers: „Die *ġūl,* der vertraute Freund *(ḫull)* und ʿAnqāʾ als dritte sind Namen von Dingen, die nie erschaffen worden sind und nie bestanden haben."

> Freigebigkeit, *ġūl* und ʿAnqāʾ als dritte
> Sind Namen von Dingen, die nie erschaffen
> worden sind und nie bestanden haben.

Berichte bei späteren Autoren relativieren diese Auffassung allerdings, geht aus ihnen doch hervor, dass die *ġūl* sämtliche Gestalten annehmen können, z. B. jene einer schönen Frau. Ihr Fuß bleibe allerdings immer ein Eselsfuß.[529] Ein Prophetenwort bestätigt die Existenz der *ġūl* indirekt, indem es festhält, die Reisenden könnten ihren Übergriffen durch das Wiederholen des Gebetsrufs *(aḏān)* entgehen.[530] Šiblī und Suyūṭī bestätigen diese Auffassung. Gemäß einer auf Saʿd b. Abī Waqqāṣ[531] zurückgehenden Überlieferung soll man zum Gebet rufen, wenn man die *ġūl* sieht.[532] Ähnlich lautet eine auf Ǧābir zurückgehende Bemerkung bei Suyūṭī. Demnach hat der Prophet dazu aufgefordert, dass man bei nächtlichen Reisen *(dulǧa)* auf der Hut sein soll. Nachts werde die Erde zusammengefaltet. Wenn dann den Reisenden die *ġūl* erscheinen, solle man zum Gebet rufen.[533] Tirmiḏī weiß außerdem,[534] dass Abū Ayyūb al-Anṣārī einen Alkoven *(sahwa)* besaß, wo er Datteln aufbewahrte. Allerdings pflegte die *ġūl* ihm Früchte zu entwenden. Erst nachdem Anṣārī die *ġūl* mehrfach dingfest gemacht hatte, verrät sie ihm, dass das Rezitieren des Thronverses (Sure 2.255) ihn vor künftigem Ungemach schütze. Grundsätzlich sei die *ġūl* aber ein lügnerisches *(kaḏūb)* Wesen,[535] wie der Prophet zu recht festgehalten habe.[536]

---

529 Vgl. Gāḥiẓ, *Ḥayawān*, VI.220.10–12; Hamadānī-Ṭūsī, *ʿAǧāyib-nāma* (Ausgabe Ṣādiqī), S. 224.17: „وگويند غول خودرا به همه‌ى صورت‌ها بنمايد، مگر پاىِ وى – كه پايش به پاى خر مانَد".

530 Ibn Ḥanbal, *Musnad, 8. Musnad Ǧābir b. ʿAbdallāh, Ḥadīṯ* Nr. 14498, 15323: „وإذا تغولت لكم الغيلان فنادوا بالأذان". Gemäß einer Erklärung zur Stelle bedeutet das Verb *taġawwala* hier: „تلونت فى صور لتضل الناس فى الطرق" (Die *ġūl* zeigen sich in [verschiedenen] Gestalten, um die Leute von [ihren] Wegen abzubringen). Diese Erklärung ist der *Ḥadīṯ*-Datenbank der Thesaurus Islamicus Foundation entnommen; konsultiert am 30. Oktober 2011. Vgl. auch Anm. 533 und 565.

531 Führender Gefährte Muḥammads; vgl. G. R. Hawting, Artikel „Saʿd b. Abī Waḳḳāṣ", in *EI²* VIII.696.

532 Šiblī, *Ākām al-marǧān*, S. 20.4 f.: „أُمِرنا إذا رأينا الغول أن ننادى بالصلاة." Vgl. Suyūṭī, *Laqṭ al-marǧān*, § 41, S. 16.1 f. Ähnlich auch Damīrī, *Ḥayāt al-ḥayawān*, II.196.5 f.: „وفى دلائل النبوة للبيهقى فى اواخره عن عمر بن الخطاب انه قال اذا تغولت لاحدكم الغيلان فليؤذن فان ذلك لا يضره".

533 Suyūṭī, *Laqṭ al-marǧān*, § 48, S. 17.9–11: „عن جابر: قال رسول الله: عليكم بالدجلة، فان الارض تطوى بالليل، فاذا تغولت لكم الغيلان فنادوا بالاذان.". Zu *taġawwala* vgl. Anm. 530 und 565. Ganz ähnlich auch Damīrī, *Ḥayāt al-ḥayawān*, II.193.32–194.9, der die *ġūl* in die Nähe der Satane (pl. *šayāṭīn*) rückt.

534 Tirmiḏī, *Sunan, Kitāb Faḍāʾil al-Qurʾān, Bāb* 3, *Ḥadīṯ* Nr. 3121; Aḥmad b. Ḥanbal, *Musnad, Musnad al-Anṣār*, 122 *Ḥadīṯ Ayyūb al-Anṣārī, Ḥadīṯ* Nr. 24079 (Thesaurus Islamicus).

535 So gemäß Damīrī, *Ḥayāt al-ḥayawān*, II.194.15–26; *kaḏūb:* Zeile 25.

536 Auch spätere Autoren kennen diesen Vorfall. Die verschiedenen Fassungen identifizieren

Suyūṭī zitiert später eine Überlieferung ʿUbayd Allāh b. Muḥammad b. ʿAmr ad-Dabbāġs.[537] Dieser gibt an, einen Weg beschritten zu haben, wo *ġūl* den Reisenden auflauerten. Ihm sei eine rot gekleidete Frau auf einem Thron erschienen. Leuchter hätten um sie herum gebrannt. Als sie ihn zu sich gerufen habe, habe er die für ihre apotropäische Wirkung bekannte Sure *Yā-sīn* (Sure 36) zu rezitieren begonnen. Die Lampen seien darauf erloschen. Die *ġūl*, die in der vorliegenden Überlieferung klar als Frau *(imraʾa)* bezeichnet wird, habe sich beklagt und den Reisenden gefragt, was er mit ihr angestellt habe. Der Bericht schließt mit der Bemerkung des Reisenden, er sei der *ġūl* entronnen.[538]

Im Allgemeinen sind die *ġūl* aber gerade dafür bekannt, dass sie dem einsamen Reisenden auflauern und ihn vom Weg abbringen.[539] Die Berichte setzen

---

den Übeltäter bald mit einer *ġūl*, einem *šayṭān* oder einem *ǧinnī* und betonen damit die Austauschbarkeit der verschiedenen Dämonenarten. Vgl. Damīrī, *Ḥayāt al-ḥayawān*, II.194.15–195.31. Parallelen bei Šiblī, *Ākām al-marǧān*, S. 94.7–18 (entspricht Damīrī, *op.cit.*, II.194.15–26); außerdem Šiblī, *Ākām al-marǧān*, S. 94.18–95.4 und S. 95.4–7. Parallelen bei Suyūṭī, *Laqṭ al-marǧān*, § 315, S. 123.8–124.3 (entspricht Damīrī, *op.cit.*, II.194.15–26) und Suyūṭī, § 316, S. 124.4–15. Bei Suyūṭī schließen sich Berichte an, die ähnliche Vorfälle einem *šayṭān* bzw. einem *ǧinnī* in die Schuhe schieben.

537 Suyūṭī, *Laqṭ al-marǧān*, § 341, S. 133.3–7.

538 Suyūṭī, *Laqṭ al-marǧān*, S. 133.7: „فسلمت منها“.

539 Vgl. Hamadānī, *ʿAǧāyib-nāma* (Ṣādiqī), S. 224.14: „اما غول اجناسند وحکایت ها آید از ایشان که در بیابان ها مردم را گمراه کنند“. F. Meier macht außerdem auf die folgenden Quellen aufmerksam, wonach die *ġūl* die Reisenden in die Irre führen: 1. Ǧamāl ad-Dīn ʿAbdallāh b. Hišām (8. Jh.), (Ausgabe I. Guidi), *Gemâleddîni ibn Hisâmi: commentarius in carmen Kaʿbi ben Zoheir Bânat Suʿâd appellatum*, S. 75 f. (Übersetzung F. Meier, NL Mappe, 3, s. v. *ġūl*, Bl. 5): [Zu den inexistenten Dingen] „gehört die *ġūl*, die [den Reisenden] in der Wüste erscheinen soll, sich ihnen in verschiedenen Gestalten zeigt und sie von Weg abirren lässt.“ 2. Qazwīnī, *ʿAǧāʾib al-maḫlūqāt*, (Ausgabe F. Wüstenfeld), I.370.16–19 (vgl. Ausgabe Miṣr, S. 213.28–30; Übersetzung F. Meier, NL Mappe 3, s. v. *ġūl*, Bl. 8): „Über einige *mutašayṭina*. Der berühmteste von ihnen ist *al-ġūl*. [...] Es zeige sich demjenigen, der allein reise, in der Nacht und in den Zeiten der Einsamkeit. Und dieser glaube dann, es sei ein Mensch. Auf diese Weise bringt es den Reisenden vom Weg ab.“ 3. Masʿūdī, *Murūǧ aḏ-ḏahab* (Ausgabe de Meynard, de Courteille), III.315.6–316.1: „In der Tat zeigten sich die *ġūl* den Reisenden nachts und zu Zeiten der Einsamkeit. Sie stellten sich dann irrtümlicherweise vor, dass sie (die *ġūl*) ihresgleichen seien und folgten ihnen. Die *ġūl* aber ließen sie von ihrem Weg abkommen und führten sie in die Irre. Und dies war bei den Arabern wohlbekannt und sie wussten es.“ 4. Ǧaʿfar-i Badaḫšī, *Ḫulāṣat ul-manāqib*, Handschrift Berlin, Bl. 121b–122a, und Handschrift Oxford, Bl. 88a–89b (zitiert nach F. Meier, NL Mappe 3, s. v. *ġūl*, Bl. 12): „Einige böse *ǧinn (šarīrān-i ǧinn)* nennt man *ġūl*. Die *ġūl* schaden den Menschen, indem sie z. B. vor der Tür des Hauses oder in der Wüste rufen: „He du Soundso, komm! Oder: Geh! Oder: Wohin gehst du? Manchmal gleicht der Ruf der Stimme eines Bekannten. Manchmal zeigen sie den Menschen Lampen und Feuer, damit der Betreffende dahin abweicht. Der Mensch verirrt sich dann, geht in der Wüste dahin und kommt um, oder die *ġūl* bringen ihn um oder schaden

diese Dämonenart gern mit der Wüste in Verbindung. Hamadānī-Ṭūsī erzählt, dass drei Personen durch gebirgige Wüsteneien wanderten.[540] Abends trat ihnen etwas entgegen, das einem Elefanten ähnelte. Als sie vor diesem Wesen flohen, stieß es Schreie wie Pferdegewieher aus. Die Wanderer verbargen sich in einer Hütte. Doch erst als sie in einem Dorf Schutz suchten, ließ das Wesen von ihnen ab. Auch gemäß einem weiteren Bericht bei Hamadānī-Ṭūsī steht die *ġūl* mit der Wüste in Beziehung.[541] Demnach soll es im Osten eine blühende Stadt gegeben haben, wo jedes Jahr ein *ġūl*[542] auftauchte und sich einen Mann packte. Da die Bewohner dieser Angriffe überdrüssig waren, zogen sie weg und errichteten die Stadt an einer andern Stelle neu. Einige Jahre später erschienen die *ġūl* auch dort. Als sie zur Rede gestellt werden, begründen die Stadtbewohner ihren Weggang damit, dass sie sich vor den *ġūl* gefürchtet hätten *(az bīm-i ġūl)*, hätten sie doch jedes Jahr einen Mann verschleppt. Auf den Einwand der *ġūl*, dass auch der Tod alljährlich unter ihnen seinen Tribut fordere und sie vor ihm doch nicht flöhen, bleiben die Einwohner eine Antwort schuldig.

Das Geschlecht der *ġūl* hat zu zahlreichen Spekulationen Anlass gegeben. Sie gelten eher als weiblich; es gibt aber auch männliche *ġūl*. Von den *ġūl*, insbesondere den weiblichen, ist bekannt, dass sie ihre männlichen Opfer nicht nur durch Listen in die Irre gehen lassen, sondern auch umbringen und auffressen.[543] Hamadānī-Ṭūsī erzählt von einem Mann,[544] der die Wüste durchquerte und dort neben einer Quelle auf eine Frau *(zan)* mit langen Zöpfen stieß, deren Gesicht von einem Schleier *(miʿǧar)* verhüllt war. Da sie sich beklagte, sich verirrt zu haben, setzte der Mann die Frau hinter sich aufs Pferd. Unterwegs gibt sie vor, sich waschen zu müssen, und steigt vom Ross. Als der Mann aber hört, wie sie zu einer Gruppe von weiteren *ġūl* sagt, sie hätte ihnen ein Beutestück *(ṣayd)* gebracht, flüchtet er. Die *Ġūl*-Frau holt ihn zwar wieder ein. Doch als der Mann Gott anruft, kann er ihr endgültig entrinnen.[545]

---

ihm, wenn er sich ihrem Ansinnen nicht fügt (Korrektur von *ṭabʿ*, Natur, in *ṭamaʿ*, Begierde). Fügt er sich aber, kommt es zum Geschlechtsverkehr zwischen *ġūl* und dem Reisenden."

540 Hamadānī, *ʿAǧāyib-nāma* (Ṣādiqī), S. 225.8–12. Hamadānī, *op.cit.*, S. 224.1–226.28, befasst sich allgemein mit den *ġūl*.

541 Hamadānī, *op.cit.*, S. 224.4–13.

542 Wegen des fehlenden grammatikalischen Geschlechts im Persischen lässt sich nicht feststellen, ob im vorliegenden Fall von einem männlichen oder weiblichen Wesen die Rede ist. Die Übersetzung umgeht die Unklarheit, indem sie von den *ġūl* in der Mehrzahl redet. Der Text selbst allerdings verwendet den Singular. Ausführlich zum Geschlecht der *ġūl* gleich anschließend.

543 Hamadānī, *ʿAǧāyib-nāma* (Ṣādiqī), S. 225.6 f., hält fest, dass die *ġūl* einen Menschen fraßen.

544 Hamadānī, *op.cit.*, S. 225.17–226.12.

545 Diese Erzählung ist auch aus *Tausendundeine Nacht* (Übersetzung E. Littmanm, I.66; 5.

In Übereinstimmung mit Hamadānī-Ṭūsī weist auch Masʿūdī darauf hin, dass sich die *ġūl* den Reisenden in den Weg stellen.[546] Er betont, dass sie sich sowohl in männlicher als auch in weiblicher Gestalt manifestieren. Allerdings seien Belege dafür häufiger, dass sie weibliche Gestalt annähmen. Auch Niẓāmī weiß davon, dass es männliche und weibliche *ġūl* gibt.[547] In der „Mittwochsgeschichte" im *Haft Paykar* schreitet der Protagonist Māhān zwischen einem Mann und einer Frau durch die Nacht, doch beim Hahnkrat verschwinden seine beiden Begleiter. Ein Reiter, der Māhān später erschöpft vor einer Höhle liegend vorfindet, rät ihm:

> Sag sogleich über dich: ‚Es gibt keine Macht [und keine Kraft außer bei Gott].' Denn du bist zwei Ungeheuern entronnen.
> Ein Männchen und ein Weibchen, zwei listenreiche *ġūl*, die den Menschen von seinem Weg abbringen.
> Sie werfen ihn in eine Höhle und vergießen [sein] Blut, beim Hahnkrat aber entfliehen sie.
> Die weibliche *ġūl* heißt Haylā, der männliche Ġaylā. Sie richten nur Böses und Unheil an.

Die zitierten Verse belegen nicht nur, dass es sowohl männliche als auch weibliche *ġūl* gibt, sondern sie nennen mit Haylā und Ġaylā sogar ihre Eigennamen.[548]

Hinweise auf männliche *ġūl* sind allerdings selten. K. Hadank macht auf ein persisches Märchen aufmerksam, wonach in Nayin ein Mädchen namens Nämäki lebte.[549] Ihr Haus hatte sieben Türen. Da Nämäki abends nur sechs davon schließt, die siebte aber vergisst, dringt ein Wüsten-Ġūl *(yak ġūl-i biyābānī)* ins Haus ein und verlangt, als Gast aufgenommen zu werden. Man bietet dem *ġūl* nach und nach ein Zimmer, eine Kerze, Brot und ein Bett an. Schließlich verlangt der Störenfried, mit Nämäki zu schlafen. Dieser Bericht betrachtet den *ġūl* eindeutig als männliches Wesen.

Nacht; Ausgabe Dār Ṣādir, 1424, I. 24.3) bekannt, wo das *Ġūl*-Mädchen sein Absteigen mit dem Bedürfnis begründet, sich entleeren zu müssen; Hinweis bei F. Meier, NL Mappe 3, s. v. *ġūl*, Bl. 17. Es fällt auf, dass im vorliegenden Bericht die *ġūl* selbst den Mann darauf hinweist, dass er ihr entrinnen kann, indem er Gott anruft. Zu Dummheit und tölpelhaftem Verhalten der Dämonen vgl. Anm. 266 und 485. Für weitere Belege dafür, dass die *ġūl* als Menschenfresserinnen in Erscheinung treten, siehe Ẓahīrī-i Samarqandī, *Sindbād-nāma* (Ausgabe Ateş), S. 134–146, Hinweis bei F. Meier, NL, s. v. *ġūl*, Bl. 21; vgl. Zahiri, *Le Livre des septs vizirs*, S. 109–118.

546 Masʿūdī, *Murūǧ aḏ-ḏahab* (Ausgabe de Meynard, de Courteille), III.318.2–5.

547 Niẓāmī, *Haft Paykar* (Ausgabe B. Ṯirwatiyān), § 36, S. 274, vv. 106–109.

548 Vgl. oben Kapitel 5.6 „Anthropomorphe Manifestationen der *ǧinn*", bei Anm. 338.

549 O. Mann und K. Hadank, *Kurdisch-persische Forschungen*, III.1.180–181.

Viel häufiger sind allerdings Berichte darüber, dass Männer mit weiblichen *ġūl* Beischlaf haben *(bāḍaʿa)*,[550] wie dies auch ein Gedicht von Taʾabbaṭa Šarran[551] verdeutlicht[552]:

> Wie vieler Nächte *(adham)* weites Gewand hab' ich durchmessen,
> wie das schönbusige Mädchen sich ins Nachthemd hüllt.
> Auf der Spur eines Feuers, durch das [die *ġūl*] Helle schafft.[553]
> So verbrachte ich die Nacht, indem ich ihr bald das Antlitz, bald den Rücken zukehrte.
> So wurde es Morgen, während die *ġūl* mir Nachbarin war.
> Doch was für eine Nachbarin bist du, wie furchtbar!
> Und ich verlangte nach geschlechtlicher Vereinigung mit ihr.
> Da wandte sie mir ein Gesicht zu, das schrecklich zu schauen war und dämonisch sich verzerrte.[554]
> Wer nach meiner Nachbarin fragte, so hatte sie eine Wohnstätte in den Sandbogen.

Während das zitierte Gedicht die *ġūl* als Wesen mit einer hässlichen, furchteinflößenden Fratze schildert, beschreiben sie andere Quellen als schöne Frau.[555] Jedenfalls ist die *ġūl* für ihre Verwandlungsfähigkeit bekannt und zeigt sich in den unterschiedlichsten Gestalten.[556] Ǧāḥiẓ weiß ebenso von der Schönheit der

---

550 Masʿūdī, *Murūǧ aḏ-ḏahab* (Ausgabe de Meynard, de Courteille), III.314.5.

551 Spitzname des vorislamischen Dichters Ṯābit b. Ǧābir b. Sufyān: vgl. A. Arazi, Artikel „Ta'abbaṭa Sharran", in *EI²* X.2. Der Spitzname bedeutet: „er trug ein Übel unter seinem Arm".

552 Hier übersetzt nach Masʿūdī, *op.cit.*, III.314.7–315.2, unter Berücksichtigung der Übertragungen durch F. Meier (NL Mappe 3, s. v. *ġūl*, Bl. 8 f.). F. Meier, *loc.cit.*, Bl. 2, übersetzt das ganze Gedicht aus Ibn Qutayba, *Liber Poësis et poëtarum*, S. 176.4/8–177.2, und macht für weitere Hinweise aufmerksam auf C. A. Nallino, *Raccolta di scritti editi e inediti*, VI.24.

553 F. Meier, NL, s. v. *ġūl*, Bl. 8, regt eine Korrektur von *yanūru* in *tanūru* an. Subjekt wäre demnach die *ġūl*.

554 So nach F. Meier, NL, s. v. *ġūl*, Bl. 9. Der arabische Text bei Masʿūdī lautet: „وطالبتها بضعها فاستغلا فالتوت/بوجه تغول". Die Übersetzung folgt Ibn Qutayba (vgl. Anm. 552): „وَطالَبْتُها بُضعَها فاستَغوَلا فالتَوَت/بِوَجهٍ تَهَوَّلَ".

555 Hamadānī, *ʿAǧāyib-nāma* (Ṣādiqī), S. 224.17–19, präzisiert, dass die weiblichen *ġūl* mit den *siʿlāh* (pl. *saʿālin*) identisch seien. Diese weiblichen *ġūl* sähen zwar schön aus, würden aber ihre Opfer irreleiten und verführen. Die männlichen *ġūl* hingegen seien hässlich und vernichteten ihre Opfer. Auch K. Hentschel, *Geister, Magier und Muslime*, S. 36, weist auf die Identität von *ġūl* und *siʿlāh* hin. Die Quellen allerdings unterscheiden zwischen *ġūl* und *siʿlāh* meistens. So Qazwīnī, *ʿAǧāʾib al-maḫlūqāt* (Miṣr), S. 214.17; Masʿūdī, *Murūǧ aḏ-ḏahab* (Ausgabe de Meynard, de Courteille), III.318.8. Suyūṭī, *Laqṭ al-marǧān*, § 50, S. 18.2 f., zählt die *siʿlāh* zwar zusammen mit den *ġūl* auf, identifiziert sie aber nicht mit ihnen. Damīrī, *Ḥayāt al-ḥayawān*, II.193.5, zählt die *ġūl* gestützt auf Ǧawharī zu den *siʿlāh*.

556 Vgl. u. a. K. Hentschel, *Geister, Magier und Muslime*, S. 36; G. Fartacek, *Unheil durch Dämonen?* S. 74.

ġūl.[557] Er äußert sich zu ihr aber auch im Rahmen von Bemerkungen zur Verwandlungsfähigkeit von Dämonen.[558] Während die Geister grundsätzlich jede beliebige Gestalt annehmen können, bemerkt er im Fall der *ġūl*, dass sie sich in ihrer ganzen Frauengestalt samt ihren Kleidern verwandeln könne; ihr Fuß allerdings bleibe stets ein Eselsfuß.[559]

Auffällig oft beschreiben die Quellen die weibliche *ġūl* als Menschenfresserin.[560] Hamadānī-Ṭūsī führt mehrere Belege dafür an.[561] Er berichtet u. a. von einem Wüstenfahrer, der eine Person auf einem Berg bemerkte, die die Juwelen Saʿd b. Ḫišrims hütete. Der Reisende teilt dies Saʿds Stamm mit und erwartet eine Belohnung dafür, dass er jemanden zum Berg hinführt. Da ihm sein Begleiter aber nichts vom Schatz abtritt, wird er wütend und bringt ihn um. Als die Schatzhüterin auf dem Berg Blut riecht, steigt sie mit grimmem Gesicht herab und frisst den Toten auf. Dieses Verhalten macht dem Reisenden bewusst, dass er es mit einer *ġūl* zu tun hat. Weil er um sein Leben fürchtet, lässt er die Juwelen liegen und flieht.

Gelingt es einem Reisenden aber nicht, den *ġūl* zu entrinnen, fressen sie ihn auf. Dimašqī beschreibt die *ġūl* als Tiere, die das Sonnenlicht nicht ertragen.[562] Sie verlassen ihre unterirdischen Gänge nur nachts. Haben sie ein Tier erbeutet, verzehren sie zuerst seine Eingeweide, erst dann sein Fleisch.[563] Sie lassen

557 Ğāḥiẓ, *Ḥayawān*, VI.214.2 f.: „الغول تتصور في احسن صورة“. Das Verbum *tataṣawwaru* ist feminin. Der Herausgeber bezeichnet die *varia lectio yataṣawwaru* als falsch, da die *ġūl* weiblich sei.

558 Ğāḥiẓ, *Ḥayawān*, VI.220.10–12.

559 Ğāḥiẓ, *Ḥayawān*, VI.214.3 und 220.12. Ähnlich auch Hamadānī, *ʿAǧāyib-nāma* (Ṣādiqī), S. 224.17 f.; Masʿūdī, *Murūǧ aḏ-ḏahab* (Ausgabe de Meynard, de Courteille), III.315.3–5. Auch Damīrī, *Ḥayāt al-ḥayawān*, II.196.9, weiß, dass die *ġūl* menschliche Gestalt hat, ihre beiden Füße aber Eselsfüße *(riǧlā ḥimār)* seien. Zum Eselsfuß als Hinweis auf die dämonische Natur seines Trägers vgl. Kapitel 10.5.4 „Verunstaltete Beine“.

560 Ğāḥiẓ, *Ḥayawān*, VI.196.4, setzt den Krieg mit der *ġūl* gleich bzw. vergleicht ihn mit ihr: „والحرب غول او كشبه الغول“. K. Hentschel, *Geister, Magier und Muslime*, S. 36, hält fest, dass der Begriff *ġūl* als Metapher jedes Verderben bezeichnen kann. Ğāḥiẓ, *Ḥayawān*, VI.195.13, versteht die *ġūl* als Heimsuchung *(dāhiya)* und verweist auf die Redewendung: „غالته الغول“ – „Eine Heimsuchung hat ihn getroffen.“ A. Kazimirski, *Dictionnaire*, s. v. *ġāla* (I.2), übersetzt „Un accident inopiné l'a enlevé.“

561 Hamadānī, *ʿAǧāyib-nāma* (Ṣādiqī), S. 224.20–225.7 und 225.17–226.12.

562 Dimašqī, *Nuḫbat ad-dahr* (Ausgabe Mehren), S. 92.18–93.5; vgl. F. Meier, NL, s. v. *ġūl*, Bl. 29.

563 Dimašqī, *Nuḫbat ad-dahr* (Ausgabe Mehren), S. 92.15–18, weist unter Berufung auf Aussagen Ibn Waḥšiyyas *(al-Filāḥa an-nabatiyya)* darauf hin, dass die *ġūl* einen besonderen Geruch von sich geben, den potentielle Beutetiere bereits auf große Distanz wahrnehmen. Allerdings übertreffe der Geruch des Sandelbaums jenen der *ġūl*. Deshalb lauerten die *ġūl* im Schutz dieses Baums ihrer Beute auf.

erjagte Tiere gelegentlich wieder laufen, nicht aber Menschen. Haben sie einen Menschen erbeutet, spielen sie zuerst mit ihm, bis er stirbt.[564] Sie verschlingen dann seine Innereien, essen das restliche Fleisch aber erst nach einigen Tagen, wenn es bereits am Verwesen ist und selbst die Würmer daran beinahe zugrunde gehen. Die *ġūl* haben größere Lust auf Aas als auf frisches Fleisch.

Die Menschen entkommen der *ġūl* jedoch immer wieder. Auch ʿUmar b. al-Ḫaṭṭāb konnte die Angriffe einer *ġūl* abwehren, wie u. a. bei Masʿūdī nachzulesen ist.[565] ʿUmar soll vor dem Islam mit Gefährten auf dem Weg nach Syrien *(aš-Šām)* gewesen sein. Die *ġūl* habe sich ihm unterwegs in unterschiedlichen Gestalten gezeigt, worauf ʿUmar sie mit seinem Schwert geschlagen habe.[566] Kämpferische Auseinandersetzungen mit den *ġūl* sind allerdings mit Tücken behaftet. Zwar stirbt die *ġūl* beim ersten Schlag, versetzt man ihr aber weitere Hiebe, lebt sie wieder auf.[567]

Auch ein Gedicht, das die Quellen teils Abu ăl-Bilād aṭ-Ṭuhawī, teils Taʾabbaṭa Šarran zuschreiben, illustriert das Motiv, wonach Dämonen beim zweiten Schlag wieder lebendig werden.[568] Aus der Fassung bei Ǧarīr b. ʿAṭiyya geht hervor,[569] dass sich Abu ăl-Bilād aṭ-Ṭuhawī bei einem Mann, dessen Tochter er heiraten wollte, als Hirt verdingt hatte. Er hoffte, durch seine Dienste das geforderte Brautgeld aufbringen zu können. Als er die Summe beisammen hatte, war das Mädchen allerdings bereits an einen Rivalen vergeben. Abu ăl-Bilād reiste

---

564 Die *ġūl* spielt mit dem Menschen wie die Katze mit der Maus. Auch Ṣ. Hidāyat, *Nayrangistān*, S. 176, macht auf diese Vorstellung aufmerksam. Bei Qazwīnī, *ʿAǧāʾib al-maḫlūqāt* (Miṣr), S. 214.20 f., lässt sich dieses Bild für die *siʿlāh* belegen. Šiblī, *Ākām al-marǧān*, S. 94.7, erwähnt, dass die *ġūl* (fem.) zu den *ǧinn* gehöre. Sie vernichte die Leute und spiele mit ihnen. Auch furze sie.

565 Masʿūdī, *Murūǧ aḏ-ḏahab* (de Meynard, de Courteille), III.316.1–4: „وإن الغول كانت تتغول له“ (Les goules se sont présentées à lui sous différentes formes; vgl. Anm. 530 und 533). Masʿūdī weist einleitend (S. 315.6–316.1) darauf hin, wie die *ġūl* die Menschen vom Weg abbringen. Da die Menschen die *ġūl* anfänglich als ihre Artgenossen betrachten, folgen sie ihnen.

566 Auch Qazwīnī, *ʿAǧāʾib al-maḫlūqāt* (Miṣr), S. 214.5 f., erwähnt ʿUmars Zusammenstoß mit der *ġūl*. Damīrī, *Ḥayāt al-ḥayawān*, II.196.9 f., übernimmt die Darstellung unter Berufung auf Qazwīnī.

567 Vgl. dazu auch oben bei Anm. 371 und Kapitel 4, Anm. 147.

568 F. Meier, NL, s. v. *ġūl*, Bl. 7, konnte die Verse bzw. Varianten davon in folgenden Quellen nachweisen: Ǧarīr b. ʿAṭiyya. *The Naḳāʾiḍ of Jarīr and al-Farazdaḳ* (Ausgabe Bevan), I.436.10–437.2; Iṣbahānī, *Aġānī* (Dār al-Kutub), XXI.129.5–13; Qazwīnī, *ʿAǧāʾib al-maḫlūqāt* (Ausgabe Miṣr), S. 214.8–16 (das Gedicht fehlt in der Ausgabe F. Wüstenfeld, S. 370, siehe aber den folgenden Stellenverweis); Qazwīnī, *Āṯār al-Bilād* (Ausgabe F. Wüstenfeld), S. 61.14–22; Yāqūt, *Muʿǧam al-buldān*, II.758 f.; Ǧāḥiẓ, *Ḥayawān*, VI.234.3–11.

569 Quellenangabe vgl. vorangehende Anm.

darauf nach Kūfa, wo er das Mädchen tötete. Als er danach in der Wüste auf eine *ġūl* trifft, kämpft er auch mit ihr (Metrum: *Ṭawīl*)[570]:

> Gering scheinen den Ǧuhayna die Schrecknisse, welche mir am Tag von Raḥā Biṭān widerfuhren.[571]
> Ich stieß mit der *ġūl* zusammen, die in nächtlicher Finsternis durch eine Ebene zog so weit wie ein *ʿAbā'a*-Kleid.
> Da sprach ich zu ihr: ‚Wir beide sind abgemagerte Landkamele auf Reisen (?). Weich von meinem Platz!'
> Da machte sie Platz. Ich fiel mit einem scharfen, aus dem Jemen stammenden Schwert aus unvermischtem Metall über sie her.
> Es zerfetzte ihr Rücken und Brust. Da stürzte sie nieder auf Hände und Brust[572].
> Sie sprach darauf: ‚Schlag noch einmal *(zid)*!' – Ich aber erwiderte: ‚Gemach! Gegenüber ihresgleichen bin ich wahrlich festen Herzens.'
> Ich zog ihre Fußfesseln[573] fest an und entfernte (?) mich von ihr, um am nächsten Morgen zu sehen, was mir zugestoßen war.
> Siehe, da lugte ein Augenpaar aus einem hässlichen Gesicht. Gleich dem Gesicht einer Katze mit gespaltener Zunge.
> Zwei Füße [wie bei] einer Missgeburt; eine Zunge [wie jene] eines Hundes. [Ihre] Haut war aus Pelz *(firā')* oder alten Wasserschläuchen.

Die übersetzten Verse zählen bereits bekannte Merkmale der *ġūl* auf. Sie wird als weibliches Wesen beschrieben und mit der Wüste in Verbindung gebracht, wo sie den Reisenden auflauert. Besonders interessant ist aber, dass sich Abu ăl-Bilād davor hütet, jenen zweiten Hieb gegen die *ġūl* zu führen, nach dem seine Widersacherin verlangt. Ǧāḥiẓ erklärt dazu, dass die *ġūl* stirbt, wenn man ihr nur einen einzigen Schlag versetze. Führe man allerdings einen zweiten Hieb, bevor sie selbst zurückgeschlagen habe, lebe sie wieder auf. Selbst wenn man ihr tausend Hiebe zufüge, lebe sie weiter.[574] Da sich F. Meier im Rahmen eines Aufsatzes ein-

---

570 Die Übersetzung folgt der Fassung des Gedichts bei Ǧāḥiẓ, *Ḥayawān*, VI.234.3–11; vgl. auch die Übertragung bei F. Meier, NL Mappe 3, s. v. *Ǧāḥiẓ*, Bl. 23 f.

571 Zu den Ǧuhayna, einem bekannten Stamm, siehe M. J. Kister, Artikel „Ḳuḍāʿa" in *EI²*, Online-Ausgabe, konsultiert am 20. April 2013. Gemäß einer Anmerkung des Herausgebers (ʿA. Hārūn) zur Stelle bezeichnet Raḥā Bitān einen Ort im Land der Huḏayl.

572 Gemäß A. Kazimirski, *Dictionnaire*, bezeichnet *ǧirān*, „1. Bas de l'encolure, vers le poitrail (dans le cheval ou le chameau)". Die *ġūl* wird also mit Begriffen beschrieben, die sonst für Tiere verwendet werden. Dies betont ihre Nähe zu Tieren.

573 Gemäß A. Kazimirski, *Dictionnaire*, bezeichnet *ʿiqāl* „1. Entrave, particulièrement corde avec laquelle on attache le bas du pied du chameau, en lui pliant la jambe au haut de l'épaule". Auch hier greift das Gedicht auf eine Terminologie zurück, die sonst im Zusammenhang mit Tieren verwendet wird.

574 Ǧāḥiẓ, *Ḥayawān*, VI.233.7–235.5. Das Motiv lässt sich in den untersuchten Quellen auch an

gehend mit dem vorliegenden Motiv befasst hat, erübrigt sich eine vertiefte Auseinandersetzung damit an dieser Stelle. Anzumerken bleibt allenfalls, dass sich auch außerhalb des islamischen Kulturraums belegen lässt, dass man Ungeheuer bloß ein einziges Mal schlagen soll, da sie sonst ins Leben zurückkehren.[575]

Die vorangehenden Ausführungen weisen auf zentrale Eigenschaften der *ġūl* hin. Die untersuchten Quellen machen allerdings auch auf zusätzliche Merkmale aufmerksam, die möglicherweise erst sekundär mit den *ġūl* in Verbindung gebracht worden sind. Die folgende Darstellung geht im Sinn einer Ergänzung ausgewählten Aspekten nach:

Damīrī hält in einleitenden Bemerkungen zu den *ġūl* fest, dass er sie als Gattung der *ǧinn* und *šayāṭīn* ansehe.[576] Er bezeichnet sie als die Zauberer (*sāḥir*, pl. *sāḥirūn, saḥara*) unter ihnen. Auch Šiblī zitiert Überlieferungen, in denen der Prophet die *ġūl* ‚Zauberer der *ǧinn*' nennt.[577] Die Quellen arbeiten diese Bemerkungen Muḥammads kaum aus. Immerhin weist auch A. Christensen auf die enge Beziehung zwischen der Zauberin *(zan-i ǧādū)* und der *ġūl* hin. Er stützt sich auf eine Gleichsetzung in Firdawsīs *Šāh-nāma*, wo die *ġūl* als übelwollendes weibliches Wesen beschrieben wird, das sich in eine schöne Frau verwandelt und die Männer verführt.[578] Šiblī und Suyūṭī machen außerdem auf einen auf Aṣmaʿī zurückgehenden Bericht über einen Mann aus dem Ḥaḍramawt aufmerksam.[579] Als dieser Mann zu einer Reise aufbricht, folgt ihm eine *ǧinnin* von den *ġūl*, die im Text als Zauberin bezeichnet wird. Aus Furcht vor ihr sucht der Mann Zuflucht

andern Stellen belegen. Hamadānī, *ʿAǧāyib-nāma* (Ṣādiqī), S. 225.13 f., – um nur ihn zu zitieren – hält fest: „Man sagt, dass die *ġūl* an einem einzigen Schlag *(az yak zaḫm)* stirbt. Wenn man ihr aber einen weiteren Schlag zufügt, stirbt sie nicht, sondern lebt weiter. Selbst wenn man ihr tausend Hiebe zufügt, stirbt sie nicht."

575 F. Meier, „Orientalische Belege für das Motiv ‚Nur einmal zuschlagen'"; vgl. die Vorarbeiten dazu im Nachlass (Mappe 6, s. v. *Nur einmal zuschlagen*, 6 Bl.).

576 Damīrī, *Ḥayāt al-ḥayawān*, II.193.4 f. (Kapitel zur *ġūl*). Bei einer andern Gelegenheit greift Damīrī, *Ḥayāt al-ḥayawān*, I.210.29–33 (Kapitel über die *ǧinn*), eine Aussage Wahb b. Munabbihs auf, der zwischen verschiedenen Dämonenarten unterscheidet. Wahb b. Munabbih vergleicht die reinen *ǧinn (aṣ-ṣamīm al-ḫāliṣ min al-ǧinn)* mit dem Wind (*rīḥ*). Sie essen und trinken nicht und pflanzen sich nicht fort. Es gebe allerdings auch andere Arten von *ǧinn*, die essen, trinken und sich verheiraten. Dazu zählt Wahb neben den *ġūl* die *siʿlāh*, die *quṭrub* (pl. *qaṭārib*) und vergleichbare Geschöpfe. Auch Suyūṭī, *Laqṭ al-marǧān*, § 50, S. 17.19–18.3, zitiert Wahb b. Munabbihs Erklärung. Zu den *quṭrub* vgl. F. Meier, NL Mappe 7, s. v. *quṭrub*, 3 Bl. K. Hentschel, *Geister, Magier und Muslime*, S. 36, nennt die *quṭrub* das männliche Gegenstück der *ġūl*.

577 Šiblī, *Ākām al-marǧān*, S. 20.1–4; vgl. Suyūṭī, *Laqṭ al-marǧān*, § 40, S. 15.12–14.

578 A. Christensen, *Démonologie iranienne*, S. 64; mit Verweis auf Firdawsī, *Šāh-nāma* (Ausgabe Vullers), III.1594 ff., (Ausgabe J. Mohl), IV. 502 ff.

579 Šiblī, *Ākām al-marǧān*, S. 115.21–23, und Suyūṭī, *Laqṭ al-marǧān*, § 417, S. 168.1–4. Die beiden Fassungen weichen leicht voneinander ab.

in einem Brunnen, worauf die Dämonin auf ihn uriniert. Als er aus dem Brunnen steigt, greift ihn die Übeltäterin an und reißt ihm alle Haare aus. Er sei danach völlig kahl gewesen.

Die Quellen machen unterschiedliche Angaben zur Abstammung der *ġūl*. Hamadānī-Ṭūsī[580] und Qazwīnī[581] bringen die Entstehung der *ġūl* mit dem Sternschnuppen-Mythos in Verbindung.[582] Als die Satane beim Lauschen an den Himmelstoren von Sternschnuppen getroffen worden seien, seien einige verbrannt, andere aber ins Meer gestürzt und zu Krokodilen *(timsāḥ)* geworden. Weitere Satane wiederum seien aufs Festland gestürzt und in *ġūl* verwandelt worden. Hamadānī weicht gegenüber Qazwīnī leicht ab und gibt an, dass die aufs Festland fallenden *dīw* teils zu *ġūl,* teils zu *siʿlāh* werden. Die ins Meer stürzenden *dīw* aber werden zu Krokodilen[583] Auch Damīrī äußert sich zur Entstehung der *ġūl*. Er erwähnt sie neben den Satanen, den Skorpionen (*ʿaqrab,* pl. *ʿaqārib*) und den *quṭrub* unter jenen Geschöpfen, die aus Iblīs' Eiern hervorgegangen sind.[584] Masʿūdī seinerseits bezeichnet die *ġūl* in einem Hinweis, dessen Sinn sich nicht klären ließ, als die fassbaren Erscheinungen aus dem unsichtbaren Wirken der Sterne.[585]

Während sich das vorliegende Kapitel in erster Linie mit den Erscheinungsformen der *ǧinn* befasste, gehen die beiden nächsten Abschnitte den bevorzugten Orten[586] und Zeiten[587] ihres Auftretens nach. Es lässt sich beobachten, dass sich das Dämonische grundsätzlich in räumlichen und zeitlichen Grenzsituationen manifestiert.

---

580 Hamadānī, *ʿAǧāyib-nāma* (Ṣādiqī), S. 216.15–18.

581 Qazwīnī, *ʿAǧāʾib al-maḫlūqāt* (Miṣr), S. 213.30–214.2.

582 Vgl. Kapitel 4.3 „Der Sternschnuppen-Mythos".

583 Hamadānī, *ʿAǧāyib-nāma,* S. 216.15–18.

584 Damīrī, *Ḥayāt al-ḥayawān,* I.210.8–10. Zur Vorstellung, dass dämonische Wesen aus Iblīs' Eiern hervorgehen, vgl. Kapitel 3.2.4 „Die *ǧinn:* Iblīs' Nachkommen?"

585 Masʿūdī, *Murūǧ aḏ-ḏahab* (de Meynard, de Courteille), III.316.8–318.1. Gemäß Masʿūdī stammt die Vorstellung aus Indien.

586 Kapitel 6.2 „*Ǧinn*-Orte: Die Geistwesen und ihre Wohnsitze".

587 Kapitel 6.3 „*Ǧinn*-Zeiten".

6 Zur Liminalität: Die Dämonen als Grenzwesen

6.1 Einleitende Bemerkungen zur Problematik

In seiner sozialwissenschaftlich orientierten Untersuchung zum Dämonenglauben in Syrien befasst sich G. Fartacek auch mit dem Aussehen von Geistern oder von Trägern des Bösen Blicks.[1] Seine Interviewpartner betonen, dass man einen *ǧinn* schon an seinem Äußern erkenne. „Denn der *ǧinn* sei grundsätzlich eine ‚fehlerhafte' und ‚verkehrte' Erscheinung." Hauptsächlich mit den Körperöffnungen (z. B. Mund, Augen, Ohren, Geschlechtsorgane) oder mit exponierten Körpergrenzen (Haare, Finger- und Zehennägel) „stimme [jeweils] irgendetwas nicht". Bei diesen Stellen des Körpers handle es sich unter strukturalen Aspekten um Grenzzonen. Bei Dämonen bestünden bei diesen Übergangsbereichen Ungewissheiten bzw. Unsicherheiten, die auch für das Auftreten der *ǧinn* charakteristisch seien.[2]

Schriftliche und ikonographische Darstellungen von *ǧinn* aus der vormodernen Zeit bestätigen diese Bemerkungen. Ḫarā'iṭī (gest. 327/939) greift in den *Hawātif al-ǧinnān* ein längeres Gespräch Muḥammads mit einem *ǧinn* auf. Darin tritt ein Dämon namens ʿUrfuṭa b. Šumrāḫ von den Banū Naǧāḥ auf, der wie folgt beschrieben wird[3]:

> Vor unseren Augen erschien ein zottliger Šayḫ, sein Gesicht war von struppigen Haaren dicht überwachsen und deshalb unkenntlich, seine Augen waren zu zwei langen Schlitzen verengt. Auf der Brust öffnete sich sein Mund, und lange Eckzähne ragten daraus hervor. Anstelle der Fingernägel hatte er an seinen Händen Klauen, ähnlich denen einer Hyäne. Als wir ihn dergestalt erblickten, bekamen wir Gänsehaut und drängten uns um den Propheten zusammen.

Die Hinweise auf die zottige Behaarung, die klauenförmigen Nägel, die aus dem Mund ragenden Eckzähne oder die Schlitzaugen bestätigen G. Fartaceks Beobachtungen. Qazwīnī hebt bei der Beschreibung der vor Salomon versammelten Dämonen ähnliche Merkmale hervor[4]:

---

1 G. Fartacek, *Unheil durch Dämonen?* S. 107 f.; ders., *Zonen der Ungewissheit,* S. 102–104.

2 G. Fartacek, *Zonen der Ungewissheit,* S. 104.

3 Ḫarā'iṭī, *Hawātif al-ǧinnān*, S. 37 f.; übersetzt von M. Schöller, „His master's voice", S. 37. Der Bericht geht auf Salmān al-Fārisī zurück. Ḫarā'iṭī (gest. 327/939) war Traditionarier und Schriftgelehrter; vgl. Artikel „Kharā'iṭī", in *EI²* IV. 1057; siehe auch Kapitel 5, Anm. 323.

4 Qazwīnī, *ʿAǧā'ib al-maḫlūqāt* (Ausgabe Miṣr), S. 215.24–29 (vgl. Ausgabe F. Wüstenfeld, S. 372.4 ff.). Auch Miniaturen von Dämonen in handschriftlichen Kopien der *ʿAǧā'ib al-maḫlūqāt*

> [Die Dämonen] umfassten damals 420 Gruppen *(firqa)*. Sie fielen vor Salomon nieder, der ihre Beschaffenheit und ihre seltsamen Gestalten zu betrachten begann. Sie waren weiß, schwarz, gelb, fuchsrot und schwarzweiß gescheckt. Sie hatten die Gestalt von Pferden, Maultieren und Raubtieren. Sie hatten Rüssel, Schwänze, Hufe und Hörner.

Die folgenden Ausführungen befassen sich allerdings nicht weiter mit dem Aussehen dämonischer Wesen, war ihr Äußeres doch bereits Gegenstand der Untersuchungen zu ihrem Auftreten in der Gestalt von Tieren, Menschen und Fabelwesen. Die weiteren Überlegungen greifen vielmehr die Feststellung auf, dass Geister Wesen des Ungewissen sind. Das Unsichere an ihnen zeigt sich nicht nur an ihrem Körper, sondern es lassen sich drei Bereiche feststellen, in denen sich das Dämonische unter dem Aspekt der Ungewissheit manifestiert. Konkret treten *ǧinn* unter a. räumlichen b. zeitlichen und c. moralischen Gesichtspunkten als ambivalente Wesen in Erscheinung.[5] Da diese Bereiche auch Grenzzonen darstellen, lässt sich festhalten, dass a. lokale, b. temporale und c. moralische Liminalitäten[6] das Erscheinen des Dämonischen begünstigen. Die folgenden Ausführungen verdeutlichen diese Konzepte.[7] Sie befassen sich in einem ersten Schritt mit der Verortung der Dämonen.

---

betonen ihre fehlerhafte Gestalt, wie sich anhand von Darstellungen im Berner Qazwīnī aufzeigen lässt; vgl. M. Lameï, „Les manuscrits illustrés orientaux [...] de la Bibliothèque de la Bourgeoisie de Berne", S. 335–378, v. a. S. 367, und Figur 16. Neben körperlichen Verunstaltungen zeigt diese Abbildung auch, dass Dämonen gern reiten, sitzt der *ǧinnī* doch auf einem Strauß; vgl. zum Motiv Kapitel 7.

5 G. Fartacek, *Unheil durch Dämonen?* S. 19, hält fest, dass seine Studie der Frage, an welchen Orten, zu welchen Zeiten und bei welchen Handlungen die *ǧinn* auftreten, besondere Aufmerksamkeit schenkt.

6 Der Begriff leitet sich ab vom lateinischen Wort *limen* (Schwelle), das eine Abgrenzung markiert.

7 E. Badeen und B. Krawietz, „Islamic reinvention of jinn", S. 108 f., weisen auf eine Marginalisierung *(marginalization)* bzw. die Marginalität *(marginality)* der *ǧinn* hin, rücken aber andere Aspekte in den Vordergrund als die vorliegende Darstellung. Sie machen die Marginalität der Dämonen an folgenden vier Punkten fest: a. Die *ǧinn* waren Gottes Treuhänder auf Erden in vor-adamitischer Zeit, wurden jedoch an die Grenzen der bewohnten Welt verbannt, an denen niemand interessiert ist (vgl. Kapitel 3.1 „Die *ǧinn:* die ersten Geschöpfe auf Erden?"); b. Seit dem Auftreten Muḥammads werden die *ǧinn* mit Sternschnuppen beschossen, wenn sie am Himmel lauschen (vgl. Kapitel 4.3 „Der Sternschnuppen-Mythos"); c. Die Menschen schließen die *ǧinn* aus, indem sie Schutzmaßnahmen gegen sie ergreifen (vgl. u. a. Amulette, Talismane: Kapitel 9 „Bann alles Dämonischen", mit Anm. 3, 21, 66, 122); d. Die Dämonen werden letztlich auch dadurch marginalisiert, dass ihnen im Paradies nur wenige Plätze zustehen. E. Badeen und B. Krawietz bemerken abschließend, dass es diese vierfache Marginalisierung der *ǧinn* der islamischen Orthodoxie überhaupt gestattete, den aus vorislamischen Glaubensvorstellungen über-

6.2 *Ǧinn*-Orte: Die Geistwesen und ihre Wohnsitze

Aus dem Persischen ist der – möglicherweise in Europa geprägte – Ausdruck *Ǧinnistān* bekannt, der ein Land bezeichnet, wo Feen und Dämonen hausen.[8] Der Begriff lässt sich bei Ch. M. Wieland belegen, der 1785–1786 unter Bearbeitung französischer Vorlagen eine Sammlung von Märchen- und Feengeschichten mit dem Titel *Dschinnistan* veröffentlicht hat.[9] J. von Hammer-Purgstall seinerseits erwähnt das Wort 1852,[10] und Karl May verwendet es im Titel seines zweibändigen Romans *Ardistan und Dschinnistan.*[11] F. Meier wiederum hat den Ausdruck ursprünglich als Überschrift seiner Materialsammlung zur Dämonologie vorgesehen.[12]

Die folgende Darstellung befasst sich mit den unterschiedlichen Aspekten dieses Dschinnistan. Sie vermittelt in einem ersten Schritt gestützt auf ethnologisch orientierte Untersuchungen westlicher Forschender einen Überblick über bei den *ǧinn* besonders beliebte Aufenthaltsorte (Kapitel 6.2.1). Anschließend werden originalsprachliche Quellen auf Äußerungen zu Gegenden und Ländern aus der konkreten oder imaginären Geographie befragt, die als Heimat des Dämonischen gelten (Kapitel 6.2.2).

Summarische Hinweise auf die Ergebnisse dieser Untersuchungen sollen die Stoßrichtung der weiteren Ausführungen aufzeigen: Es lässt sich einerseits beobachten, dass Dämonen grundsätzlich omnipräsent sind. Sie können den Menschen überall und jederzeit überraschen. Anderseits lässt sich das Bemühen beobachten, diese potentiellen Störenfriede aus dem Alltag des Menschen auszuschließen. Man unternimmt den Versuch, diese Quälgeister an die Grenzen

---

nommenen Dämonen einen Platz innerhalb des offiziellen Lehrgefüges zuzuweisen. Sie stellen ein *down-sizing* der Bedeutung der *ǧinn* im Islam fest.

8 Vgl. F. Steingass. *Persian-English Dictionary,* s. v. Der Begriff fehlt in den in Iran gängigen Wörterbüchern (Dihḫudā, Muʿīn, Farhang-i Suḫan) allerdings. Er lässt sich jedoch im Internet als Suchresultat bei der Eingabe des Begriffs جنستان mehrfach nachweisen. Diese Ausgangslage und die im folgenden angeführten Belegstellen bei europäischen Autoren lassen es als nicht ausgeschlossen erscheinen, dass der Ausdruck *Ǧinnistān* nicht genuin persisch ist.

9 Ch. M. Wieland (1733–1813), *Dschinnistan, oder, auserlesene Feen- und Geistermärchen.*

10 J. von Hammer-Purgstall, „Geisterlehre", S. 163: „Das Land der Dschinnen ist in Europa als Dschinnistan hinlänglich bekannt, wo dasselbe aber gelegen, nirgends angegeben."

11 K. May, *Ardistan und Dschinnistan* (Reiseerzählung). Vgl. dazu: D. Sudhoff (Hg.), *Karl Mays „Ardistan und Dschinnistan"* (Sammlung von Aufsätzen).

12 Vgl. F. Meier, NL Mappe 1. F. Meier hat den Titel später allerdings abgeändert in „Teufeleien. Materialien zu einer Dämonologie des Islams". Vgl. dazu ausführlicher T. Nünlist, „Der Dämonenglaube im Bereich des Islams: Eine unbekannte Materialsammlung im Nachlass Fritz Meiers (1912–1998)".

der bewohnten und damit geordneten Welt zu verbannen. Als dem Chaos zuzuordnende Kräfte stellen sie eine unablässige Bedrohung des Kosmos dar. Dieses Bemühen um ein örtliches Ausgrenzen der Dämonen – v. a. ihrer schädlichen Vertreter – rechtfertigt es, von einer räumlichen Liminalität der *ǧinn* zu reden.[13]

6.2.1 Die Perspektive der Ethnologie[14]

Da J. Henninger in seiner Untersuchung zum Geisterglauben bei den Arabern die Resultate anderer Forschender zusammenstellt, bietet sich sein Artikel als Einstieg zu einem Überblick über bei den *ǧinn* besonders beliebte Aufenthaltsorte an.[15] Dämonen sollen häufig unter der Erdoberfläche hausen und werden deshalb als *ahl al-arḍ* (die Leute der Erde)[16] oder *at-taḥtiyyūn* (die Unteren) bezeichnet. Man begegnet Dämonen grundsätzlich an allen Plätzen mit Verbindungen zur

---

13 Auch G. Calasso, *Un ‚epopea musulmana' di epoca timuride: il ‚Xāvar-nāmè' di Ebn Ḥosām,* S. 483 f. mit Anm. 112, hält fest, dass Dämonen stets mit Grenzorten *(luogo-limite)* in Verbindung gebracht werden. F. Bellino, „ʿAlī contro geni, demoni e dragoni", S. 169, schließt sich dieser Auffassung an. G. Calasso beruft sich auch auf A. J. Wensinck, der insbesondere Wüsteneien und Ozeane als mit dem Dämonischen in Verbindung stehende Grenzorte bezeichnet; vgl. ihre Hinweise auf A. J. Wensinck, *The Ocean in the Literature of the Western Semites,* S. 40–56; siehe überdies unten Anm. 147.

14 Zum Gebrauch des Begriffs Ethnologie in dieser Arbeit, vgl. Kapitel 1, Anm. 33.

15 J. Henninger, „Geisterglaube", S. 287–291, 300–301; mit zahlreichen Verweisen auf die Ergebnisse anderer Forscher in den Anmerkungen. Besonders ausführlich auch T. Canaan, *Dämonenglaube,* S. 25–27 (Kapitel: „Wohnorte der Dämonen"); vgl. überdies die Aufzählung bei F. Meier, „Bet-Ruf", S. 594.

16 T. Canaan, *Aberglaube*, S. 8 f., weist auf diesen Begriff hin und präzisiert, dass sich der Glaube an die Herkunft der Dämonen aus der Unterwelt in Palästina habe halten können. Er konnte u. a. folgende Ausdrücke zur Bezeichnung von Dämonen belegen, die auf ihre Beziehung zur Unterwelt hindeuten: *al-arwāḥ al-arḍiyya* (die irdischen Geister) und *al-arwāḥ as-sufliyya* (die unteren Geister). In Palästina seien viele Märchen im Umlauf, die das Hervorkommen der Geister aus der Erde schildern (*loc.cit.* S. 9 f. mit Beispiel). Auch D. Pielow, *Quellen der Weisheit,* S. 113, stellt fest, dass sich die Hauptwohnsitze der Dämonen unter dem Erdboden befinden. Sie beruft sich auf E. Zbinden, *Die Djinn des Islam,* S. 37, und T. Canaan, *Dämonenglaube,* S. 25. Siehe auch oben, Kapitel 5.4.1 (Text bei Anm. 149 ff.).

Unterwelt.[17] M. Dols erinnert an eine Variante der Legende,[18] wonach die *ǧinn* die ersten Bewohner der Erde gewesen seien und Gott ein Heer von Engeln ausgeschickt habe, um sie unter die Erdoberfläche zu verbannen. Von dort versuchten sie erneut, ins Leben der Menschen einzudringen.

Öffnungen in der Erdoberfläche jedenfalls sind als potentielle Zugänge der Dämonen zur Oberwelt bekannt. Quellen, Brunnen und Zisternen gelten als solche Durchlassstellen.[19] Auch die Risse, die sich bei großer Hitze im Ackerboden bilden, werden gern von Dämonen bewohnt.[20] Da Bäume und Sträucher mit ihren Wurzeln tief in den Boden eindringen und bis in die Unterwelt hinabreichen

---

17 Vgl. E. Westermarck, *Pagan Survivals,* S. 5, der meint: „Their [*scil.* the *ǧinn*] native country is, properly speaking, under the ground, but they are not tied to any place. They are particularly fond of visiting the surface of the earth, and there they come into contact with mankind." G. Fartacek, *Unheil durch Dämonen?* S. 139, ist bei Feldforschungen auf die Umschreibungen *al-maḫlūqāt taḥt al-arḍ* (die Geschöpfe unter der Erde) und *al-maḫlūqāt al-ʿālam as-suflā* (*sic,* die Geschöpfe der Unterwelt) zur Bezeichnung der *ǧinn* gestoßen.

18 M. Dols, *Majnūn,* S. 215.

19 Dies illustriert auch die Legende, wonach ʿAlī b. Abī Ṭālib in den Brunnen *Biʾr ḏāt al-ʿalam* (etwa: ‚der Brunnen mit der Fahne') hinabgestiegen ist, um die Dämonen zu bekämpfen, die den Reisenden den Zugang zum Trinkwasser versperren. ʿAlī soll es gelungen sein, die Unholde zu überwältigen; er habe zahlreiche Dämonen verletzt oder getötet. Mit dieser Heldentat ʿAlīs haben sich befasst: F. Bellino, „ʿAlī contro geni, demoni e dragoni"; G. Calasso, *Un „epopea musulmana" di epoca timuride: il „Xāvarnāmè" di Ebn Ḥosām;* R. Paret, *Die legendäre Maghazi-Literatur,* S. 66 f.; vgl. die Übersetzung des Stoffes durch R. Basset, *L'expédition du château d'or et le combat de ʿAli contre le dragon;* H. A. Winkler, *Die reitenden Geister der Toten,* S. 38, 125 und Tafel 15. R. Hackin und A. Kohzad, *Légendes et coutumes afghanes,* S. 15–18, bringen einen weiteren Beleg für ʿAlīs Kampf bei. M. Schöller, „His master's voice", S. 37, Anm. 13, macht auf eine Darstellung bei Ḫarāʾiṭī, *Hawātif al-ǧinnān,* S. 35 ff., aufmerksam. F. Meier, NL Mappe 6, s. v. *Orte der Dämonen,* erwähnt u. a. folgende Belege: Bl. 21: Hinweis auf Ibn Ǧubayr, *Riḥla,* Ausgabe W. Wright, S. 188.19–20, und Ausgabe Dār Ṣādir, S. 167.4–7; Bl. 24: Hinweis auf Ibn Baṭṭūṭa, *Riḥla,* Ausgabe Paris 1853, I.295; Ausgabe Dār Ṣādir, S. 128.13 f.; Bl. 33 f.: Hinweis auf Mufīd, *Iršād,* Hs. Miškāt, Katalog 3.1121, Bl. 108a–109a); Bl. 35 f.: Hinweis auf Ḥusayn-i Ardabīlī, *Tāǧ ul-manāqib,* Handschrift Bāstānī Rād 12.155; Bl. 38: Hinweis auf A. Kasrawī, *Pindār-hā,* S. 49; Bl. 53 f.: Übersetzung der Legende von ʿAlīs Kampf gemäß der Fassung bei Maǧlisī, *Biḥār al-anwār,* Ausgabe Teheran 1342, Bd. 41.70–72; Bl. 62: Hinweis auf ʿAlī ăl-Qāriʾ al-Harawī, gest. 1014/1606, *al-Maṣnūʿ fī maʿrifat al-ḥadīṯ al-maṣnūʿ,* Nr. 477, wo eine ähnliche Episode zu ʿAlī als „dreiste Erfindung" abgetan wird. M. el-Gawhary, *Die Gottesnamen,* S. 54–59, weist auf ʿAlīs Kenntnis der Gottesnamen hin: Als ʿAlī in den Brunnen gestiegen sei, habe er die Dämonen u. a. bekämpft, indem er die Gottesnamen rezitiert habe (vgl. *op.cit.,* S. 126: Hinweis auf ʿAlī als Übermittler magischer Wissenschaft und der Gottesnamen).

20 G. Fartacek, *Unheil durch Dämonen?* Abbildungen 9 und 10 (Tafel V) mit Legende: „Sporadisch auftretende Erdspalten gelten als topographische Besonderheiten, die mit dem Wirken der Dämonen assoziiert werden."

können, betrachtet man auch sie als Wohnstätten von *ǧinn.*[21] Aus naheliegenden Gründen bringt man außerdem Thermalquellen mit den Dämonen in Verbindung. Unsichtbare Geister sollen für die Erhitzung des Wassers und dessen Heilkräfte verantwortlich sein.[22] J. Henninger bringt aber auch Höhlen, Bergspalten, dunkle Täler, Schluchten und Gräber mit dämonischen Kräften in Verbindung. Und wer beim Bauen die Fundamente legt, kann es mit den Dämonen zu tun bekommen, dringt er doch in ihren Bereich ein.[23]

Besonders bekannt ist, dass das Blut gewaltsam ums Leben gekommener Menschen die Dämonen anlockt.[24] Auch Friedhöfe gelten als beliebte Aufenthaltsorte von Geistern.[25] Überhaupt schätzen Dämonen dunkle, schmutzige, übelriechende und unordentliche Stätten. Sie halten sich in Latrinen[26], Kanalisationen[27], auf Schlachthöfen, Misthaufen und Märkten oder bei Ölpressen auf. Überdies bringt man öffentliche Badhäuser mit ihnen in Verbindung.[28] Dämonen

21 J. Henninger, „Geisterglaube", S. 288 mit Anm. 62, weist darauf hin, dass die Geister bestimmte Bäume bevorzugen, andere aber meiden. M. Dols, *Majnūn*, S. 240, hält fest, dass Granatapfelbäume nie von *ǧinn* bewohnt werden.

22 H. von Maltzan, *Wallfahrt*, II.110, hält fest, dass das Zamzam-Wasser aus Mekka nicht zum Kochen oder Kleiderwaschen verwendet werden darf. Es sei nicht erlaubt, es zum Sieden zu bringen. Wer dieses heilige Wasser zu profanen Zwecken verwende, werde zur Rechenschaft gezogen. Zahllose Geister sollen in diesem Wunderwasser hausen. Sie seien eigentlich harmlos, bringe man das Wasser aber zum Sieden, verwandelten sie sich in grausame Dämonen. Wütende Geister sollen einen Knaben, der Zamzam-Wasser in einen brodelnden Topf geleert hat, zusammen mit seiner Großmutter in zwei Schweine verwandelt haben.

23 Vgl. dazu unten Kapitel 10.6.1 „Salomons Tempel in Jerusalem als *imago mundi*", bei Anm. 342–349.

24 Vgl. H. A. Winkler, *Die reitenden Geister der Toten*, S. 9, der auch angibt, dass aus dem Blut eines gewaltsam ums Leben gekommenen Menschen ein *ʿifrīt* entsteht.

25 G. Fartacek, *Unheil durch Dämonen?* S. 152, erklärt die Beliebtheit von Friedhöfen als Aufenthaltsorte der Dämonen damit, dass sie Grenzzonen darstellen, wo der Übergang vom irdischen zum überirdischen Leben stattfinde. Bei Friedhöfen handelt es sich um Grenzzonen zu Raum und Zeit der Vorfahren.

26 Auch H. A. Winkler, *Die reitenden Geister der Toten*, S. 14, weist auf den Abort als beliebten Aufenthaltsort von Dämonen hin.

27 Vgl. G. Fartacek, *Unheil durch Dämonen?* S. 139.

28 Siehe H. Grotzfeld, *Das Bad*, S. 129–131. G. Fartacek, *op.cit.*, S. 150, bezeichnet öffentliche Bäder (*ḥammām*, pl. *ḥammāmāt*) als besonders gefährliche *Ǧinn*-Zonen. F. Meier, NL Mappe 6, s. v. *Orte der Dämonen*, Bl. 58, macht auf ʿAṭṭār, *Taḏkirat ul-awliyāʾ* (Ausgabe R. Nicholson), I.102.11–13, aufmerksam. Demnach begibt sich Ibrāhīm b. Adham ins Warmbad. Da er nur ein fadenscheiniges Kleid trägt, verweigert man ihm den Zugang zum Haus der Dämonen *(ḫāna-i dīw)*, wie die Anekdote das Bad im Gegensatz zum Haus des Erbarmers nennt. F. Meier, *loc.cit.*, Bl. 37, zitiert eine Mitteilung ʿAlī-i Afšārs, wonach ein Mann sich ins Warmbad begab und feststellte, dass dort alle Beschäftigten *(dallāk*, Kassierer etc.) Hufe hatten.

halten sich aber auch in Häusern auf und sind besonders bei der Türschwelle aktiv.[29] Die *ʿāmir* (pl. *ʿummār*, „Siedler") stellen eigentliche Hausgeister dar.[30] Besonders gern leben *ǧinn* in unbewohnten Häusern[31] und in Ruinen, die als Wohnsitze von Geistern *par excellence* gelten.[32] Auch Brücken, Weggabelungen und Kreuzungen[33] sind bekannte Übergangszonen und werden mit den Dämonen in Verbindung gebracht.[34]

Die vorangehende Übersicht fasste die Resultate aus ethnologisch orientierten Untersuchungen zusammen und ermöglichte dadurch einen raschen Überblick über besonders beliebte Aufenthaltsorte der *ǧinn*. Die im Folgenden beizuziehenden schriftlichen Quellen zeichnen kein grundlegend anderes Bild. Sie bestätigen somit, dass *great tradition* und *little tradition* (v. a. mündliche Quellen) keine je eigenständige Dämonologie entwickelten.

---

29 J. Henninger, „Geisterglaube", S. 289 (mit Anm. 66), S. 294 (mit Anm. 109–111) und S. 301 (mit Anm. 165), bringt zahlreiche Belege zur Bedeutung der Schwelle in der westlichen Sekundärliteratur bei. G. Fartacek, *Unheil durch Dämonen?* S. 148 f., befasst sich mit der Türschwelle (*ʿataba*, pl. *aʿtāb*), die er als Ort des Übergangs versteht – z. B. vom öffentlichen zum privaten Bereich. Er bezeichnet die Schwelle wegen ihres unklaren Status als Übergangszone *par excellence* und betrachtet sie als typische Wohnstätte der *ǧinn*. Hier schlage auch die schädigende Kraft des Bösen Blicks oft zu.

30 Zu den *ʿāmir* vgl. bereits Kapitel 5.4.1 (Text bei Anm. 135–148: „Die Hausgeister (*ʿāmir*, pl. *ʿummār*)". Siehe außerdem J. Henninger, *Geisterglaube*, S. 289, mit Hinweisen auf weitere Sekundärliteratur; T. Canaan, *Dämonenglaube*, S. 36; J. Wellhausen, *Reste*, S. 151 mit Anm. 3; M. el-Gawhary, *Gottesnamen*, S. 200, 281. D. de Smet, „Anges, diables et démons en gnose islamique", S. 64, Anm. 26. A. Wieland, *Ǧinn-Vorstellung*, S. 44, weist darauf hin, dass die *ʿāmir* zusammen mit den Menschen in den Häusern wohnen. Sie gestatten es den *rūḥ* (pl. *arwāḥ*, das sind Geister, die der Zauberei dienen) nicht, die Häuser zu betreten. Jeder Zauberer verbanne deshalb zuerst die *ʿāmir*, bevor er magische Handlungen vornehme. Nach Abschluss seines Werks kehrten die *ʿāmir* zurück.

31 E. Renner, *Goldener Ring über Uri*, S. 229, weist in einem andern Kontext darauf hin, dass das unbewohnte Haus dem *Es* preisgegeben ist; vgl. Kapitel 9.2 „Der Ring", v. a. Anfang.

32 G. Fartacek, *Unheil durch Dämonen?* S. 152, zeigt auf, dass verlassene oder zerstörte Liegenschaften *(amākin mahǧūra)* als Relikte aus der Vergangenheit gelten. Sie seien Zeugnisse vergangener Epochen. Hier grenze die normale, also vergängliche Alltagszeit, an die heilige, d. h. unvergängliche Zeit der Ewigkeit.

33 Auch E. Doutté, *Magie et religion*, S. 64, weist auf die Bedeutung von Kreuzungen als Orte der *ǧinn* hin.

34 G. Fartacek, *Unheil durch Dämonen?* S. 149 f.

6.2.2 Ausgegrenzt und doch omnipräsent: Darstellungen in schriftlichen Quellen

Die weiteren Ausführungen befassen sich mit den *Ǧinn*-Orten anhand von schriftlichen Berichten aus der vormodernen Zeit. Sie thematisieren in einem ersten Schritt den inneren Widerspruch, dass die *ǧinn* zwar aus dem Bereich des Menschen ausgegrenzt werden, aber unter ihnen doch omnipräsent sind (6.2.2). Sie machen in einem nächsten Teil (6.2.3) auf ausgewählte Stätten der Dämonen aufmerksam, die sich zumindest teilweise in der konkreten Geographie verorten lassen.

Einerseits betont der zur Bezeichnung von Menschen und *ǧinn* zusammen verwendete Begriff *aṯ-ṯaqalān* („die beiden Gewichtigen") das Gemeinsame und Verbindende zwischen diesen beiden Klassen von Geschöpfen. Anderseits weisen die Quellen wiederholt auf das Trennende zwischen ihnen beiden hin und heben ihre gegenseitige Feindschaft hervor. Ähnliche Spannungen und innere Widersprüche in der Argumentation lassen sich in Bezug auf die Verortung der Dämonen feststellen, wie im folgenden aufzuzeigen ist.

Ibn Taymiyya steht unter den konsultierten Autoren nicht allein da, wenn er die *ǧinn* in seinem Werk *Īḍāḥ ad-dalāla* wiederholt aus dem Bereich der Menschen ausgrenzt und ihnen das Recht abspricht, sich ohne deren Erlaubnis in ihrer Umgebung aufzuhalten.[35] Der ḥanbalitische Theologe weist den Dämonen explizit jene Plätze zu, die nicht zu den Wohnstätten der Menschen gehören.[36] Dazu zählt er Ruinen *(ḫarāb)*[37] und Ödland bzw. Wüsteneien *(falawāt)*. Er bringt außerdem schmutzige Orte *(mawāḍiʿ an-naǧāsāt)* mit den Geistern in Verbindung und hält präzisierend fest, dass er darunter Bäder (*ḥammām*), Latrinen (*ḥašš*, pl. *ḥušūš*), Mülltonnen (*mazbala*, pl. *mazābil*), Müllhalden (*qumāma*, pl. *qamāmīn)* und Grabstätten (*maqbar*, pl. *maqābir*) verstehe. Viele *šayḫs* mit teuflischem Charakter begäben sich zu diesen Zufluchtsstätten der Satane. Bei einer andern Gelegenheit meint Ibn Taymiyya, dass man die Dämonen eher in Tälern denn auf Anhöhen antreffe.[38] Auch Qazwīnī macht in den *ʿAǧāʾib al-maḫlūqāt* im

35 Ibn Taymiyya, *Īḍāḥ ad-dalāla*, S. 125.13–126.1.

36 *Loc. cit.*, S. 125.16 f.: „بل لكم ما ليس من مساكن الانس".

37 Ǧāḥiẓ, *Ḥayawān*, VI.215.7–9, hält fest, dass sich die *ǧinn* in den Wohnungen jener Nationen niedergelassen hätten, die Gott vernichtet habe (vgl. dazu auch unten bei Anm. 106 f. und 137). Suyūṭī, *Laqṭ al-marǧān*, S. 142.8 (§ 368), erwähnt ebenso, dass sich die Satane in Ruinen versammeln.

38 Ibn Taymiyya, *Īḍāḥ ad-dalāla*, S. 119.13–16, macht diese Aussage in Anschluss an Sure 72.6, wo davon die Rede ist, dass Männer von den Menschen bei Männern von den *ǧinn* Zuflucht nehmen; siehe dazu Kapitel 9, Anm. 17.

Anschluss an Gabriels Aufforderung an die Dämonen, sich bei Salomon einzustellen, auf deren Aufenthaltsorte aufmerksam[39]:

> Da kamen die *ǧinn* und Satane heraus aus den Einöden (pl. *mafāzāt*), den Bergen (*ǧabal*, pl. *ǧibāl*), den Hügeln (*akama*, pl. *ākām*), den Tälern (*wādī*, pl. *awdiya*), den Wüsteneien (*falāh*, pl. *falawāt*) und den Sumpfgeländen (*aǧama*, pl. *āǧām*).

Mas'ūdī wiederum lehnt die Existenz von *ǧinn* zwar grundsätzlich ab und erklärt ihr Entstehen mit einer durch die Eindrücke von schrecklichen Landschaften überreizten Einbildungskraft.[40] Er hält fest, dass die Einsamkeit in öden Ebenen *(at-tawaḥḥud fī ăl-qifār)*, die Abgeschiedenheit in Tälern *(at-tafarrud fī ăl-awdiya)* und das Durchqueren von weglosen Wüsteneien *(al-mahāmāt al-muġawwila)* und von entsetzlichen Salzwüsten *(al-murūt al-muwaḥḥaša)*[41] den Menschen für abergläubische Vorstellungen empfänglich machen. Unabhängig von seiner Erklärung der Geister als Produkt unzulänglicher menschlicher Wahrnehmung bringen aber auch Mas'ūdīs Ausführungen die *ǧinn* in erster Linie mit abgeschiedenen Gegenden in Verbindung. Er zählt dabei Stätten auf, wo sich der Mensch üblicherweise nicht aufhält, da er dort kaum existenzfähig ist.

Niẓāmī lokalisiert die Dämonen ebenso in der Ödnis, wie die Māhān-Geschichte im *Haft Paykar* mehrfach illustriert.[42] Diese Erzählung beginnt in einer Vollmondnacht in einem lieblichen Garten am Ufer des Nils, der als Paradiesgarten Sinnbild des Kosmos ist.[43] Ein vermeintlicher Handelsgefährte und angeblich alter Bekannter lockt Māhān mit der Aussicht auf gewinnbringende Geschäfte weg.[44] Die beiden Männer gelangen aber nicht wie versprochen zur Karawanserei wenig außerhalb der Stadt, sondern eilen bald in schnellem Lauf durch ödes Land. Als der Begleiter beim Hahnkrat verschwindet und Māhān seinem Schicksal überlässt,[45] entdeckt dieser um sich herum nur Höhlen von Schlangen, die grösser sind als Drachen.[46]

---

39 Qazwīnī, *'Aǧā'ib al-maḫlūqāt* (Ausgabe Miṣr), S. 215.22 f. (vgl. Ausgabe F. Wüstenfeld, S. 372.1 f.).

40 Mas'ūdī, *Murūǧ aḏ-ḏahab*, (Ausgabe de Meynard, de Courteille), III.323.1–324.8; zu Mas'ūdīs Leugnung der *ǧinn* vgl. Kapitel 2.3 „Hin zu einer Psychologisierung", bei Anm. 39–46.

41 A. Kazimirski, *Dictionnaire*, s. v. *mart*, pl. *murūt*, erklärt den Begriff als „1. Plaine sans végétation, mais dont le sol est humide. 2. Désert, nu et humide (lieu)".

42 Niẓāmī, *Haft Paykar* (Ausgabe B. Ṯirwatiyān), § 36, S. 269–290.

43 Zum Garten als Symbol des Paradieses vgl. E. Moynihan, *Paradise as a garden in Persia and Mughal India*.

44 Niẓāmī, *op.cit.*, S. 270, vv. 27–38.

45 *Loc.cit.*, v. 51 ff.

46 *Loc.cit.*, v. 56 f.

Nachdem Māhān wieder zu Kräften gekommen ist, zieht er ziellos weiter und stößt gegen Abend auf einen Mann und eine Frau, die sich anerbieten, ihn aus seiner Not zu retten.[47] Sie erklären dem verirrten Burschen, dass sein angeblicher Handelsgefährte aus der vergangenen Nacht in der Tat ein Dämon *(dīw)* gewesen sei. Bereits sein Name, Hāyil-i Biyābānī,[48] hebt seine Zugehörigkeit zur Wüste hervor. Auch seine neuen Retter entpuppen sich allerdings als Geister, wie der Leser im Nachhinein aus den Erklärungen eines Reiters erfährt, der Māhān – anstatt ihn zu erlösen – nur noch weiter in die Irre führt. Jedenfalls lassen ihn auch seine beiden neuen Retter allein in der Wüste zurück. Bei ihnen soll es sich um einen männlichen und eine weibliche *ġūl* namens Ġaylā und Haylā gehandelt haben.[49]

Dieser Reiter, auch er ein falscher Retter, bittet Māhān, auf ein mitgebrachtes Pferd zu steigen. In Windeseile lassen die beiden die Berge hinter sich zurück und erreichen eine weite Ebene, die Niẓāmī als eine von Dämonen besiedelte Wüste beschreibt, wie aus den folgenden Versen hervorgeht[50]:

> (116) Da tauchte am Bergfuß eine weite Ebene auf. So flach wie was? Wie die Handfläche.
> Von allen Seiten ertönte Lautenklang, das Wehklagen der Harfe und der Klang von Gesang.
> Von der einen Seite ertönte der Ruf: ‚Komm hierher!‘ Von der andern Seite hieß es: ‚Wohl bekomme dir der Trunk!‘
> Anstelle von Grün und Rosen gab's in der ganzen Wüste nur *ġūl* mal *ġūl* und Laren mal Laren *(ġul)*.[51]
> (120) Berge und Wüsteneien waren übervoll von Dämonen *(dīw)*. Die Berge hatten die Wüste, und die Wüste die Berge erreicht [an Niveau].
> Tausende von *dīw* saßen auf einem *dīw*. Gebrüll dröhnte aus Tälern und Ebenen.
> Alle warfen sie wie der Wind-Dämon *(dīw-i bād)*[52] Staub um sich. Sie waren schwarz und lang wie Blutegel *(dīwča)*.

---

47 *Loc.cit.*, vv. 60–77.
48 *Loc.cit.*, v. 78: Sein Name bedeutet: „Der Schreckliche aus der Wüste"; vgl. Anm. 242.
49 *Loc.cit.*, vv. 81–110; vgl. Kapitel 5.6.2, c. „*ġūl*", bei Anm. 548.
50 *Loc.cit.*, vv. 116–122.
51 Gemäß F. Steingass, *Dictionary*, bedeutet *ġul* (s. v.; mit kurzem *u*) „Bergdämon". A. Dihḫudā, *Luġat-nāma*, s. v., bezeichnet *ġul* als Kurzform *(muḫaffaf)* von *ġūl*. F. Meier übersetzt mit „Laren" (NL Mappe 6, s. v. *Orte der Dämonen*, Bl. 21, und Mappe 3, s. v. *ġūl*, Bl. 20). Bei den *ġūl* handelt es sich um die bekannte Dämonenart (vgl. Kapitel 5.6.2, c. „*ġūl*", bei Anm. 510–585). Sie leiten ihre Opfer in der Wüste in die Irre und misshandeln sie.
52 Auch „Wirbelwind".

Diese Verse charakterisieren die Wüste wiederholt als Heimat alles Dämonischen. Māhān bestätigt diesen Sachverhalt wenig später auch in einem Vers, den er an den Hüter jenes Gartens richtet, wo er nach den erlittenen Abenteuern vorübergehend Aufnahme findet[53]:

> Jene Wüste, die sich um diesen Platz herum befindet, ist ein schrecklicher, grasloser Ort der Dämonen *(dīw-lāḫ)*.

Im Rahmen eines Exkurses soll Niẓāmīs Hinweis in der vorangehenden Schilderung aufgegriffen werden, dass die Wüste ein Ort sei, wo Gebrüll aus allen Richtungen dröhne (v. 121). Auch F. Meier ist auf dieses Phänomen aufmerksam geworden, das offensichtlich mit den Dämonen in Verbindung gebracht wird.[54] Es ist bekannt, dass Reisende in der Wüste oft ein Pfeifen vernehmen, das sie den *ǧinn* zuschreiben und das unter dem Oberbegriff *ʿazf* bzw. *ʿazīf al-ǧinn* bekannt ist.[55] Diese Ausdrücke lassen sich bereits in der altarabischen Dichtung belegen, wie aus den folgenden Hinweisen hervorgeht.[56] Ḏū ăr-Rumma beispielsweise meint[57]:

> Wie manchen Sand, in dessen Massen in den ersten Stunden der Nacht das Pfeifen der *ǧinn (ʿazīf al-ǧinn)* ertönte wie der Trommelschlag der Sänger,
> Habe ich durchzogen auf einer Kamelin mit festgebauter Hinterhand und großem Abstand zwischen dem Nasenring und dem Sattel (d. h. mit langem Hals).

Der Kommentar zu diesen beiden Versen weist zur Erklärung auf das Pfeifen des Sandes *(ʿazīf ar-raml)* hin, das in Wüstengegenden weit verbreitet ist. In

---

53 Niẓāmī, *op.cit.*, S. 280, v. 239.

54 F. Meier, NL Mappe 5, s. v. *Laute der Dämonen*, 15 Bl., und NL Mappe 11, s. v. *Laute der Dämonen*, 10 Bl.; *Orte des Dämonenlärms: Arabien*, 1 Bl.; *Orte des Dämonenlärms: Afrika*, 1 Bl.; *Orte des Dämonenlärms: auf Inseln*, 1 Bl.; *Orte des Dämonenlärms: Afghanistan*, 2 Bl.; *Laute, Mauretanien*, 1 Bl.; *Laute der Sande*, 1 Bl.; *Singende Sande*, 2 + 3 Bl. Weitere Beispiele auch in Anm. 136.

55 Auch Ibn Manẓūr, *Lisān al-ʿarab* (s. v. *ʿzf*), vergleicht die Stimmen der *ǧinn* mit dem Blasen des Winds. Beim *ʿazīf al-ǧinn* handelt es sich gemäß dieser Definition um ein schrilles Pfeifen des Sturmwinds, der den Sand herumwirbelt. Gelegentlich wird der Lärm auch mit jenem einer durchreitenden Kavallerie verglichen. Es kann sich aber auch um sanfte Melodien handeln. Zu den Lauten der *ǧinn* im Allgemeinen und *ʿazīf al-ǧinn* im Besonderen vgl. außerdem I. Goldziher, *Abhandlungen zur arabischen Philologie*, „Excurse: Über Erscheinungsformen der Ǧinnen, II", S. 210–212. T. Fahd, „Anges, démons et djinns", S. 208, Anm. 118, macht auf Yāqūt, *Muʿǧam al-buldān*, III.476–478, aufmerksam.

56 F. Meier, NL Mappe 5, s. v. *Laute der Dämonen*, Bl. 16, verweist außerdem auf den Ausdruck *zaǧal*, der ebenso Geräusche der *ǧinn* bezeichnet. Dasselbe gilt für *zīzīm* und *zīzam* (Mappe 11, s. v. *Laute der Dämonen*, Bl. 2); alle gemäß E. Lane, *Lexicon*, s. v.

57 Ḏū ăr-Rumma, *Dīwān* (Ausgabe Macartney), Nr. 64.22–23; Übersetzung: F. Meier, NL Mappe 5, s. v. *Laute der Dämonen*, Bl. 2, mit zahlreichen weiteren Belegen.

diesem Zusammenhang ist auch das Phänomen der *Singenden Sande* zu erwähnen: Wenn der Wind in der Wüste durch den Sand fährt und ganze Dünenlandschaften verändert, entsteht Lärm, den man auf die *ǧinn* zurückführt. Auch westliche Reisende konnten diese Erscheinung beobachten.[58] Gemäß J. Henninger erklärt man sich das unheimliche Pfeifen beim Sturm mit dem Geheul von Dämonen.[59]

Die konsultierten Quellen betrachten aber nicht nur Wüsteneien, sondern auch Meere als bevorzugte Wohnsitze von Teufeln und Geistern. Dies geht aus Beobachtungen A. J. Wensincks hervor, der den Ozean, wie alles andere Amorphe auch, mit den Kräften des Chaos bzw. dem Dämonischen in Verbindung bringt.[60] F. Meier seinerseits formuliert allgemeiner, dass man die *ǧinn* in die Leere von Meer oder Wüsten setze.[61]

Wie bereits erwähnt betrachten die Iḫwān aṣ-Ṣafāʾ die *ǧinn* als die ursprünglichen Bewohner der Erde zu Land und zu Wasser.[62] Da sie nach anfänglichem Wohlverhalten Verderben über die Welt brachten, sandte Gott ein Heer von Engeln aus, das die Banū ăl-Ǧānn „an die Ränder der Erde vertrieb und zahlreiche Kriegsgefangene machte".[63] Andere Quellen siedeln die Dämonen auf Inseln im Meer an. Qazwīnī erwähnt, dass ein Heer von Engeln die aufrühreri-

---

58 O. Lenz, *Timbuktu*, II.53–59, befasst sich damit im 2. Kapitel seines Reiseberichts: „Das Phänomen des tönenden Sandes"; S. 54: Hinweis auf den französischen Ausdruck „sable sonnant". A. Gabriel, *Durch Persiens Wüste*, S. 63 ff., weist darauf hin, dass ein Teil der südlichen Kawīr-Wüste in Iran *Rīg-i ǧinn* („Sand der *ǧinn*") heiße. Man könne in der üblicherweise stillen Wüste alle möglichen Geräusche vernehmen. A. Gabriel nennt den Wind „der Wüste liebstes Kind". Es klinge unheimlich, wenn sich der Sturmwind in ausgewitterten Felsenhöhlen verfange oder über lose Scherbenhänge hinwegfege. Über die verrufenen Flugsandwüsten seien zahlreiche Geistererzählungen im Umlauf. R. Hackin und A. Kohzad, *Légendes et coutumes afghanes*, S. 35, kennen einen Ort Rīg-i rawān („laufender Sand") in Afghanistan, wo sich in einer Bergsenke viel Sand angesammelt hat. An windigen Tagen lasse sich beobachten, wie der Sand an einer Felswand emporklettert und dabei Lärm entsteht.

59 J. Henninger, „Geisterglaube", S. 293, hält außerdem fest, dass die Menschen alles vermeiden, was die *ǧinn* anlocken oder reizen könnte. Das Pfeifen ist besonders verpönt. Ein beduinisches Sprichwort weiß, dass man in der Wüste durch Pfeifen den Teufel herbeilockt. Auch lockt man durch Pfeifen Schlangen und Skorpione herbei, deren dämonischen Eigenschaften bekannt sind.

60 A. J. Wensinck, *The Ocean in the literature of the Western Semites*, S. 40–56.

61 F. Meier, NL Mappe 6, s. v. *Orte der Dämonen*, Bl. 1, hat die Stelle mit dieser Bemerkung allerdings nachträglich von Hand durchgestrichen.

62 Vgl. Kapitel 3.1 „Die *ǧinn:* die ersten Geschöpfe auf Erden?"

63 Iḫwān aṣ-Ṣafāʾ, *Rasāʾil*, Ausgabe Dieterici, S. 21 f., Ausgabe Dār Ṣādir, II.228 f., zitiert bei F. Meier, NL Mappe 6, s. v. *Orte der Dämonen*, Bl. 50 f.

schen *ǧinn* auf Inseln am Rand der Welt *(ilā aṭrāf al-ǧazā'ir)* zurückdrängte.[64] Er zitiert außerdem ein Prophetenwort, wonach Iblīs seinen Thron auf dem Wasser aufgestellt und seine Leute ausgesandt habe. Einer seiner Boten habe bei der Rückkehr berichtet, er habe unter den Menschen Zwietracht gesät.[65] Die Seefahrer wiederum fürchten die *dalhāb,* eine auf Inseln im Meer beheimatete Dämonenart *(yūǧadu fī ǧazā'ir fī ăl-biḥār).*[66] Auch die Riemenbeinler *(duwāl-pā)* sind dafür bekannt, dass sie besonders den Seefahrern Schrecken einjagen, was auf ihre enge Beziehung zum Ozean hindeutet.[67]

In Pseudo-Mas'ūdīs *Aḫbār az-zamān* wird ebenso festgehalten, dass die Geistwesen mit dem Meer in Verbindung stehen.[68] Jedenfalls berichtet dieser Text von Seeleuten, die der Sturm auf eine Insel verschlägt, wo sie zwei Mädchen gefangen nehmen, die sich als Dämoninnen entpuppen. Da die Schiffsleute unachtsam sind, gelingt den beiden bei unterschiedlichen Gelegenheiten die Flucht zurück ins Meer. Außerdem weiß dieses Werk von Meerwesen (*ḫalq baḥriyya, sic*), die Frauen ähneln und die man „Töchter des Wassers" *(banāt al-mā')* nenne. Sie sähen aus wie schöne Frauen, hätten krauses Haar, gewaltige Scheiden und Brüste. Ihre Rede sei kaum verständlich. Auch hätten sie ein schallendes Gelächter (*qahqaha).*[69] Gemäß einem weiteren Bericht ist am Roten Meer (al-Qulzum) eine Nation beheimatet, die aus Raubtieren und Menschen entstanden ist. Der Text betont ihre schrecklichen Züge mehrfach.[70]

Auch bei Suyūṭī lassen sich verschiedene Berichte nachweisen, wonach Wasser mit den Dämonen in Beziehung steht.[71] Dieser Gelehrte erzählt, gestützt auf den Prophetengenossen Abū Sa'īd [al-Ḫudrī, gest. 74/693], dass Ḥasan und Ḥusayn sich, in ihre Obergewänder *(burda)* gehüllt, gewaschen hätten. Ein auf

---

64 Qazwīnī, *'Aǧā'ib al-maḫlūqāt* (Ausgabe Miṣr), S. 211.26–212.2 (vgl. Ausgabe F. Wüstenfeld, S. 368.7–12).

65 Qazwīnī, *'Aǧā'ib al-maḫlūqāt* (Ausgabe Miṣr), S. 215.18–20: „ان ابليس لعنه الله يضع عرشه على الماء" (vgl. Ausgabe F. Wüstenfeld, S. 371.26 f.). Siehe dazu Muslim, *Ṣaḥīḥ, Kitāb Ṣifat al-qiyāma wa-ăl-ǧanna wa-ăn-nār, Bāb Taḥrīš aš-šayṭān [...], Ḥadīṯ* Nr. 7248, und Aḥmad b. Ḥanbal, *Musnad, Musnad Ǧābir b. 'Abdallāh, Ḥadīṯ* Nr. 14601 (beide gemäß Thesaurus Islamicus).

66 Qazwīnī, *'Aǧā'ib al-maḫlūqāt* (Ausgabe Miṣr), S. 215.1–3 (vgl. Ausgabe F. Wüstenfeld, S. 371.8–11); zum *dalhāb* vgl. Kapitel 7 „Von Berittenen und Gerittenen", bei Anm. 38–40.

67 Vgl. F. Meier, „Das Volk der Riemenbeinler", S. 351–356, und *passim.* Zu den Riemenbeinlern siehe Kapitel 7.2 „Die Riemenbeinler".

68 Pseudo-Mas'ūdī, *Aḫbār az-zamān,* S. 17.8–16; zu dieser Stelle und den folgenden Belegen aus Pseudo-Mas'ūdī siehe bereits oben Kapitel 5, bei Anm. 396–400.

69 *Loc.cit.,* S. 17.5–7.

70 *Loc.cit.,* S. 16.15–19.

71 Suyūṭī, *Laqṭ al-marǧān,* §§ 114–116, S. 39.7–14.

Abū Ǧaʿfar Muḥammad b. ʿAlī[72] zurückgeführter Bericht lokalisiert das Ereignis am Euphrat. Beide Darstellungen begründen Ḥasans und Ḥusayns Verhalten damit, dass das Wasser Bewohner (*sukkān*, sg. *sākin*) habe.[73] In einer dritten Fassung des Geschehens erklärt Abū Nuʿmayy (?) dann explizit, dass das Wasser nachts den *ǧinn* gehöre. Man solle deshalb weder ins Wasser urinieren noch sich nachts darin waschen, sonst fügten einem die *ǧinn* Schaden zu.[74]

Im untersuchten Textkorpus lassen sich außerdem Berichte nachweisen, wonach der Prophet den gläubigen und ungläubigen *ǧinn* je einen besonderen Wohnsitz zugewiesen hat.[75] Šiblī hält, gestützt auf Bilāl b. al-Ḥāriṯ[76], fest, dass sich Muḥammad während einer Marschpause zur Verrichtung seiner Notdurft von der Karawane entfernt habe. Als ihm Bilāl Wasser zur Reinigung bringt, wird er Zeuge eines lautstarken Streits zwischen Männern. Der Prophet erklärt ihm dazu im Nachhinein, dass die gläubigen und ungläubigen *ǧinn* aneinander geraten seien. Sie hätten ihn darauf gebeten, ihnen je eine separate Wohnstätte zuzuweisen. Er habe die gläubigen *ǧinn* in al-Ǧals angesiedelt. Die ungläubigen aber habe er nach al-Ġawr geschickt. Šiblī meint erklärend, dass der Ausdruck al-Ǧals Dörfer und Berge bezeichne. Unter al-Ġawr aber sei zu verstehen, was zwischen Bergen und Meeren liege *(mā bayna ăl-ǧibāl wa-ăl-biḥār)*. Er bringt die gläubigen *ǧinn* also mit der besiedelten Welt (*qarya*, pl. *quran:* wörtlich Dorf) und Anhöhen in Verbindung. Die ungläubigen Dämonen aber siedelt er in Tälern und in den Weiten des Meeres an.[77]

72 Gemeint ist Muḥammad b.ʿAlī Zayn al-ʿĀbidīn, Abū Ǧaʿfar, genannt al-Bāqir, der fünfte Imām der Zwölfer-Schiiten (geb. 57/676 in Medina). E. Kohlberg, Artikel „Muḥammad b.ʿAlī Zayn al-ʿĀbidīn, Abū Dj̲aʿfar“, in *EI*^{2} VII.397, macht auf eine Überlieferung aufmerksam, wonach Muḥammad b. ʿAlī sich an die Vorfälle in Karbalā erinnern konnte, die stattfanden, als er erst vier Jahre alt war (10. Muḥarram 61/10. Oktober 680).

73 *Loc.cit.*, S. 39.9 und 12: „اما علمت ان للماء سكانا“.

74 *Loc.cit.*, § 116, S. 39.13 f. Der Gewährsmann Abū Nuʿmayy (?) ließ sich nicht identifizieren.

75 Šiblī, *Ākām al-marǧān*, S. 23.6–17 (Grundlage der folgenden Darstellung), und S. 51.17–52.5; Suyūṭī, *Laqṭ al-marǧān*, § 109, S. 38.4–11; Ḥalabī, *ʿIqd al-marǧān*, S. 44.8–13; Damīrī, *Ḥayāt al-ḥayawān*, I.204.26–30.

76 Bilāl b. al-Ḥāriṯ bekehrte sich früh zum Islam und nahm auf Seiten des Propheten an zahlreichen Schlachten teil. Siehe zu ihm: ʿAbdallāh Kiyānī-Farīd, Artikel „بلال بن حارث“ (mit Hinweisen auf Ibn al-Aṯīr, *Usd al-ġāba fī maʿrifat aṣ-ṣaḥāba*), in *Dāniš-nāma-i Ǧahān-i Islām*, Online-Ausgabe, konsultiert am 15. Januar 2012 (Druckausgabe: Bd. III.1579).

77 Šiblī, *Ākām al-marǧān*, S. 23.12–14. T. Fahd, „Anges, démons et djinns“, S. 188, übersetzt *al-Ǧals* mit „les hauts plateaux (du Najd)“ und *al-Ġawr* mit „les terres basses de la Tihâma“. Er bringt damit eine Lokalisierung in der konkreten Geographie ins Spiel. T. Fahd dürfte sich in seinen Übersetzungen auf entsprechende Angaben bei E. Lane, *Lexicon*, s. v., und A. Kazimirski, *Dictionnaire*, s. v., stützen.

Die bis anhin angeführten Berichte verorten die Dämonen mehrfach in den Weiten der Wüsteneien und der Ozeane. Auch unzugängliche Berge, Täler, Schluchten und Sümpfe sind ihnen Heimat. Diese Darstellungen versetzen die Geister auf der makrokosmischen Ebene an die Ränder der bewohnten Welt. Sie grenzen sie damit aus dem geordneten Kosmos aus und bringen sie mit dem amorphen Chaos in Verbindung. Aufgrund der bisherigen Beobachtungen lässt sich feststellen, dass die Geister mit dem konturlosen Raum in Beziehung stehen. Allerdings kann trotz der systematischen Ausgrenzung dieser Störenfriede im Großen nichts darüber hinwegtäuschen, dass sie im Kleinen unablässig mitten unter den Menschen weilen. Tilimsānī thematisiert ihre Omnipräsenz, indem er ihre große Zahl erwähnt. Falle eine Nadel vom Himmel, treffe sie unweigerlich einen *ǧinnī*.[78] Die weiteren Ausführungen zeigen auf, dass sich die Geister trotz ihrer Allgegenwart auch auf der mikrokosmischen Ebene mit Vorliebe an Grenzorten bemerkbar machen.

Ibn Taymiyya charakterisiert den auf der mikrokosmischen Ebene von den Dämonen in Beschlag genommenen Raum als schmutzige Orte *(mawāḍiʿ an-naǧāsāt)*.[79] Šiblī übernimmt seine Ausführungen dazu fast wörtlich.[80] Auch die von Šiblī abhängigen Suyūṭī und Ḥalabī äußern sich in besonderen Abschnitten ihrer Abhandlungen zu den Aufenthaltsorten der Geister und schenken den *Ǧinn*-Orten in unmittelbarer Nähe der Menschen besondere Beachtung.[81] Šiblī greift dabei auch ein Prophetenwort auf,[82] in dem Muḥammad festhält, dass die Latrinen *muḥḍar* seien.[83] Als *muḥḍar* werden dabei von *ǧinn* aufgesuchte Orte definiert.[84] Wer seine Notdurft auf einer Latrine verrichtet, ist gut beraten, Vor-

78 Tilimsānī, *Šumūs al-anwār*, S. 106.7 f.: „لو وقعت إبرة من السماء ما وقعت إلا عليهم [يعني على الجن]“. Zu dieser Stelle vgl. auch unten bei Anm. 101.

79 Ibn Taymiyya, *Īḍāḥ ad-dalāla*, S. 125.18; vgl. oben Text bei Anm. 36 f.

80 Vgl. Ibn Taymiyya, *Īḍāḥ ad-dalāla*, S. 125.18–126.17, und Šiblī, *Ākām al-marǧān*, S. 25.1–16.

81 Šiblī, *Ākām al-marǧān*, 8. Kapitel: *Fī bayān masākin al-ǧinn*, S. 23.3–25.16; Suyūṭī, *Laqṭ al-marǧān, Faṣl: Masākin al-ǧinn*, §§ 103–119, S. 36.16–40.6; Ḥalabī, *ʿIqd al-marǧān*, 3. Kapitel: *Masākinu-hum*, S. 44.1–7 (Wohnsitze in der äußern Welt), S. 45.8–46.7 (Wohnsitze im Innern des Menschen).

82 Šiblī, *Ākām al-marǧān*, S. 24.7–15 und 24.16–22; vgl. Suyūṭī, *Laqṭ al-marǧān*, §§ 104–107, S. 37.3–15. Šiblī, *Ākām*, S. 24.7: „قال رسول الله إن هذه الحشوش محضرة [او: محتضرة] فإذا أتى احدكم الخلاء فليقل اللهم إني أعوذ بك من الخبث والخبائث“. Das Prophetenwort lässt sich nachweisen bei Abū Dāwūd, *Sunan, Kitāb aṭ-Ṭahāra, Bāb Mā yaqūlu ăr-raǧul iḏā daḫala ăl-ḫalāʾ*, *Ḥadīṯ* Nr. 6; Ibn Māǧa, *Sunan, Kitāb aṭ-Ṭahāra wa-sunani-hā, Bāb Mā yaqūlu ăr-raǧul [...]*, *Ḥadīṯ* Nr. 312; Aḥmad b. Ḥanbal, *Musnad, Awwal Musnad al-Kūfiyyīn, Ḥadīṯ Zayd b. Arqam, Ḥadīṯ* Nr. 19594, 19639–19640 (alle nach Thesaurus Islamicus).

83 Šiblī, *Ākām al-marǧān*, S. 24.8: „هذه الحشوش محضرة“.

84 Šiblī, *op.cit.*, S. 24.14 f.: „وقوله محضرة يعنى يحضرها الجن“.

sichtsmaßnahmen gegen Angriffe der *ǧinn* zu treffen. Das Rezitieren von Schutzformeln[85] verhindere, dass die Dämonen Blöße und Scham *(ʿawra)* der Muslime zu Gesicht bekämen.[86] M. Schöller meint, dass Latrinen sowie weitere dunkle, geheimnisumwitterte und schmutzige Plätze (z. B. Kanäle, Gräber) nicht *per se* Wohnorte von Dämonen seien.[87] Es seien dies vielmehr jene Stellen, wo die *ǧinn* in den Körper ihrer Opfer einfahren. Denn hier seien die menschlichen Körperöffnungen nicht sorgfältig verschlossen.[88]

Auch der über Suyūṭī von Šiblī abhängige Ḥalabī bezeichnet schmutzige Stätten als beliebte Aufenthaltsorte der *ǧinn.*[89] Zusammenfassend zählt er die Plätze von Kamelen *(ibl)*, Bäder *(ḥammām)*, Aborte *(mirḥāḍ)* und Mülltonnen *(mazbala)* zu den typischen *Ǧinn*-Orten. Man treffe Dämonen außerdem häufig an öden, verlassenen Stätten *(al-amākin al-mūḥiša)* an. Dazu zählt Ḥalabī Täler *(awdiya,* sg. *wādī)* und Gräber *(qubūr,* sg. *qabr)*. Auch Orte, wo sich Mordfälle ereignet haben *(mawāḍiʿ al-qatlā)*, bringt er mit den Dämonen in Verbindung.[90] Diese halten sich außerdem an den Kultstätten nicht-islamischer Religionen auf. Ḥalabī erwähnt in diesem Zusammenhang explizit Kirchen *(kanīsa)* und

---

85 Šiblī, *op.cit.*, S. 24.14, betrachtet das Aussprechen folgender Formel als besonders hilfreich: „اللهم إنى أعوذ بك من الخبث والخبائث“. – „O Gott, ich suche Zuflucht bei dir vor dem Bösartigen und den Bösen.“

86 Šiblī, *op.cit.*, S. 24.16–19: „[قال رسول الله] سُتِرَ ما بين اعين الجن وعورات أُمَّتِى اذا دخل احدكم الخلاء ان يقول بسم الله“; vgl. Suyūṭī, *Laqṭ al-marǧān*, § 112, S. 38.17–39.2.

87 Šiblī, *op.cit.*, S. 24.4–6 (mit Fortsetzung), und Suyūṭī, *Laqṭ al-marǧān*, § 108, S. 38.1–3, halten fest, dass sich der Mensch davor hüten soll, in Abflusslöcher *(bālūʿa)* zu urinieren. Wenn einem danach ein Unglück widerfahre, sei es schwierig zu behandeln: „لا تبل فى فم البالوعة لانه ان عرض منه شىء كان اشد لعلاجه.“ Auch Ḥalabī, *ʿIqd al-marǧān*, S. 45.3 f., warnt vor dem Urinieren in Löcher und Höhlen, da darin *ǧinn* hausen. G. Fartacek, *Unheil durch Dämonen?* S. 139, belegt diese Vorstellung für das moderne Syrien. F. Meier, NL Mappe 6, s. v. *Orte der Dämonen*, Bl. 4, macht auf eine Stelle bei Ǧaʿfar-i Badaḫšī, *Ḫulāṣat ul-manāqib*, Handschrift Berlin, Bl. 122r, Handschrift Oxford, Bl. 89v, aufmerksam. Gemäß dieser Quelle ist der Prophetengenosse Saʿd beim Pissen ohnmächtig geworden und gestorben. Aus dem Erdloch *(sūrāḫ)*, in das er uriniert habe, habe man darauf eine Stimme vernommen, wonach „sie“ auf Saʿd geschossen und sein Herz nicht verfehlt hätten. Der Prophet habe erklärt, dass die *ǧinn* auf Saʿd geschossen hätten; er habe in ihre Wohnsitze gepisst.

88 M. Schöller, „His master's voice“, S. 49, Anm. 48.

89 Ḥalabī, *ʿIqd al-marǧān*, S. 44.14–45.7.

90 H. A. Winkler, *Die reitenden Geister*, S. 9, 11, zeigt auf, dass Totengeister aus dem Blut eines Menschen entstehen, der gewaltsam zu Tode gekommen ist.

Klöster *(dayr)*.[91] Auch sprächen die *ǧinn* aus Götzenbildern *(ṣanam)* heraus. Es sei deshalb verboten, an diesen Stellen das Gebet zu verrichten.[92]

Während die Berichte über schmutzige Orte als Wohnsitze der *ǧinn* die Dämonen ausgrenzen, insistieren andere Darstellungen auf ihrer Teilhabe am alltäglichen Leben der Menschen. Aus dem islamischen Kulturraum sind eigentliche Hausgeister bekannt, die in der Regel *ʿāmir al-buyūt* (pl. *ʿummār*) genannt werden. Ǧāḥiẓ bezeichnet sie als jene *ǧinn*, die zusammen mit den Menschen leben.[93] Sie treten häufig als Schlangen in Erscheinung. Aus Prophetenworten geht hervor, dass man ihre Anwesenheit gemeinhin als Störung empfindet. Ausgewählte Berichte illustrieren frühere Ausführungen zu den Hausgeistern ergänzend. Obwohl sich die folgenden Hinweise zumeist auf bis anhin nicht berücksichtigte Autoren und Quellen stützen, lassen sich inhaltliche Wiederholungen nicht gänzlich vermeiden.[94]

Der Traditionarier Muslim erwähnt eine auf Nāfiʿ zurückgeführte Überlieferung,[95] wonach Abū Lubāba b. ʿAbd al-Munḏir al-Anṣārī und ʿAbdallāh b. ʿUmar zusammengesessen hatten. Als Abū Lubāba eine Luke *(ḫawḫa)* geöffnet habe, hätten die Anwesenden dahinter eine Schlange von den Hausgeistern entdeckt.[96] Abū Lubāba habe es untersagt, die Schlange umzubringen, sei es doch

---

91 Auch M. Schöller, „His master's voice", S. 56 f., bemerkt, dass sich *ǧinn* gern in Kirchen aufhalten.

92 Ḥalabīs Hinweis, dass Dämonen in Kirchen und Klöstern hausen, ist in einem muslimischen Umfeld leicht nachvollziehbar. Die Quellen enthalten allerdings auch Berichte, dass die *ǧinn* sogar in Moscheen eindringen: Ibn Ǧubayr, *Riḥla*, Ausgabe W. Wright, S. 110.13–15, und Ausgabe Dār Ṣādir, S. 88.1–3, hält fest, dass gläubige Dämonen dem Propheten in einer Moschee beim Friedhof nördlich von Mekka gehuldigt haben. Dieser Vorfall steht mit Muḥammads *Ǧinn*-Predigt in Beziehung (Hinweis aus F. Meier, NL Mappe 6, s. v. *Orte der Dämonen*, Bl. 21). Aus den *Ḥadīṯ*-Sammlungen ist außerdem eine Überlieferung bekannt, dass ein *ʿifrīt* Muḥammad beim Verrichten des Ritualgebets *(ṣalāt)* in einer Moschee *(masǧid)* störte. Der Prophet habe ihn überwältigen, an einer Säule festbinden und den Leuten am nächsten Morgen zeigen wollen (vgl. oben Kapitel 5.2.1, Text bei Anm. 53 f.). M. Schöller, „His master's voice", S. 49, Anm. 48, bringt zur Illustration ein Beispiel aus der Moderne bei. Demnach wohnte eine muslimische *ǧinnin* namens Zaynab zusammen mit sieben Gefährtinnen, die zu den besonders bösartigen Dämonen (*mārid*, pl. *marada*) zählten, in einer Moschee in Kairo. Der Hinweis stammt aus einer modernen Schrift zum Dämonenglauben von M.ʿA. al-Muġāwirī, *Ḥiwār sāḫīn maʿa ǧinn muslim wa-ǧinn masīḥī*, S. 20 (Hinweis aus M. Schöller).

93 Ǧāḥiẓ, *Ḥayawān*, VI.190.5: „فاذا ارادوا انه ممن سكن مع الناس قالوا عامر، والجميع عمار".

94 Vgl. Kapitel 5.4.1 (Text bei Anm. 135–148: „Die Hausgeister") und Kapitel 6.2.1 „Die Perspektive der Ethnologie", bei Anm. 30.

95 Muslim, *Ṣaḥīḥ*, *Kitāb as-Salām*, *37 Bāb Qatl al-ḥayyāt wa-ġayri-hā*, *Ḥadīṯ* Nr. 5969 (Thesaurus Islamicus).

96 „اذ هم بحية من عوامر البيوت".

verboten, die Hausgeister zu töten.[97] Auch ein auf den Gewährsmann Hišām b. Zuhra zurückgehender Bericht weiß, dass *ğinn* in der Gestalt von Schlangen in der Umgebung menschlicher Behausungen leben.[98] Gemäß dieser Überlieferung kam Hišām zu Ḫudrī, als dieser gerade das Ritualgebet verrichtete. Beim Warten vernimmt er in den verdorrten Zweigen einer Dattelpalme (*ʿarğūn*, pl. *ʿarāğīn*) in der Nähe des Hauses eine Bewegung. Als er eine Schlange entdeckt, will er sie töten. Ḫudrī allerdings hält ihn zurück.[99] Šiblī wiederum unterstreicht die große räumliche Nähe der *ğinn* zu den Menschen, indem er eine Überlieferung aus Abū Bakr b. ʿUbayds *Makāʾid aš-šayṭān* zitiert (Gewährsmann Yazīd b. Ğābir).[100] Demnach leben im Dach des Hauses jeder muslimischen Familie muslimische *ğinn*. Wenn man ihnen etwas zu essen hinstelle, kämen sie am Mittag und am Abend herab und äßen mit den Leuten. Gott halte sie dabei in sicherer Entfernung von den Menschen.

Die soeben aufgegriffenen Berichte aus schriftlichen Quellen illustrieren die Spannung zwischen potentieller Omnipräsenz im und faktischem Ausschluss des Dämonischen aus dem menschlichen Alltag. Gemeinsam ist den unterschiedlichen Darstellungen, dass sie den Geistwesen Stätten zuweisen, wo die Menschen auf die Dauer nicht existenzfähig sind (z. B. Wüsteneien) oder an denen sie längere Aufenthalte vermeiden (z. B. Latrinen). Sie grenzen die *ğinn* damit aus dem Bereich des Menschen aus. Diese Beobachtungen lassen sich dahingehend zusammenfassen, dass die *ğinn* in örtlicher Hinsicht als Grenzwesen in Erscheinung treten bzw. dass sich von einer räumlichen Liminalität des Dämonischen reden lässt.

---

97 Es folgt der Hinweis, dass es gestattet sei, die *Abtar*- und die *Ḏū ăṭ-ṭufyatayn*-Schlange zu erschlagen. Sie würden die Sehkraft rauben und Fehlgeburten verursachen; vgl. Kapitel 5.4.1, bei Anm. 116–119. Auch die nächste Überlieferung bei Muslim fordert zur Schonung der in den Häusern lebenden *ğinn* auf; dies seien die *ʿāmir* (pl. *ʿummār*). *Ṣaḥīḥ, Kitāb as-Salām, 37 Bāb Qatl ḥayyāt wa-ġayri-hā, Ḥadīṯ* Nr. 5970: „انى سمعت رسول الله نهى عن قتل الجنان التى تكون فى البيوت". Muslim, *Ṣaḥīḥ, Kitāb as-Salām, Bāb 37, Ḥadīṯ* Nr. 5976: Die über Abū Saʿīd al-Ḫudrī auf den Propheten zurückgeführte Überlieferung fordert dazu auf, die *ʿāmir* zuerst drei Mal zu warnen. Erst wenn diese Wesen danach noch erscheinen, solle man sie töten. Es handle sich dann um den Satan. Vgl. zur Frage auch Buḫārī, *Ṣaḥīḥ, Kitāb bad' al-ḫalq, Bāb 59, Ḥadīṯ* Nr. 3333 und 3334 (alle nach Thesaurus Islamicus).

98 Muslim, *Ṣaḥīḥ, Kitāb as-Salām, Bāb 37, Ḥadīṯ* Nr. 5976 (Thesaurus Islamicus).

99 Ḫudrī begründet dies mit einem Hinweis auf das Schicksal jenes frisch verheirateten Jünglings, der während des Grabenkriegs zu seiner Frau zurückkehrte und im Kampf gegen eine Schlange ums Leben kam (vgl. Kapitel 5.4.1, bei Anm. 105–112). Der Bericht über Ḫudrī lässt sich auch nachweisen bei Šiblī, *Ākām al-marğān*, S. 65.9–24 (mit Abweichungen), und Suyūṭī, *Laqṭ al-marğān*, § 370, S. 143.14–144,14.

100 Šiblī, *Ākām al-marğān*, S. 23.21–24.4.

Die Übersetzung der bereits erwähnten Stelle aus Tilimsānīs *Šumūs al-anwār*, wonach eine vom Himmel herabfallende Nadel unweigerlich einen Dämon treffe, soll die soeben angestellten Überlegungen zusammenfassend abschließen[101]:

> Darauf sagte Ismāʿīl [zu Tilimsānī]: Es gibt Arten von den *ǧinn*, die die Frauen und Männer niederwerfen *(ṣaraʿa)*. Sie sind unterschiedlich. Ich kenne unter ihnen zahlreiche Geschöpfe. Wenn aber Gott will, so werde ich dir und andern ungefähr siebzig Scharen *(rahṭ)* vorstellen. In jeder Gruppe von ihnen, d. h. von den *ǧinn*, gibt es 70 000 Stämme *(qabīla)*. Jeder Stamm umfasst [seinerseits] 70 000 Unterabteilungen *(faḫḏ)*. Wenn eine Nadel *(ibra)* vom Himmel fiele, fiele sie unweigerlich auf sie [die *ǧinn*].
>
> Die *ʿifrīt* (pl. *ʿafārīt*) unter ihnen bewohnen die Quellen *(ʿuyūn)* und Höhlen *(kuhūf)*. Die Satane (*šayāṭīn*, sg. *šayṭān*) bewohnen die Häuser *(diyār)* und besiedeln die Gräber *(qubūr)*, d. h., sie lassen sich in der Nähe der Gräber der Menschen nieder. Aber die *ṭāġūt* (pl. *ṭawāġīt*)[102] wohnen in der Nähe des Blutes. Sie sind anwesend, wo auch immer ein Blutopfer dargebracht wird. Wenn ein Tropfen Blut vergossen wird, kommen sie schneller herbei als der herabsausende Blitz und der Sturmwind. Einige Windgeister *(zawbaʿa*, pl. *zawābiʿ)* reiten auf den Winden. Einige Vorsteher der Satane *(kibār aš-šay[ā]ṭīn)* wohnen in der Nähe des Feuers, da dies ihr eigentlicher Ursprung ist. Einige *tawāqīf-ʿifrīte*[103], nämlich jene in menschlicher Gestalt, wohnen in der Nähe von hochgewachsenen Bäumen *(al-ašǧār al-ʿāliyya)* und von Dornbüschen; sie dringen in Gärten und weite Ebenen ein, und sie wohnen in den Bergen (*ǧibāl*, sg. *ǧabal*) und in verlassenen Ruinen *(al-ḫarāʾib al-ḫāliyya)*. Die meisten von ihnen fügen den Männern und Frauen unter den Menschen Schaden zu.

6.2.3 Das Land Wabār und weitere namentlich bekannte *Ǧinn*-Orte

Die bisherigen Ausführungen wiesen auf *Ǧinn*-Orte hin, die sich entweder an den Grenzen der bewohnten Welt befinden (z. B. Wüsteneien, Schluchten, Meere)

---

101 Tilimsānī, *Šumūs al-anwār*, S. 106.4–14; vgl. oben bei Anm. 78.

102 *Ṭāġūt*, pl. *ṭawāġīt*, bedeutet gemäß A. Kazimirski, *Dictionnaire*, s. v., u. a. „1. Idole, fausse divinité adorée par les idolâtres, surtout les idoles adorées par les Mecquois (comme Lāt, ʿUzzā, etc.); 2. Satan, démon, diable; 3. Sorcier, magicien, devin." F. Meier, NL Mappe 9, s. v. *Ṭāġūt*, verweist auf folgende Koranstellen: Suren 2.257; 4.51, 60, 76; 5.60; 16.36; 39.17. Der Ṭāġūt wird auch als *šayṭān* aufgefasst oder als ein besonders böser und ungläubiger Dämon (vgl. E. Lane, *Lexicon*, s. v. *ṭġw*). Siehe außerdem A. Jeffery, *The foreign vocabulary of the Qurʾān*, S. 202 f.

103 Der Ausdruck التواقيف العفاريت (allenfalls: الطواقيف) ließ sich in den gängigen Lexika und Wörterbüchern nicht belegen. Er fehlt auch bei F. Meier, NL Mappe 9 (Verzeichnis der Dämonennamen). Bei einer Suche im Internet ergaben sich allerdings mehrere, offensichtlich voneinander abhängige Treffer, die die *Tawāqīf* definieren als „Arabische Baumdämonen, die sich in Baumwurzeln verstecken und Wanderern auflauern"; siehe z. B. http://enctype.de/Daemonen/frame.htm; http://alte-reiche.de.tl/Daemonennamen.htm; jeweils unter Buchstaben T. Websites konsultiert am 28. Dezember 2011.

oder die aus strukturalen Gründen als Randorte zu bezeichnen sind (Latrinen, Bäder, Kanalisationen, Friedhöfe etc.).[104] Die untersuchten Quellen erwähnen allerdings auch Namen von *Ǧinn*-Orten und lokalisieren sie teilweise in der konkreten Geographie. Sie rücken auch diese Gegenden tendenziell an den Rand der besiedelten Welt. Darunter am bekanntesten ist das Land Wabār.

Ǧāḥiẓ berichtet im *Kitāb al-Ḥayawān*, dass *ǧinn* die Häuser des Volkes der Wabār in Besitz genommen hätten, nachdem Gott diese Nation vernichtet habe.[105] Er erwähnt die Wabār in einem Atemzug mit andern verschwundenen Völkern, darunter die aus dem Koran bekannten ʿĀd und Ṯamūd.[106] Daraus lässt sich schließen, dass auch die Wabār wegen ihres Ungehorsams gegenüber Gott ausgelöscht worden sind.[107] Beim Land der Wabār handelt es sich um eine Gegend von großer Fruchtbarkeit. Dort gedeihen zahlreiche Bäume mit bekömmlichen Früchten. Auch ist das Gebiet bekannt für sein Getreide, seine Reben, Dattelpalmen und Bananenbäume. Nähert sich ein Mensch absichtlich oder irrtümlich diesem Land, schleudern ihm die Dämonen Staub *(turāb)* ins Gesicht. Wenn er nicht zurückweicht, treiben sie ihn in den Wahnsinn[108] oder bringen ihn sogar um.

Ǧāḥiẓ stellt im Anschluss an diese Beschreibung kritische Überlegungen zum Land Wabār an. Er verweist es mit der Bemerkung, es handle sich um einen „nichtigen, inexistenten Ort“,[109] ins Reich von Fiktion und Fabel. Auch diene das Land als Gleichnis *(maṯal)* für Irreleitung und Verwirrung *(ḍalāl)*.[110] Die Beduinen äußerten sich über das Land Wabār außerdem gleich wie über andere

---

104 Vgl. die Überlegungen G. Fartaceks, *Unheil durch Dämonen?* S. 148–152.

105 Ǧāḥiẓ, *Ḥayawān*, VI.215.6–216.10. Während Ǧāḥiẓ die Wabār als Volk *(umma)* behandelt, bezeichnet der Ausdruck sonst das von ihnen bewohnte Land.

106 Ǧāḥiẓ, *Ḥayawān*, VI.215.7–9.

107 Auch J. von Hammer-Purgstall, „Geisterlehre“, S. 163, kennt das Land Wabār. T. Fahd, „Anges, démons et djinns“, S. 187 f., befasst sich ebenso damit. Er stützt sich zusätzlich zu den hier verarbeiteten Quellen auf einen Bericht bei Ibn Saʿd, *Kitāb aṭ-Ṭabaqāt al-kabīr* (Ausgabe E. Sachau, E. Mittwoch), I.1.20.

108 Ǧāḥiẓ, *Ḥayawān*, VI.215.11 f.: „فإن دنا اليوم إنسانٌ من تلك البلاد، متعمّداً أو غالطاً، حثوا فى وجهه التراب، فإن أبى الرجوعَ خبلوه، وربما قَتلوه“. Gemäß A. Kazimirski, *Dictionnaire*, s. v., kann *ḫabala, ḫabbala* auch „verstümmeln“ bedeuten („1. Déranger à q. ses facultés, le rendre fou (se dit d'un grand chagrin qui trouble la tête); 2. Estropier q.“). Da Dämonen Menschen wahnsinnig machen, wurde hier dieser zweiten Bedeutung der Vorzug gegeben.

109 Ǧāḥiẓ, *Ḥayawān*, VI.216.1: „الموضع نفسه باطل“.

110 Ǧāḥiẓ, *Ḥayawān*, VI.216.6, ergänzt, dass Desorientierung *(ṣarfa)* ins Herz jener geworfen werde, die dieses Land aufsuchen wollen. Sie würden umherirren wie Moses' Leute in der Wüste Tīh (S. 216.2 f.).

Wüsteneien. Ǧāḥiẓ erwähnt ad-Daww[111], aṣ-Ṣammān[112], ad-Dahnā'[113] und Raml Yabrīn[114]. Seine Ausführungen schließen mit dem Hinweis, dass sich im Land Wabār heute nur noch die *ǧinn* und *Ḥūšiyya*-Kamele aufhalten.[115] Dieses Land ist übrigens nicht nur Ǧāḥiẓ als Gegend der *ǧinn* bekannt. Auch Hamadānī-Ṭūsī,[116] Yāqūt,[117] Ibn al-Faqīh[118] und Dimašqī[119] berichten davon in diesem Sinn. Ihre Beschreibungen stimmen in den Grundzügen miteinander überein, weichen jedoch in Einzelheiten voneinander ab. Die Darstellung in Yāqūts Geographiewerk dient als Ausgangspunkt der weiteren Überlegungen.[120]

Yāqūt lokalisiert Wabār in der Rubʿ al-Ḫālī-Wüste. Ein auf al-Layṯ[121] zurückführbarer Bericht bezeichnet Wabār als Land, das zu den Wohngebieten der ʿĀd gehört habe und sich zwischen den Sanden von Yabrīn und Yaman (Jemen) erstrecke.[122] Gott habe die Wohnsitze *(diyār)* der ʿĀd den *ǧinn* überlassen, nachdem jene umgekommen seien. Gemäß Muḥammad b. Isḥāq liegt Wabār zwischen dem Ḥaḍramawt und as-Sabūb.[123] Die unter dem Namen *nasnās* bekannten Halblinge

111 E. Lane, *Lexicon*, s. v.: „A desert, or waterless desert. [...] It is also said that *daww* is in origin a Persian word; as though he who traversed the *daww* said to his companion *daw daw* meaning ‚Hasten, hasten!' Or, as some say, a certain region, four nights' journey in extent, like a shield, vacant, traversed by means of the stars, in which one feared losing his way, on the way from El-Baṣrah to Mekkeh, was named *ad-daww* for this reason, from the Persians hastening one another while crossing it by saying *daw daw* [von *dawīdan*]."

112 Siehe Yāqūt, *Muʿǧam al-buldān*, III.416 f.

113 E. Lane, *Lexicon*, s. v.: „A desert or place of sands, or a place all sand. With the article *al:* A certain place [or desert tract] belonging to Temeem, in Nejd, extending to the distance of three days' journey, in which is no water. The same appellation is also applied to the great desert of which the central part lies towards the S. E. of Nejd."

114 Gemäß G. R. Smith, Artikel „Yabrīn", in *EI²* XI.225, sandige Gegend in Ost-Arabien.

115 Ǧāḥiẓ, *Ḥayawān*, VI.216.10. Ǧāḥiẓ, *Ḥayawān*, VI.230.1, bezeichnet das Land Wabār als Land der *Ḥūšiyya*-Kamele; vgl. zu ihnen Kapitel 5.4.2 „Das Kamel", bei Anm. 161–167, und hier anschließend bei Anm. 127–129.

116 Hamadānī, *ʿAǧāyib-nāma* (Ṣādiqī), S. 220.21 f., 223.14, 253.16.

117 Yāqūt, *Muʿǧam al-buldān*, IV. 896 ff.

118 Ibn al-Faqīh, *Kitāb al-buldān*, S. 37.14–38.20.

119 Dimašqī, *Nuḫbat ad-dahr* (Mehren), S. 218.

120 Yāqūt, *Muʿǧam al-buldān*, IV. 896–900. F. Meier, NL Mappe 6, s. v. *Orte der Dämonen*, Bl. 5–7, hat die Stelle übersetzt. Vgl. B. Thomas. *Arabia Felix*, S. 161, Anm. 1.

121 Da Yāqūt den Namen des Überlieferers nicht präzisiert, lässt sich nicht abschließend entscheiden, ob mit al-Layṯ der bekannte Rechtsgelehrte und Gewährsmann al-Layth b. Saʿd (gest. 175/791) gemeint ist; siehe zu ihm: A. Merad, Artikel „al-Layth b. Saʿd b. ʿAbd al-Raḥmān al-Fahmī, Abu 'l Ḥārith", in *EI²* V. 711.

122 Yāqūt, *op.cit.*, IV. 896.17 f.

123 Yāqūt, *op.cit.*, IV. 896.19 f. Zu weiteren Lokalisierungen des Landes Wabār in der konkreten Geographie vgl. bei Anm. 129–135.

seien hier beheimatet.[124] Gott habe die Bewohner dieses Landes in *nasnās* verwandelt, da sie nichts von ihm hätten wissen wollen.[125] Männer und Frauen der *nasnās* hätten nur einen halben Kopf, nur ein halbes Gesicht, bloß ein einziges Auge, eine einzige Hand und einen einzigen Fuß. Sie weideten wie das Vieh in den Dickichten von Wabār, die sich bis ans Meer erstrecken. Auch Muḥammad b. Isḥāq betont, dass sich ein menschliches Wesen in dieser Gegend zwangsläufig verirre. Später weist Yāqūt auf die bereits von Ǧāḥiẓ bekannte Auffassung hin, dass die Bewohner Wabārs jeden Eindringling mit Sand bewerfen. Weiche er nicht zurück, würden sie ihn in den Wahnsinn treiben oder sogar töten.[126]

Yāqūt greift anschließend einen Bericht aus den *Aḫbār al-ʿArab* auf, wonach ein Mann doch einmal in dieses Land gelangt sei, ohne dort umzukommen.[127] Gemäß dieser Darstellung bemerkte ein Mann aus dem Jemen, wie ein außergewöhnlicher Hengst bei seinen Kamelinnen auftauchte, diese deckte und darauf wieder verschwand. Er erschien erst im folgenden Jahr wieder und besprang die Stuten erneut. Auch im dritten Jahr zeigte sich der Hengst. Als er beim Weggehen brüllte, rannten ihm alle seine Jungen nach. Der Jemenite folgte den Tieren und erreichte schließlich das Land Wabār, wo er auf eine Quelle stieß. Yāqūts Beschreibung greift die bereits von Ǧāḥiẓ bekannten Hinweise auf die große Fruchtbarkeit dieser Gegend auf. Sie hält außerdem fest, dass an dieser Quelle die ḥūšitischen Kamele, Esel, Kühe, Gazellen und weitere Tiere in großer Zahl versammelt waren.

Jetzt tritt dem Eindringling ein *Ǧinn*-Mann entgegen und erklärt ihm, dass der außergewöhnliche Kamelhengst den Leuten Wabārs gehöre. Er habe zu seinen Jungen gewollt und sie in sein Land zurückgeholt.[128] Auch fordert er den Jemeniten auf, das Land Wabār unverzüglich zu verlassen. Wäre er absichtlich hierhergekommen, brächte er ihn jetzt um. Er solle unter keinen Umständen hierhin zurückkehren. Yāqūt weist abschließend auf die Wendung hin „Ich ließ es an der Quelle von Wabār"; sie bedeute: „Ich ließ es an einem unbekannten Ort". Andere

---

124 Yāqūt, *op.cit.*, IV. 896.19.

125 Yāqūt, *op.cit.*, IV. 897.2 f. Zu den *nasnās* vgl. Kapitel 5.6.2, b. „*nasnās*" (bei Anm. 442–488 und 489–509), siehe auch Kapitel 5.6.2, a. „*šiqq*" (bei Anm. 414–441).

126 Yāqūt, *op.cit.*, IV. 897.11 ff.

127 Yāqūt, *op.cit.*, IV. 897.21 ff..

128 Yāqūt, *op.cit.*, II.360, kennt ein Land al-Ḥūš. Die Sande von al-Ḥūš sollen jenseits der Sande von Yabrīn (Raml Yabrīn) der Banū Saʿd liegen. Der Name der ḥūšitischen Kamele leite sich von diesem Land ab. Auch an dieser Stelle folgt ein Hinweis auf die Geschichte des außergewöhnlichen Kamelhengsts. Yāqūt bezeichnet al-Ḥūš zuletzt als das Land der *ǧinn* jenseits von Yabrīn. Dort wohnten keine Menschen.

Stellen lokalisieren das Land Wabār aber doch in der konkreten Geographie, wie soeben aufgezeigt wurde.[129]

Aus den untersuchten Quellen sind weitere *Ǧinn*-Orte bekannt, deren Namen sich lautlich nur geringfügig von Wabār unterscheiden. Die im Folgenden vorgestellten Orte Abār und ʿAbqar sind mit Wabār mit großer Wahrscheinlichkeit identisch.[130] Jedenfalls lässt sich feststellen, dass zu den unter diesen Namen bekannten Orten Berichte im Umlauf sind, die mit jenen zu Wabār weitgehend übereinstimmen. Von einem Land Abār weiß Ṭabarī,[131] der es zwischen Yamāma und Šiḥr lokalisiert. Es sei heute unzugänglich und die *ǧinn* hätten sich seiner bemächtigt. Ibn ʿAsākir seinerseits berichtet davon, wie die Menschen nach der Sintflut Land besiedelten.[132] Amīm habe sich im Land Abār niedergelassen. Doch seien die Menschen dort umgekommen. In Übereinstimmung mit Ṭabarī lokalisiert auch Ibn ʿAsākir das Land zwischen Yamāma und Šiḥr. Mit den bereits bekannten Angaben zu Wabār ist überdies die Bemerkung vereinbar, dass heute niemand mehr dieses Land betreten könne, denn die *ǧinn* hätten sich seiner bemächtigt. Das Land leite seinen Namen von Abār b. Amīm ab.

Yāqūt und Maybudī wiederum wissen von einem Land ʿAbqar. Während Maybudī bloß dessen Namen erwähnt,[133] fallen die Angaben bei Yāqūt ausführlicher aus.[134] Ihm ist einerseits bekannt, dass sich diese Gegend im Jemen befindet. Da es dort auch Geldwechsler gab, war der Ort wohl bewohnt. Yāqūt äußert allerdings die Vermutung, dass diese Stadt früher einmal bestanden habe und dann verwüstet worden sei. Als man den Ort nicht mehr gekannt habe, habe man ihn den *ǧinn* zugewiesen. Der Geograph Yāqūt greift anderseits einen Bericht auf, wonach ʿAbqar ein Land in der Yamāma sei. Wer ʿAbqar als Land der *ǧinn* auffasse, stütze sich auf folgenden Vers des Zuhayr[135]:

> Mit Pferden, auf denen ʿabqaritische *ǧinn* sitzen, die würdig sind, eines Tages [den Sieg] zu erhalten und hoch erhaben zu sein (?).

---

129 Vgl. bei Anm. 121 f. T. Fahd, „Le merveilleux dans la faune, la flore et les minéraux", S. 128, hält fest „Une tribu arabe mythique, les Wabār, vit près de Sanaa au Yémen." Weitere Hinweise auf eine Lokalisierung von mit dem Land Wabār verwandten Gegenden folgen gleich anschließend.

130 F. Meier, NL Mappe 6, s. v. *Orte der Dämonen*, Bl. 10, setzt das Land Abār mit Wabār gleich: „Abār (= Wabār)".

131 Ṭabarī, *Taʾrīḫ (Annales)*, I.221.11 f.; siehe auch F. Meier, NL, s. v. *Orte der Dämonen*, Bl. 2.

132 Ibn ʿAsākir, *Taʾrīḫ Dimašq*, I.7.7 f.

133 Maybudī, *Kašf ul-asrār*, Kommentar zu Sure 55, *ar-Raḥmān*, Vers 56, IX.433.11.

134 Yāqūt, *Muʿǧam al-buldān*, III.606 f.

135 Übersetzt bei F. Meier, NL Mappe 6, s. v. *Orte der Dämonen*, Bl. 2, mit Verweis auf W. Ahlwardt, *Six poets*, S. 90, Vers 13, und O. Rescher, *Beiträge*, IV. 2.2 (96).

Die beigebrachten Berichte beschreiben Wabār, Abār und ʿAbqar wiederholt als besonders fruchtbare Gegend, was für ein den Dämonen verfallenes Land untypisch ist. Andere Elemente aber lassen sich gut mit Darstellungen von Landstrichen in Vereinbarung bringen, die von *ǧinn* besiedelt werden. Dazu zählt insbesondere, dass das Land Wabār zerstört und deshalb von seinen ursprünglichen Bewohnern verlassen worden sei. *Ǧinn* hausen bekanntlich mit Vorliebe in Ruinen.[136]

Während Wabār und die damit wohl verwandten Abār und ʿAbqar zu den halbmythischen *Ǧinn*-Orten zählen,[137] lassen sich in den Quellen auch Hinweise auf in der konkreten Geographie lokalisierbare Plätze der Dämonen finden.

Zwar gelten eher Täler und Schluchten als bevorzugte Stätten der Geister, doch bringen die Quellen vereinzelt auch Berge mit ihnen in Verbindung. Ǧāḥiẓ, Qazwīnī und Yāqūt wissen, dass bei einem Berg namens Suwāǧ *ǧinn* leben. Er wird bald als ihr Aufenthalts-, bald als ihr Zufluchtsort bezeichnet. Allerdings lässt sich nur wenig über diesen Berg in Erfahrung bringen. Qazwīnī hält fest, dass unbekannt sei, wo er liege.[138] Verständlich ist, dass Vulkane als Wohnsitze

136 Der Vollständigkeit halber sei darauf hingewiesen, dass Yāqūt und Damīrī von einem Ort Abraq *(sic)* al-ʿAzzāf wissen. Gemäß Yāqūt, *Muʿǧam al-buldān*, Bd. 1, s. v., handelt es sich um eine Wasserstelle der Banū Asad auf dem Weg von Baṣra nach Medina. Der Ort befinde sich zwischen Ḥawmānat ad-Darrāǧ und Baṭn Naḫl. Er heiße so, da man dort das Summen der *ǧinn* *(ʿazīf al-ǧinn)* höre (vgl. dazu bei Anm. 54 f.). Ḥassān b. Ṯābit, *Dīwān* (Ausgabe Hirschfeld), erwähnt den Ort Abraq al-ʿAzzāf zwei Mal: Gedichte CXXIII.3 und CLXXVIII.1. Auch Damīrī, *Ḥayāt al-ḥayawān*, I.208.26 f., kennt ihn. Ibn al-Faqīh, *Kitāb al-buldān*, S. 32.8–11, zählt Orte mit dem Namensteil *burqa* oder *abraq* (harter Boden) auf; er lokalisiert Abraq al-ʿAzzāf im Gebiet der Banū Asad und Abraq al-Ḥannān bei den Banū Fazāra. Der Name Abraq al-ʿAzzāf erkläre sich daraus, dass die *ǧinn* dort ihr Gedröhne *(ʿazf)* ertönen ließen. In Abraq al-Ḥannān hingegen vernehme man Sehnsuchtslaute. Ähnlich Yāqūt, *Muʿǧam al-buldān*, I.84, s. v.: In Abraq al-ʿAzzāf höre man das *ʿazīf al-ǧinn*. Abraq al-Ḥannān sei ein Ort, wo die *ǧinn* Sehnsuchtslaute nach jenen Menschen ertönen ließen, die die Gegend verlassen hätten. Das Verb *ḥanna* bedeutet „sich sehnen, Sehnsucht haben".

137 J. Wellhausen, *Reste*, S. 150, weist in allgemeiner Form darauf hin, dass verschiedene halbmythische, unzugängliche und unbekannte Gegenden Standorte der *ǧinn* seien. Er erwähnt die Namen ʿAbqar, Barāhūt, Baqqār, Çaihad, Yabrīn, Haub Dābir. Diese Gegenden erschienen den Menschen als schreckliche Wüsten bar allen Lebens. Es seien aber in der Tat verzauberte Paradiese und Oasen der *ǧinn*. Auch J. Wellhausen bringt diese Orte mit den aus dem Koran bekannten Legenden über untergegangene Nationen in Verbindung. Yabrīn z. B. sei einst von den ʿĀd bewohnt worden. Jetzt aber lebten dort die *ǧinn* (vgl. auch Anm. 37).

138 Zum Ǧabal Suwāǧ, siehe: Ǧāḥiẓ, *Ḥayawān*, VI.182.7; Qazwīnī, *ʿAǧāʾib al-maḫlūqāt* (Ausgabe F. Wüstenfeld), S. 164 (vgl. Ausgabe Miṣr, S. 103; zitiert bei F. Meier, NL Mappe 6, s. v. *Orte der Dämonen*, Bl. 49 unten). Yāqūt, *Muʿǧām al-buldān*, III.172 f., s. v. *Suwāǧ*, weiß, dass es sich um einen Berg handelt, wo die *ǧinn* hausen.

der Geister betrachtet wurden. G. Lazard weiß von Berichten, wonach im heute inaktiven Vulkan Damāwand im Osten Teherans Dämonen zu Hause sind.[139] F. Meier entnimmt einer anonymen *ʿAǧāʾib al-maḫlūqāt*-Handschrift die Bemerkung, dass Salomon den Rebellen Ṣaḫr in diesem Berg gefangen gesetzt hat. Amīr Mūsā habe befohlen, dem dort Festgehaltenen nachzuforschen. Gemäß persischen Überlieferungen hat Farīdūn dort Bīwarasb (auch Ḍaḥḥāk genannt) eingesperrt.[140]

Auch der Irak gilt als berüchtigter Hort der Dämonen, wie aus einer bei Mālik verzeichneten Überlieferung hervorgeht. Demnach rät Kaʿb al-Aḥbār ʿUmar b. al-Ḫaṭṭāb davon ab, in den Irak zu reisen. Dort seien neun Zehntel der Zauberer und die ruchlosen *ǧinn (fasaqat al-ǧinn)* zu Hause. Außerdem sei das Land für unheilbare Krankheiten, insbesondere Krebs, bekannt.[141] Suyūṭī zitiert einen auf Abū Saʿīd al-Ḫudrī zurückgehenden Bericht,[142] wonach die von Salomon auf Inseln im Meer *(ǧazāʾir al-baḥr)* gefangen gesetzten *ǧinn* im Jahr 135/752–753 entwichen seien. Neun Zehntel von ihnen hätten sich in den Irak, ein Zehntel nach Syrien begeben. In Syrien übrigens sollen Dämonen die Wüstenstadt Tadmur (Palmyra) errichtet haben.[143] Auch Hamadānī-Ṭūsī schreibt den Bau Tadmurs den

139 G. Lazard, „Un texte persan sur la légende de Gayōmart", S. 204 f.

140 Vgl. F. Meier, NL Mappe 6, s. v. *Orte der Dämonen*, Bl. 33, mit Hinweis auf die anonyme *ʿAǧāʾib al-maḫlūqāt*-Handschrift Miškāt Nr. 167, Bl. 193r. F. Meier, *loc.cit.*, Bl. 37, macht außerdem aufmerksam auf M. Ṭūsī, *ʿAǧāʾib ul-maḫlūqāt*, (9. *rukn*, unter *ṭayr kabīr)*, Handschrift Fātiḥ Nr. 4173, Bl. 98v: Offensichtlich ist eine Anzahl von Leuten der Auffassung, dass Ḍaḥḥāk ein im Berg Damāwand eingesperrter *dīw* sei; so auch gemäß der Druckausgabe (Hamadānī-) Ṭūsī (Sutūda), *ʿAǧāʾib ul-maḫlūqāt*, S. 534.10–20. Berichte solchen Inhalts müssen H. Brugsch, *Im Lande der Sonne*, S. 274, zu Ohren gekommen sein. Demnach hielten die Anwohner eine warme Höhle beim Damāwand, aus der Schwefeldämpfe aufstiegen, für ein Teufelsloch. Dort gehe es nicht mit rechten Dingen zu. Im Bauch des Bergriesen würden böse *dīw* rumoren.

141 Mālik, *Muwaṭṭaʾ*. *Kitāb al-Istiʾḏān, Bāb Mā ǧāʾa fī ăl-mašriq, Ḥadīṯ* Nr. 1795 (Thesaurus Islamicus); vgl. Šiblī, *Ākām al-marǧān*, S. 23.19–21, der diese Überlieferung zitiert; außerdem Suyūṭī, *Laqṭ al-marǧān*, § 110, S. 38.12–14. F. Meier, NL Mappe 6, s. v. *Orte der Dämonen*, macht auf weitere Belege aufmerksam: 1. Bl. 17: Hinweis auf Iṣbahānī, *Ḥilyat al-awliyāʾ*, VI.23.11–14; 2. Bl. 10: Hinweis auf Ibn ʿAsākir, *Taʾrīḫ Dimašq*, I.557.16–20 und I.148; 3. F. Meier, Mappe 10, s. v. *Zeit*, Bl. 13: Hinweis auf eine ähnliche Darstellung bei Ibn Qayyim al-Ǧawziyya, *al-Manār al-munīf fī ăṣ-ṣaḥīḥ wa-ăḍ-ḍaʿīf*, S. 110 (Nr. 216): Im Jahr 135 sollen die von Salomon auf Inseln gefangen gesetzten Dämonen frei kommen. Neun Zehntel begeben sich dann in den Irak und verwickeln dort die Leute in Streitgespräche über den Koran. Ein Zehntel der Dämonen begibt sich aber nach Syrien.

142 Suyūṭī, *Laqṭ al-marǧān*, § 225, S. 90.3–7.

143 Dies geht aus dem bei Ǧāḥiẓ, *Ḥayawān*, VI.186.6, zitierten angeblichen Vers Nābiġas hervor, den Gott an Salomon richtet: „Und unterjoche dir die *ǧinn!* Sieh, ich habe ihnen erlaubt mit Steinplatten und Säulen Palmyra [Tadmur] zu erbauen." (Übersetzung: F. Meier, NL Mappe 3, s. v. *Ǧāḥiẓ*, Bl. 10). F. Meier hält den Vers in Anschluss an W. Ahlwardt, *Bemerkungen über die*

dīw zu; er macht sie außerdem für die Errichtung der Pyramiden verantwortlich.[144] Gemäß Ǧāḥiẓ werden außergewöhnliche Bauten allgemein als Werke der *ǧinn* aufgefasst.[145]

F. Meier betrachtet es als naheliegend, Māzandarān mit seinen wilden Bergen und feuchten, tief eingeschnittenen Schluchten als Heimat der Dämonen zu betrachten, wie dies im *Šāh-nāma* wiederholt geschieht.[146] Die untersuchten Quellen erwähnen vereinzelt aber auch die Namen von Inseln, auf denen *ǧinn* beheimatet sein sollen.[147] Dazu zählt z. B. Ǧāsak (Yāqūt[148]) bzw. Ǧāšak (Ibn al-Muǧāwir[149]) im Persischen Golf. Die folgende Darstellung stützt sich auf die knapp gefassten Ausführungen dazu bei Yāqūt, der Ǧāsak als große Insel gegenüber der Stadt Hurmuz beschreibt; sie liege zwischen der Insel Qays (Kīš) und ʿUmān. Dem dortigen König seien einmal aus Indien mit Schiffen Mädchen zugeführt worden. Als die Schiffe auf der Insel Ǧāsak anlegten, gingen die Mädchen an Land. Sie seien darauf von den *ǧinn* geraubt und entjungfert worden. Die Bewohner der Insel seien aus der Vereinigung dieser Mädchen mit den *ǧinn* hervorgegangen.[150]

Aechtheit der alten arabischem Gedichte, S. 17 f. und 41, für nicht authentisch; er sei ohne Sure 34.12 nicht denkbar. Nābiġa war ein sehr bekannter vorislamischer Dichter (siehe A. Arazi, Artikel „Nābigha", in *EI²* VII.840).

144 Hamadānī, *ʿAǧāyib-nāma* (Ṣādiqī), S. 219.22.

145 Ǧāḥiẓ, *Ḥayawān*, VI.186.8–11. F. Meier, NL Mappe 2, s. v. *Baumeister*, 16 Bl., stellt weitere Belege zum Wirken der Dämonen als Baumeister zusammen.

146 F. Meier, NL Mappe 6, s. v. *Orte der Dämonen*, Bl. 39. Auch Th. Nöldeke, *Das iranische Nationalepos*, S. 60 f., hat darauf hingewiesen, dass Māzandarān von alters her das Land der *dīw* sei. M. Omidsalār, Artikel „Dīv", in *EIr* VII.428, weist darauf hin, dass das Māzandarān im *Šāh-nāma* nicht mit der heutigen Provinz dieses Namens verwechselt werden dürfe. Firdawsī übrigens siedelt in Māzandarān die dämonischen Riemenbeinler an; vgl. Kapitel 7.2 „Die Riemenbeinler", bei Anm. 67–69.

147 Es sei erinnert an A. J. Wensinck, *The Ocean in the literature of the Western Semites*, S. 40–56, der das Meer als *Ǧinn*-Ort *par excellence* betrachtet; vgl. oben Anm. 13.

148 Yāqūt, *Muʿǧam al-buldān*, II.9, s. v. Ǧāsak *(sic)*.

149 Ibn al-Muǧāwir, *Descriptio Arabiae meridionalis*, II.290 f.

150 Ibn al-Muǧāwirs Fassung ist ausführlicher (vgl. F. Meier, NL Mappe 6, s. v. *Orte der Dämonen*, Bl. 3): Ein König soll an Brustfellentzündung *(birsām)* erkrankt sein. Ihm wurde zugetragen, dass er geheilt werde, wenn er jede Nacht ein jungfräuliches Mädchen aus Nubien beschlafe. Die Krankheit werde bei der Ejakulation des Spermas ausgeschieden. Die Mädchen selbst würden nicht erkranken, da sie das Sperma aus der Vulva schütteln. Auch lasse die Hitze in der Vulva von nubischen Mädchen die Krankheit absterben. Der König beauftragt seinen Wesir darauf, solche Mädchen herbeizuschaffen. Allerdings sind die Mädchen bereits entjungfert, als sie am Königshof ankommen. Der Verdacht fällt zuerst auf den Wesir. Dieser hatte sein Glied allerdings vor der Reise nach Nubien abgeschnitten und in einer Büchse hinterlegt. Seine Unschuld stand damit fest. Als der König die Mädchen zur Rede stellte, gestanden sie ihm, dass sie unterwegs auf der Insel So-und-so gelandet seien und dort in einer Süßwasserquelle gebadet hätten. Unver-

6.2.4 Die *ǧinn*: Grenzwesen in räumlicher Hinsicht

In den vielfältigen Informationen zu den Aufenthaltsorten der *ǧinn* lassen sich trotz zahlreicher Widersprüchlichkeiten im Detail auch folgende Konstanten feststellen, die im Sinn eines vorläufigen Fazits festgehalten werden sollen: Die Berichte zur Verortung der *ǧinn* stimmen im allgemeinen darin überein, dass sie diese an und für sich omnipräsenten Wesen aus dem menschlichen Alltag ausgrenzen. Die Geister werden weit weg in eine *terra incognita* verbannt, von wo ihnen der Zugang zur besiedelten Welt möglichst schwer fallen soll. Deshalb lässt sich auf eine räumliche Liminalität der Dämonen schließen. *Ǧinn* treten aber nicht nur örtlich als Grenzwesen in Erscheinung, sie tun dies auch zeitlich, wie im nächsten Abschnitt aufzuzeigen ist.

6.3 *Ǧinn*-Zeiten

6.3.1 Die Perspektive der Ethnologie[151]

Dämonische Wesen werden den Menschen auch während bestimmter Zeitfenster gefährlich. In der Regel bedingen sich räumliche Grenzsituationen und Zeitabschnitte erhöhter *Ǧinn*-Aktivität gegenseitig. Wenn ein Individuum den Abort oder ein öffentliches Bad aufsucht, begibt es sich einerseits räumlich an einen *ǧinn*-besetzten Grenzort. Anderseits befindet es sich während seines Aufenthalts an solchen Orten auch in einer *ǧinn*-exponierten Grenzzeit. Diese Konvergenz von räumlicher und zeitlicher Liminalität begünstigt das Auftreten von Geistern.

Ǧinn-exponierte Zeitabschnitte lassen sich in doppelter Hinsicht beobachten. Die Geistwesen treten einerseits auf der mikrokosmischen Ebene, also in Alltagssituationen, in zeitlichen Grenzsituationen auf. Dazu zählt u. a. der bereits erwähnte Besuch im *ḥammām*. Anderseits manifestieren sich Dämonen auf der makrokosmischen Ebene in liminalen Phasen, wie sich z. B. anhand von Berichten zum Jahreswechsel illustrieren lässt.[152] Die weiteren Ausführungen thematisieren die Problematik in erster Linie anhand von Beispielen für Perio-

---

sehens habe sich bei jeder von ihnen ein *ǧinnī* befunden und sie entjungfert. Der König sandte sie darauf auf jene Insel (Qays) zurück. Sie ließen sich dort nieder, bauten Häuser und hatten Nachkommen.

151 Zum Gebrauch des Begriffs Ethnologie in dieser Arbeit, vgl. Kapitel 1, Anm. 33.

152 Die Berichte zum Auftreten der *ǧinn* während des Jahreswechsels gehören zum Salomonzyklus und werden dort behandelt; vgl. Kapitel 10.6.2 „Salomons Heimsuchung".

den erhöhter Aktivität und Gefährlichkeit der *ǧinn* im Kleinen. Erkenntnisse aus der Ethnologie zeigen im Sinn eines Einstiegs in die Fragestellung die zeitlichen Dimensionen dämonischer Liminalität auf.

E. Westermarck wies für Marokko die Vorstellung nach, dass Geister nach dem Nachmittagsgebet *(al-ʿaṣr)* an der Erdoberfläche besonders zahlreich und überaus aktiv seien.[153] Diese Tageszeit entspreche ihrem Morgen, dann stünden die *ǧinn* auf. Nach dem Sonnenuntergang seien sie vorerst eher harmlos. Erst im mittleren Teil der Nacht träten sie wieder in großer Zahl auf und würden zu einer Bedrohung für die Menschen. Ähnliche Auffassungen lassen sich für die Zeit zwischen Morgendämmerung und Sonnenaufgang feststellen. Verschiedene Gewährsleute hielten gegenüber E. Westermarck fest, dass die Dämonen bei Tagesanbruch davonlaufen. Allerdings ist der Mensch auch tagsüber nicht vor ihnen gefeit. Bei großer Hitze, besonders zur Mittagszeit, wenn sich der Mensch ins Haus zurückzieht, regen sie sich erneut.[154] Außerdem lässt sich die Auffassung beobachten, dass viele Tätigkeiten nach dem *ʿaṣr* oder bei Dunkelheit nicht oder nur unter Einhaltung von Vorsichtsmaßnahmen verrichtet werden dürfen. Man soll es nach dem *ʿaṣr* unterlassen, die *ǧinn* bei ihrem Eigennamen zu nennen.[155] Überdies ist man gehalten, jene Person unverzüglich zu wecken, die man zwischen *ʿaṣr* und Sonnenuntergang schlafend antrifft. Auch wird davon abgeraten, Hausgänge oder Zelte nach dem *ʿaṣr* oder abends zu fegen.[156]

G. Fartacek macht auf identische Auffassungen aufmerksam[157]: Die *ǧinn* entfalten ihr gefährliches Wirken besonders während der Dämmerung, wenn sich die beiden Kategorien Tag *(nahār)* und Nacht *(layl)* nicht eindeutig definieren lassen. Übergangszeiten gelten als mehrdeutig und sind von Plurivalenzen gekennzeichnet. Da sie sich weder der Nacht noch dem Tag zuordnen lassen, herrscht, epistemologisch gesehen, Unklarheit, welche angrenzende Kategorie, Nacht oder Tag,

153 E. Westermarck, *Ritual and belief* (Ausgabe 1926), I.296–298. Zur Bedeutung der Zeit im Kontext der Dämonologie siehe auch F. Meier, NL Mappe 10, s. v. *Zeit*, 19 Bl.

154 D. Pielow, *Lilith*, S. 168 f., macht auf ähnliche Zusammenhänge aufmerksam und bemerkt, dass Ruhe und Stille die Dämonen anlocken, sie aber Lärm nicht mögen. Sie hebt außerdem hervor, dass gerade Lilith als Nachtmahr gilt und ihre Aktivität nachts einen Höhepunkt erreicht (S. 74 f.). Lilith wird im Arabischen auch als Umm al-layl (Mutter der Nacht) bezeichnet. Für Hinweise zur korrekten Etymologisierung ihres Namens siehe aber Kapitel 5, bei Anm. 290 f.

155 F. Meier, „Bet-Ruf", S. 603, äußert sich zur Verwendung von Decknamen zur Bezeichnung der *ǧinn;* vgl. auch F. Meier, NL Mappe 2, s. v. *Decknamen,* 2 Bl., und NL Mappe 11, s. v. *Decknamen,* 2 Bl. Als Decknamen dienen z. B. die Ausdrücke *al-aǧwād* (arabisch: die Guten; pl. zu *ǧayyid)* oder *az mā bihtarān* (persisch: jene, die besser sind als wir). Vgl. auch G. Fartacek, *Unheil durch Dämonen?* S. 79 f., und hier Kapitel 7, Anm. 170.

156 E. Westermarck, *Ritual and belief* (Ausgabe 1926), I.296–298.

157 G. Fartacek, *Unheil durch Dämonen?* S. 135–138.

Gültigkeit hat. Ungewissheiten aber begünstigen das Auftreten von *ǧinn*.[158] Auch Neumondnächte *(layla mā fī-hā qamar)* gelten als potentiell gefährliche *Ǧinn*-Zeiten.[159] Diese vier oder fünf Nächte im Monat stellen einen Gegenpol zu den positiv konnotierten Nächten mit Mondschein *(layla muqmira)* dar. Besonders die Vollmondnacht, die vierzehnte gemäß dem islamischen Kalender *(laylat arbaʿat ʿašar)*, wird positiv bewertet. Der Neumond hingegen wird mit Finsternis *(ẓulma)* und Unrecht *(ẓulm)* in Verbindung gebracht. Während dieser Nächte kann man mit den *ǧinn* leichter in Kontakt treten. Unter epistemologischen Gesichtspunkten stellen auch diese mondlosen Nächte Grenzzonen zwischen den zyklisch wiederkehrenden Mondnächten dar. Sie bilden eine Grauzone zwischen den einzelnen Monaten des islamischen Kalenders, über deren genaues Ende und Beginn Unklarheit herrscht, wie dies im Fall des Monats Ramaḍān besonders deutlich zum Ausdruck kommt.[160]

6.3.2 Darstellungen zur *Ǧinn*-Aktivität zu ausgewählten Zeiten in schriftlichen Quellen

Wie die folgenden Ausführungen anhand von ausgewählten Beispielen verdeutlichen, bestätigen Belege aus schriftlichen Quellen die Erkenntnisse der Ethnologie in den wesentlichen Punkten. Sie schenken den beiden folgenden Aspekten besondere Beachtung: Sie halten in einem ersten Schritt fest, dass die *ǧinn* zu bestimmten Tageszeiten aktiver sind als zu andern. Diese Feststellung trifft auf a. die Nacht und b. die Mittagszeit zu. Einen Sonderfall stellt der Monat Ramaḍān (c.) dar, ziehen sich die Dämonen dann doch zurück (Kapitel 6.3.2). Die Überlegungen zeigen in einem nächsten Abschnitt auf, dass der Mensch während liminaler Phasen seines Lebens (z. B. Wochenbett bzw. Geburt, Heirat, Tod oder bei Erkrankungen) Angriffen durch die Geister besonders stark ausgesetzt ist (Kapitel

158 G. Fartacek, *Unheil durch Dämonen?* S. 135, Anm. 250, macht auf weitere Aspekte aufmerksam: Die erste Dämmerphase am frühen Morgen wird als *saḥar* bezeichnet. Dieser Begriff wird von derselben Wurzel wie „Zauberei" *(siḥr)* abgeleitet. Auch ist die erste der beiden Zufluchtssuren *(al-Muʿawwiḏatān)*, nämlich Sure 113, unter dem Namen *al-Falaq* bekannt, was „Tagesanbruch" bzw. „Frühlicht" bedeutet. Zu derselben Wurzel gehört der Begriff *falq* (pl. *fulūq:* „Spalte"). Er dient einerseits zur Bezeichnung einer Spalte zwischen den Schneidezähnen, an der man einen *ǧinnī* in menschlicher Gestalt erkennen kann. Anderseits sind die als typische Wohnsitze von Dämonen geltenden Risse im Boden unter diesem Begriff bekannt.

159 G. Fartacek, *Unheil durch Dämonen?* S. 137 f.

160 Vgl. Kapitel 6.3.2, c. „Monat Ramaḍān" (bei Anm. 204–212).

6.3.3). Außerdem geht von den *ǧinn* auch beim Jahreswechsel erhöhte Gefahr aus, wie erst später dargestellt wird.[161]

a. In der Nacht: Bereits in den *Ḥadīṯ*-Sammlungen lassen sich Prophetenworte nachweisen, die die Nacht mit den *ǧinn* bzw. mit den mit ihnen verwandten *šayāṭīn* in Verbindung bringen. Dies geht u. a. aus einem Bericht bei Buḫārī hervor[162]:

> Musaddad – Ḥammād b. Zayd – Kaṯīr – ʿAṭāʾ – Ǧābir b. ʿAbdallāh, der es auf den Propheten zurückführte *(rafaʿa-hū)*, der sagte: ‚Deckt am Abend *(ʿinda ăl-ʿišāʾ)* die Gefäße zu, bindet die Schläuche zu, schließt die Türen und lasst eure Buben *(ṣibyāna-kum)* nach Hause zurückkommen[163], denn die *ǧinn* verbreiten sich und entführen [nachts].[164] Löscht die Lampen aus, wenn ihr schläft. Denn manchmal zieht eine Maus am Docht und lässt die Hausbewohner im Feuer umkommen.‘[165]

Das zitierte Prophetenwort bringt die *ǧinn* eindeutig mit der Nacht in Verbindung, schwärmen sie doch am Abend aus.[166] Die Überlieferung rät auch zu Vorsichts-

---

161 Dazu unten Kapitel 10.6.2 „Salomons Heimsuchung“.

162 Buḫārī, *Ṣaḥīḥ, Kitāb Badʾ al-ḫalq, Bāb Ḫams min ad-dawābb fawāsiq yuqtalna fī ăl-ḥaram, Ḥadīṯ* Nr. 3351 (für zusätzliche Erklärungen vgl. Text bei Anm. 215); für Überlieferungen ähnlichen Inhalts siehe: Buḫārī, *Ṣaḥīḥ, Kitāb Badʾ al-ḫalq, Bāb Ṣifat Iblīs wa-ǧunūdi-hī, Ḥadīṯ* Nr. 3316, *Bāb Ḫayr māl al-muslim [...], Ḥadīṯ* Nr. 3340, *Kitāb al-Ašriba, Bāb Taġṭiyat ăl-ināʾ, Ḥadīṯ* Nr. 5683, *Kitāb al-Istiʾḏān, Bāb Lā tutraku ăn-nār fī ăl-bayt ʿinda ăn-nawm, Ḥadīṯ* Nr. 6368; Muslim, *Ṣaḥīḥ, Kitāb al-Ašriba, Bāb Amr bi-taġṭiyat al-ināʾ [...], Ḥadīṯ* Nr. 5368–5370; Abū Dāwūd, *Sunan, Kitāb al-Ašriba, Bāb Īkāʾ al-āniya, Ḥadīṯ* Nr. 3733–3735; Tirmiḏī, *Sunan, Kitāb al-Adab, Bāb Ḥadaṯtanā Qutayba, Ḥadīṯ* Nr. 3096 (alle nach Thesaurus Islamicus). Die angeführten Überlieferungen beziehen sich teilweise auf die *ǧinn*, teilweise auf die Satane. Vgl. F. Meier, NL Mappe 2, s. v. *Entführung*, Bl. 13, der auf weitere Parallelen bei Dārimī und Ibn Ḥanbal hinweist; siehe außerdem A. J. Wensinck, *Concordance*, s. v. *ḫṭf*.

163 *Wa-ăkfitū ṣibyāna-kum*. Gemäß A. Kazimirski, *Dictionnaire*, s. v., bedeutet *kafata* „2. faire rentrer à la maison (p.ex. les enfants qui jouent au dehors)“.

164 „فإنّ للجن إنتشاراً وخطفةً“: F. Meier, NL Mappe 2, s. v. *Entführung*, Bl. 13, übersetzt: „Denn die *ǧinn* haben sexuelle Anwandlungen *(intišār)* und ein Schnappen *(ḫaṭfa)*.“ Die Grundbedeutung von *intašara* lautet „sich verbreiten“. Sowohl A. Kazimirski, *Dictionnaire*, s. v. [„7. Eprouver des sensations de lubricité, être agité par le penchant sexuel (se dit de l'homme“)] als auch E. Lane, *Lexicon*, s. v., [„the man became excited by lust“] kennen die von F. Meier ins Auge gefasste sexuelle Konnotation des Ausdrucks. Bei dieser Gelegenheit soll offen bleiben, ob im vorliegenden Kontext ein sexuelles Moment mitspielt. Gewiss ist, dass auch die Grundbedeutung „sich verbreiten“ einen hinreichenden Sinn ergibt.

165 Indem sich die beiden Gewährsleute Ibn Ǧurayǧ und Ḥabīb auf ʿAṭāʾ berufen, ersetzen sie in der beigebrachten Überlieferung die *ǧinn* durch die Satane *(aš-šayāṭīn)*.

166 Auch ein Prophetenwort bei Muslim, *Ṣaḥīḥ, 37 Kitāb al-Ašriba, 12 Bāb al-Amr bi-taġṭiyat al-ināʾ, Ḥadīṯ* Nr. 5372 (Thesaurus Islamicus), macht auf die Gefahren bei Sonnenuntergang aufmerksam und rät: „Lasst nicht euer Vieh und nicht eure Kinder hinausgehen, wenn die Sonne

maßnahmen zum Schutz gegen diese Störenfriede. Man soll die Gefäße zudecken und die Wasserschläuche zuschnüren. Dies soll die *ǧinn* offensichtlich daran hindern, das kostbare Nass nachts auszuschütten. Auch der Hinweis auf die durch Mäuse drohenden Gefahren erstaunt nicht, leben diese Tiere doch unter der Erde und stehen damit den Dämonen besonders nahe, die bekanntlich gern als *ahl al-arḍ* („Leute der Erde") bezeichnet werden. Ähnlich lässt sich auch die Aufforderung, erklären, die Haustüren abends zu schließen und die draußen spielenden Knaben (*ṣabiyy*, pl. *ṣibyān*) ins Haus zurückzurufen. Es ist für sie nicht angezeigt, die Nacht draußen zu verbringen, könnten sie doch von den *ǧinn* geschnappt bzw. entführt werden.[167] Dämonen werden offensichtlich gerade ihnen gefährlich.[168] Die Hintergründe dieser Auffassung sollen später diskutiert werden.[169]

Aus der ethnographischen Literatur ist der Begriff *bayt maskūn*, „bewohntes Haus", bekannt.[170] Er gibt keinen Hinweis auf die Bewohner des Hauses, die Dämonen nämlich, was sich aus der Furcht vor diesen Unholden erklärt. Bei einem *bayt maskūn* handelt es sich – knapp erklärt – um ein Haus, in dem es spukt. Berichte über derartige Häuser sind auch aus schriftlichen Quellen bekannt. Im vorliegenden Kontext interessieren diese Örtlichkeiten nicht primär als Behausungen der *ǧinn*. Vielmehr fällt auf, dass es an diesen Stätten besonders nachts nicht mit rechten Dingen zu und her geht.

Šiblī weiß von einem Haus im Stadtteil aẓ-Ẓafariyya in Baġdād.[171] Immer wenn Leute darin nächtigten, waren sie am nächsten Morgen tot.[172] Schließlich

---

untergeht, bis nach dem Beginn des Abends. Denn die Satane kommen heraus und verbreiten sich, wenn die Sonne untergeht, bis zum Beginn des Abends." Übersetzung: F. Meier, NL Mappe 10, s. v. *Zeit*, Bl. 23.

167 Die untersuchten Quellen berichten regelmäßig davon, dass die *ǧinn* als Entführer in Erscheinung treten. F. Meier, NL Mappe 2, s. v. *Entführung*, 21 Bl., stellt Quellenmaterial zu diesem Motiv zusammen.

168 Ibn ʿArabī, *Waṣāyā*, S. 168.10 ff., rät ebenso, dass man die Buben vom freien Tun *(taṣarruf)* zurückrufen soll, wenn sich die abendliche Finsternis einstellt *(faḥmat al-ʿišāʾ)*, Denn zu dieser Zeit schwärmten die Satane aus *(muntašira)*. Man sei dann nicht sicher, dass keine Geistesstörung *(lamam)* die Buben treffe. Dieser Hinweis aus F. Meier, NL Mappe 10, s. v. *Zeit*, Bl. 16.

169 Vgl. Kapitel 6.3.3 „*Ǧinn*-exponierte Lebensphasen: Zur Umm aṣ-ṣibyān".

170 Vgl. G. Fartacek, *Zonen der Ungewissheit*, S. 68, 78; ders., *Unheil durch Dämonen?* S. 74 f.; D. Pielow, *Quellen der Weisheit*, S. 113. Siehe zur Frage auch Kapitel 7, bei Anm. 169.

171 Šiblī, *Ākām al-marǧān*, S. 98.22–99.5. Šiblī stützt seinen Bericht auf Ibn ʿAqīls *Kitāb al-Funūn*. Mit Šiblī wörtlich beinahe identische Parallele bei Suyūṭī, *Laqṭ al-marǧān*, § 202, S. 77.6–78.6. F. Meier verzeichnet im NL eine Parallele zu diesem Bericht; sein Hinweis lässt sich leider nicht mehr auffinden.

172 Šiblī, *op.cit.*, S. 98.22 f.: „كان عندنا بالظفرية يعنى من بغداد دار كلما سكنها ناس أصبحوا موتى".

mietet ein Koranrezitator *(muqri')* das Haus und schläft dort, ohne es mit dem Leben zu bezahlen.[173] Bevor der Mann wegzieht, erkundigen sich die verdutzten Nachbarn nach seinen Erlebnissen im bis anhin verwunschenen Gebäude. Er erklärt, er habe jeweils abends das Gebet verrichtet und aus dem Koran rezitiert. Ein Jüngling sei darauf aus dem Brunnen im Haus gestiegen und habe ihn zu seiner Überraschung gebeten, ihm einen Teil des Korans beizubringen. Als sich der Koranrezitator beim Burschen nach der Vorgeschichte des Hauses erkundigt, stellt sich dieser als muslimischer *ǧinnī* vor. Die gläubigen Dämonen würden Gebete verrichten und den Koran rezitieren. Bis anhin hätten aber ausschließlich Frevler (*fāsiq*, pl. *fussāq*) das Haus gemietet. Da sie darin auch Trinkgelage abgehalten hätten, hätten die gläubigen *ǧinn* sie erwürgt.[174] Auf diese Erklärungen hin bittet der Koranrezitator den *Ǧinn*-Jüngling, nicht mehr nachts, sondern nur noch am Tag zu ihm zu kommen. Nachts fürchte er sich. Aber auch dieser Gottesmann muss das unheimliche Haus schließlich Hals über Kopf verlassen. Nachdem der *Ǧinn*-Jüngling den Beschwörungen eines Exorzisten zum Opfer gefallen ist, wäre selbst der fromme Rezitator vor Racheakten der andern Dämonen nicht mehr gefeit gewesen. Sie steigen nachts aus dem Brunnen und ziehen tatsächliche oder vermeintliche Übeltäter zur Rechenschaft. Da ihn der *Ǧinn*-Jüngling aber gewarnt hatte, kann sich der fromme Mann rechtzeitig in Sicherheit bringen.[175]

F. Meier macht auf eine Stelle in Tādilīs (gest. 628 oder 629/1230–31) *Kitāb at-Tašawwuf* aufmerksam, die in verschiedener Hinsicht an die Erlebnisse des Koranrezitators bei Šiblī erinnert.[176] Der Bericht handelt von Abū Yaʿqūb ʿUṯmān b. ʿAbdallāh as-Salālǧī al-Uṣūlī (gest. 564/1169), den ein hoher Staatsbeamter angefragt hatte, ob er ihn als Lehrer für seine Söhne nach Marokko begleite. Der Beamte brachte ihn dort in einem *leeren* Haus unter. Als der Lehrer mitten in der Nacht aufstand, um die rituelle Waschung zu verrichten, entdeckte er im Haus *(dār)* einen *ǧinnī*. Der Mann fasste sich ein Herz und ließ den Eimer dennoch in den Brunnen hinunter. Doch auch der *ǧinnī* stürzte sich ins Wasser und spielte mit dem Kessel. Selbst als der Lehrer den Eimer wieder emporgezogen und das Wasser in ein Gefäß gegossen hatte, spielte der *ǧinnī* weiter damit. Es gelang dem Mann, die Waschung trotz der Störungen zu beenden. Um weiteren Belästigungen durch den *ǧinnī* vorzubeugen, beschloss der Lehrer, in seine Wohnung *(bayt)* zurückzukehren und die Türen hinter sich zu verschließen. Der Satan *(šayṭān)*

---

173 Šiblī, *op.cit.*, S. 99.1: „فبات بها واصبح سالماً".

174 Zur Bestrafung von Übeltätern durch die Dämonen vgl. Kapitel 6.4 „Die *ǧinn* als moralische Instanz".

175 Zum Kontext vgl. Šiblī, *Ākām al-marǧān*, S. 99.5–13, und Kapitel 7, Anm. 195.

176 F. Meier, NL Mappe 6, s. v. *Orte der Dämonen*, Bl. 58; Tādilī, *Kitāb at-Tašawwuf*, S. 179.10 ff.

sei bekanntlich nicht in der Lage, Verriegeltes zu öffnen. Allerdings war es dem Bösewicht gelungen, noch vor dem Mann ins Zimmer zu gelangen. Als dieser mit dem Gebet begann, packte der Dämon sein Kinn. Der Mund des Betenden blieb darauf weit offen; er konnte ihn nicht mehr bewegen. Erst als der Tag anbrach, wurde er erlöst. In der folgenden Nacht ließ er die Türen offen, und es passierte ihm nichts mehr.

In Übereinstimmung mit dem Bericht bei Šiblī unterstreicht auch Tādilī, dass Dämonen nachtaktiv sind. Bei Anbruch des neuen Tages findet der nächtliche Spuk jedoch ein rasches Ende.[177] Interessanterweise vermag das Verrichten des Gebets den *ǧinnī* bei Tādilī nicht sogleich in die Schranken zu weisen. Erst in der folgenden Nacht bleibt der Lehrer unbehelligt. Bezeichnend für das Verhalten von Dämonen ist außerdem, dass der beigebrachte Bericht das Geschehen in einem verlassenen Haus lokalisiert.

b. Über Mittag: Während die bis anhin beigezogenen Berichte die Dämonen als nachtaktive Wesen beschreiben, gehört ihnen gemäß anderen Darstellungen auch die Mittagszeit.[178] Solche Schilderungen lassen sich in den untersuchten Quellen allerdings deutlich seltener belegen als Hinweise auf ihr nächtliches Treiben. Auch befassen sich diese Geschichten zumeist mit dem Verrichten des Ritualgebets.[179] Wenn die sengende Sonne die Menschen zur Mittagszeit in ihre Häuser zwingt, lugen die Dämonen hervor. Diese Unholde nehmen bekanntlich gerade jene Bereiche in Besitz, die vom Menschen vorübergehend oder für immer aufgegeben worden sind. A.J. Wensinck erachtet es als signifikant, dass für die Mittagszeit Gefahr durch dämonische Wesen vermutet werde.[180] Er macht zur Begründung des Gebetsverbots zur Mittagszeit auf ein Prophetenwort aufmerksam, wonach „in diesem Augenblick die Hölle geheizt wird und ihre Pforten offen

---

177 Auch die Māhān-Geschichte in Niẓāmīs *Haft Paykar* (Ausgabe B. Ṯirwatiyān), S. 269–290, § 36, zeigt auf, dass Dämonen als nachtaktive Wesen in Erscheinung treten. Mit dem Hahnkrat bei Tagesanbruch finden die Spukerlebnisse des von bösen Geistern verfolgten Māhān jeweils ein abruptes Ende (zu Māhāns Erlebnissen vgl. bereits oben Kapitel 6.2.2 „Ausgegrenzt und doch omnipräsent", Text bei Anm. 42–53). Die Māhān-Geschichte ist ein besonders gutes Beispiel für die gegenseitige Abhängigkeit von räumlicher und zeitlicher Liminalität der *ǧinn:* Das Dämonische manifestiert sich in diesem Bericht stets nachts in öden Gegenden.

178 Die folgende Darstellung berücksichtigt neben schriftlichen Quellen aus der vormodernen Zeit wiederholt auch ethnographisches Material.

179 Bei den Störenfrieden handelt es sich in diesen Fällen in der Regel um Satane. Andere Darstellungen wissen allerdings davon, dass auch die *ǧinn* gern zur Mittagszeit erscheinen.

180 A.J. Wensinck, „Le soleil dans le folk-lore des Sémites", S. 273; vgl. F. Meier, NL Mappe 10, s. v. *Zeit*, Bl. 23. Siehe folgende Anm. für diese Stelle.

sind.“[181] Die Verschiebung des Mittagsgebets läge demnach in der Furcht vor dämonischen Wesen begründet, was F. Meier als tendenziell richtig bezeichnet.[182]

Schriftliche Quellen fordern mehrfach dazu auf, einen Mittagsschlaf zu halten. Der Mittag *(niṣf an-nahār)* gelte als die schlechteste Zeit. Es heiße deshalb: „Macht einen Mittagsschlaf *(qīlū)*. Denn die Satane *(šayāṭīn)* halten keinen Mittagsschlaf.“[183] Auch ein Anonymus aus dem 6./12. Jh. begründet die Aufforderung zum Halten eines Mittagsschlafs damit, dass die Satane dann besonders aktiv seien.[184] Šiblī und Suyūṭī machen ebenfalls auf diese Zusammenhänge aufmerksam.[185] Bei einer anderen Gelegenheit erklärt Suyūṭī, dass Iblīs zur Mittagszeit erscheine.[186] Er erläutert dies anhand eines Erlebnisses Ǧunayds, der Gott fünfzehn Jahre lang gebeten habe, Iblīs sehen zu dürfen. Als Ǧunayd eines Tages im Sommer bei der Haustür zur Mittagszeit *(niṣf an-nahār fī ṣayf)* Gott gepriesen habe, habe es geläutet. Auf mehrmaliges Nachfragen hin habe sich der Fremde vor der Tür als Iblīs zu erkennen gegeben. Als Ǧunayd öffnete, stand vor ihm ein Mann *(šayḫ)* in einem härenen Kapuzenmantel und wollenem Hemd, der sich auf einen Stock stützte. Iblīs habe ihn aufgefordert den Platz bei der Tür zu räumen. Denn die Türschwelle sei sein, also Iblīs', Sitzplatz.[187]

---

181 F. Meier (NL, s. v. *Zeit*, Bl. 6) macht gestützt auf Ibn Manẓūr, *Lisān al-ʿarab*, s. v. *sǧr*, auf folgenden *Ḥadīṯ* des ʿAmr b. al-ʿĀṣ aufmerksam: „Verrichte das Ritualgebet, bis die Lanze an Länge von ihrem Schatten erreicht wird. Dann aber kürze ab [und bete anstelle von vier *rakʿa* nur deren zwei]. Denn die Hölle wird geheizt, und ihre Tore werden geöffnet.“ Für Überlieferungen ähnlichen Inhalts siehe auch Ibn Māǧa, *Sunan, 6 Kitāb Iqāmat aṣ-ṣalāt [...], 148 Bāb Mā ǧāʾa fī ăs-sāʿāt allātī tukrahu fī-hā ăṣ-ṣalāt, Ḥadīṯe* Nr. 1309–1311.

182 Vgl. F. Meier, NL Mappe 10, s. v. *Zeit*, Bl. 23. U. a. hat A. J. Wensinck, „Le soleil dans le folk-lore des Sémites“, S. 273, darauf hingewiesen, dass die Zeiten zur Verrichtung des Ritualgebets nicht mit Aufgang, Kulmination und Untergang der Sonne übereinstimmen. Dies soll dem allfälligen Eindruck entgegenwirken, dass im Rahmen des Ritualgebets ein Sonnenkult praktiziert werde. A. J. Wensinck äußert sich a. a. O. auch zu Ausnahmen von dieser Regel.

183 Tawḥīdī, *Imtāʿ*, II.66, nach einem Bericht des Ibrāhīm b. as-Sindī.

184 M. T. Dāniš-pažūh, *Baḥr ul-fawāʾid*, S. 225.15–18; siehe F. Meier, NL, s. v. *Zeit*, Bl. 11.

185 Šiblī, *Ākām al-marǧān*, S. 181.4–8: Kapitel 109: *Fī bayān ʿadam qaylūlat aš-šayāṭīn;* Suyūṭī, *Laqṭ al-marǧān*, § 661, S. 286.6. Beide Autoren führen die Aussage auf ʿUmar b. al-Ḫaṭṭāb zurück: „قال عمر بن الخطاب رضى الله عنه: قيلوا فان الشياطين لا تقيل“.

186 Suyūṭī, *Laqṭ al-marǧān*, § 723, S. 300.12–301.6. Eine Parallele dieses Berichts findet sich bei Ṣafadī (gest. 764/1363), *Tamām al-mutūn fī šarḥ Risālat Ibn Zaydūn*, S. 114.1–16; zitiert bei F. Meier, s. v. *Zeit*, Bl. 15.

187 Suyūṭī, *Laqṭ al-marǧān*, § 723, S. 301.1: Iblīs spricht: „قم من مجلسى فان بين البابين مجلسى“. Zur Bedeutung der Türschwelle als beliebter Aufenthaltsort von Dämonen vgl., Kapitel 6.2.1 „Die Perspektive der Ethnologie“, Anm. 29. Suyūṭīs Bericht schließt damit, dass Ǧunayd Iblīs drei Fragen stellt. Zuletzt will der Mystiker von Iblīs wissen, weshalb er sich nicht vor Ādam

Auch eine bei Muslim nachweisbare Überlieferung (Gewährsmann: Hišām b. Zuhra) stellt einen Zusammenhang zwischen Mittagszeit, Türschwelle und dem Auftreten dämonischer Wesen her.[188] Es handelt sich um den bereits bekannten Bericht, über den frisch verheirateten Jüngling, der mit dem Propheten in den *Ḫandaq*-Krieg gezogen und über Mittag *(bi-anṣāf an-nahār)* nach Hause zurückgekehrt war. Als er seine Frau an der Tür *(bayna ăl-bābayn)* antraf, ging er aus verletztem Ehrgefühl *(ġayra)* mit seiner Waffe auf sie los. Sie allerdings erklärte ihm, dass eine gewaltige Schlange *(ḥayya ʿaẓīma)* sie aus dem Haus vertrieben habe.

Šiblī führt außerdem einen weiteren Bericht an, der einen Zusammenhang zwischen Mittagszeit und Erscheinen von Schlangen herstellt.[189] Abū Raǧāʾ al-ʿUṭāridī erzählt von einer Karawane, die bei einer Wasserstelle Rast hielt. Als sich ʿUṭāridī für einen Mittagsschlaf *(wa-ḏahab-tu aqīlu)* in sein Zelt zurückzieht, kriecht eine schwächelnde Schlange herein. Er benetzt das Tier mit Wasser, um ihm Linderung zu verschaffen. Es folgt die aus Parallelstellen bekannte Fortsetzung, wonach ʿUṭāridī die Schlange schicklich bestattet. Als er am nächsten Tag erneut einen Mittagsschlaf halten will, vernimmt er Stimmen.[190] Es handelt sich um *ǧinn*, die sich für die Wohltat an ihrem Angehörigen, nämlich der am Vortag verstorbenen Schlange, bedanken.

Stimmen unsichtbarer Rufer spielen überdies bei einem Erlebnis ʿAbbās b. Mirdās'[191] eine Rolle, bei dem mehrere Elemente auf Interventionen von Dämonen zur Mittagszeit *(niṣf an-nahār)* hinweisen.[192] Gemäß Suyūṭīs Fassung

niedergeworfen habe. Nachdem Iblīs geantwortet hat, dass dies aus Eifersucht *(ġayra)* geschehen sei, verschwindet er.

188 Muslim, *Ṣaḥīḥ*, *Kitāb as-Salām*, *37 Bāb Qatl al-ḥayyāt wa-ġayri-hā*, *Ḥadīṯ* Nr. 5976 (Thesaurus Islamicus). Zu diesem Bericht vgl. Kapitel 5.4.1, bei Anm. 105–112.

189 Šiblī, *Ākām al-marǧān*, S. 43.14–44.12 (Gewährsleute: Muʿāḏ und Kaṯīr b. ʿAbdallāh Abū Hāšim an-Nāǧī).

190 Stimmen unsichtbarer Rufer spielen im Dämonenglauben wiederholt eine Rolle. Das Phänomen ist als *Hātif*-Glaube bekannt (vgl. Kapitel 8.3.1 „Der *Hātif*-Glaube"). Auch diese unsichtbaren Rufer *(hātif)* erscheinen mit Vorliebe zur Mittagszeit (vgl. Suyūṭī, *Laqṭ al-marǧān*, § 512, S. 236.5–10).

191 Arabischer Dichter, nahm mit Muḥammad an der Eroberung Mekkas (8/630) teil. Vgl. G. E. von Grunebaum, Artikel „al-ʿAbbās b. Mirdās b. Abī ʿĀmir b. Hāritha b. ʿAbd Ḳays", in *EI²* I.12. Der Artikel äußert sich auch zum Kult des Götzen Ḍimār.

192 Die untersuchten Quellen schildern das Geschehen mehrfach: Suyūṭī, *Laqṭ al-marǧān*, § 392, S. 152.13–153.7 (im Folgenden als Vorlage benutzt); Šiblī, *Ākām al-marǧān*, S. 129.23–130.14. Gemäß Suyūṭī ist der Bericht auch bei al-Ḫarāʾiṭī, *Kitāb al-Hawātif*, enthalten. Die Stelle ließ sich dort nicht identifizieren.

soll sich ʿAbbās zur Mittagszeit bei seinen milchgebenden Kamelstuten[193] aufgehalten haben. Da sei ein Reiter auf einem weißen Strauß *(naʿāma bayḍāʾ*, fem.*)* erschienen[194] und habe ʿAbbās b. Mirdās zu verstehen gegeben, dass die Zeit der Götzenverehrung, konkret ist vom Kult zu Ehren Ḍimārs die Rede, zu Ende sei. Muḥammad habe zum Eingottglauben aufgerufen. Als ein unsichtbarer Rufer aus dem Innern des Idols Ḍimār diesen Sachverhalt bestätigt, bekehrt sich ʿAbbās b. Mirdās zum Islam. Auch dieser Bericht bringt aus der Dämonologie bekannte Elemente (Kamel, Strauß, Reiten) mehrfach mit der Mittagszeit *(niṣf an-nahār)* in Verbindung.

Ǧāḥiẓ wiederum greift Kritiken des Muʿtaziliten Abū Isḥāq an-Naẓẓām (gest. zwischen 220/835 und 230/845)[195] am Dämonenglauben auf, die die Vorliebe der *ǧinn* für die Mittagszeit zumindest indirekt bestätigen.[196] Naẓẓām kommt in einem Kommentar zu einem Vers Ḏū ăr-Rummas auf Auffassungen zu sprechen, die die Wüsteneien als Wohnsitze der *ǧinn* bezeichnen. In der Wüste könne man zur Mittagszeit *(anṣāf an-nahār)* ein Brausen *(dawiyy)*[197] wahrnehmen, das gemeinhin den Dämonen zugeschrieben werde.[198] Auch gebe es in den Wüsteneien über Mittag Stunden *(fī ăn-nahār sāʿāt)*, wo einem eine kleine Person groß erscheine oder man eine gedämpfte Stimme als laut wahrnehme. Naẓẓām kritisiert in diesen Äußerungen den Dämonenglauben zwar als auf Sinnestäuschungen beruhendes Phänomen. Dennoch bringen die herangezogenen Auffassungen das Auftreten von Dämonen gerade mit der Mittagszeit in Verbindung.

Auch A.-M. Goichon macht auf diese Aspekte aufmerksam.[199] Gemäß ihren Beobachtungen können sich *ǧinn* entweder in Erscheinungen oder durch ihr Wirken manifestieren. Sie betont, dass sich diese Erscheinungen *(taṣwīrāt)* zur Stunde der großen Hitze (Dialekt: *gāila;* klassisch: *qāʾila*) oder in der Wüste zeigen. Dann könne man die Luftspiegelungen beobachten. Ihre Bemerkungen

193 Zur potentiell dämonischen Natur von Kamelen vgl. Kapitel 5.4.2.

194 Zur dämonischen Natur von Straußen vgl. Kapitel 5, Anm. 374. Die Metapher des Reitens spielt in der Dämonologie wiederholt eine wichtige Rolle; vgl. Kapitel 7.1.2 „Zur Rezeption: Das Reiten als Metapher".

195 Vgl. J. van Ess, Artikel „al-ʿNaẓẓām", in *EI*² VII.1057.

196 Ǧāḥiẓ, *Ḥayawān*, VI.247.10–248.9; vgl. damit Naẓẓāms Ausführungen bei Ǧāḥiẓ, *Ḥayawān*, II.248–252. Siehe auch F. Meier, NL Mappe 11, s.v. *Aufklärung. Leugnung bestimmter Taten und Wirksamkeiten der ǧinn*, Bl. 13–14.

197 A. Kazimirski, *Dictionnaire*, s.v. *dawiyy:* „2. Bruit du vent qui souffle, d'un insecte qui bourdonne". Zu den Lauten der *ǧinn*, vgl. Kapitel 6.2.2, Text bei Anm. 54–59.

198 Ǧāḥiẓ, *Ḥayawān*, VI.248.9, ergänzt, dass man die Wüste wegen dieses Brausens auch *dawiyya* bzw. *dāwiya* nenne. Deshalb auch heiße die zwischen Mekka und Baṣra gelegene Wüste *Daww*.

199 A.-M. Goichon, *La vie féminine au Mzab*, I.187 f.

rufen die als Fata Morgana bekannte Sinnestäuschung in Erinnerung.[200] Es sei allerdings auf F. Meiers Auffassung hingewiesen, nach der die *ǧinn* bei der Fata Morgana fehlten, obwohl sie sonst stets hinter merkwürdigen Naturerscheinungen stünden.[201]

Auch weitere Forscher betonen, dass sich Dämonen mit Vorliebe zur Mittagszeit zeigten. H. Basset und E. Lévi-Provençal halten fest, dass Dämonen die heißen Stunden schätzen. Wenn Hitze herrsche, sei die Zeit für den Dämonenkult günstig. Dann kämen die Geister hervor genau wie in der Nacht.[202] R. Dozy macht außerdem auf die unter dem Namen *ḫirrīt* bekannten Mittagsdämonen aufmerksam. Bei ihnen handelt es sich um Geister oder Kobolde, die der glühenden Hitze zur Mittagszeit trotzen. Sie halten sich dann auf den Wegen auf, um den Reisenden Schaden zuzufügen, sie zu quälen oder sogar umzubringen.[203]

c. Im Monat Ramaḍān: Die bisherigen Ausführungen zeigten auf, dass die Dämonen dem Menschen in der Nacht oder über Mittag besonders gefährlich werden. Allerdings gibt es auch Zeiten des Aufschubs. Während des Fastenmonats wirkt eine außerordentliche Kraft, die die *ǧinn* hinter den Berg Qāf am Rand der Erde verbannt.[204] Diese Auffassung ist auch den schriftlichen Quellen geläu-

---

200 I. Goldziher, *Abhandlungen zur arabischen Philologie:* „Excurse und Anmerkungen II: Die Ǵinnen im Islam", S. 115 f., weist u. a. darauf hin, dass die Araber die in der Mittagshitze sichtbaren Sonnenstäubchen *(sumhā) luʿāb aš-šams* (Sonnenspeichel) nennen. Später seien diese Sonnenstäubchen *muḫāṭ aš-šayṭān* bzw. *luʿāb aš-šayṭān* (Satansspeichel) genannt worden. Vgl. A. Kazimirski, *Dictionnaire,* s. v. *sumhā:* „2. filaments délicats qui voltigent dans l'air pendant les grandes chaleurs (synonyme de مخاط الشيطان)."

201 Zur Fata Morgana vgl. Kapitel 5.5, bei Anm. 325–327.

202 H. Basset und E. Lévi-Provençal, „Chella", S. 403. Zitiert nach F. Meier s. v. *Zeit,* Bl. 1.

203 R. Dozy, *Supplément,* I.358, s. v. *ḫirrīt,* mit Verweis auf Mohammed ibn Omar el-Tounsy, *Voyage au Ouadây.* Traduit par Perron. Paris, 1851, S. 639. F. Meier, NL Mappe 10, s. v. *Zeit,* Bl. 6 und 8, macht aufmerksam auf Psalm 91.6, wo ein Krankheitsdämon zur Mittagszeit die Pest verbreitet (vgl. W. Baumgartner, *Zum Alten Testament,* S. 365). Solche „Mittagsdämonen" seien in der ganzen Mittelmeerwelt und im Norden bekannt.

204 J. Henninger, *Geisterglaube,* S. 308; T. Canaan, *Dämonenglaube,* S. 21; E. Zbinden, *Die Djinn des Islam,* S. 45, 130; E. Badeen und B. Krawietz, „Islamic reinvention of jinn", S. 98, Anm. 17, und A. Fatoum, *Der Ǧinn-Glaube.* S. 75 f., kennen diese Auffassung. M. Dols, *Majnūn,* S. 291; A. Wieland, *Ǧinn-Vorstellung,* S. 39, und M. Maarouf, *Jinn eviction,* S. 92, halten übereinstimmend fest, dass die *ǧinn* während des Fastenmonats Ramaḍān eingesperrt sind. Gemäß M. Maarouf kommen die *ǧinn* am Abend des 27. Ramaḍān zurück. Siehe auch G. Fartacek, *Unheil durch Dämonen?* S. 137, Anm. 255. G. Fartaceks Interviewpartner begründen diese Auffassung damit, dass im Ramaḍān der Koran offenbart und Muḥammad als Prophet gesandt worden sei. R. Brunel, *Aissaoua,* S. 156, hält fest, dass Beschwörer bei den Aissaoua im Monat Šaʿbān – er geht dem Fastenmonat voran – eine *layla* (Nacht der Beschwörung) zur Verabschiedung der *ǧinn* feiern. Am 27.

fig und geht auf verschiedene Prophetenworte zurück. Buḫārī hält, gestützt auf den Gewährsmann Abū Hurayra, fest[205]:

حدّثنا يَحيى بن بُكَير حدّثنا اللَّيْثُ قال حدّثنى عُقَيْلٌ عنِ ابنِ شِهَابٍ قال
حدّثنى ابنُ أَبِى أَنَسٍ مَولى التَّيْمِيِّينَ أنّ أباه حدّثه أنّه سمع أبا هُرَيْرَةَ – رضى
الله عنه – يقول قال رسول اللّه صلى الله عليه وسلم إذا "دخل رمضانُ فُتِّحَتْ
أَبْوابُ الْجَنَّةِ، وَغُلِّقَتْ أَبْوابُ جَهَنَّمَ ، وَسُلْسِلَتِ الشَّيَاطِين."

[Isnād] Abū Hurayra sagt: Der Gesandte Gottes sagte: ‚Wenn der Ramaḍān kommt, werden die Tore des Paradieses geöffnet und die Tore der Hölle geschlossen. Und die Satane werden in Ketten gelegt.‘

Zwar ist im zitierten Prophetenwort nur davon die Rede, dass im Monat Ramaḍān die Satane angekettet seien.[206] Allerdings lassen sich bei Tirmiḏī und Ibn Māǧa Varianten zur bei Buḫārī angeführten Überlieferung nachweisen, gemäß denen neben den Satanen im Ramaḍān explizit auch die rebellischen *ǧinn* gefesselt werden *(ṣuffidat aš-šayāṭīn wa-maradat al-ǧinn)*.[207] Šiblī und Suyūṭī erwähnen ebenso, dass neben den Satanen auch die *ǧinn* im Ramaḍān inaktiv sind.[208]

Die Auffassung, dass die Dämonen oder die Satane den Menschen im Ramaḍān nichts anhaben können, ist in der islamischen Welt weit verbreitet. Während sich viele Quellen weitgehend an den Wortlaut der *Ḥadīṯe* halten, schmückt Qazwīnī das Geschehen aus.[209] Er weiß, dass Gott den Paradiesengel Riḍwān in der ersten Nacht des Monats Ramaḍān auffordert, die Tore des Paradieses für die Fastenden bis zum Ende des Monats nicht mehr zu schließen. Mālik aber, der Höllenen-

---

Ramaḍān findet aus Anlass ihrer Rückkehr eine weitere Zeremonie statt (vgl. die Beschreibungen S. 156–161; Hinweis aus F. Meier, NL, s. v. *Zeit*, Bl. 1).

205 Hier zitiert nach Buḫārī, *Ṣaḥīḥ, Kitāb Badʾ al-ḫalq, Bāb Ṣifat Iblīs wa-ǧunūdi-hī, Ḥadīṯ* Nr. 3313; für Parallelen vgl.: Buḫārī, *Ṣaḥīḥ, Kitāb aṣ-Ṣawm, Bāb Hal yuqālu Ramaḍān aw šahr Ramaḍān, Ḥadīṯ* Nr. 1932, 1933; Muslim, *Ṣaḥīḥ, Kitāb aṣ-Ṣiyām, Bāb Faḍl šahr Ramaḍān, Ḥadīṯ* Nr. 2547–2549; Nasāʾī, *Sunan, Kitāb aṣ-Ṣiyām, Bāb Faḍl šahr Ramaḍān, Ḥadīṯ* Nr. 2109–2114; Mālik, *Muwaṭṭaʾ, Kitāb aṣ-Ṣiyām, Bāb Ǧāmiʿ qaḍāʾ aṣ-ṣiyām, Ḥadīṯ* Nr. 692 (alle nach Thesaurus Islamicus). Weitere Varianten des Prophetenworts bei A. J. Wensinck, *Concordance*, s. v. *ṣaffada, salsala, ġalla*.

206 Auch Ǧāḥiẓ, *Ḥayawān*, VI.223.6, weiß, dass die Satane im Ramaḍān in Halseisen gelegt werden *(ġulla)*.

207 Tirmiḏī, *Sunan, Kitāb aṣ-Ṣawm, Bāb Mā ǧāʾa fī faḍl šahr Ramaḍān, Ḥadīṯ* Nr. 684, und Ibn Māǧa, *Sunan, Kitāb aṣ-Ṣiyām, Bāb Mā ǧāʾa fī faḍl šahr Ramaḍān, Ḥadīṯ* Nr. 1711 (beide nach Thesaurus Islamicus).

208 Für die Auffassungen im Detail siehe: Šiblī, *Ākām al-marǧān*, Kapitel 59: *Fī Bayān taṣfīd maradat al-ǧinn fī šahr Ramaḍān*, S. 119.4–16; Suyūṭī, *Laqṭ al-marǧān*, § 388, S. 150.14–18.

209 Qazwīnī, *ʿAǧāʾib al-maḫlūqāt* (Ausgabe F. Wüstenfeld), S. 71.6 f. (Gewährsmann Anas b. Mālik; diese Stelle in der Ausgabe Miṣr, S. 46); vgl. F. Meier, NL, s. v. *Zeit*, Bl. 9.

gel, soll die Eingänge zur Hölle für die Fastenden verriegeln. Schließlich befiehlt Gott Gabriel, die widersetzlichen Dämonen *(marada)* während des Ramaḍāns in Ketten zu legen. Sie sollen das Fasten der Muslime nicht stören.

Allerdings scheinen nicht alle Gelehrten dem Waffenstillstand zwischen Menschen und Dämonen getraut zu haben. ʿUlaymī (gest. 928/1522) kennt zwar die einschlägigen Überlieferungen.[210] Sein Sohn äußert allerdings Zweifel daran und begründet dies damit, dass Epileptiker auch während des Ramaḍān nicht von ihren Anfällen verschont bleiben. Interessant ist überdies eine Bemerkung des Ḥanbaliten Ibn Hubayra (gest. 560/1165) zum diskutierten Prophetenwort.[211] Er gibt zu bedenken, dass die Satane den Menschen in allen andern Monaten als im Ramaḍān als Krücken dienen und versteht darunter Ausreden und Entschuldigungen für ihr (Fehl-) Verhalten. Da aber die Satane im Fastenmonat angekettet seien, könnten die Sünder keine solchen Ausflüchte vorbringen, sondern seien dann selbst für ihr Tun und Lassen verantwortlich. Dieses Beispiel ruft in Erinnerung, dass Dämonen gerade auch die Frommen, v. a. die Mystiker, heimsuchen. Es ist dies allerdings nicht der Ort, diese Debatte aufzugreifen, die in der islamischen Welt häufig mit der Verführung des Menschen durch Satan in Zusammenhang gebracht wird.[212]

6.3.3 *Ǧinn*-exponierte Lebensphasen: Zur Umm aṣ-ṣibyān[213]

Nachdem der vorangehende Abschnitt die Gefährlichkeit der Dämonen zu bestimmten Zeiten des Tages (Nacht, Mittag) thematisierte, zeigen die weiteren Überlegungen auf, dass der Mensch auch während Übergangsphasen seines Lebens gegenüber Angriffen durch die *ǧinn* besonders verletzlich ist. Dämonen können ihm bei der Geburt (auch während des Wochenbetts), bei der Heirat, beim Tod oder bei Erkrankungen Schaden zufügen. Es handelt sich dabei um liminale Abschnitte im Leben des Individuums. Da die Gefährlichkeit der Geister in diesen Phasen in der Sekundärliteratur hauptsächlich anhand von Beispielen

---

210 ʿUlaymī, *al-Manhaǧ al-aḥmad,* I.208.19–21 (§ 161); Hinweis aus F. Meier, NL, s. v. *Zeit,* Bl. 11. Zu ʿUlaymī vgl. H. Busse, Artikel „Mudjīr al-Dīn al ʿUlaymī", in *EI²* VII.294.

211 Vgl. ʿUlaymī, *al-Manhaǧ al-aḥmad,* II.301.18–20 (§ 812); Hinweis aus F. Meier, NL, s. v. *Zeit,* Bl. 12.

212 Für eine ausführliche Diskussion vgl. P. Awn, *Satan's tragedy and redemption: Iblīs in Sufi psychology.*

213 Die folgende Darstellung berücksichtigt neben schriftlichen Quellen aus der vormodernen Zeit teilweise wiederum auch ethnographisches Material.

aus der Ethnographie gut dokumentiert ist, soll sie hier nur an einem ausgewählten Beispiel verdeutlicht werden.[214]

Ausgangspunkt der weiteren Überlegungen ist das bereits früher aufgegriffene, bei Buḫārī verzeichnete Prophetenwort, wonach die Buben bei Einbruch der Nacht nicht draußen bleiben dürfen.[215] Die Überlieferung begründet dies damit, dass die *ǧinn* nachts ausschwärmen und ihre Opfer entführen. Zwar präzisiert der beigebrachte *Ḥadīṯ* die für diese Untat verantwortlichen Unholde nicht näher. Es sei allerdings daran erinnert, dass so gut wie in der gesamten islamischen Welt Kindbettdämoninnen besonders gefürchtet sind, die nachts ihr Unwesen treiben. Am bekanntesten sind diese Störenfriede unter dem Namen Umm aṣ-ṣibyān, wörtlich Mutter der Jünglinge bzw. Kindsmutter[216] oder Kindermutter[217]. Es handelt sich um die euphemistische Bezeichnung eines grässlichen Plagegeists, der rund um Geburt und Kindbett Angst und Schrecken verbreitet.

Eine Unholdin dieses Namens spielt in den im Rahmen der vorliegenden Studie untersuchten schriftlichen Quellen nur am Rand eine Rolle.[218] Namentlich nachweisen lässt sie sich in Ḥalabīs (gest. 1044/1634) verhältnismäßig spät entstandener Abhandlung zur Dämonologie. Sie wird dort mit der *tābiʿa* gleichgesetzt und als Dämonin vorgestellt, die den Neugeborenen Schaden zufügt.[219]

---

214 Siehe u. a. M. Dols, *Majnūn,* S. 291; H. A. Winkler, *Salomo und die Ḳarīna,* S. 37 f. (Buchstaben E). Besonders bekannt ist, dass die Dämonen als Verursacher von Krankheiten gelten. Sie werden sowohl für körperliche als auch (und v. a.) psychische Leiden verantwortlich gemacht. Da diese Zusammenhänge in der Forschung gut aufgearbeitet sind, werden sie als bekannt vorausgesetzt. Zur Frage vgl. auch Kapitel 7.4 (bei Anm. 113–127 und Anm. 150–152); siehe außerdem: J. Wellhausen, *Reste,* S. 155 f.; J. Henninger, *Geisterglaube,* S. 292, 302; M. Dols, *Majnūn,* v. a. S. 211–310; A. Wieland, *Ǧinn-Vorstellung,* z. B. S. 16. F. Meier, NL Mappe 3, s. v. *Geisteskrankheit,* 27 Bl.; NL Mappe 5, s. v. *Krankheit,* 19 Bl.; NL Mappe 11, s. v. *Geisteskrankheit,* 4 Bl.

215 Buḫārī, *Ṣaḥīḥ, Ḥadīṯ* 3351; vgl. oben bei Anm. 162.

216 D. Pielow, *Lilith,* S. 187, übersetzt den Ausdruck so.

217 W. Eilers, *Die Āl,* S. 11, Anm. 16, schlägt diese Wiedergabe vor.

218 Es lässt sich nicht mit letzter Sicherheit ausschließen, dass der Begriff Umm aṣ-ṣibyān, in den näher untersuchten Quellen doch belegt ist. Allerdings konnte offenbar auch F. Meier den Ausdruck in frühen Quellen (vor ca. 1500) nicht nachweisen. Jedenfalls fehlen entsprechende Belegstellen in seinem Nachlass (NL Mappe 9, s. v. *Umm aṣ-ṣibyān,* 5 Bl.).

219 Ḥalabī, *ʿIqd al-marǧān,* S. 28.9–11. M. ʿĀšūr (Herausgeber des Ḥalabī-Texts, Anm. 4 zur Stelle) weist darauf hin, dass die von Ḥalabī beigezogene Überlieferung als schwach *(ḍaʿīf)* gilt und in den klassischen *Ḥadīṯ*-Sammlungen fehlt. Der bei Ḥalabī zitierte Bericht hält fest, dass die Umm aṣ-ṣibyān das Neugeborene nicht heimsuche, wenn man ihm bei der Geburt den Gebetsruf *(aḏān)* ins rechte und den *Iqāma*-Ruf (zweite und letzte Aufforderung zum Ritualgebet) ins linke Ohr flüstere. M. ʿĀšūr macht anschließend auf eine ähnlich lautende, angeblich echte Überlie-

Būnī (gest. 622/1225) erwähnt die Umm aṣ-ṣibyān im *Šams al-ma'ārif* kurz.[220] Ein Amulett mit dem Gottesnamen *al-Walī* soll ein Kind vor ihren Übergriffen schützen. Außerdem nennt Muḥammad aṣ-Ṣanawbarī den Namen der Umm aṣ-ṣibyān im *Kitāb ar-Raḥma fī ăṭ-ṭibb wa-ăl-ḥikma*[221] und identifiziert sie mit der als Tābi'a bekannten Kindbettdämonin[222]:

> Wisse, dass die Tābi'a – und das ist die Umm aṣ-ṣibyān – diejenige ist, die die Häuser und Schlösser zerstört, die Lebensmittel *(rizq)* in der Nacht und am Tag verringert und Wucher und Böses zurücklässt.

Neben der Tābi'a und der Umm aṣ-ṣibyān sind aus der islamischen Welt aber noch andere Kindbettdämoninnen bekannt. D. Pielow geht davon aus, dass sie und weitere Plagegeister mit ähnlichen Eigenschaften trotz ihren unterschiedlichen Namen nur als eine einzige Dämonin zu begreifen seien. Die Quellen würden dem Namen nach zwar zwischen Tābi'a, Umm aṣ-ṣibyān, Umm al-layl (wörtlich: „Mutter der Nacht") und Qarīna unterscheiden. Diese Namen stünden aber in der Regel nur für eine bestimmte Dämonin; es ließen sich keine Unterschiede zwischen den einzelnen Trägerinnen dieser Namen feststellen.[223]

---

ferung (Gewährsleute: Abū Rāfi' – von seinem Vater) aufmerksam, wonach 'Alī seinem Sohn Ḥusayn nach der Geburt den *Aḏān*-Ruf ins Ohr gesagt habe.

220 Būnī, *Šams al-ma'ārif wa-ăl-laṭā'if al-ma'ārif*, S. 593.4 f. Zu Būnī und seinem *opus* siehe Kapitel 9, bei Anm. 75 f.

221 Als Verfasser wird oft Pseudo-Suyūṭī genannt. Tatsächlicher Autor ist allerdings Muḥammad al-Mahdawī b. 'Alī b. Ibrāhīm aṣ-Ṣanawbarī (gest. 815/1412); siehe zu ihm C. Brockelmann, *GAL*, S II.252, und M. Ullmann, *Die Medizin im Islam*, S. 188.

222 Aṣ-Ṣanawbarī, *Kitāb ar-Raḥma fī ăṭ-ṭibb wa-ăl-ḥikma*, S. 233.17 f. Kapitel 174 stellt Schutzmittel gegen die Tābi'a vor (Titel des Kapitels: *Fī 'ilāğ at-Tābi'a wa-qaṭ'i-hā min awwali aṣli-hā wa-ḏikri mā ğarā bayna-hā wa-bayna nabiyyi Allāhi Sulaymān:* S. 233.14–247.22). Es weist besonders auf Salomons Kampf gegen die Tābi'a hin und geht auch auf Muḥammads Auseinandersetzung mit ihr ein; zur Stelle vgl. H. A. Winkler, *Salomo und die Ḳarīna*, S. 19–26. Auch R. Kriss und H. Kriss-Heinrich, *Amulette, Zauberformeln und Beschwörungen*, S. 22, und M. al-Ğawharī, *'Ilm al-fūlklūr*, S. 430, Anm. 38 (zitiert bei D. Pielow, *Lilith*, S. 47, Anm. 117), identifizieren die Tābi'a mit der Umm aṣ-ṣibyān.

223 D. Pielow, *Lilith*, S. 47, 187. T. Canaan, *Decipherment*, S. 85, weist auf Listen mit unterschiedlichen Eigennamen für die als Tābi'a, Umm aṣ-ṣibyān und Qarīna bekannten Dämoninnen hin; er stützt sich auf Pseudo-Suyūṭīs *Kitāb ar-Raḥma*. Auch T. Canaan hält fest, dass diese Dämoninnen letztlich identisch seien. K. Hentschel, *Geister, Magier und Muslime*, S. 35, meint, dass „die drei ursprünglich getrennten Gestalten [Qarīna, Umm aṣ-ṣibyān und Tābi'a] mit der Zeit zu einer einzigen Gestalt verflossen." Diese gefürchtete Feindin aller Frauen und Kinder sei aus dem Totengeist einer im Wochenbett verstorbenen Mutter hervorgegangen (mit Hinweis auf R. Kriss und H. Kriss-Heinrich, *Amulette, Zaubersprüche und Beschwörungen*, S. 22). Auch D. Pielow, *Lilith*, S. 49, macht auf die im islamischen Volksglauben lebendige Vorstellung aufmerksam, dass die mit der

Ethnographisch orientierte Studien haben sich besonders eingehend mit dem Wirken dieser Kindbettdämoninnen befasst. Deshalb wird hier darauf verzichtet, ihr Wesen anhand eigener Untersuchungen darzustellen.[224] Einzig ein Hinweis auf eine Stelle aus dem stark von magischem Gedankengut geprägten *Kitāb ar-Raḥma* soll das Wirken dieser Plagegeister illustrieren. Es fällt auf, dass die im folgenden übersetzte Passage die Tābiʿa nicht nur als Kindbettdämonin beschreibt, sondern sie für allerlei weitere Unglücksfälle verantwortlich macht[225]:

> Da sprach sie zu Salomon und sagte: ‚Prophet Gottes, ich bin die Tābiʿa. Ich bin jene, die die Häuser entleert und die Ruinen *(hanāšīr*[226]*)* und Gräber (*qubūr*, sg. *qabr*) bevölkert. Ich bin jene, von der alle Krankheit und aller Schaden stammen. [Ich lege mich in] meinem Schlaf auf das Kleine. Dann wird es so, als wäre es nicht gewesen. Und [ich lege mich in meinem Schlaf] auf den Erwachsenen[227] mit Schmerzen, Leiden (*amrāḍ*, sg. *maraḍ*), Krankheiten (*ʿilal*, sg. *ʿilla*), schwerer Heimsuchung *(balāʾ ʿaẓīm)* und Armut. Ich komme über ihn [mit Dingen], wogegen er nichts ausrichten kann. Und [ich lege mich in] meinem Schlaf auf die Frau während der Menstruation *(ḥayḍ)* oder bei der Geburt *(wilāda)*. Sie bleibt dann unfruchtbar, und ihr Schoss *(ḥiǧr)* gedeiht nicht. Und [ich lege mich in] meinem Schlaf auf den Kaufmann in seinem Handel, nachdem er sich über den [mutmaßlichen] Gewinn gefreut hat. Er hat dann Misserfolg und erleidet Schaden. Und [ich lege mich in] meinem Schlaf auf den Tagelöhner hinsichtlich seiner Entlohnung. Wir lassen ihn nicht los. Nach Einbruch der Nacht nimmt es zu.[228] Mitten in der Nacht ist es am schlimmsten.[229] Und [ich lege mich in] meinem Schlaf auf alle Arten von Tätigkeiten, [indem ich Dinge verrichte,] wogegen es kein Heilmittel gibt. Und die Steuererhebungen[230], die stammen von mir.

Umm aṣ-ṣibyān verwandte Umm al-layl aus dem Totengeist einer im Wochenbett verstorbenen Frau entstanden ist (mit Hinweis auf H. A. Winkler, *Salomo und die Ḳarīna*, S. 54 f.).

224 Folgende Darstellungen vermitteln einen Überblick: H. A. Winkler, *Salomo und die Ḳarīna;* D. Pielow, *Lilith, passim.* R. Kriss, und H. Kriss-Heinrich, *Amulette, Zaubersprüche und Beschwörungen,* S. 22 f.; K. Hentschel, *Geister, Magier und Muslime,* S. 35; G. Fartacek, *Unheil durch Dämonen?* S. 68–70. W. Eilers, *Die Āl, ein persisches Kindbettgespenst,* untersucht spezifisch iranische Aspekte.

225 Ṣanawbarī (Pseudo-Suyūṭī), *Kitāb ar-Raḥma,* S. 234.11–20; vgl. die Übersetzung bei H. A. Winkler, *Salomo und die Ḳarīna,* S. 21.

226 Der Begriff *hanāšīr* ließ sich nicht belegen; er wird übernommen aus H. A. Winkler, siehe vorangehende Anm.

227 *Al-kabīr:* eigentlich „der Große".

228 *Yazīdu ʿalā ʿišāʾi-hī:* A. Kazimirski, *Dictionnaire,* gibt für *ʿišāʾ*, s. v., folgende Bedeutungen an*:* „1: Entrée de la nuit. 2. Nuit, toute la nuit. 3. Prière du soir."

229 *Fī ǧawfi-hī akṯar.*

230 A. Kazimirski, *Dictionnaire,* s. v. *maks,* pl. *mukūs,* nennt folgende Bedeutungen: „1. droit de douane, taxe. 2. Dîme." Einen Plural *amkâs* (wie hier im Text) führt er nicht auf; die Übersetzung ist daher nicht gesichert,

[*bālan min*[231]] Und [von mir stammt] die Wut[232], die Augenentzündung, der Anfall *(laṭma),* der Schmerz und der Schlag *(ḍarba).* Und von mir kommt jede Krankheit und jedes Leiden *(kull dāʾ wa-ʿilla).* Und alles, was unter den Menschen [an Unheil] vorfällt, das [stammt] von dieser [Tābiʿa],[233] Sie hindert[234] einen am Aufstehen in der Nacht, um Wasser zur Gesundung zu trinken[235]. Sie vernichtet das Ackerland und verringert das Vieh *(māl).*‘

Die übersetzte Passage schildert die Tābiʿa bzw. die Umm aṣ-ṣibyān als klar negativ besetztes Wesen, das vielfach Schaden anrichtet. Es tritt nicht mehr ausschließlich als Kindbettdämonin in Erscheinung, sondern ist für jegliche Form von Misserfolg verantwortlich.[236] Aber auch Ṣanawbarī (Pseudo-Suyūṭī) bringt die Tābiʿa wiederholt mit Übergangsphasen im Leben des Menschen in Verbindung. Sie schadet den Frauen bei der Menstruation *(ḥayḍ)* und beim Gebären *(wilāda).* Sie ist überdies für Unfruchtbarkeit und Kindstod verantwortlich. Der übersetzte Text betrachtet sie wiederholt als Verursacherin von Krankheiten, Leiden und Schmerzen. Und letztlich ist auch sie es, die die Gräber füllt; sie wird also mit dem Tod in Verbindung gebracht.

Der Text beschreibt die Tābiʿa überdies mehrfach als nachtaktives Wesen und bestätigt damit frühere Feststellungen zum Wirken von Dämonen. Die beigezogene Passage enthält sechs Mal die gewissermaßen als Anapher vorgebrachte Wendung *wa-nawmī ʿalā* ...[237] Auch weist der Text darauf hin, dass die Heimsuchung durch die Tābiʿa nach Einbruch der Nacht zunehme und mitten in der

231 Der Text dürfte verderbt sein; H. A. Winkler übersetzt die Wendung nicht.

232 H. A. Winkler vermutet als richtige Bedeutung „Fieber“.

233 H. A. Winklers Text weicht hier offensichtlich ab. Die Stelle scheint verderbt zu sein. Sie lautet im konsultierten Exemplar: „وكل ما يجرى فى الخلق فإنه من هؤلاء، وتأخذ على قيام الليل وشرب الماء على الصحة وتحلق الحرث وتنقص المال“.

234 Die Übersetzung ist nicht gesichert. E. Lane, *Lexicon,* kennt die Wendung *aḫaḏa ʿalā yad fulān:* „He prevented, restrained, or withheld, such a one from doing that which he desired.“

235 H. Wehr, *Wörterbuch,* s. v. *ṣiḥḥa,* verzeichnet die Wendung *šariba ʿalā ṣiḥḥati-hī* „auf j-s Gesundheit trinken“. Es kann nicht entschieden werden, ob diese Bedeutung für die vorliegende Stelle zutrifft.

236 In Ergänzung der obigen Hinweise auf Untersuchungen zu Kindbettdämoninnen im islamischen Kulturraum (vgl. Anm. 224) sei auf E. Doutté, *Magie et religion,* S. 115–117 und S. 221, Anm. 1, hingewiesen. E. Doutté kommt zum Schluss (S. 115 f.): „Cet être malfaisant (*scil.* Umm aṣ-ṣibyān) a une personnalité mal délimitée; on l’accuse de toutes sortes de méfaits, mais on s’accorde sur ce point que ses principales victimes sont les enfants. [...] Dans les livres de médecine populaire, Oumm eç Cibyân est traitée à la fois comme une maladie des enfants et comme un démon malfaisant: Soyoûti dit qu’on le reconnaît à ce que l’enfant est pris de vomissement et à ce que ses yeux se retournent; nous reconnaissons là facilement les convulsions si fréquentes chez les jeunes enfants et si redoutées des mères.“

237 „[Ich lege mich in] meinem Schlaf auf ...“

Nacht am schlimmsten sei. Wenn die Tābiʿa ihr Opfer außerdem nachts daran hindert, aufzustehen und Wasser zur Linderung seiner Schmerzen zu trinken, deutet dies in dieselbe Richtung.

6.4 Die *ǧinn* als moralische Instanz

Die bisherigen Ausführungen zeigen auf, dass die *ǧinn* sowohl räumlich als auch zeitlich mit Grenzsituationen in Beziehung gesetzt werden. Dämonen treten allerdings noch auf einer dritten Ebene in liminalen Konstellationen auf, manifestieren sie sich doch gern als Hüter der Moral und ziehen all jene zur Rechenschaft, die Tabus missachten oder soziale *Codes* brechen. Auch solche Handlungen stellen ein Überschreiten von Grenzen dar. Dieser dritte Aspekt dämonischen Verhaltens lässt sich u. a. anhand der bereits mehrfach aufgegriffenen Māhān-Geschichte in Niẓāmīs *Haft Paykar* illustrieren.[238] Im vorliegenden Kontext von Interesse sind die Berichte über die erste und letzte Nacht in der Mittwochsgeschichte dieses Epos.[239]

Wie bereits erwähnt wird Māhān am Rand eines ihm zu Ehren veranstalteten Fests von einem Fremden angesprochen, der sich als alter Freund und Handelsgefährte ausgibt. Er möchte mit Māhāns Unterstützung im Schutz der Dunkelheit wertvolle Waren in die Stadt schmuggeln und so beträchtliche Zollgebühren vermeiden.[240] Māhān, von der Aussicht auf raschen Gewinn geblendet, lässt sich zur Beteiligung am Vorhaben überreden.[241] Indem er aus purer Geldgier bereit ist, sich finanzielle Vorteile zu erschleichen, gibt er aus Niẓāmīs Sicht niederen Gefühlen nach und öffnet dem Dämonischen durch diesen Schritt Tür und Tor. In der Tat hat sein Entschluss schwerwiegende Konsequenzen: Sein vermeintlicher *compagnon* lockt Māhān in eine unwirtliche Wüste und gebärdet sich dort als übelgesinnter Dämon.[242] Am andern Morgen überlässt er den vom rasenden Ritt durch die rabenschwarze Nacht erschöpften Protagonisten seinem Schicksal. Benommen bleibt Māhān in einer öden Gegend liegen.[243]

---

238 Vgl. dazu u. a. Kapitel 6.2.2 „Ausgegrenzt und doch omnipräsent", bei Anm. 42–53.

239 Niẓāmī, *Haft Paykar* (Ausgabe B. Ṯirwatiyān), § 36, 1. Geschichte: vv. 12–48/59; 4. Geschichte: vv. 169–388.

240 Niẓāmī, *op.cit.*, v. 35.

241 Niẓāmī, *op.cit.*, v. 36: „ماهان ز شادمانی مال || بر گرفت آن حریف را دنبال".

242 Māhān erfährt in der zweiten Spukgeschichte, dass sein vermeintlicher Handelsgefährte ein *dīw* namens Hāyil-i Biyābānī (der Schreckliche aus der Wüste) war; vgl. Niẓāmī, *op.cit.*, v. 78: „دیو بود آنکه مردمش خوانی || نام او هایل بیابانی"; siehe auch oben Anm. 48.

243 Niẓāmī, *op.cit.*, vv. 50–52.

Die vierte und eigentlich zentrale Episode der Niẓāmī-Geschichte bringt die Funktion des Dämonischen als moralische Instanz noch klarer zum Ausdruck.[244] Nachdem Māhān zwei weitere Schreckensnächte durchwacht hat, findet er am vierten Abend Zuflucht in einer Hütte, wo er einen Schacht *(čāh)* entdeckt. Als sich Māhān hinablässt, nimmt er an dessen Ende ein fahles Licht wahr. Er folgt dem Schimmer und gelangt in einen wunderbaren Garten, den Niẓāmī ausführlich schildert.[245]

Der Protagonist stößt in diesem Park auf einen alten Mann, der den ungebetenen Eindringling anfänglich für einen gemeinen Dieb hält. Doch nachdem ihm Māhān von den Schrecknissen der vorangehenden Nächte erzählt hat, kommen sich die beiden näher. Da der alte Wächter kinderlos ist, will er Māhān an Sohnes Statt annehmen und ihm all sein Hab und Gut vermachen. Außerdem verspricht er, ihn mit einem bildhübschen Mädchen zu vermählen.[246] Der Alte entfernt sich darauf, um letzte Vorbereitungen für den Freudentag zu treffen. Er lässt Māhān auf einem Hochsitz zurück, von dem er bis zu seiner Rückkehr unter keinen Umständen hinuntersteigen dürfe.[247] Danach gehörten Haus und Garten ihm.[248] Bevor sich der Wächter entfernt, warnt er seinen Gast jedoch mit Nachdruck davor, seinen Rat *(pand)* in den Wind zu schlagen. Er müsse nur noch diese letzte Nacht vor dem Bösen Blick *(čašm-i bad)*[249] auf der Hut sein. Danach könne er es sich in allen kommenden Nächten wohlergehen lassen[250]:

امشب از چشم بد هراسان باش   همه شبهای دیگر آسان باش
پیر چون داد یک به یک پندش   داد با پند نیز سوگندش

244 Niẓāmī, *op.cit.*, vv. 169–388.

245 Niẓāmī, *op.cit.*, v. 177 f. Es schließt sich eine erste Beschreibung des Paradiesgartens an (bis v. 199): „چونکه ماهان چنان بهشتی یافت || دل ز دوزخ سرای دوشین تافت“.

246 Niẓāmī, *op.cit.*, vv. 360–367.

247 Niẓāmī, *op.cit.*, vv. 272–290: „تا نیایم، صبور باش به جای || هیچ از این خوابگاه فرود میای“ (v. 286).

248 Niẓāmī, *op.cit.*, v. 290: „باغ باغ تو، خانه خانهٔ تست || آشیان من آشیانهٔ تست“.

249 Obwohl der Böse Blick (arabisch: *al-ʿayn;* persisch: *čašm-i bad, čašm–zaḫm*) ein zentrales Phänomen der (islamischen) Dämonologie darstellt, soll im vorliegenden Kontext nicht ausführlich darauf eingegangen werden. Dazu besteht sowohl aus allgemeiner als auch aus islamwissenschaftlicher Perspektive eine umfassende Literatur: Man beachte u. a.: E. Šakūrzāda und M. Omidsalar, Artikel „Čašm-zakm“, in *EIr*, Online-Ausgabe, konsultiert am 14. Januar 2011; Ph. Marçais, Artikel „al-ʿAyn“, in *EI²* I.786. Außerdem: F. Th. Elworthy, *The evil eye;* C. Maloney, *The evil eye;* S. Seligmann, *Der böse Blick und Verwandtes.*

250 Niẓāmī, *op.cit.*, vv. 291–292.

Niẓāmī greift mit dem Hinweis auf den *pand,* den Rat des Alten an Māhān, ein in der persischen Kultur wichtiges Konzept auf.[251] Im vorliegenden Kontext relevant ist, dass Māhān diesen Rat, diese Ermahnung des Alten letztlich missachtet und sich deshalb erneut mit dem Dämonischen konfrontiert sieht. Im Lauf der Nacht erscheint eine Schar lieblicher Mädchen. Der Jüngling kann ihnen schließlich nicht mehr widerstehen und steigt entgegen den Anweisungen des Besitzers des wundervollen Gartens von seinem Hochsitz herab. Mit dieser offenkundigen Missachtung der Ermahnung *(pand)* des Alten provoziert Māhān, dass er erneut zum Opfer der Dämonen wird.

Anfänglich hatte für Māhān jedoch alles ganz harmlos begonnen: Nachdem die Mädchen ein Festgelage aufgetragen haben, nimmt ihre Gebieterin, eine feengesichtige *(parī-ruḫ)* Schönheit, den Geruch eines Mannes wahr und bittet eine Gespielin, der Sache nachzugehen.[252] Als diese Vertraute Māhān auf dem Baum entdeckt, lockt sie ihn mit ihrem Nachtigallen-Gesang von seinem Hochsitz herab und begleitet ihn zu ihrer Herrin: Aus jugendlichem Leichtsinn hatte Māhān den Rat des Alten in den Wind geschlagen; es hatte für ihn kein Halten mehr gegeben.[253]

Es ist dies nicht der Ort, Māhāns Begegnung mit der feengesichtigen Schönen im Detail zu analysieren.[254] Gewiss ist, dass der anfängliche Austausch von Zärtlichkeiten abrupt in einen Kampf umkippt. Was als anmutiges Liebesspiel begonnen hat, schlägt unversehens um in die Konfrontation mit einer entsetzlichen *ʿifrītin.* Plötzlich hält Māhān nicht mehr ein feengesichtiges Mädchen, sondern ein Scheusal in den Armen. Als sich der Jüngling aus der Umklammerung seiner Angebeteten losreißt, begehrt sie höhnend nach weiteren Küssen[255]:

> [Māhān] sah eine *ʿifrītin,* von Kopf[256] bis Fuß erschaffen aus Gottes Zorn.
> Ein Büffel mit den Hauern eines Wildschweins. Ein Drache, wie ihn noch niemand gesehen hatte.
> (v. 365) Nicht bloß ein Drache, sondern ein [richtiger] Ahriman[257]. Ein Maul aufgesperrt vom Boden bis zum Himmel.

251 Zum Konzept des *pand* in der persischen Literatur vgl. R. M. Sabzawarī, Artikel „Pand", in *Dāniš-nāma-i Ǧahān-i Islām*, Online-Ausgabe, s. v. *Pand-nāma,* konsultiert am 12. September 2011.

252 Niẓāmī, *op.cit.*, vv. 335–342.

253 Niẓāmī, *op.cit.*, v. 349 f.: „زآن جوانی که در سر افتادش || نآمد از پند پیر خود یادش. ||| چون جوان جوش در نهاد آرد || پند پیران کجا به یاد آرد؟".

254 Vgl. Niẓāmī, *op.cit.*, vv. 351–388.

255 Niẓāmī, *op.cit.*, vv. 363–375.

256 *Dahan:* eigentlich „Mund".

257 Ahriman: ein Dämon, im Zoroastrismus der Gegner Ahura Mazdās; siehe J. Duchesne-Guil-

> Mit einem krummen Rücken, dass Gott bewahre! Wie ein Bogen, den man mit [besonders zäher] Tūz-Baum-Rinde umwickelt.[258]
> Bucklig und mit einem Krabben-Gesicht; ihr Gestank reichte tausend Parasangen weit.
> Eine Nase wie der Ofen von Ziegelbrennern, ein Maul wie der Kessel von Färbern.
> Ihr Maul[259] aufgesperrt wie der Schlund eines Krokodils. [Dieses Ungeheuer] hielt den Gast eng umschlungen.
> Während sie ihn offen und insgeheim mit Küssen überschüttete, richtete sie an ihn folgende Rede:
> ‚O jener, dessen Haupt in meine Fänge geraten ist, dessen Brust meine Zähne zerreißen!
> [Soeben noch] hast du mich umschlungen und gebissen, um mich auf Lippen und Kinn zu küssen.
> Schau dir [jetzt] Klauen und Zähne an; sie sind wie Schwerter und Lanzen. Richtige Klauen und Zähne sehen so aus, nicht auf die [vorige] Art.
> [Wie groß war deine Leidenschaft *(raġbat)* anfänglich doch gewesen! Weshalb ist sie jetzt so schwach geworden?][260]
> Die Lippen sind immer noch dieselben. So küsse sie! Das Gesicht ist immer noch dasselbe. So wende den Blick nicht ab![261]
> Nimm den Wein nicht aus der Hand eines Mundschenken entgegen, der den Becher unter hundert Listen bringt!‘

Nach diesen Ausführungen wendet sich das Ungeheuer ein letztes Mal an Māhān und erklärt ihm die Gründe für seine Bestrafung in einer verbalen Lektion.[262] Es zeigt dem Jüngling auf, dass er als Folge seiner unkontrollierten Leidenschaft heimgesucht wird. Die anfänglich anmutige Fee hat sich wegen Māhāns ungestümen Drangs in ein Monstrum verwandelt. Das Scheusal bezeichnet es als seine Pflicht, sein Opfer mit Nägeln und Krallen in Stücke zu zerfetzen. Würde es Māhān schonen, wäre es kein wirklicher *dīw*. Es wäre vielmehr jenes feengesichtige Wesen, für das der Protagonist es irrtümlich gehalten hat. W. Dastgirdī

---

lemin, Artikel „Ahriman“, in *EIr*, Online-Ausgabe, konsultiert am 12. September 2011.

258 Die Tūz-Baumrinde ist für ihre Zähheit bekannt und wurde deshalb zur Herstellung von Bögen und Pferdesätteln verwendet; vgl. die Anmerkung von W. Dastgirdī zur Stelle.

259 *Lab:* eigentlich „Lippe“.

260 Einzelne Handschriften enthalten diesen Vers. B. Ṯirwatiyān verzeichnet ihn in einer Fußnote, W. Dastgirdī im fortlaufenden Text.

261 Niẓāmī, *Haft Paykar* (Ausgabe B. Ṯirwatiyān), § 36, v. 374b liest: „رخ همان رخ، نظر مبند از راه“. W. Dastgirdī (*Haft Paykar*, § 30, v. 378b) liest am Schluss anstelle von *rāh māh*. Auf eine Übersetzung dieses unsicher überlieferten Ausdrucks wurde verzichtet.

262 Niẓāmī, *op.cit.*, Ausgabe B. Ṯirwatiyān, v. 377; vgl. Ausgabe W. Dastgirdī, v. 381 f. Die beiden Ausgaben weichen im Detail voneinander ab. Die hier vorgeschlagene Interpretation folgt W. Dastgirdīs Kommentar. J. Scott Meisami (Übersetzung) übernimmt seine Auffassung. B. Ṯirwatiyān verzichtet auf eine eigene Deutung.

erklärt, die Dämonin erachte es als Schande, zuerst überhaupt als Fee aufgetreten zu sein.

Niẓāmī hält abschließend fest, Māhān habe sich das Auftreten des Drachens durch sein eigenes Verhalten eingehandelt. Das weibliche Monstrum fügt seinem Opfer unablässig neues Unheil zu. Die Geschichte endet damit, dass dem Protagonisten die Verwandlung der wunderschönen Fee in einen *dīw* bewusst wird. Einem Kind gleich stößt er herzzerreißende Schreie aus und brüllt wie eine Frau bei der Niederkunft. Der Spuk endet erst, als mit dem Hahnkrat der neue Tag anbricht.[263] Als sich Māhān umschaut, stellt er mit Entsetzen fest, dass all die Trugbilder der letzten Nacht spurlos verschwunden sind und er einsam vor der Tür zu jenem Palast zurückgeblieben ist, zu dem er den Zugang so leichtsinnig verspielt hat. Hätte er den Rat *(pand)* des Alten nicht missachtet, hätten ihm die Dämonen nichts anhaben können.

Verschiedene Elemente in Niẓāmīs Text legen es nahe, das Auftreten der Dämonin als Hinweis auf Māhāns (sexuelle) Triebe zu verstehen. Während Māhān das fröhliche Treiben der Mädchen vom Hochsitz herab beobachtet, erinnert er sich noch an die Rede seines Gastgebers und zügelt seine Lust.[264] Doch sobald der Protagonist vor der feengesichtigen Schönen steht, gerät er in Wallung, und die Ermahnungen des Alten kommen ihm nicht mehr in den Sinn.[265]

In Niẓāmīs Māhān-Geschichte ziehen Dämonen Missetäter bei zwei Gelegenheiten für ihr Fehlverhalten zur Rechenschaft. Einerseits kann der Protagonist am Anfang der Geschichte seiner Geldgier nicht widerstehen und wird zum Opfer eines vermeintlichen Handelsgefährten, der sich alsbald als schrecklicher Dämon entpuppt und ihn in die Irre führt. Mit diesem ersten Fehltritt nimmt das Unheil nachts, also zur *Ǧinn*-Zeit *par excellence,* überhaupt seinen Lauf. Die Schrecknisse der ersten drei Nächte sind Māhān allerdings nicht Lehre genug. Da er in der vierten Nacht den Rat *(pand)* des Alten missachtet, wird er von den Dämonen erneut heimgesucht.

Bei beiden Gelegenheiten treten die Geister als moralische Instanz in Erscheinung und wachen darüber, dass die Grenzen sozial akzeptierten Verhaltens respektiert werden. Niẓāmīs Māhān-Geschichte weist den Dämonen damit die Funktion von Hütern gesellschaftlicher *codes* zu. Diese Funktion des Dämonischen lässt sich ebenso anhand weiterer Beispiele illustrieren. Auch der persi-

---

263 Niẓāmī, *op.cit.*, v. 385 f.

264 Niẓāmī, *op.cit.*, v. 324: „باز گفتار پیرش آمد یاد || بند بر صرعیان طبع نهاد". Unter *ṣuriyān-i ṭab'* versteht B. Ṯirwatiyān (Kommentar zur Stelle) die natürlichen Begierden und Triebe *(šahawāt wa-ġarā'iz-i ṭabī'ī).*

265 Niẓāmī, *op.cit.*, v. 350: „چون جوان جوش در نهاد آرد || پند پیران کجا به یاد آرد؟".

sche Schriftsteller Riḍā Ǧūlā'ī (geb. 1950 in Teheran) versteht die Geister als Hüter gesellschaftlicher Normen.[266] Und G. Fartacek ist bei seinen in Syrien durchgeführten Feldforschungen gleichermaßen auf ihre Funktion als moralische Instanz aufmerksam geworden. Er fasst seine Beobachtungen in den folgenden Überlegungen zusammen[267]: „Analysiert man die moralischen Implikationen der Begegnungen mit Ǧinn, so fällt auf, dass sie dem Menschen vor allem dann zum Verhängnis werden, wenn er gegen traditionelle Norm- und Wertvorstellungen verstößt." Die *ǧinn* schlügen zu, wenn der Mensch Tabus missachte oder sich anstößig benehme. Sie greifen z. B. ein, wenn sich Frauen ungenügend verhüllen oder wenn man es unterlässt, ein Ernteopfer darzubringen. Egoistisches Verhalten ganz allgemein kann die *ǧinn* zum Einschreiten veranlassen. Die beiden soeben analysierten Erzählungen aus Niẓāmīs *Haft Paykar* lassen sich jedenfalls nahtlos unter diese von G. Fartacek geschilderten Beispiele einreihen.

6.5 Bedrohliche Grenzwesen: die dreifache Liminalität der *ǧinn*

Die bisherigen Ausführungen zeigen auf, dass die *ǧinn* dem Menschen überall und jederzeit auflauern. Sie sind örtlich und zeitlich allgegenwärtig. Tilimsānīs Bild der vom Himmel herabfallenden Nadel, die unweigerlich einen Dämon treffe, illustriert ihre Omnipräsenz ausgezeichnet.[268] Allerdings grenzen die untersuchten Quellen die *ǧinn* auch unmissverständlich aus dem Bereich der Lebenden aus. Die vorangehende Darstellung bringt sie mehrfach mit liminalen Konstellationen in Verbindung. Die bisherigen Ergebnisse werden hier zusammenfassend festgehalten:

a. Räumlich werden die Dämonen grundsätzlich an Plätzen verortet, die von den Menschen vorübergehend oder für immer verlassen worden sind. Auf makrokosmischer Ebene handelt es sich um unwirtliche Gegenden am Rand der bewohnten Welt (z. B. Wüsteneien, furchterregende Täler, Schluchten, Inseln in den Weiten des Meeres). Im mikrokosmischen Bereich halten sich Geistwesen mit Vorliebe an schmutzigen Plätzen (Latrinen, Bädern, Kanalisationen, Müll-

266 Da sich die vorliegende Untersuchung auf Quellen aus der vormodernen Zeit (entstanden bis ca. 1500) stützt, wird R. Ǧūlā'īs komplexe Kurzgeschichte „Mītī-Ǧinn" hier nicht aufgegriffen. Vgl. dazu aber meinen zur Veröffentlichung bereiten Artikel: „Between change and persistence: Režā Ǧūlā'ī's short story *Mītī-Ǧenn* as a mirror of recent social developments in Iran".

267 G. Fartacek, *Unheil durch Dämonen?* S. 157–161; Zitat: S. 159.

268 Vgl. dazu oben bei Anm. 78 und 101.

halden etc.) oder an Übergangsorten (z. B. Ruinen, unbewohnte Häuser, Friedhöfe) auf. Dämonen leben für den Menschen *idealiter* außerhalb der bewohnten und damit geordneten Welt (Kosmos). Die Türschwelle (lateinisch: *limen*) ist bei ihnen als Aufenthaltsort besonders beliebt. Ihr vielfaches Auftreten an Peripherien charakterisiert die Dämonen als Grenzwesen. Aufgrund ihrer Verortung an den Rändern der bewohnten Welt lässt sich von einer räumlichen Liminalität der *ǧinn* reden.

b. Diese räumliche Liminalität geht Hand in Hand mit einer zeitlichen Ausgrenzung aus dem Alltag des Menschen. Im Großen wüten diese Störenfriede besonders während des Jahreswechsels. Er stellt die *ǧinn*-relevante Übergangszeit *par excellence* dar.[269] Aber auch im Kleinen werden Dämonen aus dem alltäglichen Leben ausgegrenzt. Sie verfügen allerdings über Zeitfenster erhöhter Aktivität, vorzugsweise wenn das gesellschaftliche Leben ruht (z. B. in der Nacht, über Mittag). Die Menschen sind überdies in Übergangsphasen gefährdet, v. a. wenn diese mit Statusänderungen verbunden sind (Geburt, Heirat, Tod). Außerdem werden diese Plagegeister für physische und psychische Erkrankungen verantwortlich gemacht.

c. Dämonen treten aber auch in einer dritten Hinsicht als Grenzwesen in Erscheinung. Sie gelten als Hüter der Moral und wachen in dieser Funktion über die Einhaltung der durch gesellschaftliche Konventionen gesetzten Grenzen. Dieser Aspekt ihres Verhaltens lässt sich als moralische Liminalität umschreiben.

Aus den vorangehenden Beobachtungen geht hervor, dass sich die *ǧinn* in dreifacher Hinsicht, nämlich unter örtlichen, zeitlichen und moralischen Gesichtspunkten als Grenzwesen bezeichnen lassen. Niẓāmīs Geschichte zeigt auf, dass diese drei Aspekte ihrer Liminalität gleichzeitig auftreten können, ziehen diese Quälgeister Māhān doch nachts in der Wüste für seine Fehltritte zur Rechenschaft. Ergänzend soll diese Grenzhaftigkeit der Dämonen an einer weiteren Beobachtung festgemacht werden: Verschiedene Forschende stellten fest, dass Geister gern an den Trennlinien zwischen Licht und Schatten lokalisiert und als Schattenwesen behandelt werden.

6.6 Exkurs: Schatten und Schattenwesen

Auch F. Meier ist auf den liminalen Charakter der Dämonen aufmerksam geworden, stellt er doch die Neigung fest, dass *ǧinn* grundsätzlich an einer Grenzli-

---

269 Vgl. dazu unten Kapitel 10.6.2 „Salomons Heimsuchung“.

nie, an einer Scheide lokalisiert werden. Sie halten sich auf Passhöhen auf oder sind zur Mittagszeit aktiv.[270] I. Goldziher wiederum hat auf die Vorstellung hingewiesen, dass Satane mit Vorliebe an der Grenzlinie zwischen Schatten und Sonne lagern, wie u. a. aus Prophetenworten hervorgehe.[271] Gemäß Ibn Māğa soll Muḥammad untersagt haben, dass man sich an der Grenzlinie zwischen Sonne und Schatten niederlasse.[272] Ḏahabī begründet dieses Verbot damit, dass dies eben der Sitzplatz des Satans sei.[273] Dieselbe Vorstellung lässt sich bei Šiblī und Suyūṭī belegen.[274]

Bemerkenswert ist, dass Šiblī auch in einem andern Kontext auf die Affinitäten zwischen *ǧinn* und Schatten aufmerksam macht. Er greift in seinen Überlegungen zum Eindringen von Dämonen in den menschlichen Körper einen Standpunkt auf, den er heftig kritisiert.[275] Gemäß dieser zurückgewiesenen Position sollen die *ǧinn* beim Eindringen in ein Individuum ihren Schatten *(ẓill)* auf es werfen.[276] Dies führe anfänglich zu Besessenheit *(mass)* und später zu Epilepsie *(ṣarʿ)*. Obwohl sich Šiblī negativ zu diesen Auffassungen äußert, zeigt seine Kritik doch auf, dass das Wirken der Dämonen auch als „Beschattung" verstanden worden ist.

Ähnliche Vorstellungen müssen auch Ibn Qutayba bekannt gewesen sein, der sie mit dem als *Hātif*-Glauben bekannten Phänomen in Verbindung bringt.[277] Gemäß Ibn Qutaybas Bericht soll sich ein Mann an einem Platz aufgehalten

---

270 F. Meier, NL Mappe 6, s. v. *Orte der Dämonen*, Bl. 62.

271 I. Goldziher, *Abhandlungen zur arabischen Philologie:* „Excurse und Anmerkungen II: Die Ǵinnen im Islam", S. 111.

272 Vgl. Ibn Māğa, *Sunan, Kitāb al-Adab, Bāb al-Ǧulūs bayna ăẓ-ẓill wa-ăš-šams, Ḥadīṯ* Nr. 3854: „نهى [رسول الله] ان يُقعَدَ بين الظل والشمس." (Thesaurus Islamicus).

273 Vgl. Ḏahabī, *Mīzān al-iʿtidāl*, II.63: „وقال انه مقعد الشيطان". Hier zitiert gemäß den Angaben bei I. Goldziher, *Abhandlungen zur arabischen Philologie:* „Excurse und Anmerkungen II: Die Ǵinnen im Islâm", S. 111, Anm. 3.

274 Šiblī, *Ākām al-marǧān*, Kapitel 115: *Fī bayān maqʿad aš-šayṭān*, S. 189.18–190.8. Šiblī bringt unterschiedliche Fassungen dieses Verbots bei. Sie stimmen inhaltlich mit der Aussage bei Ibn Māğa überein. Suyūṭī, *Laqṭ al-marǧān*, §§ 673–676, S. 288.16–289.5, führt verschiedene Versionen des Verbots an und begründet es stets damit, dass sich der Satan an der Linie zwischen Schatten und Sonne aufhalte.

275 Šiblī, *Ākām al-marǧān*, S. 109.13–16: „وقال قائلون ان معنى سلوكهم [يعنى سلوك الجن] فى الانس انما هو بإلقاء الظل عليهم وذلك هو المس ومنه الصرع والفزع وذلك ايضا مما يدفعه العقل غير انه ورد السمع بسلوكهم فى الانس ووضع الشيطان رأسه على القلب والله تعالى اعلم."

276 E. Lane, *Lexicon*, s. v. *ẓill* schreibt: „*Ẓill* also signifies a *ḫayāl* that is seen, [i. e. an apparition, a phantom, or a thing, that one sees like a shadow, i. e. what we term a shade,] of the jinn, or genii, and of others: or the like of *ḫayāl* of the jinn."

277 Ibn Qutayba, *ʿUyūn* (Ausgabe 1925–1930), II.111.9–12; übersetzt bei F. Meier, NL Mappe 6, s. v. *Orte der Dämonen*, Bl. 17. Zum *Hātif*-Glauben vgl. Kapitel 8.3.1.

haben, wo sich sonst niemand niederließ. Da hörte er eine Stimme unter sich, die fragte: „Wer bewegt da meine Härchen? Das ist der Ort, wo ich meinen Mittagsschlaf halte *(maqīl)*, und der Schatten meines Schattenplatzes (?). Jedenfalls ist es kein Ort für den Dichter von Liebesliedern *(ġizzīl)*." Laut einer Variante soll der Dichter Aṣmaʿī die Stimme des unsichtbaren Rufers vernommen haben. Dies habe sich gegen das Ende seines Lebens zugetragen, als er bereits an einer geistigen Störung *(mass)* litt. Der Mann habe darauf seinen Platz geräumt. Zwar lässt sich Ibn Qutaybas Bericht nicht in allen Einzelheiten mit Šiblīs Darstellung vergleichen. Gewiss ist aber, dass auch Ibn Qutayba Vorstellungen von unsichtbaren Rufern mit dem Auftreten von Besessenheit und dem Aufenthalt an Schattenplätzen in Verbindung bringt.

Aus einem Bericht bei Suyūṭī lässt sich ebenso schließen, dass Dämonen als Schattenwesen in Erscheinung treten[278]: Der Gebetsrufer Abū Duǧāna soll sich beim Propheten über unheimliche Geräusche beklagt haben, die ihn in der Nachtruhe störten. Als er erschrocken Nachschau gehalten habe, habe er einen schwarzen Schatten *(ẓill aswad)* erkannt. Der Schatten sei zurückgewichen, sei in die Höhe gestiegen und habe sich in die Länge gezogen.[279] Als er, Abū Duǧāna, sich auf ihn gestürzt habe, habe er gespürt, dass sein Gegenüber eine Haut wie die Igel *(ka-ǧild al-qunfuḏ)* gehabt habe.[280] Da dieses Schattenwesen Abū Duǧāna Flammen ins Gesicht schleudert, befürchtet er, es versenge ihn und sein Haus. Aus Erklärungen des Propheten erfährt Abū Duǧāna, dass es sich beim nächtlichen Störenfried um einen übelgesinnten Hausgeist *(ʿāmir sūʾ)* handelt. Muḥammad äußert dabei sein Erstaunen, dass dieser sogar einen Gebetsrufer belästigt. Der Gesandte Gottes diktiert ʿAlī b. Abī Ṭālib daraufhin einen Text, den Abū Duǧāna beim Schlafen als Amulett unter sein Haupt legt.[281] Als er von Geschrei geweckt wird, fordert ihn eine Stimme auf, das Amulett zu entfernen. Die darauf enthaltenen Worte würden sie, gemeint sind die *ǧinn*, verbrennen. Solange sich dieses Schriftstück in Abū Duǧānas Haus befinde, könnten sie nicht dorthin zurückkehren.[282]

278 Suyūṭī, *Laqṭ al-marǧān*, § 359, S. 138.3–139.15.

279 Suyūṭī, *Laqṭ al-marǧān*, § 359, S. 138.6 f.: „فرفعت رأسى فزعاً مرعوبا، فإذا انا بظل أسود مولىّ يعلو ويطول فى صحن دارى."

280 Igel gelten als beliebte Reittiere von Dämonen; vgl. Kapitel 7 „Von Berittenen und Gerittenen", bei Anm. 6, 11, 19, 54–57.

281 Suyūṭī spricht neutral von einem Schriftstück *(kitāb)*. Aus dem bei Suyūṭī zitierten Inhalt des Dokuments lässt sich jedoch schließen, dass es sich um ein Amulett handelt (vgl. Suyūṭī, *Laqṭ al-marǧān*, S. 306.12–307.5).

282 Suyūṭī thematisiert die Zusammenhänge zwischen den Dämonen als Leute der Erde *(ahl*

Der eben erwähnte Bericht bezeichnet den nächtlichen Plagegeist als Schattenwesen *(ẓill)*. Auch Ṣ. Hidāyat bringt Dämonen mit Schattenerscheinungen in Verbindung.[283] Im iranischen Volksglauben wird ein epileptisches Kind *(bačča-i ġašī)* auch als *sāya-zada* bezeichnet. Der Ausdruck *sāya-zada* (wörtlich: vom Schatten geschlagen) sei ein Synonym von *ǧinn-zada* (wörtlich: von den *ǧinn* geschlagen). Man sei überzeugt, dass die Geister[284] eines ihrer Kinder anstelle eines Menschenkindes zurückgelassen hätten. Man habe dieses Dämonenkind geschminkt an eine entlegene Stelle geführt. Damit habe man die Hoffnung verbunden, dass die Dämonen das Menschenkind zurückbrächten und sich mit ihrem eigenen zufrieden gäben. Besonders interessant sind Ṣ. Hidāyats ergänzende Erklärungen, wonach der Ausdruck *sāya* (Schatten) auch der Name eines *dīw* sei. Auch die *ǧinn* nenne man Schatten *(sāya)*.[285] In Übereinstimmung mit der bei Šiblī zitierten Auffassung heißt es bei Ṣ. Hidāyat, dass die *ǧinn* einen Schatten *(sāya)* auf die Verrückten *(dīwāna)* werfen.[286] Aus diesen Beispielen lässt sich ablesen, dass Verrücktheit verschiedentlich mit einer „Beschattung" eines menschlichen Opfers durch die *ǧinn* erklärt wird.[287]

F. Meier macht außerdem auf eine Stelle aus Qazwīnīs *Āṯār al-bilād* aufmerksam, wo ein Bericht aus Ṭabasīs (gest. 482/1089) Werk *aš-Šāmil fī tasḫīr al-ǧinn* aufgegriffen wird.[288] Die Stelle schildert eine Begegnung Ṭabasīs mit Ġazzālī, bei

al-arḍ min al-ǧinn), der Mittagszeit und dem Schatten *(ẓill)* auch in einem auf ʿAbdallāh b. az-Zubayr zurückgeführten Bericht (*Laqṭ al-marǧān*, § 734, S. 306.13–307.4).

283 Ṣ. Hidāyat, *Nayrangistān*, S. 44 mit Anm. 1.

284 Hier *az-mā-bihtarān;* vgl. ʿA. Dihḫudā, *Luġat-nāma*, s. v.: der Ausdruck bedeutet: „jene, die besser sind als wir"; es handelt sich um eine euphemistische Bezeichnung dämonischer Wesen.

285 Ṣ. Hidāyat *loc.cit.* Dieselbe Erklärung auch bei ʿA. Dihḫudā, *Luġat-nāma*, s. v. *sāya:* جن را نیز سایه گویند. (برهان) (آنندراج). و سبب این نام این است که هر کس که دیوانه می‌شده میگفتندی که جن بر او سایه انداخت یعنی در او تصرفی کرد و اورا سایه‌زده می‌نامیدند یا سایه‌دار میخواندند یعنی دیوزده و جن‌زده و گرفته . (آنندراج). J. Desparmet, *Le mal magique*, S. 278, belegt für die Mitiǧa-Ebene im Hinterland Algiers folgende Erklärung des Wortes *ǧinn:* „Le mot djinn a pour racine [...] le mot *djenn (ǧann)* qui signifie ombre; c'est pourquoi les génies pullulent dans la pénombre des vergers, des fourrés et des bois sacrés."

286 Ṣ. Hidāyat übernimmt diese Darstellung aus dem *Farhang-i Anǧuman-ārā* (vgl. vorangehende Anm.). Er weist überdies auf den Ausdruck *sāya-dār* zur Bezeichnung eines Besessenen hin. Auch I. Mūsāpūr, Artikel „Ǧinn", in *Dāniš-nāma-i Ǧahān-i Islām*, II.1, kennt die Ausdrücke *sāya-zada, sāya-dār* und die Bezeichnung der *ǧinn* als Schatten *(sāya)*.

287 J. Wellhausen, *Reste*, S. 150, nennt die *ǧinn* in einem andern Kontext die Nachfolger und gespenstischen *Schatten* der untergegangenen Nationen (z. B. ʿĀd, Ṯamūd).

288 Qazwīnī, *Āṯār al-bilād* (Ausgabe Wüstenfeld), S. 272.14 ff.; Hinweis aus F. Meier, NL Mappe 9, s. v. *Tasḫīr al-ǧinn*, Bl. 9. Ṭabasīs Werk handelt von Praktiken zur Unterwerfung *(tasḫīr)* von Dämonen; vgl. dazu C. Brockelmann, *GAL* S I.907. Zu diesen Praktiken selbst siehe Kapitel 9.3 „Dienstbarmachung von *ǧinn* und Geistern *(tasḫīr al-ǧinn)*".

der Ġazzālī den Verfasser des Beschwörungsbuchs bittet, ihm einige *ǧinn* vorzuführen. Ṭabasī sei diesem Wunsch nachgekommen. Ġazzālī habe die Geister darauf „wie Schatten an der Wand" sehen können.[289] Als Ġazzālī seinen Wunsch äußerte, mit den *ǧinn* zu sprechen, lehnte Ṭabasī dies aber ab. Man könne die Dämonen nur so sehen.

Die vorangehenden Beispiele zeigen einerseits auf, dass sich Satane gern an der Grenzlinie zwischen Licht und Schatten aufhalten, was die Grenzhaftigkeit als grundlegendes Merkmal dämonischer Wesen in Erinnerung ruft. Anderseits werden Dämonen auch selbst wiederholt als „Schatten" (arabisch: *ẓill*, persisch: *sāya)* bezeichnet. Die Tragweite dieser Affinitäten zwischen dämonischen Wesen und Schattenerscheinungen kann bei dieser Gelegenheit nicht abschließend ausgelotet werden. K. Hentschel deutet aber allfällige Erklärungsansätze an, indem er auf die Bedeutung des Schattens bei C. G. Jung aufmerksam macht, der festgehalten hat[290]:

> Jedermann ist gefolgt von einem Schatten, und je weniger dieser im bewussten Leben des Individuums verkörpert ist, um so schwärzer und dichter ist er.

Die Jung-Schülerin Marie-Louise von Franz präzisiert diese Vorstellung in den folgenden Ausführungen[291]:

> Jung hat all jene animalischen und sonstwie inferioren Aspekte der bewussten Persönlichkeit als den Schatten bezeichnet, die sich zu deren Feindbild zu verdichten pflegen, das bedenkenlos auf Menschen der Umgebung projiziert wird. Dieses persönliche Feindbild kann jedoch [...] mit einiger Selbstkritik nicht allzu schwer durchschaut werden; man kann sich ja selbst, wenn man sich die Mühe nimmt, *in flagranti* ertappen, wie man gerade das tut oder sagt, was man an andern am meisten hasst. Der Schatten besteht meistenteils aus Faulheit, Begehrlichkeiten, Neid, Eifersucht, Geltungsdrang, Aggressionen und ähnlichen ‚Quälgeistern'.

M.-L. von Franz bezeichnet in diesem Zitat verschiedene negative Eigenschaften des Menschen als Quälgeister und erinnert damit indirekt an die Funktion der Dämonen als moralische Instanz. Ihre Interpretation zeigt aber auch auf, dass der Mensch darum bemüht ist, seine tadelnswerten Charakterzüge auszugrenzen und inferiore Aspekte seiner eigenen Persönlichkeit als Feindbilder auf Personen

---

289 Qazwīnī, *Āṯār al-bilād*, S. 272.20 f.: „قال الغزالى رايتهم مثل الظل على الحايط".

290 K. Hentschel, *Geister, Magier und Muslime*, S. 91; C. G. Jung, *Gesammelte Werke*, XI.83 [131] *(Zur Psychologie westlicher und östlicher Religion)*. Vgl. zu diesem C. G. Jung-Zitat aus einer andern Perspektive auch unten Kapitel 8, bei Anm. 51.

291 M.-L. von Franz, *Spiegelungen der Seele*, S. 128 (Satzstellung im Zitat modifiziert).

seiner Umgebung zu projizieren. Dieses Verhalten legt die Vermutung nahe, dass sich Dämonen als Projektionen negativer Qualitäten des Individuums verstehen lassen. Der Mensch wäre somit darum bemüht, seine charakterlichen Mängel als *E-motionen* in ein Außen zu verlegen und aus seiner Persönlichkeit auszuschließen.[292] M. Sami-Ali hat sich aus einer freudianischen Perspektive mit der Bedeutung solcher Projektionen befasst und zur Illustration wiederholt Beispiele aus dem islamischen Kulturraum aufgegriffen.[293]

Möglicherweise lassen sich vor diesem Hintergrund auch Bemerkungen Niẓāmīs zu Māhān erklären, der nach seinen nächtlichen Schreckenserlebnissen durch die Wüste irrt und sich vor seinem eigenen Schatten fürchtet.[294] Es lässt sich nicht *a priori* ausschließen, dass Niẓāmī mit dieser Aussage neben der konkreten Bedeutung des Schattens auch auf dessen übertragene Aspekte abzielt. Während der gutaussehende Māhān nachts zum Opfer dämonischer Angriffe wird, fürchtet er sich bei Tag vor seinen eigenen Schattenseiten.

292 G. Fartacek, *Unheil durch Dämonen?* S. 115, verfolgt einen andern, aber ähnlich gelagerten Erklärungsansatz und versteht Dämonen als Spiegelwesen, die bei fehlerhaftem menschlichem Verhalten auftreten: „Die *ǧinn* begegnen als fehlerhafte Wesen all jenen Menschen, die sich fehlerhaft verhalten (haben). Dabei begegnen sie auf eine Art und Weise, die im übertragenen Sinn als Spiegel interpretiert werden kann: ‚Schau, so fehlerhaft bist du!‘“

293 M. Sami-Ali, *De la projection. Une étude psychanalytique.* M. Sami-Ali ist Psychotherapeut und emeritierter Professor der Universität Paris VII; gegenwärtig leitet er das Centre international de psychosomatique (CIPS); siehe: http://cips-psycho–soma.org/, Website konsultiert am 12. September 2011.

294 Niẓāmī, *Haft Paykar* (Ausgabe B. Ṯirwatiyān), § 36 v. 59b, S. 272: „بود ترسان دلش ز سایهٔ خویش“.

7 Von Berittenen und Gerittenen

7.1 Die Dämonen und ihre Reittiere

7.1.1 Frühe Darstellungen

Aus der islamischen Überlieferung *(sunna)* sind verschiedene Prophetenworte zu einer Predigt Muḥammads vor den Dämonen bekannt. Sie halten fest, dass der Gesandte Gottes einer Gruppe von frommen *ǧinn* aus Niṣībīn den Koran rezitierte und diese darauf als Warner zu ihrem Volk zurückkehrten.[1] Berichte über eine Predigt Muḥammads vor den Geistern lassen sich auch im Zusammenhang mit andern Gelegenheiten nachweisen. Gut belegt sind Darstellungen zur sogenannten *Ǧinn*-Nacht.[2] Die unterschiedlichen Überlieferungen stimmen darin überein, dass die *ǧinn* den Propheten um Nahrung *(zād)* für sich und ihre Reittiere baten, nachdem sie von ihm den Koran gehört hatten.[3] Der Prophet entsprach ihrer Bitte jeweils. Er hielt fest, dass jeder Knochen, über den der Name Gottes ausgesprochen worden war, Fleisch für die Dämonen sei. Und jeder Mist *(baʿra)* sei Gras für ihre Reittiere.[4]

Die vorliegende Darstellung zielt nicht darauf ab, die einzelnen Überlieferungsstränge dieser Berichte und die Zuordnung des Geschehens zu einem bestimmten Ereignis im Leben des Propheten auseinanderzuhalten. Relevant ist einzig die Feststellung, dass die angeführten Quellen übereinstimmend davon wissen, dass die *ǧinn* über Reittiere verfügen, die häufig als *dābba* (pl. *dawābb*) bezeichnet werden. Diese Prophetenworte erwähnen die Reittiere der *ǧinn* zwar

---

1 Vgl. Kapitel 4.2 „Die *Ǧinn*-Predigt".

2 Vgl. Kapitel 9.2.1 „Berichte zur *Ǧinn*-Nacht *(Laylat al-ǧinn)*".

3 Ibn Taymiyya, *Īḍāḥ ad-dalāla,* S. 121.15–123.7, vermittelt einen Überblick über die relevanten Überlieferungen.

4 Hier gemäß Ibn Taymiyya, *Īḍāḥ ad-dalāla,* S. 122.9–14. Es erstaunt, dass bei Ibn Taymiyya von einem Knochen die Rede ist, über den der Name Gottes ausgesprochen worden ist, wird diesem im Allgemeinen doch apotropäische Wirkung zugeschrieben. Der Widerspruch dürfte sich durch eine unsichere Textüberlieferung erklären lassen. In den *Ḥadīṯ*-Sammlungen kommt auch ein Bericht vor, der das Aussprechen des Gottesnamen in diesem Kontext verneint (Tirmiḏī, *Sunan, Kitāb Tafsīr al-Qurʾān, Bāb Wa-min Sūrat al-Aḥqāf, Ḥadīṯ* Nr. 3567). Andere Überlieferungen bestätigen in Übereinstimmung mit Ibn Taymiyya jedoch dessen Verwendung (Muslim *Ṣaḥīḥ, Kitāb aṣ-ṣalāt, Bāb al-Ǧahr bi-ăl-qirāʾa fī ăṣ-ṣubḥ wa-ăl-qirāʾa ʿalā ăl-ǧinn, Ḥadīṯ* Nr. 1035; Aḥmad b. Ḥanbal, *Musnad, Musnad ʿAbdallāh b. Masʿūd, Ḥadīṯ* Nr. 4232). Auf diese Problematik wurde bereits in Kapitel 4, Anm. 103, aufmerksam gemacht.

nur beiläufig. Ihr auffällig häufiges Auftreten legt allerdings die Vermutung nahe, dass sich damit besondere Vorstellungen verbinden.

Außerhalb der islamischen Überlieferung *(sunna)* äußert sich u. a. Ǧāḥiẓ zu den Reittieren der *ǧinn*. Er bezeichnet sie als *maṭiyya* (pl. *maṭāyā*) bzw. *markab* (pl. *marākib*) und widmet ihnen eigene Abschnitte im *Kitāb al-Ḥayawān*.[5] Er hält fest, dass sich die Beduinen *(aʿrāb)* nach Einbruch der Nacht hüten, auf Igeln *(qunfuḏ)*, Wüstenspringmäusen *(yarbūʿ)*[6] und Waranen *(waral)* zu reiten. Auch würden sie alle weiteren, ihnen bekannten Reittiere der *ǧinn (maṭāyā al-ǧinn)* meiden. Ǧāḥiẓ erwähnt explizit Strauße *(naʿām)* und Gazellen *(ẓaby*, pl. *ẓibāʾ)*.[7] Der Dichter ergänzt, dass die Beduinen davor zurückschrecken, nachts einen Igel, einen Waran oder ein anderes Reittier der Dämonen zu töten. Wer es dennoch tue, sei seines Lebens nicht mehr sicher. Wenn dem Fehlbaren etwas zustoße, betrachte man es als Bestrafung durch die *ǧinn*.[8]

Ǧāḥiẓ illustriert das Reiten der Dämonen auf Tieren überdies anhand von Versen verschiedener arabischer Dichter, die behaupten, auch sie hätten sich zu ihrer Fortbewegung der Reittiere der *ǧinn* bedient.[9] Der Verfasser des *Kitāb al-Ḥayawān* zitiert u. a. folgende Verse[10]:

وبها كنتُ راكباً حشرات مُلجِماً قُنفُذاً ومُسرِجَ وبر
وأجوبُ البلادَ تحتيَ ظَبيٌ ضاحكٌ سنُّه كثيرُ التمرى
مُولجٌ دُبرهُ خَوايَة مكوٍ وهو بالليل فى العَفاريتِ يسرى

Mit ihr pflegte ich zu reiten auf Kriechtieren *(ḥašarāt*[11]*)*, legte dem Igel *(qunfuḏ)* die Zügel an und sattelte den Klippdachs *(wabr)*.

5 Ǧāḥiẓ, *Ḥayawān*, VI.46.6–47.2: *Qawl al-aʿrāb fī maṭāyā al-ǧinn min al-ḥayawān*, und VI.237.3–241.3: *Marākib al-ǧinn*. Die folgenden Ausführungen stützen sich auf diese beiden Kapitel.

6 H. Wehr, *Wörterbuch*, s. v. *yarbūʿ*, identifiziert dieses Tier als *Jaculus jaculus*. A. Kazimirski, *Dictionnaire*, übersetzt *yarbūʿ* mit *gerboise*.

7 Ǧāḥiẓ zählt die Gazellen überdies *Ḥayawān*, VI.225.1–6, zu den Reittieren der *ǧinn*. Šiblī und Suyūṭī ihrerseits rechnen die Gazellen zum Vieh der *ǧinn:* Šiblī, *Ākām al-marǧān*, S. 119.17–121.22, Kapitel 60: *Fī Bayān anna aẓ-ẓibāʾ māšiyat al-ǧinn;* Suyūṭī, *Laqṭ al-marǧān*, §§ 418–423, S. 168.5–171.8: *Bayān anna aẓ-ẓibāʾ māšiyat al-ǧinn*.

8 Ǧāḥiẓ, *Ḥayawān*, VI.46.14–47.1.

9 Ǧāḥiẓ, *Ḥayawān*, VI.237.3–241.3. Bereits G. van Vloten, „Dämonen, Geister und Zauberer bei den alten Arabern", VI.239–247, hat auf diese Stelle und die vorliegende Problematik hingewiesen; vgl. auch die Übersetzung der Passage bei F. Meier, NL Mappe 3, s. v. *Auszüge aus Ǧāḥiẓ: Ḥayawān*, Bl. 24–26.

10 Ǧāḥiẓ, *Ḥayawān*, VI.237.5–7 (Metrum: *Ḫafīf*).

11 Vgl. dazu Dimašqī, *Nuḫbat ad-dahr* (Mehren), S. 124.11–15, der weiß, dass Ameisen den *ǧinn*

> Ich durchquerte die Gegend *(bilād)* mit einer Gazelle *(ẓaby)* unter mir, deren Zähne lachten und die kräftig gebaut war.[12]
> [Bei Tag] führt sie ein ihr Hinterteil in ihren Bau; nachts aber zieht sie unter den *ʿifrīt* dahin.

Diese drei Verse zählen neben dem bereits bekannten Igel *(qunfuḏ)* und der Gazelle *(ẓaby)* auch den Klippdachs *(wabr)*[13] zu den Reittieren der *ǧinn*. Es fällt außerdem auf, dass die zitierte Stelle wiederholt auf eine aus dem Reitwesen bekannte Terminologie zurückgreift und damit die Affinität zwischen Dämonen und Reiten unterstreicht: Der Igel wird gezäumt *(alǧama)* und der Klippdachs gesattelt *(asraǧa)*. Überdies hält die Passage fest, dass der Reiter die Gegend auf einer Gazelle[14] durchquert habe.

Ǧāḥiẓ verdeutlicht die Auffassungen der Araber zu den Reittieren der *ǧinn* (hier: *maṭāyā al-ǧinn*) anhand weiterer Verse.[15] Beispielsweise behauptet ein Beduine, dass er schon auf allen möglichen Tieren geritten sei. Besonders angenehm in Erinnerung geblieben seien ihm die mehr als einjährigen Füchse (*ṯaʿlab*, pl. *ṯaʿālib*) und die *ʿAḍrafūṭ*-Eidechsen.[16] Er äußert sich auch wohlwollend über die schnellfüßige Feldratte *(ǧuraḏ)* und die Maus *(faʾra)*. Die beiden letzten Verse zählen außerdem die Kamelin *(ḥurra)* mit weit gespreizten Vorderbeinen und den Waran *(waral)* zu den besonders beliebten Reittieren der *ǧinn*.[17]

---

und *ġūl* als Reittiere *(dawābb)* dienen, Diese Ameisen seien so groß wie Schafe. Hinweis aus F. Meier, NL Mappe 6, s. v. *Orte der Dämonen*, Bl. 48.

12 *Kaṯīr at-tamrī*. *Tamrī* ist der Wurzel *maraʾa* zuzuordnen. F. Meier (vgl. Anm. 9) übersetzt: „die sich viel männlicher Stärke berühmte".

13 Gemäß H. Wehr, *Wörterbuch*, der syrische Klippdachs (zoologisch: *Procavia syriaca*).

14 *Taḥti-ya (metri causa) ẓaby.*

15 Ǧāḥiẓ, *Ḥayawān*, VI.237.11–238.4.

16 Ǧāḥiẓ, *Ḥayawān*, VI.237.12, verwendet den im Arabischen offensichtlich nicht belegten Ausdruck عنظوان. Der Herausgeber (M. Hārūn, zur Stelle) schlägt eine Emendation in عضرفوط vor. Gemäß A. Kazimirski, *Dictionnaire*, handelt es sich bei den *ʿaḍrafūṭ* um „1. Sorte de lézard sur lequel les démons voyagent, dit-on, comme à cheval." F. Meier, NL Mappe 3, s. v. *Auszüge aus Ǧāḥiẓ: Ḥayawān*, Bl. 25, liest *ʿunẓuwān* und übersetzt „Heuschrecken". Ǧāḥiẓ zitiert wenig später (*Ḥayawān*, VI.239.1–2) eine Stelle mit gegenüber der vorliegenden Passage identischem Anfangsvers, wo in der Tat von einem *ʿaḍrafūṭ* die Rede ist.

17 Bei einer andern Gelegenheit rechnet Ǧāḥiẓ, *Ḥayawān*, I.222.10, auch die Hunde *(kalb)* zu den Reittieren der *ǧinn (maṭāyā al-ǧinn;* Hinweis aus F. Meier, NL Mappe 12, s. v. *Verhältnis zu den Tieren, Freundschaft: Hund*, Bl. 12). Auch bei Hamadānī-Ṭūsī lässt sich die Vorstellung nachweisen, dass der Hund den Dämonen als Reittier dient; vgl. Muḥammad-i Ṭūsī, *ʿAǧāʾib ul-maḫlūqāt*, 10. *rukn*, s. v. *kalb*. Hamadānī-Ṭūsī hält ebenso wie Ǧāḥiẓ *(loc.cit.)* fest, dass der Hund weder ein vollkommenes Raubtier noch ein vollkommenes Vieh, weder ein *ǧinnī*, noch ein Mensch sei. Er zählt ihn vielmehr zu den Reittieren der *ǧinn (maṭāyā-i ǧinn)*. F. Meier entnimmt diese Informationen

Ǧāḥiẓ greift in Anschluss an diese Verse einen Dialog auf, in dem sich Ibn al-Aʿrābī bei jenem Beduinen nach weiteren Informationen erkundigt, der diese Verse vorgetragen hatte. Ibn al-Aʿrābī will von seinem Gegenüber in Erfahrung bringen, ob er schon gesehen habe, wie die Dämonen auf den soeben aufgeführten Tieren geritten seien. Mindestens in Bezug auf die Gazellen bejaht der Befragte dies. Er habe auf ihrem Nacken Stellen entdeckt, wo die Behaarung vom Joch abgescheuert gewesen sei *(tawqīʿ)*. Auch habe er an ihren Ohren die Brandmale von Besitzermarken feststellen können.[18]

Die beigebrachten Ǧāḥiẓ-Stellen belegen, dass nicht nur in der islamischen Überlieferung *(sunna)* von Reittieren der *ǧinn* die Rede ist. Vielmehr präzisieren die erwähnten Darstellungen die bereits aus den Prophetenworten bekannten Vorstellungen und stellen eigentliche Listen von bei Dämonen besonders beliebten Reittieren auf. Zusammenfassend lässt sich festhalten, dass der Verfasser des *Kitāb al-Ḥayawān* die folgenden Lebewesen zu den Reittieren der *ǧinn* zählt: Wüstenspringmaus *(yarbūʿ)*, Igel *(qunfuḏ)*, Waran *(waral)*, Strauß *(naʿām)*,[19] Gazelle *(ẓaby)*, Klippdachs *(wabr)*, Fuchs *(ṯaʿlab)*,[20] Eidechse *(ʿaḍrafūṭ)*, Feldratte *(ǧuraḏ)*, Maus *(faʾra)*, Kamelin *(ḥurra)*[21] und Hund *(kalb)*. In dieser Aufstellung fehlt das Pferd, das gemäß einem Vers Abu ăn-Naǧm al-ʿIǧlīs aber ebenso zu den Reittieren der *ǧinn* gehört.[22] Das Pferd gilt in einem andern Zusammenhang als seelengelei-

einer Teheraner Handschrift (Hs. Fātiḥ 4173, Bl. 107b); die Stelle ließ sich in der Druckausgabe der *ʿAǧāʾib ul-maḫlūqāt* (M. Sutūda) nicht nachweisen.

18 Ǧāḥiẓ, *Ḥayawān*, VI.238.5–6: „قال ابن الاعرابى: فقلت له: أترى الجن كانت تركبه، فقال: أحلِفُ بالله لقد كنت اجد بالظباء التوقيع فى ظهورها، والسمة فى الآذان".

19 I. Goldziher, *Abhandlungen zur arabischen Philologie*, „Excurse: I. Ueber Erscheinungsformen der Ǵinnen", S. 208, hält fest: „So hat man auch die Ǵinnen zu befiederten Thieren in Beziehung gesetzt. Unter ihnen gilt besonders der Strauß, wohl wegen seines Aufenthalts in öden Steppen, seines unheimlichen Geheules und schnellen Laufes, mit dem er ‚Ross und Reiter verlacht' (vgl. viele Stellen des AT.), als Reittier der Ǵinnen. [...] Auch Jesaja 13.21 nennt den Strauß in einem Athemzuge mit dämonischen Wesen."

20 Auch Damīrī, *Ḥayāt al-ḥayawān*, II.28.3–5 (s. v. *simʿ*), nennt die Füchse die Reittiere der *ǧinn* *(aṯ-ṯaʿālib maṭāyā al-ǧinn)*. Die Beduinen verabscheuen es, die Füchse zu jagen. Wer dies tue, erleide Verlust in seinem Vermögen. Hinweis aus F. Meier, NL Mappe 2, s. v. *Fuchs*, Bl. 1.

21 Auch die im Land Wabār lebenden *nasnās* sollen über Reittiere, nämlich die ḥūšitischen Kamele, verfügen; vgl. Yāqūt, *Muʿǧam al-buldān*, s. v. *Wabār*, IV. 896–897; S. 897.18 f.

22 Vgl. I. Goldziher, *Abhandlungen zur arabischen Philologie*, „Excurse: I. Ueber Erscheinungsformen der Ǵinnen", S. 207, Anm. 4: „Das [Pferd, das] die *ǧinn* bald fliegen, bald zu Fuß gehen lassen." Oder auch: „Das die *ǧinn* umgeben und küssen." (zu Abu ăn-Naǧm al-ʿIǧlī (gest. vor 125/743) siehe F. Sezgin, *Geschichte des arabischen Schrifttums*, II.371. Zur hier diskutierten Problematik beachte man außerdem den von F. Meier, NL Mappe 6, s. v. *Orte der Dämonen*, Bl. 2, zitierten Vers Zuhayrs: „Mit Pferden, auf denen abqaritische *ǧinn* sitzen", aus Yāqūt, *Muʿǧam*

tendes Tier (Psychopomp) *par excellence* und trägt Verstorbene ins Jenseits hinüber.[23] Es dient also sowohl den Dämonen als auch den Toten als Träger.

Von den *ǧinnen* als Reittiere verschmäht werden dagegen die Hasen *(arnab)*,[24] Hyänen *(ḍabʿ)*, Affen *(qird)* und Wölfe *(ḏiʾb al-ġaḍā)*.[25] Das *Kitāb al-Ḥayawān* erklärt dies damit, dass die Hasen starke Menstruationen haben,[26] aber keine rituellen Waschungen *(ġusl, iġtasala)* vornehmen.[27] Bei den Hyänen weist der Dichter darauf hin, dass sie sich von Aas ernähren. Er stört sich außerdem daran,

---

al-buldān, III.607.10; entspricht W. Ahlwardt, *Six poets*, S. 90, Vers 13; Übersetzung auch bei O. Rescher, *Beiträge* IV. 2.2.

23 Vgl. U. Peters, Artikel „Tier, I. Religionswissenschaftlich", in *RGG*[4] VIII.401: „Dem Pferd kommt in der Alten Welt eine besondere Stellung als Begleiter der Toten und Seelen zu."

24 Ǧāḥiẓ, *Ḥayawān*, I.309.9 f., führt erstaunlicherweise an, dass die *ġūl* neben Hunden und Straußen auch auf Hasen *(sic)* zu reiten pflegte. Hinweis aus D. B. MacDonald und Ch. Pellat, Artikel „Ghūl", in *EI*[2] II.1078.

25 Ǧāḥiẓ redet dabei von den *marākib al-ǧinn* (*Ḥayawān*, VI.46.9–13). ʿA. M. Hārūn (Herausgeber, zur Stelle), weist auf die in einer Handschrift belegte Variante *maṭāyā al-ǧinn* hin.

26 Vgl. dazu eine Stelle bei Hamadānī-Ṭūsī, die außerdem auch Angaben zu Reittieren der *ǧinn* macht (*ʿAǧāʾib ul-maḫlūqāt, 10. rukn, s. v. arnab-ḫargūš*, Hs. Fātiḥ 4173, Bl. 109a, zitiert nach F. Meier, NL Mappe 7, s. v. *Reiten*, Bl. 6; die Stelle ließ sich in der Druckausgabe (M. Sutūda) nicht nachweisen): „Die Araber sagen: ‚Die *ǧinn* setzen sich auf Igel *(ḫar-pušt)*, Strauße *(šutur-murġ)* und Wüstenmäuse *(mūš-i daštī)*, aber Hasen lassen sie in Ruhe, denn diese bekommen die Monatsregel. Wer eine der genannten Gattungen tötet, der ist am Anfang der Nacht [...] nicht sicher vor [den] *ǧinn* und hört unbekannte Stimmen *(āwāz-i hātif)*.'"

27 Hasen sind als dämonenbannende Tiere bekannt. F. Meier, NL Mappe 4, s. v. *Hase*, trägt verschiedene Stellen zusammen, die die dämonenbannende Wirkung von Hasenknochen belegen. Ḥamza al-Iṣfahānī (gest. zwischen 350–360/961–971) hält im *Kitāb al-amṯāl ʿalā afʿāl* fest: „Sie glaubten, wer sich einen Hasenknöchel umhänge, den treffe weder ein böser Blick noch ein Zauber, denn die *ǧinn* flöhen vor dem Hasenknöchel, und zwar flöhen sie vor dem Hasen, weil er kein Reittier der *ǧinn* ist, da er die Periode bekommt. Man fragte Zayd b. Kaṯwa, ob es wahr sei, dass, wer sich einen Hasenknöchel umhänge, vor der Annäherung der *ǧinn* des Stammes und der Geister *(ʿummār)* des Hauses sicher ist. Er antwortete: Jawohl, und außerdem vor dem Satan der Ḥamāṭapflanze, den *ǧinn* des ʿUšrastrauches, der *ġūl* der Wüste und allen *Ḫawāfī*-[Dämonen]. Jawohl, und auch die Feuer der *Saʿālī*-Dämonen verlöschen ihm." (zitiert aus E. Mittwoch, „Abergläubische Vorstellungen und Bräuche der alten Araber", S. 41, Nr. 26; vgl. Druckausgabe: Ḥamza al-Iṣbahānī, *Ad-Durra al-fāḫira fī ăl-amṯāl as-sāʾira*, II.563.8–14). Hamadānī-Ṭūsī hält fest (*ʿAǧāʾib ul-maḫlūqāt, 10. rukn*, s. v. *arnab-ḫargūš*, Hs. Fātiḥ 4173, Bl. 109a, zitiert nach F. Meier, NL Mappe 7, s. v. *Reiten*, Bl. 6): „Buwayl (?) sagt: ‚Vor jedem, der Knöchel *(kaʿb)* bei sich hat, fliehen die Dämonen *(dēw)*.'" Zur Furcht der *ǧinn* vor Hasen und ihren Knochen siehe auch: W. Robertson Smith, „Zu den Liedern der Hudhailiten", S. 329. J. A. Boyle hat einen Übersichtsartikel zur Bedeutung des Hasen in unterschiedlichen Mythologien verfasst („The hare in myth and reality: a review article"). Er weist auf den heiligen Charakter des Hasen hin (S. 321). Da die *ǧinn* nicht auf den Hasen reiten, seien sie deren Einfluss nicht ausgesetzt. Außerdem werden Körperteile der Hasen zur Anfertigung von Amuletten verwendet (S. 325).

dass sie auf die Penisse von Erschlagenen und Toten steigen, wenn ihr Körper bereits am Verwesen sei. Sie unternähmen danach nichts gegen ihre große rituelle Unreinheit *(ǧanāba)*.[28] Die Affen wiederum bezichtigt Ǧāḥiẓ der Hurerei. Da auch sie die rituellen Waschungen unterlassen, erachtet er sie für ungeeignet, den *ǧinn* zur Fortbewegung zu dienen. Ǧāḥiẓ zählt außerdem den Wolf *(ḏiʾb al-ġaḍā)* zu den von den Dämonen gemiedenen Reittieren.[29]

Auch G. Fartacek ist darauf aufmerksam geworden, dass die *ǧinn* vor dem Wolf zurückschrecken.[30] Wenn ein Dämon einem Menschen erscheine, tue er dies nie in der Gestalt eines Wolfs. Der Wolf gelte als das gefährlichste und mächtigste Tier und erfahre deshalb sowohl Respekt als auch Ehre. Im Gegensatz zur schmutzigen Hyäne ernähre sich der Wolf nur von frisch erjagtem Fleisch. Auch erbeute er seine Opfer nicht durch Hinterlist. Außerdem lasse sich zwischen Wölfen, Zauberern und *ǧinn* eine tabuisierte Dreierbeziehung beobachten.[31]

Während diese Hinweise die Angst der Dämonen vor dem Wolf hinreichend erklären, erstaunt, dass die *ǧinn* Hasen, Hyänen und Affen gerade wegen deren Unreinheit meiden. Diese Argumentation überrascht, da Dämonen eine Vorliebe für alles Schmutzige nachgesagt wird. Sie halten sich nicht nur gern an unsauberen Orten (z. B. Bäder, Latrinen) auf, sondern ernähren sich angeblich auch von Mist, wie aus den eingangs zitierten Prophetenworten hervorgeht. Die Gründe für dieses auf den ersten Blick widersprüchliche Verhalten ließen sich nicht klären.[32]

7.1.2 Zur Rezeption: Das Reiten als Metapher

Auch die westliche Forschung ist darauf aufmerksam geworden, dass Dämonen gern auf Tieren reiten. Zur Problematik äußert sich bereits I. Goldziher.[33] Er hält fest, dass „der schnelle Lauf des Thieres die Wirkung des auf seinem Rücken sit-

---

28 Vgl. dazu Rāġib al-Iṣfahānī, *Muḥāḍarat al-udabāʾ*, II.371 (hier zitiert gemäß den Angaben bei I. Goldziher, *Abhandlungen zur arabischen Philologie*, „Excurse: I. Ueber Erscheinungsformen der Ǵinnen“, S. 208, Anm. 5). Auch G. Fartacek, *Unheil durch Dämonen?* S. 111, weist auf die große Unreinheit der Hyäne hin.

29 Ǧāḥiẓ, *Ḥayawān*, VI.239.3: „وشرُّ مطايا الجن ارنب خُلّة || وذئب الغضا اوقٌ على كل صاحب“.

30 G. Fartacek, *Unheil durch Dämonen?* S. 111 f.

31 *Loc.cit.*, S. 112–115. Vgl. zur Frage auch Kapitel 5.4.3, besonders Anm. 238.

32 Man vergleiche damit auch die ungeklärte Frage, ob über jenen Knochen und jenem Mist, die der Prophet den *ǧinn* und ihren Reittieren als Nahrung zuwies, der Name Gottes ausgesprochen worden sei oder nicht; siehe dazu oben Anm. 4 und Kapitel 4, Anm. 103.

33 I. Goldziher, *Abhandlungen zur arabischen Philologie*, „Excurse: I. Ueber Erscheinungsformen der Ǵinnen“, S. 207 f. (hier auch zusätzliche Beispiele für das Reiten von Dämonen).

zenden Ǵinn [ist]“ und belegt dies anhand von Versen arabischer Dichter. J. Wellhausen wiederum beobachtete, dass sich die Araber die Dämonen gern als auf Tieren reitend vorstellten.[34] Besonders beliebt seien Strauße und Füchse. Er weist auch darauf hin, dass die *siʿlāh* stets als reitende Dämonin vorgestellt wird. Die heutigen Araber seien im Übrigen der Meinung, dass Engel nicht fliegen sondern reiten. J. Henninger greift J. Wellhausens Darstellung auf und betont, dass Strauße und Füchse besonders beliebte Reittiere der *ǧinn* seien.[35] Auch F. Meier ist auf diese Thematik aufmerksam geworden, wie aus seiner Materialsammlung hervorgeht.[36] A. Wieland und D. Pielow reden von einer Metapher des Reitens und bezeichnen es als wichtiges Merkmal dämonologischer Vorstellungen. Ihre Beobachtungen lassen sich auch durch Belege aus nicht-islamischen Dämonologien erhärten.[37]

Ausgewählte Beispiele aus späteren arabischen Quellen bestätigen die Bedeutung der Reitmetapher im Rahmen dämonologischer Vorstellungen. Qazwīnī erwähnt in seiner Übersicht der teuflischen Wesen *(mutašayṭina)* auch den Dalhāb *(ad-dalhāb)*.[38] Er wohne auf Inseln im Meer, habe die Gestalt eines Menschen, der auf einem Strauß reite,[39] und ernähre sich von Menschenfleisch. Qazwīnī ergänzt, dass sich die Schiffsleute zwar zur Wehr setzen, wenn der Dalhāb auftauche. Doch wenn er einen Schrei ausstoße, fielen sie um, und er könne sie packen.[40]

---

34 J. Wellhausen, *Reste*, S. 152.

35 J. Henninger, *Geisterglaube*, S. 300, mit weiteren Quellenangaben in den Anmerkungen. Auch M. Dols, *Majnūn*, S. 215, verweist darauf, dass die *ǧinn* oft auf Tieren (z. B. Straußen, Gazellen, Kamelen, Schafen und Hunden) reiten. Deshalb machten die Araber nach Einbruch der Nacht nicht mehr auf sie Jagd.

36 F. Meier, NL Mappe 7, s. v. *Reiten von ǧinn auf Tieren*, 6 Bl.; *Reiter, unbekannter*, 1 Bl.; *Reittiere*, 3 Bl.

37 A. Wieland, *Ǵinn-Vorstellung*, S. 53; D. Pielow, *Lilith*, S. 174, mit Anm. 533.

38 Qazwīnī, *ʿAǧāʾib al-maḫlūqāt* (Miṣr), S. 215.1–3 (vgl. Ausgabe F. Wüstenfeld, S. 371.8–11). Offen bleiben Schreibweise und Vokalisation des Namens. Die Ausgabe Miṣr liest *ad-Dalhab;* bei F. Wüstenfeld steht الدلهاث. I. Goldziher, *Abhandlungen zur arabischen Philologie*, „Excurse: I. Ueber Erscheinungsformen der Ǵinnen“, S. 209, liest *Dalhāt*. F. Meier zieht die Lesung *Dilhāṯ* in Betracht (NL Mappe 2, s. v. *dilhāṯ*). A. Giese, *Al-Qazwīnī. Die Wunder des Himmels und der Erde*, S. 182, schreibt den Namen *Dalhāth*.

39 „وهو على صورة انسان راكب على نعامة“.

40 Qazwīnīs Bericht dürfte Elemente aus verschiedenen Darstellungen miteinander in Verbindung bringen, die ursprünglich nicht zusammengehörten. Qazwīnī markiert dies, indem er den Hinweis auf den Dalhāb als Feind der Seefahrer mit *wa-ḏakara baʿḍu-hum* einleitet. Es erstaunt, dass der Strauß als Tier der Wüste mit einem Meerungeheuer in Verbindung gebracht wird.

Als weiteres Beispiel schildert Qazwīnī wenig später die Begegnung mit einem *ʿifrīt*, der auf einem gewaltigen männlichen Strauß *(ẓalīm ʿaẓīm)* reitet.[41] Gemäß diesem Bericht hat ein Mann unterwegs den Anschluss an seine Karawane verloren. Als die Nacht hereinbricht, entdeckt er in der Ferne ein Feuer und sucht dort Zuflucht. Er stößt dabei auf ein schönes Mädchen der Fazāra, das ihm erzählt, es sei von einem *ʿifrīt* entführt worden. Zwar fürchtet sich das Mädchen vor einer Flucht. Doch der Mann setzt es einfach hinter sich aufs Kamel und macht sich mit ihm aus dem Staub.[42] Als er sich bei Einbruch der Nacht umschaut, bemerkt er einen Reiter, der sie beide auf einem gewaltigen Strauß verfolgt. Da der Mann einen Kreis um das Mädchen zieht, Koranverse rezitiert und bei Gott Zuflucht sucht, kann der Verfolger ihnen nichts anhaben.[43] Allerdings kommt es zwischen dem Retter des Mädchens und ihrem Verfolger zu einem Kampf, der sowohl handgemein als auch als dichterisches Wortgefecht ausgetragen wird.[44] Schließlich bringt der Retter das Mädchen zu seinen Leuten zurück, die es ihm zur Frau geben. Aus dieser Verbindung gehen später Kinder hervor.

Von einem Reiter auf einem Strauß wissen außerdem Berichte über ʿAbbās b. Mirdās' Bekehrung zum Islam.[45] Als sich ʿAbbās b. Mirdās zur Mittagszeit zu seinen Kamelinnen begeben habe, sei ihm ein weißer Strauß *(naʿāma bayḍāʾ)* erschienen, auf dem ein Reiter *(rākib)* in milchweißen Kleidern saß. Der Reiter habe ʿAbbās darauf aufmerksam gemacht, dass Muḥammad als Prophet gesandt

---

41 Qazwīnī, *ʿAǧāʾib al-maḫlūqāt* (Ausgabe Miṣr), S. 217.27–218.13, (Ausgabe F. Wüstenfeld) S. 373.26 ff.; die Geschichte soll bei einer *séance (maǧlis)* am Hof ʿUmar b. al-Ḫaṭṭābs erzählt worden sein. Zu einer Parallele dazu bei Ibšīhī vgl. Kapitel 9, Anm. 66 (Nr. 2).

42 Auch F. Meier (NL Mappe 2, s. v. *Entführung*, 21 Bl.) weist auf die Bedeutung des Entführungsmotivs in der Dämonologie hin; vgl. dazu bereits oben, Kapitel 5, bei Anm. 315–317; Kapitel 6, bei Anm. 162–169 und bei Anm. 215.

43 Zur apotropäischen Wirkung des Kreises vgl. unten Kapitel 9.2 „Der Ring".

44 Zu den dichterischen Fähigkeiten von Dämonen vgl. Kapitel 8.3.3–4 „Die dichterische Inspiration". Im vorliegenden Fall sagt der *ʿifrīt*: „O jener, den die Mächtigen (?) anrufen in der Not! Lass aus Gefälligkeit ab von der Schönen, dann geh! Ich bin ein Mann, ein Fürst der Heimsuchung, wart nur!" Worauf der Retter erwidert, indem er im ersten Vers einige Wörter ersetzt „O jener, den die Toren anrufen in der Not! Lass aus Gefälligkeit ab von der Schönen und geh weg! Du bist unter den *ǧinn* nicht der Würdigste (lies *awlā*, auch *metri causa*), der liebt." Die Verse lassen sich außerdem bei Damīrī und Ibšīhī (Kairo 1314 h. q.), II.119.17, nachweisen (diese Stellenangaben und Übersetzung wurden übernommen aus J. Ansbacher, *Die Abschnitte über die Geister und wunderbaren Geschöpfe*, S. 26, Anm. 2).

45 Šiblī, *Ākām al-marǧān*, S. 129.23–130.14; zu diesem Bericht und ʿAbbās b. Mirdās vgl. auch Kapitel 6.3.2 „Zur *Ǧinn*-Aktivität zu ausgewählten Zeiten", bei Anm. 191–194. Die Erzählung ordnet sich unter weitere Berichte ein, in denen Šiblī illustriert, wie die *ǧinn* die Menschen auf die kürzlich erfolgte Sendung Muḥammads als Prophet hinweisen (Šiblī, *Ākām al-marǧān*, S. 124.8–133.21).

worden sei. Auch bei Pseudo-Masʿūdī wird die Begegnung mit einem Mann beschrieben, der auf einem Strauß reitet und Verse rezitiert. Dieser Mann hatte senkrecht ausgerichtete Augen, was als Merkmal von Dämonen gilt.[46] Überdies kennt Qurašī die Strauße als Reittiere der *ǧinn.*[47] Bei Ḥalabī wiederum lässt sich ein Bericht über ʿAbdallāh b. az-Zubayr nachweisen,[48] der einmal bemerkt haben soll, dass hinter ihm ein Mann mitritt. Der Fremde sei nur zwei Spannen *(šibr)* groß gewesen und habe sich als Mann von den *ǧinn (raǧul min al-ǧinn)* vorgestellt. Als ihm ʿAbdallāh einen Schlag versetzte, sei er geflohen.

---

46 Pseudo-Masʿūdī, *Aḫbār az-zamān*, S. 15.3 f.: „لقيت رجلا فى بعض المفاوز راكبا على نعامة وعيناه مشقوقتان بطول وجهه“. Damit sind wahrscheinlich Augen mit vertikal-schlitzförmigen Pupillen gemeint, wie sie sich bei Katzen beobachten lassen. Allenfalls handelt es sich um im Gesicht senkrecht angeordnete Augen. Für die erste, hier bevorzugte, Möglichkeit spricht, dass sich die Augen von Katzen bei hellem Umgebungslicht zu senkrechten Schlitzen verengen (siehe M. E. Sunquist und F. C. Sunquist, „Family Felidae (Cats)“, S. 67: „The most prominent feature of the eyes of domestic cats are the pupils, which in strong light can be seen to be vertical and slit-like.“; siehe die Abbildungen dazu auf Tafel 10 gegenüber S. 165, *op.cit.*). Eine mögliche Erklärung dafür ist, dass die Augen von Katzen auf das Erspähen von Beutetieren in der Nacht ausgerichtet sind und vor zu starkem Licht abgeschirmt werden müssen. Es sei daran erinnert, dass Katzen für ihren dämonischen Charakter bekannt sind (vgl. Kapitel 5.4.3, bei Anm. 198–208). Die zweite Möglichkeit zieht G. Fartacek, *Unheil durch Dämonen?* S. 107, in Betracht. Er hält gestützt auf rezente Feldforschungen in Syrien fest, dass Dämonen grundsätzlich fehlerhafte und verkehrte Erscheinungen seien. Im Fall von *ǧinn* in Menschengestalt bedeute dies, dass bestimmte Körperöffnungen umgekehrt angeordnet seien. Ihre Augen seien „nicht waagrecht ausgerichtet, sondern senkrecht. Auch der Mund sei senkrecht und die Ohren der Ǧinn seien genau (um 180 Grad) verkehrt.“
Es lassen sich auch weitere Quellen nachweisen, die die bei Pseudo-Masʿūdī belegte Vorstellung kennen: Siehe Šiblī, *Ākām al-marǧān*, S. 70.2–6 (vgl. Kapitel 11, Anm. 54). Maǧlisī, *Biḥār al-anwār*, XIV. 172, hält fest, dass Iblīs' Augen der Länge nach gespalten waren (وإذا عيناه مشقوقتان طولا), als er sich Yaḥyā b. Zakriyā gezeigt habe (siehe Online-Ausgabe von *Biḥār al-anwār*: http://shiaonlinelibrary.com/الكتب/1445_بحار-الأنوار-العلامة-المجلسي-ج-١٤/الصفحة_174#top; auch: http://www.tebyan.net/index.aspx?PageSize=1&LANGUAGE=2&BOOKID=25504&PageIndex=223&PID=31143; http://ba7th.net/cached-version.aspx?id=10668-1-353; alle konsultiert am 9. Februar 2012). Die Suche nach „عيناه مشقوقتان“ auf der Website von *Rawḍat al-bāḥiṯ* (http://ba7th.net/) ergibt 23 Treffer, darunter die eingangs erwähnte Stelle aus Pseudo-Masʿūdī; weitere Belege u. a. bei Ibn Ḥaǧar al-ʿAsqalānī, *al-Iṣāba fī maʿrifat aṣ-ṣaḥāba, Ḥarf al-ʿayn al-muhmala* (II.247)*;* Ibn ʿAsākir, *Taʾrīḫ Dimašq* (XLII.338); diese Stellenangaben wurden aus den Suchresultaten auf der Website *Rawḍat al-bāḥiṯ* direkt übernommen. Die Suche nach „مشقوقتان“ in der *Ḥadīṯ*-Datenbank der Thesaurus Islamicus Foundation (http:// www.ihsanetwork.org/HadithDB/nhdb.aspx) ergab keine Treffer; fehlende Belege auch bei A. J. Wensinck, *Concordance.*

47 Qurašī, *Ǧamharāt ašʿār al-ʿarab* (Ausgabe Kairo 1345), S. 24.10 f.; (Ausgabe Damaskus 1406), S. 172.1–4.

48 Ḥalabī, *ʿIqd al-marǧān*, S. 40.14–41.2.

Die bisherigen Ausführungen lassen auf eine große Nähe alles Dämonischen und Teuflischen zum Reiten bzw. zu Reittieren schließen. Dies bringt auch eine Äußerung bei Yāfiʿī zum Ausdruck,[49] wonach die *ġūl* den Menschen als schöne Frau erscheine. Gerne verwandle sie ihre Opfer in Esel und reite *(tarkabu)* auf ihnen an einsame Orte. Dort lasse sie sie stehen oder bringe sie wieder zurück. Diese Erzählung ruft eine Bemerkung U. Johansens in Erinnerung, die meint: „Die Vorliebe der Alpgeister für das Reiten soll sogar so weit gehen, dass sie die Menschen im Traume in Pferde verwandeln, aufsitzen und sie abhetzen." Sie belegt diese Vorstellung auch durch den mittelhochdeutschen Vers: „Dich zoumet der alp, dich rîtet der mar."[50] Es fällt überdies auf, dass die Quellen gerade auch verpöntes Verhalten durch die Metapher des Reitens ausdrücken. Ǧāḥiẓ z. B. erklärt Abu ăl-Waǧīh al-ʿUklīs Wut *(ġaḍab)* damit, dass ihn sein Satan *(šayṭān)* geritten habe *(rakiba)*.[51] Und Šiblī zitiert eine Überlieferung Muǧāhids, wonach der Satan *(šayṭan)* auf jenen reite (Verb: *rakiba)*, die ihn fürchten.[52]

7.1.3 Berittene und Gerittene: eine ambivalente Beziehung

J. Wellhausen macht in seinen Ausführungen zum arabischen Geisterglauben eine Aussage, deren Interpretation mit Schwierigkeiten verbunden ist, hält

---

49 Yāfiʿī, *Mirʾāt al-ǧinān*, IV. 34.5–7.

50 U. Johansen, „Die Alpfrau. Eine Dämonengestalt der türkischen Völker", S. 311. Der Aufsatz enthält zahlreiche Beispiele für die Vorstellung, dass Dämonen im allgemeinen und Alpgeister im besonderen auf ihren Opfern reiten. Der zitierte Vers ist entnommen aus J. Grimm, *Deutsche Mythologie*, I.433.

51 Ǧāḥiẓ, *Ḥayawān*, I.300.1 f.

52 Šiblī, *Ākām al-marǧān*, S. 89.6–8: Aus dem Kontext der Überlieferung geht hervor, dass der Satan jene meide, die im Umgang mit ihm hart bleiben. Auch ein Bericht Abū Hurayras (Šiblī, *Ākām al-marǧān*, S. 193.13–17) greift bei der Schilderung der Beziehung zwischen Mensch und Satan auf die Reitmetapher zurück: „Der Gesandte Gottes sagte: ‚Wenn sich jemand von euch in der Moschee befindet, der Satan zu ihm kommt und sich ihm [*scil.* dem Moscheebesucher] gegenüber derart freundlich verhält, wie dies ein Mann gegenüber seinem Reittier tut, und sich [der Moscheebesucher] ihm [*scil.* dem Satan] gegenüber ruhig verhält, dann legt dieser ihm Zaumzeug (lies: *zanaqa*) und Zügel an *(alǧama-hū)*.' Abū Hurayra ergänzte: ‚Ihr seht dies. Was aber den Gezäumten anbetrifft, siehst du, wie er sich neigt, ohne den Namen Gottes zu erwähnen. Und jener, dem die Zügel angelegt sind, der öffnet seinen Mund, ohne den Namen Gottes auszusprechen.'" Vgl. damit die Fassung bei Aḥmad b. Ḥanbal, *Musnad*, *Musnad Abī Hurayra*, *Ḥadīṯ* Nr. 8486: „حدثنا عبد الله حدثنى ابى حدثنا ابو بكر الحنفى حدثنا الضحاك بنُ عثمانَ عَن سَعِيدٍ المَقبُري عَن أبي هُرَيرةَ قال قال رسولُ اللهِ (ص.) إنَّ أَحدكم إذا كانَ فى المسجد جاءَهُ الشيطان فَأَبِسَّ به كما يُبِسُّ الرجلُ بدابتِهِ فإذا سكن لهُ زَنَقَهُ أو ألجَمَهُ قَالَ أَبو هريرة فأَنتُم تَرَونَ ذَلِكَ أمّا المَزنوق فتَراهُ مائلاً كذا لا يَذْكُرُ اللهَ وَأمّا الملجوم ففاتِحٌ فاهُ لا يَذكُرُ اللهَ عزَّ وَجلَّ".

er doch fest[53]: „Die Dämonen werden auch vorgestellt als reitend auf Tieren; das macht keinen großen Unterschied." Die Bedeutung des Nachsatzes bleibt undurchsichtig, weil verdeutlichende Beispiele fehlen. Da J. Wellhausen aber kurz zuvor erklärt hat, dass die „islamische Zoologie zugleich Dämonologie" sei, dürfte seine Bemerkung darauf hinauslaufen, dass zwischen dem eigentlichen Dämon und dem als dämonisch vorgestellten Reittier kein wirklicher Unterschied bestehe. J. Wellhausens Hinweis ruft Stellen bei Ǧāḥiẓ und Niẓāmī in Erinnerung, die dieses Verständnis stützen und weitere Einblicke in das Verhältnis zwischen Berittenem (Reiter) und Gerittenem (Reittier) gestatten.

Ǧāḥiẓ weist in seinen Ausführungen zu den Reittieren der *ǧinn* auf ein Erlebnis des Dichters Abū Nuwās hin, der sich auf die Suche nach einem sprachverständigen *(faṣīḥ)* Beduinen gemacht hat. Unterwegs kommt er beim Haus des Ǧaʿfar [b. Sulaymān al-ʿAbbāsī] mit einem hässlich aussehenden, aber sehr gewitzten Mann ins Gespräch, der sich trotz der Kälte an jenem Tag in den Schatten gesetzt hatte. Dieser Beduine erklärt dem verdutzten Abū Nuwās, dass er die Einsamkeit vorziehe und deshalb die Sonne meide.[54] Abū Nuwās erkundigt sich bei seinem Gegenüber zum Scherz, ob er je gesehen habe, wie ein *ǧinnī* auf einem Igel geritten und mit ihm in die Luft gestiegen sei. Der Dichter will dabei vom Beduinen in Erfahrung bringen, ob bei dieser Gelegenheit der Igel den *ǧinnī* oder der *ǧinnī* den Igel getragen habe.[55] Der Befragte entgegnet Abū Nuwās zwar, dass dies zu den Lügengeschichten der Araber *(akāḏīb al-aʿrāb)* gehöre. Er gesteht aber, dass auch er selbst Verse dazu verfasst habe, wie sich die Dämonen auf Reittieren fortbewegen.[56]

Aus Abū Nuwās' Frage lässt sich ableiten, dass sich zwischen Berittenem und Gerittenem nicht mit letzter Gewissheit unterscheiden lässt. Vor dem Hintergrund von J. Wellhausens unklarer Bemerkung ließe sich die Frage dahingehend

---

53 J. Wellhausen, *Reste*, S. 152.

54 Ǧāḥiẓ, *Ḥayawān*, VI.239.6–241.3; übersetzt bei F. Meier, NL Mappe 3, s. v. *Auszüge aus Ǧāḥiẓ: Ḥayawān*, Bl. 25 f.

55 Ǧāḥiẓ, *Ḥayawān*, VI.239.9–240.2: „فقلت له مازحاً: أرأيت القنفذَ إذا أمتطاه الجنيُّ وعلا به في الهواء، هل القنفذ يحمل الجنى أم الجنى يحمل القنفذ؟".

56 Ǧāḥiẓ, *Ḥayawān*, VI.240.5–8, Übersetzung F. Meier, vgl. Anm. 54:
„Was an dir gefällt den *ǧinn?* Du brauchst sie,
während sie doch unter den Löwen Pferde und edle Tiere hätten.
Satteln sie eine Springmaus und legen einem Igel die Zügel an,
weil ihnen die Reittiere sonst fehlten? Was weisst du darüber?
Wenn die *ǧinn* verrückt geworden sind, passt das.
Die Schicksalsschlüsse haben keinen Fehler, und Gott ist übermächtig.
Die Menschen sind teils Betrüger, teils betrogen,
der eine spricht weitschweifig, und der andere lügt."

verstehen, dass der *ǧinnī* den Igel eben gerade wegen dessen dämonischer Natur zum Reittier gewählt hat. Auch F. Meier betont, dass nicht nur dämonische Wesen auf Menschen und Tieren reiten, sondern sich *mutatis mutandis* auch die umgekehrte Vorstellung häufig nachweisen lasse.[57]

Die bereits für andere Fragestellungen beigezogene *Mittwochsgeschichte* aus Niẓāmīs *Haft Paykar* beleuchtet weitere Aspekte des ambivalenten Verhältnisses und der unklaren Abgrenzung zwischen Berittenem und Gerittenem.[58] Nach der Begegnung mit zwei *ġūl* in der zweiten Spuknacht befindet sich Māhān mutterseelenallein in einer unwirtlichen Einöde, wo er den ganzen Tag ziellos umherirrt und beim Einbruch der dritten Nacht in einer Höhle Zuflucht sucht. Als er Pferdegalopp *(āwāz-i pā-i asb)* vernimmt und Nachschau hält, stößt er auf einen Reiter *(suwār)*, der ein zweites Ross mit sich führt. Māhān schwingt sich auf die Aufforderung des Fremden hin auf das bereitstehende Pferd.[59] Während sein Führer in Windeseile vorausgaloppiert, folgt ihm Māhān. Bald erreichen die beiden eine weite Ebene, wo unzählige *ġūl* zu Hause sind und abertausend Dämonen *(dīw)* heulen. Niẓāmī beschreibt sie als Windgeister, die mit Staub um sich werfen. Alle waren sie schwarz wie vollgesogene Blutegel *(dīwča)* und hochgewachsen.[60] Das Gelärm der Geister bringt Māhāns Hirn zum Sieden.

Die Episode nähert sich ihrem Höhepunkt, als Māhān in der Ferne Tausende von Lichtern flackern sieht, und sich herausstellt, dass es sich um Gestalten von schrecklichem Aussehen und hohem Wuchs handelt. Sie sind dicklippig wie die Mohren *(zangī)* und tragen schwarze Kleidung. Niẓāmī betont bei ihrer Beschreibung die Nähe alles Dämonischen zu den Tieren, gleichen die Geister mit ihren Rüsseln und Hörnern doch sowohl Elefanten als auch Kühen. Überdies weist der Dichter auf ihre Ähnlichkeit mit feurigen Höllenwächtern hin. Diese Gestalten verursachen einen Aufruhr, der die ganze Welt zum Tanzen bringt, auch Māhāns Pferd. Als der Protagonist einen prüfenden Blick auf sein Ross wirft, stellt er zu seinem Entsetzen fest, dass er inzwischen auf einem vierbeinigen Drachen *(aždahā)* hockt. Die Bestie hat zwei Flügel und sieben Köpfe. Damit er nicht hinunterstürzt, schlingt Māhān seine Beine um den Hals des Ungeheuers. Hilflos ist er den Launen des sich teuflisch aufbäumenden Rosses ausgeliefert.[61] Er gleicht einem Stück Reisig, das ein tosender Bach wie einen Ball hin- und herschleudert.

57 F. Meier, „Riemenbeinler“, S. 558.

58 Niẓāmī, *Haft Paykar* (Ausgabe B. Ṯirwatiyān), § 36, S. 269–290: Mittwochsgeschichte: vv. 85–149 in Verbindung mit den abschließenden Bemerkungen vv. 150–157.

59 Niẓāmī, *Haft Paykar*, § 36, S. 274, v. 113: „عاجز وياوه گشت زان در غار || بر پر آن پرنده گشت سوار“.

60 Niẓāmī, *Haft Paykar* § 36, v. 122: „همه چون دیوباد خاک‌انداز || بلکه چون دیوچه سیاه و دراز“.

61 Niẓāmī, *op.cit.*, v. 139: „او بران اژدهای دوزخ‌وش || کرده بر گردنش دو پای به کش“. Die

Das schreckliche Spiel endet erst, als das Monstrum mit dem Hahnkrat seinen Reiter abwirft.

Māhān bleibt benommen, gleichsam tot, am Boden liegen. Es hat ihn erneut in eine endlose Wüste verschlagen. Er ist völlig niedergeschlagen und erholt sich erst nach und nach von den Angriffen der Raubtiere, die ihn in der Nacht heimgesucht haben. Der folgende Vers bringt seine Befindlichkeit auf den Punkt[62]:

چون ز دیو اوفتاد دیو سوار   رفت چون دیو دیدگان از کار

Als der Dämonenreiter vom Dämon herabstürzte, blieb er benommen liegen wie jene, denen Dämonen zu Gesicht gekommen waren.

Zwar erklärt Niẓāmī Māhāns Benommenheit primär damit, dass ihm Dämonen zu Gesicht gekommen waren. Doch in Anschluss an die Diskussion zwischen Abū Nuwās und dem Beduinen bei Ǧāḥiẓ bzw. an J. Wellhausens unklare Bemerkung[63] lässt sich auch im vorliegenden Kontext eine auffällige Affinität zwischen Dämonen, Reittieren und ihren Reitern feststellen. In Übereinstimmung mit der bei Ǧāḥiẓ formulierten Frage verwischt sich die Abgrenzung zwischen Berittenem und Gerittenem auch bei Niẓāmī. Jedenfalls treibt der Ritt auf dem Dämonenross Māhān schier in den Wahnsinn.

Auch weitere Beispiele betonen die Bedeutung der Reitmetapher im Kontext der Dämonologie. Die folgenden Ausführungen verdeutlichen diese Abhängigkeiten anhand von Themenkreisen, zu denen teilweise bereits wissenschaftliche Studien vorliegen. Sie machen aufmerksam auf a. die Riemenbeinler (*duwāl-pā*, Kapitel 7.2), b. Besessenheit und Zār-Kult (Kapitel 7.3), c. Erklärungen für das Entstehen von Erkrankungen bzw. zum Eindringen von Dämonen in den menschlichen Körper (Kapitel 7.4) und d. exorzistische Praktiken (Kapitel 7.5).

7.2 Die Riemenbeinler und andere Aufhocker

In den untersuchten Quellen ist verschiedentlich von einem Wesen die Rede, das als *duwal-pāy* (persisch) bzw. *duwal-bāy* (arabisierte Form) bekannt ist. Morphologisch gesehen handelt es sich beim Ausdruck um ein Possessivkompositum, das ein Wesen mit Füssen *(pāy)* aus bzw. wie Lederriemen *(duwāl)*

Riemenbeinler (vgl. Kapitel 7.2) schlingen ihre Beine auf exakt dieselbe Art um den Hals ihres Opfers.

62 Niẓāmī, *op.cit.*, v. 149.

63 Vgl. oben bei Anm. 53.

bezeichnet. F. Meier hat sich in einem Aufsatz eingehend mit diesem Fabelwesen auseinandergesetzt, wie die folgende Zusammenfassung seiner Erkenntnisse aufzeigt.[64]

Riemenbeinler sind bereits aus dem klassischen Altertum (vgl. u. a. Pomponius Mela, *De situ orbis,* III.10, und Plinius, *Naturalis historia,* V.44–46) bekannt und waren bald in Indien, bald in Afrika beheimatet.[65] Überlieferungen über sie dürften durch die spätsassanidische Pahlawi-Übersetzung des Alexanderromans von Pseudo-Kallisthenes Iran erreicht haben, wo die im Griechischen als ʿιμαντόποδες bekannten Wesen in wörtlicher Übersetzung zu *duwāl-pāδān* bzw. *duwāl-pāyān* wurden. Sie lassen sich unter diesem Namen im zoroastrischen und islamischen Schrifttum nachweisen. Ǧāḥiẓ hat sie im islamischen Kulturraum zum ersten Mal mit ihrem dem Persischen entlehnten Namen *duwāl-bāy* erwähnt. Er hat sie als Mischwesen zwischen Tieren und Pflanzen vorgestellt und sich kritisch zu ihnen geäußert.[66] Der Begriff *duwāl-bāy* lässt sich in arabischen Quellen später nur noch isoliert nachweisen.[67]

Die Riemenbeinler treten in persischen und arabischen Quellen aus islamischer Zeit in zwei Typen von Geschichten auf: a. Einerseits beschreibt Firdawsī Leute mit schwachen Beinen, aber kräftigen Händen. b. Anderseits sind Berichte von Aufhockern bekannt, deren sich ihre Opfer nur entledigen können, indem sie sie trunken und damit schlaff machen. Sie lokalisieren das Geschehen zumeist

64 F. Meier, „Das Volk der Riemenbeinler", vgl. die Vorarbeiten dazu im Nachlass, NL Mappe 2, s. v. *duwāl-pāy,* 24 Bl.

65 F. Meier, „Riemenbeinler", S. 538 f., 562.

66 F. Meier, *op.cit.*, S. 536, verweist auf folgenden Stellen: Ǧāḥiẓ, *at-Tarbīʿ wa-ăt-tadwīr* (Ausgabe Ch. Pellat), § 73; Ǧāḥiẓ, *Ḥayawān,* I.189.6 f. und VII.178.6; Gāḥiẓ, *al-Qawl fī ăl-biġāl (*Ausgabe Ch. Pellat), S. 134.3. Ǧāḥiẓ befasst sich mit den *duwāl-bāy* im Zusammenhang mit der Frage, ob Kreuzungen von Wesen möglich seien, die sich genetisch stark voneinander unterscheiden und aus zwei verschiedenen Naturreichen stammen. Dabei denkt er u. a. an Kreuzungen zwischen Menschen und Dämonen, Menschen und Tieren, Tieren und Pflanzen. Zur Erläuterung verweist er darauf, dass gewisse Leute den *duwāl-bāy* und den *wāq* (bzw. *wāqwāq*) für eine Kreuzung zwischen Tieren und Pflanzen halten. Diese Auffassung stütze sich auf die Koranverse 2.35 und 7.18, wo Adam und Eva vor der Annäherung an den Baum gewarnt werden. Die zitierten Koranstellen sollen beweisen, dass gesetzloses Verhalten bereits vor Adam aufgetreten sei. Mischwesen wie der *duwāl-bāy* seien aus solchem Ungehorsam entstanden (vgl. *Ḥayawān* I.189). Ǧāḥiẓ akzeptiert diesen Standpunkt nicht bedingungslos. Er bejaht zwar die Möglichkeit von Kreuzungen innerhalb gewisser Grenzen. Auch schließt er Geschlechtsverkehr zwischen Menschen und Dämonen nicht aus und weiß von sodomitischen Beziehungen. Er stellt allerdings in Abrede, dass dies je zu Empfängnis und Geburten geführt habe.

67 F. Meier, *op.cit.*, S. 562, weist darauf hin, dass ihn der Perser Bundārī (7./13. Jh.) in seiner Übersetzung des *Šāh-nāma* ins Arabische benutzt.

auf einer Insel im Indischen Ozean.[68] Die beiden Versionen sollen im Folgenden vorgestellt werden:

a. Firdawsī bringt die Riemenbeinler im *Šāh-nāma* (beendet um 1010) mit zwei Sagenkreisen in Verbindung: Im Zusammenhang mit Rustams Heldentaten werden sie in Māzandarān lokalisiert, das für seinen Dämonenreichtum auch sonst bekannt ist (Version a.1). Gemäß der Alexandersage sind sie jedoch in Afrika beheimatet (Version a.2). Sie werden an beiden Stellen als *narm-pāyān* (sg. *narm-pāy;* Weichbeinler) bzw. gemäß einer Variante *sust-pāy* (Schlaffbeinler) genannt.[69]

a.1 Nachdem Firdawsī im *Šāh-nāma* die sieben Kämpfe Rustams besungen hat, schildert er, wie der iranische König seinen Gegner, den König von Māzandarān, in einem Brief zur Unterwerfung auffordert. Kaykāwūs ersucht Farhād, das Schreiben zu überbringen[70]:

Als der Held Farhād dies vom König hörte,
Küsste er den Boden und trug den Brief fort
In die Stadt, wo die Schlaffbeinler *(narm-pāyān)* wohnten.
Es waren stahlkauende *(pūlād-ḫāyān)* Reiter,
Dieselben, die Beine aus Riemen *(duwāl)* hatten.
Viele Jahre war ihr Beiname so.
In jener Stadt war der König von Māzandarān.

---

68 F. Meier, *op.cit.*, S. 558 f. und 562 vermutet, dass die Verbindung der Riemenbeinler mit dem Aufhockermotiv auf eine Geschichte aus dem *Pañcatantra* zurückgeht; vgl. A. Loiseleur Deslongchamps' Hinweis auf die indische Geschichte vom Brahmanen und dem *Rākṣasa (Dämon)* in *Pañcatantra,* V. 13 (Übersetzung Th. Benfey, Leipzig 1859, II.356): Im Wald springt ein *rākṣasa* einem Brahmanen auf die Schulter und treibt ihn umher. Als der Brahmane die weichen Füße seines Reiters bemerkt, erklärt ihm dieser, dass er aufgrund eines Gelübdes seine Füße nie hochhebe und damit nie die Erde berühre. Als der Dämon in einem Teich ein religiöses Bad nimmt, gelingt dem Brahmanen die Flucht. F. Meier (*op.cit.,* S. 559) betont, dass das Primäre, das Aufhocken, im vorliegenden Fall das Sekundäre, die schlaffen Füße, verursacht habe. Das Gelübde sei eine fadenscheinige Begründung dafür. Die Geschichte fehlt in der Pahlawī-Übersetzung des *Pañcatantra,* aus der die syrischen und arabischen Fassungen angefertigt worden sind. Dies bedeute allerdings nicht, dass sie den Weg nach Iran nicht über andere Kanäle gefunden habe. Die Parallelen mit den arabischen und persischen Versionen seien derart auffällig, dass indischer Einfluss nicht *a priori* ausgeschlossen werden könne.

69 Diese Namensänderung ist metrisch bedingt; Der Ausdruck *duwāl-pāy* lässt sich im Versmaß *mutaqārib* nicht unterbringen.

70 Firdawsī, *Šāh-nāma,* Ausgaben: Nafīsī, II.358, vv 698–701; J. Mohl, I.544, vv 696–699; Übersetzung aus F. Meier, „Riemenbeinler", S. 545.

Der feindliche König schickt Farhād zur Einschüchterung seine Leute entgegen, die ihn allerdings nicht beeindrucken können.[71] Als ein Kämpfer Farhāds Hand ergreift, sie fest drückt und „ihm Sehnen und Knochen quält", bleibt der Gepeinigte gelassen und lässt sich nichts anmerken. Später begibt sich Rustam selbst zu seinem Widersacher, worauf sich das Spielchen mit dem Händedrücken wiederholt. Diesmal endet es für die Riemenbeinler in einem Fiasko. Obwohl der sich mit Rustam messende Recke kriegserfahren ist, sinkt er nach kurzem Kräftemessen bewusstlos von seinem Ross.[72] Der König von Māzandarān schickt darauf den schrecklichen Kalāhūr aus, dessen außerordentliche Kraft sogar Rustam beeindruckt.[73] Doch letztlich hat Kalāhūr das Nachsehen, fallen ihm unter Rustams Händedruck doch die Nägel aus. Mit hängender Hand kehrt er zu seinem König zurück und legt ihm nahe, mit Rustam Frieden zu schließen und Tribut zu zahlen.[74]

Dieser Bericht in Firdawsīs *Šāh-nāma* beschreibt die Riemenbeinler als berittene Fabelwesen aus Māzandarān. Da ihre Beine aus Riemen bestehen, sind sie schwach. Ihre Hände jedoch sind derart kräftig gebaut, dass ihr Druck dem Gegenüber die Knochen zermalmen kann. Sie müssten eigentlich „Eisenhände" heißen.[75]

a.2 Firdawsī erwähnt die Riemenbeinler außerdem im Alexanderzyklus und lokalisiert sie in Afrika. F. Meier analysiert diese Version in seinem Artikel nicht näher.[76]

b. Der zweite Typ der Erzählung ist weiter verbreitet und beschreibt die Riemenbeinler als Aufhocker.[77] In der Erzählsammlung *Tausendundeine Nacht* lassen sich zwei Fassungen nachweisen. Obwohl die Riemenbeinler hier namenlos auftreten, bestehen keinerlei Zweifel daran, dass von ihnen die Rede ist. Einerseits greift die fünfte Reise Sindbads des Seefahrers den Stoff auf (Version b.1).[78]

---

71 Firdawsī, *Šāh-nāma*, Ausgaben: Nafīsī, II.359, vv 708–711; J. Mohl, I.544, vv 706–709; vgl. F. Meier, *loc.cit.*

72 Firdawsī, *Šāh-nāma*, Ausgaben: Nafīsī, II.362, vv 761–764; J. Mohl, I.550, vv 759–762; vgl. F. Meier, *loc.cit.*

73 Vgl. F. Meier, „Riemenbeinler", S. 546: „Und [Rustam] wurde vor Schmerz [blau] wie Indigo."

74 Firdawsī, *Šāh-nāma*, Ausgaben: Nafīsī, II.363, vv 770–779; J. Mohl, I.550, vv 768–777; vgl. F. Meier, *op.cit.*, S. 546.

75 F. Meier, *op.cit.*, S. 546 f., weist darauf hin, dass es ihm nicht gelungen ist, Firdawsīs Quellen zu identifizieren. Er vermutet aber eine ältere iranische Tradition als Grundlage.

76 F. Meier, *op.cit.*, S. 544; vgl. die weiteren Hinweise dazu in seinem Nachlass, NL Mappe 2, s. v. *duwāl-pāy*, Bl. 4, mit Stellenangabe zu Firdawsī, *Šāh-nāma* (Ausgabe Nafīsī), VII.1877–78; siehe auch F. Spiegel, *Die Alexandersage bei den Orientalen*, S. 27.

77 Vgl. F. Meier, *op.cit.*, S. 547 f.

78 *Tausendundeine Nacht*, Übersetzung E. Littmann (1953), IV. 165–168 (557. Nacht).

Anderseits beschreibt die Geschichte von Sayf al-Mulūk diese Wesen (Version b.2).[79] Beide Erzählungen lokalisieren das Geschehen auf einer Insel im Osten.

b.1 Die Sindbad-Version hält fest, wie der Seefahrer die Insel der Riemenbeinler erreicht und bei einem Schöpfwerk auf einen alten Mann stößt. Dieser gibt dem Ankömmling durch ein Zeichen mit der Hand zu verstehen, er möge ihn auf die andere Seite der Schöpfrinne tragen. Aus Erbarmen willigt Sindbad ein. Als er mit dem Greis auf der gegenüberliegenden Seite angekommen ist, weigert sich dieser aber, abzusteigen. Der Alte verlangt von Sindbad vielmehr, dass er ihn auf seinen Schultern zu Bäumen mit saftigen Früchten trage. Wenn sich Sindbad weigert, traktiert ihn der ungebetene Reiter mit Schlägen ärger als Peitschenhiebe. Nachts schlingt er die Beine um sein Opfer. Als Sindbad Kürbisse findet, füllt er einen mit dem Saft von Trauben und lässt ihn an der Sonne zu Wein vergären. Er trinkt darauf davon, um sein Elend leichter zu ertragen. Da auch sein Peiniger davon begehrt, reicht er ihm von der Flüssigkeit. Der Wein macht den Quälgeist trunken, er beginnt auf Sindbads Schultern zu schwanken, worauf dieser ihn abwirft und erschlägt.[80]

b.2 Gemäß der Sayf al-Mulūk-Fassung stoßen Sayfs Gefährten auf einer Insel auf einen Mann, der ein längliches Gesicht mit seltsamen Zügen, einen weißen Bart und weiße Haut hat. Dieser Mann warnt einen Mamluken, von den unreifen Früchten zu essen; die reifen Früchte neben ihm seien bekömmlicher. Kaum hat sich der Mamluk genähert, springt der Mann auf seine Schultern.[81] Während er ihm das eine Bein um den Hals schlingt, lässt er das andere über den Rücken seines Opfers baumeln und herrscht den Mamluken an[82]: „Jetzt kannst du mir nicht mehr entrinnen, jetzt bist du mein Esel." Da es dem Unglücklichen noch gelingt, seine Gefährten vor den Inselbewohnern zu warnen, können sie in ihrem Boot entkommen. Die Geschichte äußert sich nicht näher zum Schicksal des zurückgebliebenen Opfers.[83]

---

79 *Tausendundeine Nacht*, Übersetzung E. Littmann (1953), V. 259–260 (765. Nacht).

80 Es ist dies nicht der Ort, Vorlagen oder Parallelen für diesen Bericht beizubringen; vgl. dazu F. Meier, „Riemenbeinler", S. 547–559.

81 Der Text nennt den Mann jetzt einen *mārid* (böser Dämon).

82 *Alf layla wa-layla* (Ausgabe Bayrūt, Dār Ṣādir), II.301.20 f.: „فقال له: امش ما بقي لك مني خلاص وأنت بقيت حماري".

83 Die Sayf al-Mulūk-Geschichte beschreibt die Beine dieser Aufhocker nicht. Sie behauptet auch nicht, dass diese Peiniger überhaupt nicht in der Lage seien, selbständig zu gehen. Am Schluss rennen sie den flüchtenden Gefährten ihres Opfers sogar nach. In den Augen F. Meiers („Riemenbeinler", S. 548) verwischt diese Wendung den Kern der Sache.

F. Meier hält zusammenfassend fest, dass das Motiv der starken Hände in diesem zweiten Typ der Riemenbeinler-Geschichte keine Rolle spiele.[84] In dieser Fassung gehe es nur noch um die Beine der Fabelwesen, die sich nicht mehr lösen ließen, sobald sie sich um den Nacken ihres Opfers gewickelt hätten. Das entscheidende Moment sei hier das Aufhocken. In der Literatur aus dem islamischen Kulturraum lassen sich mögliche Quellen dieser Erzählung belegen.[85] Während die Riemenbeinler in Rāmhurmuzīs *ʿAǧāʾib al-Hind* (4./10. Jh.), Masʿūdīs *Murūǧ aḏ-ḏahab* (4./10. Jh.) und Pseudo-Masʿūdīs *Aḫbār az-zamān* fehlen, lassen sie sich in der späteren *Mirabilia*-Literatur nachweisen. Hamadānī–Ṭūsīs (2. Hälfte 6./12. Jh.) und Qazwīnīs (2. Hälfte 7./13. Jh.) Fassungen dazu weichen zwar in Einzelheiten voneinander ab und gehen auf unterschiedliche Gewährsleute zurück, dürften aber dennoch dasselbe Geschehen schildern.[86] Beide Versionen bringen das Erlebnis mit den Riemenbeinlern mit einem Zusammentreffen mit Hundsköpflern *(sag-sarān)* in Verbindung. Die Koppelung dieser beiden *mirabilia* lässt sich auffälligerweise bereits im mittelpersischen *Ayātkār i Žāmāspīk*[87] und *mutatis mutandis* bei Pseudo-Kallisthenes belegen. Die Version bei Hamadānī-Ṭūsī lautet[88]:

---

84 F. Meier, „Riemenbeinler", S. 548.

85 F. Meier, *op.cit.*, S. 548–552.

86 F. Meier, *op.cit.*, S. 551.

87 Gemäß F. Meier, *op.cit.*, S. 537, stammt das *Ayātkār i Žāmāspīk* aus islamischer Zeit. Das zugrundeliegende Material dürfte aber deutlich älter sein. Vgl. auch M. Boyce, Artikel „Ayādgār ī Jāmāspīg", in *EIr*, Online-Ausgabe, konsultiert am 19. Januar 2011.

88 Hamadānī, *ʿAǧāyib-nāma* (Ṣādiqī), S. 221.16–222.6, erwähnt diese Geschichte im Kapitel über die *nasnās*, wo sie eigentlich nicht hingehört. Die folgende Übersetzung lehnt sich an an F. Meier, „Riemenbeinler", S. 549 f. Hamadānī erwähnt die *duwāl-pā* selbst erst später an einer Stelle, die F. Meier, „Riemenbeinler", S. 552, als Interpolation bezeichnet.
Hamadānī, *ʿAǧāyib-nāma*, S. 223.14–20, hält zu den *duwāl-pā* fest: „Die Wabār-*Nasnās* sind ein Volk aus dem Land Wabār und Mahra. Wabār war eine Gegend voll von Bäumen und Flüssen. Der Schöpfer geriet über sie in Zorn und verwandelte sie *(masḫ kard)*. Einige nennt man *šiqq*, andere *duwāl-pā*. Über die *šiqq* haben wir schon gesprochen. Was aber den *duwāl-pā* anbetrifft, so hat [der Schöpfer] einen Stamm erschaffen, dessen Angehörige ein Gesicht wie Menschen, aber Pfoten *(dast)* wie Hunde haben. Sie haben einen menschlichen Bauch und einen langen Schwanz wie eine Schlange. Ihre obere Körperhälfte gleicht einem Menschen, die untere aber ähnelt einer Schlange. Sie springen auf und schlingen ihren Schwanz um die Taille der Menschen. Sie drücken, würgen die Gurgel und trinken das Blut [ihrer Opfer]."
Qazwīnī äußert sich an folgenden Stellen zu den *duwāl-pā:* 1. *Āṯār al-bilād*, Ausgabe F. Wüstenfeld, S. 20–21, Ausgabe Bayrūt S. 31–32; 2. *ʿAǧāʾib al-maḫlūqāt* (Ausgabe F. Wüstenfeld), S. 121–122 (vgl. Ausgabe Miṣr, S. 80.23–81.15); Übersetzungen: R. Basset in *Mille et un contes*, I.189–190; H. Ethé, *Die Wunder der Schöpfung*, S. 248–250; J. Ansbacher, *Die Abschnitte über die*

Walīd b. Muslim[89] berichtet: Ein Mann gelangte zu uns. Sein Gesicht und sein Hals waren gänzlich von Wunden übersät. Er sprach: Ich wurde auf eine Insel verschlagen, wo Leute mit Hundsgesichtern auftauchten. Sie packten mich und schleppten mich in ein Haus. Ich sah einen Kessel voller Menschenfleisch, der am Sieden war. Menschenknochen lagen dort herum. Ich begab mich ins Haus, wo ich einen Menschen in Fesseln vorfand. Er sprach: ‚Unglücklicher, wie bist du hierher gelangt? Diese Leute sind Menschenfresser. Dieses Haus ist voller Menschen gewesen. Ich bin wegen Magerkeit übriggeblieben.' Er fuhr fort: Ich blieb dort, bis sie sich eines Tages aufs freie Feld begaben. Der Gefangene sagte: ‚Dort gibt es einen Wald und darin einen Baum. Wer sich unter jenen Baum begibt, den können sie nicht sehen.' Der Mann (= der Erzähler) floh [also] unter jenen Baum, so dass sie wieder umkehrten und er entkam.

Derselbe Mann berichtet weiter: Ich gelangte ins Land *(wilāyat)* Qāṭūl, wo ich auf eine Ruine stieß. Da sah ich Leute mit anmutigen Gesichtern sitzen, die Beine kurz und schlaff *(sust),* [aber] mit langem Schwanz. Einer sprang auf, schlang den Schwanz um mich und packte mich mit seinen Pranken *(čang-hā)* am Nacken. Den ganzen Tag trug ich ihn umher, damit er Früchte von den Bäumen essen konnte. Schließlich presste ich Trauben aus, ließ den Saft zu Wein vergären und reichte ihm davon. Da erschlafften *(sust šud)* seine Hände und Füße, und er fiel herunter. Ich tötete einige von ihnen und entfloh.

Diese Aufhocker haben bei den Arabern wohl erst im 8./14. Jh., allenfalls im 9./15. Jh. einen eigenen Namen erhalten. Der Abenteuerroman von Sayf b. Ḏī Yazan bezeichnet sie als „Aufspringer und Sporengeber" *(al-qaffāzūn wa-ăl-hammāzūn).*[90] Im Persischen lassen sich die Riemenbeinler unter ihrem richtigen Namen *(duwāl-pā)* bereits bei Hamadānī-Ṭūsīs Zeitgenosse Niẓāmī nachweisen,[91] befiehlt in der Mittwochsgeschichte des *Haft Paykar* der Besitzer des Feengartens Māhān doch, bis zu seiner Rückkehr auf einem Sandelbaum auszuharren. Er spielt dabei auf die *duwāl-pā* an, die den Menschen aufsitzen[92]:

Wie der Alte ihn Punkt für Punkt ermahnte, leistete er ihm mit der Ermahnung auch ein Gelübde.
Da waren Leitersprossen aus Riemen, die eigens für jenen Hochsitz angebracht waren.
[Der Alte] sprach: Klettere hinauf und mache Riementreterei *(duwāl-sā'ī)*! Spiele heute nacht einmal den Riemenbeinler *(duwāl-pā'ī kun)*!

Geister, S. 31 f. Ṣ. Hidāyat, *Nayrangistān,* S. 176 f., übersetzt Qazwīnīs Fassung ins Persische und macht auf weitere Merkmale der *duwāl-pā* aufmerksam.

89 F. Meier, „Riemenbeinler", S. 551, vermutet, dass es sich um den Traditionarier Abu ăl-ʿAbbās al-Walīd b. Muslim ad-Dimašqī, (gest. 194/809) handelt. Die Geschichte ließe sich damit bis ins 2./8. Jh. zurückverfolgen.

90 R. Paret, *Sīrat Saif ibn Ḏī Yazan,* S. 27.

91 Vgl. F. Meier, „Riemenbeinler", S. 552 f.

92 Niẓāmī, *Haft Paykar* (Ausgabe B. Ṯirwatiyān), § 36, S. 283, vv 292–296; Übersetzung: F. Meier, „Riemenbeinler", S. 553. Zu diesem Erlebnis Māhāns vgl. Kapitel 6.4, bei Anm. 238–266.

> Zieh von der Erde diesen langen Riemen *(duwāl, scil.* die Leiter) hoch, damit niemand Riemenspieler werde (= Schabernack treibe).[93]
> Widme dich heute nacht der Gürtelmacherei mit Schlangen, morgen dann spiele mit dem Schatz.

Wie erinnerlich missachtet Māhān den Rat des Alten und steigt vom Baum hinab, als bildhübsche Mädchen auftauchen. Der Vollständigkeit halber sei festgehalten, dass Riemenbeinler gern auf Miniaturen dargestellt werden.[94]

Die bisherigen Erkenntnisse leiten sich aus Quellen aus der vormodernen Zeit ab und lassen sich dahingehend zusammenfassen, dass Vorstellungen vom Reiten als Metapher für das Wirken von Dämonen verbreitet waren. Auch Berichte über Besessenheit und Praktiken zur Geisteraustreibung (Zār-Kult) greifen dieses Bild auf, wie sich anhand von Beispielen aus der Moderne aufzeigen lässt.

7.3 Wahrsagen und Besessenheit

Der deutsche Orientalist H. A. Winkler hat sich im Lauf der 1920er- und 1930er-Jahre wiederholt mit Dämonenglauben und Magie befasst.[95] Seine dritte Monographie dazu untersucht die Besessenheit ʿAbd ar-Rāḍīs, eines einfachen Fellachen aus Oberägypten, und betont die Bedeutung der Reitmetapher bereits im Titel.[96] H. A. Winkler stieß im Dorf Naġʿ al-Ḥağīrī bei Gufṭ auf ʿAbd ar-Rāḍī, „der von den Geistern auserwählt wurde, sie auf seinen Schultern zu tragen und seinen Mund ihren Botschaften zu leihen."[97]

Die Einleitung zur Studie skizziert ʿAbd ar-Rāḍīs religiöses Umfeld und zeigt auf, dass die Fellachen nur oberflächlich islamisiert sind.[98] Sie verstehen den Menschen als Wesen, das „körperlich und geistig mit den jenseitigen Mächten

---

93 H. Ritter, *Meer der Seele*, S. 120 (mit Verweis auf J. A. Vullers, *Lexicon*, S. 917a), erkennt in der „Riemenspielerei" *(duwālak-bāzī)* ein Geschicklichkeitsspiel, bei dem man den Leuten das Geld aus der Tasche zieht, wie dies auf Jahrmärkten üblich ist.

94 F. Meier, „Riemenbeinler", S. 557, macht auf folgende Beispiele aufmerksam: J. Aumer, *Die arabischen Handschriften*, Nr. 464, 678 (Qazwīnī; mit Abb. bei F. Meier, S. 563); Th. W. Arnold, *The Library of A. Chester Beatty. A Catalogue of the Indian Miniatures*, I.67 (Nr. 66–78).

95 H. A. Winkler, *Siegel und Charaktere in der Muhammedanischen Zauberei* (1930); ders., *Salomo und die Ḳarīna: Eine orientalische Legende von der Bezwingung einer Kindbettdämonin durch einen heiligen Helden* (1931).

96 H. A. Winkler, *Die reitenden Geister der Toten: eine Studie über die Besessenheit des ʿAbd er-Râḍi und über Gespenster und Dämonen, Heilige und Verzückte, Totenkult und Priestertum in einem oberägyptischen Dorfe* (1936).

97 H. A. Winkler, *Die reitenden Geister*, S. 3.

98 H. A. Winkler, *op.cit.*: „II. Die religiöse Umwelt des ʿAbd ar-Râḍi." S. 5–46.

verflochten ist. Die Grenzen [seien] gleichsam durchlässig für Beeinflussungen herein und heraus."[99] Es lassen sich Abhängigkeiten zwischen Dämonenglauben und dem Wirken von Geistern der Abgeschiedenen erkennen. ʿAbd ar-Rāḍī wird als *šayḫ* (dialektal *šēḫ*) bezeichnet, worunter grundsätzlich jede verehrte Person zu verstehen ist. Im vorliegenden Kontext meint der Ausdruck aber einen Menschen (Mann oder Frau), aus dessen Mund ein Totengeist redet. *Šayḫ*-Kulte bilden gemäß H. A. Winkler den Mittelpunkt der oberägyptischen Volksreligion.[100]

Totengeister sind eng an einen Menschen gebunden, gewissermaßen aus ihm „hervorgesprosst". H. A. Winkler nennt sie „Seelentrümmerstücke", die bei einem gewaltsamen Tod vom Individuum absplittern.[101] Die *ǧinn* unterscheiden sich von diesen Totengeistern, sind sie doch unabhängig vom Menschen aus einer eigenen Welt gewachsen. Ihr Sitz ist unter der Erde (vgl. die Bezeichnung *at-taḥtiyyūn*). Es zeigt sich jedoch, dass die Abgrenzung zwischen diesen beiden Gattungen von Geistwesen mit Schwierigkeiten verbunden ist. Verschiedene Dorfbewohner meinten jedenfalls, dass ʿAbd ar-Rāḍī nicht das Medium eines Totengeists, sondern von *ǧinn* besessen *(maǧnūn)* war.[102]

H. A. Winkler konnte im Winter 1933–34 während vier Monaten beobachten, wie sich um ʿAbd ar-Rāḍī ein *Šayḫ*-Kult entwickelte.[103] ʿAbd ar-Rāḍī war damals etwas über 30 Jahre alt, und seit einigen Monaten sprach aus ihm der Totengeist Beḫīts, seines Onkels väterlicherseits, den er selbst nie gesehen hatte. Von Beḫīt war bekannt, dass er blödsinnig *(muḫabbal)* und zu keiner Tätigkeit zu gebrauchen war. Wer ihn aus Ärger schlug, dem schwoll die Hand an, was als Zeichen für Beḫīts Heiligkeit gedeutet wurde.

ʿAbd ar-Rāḍīs Berufung zum *šayḫ* gingen Krankheiten und ein Traum voraus. Als er nach einem Mittagsschlaf erwachte und Wasser aus seinem rechten Bein und Arm floss, packte es ihn plötzlich heftig.[104] Später konnte er sich an nichts mehr erinnern. Bisweilen irrte er bis zum Sonnenuntergang ziellos durch die Wüste. Als er, immer noch ergriffen, zurückkehrte, warf er sich im Hof des Hauses auf die Knie. Der *šayḫ* habe *jeḫḫ* zu ihm gesagt. Mit solchen *Jeḫḫ*-Rufen veranlas-

99 *Loc.cit.*, S. 6.

100 *Loc.cit.*, S. 22 f.

101 *Loc.cit.*, S. 9, 11. Bei den Arabern lässt sich die Überzeugung belegen, dass aus dem Blut eines gewaltsam ums Leben gekommenen Menschen ein *ʿifrīt* entstehe. Solche Gespenster erschrecken die Menschen nachts.

102 H. A. Winkler, *op.cit.*, S. 62, betont allerdings, dass ein Totengeist aus ʿAbd ar-Rāḍī gesprochen und festgehalten habe: „Ich bin nicht von den *ǧānn*. Ich bin Beḫīt [Name des Totengeistes]. ʿAbd ar-Rāḍī soll sich freuen und ihr sollt euch alle freuen, denn dies ist ein Segen."

103 *Loc.cit.*, S. 47–62.

104 *Loc.cit.*, S. 56.

sen die Kamelführer ihr Tier dazu, sich auf die Knie niederzulassen. In der folgenden Nacht hatte ʿAbd ar-Rāḍī einen Berufungstraum,[105] in dem ihm ein Mann mit weißem Hemd, weißer Hose und einem grünen Kopfbund erschien. Er hatte einen Vollbart, ein fröhliches Gesicht, große Augen und hielt eine Stange mit einer weißgrünen Fahne in der Hand. Die Gestalt reichte diese Fahne ʿAbd ar-Rāḍī und stellte sich mit folgenden Worten vor: „Ich bin dein Oheim Beḫīt und du bist mein *gaʿūd*[106], mein junger Kamelhengst. Ich liebe dich." Danach setzte sich die Gestalt auf seine Schultern. ʿAbd ar-Rāḍī wird sich in diesem Traum bewusst, dass ihn ein Geist gepackt hatte, auf ihm reitet und er ihn auch in Zukunft zu tragen haben werde.

Bei der Beschreibung von ʿAbd ar-Rāḍīs Besessenheitszuständen und Wahrsagungen greift H. A. Winkler auffallend oft auf Vorstellungen vom Reiten zurück[107]:

> Dieses gehorsame, bedächtige und schwerfällige Niederknien des mächtigen Tieres [*scil.* Kamels] macht Eindruck. Wenn der Schech Beḫît über ʿAbd er-Râḍi kommt, so sieht man, dass ʿAbd er-Râḍi eben sein *gaʿûd*, sein Kamelhengst, ist. Man sieht, wie ʿAbd er-Râḍi an seinem Platz hockt, vorbereitet, die Besessenheit aufzunehmen. Sein Gesicht ist etwas leidend und abwesend, man fühlt, wie sein Bewusstsein dahinsinkt, plötzlich schnellt er aus der hockenden Stellung empor und stößt mit dem Knie heftig auf die Erde: der Kamelhengst hat sich auf die Knie gelassen und der Reiter ist da. Dieses auf die Knie Stoßen ist für Beḫît's Erscheinen die charakteristische Geste.

Zu ergänzen bleibt, dass Beḫīt durch seinen Kamelhengst ʿAbd ar-Rāḍī primär als Hellseher und Ratgeber in Erscheinung trat. ʿAbd ar-Rāḍī spürte, wie sich während seiner Besessenheit der Geist auf seine Schulter setzte und schwer auf ihm lastete. Oft schmerzten ihn nach seinen Sitzungen die Beine von der Last, die er zu tragen hatte. Aber trotz seines allgemeinen Eindrucks, dass die Geister auf seinen Schultern sitzen, erklärte ʿAbd ar-Rāḍī seine Besessenheitszustände gegenüber H. A. Winkler auch damit, „dass die Geister in ihn selber hineinfahren und während der Besessenheit in seinem Körper stecken."[108]

Vorstellungen davon, dass Geister oder Dämonen in den menschlichen Körper hineinfahren, spielen auch bei der Erklärung von körperlichen und seelischen Krankheiten eine Rolle, wie es sogleich aufzuzeigen gilt (Kapitel 7.4). Vorerst soll ergänzend aber noch auf die aus dem islamischen Kulturraum bekannten Zere-

---

105 *Loc.cit.*, S. 56 f.

106 Gemäß A. Kazimirski, *Dictionnaire*, bedeutet *ǧaʿda* „chameau qui a le poil crépu, bien fourni et épais".

107 H. A. Winkler, *op.cit.*, S. 67.

108 *Loc.cit.*, S. 127.

monien zur Austreibung solcher Geister hingewiesen werden. Dazu zählt auch der *Zār*-Kult, der sich im Lauf des 19. Jh., wohl von Äthiopien aus, über ganz Nordafrika verbreitet hat und u. a. Tanzelemente enthält.[109]

A. Wieland versteht die *Zār*-Zeremonie als eine in der islamischen Welt weit herum bekannte Diagnose- und Therapieform.[110] Sie vergleicht den *Zār* mit weiteren „Zeremonien zur Austreibung von ‚Reitern'" und macht darin kulturübergreifende Muster aus.[111] Gemäß diesem *pattern* werden Frauen von männlichen Reitern, Männer aber – die Beispiele dafür sind selten – von Reiterinnen dominiert. Es lasse sich von einer dialektischen Identität reden. Beim Tanzen verliere die besessene Person die Kontrolle über sich, werde sie doch von einem ‚Reiter' fremdgesteuert und sei u. U. zeitweilig ohne Bewusstsein.[112]

7.4 Der Mensch als *Ǧinn*-Träger: Zum Eindringen von Dämonen in den menschlichen Körper und Entstehen von Krankheiten

Die vorangehenden Ausführungen zeigten wiederholt auf, dass nicht nur Tiere, sondern auch Menschen den Dämonen Reittier sein können. Dies lässt sich

109 Zum *Zār*-Kult ist eine umfangreiche ethnographische Literatur vorhanden; vgl. u. a.: A. Rouaud und T. Battain, Artikel „Zār", in *EI*[2] XI.455 f.; R. Kriss und H. Kriss-Heinrich, *Volksglaube im Bereich des Islam*, II.140–204; E. Littmann, *Arabische Geisterbeschwörungen aus Ägypten;* T. Battain, *Le rituel du zār en Egypte. De la souffrance à l'accomplissement;* A. Wieland, *Ǧinn-Vorstellung*, S. 57–64; M. Dols, *Majnūn*, S. 292–300.

110 A. Wieland, *Ǧinn-Vorstellung*, S. 12. M. Dols, *Majnūn*, S. 241, erkennt darin ein gruppentherapeutisches Ritual.

111 A. Wieland, *Ǧinn-Vorstellung*, S. 64, verweist außerdem auf Forschungsergebnisse von W. und F. Mischel, „Psychological aspects of spirit possession". Der Artikel beschreibt Besessenheitszeremonien aus Trinidad, in denen Reittiere (Pferd) eine zentrale Rolle spielen. Die beiden Forschenden definieren ein Pferd *(horse)* als „the individual who receives a power [= the god who possesses the individual and also the individual once he is possessed by a god.]. A person who becomes possessed is referred to as a horse of that particular power." (W. und F. Mischel, S. 259).

112 Die *Zār*-Zeremonien versprechen v. a. den in islamischen Gesellschaften unter mannigfaltigen psycho-sozialen Stressfaktoren leidenden Frauen Erleichterung. Das Ritual wird deutlich seltener aber auch für männliche Patienten durchgeführt. *Zār*-Zeremonien können das Selbstwertgefühl steigern, stehen im Alltag oft isolierte Frauen doch plötzlich im Mittelpunkt des Geschehens. Die Teilnehmenden erklären Besessenheit nicht als pathologische Erscheinung, sondern betrachten die Zeremonie als Ventil zum Abbau innerer Spannungen. Die Patientin ist nicht selbst für gesellschaftlich verpöntes Verhalten (z. B. Kontrollverlust bei Wahnsinnsattacken) verantwortlich. Diese Anfälle werden vielmehr einem *ǧinnī* angelastet, der sich in ihr eingenistet hat. *Zār*-Zeremonien mildern außerdem sexuelle Frustrationen.

u. a. am Beispiel der Riemenbeinler illustrieren. Auch die Alpfrau hockt ihren menschlichen Opfern auf.[113] Überdies beschreibt H. A. Winkler ʿAbd ar-Rāḍī als Kamelhengst, auf dem der Totengeist Beḫīt reitet. Der Mensch kann Dämonen aber nicht nur äußerlich auf sich laden, sondern sie können auch in den menschlichen Körper eindringen. Dies führt zu einer Akzentverschiebung vom Menschen als Reittier der *ǧinn* zu seiner Rolle als Träger der *ǧinn* in seinem Innern und als ihr Aufnahmegefäß. Diese beiden Funktionen (Reittier bzw. Aufnahmegefäß) sind weitgehend identisch.

Dämonen, die dem Menschen aufhocken, sind ihm eine Last. Dringen sie aber in ein Individuum ein, machen sie es häufig krank. In der muslimischen Welt werden Krankheiten im allgemeinen und Geisteskrankheiten im besonderen mit dem schädlichen Wirken von *ǧinn* erklärt, die in ihr Opfer geschlüpft sind. Ethnologisch orientierte Untersuchungen haben den Dämonen als Verursacher von Erkrankungen viel Aufmerksamkeit geschenkt. I. Goldziher hebt typische Aspekte des Krankheitsverständnisses im Volksislam wie folgt hervor[114]:

> Auch die primitive Anschauung der Araber führt alle Krankheiten auf dämonische Einwirkung zurück.[115] Noch der heutige Araber hat den Glauben, dass nicht ‚Gott es ist, der die Krankheit will, sondern ihre Urheber sind die neidischen [!] Geister, die sich an den Schmerzen der Menschen weiden.' (aus Musil, *Arabia Petraea*, III.413). Die alten Araber nannten die Pest ‚Speere der Ǵinnen' *(rimāḥ al-ǵinn)*[116] oder ‚einen Stich *(wachz)* von den Ǵinnen.'[117] Diese Auffassung vom Ursprung der Krankheit erfordert, wie dies erst jüngst hier M. Höfler betont hat (vgl. *ARW* Archive XII S. 340), im Heilverfahren eine antidämonistische Richtung.

Später zeigten auch E. Westermarck und E. Doutté auf, dass Dämonen als Verursacher von Krankheiten gelten.[118] H. A. Winklers Untersuchungen zur islamischen

---

113 Vgl. oben bei Anm. 50 und U. Johansen, „Die Alpfrau", S. 311.

114 I. Goldziher, „Wasser als Dämonen abwehrendes Mittel", S. 185 f.

115 I. Goldziher verweist auf J. Wellhausen, *Reste*, S. 155 f.

116 Auch Ǧāḥiẓ, *Ḥayawān*, VI.181.2, kennt die Auffassung, dass die *ǧinn* mit Speeren bewaffnet sind. Die Sekundärliteratur macht die *ǧinn* v. a. für Epidemien verantwortlich; vgl. M. Dols, *Majnūn*, S. 215, 284, mit Hinweis auf E. Westermarck, *Ritual and belief*, I.271, 370.

117 I. Goldziher (vgl. Anm. 114) fügt Belegstellen dafür an.

118 E. Westermarck, *Pagan survivals*, S. 6.: „The most usual way in which these spirits *(jinn)* make their presence felt is by causing disturbances of the health, especially sudden ones like convulsions, epileptic and paralytic seizures, rheumatic and neuralgic pains, and fits of madness, or epidemics like cholera and smallpox. In these cases the *jinn* works its will by striking its victim or entering [!] his body, or sometimes, in cases of epidemics, by shooting an arrow at him." E. Doutté, *Magie et religion*, S. 221 (mit weiteren Belegen bis S. 226): „[...] la maladie arrive à être conçue par l'homme comme une volonté mauvaise et contraire à la sienne, c'est-à-dire à être

Dämonologie betonen diese Zusammenhänge ebenso.[119] J. Henninger seinerseits vermittelt einen Überblick über diese Abhängigkeiten anhand der Sekundärliteratur.[120] Er präzisiert, dass Dämonen zumeist störend ins Leben der Tiere eingreifen. Bei den Menschen würden sie „Krankheiten, besonders Fieber, Epidemien, Epilepsie usw., sowie Störungen der Sexualfunktionen [... verursachen]. Der Wahnsinnige heißt *magnūn*, von *ginn (sic)* besessen."[121] W. Eilers wiederum überlegt sich, ob nicht einige Krankheitsnamen alte Dämonennamen seien.[122] Weitere Forschende, unter ihnen F. Meier,[123] sind bei ihren Auseinandersetzungen mit der Materie zu identischen Schlüssen gekommen.[124] Besondere Beachtung verdient dabei M. Dols, der in seiner magistralen Untersuchung v. a. der Rolle der Dämonen als Verursacher psychischer Leiden nachgeht.[125] Aus einer kulturübergreifenden Perspektive relevant ist, dass das *Neue Testament* die Wirklichkeit der Dämonen als Urheber von Krankheit und Besessenheit voraussetzt.[126] Vor dem

personnifiée sous la forme d'un démon, dont la personnalité s'enrichit de représentations diverses fournies tant par l'observation directe que par des emprunts au folklore d'autres groupes sociaux. Chez les musulmans, principalement chez nos indigènes de l'Afrique du Nord, comme au reste chez tous les primitifs, les maladies sont essentiellement des djinns, surtout les maladies épidémiques. Aussi on emploie pour guérir les maladies des procédés qui sont de véritables exorcismes; c'est principalement dans l'épilepsie et les maladies analogues, considérées comme de véritables possessions, que l'on procède ainsi."

119 Vgl. v. a. H. A. Winkler, *Salomo und die Ḳarīna*, z. B. S. 48–50 (§ 5): „Die Umm al-ṣibjān als Krankheit".

120 J. Henninger, *Geisterglaube*, S. 292 mit Anmerkungen.

121 J. Henninger, *Geisterglaube*, S. 302.

122 W. Eilers, *Die Āl*, S. 35, mit Verweis auf T. Canaan, *Aberglaube und Volksmedizin*, S. 23, Anm. 7, der für das Wort *ṭāʿūn* (Pest) einen solchen Fall geltend macht.

123 Vgl. F. Meiers Arbeiten dazu in der Materialsammlung: NL Mappe 3, s. v. *Geisteskrankheit*, 27 Bl.; Mappe 5, s. v. *Krankheit*, 19 Bl.; Mappe 11, s. v. *Geisteskrankheit*, 3 Bl. und s. v. *Geisteskrankheit, Sehen von Geistern*, 1 Bl.

124 Vgl. T. Canaan, *Aberglaube und Volksmedizin;* V. Crapanzano, *The Hamadsha: a study in Moroccan ethnopsychiatry;* M. Maarouf, *Jinn eviction as a discourse of power*, S. 10 und 117, zählt Krankheiten auf, die typischerweise von den *ǧinn* verursacht werden.

125 M. Dols, *Majnūn: The madman in Medieval Islamic society.*

126 Vgl. B. Kollmann, Artikel „Dämonen, III. Neues Testament", in *RGG*[4] II.536 f.; M. Dols, *Majnūn*, S. 9. F. Meier, NL Mappe 3, s. v. *Geisteskrankheit*, Bl. 5–12 hat folgende Stellen aus dem *Neuen Testament* zusammengetragen, die aufzeigen, dass Dämonen für Krankheiten verantwortlich sind: Matthäus 8.28–32, 9.32–34, 12.22–29, 12.43–45, 15.21–28, 17.14–20, Markus 1.23–27, 1.32–39, 3.11–30, 5.1–16, 6.7–13, 7.24–30, 9.17–29, 9.38–40; Lukas 4.33–36, 6.17–18, 8.1–3, 8.26–33, 9.1, 9.37–43, 9.49–50, 10.17–20, 11.14–26, 13.10–16; Apostelgeschichte 5.16, 8.7, 10.38, 19.11–16. Das von F. Meier verwendete Stichwort („Geisteskrankheiten") darf nicht darüber hinwegtäuschen, dass in den Beispielen aus dem *Neuen Testament* auch körperliche Erkrankungen den Dämonen zugeschrieben werden; zur Frage vgl. auch unten bei Anm. 202.

Hintergrund dieser vielfachen Hinweise auf die geschilderten Abhängigkeiten erstaunt, dass sich in schriftlichen Quellen aus dem islamischen Kulturraum nur vereinzelt Belege dazu nachweisen lassen.[127]

7.4.1 Zur Position der Muʿtazila

Die bisherigen Erörterungen machten wiederholt geltend, dass *ǧinn* Menschen erkranken lassen, indem sie physisch in ihren Körper eindringen. Die untersuchten Quellen diskutieren diese Möglichkeit im Rahmen weiterer theoretischer Überlegungen zur Existenz bzw. Sichtbarkeit der Dämonen.[128] Obwohl Positionen der Muʿtazila diese Debatten maßgeblich beeinflussen, thematisiert der folgende Überblick diese Auseinandersetzungen ausschließlich gestützt auf ihr Echo in Werken, die sich spezifisch mit dem Dämonenglauben befassen. Muʿtazilitische Schriften selbst werden nicht berücksichtigt.

Hamadānī–Ṭūsī äußert sich in seinem *Ǧinn*-Kapitel auch zum Eindringen von Dämonen in den menschlichen Körper.[129] Er hebt hervor, dass die Gelehrten dazu unterschiedliche Positionen vertraten. Gewisse Kreise *(ǧamāʿatī)*[130] hätten die Existenz von *dīw* und *ǧinn* grundsätzlich geleugnet und auch Epilepsie *(ṣarʿ)* als natürliche Krankheit *(ʿillat)* verstanden.[131] Diese Kreise würfen explizit die Frage auf, wie ein *ǧinnī* überhaupt in einen Menschen eindringen könne.[132] Am Ende des *Ǧinn*-Kapitels bemerkt Hamadānī, dass er die Geschichten *(ḥikāyat-hā)* über die Dämonen in seine Darstellung aufgenommen habe, ohne sie auf ihre Plausibilität hin überprüft zu haben. Er weist bei dieser Gelegenheit speziell auf die Auffassung der Geisterbeschwörer *(muʿazzim)* hin, dass ein *ǧinnī* in einen Menschen eindringen könne, den er liebe.[133] In Hamadānīs Überlegungen dazu scheinen

127 Für Beispiele vgl. Kapitel 7.4.2; siehe außerdem Kapitel 6.3.3, bei Anm. 226 f.: Zitat aus Pseudo-Suyūṭī, *Kitāb ar-Raḥma*, mit anschließender Diskussion.

128 Vgl. dazu Kapitel 2.2 „Kritik an der Existenz der *ǧinn*", bei Anm. 19–24, und Kapitel 5.1 „Zur Sichtbarkeit der *ǧinn*".

129 Hamadānī, *ʿAǧāyib-nāma* (Ṣādiqī), S. 204.5–8 und 210.14–17.

130 Hamadānī präzisiert die Identität dieser Gruppe nicht.

131 Hamadānī, *ʿAǧāyib-nāma*, S. 204.6 f., verdeutlicht diese Position mit Hinweisen auf ʿAlī b. Abī Ṭālib und Ḥamza b. ʿAbd al-Muṭṭalib, die beide mit den *ǧinn* konfrontiert gewesen, aber von ihnen nicht niedergeworfen worden seien. Hamadānī ergänzt, dass diese Kreise die Existenz der *ǧinn* leugnen, da man sie nicht sehe. Zu ʿAlīs Konfrontation mit den *ǧinn* vgl. Kapitel 6.2.1, Anm. 19.

132 Hamadānī, *ʿAǧāyib-nāma*, S. 204.6: „وگویند جنی در آدمی چه گونه رَوَد؟".

133 Hamadānī, *ʿAǧāyib-nāma*, S. 210.14 f.: „واز روی قیاس می‌گوییم معزمان منکر نیستند که جنی مردی یا زنی‌را دوست می‌دارد و در تن وی رَوَد".

Auffassungen und Einwände durch, die aus der Debatte der Muʿtazila zur Körperlichkeit bzw. Sichtbarkeit der *ǧinn* bereits bekannt sind.[134] So hält Hamadānī zuerst fest, dass etwas Subtiles nicht in etwas Dichtes eindringe (لطيف در كثيف نرود: Position der Muʿtazila). Danach greift er aber den gegnerischen Einwand auf, wonach das an und für sich subtile Licht durch festes Glas *(ābgīna-i ṯaqīl)* hindurchscheine.

Während Hamadānī-Ṭūsī die Muʿtazila in seinen Ausführungen nicht namentlich als Kritikerin des Eindringens der *ǧinn* in den menschlichen Körper erwähnt, tut dies Ibn Taymiyya sehr wohl.[135] Ibn Taymiyya hält fest, dass einige Unwissende und Irregeleitete die Existenz der *ǧinn* trotz der zahlreichen Belege dafür in der *sunna* ablehnen, und kommt dann auf die Auffassung der Muʿtazila zu sprechen. Er erinnert daran, dass verschiedene Muʿtaziliten, Ǧubbāʾī[136] und Abū Bakr ar-Rāzī[137] werden namentlich erwähnt, zwar die Existenz von *ǧinn* nicht in Abrede stellen. Sie leugneten jedoch, dass die Dämonen in den Körper des Epileptikers eindringen, wie dies von der islamischen Lehre dargestellt wird.[138] Ibn Taymiyya distanziert sich deutlich von dieser Haltung, indem er seinen eigenen Standpunkt mit Zitaten Ašʿarīs (gest. um 955) und Ibn Ḥanbals (gest. 855) stützt. Beide Gelehrte insistieren darauf, dass die *ǧinn* in den Körper des Fallsüchtigen eindringen. Es sei dann auch der *ǧinnī*, der aus dem Epileptiker rede.

Ibn Taymiyyas Ausführungen waren Šiblī bekannt, zitiert er sie in der Einleitung zu seinem Kapitel „Darlegung über das Eindringen der *ǧinn* in den Körper des Epileptikers" doch beinahe wörtlich.[139] Auch die beiden von Šiblī abhängigen Suyūṭī und Ḥalabī befassen sich mit der Frage.[140] Ihre Ausführungen vermitteln

---

134 Siehe Anm. 128.

135 Ibn Taymiyya, *Īḍāḥ ad-dalāla*, S. 102.3–13.

136 Zu Ǧubbāʾī vgl. L. Gardet, Artikel „Djubbāʾī", in *EI*^{2} II.569. Siehe außerdem die Hinweise auf ihn bei J. van Ess, *Theologie und Gesellschaft*, Index, s. v. Ǧubbāʾī (IV. 1052); R. W. Gwynne, *The „Tafsir" of Abū ʿAlī al-Jubbāʾī.*

137 So gemäß Ibn Taymiyya. Weder Abū Bakr ar-Rāzī (gest. 925 oder 935) noch Faḫr ad-Dīn ar-Rāzī (geb. 1149) sind als eigentliche Vertreter der Muʿtazila bekannt.

138 Ibn Taymiyya, *Īḍāḥ ad-dalāla*, S. 102.5–7: „ولهذا انكر طائفة من المعتزلة كالجبائى وابى بكر الرازى وغيرهما دخول الجن فى بدن المصروع ولم ينكروا ظهور الجن". Ibn Taymiyya erwähnt die Frage, ob die *ǧinn* in den Menschen eindringen können, später nochmals kurz (S. 146.8 f.).

139 Šiblī, *Ākām al-marǧān*, S. 107.7–109.16; Zitat: S. 107.9–16; vgl. damit Ibn Taymiyya, *Īḍāḥ ad-dalāla*, S. 102.5–13. Der arabische Titel des Kapitels bei Šiblī lautet: *Fī bayān duḫūl al-ǧinn fī badan al-maṣrūʿ*.

140 Suyūṭī, *Laqṭ al-marǧān*, §§ 262–263, S. 100.5–16, § 292, S. 107.1–9; Ḥalabī, *ʿIqd al-marǧān*, S. 69.8–71.7.

einen Eindruck von den hitzig geführten Debatten dazu unter den muslimischen Gelehrten, die hier, gestützt auf die Darstellung bei Šiblī, skizziert werden sollen.[141]

Šiblī macht einleitend auf die Position der Muʿtazila zum Eindringen von *ǧinn* in den menschlichen Körper aufmerksam und präzisiert das Grundproblem dieser philosophischen Schule dahingehend, dass zwei Seelen nicht in einer Brust Platz finden.[142] Šibli macht dann allerdings anhand der Auffassungen ʿAbd al-Ǧabbārs[143] deutlich, dass Dämonen durchaus in den Menschen gelangen können. ʿAbd al-Ǧabbār insistiert auf der Feinheit *(riqqa)* der Körper der *ǧinn*. Da sie so fein wie Luft *(hawāʾ)* seien, könnten sie wie Wind und Atem *(nafas mutaraddid)* in den Körper gelangen.[144] Dies führe nicht zur Vereinigung mehrerer Substanzen *(ǧawhar)* in einem einzigen Raum *(ḥayyiz)*. Die Vereinigung (Verb: *iǧtamaʿa*) sei vielmehr nachbarschaftlicher Art *(ʿalā ṭarīq al-muǧāwara)*; es komme nicht zu einer Einwohnung *(lā ʿalā sabīl al-ḥulūl)*.[145] Die *ǧinn* würden vielmehr in den menschlichen Körper eingehen wie ein feiner Körper in Gefäße (*ẓarf*, pl. *ẓurūf*).

Später betont ʿAbd al-Ǧabbār, dass Überlieferungen aus der *sunna* zum Eindringen der *ǧinn* in den Körper des Menschen ebenso viel Gewicht hätten wie die Prophetenworte zum Ritualgebet *(ṣalāt)*, zum Fasten *(ṣiyām)*, zur Wallfahrt *(ḥaǧǧ)* und zu den Almosen *(zakāh)*.[146] Wer das Eindringen der *ǧinn* in den menschlichen Körper leugnet, wird als *dahrī*, Materialist, bezeichnet.[147] Abschließend weist Šiblī auf den Vergleich ungenannt bleibender Gelehrter hin,[148] wonach

---

141 Šiblī, *Ākām al-marǧān*, S. 107.7–109.16.

142 Šiblī, *Ākām al-marǧān*, S. 107.10: „واحالوا وجود روحين فى جسد".

143 Zu ʿAbd al-Ǧabbār vgl. S. M. Stern, Artikel „ʿAbd al-D̲jabbār", in *EI*² I.59; M. T. Heemskerk, Artikel „ʿAbd al-Jabbār b. Aḥmad al-Hamadhānī", in *EI Three*, Online-Ausgabe, konsultiert am 6. September 2012; W. Madelung, Artikel „ʿAbd-al-Jabbār b. Aḥmad", in *EIr* I.116–117.

144 Šiblī, *Ākām al-marǧān*, S. 107.23–108.4. Unter *nafas mutaraddid* versteht ʿAbd al-Ǧabbār den Atem, der in den Körper eingeht und ihn wieder verlässt; vgl. dazu J. R. T. M. Peters, *God's created speech*, S. 164 f.

145 Zum Konzept des *ḥulūl* vgl. L. Massignon und G. C. Anawati, Artikel „Ḥulūl" in *EI*² III.570. Der Ausdruck „Einwohnung" wurde von H. Ritter geprägt (*Meer der Seele;* Index, s. v. *ḥulūl*, S. 715). Der Begriff *ḥulūl* spielt im vorliegenden Kontext auf ʿAbd al-Ǧabbārs Vorstellung an, dass die ganze Welt aus Substanzen und den ihnen inhärenten Akzidentien besteht; siehe dazu J. R. T. M. Peters, *God's created speech*, S. 165.

146 Šiblī, *Ākām al-marǧān*, S. 109.1–11.

147 Diese Aussage stammt von Abū ʿUṯmān ʿAmr b. ʿUbayd. Zum Begriff *dahrī* vgl. W. M. Watt, Artikel „Dahr", in *EI*² II.94; I. Goldziher und A. M. Goichon, Artikel „Dahriyya", in *EI*² II.95, und D. Gimaret, Artikel „Dahrī, II. In the Islamic Period", in *EIr* VI.588–590. Siehe außerdem J. van Ess, *Theologie und Gesellschaft*, Index s. v. *dahr, Dahrīya* (IV. 1042); man beachte besonders die Ausführungen in Bd. IV. 451–455). Siehe aber auch P. Pavlovitch, „The concept of dahr".

148 Šiblī, *Ākām al-marǧān*, S. 109.13–16.

sich die *ǧinn* im Menschen bewegen, als ob sie einen Schatten auf ihn würfen. Dies werde als *mass*[149] bezeichnet und äußere sich als Epilepsieanfall *(ṣarʿ)* oder Erschrecken *(fazaʿ)*. Obwohl der Verstand derartige Vorstellungen zurückweise, seien sie in der Überlieferung belegt.

Die soeben beigebrachten Beispiele zeigen auf, dass im islamischen Kulturraum eine philosophisch-wissenschaftliche Debatte über das Eindringen von Dämonen in den menschlichen Körper stattgefunden hat. Neben dieser intellektuellen Diskussion sind verschiedene Überlieferungen im Umlauf, die diese Möglichkeit illustrieren. Sie sollen im Folgenden vorgestellt werden.

7.4.2 Das kleine Tier *(ǧarw)*

In den untersuchten Quellen lässt sich mehrfach die Überlieferung nachweisen, dass eine Frau mit ihrem Sohn zum Propheten gekommen sei.[150] Sie beklagt sich, dass ihr Kind wahnsinnig sei *(bi-hī ǧunūn)*. Die Anfälle überkämen es beim Morgen- und Abendessen. Als der Prophet dem Knaben mit der Hand über die Brust fährt, muss sich dieser erbrechen. Ein kleines schwarzes Tier kommt aus seinem Innern heraus und rennt davon.[151]

Soweit der Bericht. Nur eine Anmerkung des Herausgebers des Ḥalabī-Texts enthält die inhaltlich eigentlich naheliegende und vom Schriftbild *(rasm)* her nachvollziehbare *varia lectio fa-šafiya* („[der Knabe] wurde geheilt) anstelle des üblichen *fa-saʿā* ([der *ǧarw*] rannte davon).

Unabhängig von diesen textkritischen Überlegungen zeigt die Überlieferung auf, dass ein enger Zusammenhang zwischen Wahnsinn *(ǧunūn)* und der Vorstellung besteht, dass ein Wesen in den Menschen eindringt. Dieses Wesen wird als Fremdkörper aufgefasst und ist allein schon aufgrund seiner schwarzen Farbe

---

149 Vgl. A. Kazimirski, *Dictionnaire*, s. v. *mass*, „2. Première attaque, premier accès (d'une maladie, de la fièvre ou de l'action d'un démon sur l'homme). 3. Mal, souffrance. 4. fureur, démence."

150 Die Überlieferung geht auf Ibn ʿAbbās zurück und ließ sich an folgenden Stellen nachweisen: Aḥmad b. Ḥanbal, *Musnad, Musnad Banī Hāšim, Musnad ʿAbdallāh b. al-ʿAbbās, Ḥadīṯ* Nr. 2165, 2324, 2457 (alle Thesaurus Islamicus); Ǧāḥiẓ, *Ḥayawān*, VI.224.6–8; Šiblī, *Ākām al-marǧān*, S. 107.16–23; Suyūṭī, *Laqṭ al-marǧān*, § 293, S. 107.10–14; Ḥalabī, *ʿIqd al-marǧān*, S. 69.8–70.2. Der Herausgeber des Ḥalabī-Texts (S. 70, Anm. 91) weist auf modifizierte Fassungen hin. Zur Überlieferung äußern sich außerdem: T. Fahd, „Anges, démons et djinns", S. 191 mit Anm. 140; A. S. Tritton, „Spirits and demons in Arabia", S. 722.

151 Bei Ǧāḥiẓ: „فخرج من جوفه جرو اسود يسعى". Bei Šiblī: „فخرج من جوفه مثل الجرو الاسود فسعى". Unter *ǧarw* versteht A. Kazimirski, *Dictionnaire*, „1. Petit de chien, de lion, ou de toute autre bête carnassière."

als dämonisch einzustufen. Die beigebrachte Überlieferung macht überdies deutlich, dass geeignete Verfahren Dämonen dazu zwingen, den Körper ihres Opfers auch physisch wieder zu verlassen.[152]

7.4.3 Satan und Iblīs im menschlichen Körper: Gähnen, *waswasa* und das Fließen in den Blutbahnen

Berichte, die auf das Eindringen des Bösen in den menschlichen Körper hindeuten, lassen sich auch in den *Ḥadīṯ*-Sammlungen und in der islamischen Offenbarung nachweisen. Der Protagonist der in einem ersten Schritt berücksichtigten Berichte ist Satan bzw. Iblīs. Es finden sich allerdings auch Darstellungen, die den Eindringling den *ǧinn* zuordnen, wie später aufzuzeigen ist (7.4.4).

Die *Ḥadīṯ*-Sammlungen erörtern die Problematik u. a. im Zusammenhang mit Niesen und Gähnen, denen sie jeweils einen eigenen Abschnitt widmen. Abū Hurayra hält in einer auf Muḥammad zurückgeführten Überlieferung fest, dass Gott das Niesen schätze, das Gähnen *(taṯāʾub)* aber hasse.[153] Jeder Muslim soll dem Niesenden Gesundheit wünschen. Das Gähnen aber stamme vom Satan.[154] Man solle es unterdrücken, solange man könne. Wenn der Gähnende *hā* sage, lache der Satan aus ihm heraus.[155]

Auch späteren Autoren ist diese Vorstellung bekannt. Šiblī befasst sich in einem besonderen Kapitel mit Störungen beim Ritualgebet *(ṣalāt)* und schiebt sie dem Satan in die Schuhe. Er geht nicht auf Einzelheiten ein, zählt aber Gähnen, Schläfrigkeit und – überraschenderweise – Niesen zu diesen Belästigungen.[156] Suyūṭīs Ausführungen sind aufschlussreicher.[157] Auch ihm ist die bei Buḫārī zitierte Überlieferung Abū Hurayras zum Gähnen bekannt.[158] Indem er die Wendung ضحك منه الشيطان aus dem Prophetenwort präzisiert, hält er fest, dass

---

152 Auch M. Dols, *Majnūn*, S. 218 (mit Anm. 40), macht auf den Bericht aufmerksam, der eine spätere Haltung zu Muḥammads Einstellung zu exorzistischen Praktiken illustriere.

153 Buḫārī, *Ṣaḥīḥ, 78. Kitāb al-Adab, 125. Bāb Mā yustaḥabbu min al-ʿuṭās wa-mā yukrahu min at-taṯāʾub, Ḥadīṯ* Nr. 6295, vgl. *Ḥadīṯ* Nr. 6298; *Kitāb Badʾ al-ḫalq, Ḥadīṯ* Nr. 3325; siehe auch Muslim, *Ṣaḥīḥ, Kitāb az-Zuhd wa-ăr-raqāʾiq, Ḥadīṯ* Nr. 7682–7686 (alle nach Thesaurus Islamicus).

154 Arabisch. „واما التثاؤب فإنما من الشيطان“.

155 „ضحك منه الشيطان“ lässt sich auch übersetzen: „Dann lacht der Satan darüber.“ Die im folgenden beigezogenen Berichte bei späteren Autoren legen allerdings die Übersetzung „aus ihm heraus“ nahe.

156 Šiblī, *Ākām al-marǧān*, S. 192.4–20.

157 Suyūṭī, *Laqṭ al-marǧān*, §§ 686–690, S. 291.7–18.

158 Suyūṭī, *Laqṭ al-marǧān*, §§ 701–703, S. 296.6–18.

der Satan aus dem bzw. im Innern des Gähnenden *(min* bzw. *fī ğawfi-hī)* lache.[159] Noch deutlicher äußert er sich unmittelbar anschließend und hält, gestützt auf eine Überlieferung Abū Saʿīds, fest, dass die beim Gähnen auf den Mund gelegte Hand den Satan daran hindere, in den Menschen einzudringen.[160]

Nicht nur die eben erwähnten Quellen illustrieren die Möglichkeit des Eindringens teuflischer Kräfte in den Menschen. Auch die in Sure 114 *(Sūrat an-Nās)* prominent erwähnten Einflüsterungen *(waswasa)* legen nahe, dass der Böse in den Menschen selbst gelangen kann, wispert er gemäß dem Offenbarungstext doch in dessen Brust.[161]

Außerdem lässt sich in den untersuchten Quellen die Auffassung belegen, dass der Satan seinen Kopf auf das Herz des Menschen legt.[162] Suyūṭī macht dabei auf eine Überlieferung Abū Ḫayṭamas aufmerksam,[163] wonach der Satan selbst zu verstehen gibt, dass der Mensch ihn nicht besiegen könne. Wenn der Mensch zufrieden sei, lasse er sich in seinem Herzen nieder. Werde er wütend *(ġaḍiba)*, eile er herbei und setze sich in seinem Kopf fest.

Es mag berechtigt sein, diese Vorstellungen ausschließlich metaphorisch zu verstehen. Dennoch ist zu betonen, dass der unmittelbare Wortlaut der soeben beigebrachten Belege ein Eingehen des Satans in den Menschen beschreibt. Aufgrund der angeführten Beispiele zeichnet sich jedenfalls die Tendenz ab, das Böse – unabhängig davon, ob es sich um dämonische oder teuflische Kräfte handelt – als Fremdkörper zu identifizieren, der auch physisch in das menschliche Individuum eindringt.

Dieser Gedanke kommt besonders deutlich in jener Überlieferung zum Ausdruck, wonach der Satan in den Blutbahnen des Menschen durch dessen Körper

---

159 Suyūṭī, *Laqṭ al-marğān*, § 702, S. 296.12–15: „فاذا تثاءب احدكم فليضع يده على فيه واذا قال: آه آه فان الشيطان يضحك من جوفه“. Variante: „يضحك فى جوفه“.

160 Suyūṭī, *Laqṭ al-marğān*, § 703, S. 296.17: „فاذا تثاءب احدكم فليضع يده على فيه فان الشيطان يدخل مع التثاؤب“. Der Vollständigkeit halber sei festgehalten, dass Ḥalabī, *ʿIqd al-marğān*, S. 89.1, das Gähnen als Einwirkung des Satans nur beiläufig erwähnt.

161 Sure 114.5: „الذى يوسوس فى صدور الناس“. Die vorliegende Studie rollt die breite Diskussion zu den Einflüsterungen *(waswasa)* des Satans nicht auf. Für einen Überblick wird verwiesen auf: P. Awn, *Satan's tragedy and redemption: Iblīs in Sufi psychology*, Index s. v. *waswasa*; vgl. auch Šiblī, *Ākām al-marğān*, Kapitel 87: *Fī bayān kayfiyyat al-waswasa wa-mā warada fī-ăl-waswās*, S. 160.4–166.22.

162 Vgl. Ḥalabī, *ʿIqd al-marğān*, S. 71.1.

163 Suyūṭī, *Laqṭ al-marğān*, § 627, S. 278.6–8. Der Bericht lässt sich bereits bei Šiblī, *Ākām al-marğān*, S. 171.1–3, nachweisen.

fließt.[164] Sie lässt sich in den *Ḥadīṯ*-Sammlungen mehrfach nachweisen.[165] Gemäß der Fassung bei Buḫarī lautet das Prophetenwort[166]:

إِنَّ الشَّيطَانَ يَجرِى مِنِ ابنِ آدَمَ مَجرى الدَم.

Der Satan geht beim Menschen die Bahnen des Blutes.[167]

Die späteren Autoren erwähnen diese Überlieferung vielfach.[168] Das Prophetenwort zeigt auf, dass sich der Satan im gesamten menschlichen Körper ausbreiten kann. Das – wohl auch physisch zu verstehende – Eindringen macht das Opfer zu einem Träger des Satans. Während die soeben beigebrachten Berichte in frühen Quellen enthalten sind, stützen sich die folgenden Ausführungen zunächst auf Beispiele zu dieser spezifischen Beziehung zwischen Menschen und *ǧinn* aus der Moderne. Später kommen erneut Belege aus der vormodernen Zeit zur Sprache.

7.4.4 Der Mensch als Haus für die *ǧinn*

G. Fartacek ist bei Feldforschungen in Syrien mehrfach auf den Begriff *bayt maskūn* gestoßen.[169] Der Ausdruck bedeutet wörtlich „bewohntes Haus". Die Bewohner des Hauses, nämlich die *ǧinn*, werden nicht explizit genannt, da man

164 Die Überlieferung insistiert zugleich auf der engen Abhängigkeit bzw. sogar Untrennbarkeit des Menschen vom Satan bzw. von seinem Satan; vgl. dazu Kapitel 8.2 „Dämonen: des Menschen Doppelgänger?".

165 Buḫārī, *Ṣaḥīḥ, Ḥadīṯe* Nr. 2074, 2077, 2078, 3138, 3317, 6291, 7259; Muslim, *Ṣaḥīḥ, Ḥadīṯe* Nr. 5808, 5809; Abū Dāwūd, *Sunan, Ḥadīṯe* Nr. 2472, 2473, 4996; Ibn Māǧa, *Sunan, Ḥadīṯ* Nr. 1851 (alle nach Thesaurus Islamicus).

166 Buḥārī, *Ṣaḥīḥ, Kitāb al-aḥkām, Ḥadīṯ* Nr. 7259 (Thesaurus Islamicus); vgl. die Variante: „إِنَّ الشَّيْطَانَ يَجْرِى مِنِ ابْنِ آدَمَ مَبْلَغَ الدَّمِ".

167 Diese Übersetzung wurde übernommen aus F. Meier, NL Mappe 5, s. v. *Krankheit*, Bl. 18.

168 Die folgende Übersicht weist auf ausgewählte weitere Belegstellen für das zitierte Prophetenwort hin und erhebt keinen Anspruch auf Vollständigkeit: Ibn Taymiyya, *Īḍāḥ ad-dalāla*, S. 118.20–119.2, hält fest, dass die *ǧinn* eine Wirkung auf den menschlichen Körper haben. Er verdeutlicht diese Aussage anhand des zitierten *Ḥadīṯ* und identifiziert damit die *ǧinn* als satanische Kräfte. Auch Šiblī, *Ākām al-marǧān*, Kapitel 105 *(Fī bayān anna aš-šāyṭān yaǧrī min Ibn Ādam maǧrā ad-dam)*, S. 179.8–19, greift die Aussage auf; vgl. bei ihm außerdem folgende Stellen: S. 6.15, 27.17, 67.3 f., 108.23 f., 117.5, 161.13, 192.13, 207.13; Suyūṭī, *Laqṭ al-marǧān*, § 262, S. 100.11; § 630, S. 278.16–279.4; § 684, S. 291.1–4; Ḥalabī, *ʿIqd al-marǧān*, S. 71.2.

169 G. Fartacek, *Zonen der Ungewissheit*, S. 68, 78; ders., *Unheil durch Dämonen?* S. 74 f. Auch D. Pielow, *Quellen der Weisheit*, S. 113, kennt den Begriff *bayt maskūn* in der hier vorliegenden Bedeutung. Vgl. zur Problematik bereits Kapitel 6, Anm. 170.

sich vor ihnen fürchtet.[170] G. Fartaceks Beispiele deuten darauf hin, dass ein *bayt maskūn* ein Haus ist, in dem es spukt.[171]

Allerdings sind nicht nur Häuser *maskūn*. Auch Menschen werden *maskūn* genannt, wie verschiedene Forschende aufzeigen konnten. A. Wieland unterscheidet im Anschluss an V. Crapanzanos Untersuchungen zu den Hamadša unterschiedliche Schweregrade bei durch *ǧinn* verursachten Erkrankungen.[172] Die *termini* zur Bezeichnung der Betroffenen sind abhängig vom Ausmaß der Beeinträchtigung. Als Oberbegriff zur Charakterisierung von Menschen mit Symptomen von Besessenheit dient dabei der Ausdruck *maskūn*.

Kh. Naamouni z. B. unterscheidet in einer Untersuchung zu Marokko vier Grade der Besessenheit: 1. *maḍrūb* („frappé par un djinn"; eine solche Person leidet unter Gliederlähmungen verschiedener Art); 2. *maskūn* („habité par un djinn"); 3. *mamlūk* („possédé par un djinn") und 4. *malbūs* („endossé par un djinn"). Die letzte Stufe sei am gefährlichsten; der *ǧinn* bestimme in diesem Fall sämtliche Aspekte des Verhaltens und Handelns des Erkrankten. Dieser vollziehe nur noch die Entscheidungen und Absichten des Dämons.[173]

---

170 F. Meier weist darauf hin, dass man *ǧinn* nicht bei ihrem eigentlichen Namen nennt, sondern Decknamen verwendet. Man bezeichne sie u. a. als *an-nās* („die Leute"), *sākin al-balad* („Bewohner des Landes") oder persisch als *az mā bihtarān* („die besser sind als wir"); vgl. F. Meier, „Bet-Ruf", S. 603, und NL Mappe 2, s. v. *Decknamen*, 2 Bl., und Mappe 11, s. v. *Decknamen*, 2 Bl. K. Meuli, *Schweizer Masken*, S. 46, hält fest: „Man spricht den wahren, unheimlichen Namen [der toten Ahnen] ungern aus; „Spitzhut", „Langnase", „Blättermann" ist ungefährlicher und ebenso bezeichnend." Siehe auch oben Kapitel 6, Anm. 155.

171 F. Meier, „Bet-Ruf", S. 625 (mit Literaturhinweisen), übersetzt *maskūn* als „besessen, verhext, nicht geheuer." In erster Linie dürfte man den Ausdruck mit dem Verbum *sakana* „bewohnen" in Verbindung bringen; vgl. auch M. Dols, *Majnūn*, S. 294 f. M. Maarouf, *Jinn eviction*, S. 139, übersetzt *maskūn* mit „haunted"; er erklärt ergänzend: „people attacked by this sickness [*scil.* jinn possession] usually suffer from nightmares and apparitions, and produce disoriented speeches. [...] Places may also be *maskunin* (haunted). Thus they need the *fqih's* exorcism to be reinhabited. There are many houses evacuated or sold by their owners on account of being haunted by *jnun*."

172 A. Wieland, *Ǧinn-Vorstellung*, S. 71; vgl. V. Crapanzano, *Die Hamadša*, S. 183 ff. (deutsche Ausgabe 1981).

173 Kh. Naamouni, *Le culte de Bouya Omar*, S. 124–128; vgl. M. Maarouf, *Jinn eviction*, S. 139 f., mit Anm. 20. Auch weitere Forschende machen auf das differenzierte Vokabular zur Bezeichnung von Besessenheit im Arabischen aufmerksam, vgl. J. Henninger, *Geisterglaube*, S. 302. M. Dols, *Majnūn*, S. 238 f., mit Anm. 123, verweist auf S. H. Stephan, „Lunacy", S. 2 f., wonach das Arabische etwa 30 Synonyme für *maǧnūn* kenne. Siehe außerdem T. Canaan, *Dämonenglaube*, S. 45–47; F. Meier, „Bet-Ruf", S. 624 f. A. Fischer, „Magnūn" (*sic*, mit Ergänzungen dazu von C. F. Seybold, „Miszellen"), in *ZDMG* 62 (1908) 568, hält fest, dass zur Bezeichnung von Besessenen neben *maǧnūn* u. a. folgende Ausdrücke dienen: *maskūn* (besessen); *maǧḏūb* (ekstatisch,

Auch schriftliche Quellen aus vormoderner Zeit enthalten Beispiele dafür, dass der Mensch Dämonen in sich behaust und damit *maskūn* im Sinn des modernen Begriffs ist. Soweit ersichtlich fehlt der Ausdruck *maskūn* selbst jedoch in den untersuchten Texten. Allerdings lässt sich die Vorstellung, dass der Mensch den *ǧinn* Wohnung ist, in modifizierter Form durchaus belegen. Dieser Gedanke soll im folgenden anhand von zwei Beispielen bei Ǧāḥiẓ und Šiblī bzw. Suyūṭī erläutert werden.

Bei Ǧāḥiẓ lässt sich der Begriff *maḫdūm* nachweisen, der eine Person bezeichnet, die über Bedienstete [unter den *ǧinn*] verfügt bzw. [durch *ǧinn*] bedient wird. Die fragliche Stelle erläutert das Eindringen dämonischer Kräfte in den Körper des Menschen aus der Perspektive eines Beschwörers[174]:

> Zu jenen, die über Bedienstete verfügen: Die Leute sagen: Der So-und-so verfügt über Bedienstete.[175] Sie meinen damit, dass ihm die Satane *(šayāṭīn)*, die Geister *(arwāḥ)* und die Siedler *(ʿummār)*[176] antworten und gehorchen, wenn er sie beschwört *(ʿazama)*. Zu jenen [, die über Bedienstete verfügen,] gehören ʿAbdallāh b. Hilāl al-Ḥamīrī[177],

krampfgequält, außer sich); *ṣalīb, maṣlūb (mente captus); šaǧiʿ, ašǧaʿ, mušǧaʿ* (toll, vgl. hebräisch *mešuggāʿ*); *malbūs [al-ʿaql]* (mit verdunkeltem Verstand; siehe auch F. Meier, „Bet-Ruf", S. 625. Eine Zusammenstellung der relevanten Ausdrücke findet sich bei F. Meier, NL Mappe 11, s. v. *Geisteskrankheit*, Bl. 1.

Die aufgeführten Termini dienen zur Bezeichnung von Menschen, die Opfer von dämonischen Übergriffen geworden sind, auf denen also die Geister reiten. Mit dem Passivpartizip *markūb* (geritten) fehlt unter den erwähnten Ausdrücken allerdings jener Begriff, der angesichts der zentralen Bedeutung des Reitens in der Dämonologie nachgerade zu erwarten gewesen wäre. Er ließ sich auch in den untersuchten schriftlichen Quellen nicht belegen. E. Lane, *Lexicon*, s. v. *rakiba* I., führt jedoch die Wendung „ركبته يا امتطته الحمى" („The fever continued upon him") auf. Beide Verben *(rakiba, imtaṭā)* enthalten die Vorstellung des Reitens. *Imtaṭā* gehört zu derselben Wurzel wie *maṭiyya*, pl. *maṭāyā*, womit u. a. Ǧāḥiẓ die Reittiere der *ǧinn* bezeichnet.

174 Ǧāḥiẓ, *Ḥayawān*, VI.198.6–200.2; vgl. auch F. Meier, NL Mappe 3, s. v. *Ǧāḥiẓ*, Bl. 13 f. Gemäß F. Meier NL Mappe 12, s. v. *Initiation: aktiv. Profet/Dämonenbeschwörer*, als Frage formuliert bei Ǧāḥiẓ, *Tarbīʿ*, Nr. 75.

175 Arabisch: *Fulān maḫdūm*. Zur hier diskutierten Problematik vgl. aus einer andern Perspektive Kapitel 9.3 „Dienstbarmachung von *ǧinn* und Geistern *(tasḫīr al-ǧinn)*". Beachte außerdem folgenden Hinweis bei F. Meier, NL Mappe 7, s. v. *Religion*, Bl. 45: Ḥallāǧ wurde als *maḫdūm min al-ǧinn* bezeichnet; er sei in der Lage gewesen Nahrungsmittel herbeizuzaubern; vgl. L. Massignon, *Passion* (Ausgabe 1922), S. 80 f., 101, 105, 120, 134 f., 931.

176 Zur Vorstellung des *ʿāmir*, pl. *ʿummār*, vgl. Kapitel 5.4.1 „Reptilien als Hausgeister", Text bei Anm. 135–148.

177 Zu ihm vgl. Ǧāḥiẓ, *Ḥayawān*, I.190: Ḥamīrī lebte zur Zeit Ḥaǧǧāǧs (geb. um 41/661), der als berühmtester Gouverneur der Umayyaden gilt. Ḥamīrī soll die Taschenspielerei *(šaʿbaḏa)* und Magie *(nīranǧāt)* beherrscht haben. Iblīs soll ihm erschienen sein und ihm seine Geheimnisse offenbart haben.

der ‚Iblīs' Freund' genannt wurde. Zu ihnen gehören auch Karbāš al-Hindī und Ṣāliḥ al-Mudaybarī.[178]

Voraussetzungen dafür, dass ein Siedler auf die Beschwörung positiv reagiert[179]: ʿUbayd Muǧǧ pflegte zu sagen: Der Siedler ist gierig darauf, positiv auf die Beschwörung zu reagieren. Wenn sich aber der Körper *(badan)* [des Beschwörers] nicht dazu eignet, ihm als Gehäuse *(haykal)* zu dienen, kann er nicht in ihn eingehen *(lam yastaṭiʿ duḫūla-hū)*. In diesem Fall behilft man sich damit, dass man männlichen Weihrauch verbrennt, den Lauf des Jupiters berücksichtigt, sich mit reinem Wasser wäscht, den Geschlechtsverkehr und das Verzehren übelriechender Nahrungsmittel unterlässt, sich in die Einsamkeit in den Wüsteneien zurückzieht und sich oft in Ruinen aufhält, bis man zart, fein und rein geworden ist und sich in einem eine Ähnlichkeit mit den *ǧinn* ausgebildet hat.

Wenn man dann Beschwörungen vornimmt *(ʿazama)*, einem aber nicht entsprochen wird, so soll man dergleichen [mit den *ǧinn*] keinesfalls mehr versuchen. Denn dann gehört man zu jenen, deren Körper sich für sie (*scil.* die *ǧinn*) nicht als Gehäuse *(haykal)* eignet. Wenn man es aber dennoch erneut versucht, wird man geschlagen *(ḫubiṭa)*. Manchmal wird man verrückt *(ǧunna)*, manchmal bezahlt man es mit dem Leben *(māta)*.

Er (ʿUbayd Muǧǧ) fügte hinzu: Wenn ich mich für sie als Gehäuse *(haykal)* eignen würde, stünde ich über ʿAbdallāh b. Hilāl.

Die zitierte Ǧāḥiẓ-Stelle ist ein früher Beleg für die Existenz von Geisterbeschwörungen im islamischen Kulturraum. Sie ordnet sich in zahlreiche ähnliche Darstellungen bei Tilimsānī *(Šumūs al-anwār wa-kunūz al-asrār)* und in den Aḥmad al-Būnī zugeschriebenen Werken (u. a. *Šams al-maʿārif wa-laṭāʾif al-ʿawārif; Manbaʿ uṣūl al-ḥikma*) ein und nimmt diese vorweg.[180]

Ǧāḥiẓ bejaht in der übersetzten Passage die Möglichkeit, dass dämonische Kräfte in den menschlichen Körper eingehen können. Der Körper wird einerseits mit dem üblichen Begriff *badan*, anderseits mit *haykal* bezeichnet. Die Stelle unterscheidet zwischen einem als positiv und einem als schädlich erlebten Eindringen. Das positiv gewertete Eindringen lässt sich mit übersinnlichen Durchbrucherlebnissen vergleichen, wie sie aus der Prophetie bekannt sind.[181] Geht der Dämon in den Körper eines ausreichend vorbereiteten Beschwörers oder Magiers ein, wird dieser nicht wahnsinnig *(maǧnūn)*. Ist der Körper aber für den Empfang

178 Ibn an-Nadīm, *Fihrist* (Ausgabe G. Flügel, S. 310; Ausgabe Kairo, S. 342; Ausgabe Mīnovī, S. 371.9), erwähnt Ṣāliḥ al-Mudaybarī in einer Aufzählung von Beschwörern *(muʿazzim)*; Hinweis aus einer Anmerkung bei Ǧāḥiẓ zur Stelle (vgl. Anm. 174).

179 Im Text als Überschrift: *Šurūṭ iǧābat al-ʿāmir li-ăl-ʿazīma.*

180 Diese Werke gehören neben Pseudo-Maǧrīṭīs *Ġāyat al-ḥakīm* zu den Haupttexten der Magie im islamischen Kulturraum; vgl. ausführlicher Kapitel 9.3 „Dienstbarmachung von *ǧinn* und Geistern *(tasḫīr al-ǧinn)*", bei Anm. 74–80.

181 Vgl. dazu F. Meier, NL Mappe 12, s. v. *Initiation: aktiv. Profet/Dämonenbeschwörer.*

des Dämons nicht genügend vorbereitet, führt dies zur Erkrankung des Kandidaten. Das Opfer wird wahnsinnig *(ǧunna)*[182] oder kommt sogar ums Leben.[183]

An einer andern Stelle greift Ǧāḥiẓ einen anonymen (?) Vers auf. Er kritisiert einen Mann als *madḫūl,* der stolz auf sein Haus ist. Der Dichter wirft ihm vor, daran ständig etwas zu erneuern und anderes niederzureißen, und schließt daraus, dass er wohl geistig angeschlagen sei[184]:

Du sagst: Mein Haus ist prächtig und reich.
Du hast recht, aber angeschlagen *(madḫūl)* bist du.
Dein Haus ist nicht übel, aber was du damit machst:
Du baust und reißt es wieder ein in einer Weise, die heimsuchend[185] ist.

ʿA. M. Hārūn versteht das Passivpartizip *madḫūl* in einer Anmerkung zur Stelle als Bezeichnung einer Person, deren Verstand oder Denken mit Fehlern *(daḫal)* behaftet ist.[186] Sowohl der Ausdruck *madḫūl* als auch der Begriff *daḫal*[187] gehören zur Wurzel *d-ḫ-l* mit der Grundbedeutung „eintreten, betreten“ (I. Stamm).

Aus einer gänzlich andern Perspektive illustrieren Überlieferungen bei Šiblī (mit Parallelen bei Suyūṭī) die Vorstellung des Eindringens dämonischer Kräfte in den menschlichen Körper.[188] Die beigezogenen Berichte schildern vordergründig sexuelle Übergriffe eines Eindringlings auf ein rechtschaffenes Mädchen. Bei genauerem Hinsehen entpuppt sich dieser Aspekt allerdings als sekundär und dürfte sich mit der Islamisierung eines Geschehens erklären lassen, dessen eigentlicher Sinn nicht mehr richtig verstanden wurde. In einem ersten Bericht

---

182 F. Meier, „Bet-Ruf“, S. 622, weist darauf hin, dass *ǧunna* als Passiv ein Erkranken ausdrückt.
183 Ǧāḥiẓ, *Ḥayawān,* VI.208.5–210.6, führt zahlreiche Beispiele von Männern an, die bei Angriffen der *ǧinn* ums Leben kamen bzw. aus leidenschaftlicher Liebe zu ihnen in den Wahnsinn getrieben wurden.
184 Ǧāḥiẓ, *Ḥayawān,* VI.196.1–2; Übersetzung F. Meier, NL Mappe 3, s. v. *Ǧāḥiẓ,* Bl. 13.
185 Ǧāḥiẓ, *Ḥayawān,* VI.195.13, definiert den hier verwendeten Ausdruck *ġūl* als *dāhiya* (H. Wehr, *Wörterbuch,* s. v. *dāhiya,* „Unglück, Schicksalsschlag“).
186 Vgl. Ǧāḥiẓ, *Ḥayawān,* VI.196.1–2; Anmerkung des Herausgebers ʿA. M. Hārūn zur Stelle: „المدخول: من فى عقله أو حسبه دخل، وهو الفساد“.
187 A. Kazimirski, *Dictionnaire,* versteht *daḫal* (mit Bedeutungsnuancen auch *daḫl)* als „1. Vice, défaut, surtout intérieur. 2. Dérangement des facultés intellectuelles. 3. Maladie. 6. Intrigue.“ Das Passivpartizip *madḫūl* kann bedeuten: „1. Qui est entré. 2. Introduit. 5. Malade, infirme (de corps ou d’esprit). 6. Qui a quelque défaut caché. 7. Gâté, pourri.“
188 Šiblī, *Ākām al-marǧān,* S. 76.1–24 (32. Kapitel: *Fī bayān manʿ baʿḍ al-ǧinn baʿḍan min at-taʿarruḍ ilā nisāʾ al-ins*); vgl. damit Suyūṭī, *Laqṭ al-marǧān,* § 401 f. (im Abschnitt *Taʿarruḍ al-ǧinn li-nisāʾ al-ins*).

greift Šiblī eine Überlieferung aus al-Qurašīs *Makā'id aš-šayṭān*[189] auf und erzählt ein Erlebnis der ar-Rabīʿ bint Muʿawwiḏ b. ʿAfrā'[190]:

> Während ich in meiner Kammer saß, spaltete sich mein Dach. Da fiel etwas Schwarzes von dort auf mich herab. Etwas wie ein Kamel oder wie ein Esel. Nie hatte ich an Schwärze, Beschaffenheit und Abscheulichkeit dergleichen gesehen. Sie fuhr fort: Da näherte es sich mir und wollte mich. Ihm folgte ein Blättlein. Es entfaltete das Blättlein und las es. Da stand darin: Vom Herrn des ʿUkab an ʿUkab[191]: ‚Dir ist der Zugang zur rechtschaffenen Frau, der Tochter rechtschaffener Leute, verwehrt!' Sie sagte[192]: Da kehrte es zurück, woher es gekommen war. Und ich schaute ihm nach. Ḥasan b. Ḥasan[193] ergänzte: Da zeigte sie mir das Schriftstück, das sich bei ihnen befand.

Am naheliegendsten ist es, das Erlebnis als sexuellen Übergriff eines Unholds auf ein unbescholtenes Mädchen zu deuten. Der Vorfall dürfte zu Šiblīs Zeit auch so verstanden worden sein. Verschiedene Elemente lassen allerdings Zweifel an dieser Interpretation aufkommen: So schildert die anschließende Überlieferung eine ähnliche Erfahrung der ʿAmra bint ʿAbd ar-Raḥman. Sie lag im Sterben, und ihre Angehörigen und Bekannten hatten sich um sie versammelt. Als sie das Bewusstsein verlor, hörten die Anwesenden ein Krachen *(naqīḍ)* im Dach, worauf eine schwarze Schlange *(ṯuʿbān aswad)* herabfiel, die aussah wie ein gewaltiger Jüngling *(ǧaḏaʿ ʿaẓīm)*.[194] Dieser Kerl näherte sich ihr. Auch gemäß dieser Fassung fällt in diesem Moment ein Schriftstück herab. Als der Eindringling das Blatt sieht, steigt er wieder empor und verlässt den Platz.[195]

---

189 Al-Qurašī, der Verfasser der *Makā'id aš-šayṭān*, ist besser bekannt unter dem Namen Ibn Abi ăd-Dunyā; vgl. zu ihm A. Dietrich, Artikel „Ibn Abi 'l-Dunyā, Abū Bakr ʿAbd Allāh b. Muḥammad b. ʿUbayd b. Sufyān al-Ḳura<u>sh</u>ī [!] al-Ba<u>gh</u>dādī", in *EI*² III.684; zu ihm und den *Makā'id aš-šayṭān* ausführlicher Kapitel 5, Anm. 321.

190 Šiblī, *Ākām al-marǧān*, S. 76.6–10.

191 Suyūṭī liest: „Vom Herrn des Kaʿb an Kaʿb".

192 Lies *qālat* anstatt *qāla*.

193 Der Gewährsmann der vorliegenden Überlieferung.

194 A. Kazimirski, *Dictionnaire*, s. v. *ǧaḏaʿ* übersetzt: „1. Jeune, petit (se dit des hommes, des animaux [...]. 2. Jeune, novice, inexpérimenté".

195 Es sei daran erinnert, dass auch ein bereits in Kapitel 6.3.2 „Darstellungen zur *Ǧinn*-Aktivität zu ausgewählten Zeiten", a. „In der Nacht", bei Anm. 171–175, beigezogener Bericht zu einem unheimlichen Haus in Baġdād von einem Dämon weiß, der zu einer Schlange im Dach wird (vgl. mit verschiedenen Abweichungen im Wortlaut: Šiblī, *Ākām al-marǧān*, S. 98.22–99.13, und Suyūṭī, *Laqṭ al-marǧān*, § 202, S. 77.6–78.6). Beide Autoren berufen sich auf eine Darstellung in Ibn ʿAqīls *Kitāb al-Funūn*, die sich dort aber nicht nachweisen ließ: Die Erzählung handelt von einem Haus in Baġdād, dessen Mieter jeweils selbst die erste Nacht in ihrem neuen Heim nicht überleben. Als ein Koranrezitator (bei Šiblī) bzw. ein Maghrebiner (bei Suyūṭī) einzieht, bleibt er unversehrt. Er verbringt die Nacht im Gebet und mit Koranrezitationen. Auch er hat im Haus aber

Verschiedene Elemente in den beiden Fassungen legen eine Interpretation des Vorfalls als primär oder ausschließlich sexuell motivierten Übergriff zumindest nicht nahe. Stutzig macht einerseits die Vorstellung vom Beischlaf auf dem Sterbebett. Anderseits vergleichen die Texte den Eindringling mit Schlange, Kamel und Esel, also mit Tieren, die für ihre dämonischen Eigenschaften bestens bekannt sind. Auch die Hässlichkeit und schwarze Farbe des Fremden ordnen sich problemlos in diesen Kontext ein.

Beachtung verdient außerdem die Spaltung des Hausdachs bzw. das Krachen im Dach, worauf jeweils ein schwarzes Wesen zur Frau hinabsteigt. Die beiden Motive rufen einen Aufsatz M. Eliades in Erinnerung, auf den sich die folgenden Ausführungen stützen[196]: Ein Haus ist grundsätzlich als Abbild des Kosmos,

---

seltsame Erlebnisse, steigt doch nachts ein Jüngling aus dem Brunnen und erklärt dem Mieter, dass bis anhin stets ruchlose Leute im Haus gelebt hätten. Dies habe zu Problemen geführt, da zugleich gläubige *ǧinn* darin lebten. Die Dämonen hätten die bisherigen Mieter jeweils erwürgt. Eines Tages klopft ein Beschwörer *(muʿazzim)* an die Tür, als der Rezitator dem frommen *Ǧinn*-Jüngling gerade den Koran beibringt. Dieser Mann trägt Zaubersprüche gegen Kriechtiere *(dabīb)*, den Bösen Blick *(al-ʿayn)* und die *ǧinn* vor. Auf die Bitte seines Schülers lässt der Gelehrte den Beschwörer eintreten. Plötzlich habe sich der *ǧinnī* verwandelt und sei zu einer Schlange im Dach geworden (Šiblī, *Ākām al-marǧān*, S. 99.8: „فاذا انا بالجنى قد صار ثعبانا فى السقف“). Während der Fremde weitere Beschwörungen rezitiert, beginnt sich die Schlange zu winden (*tadallā*, auch tänzeln; vgl. A. Kazimirski, *Dictionnaire*, s. v.) und fällt schließlich in dessen Zauberkreis (*mandal;* A. Kazimirski, *Dictionnaire*, s. v. „3. Cercle magique tracé sur le sol où se tient le magicien quand il évoque les esprits.“). Der Rezitator hindert den Beschwörer jedoch daran, die Schlange in seinen Korb zu sperren, und kauft sie ihm für einen Dinar ab. Nachdem der Fremde weggegangen ist, schüttelt sich die Schlange und wird wieder zu einem *ǧinnī*. Der Dämon ist jetzt allerdings kreidebleich und matt. Der Beschwörer habe ihn mit dem Aufsagen der Namen [Gottes? *hāḏihī ăl-asmāʾ*] umgebracht. Er werde dies nicht überleben. Der *ǧinnī* rät dem Gelehrten noch, aus dem Haus zu fliehen, sobald er aus dem Brunnen Geschrei höre. Als der Rezitator nachts *(fī ăl-layl)* Lärm aus dem Schacht vernimmt, verlässt er den Ort. Danach habe niemand mehr in jenem Haus gewohnt.
Diese Überlieferung zeigt auf, dass sich die Vorstellung von dämonischen Schlangen im Dach auch sonst nachweisen lässt. Beachte dazu F. Meier, NL Mappe 7, s. v. *Religion*, Bl. 51 Schluss, Hinweis auf eine Stelle bei Ḫazraǧī, *al-ʿUqūd al-luʾluʾiyya* (= *The pearl-strings*; Ausgabe J. W. Redhouse), III.4.172.15, und I. Goldziher, *Koranauslegung*, S. 53: „Jedesmal wenn der *Bayān* [in der Ausbildung] an die Reihe kam, hob der Jurist Muḥammad manchmal den Kopf zur Decke und sah eine Schlange, die den Kopf herausstreckte, wie wenn sie hören wollte. So ging es bis die Lesung zu Ende war. Der Jurist sagte es der Öffentlichkeit. Ibn al-Hirmil sagte: Das ist ein Mann von den Juristen *(fuqahāʾ)* der *ǧinn*. Er hörte bei mir den *Tanbīh* und den *Muhaḏḏab*. Er war es, der mich bat, dich darum zu bitten, uns den *Bayān* vorzutragen.“ Der Verfasser der vorliegenden Studie (T. N.) bereitet einen selbständigen Artikel zu den Hintergründen der Vorstellung von Schlangen im Dach vor.

196 M. Eliade, „Briser le toit de la maison. Symbolisme architectonique et physiologie subtile“,

der geordneten Welt, zu betrachten. Diese Feststellung trifft besonders auf den Tempel, das Haus Gottes, zu. Die Gleichsetzung von Kosmos und Behausung lässt sich gemäß M. Eliade um ein zusätzliches Bild erweitern, vergleichen indische Texte den menschlichen Körper doch gern mit einem Haus.[197] Ein Hathayoga-Text (*Gorakṣa Śataka* 14) bezeichnet den Körper als Haus mit einer Säule (Wirbelsäule) und neun Öffnungen (jene für die Sinneswahrnehmungen und die Verrichtung der Notdurft). Andere Darstellungen bezeichnen den Körper als Tempel und wissen, dass er zehn Türen hat. Ein Loch auf dem Scheitel, das *brahmarandhra*, stellt die zehnte Öffnung dar. Aus dem Yoga-Tantrismus ist die Vorstellung bekannt, dass die Seele beim Tod durch dieses Loch davonfliegt.

Vor dem Hintergrund von Šiblīs Berichten stellt sich die Frage, ob sich aus M. Eliades Beobachtungen nicht auch ableiten lässt, dass die Spaltung des Hausdachs mit einer Öffnung des menschlichen Schädels gleichzusetzen ist. Dies würde bedeuten, dass sich der Körper des Menschen im Moment der Spaltung des Hausdachs öffnet und es dem Fremdling damit grundsätzlich ermöglicht wird, ins Individuum einzudringen.

Die in Betracht gezogene Interpretation legt nahe, dass Šiblīs Berichte etwas anderes als den vordergründig dargestellten sexuell motivierten Übergriff schildern. Sie illustrieren, aus der vorgeschlagenen Perspektive betrachtet, vielmehr die Möglichkeit dämonischer Kräfte, sich im Innern des Körpers des Menschen selbst einzunisten und ihn derart zu ihrem Reittier bzw. zu einem *Ǧinn*-Träger zu machen. Der Dämon lässt jeweils erst von seinem potentiellen Opfer ab, als ein Stück Papier herabfällt. Dieses Schriftstück *(kitāb)* erinnert an Amulette und ihre apotropäische Wirkung, womit ein zusätzliches Element die dämonische Natur des Eindringlings unterstreicht.

Die beigebrachten Beispiele (a. kleines Tier, das aus dem Körper eines besessenen Knaben heraustritt; b. der menschliche Körper als Gehäuse für Geister; c. das Eindringen dämonischer Schlangen in das Haus bzw. den Körper) zeigen aus unterschiedlichen Perspektiven die Möglichkeit der Geister auf, auch physisch in ihren Opfern aktiv zu werden. Die Belege verstehen den Menschen als *Ǧinn*-Träger, in dessen Innern Dämonen hausen. Abschließend sei betont, dass die soeben

---

S. 205–216; ders. „Centre du monde, temple, maison", S. 57–82, v. a. 76–80, in: *Le symbolisme cosmique des monuments religieux*. Vgl. außerdem: T. Nünlist, *Himmelfahrt und Heiligkeit im Islam*, S. 52–55 und 241.

197 Auch die Iḫwān aṣ-Ṣafāʾ, *Rasāʾil* (Ausgabe Qum 1405), II.383.10, vergleichen den menschlichen Körper mit einem Haus; die Seele bewohnt es: „إعلم أنّ هذا الجسد لهذه النفس هو بمنزلة دار لساكنها". Die Iḫwān aṣ-Ṣafāʾ präzisieren diesen Vergleich unmittelbar anschließend; siehe auch: A. Bausani, *L'enciclopedia dei fratelli della purità*, S. 154 (mit Dank an Prof. Dr. R. Würsch für den Hinweis).

angeführten Berichte (Kapitel 7.4.4) den Eindringling wiederholt als *ǧinnī* bezeichnen. Beim Protagonisten dieser Darstellungen handelt es sich also nicht um ein satanisches (vgl. Kapitel 7.4.3), sondern um ein dämonisches Wesen.[198]

7.5 Exkurs: Zur Stellung exorzistischer Praktiken

Die Vorstellungen, dass Dämonen in das menschliche Individuum eindringen, gehen Hand in Hand mit der Überzeugung, dass sie sich durch geeignete Praktiken wieder aus dem Körper austreiben lassen.[199] Ethnologisch orientierte Untersuchungen haben auf zahlreiche Beispiele für solche Praktiken aufmerksam gemacht.[200] Während sich traditionalistisch ausgerichtete Gelehrte zumeist explizit negativ zu Dämonenaustreibungen äußern, klammern sie das Phänomen der Besessenheit selbst sogar beinahe gänzlich aus.[201] Trotz dieser Ablehnung durch die traditionalistisch orientierten Religionsgelehrten lassen sich in der islamischen Welt einerseits Berichte über exorzistische Handlungen belegen. Anderseits sind darüber auch theoretische Debatten geführt worden. Darauf wird im folgenden gestützt auf Erkenntnisse von M. Dols näher eingegangen.

Während aus dem *Neuen Testament* mehrere Berichte dazu bekannt sind, wie Jesus Kranke und Wahnsinnige heilte, und sein Vorgehen als exorzistische Handlung beschreiben,[202] lassen sich aus der muslimischen Welt im Fall Muḥammads nur wenige historisch belegbare Beispiele dafür beibringen. Der Koran erwähnt

198 Die Abgrenzung zwischen Dämonen (arabischer Oberbegriff: *ǧinn*) und teuflischen Kräften (arabisch: *šayṭān*, pl. *šayāṭīn*, und Iblīs) ist mit Schwierigkeiten verbunden; vgl. dazu: Kapitel 3.2.5 „Zur Abgrenzung zwischen *ǧinn* und *šayāṭīn*". Vereinfachend lässt sich festhalten, dass Satane und Iblīs in Berichten mit jüdischem Hintergrund auftreten. Darstellungen, deren Akteure als *ǧinn* bezeichnet werden, sind in der Regel außerhalb der jüdisch-christlichen Überlieferung zu verorten.

199 K. Hentschel, *Geister, Magier und Muslime*, befasst sich neben den *ǧinn* als Verursacher von Krankheiten auch mit Geisteraustreibungen: S. 77–81: „Die Dschinn als Verursacher von Krankheit und Besessenheit"; S. 81–86: „Schutzvorkehrungen".

200 Für einen Überblick zur Frage wird auf folgende Arbeiten verwiesen: E. Doutté, *Magie et religion;* R. Kriss und H. Kriss-Heinrich, *Volksglaube im Bereich des Islams*, Band II: *Amulette, Zauberformeln und Beschwörungen;* V. Crapanzano, *Die Ḥamadša*, v. a. S. 219–248; M. Maarouf, *Jinn Eviction*, S. 159–196. T. Fahd, Artikel „Ruḳya", in *EI²* VIII.600, macht auf weitere Literatur zum Thema aufmerksam.

201 A. Wieland, *Ǧinn-Vorstellung*, S. 53. D. Eickelman, „The Islamic attitude towards possession states", S. 190, betont, dass es kaum möglich sei, das orthodoxe Verständnis von Besessenheit zu verstehen, da das Thema beinahe immer ausgespart werde.

202 Anm. 126 vermittelt einen Überblick über die relevanten Stellen.

keine exorzistischen Handlungen des Propheten, die mit jenen Jesus' vergleichbar wären. Auch in der späteren Überlieferung lassen sich neben dem bereits diskutierten Bericht über das kleine Tier (7.4.2) nur vereinzelt entsprechende Darstellungen zum Gesandten Gottes selbst nachweisen.

Bei Ibn Taymiyya lässt sich ein wohl apokrypher Bericht belegen, wonach der Sohn bzw. Neffe von Umm Abān bint al-Wāzi'ʿs Großvater an Wahnsinn litt *(mağnūn)*.[203] Der Großvater begab sich deshalb mit ihm zum Propheten und forderte diesen auf, für den Knaben Gebete zu verrichten. Muḥammad habe das Kind darauf heftig zu schlagen begonnen und den Feind Gottes mehrfach zum Verlassen seines Opfers angehalten (ويقول اخرُج عدو الله). Das Kind habe sich danach wieder normal verhalten. Schließlich habe der Prophet den Knaben vor sich hingesetzt und sein Gesicht mit Wasser eingerieben. Ibn Taymiyya vergleicht Muḥammads Vorgehen übrigens explizit mit aus dem Christentum bekannten Praktiken, hält er doch fest, dass auch Jesus solche Handlungen vorgenommen habe.[204]

Parallelen zu dieser Darstellung finden sich bei Šiblī, Suyūṭī und Ḥalabī.[205] Von besonderem Interesse sind die Ausführungen Ḥalabīs, der dazu rät, einen Fallsüchtigen *(maṣrūʿ)* derart stark zu schlagen, dass es eine gesunde Person nicht ertragen könne. Der Kranke schreie dabei sogar; allerdings könne er sich später nicht mehr an irgendwelche Schmerzen erinnern. Die Schläge träfen nämlich nicht den Kranken, sondern ausschließlich den *ğinnī*. Der Geist spreche durch den Mund seines Opfers und teile den Anwesenden seltsame Dinge mit. Wenn sich der Erkrankte erholt habe und nach seinen Erlebnissen gefragt werde, könne er sich an nichts mehr erinnern.[206]

Darstellungen exorzistischer Handlungen und magischer Vorstellungen als ihrer Grundlage lassen sich ebenso aus dem Leben von Personen aus späterer Zeit belegen. Dies geht neben der bereits diskutierten Ǧāḥiẓ-Stelle auch aus weiteren Beispielen hervor. Eine Überlieferung bei Masʿūdī und ihre ausführli-

203 Ibn Taymiyya, *Īḍāḥ ad-dalāla*, S. 141.3–143.3. Ibn Taymiyya entnimmt den Bericht Aḥmad b. Ḥanbal, *Musnad, Musnad al-Anṣār, al-Wāziʿ, Ḥadīṯ* Nr. 24436 (v. a. Schluss); vgl. Abū Dāwūd, *Sunan, Kitāb al-Adab, Bāb Qiblat ar-rağul, Ḥadīṯ* Nr. 5227 (alle nach Thesaurus Islamicus).

204 Ibn Taymiyya, *Īḍāḥ ad-dalāla*, S. 141.5. Für weitere Prophetenworte ähnlichen Inhalts siehe: Aḥmad b. Ḥanbal, *Musnad, Musnad aš-Šāmiyyīn, Ḥadīṯ Yaʿlā b. Murra, Ḥadīṯ* Nr. 17823, 17837 (Thesaurus Islamicus).

205 Šiblī, *Ākām al-marğān*, S. 113.16–114.2, anschließend Varianten; Suyūṭī, *Laqṭ al-marğān*, § 294, S. 107.15–108.4, anschließend Varianten; man beachte v. a. §§ 295–296, S. 108.5–109.8; Ḥalabī, *ʿIqd al-marğān*, S. 70.3–5: hier wird der Sohn nicht als *mağnūn*, sondern als *maṣrūʿ* bezeichnet; anschließend Varianten (S. 70.3–71.7).

206 Ḥalabī, *ʿIqd al-marğān*, S. 71.3–7.

chere Fassung bei Ṭabarī schildern einen Vorfall, bei dem der Kalif al-Muʿtaḍid am Ende des 9. Jh. in seinem Palast nachts von einer Erscheinung angegriffen wird, die verschiedene Gestalten annimmt. Al-Muʿtaḍid soll darauf die Exorzisten *(muʿazzim)*[207] herbeigerufen und sie gebeten haben, das Geheimnis um den Geist zu klären.[208] Ein Beschwörer wendet sich darauf zunächst an Gott und ersucht ihn um seine Unterstützung in dieser Angelegenheit. Danach richtet er sich direkt an den bösen *ǧinnī* und fordert ihn auf, den Körper des Besessenen zu verlassen. Der Exorzist ist überdies in der Lage, dem *ǧinnī* seinen Willen aufzuzwingen.[209]

Obwohl sich in den Quellen mehrfach Belege für Dämonenaustreibungen finden, äußern sich die Anhänger der traditionalistischen Theologie sehr zurückhaltend über magische und exorzistische Praktiken, wie M. Dols aufzeigen konnte.[210] Er bringt die Vorbehalte dieser Kreise in der Bemerkung auf den Punkt, dass die entsprechenden Auffassungen einen „sensitive issue" darstellen, würden diese Riten doch offizielle Positionen aufgreifen, sie aber zugleich hinterfragen. Allerdings konnten diese Vorbehalte traditionalistisch orientierter Kreise verschiedene muslimische Gelehrte nicht daran hindern, sich auch auf theoretischer Ebene mit magischen und exorzistischen Praktiken zu befassen, was deren

---

207 Der Ausdruck *muʿazzim* ist mit „Exorzist, Beschwörer" zu übersetzen. Er leitet sich von der arabischen Wurzel *ʿazama* ab, die gemäß A. Kazimirski, *Dictionnaire,* s. v., u. a. „conjurer à l'aide des enchantements, des formules magiques" bedeutet.

208 Diese Ausführungen stützen sich auf M. Dols, *Majnūn,* S. 275–277, mit Hinweisen auf Masʿūdī, *Murūǧ aḏ-ḏahab* (Ausgabe de Meynard und de Courteille), VIII.181–182, und Ṭabarī, *The history of al-Tabarī, The return of the caliphate to Baghdad,* XXXVIII.65–66, siehe Ṭabarī, *Taʾrīḫ (Annales),* 3rd series, S. 2178–2180.

209 Vgl. M. Dols, *Majnūn,* S. 277 f. F. Meier, NL Mappe 6, s. v. *Orte der Dämonen,* Bl. 51, macht aufmerksam auf Iḫwān aṣ-Ṣafāʾ, *Rasāʾil* (Ausgabe Dieterici, S. 23 f., v. a. Übergang S. 23–24; Ausgabe Bayrūt, II.230.21–231.1), wonach die Menschen aus Rache dafür, dass die *ǧinn* Kain zum Mord an seinem Bruder Abel angestiftet haben sollen, allerlei Listen gegen die Banū ăl-Ǧānn ersonnen hatten. Die Passage erwähnt speziell, dass sich die Menschen mit Beschwörungen *(ʿazāʾim,* sg. *ʿazīma*), Bespuckungen *(ruqā),* Zauberkreisen *(manādil),* Einsperren in Flaschen *(al-ḥabs fī ăl-qawārīr)* und weiteren Abwehrmittel gegen die *ǧinn* zur Wehr setzten (vgl. Kapitel 3, Anm. 21–23).

210 M. Dols. *Majnūn,* S. 261. Die westliche Forschung hat sich erst ansatzweise mit der Stellung der Magie im Bereich des Islams befasst. S. M. Zwemers Untersuchung *The influence of animism on Islam* bringt die Vorbehalte gegenüber magischen Vorstellungen gut zum Ausdruck. Die Studie vermittelt einen Überblick über Magie, Zauberei und Amulettwesen in der islamischen Welt (S. 163–207). Sie krankt allerdings an ihrer anti-muslimischen Haltung, fasst S. M. Zwemer den Islam doch als bloß oberflächlich verdeckten Animismus auf. Ein neutralerer Überblick ergibt sich anhand von: a. M. G. Morony, *Iraq after the Muslim conquest,* S. 384–430, der sich mit therapeutischer Magie im vor- und frühislamischen Irak befasst; und b. M. Ullmann, *Die Natur- und Geheimwissenschaften* (6. Kapitel, S. 359–426), der die wichtigen Quellen zum Thema zusammenstellt.

weite Verbreitung zum Ausdruck bringt. M. Dols hat diesbezügliche Äußerungen untersucht bei a. Ibn an-Nadīm (gest. 385/995), b. Ibn Ḫaldūn (gest. 808/1406) und c. Ḥāǧǧī Ḫalīfa (gest. 1067/1657). Ihre Überlegungen werden im Folgenden zusammenfassend vorgestellt und sollen indirekt aufzeigen, dass Geister in den menschlichen Körper eindringen können:

a. Ibn an-Nadīm führt im *Fihrist* zahlreiche Schriften magischen Inhalts auf und vermittelt damit einen Eindruck vom Umfeld, in dem Magie und exorzistische Praktiken ausgeübt wurden.[211] Aus seinen Hinweisen ergibt sich, dass Zauberei und Magie trotz allfälliger Vorbehalte von Seiten der Religionsgelehrten im 4./10. Jh. weit verbreitet waren. Die fragliche Stelle unterscheidet zwischen erlaubter und unerlaubter, weißer und schwarzer Magie. Eine erste Gruppe von Magiern und Exorzisten hält fest, dass ihre Macht auf Gehorsam gegenüber Gott beruhe. Die Kenntnis der Gottesnamen gestatte es ihnen, sich die Dämonen und Teufel gefügig zu machen.[212] Die Dämonen gehorchen ihnen, weil sie sich dem göttlichen Willen unterordnen. Die Vertreter der schwarzen Magie erreichen ihre Ziele hingegen, indem sie Opfergaben darbringen und von Gott missbilligte Handlungen verrichten. Ägypten sei die Heimat dieser untersagten Form der Zauberei. Ibn an-Nadīm nennt ferner eine dritte Gruppe, die in Astrologie und weiteren magischen Techniken bewandert ist und Amulette und Talismane herstellt. Er bringt die Überlieferung des stark von hellenistischen Elementen geprägten magischen Gedankenguts in Anlehnung an den Koran mit dem biblischen Salomon in Verbindung und bezeichnet die unerlaubte Magie abschließend als Werk des Teufels.[213]

b. Auch später waren magische Praktiken in islamischen Gesellschaften weit verbreitet und gewannen ebenso wie die Verehrung von Heiligen an Wertschätzung. Ibn Ḫaldūn (732–808/1332–1406) und Faḫr ad-Dīn ar-Rāzī (gest. 606/1209) wussten um ihre Existenz und waren der Auffassung, dass in der Magie psychische Vorgänge physische Wirkung entfalten.[214] Ibn Ḫaldūn hält in der *Muqaddima* wiederholt fest, dass die menschlichen Seelen zwar eine einzige Spezies darstellen.[215] Allerdings würden sie sich durch ihre konkreten Fähigkeiten und Qualitäten voneinander unterscheiden. Während sich einige durch prophetische Qualitäten auszeichnen, wirken andere als Magier oder Wahrsager. Unter den

---

211 Dazu M. Dols, *Majnūn*, S. 264–267; vgl. auch Ibn an-Nadīm, *Fihrist*, Ausgabe Mīnovī, S. 369 f., Übersetzung B. Dodge, II.725–726.

212 Zum Konzept der *Schönen Namen Gottes* vgl. Kapitel 9, bei Anm. 118.

213 Vgl. zu dieser Stelle aus Ibn an-Nadīms *Fihrist* (Übersetzung B. Dodge, II.726–733) auch Kapitel 9, bei Anm. 151–153.

214 So auch T. Fahd, Artikel „Siḥr“, in *EI²* IX.567.

215 Die folgenden Ausführungen stützen sich auf M. Dols, *Majnūn*, S. 267–271; vgl. Ibn Ḫaldūn, *Muqaddima* (Übersetzung F. Rosenthal), III.156–182.

Magiern lassen sich in absteigender Reihenfolge drei Kategorien unterscheiden: a. eine erste Gruppe übt ihre Macht über andere und die natürliche Welt ausschließlich durch ihre geistigen Fähigkeiten *(himma)* aus und bedient sich keinerlei Hilfsmittel *(āla wa-muʿīn)*; b. die Vertreter der zweiten Kategorie greifen auf Astrologie und Talismane zurück; ihr Wissen wird als Theurgie *(ṭilasmāt)* bezeichnet; c. die Anhänger der dritten Form nutzen die Vorstellungskraft der Leute aus und lassen sie an Illusionen glauben; die Fähigkeiten dieser Gruppe sind als Taschenspielerei *(šaʿbaḏa)* bekannt.[216]

Ibn Ḫaldūn anerkennt zwar die Realität von Magie, spricht sich aber gegen ihre Anwendung aus. Er hält fest, dass die *šarīʿa* magische Aktivitäten untersage, würden sie doch Schaden zufügen und nicht auf Gott, sondern auf Sternen und andern Dingen beruhen.[217] Er lehnt sogar die Buchstabenmagie ab, obwohl er sie eigentlich als legal einstuft.[218] Seine Abneigung gegenüber magischen Praktiken äußert sich auch darin, dass er die Zahl der Texte magischen Inhalts zu seiner Zeit

---

216 Während es sich bei den beiden ersten Stufen um echte Magie handelt, wird die dritte Art als unechte Magie bezeichnet; so gemäß M. Dols, *op.cit.*, S. 268, vgl. Ibn Ḫaldūn, *Muqaddima* (Übersetzung F. Rosenthal), III.156, 164; arabischer Text: S. 896.3–13 (Ausgabe Bayrūt 1956). Die Wiedergabe von *ṭilasmāt* mit Theurgie erfolgt gestützt auf M. Dols, *op.cit.*, S. 268 (bei Anm. 25); F. Rosenthal übersetzt *talismans* (S. 158).

217 Vgl. Ibn Ḫaldūn, *Muqaddima* (Übersetzung F. Rosenthal), III.156; 159, 169–170 (arabischer Text: Ausgabe Bayrūt 1956, S. 904.18–906.2). M. Dols, *Majnūn*, S. 270 f., weist darauf hin, dass die islamischen Rechtsschulen Zauberei nicht vertieft diskutieren. In Übereinstimmung mit Ibn Ḫaldūn betrachten drei Richtungen (Mālikiten, Šāfiʿiten, Ḥanbaliten) Magie als etwas Reales. Die Ḥanafiten hingegen leugnen ihre Existenz ebenso wie die Muʿtazila (so gemäß M. Dols, S. 270). Zauberei allerdings sehen die Rechtsschulen übereinstimmend als verboten an. Sie verstehen darunter Beschwörungen oder Verwünschungen, die dem Opfer physisch oder psychisch schaden. Solche Techniken gelten als verwerflich. Festzuhalten ist allerdings, dass die von den einzelnen Schulen vertretenen Haltungen gegenüber der Magie noch zu wenig erforscht sind. Verschiedene Prophetenworte gestatten die Anwendung von Magie unter der Bedingung, dass sie (a.) nicht schade und (b.) nicht mit *širk* (Polytheismus) verbunden sei. Vgl. a. Muslim, *Ṣaḥīḥ, Kitāb as-Salām, 21 Bāb Istiḥbāb ar-ruqya min al-ʿayn […], Ḥadīṯ* Nr. 5857–5861: „قال فقالوا يا رسول الله إنه كانت عندنا رُقيةٌ نَرقِي بها مِنَ العقرب وإنك نَهَيتَ عن الرُّقى فعرضوها عليه فقال ما أرى بَأساً مِنِ استطاع منكم أن يَنفَعَ أخاهُ فَلْيَنفَعهُ" (Muslim, *Ḥadīṯ* Nr. 5861, Schluss); b. Muslim, *Ṣaḥīḥ, Kitāb as-Salām, Bāb Lā ba'sa bi-ăr-ruqā mā lam yakun fī-hi širk, Ḥadīṯ* Nr. 5826, und Abū Dāwūd, *Sunan, Kitāb aṭ-Ṭibb, Bāb Mā ğā'a fī ăr-ruqā, Ḥadīṯ* Nr. 3888: „حدثنا أحمد بن صالح حدثنا ابن وهب أخبرني معاوية عن عبد الرحمن بن جبير عن أبيه عن عوف بن مالك قال كنا نَرقِي في الجاهلية فقلنا يا رسول الله كيف ترى في ذلك فقال اعرضوا عليَّ رقاكم لا بأسَ بالرقى ما لم يكن شركاً" (Muslim; *Ḥadīṯe* nach Thesaurus Islamicus).

218 Die arabischen Buchstaben und Ziffern, aber auch Gottesnamen und Koranverse spielen in der islamischen Magie, besonders bei Heilverfahren und exorzistischen Praktiken, eine bedeutende Rolle; vgl. Ibn Ḫaldūn, *Muqaddima* (Übersetzung F. Rosenthal), III.1171–182. Siehe auch Kapitel 9, bei Anm. 118.

entgegen den Fakten als gering einschätzt. Er gesteht allerdings ein, dass u. a. die Alten (d. h. die Griechen), die Syrer (Ostchristen) und die Kopten diese Wissenschaften gepflegt hätten. In der islamischen Zeit weist er Ǧābir b. Ḥayyān[219] und später Maǧrīṭī[220] auf diesem Gebiet viel Bedeutung zu. Trotz seiner ablehnenden Haltung hält Ibn Ḫaldūn fest, dass keine intelligente Person an der Existenz von Zauberei zweifle. Da er sich aber v. a. mit bösartigen Formen und nicht mit gemäßigten Ausprägungen befasst, verwirft er die Magie letztlich in Bausch und Bogen.[221]

c. In seiner Übersicht zur Bedeutung von Magie und Exorzismus im Bereich des Islams befragt M. Dols abschließend Ḥāǧǧī Ḫalīfas *Kašf aẓ-ẓunūn*.[222] Die Darstellung dieses Gelehrten fällt genauer aus als jene Ibn an-Nadīms. Sie ist außerdem objektiver und informativer als jene Ibn Ḫaldūns. Der Verfasser des *Kašf aẓ-ẓunūn* unterscheidet Exorzismus *(ʿazāʾim)* deutlich von Zauberei oder sympathetischer Magie *(ruqya)*.[223] Er weist auf die grundsätzliche Möglichkeit des Exorzisten *(muʿazzim)* hin, sich Dämonen durch geeignete Verfahren dienstbar zu machen, ruft allerdings auch die kontrovers geführten Debatten zur Frage unter den muslimischen Gelehrten in Erinnerung.[224]

Während sich Ibn an-Nadīm, Ibn Ḫaldūn und Ḥāǧǧī Ḫalīfa aus einer theoretischen Perspektive mit der Stellung der Magie befassen, lässt sich im Bereich des Islams auch eine breite magisch orientierte Literatur feststellen, die zahlreiche Schilderungen exorzistischer Praktiken zur Austreibung von Dämonen aus dem Menschen enthält. Die vorliegende Untersuchung kann diese Literatur nicht aufarbeiten, will aber auf ihre Bedeutung für das Verständnis weiterer Aspekte der islamischen Dämonologie hinweisen. Ausgewählte Beispiele magisch-mystischer Praktiken werden in Kapitel 9.3 diskutiert, das sich mit der Dienstbarmachung der *ǧinn (tasḫīr al-ǧinn)* durch außerordentlich veranlagte Individuen (z. B. Heilige, Mystiker) befasst. Vorerst steht aber die Rolle der *ǧinn* als Helfer und potentielle Doppelgänger der Menschen im Vordergrund.

---

219 Vgl. P. Kraus, Artikel „Dj̲ābir b. Ḥayyān", in *EI*² II.357. Ǧābir ist als bedeutender Alchemist bekannt.

220 Zu [Pseudo-] Maǧrīṭī (gest. um 398/1007) vgl. Kapitel 9, bei Anm. 74.

221 Ibn Ḫaldūn, *Muqaddima* (Übersetzung F. Rosenthal), I.191 hält fest: „All [the magician's] actions are evil and done for evil purposes." M. Dols, *Majnūn*, S. 270, präzisiert Ibn Ḫaldūns Haltung mit dem Hinweis: „Sorcery was unbelief and practitioners should be killed."

222 M. Dols, *Majnūn*, S. 272 f. Zu Ḥāǧǧī Ḫalīfa (auch Kātib Čelebī genannt, 1017–1067/ 1609–1657) vgl. Orhan Şaik Gökyay, Artikel „Kātib Čelebī", in *EI*² IV. 760.

223 M. Dols verweist auf Ḥāǧǧī Ḫalīfa, *Kašf aẓ-ẓunūn* (Ausgabe G. Flügel), I.35; vgl. T. Fahd, „Le monde du sorcier en Islam", S. 157 (zur Einteilung der Magie bei Ḥāǧǧī Ḫalīfa).

224 Vgl. Ḥāǧǧī Ḫalīfa, *Kašf aẓ-ẓunūn* (Ausgabe G. Flügel), IV. 205–207; Übersetzung dieser Passage bei M. Dols, *Majnūn*, S. 272 f.

8 Die *ǧinn* als Doppelgänger und Komplementärwesen des Menschen

Aus den Erkenntnissen zu den Affinitäten zwischen Berittenen und Gerittenen lässt sich auch ableiten, dass Dämonen auf die Dauer allein nicht existenzfähig sind. Sie bedürfen für ihr Wirken und Fortbestehen vielmehr eines Trägers und sitzen entweder a. äußerlich auf einem Reittier oder dringen b. ins Innere des Menschen ein. Diese gegenseitigen Abhängigkeiten zwischen Menschen und *ǧinn* manifestieren sich aber auch auf andern Ebenen, wie im vorliegenden Kapitel aufgezeigt wird.

Im Vordergrund der weiteren Ausführungen steht zunächst der Ausdruck *aṯ-ṯaqalān*, der Menschen und Dämonen zusammen bezeichnet. Auch der schon im Koran als stehende Wendung nachweisbare Doppelbegriff *al-ǧinn wa-ăl-ins* („die *ǧinn* und die Menschen") legt eine Parallelisierung dieser beiden Kategorien von Geschöpfen nahe (Kapitel 8.1). Weitere Dimensionen dieser engen Beziehungen kommen in der Auffassung zum Tragen, dass jedem Menschen ein dämonischer Doppelgänger zur Seite steht. Er ist unter verschiedenen Begriffen (arabisch: *qarīn, šayṭān, tābiʿ, ṣāḥib, raʾiyy, naǧiyy;* persisch: *ham-zād*) bekannt, die jeweils spezifische Nuancen ins Spiel bringen, wie aus Kapitel 8.2 hervorgeht. Außerdem lässt sich die Vorstellung nachweisen, dass der Mensch über ein *alter ego* verfügt (Kapitel 8.3). Einerseits illustrieren das als *Hātif*-Glaube bekannte Phänomen (Kapitel 8.3.1) und das Auftreten von *ǧinn* als Retter und Helfer in der Not (Kapitel 8.3.2) diese häufig positiv konnotierte Vorstellung. Anderseits spielt diese Überzeugung bei der dichterischen Inspiration eine Rolle, zu der F. Meier bedeutendes, bis anhin kaum beachtetes Quellenmaterial zusammengetragen hat (Kapitel 8.3.3–4). Diese zuletzt erwähnten Funktionen bringen zum Ausdruck, dass Dämonen dem Menschen Ergänzung sein können und als sein Komplementärwesen in Erscheinung treten.

8.1 Hinweise zur Terminologie: *aṯ-ṯaqalān, al-ǧinn wa-ăl-ins, al-muḫāwī*

Die mit dem bereits in Koran und *sunna* nachweisbaren *Ṯaqalān*-Konzept verbundenen Vorstellungen illustrieren gemäß T. Fahd, dass zwischen Menschen und Dämonen ein enger und beständiger Parallelismus besteht.[1] Der Ausdruck *aṯ-ṯa-*

---

1 T. Fahd, „Anges, démons, et djinns", S 186 f.: „Et dans le Coran et dans la Tradition, un pa-

qalān kommt als Hapax in Sure 55.31 vor, die festhält: „Wir befassen uns [bei der Abrechnung am Jüngsten Tag] bald mit euch, ihr beiden Gewichtigen."[2] Aus dem Kontext ergibt sich, dass der Dual *aṯ-ṯaqalān* die Menschen *(ins)* und *ǧinn* zusammen bezeichnet.[3] Diese beiden Gattungen von Geschöpfen werden in derselben Sure wenig später (55.33) auch mit dem Doppelbegriff *yā maʿšar al-ǧinn wa-ăl-ins* („Ihr versammelten *ǧinn* und Menschen") angeredet, was die enge Zusammengehörigkeit von Menschen und *ǧinn* ebenso hervorhebt.[4] Die Korankommentatoren nehmen außerdem an, dass sich die ab Vers 13 (Sure 55, *ar-Raḥmān*) 31 Mal anapher-artig wiederholte Wendung „Welche der Wohltaten eures Herrn wollt ihr beide denn leugnen?"[5] ebenso auf *ǧinn* und Menschen zusammen bezieht. Diese gemeinsamen Erwähnungen deuten auf ihre Parallelisierung hin.[6]

Da der Ausdruck *aṯ-ṯaqalān* im Koran bloß als Hapax figuriert und Sure 55.31 allein wenig aussagekräftig ist, lässt sich seine Bedeutung nur gestützt auf den Wortlaut der islamischen Offenbarung nicht zufriedenstellend erschließen.[7] Die

rallélisme étroit et constant est établi entre ces deux catégories d'êtres [*scil.* les *ǧinns* et les hommes], appelés d'un seul mot *ath-thaqalân*, c'est-à-dire les plus précieux parmi les créatures terrestres."

2 „سَنَفْرُغُ لَكُمْ أَيُّهَ الثَّقَلَانِ".

3 Vgl. dazu auch E. Badeen und B. Krawietz, „Islamic reinvention of jinn", S. 99 f.

4 Der Doppelbegriff *al-ǧinn wa-ăl-ins* kommt in Koran und *sunna* vielfach vor. Gelegentlich lässt sich auch die umgekehrte Reihenfolge beobachten *(al-ins wa-ăl-ǧinn)*. Für Belege in der islamischen Offenbarung siehe Suren 6.112: *[šayāṭīn] al-ins wa-ăl-ǧinn;* 6.130: *yā maʿšar al-ǧinn wa-ăl-ins;* 7.38: *al-ǧinn wa-ăl-ins;* 7.179: *al-ǧinn wa-ăl-ins;* 17.88: *al-ins wa-ăl-ǧinn;* 27.17: *al-ǧinn wa-ăl-ins;* 41.25: *al-ǧinn wa-ăl-ins;* 41.29: *al-ǧinn wa-ăl-ins;* 46.18: *al-ǧinn wa-ăl-ins;* 51.56: *al-ǧinn wa-ăl-ins;* 55.33: *yā maʿšar al-ǧinn wa-ăl-ins;* 72.5: *al-ins wa-ăl-ǧinn.* Die Belege aus den *Ḥadīṯ*-Sammlungen sind zu zahlreich, um hier aufgeführt zu werden; es wird auf A. J. Wensinck, *Concordance,* verwiesen. I. Mūsāpūr, Artikel „Ǧinn", in *Däniš-nāma-i Ǧahān-i Islām*, II.2a–b., macht auf zahlreiche weitere Stellen in der persischen Literatur aufmerksam, wo von *ǧinn* und *ins* zusammen die Rede ist. Muḥammad Ḥasan Nāʾinī (gest. 1354 h. q./1935–36), *Gawhar-i šab-čirāġ*, S. 62 (zu Sure 51.56), erklärt die Wortfolge im Doppelausdruck *al-ǧinn wa-ăl-ins* damit, dass das Wort *ǧinn* schwerer wiege als *ins.* Das schwerere Wort solle dem leichteren *(ins)* vorangehen. *Ins* sei leichter, da das *nūn* nicht verdoppelt sei und das *sīn* schwach artikuliert *(mahmūsa)* werde. Dieser Hinweis wurde ohne Überprüfung im Original übernommen aus F. Meier, NL Mappe 6, s. v. *Mensch und ǧinn*, Bl. 6. Beim Werk *Gawhar-i šab-čirāġ* handelt es sich um eine bekannte Sammlung von zur nächtlichen Rezitation bestimmten Gebeten.

5 „فَبِأَىِّ ءَالَاءِ رَبِّكُمَا تُكَذِّبَانِ" – „*Fa-bi-ayyi alāʾi rabbi-kumā tukaḏḏibān.*"

6 Zur engen Zusammen- und Gegenüberstellung von *Ǧinn* (Dämonen) und *ins* (Menschen) siehe außerdem bereits J. Hammer-Purgstall, „Die Geisterlehre der Moslimen", S. 143; auch T. Fahd, „Anges, démons et djinns", S. 186 f.

7 P. A. Eichler, *Die Dschinn, Teufel und Engel im Koran,* äußert sich allerdings wiederholt zum Begriff *aṯ-ṯaqalān* in der islamischen Offenbarung. Er vermutet, dass erst Muḥammad die Gegenüberstellung von Menschen und *ǧinn* festgehalten habe und sie dem arabischen Heidentum

folgenden Ausführungen loten die mit dem Begriff verbundenen Vorstellungen deshalb anhand von ausgewählten späteren Quellen aus, die dazu weitgehend identische Aussagen enthalten.[8] Bayḍāwī[9], Abu ăl-Futūḥ-i Rāzī[10], Maybudī[11] und Damīrī[12] erklären den Begriff *aṯ-ṯaqalān* übereinstimmend, indem sie auf die Grundbedeutung des Verbs *ṯaqula*, „schwer sein, schwer lasten auf", verweisen. Unter den *ṯaqalān* wären demnach „die beiden Schweren, Gewichtigen" zu verstehen.[13] Damīrī präzisiert diese Sichtweise anhand der beiden folgenden Vorstellungen: Einerseits würden die *ṯaqalān*, also *ins* und *ǧinn*, so genannt, da sie mit ihrem Gewicht schwer auf der Erde lasten. Anderseits erklärt er ihren Namen damit, dass sie mit Sünden belastet seien *(li-ʾanna-humā muṯaqqalān bi-ăḏ-ḏunūb)*.[14] Auch Rāzī und Maybudī kennen diese beiden Interpretationen.[15]

Für das Verständnis des *Ṯaqalān*-Konzepts ist außerdem relevant, dass gemäß islamischer Auffassung sowohl die Menschen als auch die *ǧinn* am Jüngsten Tag für ihr Verhalten zur Rechenschaft gezogen werden. Ihre Aburteilung

nicht geläufig gewesen sei (S. 10). Seine Studie präzisiert in Erläuterungen zu Sure 55, dass der Begriff *ṯaqalān* das Gemeinschaftliche im Wesen der Menschen und der *ǧinn* betone. Die *ǧinn* würden in diesem Ausdruck außerordentlich nahe an die Menschen herangerückt (S. 37). An anderer Stelle bezeichnet P. A. Eichler diese Art *ǧinn* als Parallelwesen des Menschen. Er ordnet sie den ‚Dschinn-Mittelwesen' zu, die er von den ‚Dschinn-Dämonen' unterscheidet, die grundsätzlich böse sind (S. 5). P. A. Eichler vermutet, dass die Menschen und die *ǧinn* im Begriff *aṯ-ṯaqalān* den Engeln und Teufeln gegenübergestellt werden (S. 37).

8 Ṭabarī, *Tafsīr*, Kommentar zu Sure 55, ab Vers 13, *ǧuzʾ* 27, S. 72.22 ff., ist für die Klärung der vorliegenden Frage wenig ergiebig. Aus seinem Kommentar zu Sure 55.31 lässt sich immerhin ableiten, dass sich der Ausdruck *aṯ-ṯaqalān* auf *ins* und *ǧinn* bezieht. Einzelheiten werden an dieser Stelle allerdings nicht thematisiert.

9 Bayḍāwī, *Anwār at-tanzīl* (Ausgabe H. O. Fleischer), Kommentar zu Sure 55.31, II.303.6.

10 Abu ăl-Futūḥ-i Rāzī, *Tafsīr*, zu Sure 55, IX.285–309; besonders S. 297.3–10.

11 Maybudī, *Kašf ul-asrār*, zu Sure 55, IX.401–436; besonders S. 414.17–23.

12 Damīrī, *Ḥayāt al-ḥayawān*, I.204.2 f.

13 Auch P. A. Eichler, *Die Dschinn, Teufel und Engel im Koran*, S. 37, schlägt diese Übersetzung vor. Allerdings bleibe der Ausdruck *aṯ-ṯaqalān* letztlich dunkel.

14 A. Wieland, *Ǧinn-Vorstellung*, S. 24, hält die Ableitung von *ṯaqula* ebenso für plausibel. Die Araber empfänden Sünden als schwere Last. Die Bedeutung des Ausdrucks *ṯaqalān* sei aber nicht restlos geklärt.

15 Rāzī, *op.cit.*, IX.297.3–5, verdeutlicht diesen Gedanken, indem er festhält, dass die Menschen während ihres Lebens eine Last auf der Erdoberfläche und nach ihrem Tod eine Last im Innern der Erde darstellen. Ähnlich, aber kürzer auch bei Maybudī, *op.cit.*, IX.414.17–19. Rāzī und Maybudī weisen als dritte Erklärung auf ein Prophetenwort hin, wonach unter den beiden *ṯaqal* zwei gewichtige, d. h. wertvolle Dinge, nämlich der Koran *(kitāb)* und die Familie des Propheten (*ʿitrat*), zu verstehen seien. Der fragliche Teil der Überlieferung lautet: „انی تارك فیکم الثقلین کتاب الله وعترتی". Vgl. den ausführlichen Wortlaut bei Muslim, *Ṣaḥīḥ, Kitāb Faḍāʾil aṣ-ṣaḥāba, Bāb Min faḍāʾil ʿAlī b. Abī Ṭālib, Ḥadīṯ* Nr. 6378–6381 (Thesaurus Islamicus).

wird damit begründet, dass beide Gattungen *mukallaf* (vgl. *taklīf*) seien. Damit verbindet sich die Vorstellung, dass Menschen und *ǧinn* aufgrund ihrer Kenntnis der koranischen Offenbarung mit einer schwierigen Aufgabe, nämlich dem Einhalten der göttlichen Normen, betraut *(mukallaf)* worden sind.[16] Maybudī erklärt den Ausdruck *ṯaqalān* zuletzt in der Tat auch damit, dass Menschen und *ǧinn* mit dem *taklīf* beladen seien *(wa-qīla muṯaqqalān bi-ăt-taklīf)*.[17] Auch Bayḍāwī hält zum Begriff *ṯaqalān* u. a. fest, dass *ǧinn* und *ins* durch ihre Verpflichtetheit *(taklīf)* belastet *(muṯaqqal)* seien.[18] Ibn Taymiyya rückt die Vorstellung des *taklīf* ebenso wiederholt in den Vordergrund seines Verständnisses der *ṯaqalān*.[19]

Auch Šiblī greift den Gedanken auf, dass Menschen und *ǧinn* am Jüngsten Tag Rechenschaft ablegen müssen. Er illustriert die Vorstellung mit einer Aussage *(ḥadīṯ)*,[20] die auf eine weitere Gemeinsamkeit der *ṯaqalān* aufmerksam macht[21]:

> [Muġīṯ b. Sumayy[22]] sprach: Gott hat nichts erschaffen, ohne dass es nicht morgens und abends das Knistern des Höllenfeuers hört. Nur auf die beiden Gewichtigen *(ṯaqalān)* trifft dies nicht zu. Denn für sie ist Abrechnung und Bestrafung [vorgesehen].

Die zitierte Überlieferung weist den beiden Gewichtigen unter allen Geschöpfen insofern eine Sonderstellung zu, als nur sie das Knistern des Höllenfeuers nicht hören. Sie hebt dies jedenfalls als gemeinsames Merkmal hervor, das Menschen und *ǧinn* miteinander verbindet. Ähnliche Hinweise lassen sich im Zusammenhang mit der Befragung des Verstorbenen durch Munkar und Nakīr im Grab feststellen, zu der verschiedene Prophetenworte im Umlauf sind, die die Menschen und *ǧinn* zusammenrücken. Sie insistieren auf den Gemeinsamkeiten der *ṯaqalān* und halten fest, dass sämtliche Geschöpfe außer den Angehörigen dieser beiden Kategorien den Schrei jenes Sünders hören, der im Leben nicht der Lehre

16 Vgl. Kapitel 4.9 „Die *Ṯaqalān: Ǧinn* und *ins* sind *mukallaf*". Kernstücke des *taklīf* sind der Glaube an Muḥammads Prophetschaft und den Inhalt seiner Offenbarung mit dem Eingottglauben *(tawḥīd)* als Hauptanliegen.

17 Maybudī, *op.cit.*, IX.414.23.

18 Bayḍāwī, *Anwār at-tanzīl* (Ausgabe H. O. Fleischer), Kommentar zu Sure 55.31; II.303.7.

19 Ibn Taymiyya, *Īḍāḥ ad-dalāla*, S. 99.5–7; mit Wiederholungen z. B. S. 104.4–6, 107.8 f.; 117.6 f.; 119.5 f.; 121.13; 125.12 f.

20 Ein solches Prophetenwort ließ sich in den klassischen *Ḥadīṯ*-Sammlungen nicht nachweisen.

21 Šiblī, *Ākām al-marǧān*, S. 56.22–57.2: „قال ما خلق الله تعالى من شيء الا وهو يسمع زفير جهنم غدوة وعشية الا الثقلين الذين عليهم الحساب والعقاب."

22 Der Überlieferer des Berichts.

Muḥammads gefolgt sei und deshalb mit einem eisernen Hammer *(miṭraqa min ḥadīd)* geschlagen werde.[23]

Die bisherigen Ausführungen zeigen auf, dass Menschen und *ǧinn* gemäß muslimischer Auffassung eng miteinander verbunden bzw. voneinander abhängig sind. Auf ihre Parallelität weist indirekt auch F. Meiers Aussage hin, dass Menschen und Dämonen etwa auf gleicher Höhe nebeneinander leben.[24] Diese implizite Nähe von Menschen und Dämonen schließt allerdings nicht aus, dass zwischen ihnen auch Unterschiede und Spannungen bestehen.

Eine bei Begegnungen mit Fremden in entlegenen Gegenden gern formulierte Frage bringt diese Parallelisierung von Menschen und *ǧinn* ebenso zum Ausdruck. Bei solchen Zusammentreffen erkundigt sich der Reisende bei seinem Gegenüber nämlich ganz zuerst, ob er denn ein *ǧinnī* oder ein *insī* (Mensch) sei. Die Frage lässt sich u. a. bei Būnī nachweisen, der von einigen Rechtschaffenen berichtet, die auf einer Reise einen Fluss erreichten.[25] Ortsansässige Leute warnten sie davor, sich an dieser Stelle auszuruhen, würden Reisende dort doch regelmäßig um ihr Hab und Gut gebracht. Aus der Gruppe bleibt darauf nur ein einziger Mann am Flussufer zurück. Ihm ist ein Prophetenwort bekannt, wonach vor Raubtieren und Dieben gefeit sei, wer bestimmte Koranverse rezitiere.[26] Nachts sieht der Mann in der Tat in der Ferne Leute mit gezückten Schwertern. Eiserne Mauern *(sūr)* hindern sie allerdings daran, bis zu ihm vorzudringen. Als der einsame Reisende am nächsten Morgen aufbricht, stößt er unterwegs auf einen berittenen *šayḫ*[27], mit dem er folgende Worte wechselt:

وقال لى: يا هذا أنسى أم جنى فقلت: بل أنسى من اولاد آدم.

[Der *šayḫ*] sagte zu mir: ‚Du da, bist du ein Mensch oder ein *ǧinnī*?' – Da erwiderte ich: ‚Nein, ich bin vielmehr ein Mensch *(insī)* von den Kindern Ādams.'

---

23 Vgl. dazu Buḫārī, *Ṣaḥīḥ, Kitāb al-Ǧanā'iz, Bāb al-Mayyit yasma'u ḫafq an-ni'āl, Ḥadīṯ* Nr. 1351, *Bāb Mā ǧā'a fī 'aḏāb al-qabr, Ḥadīṯ* Nr. 1389; Abū Dāwūd, *Sunan, Kitāb as-Sunna, Bāb Fī ăl-mas'ala fī ăl-qabr wa-'aḏāb al-qabr, Ḥadīṯ* Nr. 4753–4755; Nasā'ī, *Sunan, Kitāb al-Ǧanā'iz, Bāb Mas'alat al-kāfir, Ḥadīṯ* Nr. 2063; Aḥmad b. Ḥanbal, *Musnad, Ḥadīṯ Nr.* 11156, 12465, 13651, 18913, 24314. Zum Kontext siehe auch Muslim, *Ṣaḥīḥ, Kitāb al-Ǧanna wa-ṣifat na'īmi-hā wa-ahli-hā, Bāb 'Arḍ maq'ad al-mayyit [...], Ḥadīṯ* Nr. 7396, 7397 (sämtliche Angaben nach Thesaurus Islamicus).

24 F. Meier, „Bet-Ruf", S. 582.

25 Būnī, *Šams al-ma'ārif*, S. 299.5–24.

26 Das Prophetenwort macht auf 33 Koranverse aufmerksam, die alles Unheil von den Reisenden fernhalten sollen. Būnī, *op.cit.*, S. 299.17–24, zitiert die fraglichen Koranstellen.

27 Beim *šayḫ* handelt es sich um ein dämonisches Wesen. Dies ergibt sich einerseits aus dem Hinweis, dass er beritten ist *(šayḫ 'alā faras)*. Anderseits stellt er sich als einer der nächtlichen Angreifer vor.

Frage und Antwort zeigen auf, wie der *šayḫ* beim Zusammentreffen mit dem ihm unbekannten Reisenden als erstes wissen will, ob er zu den *ǧinn* oder den *ins* gehöre. Diese Begrüßung wird nahezu als Formel eingesetzt und lässt sich auch an weiteren Stellen belegen.[28] Sie ist in modifizierter Form außerdem bei Niẓāmī in einem Wortwechsel zwischen Māhān und einem männlichen Gegenüber enthalten, das sich später als Dämon entpuppt.[29] Hier entgegnet Māhān dem Geistwesen auf die Frage nach seiner Identität: „Lass die Dämonen bleiben, denn ich bin ein Mensch."[30] Māhāns Antwort bringt damit die Parallelitäten und Spannungen zwischen Menschen und Dämonen zum Ausdruck. F. Meier weist überdies darauf hin, dass diese enge Zusammen- und Gegenüberstellung von *ǧinn* und *ins* auch zu Reimbildungen geführt hat.[31]

Die engen Abhängigkeiten zwischen Menschen und *ǧinn* ergeben sich außerdem aus einem bereits früher zitierten Prophetenwort, das zur *Ǧinn*-Predigt im Umlauf ist und sich u. a. bei Muslim nachweisen lässt.[32] Im auf ʿAlqama zurückgehenden Bericht warnt Muḥammad die Menschen davor, bei Knochen und Dung Zuflucht zu nehmen, und begründet dies damit, dass es sich dabei um „die

28 H. Stumme, *Tunisische Märchen,* II.46, erzählt von einem Mädchen, über das jemand erfahren will: „Ist sie von den Menschen oder von den Geistern? – Ein Marokkaner entgegnet dem Fragenden: Sie ist von den Menschen, und zwar eine Königstochter." Auch F. Meier weist in seinem Nachlass darauf hin, dass man sich bei Begegnungen mit unbekannten Personen in Einöden zuerst nach der Identität des Gegenübers erkundigt und fragt: „Bist du Mensch oder *ǧinn*?" Vgl. Qušayrī, *Risāla,* S. 77.30–32 (zum *tawakkul*) und S. 92 (Schluss; Ausgabe Miṣr 1330); zitiert bei F. Meier, NL Mappe 7, s. v. *Religion,* Bl. 18, für die zweite Stelle siehe Bl. 50.

29 Niẓāmī, *Haft Paykar* (Ausgabe B. Ṯirwatiyān), S. 272, § 36 vv. 63–71 (zweite Spuknacht).

30 Niẓāmī, *Haft Paykar,* § 36 v. 72b: „دیو بگذار کادمیزادم".

31 F. Meier, „Bet-Ruf", S. 618: a. *al-ins wa-ăl-ǧins* (vgl. Ph. Marçais, *Le parler arabe du Djidjelli.* S. 121, 254, 304; H. Stumme, *Märchen und Gedichte der Stadt Tripolis,* S. 34.1. b. *ins ŭilla ǧins* „Mensch oder *ǧinnī*?" (vgl. H. Schmidt und P. Kahle, *Volkserzählungen aus Palästina,* II.209, Wörterverzeichnis: *ǧns*). c. Im Türkischen von Vidin stößt man umgekehrt auf *in–cin* (vgl. G. Németh, *Die Türken von Vidin.* 204.10, 242.2, 255.13; Glossar).

32 Muslim, *Ṣaḥīḥ, Kitāb aṣ-Ṣalāt, Bāb al-Ǧahr bi-ăl-qirāʾa [...],* Nr. 1035–1037; Tirmiḏī, *Sunan, Kitāb Tafsīr al-Qurʾān, Bāb Wa-min sūrat al-aḥqāf, Ḥadīṯ* Nr. 3567; Aḥmad b. Ḥanbal, *Musnad, Ḥadīṯ* Nr. 4232 (alle gemäß Thesaurus Islamicus). Weitere Belege bei Ibn Taymiyya, *Īḍāḥ ad-dalāla,* S. 121.15–20; Šiblī, *Ākām al-marǧān,* S. 45.3–10; Suyūṭī, *Laqṭ al-marǧān,* § 52, S. 18.9–19.3; Ḥalabī, *ʿIqd al-marǧān,* S. 55.6–9. Zur Problematik siehe bereits Kapitel 7, Anm. 4, und Kapitel 4, Anm. 103.

Nahrung *eurer Brüder*" handelt.[33] Mit den Brüdern der Menschen sind die *ǧinn* gemeint, wie sich aus dem Kontext ergibt.[34]

Auch Beispiele aus der Moderne belegen, dass zwischen Dämonen und Menschen brüderliche Bande bestehen. G. Fartacek ist in Syrien auf den Ausdruck *muḫāwī* gestoßen.[35] Morphologisch gesehen handelt es sich beim Begriff um ein Partizip Präsens aktiv zum III. Stamm der Wurzel *aḫw*, zu der auch das Wort *aḫ[ū]*, Bruder, gehört. Das Verb *āḫawa* (III. Stamm) bedeutet „Brüderschaft schließen, sich verbrüdern mit j." Unter einem *muḫāwī* ist ein Mensch mit einem besonderen Zugang zu den *ǧinn* zu verstehen. G. Fartacek leitet aus der Wortwurzel ab, dass ein derart ausgezeichnetes Individuum in einem gewissen Sinn einen „*Ǧinn*-Bruder" habe.[36]

Die beigebrachten Beispiele zeigen aus unterschiedlichen Perspektiven auf, dass zwischen Menschen und *ǧinn* enge Bande und Abhängigkeiten bestehen. Wiederholt lassen die Belege vermuten, dass Dämonen dem Menschen Parallel- oder Komplementärwesen sind. Manchmal treten sie sogar als seine Doppelgänger in Erscheinung. Die folgenden Ausführungen gehen diesen Vorstellungen nach. Sie geben bewusst keine abschließenden Antworten, sondern machen auf die vielfältigen Aspekte der Abhängigkeiten zwischen Menschen und *ǧinn* aufmerksam und zielen dabei darauf ab, die Einzelerkenntnisse kaleidoskopartig zu einem größeren Ganzen zusammenzufügen.

8.2 Dämonen: des Menschen Doppelgänger?

Die Forschung hat es wiederholt in Betracht gezogen, die *ǧinn* als Doppelgänger des Menschen zu verstehen, wie im folgenden im Rahmen eines Überblicks aufgezeigt wird (8.2.1). Die anschließenden Ausführungen illustrieren diese Auf-

---

33 Arabisch: „فقال رسولُ اللّٰهِ صلى الله عليه وسلم: فلا تَسْتَنْجُوا بِهِما فإنّهما طَعَامُ إخْوَانِكُم." Andere Überlieferungen halten fest, dass Knochen und Dung nicht für die rituelle Waschung vor dem Gebet verwendet werden dürfen. Denn es handle sich dabei um die Nahrung der *ǧinn*. So Buḫārī, *Ṣaḥīḥ*, *63. Kitāb Manāqib al-Anṣār, 32. Bāb Ḏikr al-ǧinn wa-qawl Allāh taʿālā, Ḥadīṯ* Nr. 3908.

34 Spätere Autoren greifen diese Überlieferung auf und ordnen die Brüder explizit den *ǧinn* zu. Ibn Taymiyya, *Īḍāḥ ad-dalāla*, S. 121.19, präzisiert den Ausdruck *iḫwānu-kum* durch *min al-ǧinn*. Suyūṭī, *Laqṭ al-marǧān*, § 52, S. 19.3, verdeutlicht ihn durch die Apposition *ǧinn* („Fa-inna-humā ṭaʿām iḫwāni-kum al-ǧinn."). Ebenso Ḥalabī, *ʿIqd al-marǧān*, S. 55.8.

35 G. Fartacek, *Unheil durch Dämonen?* S. 78, mit Anm. 129.

36 Im konkreten Fall ist der *muḫāwī* in der Lage, mit dem als Raṣad bekannten Dämon Kontakt aufzunehmen, der Hüter über die Schätze des Altertums ist (vgl. G. Fartacek, *op.cit.*, S. 77–79).

fassung anhand von Beispielen aus den arabischen und persischen Quellen, aus denen unter den Bezeichnungen *qarīn* und *šayṭān* (8.2.2), *ṭābiʿ* (8.2.3), *ṣāḥib* (8.2.4) und *raʾiyy* bzw. *naǧiyy* (8.2.5) verschiedene dämonische Wesen bekannt sind, die als Doppel des Menschen betrachtet werden können.

8.2.1 Zur Parallelisierung von Mensch und *ǧinn:* Positionen der Forschung

A. Wieland macht anhand von Beobachtungen aus dem modernen Ägypten auf die Vorstellung aufmerksam, dass die Dämonen eine Parallelwelt zur Welt der Menschen bevölkern. Sie verdeutlicht dies mit dem Hinweis, dass Geister in Nachahmung der menschlichen Gesellschaft über ein eigenes hierarchisches System verfügen.[37] Es werde auch angenommen, dass sie eine eigene Gerichtsbarkeit hätten. A. Wieland bezeichnet Menschen und *ǧinn* aus religiöser Perspektive als Doppelgänger.[38]

Bereits vor A. Wieland haben Forschende wiederholt auf Parallelitäten zwischen Menschen und Dämonen hingewiesen. J. Wellhausen geht der Problematik anhand von Überlegungen zur Beziehung zwischen Individuum und Stamm nach und stellt dabei Ähnlichkeiten zwischen den *ǧinn* und den Menschen, zumindest den arabischen Menschen, fest.[39] Das arabische Hauptwort für Dämonen, *ǧinn*, sei ein Kollektivum; davon erst leite sich der Ausdruck *ǧānn* ab, der einen einzelnen Dämon bezeichne.[40] Bei den Arabern nähmen Stamm und Geschlecht gegenüber dem Individuum ebenso mehr Gewicht ein, wie dies bei den *ǧinn* der Fall sei. Daraus lasse sich schließen, dass sich *ǧinn* und *ins* wie zwei Hälften ergänzen. Es handle sich bei ihnen um „die beiden in Betracht kommenden Gattungen von Wesen auf der Welt", wie dies auch der Begriff *aṯ-ṯaqalān* zum Ausdruck bringe.

Während J. Wellhausen die *ǧinn* nicht explizit, sondern nur dem Sinn nach als Doppelgänger des Menschen betrachtet, formuliert J. Henninger diesen Gedanken *expressis verbis*. Er beobachtet bei den Arabern die offenkundige „Vorstellung, dass jeder Mensch seinen Doppelgänger bei den *ǧinn* hat."[41] Allenfalls habe dies

37 A. Wieland, *Ǧinn-Vorstellung*, S. 37.
38 A. Wieland, *op.cit.*, S. 25.
39 J. Wellhausen, *Reste*, S. 148.
40 Auch F. Meier, „Bet-Ruf", S. 618, hält fest, dass der Ausdruck *ǧānn* einen einzelnen *ǧinnī* bezeichne. *Ǧānn* könne daneben wie *ḥāǧǧ* auch kollektiv verwendet werden.
41 J. Henninger, *Geisterglaube*, S. 302, stützt seine Einschätzung auf die soeben zitierten Bemerkungen J. Wellhausens. Er verweist außerdem auf A. S. Tritton, „Spirits and demons in Arabia", S. 722, und zitiert aus M. Gaudefroy-Demombynes, *Mahomet*, S. 28 f., folgende Feststellung: „Les djinns qui hantent les cimetières paraissent avoir été les doubles des morts. La croyance musul-

die Ausbildung der Auffassung begünstigt, dass jeder Mensch einen persönlichen Schutzgeist unter den *ǧinn* habe. Gewiss sei jedenfalls, dass einzelne besonders bevorzugte Menschen – z. B. Wahrsager *(kāhin)*, Dichter *(šāʿir)* und Musiker – mit den *ǧinn* enge und freundschaftliche Beziehungen unterhielten.[42] Hier ist auf J. Wellhausen zurückzukommen, der diesen Gedanken mit der Vorstellung in Verbindung gesetzt hat, dass ein außerordentlich veranlagter Mensch als *manhal*[43] bezeichnet wird und einem höheren Wesen als Wohnstätte dient. Verallgemeinerungen hätten später dazu geführt, dass jedem Menschen – auch völlig normal veranlagten Personen – ein *ǧinn* zur Seite stehen soll. Dieser *ǧinn* lasse sich mit dem ägyptischen *Ka*, dem persischen *farwar*[44] oder dem lateinischen *genius* vergleichen.[45] Gelegentlich werde auch die menschliche Seele als *ǧinn* gedacht.[46]

G. Müller wiederum nimmt J. Wellhausens Bemerkung auf, dass sich „*ǧinn* und *ins* ergänzen wie zwei Hälften" und sie die beiden in Betracht kommenden Gattungen von Wesen auf der Welt darstellen.[47] *Ǧinn* seien zwar ein Kollektiv, aber sie seien immer unlöslich einem einzelnen Wesen verhaftet.[48] Besonders

mane a conservé la notion que chaque homme est *doublé* (italiques: T. N.) d'un djinn qui est son compagnon intime *(qarīn)*: il est son bon ou mauvais génie. Il semble possible de retrouver ce *double* (italiques: T. N.) dans le djinn qui, invisible ou transformé en oiseau sinistre, rôde autour de la tombe."

42 Vgl. dazu ausführlicher unten, Kapitel 8.3.3–4 „Dichterische Inspiration".

43 Gemäß Ch. M. Doughty, *Travels*, II.190. 109 (siehe auch J. Wellhausen, *Reste*, S. 156).

44 Auch *farwahar*. Gemäß M. Muʿīn, *Farhang-i fārsī*, und A. Dihḫudā, *Luġat-nāma*, s. v., bezeichnet der Begriff im Zoroastrismus eine göttliche Kraft, die Ahūra Mazda zum Bewahren der guten Geschöpfe vom Himmel herab gesandt hat. Der *farwahar* gilt auch als Kraft, durch deren Glanz sämtliche Geschöpfe Bestand haben. Bevor Ahūra Mazda die irdische Welt erschaffen hat, hat er den *farwahar* jedes guten Geschöpfs dieser Welt im Paradies erschaffen. Der *farwahar* hat die Funktion, sein Gegenstück auf der irdischen Welt zu bewahren. Nach dem Tod des irdischen Wesens steigt der *farwahar* in seiner ursprünglichen Reinheit wieder in den Himmel empor. Er vergisst aber jene Person nie, der er zugeordnet war, und besucht sie jährlich ein Mal. Dies geschieht beim Farwardīn-Fest.

45 J. Wellhausen, *Reste*, S. 156.

46 In diesem Zusammenhang ist hinzuweisen auf Bayḍāwī, *Anwār at-tanzīl* (Ausgabe H. O. Fleischer), II.361.2 (Kommentar zu Sure 72.1). Bayḍāwī schlägt als letzte von drei in Betracht gezogenen Definitionen vor, dass es sich bei den *ǧinn* um menschliche Seelen handle, die sich von ihren Körpern getrennt hätten *([al-ǧinn] nufūs bašariyya mufāriqa ʿan abdāni-him)*. Diese Definition lässt sich im Sinn einer Parallelisierung bzw. Abhängigkeit zwischen *ǧinn* und Menschen verstehen. Zuvor hatte Bayḍāwī die *ǧinn* bezeichnet als a. vernunftbegabte, verborgene Körper *(ǧism)*, über die das Feuer- oder das Luftelement die Oberhand gewonnen habe bzw. b. als reine, abstrakte Geister *(arwāḥ muǧarrada)*.

47 G. Müller, *Ich bin Labīd, und das ist mein Ziel*, S. 231, Anm. 15.

48 G. Müller, *op.cit.*, S. 122 f.

häufig wird dieser potentielle Doppelgänger des Menschen als *qarīn* bezeichnet. K. Hentschel weist dem *qarīn* eine Sonderstellung zu und erkennt in ihm einen Grundaspekt des Menschseins.[49] Der *qarīn* sei dem Menschen sehr eng verbunden und lasse sich deshalb als menschliche Seelenform verstehen. Er stelle eine wichtige Verbindung[50] zur andern Wirklichkeit dar. In ihm könne man auch erkennen, was C. G. Jung als Schatten definiert habe.[51] Außerdem weise er eine auffällige Nähe zu dem aus dem Schamanismus bekannten Schutzgeist auf.[52] Verschiedentlich werde der *qarīn* überdies als Doppelgänger bezeichnet, wie er aus der islamischen Mystik bekannt sei. K. Hentschel untermauert diese letzte Interpretation mit Überlegungen aus F. Meiers Monographie über Naǧm ad-Dīn al-Kubrā (gest. 540/1145–46).[53]

F. Meier zeigt darin auf, dass die Vertreter der Makrokosmos-Mikrokosmos-Theorie die Rationalseele *(anima rationalis, an-nafs an-nāṭiqa)* als Doppelgänger des Menschen auffassen.[54] Gemäß ihrer Lehre verkörpere sich der Mensch von einem außerirdischen Ort her. In seinen Ausführungen weist F. Meier auf Überzeugungen hin, die der Islam wohl aus dem Mazdaismus, dem Mandäismus oder dem Manichäismus übernommen habe, die sich aber ebenso bei Platon, Poseidonios, Plutarch, Vergil und im gnostischen Christentum nachweisen lassen. Gemäß diesen Vorstellungen erscheint der Doppelgänger als Personifikation der eigenen Taten in einer hellen (gute Handlungen) bzw. dunklen (schlechte Handlungen) Gestalt. Die Mystik bezeichnet dieses Pendant auch als Zeugen

---

49 K. Hentschel, *Geister, Magier und Muslime*, S. 92 f. Die folgenden Ausführungen skizzieren die grundlegenden Eigenschaften dieses *qarīn* (weiblich: *qarīna*). Eine auf arabischen und persischen Quellen basierende Darstellung folgt in Kapitel 8.2.2.

50 K. Hentschel spricht von einem „silbernen Faden".

51 C. G. Jung, *Gesammelte Werke*, XI.83 [131] *(Zur Psychologie westlicher und östlicher Religion)*; siehe auch K. Hentschel, *op.cit.*, S. 91: „Jedermann ist gefolgt von einem Schatten, und je weniger dieser im bewussten Leben des Individuums verkörpert ist, umso schwärzer und dichter ist er." Beim Schatten im Sinne C. G. Jungs (vgl. C. G. Jung, *op.cit.*, S. 85) handelt es sich in der Regel um etwas Niedriges. Er ist aber nicht absolut böse. Im Schatten seien auch kindische und primitive Eigenschaften enthalten, die die Existenz des Menschen beleben und bereichern. Zur Problematik vgl. aus einer andern Perspektive bereits oben, Kapitel 6, bei Anm. 290.

52 K. Hentschel, *op.cit.*, S. 91 f., zitiert aus M. Harner, *Der Weg des Schamanen* (Ausgabe 1986), S. 72: „Der Schutzgeist ist oft eine animalische Kraft, ein spirituelles Wesen, das den Schamanen nicht nur schützt und ihm dient, sondern für ihn eine andere Identität oder ‚alter ego' wird." K. Hentschel bringt bei dieser Gelegenheit auch die Funktion des *kāhin* ins Spiel, den der Islam wegen seiner Verbindung zu schamanistischen Vorstellungen verteufelt habe.

53 K. Hentschel, *op.cit.*, S. 92 f., mit Hinweisen auf F. Meier, *Fawā'iḥ al-ǧamāl wa-fawātiḥ al-ǧalāl des Naǧm ad-Dīn al-Kubrā*.

54 Die folgenden Ausführungen stützen sich auf K. Hentschel, *op.cit.*, S. 91–93, und F. Meier, *Fawā'iḥ*, S. 182–186 und 194.

(šāhid) bzw. übersinnlichen Zeugen *(šāhid al-ġayb)* oder übersinnlichen Meister *(šayḫ al-ġayb)*. Er werde außerdem als individuelle Kraft (bzw. als ‚Kraft der Individualität', *quwwat al-ʿayn*) vorgestellt. Beim Doppelgänger als mystischem Phänomen handle es sich letztlich um eine visionäre Erfahrung. Einem Novizen erscheine sein Doppel als etwas Dunkles. Dem Fortgeschrittenen zeige es durch seine Helligkeit aber an, dass er bereits einen hohen Läuterungsgrad erreicht habe. F. Meier weist auf die universelle Verbreitung der Vorstellungen von Doppelgängern und ähnlichen Phänomenen hin. Diese Auffassungen würden einerseits konvergieren, anderseits sei es unmöglich, stets historische Abhängigkeiten nachzuweisen. Trotz der Vielfalt der Einzelaspekte macht F. Meier allerdings eine sachliche Einheit aus. Er glaubt, dass man es mit intellektuellen oder visionären „Erlebnissen bzw. Resultaten einer direkten und originalen Auseinandersetzung mit dem Unbewussten zu tun habe."[55]

K. Hentschel kommt vor dem Hintergrund von F. Meiers Überlegungen zum Schluss, dass sich die Welt der *ǧinn* einer logischen Definition entziehe und sich das Gebiet intellektuell letztlich nicht ergründen lasse.[56] Er schließt seine Überlegungen mit einem erneuten Hinweis auf Naǧm ad-Dīn al-Kubrā ab, der bemerkte[57]:

> Wisse, Seele *(nafs)*, Satan, und Engel sind nicht Dinge außerhalb von dir, sondern du bist sie selbst. Ebenso sind auch die Himmel, die Erden, der Schemel Gottes, keine Dinge außerhalb von dir, so wenig wie Paradies und Hölle, Tod und Leben, sondern es sind Dinge in dir selbst, und wenn du die mystische Reise machst und rein wirst, erkennst du dies.

Bei dieser Gelegenheit soll bewusst offen bleiben, ob sich die Ergebnisse aus K. Hentschels Rückgriff auf F. Meiers Beobachtungen zur Funktion des Doppelgängers in der Mystik *tel quel* für eine Analyse von Phänomenen des islamischen Dämonenglaubens fruchtbar machen lassen. Unabhängig von der Klärung dieser Frage lässt sich jedoch feststellen, dass Verinnerlichung und Externalisierung für das Verständnis verschiedener Aspekte des Dämonenglaubens von eminenter Bedeutung sind und mystische Auffassungen diese Abhängigkeiten verdeutlichen können.[58]

55 Vgl. F. Meier, *Fawāʾiḥ*, S. 194.
56 K. Hentschel, *op.cit.*, S. 93.
57 K. Hentschel, *op.cit.*, S. 93, mit Hinweis auf F. Meier, *Fawāʾiḥ*, S. 93.
58 Zur Problematik vgl. auch P. Awn, *Satan's tragedy and redemption: Iblīs in Sufi psychology*, z. B. S. 64.

Auch H. A. Winkler wurde im Rahmen seiner Untersuchung zu der unter dem Namen Qarīna ebenso bekannten wie berüchtigten Kindbettdämonin auf die Vorstellung aufmerksam, dass jeder Mensch ein Pendant unter den *ǧinn* habe.[59] Er bringt die entsprechenden Auffassungen mit dem bereits im Koran mehrfach erwähnten Begriff *qarīn* in Verbindung, grenzt sie aber auch davon ab, wie sogleich aufzuzeigen ist (Kapitel 8.2.2, bei Anm. 62–75). Außerdem ist G. Fartacek auf den Gedanken gestoßen, dass *ǧinn* als Doppelgänger des Menschen in Erscheinung treten können.[60] Er macht darauf aufmerksam, dass die Welt der Dämonen einem „Spiegelbild der menschlichen Gesellschaft entspreche". Im heutigen Syrien werde meist die Meinung vertreten, dass jeder Mann in der Welt der *ǧinn* ein weibliches Pendant, also eine *qarīna*, habe. Jede Frau habe in dieser andern Welt aber einen *qarīn*, ein männliches Gegenstück.[61]

Der vorangehende Überblick zu den Positionen anderer Forscher erhebt keinerlei Anspruch auf Vollständigkeit, zeigt aber auf, dass westliche Wissenschaftler die *ǧinn*, zumindest ausgewählte Dämonen, als Doppelgänger des Menschen verstanden haben. Diese Vorstellungen und ihre Hintergründe sollen im Folgenden, wo immer möglich, anhand von Darstellungen in den arabischen und persischen Quellen überprüft und verdeutlicht werden. Ausgangspunkt der weiteren Überlegungen sind H. A. Winklers Erkenntnisse zur Funktion des *qarīn* im Koran.

8.2.2 Der *qarīn* und *šayṭān* als Begleitgeist in Koran, *sunna* und späteren Quellen

Der Ausdruck qarīn *im Koran:* Der Begriff *qarīn* lässt sich in der islamischen Offenbarung mehrfach belegen. Letztlich ist auch der Name der als Qarīna bekannten Kindbettdämonin auf ihn zurückzuführen. Formal allerdings ist die Qarīna davon zu trennen.[62] Sie gehört zu einer *Ǧinn*-Art, die hauptsächlich Mütter und Kleinkinder heimsucht. Da zu diesem Plagegeist bereits ausführliche Studien vorliegen, ist sie nicht Gegenstand der weiteren Bemerkungen.[63] Im Vordergrund der

59 H. A. Winkler, *Salomo und die Ḳarīna*, S. 70–77: „Ḳarīn als Doppelgänger".

60 G. Fartacek, *Unheil durch Dämonen?* S. 60 f.: Kapitel 2.2.2: „Die Ǧinn als ‚Doppelgänger'".

61 Auch H. A. Winkler, *Salomo und die Ḳarīna*, S. 71, ist in Oberägypten vereinzelt auf die Auffassung gestoßen, dass der Doppelgänger das entgegengesetzte Geschlecht hat. Es sei allerdings die Regel, dass das Geschlecht des Dämons jenem der Bezugsperson entspreche.

62 Vgl. H. A. Winkler, *Salomo und die Ḳarīna*, S. 58, und G. Fartacek, *Unheil durch Dämonen?* S. 60, Anm. 86.

63 H. A. Winkler, *Salomo und die Ḳarīna*, setzt sich mit diesem weiblichen Unwesen auseinan-

folgenden Darstellung steht vielmehr der koranische Begriff *qarīn*, mit dessen Bedeutungsnuancen sich H. A. Winkler eingehend befasst hat.[64]

H. A. Winkler wendet sich gegen G. van Vloten, der die lange breit akzeptierte These formuliert hat, dass der *qarīn* für Muḥammad ein Dämon sei, „der mit dem Menschen innig verbunden gedacht wurde".[65] Er zeigt vielmehr auf, dass der Ausdruck *qarīn* in der islamischen Offenbarung in der Regel „Genosse" bedeute. Er habe erst in der *sunna* und der späteren islamischen Überlieferung einen Wandel durchgemacht und danach zur Bezeichnung eines Doppelgängers mit dämonischen Eigenschaften gedient. Diese Funktion komme ihm auch in unterschiedlichen Kulturen in der Moderne zu.[66]

Im koranischen *qarīn* erkennt H. A. Winkler hingegen einfach einen irdischen Gefährten des Menschen, der ihm schlechtes Beispiel ist und ihn davon abhält, sein Handeln auf ein günstiges Geschick im Jenseits auszurichten. Diese Interpretation sei vor dem Hintergrund der prekären politischen Situation der jungen islamischen Gemeinde plausibel. Immer wieder hätten ihre Gefährten *(qarīn)* versucht, die Anhänger des Propheten von ihren Überzeugungen abzubringen. Diese Überlegungen ließen es als gezwungen erscheinen, im *qarīn* einen dämonischen Begleitgeist und Einflüsterer zu sehen, der als Vertreter des Satans den Menschen vom geraden Pfad abbringe.

H. A. Winkler zieht diese Schlüsse aufgrund der Aussagen in Sure 37.51–56 in Verbindung mit Äußerungen in den Korankommentaren Ṭabarīs und Bayḍāwīs.[67] Auch in der Erwähnung des Ausdrucks *qarīn* in Suren 41.22–26[68],

---

der; vgl. zur Ergänzung auch: W. Eilers, *Die Āl.* Siehe außerdem die Ausführungen zur Umm aṣ-ṣibyān (Kapitel 6.3.3).

64 H. A. Winkler, *op.cit.*, S. 58–65, § 7: „Die Ḳarīna. Der Ausdruck *ḳarīn* im Koran". Da diese Darstellung noch immer als maßgeblich gilt, wurde darauf verzichtet, näher auf dieses Thema einzugehen.

65 Vgl. H. A. Winkler, *op.cit.*, S. 63 f. G. van Vloten, „Dämonen, Geister und Zauberer", S. 182 f., meint, der Prophet habe den *qarīn* „im Grunde [als] nichts anderes als die Personifikation der jedem Menschen innewohnenden bösen Triebe [gehalten]." Muḥammad habe diese Auffassung aus vorislamischen Überzeugungen übernommen. Wie der Seher *(kāhin)* über einen *ǧinn* verfüge und von ihm inspiriert werde, so sei unter dem *qarīn* ein mit dem Menschen verbundener Schutzdämon zu verstehen. Muḥammad habe diese Vorstellung in modifizierter Form übernommen, wobei der ursprüngliche Schutzgeist zu einem übelgesinnten Einflüsterer geworden sei.

66 Vgl. H. A. Winkler, *op.cit.*, S. 67 f.

67 H. A. Winkler, *op.cit.*, S. 58.

68 H. A. Winkler, *op.cit.*, S. 59 f., betrachtet die hier erwähnten *qarīn* (pl. *quranāʾ*) nicht als Dämonen, die dem Menschen angeheftet sind und ihn verführen. Die Koranstelle beziehe sich vielmehr auf die Heiden, die die Muslime aufhetzen. H. A. Winkler vertritt diese Auffassung gegen

4.36–38[69] und 50.16–28[70] erkennt H. A. Winkler keinen Anlass dazu, den *qarīn* als Begleitgeist des Menschen zu verstehen. Am ehesten fällt es für ihn in Betracht, dass Muḥammad in Sure 43.36–39 einen Satan als Begleitgeist des Sünders meinte. Er kommt aber letztlich zum Schluss, dass es sich auch beim *qarīn* an dieser Stelle nicht um einen Begleitdämon des Menschen handle. Der Ausdruck hebe hier vielmehr die innige Verbindung zwischen dem Menschen und seinem Genossen allgemein hervor.[71]

H. A. Winkler fasst seine Erkenntnisse aus der Durchsicht der *Qarīn*-Stellen in der islamischen Offenbarung dahingehend zusammen, dass der Begriff nur einen eng verbündeten Gefährten des Menschen bezeichnet und Muḥammad darunter einen Gefährten verstand, der auf den ihm zugesellten Menschen einen üblen Einfluss ausübt. Eine unvoreingenommene, von der späteren *Tafsīr*-Literatur unbeeinflusste Lektüre der relevanten Koranstellen führe zum Schluss, dass Muḥammad unter dem Begriff *qarīn* an den meisten Stellen Mitmenschen gemeint habe.[72] Es lasse sich ausschließen, dass der Ausdruck bereits im Koran einen dämonischen Begleiter des Menschen bezeichnet habe.[73] Diese Bedeutung

---

Ṭabarī und Bayḍāwī die die *qarīn* hier als Satane bezeichnen, die Allāh den Menschen zur Seite gestellt hat.

69 H. A. Winkler, *op.cit.*, S. 60, präzisiert, dass der *qarīn* an dieser Stelle zwar tatsächlich dämonischer Natur sei. Es handle sich allerdings gerade nicht um einen übelgesinnten *spiritus familiaris*, der einem Menschen persönlich anhafte. In Anlehnung an Äußerungen Ṭabarīs schreibt H. A. Winkler diesem *qarīn* eine ganz alltägliche und neutrale Bedeutung zu. Der *qarīn* sei hier nicht der Widerpart eines Schutzengels. Der Sinn der Passage laufe vielmehr darauf hinaus, dass derjenige, der es mit dem Teufel hält, von Allāh abgelehnt werde.

70 H. A. Winkler, *op.cit.*, S. 61–63, stellt sich auch hier gegen die Korankommentatoren. Seines Erachtens ist die Stelle leichter verständlich, wenn man den *qarīn* als Mitmenschen verstehe, der gegen seinen früheren irdischen Gefährten Zeugnis ablegt.

71 H. A. Winkler, *op.cit.*, S. 61: Sure 43.36 hält fest: „ومن يَعشُ عن ذكر الرحمن نقيض له شيطاناً فهو له قرينٌ." („Für jenen, der sich von der Erwähnung des Barmherzigen abwendet, bestimmen wir einen Satan zum Gefährten."). Der anschließende Dialog zwischen dem Menschen und seinem Genossen erinnert H. A. Winkler an Sure 37.51–56, wo der Fromme vom Paradies aus seinen früheren menschlichen Gefährten in der Hölle schmoren sieht. Die Kommentatoren allerdings verstehen den *qarīn* in Sure 43.36–39 eindeutig als Satan. Sie machen jedoch nicht geltend, dass es sich bei ihm um einen Begleitgeist des Menschen handelt.

72 H. A. Winkler, *op.cit.*, S. 64, kommt nochmals auf Sure 43.36 zurück und hält es auch hier für möglich, dass es sich bei jenem Satan, den Allāh als Genossen des Menschen einsetzte, um einen Menschen, einen Verführer der Gläubigen, handelt. Es sei naheliegend, einen bösen Menschen, ganz besonders wenn er sich über religiöse Angelegenheiten lustig mache, einen Satan zu schimpfen.

73 D. Pielow, *Lilith*, S. 48, weist zwar auf H. A. Winklers Ausführungen hin, scheint sie aber nicht zu übernehmen. Sie erkennt im *qarīn* in Suren 37.51, 41.25 und 50.23, 27 einen Geist, der dem

sei erst in den *Ḥadīṯ*-Sammlungen und der späteren islamischen Überlieferung zu belegen (vgl. unten, bei Anm. 76–106).

H. A. Winkler stellt den Versuch an, diese Entwicklung des *qarīn* vom bösen Gefährten des gläubigen Menschen im Koran hin zu einem Begleitdämon in der Tradition nachzuzeichnen.[74] Muḥammad habe jene Zeitgenossen als *qarīn* bezeichnet, die mit seinen frühen Anhängern gut befreundet gewesen seien, aber dennoch nichts vom Islam hätten wissen wollen. Da diese Freunde die frühen Muslime negativ beeinflusst hätten, habe sie der Prophet Satane genannt. Sie seien letztlich Werkzeuge Gottes gewesen, denen die Gläubigen widerstehen mussten. Nachdem der Islam gesiegt habe, seien die Auseinandersetzungen zwischen den frühen Gläubigen und ihren weiterhin dem Heidentum verpflichteten Gefährten vergessen gegangen. Damit sei die Bedeutung des *qarīn* nicht mehr korrekt verstanden worden. Da es nach dem Sieg des Islams keine Menschen mehr gegeben habe, die die Muslime zum Heidentum verführt hätten,[75] hätte die Vorstellung von einem dämonischen Begleiter die entstandene Lücke gefüllt. Fremde Vorstellungen, mit denen die junge Religion im Lauf ihrer Expansion in Kontakt gekommen sei, seien dann in die Ideenwelt der Muslime eingedrungen. Diese Vorstellungen sollen im folgenden Abschnitt untersucht werden.

Qarīn *und* šayṭān *als Begleitgeist:* zur Position der *sunna:* In den klassischen *Ḥadīṯ*-Sammlungen lassen sich verschiedene Überlieferungen nachweisen, die mit dem Begriff *qarīn* andere Vorstellungen in Verbindung bringen als der Koran. Dies lässt sich u. a. anhand von zwei Prophetenworten bei Muslim belegen. Auch dürfte H. A. Winklers Vermutung nicht grundsätzlich zu widersprechen sein, dass fremde Vorstellungen die Bedeutung des Ausdrucks *qarīn* in späteren Quellen mitgeprägt haben. Eine erste Überlieferung bei Muslim wird über ʿAbdallāh b. Masʿūd[76] auf Muḥammad zurückgeführt und hält fest[77]:

Menschen überall hin folgt. Allerdings ließen sich aus dem Korantext die Eigenschaften dieses *qarīn* nicht klar erschließen.

74 H. A. Winkler, *op.cit.*, S. 64.

75 H. A. Winkler postuliert mit dieser Erklärung die frühe Existenz einer geschlossenen, quasi idealen muslimischen Gesellschaft. Seine Auffassung dürfte vor dem Hintergrund der realen politischen und religiösen Bedingungen im Nahen Osten des 7. Jh. n. Chr. nicht haltbar sein.

76 Vgl. zu ihm J.-C. Vadet, Artikel „Ibn Masʿūd", in *EI*² III.873. Ibn Masʿūd zählt zu den wichtigen Gefährten Muḥammads.

77 Muslim *Ṣaḥīḥ*, *Kitāb Ṣifat al-qiyāma wa-ăl-ǧanna wa-ăn-nār*, *Bāb Taḥrīš aš-šayṭān [...]*, *Ḥadīṯ* Nr. 7286 (zitiert), Nr. 7287; Aḥmad b. Ḥanbal, *Musnad*, *Ḥadīṯ* Nr. 3722, 3855, 3878, 4478 (alle nach Thesaurus Islamicus).

حدّثنا عُثْمَان بن أبِى شَيْبَةَ وإسحاقُ بن إبراهيم قال إسحاقُ أخبرنا وقال عُثْمَان حدّثنا جَرِيرٌ عن مَنْصُورٍ عن سَالِم بن أبى الجَعْدِ عن أبيه عن عبد اللّه بن مسعود قال قال رسول اللّه صلى الله عليه وسلم ما منكم من أحد إلاّ وقد وُكِّلَ به قَرِينُهُ من الجنّ. قالوا وإيّاك يا رسول اللّه قال وإيَّاىَ إلاّ أنّ اللّه أُعانَنِى عليه فأَسْلَمَ[78] فلا يأمرنى إلاّ بِخَير.

[Isnād –] von ʿAbdallāh b. Masʿūd, der sagte: Der Gesandte Gottes hatte gesagt: ‚Unter euch gibt es keinen, ohne dass mit ihm nicht sein *qarīn* von den *ǧinn* beauftragt worden war.' – Da fragten sie: ‚[Auch] mit dir, Gesandter Gottes?' – Da erwiderte er: ‚Auch mit mir. Allerdings half mir Gott gegen ihn, und da bekehrte er sich zum Islam[79]. Und er befiehlt mir nur noch Gutes.'

Das zitierte Prophetenwort gilt als Schlüsselstelle für eine Interpretation des *Qarīn*-Konzepts, die sich deutlich von den von H. A. Winkler im Koran beobachteten Auffassungen unterscheidet. Der Prophet hält hier fest, dass der *qarīn* zu den *ǧinn* gehört. Dieser dämonische *qarīn* sei aber auch dem Individuum verbunden; jeder Mensch sei mit einem solchen Wesen betraut. Auch ihm selbst stehe eines zur Seite. Sein *qarīn* halte ihn aber ausschließlich zum Guten an. Muḥammads Aussagen legen nahe, dass mit dem *qarīn* hier ein Begleitdämon des Menschen gemeint ist.

Die Funktion des *qarīn* in der beigebrachten Überlieferung ruft außerdem Auffassungen in Erinnerung, wonach jedem Menschen zwei Gefährten zur Seite stehen. Der eine gehöre zu den *ǧinn*, der andere aber zu den Engeln.[80] Bereits aus dem Koran ist die Vorstellung bekannt, dass zwei Schreiberengel jeden Menschen beobachten. Während der Engel zur Rechten die guten Handlungen aufzeichnet,

---

78 Ein Kommentar zur Stelle bei Muslim, *Ṣaḥīḥ* (Ausgabe ʿIyāḍ b. Mūsā), *Ṣifat al-munāfiqīn wa-aḥkāmi-him, Ḥadīṯ* Nr. 69 (2814) zieht neben der Lesung *fa-aslama* auch die Vokalisation *fa-aslamu* in Betracht. Beide Lesungen seien verbreitet. Wer *aslamu* lese, betrachte den Propheten als Subjekt und verstehe: „Außer dass Gott mir gegen ihn (*scil.* den *qarīn*) half und ich unversehrt bin." Wer aber *aslama* vokalisiere, behandle den *qarīn* als Subjekt und verstehe: „Außer dass Gott mir gegen ihn (*scil.* den *qarīn*) half und er sich zum Islam bekehrte." Im zweiten Fall verstehen verschiedene Gelehrte *aslama* im Sinn von *istaslama* (sich unterwerfen) und *inqāda* (folgen, gehorchen). Allerdings wird *aslama* explizit auch im Sinn des Verbalnomens *islām* (sich zum Islam bekehren) verstanden.

79 Vgl. vorangehende Anmerkung.

80 Dies ergibt sich aus einer auf Sufyān zurückgehenden Variante der zitierten Überlieferung; vgl. Muslim, *Ṣaḥīḥ, Ṣifāt al-munāfiqīn wa-aḥkāmi-him, Bāb 16, Ḥadīṯ* Nr. 69 (Schluss); Muslim *Ṣaḥīḥ, Ḥadīṯ* Nr. 7287 (Thesaurus Islamicus). Hinweise zu weiteren Parallelstellen bei H. A. Winkler, *Salomo und die Ḳarīna*, S. 65, Anm. 2.

hält sein Pendant zur Linken die schlechten Taten fest.[81] Bei dieser Gelegenheit soll nicht näher geprüft werden, inwiefern diese Auffassungen das *Qarīn*-Konzept beeinflusst haben.[82]

Eine zweite, auf ʿĀʾišā zurückgeführte Überlieferung bestätigt Muḥammads Aussage zum *qarīn* und bringt zugleich weitere Aspekte ins Spiel[83]:

> حدّثنى هارون بن سَعيد الأَيْلِىُّ حدّثنا ابن وهب أخبرنى أبو صَخْرٍ عن ابنِ قُسَيْطٍ حدّثه أنّ عُرْوَةَ حدّثه أنّ عَائِشَةَ زَوجَ النّبىّ صلى الله عليه وسلم حدّثته أنّ رسول اللّه صلى الله عليه وسلم خرج من عندها ليلا. قالت فَغِرْتُ عليه فجاء فرأى ما أصنع فقال ما لكِ يا عائشةُ أغِرْتِ. فقلتُ وما لِى لا يغار مثلى على مِثْلِكَ فقال رسول اللّه صلى الله عليه وسلم أقد جاءكِ شيطانُكِ. قالت يا رسولَ اللّه أومعى شيطان قال نعم. قلتُ ومع كلّ إنسانٍ قال نعم. قلتُ ومعك يا رسول اللّه قال نعم ولكن ربّى أعاننى عليه حتّى أَسْلَمَ.
>
> *[Isnād]* ʿĀʾiša, die Gattin des Propheten, hatte [ʿUrwa] erzählt, dass der Gesandte Gottes nachts von ihr weggegangen war. Da sagte sie: Da wurde ich eifersüchtig auf ihn. Da kam er [wieder] und sah, was ich tat. Er fragte mich: Was ist mit dir los, ʿĀʾiša? Bist du denn eifersüchtig? – Da gab sie zur Antwort: Wie soll denn meinesgleichen auf deinesgleichen nicht eifersüchtig sein? – Da erwiderte der Gesandte Gottes: Ist denn dein *šayṭān* zu dir gekommen? – Sie fragte: Gesandter Gottes, habe ich denn einen *šayṭān*? – Er erwiderte: Ja! – [Sie] fragte: Hat denn jeder Mensch [einen *šayṭān*]? – Er bejahte. – [Sie] fragte [darauf]: Auch du, Gesandter Gottes? – Er antwortete: Ja, aber mein Herr hat mir gegen ihn geholfen, sodass er sich zum Islam bekehrt hat.[84]

Aus den inhaltlich, aber auch im Wortlaut weitgehend identischen Schlussbemerkungen der beiden beigebrachten Prophetenworte[85] ergibt sich, dass sich mit *qarīn* und *šayṭān* vergleichbare Vorstellungen verbinden. Beide Überlieferungen insistieren darauf, dass mit jedem Menschen ein *qarīn* bzw. *šayṭān* verbunden ist. In Übereinstimmung mit der Auffassung, dass der muslimische Prophet über Fehl und Tadel erhaben ist (vgl. *ʿiṣmat an-nabiyy*),[86] betonen beide Berichte, dass

---

81 Vgl. dazu Sure 50.17–21; Anspielungen außerdem in Suren 6.61, 43.80, 82.10–12, 86.4. Siehe auch R. Paret, *Der Koran. Kommentar und Konkordanz*, zu Sure 6.61; P. A. Eichler, *Die Dschinn, Teufel und Engel im Koran*. S. 87–90 und S. 104–106, bes. S. 105.

82 Vgl. dazu die Überlegungen von H. A. Winkler, *Salomo und die Ḳarīna*, S. 65–70.

83 Muslim, *Ṣaḥīḥ* (Ausgabe ʿIyāḍ b. Mūsā), *Ṣifāt al-munāfiqīn wa-aḥkāmi-him, Bāb 16, Ḥadīṯ* Nr. 70 (2815); auch Muslim *Ṣaḥīḥ*, *Ḥadīṯ* Nr. 7288 (Thesaurus Islamicus).

84 Vgl. dazu Anm. 78.

85 Ibn Masʿūd: „أَنَّ اللَّهَ أَعَانَنِى عَلَيْهِ فَأَسْلَمَ.“ bzw. ʿĀʾiša: „وَلَكِنْ رَبِّى أَعَانَنِى عَلَيْهِ حَتَّى أَسْلَمَ.“

86 Vgl. dazu W. Madelung und E. Tyan, Artikel „ʿIṣma“, in *EI*² IV. 182. Damīrī, *Ḥayāt al-ḥayawān*, I.206.10–18, hält fest, dass ʿAbdallāh b. Masʿūds Überlieferung darauf abziele, vor Versuchung,

Muḥammads *qarīn* bzw. *šayṭān* den Islam angenommen bzw. sich dem Propheten ergeben habe und ihm keinerlei Schaden zufüge.[87]

Zwei weitere Prophetenworte machen auf zusätzliche Aspekte der mit *qarīn* bzw. *šayṭān* verbundenen Vorstellungen aufmerksam. Eine bei Aḥmad b. Ḥanbal zitierte Überlieferung zeigt auf, dass jedes Individuum dem Schutz von zwei Geistwesen anvertraut ist.[88] Beim Verlassen seines Hauses soll der Mensch angeblich zwei Fahnen tragen. Während sich die erste Fahne in der Hand eines Engels befinde, halte ein *šayṭān* die zweite. Habe der Aufbrechende etwas Gottgefälliges vor, folge ihm der Engel. Der Mensch stehe bis zu seiner Rückkehr unter seinem Schutz. Wer aber Übles im Schild führe, werde vom *šayṭān* begleitet.[89] H. A. Winkler äußert die Vermutung, dass in dieser Überlieferung anstelle von *šayṭān* ganz gut auch von *qarīn* hätte die Rede sein können.[90]

Einflüsterung und Verlockung durch den *qarīn* (l. 15: *fitnat al-qarīn wa-waswasatu-hū wa-iġwā-hu)* zu warnen. Damīrī meint abschließend, dass die Propheten eben vor den großen und kleinen Sünden (l. 17 f.: *al-kabā'ir wa-ăṣ-ṣaġā'ir*) gefeit seien.

87 Anders verhält es sich mit ʿĀ'iša, deren *šayṭān* für ihre Eifersucht *(ġayra)* verantwortlich gemacht wird. In ihrem Fall übt der *qarīn* bzw. *šayṭān* einen negativen Einfluss aus. Diese Beobachtung ist mit andern Quellen in Verbindung zu bringen, die Stolz, Übermut und Jähzorn als *šayṭān* bezeichnen, der die Menschen packt. Entsprechende Bemerkungen lassen sich u.a bei Ǧāḥiẓ belegen, der festhält: „Gelegentlich bezeichnet man auch den Stolz, das Rebellieren, die Hochfahrenheit [und] den heftigen Zorn als Satan im Sinne eines Vergleichs." (Ǧāḥiẓ, *Ḥayawān*, VI.193.1 f.; Übersetzung F. Meier, NL Mappe 3, s. v. *Ǧāḥiẓ*, Bl. 12). Vgl. dazu H. A. Winkler, *Salomo und die Ḳarīna*, S. 65 f., der auf G. van Vloten, „Dämonen, Geister und Zauber", S. 181, verweist. G. van Vloten schließt seine Überlegungen zur zitierten Ǧāḥiẓ-Stelle mit der Bemerkung: „Das kann nur heissen, dass [die Araber] ursprünglich diese Regungen des Gemütes den Einflüssen der Dämonen zuschrieben, die in ihren Köpfen herumspukten."

88 Aḥmad b. Ḥanbal, *Musnad, 5. Musnad Abī Hurayra, Ḥadīṯ* Nr. 4802 (Thesaurus Islamicus); vgl. den Hinweis bei H. A. Winkler, *Salomo und die Ḳarīna*, S. 66 f.

89 Vgl. damit Ibn Māǧa, *Sunan, Kitāb ad-Duʿā', Bāb Mā yadʿū bi-hī ar-raǧul [...], Ḥadīṯ* Nr. 4019 (Thesaurus Islamicus):

حدّثنا عبد الرّحمن بن إبراهيم الدِّمشْقيّ حدّثنا ابن أبى فُدَيْك حدّثنى هارونُ بن هارونَ
عن الأعْرَج عن أبى هُريرةَ أنّ النّبىَّ صلى الله عليه وسلم قالَ إذا خرج الرجل من باب
بيته – أو من باب داره – كان معه ملكان مُوَكّلان به فإذا قال بسم اللّه قالا هُدِيتَ. وإذا
قال لا حول ولا قوّة إلاّ باللّه قالا وُقِيتَ. وإذا قال تَوَكَّلْتُ على اللّه قالا كُفِيتَ قال فَيَلْقَاهُ
قَرِينَاهُ فَيَقولان ماذا تُريدان من رجل قد هُدِىَ وَكُفِىَ وَوُقِىَ.

„*[Isnād –]* von Abū Hurayra, dass der Prophet sagte: Wenn ein Mann aus seinem Haus geht, begleiten ihn zwei Engel, die mit ihm beauftragt sind. Wenn er sagt: ‚Im Namen Gottes', sagen sie: ‚Du bist rechtgeleitet.' Wenn er sagt: ‚Es gibt keine Macht und keine Kraft außer bei Gott', sagen die beiden: ‚Du bist behütet.' Wenn er sagt: ‚Ich vertraue auf Gott', sagen sie: ‚Du bist beschützt.' Er sagte: Dann treffen ihn seine beiden *qarīn* und sagen: ‚Was wollt ihr beide von einem Mann, der rechtgeleitet, behütet und beschützt ist?'"

90 H. A. Winkler, *Salomo und die Ḳarīna*, S. 67.

Allerdings tritt die Vorstellung, dass es sich beim *šayṭān* bzw. *qarīn* um einen Begleitdämon des Menschen handelt, in den *Ḥadīṯ*-Sammlungen verschiedentlich auch wieder in den Hintergrund, wie das folgende, auf Abū Saʿīd al-Ḫudrī zurückgeführte Prophetenwort aufzeigt[91]:

حدّثنا يحيى بن يحيى قال قَرَأْتُ على مالكٍ عن زيدِ بنِ أَسْلَمَ عن عبد الرّحمن بن أبى سعيد عن أبي سعيد الخُدْرىّ أنّ رسول اللّه صلى الله عليه وسلم قال إذا كان أحدُكم يُصَلّى فلا يَدَعْ أحَدًا يَمُرُّ بين يديه وَلْيَدْرَأْهُ ما استطاع فإنْ أَبَى فَلْيُقَاتِلْهُ فإنّما هو شيطان.

[Isnād –] von Abū Saʿīd al-Ḫudrī, dass der Gesandte Gottes gesagt hatte: ‚Wenn einer von euch das Gebet verrichtet, soll er nicht zulassen, dass jemand vor ihm hindurchgeht. [Wenn jemand dies doch tut,] soll er ihn zurückweisen, so gut er kann. Wenn er [*scil.* der Störende] sich aber weigert, soll er gegen ihn kämpfen. Denn dann ist es ein *šayṭān*.‘

Diese Überlieferung versteht den *šayṭān* nicht mehr als Begleitgeist des Menschen, sondern weist ihm die Rolle des Bösen zu. Allenfalls handelt es sich um den Teufel selbst. Allerdings könnte damit, ähnlich wie im Koran, auch ein Mensch gemeint sein, der sich derart verwerflich benimmt, dass man ihn einen Teufel schimpft. Eine Variante zu dieser Überlieferung drückt sich dahingehend aus, dass es sich beim Störenfried um einen *qarīn* handelt, und verwischt damit die Abgrenzung zwischen dem *šayṭān* als Vertreter des Bösen und dem *qarīn* im Sinn eines Begleitdämons.[92]

Die vorangehenden Ausführungen zeigen anhand von ausgewählten Prophetenworten auf, wie sich der koranische *qarīn* als Gefährte mit üblem Einfluss auf die frühen Muslime in den *Ḥadīṯ*-Sammlungen zu einem Wesen entwickelt, unter dem ein Begleitdämon des Menschen zu verstehen ist.

---

91 Muslim, *Ṣaḥīḥ, Kitāb aṣ-Ṣalāt, Bāb Manʿ al-mārr bayna yaday al-muṣallī, Ḥadīṯ* Nr. 1156; mit Parallelen bei: Abū Dāwūd, *Sunan, Kitāb aṣ-Ṣalāt, Bāb Mā yuʾamaru ăl-muṣallī [...], Ḥadīṯ* Nr. 697, 698; Nasāʾī, *Sunan, Kitāb al-Qibla, Bāb at-Tašdīd bi-ăl-murūr bayna yaday al-muṣallī [...], Ḥadīṯ* Nr. 765; Ibn Māǧa, *Sunan, Kitāb Iqāmat aṣ-ṣalāt wa-ăs-sunna fī-hā, Ḥadīṯ* Nr. 1007; Mālik, *Muwaṭṭaʾ, Kitāb Qaṣr aṣ-ṣalāt fī ăs-safar, Bāb Tašdīd an yamurra aḥadun [...], Ḥadīṯ* Nr. 365; alle zitiert nach Thesaurus Islamicus. Weitere Belege bei Aḥmad b. Ḥanbal.

92 Vgl. Muslim, *Ṣaḥīḥ, 5. Kitāb aṣ-Ṣalāt, 48. Bāb Manʿ al-mārr bayna yaday al-muṣallī, Ḥadīṯ* Nr. 1158 und 1159 (Thesaurus Islamicus); mit Parallele bei Ibn Māǧa, *Sunan*, Nr. 1008. Muslim Nr. 1158: „إِذَا كان أحدُكُم يُصَلّى فلا يَدَعْ أحَدًا يَمُرُّ بين يديه فَإِنْ أَبَى فَلْيُقَاتِلْهُ فَإِنَّ معه الْقَرِينَ“. „Wenn einer von euch betet, soll er nicht zulassen, dass jemand vor ihm hindurchgeht. Wenn er sich aber weigert, soll er gegen ihn kämpfen. Denn dann ist der *qarīn* mit ihm.“

Qarīn, šayṭān und Verwandtes in den späteren Quellen: Es liegt im Wesen der islamischen Auseinandersetzung mit ihrem religiösen Erbe, dass die soeben diskutierten Überlieferungen, besonders jene der Gewährsleute ʿAbdallāh b. Masʿūd und ʿĀʾiša, stets aufs neue zitiert und kommentiert werden. Die folgende Darstellung hebt einerseits die unterschiedlichen Auffassungen späterer Autoren hervor, greift anderseits aber auch ergänzende Aspekte dieser Debatte auf. Sie zielt damit darauf ab, die Entwicklung des *Qarīn*-Konzepts zu verdeutlichen.[93]

Im Zusammenhang mit Ausführungen zu einer allfälligen Abstammung der *ǧinn* von Iblīs bzw. der grundsätzlichen Frage, ob Iblīs überhaupt über Nachkommenschaft verfügt, greift Damīrī eine Aussage ʿĀmir aš-Šaʿbīs auf, die er Ibn Ḫallikāns Biographie-Werk entnimmt.[94] Demnach soll ein Lastenträger gegenüber aš-Šaʿbī folgende Aussage gemacht haben[95]:

> روى أن الله تعالى قال لابليس لا اخلق لآدم ذرية إلا ذرأت لك مثلها فليس من
> ولد آدم احد إلا وله شيطان قد قُرِنَ به.

> [Der Lastenträger] erzählte: Gott, erhaben ist er, sagte zu Iblīs: Ich erschaffe für Ādam keinerlei Nachkommenschaft, ohne dass ich für dich nicht ebenso viele erschaffe. Denn es gibt keinen Menschen, der nicht über einen *šayṭān* verfügt, der mit ihm verbunden ist.

Aus dieser Bemerkung ergibt sich eine Parallelisierung von menschlichen und dämonischen bzw. satanischen Wesen, lässt Gott doch mit der Erschaffung jedes Menschen auch einen *šayṭān* entstehen, der dem Individuum offensichtlich eng verbunden ist. Der Wortlaut von Damīrīs Bericht lässt eine solche Interpretation zumindest als nicht abwegig erscheinen.[96] Die grammatikalische Konstruktion des Schlusssatzes bei Damīrī legt nahe, das Verbum قرن als Passiv zu vokalisieren.[97] Mit der Präposition *bi* konstruiert lautet seine Grundbedeutung „verbin-

---

93 Einen allgemeinen Überblick vermitteln die voneinander abhängigen Darstellungen bei: Šiblī, *Ākām al-marǧān*, 10. Kapitel: *Fī bayān al-qarīn min al-ǧinn*, S. 26.1–28.10; Suyūṭī, *Laqṭ al-marǧān*, Kapitel: *Ḏikr al-qarīn*, §§ 252–261, S. 97.3–100.2; Ḥalabī, *ʿIqd al-marǧān*, Kapitel: *Bayān anna kulla insān maʿa-hū šayṭān min al-ǧinn*, S. 46.8–48.11. F. Meier, NL Mappe 2, s. v. *Begleit-Šayṭān*, 3 Bl., trägt Hinweise auf weitere Stellen aus den Quellen zusammen. Es fällt auf, dass in F. Meiers Nachlass zur Dämonologie das Stichwort *qarīn* selbst fehlt.

94 Damīrī, *Ḥayāt al-ḥayawān*, I.209.27–32.

95 Damīrī, *op.cit.*, I.209.31 f. Die Stelle ließ sich bei Ibn Ḫallikān nicht belegen.

96 Auch T. Canaan, „Decipherment", S. 85 und S. 86, Anm. 105, macht auf die diskutierte Damīrī-Stelle aufmerksam.

97 So liest auch T. Fahd, „Anges, démons et djinns", S. 205, Anm. 78.

den, verknüpfen, vereinen".[98] Allerdings dürfte der Begriff *qarīn* (Gefährte) im Verb mitschwingen. A. Kazimirski kennt das transitiv zu konstruierende *qarana* in der Bedeutung „être compagnon (قرين) de quelqu'un".[99] Zwar schließt es die Präposition *bi* aus, das Verb in der vorliegenden Damīrī-Stelle aktiv zu verstehen *(šayṭān qad qarana bi-hī)*. Aber dennoch ist nicht *a priori* von der Hand zu weisen, dass sich die diskutierte Bemerkung auch verstehen lässt „Es gibt unter den Menschen keinen, ohne dass er einen Satan als Gefährten *(qarīn)* hat."

Die von Ibn Ḫallikān und anschließend Damīrī zitierte Auffassung ʿĀmir aš-Šaʿbīs ruft die aus dem iranischen Kulturraum bekannte Vorstellung in Erinnerung, dass zusammen mit jedem Menschen ein weiteres Wesen entstehe, das als *ham-zād*, als Mitgeborener, bekannt ist. In den im Rahmen der vorliegenden Studie untersuchten persischen Quellen lässt sich der Begriff *ham-zād* selbst nicht nachweisen. Allerdings machten verschiedene Forscher in Untersuchungen zum iranischen Volksglauben auf die damit verbundenen Überzeugungen aufmerksam:

Ṣ. Hidāyat hält gestützt auf das Wörterbuch *Burhān-i Qāṭiʿ* fest, dass bei der Geburt eines Kindes mit ihm zusammen auch ein *ǧinnī* auf die Welt komme und es durch sein Leben begleite *(ham-rāh)*. Diesen Begleiter nenne man *ham-zād*.[100] Wenn man in der Dunkelheit eine Stimme vernehme, handle es sich um die Stimme des *ham-zād*.[101] W. Eilers erkennt im *ham-zād* einen Schutzgeist, der bei der Geburt zusammen mit dem Menschen entsteht und das Individuum gegen seine Feinde verteidigt.[102] Gelegentlich sei unter dem *ham-zād* aber ein böswilliger Dämon zu verstehen, gegen den Gebete und Zaubersprüche nützten. W. Eilers setzt den *ham-zād* in späteren Bemerkungen mit dem *qarīn* bzw. der *qarīna* in Beziehung.[103] Er hält fest, dass der persische *ham-zād* weitgehend der *Qarīna* entspreche. Der Ausdruck bezeichne einerseits den Mitgeborenen als Zwilling und geistigen Mitläufer jedes Individuums. Anderseits benenne er, dem griechischen δαιμόνιον vergleichbar, ein böses Geistwesen.[104] Im Sinn einer Ergänzung

98 H. Wehr, *Wörterbuch*, s. v. *qarana*.

99 A. Kazimirski, *Dictionnaire*, s. v. *qarana* I.8.

100 Ṣ. Hidāyat, *Nayrangistān*, S. 42, „مشهور است که چون فرزندی متولد شود جنی هم با او بوجود می‌آید و با آن شخص همراه میباشد وآن جن را همزاد میگویند". A. Christensen, *Démonologie iraniennne*, S. 84, übernimmt diese Auffassung, ohne sie weiter zu kommentieren. Er macht auch auf H. Massé, *Croyances*, II.358 f., aufmerksam.

101 Ṣ. Hidāyat, *Nayrangistān*, S. 86.

102 W. Eilers, *Die Āl*, S. 38, mit Anm. 6. Mit Verweis auf B. A. Donaldson, *Wild rue*, S. 36 f. (seinerseits mit Verweis auf Ġazzālī, *Tafsīr al-Yūsuf*, S. 72), S. 45. Siehe auch H. Massé, *Croyances*, II.358 f.

103 W. Eilers, *Die Āl*, S. 51.

104 Auf diese unklare Abgrenzung zwischen Mitgeborenem *(ham-zād)* und Alp-Geist weist auch

sei darauf hingewiesen, dass Huǧwīrī den Satan als Begleiter des Alleingängers *(al-wāḥid)* bezeichnet. Der Satan sei der *qarīn* jedes Mannes und jeder Frau, die allein leben.[105] Außerdem sei in Erinnerung gerufen, dass der Prophet die *ǧinn* als Brüder *(iḫwān)* der Menschen bezeichnet hat.[106]

Die vorangehenden Ausführungen machen darauf aufmerksam, dass sich neben *qarīn* und *šayṭān* im nach-koranischen Sprachgebrauch mit dem Begriff *ham-zād* oder der Bezeichnung der *ǧinn* als „Brüder" auch weitere Bilder belegen lassen, die die Vorstellung enthalten, dass dem Menschen ein oder mehrere Begleitwesen zur Seite stehen. Die folgenden Bemerkungen machen auf zusätzliche Ausdrücke aufmerksam, die als Synonyma zu *qarīn* und *šayṭān* verwendet werden.

8.2.3 Der *tābiʿ*: ein Folgegeist

Beim Ausdruck *tābiʿ* handelt es sich morphologisch gesehen um ein Partizip Präsens aktiv zu *tabiʿa* „folgen". Das Femininum dazu, *tābiʿa*, bezeichnet zugleich ein dämonisches Wesen, das sich nur schlecht von weiteren weiblichen Dämonen abgrenzen lässt. T. Canaan zeigte auf, dass unter der Tābiʿa und der Qarīna in der Regel dieselbe Dämonin zu verstehen ist.[107] Im Vordergrund der weiteren Ausführungen zum *tābiʿ* (mask.) bzw. zur *tābiʿa* (fem.) steht erneut die Vorstellung, dass es sich um einen Begleitdämon des Menschen, evtl. sogar um seinen Doppelgän-

---

J. M. Unvala, *Contribution*, S. 50, hin. Demnach heißt der Alp in Luristan und Dizful *šawe*. Man betrachtet diesen Alp als Tier mit einem Frauengesicht, das sein Opfer angreift und sich auf seine Brust setzt. Kügelchen aus Karbala-Erde hielten diesen Dämon fern. Der Alp werde auch *ham-zāda*, „Mitgeborener, Zwilling" genannt. Hinweis aus F. Meier, NL Mappe 5, s. v. *Kābūs*, Bl. 3. H. Repp, „Genustausch", bringt wichtige zusätzliche Belege für die hier diskutierte Vorstellung aus dem arabischen Kulturraum bei.

105 Dieser Hinweis aus F. Meier, NL Mappe 2, s. v. *Begleit-Šayṭān*, Bl. 2, mit Verweis auf Huǧwīrī, *Kašf ul-maḥǧūb* (Ausgabe W. Žūkūfskī), S. 472.1 f.; Übersetzung R. Nicholson, S. 361. Die Quellen halten mehrfach fest, dass Einsamkeit das Wirken dämonischer Kräfte begünstige. Vgl. dazu oben Kapitel 2.3, bei Anm. 44, und Kapitel 5.6.2, bei Anm. 422.

106 Vgl. dazu Kapitel 8.1, bei Anm. 33. Die Stelle thematisiert, dass Muḥammad den Menschen die Zufluchtnahme bei Knochen und Mist untersagt hat, da es sich um die Nahrung „eurer Brüder, der *ǧinn*" handle.

107 T. Canaan, „Decipherment", S. 85, verweist allerdings auch auf Ṣanawbarī (Pseudo-Suyūṭī), *Kitāb ar-Raḥma fī ăṭ-ṭibb wa-ăl-ḥikma*, der zwischen Qarīna und Tābiʿa unterscheidet und für beide je eine unabhängige Liste mit Namen aufführt. Zur zitierten Stelle bei Pseudo-Suyūṭī vgl. M. Maarouf, *Jinn eviction*, S. 134; M. Schwartz, „Qumran, Turfan, Arabic Magic, and Noah's Name", S. 232a; M. Dols, *Majnūn*, S. 287.

ger, handelt. Für eine Darstellung der Tābiʿa als weibliche Dämonin hingegen wird auf die umfangreiche Sekundärliteratur dazu verwiesen.[108]

Damīrī greift im *Kitāb Ḥayāt al-ḥayawān* einen Bericht aus Ibn Ẓafars *Kitāb Ḫayr al-bišar bi-ḫayr al-bašar* auf, der Einblicke in die Bedeutung des *tābiʿ* vermittelt.[109] Demnach soll Fāṭima bint an-Nuʿmān gesagt haben, dass sie „einen Nachfolger von den *ǧinn*" habe *(kāna lī tābiʿ min al-ǧinn)*. Wenn er sich gezeigt habe, sei er jeweils zu ihr ins Haus gekommen. Als er eines Tages erneut erschienen sei, sei er aber draußen stehen geblieben und nicht eingetreten. Auf ihr Nachfragen hin habe er erklärt, dass ein Prophet gesandt worden sei und die Unzucht untersagt habe.[110] Auch ein Bericht bei Šiblī bringt in einem etwas andern Kontext das Argument der Unzucht ins Spiel.[111] Die fragliche Überlieferung reicht bis auf den Gewährsmann Bayhaqī zurück, der zur Zeit Muḥammads lebte. Sie weiß von einer Frau aus Medina, die von einem *tābiʿ* in der Gestalt eines Vogels besucht zu werden pflegt *(kāna la-hā tābiʿ fa-ǧāʾa fī ṣūrati ṭāʾir)*. Als er eines Tages erneut zur Frau kommt, bleibt er aber vor ihrem Haus stehen und kommt ihrer Aufforderung zum Eintreten nicht nach. Auch er begründet seine Weigerung damit, dass in Mekka ein Prophet erschienen sei, der unzüchtige Handlungen untersagt habe.[112]

Die heilsgeschichtlichen Erklärungen in den beigezogenen Quellen interessieren im vorliegenden Kontext nicht. Relevant ist jedoch einerseits Fāṭimas Hinweis, dass sie einen *tābiʿ*, also einen Folgegeist, hatte. Besondere Aufmerksamkeit verlangt anderseits die Bemerkung der Bewohnerin Medinas, wonach ihr

---

108 Siehe dazu T. Canaan, *Aberglaube*, S. 26 f.; derselbe, *Dämonenglaube*, S. 47–49; H. A. Winkler, *Salomo und die Ḳarīna*, S. 86–88, außerdem S. 37, 40 f., 49, 99 f.; W. Eilers, *Die Āl*, S. 51 f., 63 f. (Vergleich der Tābiʿa mit der nordgermanischen Fylgja), S. 67, 69 mit Anm. 1; D. Pielow, *Lilith*, S. 47 (vgl. S. 50 f.), betrachtet Tābiʿa, Qarīna, Umm al-layl und Umm aṣ-ṣibyān als nur eine einzige Dämonin, die unter verschiedenen Namen bekannt ist. Siehe auch D. Pielow, *Quellen*, S. 115, bes. Anm. 45; M. Maarouf, *Jinn eviction*, S. 134–138. F. Meier, NL Mappe 9, s. v. *Tābiʿa*, 14 Bl., trägt hauptsächlich Material aus der Sekundärliteratur zusammen.

109 Damīrī, *Ḥayāt al-ḥayawān*, I.207.29 f. (Quellenverweis: S. 207.13). Zu Ibn Ẓafar (497–565/1104–1170) vgl. U. Rizzitano, Artikel „Ibn Ẓafar", in *EI*² III.970.

110 Vgl. F. Meier, NL Mappe 12, s. v. *Inspiration: Ǧinn Überbringer von Nachrichten*, Bl. 1, der den Bericht bereits bei Ibn Saʿd, *Ṭabaqāt*, I.1.110.2–5, nachweist; siehe überdies: Ibn Saʿd, *Ṭabaqāt*, I.1.110.15–17. Der *tābiʿ* deutet mit seiner Erklärung auch die Möglichkeit von geschlechtlichen, allenfalls sogar ehelichen Verbindungen zwischen Menschen und *ǧinn* an; vgl. zu dieser Möglichkeit: E. Badeen und B. Krawietz, „Eheschließung mit Dschinnen nach Badr al-Dīn al-Šiblī", und Anhang, Kapitel 11 „Zur Möglichkeit ehelicher Verbindungen zwischen *ǧinn* und Menschen".

111 Šiblī, *Ākām al-marǧān*, erwähnt zuerst die aus Damīrī bekannte Schilderung in modifizierter Form (S. 133.14–18). Es schließt sich die im Folgenden zu diskutierende Fassung des Geschehens an (S. 133.18–21).

112 Vgl. F. Meier, NL Mappe 12, s. v. *Inspiration: Ǧinn Überbringer von Nachrichten*, Bl. 1, mit Verweis auf diese Erzählung bei Ibn Saʿd, *Ṭabaqāt*, I.1.126.19–23.

tābiʿ Vogelgestalt hatte. Aus dieser Erklärung ergibt sich, dass es sich beim *tābiʿ* in erster Linie um einen Seelenbegleiter handelt. Jedenfalls wird die menschliche Seele bzw. ein Schutzgeist gern in Vogelgestalt vorgestellt, wie sich anhand von Parallelen aufzeigen lässt.[113]

Aus den soeben diskutierten Belegstellen bei Damīrī und Šiblī geht außerdem hervor, dass der *tābiʿ* über Wissen verfügt, das den Menschen noch nicht allgemein zugänglich ist. Sie erfahren erst dank ihrem *tābiʿ*, was sich in der Ferne zugetragen hat. Gegenüber Fāṭima bzw. der Frau in Medina begründet der Folgegeist sein Verhalten jedenfalls mit dem Auftreten eines Propheten in Mekka, von dem man noch nicht allgemein Kunde zu haben scheint. Auch weitere Beispiele stützen die Vorstellung, dass ein Begleitgeist dem mit ihm verbundenen Individuum Wissen oder außerordentliche Fähigkeiten vermittelt. Der *tābiʿ* übernimmt damit gegenüber dem Menschen positiv zu bewertende Funktionen. Diese vornehme Aufgabe der Dämonen als Vermittler von Wissen ist später zu verdeutlichen.[114]

---

113 Im islamischen Kulturraum bringen u. a. die verschiedenen Fassungen der *Risālat aṭ-Ṭayr* den Gedanken zum Ausdruck, dass die (menschliche) Seele als Vogel vorgestellt wird; für die genauen Quellenangaben vgl. Kapitel 10, Anm. 169. Siehe aber auch I. Goldziher, „Der Seelenvogel im islamischen Volksglauben". Ibn Sīnā (gest. 1030) seinerseits greift dieses Bild in der „Ode an die Seele" auf (*al-Qaṣīda al-ʿayniyya ar-rūḥiyya fī ăn-nafs;* S. 446; vgl. T. Nünlist, *Himmelfahrt und Heiligkeit*, S. 228, Anm. 13):

„(1) Sie stieg zu dir herab *(habaṭat)* vom erhabensten Ort,
die (Seelen-) Taube, voller Stolz und unnahbar.
(2) Sie war verhüllt vor den Blicken jedes Wissenden,
und doch war sie völlig schleierlos.
(3) Widerstrebend hat sie sich zu dir begeben. Doch wird sie dich
vielleicht auch widerstrebend und betrübt verlassen.
(4) [Anfänglich] scheute sie zurück und war nicht zutraulich. Doch als sie sich [mit dir]
verbunden hatte, gewöhnte sie sich an die Nachbarschaft öder Ruinen.
(5) Ich glaube [gar], dass sie den Bund im Heiligen Bezirk und
die Stätten vergessen hat, die sie nicht zu verlassen begehrte.
(6) Sie verband sich mit dem A ihres Abstiegs *(hubūṭ)*,
stieg vom Z ihres Zentrums zu den sandigen Dünen herab.
(7) Bis das S ihrer Schwere sich an sie hängte, und sie fiel nieder
an Plätzen voller Zeichen und verlassenen Lagerstätten."

Auch aus dem westlichen Kulturraum ist der Seelenvogel bestens bekannt; siehe z. B. D. de Chapeaurouge, „Die Darstellung der Seele in der bildenden Kunst des Mittelalters", S. 114 f., der u. a. festhält: „Ist die geflügelte Seele Beleg eines Weiterlebens heidnischer Formen, so ist der Vogel als Zeichen der Seele genauso antik." Zu dieser Frage aus westlicher Sicht siehe außerdem: Th. Maus de Rolley, *Elévations. L'écriture du voyage aérien à la Renaissance*, v. a. S. 73–90: Unterkapitel „La tradition chrétienne des ailes de l'âme".

114 Vgl. Kapitel 8.3, im engeren Sinn v. a. Kapitel 8.3.1 „Der *Hātif*-Glaube".

Einstweilen soll nur erwähnt werden, dass neben weiteren Forschenden bereits H.A. Winkler auf die angesprochenen Zusammenhänge aufmerksam gemacht hat.[115] Er verweist auf Ibn Hišām, der den Dämon eines Sehers als *ra'iyy* bezeichnet und erklärt, dass es sich dabei um einen *tābiʿ min al-ǧinn*, einen Nachfolgenden von den *ǧinn*, handelt.[116] Ibn Hišām weiß außerdem von einer Seherin (*ʿarrāfa)* zu berichten, die einen *tābiʿ* gehabt habe. Sie habe ihn konsultiert, wenn sich Ratsuchende an sie wandten.[117] Ibn Qutayba wiederum berichtet, dass sich der liebeskranke ʿUrwa b. Ḥizām zu einem Arzt in der Yamāma begeben hat, dessen außerordentliche Heilkünste damit erklärt werden, dass ihn ein Folgegeist von den *ǧinn (tābiʿ min al-ǧinn)* berate.[118]

Außerdem belegen auch verschiedene Passivpartizipien die Vorstellung, dass dem Menschen ein Begleitdämon zur Seite steht. Sie werden gemäß F. Meier unter gewissen Vorbehalten in Analogie zum bekannten Begriff *maǧnūn* gebildet und weisen auf eine Besessenheit durch Dämonen hin.[119] H.A. Winkler macht dabei auf die Definition des Ausdrucks *tābiʿ* im *Tāǧ al-ʿArūs*[120] aufmerksam und stellt

115 H.A. Winkler, *Salomo und die Ḳarīna*, S. 86 f.

116 Ibn Hišām, *Sīra* (Ausgabe F. Wüstenfeld), I.1.188.5; Ausgabe Kairo 1355, I.316.4 f.: „وإن كان هذا الذى يأتيك [يعنى: يَأتى مُحَمّداً] رئياً تراه قد غلب عليك – وكانوا يسمون التابع من الجن رئيّاً – فربما كان ذلك، بذلنا لك اموالَنا فى طَلَبِ الطِب لك حتّى نُبرئَك منه، أو نُعذِرَ فيكَ“. Zum hier erwähnten *ra'iyy* selbst vgl. Kapitel 8.2.5. Im vorliegenden Zusammenhang interessiert allein der Hinweis auf den *tābiʿ min al-ǧinn*, der einem Menschen Wissen vermittelt. Der weitere Kontext der Geschichte, die die Problematik sozusagen *ex negativo* beleuchtet, ist vorliegend nicht relevant. Der Vollständigkeit halber sei immerhin festgehalten, dass die Qurayšiten Muḥammad zuvor Reichtum, Ruhm und Macht angeboten haben, wenn er sie nicht mehr länger mit seinen Offenbarungen behellige. Auch wollen sie Geld sammeln, um den Gesandten Gottes von den Einflüsterungen jenes Folgegeists zu heilen, der ihn ihrer Meinung nach heimsucht. Der Prophet weist dieses Ansinnen anschließend entschieden zurück.

117 Ibn Hišām, *Sīra*, Ausgabe F. Wüstenfeld, I.1.98.19–99.3, und Ausgabe Kairo 1355, I.162.13 f. (Hinweise auf die Stelle bei H.A. Winkler, *op.cit.*, S. 86 f., und F. Meier, NL Mappe 4, s.v. *Inspirator*, Bl. 59). Beachte außerdem Ṭabarī, *Ta'rīḫ (Annales)*, I.1076.19 und 1077.5. Gemäß diesem Bericht sucht ʿAbd al-Muṭṭalib eine Seherin (*ʿarrāfa)* auf, die einen *tābiʿ* hat. Sie soll ihm raten, ob er seinen Sohn ʿAbdallāh, wie gelobt, opfern oder für ihn das Blutgeld bezahlen soll.

118 Ibn Qutayba, *Kitāb aš-šiʿr wa-āš-šuʿarā'* (*Poesis*, Ausgabe de Goeje), S. 395.11–396.3 (Hinweis aus F. Meier, „Bet-Ruf“, S. 622); vgl. F. Meier, NL Mappe 4, s.v. *Inspirator*, Bl. 3; NL Mappe 12, s.v. *Inspiration, Arzt*, Bl. 6.

119 F. Meier, „Bet-Ruf“, S. 624. Vgl. damit Ch.M. Doughty, *Travels*, I.259, der aufzeigte, dass sich *maǧnūn* aus *ǧinn* ableitet und „be-jinned, demoniac“ bedeutet. Die folgenden Ausführungen greifen ausgewählte Beispiele für solche Passivpartizipien auf. Vgl. auch Kapitel 7, Anm. 173.

120 H.A. Winkler, *Salomo und die Ḳarīna*, S. 87, vgl. *Tāǧ al-ʿArūs*, s.v. *tabiʿa* (V.286.25) „Der Tābiʿ und die Tābiʿa sind der Ǧinn und die Ǧinnin, die mit dem Menschen sind, sie folgen ihm, wohin er geht“. H.A. Winkler bemerkt, dass in dieser Definition bereits die Vorstellung des *tābiʿ* als Begleitgenius mitschwinge.

ihm den Begriff *matbūʿa* zur Seite, der eine Frau bezeichne, die von der Tābiʿa verfolgt werde.[121] Die alten Araber hätten unter dem *tābiʿ* bzw. der *tābiʿa* nicht primär einen schädigenden Dämon verstanden, sondern darin einen „Nachfolgenden" ganz allgemein erkannt.[122] Deshalb lasse sich der Begriff *matbūʿ* hypothetisch auch dahingehend erklären, dass damit eine Person gemeint sei, die von einem Folgegeist *(tābiʿ)* begleitet werde.[123] Der Ausdruck *maqrūn* bezeichne in Anlehnung daran ein Individuum, dem ein Gefährte *(qarīn)* zur Seite stehe.[124] F. Meier weist überdies auf die Begriffe *muṣḥab* bzw. andalusisch *muṣāḥib* hin.[125] Mit den aus der Wurzel صحب abgeleiteten Verbalstämmen III und IV verbindet sich die Bedeutung „(III) vivre avec q., être compagnon, ami intime de q." bzw. „(IV) associer q. à un autre, lui donner un compagnon".[126] In diesen Partizipien sei die in anderem Zusammenhang relevante Bedeutung einer durch dämonische Wesen verursachten Erkrankung zurückgetreten. Allerdings sei die Vorstellung des *ṣāḥib* im Sinn des dämonischen Gefährten in beiden Begriffen im Hintergrund weiterhin präsent. Die folgenden Ausführungen befassen sich mit diesem *ṣāḥib*, der sich nur schwer von den bis anhin untersuchten andern Folgegeistern des Menschen (*qarīn, šayṭān* und *tābiʿ*) abgrenzen lässt.

---

121 H. A. Winkler, *op.cit.*, S. 86 f., stellt diese Überlegungen an in Anschluss an die bei Anm. 116 erörterte Stelle aus Ibn Hišām, *Sīra* (Ausgabe F. Wüstenfeld), I.1.188.5.

122 T. Canaan, *Aberglaube*, S. 26, insistiert im Gegensatz zu H. A. Winkler auf dem negativen Aspekt der *Tābiʿa* und behandelt sie als weibliche Dämonin. Seine Darstellung verwischt allerdings die Abgrenzung zwischen Dämonin und Folgegeist: „Die Bewohner Palästinas glauben, dass jeder Mensch innerhalb der Gespensterwelt seinen besonderen „bösen Geist" hat, der überall hinter ihm her ist, um ihn nicht nur am eigenen Körper, sondern auch an seinem Hab und Gut zu schädigen. Diese Bewohner heissen „Ḳarini" oder „et-Tābiʿa" (pl. *tawābiʿ*) = Verfolgerin. Sie bilden eine besondere Gruppe der bösen Geister. Außer diesen bösen Geistern begleitet jeden Menschen [...] ein besonders „guter Geist", der ihn vor dem Bösen schützen soll. Hat nun der gute Geist Oberhand, so kann der böse dem Menschen nur wenig anhaben." Vgl. auch T. Canaan, *Dämonenglaube*, S. 47.

123 Vgl. damit T. Fahd, Artikel „Kāhin", in *EI²* IV. 420 f., der festhält, dass der Wahrsager *(ʿarrāf) matbūʿ* genannt werde, da er von einem *tābiʿ* bzw. einer *tābiʿa* inspiriert werde. T. Fahd übersetzt *matbūʿ* mit „flanked by a demon".

124 Gemäß A. Fischer, „Magnūn ‚epileptisch' – mu'aiiad ‚beglaubigt'", S. 153, Anm. 2, bedeutet *qurina, maqrūn*, im maghrebinischen Dialekt „unter einer Qarīna leiden(d)". Er weist gestützt auf das Wörterbuch *Tāǧ al-ʿArūs*, IX.308.8, außerdem darauf hin, dass der Ausdruck *qarīn* im Schriftarabischen einen *šayṭān* bezeichne, der seinem menschlichen Träger untrennbar verbunden ist: „القرين الشيطان المقرون بالانسان لا يفارقه".

125 F. Meier, „Bet-Ruf", S. 625, mit Verweis auf A. Fischer, „Magnūn ‚epileptisch' – mu'aiiad ‚beglaubigt'", S. 153, Anm. 1.

126 A. Kazimirski, *Dictionnaire*, s. v.

8.2.4 Der *ṣāḥib*

Die untersuchten Quellen weisen mehrfach darauf hin, dass bestimmten Menschen ein *ṣāḥib* zur Seite steht, der ihnen gegenüber häufig, aber nicht immer, unterstützende Funktionen wahrnimmt. Dies lässt sich u. a. anhand einer Bemerkung illustrieren, die Ǧāḥiẓ einem Dichter, wohl Ḥassān b. Ṯābit, zuschreibt. Dieser Mann gibt an, er habe einen *ṣāḥib* unter den als wichtiger *Ǧinn*-Stamm bekannten Banū Šayṣabān. Ǧāḥiẓ verdeutlicht dessen Funktion, indem er ihn mit dem *šayṭān* identifiziert, der dem Dichter beim Verfassen von Versen hilft *(inna maʿa kulli šāʿirin šayṭānan).*[127] Allerdings kann der *ṣāḥib* gegenüber dem Menschen auch hindernd in Erscheinung treten. Jedenfalls macht ein weiterer Bericht bei Ǧāḥiẓ einen *ṣāḥib-šayṭān* dafür verantwortlich, dass die Koran-Rezitatoren den Offenbarungstext vergessen.[128] Im konkreten Fall ist dieser Satan unter dem Namen Ḫanzab bekannt und wird als *ṣāḥib* des ʿUṯmān b. Abi ăl-ʿĀṣ[129] identifiziert.

Bereits Ibn Hišām berichtet in der *Sīra* übrigens von einer Wahrsagerin *(kāhina)*, die über einen als *ṣāḥib* bezeichneten Begleitdämon verfügt.[130] Aus dem Kontext lässt sich ableiten, dass dieser Folgegeist Aufgaben wahrnimmt, die mit jenen des *šayṭān* bzw. *tābiʿ* in den früher beigebrachten Beispielen weitgehend identisch sind. Gemäß Ibn Hišāms hier zu diskutierenden Bericht hat zur Zeit der *ǧāhiliyyya* unter den Banū Sahm eine Wahrsagerin namens Ġayṭala gelebt. Nachts habe ihr *ṣāḥib* sie aufgesucht und ihr mitgeteilt, dass bald ein „Tag des Fällens und Schlachtens" komme. Etwas später habe er sich erneut bei ihr eingestellt und ihr ergänzende Informationen zukommen lassen.[131] Die Qurayšiten hätten zwar verstanden, dass sich diese Aussagen auf zukünftige Ereignisse bezögen. Aber erst in den Schlachten von Badr und Uhud sei ihnen die Tragweite der Hinweise der Wahrsagerin klar geworden und sie hätten erkannt, was der nächtliche Besucher seiner *ṣāḥiba (sic)*[132] mitgeteilt habe. Auch eine weitere Begebenheit bei Ibn

127 Ǧāḥiẓ, *Ḥayawān*, VI.231.9, mit anschließenden Erklärungen. Zu den Banū Šayṣabān als Stamm der *ǧinn* vgl. oben Kapitel 5, bei Anm. 132 f. und 311–314.

128 Ǧāḥiẓ, *Ḥayawān*, VI.194.7–9.

129 Eine Anmerkung des Herausgebers (ʿA. M. Hārūn) zur Stelle erklärt, dass Muḥammad ʿUṯmān b. Abi ăl-ʿĀṣ zum Gouverneur über Ṭā'if bestellt habe. ʿUmar habe ihn zum Gouverneur über ʿUmān und Baḥrayn ernannt. Später habe er in Baṣra gelebt, wo er über ein umfassendes Lehen verfügt habe.

130 Ibn Hišām, *Sīra*, Ausgabe Kairo I.221 f.; Ausgabe Wüstenfeld, I.1.133 f.

131 F. Meier, NL Mappe 4, s. v. *Inspirator*, Bl. 60, übersetzt den Ibn Hišām-Bericht. Er hält die vorliegende Textstelle mit großer Wahrscheinlichkeit für verdorben.

132 Ibn Hišām bezeichnet in dieser abschließenden Bemerkung nicht mehr den Besucher als

Hišām thematisiert die Funktion des *ṣāḥib*.[133] Gemäß diesem Bericht erkundigt sich ʿUmar bei einem ehemaligen Wahrsager *(kāhin)* danach, was ihm sein *ṣāḥib* jeweils mitgeteilt habe. Der Befragte habe erklärt, er habe durch seinen *ṣāḥib* von der unmittelbar bevorstehenden Sendung Muḥammads erfahren.

Aus späteren Quellen sind weitere Berichte bekannt, die die Qualitäten des *ṣāḥib* als Vermittler von Wissen thematisieren. Suyūṭī z. B. macht auf eine Überlieferung über ʿUmar aufmerksam, die er Aḥmad b. Ḥanbals *Faḍāʾil aṣ-ṣaḥāba* entnimmt.[134] Aus seiner Darstellung geht hervor, dass sich die Angelegenheit abspielte, als Abū Mūsā al-Ašʿarī Gouverneur in Baṣra gewesen war.[135] Da er lange nichts mehr von ʿUmar gehört habe, habe er sich an eine Frau gewandt, die Suyūṭīs Text wie folgt beschreibt[136]:

وكان بها [يعنى بالبصرة] امرأة فى جنبها شيطان يتكلم، فأرسل إليها رسولاً فقال لها: مُرِى صاحبك أن يذهب، ويخبرنى عن أمير المؤمنين.

In [Baṣra] lebte eine Frau, in deren Flanke sich ein *šayṭān* befand, der reden konnte. Da sandte [Abū Mūsā al-Ašʿarī] einen Boten zu ihr und sagte zu ihr: ‚Befiehl deinem *ṣāḥib*, er solle weggehen und mir Kunde über [ʿUmar,] den Fürst der Gläubigen [,] bringen!‘

Ebenso wie die Belege bei Ǧāḥiẓ und Ibn Hišām scheint auch diese Textstelle *ṣāḥib* und *šayṭān* miteinander gleichzusetzen, benutzt sie die beiden Begriffe doch synonym. Dieses Beispiel stellt den *ṣāḥib-šayṭān* in erster Linie als Begleitdämon vor und weist präzisierend auf seine Rolle als Vermittler von Wissen hin. Die Passage betont außerdem die physische Verbindung zwischen der Wahrsagerin und ihrem *šayṭān*, weiß sie doch dass dieser aus ihrer Flanke heraus redet. Im konkreten Fall muss die befragte Frau den Gouverneur jedoch vertrösten. Ihr *šayṭān* befinde sich gerade im Jemen, werde aber in Kürze zurückkehren. Er sei auf ihre Aufforderung, Kunde vom Fürst der Gläubigen, also ʿUmar, zurückzubringen, erneut weggegangen.

ṣāḥib, sondern nennt überraschenderweise die Wahrsagerin selbst eine *ṣāḥiba und* verwischt damit die übliche Terminologie. Die Unklarheit könnte durch die ungesicherte Textüberlieferung bedingt sein; vgl. vorangehende Anm.

133 Ibn Hišām, *Sīra*, Ausgabe Kairo 1355, I.223 f., Ausgabe Wüstenfeld, I.1.133.9–20 (vgl. F. Meier, NL Mappe 4, s. v. *Inspirator*, Bl. 60; vgl. Mappe 12, *Inspiration, Wahrsager, Vorausverkündung Mohammeds*, Bl. 14 f.).

134 Suyūṭī, *Laqṭ al-marǧān*, § 430, S. 175.14–176.6; vgl. die Parallele dazu bei Šiblī, *Ākām al-marǧān*, S. 138.8–14, auch S. 138.4–8.

135 Der Prophetengenosse Abū Mūsā al-Ašʿarī war von 638–642 Gouverneur von Baṣra: vgl. L. Veccia Vaglieri, Artikel „al-Ash̲ʿarī, Abū Mūsā, Ibn Ḳays“, in *EI*[2] I.695.

136 Suyūṭī, *Laqṭ*, § 430, S. 176.1 f.

Allerdings versagt der ausgeschickte Dämon bei dieser Gelegenheit, war es ihm doch unmöglich, überhaupt in die Nähe des Fürsten der Gläubigen zu gelangen. Suyūṭī begründet dies damit, dass sich der Heilige Geist *(rūḥ al-qudus)* zwischen ʿUmars Augen befinde. Jeder *šayṭān* werfe sich deshalb auf sein Antlitz nieder, sobald er seine Stimme höre. Diese abschließende Bemerkung verwischt den eigentlichen Sinn des Berichts, zeigt aber auf, wie Vorstellungen vom unterstützenden Begleitdämon und dessen Interpretation als schädlicher Satan in vielen Überlieferungen nur unscharf voneinander abzugrenzen sind. Solche Unklarheiten verraten zumeist ideologisch motivierte Eingriffe späterer Autoren in Berichte, die angesichts der Wertvorstellungen des neuen islamischen Glaubens nur noch schwer haltbar waren.

8.2.5 *Raʾiyy* und *naǧiyy*

Allerdings kann nicht nur das Verhalten des *ṣāḥib* den Wahrsager, sondern auch jenes des Wahrsagers den *ṣāḥib* beeinflussen, wie die im Folgenden beizuziehenden Darstellungen illustrieren. Sie führen zwar mit dem Begriff *raʾiyy*[137] eine neue Bezeichnung für den Begleitdämon ein, unterscheiden ihn funktionell aber nicht von den bisher vorgestellten Folgegeistern andern Namens.

Ibn Saʿd greift in den *Ṭabaqāt* einen Bericht über Abū Rifāʿa auf, der zur Heidenzeit einen *raʾiyy* von den *ǧinn*[138] gehabt haben soll, wie er selbst behauptet.[139] Als er, Abū Rifāʿa, sich zum Islam bekehrt habe, habe er seinen *raʾiyy* verloren. Bei einem späteren Aufenthalt in ʿArafa habe er jedoch seine Schritte[140] gehört. Sein früherer *raʾiyy* habe ihm bei dieser Gelegenheit mitgeteilt, dass auch er inzwischen Muslim geworden sei. Die Schilderung zeigt auf, dass sich das Verhalten des Menschen auf seinen Begleitdämon auswirken kann.

Šiblī wiederum macht in den *Ākām al-marǧān* auf den bekannten Wahrsager *(kāhin)* Sawād b. Qārib aufmerksam, der sich nach Muḥammads Sendung von seinem Tun losgesagt hat.[141] Die Grundfassung des Berichts lässt sich bereits bei

137 Auch die Vokalisation *riʾiyy* lässt sich nachweisen; vgl. Ǧāḥiẓ, *Ḥayawān*, VI.203, Anm. 6 (Hinweis des Herausgebers ʿA. M. Hārūn).

138 Lies „Raʾiyy min al-ǧinn“. Korrektur F. Meier; vgl. folgende Anm.

139 Ibn Saʿd, *Ṭabaqāt*, VII.1.48.4–9; Hinweis aus F. Meier, NL Mappe 12, s. v. *Inspiration. Wahrsager. Zur islamischen Zeit*, Bl. 18. F. Meier macht auf verschiedene sprachliche Schwierigkeiten in der Passage aufmerksam und schlägt Korrekturen vor, die hier übernommen werden.

140 F. Meier liest *ḥiss*, „Gang“.

141 Šiblī, *Ākām al-marǧān*, S. 128.16–129.23; vgl. die Parallele bei Suyūṭī, *Laqṭ al-marǧān*, § 391, S. 151.10–152.12. F. Meier, NL Mappe 4, s. v. *Inspirator*, Bl. 18 f., macht auf Parallelen aufmerksam

Ibn Hišām bzw. Ibn Iṣḥāq nachweisen, wo Sawāds früherer dämonischer Informant als *ra'iyy* bezeichnet wird. Als 'Umar b. al-Ḫaṭṭāb sich bei Sawād b. Qārib im Scherz nach seiner einstigen Tätigkeit als *kāhin* erkundigt habe, habe der an seine vergangenen Verfehlungen erinnerte Befragte aufgebracht reagiert.

Šiblī macht in seinen weiteren Ausführungen auf eine glaubwürdige Erweiterung *(ziyāda ḥasana)* zu diesem Geschehen aufmerksam.[142] Demnach soll Sawād in Beantwortung von 'Umars Frage, was er von seinem *ra'iyy* erfahren habe, zu längeren Erklärungen ausgeholt haben. Aus den einleitenden Bemerkungen bei Šiblī ergibt sich, dass der *ra'iyy* Sawād in drei aufeinanderfolgenden Nächten aufgesucht und jeweils zwischen Wachen und Schlafen angetroffen habe.[143] Er habe bei diesen Gelegenheiten an Sawād folgende Aufforderung gerichtet[144]:

فقال له قم يا سواد اسمع مقالتى واعقل ان كنت تعقل قد بُعِثَ رسول الله صلى الله عليه وسلم من لؤى ابن غالب يدعو الى الله وعبادته.

> Da sagte [sein *ra'iyy*] zu ihm: ‚Steh auf, Sawād! Hör meine Rede! Lass Verstand walten, wenn du Verstand hast! Es ist nämlich geschickt worden der Gesandte Gottes [aus der Linie] von Lu'ayy b. Ġālib und ruft auf zu Allāh und seiner Verehrung.'

Der *ra'iyy* präzisiert den Inhalt seiner Aufforderung bei seinen drei nächtlichen Besuchen, indem er jeweils drei Verse identischen Inhalts, aber mit abweichender *qāfiya* rezitiert. Aus ihnen ergibt sich, dass die *ǧinn* im Voraus Kunde von Muḥammads Sendung hatten und ins Heilsgeschehen mit einbezogen werden[145]:

> Ich hab mich gewundert über die *ǧinn* und ihr Suchen, [auch] wie sie den Kamelen die (Pack-)Sättel aufbanden.
> Da sie nach Rechtleitung begehrten, begaben sie sich nach Mekka. Der Aufrichtige unter den *ǧinn* [lässt sich nicht vergleichen] mit dem Lügner unter ihnen.

---

bei Abū Zayd al-Qurašī, *Ǧamharat aš'ār al-'arab*, 25–26 (Kairo 1345); F. Meier, NL Mappe 12, s. v. *Inspiration: Wahrsager. Vorausverkündung Mohammeds*, Bl. 12, erwähnt außerdem die Ausgangsfassung des Berichts bei Ibn Hišām, *Sīra*, Ausgabe Kairo 1355, I.223 f., Ausgabe F. Wüstenfeld, I.1.133.9–20.

142 Šiblī, *Ākām al-marǧān*, S. 128.21 f.

143 Im islamischen Kulturraum lässt sich immer wieder die Auffassung nachweisen, dass dem Menschen außerordentliches Wissen zuteil wird, wenn er sich in einem Zustand zwischen Wachen und Schlafen befindet (*bayna ăn-nā'im wa-ăl-yaqẓān;* vgl. Šiblī, *Ākām al-marǧān*, S. 128.22). Siehe zum Motiv: T. Nünlist, *Himmelfahrt und Heiligkeit*, S. 77 f., 232.

144 Šiblī, *Ākām al-marǧān*, S. 128.22–24.

145 Šiblī, *op.cit.*, S. 129.1–11; übersetzte Verse: S. 129.1–3.

> Mach dich auf zum Vorzüglichsten unter den [Banū] Hāšim[146]! Ihre Vorreiter sind nicht vergleichbar mit ihren Gefolgsleuten.[147]

Am Ende des Berichts erkundigt sich ʿUmar bei Sawād, ob sein *raʾiyy* ihn immer noch aufsuche.[148] Der Gefragte erwidert, dass dies nicht mehr der Fall sei, seit er den Koran rezitiere. Auch bezeichnet er das Buch Gottes als schönen Ersatz für die *ǧinn*. Šiblīs Bericht schließt mit Versen, in denen Sawād dem Propheten seine vorangehenden Erfahrungen schildert und darin auf seine Bekehrung zum Glauben an Allāh und seinen Gesandten hinweist. Muḥammad werde für ihn am Jüngsten Tag Fürsprache einlegen. Der ehemalige Wahrsager hält in seinen Erklärungen gegenüber dem Propheten außerdem fest, wie ihn sein *raʾiyy* in den drei aufeinanderfolgenden Nächten auf Muḥammads Auftreten aufmerksam gemacht habe. Indem er seinen *raʾiyy* dabei einen Vertrauten *(naǧiyy)* nennt, charakterisiert er ihn zugleich als Intimus.[149] Er insistiert auf seiner Zuverlässigkeit, habe sein *naǧiyy* ihn bis anhin doch nie angelogen. Aus Sawāds Beschreibung ergibt sich, dass sich die Funktion dieses Vertrauten in nichts von den bisher vorgestellten Folgegeistern andern Namens unterscheidet.[150]

Suyūṭī wiederum bestätigt und vervollständigt die bisherigen Ausführungen zum *raʾiyy*, indem er einen Bericht Kalbīs aus Ibn Durayds *al-Aḫbār al-manšūda* beibringt.[151] Diese Darstellung hält fest, dass Ḫunāfir b. at-Tawʾam[152] zur Zeit der

---

146 Damit ist Muḥammad gemeint.

147 Vgl. auch die Übersetzung bei F. Meier, NL Mappe 4, s. v. *Inspirator*, Bl. 18, der Varianten dieser Verse nachweist bei Qurašī, *Ǧamharat ašʿār al-ʿarab*, al-Qāhira 1926, S. 25; Dimašq 1986, I.174 f.

148 Šiblī, *Ākām al-marǧān*, S. 129.12.

149 Šiblī, *op.cit.*, S. 129.16–17 (Metrum: *Ṭawīl*).

أتانى نجيى بعد هدءٍ ورقدة ولم يك فيما قد بلوت بكاذب
ثلاث ليال قوله كل ليلة أتاك نبى من لؤى بن غالب

Übersetzung: „Es ist gekommen zu mir mein Vertrauter drei Nächte lang nach [einer Periode von] Ruhe und Schlaf. Aus eigener Erfahrung wusste ich, dass er mich nie angelogen hatte. Und jede Nacht war seine Rede: ‚Es ist gekommen zu dir ein Prophet [aus der Linie] von Luʾayy b. Ġālib.'"

150 Auch T. Fahd, Artikel, „Kāhin", in *EI²* IV. 420 f., unterscheidet die Folgegeister kaum voneinander. Er hält fest, dass der *ʿarrāf* seine Eingebung sowohl von einem *tābiʿ* („familiar spirit") als auch von einem *raʾiyy* („inspirer for particular occasions") erhalten könne. T. Fahd nimmt allenfalls eine gewisse Differenzierung vor, indem er dem *kāhin* gegenüber dem *ʿarrāf* eine höhere hierarchische Stellung zuschreibt.

151 Suyūṭī, *Laqṭ al-marǧān*, § 471, S. 196.1–197.6.

152 Der Bericht lässt sich auch nachweisen bei aṣ-Ṣāliḥī, Muḥammad b. Yūsuf (gest. 942 h.q./1536), *Subul al-hudā wa-ār-rašād fī sīrat ḫayr al-ʿibād*, II.210. Bei Ḫunāfir handelt es sich um Ḫunāfir b. at-Tawʿam al-Ḥumayrī; er war zur Zeit der *ǧāhiliyya* als Wahrsager bekannt und

ǧāhiliyya einen *raʾiyy* hatte, diesen aber nach der Verkündung des Islams verlor. Der Text setzt diesen *raʾiyy* namens Šiṣār[153] implizit mit einem Vogel gleich, weiß er doch, dass er sich wie ein Adler auf Ḫunāfir herabstürzte. Šiṣār pflegte mit den Āl al-ʿAdām (?) im Land Šām vertrauten Umgang und erfährt von ihnen, dass Gott einen Gesandten namens Aḥmad geschickt habe. Da er nicht im Höllenfeuer bestraft werden will, schließt sich Šiṣār ihm an. Auch begibt er sich eilendes zu Ḫunāfir und fordert ihn auf, nur noch mit gläubigen, reinen Menschen zu verkehren. Sonst werde er, Šiṣār, sich von ihm trennen *(wa-illā fa-huwa ăl-firāq).*[154] Auf diese Aufforderung hin habe sich Ḫunāfir zum Islam bekehrt.

Der Begriff *raʿiyy* lässt sich übrigens schon bei Ǧāḥiẓ nachweisen, der sich damit im Kontext von Ausführungen zum *hātif* und *kāhin* befasst.[155] Er äußert sich dahingehend, dass man von jenem Menschen, mit dem sich ein *ǧinnī* zutraulich verbunden habe, der seine Bewegung *(ḥiss)* wahrnehme und sein Vorstellungsbild *(ḫayāl)* sehe, und dem der *ǧinnī* einige Nachrichten mitgeteilt habe, sage, dass „sich bei ihm ein *raʾiyy* von den *ǧinn* befinde".[156] Der Verfasser des *Kitāb al-Ḥayawān* zählt anschließend die Namen von Männern auf, die angeblich einen *raʾiyy* gehabt haben.

8.2.6 Die *ǧinn*: des Menschen Komplementärwesen?

Die vorangehenden Ausführungen zeigen auf, dass sich mit den unter den Ausdrücken *šayṭān, qarīn, tābiʿ, ṣāḥib, raʾiyy* oder *naǧiyy* bekannten Begleitdämonen des Menschen weitgehend identische Auffassungen verbinden. Beim aktuellen Stand der Forschung fällt es jedenfalls schwer, die einzelnen Begriffe deutlich voneinander abzugrenzen. Aus der Diskussion der soeben beigebrachten Berichte geht außerdem hervor, dass diese in der Regel erst in islamischer Zeit schriftlich

---

hat sich durch Muʿāḏ b. Ǧabal zum Islam bekehrt. Diese Angaben lassen sich im Internet mehrfach nachweisen; vgl. z. B.: http://www.al-eman.com/الكتب/الإصابة%E2%80%8F+الصحابة+في+تمييز+**/i216&d102623&c&p1 (Website konsultiert am 4. Januar 2012; mit Hinweis auf den vorliegenden Bericht).

153 Laut A. Kazimirski, *Dictionnaire*, s. v., ist *šiṣār* der Name eines Dämons. F. Meier führt diesen Begriff in seinem Verzeichnis der Dämonennamen nicht auf.

154 Suyūṭī, *Laqṭ al-marǧān*, § 471, S. 197.2.

155 Ǧāḥiẓ, *Ḥayawān*, VI.203.5–10. Die Überschrift des Abschnitts lautet: *Man la-hū raʾiyy min al-ǧinn* (Wer einen *raʾiyy* unter den *ǧinn* hat).

156 Ǧāḥiẓ, *Ḥayawān*, VI.203–6–8: „وكانوا يقولون: إذا ألف الجنى إنسانا وتعطف عليه، وخبره ببعض الأخبار، وجد حِسّه ورأى خياله، فإذا كان عندهم كذلك قالوا: مع فلان رَئِيٌّ من الجن".

fixiert worden sind, letztlich aber auf vorislamisches Gedankengut zurückgehende Vorstellungen enthalten.

Anhand der beigebrachten Überlieferungen lässt sich die eigentliche Funktion des Begleitdämons des Menschen zwar deutlich erahnen. Es fällt allerdings auf, dass diese Darstellungen das Phänomen nicht unvoreingenommen schildern, sondern darin zumeist ideologisch motivierte Würdigungen mitschwingen, die den Einfluss traditionalistisch orientierter Kreise verraten. Diese ideologische Komponente kommt am deutlichsten in jenen Texten zum Ausdruck, gemäß denen der Folgegeist seinen menschlichen Vertrauten seit Muḥammads Auftreten nicht mehr aufsuche bzw. auch der Begleitdämon den Islam angenommen habe.

Im Rahmen der vorliegenden Untersuchung lassen sich diese durch die Rezeption und allfällige Adaptation älterer Vorstellungen in jüngeren Quellen mit islamischem Hintergrund verursachten Verwerfungen und Verfälschungen nicht abschließend klären. Aus den bisherigen Ausführungen geht jedoch hervor, dass dem Menschen, zumindest ausgewählten Individuen, Begleit- bzw. Komplementärwesen zur Seite stehen. Während sie ursprünglich unterstützend in Erscheinung traten, werden sie mit der Islamisierung des alten Gedankenguts zunehmend negativ wahrgenommen. Diese Abwertung kann bis hin zu einer Verteufelung dieser Geister führen, die ihrer eigentlichen Natur zuwiderlaufen dürfte. Festzuhalten bleibt, dass die grundsätzlich positiv besetzte Funktion des Begleiters des Menschen unter traditionalistisch orientiertem islamischem Einfluss zwar stark gelitten hat, aber nie gänzlich verschüttet worden ist. Jedenfalls lässt sich beobachten, dass v. a. traditionalistischen Kreisen verpflichtete Quellen aus ideologischen Gründen ein tendenziell negatives Bild dieser Begleitwesen zeichnen. Daneben lassen sich allerdings auch Berichte nachweisen, die den Folgedämon positiv darstellen.

In Würdigung dieser gegensätzlichen Charakterisierungen erscheint es angezeigt, den Begleitdämon des Menschen als grundsätzlich neutrales Wesen zu verstehen. Überwiegen seine negativen Züge, tritt er als Feind in Erscheinung. Gewinnen aber seine positiven Eigenschaften die Oberhand, ist er dem Menschen Freund und Helfer. Diese Ambivalenz soll auch terminologisch zum Ausdruck kommen, indem diese Begleitdämonen unabhängig von ihrer konkreten Bezeichnung als *šayṭān, qarīn, tābiʿ, ṣāḥib, raʾiyy* oder *naǧiyy* als Komplementärwesen verstanden werden. Dieser Begriff blendet die von traditionalistisch ausgerichteten Kreisen betriebene Verteufelung des Folgegeists aus und gibt ihm auch terminologisch jene neutrale Stellung zurück, die ihm v. a. die Bezeichnung *šayṭān* implizit abspricht.

Komplementärwesen können das Individuum im positiven oder negativen Sinn ergänzen und beeinflussen. Tritt das Komplementärwesen positiv in Erscheinung, dient es zur Erklärung außerordentlicher Eigenschaften und Fähigkeiten seines Trägers. Dominieren allerdings die verwerflichen Züge eines Individuums, lässt sich dies mit dem negativen Verhalten seines Begleitdämons erklären. Dies kann im zweiten Fall mit einer Externalisierung und damit Abspaltung negativer Charaktereigenschaften verbunden sein. Die *ǧinn* treten dabei als Projektionswesen in Erscheinung und sind letztlich für die unerwünschten Züge eines Menschen verantwortlich. Bei diesen negativen Eigenschaften kann es sich sowohl um psycho-soziale Verhaltensdefizite als auch um körperliche Mängel oder Erkrankungen handeln. Es sei bei dieser Gelegenheit an die Untersuchungen der Jung-Schülerin M.-L. von Franz oder des Freudianers M. Sami-Ali erinnert, die Dämonen letztlich beide als Projektionswesen verstehen, in die der Mensch seine negativen Eigenschaften externalisieren kann.[157] Solche Projektions- bzw. Komplementärwesen versetzen das Individuum aber auch in die Lage, Außerordentliches zu vollbringen. Diesen Aspekten soll in der Folge nachgegangen werden.

8.3 Die *ǧinn* als Komplementärwesen und ihre positive Funktion

Die untersuchten Quellen bringen die positiven oder zumindest neutral zu bewertenden Funktionen der *Ǧinn*-Komplementärwesen in unterschiedlicher Hinsicht zum Ausdruck. Einerseits lassen sich Berichte darüber beibringen, dass dämonische Rufer die Menschen auf unmittelbar bevorstehende oder erst kürzlich vorgefallene Ereignisse aus der Geschichte der jungen islamischen Gemeinde hinweisen. Dieses Phänomen ist auch als *Hātif*-Glaube bekannt (Kapitel 8.3.1). Anderseits beschreiben verschiedene Erzählungen, wie Stimmen z. B. einem Verirrten in der Wüste den richtigen Weg weisen. Dämonen können aber auch Rezepte zur Heilung Kranker mitteilen. In beiden Fällen treten sie als Retter in der Not auf (Kapitel 8.3.2). Besondere Aufmerksamkeit verdient in einem dritten Schritt, dass diese dämonischen Komplementärwesen eine bedeutende Rolle bei der dichterischen Inspiration spielen (Kapitel 8.3.3–4).

157 Vgl. zu diesen Überlegungen Kapitel 6.6 „Exkurs: Schatten und Schattenwesen“, v. a. die abschließenden Überlegungen bei Anm. 290–293.

8.3.1 Der *Hātif*-Glaube: Die *ǧinn* als Übermittler von Nachrichten

Eine Episode aus Ibn aṭ-Ṭiqṭaqās (2. Hälfte 13. Jh.) *Kitāb al-Faḫrī* weiß, dass der Abbasiden-Kalif an-Nāṣir eines Nachts seinem Minister befahl, seine beiden in Ḫūzistān lebenden Enkelkinder so rasch als möglich nach Bagdad zu holen. Der Wesir habe sogleich einen Kamelreiter losgeschickt und ihn angewiesen, den Zweck seiner Reise geheim zu halten. Doch noch bevor der Eilbote die Hauptstadt verlässt, hört er, wie eine Frau ihrer Nachbarin vom eigentlich streng vertraulichen Zweck seiner Reise erzählt. Der Bote erschrickt und kehrt zum Minister zurück, fürchtet er doch, ihm würde später vorgeworfen, er habe den Anlass seines Weggehens ausgeplaudert und müsse dafür mit dem Leben büßen. Der Wesir allerdings nimmt die entschuldigenden Erklärungen des Eilritters zur Kenntnis und schickt ihn mit der Bemerkung erneut weg, dass „die besonders großen Nachrichten von den *šayāṭīn* überbracht werden."[158]

Die untersuchten Quellen enthalten weitere Beispiele dafür, dass dämonische Wesen Nachrichten sozusagen in Echtzeit übermitteln. Bevor die folgenden Ausführungen das auch als *Hātif*-Glaube[159] bekannte Phänomen ausführlich illustrieren, machen sie im Sinn einer ersten Charakterisierung auf Äußerungen dazu bei Ǧāḥiẓ und Masʿūdī aufmerksam. Ǧāḥiẓ betont die allgemeine Verbreitung der Vorstellung von den *ǧinn* als Überbringer wichtiger Botschaften, indem er aufzeigt, dass der Glaube an Stimmen unsichtbarer Rufer *(hātif)* unter den Beduinen weit verbreitet ist. Die Beduinen würden sich sogar über jene wundern, die diese Möglichkeit ausschlössen.[160] Doch letztlich kann Ǧāḥiẓ das Phänomen nicht restlos erklären. Jedenfalls richtet er an einen Mann, der alles zu wissen vorgibt, die Aufforderung: „Lass mich [vom Ursprung] jener Verse wissen, die der *hātif* rezitiert, und der Nachrichten, die sich in der Nacht verbreiten."[161] Masʿūdī seinerseits interessiert sich für die psychologischen Hintergründe dieser Vorstellungen.[162] Er hält fest, dass der *hātif* zwar eine hörbare Stimme habe, sein Körper

158 Ibn aṭ-Ṭiqṭaqā, *al-Faḫrī fī ăl-ādāb as-sulṭāniyya wa-ăd-duwal al-islāmiyya* (Ausgabe H. Derenbourg), S. 84–86; S. 86.6: „فإن الشياطين تنقل عظائم الأخبار". Hinweis aus F. Meier, NL Mappe 4, s. v. *Inspirator*, Bl. 24 f. F. Meier, NL Mappe 12, s. v. *Inspiration: ǧinn Überbringer von Nachrichten*, Bl. 3 f., macht aufmerksam auf Yāqūt, *Iršād*, VI.121 f., der schildert, wie dämonische Meldungsübermittler *(muḥaddiṯ)* vertrauliche Nachrichten verbreiten.

159 Der Ausdruck leitet sich ab vom Verb *hatafa* (rufen), mit dem Partizip Präsens aktiv *hātif*, und dient als *terminus technicus* zur Bezeichnung des hier geschilderten Phänomens.

160 Ǧāḥiẓ, *Ḥayawān*, VI.202.5 f.: „والأعرابُ وأشباهُ الأعراب لا يتحاشَون من الإيمان بالهاتف، بل يتعجبون ممن ردَّ ذلك".

161 Ǧāḥiz, *Kitāb at-Tarbīʿ wa-ăt-tadwīr* (Ausgabe Pellat), 42.16 f.

162 Masʿūdī, *Murūǧ* (Ausgabe de Meynard, de Courteille), III.323 f.

aber unsichtbar bleibe. Er erklärt diesen Glauben letztlich mit Sinnestäuschungen, unter denen Menschen leiden, die sich lange allein in schrecklichen, abgeschiedenen Gegenden aufhalten.[163]

Diese Hinweise vermitteln einen ersten Eindruck, welche Vorstellungen mit dem *Hātif*-Glauben in Verbindung gebracht wurden.[164] Die folgenden Ausführungen sollen diese Auffassungen hauptsächlich anhand von Beispielen bei den drei voneinander abhängigen Autoren Šiblī, Suyūṭī und Ḥalabī verdeutlichen, die dem Phänomen in besonderen Kapiteln nachgehen und darin Vorfälle aus der jungen islamischen Gemeinde behandeln. Die Überschriften der entsprechenden Abschnitte in ihren Abhandlungen enthalten wiederholt den Ausdruck *iḫbār* und insistieren damit auf der Funktion der *ǧinn* als Vermittler von Informationen.[165]

---

163 Mas'ūdīs Argumentation wurde oben, Kapitel 2.3 „Hin zu einer Psychologisierung", bei Anm. 39–46, ausführlich diskutiert.

164 Zum *Hātif*-Glauben vgl. außerdem I. Goldziher, *Abhandlungen zur arabischen Philologie,* I.212 („Excurse: Ueber Erscheinungsformen der Ǧinnen II"); P. Franke, *Begegnung mit Khidr,* S. 28, Anm. 56 und Index. T. Fahd, Artikel „Hātif", in *EI²* III.273, macht überdies auf die beiden folgenden Werke aufmerksam: 1. Abū Bakr b. 'Ubayd b. Abi ăd-Dunyā (gest. 281/894), *Kitāb al-Hawātif* (vgl. *GAL,* S I.247; R. Weipert und St. Weninger, „Die erhaltenen Werke des Ibn Abī d-Dunyā", S. 428 f., mit Hinweisen auf Textausgaben; zu Ibn Abi ăd-Dunyā siehe ausführlicher Kapitel 5, Anm. 321); 2. Abū Bakr b. Ǧa'far al-Ḫarā'iṭī (gest. 327/938), *Hawātif al-ǧinnān wa-'aǧā'ib mā yuḥkā 'an al-kuhhān* (*GAL,* S I.350).

165 Die in dieser Anmerkung zusammengestellten Beispiele machen im Rahmen eines ersten Überblicks auf den Inhalt der entsprechenden Berichte bei Šiblī, Suyūṭī und Ḥalabī aufmerksam. Ausgewählte Darstellungen werden später im Detail diskutiert. Überblick: A. Berichte über Muḥammads Geburt: Ḥalabī, *'Iqd,* S. 76.1–4: *Iḫbāru-hum bi-mawlūdi-hī;* vgl. Šiblī, *Ākām,* S. 130.14–25. B. Berichte über Muḥammads Sendung als Prophet: Šiblī, *Ākām,* Kapitel 63: *Fī iḫbār al-ǧinn bi-mab'aṯ an-nabiyy wa-ḥarāsat as-samā' min-hum bi-ăn-nuǧūm,* S. 124.8–133.21; Suyūṭī, *Laqṭ,* §§ 425–431: *Iḫbār al-ǧinn bi-mab'aṯ an-nabiyy,* S. 171.14–176.10; Ḥalabī, *'Iqd: Al-bašāra bi-mab'aṯi-hī,* S. 76.5–13 und *Man' Iblīs min iḫtirāq as-samawāt,* S. 77.14–78.8. C. Berichte über wichtige Vorfälle in der jungen islamischen Gemeinde (z. B. Schlachten): Šiblī, *Ākām,* Kapitel 64: *Fī iḫbār al-ǧinn bi-nuzūl an-nabiyy ḫaymat Umm Ma'bad ḥīna ăl-hiǧra bi-ăl-Madīna,* S. 134.1–136.3; Kapitel 66: *Fī iḫbār al-ǧinn bi-qiṣṣat Badr,* S. 136.20–137.6; Kapitel 67: *Fī iḫbār al-ǧinn bi-qatli-him Sa'd b. 'Ubāda,* S. 137.7–22; Kapitel 72: *Fī nawḥi-him 'alā ăn-Nuḫa' lammā uṣībū yawm al-Qādisiyya,* S. 143.15–144.2; Kapitel 75: *Fī nawḥi-him, 'alā ba'ḍi man uṣība bi-Ṣiffīn,* S. 145.16–146.4; Ḥalabī, *'Iqd: Iḫbāru-hum bi-hiǧrati-hī (bi-hiǧrat an-nabiyy),* S. 78.9–79.7. D. Berichte über die Bekehrungen wichtiger Personen zum Islam: Šiblī, *Ākām,* Kapitel 65: *Fī bayān iḫbār al-ǧinn bi-islām as-Sa'dayn,* S. 136.4–137.6. E. Berichte über das Wehklagen der *ǧinn* beim Ableben berühmter Persönlichkeiten: Šiblī, *Ākām:* Kapitel 70–82, S. 140.3–151.21; z. B. Kapitel 70: *Fī na'y al-ǧinn 'Abdallāh b. Ǧud'ān;* Kapitel 76: *Fī i'lāmi-him bi-wafāt 'Alī b. Abī Ṭālib,* S. 146.5–22; Suyūṭī, *Laqṭ,* §§ 432–451: *Al-ǧinn wa-bukā'u-hum 'alā ba'ḍ aṣ-ṣaḥāba wa-ăl-'ulamā'* bzw. *Na'y al-ǧinn wa-nawḥu-hum 'alā ba'ḍ aṣ-ṣaḥāba wa-ăl-'ulamā'* (abweichende Überschriften in Inhaltsverzeichnis und Text), S. 176.11–187.3; Ḥalabī, *'Iqd: Bukā'u-hum al-mawtā min al-aḫyār,* S. 87.6–88.6.

In den untersuchten Quellen lassen sich Berichte feststellen, gemäß denen die Menschen durch die Stimmen unsichtbarer Rufer auf Muḥammads Geburt aufmerksam werden. Šiblī bringt in den *Ākām al-marǧān* jedenfalls eine auf ʿUmar b. ʿAbd ar-Raḥmān b. ʿAwf zurückgeführte Überlieferung bei, wonach bei der Geburt des Propheten die *ǧinn* auf dem bei Mekka gelegenen Berg Abū Qubays und dem Hügel al-Ḥaǧūn einander zugerufen *(hatafa)* und das außerordentliche Ereignis in Versen besungen hätten.[166]

Auch zu besonderen Vorfällen im späteren Leben des Gesandten sind Überlieferungen im Umlauf, die das *Hātif*-Phänomen thematisieren. Šiblī greift in den *Ākām al-marǧān* einen Bericht aus Ibn Isḥāqs *Sīra* über die Schwierigkeiten des Propheten in Mekka und seinen Weggang *(hiǧra)* nach Medina auf.[167] Diese Darstellung wird auf Abū Bakrs Tochter Asmāʾ zurückgeführt, deren Vater Muḥammad bei der Auswanderung begleitete. Als die Qurayšiten feststellen, dass ihnen der Prophet entkommen ist, wollen sie Erkundigungen einholen und begeben sich zu seinem Haus. Allerdings haben auch Asmāʾ und ihre Familie keine Ahnung vom Verbleib Abū Bakrs und des Gesandten. Drei Nächte lang bleiben die Angehörigen im Ungewissen über das Schicksal der beiden Vermissten. Danach soll sich ein Mann der *ǧinn* aus dem unteren Teil Mekkas eingestellt haben. Die Leute seien ihm bzw. seiner Stimme gefolgt, ohne dass sie ihn selbst gesehen hätten.[168] In Nachahmung arabischer Dichter, habe er folgende Verse rezitiert und sie darin über Muḥammads Erlebnisse informiert[169]:

> Möge es Gott, der Herr der Leute, den beiden Gefährten aufs beste vergelten, die sich im Zeltlager der Umm Maʿbad niedergelassen haben.
> Sie beide sind abgestiegen mit Segen und sind dann weitergezogen. Erfolgreich ist, wer Muḥammads Gefährte ist.
> Das Handeln ihrer Tochter soll die Banū Kaʿb beschämen. [Aber] für die Gläubigen ist ihre Stätte ein Zeichen auf dem Weg des Propheten.

---

166 Šiblī, *Ākām al-marǧān* S. 130.14–25. Vgl. Ḥalabī, *ʿIqd al-marǧān*, S. 76.2–4, der den Bericht um die bei Šiblī enthaltenen Verse gekürzt wiedergibt.

167 Šiblī, *Ākām al-marǧān*, Kapitel 64: *Fī bayān iḫbār al-ǧinn bi-nuzūl an-nabiyy ḫaymata Umm Maʿbad ḥīna ăl-hiǧra bi-ăl-Madīna*, S. 134.1–136.3. Šiblī zieht verschiedene Versionen des Geschehens bei. Die folgenden Ausführungen stützen sich auf die auf Asmāʾ bint Abī Bakr zurückgehende Fassung (S. 134.4–15). Bei Ibn Iṣḥāq ließ sich dieser Bericht bis anhin nicht nachweisen.

168 Šiblī, *Ākām al-marǧān*, S. 134.8–10: „فمكثنا ثلاث ليال لا ندرى أين وجه رسول الله صلى الله عليه وسلم حتى أقبل رجل من الجن من أسفل مكة يتغنى بابيات من شعر غناء العرب وان الناس ليتبعونه يسمعون صوته وما يرونه حتى خرج من اسفل مكة“.

169 Šiblī, *op.cit.*, S. 134.11–13. Metrum: *Ṭawīl*. Für das Verständnis der folgenden Stelle ist der Hinweis erforderlich, dass Umm Maʿbad zu den Banū Kaʿb gehört; vgl. Šiblī, S. 135.10 f. Der dritte Vers ist frei übertragen.

Dieser Bericht weiß von einem unsichtbaren, Verse rezitierenden Rufer von den *ǧinn* und greift damit aus dem *Hātif*-Glauben bekannte Elemente auf. Hinweise auf Parallelüberlieferungen zur auf Ibn Isḥāq zurückgehenden Version bei Šiblī bestätigen diese Interpretation, bezeichnen sie Asmāʾs dämonischen Informanten in einleitenden Bemerkungen doch explizit als Rufer *(hātif)* von den *ǧinn* bzw. als *ǧinnī*, der gerufen habe *(hatafa)*.[170]

Gelegentlich vermischen sich die Vorstellungen zum *Hātif*-Glauben mit den Auffassungen zur Funktion des *kāhin*, wie aus einem Bericht Šiblīs zu Einzelheiten von Muḥammads Sendung als Prophet hervorgeht.[171] Gemäß der erwähnten Überlieferung hätten plötzlich in großer Zahl herabsausende Sterne die Menschen in Furcht und Schrecken versetzt und dazu veranlasst, bei ihrem besten Wahrsager, einem angesehenen, 280 Jahre alten *šayḫ*, Rat zu suchen. Dieser Mann namens Ḫaṭar (?), bat die verängstigten Fragesteller um einen Tag Aufschub, damit er in dieser Angelegenheit Erkundigungen einholen könne. Bevor er die Erkenntnisse aus seinen Nachforschungen am nächsten Tag weiterleiten kann, wird der erprobte Wahrsager allerdings selbst beinahe von einem herabsausenden Stern erschlagen. In Versen lässt er die Ratsuchenden darauf wissen, dass die Sendung eines Propheten die anmaßenden *ǧinn* in ihre Grenzen verwiesen und die Offenbarung des Korans dem Götzendienst *(ʿibādat al-awṯān)* ein Ende gesetzt habe. Abschließend fordert er die Anwesenden auf, dem außerordentlich veranlagten Gesandten zu folgen, was er im Übrigen auch selbst tun werde.

Die beigebrachte Überlieferung ist interessant, da sie einerseits die bisherigen Kanäle der Übermittlung von Wissen an die *ǧinn* annulliert und ihre Unterbrechung mit dem bekannten Sternschnuppen-Mythos begründet. Anderseits weist Ḫaṭar am Schluss seiner Erklärungen doch wieder darauf hin, dass ihm der Vorsteher der *ǧinn (raʾīs al-ǧānn)* selbst seine Erkenntnisse zu Muḥammads Auftreten habe zukommen lassen.[172] Obwohl der angeführte Bericht das als *Hātif*-Glaube bekannte Phänomen nicht direkt illustriert, wurde er hier aufgegriffen. Auch er zeigt nämlich auf, wie die *ǧinn*, im vorliegenden Beispiel ihr Vorsteher, Wissen von erst kürzlich vorgefallenen Ereignissen haben und es weitergeben.

Zum *Hātif*-Glauben im engeren Sinn wiederum gehören Schilderungen, wie unsichtbare dämonische Rufer die Zuhausegebliebenen über den Ausgang wichtiger Schlachten in Kenntnis setzen, noch bevor die Nachricht sie auf normalem Weg hätte erreichen können. Dies illustriert ein auf Qāsim b. Ṯābits *Kitāb*

---

170 *Loc.cit.*, S. 135.6 bzw. 134.21.

171 *Loc.cit.*, S. 126.25–128.16; die Darstellung wird Lahab oder Abū Lahab zugeschrieben.

172 *Loc.cit.*, S. 128.3.

ad-Dalāʾil zurückgehender Bericht bei Šiblī.[173] Demnach haben die zu Hause gebliebenen Mekkaner noch am Schlachttag selbst erfahren, dass die Muslime bei Badr die Karawane der Qurayšiten angegriffen hatten. An jenem Tag habe sich ein Rufer von den *ǧinn (hātif min al-ǧinn)* in Mekka eingestellt, mit weithin hörbarer Stimme drei Verse rezitiert und darin das Vorgefallene beschrieben. Man habe aber jenen Rufer selbst nicht sehen können. Etwas später habe die Nachricht die Mekkaner auch über die üblichen Kanäle erreicht. Die drei Verse halten die Eckpunkte des Geschehens in Badr wie folgt fest[174]:

> Es haben vollbracht die Rechtgläubigen *(ḥanīfī)* in Badr einen Angriff, durch den die Pfeiler [der Macht] des persischen und römischen Kaisers einstürzen werden.
> [Ein Angriff, der] vernichtet hat Männer [aus der Linie] von Luʾayy und hervortreten lassen hat Frauen aus vornehmem Haus, die sich [aus Trauer über die Gefallenen] mit unverhülltem Gesicht auf die Brust geschlagen haben.
> Wehe jenem, der zum Feind Muḥammads geworden ist, sich von der Rechtleitung abgewendet hat und in Verwirrung geraten ist.

Berichte über den Ausgang der Schlachten bei Ṣiffīn[175] und Qādisiyya[176] folgen einem ähnlichen *pattern.*[177] Dies ergibt sich z. B. aus einem Bericht Šiblīs über die Schlacht bei Qādisiyya und das Schicksal der Angehörigen des jemenitischen Stamms der Nuḫaʿ[178]. Diese hatten auf der Seite der Muslime gekämpft und waren bei den Auseinandersetzungen in großer Zahl umgekommen. Im Jemen selbst hatte man an exakt jenem Tag gehört, wie die *ǧinn* in einem Tal den Tod der Gefallenen in Versen beweinten.

In einem andern Zusammenhang wiederum macht Šiblī darauf aufmerksam, dass ʿUmar ein Heer ausgesandt habe.[179] In Medina sei darauf eine Person aufgetaucht und habe von einem Sieg der Muslime berichtet. Als sich ʿUmar nach dem Boten der freudigen Nachricht erkundigt habe, habe man ihm mitgeteilt, es handle sich um Abu ăl-Ḥayṯam, den Boten der Muslime unter den *ǧinn (barīd*

173 Šiblī, *Ākām,* Kapitel 66: *Fī bayān iḫbār al-ǧinn bi-qiṣṣat Badr,* S. 136.20–137.6. Muḥammad errang im Jahr 2/624 in Badr seinen ersten großen Sieg über die Mekkaner.

174 Šiblī, *op.cit.,* S. 137.2–4: Metrum: *Ṭawīl.*

175 In der Schlacht bei Ṣiffīn traf ʿAlī b. Abī Ṭālib im Jahr 37/657 auf Muʿāwiya aus Syrien.

176 In der Schlacht bei Qādisiyya besiegten die muslimischen Eroberer den letzten Sassanidenkönig Yazdegird III.; die Schlacht wird in die Jahre 14/635 bis 16/637 datiert.

177 Šiblī, *Ākām al-marǧān,* Ṣiffīn: S. 145.16–146.4 (Kapitel 75: *Fī bayān nawḥ al-ǧinn ʿalā baʿḍi man uṣība bi-Ṣiffīn*); Qādisiyya: S. 143.15.–144.2 (Kapitel 72: *Fī bayān nawḥ al-ǧinn ʿalā ăn-Nuḫaʿ lammā uṣībū bi-ăl-Qādisiyya*).

178 A. Kazimirski, *Dictionnaire,* s. v. *nuḫaʿ:* „Nom d'une tribu du Yémen."

179 Šiblī, *op.cit.,* S. 138.14–17.

al-muslimīn min al-ǧinn). Der menschliche Bote *(barīd al-ins)* werde erst in einigen Tagen eintreffen.

Nach einem ähnlichen Muster sind Berichte über die frühe Bekehrung ausgewählter Personen zum Islam aufgebaut, die in den untersuchten Quellen vereinzelt enthalten sind. Šiblī illustriert dies anhand von Erzählungen darüber, wie sich Angehörige des Stammes der Saʿd dem neuen Glauben zuwandten.[180] Auch gemäß diesen Darstellungen erfahren die Bewohner Mekkas bzw. Medinas durch nächtliche Rufer von diesen Bekehrungen. In einer ersten Fassung ist von einem Rufer *(ṣāʾiḥ)* die Rede, der den Qurayšiten vom Berg Abū Qubays folgenden Vers zuruft:

سمعت قريش صائحاً يصيح على أبى قبيس

فان يسلم السعدان يصبح مُحمَدٌ بمكة لا يخشى خلاف مخالف

Die Qurayš hörten einen Rufer auf dem [Berg] Abū Qubays rufen:
Wenn sich die beiden Saʿd zum Islam bekehren, muss Muḥammad in Mekka keinerlei Widerstand mehr fürchten.

In der folgenden Nacht hört man den Rufer erneut. Er richtet sich an Saʿd al-Aws und Saʿd al-Ḫazraǧ[181] und fordert die beiden Männer auf, Muḥammads Ruf zu folgen. Ihnen sei dann ein Platz im Paradies gewiss. Gemäß einer dritten Fassung trägt sich das Geschehen in Medina zu; sie bezeichnet den Verse rezitierenden Rufer als *hātif*.[182]

Zahlreich sind außerdem jene Überlieferungen, die ähnlich wie im Fall der Schlacht von Qādisiyya das Ableben bedeutender Persönlichkeiten aus dem frühem Islam in der Fremde thematisieren. Ihre Bekannten in der Heimat vernehmen zumeist nachts Stimmen, die ihnen die unheilvolle Nachricht überbringen. Menschliche Boten bestätigen den Tod jeweils Tage oder Wochen später. Diese unsichtbaren Rufer werden neben dem Ausdruck *hātif* auch mit den synonym dazu verwendeten Begriffen *nādī, munādī, ṣāʾiḥ, tālī* oder einfach *ṣawt* (Stimme) bezeichnet.[183] Die geschilderte Problematik soll im vorliegenden Fall anhand von ausgewählten Berichten dazu bei Ǧāḥiẓ dargestellt werden,[184] der davon weiß,

180 *Loc.cit.*, Kapitel 65: *Fī bayān iḫbār al-ǧinn bi-islām as-Saʿdayn*, S. 136.4–19. Metrum: *Ṭawīl*.
181 Die Aws und die Ḫazraǧ sind die beiden wichtigen Stämme in Medina; vgl. W. M. Watt, Artikel „Khazradj“, in *EI²* IV. 1187; Artikel „Aws“, I.771.
182 Šiblī, *Ākām al-marǧān*, S. 136.14–19.
183 So auch T. Fahd, Artikel „Hātif“, in *EI²* III.273.
184 Zahlreiche weitere Belege dazu lassen sich allerdings auch bei Šiblī und Suyūṭī nachweisen. Sie äußern sich zum Tod folgender Männer: 1. ʿUmar b. al-Ḫaṭṭāb (Šiblī, Kapitel 73: *Fī bayān*

dass die Menschen unmittelbar nach deren Eintreten Kenntnis von Todesfällen von Königen und von andern wichtigen Ereignissen erhalten. Der Verfasser des *Kitāb al-Ḥayawān* begründet dies damit, dass die *ǧinn* die entsprechenden Nachrichten überbringen, und illustriert dies mit einem knappen Hinweis auf den Tod al-Manṣūrs (gest. 158/775). Noch am Tag, da Manṣūr in der Nähe Mekkas gestorben sei, hätten die Bewohner Baṣras davon erfahren.[185]

Unmittelbar zuvor erläutert Ǧāḥiẓ die Möglichkeit, dass dämonische Rufer Nachrichten von Todesfällen überbringen außerdem anhand eines Erlebnisses des Dichters al-Aʿšā.[186] Dieser Mann soll eine unbekannte Stimme *(hātif)* einen Vers haben rezitieren hören und darauf mit einem eigenen Vers geantwortet haben. Danach sei wieder der unsichtbare Rufer am Zug gewesen. Inhaltlich geht es um den Tod Ibn Ǧuʿdān b. ʿAmrs. Ǧāḥiẓ führt folgende Verse dieses Wortwechsels an (Metrum: *Ṭawīl*)[187]:

---

raṯā' al-ǧinn li-ʿUmar b. al-Ḫaṭṭāb, S. 144.3–145.8; Suyūṭī, § 435–437, S. 179.12–181.11; auch Maʿarrī, *Rasā'il* (Ausgabe Margoliouth), Nr. 27, arabischer Text S. 65.12–67.20), weist auf die Totenklage der *ǧinn* nach dem Ableben ʿUmars hin, meint allerdings dass man diese Verse bereits vor ʿUmars Tod gehört habe; Hinweis aus F. Meier, NL Mappe 4, s. v. *Inspirator, Dämonologie des Dichtens*, Bl. 20). 2. ʿUṯmān b. ʿAffān (Šiblī, Kapitel 74: *Fī bayān nawḥ al-ǧinn ʿalā ʿUṯmān b. ʿAffān*, S. 145.9–15; Suyūṭī, § 438, S. 181.12–17). 3. Die Gefallenen von Ṣiffīn (Šiblī, Kapitel 75: *Fī bayān nawḥ al-ǧinn ʿalā baʿḍi man uṣība bi-Ṣiffīn*, S. 145.16–146.4; Suyūṭī, § 439, S. 182.1–5). 4. ʿAlī b. Abī Ṭālib (Šiblī, Kapitel 76: *Fī bayān iʿlām al-ǧinn bi-wafāt ʿAlī b. Abī Ṭālib*, S. 146.5–22; Suyūṭī, § 440, S. 182.6–18). 5. Ḥusayn b. ʿAlī (Šiblī, Kapitel 77: *Fī bayān nawḥ al-ǧinn ʿalā ăl-Ḥusayn b. ʿAlī*, S. 147.1–18; Suyūṭī, § 441–445, S. 183.1–184.3. Diese Berichte über Ḥusayns Tod erinnern an die ʿĀšūrā-Zeremonien). 6. Die Märtyrer von al-Ḥarra (Šiblī, Kapitel 78: *Fī bayān nawḥ al-ǧinn ʿalā ăš-šuhadā' bi-ăl-Ḥarra*, S. 147.19–148.21; Suyūṭī, § 446, S. 184.4–12). 7. ʿUmar b. ʿAbd al-ʿAzīz und Hārūn ar-Rašīd (Šiblī, Kapitel 79: *Fī bayān iḫbār al-ǧinn bi-wafāt ʿUmar b. ʿAbd al-ʿAzīz wa-Hārūn ar-Rašīd*, S. 149.1–19, Suyūṭī, a. § 447, S. 184.13–17: ʿUmar b. ʿAbd al-ʿAzīz, und b. § 450, S. 185.12–186.3: Hārūn ar-Rašīd; F. Meier, NL Mappe 4, s. v. *Inspirator, Dämonologie des Dichtens*, Bl. 53, und NL Mappe 12, s. v. *Inspiration: ǧinn Überbringer von Nachrichten*, Bl. 3, macht aufmerksam auf einen Bericht dazu bei Ibn ʿAbd al-Ḥakam, *Sīrat ʿUmar b. ʿAbd al-ʿAzīz*, S. 120). 8. Abū Ḥanīfa (Šiblī, Kapitel 80: *Fī bayān bukā' al-ǧinn Abā Ḥanīfa*, S. 149.15–150.2; Suyūṭī, § 448, S. 185.1–6). 9. Wakīʿ b. al-Ǧarrāḥ (Šiblī, Kapitel 81: *Fī bayān nuwāḥ al-ǧinn ʿalā Wakīʿ b. al-Ǧarrāḥ*, S. 150.3–14; Suyūṭī, § 449, S. 185.7–11). 10. Tod des Kalifs al-Mutawakkil (Šiblī, Kapitel 82: *Fī bayān nawḥ al-ǧinn ʿalā ăl-Mutawakkil*, S. 150.15–151.21; Suyūṭī, § 451, S. 186.4–187.3).

185 Ǧāḥiẓ, *Ḥayawān*, VI.203.2–4: „قالوا: ولنقل الجنّ الاخبارَ عَلِمَ الناس بوفاةِ الملوك، والأمور المهمة، كما تسامَعوا بموت المنصور بالبصرة فى اليوم الذى تُوُفِّىَ فيه بقرب مكةَ. وهذا الباب أيضاً كثير".

186 Ǧāḥiẓ, *Ḥayawān*, VI.202.6, spricht von al-Aʿšā b. Nabbāš b. Zurāra al-Asadī; vgl. auch G. R. Hawting, *The idea of idolatry*, S. 109.

187 Ǧāḥiẓ, *Ḥayawān*, VI.202.8–203.1: Die Übersetzung der Verse übernimmt die Übertragung F. Meiers in leicht modifizierter Form; vgl. NL Mappe 3, s. v. *Ǧāḥiz*, Bl. 14 f.; siehe auch NL Mappe 12, s. v. *Inspiration: Dichter. Abwechselndes Zwiegespräch zwischen Dämon und Dichter*, Bl. 53.

[Aʿšā] hörte einen *hātif* sagen:
‚Dahingegangen ist der große Spender, der Regen der Banū Fihr,
Der Mann von Einfluss und hohem Rang, der Ruhmreiche.‘
[Aʿša] sagte, indem er ihm antwortete:
‚Wohlan, der du den Tod des Freigebigen und Großmütigen verkündest,
Wer ist der Mann von den Banū Fihr, dessen Tod du uns anzeigst?‘
[Der *hātif*] erwiderte:
‚Ich verkünde den Tod des Ibn Ǧuʿdān b. ʿAmr, des Großzügigen,
Des Mannes von uraltem Adel und bezwingendem Adel (?).‘

Parallelen zu Ǧāḥiẓ' Darstellung lassen sich übrigens bei Šiblī und Suyūṭī feststellen, die beide davon berichten, wie die *ǧinn* den Tod ʿAbdallāh b. Ǧuʿdāns anzeigen *(naʿy)*.[188]

Angesichts der großen Zahl von Berichten zum Ableben bekannter Männer aus dem frühen Islam fällt auf, dass zum Tod des Propheten selbst keine ausführlichen Überlieferungen im Umlauf zu sein scheinen. Bei Šiblī und Suyūṭī findet sich immerhin ein knapper Hinweis, gemäß dem die *ǧinn* auch seinen Tod beklagt hätten. Die beiden Autoren halten im Kapitel über Ḥusayns Märtyrertod eine Aussage Umm Salamas fest, wonach die *ǧinn* seit Muḥammads Tod für niemanden mehr ihre Totenklagen erhoben hätten; erst Ḥusayn hätten sie wieder beweint.[189]

Hinweise auf Berichte bei Damīrī, Ṭabarī und Sabzawarī sollen die bisherigen Ausführungen zu den *ǧinn* als Überbringer von Nachrichten ergänzen. Damīrī macht in seinem Tierbuch auf das Schicksal Saʿd b. ʿUbādas[190] aufmerksam,[191] der sich nach Syrien zurückgezogen hatte, nachdem die Leute Abū Bakr und nicht ihm das Vertrauen ausgesprochen hatten. Dort starb er im Jahr 15/663 angeblich durch Pfeilschüsse der *ǧinn*. Die Einwohner Medinas hörten am fraglichen Tag eine Stimme aus einem Brunnen, die in einem Vers Saʿds Tod anzeigte. Die Zeugen des Vorfalls merkten sich das Datum. Später bestätigte sich, dass Saʿd b. ʿUbāda exakt an jenem Tag umgekommen war.

Zählung beginnend mit Stichwort *Inspiration* in Mappe 12. Für die Verse siehe Aʿšā, *Gedichte* (Ausgabe R. Geyer), Einleitung: S. 268–270; arabisch: S. 272, Nr. 3.

188 Die ausführlichste Fassung des Berichts findet sich bei Šiblī, *Ākām al-marǧān*, S. 140.3–141.1, mit Parallelen in der Fortsetzung S. 141.2–142.20; vgl. Suyūṭī, *Laqṭ al-marǧān*, § 432, S. 176.11–178.3.

189 Šiblī, *Ākām al-marǧān*, S. 147.10–18; Suyūṭī, *Laqṭ al-marǧān*, § 442, S. 183.3–7.

190 Zu Saʿd b. ʿUbāda, einem Zeitgenossen des Propheten, vgl. W. M. Watt, Artikel „Saʿd b. ʿUbāda", in EI^2 VIII.698.

191 Damīrī, *Ḥayāt al-ḥayawān*, I.206.21–25; die Geschichte stammt aus Ibn Saʿd, *Ṭabaqāt* (Ausgabe E. Sachau), VII.2.116.15 ff.; Hinweis aus F. Meier, NL Mappe 12, *Inspiration*, Bl. 2; für weitere Belege siehe oben, Anm. 165 (Buchstaben C).

Bei Ṭabarī wiederum thematisiert ein Bericht über die Ankündigung der Zerstörung der Siedlung Suwayqa bei Medina (Sitz der ʿAliden) und des Todes von Muḥammad an-Nafs az-Zakiyya (gest. 145/762), dass Dämonen Kenntnis von unmittelbar bevorstehenden Ereignissen haben.[192] Der Erzähler der Überlieferung, Mūsā b. ʿAbdallāh b. Ḥasan, beschreibt darin, wie er nachts sein Haus verlässt und draußen auf Frauen stößt, die aus weiteren Häusern im Dorf herauszukommen scheinen. Als er ihnen folgt, wendet sich eine der Frauen um und deutet in einem Vers den baldigen Untergang Suwayqas an. Der Berichterstatter schließt aus ihrem Verhalten, dass es sich bei den Frauen um Bewohner der Erde *(sākin ăl-arḍ)*, also Dämoninnen, handelt.

Ein letztes Beispiel aus Sabzawarīs *Maǧmaʿ an-nurayn* belegt, dass Eilboten von den *ǧinn* Todesfälle anzeigen.[193] Gemäß dieser Darstellung reiste Abū Ḥamza aṯ-Ṯumālī mit Ǧaʿfar aṣ-Ṣādiq nach Mekka. Unterwegs stießen sie auf einen schwarzen Hund, der sich in einen Vogel verwandelte und davonflog. Auf Abū Ḥamzas Frage habe Ǧaʿfar erwidert, dass dies ʿAṯm, der Eilbote der *ǧinn*, gewesen sei. Soeben sei Hišām b. ʿAbd al-Malik (gest. 125/743) gestorben. ʿAṯm fliege jetzt fort und trage die Nachricht von seinem Tod in alle Städte. Der Bericht schließt mit der Bemerkung, dass haltlose Gerüchte bekanntlich von den *ǧinn* unter den Menschen verbreitet würden. Sabzawarī nimmt mit diesem Hinweis eine ideologisch motivierte Würdigung vor, die bei dieser Gelegenheit aber nicht weiter diskutiert werden soll.

Die vorangehenden Beispiele zeigen auf, dass die *ǧinn* gegenüber den Menschen als Übermittler von Wissen in Erscheinung treten. Wenn sie auch oft unheilvolle Nachrichten überbringen, nehmen sie dabei doch eine in ihrem Kern letztlich positiv konnotierte Funktion wahr. Der nächste Abschnitt bringt Belege dafür bei, dass Dämonen dem Menschen auch Retter und Helfer in der Not sein können.

8.3.2 Die *ǧinn* als Retter und Helfer in der Not

Berichte über *ǧinn* als Retter und Helfer in der Not thematisieren häufig, dass Dämonen über außerordentliche medizinische Kenntnisse verfügen. Beispiele dafür stehen im vorliegenden Kapitel im Vordergrund. Verschiedentlich interve-

---

192 Ṭabarī, *Taʾrīḫ (Annales)*, III.256.15–257.3; Hinweis aus F. Meier, NL Mappe 12, s. v. *Inspiration: Wahrsager zur islamischen Zeit*, Bl. 20.

193 Sabzawarī (gest. 1898), *Maǧmaʿ an-nurayn, Ḥayawān*, S. 639.18 ff.; Hinweis aus F. Meier, NL Mappe 12, s. v. *Inspiration: ǧinn Überbringer von Nachrichten*, Bl. 4.

nieren Geistwesen aber auch direkt und erlösen Menschen aus einer misslichen Lage. Diese zweite Möglichkeit illustrieren u. a. zwei in ihren Grundzügen weitgehend identische, auf die Gewährsleute Ubayy b. Kaʿb bzw. ʿAbd ar-Raḥmān b. Bišr zurückgeführte Schilderungen bei Šiblī, die hier in einem ersten Schritt aufgegriffen werden.[194]

Diese Darstellungen beschreiben, wie ein *ǧinnī* in der Wüste verirrten Reisenden den Weg zur nächsten Wasserstelle weist und sie damit vor dem Verdursten bewahrt. Gemäß Ubayy b. Kaʿbs Version soll eine Karawane auf dem Weg nach Mekka in die Irre gegangen sein. Die Leute hätten sich in ihrer Verzweiflung hingelegt und seien zum Sterben bereit gewesen. Da sei ihnen aber aus einem Baum heraus ein *ǧinnī* entgegengetreten.[195] Er habe sich als einer jener Dämonen vorgestellt, die von Muḥammad den Koran gehört hatten. In Erinnerung an die Ermahnung des Propheten, Glaubensbrüdern gegenüber wohlgesinnt aufzutreten, weist der Dämon den Verirrten den Weg zu einer nahegelegenen Wasserstelle.[196]

Häufiger sind aber Schilderungen, wie Dämonen den Menschen Wissen zukommen lassen, indem sie sie in medizinischen Angelegenheiten beraten. Die entsprechenden Berichte gehören zur Volksmedizin und vermitteln auch Einblicke in das im islamischen Kulturraum weit verbreitete Amulettwesen. In verschiedenen, im Folgenden beizuziehenden Beispielen verwischt sich die Abgrenzung zwischen dem Dämon, der direkt hilft, und jenem, der den Menschen seine Unterstützung mittelbar zukommen lässt, indem er einem Arzt beratend zur Seite steht. Auch F. Meier macht auf verschiedene Beispiele aufmerksam, die die Heilkunst von dämonischen Heilern bzw. von von Dämonen beratenen Ärzten thematisieren. Ein arabischer Vers bei ʿAyn al-Quḍāt al-Hamadānī tönt die Frage wie folgt an[197]:

---

194 Šiblī, *Ākām al-marǧān*, S. 80.11–81.12; Fassung Ubayy b. Kaʿbs: S. 80.13–19; Fassung ʿAbd ar-Raḥmān b. Bišrs: S. 80.19–81.9; vgl. die Parallelen bei Suyūṭī, *Laqṭ al-marǧān:* Überlieferung Ubayy b. Kaʿbs: § 206, S. 80.5–13; Überlieferung ʿAbd ar-Raḥmān b. Bišrs: § 207, S. 80.14–81.10; auch § 208, S. 81.11–17 (Fassung aus Ḫarāʾiṭīs *Kitāb Makārim al-aḫlāq).*

195 Šiblī, *Ākām al-marǧān*, S. 80.16 f.: „فخرج عليهم جني يتخلل الشجر". Zur Verkörperung von Dämonen in Pflanzen vgl. oben Kapitel 7.2, Anm. 66.

196 Der Vollständigkeit halber sei auf einen weiteren Bericht bei Šiblī hingewiesen (*Ākām al-marǧān*, S. 82.10–15; Gewährsmann: Yaḥyā b. Ṯābit), in dem ein Dämon Wissen vermittelt. In Minā soll sich ein Geist in der Gestalt eines *šayḫ* gezeigt und den Menschen *fatwās* erteilt haben. Aus der Bezeichnung dieses Dämonen-*šayḫ* als *ʿifrīt*, lässt sich ableiten, dass er negativ eingeschätzt wird und in erster Linie Irrlehren verkündet haben dürfte. Obwohl letztlich auch diese Überlieferung die Rolle der Dämonen als Vermittler von Wissen illustriert, ist sie in einer Zusammenstellung von Beispielen für das positive Wirken dämonischer Wesen eigentlich fehl am Platz.

197 F. Meier, NL Mappe 4, s. v. *Inspirator*, Bl. 45, und NL Mappe 12, s. v. *Inspiration: Arzt*, Bl. 6, zitiert den Vers aus ʿAyn al-Quḍāt al-Hamadānī, *Rāz-nāma*, aus der Sammelhandschrift Bāstānī

ألا يا طبيب الجنّ وَ يلَكَ داونى   فإنَّ طبيب الإنسى أعياه داؤنا

Wohlan, ǧinnischer Arzt, weh dir, heile mich! Denn der menschliche Arzt, ihm war unsere Krankheit zu schwer.

Ibn Qutayba[198] beleuchtet die diskutierte Problematik aus einer andern Perspektive.[199] Er berichtet von ʿUrwa b. Ḥizām aus dem Stamm ʿUḏra, der sich unglücklich in ʿAfrāʾ verliebt hat. Da seine Gefühle nicht erwidert werden, erkrankt er an schwerer Schwindsucht *(hulās)*. Andere meinen, er sei verzaubert *(masḥūr)* oder leide an Irrsinn. Man rät ihm, den in der Yamāma lebenden Arzt *(ṭabīb)* Sālim aufzusuchen. Er habe einen dienstbaren Geist von den *ǧinn (tābiʿ min al-ǧinn)* und wisse deshalb auch in schweren Fällen Abhilfe. Der Bericht illustriert die vorliegende Thematik insofern nur indirekt, als der konsultierte Arzt trotz der Unterstützung durch einen Dämon nicht in der Lage ist, den Kranken zu heilen. Er verabreicht dem Patienten zwar verschiedene Tränke und hängt ihm Amulette um; seine Bemühungen fruchten allerdings nichts. Ein weiterer Arzt in Ḥağr behandelt den untröstlichen ʿUrwa mit ähnlichen Methoden, doch auch ihm bleibt der Erfolg versagt.

Derselbe Ibn Qutayba bringt in einem andern Werk einen Bericht Ziyād b. an-Naḍrs bei.[200] Demnach soll eine alte Frau einen *ǧinnī* um Rat gebeten haben. Ihre Tochter sei Braut, habe aber als Folge des Quartanfiebers ihr Haar verloren. Der *ǧinnī* rät ihr, eine langbeinige Wasserfliege zu fangen, wie sie an Flussmündungen vorkommen. Sie solle das Tier mit sieben Wollfäden von gelber, roter, grüner, blauer, weißer, schwarzer und staubgrauer Farbe umwickeln und es auf den linken Oberarm ihrer Tochter binden. Nachdem es dieses Heilmittel angewendet hatte, genas das Mädchen.

Dasselbe Rezept gegen das Quartanfieber *(ḥummā ar-ribʿ)* lässt sich auch bei Šiblī und Suyūṭī mehrfach nachweisen. Die im Folgenden diskutierten Schilderungen enthalten gegenüber der bereits vorgestellten Fassung bei Ibn Qutayba aber zusätzliche Elemente, die die Funktion der Dämonen als Helfer von Menschen in Not illustrieren. Die weiteren Ausführungen befassen sich mit einem

---

Rād Nr. 534, S. 172; Übersetzung F. Meier. Prof. Dr. G. Schoeler macht darauf aufmerksam, dass die Interjektion *wayla* positiv konnotiert sein könne.

198 Bedeutender sunnitischer Polygraph des 3./9. Jh.; vgl. G. Lecomte, Artikel „Ibn Ḳutayba", in *EI²* III.844.

199 Ibn Qutayba, *Kitāb aš-Šiʿr wa-ăš-šuʿarāʾ (Poesis,* Ausgabe de Goeje*)*, S. 395.11–396.3; Hinweis aus F. Meier, NL Mappe 4, s. v. *Inspirator,* Bl. 3, und NL Mappe 12, s. v. *Inspiration: Arzt,* Bl. 6.

200 Ibn Qutayba, *ʿUyūn*, II.110.18–111.4; Hinweis aus F. Meier, NL Mappe 4, s. v. *Inspirator,* Bl. 34, und NL Mappe 12, s. v. *Inspiration: Arzt*, Bl. 6.

Bericht, in dessen Zentrum die Entführung eines Mädchens durch die *ǧinn* steht.[201] Er liegt in verschiedenen Fassungen bei Šiblī und Suyūṭī vor. Die folgende Darstellung stützt sich hauptsächlich auf die erste Version bei Suyūṭī.[202]

Als Naḍr b. ʿAmr al-Ḥāriṯī seine Tochter zur Zeit der *ǧāhiliyya* bei einem Teich Wasser habe holen lassen, sei sie nicht mehr zurückgekommen. Erst viel später sei das vermisste Mädchen ihrem Vater nachts als Gestalt *(šabaḥ)* erschienen. Es habe ihm erklärt, wie es damals beim Teich von einem *ǧinnī* geraubt und in dessen Heimat verschleppt worden sei. Als es unter den *ǧinn* zum Krieg gekommen sei, habe sein Entführer Allāh gelobt, das Mädchen im Fall eines Siegs zu dessen Familie zurückzubringen. So geschah es dann auch. Bald nach seiner Rückkehr wurde das Mädchen mit seinem Cousin verheiratet.

Bevor der *ǧinnī* das Mädchen allerdings ziehen lässt, verspricht er, ihm in der Not auf ein Rauchzeichen hin zu Hilfe zu eilen. Als der Gatte seiner jungen Frau bald nach der Heirat vorwirft, eben kein Mensch, sondern eine satanische Dämonin *(ǧinniyya šayṭāna)* zu sein, erinnert sich das Mädchen an dieses Angebot. Ihr Gatte vernimmt darauf die Stimme eines unsichtbaren Rufers *(fa-nādā-hu munādin)*,[203] der ihn dazu auffordert, das Mädchen in Ruhe zu lassen. Tue er dies nicht, werde er, der Rufer, ihm beide Augen auskratzen. Mit dieser Drohung gibt sich der Dämon als Helfer und Beschützer des Mädchens zu erkennen. Suyūṭīs zweite Fassung unterstreicht diese Funktion, eilt der *ǧinnī* hier der von ihrem Gatten beleidigten Frau doch zu Hilfe, indem er sich gegenüber dessen Stamm als „Herr der Frau" *(anā rabb fulāna)* bezeichnet.[204]

An diesem Punkt nimmt Suyūṭīs Bericht eine unerwartete Wendung und bringt das bereits aus Ibn Qutaybas Darstellung bekannte Rezept gegen das Quartanfieber ins Spiel.[205] Der bedrohte Gatte fordert den Dämon nämlich auf,

---

201 Das Entführungsmotiv lässt sich in den untersuchten Quellen auch sonst belegen. Suyūṭī fasst Berichte dazu in einem eigenen Kapitel zusammen (Suyūṭī, *Laqṭ al-marǧān*, §§ 304–308; Überschrift, S. 113.1 f.: *Ḏikr iḫtiṭāfi-him (yaʿnī ăl-ǧinn) al-ins* („Ausführungen über die Entführung von Menschen durch die *ǧinn*"). Auch F. Meier, NL Mappe 2, s. v. *Entführung*, 21 Bl., macht auf dieses Motiv aufmerksam. Zum Motiv siehe in der vorliegenden Untersuchung außerdem Kapitel 5, Anm. 315; Kapitel 6, Anm. 162–169, 215; Kapitel 7, Anm. 42; Kapitel 9, Anm. 63.

202 1. Bericht: Šiblī, *Ākām al-marǧān*, S. 84.21–85.14, der als Quelle Ḫarāʾiṭīs *Kitāb al-hawātif* nennt; Parallele dazu bei Suyūṭī, *Laqṭ al-marǧān*, § 305, S. 113.17–115.3. 2. Bericht: Šiblī, *Ākām al-marǧān*, S. 85.14–86.12; Quelle wiederum Ḫarāʾiṭīs *Kitāb al-hawātif;* Parallele dazu bei Suyūṭī, § 306, S. 115.4–116.16; der Fassung bei Ibn Qutayba besonders nahe kommt Suyūṭī, § 306, S. 116.11–16.

203 Suyūṭī, *Laqṭ al-marǧān*, § 305, S. 114.11.

204 Suyūṭī, *op.cit.*, § 306, S. 116.3: „قال: أنا رب فلانة رعيتها فى الجاهلية بحسبى وحفظتها فى الإسلام بدينى". *Rabb* ist hier im Sinn von „Beschützer" zu verstehen.

205 Der Handlungsablauf der in Anm. 202 zusammengestellten Berichte weist verschiedene lo-

sich zu zeigen, was dieser u. a. mit dem Hinweis darauf unterlässt, dass die *ǧinn* zwar sehen, aber nicht gesehen werden. Der unsichtbare Rufer ist aber bereit, ein Heilmittel gegen das Quartanfieber mitzuteilen, als ihn der Ehemann darum bittet.[206] Nachdem der Gatte die weitgehend bereits von Ibn Qutayba bekannten Anweisungen befolgt und sich das Tierchen auf den Oberarm gebunden hatte, fühlte er sich von seinen Fesseln befreit.

Die von Ibn Qutayba, Šiblī und Suyūṭī beigebrachten Rezepte gegen das Quartanfieber rufen ähnliche Praktiken aus der breiten magisch-mystischen Literatur im islamischen Kulturraum in Erinnerung, als deren bedeutendste Vertreter Pseudo-Maǧrīṭī, Aḥmad al-Būnī und Tilimsānī gelten.[207] Auch ein weiterer, sowohl bei Šiblī als auch Suyūṭī nachweisbarer Bericht gewährt einen Einblick in diese Auffassungen. Er ordnet die Vermittlung medizinischen Wissens durch die *ǧinn* in eine Rahmenerzählung ein.[208] Die auf Abū Yāsīn bzw. Ibn Yāsīn[209] zurückgeführte Überlieferung spielt im Umfeld von Ḥasan al-Baṣrī[210], den ein Beduine in der Moschee besuchen wollte. Da der bekannte Gottesmann selbst abwesend ist, wendet sich der Ankömmling mit seinem Anliegen an die übrigen Anwesenden. Er erzählt ihnen von seinem Bruder, der bis vor kurzem stark und kräftig gewesen sei. Inzwischen sei ihm allerdings ein Unheil *(balā')* zugestoßen. Seine Angehörigen seien deshalb gezwungen gewesen, den Mann in eiserne Ketten *(ḥadīd)* zu legen.[211]

Während sich die versammelten Männer in der Angelegenheit beraten, ertönt die Stimme eines unsichtbaren Rufers *(hātif)*.[212] Sie teilt mit, dass sie – die *ǧinn*, wie wohl zu ergänzen ist – in der Nachbarschaft *(ǧiwār)* jener Beduinen

gische Brüche auf, die bei dieser Gelegenheit nicht näher untersucht werden sollen. Sie machen deutlich, dass im Lauf der Überlieferung des Stoffs der Versuch angestellt wurde, verschiedene Einzelerzählungen zu einem neuen größeren Ganzen zusammenzufügen.

206 Suyūṭī, *Laqṭ al-marǧān*, § 305, S. 114.16–115.1.

207 Die Werke Būnīs und Tilimsānīs thematisieren wiederholt die Vorstellung, dass ausgewählte Menschen Geister durch geeignete Techniken in ihre Macht bringen können. Die unterjochten Dämonen treten gegenüber ihrem Bezwinger darauf als Gehilfen *('awn*, pl. *a'wān)* auf und wirken u. a. beim Herstellen von Amuletten mit. Die Auffassung, dass sich ein Zauberer dämonische Wesen dienstbar machen kann *(tasḫīr al-ǧinn)*, wird später ausführlicher diskutiert; vgl. Kapitel 9.3 „Dienstbarmachung von *ǧinn* und Geistern".

208 Šiblī, *Ākām al-marǧān*, S. 86.24–88.9; vgl. damit Suyūṭī, *Laqṭ al-marǧān*, § 299, S. 110.14–111.18.

209 Abweichende Angaben bei Šiblī und Suyūṭī.

210 Zu Ḥasan al-Baṣrī (gest. 110/728), berühmter Prediger aus der Umayyadenzeit, vgl. H. Ritter, Artikel „al-Baṣrī", in *EI²* III.247.

211 Suyūṭī, *Laqṭ al-marǧān*, § 299, S. 110.17.

212 Suyūṭī, *op.cit.*, § 299, S. 110.18.

lebten, ohne dass diese je zu Schaden gekommen seien. Allerdings habe kürzlich ein Dummkopf unter ihnen *(safīhu-nā)*[213] den Bruder des Bittstellers in Mitleidenschaft gezogen, indem er in ihn eingedrungen sei. Sie hätten den fehlbaren Dämon zwar zum Verlassen seines Opfers aufgefordert, doch hätte er sich widersetzt. Sie seien deshalb gekommen, um sich für das dem Bruder widerfahrene Unheil zu entschuldigen.

Der Rufer weist anschließend darauf hin, wie der Erkrankte geheilt werden könne.[214] Aus seiner Beschreibung geht hervor, dass die Angehörigen den Leidenden mit vereinten Kräften auf ein Kamel binden und mit ihm in ein bestimmtes Tal ziehen müssen. Der ratsuchende Beduine solle dort Kräuter sammeln und sie dem Patienten als Heilmittel verabreichen. Wenn er eine Stimme *(ṣawt)* höre, solle er ihr folgen. Sie zeige ihm an, dass der richtige Zeitpunkt für das Unterfangen gekommen sei. Der Beduine habe darauf eines Morgens tatsächlich gehört, wie ihm zugerufen wurde: „Zu mir, zu mir!"[215] Während er der Stimme folgte, habe sie ihm immer weitere Anweisungen gegeben. Sie habe ihn zum Hinabsteigen in ein Tal, zum Sammeln wirksamer Kräuter und zu weiteren Handlungen aufgefordert. Als weggefallen sei, was sich im Innern des Bruders befunden habe, habe sich der Erkrankte wieder frei gefühlt und seine Augen geöffnet.[216] Die Stimme habe darauf den Beduinen angewiesen, die Ketten des Patienten zu lösen und ihn seines Wegs ziehen zu lassen. Da der Mann aber fürchtet, sein Bruder werde erneut ziellos umherirren, habe er sich zuerst geweigert. Die Stimme habe ihm allerdings versichert, dass dies nicht mehr geschehen werde.

Der beigezogene Bericht zeigt einerseits auf, wie Dämonen dem Menschen Schaden zufügen. Anderseits illustriert er zugleich, dass sie auch unterstützend und helfend in Erscheinung treten. Der diskutierte Text thematisiert diese zweite Funktion mehrfach, steht der unsichtbare Rufer dem ratsuchenden Beduinen am Schluss doch erneut bei. Der Mann hatte nämlich das Gelübde abgelegt, dass er im Fall der Genesung seines Bruders die Wallfahrt nach Mekka gebunden bzw. gezäumt *(mazmūm)* verrichten wolle.[217] Da er in Verlegenheit ist, wie er sein Versprechen einlösen soll, wendet er sich auf Anraten des unsichtbaren Rufers an

---

213 Der Ausdruck *safīhu-nā* ruft Sure 72.4 in Erinnerung, wo ein einfältiger *ǧinn (safīhu-nā)* sich abschätzig über Gott äußert.

214 Suyūṭī, *op.cit.*, § 299, S. 111.2–18.

215 *Loc.cit.*, § 299, S. 111.8 f.: „فلما كان ذلك اليوم [...] فاذا الصوت أمامى: إلىَّ إلىَّ".

216 *Loc.cit.*, § 299, S. 111.11.

217 Die folgende Darstellung stützt sich auf Šiblī, *Ākām al-marǧān*, S. 87.22–88.9, der die Angelegenheit ausführlicher beschreibt als Suyūṭī. Es ließ sich nicht klären, was unter dem Begriff *mazmūm* zu verstehen ist. Vermutlich handelt es sich um eine Anspielung auf einen vorislamischen Brauch.

Ḥasan al-Baṣrī. Der fromme Mann entbindet den Beduinen darauf von seinem Schwur. Es reiche, wenn er die Wallfahrt zu Fuß unternehme. Denn das Zäumen sei des Satans.

Aus einem letzten Beispiel zur Rolle der *ǧinn* als Vermittler medizinischer Kenntnisse geht hervor, dass diese Funktion verschiedentlich auch kritisch gewürdigt wurde. Ein bei Šiblī und Suyūṭī nachweisbarer Bericht erzählt von einem kriegerischen Beutezug *(ġazaw-nā)*, bei dem die Angreifer zu einer Insel gelangen und dort ein Feuer anzünden.[218] Als ein Mann sie allerdings auf ein großes Zimmer[219] aufmerksam macht und die Befürchtung äußert, dass sie dessen Bewohner *(man fī-hā)* Schaden zufügen könnten, verlegen sie ihr Feuer an eine geeignetere Stelle. Der Warner vernimmt darauf nachts Stimmen[220], die sich bei ihm mit folgenden Worten bedanken: „Du hast unser Haus verteidigt. Wir werden dich eine Medizin lehren, durch die du Gutes tust. Wenn dir ein Kranker von seinem Leiden berichtet, so ist das Heilmittel dagegen, was dir [gerade] in den Sinn kommt.“[221]

Eine nur bei Šiblī enthaltene Ergänzung lässt das Wissen des Belohnten allerdings in einem ungünstigen Licht erscheinen. Aus dieser Erweiterung ergibt sich, dass ein Mann mit stark geschwollenem Bauch den Fürsprecher der Dämonen zu einem späteren Zeitpunkt in der Moschee von Kūfa aufsucht und um Hilfe bittet. Der Befragte teilt dem Erkrankten darauf mit, dass er noch an demselben Tag sterben werde. Als die vorausgesagte Todesstunde allerdings vorbei und der Leidende noch immer am Leben ist, bezichtigen die Leute den Ratgeber der Lüge. Ihr Vorwurf scheint umso gerechtfertigter, als die Bauchschmerzen des Mannes gänzlich verflogen sind. Der Ratgeber verteidigt sich allerdings mit dem Hinweis, dass er den Mann gerade durch den ihm eingejagten Schrecken geheilt habe.

---

218 Šiblī, *Ākām al-marǧān*, S. 86.16–24 (ll. 21–24: bei Suyūṭī nicht enthaltener Zusatz); Parallele bei Suyūṭī, *Laqṭ al-marǧān*, § 407, S. 162.20–163.4. Suyūṭī erwähnt die fragliche Episode in einem Abschnitt mit der Überschrift *Taʿlīm al-ǧinn aṭ-ṭibb li-ăl-ins* („Wie die *ǧinn* die Menschen die Medizin lehren“).

219 So zu übersetzen, falls *ḥuǧra ʿaẓīma* zu vokalisieren ist. Eine Lesung *ḥaǧara ʿaẓīma* (gewaltiger Stein) ist nicht *a priori* ausgeschlossen. Die Stelle würde dann auf die vorislamische Verehrung der von Gottheiten bewohnten Steine anspielen. Auch Dr. E. Badeen (Zürich) hält diese zweite Interpretation für möglich; siehe Kapitel 1, Anm. 93.

220 Der Bericht verwendet hier Passivkonstruktionen; vgl. folgende Anm.

221 Hier endet der sowohl von Suyūṭī als auch von Šiblī überlieferte Bericht. Der Text lautet: „عن زيد بن وهب قال غزونا فنزلنا فى جزيرة واوقدوا [سيوطى: وأوقدنا] نارا وإذا حجرة كبيرة [سيوطى: عظيمة] فقال رجل من القوم إنى أرى حجرة كبيرة فلعلكم تؤذون من فيها فحولوا نيرانهم فأتِيَ من الليل فقيل له انك دفعت [سيوطى: دافعت] عن دارنا وسنعلمك طبا تصيب به خيرا اذا ذكر لك المريض وجعه فما وقع فى نفسك انه دواءه فهو دواءه“.

Indem der beigebrachte Bericht den vermeintlichen Heilkundigen letztlich als Scharlatan demaskiert, zeigt er die ambivalente Einschätzung der Rolle der *ǧinn* als Vermittler von Wissen exemplarisch auf. Diese Würdigung dürfte erneut jene Vorbehalte durchscheinen lassen, mit denen gerade die islamische Orthodoxie all jenen Personen entgegentritt, die vorgeben, ihr Wissen von den *ǧinn* zu erhalten, und sich damit mit dem vorislamischen *kāhin* auf eine Stufe stellen. Šiblī beleuchtet solche Einwände in den *Ākām al-marǧān* auch in einem Exkurs, der sich weitgehend auf Ausführungen Ibn Taymiyyas zur Angelegenheit der *ǧinn (suʾāl al-ǧinn)* und zu jenen Menschen stützt, die die *ǧinn* befragen *(suʾāl man yasʾalu-hum)*.[222] Demnach ist es untersagt *(ḥarām)*, die *ǧinn* um Rat zu bitten, da dies auf eine Bestätigung der von ihnen übermittelten Nachrichten hinauslaufe. Hingegen sei es gestattet, sie zu befragen, wenn sie damit auf die Probe gestellt werden sollen. Šiblī bzw. Ibn Taymiyya gesteht den *ǧinn* auch explizit die Fähigkeit zu, Kunde von Ereignissen zu übermitteln, die erst kürzlich und in großer Entfernung vorgefallen sind. Vehement wehrt sich der konsultierte Text aber dagegen, dass die Dämonen über Zukünftiges befragt werden. Dies würde darauf hinauslaufen, dass die *ǧinn* Kenntnis des Verborgenen *(ġayb)* hätten, was die beigezogene Quelle als *kufr* (Unglaube) bezeichnet.[223]

8.3.3 Die dichterische Inspiration: Einleitende Bemerkungen und Hinweise zum Forschungsstand

Einleitende Bemerkungen: Die vorangehenden Ausführungen zeigen auf, dass die Vorstellung der Übermittlung von Wissen durch die *ǧinn* in der islamischen Welt omnipräsent ist. Besondere Beachtung verdient im Folgenden, dass Dämonen wiederholt mit dem Überbringen von Botschaften in Verbindung gebracht werden, die sich durch besondere sprachliche Merkmale auszeichnen. Sowohl die Mitteilungen von Dichtern und Wahrsagern als auch, indirekt zwar, die islamische Offenbarung werden als Beispiele dafür genannt, dass Dämonen beim Verfassen von Texten mitwirken. Allerdings ist zu betonen, dass sich gerade traditionalistisch orientierte Religionsgelehrte *(ʿulamāʾ)* gegen jeglichen Vergleich des Korans mit den stilistischen Eigenheiten der Prophezeiungen vorislamischer

---

222 Šiblī, *Ākām al-marǧān*, S. 138.18–139.18. Da Šiblī einfach auf Ibn Taymiyya als Verfasser der geschilderten Auffassungen verweist, aber keinen Buchtitel nennt, ließ sich der Ausgangstext nicht identifizieren. Die beigezogene Passage stammt aber nicht aus Ibn Taymiyyas *Īḍāḥ ad-dalāla*, das in der vorliegenden Studie wiederholt beigezogen wurde.

223 Šiblī, *Ākām al-marǧān*, S. 139.17.

Wahrsager *(kāhin)* oder der Verse arabischer Dichter (*šāʿir*, pl. *šuʿarāʾ*) sträuben und es nicht hinnehmen, dass Muḥammad in ihre Nähe gerückt wird.[224]

Obwohl sich das vorliegende Kapitel in erster Linie mit dem Spezialfall der dichterischen Inspiration befasst, lassen sich die Positionen des traditionalistisch ausgerichteten Islams zur Offenbarung des Korans an Muḥammad in den folgenden Überlegungen nicht gänzlich ausblenden. Allerdings ist dies nicht der Ort, die Auseinandersetzungen dazu im Detail nachzuzeichnen.[225] Vielmehr müssen bei dieser Gelegenheit einige wenige Hinweise auf die Eckpunkte dieser Debatte genügen. Äußerungen bei Ibn Ḫaldūn (gest. 1406) eignen sich als Einstieg besonders gut.

Ibn Ḫaldūn charakterisiert die Propheten als auserwählte Menschen, die in Form von Visionen und Auditionen Zugang zur geistigen Welt *(mulk rūḥānī)* hätten und deshalb in der Lage seien, Offenbarungen zu empfangen. Dies sei u. U. von äußerlich sichtbaren Zeichen körperlicher Mitgenommenheit begleitet. Der konsultierte Gelehrte betont in seinen Ausführungen allerdings, dass die Polytheisten im Fall von Muḥammads Offenbarungserlebnissen Opfer von Täuschungen werden, wie sich aus dem folgenden Zitat ergibt[226]:

> Im Hinblick auf diese Zustände beim Herabsteigen der Offenbarung haben die Polytheisten dem Profeten Verrücktheit *(ǧunūn)* vorgeworfen und behauptet, er (= der Profet) habe einen *riʾiyy*[227] oder einen dämonischen Folgegeist *(tābiʿ min al-ǧinn)*. Aber sie wurden durch den äußeren Schein jener Zustände, die sie mitansahen, getäuscht. Und wen Gott irreleitet, der hat keinen Rechtleiter.

Der Vorwurf der Polytheisten an Muḥammad, er leide unter Verrücktheit *(ǧunūn)* bzw. er sei von *ǧinn* besessen *(maǧnūn)* geht letztlich auf den Koran zurück, der in Sure 15.6 festhält: „Und sie sagen [zu Muḥammad]: ‚Du, auf den [angeblich] die Ermahnung herabgesandt worden ist! Du bist wahrlich besessen *(maǧnūn)*!'"

---

224 Die Reimprosa *(saǧʿ)* gilt als das bedeutendste gemeinsame Stilmerkmal der arabischen Dichtung und der islamischen Offenbarung; vgl. H. P. Heinrichs und A. Ben Abdesselem, Artikel „Sad̲j̲ʿ", in *EI²* VIII.732.

225 Für Hinweise auf diese Auseinandersetzung vgl. A. J. Wensinck und A. Rippin, Artikel „Waḥy", in *EI²* XI.53. Man beachte außerdem A. Neuwirth, *Der Koran als Text der Spätantike:* Kapitel 12 „Koran und Poesie", S. 672–722.

226 Ibn Ḫaldūn, *Muqaddima, 1. Faṣl, Bāb: Aṣnāf al-mudrikīn li-ăl-ġayb* (Ausgabe Bayrūt 1956, S. 158.12–15; Übersetzung F. Rosenthal, I.185). Die folgende Übersetzung stammt aus F. Meier, NL Mappe 12, s. v. *Inspiration: Dichter*, Bl. 25, Zählung beginnend mit Stichwort *Inspiration* in Mappe 12; vgl. NL Mappe 4, s. v. *Inspirator*, Bl. 23.

227 F. Meier vokalisiert stets *riʾiyy;* auch die Vokalisation *raʾiyy* lässt sich aber nachweisen; vgl. Anm. 137.

Man fordert den Propheten deshalb dazu auf, dass er zur Bestätigung seiner Gesandtschaft mit einem Engel aufwarte. Auch in Sure 44.13 f. und Sure 68.51 wird Muḥammad beschimpft, *maǧnūn* zu sein. An andern Stellen wiederum nennen die Ungläubigen den Propheten einen Zauberer (*sāḥir*, vgl. Suren 10.2, 38.4), der bekanntlich ebenso mit Dämonen in Kontakt steht (siehe auch Suren 17.47, 25.8: *masḥūr*). Seine Zeitgenossen werfen Muḥammad außerdem vor, er habe den Koran selbst ausgeheckt und sei bloß ein Dichter (Sure 21.5).[228] Auch weigern sie sich, einem besessenen Dichter *(šāʿir maǧnūn)* zuliebe die Verehrung ihrer alten Gottheiten aufzugeben (Sure 37.35 f.).[229] Doch Gott verteidigt Muḥammad wiederholt gegen den Vorwurf seiner Zeitgenossen, ein Wahrsager (*kāhin:* Sure 52.29) bzw. besessen *(maǧnūn)* zu sein (vgl. Suren 52.29, 68.2, 81.22). Überdies verwahrt sich Sure 52.30 dagegen, in Muḥammad einen Dichter *(šāʿir)* zu sehen. Ebenso deutlich spricht sich Sure 69.38–42 dagegen aus, dass Muḥammad ein Dichter *(šāʿir)* oder Wahrsager *(kāhin)* sei.[230] Der Gesandte setzt sich nicht zuletzt in Sure 26.224–227[231] entschieden von den Dichtern ab, sollen ihnen doch jene „folgen, die in die Irre gehen" (Vers 224: „والشعراء يَتَّبِعُهُم الغاوُون"). Die herkömmliche Auslegung versteht unter den Irregeleiteten gemäß J. C. Bürgel die Dämonen.[232] Der Vers spielt die Macht der Dichter herab, indem er sie verspottet und als unglaubwürdig hinstellt.

Muḥammads Abneigung gegenüber Dichtern und Dichtkunst lässt sich auch an Äußerungen in nachkoranischen Quellen festmachen. Gemäß Darstellungen bei Ṭabarī fürchtet der Prophet, ein Dichter *(šaʿīr)* oder Besessener *(maǧnūn)* zu sein. Ein Engel hatte ihn nämlich heftig gepresst und zum Vortragen dessen aufgefordert, was er auf der Brokatdecke sehe. Der Prophet will sich darauf von einer Bergfluh in den Tod stürzen, sei ihm doch nichts verhasster als Dichter und Besessene.[233] In eine ähnliche Richtung weist die Bemerkung, der Gesandte habe

---

228 Sure 21.5: „بَل قالوا اَضغَـثُ أَحلام بل افتراه بل هو شاعِرٌ فَلْيَاتِنا بآيةٍ كما أُرسِلَ الأَوَّلون." „Doch nein, sie sagten: Wirre Träumereien! Nein, er hat [den Koran] ausgeheckt. Nein, er ist [nur] ein Dichter. Er soll uns doch ein Wunderzeichen bringen, wie dies die früheren [Gesandten] getan haben."

229 Sure 37.35 f. „إنَّهُم كانوا إذ قِيلَ لَهُم لا إلهَ إلّا اللهُ يَستَكبِرونَ (36) ويقولون أَئنّا لَتارِكوا ءَالِهَتِنا لِشاعِرٍ مَّجنونٍ".

230 Sure 69.38–43: „فَلا أُقسِمُ بِما تُبصِرون (39) وما لا تُبصِرون (40) إِنَّهُ لَقَولُ رسولٍ كَرِيم (41) وما هُو بِقَولِ شاعِرٍ قَليلاً ما تُؤمِنُونَ (42) وَلا بِقَولِ كاهِنٍ قليلاً ما تَذَكَّرُون (43) تَنزيلٌ مِن رَبِّ العالمين".

231 Der Titel von Sure 26 lautet *aš-Šuʿarāʾ*, „Die Dichter".

232 J. C. Bürgel, „Der Dichter und sein Dämon", S. 44.

233 Vgl. Ṭabarī, *Taʾrīḫ (Annales)*, I.1150.8–12: „قال [محمد] ولم يكن من خلق الله احد ابغض إليَّ من شاعر او مجنونٍ كنتُ لا أطيقُ أن أنظرَ إليهما قال قلت إنّ الأبعدَ يعنى نفسَهُ لِشاعِرٍ او مجنونٍ لا تحدّث بها قريش أبداً لاعمدنّ إلى حالق من الجبل فلاطرحنّ نفسى منه فلاقتلنَّها فلاستريحنّ". Diese Schilderung fehlt in der Parallelstelle bei Ibn Hišām, *Sīra* (Ausgabe F. Wüsten-

schon als Kind Hass gegen Götzen *(waṯan,* pl. *awṯān)* und Dichtung *(šiʿr)* empfunden.[234] J. C. Bürgel macht überdies auf verschiedene Prophetenworte aufmerksam, die sich ebenso negativ über Dichtung äußern. Am deutlichsten ist die wohl nicht authentische Aussage: „Dichtung ist der Koran des Satans."[235] Ähnlich stark ist die Zurückweisung in der Überlieferung: „Wahrlich, es wäre besser für euch, dass eure Bäuche mit Eiter gefüllt und davon zerfressen wären, statt dass ihr sie mit Dichtung füllt."[236] Die angeführten Zitate bringen auch zum Ausdruck, wie dämonische Wesen und ihre Rolle als Vermittler von religiöser bzw. dichterischer Inspiration mit dem Aufkommen des Islams verteufelt werden.[237] Es ist vor diesem Hintergrund nur folgerichtig, dass Muḥammad seine Offenbarungen gemäß islamischer Auffassung nicht mehr durch einen *ǧinnī*, sondern den Erzengel Gabriel bzw. den Heiligen Geist *(rūḥ al-qudus)* erhält.[238]

Nach diesen Hinweisen auf Vorstellungen zur Offenbarung des Korans, stehen Berichte über die Inspiration von Dichtern, Mystikern und andern besonders veranlagten Menschen im Vordergrund, in deren Rahmen die *ǧinn* positiv in Erscheinung treten.[239] Die Darstellung stützt sich auf Schilderungen aus nicht theologisch orientierten Texten, die die Möglichkeit der Inspiration durch *ǧinn* frei von dogmatischen Prämissen diskutieren (vgl. Kapitel 8.3.4). Die Aufarbeitung ideologisch motivierter Positionen des traditionalistisch ausgerichteten Islams ist nicht Gegenstand der weiteren Auseinandersetzung. Die folgenden

---

feld), I.1.152–153. Der Hinweis stammt aus F. Meier, NL Mappe 12, s. v. *Inspiration: Dichter. Mohammed über sich selbst*, Bl. 88; Zählung beginnend mit Stichwort *Inspiration* in Mappe 12.

234 Vgl. Ṭabarī, *Taʾrīḫ (Annales)*, I.974.13.

235 Vgl. J. C. Bürgel, „Der Dichter und sein Dämon", S. 44 mit Anm. 11: Da der Ausspruch in den kanonischen *Ḥadīṯ*-Sammlungen fehlt, hält ihn G. E. von Grunebaum, *Kritik und Dichtkunst*, für eine Fälschung. Vgl. dazu I. Goldziher, *Gesammelte Schriften*, II.402 („Die Ǵinn der Dichter").

236 Der Hinweis stammt aus J. C. Bürgel, „Der Dichter und sein Dämon", S. 44, der die Aussage zitiert aus Ibn Rašīq, *Al-ʿUmda fī maḥāsin aš-šiʿr wa-ādābi-hī wa-naqdi-hī*, I.31 f.

237 Vgl. dazu J. Henninger, „Geisterglaube", S. 292: „Wo Geistern *moralische Schwächen und Fehler* zugeschrieben werden, liegt islamischer Einfluss vor; dieser zeigt sich schon darin, dass dann gewöhnlich vom Teufel (*Iblis*) oder Satan (*Saitan* sic) die Rede ist." Mit Hinweis auf T. Canaan, *Dämonenglaube*, S. 41.

238 Vgl. dazu F. Meier, „Inspiration by demons in Islam", S. 992 f.; auch NL Mappe 12, s. v. *Inspiration: Wahrsager. Mohammed: die richtige Reihenfolge ist: Engel – Profet – ǧinn*, Bl. 1: „Wer sich als Gottgesandter ausgab, musste mit Engelbeziehungen aufwarten können. Ǧinnbeziehungen dagegen entwerteten ihn." F. Meier, „Inspiration", S. 994, macht in diesem Zusammenhang auf terminologische Nuancen aufmerksam. Da Muḥammad als Siegel der Propheten *(ḫātim al-anbiyāʾ)* gelte, könne es nach seinem Tod keine Offenbarung (*waḥy)* mehr geben. Im Falle von frommen Muslimen würden vergleichbare Erlebnisse deshalb als *ilhām* (Eingebung, Inspiration) bezeichnet.

239 Vgl. D. Pielow, *Quellen der Weisheit*, S. 116.

Ausführungen vermitteln zuerst einen Überblick zur bisherigen wissenschaftlichen Auseinandersetzung mit der dichterischen Inspiration, erheben dabei aber keinen Anspruch auf Vollständigkeit.

Hinweise zum Forschungsstand: Bereits J. von Hammer-Purgstall macht in seinem vorwiegend auf Ǧāḥiẓ basierenden Übersichtsartikel zur islamischen Dämonologie auf die von mehreren Dichtern vorgebrachte Behauptung aufmerksam, dass ein Dämon ihnen Verse eingebe. Man bezeichne solche Dichter als „Moshil, d. i. vom Dämon Begeisterte".[240] Auch G. van Vloten befasst sich mit dieser Möglichkeit.[241] J. Wellhausen wiederum äußert sich im Rahmen seiner Ausführungen zum altarabischen *Kāhin*-Glauben zur dichterischen Inspiration.[242] J. Henninger verweist zusammenfassend auf die früheren Untersuchungen und unternimmt den Versuch einer Synthese.[243] Er hält fest, dass die *ǧinn* dem Menschen im ganzen gesehen zwar unangenehm seien. Allerdings weist er auch auf eine freundliche, positive Art des Innewohnens und andere enge Beziehungen zwischen Menschen und *ǧinn* hin. Einzelne besonders bevorzugte Menschen stünden mit den Dämonen in enger und freundschaftlicher Beziehung. Neben den Wahrsagern *(kāhin)* treffe dies auf die Dichter *(šāʿir)* und Musiker zu. Die *ǧinn* gäben ihre Mitteilungen aber auch im Rahmen von Träumen an die Menschen weiter.[244]

Während sich die bisher aufgeführten Autoren eher allgemein mit Inspiration befassen, äußern sich andere Forschende konkret zur dichterischen Eingebung. I. Goldzihers kurzer Artikel „Die Ǵinn der Dichter" war zu seiner Zeit weitgehend isoliert.[245] Erst deutlich später hat sich James T. Monroe im Rahmen seiner Übersetzung von Ibn Šuhayds (382–426/992–1035) *Risālat at-tawābiʿ wa-ăz-zawābiʿ* („Abhandlung über die Folge- und Windgeister") mit der Thematik auseinandergesetzt. In diesem Werk spielt dichterische Inspiration eine zentrale Rolle.[246] In

240 J. von Hammer-Purgstall, „Die Geisterlehre der Moslimen", S. 189 f. (1852). Der Ausdruck „Moshil" ließ sich nicht restlos klären. Bekannt ist, dass der Dichter Aʿšā einen Inspirator namens Misḥal hatte. Der Ausdruck „Moshil" dürfte auf ein Missverständnis J. von Hammer-Purgstalls zurückgehen. Zu Misḥal vgl. bei Anm. 258 und im Index dieser Arbeit.

241 G. van Vloten, „Dämonen, Geister und Zauber", S. 183 f. (1893).

242 J. Wellhausen, *Reste*, S. 134–140 (1887, zitiert nach Auflage 1961).

243 J. Henninger, „Geisterglaube", S. 302 f., mit umfassenden Hinweisen auf die Sekundärliteratur in den Anm. 178–180.

244 Auch F. Meier, „Inspiration by demons", S. 989, weist auf die enge Verwandtschaft von Traum, Dichtung und religiöser Inspiration hin und hält fest: „Dreams, poetry, and religious inspiration were already linked in the popular consciousness of ancient Arabia, and this trinity was apt to be judged rather negatively."

245 I. Goldziher, „Die Ǵinn der Dichter" (1891).

246 Ibn Šuhayd, *Risālat at-tawābiʿ wa z-zawābiʿ = The treatise of familiar spirits and demons*. In-

jüngerer Vergangenheit hat sich J. C. Bürgel des reizvollen Themas angenommen.[247] Und auch F. Meier hat sich intensiv dafür interessiert. Er hat seine Erkenntnisse einerseits im Rahmen eines kurzen Artikels festgehalten.[248] Anderseits hat er in seinem Nachlass umfassendes Material zur Frage zusammengetragen, das in der westlichen Forschung bis anhin nicht beachtet worden ist.[249] Er setzt sich darin im wesentlichen mit ʿAbd ar-Razzāq Ḥamīdas Studie *Šayāṭīn aš-šuʿarāʾ, Dirāsa taʾrīḫiyya naqdiyya muqārina, tastaʿīn bi-ʿilm an-nafs* auseinander, der zahllose Belege zur dichterischen Inspiration aus der arabischen Literatur nachgewiesen hat.[250]

Die folgende Darstellung stützt sich stark, aber nicht ausschließlich, auf das von F. Meier aufgearbeitete Quellenmaterial.[251] Sie illustriert das Phänomen

troduction, translation, and notes by James T. Monroe (1971). Vorstellungen aus der griechischen Philosophie (vgl. platonische und neoplatonische Vorstellungen, *Theologie des Aristoteles*) spielen in Ibn Šuhayds Text eine zentrale Rolle. Ein übersinnlicher Partner, eben sein persönlicher *genius* (vgl. δαίμων), steht dem begabten Dichter bei und vermittelt ihm Schönheit im Rahmen von dichterischer Inspiration (vgl. J. T. Monroe, S. 19–30). Zu Ibn Šuhayds *Risālat at-tawābiʿ wa-ăz-zawābiʿ* siehe J. C. Bürgel, „Der Dichter und sein Dämon", S. 47 f.; Ch. Pellat, Artikel „Ibn Shuhayd", in *EI*² III.938; James T. Monroe, „Hispano-Arabic poetry", S. 138 f.; Georges C. Dovillet, „Démons inspirateurs de poètes et génies des tempêtes. Epître par Ibn Shuhayd al-Andalusî (992–1053)".

247 J. C. Bürgel, „Der Dichter und sein Dämon. Ein Blick in die Welt des Islams", (2006).

248 F. Meier, „Inspiration by demons in Islam".

249 F. Meier, NL Mappe 4, s. v. *Inspirator,* 67 Bl., und NL Mappe 12, s. v. *Inspiration–Inspiration: der ayyār,* insgesamt 97 Bl. Die Untersuchungen zur dichterischen Inspiration stellen einen Schwerpunkt in F. Meiers Nachlass zum Dämonenglauben dar. Vieles spricht dafür, dass er einen Artikel plante, der deutlich über seinen veröffentlichten Beitrag „Inspiration by demons" hinausgegangen wäre.

250 ʿA. Ḥamīda war Dozent für arabische Literatur an der Universität Kairo, wo seine Studie 1956 erschien. Eine Übersetzung des Titels lautet: „Die Satane der Dichter. Eine historisch-kritische und vergleichende Untersuchung unter psychologischen Gesichtspunkten". Mit den *šayāṭīn* sind hier primär Begleitdämonen gemeint.

251 Die folgenden Ausführungen stellen jenen Teil der vorliegenden Untersuchung dar, der am stärksten auf F. Meiers Materialsammlung zurückgreift. Sie übernehmen seine Standpunkte aber nicht unbesehen. F. Meier ging bei seinen Untersuchungen in zwei Schritten vor. Das unter dem Stichwort *Inspirator* in Mappe 4 (67 Bl.) verzeichnete Material stellt das Resultat einer ersten Auseinandersetzung mit ʿA. Ḥamīdas Studie dar. Die zahlreichen Verweise unter dem Stichwort *Inspiration* in Mappe 12 (97 Bl.) auf Mappe 4 zeigen, dass F. Meier sein Ausgangsmaterial zu einem späteren, nicht bestimmbaren Zeitpunkt überarbeitet hat. Auch diese zweite Fassung lässt F. Meiers Verständnis der dichterischen Inspiration erst in groben Zügen erkennen. Die folgende Darstellung stellt den Versuch einer Synthese dar. Da die vorliegende Arbeit das umfangreiche Quellenmaterial allerdings nur ansatzweise auswerten kann, bleibt eine selbständige Studie zur Inspiration von Dichtern weiterhin ein Desideratum.

der Abhängigkeit der Dichter von Dämonen in einem ersten Schritt anhand von ausgewählten Einzelbeispielen und präzisiert diese Vorstellungen anschließend mit Hinweisen auf die Inspiration Ḥassān b. Ṯābits bzw. auf Wanderlegenden zur Unterstützung von Dichtern durch dämonische Einflüsterer.

8.3.4 Zur dichterischen Inspiration in arabischen Quellen: a. Einzelbelege, b. der Dichter Ḥassān b. Ṯābit und c. Wanderlegende

a. Einzelbeispiele: Der Titel von ʿA. Ḥamīdas Monographie lässt sich bereits in Ǧāḥiẓ' *Kitāb al-Ḥayawān* nachweisen, der in einem Abschnitt mit der Überschrift *Šayāṭīn aš-šuʿarāʾ* festhält, dass hervorragende Dichter über einen Folgegeist verfügen.[252] Ǧāḥiẓ meint an dieser Stelle einleitend, dass jedem tüchtigen *(faḥl*[253]*)* Dichter ein *šayṭān* beistehe, „durch dessen Mund *(sic)* der betreffende Dichter dichte".[254] Er illustriert diesen Gedanken mit verschiedenen Einzelbeispielen, die er Bahrānīs *Qaṣīda* über *mirabilia* entnimmt.[255] Aus der fraglichen Stelle ergibt sich, dass ʿAmr der inspirierende Gefährte *(ṣāḥib)* des Dichters Muḫabbal[256] ist.[257] ʿAmrs Schwager wiederum heißt Misḥal und wird als Aʿšās[258] Inspirator *(šayṭān)* vorgestellt. Bahrānī macht außerdem auf seinen mütterlichen Onkel Humaym aufmerksam, womit Farazdaq gemeint ist.[259] Ǧāḥiẓ weist

252 Ǧāḥiẓ, *Ḥayawān*, VI.225.10–229.7, Kapitel: *Šayāṭīn aš-šuʿarāʾ*.

253 Der Begriff *faḥl* hat verschiedene Bedeutungsnuancen. A. Kazimirski, *Dictionnaire*, s. v., führt u. a. auf: „2. Mâle, surtout étalon employé pour féconder les femelles ou produire telle ou telle race (se dit en parlant de tous les animaux), 4. Homme doué de qualités mâles et plein d'énergie. 5. Chef, premier, l'homme le plus remarquable dans sa classe, dans son genre." Zu den mit dem Ausdruck *faḥl* verbundenen Vorstellungen vgl. auch Anm. 288.

254 Ǧāḥiẓ, *Ḥayawān*, VI.225.13 f.: „فانهم يزعمون أن مع كل فحل من الشعراء شيطانا يقول ذلك الفحل على لسانه الشعر." Vgl. F. Meier, NL Mappe 3, s. v. *Ǧāḥiẓ*, Bl. 20.

255 Vgl. zu den folgenden Beispielen Ǧāḥiẓ, *Ḥayawān*, VI.225.12–226.5; F. Meier, NL Mappe 3, s. v. *Ǧāḥiẓ*, Bl. 20, und Mappe 12, s. v. *Inspiration: Dichter*, Bl. 37, Zählung beginnend mit Stichwort *Inspiration* in Mappe 12.

256 Gemäß ʿA. Hārūn (Herausgeber des *Kitāb al-Ḥayawān*) ist Muḫabbal der Beiname *(laqab)* des Rabīʿ b. Mālik b. Rabīʿa, eines berühmten Dichters am Ende der *ǧāhiliyya* und zu Beginn des Islams. Er starb während ʿUmars oder ʿUṯmāns Kalifat.

257 Ǧāḥiẓ, *Ḥayawān*, VI.225.14–226.1.

258 Bei Aʿšā handelt es sich um den bekannten Dichter Maymūn b. Qays al-Aʿšā, er lebte von ca. 570 bis 625; vgl. W. Caskel, Artikel „al-Aʿshā, Maymūn b. Ḳays", in *EI*² I.689; B. Jockers, Artikel „al-Aʿshā", in *EI Three*, Online-Ausgabe, konsultiert am 27. März 2012.

259 Farazdaq *(laqab)* heißt eigentlich Tammām b. Ġālib (Abū Firās); es handelt sich um den berühmten arabischen Satiristen und Panegyristen, der um 110/728 oder 112/730 in Baṣra starb; vgl. R. Blachère, Artikel „al-Farazdaḳ", in *EI*² II.788.

dabei auf die Auffassung hin, dass ʿAmr auch Farazdaqs Inspirator *(šayṭān)* gewesen sei.[260]

Ṯaʿālibī[261] hält in den *Ṯimār al-qulūb* zur dichterischen Inspiration Ähnliches fest wie Ǧāḥiẓ.[262] Demnach sollen die Dichter behauptet haben, dass die Satane *(šayāṭīn)* ihnen Dichtung auf die Zunge werfen und ihnen beim Verfassen von Versen behilflich seien. In Übereinstimmung mit Ǧāḥiẓ meint auch er, dass jeder bedeutende Dichter *(faḥl)* über einen Satan *(šayṭān)* verfüge, der durch seinen Mund rede.[263] Je grimmiger (*amrad,* auch rebellisch) der Satan sich gebärde, desto besser *(ağwad)* falle die Dichtung aus. Ṯaʿālibīs Ausführungen stimmen überdies mit den Angaben bei Ǧāḥiẓ überein, wonach Aʿšās *šayṭān* Misḥal heiße,

---

260 Ǧāḥiẓ, *Ḥayawān,* VI.226.4f: „يقال إن اسم شيطان الفرزدق عمرو". Etwas später weist Ǧāḥiẓ, *op.cit.,* VI.227.3–5, auf Farazdaqs Lobgedicht auf Asad b. ʿAbdallāh hin. Auch hier ist von einem *šayṭān* Farazdaqs die Rede, der allerdings nicht namentlich genannt wird (Übersetzung F. Meier, NL Mappe 12, s. v. *Inspiration: Dichter* Bl. 37; Zählung beginnend mit Stichwort *Inspiration* in Mappe 12; NL Mappe 3, s. v. *Ǧāḥiẓ,* Bl. 21; Parallelen bei Farazdaq, *Dīwān,* I.875.8 f.; ʿA. Ḥamīda, *Šayāṭīn aš-šuʿarāʾ,* S. 155; Ṯaʿālibī, *Ṯimār al-qulūb,* S. 71); Lobgedicht auf Asad b. ʿAbdallāh:

„Unser Lob überbringe dem Abu ăl-Ašbāl jeder,
Der in Ġūr oder den beiden Marw von Ḫurāsān ist.
Das [Lob] gleicht dem lauteren Gold, geschmückt hat es
Die Zunge des größten Dichters der Erdbewohner, eines Satans."

Hinweise: Ġūr ist eine gebirgige Gegend zwischen Harāt und Ġazna in Afghanistan. Marw: in Ḫurāsān gibt es zwei Städte namens Marw.

261 Ṯaʿālibī wurde 350/961 in Nayšāpūr geboren und starb 429/1038. Er war auf den Gebieten der Philologie und der schönen Wissenschaften aktiv. Er scheute sich nicht, vieles ohne Quellenangabe einfach von seinen Vorgängern zu übernehmen (vgl. C. Brockelmann, *GAL,* G I 284–286 und S I 499–502).

262 Ṯaʿālibī, *Ṯimār al-qulūb,* S. 70.2–8: „وكانت الشعراء تزعم أن الشياطين تُلقِي على افواهها الشعر، وتلقنها اياه، وتعينها عليه، وتدعى أن لكل فحل منهم شيطانا يقول الشعر على لسانه، فمن كان شيطانه امرد، كان شعره اجود، وبلغ من تحقيقهم وتصديقهم بهذا الشأن أن ذكروا لها أسماء فقالوا: إن اسم شيطان الأعشى مِسحَل، واسم شيطان الفرزدق عمرو، واسم شيطان بشار شِنِقناق". Vgl. ʿA. Ḥamīda, *Šayāṭīn aš-šuʿarāʾ,* S. 89; F. Meier, NL Mappe 4, s. v. *Inspirator,* Bl. 56 (mit Übersetzung).

263 F. Meier, (NL Mappe 12 s. v. *Inspiration: Dichter; Allgemeines,* Bl. 32) macht auf ähnliche Äußerungen Maʿarrīs aufmerksam (Maʿarrī, *Rasāʾil,* Ausgabe Margoliouth, Nr. 27 (arabisch: S. 66); siehe auch Mufaḍḍal b. Salama (gest. nach 290/903), *al-Fāḫir,* Ausgabe Kairo 1380, S. 5.5 f.). Maʿarrī merkt im zitierten Schreiben an, dass dessen Adressat (Nuktī) um die Auffassungen der Araber zur Dichtkunst wisse. Sie verträten nämlich die Meinung, dass jeder Dichter einen Satan habe, der durch seinen Mund (oder durch dessen Mund er) dichte. Maʿarrī illustriert dies anhand von Versen eines Rağaz-Dichters (Parallelen bei Ǧāḥiẓ, *Ḥayawān,* VI.229.6 f.; Ṯaʿālibī, *Ṯimār al-qulūb,* S. 72.2; Übersetzung F. Meier):

„Obwohl ich noch jung bin
und das Auge *(al-ʿayn)* abzuprallen von mir geneigt ist,
ist doch mein *šayṭān* der Fürst der *ğinn (fa-inna šayṭānī amīru ăl-ğinn)*
und führt mich in der Dichtung durch jedes Fach."

der Name von Farazdaqs *šayṭān* ʿAmr laute und Baššārs Gefolgsdämon *(šayṭān)* sich Šiniqnāq nenne.

Über den bei Ṯaʿālibī zuletzt erwähnten Dichter Baššār b. Burd (gest. 167/783)[264] und seinen Hilfsdämon Šiniqnāq[265] weiß wiederum Ǧāḥiẓ ausführlicher zu berichten, indem er seinen folgenden Vers anführt (Metrum: *Ṭawīl)*[266]:

دعانى شِنِقناقٌ إلى خَلفِ بَكرةٍ   فقلتُ: اتركَنّى فالتفرُّد أحمدُ

Šiniqnāq rief mich hinten auf eine Jungkamelin. Ich aber sagte: Lass mich! Denn Alleinsein ist lobenswerter.

Ǧāḥiẓ bemerkt erklärend, dass Baššār Šiniqnāqs Angebot zurückwies, da er es als lobenswerter betrachtete, beim Dichten über keinen Helfer *(muʿīn)* zu verfügen. Allerdings widerlegt ein Schmähvers, den Aʿšā Sulaym gegen Baššār verfasst hatte, die Auffassung, Baššar hätte gar keinen dämonischen Gehilfen gehabt. Aʿšā Sulayms Vers berichtet nämlich von einem *ǧinnī*, der sich mit Baššār angefreundet hatte. Für das Verständnis des erwähnten Schmähverses ist der Hinweis erforderlich, dass Baššār in seiner Kindheit Ohrringe trug und deshalb unter dem Beinamen *mušannaf*, der Beohrringte, bekannt war (Metrum: *Ṭawīl*)[267]:

إذا أَلِفَ الجنِىُّ قِرداً مُشَنَّفاً   فقل لخنازير الجَزيرَة أبشِرى

Da sich der *ǧinnī* mit einem beohrringten Affen angefreundet hatte, kannst du den Schweinen in der Ǧazīra sagen: Freuet euch!

Dieser Vers soll Baššār sehr betrübt haben, war ihm doch bekannt, dass er ein Affengesicht hatte. Im vorliegenden Kontext von Bedeutung ist allerdings in erster Linie Aʿšā Sulayms Hinweis, dass sich ein *ǧinnī* mit Baššār angefreundet hatte. Das im Vers verwendete Verb *alifa* (vgl. *ulfa*) weist dabei auf einen besonders hohen Grad an Vertrautheit zwischen dem Dichter und seinem Dämon hin.

---

264 Zu Baššār b. Burd, bekannter arabischer Dichter des 2./8. Jh. aus dem Irak, vgl. R. Blachère, Artikel „Bas͟hs͟hār b. Burd", in *EI²* I.1080.

265 Ǧāḥiẓ, *Ḥayawān*, VI.230.12–231.12, bes. S. 231.4–6; vgl. dazu F. Meier, NL Mappe 12, s. v. *Inspiration: Dichter*, Bl. 43. Ǧāḥiẓ weist darauf hin, dass Šiniqnāq ebenso wie Šayṣabān die Namen von Stammesväter der *ǧinn* seien.

266 Ǧāḥiẓ, *Ḥayawān*, VI.228.1–3. F. Meier, NL Mappe 12, s. v. *Inspiration: Dichter*, Bl. 43, verweist auf Parallelen dazu bei Ṯaʿālibī, *Ṯimār al-qulūb* (Ausgabe Kairo 1384), S. 71.2. Vgl. F. Meier, NL Mappe 3, s. v. *Ǧāḥiẓ*, Bl. 21.

267 Ǧāḥiẓ, *Ḥayawān*, VI.228.5; Vers auch bei Aʿšā, *Gedichte* (Ausgabe R. Geyer), Nr. 4, S. 282.

Ǧāḥiẓ greift Verse des soeben erwähnten Dichters Aʿšā Sulaym[268] überdies bei einer andern Gelegenheit auf. Die fragliche Stelle verdient im vorliegenden Kontext Beachtung, da sie auch weitere Dämonen mit bestimmten Dichtern in Verbindung bringt[269]:

وما كان جِنّيُّ الفَرزدَق قدوةً   وما كان فيهم مِثلُ فَحلِ المخبَّل
وما فى الخوافى مثلَ عَمرو وشَيخِهِ   ولا بعدَ عَمروٍ شاعرٌ مثلُ مِسحلِ

Der *ğinnī* des Farazdaq war kein [nachahmenswertes] Modell.
Und unter ihnen gab es keinen, der dem Hengst *(faḥl)* des Muḫabbal glich.
[Auch] gibt es unter den Verborgenen[270] keinen wie ʿAmr und sein *šayḫ*.
Und nach ʿAmr wird es keinen Dichter mehr wie Misḥal geben.

Die bis anhin diskutierten Beispiele sind Werken Ǧāḥiẓ' und Ṯaʿālibīs entnommen und belegen die Vorstellung der Inspiration von Dichtern durch Dämonen. Es konnte auch aufgezeigt werden, dass die dämonischen Einflüsterer in mehreren Fällen namentlich bekannt sind. Die weiteren Ausführungen befassen sich mit Hinweisen auf Einzelheiten des Inspirationsvorgangs. Einen ersten Eindruck davon vermitteln Aussagen des Dichters Aʿšā Maymūn[271], der in drei Versen beschreibt, wie ihm sein Begleitdämon Misḥal treffliche Verse eingegeben hat[272]:

وما كنتُ ذا قول، ولكن حسبتُنى   إذا مسحل يبرى لى القولَ أنطقُ
خليلان فيما بيننا من مودة   شريكان جنىٌّ وإنس مُوفّقٌ
يَقولُ فَلا أعيي لِشىءٍ أقولُه   كَفانِىَ لا عَىٌّ وَّلا هو أخرَقُ

[32] Ich war nicht redebegabt, aber ich meinte [gut] zu sprechen (d. h. zu dichten), wenn [der mich inspirierende *ğinnī*] Misḥal meine Worte in Ordnung bringt[273].

---

268 Dieser Aʿšā Sulaym, ein Dichter aus dem 2./8. Jh., ist vom bereits zuvor erwähnten Dichter Aʿšā (Maymūn) zu unterscheiden. Gemäß einer Anmerkung ʿA. Hārūns zur beigebrachten Ǧāḥiẓ-Stelle (*Ḥayawān*, VI.226, Anm. 7) lässt sich Aʿšā Sulaym nur vereinzelt nachweisen. Vgl. auch Artikel „Aʿshā", in *EI*² I.689 (Schluss).

269 Ǧāḥiẓ, *Ḥayawān*, VI.227.1 f., Metrum: *Ṭawīl*. Zum Ausdruck *faḥl* vgl. Anm. 253 und 288.

270 Der Ausdruck *ḫawāfī*, die Verborgenen, dient zur Bezeichnung der *ğinn*.

271 Zu Aʿšā Maymūn vgl. Anm. 258. Die Hinweise auf die folgenden Verse stammen aus F. Meier, NL Mappe 12, s. v. *Inspiration: Dichter*, Bl. 34, und NL Mappe 4, s. v. *Inspirator*, Bl. 23.

272 F. Meier (vgl. vorangehende Anm.) weist die Verse wie folgt nach; Aʿšā, *Gedichte* (Ausgabe R. Geyer), Nr. 33.32–34, S. 148; Variante bei Ṯaʿālibī, *Ṯimār al-qulūb*, S. 70.8 f.; ʿA. Ḥamīda, *Šayāṭīn aš-šuʿarāʾ*, S. 89. Übersetzung aus O. Rescher, *Beiträge zur arabischen Poesie*, VI 1.78–79, modifiziert übernommen. Arabische Verse zitiert nach A. Ḥamīda: vv. 32–33; und R. Geyer: v. 34.

273 A. Kazimirski, *Dictionnaire*, s. v., erklärt *barā* mit „1. Tailler, couper (un roseau à écrire, une plume)."

[33] Angesichts unserer gegenseitigen Zuneigung sind wir beide aufrichtige Gefährten, nämlich ein *ǧinnī* und ein mit Erfolg begnadeter Mensch.
[34] Der *[ǧinnī]* sagt [mir vor], und so hängt sich meinen Worten keine Unzulänglichkeit an (d. h. sie sind alle ausgezeichnet). Ja, er genügt mir, und so gibt's kein Unvermögen [meinerseits] noch auch, dass er ungeschickt wäre.

Diese Verse konkretisieren den Vorgang der dämonischen Inspiration. A'šā hält darin fest, dass der Dämon Misḥal seine Rede zuschneidet *(barā)* und damit gewissermaßen ordnet. Die Stelle weiß außerdem davon, dass zwischen Dichter und Dämon eine Liebesbeziehung *(mawadda)* besteht. A'šā präzisiert diese Verbindung unmittelbar darauf, indem er sich und seinen Dämon als zwei Gefährten *(šarīk)* bzw. zwei Vertraute *(ḫalīl)* bezeichnet. Er erklärt seine dichterischen Erfolge letztlich auch damit, dass ihm ein *ǧinnī* seine Gedichte vorsage, weshalb sich keine Unzulänglichkeiten in seine Worte einschleichen könnten.

A'šā bezeichnet Misḥal übrigens auch an jener Stelle als seinen Vertrauten *(ḫalīl)*, wo er auf seine Auseinandersetzung mit Ǧuhunnām zu sprechen kommt. Misḥal sei ihm zu Hilfe geeilt, als ihn sein Gegner mit Spottversen überhäuft habe *(haǧā)*[274]:

وقد ذكر الاعشى مسحلا حين هجاه جهنّام فقال:
دعوتُ خليلى مسحلاً ودعوا له جهنام جدعا للهجين المُذَمَّمِ

A'šā erwähnte Misḥal, als ihn Ǧuhunnām[275] mit Spottversen verschmähte. Er sagte: Ich rief meinen Vertrauten Misḥal herbei, während sie gegen ihn Ǧuhunnām herbeiriefen. Nasenzertrümmerung dem Tadelnswerten, Unvornehmen.

274 F. Meier, NL Mappe 12, s. v. *Inspiration: Dichter*, Bl. 34, weist den fraglichen Vers an folgenden Stellen nach: A'šā, *Gedichte* (Ausgabe R Geyer), Nr. 15.43 (S. 95); Ṯa'ālibī, *Ṯimār al-qulūb*, S. 70.13; Ǧāḥiẓ, *Ḥayawān*, VI.226.6; Marzubānī, *Muwaššaḥ*, S. 49.18; Ma'arrī, *Rasā'il* (Ausgabe Margoliouth), Nr. 27 (S. 66.25); hier nach Ǧāḥiẓ.

275 Die Herausgeber von Ǧāḥiẓ' und Ṯa'ālibīs Werken (vgl. vorangehende Anm.) halten in inhaltlich übereinstimmenden Hinweisen fest, dass es sich bei Ǧuhunnām um den Namen 'Amr b. Qaṭans oder von dessen weiblichem Folgegeist *(tābi'a)* handelt. 'Amr b. Qaṭan war als dichterischer Gegner A'šās bekannt. Gemäß der Variante bei Marzubānī kann Ǧuhunnām auch der Folgegeist von A'šā sein. 'A. Ḥamīda fasst die unterschiedlichen Interpretationen mit dem Hinweis zusammen, dass Ǧuhunnām entweder der Folgegeist des A'šā (von 'A. Ḥamīda, *Šayāṭīn*, S. 94.15 f., als „unwahrscheinlich" *(ba'īd)* bezeichnet) oder des 'Amr b. Qaṭan oder der Beiname *(laqab)* des 'Amr b. Qaṭan sei ('A. Ḥamīda, *op.cit.*, S. 94.14–21).

Von demselben A'šā ist außerdem ein weiterer Vers bekannt, in dem er sich zu seinem Inspirator äußert und seine enge Beziehung zu ihm unterstreicht, indem er ihn seinen *Ǧinn*-Bruder[276] nennt[277]:

حبانى أخى الجنّىُّ نفسى فداؤُه   بأفيَح جَيَّاش العَشِيّات مِرجَمِ

Mein Bruder, der *ǧinnī* – möge meine Seele sein Lösegeld sein –, gab mir ein Staub aufwirbelndes Ross[278], das an den Abenden weit ausholt.[279]

Abgesehen vom Hinweis auf A'šās brüderliches Verhältnis zu seinem *ǧinnī* illustriert die zitierte Stelle auch die bereits bekannte enge Abhängigkeit zwischen Berittenem und Gerittenem. Jedenfalls fällt auf, dass der Dichter von seinem *ǧinnī* ein außerordentliches Reitpferd erhalten haben will.[280]

Mehrfach lassen sich in den konsultierten Quellen außerdem Berichte darüber nachweisen, dass Begleitdämonen in die Wortstreitereien zwischen den von ihnen unterstützten Dichtern involviert sind.[281] Auch die Auseinandersetzungen zwischen Abu ăn-Naǧm al-'Iǧlī (gest. nach 105/724) und 'Aǧǧāǧ thematisieren diese Möglichkeit.[282] Die Darstellungen dazu lassen sich dahingehend zusammenfassen, dass der Raǧaz-Dichter Abu ăn-Naǧm Verse gegen seinen

---

276 Zu weiteren Belegen für die Bezeichnung der *ǧinn* als Brüder des Menschen vgl. Kapitel 8, bei Anm. 32–36.

277 Vgl. F. Meier, NL Mappe 12, s. v. *Inspiration: Dichter*, Bl. 34, mit Verweisen auf: A'šā, *Gedichte* (Ausgabe R. Geyer), Nr. 15.51 (S. 96); Ṯa'ālibī, *Ṯimār al-qulūb*, S. 70.11; Ǧāḥiẓ, *Ḥayawān*, VI.226.8; hier zitiert nach Ǧāḥiẓ; Metrum: *Ṭawīl*.

278 Gemäß A. Kazimirski, *Dictionnaire*, s. v., bedeutet *ǧayyāš* „1. Cheval très-sensible, et qui, piqué des talons, fait des sauts. 2. Ardeur, feu dans la course. 3. Violente agitation."

279 Gemäß A. Kazimirski, *Dictionnaire*, s. v., bedeutet *mirǧam* „1. Fort, robuste. 2. Qui lance, qui fait voler les cailloux ou la terre sous ses sabots (se dit d'un cheval qui marche d'un pas vigoureux). De là, 3. Qui marche d'un pas vigoureux."

280 Zur Vorstellung des Reitens im Zusammenhang mit dem Dichten vgl. ausführlicher unten bei Anm. 288.

281 Vgl. bereits die Auseinandersetzung zwischen A'šā und Ǧuhunnām, oben bei Anm. 274.

282 Die weiteren Ausführungen stützen sich auf F. Meier (NL Mappe 12, s. v. *Inspiration: Dichter*, Bl. 41), der folgende arabische Quellen beizog: Ibn Qutayba, *Kitāb aš-Ši'r wa-ăš-šu'arā'* (*Poesis*, Ausgabe de Goeje), S. 381 f. Auch 'A. Ḥamīda, *Šayāṭīn aš-šu'arā'*, S. 170 f., befasst sich mit diesen Berichten. Abu ăl-Ša'ṯā' 'Abdallāh b. Ru'ba al-'Aǧǧāǧ war ein arabischer Dichter, der während des Kalifats 'Uṯmāns (23–35/644–656) geboren wurde und 97/716 starb. Über ihn ist bekannt, dass er mit seinem Herausforderer Abu ăn-Naǧm al-'Iǧlī aus Kūfa in dichterische Auseinandersetzungen verwickelt war (vgl. Ch. Pellat, Artikel „al-'Adjdjādj, Abu 'l-Sha'thā' 'Abd Allāh b. Ru'ba", in *EI²* I.207, und J. Hämeen-Anttila, Artikel „al-'Ajjāj", in *EI Three*, Online-Ausgabe, konsultiert am 24. März 2012; Ch. Pellat, Artikel „Abu 'l-Nadjm 'Idjlī", in *EI²* I.142, J. Hämeen-Anttila, Artikel „Abū l-Najm al-'Ijlī", in *EI Three*, Online-Ausgabe, konsultiert am 24. März 2012).

Opponenten ʿAǧǧāǧ verfasst hatte und es später auch zu einer direkten Konfrontation zwischen den beiden Männern kam. Während sich ʿAǧǧāǧ auf einer hochhöckrigen Kamelstute auf den Weg zu diesem Treffen machte und auserlesene Kleider angezogen hatte, setzte sich Abu ăn-Naǧm auf einen mit Teer bestrichenen Kamelhengst[283] und trug nur einen einfachen Beduinenmantel. Es ist dies nicht der Ort, im Detail auf den Schlagabtausch zwischen den beiden Dichtern einzugehen. Beachtung verdient allerdings, wie Abu ăn-Naǧm seine Überlegenheit begründet (Metrum: *Raǧaz*)[284]:

إنـــى وَكُلُّ شــاعرٍ مــن البَشَــر   شَــيطانُهُ أنثــى وشَــيطانى ذكَــر
فمــا رآنــى شــاعرٌ إلا اســتتر   فِعــلَ نُجــومِ الليــلِ عايــنَّ القَمَــر

Wahrhaftig, der Satan jedes andern Dichters der Menschheit ist weiblich, nur mein Satan ist männlich.[285]
Noch kein Dichter hat mich gesehen, ohne vor mir sich zu verhüllen, wie es die Sterne tun, wenn sie des Mondes ansichtig werden.

Der zweite Vers thematisiert ʿIǧlīs dichterische Unterlegenheit gegenüber ʿAǧǧāǧ, indem er diesen mit den in den Mondnächten verblassenden Sternen vergleicht. Außerdem nimmt der in Ibn Qutaybas Darstellung[286] enthaltene Hinweis auf ʿAǧǧāǧs üppige, d. h. wohl auch als weiblich einzustufende Kleidung, die Aussage im soeben zitierten ersten Vers vorweg, dass ʿAǧǧāǧs *šayṭān* eben ein Weibchen und damit ʿIǧlīs männlichem Begleitdämon unterlegen sei. Gemäß Ibn Qutaybas Schilderung kulminiert die Begegnung zwischen den beiden Dichtern darin, dass Abu ăn-Naǧms Hengst ʿAǧǧāǧs Stute bespringt und begattet.[287] Ibn Qutayba

283 Man bestrich Kamelhengste mit Teer, wenn sie räudig waren (Hinweis bei F. Meier, vgl. vorangehende Anm.).

284 Hier zitiert nach Ibn Qutayba, *Kitāb aš-Šiʿr wa-ăš-šuʿarāʾ* (*Poesis*, Ausgabe de Goeje), S. 382.7 f.; vgl. Ǧāḥiẓ, *Ḥayawān*, VI.229.4 (Übersetzung F. Meier, vgl. Anm. 282).

285 Dieser entscheidende Vers gemäß F. Meier auch bei Ǧāḥiẓ, *Ḥayawān*, VI.229.4; Ṯaʿālibī, *Ṯimār al-qulūb*, S. 71.16; Abū Hilāl al-ʿAskarī, *Dīwān al-maʿānī*, I.113.11; ar-Rāġib al-Iṣfahānī *Muḥāḍarāt al-udabāʾ*, II.280.31.

286 Vgl. die Quellenangaben in Anm. 282.

287 Ibn Qutayba, *Kitāb aš-Šiʿr wa-ăš-šuʿarāʾ* (*Poesis*, Ausgabe de Goeje), S. 382.12: „فلما فرغ من انشاده حمل جملُه على ناقة العجّاج يريدها".
F. Meier (NL Mappe 12, s. v. *Inspiration: Dichter*, Bl. 42) macht auf ein weiteres Wortgefecht zwischen zwei Dichtern aufmerksam, das darin gipfelt, dass der *šayṭān* des einen Dichters auf den *šayṭān* seines Widersachers springt oder ihn bespringt. Die Rede ist von einem Gedicht Abu ăs-Simṭ Marwān b. Abi ăl-Ǧanūbs (Abbasidenzeit, 3./9. Jh.), das bei Ṯaʿālibī, *Ṯimār al-qulūb*, S. 72 f., erwähnt wird. Die Stelle lautet (Übersetzung F. Meier):

bemerkt in seinen Ausführungen dazu abschließend, dass die Leute über den Vorfall lachen mussten und auseinandergingen, indem sie den Vers rezitierten: „Wahrhaftig, der Satan jedes andern Dichters der Menschheit ist ein Weibchen, nur mein Satan ist ein Männchen." Aus interpretatorischer Sicht von Bedeutung ist, dass sich anhand der diskutierten Episode einmal mehr eine auffallende Nähe zwischen Dichtkunst und Reiten feststellen lässt.[288]

Andere Aspekte des Inspirationsvorgangs hebt ein Bericht in Iṣfahānīs (gest. 356/967) *Kitāb al-Aġānī* hervor.[289] Er hält fest, dass auch der Dichter Nuṣayb (um 100/Anfang 8. Jh.) über einen *šayṭān* verfügte, der ihm als guter Ratgeber *(nāṣiḥ)* Verse vorsagte *(laqqana)*. Zu seiner Zeit als Gouverneur von Medina bat ʿUmar b. ʿAbd al-ʿAzīz Nuṣayb, er möge ihm jenes Gedicht vortragen, dessen Beginn laute:

„Abu ăs-Simṭ dichtete gegen ʿAlī b. al-Ǧahm (Metrum: *Kāmil*):
Ibn Ǧahm verunglimpft mich in Abwesenheit
Und sagt mir nur Schönes, wenn er mich trifft.
Wenn ich nicht bei ihm bin, ist er ein Dichter,
Aber die Dichtung irrt ab von ihm, wenn er mich sieht.
(S. 73) Wenn wir einander begegnen, vertreibt meine Dichtung die Seine,
Und mein Satan springt auf seinen Satan los (oder: bespringt seinen Satan).
Ibn Ǧahm erbarmt sich seiner Mutter nicht,
Sonst würde er mich nicht befehden."

288 Beide Dichter erscheinen beritten zum Wortgefecht. Auch ist es nicht *a priori* von der Hand zu weisen, dass Abu ăn-Naǧms männlicher *šayṭān* mit seinem Kamelhengst und ʿAǧǧāǧs Kamelstute mit seinem weiblichen *šayṭān* in Beziehung zu setzen sind. Diese Parallelisierung fände auch in der Beobachtung ihre Bestätigung, dass Kamele für ihren dämonischen Charakter bekannt sind (vgl. Kapitel 5.4.2, bei Anm. 151–167).
Außerdem weist der bereits mehrfach erwähnte Begriff *faḥl* (vgl. Anm. 253, 269) auf die Bedeutung der Reitmetapher im Zusammenhang mit dem Dichten hin. F. Meier (NL Mappe 12, s. v. *Inspiration: Dichter*, Bl. 37) zeigt anhand des folgenden Verses aus Aʿšās *Dīwān* auf, dass unter dem Begriff *faḥl* ein Hengst zu verstehen ist und der im Vers behandelte Dichter Muḫabbal damit als beritten beschrieben wird (Aʿšā, *Gedichte*, Ausgabe R. Geyer, Nr. 6, S. 283; auch zitiert bei Ǧāḥiẓ, *Ḥayawān* VI.227.1; Ṯaʿālibī, *Ṯimār al-qulūb*, S. 71.10; ʿA. Ḥamīda, *Šayāṭīn*, S. 155; Übersetzung F. Meier):

وما كان جِنّيُّ الفرزدق قدوةً　　وما كان فيهم مِثلُ فَحلِ المخبَّلِ

Farazdaqs *ǧinnī* war nicht [jedem] ein Vorbild. Und unter ihnen gab es keinen wie den Hengst *(faḥl)* des Muḫabbal.

Auch Berichte bei Pseudo-Masʿūdī, *Aḫbār az-zamān*, S. 15.3–9 (vgl. Kapitel 7, bei Anm. 46), und Qurašī, *Ǧamharat ašʿār al-ʿarab* (Ausgabe Kairo 1345), S. 24.9–12 (vgl. Ausgabe Damaskus 1986, S. 171.15–173.1), erzählen von einem Mann, der in einer Vollmondnacht einer Person begegnet, die auf einem Strauß reitet und Verse dichtet. Hinter dieser Gestalt verbirgt sich ein dämonischer Inspirator.

289 Vgl. die Hinweise bei F. Meier (NL Mappe 12, s. v. *Inspiration: Dichter*, Bl. 39): Iṣfahānī, *Aġānī* (Ausgabe Dār al-Kutub), I.345; ʿA. Ḥamīda, *Šayāṭīn aš-šuʿarāʾ*, S. 171.

„Haltet an, meine beiden Brüder!"[290] Denn darin sei ihm sein Satan ein besonders guter Ratgeber gewesen. Auch Ǧarīr hat festgehalten, dass der Satan dem Ḏū ăr-Rumma beim Abfassen des ersten Gedichts seines *Dīwān* beratend *(nāṣiḥ)* zur Seite gestanden habe. F. Meier erklärt, dass unter dem *nāṣiḥ* ein geistiger Beistand zu verstehen sei, der „vorsagt", wie dies bei Nuṣayb der Fall sei.[291]

Etwas anders gelagert ist ein Bericht, in dem sich Iṣfahānī über Kuṯayyir ʿAzza (gest. 105/723) aus Medina äußert.[292] Gemäß dieser Darstellung hat Kuṯayyir noch nie gedichtet, bevor er eines Tages zur Mittagszeit[293] auf seinem Kamelhengst in al-Ġamīm oder al-Biqāʿ Ḥamdān unterwegs war. Plötzlich sei ein anderer Reiter aufgetaucht, der aus Messing *(ṣufr;* F. Meier: Kupfer) war und sich auf dem Boden dahinschleppte.[294] Diese Gestalt fordert Kuṯayyir zum Dichten auf und gibt ihm Verse ein.[295] Als sich Kuṯayyir erkundigt, wer er sei, erhält er zur Antwort: „Ich bin dein *qarīn* von den *ǧinn.*"[296] F. Meier interpretiert dieses Geschehen in erster Linie als dichterische Einweihungsszene, halte der Text doch nicht fest, dass der Geist Kuṯayyir erneut aufgesucht habe. Allerdings sei nicht ausgeschlossen, dass Kuṯayyir zumindest spielerisch auch weiterhin mit einem dämonischen Inspirator in Verbindung gebracht worden sei.

Auch von weiteren Dichtern wird überliefert, dass sie über einen Begleitdämon verfügten. Dies trifft u.a. auf Ǧarīr (gest. um 110/728–729)[297] zu, wie F. Meier in Anschluss an ʿA. Ḥamīda aufzeigt.[298] Verschiedene Autoren, unter ihnen Šiblī, legen ihm folgenden Vers in den Mund, der sich in seinem *Dīwān* unter

290 Übersetzung F. Meier, vgl. vorangehende Anm.

291 Gemäß einem Hinweis bei F. Meier, NL Mappe 12, s. v. *Inspiration: Dichter*, Bl. 39.

292 Vgl. die Hinweise bei F. Meier (NL Mappe 12, s. v. *Inspiration: Dichter*, Bl. 40): Iṣfahānī, *Aġānī* (Dār al-Kutub), IX.24.6–10; ʿA. Ḥamīda, *Šayāṭīn aš-šuʿarāʾ*, S. 169.

293 Es sei daran erinnert, dass sich Dämonen gern zur Mittagszeit manifestieren, vgl. Kapitel 6.3.2, b. „Über Mittag" (bei Anm. 178–203).

294 Der Fremde muss also von seinem Reittier gestiegen sein; dieser Hinweis fehlt im Text. Möglicherweise handelt es sich beim Fremden um einen *duwāl-pā*, deren Beine bekanntlich schlaff sind. Der beigezogene Text formuliert dies aber nicht explizit. Zu den Riemenbeinler vgl. Kapitel 7.2.

295 Iṣfahānī, *Aġānī* (Dār al-Kutub), IX.24.9: „قل الشعر وألقاه عليَّ".

296 *Loc.cit.*, „قال: أنا قَرِينُكَ من الجن".

297 Ǧarīr b. ʿAṭiyya b. al-Ḵaṭafa (Huḏayfa) b. Badr gilt als bedeutender Verfasser von Spottgedichten *(hiǧāʾ)*; vgl. A. Schaade und H. Gätje, Artikel „Djarīr", in *EI*² II.479.

298 Vgl. die Angaben bei F. Meier (NL Mappe 12, s. v. *Inspiration: Dichter*, Bl. 44). Mit Hinweisen auf Ṯaʿālibī, *Ṯimār al-qulūb*, S. 69 f. (S. 70.1); ʿA. Ḥamīda, *Šayāṭīn*, S. 165; Šiblī, *Ākām al-marǧān*, S. 84.10; vgl. außerdem Suyūṭī, *Laqṭ al-marǧān*, § 498, S. 215.2, der angibt, dass Ǧarīr einen *tābiʿ* hatte.

den *Basīṭ*-Gedichten gleichen Reims allerdings nicht nachweisen lässt (Metrum: *Basīṭ*)[299]:

انى لَيُلقى علىَّ الشعرَ مكتهلٌ   من الشياطين ابليس الأباليس

Mir gibt die Dichtung ein im besten Alter stehender Satan ein, der Teufel unter den Teufeln.

Von demselben Ǧarīr ist überdies bekannt, dass er in eine Auseinandersetzung mit dem Dichter ar-Rāʿī an-Numayrī[300] verwickelt war, in deren Verlauf er seinen Gegner mit den Worten verschmähte: „Schlag den Blick nieder, denn du bist von den Banū Numayr." Gemäß ʿA. Ḥamīdas Zusammenfassung der Version in Iṣfahānīs *Kitāb al-Aġānī* soll Ǧarīr in jener Nacht, da er diesen Schmähvers dichtete nackt auf seinem Lager herumgekrochen sein.[301] Als Rāʿī zu seinem Stamm kam, war der ihn verunglimpfende Vers dort bereits im Umlauf. Dies wird damit erklärt, dass Ǧarīr Helfer (*ašyāʿ*, sg. *šīʿa*) unter den *ǧinn* hatte. F. Meier zieht verschiedene Erklärungen der Funktion dieser Helfer in Betracht. Einerseits könnten sie als *ǧinn* jene Verse, die sie selbst gedichtet hatten, auch anderweitig bekannt machen. Anderseits bestehe die Möglichkeit, dass sie die Verse rasch in Umlauf bringen, nachdem sie der Dichter ausgesprochen hatte.

Ein weiterer Bericht über Ǧarīr hebt hervor, dass er denselben *šayṭān* wie Farazdaq[302] hat.[303] Demnach sollen Ǧarīr und Farazdaq von Irak nach Ruṣāfa unterwegs gewesen sein, um dort dem Kalifen Hišām b. ʿAbd al-Malik zu huldigen. Als Ǧarīr unterwegs zurückbleibt, um ein Bedürfnis zu verrichten, will auch Farazdaqs Kamelstute nicht mehr weitergehen. Farazdaq treibt das störrische

299 Hier zitiert nach Šiblī, *Ākām al-marǧān*, S. 84.10. Es sei darauf hingewiesen, dass sich Šiblī im ganzen 40. Kapitel mit dem Titel *Fī bayān takallum al-ǧinn bi-ăl-ḥikam wa-ilqāʾi-him aš-šiʿr ʿalā alsinat aš-šuʿarāʾ* (S. 83.6–84.18), mit der Problematik der dichterischen Inspiration auseinandersetzt. Er greift dabei auch zahlreiche Beispiele auf, die F. Meier gestützt auf ʿA. Ḥamīda bei früheren Autoren nachweisen konnte.

300 Gemeint ist der Dichter ʿUbayd b. Ḥusayn aus dem 1./7. Jh.; vgl. R. Weipert, Artikel „al-Rāʿī", in *EI²* VIII.400.

301 Vgl. F. Meier (NL Mappe 12, s. v. *Inspiration: Dichter*, Bl. 44) mit Hinweisen auf ʿA. Ḥamīda, *Šayāṭīn*, S. 166 f. Die Auseinandersetzung schildert Iṣfahānī, *Aġānī* (Dār al-Kutub), VIII.29–31, zitiert gemäß ʿA. Ḥamīda; vgl. auch unten nach Anm. 358.

302 Farazdaq *(laqab)*, eigentlich Tammām b. Ġālib, war ein bedeutender arabischer Satiriker und Panegyriker; er starb 110/728 in Baṣra; vgl. R. Blachère, Artikel „al-Farazdaḳ", in *EI²* II.788.

303 Vgl. F. Meier (NL Mappe 12, s. v. *Inspiration: Dichter*, Bl. 45), der sich auf ʿA. Ḥamīda, *Šayāṭīn*, S. 163, stützt. Der Bericht selbst stammt aus Ibn Ẓāfir, *Badāʾiʿ al-badāʾih*, S. 24.6–25.2 (§ 9); zu Ibn Ẓāfir (geb. 567/1171, gest. 613/1216 oder 623/1226) vgl. *EI²* III.970.

Tier mit Peitschenhieben an, verleiht seinem Ärger aber auch in zwei Versen Ausdruck. Er sagt seinen Begleitern voraus, dass Ibn al-Marāġa (= Ǧarīr) bald nachkommen, zwei Verse vortragen und sich darin auf seine beiden Klageverse über die störrische Kamelin beziehen werde. Farazdaq ist sogar in der Lage Ǧarīrs Entgegnung vorauszusagen.[304] Als Ǧarīr seine Reisegefährten einholt, rezitiert er in der Tat die beiden von Farazdaq vorhergesagten Verse und erklärt der verblüfften Zuhörerschaft, dass er und Farazdaq eben einen einzigen *šayṭān (šayṭān wāḥid)* hätten.

Auch andere Quellen wissen darum, dass Ǧarīr und Farazdaq denselben Inspirator *(šayṭān)* hatten,[305] wie aus folgender Begebenheit aus Iṣfahānīs *Kitāb al-Aġānī* ersichtlich ist[306]: Gemäß einem auf Abū ʿUbayda zurückgehenden Bericht soll ein Reiter aus der Yamāma, Ǧarīrs Heimat, zu Farazdaq auf dem Mirbad[307] gekommen sein. Farazdaq erkundigt sich beim Ankömmling danach, ob er in der Yamāma auch Ǧarīr gesehen habe. Der Reiter antwortet, indem er Verse Ǧarīrs rezitiert. Farazdaq allerdings unterbricht ihn jeweils nach dem ersten Halbvers und ergänzt die zweite Vershälfte selbst.[308] Als sich der Fremde erkundigt, ob Farazdaq das Gedicht denn schon gehört habe, verneint dieser. Allerdings müsse die Fortsetzung so lauten, wie er dies soeben rezitiert habe. Er erklärt dem ver-

304 Es handelt sich um die Verse Farazdaq, *Naqāʾiḍ* (Ausgabe Bevan), S. 1010.12–13 und 1016.15–16, deren folgende Übersetzung von F. Meier stammt (NL Mappe, 12, s. v. *Inspiration: Dichter,* Bl. 45). Farazdaq (*Naqāʾiḍ,* S. 1010.12–13): „Wie lange wendest du dich um, wo du noch unter mir bist / Und der beste aller Menschen (= der Kalif) vor mir? // Wenn du einmal in Ruṣāfa angekommen bist, kannst du ausruhen / von den Riemen und den nie verschwinden wollenden (?) wundgeriebenen Stellen." – Farazdaq sagt voraus, dass Ǧarīr darauf wie folgt entgegnen werde (*Naqāʾiḍ,* S. 1016.15–16): „Sie wendet sich um (wissend), dass sie unter dem Sohn eines Schmiedes ist, / der sich mit dem Schmelzofen und den stumpfen Sicheln befasst. // Wenn du einmal in Ruṣāfa angekommen bist, / wirst du dort die gleiche Schande erleben, wie an den Messen jedes Jahr."

305 Vgl. F. Meier (NL Mappe 12, s. v. *Inspiration: Dichter,* Bl. 46 f.), der sich auf ʿA. Ḥamīda, *Šayāṭīn,* S. 160–163, 171, bezieht.

306 Iṣfahānī, *Aġānī* (Dār al-Kutub), VIII.32.14–33.13.

307 Mirbad: bekannter öffentlicher Platz in Baṣra, vgl. Ch. Pellat, Artikel „Mirbad", in *EI²* VII.113.

308 Es handelt sich um die folgenden Verse aus Ǧarīrs *Dīwān* (Ausgabe Dār Ṣādir), S. 73; arabischer Text auch bei ʿA. Ḥamīda, *Šayāṭīn,* S. 160 f.; Übersetzung F. Meier, Bl. 46):

„[Reiter, 1. *miṣrāʿ*:] Die Leidenschaft ließ mein bewegtes Herz in Wallung geraten. / [Farazdaq, 2. *miṣrāʿ*:] Sieh in Tūḍiḥ: mit heraneilenden Sänften.

[Reiter, 1. *miṣrāʿ*:] Das ist eine Leidenschaft, die das Herz entbrennen lässt, quälend. / [Farazdaq, 2. *miṣrāʿ*:] Und ein Ansinnen, mit dem ein zweifelndes [Inneres] nicht mitlaufen kann.

[Reiter, 1. *miṣrāʿ*:] Der Rabe ist begierig nach dem, was ich nicht möchte, / [Farazdaq, 2. *miṣrāʿ*:] Krächzt in einem fort vom Fernsein der Freunde."

blüfften Reiter, dass er, Farazdaq, und Ǧarīr eben denselben *šayṭān* hätten. Farazdaq ist außerdem bereits über weitere Einzelheiten informiert, gibt er doch an, dass Ǧarīr die Verse zu Ehren von Ḥaǧǧāǧ verfasst habe.[309] Im Übrigen lässt sich auch bei Ṯaʿālibī die Auffassung nachweisen, dass Farazdaq und Ǧarīr denselben Satan hatten. Aus Farazdaqs Mund rezitiere er jedoch bösere Verse.[310]

Während die beiden Dichter Ǧarīr und Farazdaq Zeitgenossen waren, weist Maʿarrī (gest. 449/1058) in den *Rasāʾil* auf die Möglichkeit hin, dass auch Dichter aus unterschiedlichen Epochen denselben *šayṭān* haben können.[311] Maʿarrī greift im 27. Schreiben (Adressat: Nuktī) einen Bericht über Ibn Durayd (gest. 321/933)[312] auf, der in einem Traum gefragt wurde, weshalb er keine Weingedichte verfasse. Ibn Durayd habe darauf geantwortet, dass Abū Nuwās dazu bereits alles gesagt habe. Der Fragesteller aus dem Traum habe ihm darauf erklärt, er, Ibn Durayd, werde als bedeutenderer Dichter gelten, wenn er folgende Verse dichte[313]:

وحمـراء قبـل المـزج صفـراء بعـده اتـت بيـن ثوبـى نرجـس وشـقايق
حكت وجنة المعشوق صرفا فصلطوا عليهـا مزاجـا فاكتسـت لـون عاشـق

Wie mancher rote vor der Mischung, nachher gelbe
hat die beiden Kleider von Narzisse (= gelb) und Anemone (= rot) angezogen!
Ungemischt ahmte er die Wange des Geliebten (= rot) nach, dann ließ man
eine Mischung über ihn ergehen, worauf er die Farbe des Liebenden (= gelb) anzog.

Auf Ibn Durayds Nachfrage hin stellt sich der Mann aus dem Traum als sein *šayṭān* vor. Er heiße Abū Zāǧiya und lebe in Mawṣil. Da Dämonen ein äußerst langes Leben hätten, sei es möglich, dass ein und derselbe *ǧinnī* sowohl Noah als auch Muḥammad begegne.[314] Weil dichterische Dämonen außerdem von einem Verseschmied zum andern wandern können, sei auch vorstellbar, dass Nābiġas dämonischer Gefährte *(ṣāḥib)* oder jener des Kinditen Imruʾ al-Qays trotz völlig

---

309 Vgl. eine Parallele dazu bei Ibn Qutayba, *Kitāb aš-Šiʿr wa-ăš-šuʿarāʾ* (*Poesis*, Ausgabe de Goeje), S. 288, wo allerdings der Hinweis auf den gemeinsamen Satan fehlt.

310 Ṯaʿālibī, *Ṯimār al-qulūb*, S. 73.3 (vgl. ʿA. Ḥamīda, *Šayāṭīn*. S. 161; F. Meier, NL Mappe 12, s. v. *Inspiration: Dichter*, Bl. 46): „وكان الفرزدق يقول: شيطان جرير هو شيطانى، إلا أنه من فمى أخبث“.

311 Hinweis aus F. Meier, NL Mappe 4, s. v. *Inspirator*, Bl. 21 f., und NL Mappe 12, s. v. *Inspiration: Dichter. Ein Inspirator für mehrere Dichter*, Bl. 49. Vgl. Maʿarrī, *Rasāʾil* (Ausgabe Margoliouth), Nr. 27; arabischer Text, S. 67.

312 Siehe J. W. Fück, Artikel „Ibn Durayd“, in *EI*² III.757.

313 Übersetzung F. Meier, vgl. Anm. 311.

314 F. Meier, NL Mappe 12, s. v. *Wiederverjüngung*, 1 Bl., und *Langlebigkeit*, 3 Bl., macht auf weitere Beispiele dafür aufmerksam, dass Dämonen ein außerordentlich hohes Alter erreichen können.

unterschiedlichen Lebensdaten Nuktī, den Adressaten von Maʿarrīs Schreiben, aufgesucht habe.[315] Dies wäre weder neuartig noch unerhört. Nuktī selbst sei auf seinen Reisen in Mawṣil vorbeigekommen. Es sei damit möglich, dass sich Abū Zāǧiya dort an ihn gehängt und große Lust empfunden habe, sein dichterischer Gefährte zu werden. Da sich Abū Zāǧiya durch Nuktī an seinen Freund Ibn Durayd erinnert gefühlt habe, sei dies nicht ausgeschlossen.

Maʿarrīs Text übrigens mutmaßt in der Fortsetzung über eine Bekehrung des dämonischen Inspirators Abū Zāǧiyas zum Islam.[316] Anders sei kaum vorstellbar, dass Abū Zāǧiya „Lust verspürte, einen Korankommentator, einen Kenner der Sprache des Gottgesandten, einen, der so deutlich die fromme Denkungsart und schöne Glaubensgesinnung an den Tag legte, seit er in der Wiege war [...] zum Gefährten zu nehmen." Der Bericht schließt mit einem Hinweis auf das bereits bekannte Prophetenwort, dass jeder Mensch einen eigens für ihn bestellten Satan habe. Im Falle Muḥammads habe er sich allerdings zum Islam bekehrt.[317]

Die untersuchten Quellen enthalten aber auch Berichte darüber, dass dämonische Gefährten ihren Dichtern kritisch dreinreden.[318] Ibn Ḫallikān weiß über den bereits bekannten Ibn Durayd, dass Iblīs ihn aufgesucht und ihm Unregelmäßigkeiten in der Symmetrie von zwei Versen vorgehalten habe.[319] Ähnliches ist über Farazdaq bekannt.[320] Demnach soll ein Mann mit der Bitte zu Farazdaq gekommen sein, eines seiner Gedichte zu begutachten. Der Mann rezitierte dabei folgenden Vers:

---

315 Zu den Lebensdaten: 1. Nābiġa: bekannter Dichter der *ǧāhiliyya;* zu ihm lassen sich Berichte nachweisen, die die Jahre 570–600 betreffen (vgl. A. Arazi, Artikel „Nābigha", in *EI*² VII.840); 2. Der vorislamische arabische Dichter Imruʾ al-Qays soll ca. 550 n. Chr. gestorben sein (vgl. S. Boustany, Artikel „Imruʾ al-Ḳays", in *EI*² III.1176). 3. Nuktī lebte zur Zeit Maʿarrīs (gest. 449/1058), dessen Sendschreiben *(rasāʾil)* sich an verschiedene Familienangehörige richten (vgl. P. Smoor, Artikel „Maʿarrī", in *EI*² V.927, Punkt 5).

316 Maʿarrī, *Rasāʾil* (Ausgabe Margoliouth), Nr. 27; arabischer Text, S. 67. Übersetzung: F. Meier (vgl. Anm. 311).

317 F. Meier, NL Mappe 12, s. v. *Inspiration: Dichter. Ein Inspirator für mehrere Dichter,* Bl. 50, macht auf eine Parallele zu dieser Episode aufmerksam bei Yāqūt, *Iršād* (Ausgabe Margoliouth), VI.487–488.

318 Hinweise bei F. Meier, NL Mappe 12, s. v. *Inspiration: Dichter. Ein Inspirator für mehrere Dichter,* Bl. 50.

319 Ibn Ḫallikān, *Wafayāt al-aʿyān* (Bayrūt, Dār aṯ-Ṯaqāfa), Nr. 637, IV. 327.19–328.2, mit S. 427.9–18 für den Kontext.

320 F. Meier (NL Mappe 12, s. v. *Inspiration: Dichter. Zwei Inspiratoren für einen Dichter,* Bl. 52) greift die Darstellung auf aus: Qurašī (um 300/Anfang 10. Jh.), *Ǧamharāt al-ʿarab* (Ausgabe Kairo 1345), 30–31; Vers: S. 30.18. Übersetzung F. Meier.

ومنهم عمرو المحمود نائله   كأنما رأسه طين الخواتم

Und zu ihnen gehört ʿAmr mit seiner lobenswerten Freigebigkeit.
Sein Kopf gleicht einem Lehm für Siegel.

Die metrischen Unregelmäßigkeiten im zweiten *miṣrāʿ* bringen Farazdaq zum Lachen. Aus den qualitativen Unterschieden der beiden Vershälften schließt er, dass zwei Satane am Werk gewesen sein müssen. Der eine heiße al-Hawbar. Wem dieser *šayṭān* beistehe, dessen Dichtung sei gut und seine Worte seien richtig. Der zweite *šayṭān* aber heiße al-Hawǧal. Wer nur von ihm unterstützt werde, dichte schlecht. Der beigezogene Bericht vergleicht Dichtung abschließend mit einem großen, ausgewachsenen Kamel, das geschlachtet wird. Imruʾ al-Qays habe davon den Kopf genommen, ʿAmr b. Kulṯūm den Höcker, Zuhayr den Widerrist, Aʿšā und Nābiġa die beiden Keulen, Ṭarafa und Labīd die Brust. Unterschenkel und Bauch hätten die andern darauf unter sich verteilt. Als nur noch Gedärm und Blut übrig geblieben sei, habe der Schlächter dies für sich selbst beansprucht. Er habe es gekocht, gegessen und geschissen. Farazdaq bemerkt gegenüber dem Ratsuchenden am Schluss, dass sein Gedicht vom Schiss dieses Schlächters sei. Der Mann nahm's zur Kenntnis und dichtete nie mehr.

Auch andere Quellen thematisieren, die großen qualitativen Unterschiede von Gedichten.[321] Ǧāḥiẓ macht im *Kitāb al-Bayān* auf eine Diskussion zwischen zwei Dichtern aufmerksam.[322] Während der erste Dichter jede Stunde eine *qaṣīda* verfasst, tut dies der zweite nur einmal im Monat. Jener, der nur wenig Gedichte rezitiert, erklärt dies damit, dass er eben von seinem *šayṭān* nicht alles annehme, wie dies offensichtlich sein produktiverer Kollege tut.[323] Ganz ähnlich lautet ein Bericht Aṣmaʿīs.[324] Demnach soll ein Mann seinem Vater ein Gedicht vorgelegt haben und dafür getadelt worden sein. Der Satan habe dieses Gedicht schon vielen angeboten. Bis anhin habe es allerdings keiner angenommen.[325]

---

321 Für die folgenden Erklärungen vgl. F. Meier, NL Mappe 12, s. v. *Inspiration: Dichter*, Bl. 47, und NL Mappe 4, s. v. *Inspirator*, Bl. *2.

322 Ǧāḥiẓ, *Kitāb al-Bayān* (Ausgabe ʿA. Hārūn), I.206.13–207.2.

323 F. Meier erkennt darin „ein Sichabsetzen des Dichters von der Inspiration als heteronomes Handeln"; vgl. NL Mappe 4, s. v. *Inspirator*, Bl. *2.

324 Marzubānī, *Muwaššaḥ*, S. 367.2–4: „حدثنا الاصمعى قال عرض رجل على أبيه شعرا، فقال له: يابنى ما بقى أحد الا وقد عرض عليه الشيطان هذا الشعر فما قبله أحد غيرك". Hinweis aus F. Meier, vgl. Anm. 320.

325 Die Erklärung bringt die Spannung zwischen der positiven Bewertung des *šayṭān* als Inspirator und seiner Verteufelung zum Ausdruck. I. Goldziher, *Abhandlungen zur arabischen Philologie*, I.8 (Hinweis aus F. Meier, vgl. Anm. 320), macht auf ein ähnliches Beispiel bei Iṣfahānī, *Muḥāḍara*, 1.38.19 f., aufmerksam: „Ein Mann trug Farazdaq ein Gedicht vor und fragte: Wie fin-

Während die vorangehenden Ausführungen die Eigenheiten der dichterischen Inspiration anhand von unterschiedlichen Einzelbeispielen präzisieren, hat F. Meier in seinem Nachlass Berichten über die Eingebung im Fall von b. Ḥassān b. Ṯābit und c. einer Wanderlegende zum Thema besondere Aufmerksamkeit geschenkt. Die weitere Darstellung stützt sich auf F. Meiers Erkenntnisse.

b. Ḥassān b. Ṯābit stand bereits zur Zeit der *ǧāhiliyya* in hohem Ansehen.[326] Er bekehrte sich früh zum Islam und war der bedeutendste Dichter im Dienst Muḥammads. Wahrscheinlich ist er um das Jahr 40/659 gestorben. Gemäß W. ʿArafat dürften zwei Drittel der ihm zugeschriebenen Verse unecht sein.[327] Während die Debatten zur Authentizität seines Werks im vorliegenden Kontext nicht relevant sind, ist F. Meiers Beobachtung von Interesse, dass Ḥassān b. Ṯābit zur Zeit der *ǧāhiliyya* von einem dämonischen Gefährten inspiriert worden ist. Seit er seine Fähigkeiten aber in den Dienst Muḥammads gestellt habe, unterstütze ihn der Heilige Geist. Ausgangspunkt der weiteren Ausführungen ist ein Bericht über Ḥassān b. Ṯābit, dessen ausführlichste Fassung sich bei Suyūṭī nachweisen lässt und der die Auseinandersetzungen zwischen verschiedenen Dichtern beschreibt.[328]

Demnach soll sich Ḥassān b. Ṯābit zu ʿAmr b. al-Ḥāriṯ b. Abī Šamir al-Ġassānī[329] aufgemacht haben und unterwegs auf as-Siʿlāh, die dämonische Beglei-

dest du es? – Farazdaq erwiderte: Iblīs ging mit diesem Gedicht unter den Menschen herum und fand keinen, der so dumm gewesen wäre, es anzunehmen, außer dir.“

326 F. Meier, NL Mappe 12, s. v. *Inspiration: Dichter: Ḥassān b. Ṯābit*, Bl. 70–86.

327 W. ʿArafat, Artikel „Ḥassān b. Ṯābit“, in *EI*² III.271; zu Ḥassān b. Ṯābit siehe jetzt auch: A. Imhof, *Religiöser Wandel und die Genese des Islam*, S. 159–217.

328 F. Meier, NL Mappe 12, s. v. *Inspiration: Dichter: Ḥassān b. Ṯābit*, Bl. 70–72. Der Bericht lässt sich in folgenden Quellen nachweisen: Suyūṭī, *Šarḥ šawāhid al-muġnī* (Ausgabe Dimašq 1966), I.379.5–380.12. Eine einfachere Fassung dazu bei Suyūṭī, *Al-Muzhir fī ʿulūm al-luġa wa-anwāʿihā*, II.492.1–11; Hinweise in *Lisān al-ʿarab*, Stichwort *Šayṣabān (šṣb)*; Baġdādī *Ḫizānat al-adab*, (Ausgabe al-Qāhira, 1347, Randzählung), I.418. Die Quelle dieser Berichte ist Qālī (gest. 356/965 in Cordoba; vgl. *GAL*, G I.132, S I.202), *al-Maqṣūr wa-ăl-mamdūd*. Man beachte außerdem: I. Goldziher, *Abhandlungen zur arabischen Philologie*, I.3; Ḥassān b. Ṯābit, *Dīwān* (Ausgabe W. ʿArafât), I.520; Ǧāḥiẓ, *Ḥayawān*, VI.231.6–9; Ṯaʿālibī, *Ṯimār al-qulūb*, S. 70.14–17 (bei ihm nur die Verse).

329 Es handelt sich um einen Vertreter der Ġassān, die zur großen Stammesgruppe der Azd gehören: Diese wanderten aus Südarabien kommend in die Arabische Halbinsel ein. Sie ließen sich um 490 n. Chr. an der Grenze des Römischen Reiches nieder, wurden Christen und spielten eine wichtige Rolle in der Geschichte der syrischen Monophysiten. Siehe Irfan Shahîd, Artikel „Ghassān“, in *EI*² II.1020; Masʿūdī, *Murūǧ* (Ausgabe de Meynard, de Courteille), III.214–223: „Bāb 45: Ḏikr mulūk aš-Šām min al-Yaman min Ġassān wa-ġayri-him“. Masʿūdī berichtet von Ḥassāns Begegnungen mit den Prinzen der Ġassān.

terin *(ṣāḥiba)* des Nābiġa, gestoßen sein.[330] Sie ist die Schwester von al-Miʿlāh, der dämonischen Begleiterin *(ṣāḥiba)* des ʿAlqama b. ʿAbada.[331] As-Siʿlāh rezitiert darauf aus dem Stegreif einen Vers. Sie werde bei ihrer Schwester al-Miʿlāh für ihn ein gutes Wort einlegen, falls er, Ḥassān, in der Lage sei, weitere Verse gleichen Reims anzufügen. Andernfalls werde sie ihn umbringen. Es schließt sich folgender Wortwechsel in Versen an (Metrum: *Mutaqārib*)[332]:

فقلت: هات. فقالت:
إذَا مَـا تَرعـرَعَ فِينـا الغُـلامُ   فمـا أَن يُقـالَ لَـهُ مَـن هُـوَه
قال: فتبعتُها من ساعتى، فقلتُ:
فَـإن لَـم يَسُـد قَبـلَ شَـدِّ الإزار   فَذلِـكَ فِينـا الـذِى لا هُـوه
ولِـى صَاحِـبٌ مِـن بَنـى الشَـيصَبَا   نِ فَحِينـاً أقُـولُ وَحِينـاً هُـوَه
فقالت: أولى لك، نجوتَ.

Ich sagte: ‚Leg los!‘ – Da rezitierte sie:
‚Wenn bei uns der Jüngling heranwächst,
Muss man ihn nicht [erst] fragen, wer er ist.‘
[Ḥassān b. Ṯābit] sagte: ‚Da folgte ich ihr sogleich, indem ich [die beiden folgenden Verse] deklamierte:
Herrscht er noch nicht, bevor er sich die Beinkleider gürtet,
So gilt er unter uns als einer, der nicht der Richtige ist.
Ich habe einen Begleiter *(ṣāḥib)* von den Banū Šayṣabān.
Einmal rede [also: dichte] ich, dann er.‘
Sie sagte: ‚Gut für dich! Du bist davon gekommen.‘

Die bisherigen Ausführungen zeigen auf, dass sowohl Nābiġa mit as-Siʿlāh als auch ʿAlqama mit al-Miʿlāh auf die Unterstützung durch Folgegeister zählen können. Aber auch Ḥassān gibt im letzten Vers an, er habe einen Begleiter *(ṣāḥib)*. Da dieser zu den Banū Šayṣabān, einem wichtigen *Ǧinn*-Stamm,[333] gehört, ist klar, dass auch dieser Gefährte dämonischen Charakter hat. Besonders interessant ist der Hinweis, dass beim Entstehen von Ḥassāns Versen bald der dämonische, bald der menschliche Dichter am Werk ist.

---

330 Zu Nābiġa vgl. Anm. 315.

331 ʿAlqama: Dichter zur Zeit der *ǧāhiliyya*, aktiv in der 1. Hälfte des 6. Jh.; vgl. G. E. Grunebaum, Artikel „ʿAlqama b. ʿAbada“, in *EI*² I.405; A. Arazi, Artikel „Alqama“, in *EI Three*, Online-Ausgabe, konsultiert am 24. März 2012.

332 Suyūṭī, *Muġnī*, I.379.8–14; vgl. Ǧāḥiẓ, *Ḥayawān*, VI.231.7–9. Die Übersetzung lehnt sich an an F. Meier, NL Mappe 12, s. v. *Inspiration: Dichter: Ḥassān b. Ṯābit*, Bl. 70.

333 Zu den Banū Šayṣabān als Stamm der *ǧinn* vgl. Kapitel 5 bei Anm. 132 f. und 311–314.

Suyūṭī fährt mit der Bemerkung fort, dass as-Si'lāh mit Ḥassāns Repliken in Versform zufrieden sei. Sie macht ihn anschließend auf den hohen Stellenwert von Dichtung aufmerksam. Während ihre diesbezüglichen Ausführungen im vorliegenden Kontext von untergeordneter Bedeutung sind, interessieren ihre weiteren Hinweise,[334] in denen sie Ḥassān erklärt, dass er am Hof des Königs ʿAmr b. al-Ḥāriṯ auf Nābiġa und ʿAlqama treffen werde. Sie, as-Siʿlāh selbst, werde den von ihr inspirierten Nābiġa davon abhalten, Schande über ihn zu bringen. Auch werde sie für ihn bei ihrer Schwester al-Miʿlāh, ʿAlqamas dämonischer Gefährtin, ein gutes Wort einlegen, damit er seine Angriffslust *(sawra)* nicht an ihm auslasse.

Als Ḥassān b. Ṯābit am Hof ʿAmr b. al-Ḥāriṯ' eintrifft, gewährt man ihm erst nach langem Bitten Zutritt. Auch rät ihm der König zur Umkehr. Mit Nābiġa zu seiner Rechten und ʿAlqama zu seiner Linken stünden bereits zwei hervorragende Dichter – sie werden als zwei reißende Tiere *(as-sabʿān)*[335] bezeichnet – in seinen Diensten. Er bedürfe keiner weiteren Gedichte mehr. Nach längerem Hin und Her darf Ḥassān aber Kostproben vortragen und kann den König damit für sich einnehmen. Während der Machthaber die beiden glücklosen Dichter Nābiġa und ʿAlqama aus seinen Diensten entlässt, belohnt er Ḥassān b. Ṯābit reichlich.

Die einzelnen Fassungen dieses Berichts sollen bei dieser Gelegenheit nicht kritisch diskutiert werden.[336] Es sei allerdings auf F. Meiers Feststellung hingewiesen, dass sich die Begebenheit letztlich auf Hišām b. al-Kalbī (um 200/800) zurückführen lässt.[337] Außerdem fällt auf, dass der beigebrachte Bericht die dichterische Inspiration mehrfach thematisiert. Neu ist dabei die Auffassung, dass

---

334 Suyūṭī, *Muġnī*, I.379.14–18.

335 Suyūṭī, *Muġnī*, I.380.4.

336 Der Vollständigkeit halber sei hier auch eine kürzere Fassung der Begebenheit wiedergegeben (vgl. Suyūṭī, *Muzhir*, II.492.1–11; Übersetzung: F. Meier, NL Mappe 12, s. v. *Inspiration: Dichter: Ḥassān b. Ṯābit*, Bl. 71): „Es sagte Qālī im *Kitāb al-Maqṣūr wa-ăl-mamdūd:* Es berichtete uns Abū Bakr b. Durayd: Abū ʿUbayda sagte, und ich glaube, auch Asmaʿī sagte: Die *siʿlāh* (nicht Eigenname!) traf Ḥassān b. Ṯābit in einer Straße von Medina, als er noch ein Jüngling *(ġulām)* war, bevor er dichtete. Sie kniete ihm auf die Brust und sagte: Du bist der, von dem dein Volk hofft, dass du sein Dichter *(šāʿira-hum)* wirst, Er erwiderte: Ja. Sie sprach: So trag mir drei Verse auf den gleichen Reimbuchstaben vor! Wo nicht, so töte ich dich. Ḥassān dichtete: Wenn bei uns der Jüngling *(ġulām)* heranwächst, / Braucht man nicht erst zu fragen, wer er sei. – Die *siʿlāh* sagte: Mach einen zweiten Vers darauf! Ḥassān fuhr fort: Herrscht er noch nicht, bevor er sich die Beinkleider gürtet, / So ist er bei uns der, der nicht der Rechte ist. – Sie sprach: Einen dritten Vers! – Ḥassān dichtete: Ich habe einen Begleiter von den Banū Šayṣabān, / Einmal rede [dichte] ich, manchmal er. – Da ließ sie ihn ziehen und sagte: Du bist gut davon gekommen *(awlā la-ka)*."

337 Suyūṭī, *Muġnī*, I.379.5. F. Meier, NL Mappe 12, s. v. *Inspiration: Dichter: Ḥassān b. Ṯābit*, Bl. 71, macht auf diese Zuschreibung in *Lisān al-ʿarab*, s. v. *šṣb*, aufmerksam. Zu Hišām al-Kalbī siehe W. Atallah, Artikel „al-Kalbī", in *EI²* IV. 494.

Folgegeister ihren dichtenden Schützlingen unter Umständen untreu werden und sie hintergehen. Damit erst ist es Ḥassān möglich, seine beiden berühmten Dichterkollegen zu übertrumpfen.

Allerdings sind im Fall von Ḥassān b. Ṯābit nicht nur Berichte darüber im Umlauf, dass er einen dämonischen Inspirator hatte. Vielmehr thematisiert der Dichter auch selbst, dass er einen „gescheiten Bruder unter den *ǧinn*" habe, der seine „Worte mit schönster Kunst webt" (Metrum: *Kāmil*)[338]:

لا أسرِقُ الشُّعَرَاءَ مَا نَطَقوا   بَل لا يُوافِقُ شِعرهُم شِعرى
إنّى أبَى لى ذلِكُم حَسَبِى   وَمَقالَةٌ كَمَقالِعِ الصَخرِ
وأخِى مِنَ الجِنِّ البَصِيرُ إذا   حَاكَ الكَلامَ بِأحسَنِ الحَبرِ

Ich stehle den Dichtern nicht, was sie aussprechen,
Ja meine Dichtung stimmt mit der ihrigen nicht einmal überein.
Mein Adel und eine Redeweise wie behauener Fels (?)
Verbieten mir das,
Sowie mein gescheiter Bruder von den *ǧinn*, wenn er
Die Worte mit schönster Kunst webt.

Diese Verse halten klar fest, dass Ḥassān b. Ṯābit einen *ǧinnī* als Quelle der Eingebung hatte und deshalb nicht darauf angewiesen war, andere Dichter nachzuahmen. Man beachte außerdem, dass Ḥassāns Begleitdämon auch hier als Bruder vorgestellt wird.[339]

Eine Untersuchung der Berichte über Ḥassān b. Ṯābits Inspiration ist aber v. a. deshalb aufschlussreich, da er nicht nur vor dem Auftreten Muḥammads als Prophet, sondern auch danach dichterisch aktiv war. Die Quellen zu seinen Gedichten aus islamischer Zeit präzisieren dabei, dass er bei deren Verfassen nicht mehr von einem *ǧinnī*, sondern vom Heiligen Geist *(rūḥ al-qudus)* bzw. von Gabriel unterstützt wurde. Dies lässt sich u. a. aus Prophetenworten ableiten, die sich bei Buḫārī und Muslim nachweisen lassen.[340]

---

338 Vgl. F. Meier, NL Mappe 12, s. v. *Inspiration: Dichter: Ḥassān b. Ṯābit*, Bl. 73: Ḥassān b. Ṯābit, *Dīwān* (Ausgabe W. ʿArafāt, Nr. 8.19–21); I. Goldziher, *Abhandlungen zur arabischen Philologie*, I.3. H. Hirschfeld (Kommentar zur Stelle) betrachtet die Verse als wahrscheinlich vorislamisch. Übersetzung F. Meier.

339 Vgl. dazu auch Ḥassān b. Ṯābits folgenden Vers (*Dīwān*, Ausgabe Barqūqī 1347, S. 335.3; Ausgabe H. Hirschfeld, Nr. 147.1); I. Goldziher, *Abhandlungen zur arabischen Philologie*, I.3; Übersetzung F. Meier, vgl. vorangehende Anm.):

„Wie manche Reime (= Gedichte), wohlfundiert, die nachts ihre Stimme erhoben,
Habe ich bei ihrem Heruntersteigen aus der Luft des Himmels empfangen!"

340 Für die folgenden Ausführungen vgl. F. Meier, NL Mappe 12, s. v. *Inspiration: Dichter: Ḥas-*

Gemäß der Darstellung bei Muslim spielt sich der zu diskutierende Vorfall zur Zeit des Kalifats von ʿUmar I. ab. Der auf Abū Hurayra zurückgeführte Bericht hält fest, dass ʿUmar an Ḥassān vorbeigegangen sei, als er gerade in der Moschee Gedichte vortrug. Als ʿUmar Ḥassān anschaute, habe dieser bemerkt: „Ich habe schon Gedichte vorgetragen, als ein besserer als du hier drin war."[341] Ḥassān b. Ṯābit wendet sich darauf an Abū Hurayra, um sich für das Verfassen von Gedichten in einer Moschee zu rechtfertigen. Er lässt sich von ihm bestätigten, dass der Prophet selbst ihn zum Abfassen von Versen aufgefordert habe, um ihn, Muḥammad, gegenüber Verunglimpfungen durch seine Gegner zu verteidigen. Aus Abū Hurayras Antwort ergibt sich, dass der Prophet dabei seiner Hoffnung Ausdruck verliehen habe, der Heilige Geist *(rūḥ al-qudus)* möge Ḥassān beim Dichten beistehen.[342] Gemäß einer Parallele hat Barāʾ b. ʿAzīb, den Gesandten Gottes zu Ḥassān sagen hören: „Schmähe sie oder beschimpfe sie mit Versen, und Gabriel sei mit dir!"[343]

Auch ein auf ʿĀʾiša zurückgeführtes Prophetenwort, weiß davon, dass Ḥassān beim Dichten vom Heiligen Geist unterstützt wird.[344] Ihr Bericht beginnt damit, dass der Prophet seine Dichter aufgefordert habe, die Qurayšiten mit Schmähversen zu überhäufen. Dies setze ihnen härter zu als Pfeile. Zuerst wandte sich Muḥammad an Ibn Rawāḥa, dessen Schmähverse den Gesandten allerdings nicht zufriedenstellten. Auch Kaʿb b. Māliks Spottgedichte genügten ihm nicht. Deshalb schickte er nach Ḥassān b. Ṯābit. Da aber Muḥammad selbst zu den Qurayšiten

---

sān b. Ṯābit, Bl. 75, der sich auf Bemerkungen bei ʿA. Ḥamīda, *Šayāṭīn*, S. 150–153, stützt. Diskutiert wird folgender *Ḥadīṯ:* Muslim, *Ṣaḥīḥ, Kitāb Faḍāʾil aṣ-ṣaḥāba, Bāb Faḍāʾil Ḥassān b. Ṯābit, Ḥadīṯ* Nr. 6539 (Thesaurus Islamicus); vgl. Ausgabe Kairo 1955–56: Nr. 151 (fortlaufende Zählung: Nr. 2485); Buḫārī, *Ṣaḥīḥ, Kitāb aṣ-Ṣalāh, Bāb aš-Šiʿr fī ăl-masǧid, Ḥadīṯ* Nr. 453 (Thesaurus Islamicus); Iṣfahānī, *Aġānī* (Dār al-Kutub), IV. 143.16–144.9; I. Goldziher, *Abhandlungen zur arabischen Philologie*, I.4. Folgende Überlieferung gemäß Muslim: „حدثنا عمرٌو الناقِدُ وإسحاقُ بنُ إبراهيمَ وابنُ أَبِي عُمَرَ كلُّهُم عَن سُفيانَ قالَ عَمرٌو حدثنا سُفيانُ بنُ عُيَينَةَ عَن الزُهرىِّ عَن سَعِيدٍ عَن أَبى هُرَيرَةَ أَنَّ عُمَرَ مَرَّ بحَسَّانَ وهو يُنشِدُ الشِعرَ فِي المَسجِدِ فَلَحَظ إِليهِ فقالَ قد كُنتُ أُنشِدُ وَفيهِ مَن هو خَيرٌ مِنك ثُمَّ اَلتَفَتَ إِلى أَبى هُرَيرَةَ فقال أَنشُدَكَ اللهَ أَسَمِعتَ رَسولَ اللهِ (ص) يَقولُ أَجِب عَنِّى اللهم أَيِّدهُ بِروحِ القُدُس قالَ اللهم نَعَم"

341 Damit ist gemeint, dass der Prophet Muḥammad über ʿUmar überlegen war.

342 Vgl. Anm. 340.

343 Muslim, *Ṣaḥīḥ, Kitāb Faḍāʾil aṣ-ṣaḥāba, Bāb Faḍāʾil Ḥassān b. Ṯābit, Ḥadīṯ* Nr. 6542 (Thesaurus Islamicus); vgl. Ausgabe Kairo 1955–56: Nr. 153 (fortlaufende Zählung: Nr. 2486); Buḫārī, *Ṣaḥīḥ, Kitāb al-adab, Bāb Hiǧāʾ al-mušrikīn, Ḥadīṯ* Nr. 6223 (Thesaurus Islamicus). Überlieferung gemäß Muslim: „[…] سَمِعتُ رَسُولَ اللهِ (ص) يَقُولُ لِحَسَّانَ بنِ ثَابِتٍ اهجُهُم أَو هَاجِهم وَجِبرِيلُ مَعَكَ".

344 Vgl. F. Meier, NL Mappe 12, s. v. *Inspiration: Dichter: Ḥassān b. Ṯābit*, Bl. 75. Muslim, *Ṣaḥīḥ, Kitāb Faḍāʾil aṣ-ṣaḥāba, Bāb Faḍāʾil Ḥassān b. Ṯābit, Ḥadīṯ* Nr. 6550 (Thesaurus Islamicus), vgl. Ausgabe Kairo 1955–56: Nr. 157 (fortlaufend: Nr. 2490).

gehört, mahnt er Ḥassān zu Vorsicht beim Dichten. Sonst verunglimpfe er auch ihn, den Propheten, selbst. Abū Bakr werde ihm die nötigen Anweisungen erteilen. Ḥassān b. Ṯābit verspricht dem Propheten, ihn so schön aus den Qurayšiten herauszuziehen wie ein Haar aus dem Teig. ʿĀʾiša will den Gesandten darauf zu Ḥasssān b. Ṯābit haben sagen hören: „Der Heilige Geist wird (oder: soll) dir stetsfort beistehen *(ayyada)*, solange du Gott und deinen Gesandten verteidigst!“[345]

F. Meier weist die aus den beigebrachten Prophetenworten ersichtliche Vorstellung, dass Ḥassān nach seiner Bekehrung zum Islam nicht mehr von einem *ǧinnī*, sondern vom Heiligen Geist bzw. von Gabriel inspiriert worden ist, auch in späteren Berichten nach.[346] Er macht u. a. auf Abū Manṣūr aṯ-Ṯaʿālibī (gest. 429/1038) aufmerksam, der die bereits diskutierte Überlieferung ʿĀʾišas und ihre Rezeption durch Ǧāḥiẓ aufgreift.[347] Ṯaʿālibī hebt die bei Ǧāḥiẓ zitierte Aufforderung des von den Polytheisten belästigten Propheten an Ḥassān hervor, er solle Schmähverse gegen seine Angreifer verfassen; der Heilige Geist werden ihn dabei unterstützen *(wa-rūḥ al-qudus maʿa-ka)*. Ṯaʿālibī leitet daraus ab, dass „Ḥassān nur die Wahrheit sagen kann. Wie könnte er Falsches sagen, wo der Prophet ihm den Befehl gab, Gabriel ihn leitete *(yusaddidu-hū)*, Abū Bakr ihn belehrte *(yuʿallimu-hū)* und Gott ihm das Gelingen gab *(yuwaffiqu-hū)*?[348]

Der unmittelbar anschließende Bericht bei Ṯaʿālibī setzt bei der Erklärung von Ḥassāns Dichtkünsten andere Akzente.[349] Ein anonymer Berichterstatter hält fest, dass Ḥassān zur Zeit der *ǧāhiliyya* ausgezeichnete Gedichte verfasst und selbst die besten Dichter in den Schatten gestellt habe. Ḥassān habe behauptet, ihm stehe ein *šayṭān* zur Seite, der durch seinen Mund dichte (oder umgekehrt), wie dies bei Dichtern üblich sei.[350] Nachdem sich Ḥassān aber zum Islam bekehrt habe, fährt Ṯaʿālibī fort, habe sich sein *šayṭan* in einen Engel *(malak)* verwandelt. Seine

---

345 Vgl. Muslim, *Ḥadīṯ* Nr. 6550 (Schluss) „قالت عايشةُ فَسَمِعتُ رَسولَ الله (ص) يَقولُ لِحَسَّانَ إنَّ رُوحَ القُدُسِ لا يَزالُ يُؤَيِّدُكَ ما نافَحتَ عَنِ اللهِ ورسولِهِ“. F. Meier, *loc.cit.*, Bl. 75, macht auf weitere Stellen aufmerksam und verweist auf: A. J. Wensinck, *Concordance*, s. v. *ʾyd;* Abū Dāwūd, *Sunan, Kitāb al-Adab, Bāb Mā ǧāʾa fī ăš-šiʿr, Ḥadīṯ* Nr. 5017; Ausgabe Kairo 1950: *Ḥadīṯ* Nr. 5015; mit Variante bei Iṣfahānī, *Aġānī* (Dār al-Kutub), IV. 142.6–9, 146.7–12.

346 Vgl. F. Meier, NL Mappe 12, s. v. *Inspiration: Dichter: Ḥassān b. Ṯābit*, Bl. 76 f.

347 Ṯaʿālibī, *Ḫāṣṣ al-ḫāṣṣ* (Ausgabe Haydarābād), S. 320 f.; vgl. Ǧāḥiẓ, *Kitāb al-Bayān*, I.169.

348 Ṯaʿālibī, *Ḫāṣṣ al-ḫāṣṣ*, S. 320.11–321.1, Übersetzung: F. Meier, *loc.cit.*

349 Ṯaʿālibī, *Ḫāṣṣ al-ḫāṣṣ*, S. 321 f.; Übersetzung: F. Meier, *loc.cit.*

350 Vgl. F. Meier, *loc.cit.*, Bl. 76. Ṯāʿālibī, *Ḫāṣṣ al-ḫāṣṣ*, S. 321.6–322.1, illustriert Ḥassāns Dichtkünste anhand von Versen, die ihm sein *šayṭān* eingegeben hat; vgl. Ḥassān b. Ṯābit, *Dīwān* (Ausgabe Barqūqī, S. 309–310; Hirschfeld, Nr. 13, 8, 12; ʿArafāt, Nr. 13, 11, 15); Übersetzung F. Meier, a. a. O.: „Die Söhne des Ǧafna um das Grab ihres Vaters, / Des Grabes des Sohnes der Māriya, des edlen und wohltätigen, // Von weißem Gesicht und edlen Stammlinien, / Mit hohen Nasen, Leute erster Klasse.“

Dichtung sei darauf schlechter, beinahe kraftlos geworden. Der Berichterstatter schließt daraus, dass der Satan für den Dichter passender sei als der Engel.[351]

F. Meier fasst seine Erkenntnisse zur Inspiration Ḥassān b. Ṯābits im Rahmen einer Synthese zusammen, aus der die folgenden Ausführungen wiederholt wörtlich zitieren.[352] Seine Darstellung betont die Unterschiede zwischen prophetischer und dichterischer Inspiration und leitet seine Überlegungen mit der Bemerkung ein, dass der Heilige Geist gemäß den Korankommentatoren und damit auch dem Koran etwas mehr als Gabriel umfasse.[353] F. Meier umschreibt den Heiligen Geist als eine nicht näher zu bezeichnende göttliche Kraft und Hilfe. Da der Heilige Geist, der Ḥassān b. Ṯābit unterstützen oder begleiten soll, gemäß der auf Barā' b. ʿĀzib zurückgehenden Überlieferung aber mit Gabriel gleichgesetzt werde, müssten Gabriel und Heiliger Geist im Fall Ḥassān b. Ṯābits als identisch betrachten werden, auch wenn diese Gleichsetzung von Barā' selbst stammen sollte.

Für F. Meier entscheidend ist in dieser Debatte der Begriff des ‚Beistands', unabhängig davon ob mit *ta'yīd* oder mit *iʿāna* ausgedrückt. Dieser Ausdruck bezeichne für den Propheten selbst nie die Offenbarung, die er erhält. Muhammad werde als Empfänger von Teilen des Korans nie als von Gabriel oder dem Heiligen Geist *unterstützt* bezeichnet. Dies stelle einen entscheidenden Unterschied zwischen prophetischer und dichterischer Inspiration dar. Der Begriff ‚Beistand' setze „ein Mittun dessen voraus, dem geholfen wird, was bei Mohammed geleugnet wird. Das betreffende Mittun kann durch den ‚Beistand' gleich-

351 Ṯaʿālibī, *Ḫāṣṣ al-ḫāṣṣ*, S. 322.2–4: „فلما أدرك الإسلام وتبدل الشيطان الملك، تراجع شعره وكاد يرك قوله ليعلم أن الشيطان أصلح للشاعر وأليق به وأذهب فى طريقه من الملك". F. Meier, NL Mappe 12, s. v. *Inspiration: Dichter: Ḥassān b. Ṯābit*, Bl. 77; auch Mappe 4, s. v. *Inspirator*, Bl. 20–23, 62) macht auf weitere Stellen zur Frage aufmerksam; vgl. Maʿarrī, *Risālat al-Ġufrān*, S. 240–245; Maʿarrī, *Lettres*, Nr. 27, und Ǧāḥiẓ, *Ḥayawān*,, I.340, Diesen Parallelen wird hier nicht weiter nachgegangen.

352 F. Meier, NL Mappe 12, s. v. *Inspiration: Dichter: Ḥassān b. Ṯābit*, Bl. 85. Das Material zu Ḥassān b. Ṯābit in F. Meiers Nachlass zeigt die Schwierigkeiten bei der Auseinandersetzung damit exemplarisch auf: Viele Gedankengänge sind fundiert ausgearbeitet, andere Überlegungen liegen nur als grobe Skizzen vor.

353 F. Meier, NL Mappe 12, s. v. *Inspiration: Dichter: Ḥassān b. Ṯābit*, Bl. 74, unternimmt den Versuch, diese Zusammenhänge zu klären. Er greift einerseits Koranstellen auf und verweist anderseits auf Kommentare dazu bei Bayḍāwī. Am deutlichsten kann F. Meier seine Auffassung anhand von Sure 2.87 belegen, die festhält: „Und wir haben Jesus, dem Sohn der Maria, die klaren Beweise gegeben und sind ihm mit dem Heiligen Geist *(rūḥ al-qudus)* beigestanden *(ayyada)*." Bayḍāwīs Kommentar zur Stelle hält präzisierend fest: „Wir stärkten ihn [...] mit dem Heiligen Geist. [...] Er meint Gabriel oder den Geist Jesu, und er beschreibt ihn so wegen seiner Unempfänglichkeit (eigentlich: Reinheit) gegen die Berührung des Satans oder wegen seiner Ehre bei Gott [...] oder weil ihn weder Lenden noch menstruierende Mutterleiber umfangen hatten oder wegen des Evangeliums oder wegen des größten Namens, mit dem er Tote auferweckte."

sam von hinten, im Anfang, gefördert werden, es kann aber auch parallel, durch gleichgerichtetes Sekundieren, unterstützt werden."

Für F. Meier steht fest, dass der Heilige Geist Ḥassān in seinem mit Gedichten geführten Kampf gegen Muḥammads Feinde unterstützte. Mit dem ‚Beistand' könne in seinem Fall „nichts anderes gemeint sein als die Beihilfe zum Finden wirkungsvoller Gedanken und Verse oder das gelegentliche Dazwischensprechen und Eingeben ganzer Verse durch den Heiligen Geist." Gerade diese letzte Auffassung liege auch der Überlieferung zugrunde, wonach Gabriel Ḥassān b. Ṯābit in den Lobpreisungen des Propheten mit 70 Versen geholfen *(aʿāna)* habe, wie sich aus Iṣfahānīs *Kitāb al-Aġānī* (IV. 142.8–9)[354] ergebe. Sie habe „ein Seitenstück in der Vorstellung vom tatsächlichen Mitkämpfen der Engel in der Schlacht von Badr."[355] F. Meier fährt präzisierend fort[356]:

> Damit tritt aber der Heilige Geist bei Ḥassān an die Stelle eines *ǧinnī*, denn auch der *ǧinnī* produziert nicht unbedingt das ganze Gedicht eines Dichters und auch nicht alle Gedichte eines Dichters. Obwohl in den Geschichten ganze Gedichte als Diktate der *ǧinn* an die Dichter hingestellt werden, sind doch die *ǧinn* auch bloß als Helfer der Dichter aufgefasst worden. Es kommt ja dem Dichter nicht darauf an, nur als Sprachrohr eines höheren Geistes dazustehen, wie der Profet, sondern auf die Wirkung seiner Verse. Der Profet beansprucht Autorität aufgrund der höheren Instanz, die durch ihn angeblich spricht, der Dichter erklärt umgekehrt seine Treffer und die Wirkung seiner Gedichte mit dem Eingreifen einer höheren Instanz.
>
> ‚Hilfe' ist damit ein Ausdruck, mit dem sich ein Dichter durchaus zufrieden gibt, wenn man eine ihn unterstützende höhere Instanz meint, impliziert aber durchaus die Eingebung. [Gemäß] Badīʿ az-Zamān al-Hamadānī sagt der Teufel: ‚Es gibt keinen Dichter, mit dem nicht ein Helfer *(maʿa-hū muʿīn)* unsererseits ist.'[357] Ebenso glaubte man, dass Ǧarīr bei seiner Dichtung von dämonischen Helfern (*ašyāʿ*, sg. *šīʿa*) unterstützt werde[358].

F. Meier beendet seine Überlegungen zur Eingebung im Fall Ḥassān b. Ṯābits mit einem erneuten Hinweis auf Ǧāḥiẓ' Aussage, dass mit jedem Dichter ein Satan sei, der mit ihm dichte.[359]

---

354 Ausgabe Dār al-Kutub.

355 F. Meier, NL Mappe 12, s. v. *Inspiration: Dichter: Ḥassān b. Ṯābit*, Bl. 80–82, verweist auf Berichte in Ibn Hišāms *Sīra*, wonach die Engel die Muslime in Badr unterstützten.

356 F. Meier, NL Mappe 12, s. v. *Inspiration: Dichter: Ḥassān b. Ṯābit*, Bl. 85 f.

357 Vgl. Hamadānī, *Maqāmāt, Maqāma iblīsiyya*, S. 186.1.

358 Vgl. Iṣfahānī, *Aġānī*, (Dār al-Kutub), VIII.29–31; siehe auch ʿA. Ḥamīda, *Šayāṭīn*, S. 166; vgl. hier Anm. 301.

359 Ǧāḥiẓ, *Ḥayawān*, VI.229.3: „وفى انّ مع كلّ شاعر شيطاناً يقول معه [...]".

c. Eine Wanderlegende: Das Phänomen der dichterischen Inspiration wird hier abschließend anhand einer Wanderlegende illustriert, auf die sowohl J. C. Bürgel als auch F. Meier aufmerksam machen.[360] Ihr Kernstück schildert die Begegnung eines Reisenden mit einem alten Mann in der Wüste. Er rezitiert Gedichte, die der Ankömmling als Werke berühmter arabischer Meister erkennt. Als der Reisende den Greis des Plagiats bezichtigt, entgegnet ihm dieser, dass er selbst der Verfasser der vorgetragenen Verse sei. Er habe sie dem jeweiligen Dichter als Inspirator zugeflüstert. F. Meier geht dieser Wanderlegende in erster Linie gestützt auf die Zusammenstellung in Qurašīs *Ǧamharat aš'ār al-'arab*[361] nach, verweist aber auch auf Parallelen dazu bei Suyūṭī und weiteren Autoren.[362]

Gemäß der über Muṭarrif al-Kinānī auf Ibn Da'b zurückgeführten Fassung der Legende[363] berichtet ein vertrauenswürdiger Mann aus Zarūd wie sich sein Großvater auf einem Kamelhengst auf die Suche nach entlaufenen Kamelstuten gemacht habe. Unterwegs sei er auf einen *šayḫ* gestoßen, der vor seinem Zelt saß. Der Alte habe seinen Gruß nicht erwidert, sondern ihn sogleich gefragt, woher er komme und wohin er gehe. Da der Ankömmling den *šayḫ* aufgrund seines unüblichen Verhaltens für dumm hält *(istaḥmaqa)*, antwortet er einfach ‚von da' – und weist hinter sich – ‚nach dort' – und zeigt vor sich. Der Greis nimmt zwar zur Kenntnis, woher sein Besucher kommt, gibt ihm allerdings zu bedenken, dass er sein Ziel nur erreiche, wenn er, der *šayḫ*, ihm wohlgesinnt sei. Er begründet dies gegenüber dem erschrockenen Reisenden damit, dass seine eigene Förmlichkeit *(šikl)*[364] eine andere sei als jene seines Besuchers. Auch ihre Tracht *(zayy)*[365]

---

360 J. C. Bürgel, „Der Dichter und sein Dämon", S. 45; F. Meier, NL Mappe 4, s. v. *Inspirator. Dämonologie des arabischen Dichters*, Bl. 1–19.

361 Vgl. Ch. Pellat, Artikel „al-Ḳurashī", in *EI*[2] XII.38. Qurašī ist als *adīb* bekannt und lebte am Ende des 3./9. Jh. oder am Anfang des 4./10. Jh. Er verfasste die *Ǧamharat aš'ār al-'arab.* Er stellte darin die Gedichte der vorislamischen und frühislamischen Dichter zusammen und vermittelte so einen Überblick über ein Korpus, das für das klassisch-arabische Bildungsideal steht. Sonst ist über Qurašī wenig bekannt.

362 Qurašī, *Ǧamharat aš'ār al-'arab* (Ausgabe Kairo 1345), S. 20.19–31.3 (vgl. Ausgabe Bayrūt 1383, S. 40–55; Ausgabe Damaskus 1406, S. 165.5–186.4). Die folgenden Ausführungen greifen ausgewählte Episoden aus Qurašīs Darstellung auf; vgl. F. Meier (siehe Anm. 360), Bl. 1–12; Suyūṭī, *Šarḥ šawāhid al-Muġnī* (Miṣr 1322), S. 327; Dimašq 1966, II.965–969, § 865 (vgl. F. Meier, Bl. 15 f.); Hamadānī, *Maqāmāt, Maqāma iblīsiyya,* S. 182–187 (vgl. F. Meier, Bl. 16 f.).

363 Qurašī, *Ǧamhara* (Ausgabe Kairo 1345), S. 23.5–24.9; übersetzt bei F. Meier, Bl. 4 f.

364 So gemäß F. Meier.

365 Gemäß A. Kazimirski, *Dictionnaire,* s. v., kann *zayy* neben „2. Costume" auch „1. Extérieur, aspect, forme" bedeuten.

unterscheide sich. Der Gast vermutet aufgrund dieser Antwort, dass der Alte zu den *ǧinn* gehört.[366]

Nach diesem Vorgeplänkel erkundigt sich der Ankömmling, ob der Greis allenfalls Gedichte rezitiere. Als der Gefragte dies bejaht, bittet ihn der Besucher, er möge einige Kostproben vortragen. Der Alte entspricht diesem Wunsch und rezitiert den ersten Vers aus Imru' al-Qays' *Mu'allaqa* (Metrum: *Ṭawīl*)[367]:

قفا نبك من ذكرى حبيب ومنزل   بسقط اللوى بين الدخول فحومل

Bleibt stehen, lasst uns weinen in Erinnerung an eine Geliebte und an ein Lager
am Abhang des gekrümmten Sandhügels zwischen ad-Daḫūl und Ḥawmal.

Der Besucher wirft dem Alten in Anschluss an die Rezitation dieses Verses vor, er schmücke sich mit fremden Federn. Imru' al-Qays hätte ihn an einer derartigen Dreistigkeit gehindert. Diese Vorhaltungen wiederum versetzen den *šayḫ* in Rage, der erwidert, man habe schon manche Wohltat mit Undank vergolten. Der Alte fügt erklärend hinzu, er selbst habe diesen Vers Imru' al-Qays geschenkt. Als er sich gegenüber seinem Besucher als Lāfiẓ b. Lāḥiẓ[368] zu erkennen gibt, merkt dieser, mit wem er es zu tun hat, und betrachtet sich selbst als dumm *(istaḥmaqa)*. Im Lauf ihrer weiteren Unterhaltung lernt er den Alten schätzen und erkennt, dass er – wie vermutet – zu den *ǧinn* gehört.[369] Die beiden Männer setzen ihr Gespräch über Dichtung und die Rolle der *ǧinn* bei der Inspiration fort. Als sich der Gast nach dem bedeutendsten Dichter erkundigt, antwortet der Alte mit folgenden Versen (Metrum: *Kāmil*)[370]:

فَذهب ابن حجر بالقريض وقولِهِ   فَولقد أجاد فما يعاب زيادُ
لله هاذرُ إذ يجود بقوله   ان ابن ماهرَ بعدها لجواد

Ibn Ḥuǧr ist mit seinen Liedern und Gedichten dahingegangen.
Er hat es trefflich gemacht. Doch auch Ziyād darf nicht getadelt werden.

---

366 Qurašī, *Ǧamhara* (Ausgabe Kairo 1345), S. 23.10–13 (vgl. Ausgabe Bayrūt 1383, S. 43.18–21): „فقال [الشيخ] اما من ههنا نعم؛ واما إلى ههنا فوالله ما أراك تبهج بذلك، إلا أن يسهل عليك مداراة مَن تَرِد عليه! قلتُ وكيف ذلك أيها الشيخ؟ قال لأن الشكل غير شكلك، والزى غير زيك، فضرب قلبى أنه من الجن".

367 Imru' al-Qays, *Mu'allaqa*, zitiert nach Qurašī, *Ǧamhara* (Ausgabe Kairo 1345), S. 23.15; Übersetzung: F. Meier (vgl. Anm. 360, Bl. 4).

368 Der Name bedeutet: „Der Sprecher, Sohn des Betrachters".

369 Qurašī, *Ǧamhara*, S. 23.20 f.: „وقد عرفت أنه من الجن".

370 Qurašī, *Ǧamhara*, S. 23.22–24.1. Übersetzung F. Meier.

Wie trefflich ist doch Hāḏir, wenn er seine Worte ausschüttet.
Wahrlich Ibn Māhir ist hernach ein freigebiger Mann.

Auf die Frage des Besuchers, wer Hāḏir sei, erklärt der Alte, es handle sich um den dämonischen Gefährten *(ṣāḥib)* des Ziyād aḏ-Ḏubyānī, den größten Dichter der *ǧinn*. Er sei bekannt dafür, dass er mit seiner Dichtung geize. Es sei deshalb erstaunlich, wie reichlich er seine Verse dem Ḏubyaniten habe zukommen lassen. Der Greis unterstreicht die Inspirationskraft dieses Dämons außerdem mit dem Hinweis, dass er auch einer seiner Töchter eine ganze *Qaside* zugeflüstert habe. Darauf erscheint ein kleines Mädchen und rezitiert das fragliche Gedicht. Nachdem der Besucher das Mädchen diese Verse hat vortragen hören, setzt er sich auf seinen Kamelhengst und kehrt zu seiner Herde zurück. Die beigezogene Fassung bricht damit abrupt ab.

Auch an andern Stellen lässt sich aber das Motiv belegen, dass ein dämonischer Alter sein Töchterchen ruft und es ein schwieriges Gedicht rezitieren lässt. Suyūṭī, z. B., macht im *Šarḥ šawāhid al-muġnī* auf einen Bericht über den Dichter Aʿšā aufmerksam, der ähnlich aufgebaut ist, wie die soeben beigezogene Darstellung Qurašīs.[371] Suyūṭīs Ausführungen beginnen damit, wie Aʿšā von einer Reise in den Ḥaḍramawt erzählt, wo er Qays b. Maʿdī Karib[372] aufsuchen wollte. Unterwegs allerdings verirrt sich der Dichter. Als er vom Regen überrascht wird, gewährt ihm ein alter Mann Zuflucht in seinem Zelt. Auch hier erkundigt sich der Gastgeber nach dem Ziel des Ankömmlings. Auf seine Antwort, er sei auf dem Weg zu Qays b. Maʿdī Karib, wirft der Greis ein, er, Aʿšā, habe auf diesen Mann doch Lobgedichte verfasst. Aʿšā entspricht darauf der Bitte des Alten und trägt den Beginn der folgenden *Qaside* vor (Metrum: *Kāmil*)[373]:

---

371 Suyūṭī, *Šarḥ šawāhid al-Muġnī* (Miṣr 1322), S. 327; vgl. die Darstellung dazu bei Nihāwandī, *Gulzār-i akbarī*, S. 283 f. (zu Nihāwandī und dieser Passage siehe unten Anm. 376). Auf beide Stellen macht F. Meier, NL Mappe 4, s. v. *Inspirator. Dämonologie des arabischen Dichters*, Bl. 15 f. bzw. 47 f., aufmerksam (jeweils mit Übersetzungen). Inhaltlich verwandt damit ist ein weiterer Bericht bei Nihāwandī, *op.cit.*, S. 422 f. (übersetzt bei F. Meier, Bl. 47). F. Meier, Mappe 12, s. v. *Inspiration*, Bl. 59, Randbemerkung, weist auf weitere Schilderungen des Vorfalls in der arabischen (Sekundär-) Literatur hin: ʿA. Ḥamīda, *Šayāṭīn*, S. 91 f.; Baġdādī, *Ḫizānat al-adab* (Būlāq 1299 h. q.), III.549 (zu Baġdādī, gest. 1093 h. q./1682, siehe R. Elger, Artikel „ʿAbd al-Qādir al-Baghdādī", in *EI Three*, Online-Ausgabe, konsultiert am 19. Januar 2012); siehe außerdem M. A. Ǧād al-Mawlā (gest. 1944) et al., *Qiṣaṣ al-ʿArab*, IV. 367 f.

372 Zu Qays b. Maʿdī Karib vgl. I. Shahîd und A. F. L. Beeston, Artikel „Kinda", in *EI*[2] V. 118: Er war der Vorsteher der Kinda im Ḥaḍramawt und soll sich zum Judentum bekehrt haben. Aʿšā hat auf ihn ein bekanntes Lobgedicht verfasst.

373 Der Vers lässt sich auch nachweisen in L. Cheikho, *Šuʿarāʾ naṣrāniyya*, 1.370; Aʿšā, *Gedichte* (Ausgabe R. Geyer), S. 22, Nr. 3, Vers 1; Übersetzung F. Meier (vgl. Anm. 360, Bl. 15).

رَحَلَت سُمَيَّةُ غُدوَةً أجمالَها   غَضبى عَلَيكَ فَما تَقولُ بَدا لَها

Vor Sonnenaufgang sattelte Sumayya ihre Kamele,
Zornig über dich. Was glaubst du, ist ihr da erschienen?

Der Alte allerdings unterbricht Aʿšā bereits nach dem ersten Vers und erkundigt sich, ob er selbst dessen Verfasser sei. Als Aʿšā bejaht, will sein Gastgeber wissen, wer die besungene Sumayya sei. Aʿšā meint, er kenne kein solches Mädchen, beim Dichten sei ihm dieser Name einfach so eingefallen. Der Greis allerdings belehrt ihn eines Besseren, ruft Sumayya, sein aufblühendes Töchterchen, herbei und bittet es, dem Gast jene *Qaside* vorzutragen, in der er, also der Alte, Qays b. Maʿdī Karib besungen und von seiner Tochter berichtet habe. Sumayya rezitiert darauf die verlangte *Qaside* ohne Fehl und Tadel.

Nach diesem Vorfall wiederholt sich das Spiel, indem sich der Alte bei seinem Gast erkundigt, ob er noch weitere Verse gedichtet habe. Der Besucher trägt darauf einen Schmähvers auf seinen Cousin Yazīd b. Muzhir vor, mit dem er sich zerstritten hatte. Er beginnt (Metrum: *Basīṭ*)[374]:

وَدِّع هُرَيرَةَ إِنَّ الرَكبَ مُرتَحِلُ   وَهَل تُطيقُ وداعاً أَيُّها الرَجُلُ

Verabschiede dich von Hurayra! Wahrlich, die Karawane zieht ab.
Kannst du dich verabschieden, Mann?

Doch auch diesmal unterbricht der Alte den Fremden unverzüglich und will von ihm wissen, wer Hurayra sei. Als der Gast die Antwort schuldig bleibt, ruft er ein Mädchen dieses Namens herbei, das die soeben begonnene *Qaside* – ein Werk seines Vaters – fehlerfrei zu Ende rezitiert. Der ratlose Aʿšā beginnt darauf am ganzen Leib zu zittern und beruhigt sich erst wieder, nachdem sich der Alte als sein Inspirator *(hāǧis)* Misḥal b. Aṯāṯa[375] vorgestellt hat.[376] Er selbst sei es, der ihm

374 Der Vers lässt sich auch nachweisen bei L. Cheikho, *Šuʿarāʾ naṣrāniyya,* 1.366; Aʿšā, *Gedichte* (Ausgabe R. Geyer), S. 41; *Al-maǧānī al-ḥadīṯa,* I.227; Übersetzung F. Meier (vgl. Anm. 360, Bl. 15).

375 Vokalisation gemäß F. Meier unsicher.

376 Besonders interessant ist die Formulierung in der Darstellung des Vorfalls bei Nihāwandī, *Gulzār-i akbarī,* S. 283 (Schluss): „ای ابو بصیر بیم مکن من مسحل بن اثاثة جنّی همزاد توام منم که شعر بر زبان تو میگذارم." – „Abū Baṣīr (= Aʿšā), fürchte dich nicht! Ich bin Misḥal b. Aṯāṯa, der zusammen mit dir geborene *ǧinnī.* Ich bin es, der dir die Gedichte über die Lippen kommen lässt." Siehe auch die Übersetzung bei F. Meier, Bl. 48, vgl. Anm. 360). Zum *ham-zād* vgl. hier bei Anm. 99–106. ʿAlī Akbar Nihāwandī (1278–1369 h. q./1861–1949) war ein bedeutender schiitischer Gelehrter und Ayatollah. Er ließ sich u. a. in Naǧaf ausbilden und lebte ab 1328 h. q./1910 in Mašhad, wo er auch starb. Er verfasste mehrere Werke zu religiösen Fragestellun-

die Gedichte über die Lippen gehen lasse.[377] Da der Regen inzwischen nachgelassen hat, bricht Aʿšā auf, nachdem ihm der Alte den rechten Weg gezeigt hat.

Zwar bringt Suyūṭī in diesem Bericht mit dem Begriff *hāǧis* einen neuen Ausdruck zur Bezeichnung des dichterischen Inspirators ins Spiel.[378] Allerdings unterscheidet sich seine Funktion nicht von jener anderer Inspiratoren, die in den Quellen als *ṣāḥib, šayṭān, qarīn, tābiʿ* etc. bezeichnet werden. Diese zuletzt beigezogene Episode illustriert jedenfalls einmal mehr, dass Dämonen als furchterregend gelten, dem Menschen gegenüber aber zugleich als Helfer in Erscheinung treten können. Dies tut Misḥal b. Aṯāṯa nicht nur, indem er Aʿšā Gedichte eingibt. Er unterstützt seinen in einer ihm unbekannten Gegend verirrten Schützling vielmehr auch, indem er ihm den rechten Weg in den Jemen weist.

Das nächste Kapitel thematisiert diese unterstützende Seite der *ǧinn* anhand von ausgewählten Berichten aus der magischen Literatur. Sie enthält zahlreiche Beispiele dafür, wie sich der Mensch die Geister dienstbar machen kann (vgl. v. a. Kapitel 9.3: *tasḫīr al-ǧinn*). Zuerst stehen im folgenden Abschnitt aber Bemerkungen zu Schutzvorkehrungen gegen Dämonen ganz allgemein im Vordergrund. Dabei kommen auch einschlägige Erlebnisse des Propheten zur Sprache.

---

gen, darunter *Gulzār-i akbarī wa lāla-zār-i minbarī;* es umfasst 114 Kapitel (Anzahl der Suren im Koran). Das Buch wurde 1344 h.q./1925 geschrieben. Diese Informationen sind folgenden Websites entnommen (alle konsultiert am 18. Januar 2012): 1. http://olelamr.com/fa/index.php?option=com_content&view=article&id=274 %3Ashia&catid=44&Itemid=41; 2. http://dlib.ical.ir/site/catalogue/947635; 3. http://www.imencms.com/calender-41.aspx; 4. http://wikifeqh.ir/گلزار+اکبری+و+لاله+زار منبری.

377 Suyūṭī, *Šarḥ šawāhid al-Muġnī* (Ausgabe Miṣr 1322). S. 327.23, Ausgabe Dimašq 1966, II.969: „أنا هاجسك مسحل بن أوثاثة (كذا) الذى ألقى على لسانك الشعر".

378 Der Ausdruck *hāǧis* bleibt zu klären. A. Kazimirski, *Dictionnaire,* s. v., führt für *haǧasa* folgende Bedeutung an: „1. Se présenter tout à coup, surgir, naître dans la pensée." Für *hāǧis* erwähnt er: „Qui se présente à l'esprit. De là au pl. *hawāǧis* Pensées." F. Meier übersetzt im Nachlass, *loc.cit.*, Bl. 16 (vgl. Anm. 360) mit „Inspirator". J. C. Bürgel, „Der Dichter und sein Dämon", S. 45, übersetzt *hāǧis* aus inhaltlich verständlichen, philologisch aber nicht nachvollziehbaren Gründen mit „Wisperer, Einflüsterer". Hatte J. C. Bürgel allenfalls eine Ableitung von der Wurzel *hǧz* in Betracht gezogen? A. Kazimirski führt für den III. Stamm *(hāǧaza)* die Bedeutung auf „Dire quelque chose en cachette, ou tout bas à quelqu'un."

9 Bann alles Dämonischen

9.1 Einleitende Bemerkungen

Die bisherigen Ausführungen machen deutlich, dass die *ǧinn* im Bereich des Islams im Gegensatz zu den dämonischen Wesen im Christentum moralisch grundsätzlich indifferent sind.[1] Dennoch gilt es J. Henningers Feststellung in Erinnerung zu rufen, dass die Dämonen dem Menschen auch im islamischen Kulturraum „im ganzen gesehen [...] eher unangenehm" entgegentreten.[2] Der Mensch ist also gut beraten, sich gegen dämonische Wesen vorzusehen. Ihm stehen dabei verschiedene Möglichkeiten zur Verfügung.

Ebenso wie aus zahlreichen andern Kulturen ist auch aus dem Bereich des Islams ein reiches Amulettwesen bekannt. Da sich die Ethnologie eingehend damit auseinandergesetzt hat, soll der Bedeutung dieser Schutzmittel bei dieser Gelegenheit nicht weiter nachgegangen werden.[3] Hingewiesen sei einzig darauf, dass neben den zahlreichen mehr oder weniger aufwendig angefertigten Amuletten aus den unterschiedlichsten Materialien auch Amulettrollen aus Papier oder Pergament bekannt sind, unter denen sich mit großer Kunstfertigkeit hergestellte Exemplare befinden.[4]

Die vorliegende Studie illustriert das Bedürfnis des Menschen, sich gegen alles Dämonische zu schützen vielmehr anhand von Berichten in schriftlichen Quellen. Sie enthalten wiederholt Darstellungen, die die Schutzfunktion des Kreises bzw. des Rings wider das Dämonische thematisieren. Dies lässt sich einerseits anhand von Überlieferungen zu Muḥammads Zusammentreffen mit den Geistern in der sogenannten *Ǧinn*-Nacht *(Laylat al-ǧinn)* illustrieren (Kapitel 9.2.1). Eine ähnliche Rolle spielt das Kreismotiv auch in Berichten über den Umgang islamischer Mystiker mit Dämonen (Kapitel 9.2.2). Anderseits weist ein Exkurs auf die Funktion des Rings in der islamischen Magie hin, aus der Praktiken bekannt sind, die auf

---

1 Vgl. dazu Kapitel 3.2.6 „Zur moralischen Wertung der *ǧinn*".

2 J. Henninger, „Geisterglaube", S. 303.

3 Es sei auf folgende Studien aufmerksam gemacht: R. Kriss und H. Kriss-Heinrich, *Volksglaube im Bereich des Islam. Amulette, Zauberformeln und Beschwörungen,* II.1–139; B. Mershen, *Untersuchungen zum Schriftamulett und seinem Gebrauch in Jordanien;* P. Schienerl, *Tierdarstellungen im Islam. Am Beispiel des Schmuck- und Amulettwesens;* ders., *Schmuck und Amulett in Antike und Islam;* ders., *Dämonenfurcht und Böser Blick;* K. Schaefer, *Enigmatic charms: medieval Arabic block printed amulets;* A. Fodor, *Amulets from the Islamic world: catalogue of the exhibition held in Budapest, in 1988;* ders., *Amulets from the Islamic world.*

4 Der Verfasser der vorliegenden Untersuchung (T. N.) bereitet dazu eine umfassende Studie vor; vgl. Nachwort, Anm. 1.

die Unterwerfung der Geister *(tasḫīr al-ǧinn)* abzielen (Kapitel 9.3). Allgemeine Hinweise auf die apotropäische Funktion des Rings gehen diesen Fallbeispielen voraus (Kapitel 9.2).

9.2 Der Ring und seine Symbolik

Aus verschiedenen Kulturen ist bekannt, dass Ring und Kreis dämonenbannende Wirkung entfalten. Dies wird im Folgenden in einem ersten Schritt anhand von E. Renners Untersuchung *Goldener Ring über Uri* aufgezeigt, die dem Weltverständnis der Bergbevölkerung in der Zentralschweiz nachgeht. Der Verfasser leitet seine Erkenntnisse nicht zuletzt aus seiner Tätigkeit als Landarzt ab.

E. Renner bezeichnet den Ring als stumme Gebärde, die sich in den Sagen nachweisen lasse, und versteht den Kreis als „die magische Geste *par excellence*".[5] Es handle sich um den sublimsten Ausdruck, durch den der magische[6] Mensch seinem Weltgefühl Ausdruck verleihe. Indem er einen Ring ziehe, schließe er sich gegenüber dem zu Bannenden ab. Der Ring dämme das Böse vom reinen Strom des Lebens ab.[7] E. Renner bezeichnet das Ringerlebnis als uraltes Erbgut der Menschen. Es habe für den Bergler etwas Großes an sich, wenn er sich im Ring befinde. Auch wirke der abgeschirmte Bezirk als Ring und halte alles Böse auf.[8] Außerhalb des Rings befinde sich das *Es*, das Besitz und Leben des Berg-

---

5 E. Renner, *Goldener Ring*, S. 119.

6 E. Renners Terminologie wird hier unbesehen übernommen und soll nicht vor dem Hintergrund moderner Erkenntnisse hinterfragt werden. Die folgenden Erklärungen verdeutlichen den methodologischen Ansatz von E. Renners Untersuchung jedoch gestützt auf J. Wyrschs' Nachwort dazu (vgl. E. Renner, *op.cit.* S. 259 f.). J. Wyrsch hält darin fest, dass „im Magischen die Einheit von Leib und Seele herrsche". Der Mensch stehe in dieser Welt ohne den Schutz der Götter da, werde aber auch nicht durch Dämonen bedroht. Was ihn bedrohe, sei vielmehr die Unbeständigkeit und Wandelbarkeit der Dinge. Dahinter stehe das *Es*, das J. Wyrsch als „Summe des Unmenschlichen, Außermenschlichen, Namen- und Gestaltlosen" definiert (S. 260). E. Renner meine, diese magische Grundeinstellung noch in der Vorstellungswelt der Urner Bergbevölkerung nachweisen zu können. Er grenze sie in Anlehnung an Erkenntnisse des Urgeschichtsforschers Herbert Kühn vom zur Jungsteinzeit gehörenden animistischen Zauber- und Dämonenglauben ab. Das magische Denken hingegen sei der Altsteinzeit zuzuordnen (vgl. H. Kühn, *Kunst und Kultur der Vorzeit Europas. Paläolithikum*). Daneben gebe es das christliche Denken. Beim Übergang von der Altsteinzeit zur Jungsteinzeit sei das magische nie vollständig durch das animistische Denken beseitigt worden. Beim Auftreten des Christentums jedoch habe das animistische Denken bedeutende Einbußen erlitten (vgl. auch F. Meier, „Bet-Ruf", S. 612).

7 E. Renner, *Goldener Ring*, S. 119.

8 E. Renner, *op.cit.*, S. 180, 224, 234.

lers unablässig bedrohe.[9] Dieses *Es* kann mit dem Amorphen und Dämonischen identifiziert werden. Der Betruf des Berglers bzw. der Alpsegen sei die „grandioseste Äußerung des Rings".[10] Wenn der Senn mit der Vola, dem Schalltrichter am Mund, nach allen Himmelsrichtungen den Alpsegen rufe, ziehe er mit seinem Gesang gewissermaßen einen Ring, in dessen Innern Vieh und Mensch auf der Alp vor den Übergriffen des *Es* gefeit seien. Das „*Es* grenzt nämlich allseits an Besitz und Ring. Das *Es* flutet in jede Lücke, die im Bannkreis klafft." Es richte Schaden an, wenn der Senn beim Betruf unachtsam gewesen sei.[11]

F. Meier hat E. Renners Überlegungen im Artikel „Ein arabischer ‚Bet-Ruf'" aufgegriffen.[12] Er schenkt dem Beispiel des Senns besondere Beachtung, der beim Betruf einen Bannkreis um sein Vieh zieht und es vor allem Bösen feit.[13] Zwar erkennt F. Meier durchaus Unterschiede zwischen diesen Praktiken in den Alpen und den von ihm damit verglichenen Schutzriten im arabischen Kulturraum. Während der alpine Betruf seinem Charakter nach zum Viehsegen zähle,[14] lasse sich dessen arabisches Gegenstück dem Reisegebet zuordnen. Der Araber suche im Gebet Schutz für sich, seine Begleiter und ihre Reittiere. Dennoch insistiert F. Meier auf der grundsätzlichen Vergleichbarkeit der beiden Gepflogenheiten.[15] Er macht auch auf ein, allerdings isoliertes, Beispiel aus Binn im Wallis aufmerksam, wo der Senn beim Betruf sein Vieh umkreist, und vergleicht dies mit ähnlichen Bräuchen der Schlöḥ in Marokko, auf die E. Westermarck hingewiesen hat.[16] Auffallend sei überdies die Ähnlichkeit der Übel, vor denen man im Orient bzw. in den Alpen Zuflucht suche.

F. Meier stellt seine Überlegungen zur Bedeutung des alpinen Betrufs in Anschluss an Sure 72.6 an, die als Kernaussage festhält, dass Menschen bei den *ǧinn* Zuflucht suchen.[17] Auch weitere Beispiele legen den Schluss nahe, dass die

---

9 Vgl. Nachwort von J. Wyrsch in E. Renner, *op.cit.*, S. 264.
10 E. Renner, *op.cit.*, S. 166.
11 *Loc.cit.*, S. 176.
12 F. Meier, „Bet-Ruf", S. 612.
13 F. Meier, *op.cit.*, S. 607–610.
14 Der Senn denkt in erster Linie an sich und seine Herde.
15 F. Meier, *op.cit.*, S. 608.
16 E. Westermarck, *Ritual and belief in Morocco*, II.215, zitiert bei F. Meier, *loc.cit.*
17 F. Meier, „Bet-Ruf", S. 588 f., unternimmt den Versuch, anhand verschiedener Berichte aus der arabischen Kommentarliteratur zu Sure 72.6 ein Ideal-Paradigma des im Koran nur angedeuteten Geschehens nachzuzeichnen (S. 589). Demnach schickt sich ein Reisender an, in ein Tal hinabzusteigen, um dort sein Nachtlager aufzuschlagen. Dort stellt er sich in den Schutz des über das Tal herrschenden *ǧinnī*, indem er sagt: „Ich nehme Zuflucht *(aʿūḏu)* beim Gewaltigen *(ʿazīz)* dieses Tales vor allem Bösen, das es hier gibt (auch: vor den Frechlingen, *sufahāʾ*, unter den *ǧinn*)." Dank dieser Schutzformel verbringe der Reisende eine ungestörte Nacht.

Araber auf Reisen Schutzformeln ausgesprochen hatten. Es lassen sich Beschreibungen nachweisen, wonach der Führer einer Karawane beim Sprechen der Schutzformeln auch physisch um die lagernde Reisegesellschaft herumgeht und dadurch einen magischen Kreis um sie zieht. Durch seine Schritte und Worte errichtet er eine magische Mauer um seine Begleiter und wehrt dadurch potentielle Angriffe dämonischer Kräfte ab.[18] Dies geht jedenfalls aus einem Bericht über die Erlebnisse Abū Kilāb al-Ḥaǧǧāǧ b. ʿIlāṭ as-Sulamīs, eines Zeitgenossen des Propheten, hervor, der eine Handelsreise nach Mekka unternahm. Als sich die Karawane unterwegs in einem unwirtlichen Tal niederließ, wurde Sulamī dazu aufgefordert, einen Schutzsegen für sich und die Reisegesellschaft vorzutragen (*ittaḫiḏ* bzw. *ḫud amānan*). Der Kaufmann schritt darauf um die Reisegesellschaft herum, indem er die folgenden *Raǧaz*-Verse rezitierte[19]:

> Ich feie *(uʿīḏu)* mich und feie meine Gefährten
> vor jedem *ǧinnī* in diesem Durchgang,
> damit ich heil zurückkomme samt meiner Karawane.

F. Meiers Überlegungen zum Betruf sollen bei dieser Gelegenheit nicht weiter nachgezeichnet werden. Seine Beobachtungen zeigen jedoch auf, dass das beschriebene Vorgehen einen Brauch der Feiung darstellt, der sich keinesfalls „ins Reich der Fabel" verweisen lässt.[20] Aus dem islamischen Kulturraum sind vielmehr weitere Berichte bekannt, die Kreis und Ring eine dämonenbannende Wirkung zuschreiben. Dazu gehören auch die Schilderungen von einem Zusammentreffen des Propheten Muḥammad mit den Dämonen während der sogenannten *Laylat al-ǧinn*, der *Ǧinn*-Nacht.[21]

---

18 F. Meier, *op.cit.*, S. 591, Anm. 37, macht auf folgende Darstellungen aufmerksam: Ibn ʿAbd al-Barr, *Istiʿāb*, I.325 f.; Damīrī, *Ḥayāt al-ḥayawān*, I.206.27–31; Ibn Hišām, *Sīra* (Ausgabe Wüstenfeld), II.42.9–13; Muḥammad [b. =] Ibn Ṭūlūn, *Lamaʿāt barqiyya*, S. 57; ʿAsqalānī, *Iṣāba* (Miṣr 1323–1325), I.327 f. (ohne den mittleren Vers).

19 Übersetzung F. Meier, vgl. vorangehende Anm.

20 F. Meier, „Bet-Ruf", S. 592.

21 Im Sinn einer Ergänzung wird auf weitere Ausführungen zur dämonenbannenden Wirkung des Kreises in der Sekundärliteratur hingewiesen: I. Goldziher, „Zauberkreise" und „Nachträge zu meinem Artikel ‚Zauberkreise'". J. Wellhausen, *Reste*, S. 158, zeigt auf, dass die fiktive Begrenzung eines offenen Gebetsplatzes u. a. auch der Abwehr der Dämonen dient. Ṣ. Hidāyat, *Nayrangistān*, S. 51 f., weist darauf hin, dass sich eine Person, die mit den *ǧinn* und *parī* in Verbindung treten will, in einen abgeschlossenen Raum *(čilla-ḫāna)* zurückzieht und sich in einen Kreis setzt. Nach umfangreichen Vorbereitungen erscheinen die Dämonen am vierzigsten Tag *(rūz-i čihilum*, davon abgeleitet: *čilla-ḫāna*); vgl. H. Massé, *Croyances et coutumes*, II.363; ebenso F. Meier, NL Mappe 9, s. v. *Tasḫīr al-ǧinn*, Bl. 9. Ṣ. Hidāyat, *Nayrangistān*, S. 36, beschreibt außer-

9.2.1 Berichte zur *Ǧinn*-Nacht *(Laylat al-ǧinn)*

Die untersuchten Quellen weisen wiederholt darauf hin, dass Muḥammad nachts mit den *ǧinn* bzw. einer Abordnung von ihnen zusammengetroffen ist. Im Folgenden interessieren jene Berichte darüber, die auch das Schutzkreismotiv enthalten. Die weiteren Ausführungen vermitteln in einem ersten Schritt einen Überblick über die Quellenlage in den *Ḥadīṯ*-Sammlungen, verzichten allerdings bewusst auf eine ausführliche Untersuchung des vorhandenen Materials aus *ḥadīṯ*- und *isnād*-kritischer Perspektive. Sie beabsichtigen insbesondere nicht, eine Idealfassung eines allfällig tatsächlichen Vorfalls im Leben des Propheten zu rekonstruieren, sondern zielen vielmehr darauf ab, die apotropäische Rolle des Kreises und die im Lauf der Zeit zunehmende Bedeutung dieses Motivs aufzuzeigen. Die weitere Darstellung illustriert die Problematik in einem zweiten Schritt anhand von Berichten bei späteren Autoren.

Vorerst stehen allerdings Fassungen aus den *Ḥadīṯ*-Sammlungen selbst zur Diskussion, die ein Zusammentreffen Muḥammads mit den Dämonen in der *Ǧinn*-Nacht wiederholt thematisieren. Das Schutzkreismotiv lässt sich in diesen

---

dem, dass man mit einem blanken Schwert einen Kreis um das Lager einer Schwangeren zieht. F. Meier, NL Mappe 5, s. v. *Kreis* (6 Bl.) und NL Mappe 7, s. v. *Ring* (2 Bl.), trägt weitere Hinweise auf die Schutzwirkung des Kreises zusammen. H. A. Winkler, *Siegel und Charaktere,* S. 41–45, macht auf die große Bedeutung von Kreisen auf Amuletten aufmerksam, die isoliert, sich schneidend oder konzentrisch angeordnet sein können. T. Fahd, „Le monde du sorcier en Islam", S. 188, weiß von einem Regenmacher, der um sich einen Kreis zieht, sich in dessen Mitte setzt und dadurch die Effizienz seiner Anrufungen und Gebete für Regenfälle steigert. T. Canaan, „Decipherment", S. 109 f. (vgl. derselbe, „Arabic magic bowls", S. 103), wiederum macht auf die zentrale Bedeutung geometrischer Figuren, insbesondere des Kreises, in der Magie aufmerksam und hält fest: „Beside the square seals there are circular, triangular and quadrate seals. The circular are the most important. A circle played formerly and still plays an important rôle in magic and superstition. *Et-taḥwīṭ*, „the encircling", of a person in danger is still used in Palestine to protect that person from evil spirits and wild animals. [...] The person uttering [protective formulae] draws a circle in the air around the person. On other occasions the procedure is carried out by drawing a circle on the floor. While doing so, powerful verses and strong magic formulae are uttered." B. Mershen, *Untersuchungen zum Schriftamulett,* S. 94, Anm. 32, hält fest, dass ein Kreis um seinen Namen auf dem Amulett den Bittsteller vor bösen Einflüssen bewahre. E. Doutté, *Magie et religion,* seinerseits macht in Ausführungen zur *dā'irat al-iḥāṭa* auf die Bedeutung des Kreises auf Amuletten und in der Magie aufmerksam (S. 71, 169 f., 244 f.). W. Pax, „Der magische Kreis im Spiegel der Sprache", geht den unterschiedlichen Funktionen des Kreises in einer knappen Übersicht nach und betont die Bedeutung der rituellen Umrundung der Kaʿba während des *ḥaǧǧ*. Wiederholt kommt überdies M. Gaillard, „Foi héroïque contre magie démoniaque", anhand von Beispielen aus persischen Volksromanen des Mittelalters auf die apotropäische Wirkung des Kreises zu sprechen (S. 141b, 144b, 154b, 160a).

Quellen, soweit ersichtlich, allerdings nur isoliert belegen.[22] Während Buḫārī eine Nebenversion des Geschehens anführt,[23] stellt Muslim die Berichte einer Begegnung des Propheten mit den Geistern in seinen Ausführungen zum Morgengebet zusammen.[24] Die Prophetenworte aus Muslims *Ḥadīṯ*-Sammlung reden im Zusammenhang mit dem diskutierten Vorfall explizit von der *Laylat al-ǧinn* (*Ǧinn*-Nacht).[25] Auch Abū Dāwūd erwähnt Überlieferungen, die das Ereignis unter dem Ausdruck *Laylat al-ǧinn* kennen.[26] Dies tut im Übrigen auch Tirmiḏī, der verschiedene Versionen der Ereignisse in der *Ǧinn*-Nacht zusammenstellt und sich darin zu Einzelheiten des Vorfalls äußert.[27] Ibn Māǧa wiederum erwähnt die *Ǧinn*-Nacht nur kurz.[28] Aḥmad b. Ḥanbal hingegen führt mehrfach Überlieferungen dazu an.[29] Soweit ersichtlich thematisiert aber auch bei ihm nur eine einzige Fassung das Schutzkreismotiv unmittelbar im Kontext der *Ǧinn*-Nacht. Es scheint in den andern, in den sechs klassischen *Ḥadīṯ*-Sammlungen enthaltenen Überlieferungen zur fraglichen Nacht zu fehlen.[30] Die weitere Darstellung stützt sich auf den isolierten Bericht bei Ibn Ḥanbal[31]:

---

22 Die folgende Übersicht erhebt keinen Anspruch auf Vollständigkeit. Die Suche nach relevanten Überlieferungen erfolgte einerseits klassisch (A. J. Wensinck, *Concordance*), anderseits elektronisch über die Online-Datenbank zu den Ausgaben der *Ḥadīṯ*-Sammlungen, die von der Thesaurus Islamicus Foundation, Liechtenstein, veröffentlicht werden (Einstiegsseite: www.ihsanetwork.org).

23 Buḫārī, *Ṣaḥīḥ, Kitāb Manāqib al-anṣār, Bāb Ḏikr al-ǧinn [...], Ḥadīṯ* Nr. 3908 (handelt von der *Ǧinn*-Predigt); vgl. *Ḥadīṯ* Nr. 780.

24 Muslim, *Ṣaḥīḥ, Kitāb aṣ-Ṣalāt, Bāb al-Ǧahr bi-ăl-qirā'a fī ăṣ-ṣubḥ wa-ăl-qirā'a ʿalā ăl-ǧinn, Ḥadīṯe* Nr. 1034–1038. Die im vorliegenden Kontext relevanten Überlieferungen lassen sich auf den Gewährsmann Ibn Masʿūd zurückführen; vgl. dazu Muslim, *Ṣaḥīḥ, Ḥadīṯe* Nr. 1035–1037.

25 Muslim, *Ṣaḥīḥ, Ḥadīṯe* Nr. 1035, 1038.

26 Abū Dāwūd, *Sunan, Kitāb aṭ-Ṭahāra, Bāb Wuḍū' bi-ăn-nabīḏ, Ḥadīṯe* Nr. 84–85.

27 Tirmiḏī, *Sunan, Kitāb aṭ-Ṭahāra, Bāb Mā ǧā'a fī karāhiyat mā yustanǧā bi-hī, Ḥadīṯ* Nr. 18; *Kitāb Tafsīr al-Qur'ān, 43. Bāb Wa-mā min Sūrat al-Aḥqāf, Ḥadīṯ* Nr. 3567; *Kitāb Tafsīr al-Qur'ān, 55. Bāb Wa-min Sūrat ar-Raḥmān, Ḥadīṯ* Nr. 3602; *Bāb 69. Wa-min Sūrat al-Ǧinn, Ḥadīṯ* Nr. 3641 (eigentlich zur *Ǧinn*-Predigt in Sūq ʿUkāẓ).

28 Ibn Māǧa, *Sunan, Kitāb aṭ-Ṭahāra, Bāb al-Wuḍū' bi-ăn-nabīḏ, Ḥadīṯe* Nr. 415–416.

29 Aḥmad b. Ḥanbal, *Musnad, Ḥadīṯ* Nr. 3858 (enthält Begriff *Laylat al-ǧinn*), 3887, 4033, 4232 (enthält Begriff *Laylat al-ǧinn*), 4380, 4382 (enthält Begriff *Laylat al-ǧinn*), 4439 (enthält Begriff *Laylat al-ǧinn*) und 4461 (enthält Begriff *Laylat al-ǧinn*).

30 I. Goldziher, „Zauberkreise", erwähnt keine Beispiele für das Motiv aus den *Ḥadīṯ*-Sammlungen im Zusammenhang mit der *Ǧinn*-Nacht selbst.

31 Aḥmad b. Ḥanbal, *Musnad, Musnad ʿAbdallāh b. Masʿūd, Ḥadīṯ* Nr. 4439. Zu erwähnen sind bei dieser Gelegenheit allerdings auch zwei Berichte über eine Begegnung ʿAbdallāh b. Masʿūds mit Gestalten, die aussehen wie die *zuṭṭ*. Auch die im Folgenden zitierte und übersetzte Überlieferung weiß von diesen Wesen. Gemäß beiden Berichten zog der Prophet um seinen Begleiter ʿAbdallāh b. Masʿūd eine Linie, die ihn vor Angriffen dieser Schreckensgestalten schützt *(fa-*

حدثنا عبد الله حدثنى أبى حدثنا أبو سعيد حدثنا حماد بن سلمة عن على
بن زيد عن أبى رافع عن ابن مسعود ان رسول الله (ص.) ليلة الجن خط حوله
فكان يجىء احدهم مثل سواد النخل وقال لى لا تبرح مكانك فاقرأهم كتاب
الله عز و جل فلما رأى الزط قال كأنهم هولاء وقال النبى (ص.) امعك ماء
قلت لا قال أمعك نبيذ قلت نعم فتوضأ به.

[Isnād –] Ibn Mas'ūd berichtete uns, dass der Gesandte Gottes in der *Ǧinn*-Nacht eine Linie um ihn herum gezogen habe. Da kam einer von ihnen,[32] der schwarz war wie eine Dattelpalme. Da sagte [der Prophet] zu mir: ‚Verlass deinen Platz nicht! Ich [will] ihnen das Buch Gottes rezitieren.' – Als er die *zuṭṭ*[33] sah, sagte er: ‚Es ist, als ob sie (die *zuṭṭ)* wie jene [, nämlich die *ǧinn,*] aussehen.' Da fragte der Prophet: ‚Hast Du Wasser?' – Ich verneinte. Da fragte er: ‚Hast du Dattelwein?' – Ich bejahte. Da vollzog er damit die rituelle Waschung *(wuḍū').*

In späteren Quellen lassen sich gegenüber den klassischen *Ḥadīṯ*-Sammlungen deutlich reicher ausgestaltete Berichte zu einem Zusammentreffen Muḥammads mit den Dämonen in der sogenannten *Ǧinn*-Nacht nachweisen, die auch das Schutzkreismotiv thematisieren. Diese später verfassten Texte bringen das Treffen mit unterschiedlichen Begebenheiten im Leben des Propheten in Verbindung. Šiblī widmet den einschlägigen Darstellungen in den *Ākām al-marǧān* ein eigenes Kapitel[34] und vermittelt am Schluss seiner Zusammenstellung einen

ḫaṭṭa lī ḫaṭṭan). Er dürfe seinen Platzt unter keinen Umständen verlassen, sonst komme er um. Die beiden Überlieferungen bringen den Vorfall aber nicht explizit mit der *Ǧinn*-Nacht in Verbindung, auch wenn er implizit damit in Verbindung zu bringen sein dürfte. Auch werden die Unwesen, die sich 'Abdallāh bei dieser Gelegenheit nähern nicht als *ǧinn*, sondern als *zuṭṭ* bezeichnet. Bei den beiden Überlieferungen handelt es sich um 1. Tirmiḏī, *Sunan, Kitāb al-Amṯāl 'an rasūl Allāh, Bāb Fī mā ǧā'a fī maṯal Allāh li-'ibādi-hī, Ḥadīṯ* Nr. 3100, und 2. Aḥmad b. Ḥanbal, *Musnad, Musnad 'Abdallāh b. Mas'ūd, Ḥadīṯ* Nr. 3864.

32 „Einer von ihnen": Aus dem Kontext lässt sich ableiten, dass damit die *ǧinn* gemeint sind.

33 Eine Anmerkung zum *Ḥadīṯ* (Online-Datenbank) definiert die *zuṭṭ* als Rasse bzw. Nation der Neger oder Inder *(ǧins min as-sūdān wa-ăl-hunūd).* Zu den *zuṭṭ* siehe auch: a. Ǧāḥiẓ, *Ḥayawān,* VI.200.6 f., der angibt, dass Ibn Mas'ūd Männer der *zuṭṭ* gesehen habe; sie würden jenen Gestalten am meisten ähneln, denen er in der *Ǧinn*-Nacht begegnet sei. b. Hamadānī, *'Aǧāyib-nāma* (Ṣādiqī), S. 232.7–10, erwähnt die *zuṭṭ* ebenso im Zusammenhang mit Ibn Mas'ūds Erlebnissen, als er den Propheten in der *Ǧinn*-Nacht begleitete. Damals seien die *dīw* erschienen, die ausgesehen hätten wie Geier *(kargas).* Ibn Mas'ūd habe sich ihretwegen um den Propheten gefürchtet. Außerdem sei eine große Gruppe Schwarzer bzw. Inder *(hindū)* aufgetaucht, die ausgesehen hätten wie die *zuṭṭ*. Sie hätten mit dem Propheten einen Bund geschlossen und seien dann wieder weggegangen. F. Meier, NL Mappe 3, s. v. *Ǧāḥiẓ*, Bl. 14 (zu *Ḥayawān,* VI.200.6 f.) versteht unter den *zuṭṭ* die „Zigeuner".

34 Šiblī, *Ākām, Bāb 17: Fī bayān qirā'at an-nabiyy (ṣ.) al-Qur'ān 'alā ăl-ǧinn wa-ăǧtimā'i-hī bihim bi-Makka wa-ăl-Madīna,* S. 45.1–53.22.

Überblick über die einzelnen Fassungen.[35] Gemäß seiner Übersicht soll Muḥammad bei sechs Gelegenheiten eine Abordnung der *ǧinn* getroffen haben:

1. Beim ersten Mal verschwand Muḥammad nachts spurlos. Seine Gefährten suchten ihn darauf, fanden ihn aber nicht. Am nächsten Morgen kehrte der Prophet vom Ḥirāʾ-Berg bei Mekka zurück.[36] 2. Gemäß einer zweiten Fassung soll die Begegnung beim Ḥaǧūn-Berg in Mekka stattgefunden haben.[37] 3. Das dritte Treffen wiederum wird mit einer hohen Stelle bei Mekka *(bi-aʿlā Makka)* in Verbindung gebracht.[38] 4. Beim vierten Mal soll Muḥammd beim Baqīʿ al-Farqad-Friedhof in Medina auf die Dämonen gestoßen sein.[39] 5. Eine fünfte Fassung lokalisiert das Treffen an einem Ort außerhalb Medinas *(ḫāriǧa ăl-Madīna)*. Der Prophet wird dabei von az-Zubayr b. al-ʿAwwām begleitet.[40] 6. Aus den Berichten über die sechste Begegnung mit den *ǧinn* geht schließlich hervor, dass sich der Prophet unterwegs auf einer Reise befand. Gemäß dieser Darstellung hat Bilāl b. al-Ḥāriṯ den Propheten auf sein Zusammentreffen mit den Geistwesen angesprochen.[41]

Die vorangehende Übersicht zeigt auf, dass Muḥammad bei verschiedenen Gelegenheiten mit den *ǧinn* bzw. einer Abordnung von ihnen zusammentraf, wie Šiblī explizit bestätigt.[42] Im vorliegenden Kontext relevant sind die Berichte 2–5, die davon wissen, dass Ibn Masʿūd[43] (Treffen 2–4) bzw. az-Zubayr b. al-ʿAwwām[44] (Treffen 5) den Propheten bei dieser Gelegenheit begleitet hatte. Diese Fassungen geben an, der Prophet habe für seinen Begleiter einen Schutzkreis gezogen und ihn darin zurückgelassen, bevor er selbst mit den Dämonen zusammengetroffen sei. Das Schutzkreismotiv fehlt hingegen in den Berichten 1 und 6 bei Šiblī.

Auch bei anderen Autoren lassen sich Parallelen zu den von Šiblī beigebrachten Beispielen nachweisen.[45] Zur Illustration des Schutzkreismotivs besonders

---

35 Šiblī, *Ākām*, S. 53.12–17.

36 Für ein Beispiel dieser Version vgl. Šiblī, *Ākām*, S. 45.3–11. Das Kreismotiv fehlt in dieser Fassung.

37 Für ein Beispiel dieser Fassung vgl. Šiblī, *Ākām*, S. 53.6–12.

38 Für Beispiele dieser Fassung vgl. Šiblī, *Ākām*, S. 45.14–46.3.

39 Für ein Beispiel dieser Fassung vgl. Šiblī, *Ākām*, S. 46.17–48.4

40 Für ein Beispiel dieser Fassung vgl. Šiblī, *Ākām*, S. 48.21–49.19,

41 Für ein Beispiel dieser Fassung vgl. Šiblī, *Ākām*, S. 51.17–52.5 und S. 23.6–17.

42 Šiblī, *Ākām*, S. 46.15–18: „ولا شك ان الجن تعددت وفادتهم على النبى (ص.) بمكة والمدينة بعد الهجرة.“.

43 Ibn Masʿūd sehr bekannter Prophetengenosse; vgl. J.-C. Vadet, Artikel „Ibn Masʿūd“, in *EI*² III.873.

44 Az-Zubayr b. al-ʿAwwām: einer der besten Gefährten des Propheten; vgl. I. Hasson, Artikel „az-Zubayr b. al-ʿAwwām“, in *EI*² XI.548.

45 Die folgende Zusammenstellung weist auf ausgewählte Beispiele zu Muḥammads Begeg-

gut eignet sich eine Fassung in Damīrīs *Kitāb Ḥayāt al-ḥayawān*, deren Protagonist Zubayr ist[46]:

> Es erzählte aṭ-Ṭabarānī mit einem guten *isnād (isnād ḥasan)*[47], der auf az-Zubayr b. al-ʿAwwām zurückgeht: Er sagte: Der Gesandte Gottes verrichtete mit uns eines Tages das Morgengebet in der Moschee von Medina. Als der Gesandte Gottes wegging, sagte er: ‚Wer von euch folgt mir heute Nacht zur Abordnung der *ǧinn*?' Da schwiegen die Leute, und niemand von ihnen meldete sich zu Wort. [Der Prophet] wiederholte dies drei Mal. Da kam er an mir vorbei und nahm mich bei der Hand. Da begann ich, zusammen mit ihm zu marschieren, bis alle Berge Medinas in weite Ferne gerückt waren.
>
> Wir gelangten zu einer weiten, baumlosen Ebene. Da tauchten Männer auf, die so lang waren wie Lanzen und die ihre Kleider zwischen ihren Beinen herschleppten.[48] Als ich sie erblickte, packte mich ein heftiges Zittern, bis mir meine Füße aus Furcht den Dienst versagten.
>
> Als wir uns ihnen näherten, zog der Gesandte für mich mit seiner großen Zehe eine Linie auf den Boden *(ḫaṭṭa ḫaṭṭan)* und sagte zu mir: ‚Setz dich in die Mitte [des Kreises]!' Als ich mich gesetzt hatte, wich von mir jegliche Unsicherheit *(rayba)*. Und der Gesandte Gottes ging zwischen mir und ihnen weg. Da rezitierte er mit lauter Stimme einen Teil des Korans *(talā qurānan)*, bis der neue Tag anbrach.
>
> Darauf näherte er sich, bis er an mir vorbeikam und sagte: ‚Schließ dich mir an!' Da ging ich mit ihm zusammen [weiter]. Wir waren noch nicht weit gegangen, da sagte er zu mir: ‚Kehr dich um und schau, ob du noch einen siehst, wo sie gewesen waren!' Da kehrte ich mich um und sagte: ‚Gesandter Gottes, ich sehe eine gewaltige Menge.'[49]

---

nungen mit den *ǧinn* hin, erhebt jedoch keinerlei Anspruch auf Vollständigkeit: Ṭabarī, *Tafsīr*, Kommentar zu Sure 46.29, 26. *ǧuz'*, S. 19.29–22.20, z. B. S. 21.4–11; zum Kreismotiv: S. 20.28–21.35: Begleiter Muḥammads ist gemäß diesen Darstellungen stets Ibn Masʿūd. Ausführlich äußert sich auch Maybudī (*Kašf ul-asrār*, Kommentar zu Sure 46.29, IX.162.14–166.8) zu Muḥammads Erlebnissen in der *Ǧinn*-Nacht bzw. in den *Ǧinn*-Nächten. Siehe außerdem: Damīrī, *Ḥayāt al-ḥayawān*, I.205.3–25; Begleiter az-Zubayr b. al-ʿAwwām: S. 205.9–21; Begleiter Ibn Masʿūd: S. 205.21–25. Suyūṭī, *Laqṭ al-marǧān*, Begleiter Ibn Masʿūd: § 160, S. 55.8–56.2; Begleiter Ibn Masʿūd: § 161, S. 56.3–57.3; Begleiter az-Zubayr b. al-ʿAwwām: § 162, S. 57.4–58.2; Begleiter Ibn Masʿūd: §§ 163–165, S. 58.3–59.7.

46 Damīrī, *Ḥayāt al-ḥayawān*, I.205.9–21.

47 Trotz diesem Hinweis auf einen gesunden *isnād* ließ sich die Überlieferung in den klassischen *Ḥadīṯ*-Sammlungen nicht nachweisen.

48 „مستدثرى ثيابهم من بين ارجلهم"; vgl. damit Ṭabarī, *Tafsīr* zu Sure 46.29, *ǧuz'* 26, S. 21.18, der liest: „رأيتُ رجالا سودا مستشعرى ثياب بيض". Die Übersetzung ist nicht gänzlich gesichert. E. Lane, *Lexicon*, kennt den Ausdruck *diṯār;* es handelt sich um ein Kleidungstück, das unter dem *šiʿār* getragen wird. *Diṯār* bedeutet demnach: „any garment, such as a *kisā'*, which a man throws upon himself over the *šiʿār* [or garment that is next to the body]; or one with which a person envelopes himself entirely; or a garment which one wears for warmth above the *šiʿār*". *Šiʿār* seinerseits bedeutet „The [innermost garment; or] garment that is next to the body". E. Lane erwähnt bei beiden Ausdrücken den X. Stamm nicht.

49 Es sei hier ergänzend auf Muslim, *Ṣaḥīḥ*, *Kitāb aṣ-Ṣalāt*, *Bāb al-Ǧahr bi-ăl-qirā'a fī ăṣ-ṣubḥ*

> Da senkte der Gesandte Gottes seinen Kopf und erblickte Knochen und Mist [auf dem Boden]. Da warf er sie beide ihnen zu. Dann sagte [der Gesandte Gottes]: ‚Das ist die Abordnung der *ǧinn* aus Niṣībīn. Sie baten mich um Nahrung *(zād)*. Da wies ich ihnen jeden Knochen und Mist zu.' Da sagte Zubayr: ‚Es ist niemandem erlaubt, bei Knochen und Mist Zuflucht zu nehmen.'

Ähnliche Berichte lassen sich in den untersuchten Quellen mit Ibn Masʿūd als Begleiter des Propheten nachweisen.[50] Die übersetzte Fassung eignet sich als Ausgangspunkt für die weiteren Überlegungen aber besonders gut, da sie die Furcht klar thematisiert, die Zubayr beim Anblick der *ǧinn* packt: Heftiges Zittern erfasst ihn, und seine Füße versagen ihm den Dienst. Er fühlt sich erst wieder sicher, nachdem er sich in einen Kreis gesetzt hat, den der Prophet mit seiner großen Zehe für ihn gezogen hatte. Aus der Ferne beobachtet er, wie der Prophet den Dämonen Teile des Korans rezitiert.

Aus Parallelfassungen des Geschehens ist bekannt,[51] dass Muḥammads Begleiter jeweils um den Propheten fürchtet, während er das Geschehen aus dem Schutzkreis heraus beobachtet. Der Gefährte ist drauf und dran, den Kreis zu verlassen, um dem Gesandten Gottes beizustehen, wie er ihm nach seiner Rückkehr eingesteht. Der Prophet erklärt ihm jedoch, er sei gut beraten gewesen, im Kreis geblieben zu sein. Hätte er die um ihn herum gezogene Schutzlinie überschritten, wären sie sich erst am Tag der Auferstehung wieder begegnet. Er meint damit, dass die Dämonen seinem Begleiter ein Unheil zugefügt hätten, hätte er die Anweisungen des Propheten missachtet und den Kreis verlassen. Der Gesandte Gottes selbst allerdings ist allein aufgrund seines außerordentlichen Charak-

---

wa-ăl-qirāʾa ʿalā ăl-ǧinn, Ḥadīṯe Nr. 1035–1037, hingewiesen, der ein zusätzliches Element ins Spiel bringt. Gemäß diesen Berichten kehrte der Prophet mit seinen Gefährten nachträglich an jenen Ort zurück, wo er den *ǧinn* in der vorangehenden Nacht den Koran rezitiert hatte, als ihn seine Gefährten vermissten. Es fällt auf, dass der Prophet in den drei erwähnten Überlieferungen seine Begleiter jeweils auf die Spuren der *ǧinn* und die Spuren ihrer Feuer hinweist, worauf ihn die Dämonen um Nahrung bitten (قَالَ فَانْطَلَقَ بِنَا فَأَرَانَا آثَارَهُمْ وَآثَارَ نِيرَانِهِمْ وَسَأَلُوهُ الزَّادَ). Diese Berichte sind interessant, da sie die Spuren der *ǧinn* und ihrer Feuer in einem Atemzug nennen. Es sei bei dieser Gelegenheit in Erinnerung gerufen, dass es sich bei den *ǧinn* um Feuerwesen handelt. Dies dürfte hinreichend erklären, weshalb viele Überlieferungen die *ǧinn* zusammen mit ihren Feuern *(nīrānu-hum)* erwähnen.

50 Ohne den detaillierten Nachweis zu erbringen, sei festgehalten, dass sich Überlieferungen mit ʿAbdallāh b. Masʿūd als Begleiter zahlreicher belegen lassen als solche, in denen der Protagonist Zubayr heißt.

51 Vgl. z. B. Šiblī, *Ākām al-marǧān*, S. 52.5–20; Suyūṭī, *Laqṭ al-marǧān*, § 161, S. 56.3–57.3: beide mit ʿAbdallāh b. Masʿūd als Begleiter.

ters vor allfälligen Übergriffen durch die *ǧinn* gefeit. Er bedurfte keines weiteren Schutzmittels.[52]

9.2.2 Bannkreis wider alles Dämonische: Berichte aus der Mystik

Die Schutzwirkung des Kreises lässt sich aber nicht nur anhand von Berichten über Muḥammads Begegnung mit den *ǧinn* illustrieren, sondern wird auch in Darstellungen aus Mystik und Magie wiederholt thematisiert, wie u. a. aus einer Anekdote in Damīrīs *Kitāb Ḥayāt al-ḥayawān* hervorgeht. Der Text schildert, wie der Mystiker ʿAbd al-Qādir al-Kīlānī (Gīlānī, al-Ǧīlī)[53] im Zusammenhang mit der Entführung eines Mädchens durch Dämonen um Rat gebeten wird[54]:

> Im *Kitāb Manāqib aš-Šayḫ ʿAbd al-Qādir al-Kīlānī,* möge Gott sein Geheimnis heiligen,[55] [steht], dass ein Einwohner Bagdads ihn aufgesucht habe. Er habe ihm mitgeteilt, dass seine Tochter von der Terrasse seines Hauses entführt worden sei *(uḫtuṭifat min saṭḥi dāri-hī).* Sie sei noch Jungfrau gewesen.
>
> Da riet ihm der Šayḫ: ‚Begib dich heute Nacht zur Ruine von Karḫ, setz dich dort beim fünften Hügel[56] nieder und zieh um dich einen Kreis auf den Boden![57] Während du den Kreis ziehst, sag: ‚Im Namen Gottes, in der Absicht auf ʿAbd al-Qādir!‘[58] Wenn es dann tiefschwarze Nacht geworden ist, ziehen die Scharen der *ǧinn* in unterschiedlichen Gestalten an dir vorbei. Ihr Anblick soll dich nicht erschrecken. Wenn der neue Tag anbricht, zieht ihr König in einer gewaltigen Armee von [Dämonen] an dir vorbei und fragt dich nach deinem Bedürfnis. Sag ihm dann: ‚ʿAbd al-Qādir hat mich zu dir geschickt. Erwähn ihm gegenüber auch die Sache mit deiner Tochter!‘
>
> Da sagte [der Bagdader]: ‚Da ging ich und tat, wie mir der Šayḫ befohlen hatte, worauf an mir Gestalten vorbeizogen, die verstörend aussahen. Wegen des Kreises, in dem ich saß, konnte sich mir aber keine von ihnen nähern. Sie zogen in Scharen unablässig an mir vorbei, bis ihr König hoch zu Ross erschien.[59] Ihm gingen Nationen von

---

52 Die untersuchten Quellen halten diesen Sachverhalt nicht explizit fest.

53 ʿAbd al-Qādir al-Kīlānī: ḥanbalitischer Theologe, Prediger und Mystiker, 470–561/ 1077–1166; vgl. W. Braune, Artikel „ʿAbd al-Ḳādir al-Dj̲īlānī“, in *EI*² I.69; J. Chabbi. Artikel „ʿAbd al-Qādir al-Jīlānī“, in *EI Three*, Online-Ausgabe, konsultiert am 15. März 2012.

54 Damīrī, *Ḥayāt al-ḥayawān*, I.213.23–37; vgl. auch die Übersetzung der Stelle bei F. Meier, NL Mappe 7, s. v. *Religion*, Bl. 46.

55 „Qaddasa Allāhu sirra-hū“: Eulogie bei der Nennung eines verstorbenen muslimischen Heiligen.

56 Zur Beschreibung von al-Karḫ vgl. M. Streck und J. Lassner, Artikel „al-Kar<u>kh</u>“, in *EI*² IV. 652.

57 „وخط عليك دائرة فى الارض“.

58 „على نية عبد القادر“.

59 „الى ان جاء ملكهم راكبا فرسا“. Auch hier reitet der *Ǧinn*-König; zur Reitmetapher vgl. Kapitel 7.

[Dämonen] voraus. Angesichts des Kreises blieb er stehen[60] und sagte: ‚O menschliches Wesen, welches Anliegen hast du?' – Da sagte der [Bagdader]: Ich sagte: ‚Der Šayḫ ʿAbd al-Qādir hat mich zu dir geschickt.' Da stieg der [König] von seinem Ross, küsste den Boden und setzte sich außerhalb des Kreises *(ḫāriğa ăd-dāʾira)* nieder. Auch seine Begleiter setzten sich. Dann fragte er mich nach meinem Anliegen.

Als ich ihm gegenüber die Sache *(qiṣṣa)* mit meiner Tochter erwähnte, sagte der [König] zu jenen, die um ihn herumstanden: ‚Schafft mir jenen herbei, der dies getan hat!' Da wurde ein rebellischer Dämon *(mārid)* herbeigebracht, in dessen Begleitung sich meine Tochter befand. Man sagte darauf zum Bagdader: ‚Das ist einer der rebellischen Dämonen aus China.' Und der [*Ğinn*-König] fragte ihn: ‚Was hat dich dazu veranlasst, jemanden zu entführen, der [im Schutz] der Reiter des Pols[61] steht?' – Der Rebell erwiderte: ‚Sie hatte es mir angetan.'[62]

Der [*Ğinn*-König] erteilte den Befehl, dass man auf seinen Nacken schlage. Darauf gab mir der [rebellische Dämon] meine Tochter [zurück]. Ich sagte dazu: ‚Noch nie habe ich die Befehlsgewalt *(amr)* des Šayḫ ʿAbd al-Qādir wie heute Nacht feststellen können, als du dich fügtest.' – Da erwiderte der [rebellische Dämon]: ‚Ja, der [Šayḫ] blickt aus seinem Haus auf die rebellischen Dämonen, auch wenn sie sich am Rand der Erde aufhalten. Aus furchtvollem Respekt vor ihm ergreifen sie die Flucht. Wenn Gott – erhaben ist er – einen Pol *(quṭb)* einsetzt, verleiht er ihm Macht über die *ğinn* und die Menschen.'

Bei ausführlichen Nachforschungen ließen sich mit Gewissheit Parallelen zum angeführten Bericht beibringen. Allerdings ist die Überlieferungsgeschichte der angeführten Legende in unterschiedlichen Hagiographien zu ʿAbd al-Qādir al-Kīlānī nicht Gegenstand der weiteren Ausführungen. Die folgenden Überlegungen befassen sich vielmehr mit inhaltlichen Aspekten des Geschehens.

Der übersetzte Damīrī-Bericht greift die weit verbreitete Vorstellung auf, dass Dämonen Menschen entführen.[63] Er illustriert, wie sich Männer und Frauen in ihrer Not an Heilige, vorzüglich an Mystiker, wenden, denen bekanntlich magische Kräfte zugeschrieben werden. Bei der Durchsicht des Kīlānī-Berichts fällt

---

60 „فوقف بازاء الدائرة".

61 Der Heilige ʿAbd al-Qādir al-Kīlānī wird gern als *quṭb*, Pol, bezeichnet.

62 „فقال له ما حملك على ان اختطفت من تحت ركاب القطب فقال انها وقعت فى نفسى". F. Meier, NL Mappe 7, s. v. *Religion*, Bl. 46, übersetzt hier: „Wie kommst du dazu, dieses Mädchen unter dem Steigbügel des Pols (= Kīlānī) wegzurauben."

63 F. Meier, NL Mappe 2 *s. v. Entführung*, 21 Bl. weist auf die Bedeutung des Entführungsmotivs hin; vgl. dazu außerdem Kapitel 5 bei Anm. 315 f. und Kapitel 6 bei Anm. 162–169, sowie Anm. 215. Auch Šiblī bringt übrigens in seiner Zusammenstellung der Berichte zur *Ğinn*-Nacht eine Überlieferung bei, die das Entführungsmotiv thematisiert (*Ākām al-marğān*, S. 47.15–20). Demnach soll Ibn Masʿūd Muḥammads Begegnung mit den *ğinn* aus der Ferne in einem Kreis *(ḥalqa)* beobachtet haben. Der Prophet erklärt seinem Begleiter bei seiner Rückkehr vom Treffen mit den Dämonen, dass er (Ibn Masʿūd) nicht vor einer Entführung (Verb: *ḫaṭafa*) durch die *ğinn* sicher gewesen wäre, hätte er den Kreis verlassen.

außerdem auf, dass der Vater des entführten Mädchens nachts in einer Ruinenstätte mit den Dämonen in Kontakt tritt. Ort und Zeit können nicht weiter erstaunen, manifestieren sich die *ǧinn* doch mit Vorliebe bei Dunkelheit und an von den Menschen verlassenen Orten. Außerdem thematisiert die Überlieferung die apotropäische Wirkung des Kreises. Der Šayḫ rät dem Vater als Vorsichtsmaßnahme vor allfälligen Übergriffen durch die Dämonen nämlich, er solle sich in einen Kreis *(dā'ira)* setzen, den er unter Rezitation der *basmala* in der Absicht auf ʿAbd al-Qādir *(ʿalā niyyat ʿAbd al-Qādir)* auf den Boden zeichne.

Das Aussprechen der *basmala* und die Berufung auf den Heiligen ʿAbd al-Qādīr steigern die Schutzwirkung des Bannkreises, die der Damīrī-Text eindrücklich ausarbeitet. Wie der Šayḫ vorausgesagt hat, ziehen in der Nacht zuerst Scharen entsetzlicher[64] Dämonen und gegen das Morgengrauen hin auch ihr König am Mann aus Bagdad vorbei. Die Bannkraft des Schutzkreises hindert sie allerdings alle daran, bis zu ihm vorzudringen. Selbst ihr König, der sich hoch zu Ross einstellt, wie es sich für einen richtigen Dämon gebührt, bleibt außerhalb des Schutzkreises stehen und erkundigt sich höflich nach dem Anliegen des Bittstellers.[65]

Die soeben diskutierte Episode thematisiert einerseits die apotropäische Wirkung des Kreises und weiterer Elemente.[66] Sie zeigt anderseits auch auf, dass

64 Damīrī, *Ḥayāt al-ḥayawān*, I.213.29 f., insistiert auf ihrem furchterregenden Aussehen *(ṣuwar muzʿiǧat al-manẓar)*.

65 Damīrī, *Ḥayāt al-ḥayawān*, I.213.31: „Yā insī, mā ḥāǧatu-ka?"; S. 213.33: „Mā šaʾnu-ka?"

66 Bei dieser Gelegenheit soll ergänzend auf einige weitere Belege hingewiesen werden, die die Schutzwirkung des Kreises illustrieren:
1. Hamadānī–Ṭūsī, *ʿAǧāyib-nāma* (Ausgabe Ṣādiqī), S. 205.11–25, bringt einen wohl unvollständig überlieferten Bericht bei, wonach ʿAḍud ad-Dawla eine Begegnung mit den *ǧinn* hatte, bei der er in einem Kreis *(mandal)* saß. Da seine Füße allerdings über dessen Rand hinausragten, konnten ihm die Dämonen Schaden zufügen, und der mächtige Herrscher starb (*talaf šud*, S. 205.23 f.). Vgl. auch die von M. Sutūda herausgegebene und M. Ṭūsī zugeschriebene Fassung des *ʿAǧāʾib ul-maḫlūqāt*-Texts: M. Ṭūsī, *ʿAǧāʾib ul-maḫlūqāt*, S. 485.19–486.8. M. Sutūda liest *ṣandal* (Stuhl), führt *mandal* (Kreis) allerdings als *varia lectio* auf.
2. Ibšīhī, *Mustaṭraf* [Ausgabe D. al-Ǧuwaydī, II.220.19–221.10; vgl. Ibshīhī, *Démons et merveilles*, Übersetzung G. Rat (1981), S. 142–144; Übersetzung G. Rat (1902), II.328], weiß von der Auseinandersetzung eines Reisenden mit einem *ʿifrīt* zur Zeit ʿUmar b. al-Ḫaṭṭābs. Gemäß diesem Bericht hatte ein *ʿifrīt* namens Ẓalīm ein Mädchen entführt, das Fazāra heißt. Zum Verständnis des Berichts ist anzufügen, dass der Name Ẓalīm „männlicher Strauß" (struthio camelus) bedeutet und der Begriff *ẓulm* (Unrecht, Unterdrückung, Tyrannei) dieselben Wurzelradikale hat. Der *ʿifrīt* besucht das Mädchen jeweils bei Tag, nachts aber ist es allein. Der Reisende stößt auf es, als er sich zur Verrichtung eines Bedürfnisses von seiner Karawane entfernt hat. Er bietet ihm an, es aus der Gewalt seines Entführers zu befreien. Fazāra lehnt das Angebot vorerst aus Angst vor ihrem Peiniger ab, willigt schließlich aber doch ein. Wenig später holt der *ʿifrīt* die beiden

es außerordentlich veranlagten Individuen, z. B. Heiligen, möglich ist, sich die *ǧinn* dienstbar zu machen. Jedenfalls unterstreicht der Damīrī-Text die Macht ʿAbd al-Qādir al-Kīlānīs über alles Dämonische mit der Bemerkung, dass sich die rebellischen *ǧinn* bis an die Grenzen der Welt vor ihm fürchteten. Es genüge, dass der als Heilige verehrte Mystiker einen Blick aus dem Fenster werfe, um die Dämonen an weiteren Untaten zu hindern.

9.3 Dienstbarmachung von *ǧinn* und Geistern *(tasḫīr al-ǧinn)*

Der Damīrī-Bericht über ʿAbd al-Qādir thematisiert die Vorstellung, dass außerordentlich veranlagte Individuen, z. B. Propheten oder Heilige, Macht über die Dämonen ausüben können. In magisch-mystisch orientierten Quellen lassen sich weitere Belege dafür nachweisen, dass sich die *ǧinn* in den Dienst solcher Personen stellen. Verschiedene Texte bezeichnen den außerordentlich veranlagten

Fliehenden allerdings ein. Um das Mädchen zu schützen, zieht sein Retter einen Kreis um es herum, rezitiert dabei Koranverse und sucht Schutz bei Gott (S. 220.27: „وخططتُ حولها خطاً، وقرأتُ آياتٍ من القرآن، وتعوذتُ بالله العظيم.“). Zwischen dem Retter des Mädchens und dem Dämon kommt es anschließend zum Kampf, in dem keiner die Oberhand gewinnt. Allerdings kann der *ʿifrīt* das Mädchen nicht zurückgewinnen und zieht sich zurück. Zu einer Parallele dieses Berichts bei Qazwīnī vgl. Kapitel 7, bei Anm. 41–44.

3. A. A. Seyed-Gohrab, „Magic in classical Persian amatory literature“, S. 93, macht außerdem auf eine Episode aus ʿAṭṭārs *Ilāhī-nāma* aufmerksam (vgl. H. Ritter, *Meer der Seele*, S. 621 f.; auch T. Fahd, Artikel „Istinzāl“, in *EI*² IV. 264). In diesem Epos stellt ein König seinen sechs Söhnen je einen Wunsch frei. Als jeder nach etwas Weltlichem strebt, belehrt sie der König. Er erzählt dem ersten Sohn die Geschichte des klugen Jünglings Sarpatak-i Hindī, der unterschiedliche magische Techniken anwendet, um mit seiner Geliebten zusammen sein zu können. Es handelt sich bei ihr um eine Prinzessin aus China, die als Tochter des Königs der Parīs *(duḫtar-i šāh-i parī-yān)* vorgestellt wird. Um ans Ziel seiner Wünsche zu gelangen, zieht der Jüngling einen magischen Kreis und setzt sich hinein. Er verweilt während vierzig Tagen im Kreis und rezitiert spezielle Formeln, um den Geist der Geliebten herbeizurufen. Diese Technik ist als *istiḥḍār* (Herbeirufung, évocation) bekannt (Übersetzung: A. A. Seyed Gohrab; vgl. ʿAṭṭār; *Ilāhī-nāma*, Ausgabe Ritter, S. 76.7–9):

„He drew a circle and sat
in its center so that the circle was all around him.
He recited an adjuration *(ʿazīmat)*, so that after forty days,
a heart-refreshing fairy *(parī-zād)* appeared to him,
An idol, whose beauty made the eloquent dumb,
what shall I say since it is impossible to describe her?“

Bezwinger der Dämonen als *maḫdūm* und verstehen darunter einen Menschen, der über Diener *(ḫādim)* unter den *ǧinn* verfügt.[67]

J. Hammer-Purgstall hält im Rahmen von Erörterungen zum *Maḫdūm*-Begriff bei Ǧāḥiẓ fest, dass der Ausdruck „ursprünglich [...] einen von Teufeln und Dschinnen Bedienten [bezeichnet], dem die Dämonen durch die beschwörende Kraft, welche er über dieselben ausübt, zu Gebote stehen.“[68] Ähnlich äußert sich T. Fahd in seinen Ausführungen zur fraglichen Passage bei Ǧāḥiẓ.[69] T. Canaan seinerseits hält fest, dass „die Zauberkräfte ihre Inhaber befähigen, über die Dämonen zu verfügen, sie zwangsweise in Dienst zu nehmen und nach Belieben zum Wohl wie zum Wehe der Menschen gebrauchen zu können.“[70] Auch H. A. Winkler weiß, dass außerordentlich veranlagte Menschen die Geister nicht nur bannen, sondern sogar in Dienst nehmen können.[71]

Die soeben angeführten Belege zeigen auf, dass bereits Ǧāḥiẓ um die Möglichkeit wusste, dass besonders veranlagte Menschen Macht über Dämonen ausüben können. Dank ihrer Unterstützung können sie andern Menschen helfen oder schaden. An diesem Punkt öffnet sich der Glaube an dämonische Wesen hin zur Magie, deren Erforschung sich u. a. T. Fahd gewidmet hat.[72] Diese magisch orientierten Texte machen auf für das Verständnis des Dämonenglaubens wichtige Vorstellungen aufmerksam, können im Rahmen der vorliegenden Untersuchung allerdings nicht vollständig aufgearbeitet werden. Immerhin sollen im Fol-

---

67 So auch Ǧāḥiẓ, *Ḥayawān*, VI.198.7 f.; vgl. ausführlich dazu Kapitel 7, bei Anm. 174–183.

68 J. Hammer-Purgstall, „Geisterlehre“, S. 157 (vgl. S. 163), präzisiert das *Maḫdūm*-Konzept mit dem Hinweis auf folgende Bemerkung bei Ǧāḥiẓ (siehe vorangehende Anm.): „ويقول الناس فلان مخدوم يذهبون الى انه إذا عزم على الشياطين والارواح والعمار أجابوه وأطاعوه“. „Die Leute sagen: Der So-und-so wird bedient. Sie meinen damit, dass ihm die Satane, die Geister und die Siedler (*'ummār)* antworten und gehorchen, wenn er sie beschwört.“

69 T. Fahd, weist mehrfach auf die diskutierte Ǧāḥiẓ-Stelle (vgl. Anm. 67) hin: 1. „Le monde du sorcier“, S. 168 mit Anm. 30 (S. 193), wo „makhdûm“ definiert wird als „‚celui qui est servi‘. Le démon qui est au service du sorcier est appelé ‚khdîm‘“, mit ergänzendem Hinweis auf E. Mauchamp, *La sorcellerie au Maroc*, S. 210 f., und 2. T. Fahd, „La connaissance de l'inconnaissable“, S. 44.

70 T. Canaan, *Aberglaube*, S. 116; ders. „Decipherment“, S. 84–86: „In talismans as well as in sorcery the ruling angel is asked to force the demon ruled by him to obey and fulfill the orders expressed in the talisman.“ (S. 84). Vgl. folgenden Text auf einem Amulett (S. 97): „Answer, o king Zōbā'ah, the servant of Wednesday and make your tribes and the tribes of the *djinn* dumb, (keep them away) from the bearer of this my talisman [...].“

71 H. A. Winkler, *Die reitenden Geister der Toten*, S. 16.

72 Vgl. T. Fahd, „Le monde du sorcier“, S. 155–204; ders., *La divination arabe*. Zur Debatte über die Zulässigkeit der Magie im Islam vgl. M. Dols, *Majnūn*, S. 261–273, der die einschlägigen Ausführungen Ibn an-Nadīms, Ibn Ḫaldūns und Ḥāǧǧī Ḫalīfas diskutiert (siehe dazu ausführlich Kapitel 7, bei Anm. 210–224).

genden ausgewählte Beispiele aus dem breiten, magisch-mystischen Schrifttum einen allgemeinen Eindruck von den entsprechenden Vorstellungen vermitteln. Die weiteren Ausführungen machen in einem ersten Schritt auf einzelne Autoren und Werke aufmerksam, die sich z. T. ausführlich dazu äußern, wie Zauberer und Beschwörer mit Dämonen verfahren.[73]

A. Eine zentrale Rolle für die Darstellung der islamischen Magie spielt Pseudo-Maǧrīṭīs *Ġāyat al-ḥakīm (Picatrix).* Das Werk ist stark von hellenistischen Einflüssen geprägt. Das darin vertretene Weltbild beruht auf neoplatonischen Vorstellungen.[74] Die hier dargelegte Lehre unterscheidet sich von jener in den im Folgenden aufgeführten Texte insofern, als das Werk vornehmlich die Kräfte der Planetengeister und ihre Dienstbarmachung durch den Magier thematisiert. B. Auch Aḥmad al-Būnī (gest. angeblich 622/1225) gilt als Schlüsselfigur der islamischen Magie.[75] Die Titel seiner wichtigsten Werke lauten: 1. *Manbaʿ uṣūl al-ḥikma* und 2. *Šams al-maʿārif al-kubrā.* Sie haben spätere Autoren geprägt und werden bis heute häufig neu aufgelegt.[76] C. In der būnischen Tradition steht Tilimsānīs (gest. 737/1336)[77] Werk *Šumūs al-anwār wa-kunūz al-asrār al-kubrā.*[78]

---

73 Zu den im Folgenden aufgeführten Texten fehlen kritische Editionen zumeist. Für weitere Hinweise zur Bedeutung der Magie im Bereich des Islams vgl. Anm. 149.

74 Dieses Werk ist dank der von H. Ritter vorbereiteten kritischen Edition gut erschlossen: H. Ritter (Hg.), *Pseudo-Maǧrīṭī, das Ziel des Weisen;* der Text ist ins Deutsche übersetzt von H. Ritter und M. Plessner unter dem Titel: *Picatrix. Das Ziel des Weisen von Pseudo-Maǧrīṭī.* Vgl. außerdem H. Ritter, „Picatrix, ein arabisches Handbuch hellenistischer Magie"; T. Fahd, „Sciences naturelles et magie dans *Ġāyat al-Ḥakīm* du Pseudo-Maǧrīṭī"; J. Vernet, Artikel „al-Maḏjrīṭī", in *EI*[2] V.1109.

75 Vgl. T. Fahd, „La magie comme ‚source' de la sagesse d'après l'oeuvre d'al-Būnī"; M. El-Gawhary, *Die Gottesnamen im magischen Gebrauch in den al-Buni zugeschriebenen Werken.* D. Pielow, *Die Quellen der Weisheit: die arabische Magie im Spiegel des Uṣūl al-Ḥikma von Aḥmad Ibn ʿAlī al-Būnī;* A. Dietrich, Artikel „al-Būnī", in *EI*[2] XII.156, und Constant Hamès, Artikel „al-Būnī", in *EI Three*, Online-Ausgabe, konsultiert am 27. Oktober 2011.

76 J. J. Witkam, „Gazing at the sun. Remarks on the Egyptian magician al-Būnī and his work", S. 183 f., betont, dass diese Texte nicht von einem einzigen Autor namens Būnī stammen, sondern von einem *corpus būnīanum* auszugehen ist. Dieses *corpus* habe sich im Lauf der Jahrhunderte unter ständigen Hinzufügungen entwickelt. Trotz Būnīs Bekanntheit fehlen kritische Editionen dieser Werke.

77 Vgl. zu ihm M. Ulllmann, *Die Natur- und Geheimwissenschaften,* S. 392. Sein voller Name lautet Ibn al-Ḥāǧǧ Muḥammad b. Muḥammad at-Tilimsānī. C. Brockelmann, *GAL,* G II.101 und S II.95, weiß von einem M. b. M. b. M. b. al-Ḥāǧǧ al-Fāsī al-ʿAbdarī al-Qairawānī at-Tilimsānī al-Maġribī al-Mālikī, der in Fās studierte und als Pilger nach Kairo reiste, wo er als Professor tätig war. Er starb dort 737/1336.

78 Dieser Text ist ausschließlich in einer wissenschaftlichen Ansprüchen nicht genügenden Druckausgabe zugänglich. Ein Hinweis bei H. A. Winkler, *Siegel und Charaktere,* S. 86, Anm. 4,

Dieser Text enthält zahlreiche Beschreibungen exorzistischer Praktiken.[79] D. Auch Pseudo-Suyūṭīs (Ṣanawbarī; gest. 815/1412) *Kitāb ar-Raḥma fī-ăṭ-ṭibb wa-ăl-ḥikma* bringt die engen Abhängigkeiten zwischen Heilpraktiken, Religion und Magie gut zum Ausdruck. Dieses Werk beruht auf wissenschaftlichen Ansätzen der griechischen Medizin, v. a. der Humoralpathologie, ist aber zugleich den aus der būnīschen Tradition bekannten magischen Theorien verpflichtet. Es handelt sich im Grund um ein praktisches Rezeptbuch und greift in erster Linie volksmagische Vorstellungen auf.[80]

Die soeben angeführten Autoren und Werke machen wiederholt auf die Möglichkeit der Dienstbarmachung dämonischer Wesen aufmerksam und enthalten z. T. detaillierte Beschreibungen entsprechender Riten und Praktiken. Die im Folgenden zur Illustration beigezogenen Beispiele sind so ausgewählt, dass sie zugleich die apotropäische Wirkung des Kreises dokumentieren. Eine erste Textstelle stammt aus Tilimsānīs *Kitāb Šumūs al-anwār* und äußert sich zu einem als *ʿilm at-taqṣīṣ*[81] bekannten Vorgehen[82]:

> [A[83]] Du fastest für Gott, erhaben ist er, sieben Tage lang, wobei du am ersten Sonntag im Monat beginnst. Du rezitierst dabei diese Beschwörungsformel *(ʿazīma)*[84] nach jedem Ritualgebet *(ṣalāt)* sieben Mal. Wenn du die sieben Tage beendet hast *(kammal-ta)*, gehst du hinaus an einen Ort, wo es keine Leute hat. Du wirfst Weihrauch *(baḫūr)* ins Feuer, nachdem du einen Kreis abgeschritten und dich in dessen Mitte gesetzt hast.[85] Dabei rezitierst du die Beschwörungsformel *(ʿazīma)* hundert Mal, während der Weihrauch emporsteigt. [Dieser Weihrauch besteht aus den folgenden]

ordnet das Werk gestützt auf eine Pariser Handschrift (BNF Arabe 2709) einem Muḥammad b. al-Ḥāǧǧ b. ʿAmīr al-Ġasānī zu. Weitere Handschriften u. a. in Princeton (Yahuda 3359, 3182), Paris (BNF Arabe 5440), Qum.

79 Tilimsānī, *Šumūs al-anwār*, S. 111.9–113.1, beschreibt wiederholt, wie dämonische oder satanische Kräfte in den Körper des Menschen eindringen. Er greift in seinem Werk übrigens auch die Reitmetapher vielfach auf (z. B. S. 15.7, 27.17, 38.10 etc.).

80 Zu Ṣanawbarīs *Kitāb ar-Raḥma fī-ăṭ-ṭibb wa-ăl-ḥikma* vgl. M. Ullmann, *Die Medizin im Islam*, S. 188, und S. Dorpmüller, *Religiöse Magie im ‚Buch der probaten Mittel'*, S. 37 f. Das Werk wurde fälschlicherweise Suyūṭī zugeschrieben.

81 Zum *ʿilm at-taqṣīṣ* vgl. E. Doutté, *Magie et religion*, S. 273, der den Begriff *taqṣīṣ* umschreibt als „l'art de fabriquer de l'argent monnayé avec du papier découpé en ronds, d'où le nom de *teqçîç* qui signifie découpage." Vgl. unten bei Anm. 94.

82 Tilimsānī, *Šumūs*, S. 91.1–15.

83 Der Kommentar in Anschluss an die Übersetzung nimmt diese Hinweise auf die Texteinteilung (A–D) auf.

84 Die Formel wird ganz am Schluss der vorliegenden Passage erwähnt.

85 Tilimsānī, *Šumūs*, S. 91.3 f.: „بعد ان تدور دائرة وتجلس فى وسطها". Allenfalls zeichnet der Adept auch einfach einen Kreis auf den Boden; vgl. dazu bei Anm. 103.

vier Substanzen: blaues Bdellium *(muql azraq),* flüssiges Styrax *(mīʿa sāʾila),* Fett des Vogel Strauß *(šaḥm an-naʿām)* und Affenhirn *(dimāġ al-qird).*[86]

[B] Wenn du die [erwähnte] Anzahl beendet hast, drehe dich um. Hinter dir findest du den Diener *(ḫadīm)* in der Gestalt eines schwarzen Katers[87]. Sag zu ihm: ‚Bei Gott und seinem Gesandten[88], ich habe dich gesucht, damit du mir dienstbar bist (Verb: *ḫadama)* beim Verwandeln von Papier [und mir] behilflich bist in Hinblick auf mein [Ergehen] im Diesseits und Jenseits.'

[C] [Der Kater] stößt dann einen gewaltigen Schrei aus, sodass du weißt, dass er deiner Bitte[89] entsprochen hat. Lobe Gott dafür. Schneid nach diesem Tag acht papierene Dirham aus, nachdem du auf jeden Dirham den Namen des Dieners *(ḫadīm),* nämlich Abū Ḥāmid al-Hindī, geschrieben hast. Dann legst du sie in ein Papier, auf das du die Beschwörungsformel *(ʿazīma)* geschrieben hast. Und das Papier legst du mitten in einen blauen Stofffetzen, der mit einem Faden aus gelber und weißer Seide zugeschnürt ist, oder aus beiden zusammen. [Dann] legst du dies bei der Prosternation *(suǧūd)* beim Sonnenaufgang unter deine Stirn, wobei du zwölf *rakʿa* zur *Fātiḥa* (Sure 1) und zur Sure *al-Qadr* (Sure 97) betest.

Wenn du das Gebet beendet hast, wirf mit deiner rechten Hand dieses Bündel *(ṣurra)* in ein Gefäß, das mit Wasser gefüllt ist. Lass es eine Stunde lang darin und hol es dann wieder heraus. Du stellst dann fest, dass es zu Silber geworden ist. Allāh, Allāh [verhilft] den Elenden zu ihrem Recht!

[D] Die Beschwörungsformel *(ʿazīma)* besteht aus den folgenden[90] Namen: „Yāh, yāh, šarāhyā tamūšarḫ ṭiḫā hartaqat ṭūrān.[91] O Erhabener *(ʿazīz),* o Vereinigender *(ǧāmiʿ).* Die erhabene Beschwörungsformel *(al-ʿazīma aš-šarīfa),* der rasch entsprochen wird, ist zu Ende.

Der Tilimsānī-Bericht zeigt einerseits auf, dass Begegnungen mit dämonischen Wesen mit Gefahren verbunden sind. Er macht anderseits darauf aufmerksam, dass das Einhalten von Vorsichtsmaßnahmen diese Bedrohungen bannt. Aus dem beigezogenen Beispiel lässt sich jedenfalls ableiten, dass verschiedene Elemente Herbeirufen und Dienstbarmachung *(istiḥḍār)* dämonischer Wesen unterstützen. Der zu untersuchende Text gliedert sich in drei Hauptteile (A–C) und schließt mit der Nennung der Beschwörungsformel (Teil D).

86 Für Hinweise zum Gebrauch von Räucherwerk *(baḫūr, tabḫīr)* bei magischen Praktiken vgl. M. el-Gawhary, *Gottesnamen,* S. 80; B. Mershen, *Untersuchungen zum Schriftamulett,* S. 29–35; H. Venzlaff, *Der marokkanische Drogenhändler und seine Ware,* S. 25, auch S. 152, 173; D. Pielow, *Die Quellen der Weisheit,* S. 74. Über den Gebrauch pharmazeutischer Substanzen im Allgemeinen siehe außerdem: L. Chipman, *The world of pharmacy and pharmacists in Mamlūk Cairo.*

87 Zur dämonischen Natur der Katzen vgl. Kapitel 5.4.3, bei Anm. 198–208.

88 Lies: „لله و رسوله".

89 Wörtlich: dir.

90 Wörtlich: diesen.

91 Die Vokalisation muss weitgehend offen bleiben. Für weitergehende Erklärungen siehe Anm. 95–96.

Die erste Phase (Teil A: S. 91.1–5) bereitet den Adepten auf die Begegnung mit den dämonischen Kräften vor und zielt darauf ab, damit allenfalls verbundene Gefahren durch das gewissenhafte Einhalten von Vorsichtsmaßnahmen abzuwenden.[92] A1: Der Adept beachtet eine Periode des Fastens, im vorliegenden Fall sind es sieben Tage. A2: Er beginnt sein Vorhaben zu einem dafür günstigen Zeitpunkt. Das beigebrachte Beispiel empfiehlt den ersten Sonntag im Monat. A3: Nach Beendigung der einleitenden Fastenwoche soll sich der Adept an einen einsamen Ort zurückziehen und dort (A4) einen Kreis abschreiten und sich in dessen Mitte setzen. A5: Er verbrennt dabei auch Weihrauch, dessen Zusammensetzung der Bericht präzisiert. A6: Nachdem er sich in den Schutzkreis gesetzt hat, soll er die Beschwörungsformel *(ʿazīma)* hundert Mal rezitieren.

Wenn der Adept diese erste Phase erfolgreich abgeschlossen hat, stellt sich der herbeigerufene Hilfsdämon auch ein (Teil B: S. 91.5–8). Im vorliegenden Fall handelt es sich um einen schwarzen Kater, der später Abū Ḥāmid al-Hindī genannt wird (S. 91.9).[93] Der Text gibt dem Adepten überdies Anweisungen zum richtigen Verhalten bei diesem Zusammentreffen. Der herbeigerufene Dämon stößt zum Zeichen seiner Unterwerfung unter den Adepten schließlich einen gewaltigen Schrei aus.

Während der dritten Phase (Teil C: S. 91.8–15) setzt der Adept sein *opus* in die Tat um. Im vorliegenden Fall handelt es sich darum, papierenes Geld in reines Silber zu verwandeln. Das Vorgehen ist als *taqṣīṣ* bekannt.[94] Der Adept wird aufgefordert, acht Dirham-Scheine aus Papier *(ṯamāniyat darāhim min al-kāġaḏ)* abzuzählen, auf die er den Namen des herbeigerufenen Dieners, nämlich Abū Ḥāmid al-Hindī, geschrieben hat. Diese Scheine soll er dann in ein Stück Papier legen, auf das er die Beschwörungsformel *(ʿazīma)* notiert hat. Der Text präzisiert auch die Farben eines Stoffstücks (blau) und der Seidenfäden (gelb und weiß), die dabei zu verwenden sind. Beim Gebet bei Sonnenaufgang, das aus Rezitationen der *Fātiḥa* und der Sure *al-Qadr* (Sure 97) besteht, soll der Adept dieses Bündel bei der Verneigung *(suǧūd)* mit der Stirn berühren. Nach Abschluss all dieser Vorbereitungen soll er das Bündel eine Stunde lang in ein mit Wasser gefülltes Gefäß legen. Wenn er es wieder herausnehme, hätten sich die papierenen Geldscheine in Silber *(fiḍḍa)* verwandelt.

---

92 Auch weitere Beispiele bei Tilimsānī und in den Aḥmad al-Būnī zugeschriebenen Texten insistieren auf dem sorgfältigen Einhalten solcher Vorsichtsmaßnahmen.

93 Der Name dieses Hilfgeists (al-Hindī, der Inder) weist darauf hin, dass Indien in der islamischen Welt als Land gilt, wo die Magie weit verbreitet ist.

94 Vgl. Anm. 81.

Erst ganz am Schluss (Teil D: S. 91.13–15) wird die zweiteilige Beschwörungsformel *(ʿazīma)* genannt. Sie besteht einerseits aus einer Anrufung Gottes, der mit seinen beiden Beinamen *ʿazīz* (der Mächtige) und *ǧāmiʿ* (der Vereinigende) angeredet wird. Mit diesen Anrufungen endet die Beschwörungsformel; sie stellen sozusagen ihren islamisch geprägten Teil dar. Deutlich mehr Raum nehmen allerdings fremd tönende Elemente ein, deren Bedeutung nicht unmittelbar ersichtlich ist. Im vorliegenden Beispiel enthält die Formel das üblicherweise in seiner Spielform *Ahyā šarahyā* häufig belegbare Element.[95] Daran schließen sich die folgenden Ausdrücke direkt an, deren Vokalisation nicht gesichert ist: *tamūšarḫ ṭīḫā hartaqat ṭūrān.*[96] Nicht unüblich ist, dass solche Sprüche eine Beschleunigungsformel enthalten, in der die Geister zur Eile angehalten werden. Im vorliegenden Beispiel fehlt eine solche Formel zwar, der Text hält aber immerhin fest, dass der Bitte jenes Hilfesuchenden rasch entsprochen werde, der die angeführte Beschwörungsformel rezitiere. Sie wird *al-ʿazīma as-sarīʿat al-iǧāba* genannt.[97]

---

95 Zur Formel *Ahyā šarahyā* siehe H. A. Winkler, *Siegel und Charaktere*, S. 30–37. Er führt die Formel auf den Talmud zurück, wo sie dazu gebraucht wird, eine Welle zu brechen, die ein Schiff bedroht. Dieses Element werde gerne in einer mehr oder weniger vollständigen Zusammenstellung alttestamentlicher Gottesnamen verwendet. Solche Reihen seien bereits in der antiken Zauberei reichlich zu belegen. Die muslimischen Zauberer seien sich der alttestamentlichen Herkunft der Formel teilweise noch bewusst gewesen. I. Goldziher, „Hebräische Elemente in muhammedanischen Zaubersprüchen", S. 359, meint, dass die Abhängigkeit dieser muslimischen Beschwörungsformel von der jüdischen Gebetsformel unzweifelhaft sei. Zu „Ahyā šarahyā" vgl. außerdem T. Canaan, „Decipherment", S. 78, 90 f.; M. el-Gawhary, *Gottesnamen*, S. 148, 234, 254. D. Pielow, *Quellen*, S. 53, hält fest, dass Būnī die hebräische Formel *Ahyā Šarahyā Adūnāy Aṣbāʾūt Šaddāy* mehrfach gebrauche. Auch D. Pielow ist der Auffassung, dass sich dahinter alttestamentliche Gottesnamen verbergen.

96 Amulette und Beschwörungsformeln enthalten neben den arabischen Namen Gottes (im vorliegenden Zitat: *ʿazīz, ǧāmiʿ*) oft auch Namen von Engeln, Dämonen, Propheten und Fremdwörter. Sie sollen hebräischen oder syrischen Ursprungs sein; wobei sie oft aus dem Griechischen übernommen worden sein dürften; vgl. T. Canaan, *Aberglaube*, S. 108–110; H. A. Winkler, *Siegel und Charaktere*, S. 30–37. Siehe auch T. Canaan, „Decipherment", S. 79–96. T. Canaan, *Aberglaube*, S. 109, meint, dass „solche Fremdwörter, die von Ungebildeten nicht verstanden werden, einen großen Eindruck machen". Er führt dabei auch arabische Übersetzungen für einzelne Ausdrücke aus Būnīs *Šams al-maʿārif* an. In dieser Zusammenstellung ist u. a. das im diskutierten Tilimsānī-Zitat angeführte *ṭūrān (torân)* enthalten, das *yā ḥayy, yā muḥyī* („o du Lebendiger, o du Lebendigmachender") bedeuten soll; vgl. unten Anm. 101.

97 Auf die Verwendung von Beschleunigungsformeln in Beschwörungen weisen u. a. hin: T. Canaan, „Decipherment", S. 94; T. Fahd, „La magie comme ‚source de la sagesse' d'après l'oeuvre d'al-Būnī", S. 72; D. Pielow, *Quellen*, S. 119, 159. M. el-Gawhary, *Gottesnamen*, z. B. S. 252 (unten).

Auch ein weiterer Bericht bei Tilimsānī thematisiert das Schutzkreismotiv im Zusammenhang mit der Herbeirufung von Geistern.[98] Diese Darstellung äußert sich dazu, wie sich der Magier-Adept der Dienste eines Geisterfürsts, nämlich des Weißen Königs *(al-malik al-abyaḍ),* versichert.[99] Der Text beschreibt in einem ersten Schritt Läuterungstechniken, durch die sich der Magier auf die Herbeirufung *(istiḥḍār)* des Geisterkönigs vorbereitet. Der Zauberer beachtet dabei eine vierzigtägige Fastenperiode, während der er sich keiner Frau nähern und das Haus nicht verlassen darf. Auch ist er gehalten, nach jedem Ritualgebet *(ṣalāt)* die anzuwendende Beschwörungsformel hundert Mal zu rezitieren. Danach soll er die Sure *al-Ǧinn* (Sure 72) drei Mal hersagen und dazu Räucherwerk[100] verbrennen. Nach diesen Hinweisen zur Vorbereitung erwähnt Tilimsānī die zu rezitierende Beschwörungsformel:

اقسمت عليك ايها الملك الابيض أقبل أنت وخدامك بحق مشربوع وشامول ودروط
أفعل ما أمرتك تودج وسربليط وشرهام.

> Ich beschwöre dich, Weißer König, nähere du dich zusammen mit deinen Dienern, bei Mašrabū‘ und Šāmūl und Darūṭ. Tu, was ich dir befohlen habe! Tūdağ und Sarbalīṭ und Širhām.[101]

Tilimsānī präzisiert seine Hinweise zum Vorgehen des Magiers, indem er festhält, dass sich dieser nach Abschluss des vierzigtägigen Fastens mit männlichem Weihrauch[102] an einen einsamen Ort *(mawḍiʿ ḫālin)* begeben, dort einen Kreis

98 Tilimsānī, *Šumūs al-anwār,* S. 118.21–28.
99 Solche Geisterfürsten kontrollieren die ihnen unterstellten Dämonen, deren Zahl sehr groß sein kann. Häufig stehen diese Vorsteher der Geister auch mit bestimmten Planeten in Beziehung. Ergänzende Hinweise zu ihrer Rolle finden sich bei T. Canaan, *Aberglaube,* S. 22 f.; ders., „Decipherment", S. 83 f., 144 f.; K. Hentschel, *Geister, Magier und Muslime,* S. 38–40; H. A. Winkler, *Siegel und Charaktere,* S. 96–109. D. Pielow, *Quellen,* S. 74, 100–102. Die Forschungsarbeiten zu den von Tilimsānī und Būnī vertretenen Auffassungen zur Dienstbarmachung dämonischer Kräfte unter Anwendung magischer Techniken sind bis jetzt noch kaum über propädeutische Studien hinaus gediehen.
100 Tilimsānī, *Šumūs,* S. 118.23 f., präzisiert die Zusammensetzung des Räucherwerks; es besteht aus blauem Bdellium *(muql azraq),* Aloeholz *(ʿūd)* und frischen Pflanzen *(ruṭb;* auch: frische Datteln, *ruṭab*); vgl. dazu bereits oben bei Anm. 86.
101 Zur Verwendung fremdländischer, zumeist hebräischer Namen in arabischen Beschwörungsformeln, vgl. Anm. 96. Es muss offen bleiben ob die vorgeschlagene Vokalisation korrekt ist.
102 *Lubān ḏakar;* gemäß H. Wehr, *Wörterbuch,* s. v., handelt es sich um Harz von Boswelia carterii.

auf den Boden zeichnen[103] und die Beschwörungsformel mitten in diesen Kreis schreiben soll. Er muss dabei die Formel hersagen, bis er die Truppen *(ǧund,* pl. *aǧnād)* des Weißen Königs herbeikommen sieht. Jetzt kann er Bedingungen aushandeln *(ištaraṭa)*, um seine weiteren Pläne zu realisieren.

Dieser zweite Bericht Tilimsānīs folgt einem ähnlichen *pattern* wie das zuvor beigebrachte Beispiel: 1. Der Adept muss sich durch geeignete Techniken läutern, damit er den Geistern bzw. in einem ersten Schritt ihrem König erfolgreich gegenübertreten kann. 2. Die Rezitation heiliger Texte (Stellen aus dem Koran, Gebete)[104] und eigentlicher Beschwörungsformeln *(ʿazīma)* spielen bei der Bezwingung der Geister eine wichtige Rolle. 3. Nachdem sich der Adept hinreichend vorbereitet hat, zieht er sich zur eigentlichen Begegnung mit den dämonischen Kräften an einen einsamen Ort zurück. Das Schutzkreismotiv nimmt dabei auch im vorliegenden Beispiel einen zentralen Platz ein. Zwar setzt sich der Magier hier nicht selbst in einen Kreis, sondern zwingt die Geister u. a. dadurch in seinen Dienst, dass er die Beschwörungsformel in einem Kreis auf den Boden schreibt.[105]

Auch Būnī thematisiert die Schutzfunktion des Kreises in seinen Werken mehrfach, wie ausgewählte Beispiele aus dem *Kitāb Šams al-maʿārif wa-ǎl-laṭāʾif al-ʿawārif* aufzeigen. Im Zentrum von Būnīs Vorstellungen steht die Überzeugung, dass den Buchstaben des arabischen Alphabets eine besondere Macht inhärent ist.[106] Auch die im Folgenden beigezogenen Beispiele machen auf die Bedeutung

103 „تدور دائرة فى الأرض“; vgl. auch Anm. 85.

104 In der Sekundärliteratur finden sich verschiedentlich Zusammenstellungen von Passagen aus dem Koran und von Gebeten, die sich zur Abwehr bzw. Dienstbarmachung von Dämonen besonders eignen; siehe z. B. T. Canaan, „Decipherment“, S. 71–78; ders., „Magic bowls“, S. 120; D. Pielow, *Quellen*, S. 77–83 (gestützt auf Erklärungen bei Būnī); dieselbe, *Lilith*, S. 149 f.; K. Hentschel, *Geister, Magier und Muslime*, S. 82 f. B. Mershen, *Untersuchungen zum Schriftamulett*, S. 221–227, stellt jene Koranverse zusammen, die auf den von ihr untersuchten modernen Amuletten enthalten sind. Besonders wichtig sind: die *Fātiḥa* (Sure 1), der Thronvers (Sure 2.255), die beiden letzten Suren (Suren 113 und 114, die unter dem Begriff *al-Muʿawwiḏatān*, „die beiden Zufluchtgebenden“, bekannt sind) und die beiden Schlussverse der Sure *al-Baqara* (Sure 2.285–286).

105 Bei einer andern Beschwörung muss der Magier einen Koranvers in Kreisform *(dāʾiratan)* aufschreiben; vgl. Tilimsānī, *Šumūs*, S. 97.21. In einem dritten Beispiel (S. 138.5) hält Tilimsānī den Magier u. a. dazu an, das Ġazzālī-Dreieck und die Beschwörungsformel in Kreisform zu notieren *(baʿda an taktuba fī ǎl-ḫirqa muṯallaṯ al-Ġazzālī wa-ǎl-ʿazīma dāʾiratan)*. Zum Ġazzālī-Dreieck *(muṯallaṯ al-Ġazzālī)* vgl. T. Canaan, „Decipherment“, S. 102.

106 Zur Bedeutung der Buchstaben des arabischen Alphabets im Allgemeinen vgl. P. Lory, *La science des lettres en Islam*. In Bezug auf Būnī selbst meint D. Pielow, *Quellen*, S. 51, dass sein „Denken um die eindringliche Macht der Buchstaben kreist, durch welche Gott die Welt schuf und welche die Ursprünge aller Dinge bilden.“ Er vertrete „eine Magie des Wortes, der Schrift und als kleinste Einheit derselben, der Buchstaben.“ Sie präzisiert unmittelbar anschließend, dass

bestimmter Buchstaben, Buchstabenfolgen, Koranstellen etc. aufmerksam. Sie zeigen auf, dass ausgesuchte geometrische Anordnungen dieser Elemente auf Schriftstücken (z. B. Amuletten) ihre magische Wirkung erhöhen. Neben Kreisfiguren spielen unter dem Begriff *wifq* (pl. *awfāq*) bekannte magische Zahlen- *(wifq ʿadadī)* und Buchstabenquadrate *(wifq ḥarfī)* eine wichtige Rolle.[107] Dies verdeutlicht auch das im Folgenden diskutierte Beispiel[108]:

Der beizuziehende Bericht stammt aus einem Kapitel, in dem sich Būnī mit den besonderen Eigenschaften des Korans, der *basmala* und der *Fātiḥa* befasst.[109] Der Verfasser des *Kitāb Šams al-maʿārif* erörtert im konkreten Fall die Schutzwirkungen eines magischen Quadrats *(wifq)* mit zehn auf zehn Zellen, die je einen Buchstaben aus zwei jener Buchstabenfolgen am Anfang einzelner Suren enthalten, deren Bedeutung als ungeklärt gilt und die auch in der islamischen Magie eine wichtige Rolle spielen. Im zu erörternden Beispiel handelt es sich einerseits um die Folge كهيعص[110], anderseits um حم عسق[111]. Die Anrufung Gottes unter Erwähnung dieser beiden Buchstabengruppen ist der Erfüllung der Ziele und Wünsche des Magiers förderlich.[112]

sich Būnīs Abhandlungen darum bemühen, das eigentliche Wesen der Buchstaben zu ergründen und daraus den höchsten Namen Gottes zu erschließen. Der bekannte Magier schreibe den in den Gottesnamen enthaltenen Kräften einen besonderen Stellenwert zu. M. el-Gawhary hat sich in seiner Dissertation *(Die Gottesnamen im magischen Gebrauch in den al-Būnī zugeschriebenen Werken)* eingehend mit der Rolle der Gottesnamen befasst. Ergänzend sei darauf hingewiesen, dass Ibn Ḫaldūn (*Muqaddima*, Übersetzung F. Rosenthal, III.171–227, besonders 171 ff.; vgl. arabischer Text, Ausgabe Bayrūt, 1956, S. 906–950) die Wissenschaft von den Buchstaben unter dem Begriff *ʿilm as-sīmiyāʾ* zusammenfasst und scharf kritisiert. Zur *ʿilm as-sīmiyāʾ* siehe auch D. B. MacDonald und T. Fahd, Artikel „Sīmīyāʾ", in EI^2 IX.611.

107 Zur Bedeutung von Buchstaben- und Zahlenquadraten in der arabischen Magie vgl. J. Sesiano, Artikel „Wafḳ", in EI^2 XI.27 (mit Literaturangaben); T. Canaan, „Decipherment", S. 79, 92, 98–110; E. Doutté, *Magie et religion*, S. 191–195; M. el-Gawhary, *Die Gottesnamen*, S. 184–197 (Ausführungen zur Bedeutung der Quadrate bei Būnī). Sch. Camman, „Islamic and Indian Magic Squares", *passim;* Teil 1, S. 181, Anm. 1, vermittelt einen Überblick über die maßgebliche Sekundärliteratur.

108 Būnī, *Šams al-maʿārif*, S. 268.3–269.23.

109 Būnī, *op.cit.*, S. 262.11–274.14: *Faṣl: Fī ḫawāṣṣ al-Qurʾān al-ʿaẓīm wa-ăl-basmala wa-ăl-Fātiḥa.*

110 Sure 19.1 (Sure *Maryam*).

111 Sure 42.1–2 (Sure *aš-Šūrā*).

112 T. Canaan, „Decipherment" S. 94 f., weist auf die Verwendung dieser Buchstabengruppen am Anfang von 29 Suren im Koran in der islamischen Magie hin. Siehe außerdem: M. el-Gawhary, *Gottesnamen*, S. 53, 57, 120, 135–137; T. Canaan, „Magic bowls", S. 120; ders., *Aberglaube*, S. 109 f.; E. Doutté, *Magie et religion*, S. 173 f.; B. Mershen, *Untersuchungen zum Schriftamulett*, S. 94, Anm. 33–34, mit einer Übersicht über die westliche Debatte zur Bedeutung dieser Buchstaben; P. Lory,

Būnī weist ergänzend auf fünf Koranverse hin, die je mit einem Buchstaben der Folge كهيعص beginnen und deren Rezitation die Wirksamkeit der Formel steigern soll.[113] Er präzisiert ihren Nutzen unter Berufung auf Šayḫ Zayn ad-Dīn al-Kāfī und hält fest, dass man damit einen Häftling aus dem Gefängnis befreien, eine abwesende Person herbeischaffen oder die Zunge einer übel gesinnten Person verknoten könne *(ʿaqd al-lisān).*[114] Die erwähnten Formeln und Koranverse nützen angeblich außerdem, wenn sich der Bittsteller an einem furchterregenden Ort *(makān muḫīf)* befindet. Er soll dann hinter sich mit der Zehe *(iṣbaʿ)* eine Linie ziehen und die zitierten Stellen aus der islamischen Offenbarung vortragen. Beim elften Mal soll er den Kreis *(dāʾira)* schließen, den er gerade um sich herum zieht. Darauf soll er schweigen, kein Wort mehr sagen. Gott werde den Bittsteller unsichtbar machen; kämen Mensch und *ǧinn* zu ihm, könnten sie ihn kraft der Macht Gottes nicht sehen.[115]

Während der Kreis den Bittsteller hier für ihm potentiell übel gesinnte Menschen und *ǧinn (aṯ-ṯaqalān)* unsichtbar macht, weist Būnī bei andern Gelegenheiten auf zusätzliche Schutzwirkungen der Kreisfigur hin. Er illustriert dies im Kapitel über die Vorzüge der Zurückgezogenheit *(ḫalwa)*[116] anhand eines weiteren Berichts.[117] Demnach zieht sich ein Mann zur *ḫalwa* zurück und hat eine Vision, in deren Verlauf ihm eine Figur mit zwei konzentrisch angeordneten Kreisen erscheint. Darin befindet sich die Figur der Erhabenheit *(šakl al-ǧalāla),* worunter der Text den Höchsten Namen Gottes versteht, aus dem sich alle andern Namen Gottes ableiten lassen. Diese Figur enthält auch das Wesen des Namens des Erhabenen *(ʿayn ism al-ǧalāl),* manifestiert sich als Lichterscheinung *(šakl nūrānī)* und prägt sich in Geist *(ḏihn)* und Herz *(qalb)* des Berichterstatters ein.

La science des lettres, S. 15, S. 72 (Hinweis auf die Iḫwān aṣ-Ṣafāʾ), S. 80 f. (Hinweis auf eine Interpretation Ibn Sīnās).

113 Būnī, *Šams al-maʿārif,* S. 268.20–269.2, führt die betreffenden Verse auf. Sie beginnen in Übereinstimmung mit der Buchstabenfolge *kāf-hāʾ-yāʾ-ʿayn-ṣād* mit den folgenden Wörtern: *Kāf:* Sure 18.45: „Ka-māʾin […]"; *Hāʾ:* Sure 59.22: „Huwa Allāh […]"; *Yāʾ:* Sure 40.18 : „Yawm al-azifa […]"; *ʿAyn:* Sure 81.14–16: „ʿAlimat nafsun […]"; *Ṣād:* Sure 42.1–2: „Ṣād wa-ăl-Qurāni ḏī ăl-ḏikr […]".

114 E. Doutté, *Magie et religion,* S. 247 f., erwähnt Beispiele für die als *ʿaqd al-lisān* bekannte Technik. Man greift auf dieses Vorgehen zurück, wenn man verleumdet wird und dem Widersacher Einhalt gebieten will.

115 Die Textstelle dürfte unvollständig bzw. fehlerhaft überliefert sein (Būnī, *Šams al-maʿārif,* S. 269.16–18: „وإذا كنت فى مكان مخيف تخط بإصبعك فى الارض من وراء ظهرك خطا وانت تقرأ: حتى تقفل عليك دائرة عند تمام الاحد عشر ثم اسكت ولا تتكلم، فان الله يعمى عنك الأبصار ولو دخل عليك الثقلين [كذا] لما رأوك بقدرة الله تعالى".

116 Zur Bedeutung der *ḫalwa:* vgl. H. Landolt, Artikel „Khalwa", in *EI²* IV. 990.

117 Būnī, *Šams al-maʿārif,* S. 64.20–66.10.

Nachdem die Erscheinung von ihm gewichen ist, zeichnet er sie auf ein Blatt Papier.

Wieder im Besitz seiner Verstandeskräfte *(wa-rağaʿtu ilā fikratī),* wird sich der Berichtende bewusst, dass er aus diesem einen Namen die andern 99 Schönen Namen Gottes *(al-asmāʾ al-ḥusnā)* ableiten kann.[118] Es gelingt ihm, 19 weitere Namen Gottes festzuhalten, wobei der Begriff *al-Ǧalāl* die Reihe als zwanzigstes Glied schließt.[119] Der Text betont dabei die Nützlichkeit dieser aus der Kreisfigur abgeleiteten zwanzig Namen bzw. der Kreisfigur selbst. Es zeigt sich, dass die beschriebene Figur bzw. die darauf enthaltenen Namen die Erfüllung beliebiger weltlicher und jenseitiger Wünsche begünstigen.[120] Wer daraus Nutzen ziehen will, soll sich reinigen *(taṭahhara)* und an einem abgeschiedenen Ort *(mawḍiʿun ḫālin ʿan an-nās)* auf die *qibla* ausrichten. Er ist gehalten jeweils um Mitternacht und am Ende der Nacht das Ritualgebet in reiner Absicht und in Hinwendung zu Gott zu verrichten. Dabei muss er die zwanzig Namen 1637 oder 130 Mal rezitieren. Wenn er sich anschließend mit seinem Anliegen an Gott wendet, wird ihm entsprochen.

Während in diesem ersten Fall das Rezitieren der zwanzig aus dem visionären Erlebnis abgeleiteten Namen[121] zur Erfüllung des Wunsches führt, erwähnt Būnī auch Beispiele, in denen sich der Erfolg durch die eingangs erwähnte Kreisfigur[122] selbst einstellt. Er betont, dass die Waren jenes Menschen auf Reisen oder daheim *(fī ăs-safar wa-ăl-ḥaḍar)* geschützt seien, der ein Schriftstück mit der beschriebenen Kreisfigur zu seinem Hab und Gut lege.[123] Anschließend zeigt Būnī auf,[124] dass Schriftstücke, auf denen solche Schutzelemente notiert sind,

---

118 Zum Konzept der Schönen Namen Gottes bzw. des Höchsten Namen Gottes bei Būnī vgl. M. el-Gawhary, *Gottesnamen;* D. Pielow, *Quellen,* S. 94 f. Zum Konzept der Gottesnamen im Islam im Allgemeinen vgl.: L. Gardet, Artikel „al-Asmāʾ al-ḥusnāʾ", in *EI*² I.714 und D. Gimaret, *Les noms divins en Islam.* Für eine Zusammenstellung der Gottesnamen siehe: E. Doutté, *Magie et religion,* S. 200–203; R. Kriss und H. Kriss-Heinrich, *Volksglaube,* Bd. II, *Amulette, Zauberformeln und Beschwörungen,* S. 68–71; M. el-Gawhary, *Gottesnamen,* S. 166–169. Siehe auch Kapitel 7, bei Anm. 218 (Auffassung Ibn Ḫaldūns).

119 Būnī, *op.cit.,* S. 64.25.

120 *Loc.cit.,* S. 64.28.

121 Būnī, *op.cit.,* S. 65.21–24, zählt folgende zwanzig Namen auf: 1. Allāh; 2. Samīʿ; 3. ʿAlīm; 4. Sarīʿ; 5. Wāsiʿ; 6. ʿAdl; 7. ʿAliyy: 8. ʿAẓīm; 9. Mutaʿāl; 10. ʿAzīz; 11. ʿAfuww; 12. Bāʿiṯ; 13. Faʿʿāl; 14. Rafīʿ; 15. Maʿbūd; 16. Māniʿ; 17. Nāfiʿ; 18. Badīʿ; 19. Kāfī; 20. Raʾūf. In dieser Aufzählung fehlt der Name *Ǧalāl,* den Būnī, S. 64.23–27, eigentlich als Teil dieser Liste angekündigt hatte. Es sei daran erinnert, dass die Būnī zugeschriebenen Texte nicht kritisch ediert sind.

122 Vgl. für eine Abbildung der diskutierten Kreisfigur: Būnī, *Šams al-maʿārif,* S. 65.

123 Būnī, *op.cit.,* S. 65.3 f.

124 *Loc.cit.,* S. 65.5.

gern am Oberarm *(ʿaḍud)* getragen werden.[125] Wer damit durch seine Feinde schreite, den werde Gott retten. Seine Gegner aber lasse er im Stich. Die geschilderte Kreisfigur schützt einen außerdem vor gefürchteten Gewalthabern *(ǧabbār,* pl. *ǧabābira),* würden sie sich gegenüber dem Träger eines solchen Schriftstücks doch unterwürfig verhalten und ihm Folge leisten. Gott lasse die Wünsche derart geschützter Bittsteller in Erfüllung gehen. Būnī insistiert, dass der Träger diesen Schutz kraft der seltsamen Geheimnisse *(al-asrār al-ʿaǧība)* erfahre, die auf dem Schriftstück enthalten sind.[126]

Būnī macht überdies darauf aufmerksam, dass man die Tinte solcher Schriftstücke mit Wasser abwäscht und diese Flüssigkeit hilfesuchenden Personen zu trinken gibt.[127] Der Magier beachtet bereits bei der Herstellung der Tinte besondere Vorschriften.[128] Er ist gehalten, die Schutzfigur mit einer aus Rosenwasser, Moschus, Safran und wohlriechendem Kampfer hergestellten Tinte[129] aufzuzeichnen. Wenn man die Brühe nach dem Abwaschen des Textes einem Patienten ver-

---

125 Amulette, besonders Schriftamulette, werden in einem Behältnis (z. B. Blechkapsel, Silberbüchse, Lederetui) aufbewahrt: vgl. E. Doutté. *Magie et religion,* S. 147–149; T. Canaan, *Aberglaube,* S. 100, 115; R. Kriss und H. Kriss-Heinrich, *Volksglaube,* Band II: *Amulette, Zauberformeln und Beschwörungen,* S. 60; B. Mershen, *Untersuchungen zum Schriftamulett,* S. 73–76; C. Hamès, Artikel „Amulett", in *EI Three,* Online-Ausgabe (konsultiert am 1. September 2011), letzter Abschnitt. Dieses Behältnis wurde mit Vorliebe am Oberarm getragen; vgl. dazu T. Canaan, *Aberglaube,* S. 27. Für allgemeine Hinweise, an welchen (Körper-)Stellen Amulette getragen werden, siehe: T. Canaan, *Aberglaube,* S. 78–80; B. Mershen, *Untersuchungen zum Schriftamulett,* S. 63–65 (am Körper), S. 65–67 (an andern Stellen); D. Pielow, *Lilith,* S. 147. Knappe Bemerkungen auch bei M. el-Gawhary, *Gottesnamen,* S. 83 und 336 (unten).

126 Būnī, *Šams al-maʿārif,* S. 65.6–8.

127 Der Text auf Amuletten wird gern mit Wasser abgewaschen und dieses danach getrunken. Dabei verwischt sich die Abgrenzung zwischen Amulett und Heilmittel. Siehe zu diesem Vorgehen: Ibn Taymiyya, *Īḍāḥ ad-dalāla,* S. 148.13–1149.15, der dies erlaubt, wenn man Amulette mit Stellen aus dem Koran verwendet. Die Tinte wird als *midad mubāḥ* bezeichnet. T. Canaan, „Decipherment", S. 70–72; T. Fahd, „La magie comme ‚source de la sagesse'", S. 74a, 78a; D. Pielow, *Lilith,* S. 147; 170 (mit Hinweisen auf Schreckbecher); M. Maarouf, *Jinn eviction,* S. 122 f. Siehe auch: E. Graefe, Artikel „D̲jadwal", in *EI²* II.369 mit Hinweis auf Schilderungen dieses Vorgehens in *Numeri* V. 23 ff. *(Altes Testament).* M. Omidsalar, Artikel „Charms", in *Encyclopaedia Iranica,* Online-Ausgabe (konsultiert am 1. September 2011), erwähnt das „Trinken des Wassers des Gebets" *(ḫurdan-i āb-i duʿāʾ),* mit Verweis auf H. Massé, *Croyances et coutumes,* S. 296. Beim Herstellen der für das Schreiben von Amuletten verwendeten Tinte wurden zahlreiche Vorschriften beachtet; siehe dazu: E. Doutté, *Magie et religion,* S. 148 f.; G. C. Anawati, „Le nom suprême de Dieu", S. 31; siehe außerdem B. Mershen, *Untersuchungen zum Schriftamulett,* S. 44.

128 Būnī, *Šams al-maʿārif,* S. 65.9–11.

129 Būnī erwähnt im vorliegenden Beispiel die Tinte nicht. Aus Parallelstellen lässt sich aber erschließen, dass auch hier von einer aus den aufgezählten Ausgangsstoffen hergestellten Tinte die Rede sein muss.

abreiche, der an einer körperlichen oder seelischen Krankheit leide, werde er geheilt. Die Kraft der auf dem Schriftstück enthaltenen Namen gebe dem Kranken ein ehrfurchtgebietendes und erhabenes Äußeres zurück.

Nachdem sich bereits im soeben zitierten Beispiel nicht eindeutig entscheiden ließ, ob sich der Schutz aus der Kreisfigur selbst oder den darauf enthaltenen zwanzig Namen Gottes ergibt, erwähnt Būnī in Anschluss daran nur noch Belege, in denen die Namen Gottes selbst apotropäische Wirkung entfalten: Gott verleiht z. B. jenem Menschen große Anmut *(luṭf)*, der die erwähnten Namen jeden Tag nach dem Morgengebet 77 Mal aufsagt *(ḏakara)*.[130] Auch wer sich an jemandem rächen will, soll bestimmte Namen[131] zur ersten Stunde des Tages vollständig aufsagen. Gott wird sich vor Wochenfrist an seinem Widersacher rächen. Die aufgeführten Gottesnamen sind außerdem hilfreich, wenn man zwischen zwei Feinden Frieden stiften oder zwischen zwei Personen Liebe entstehen lassen will.[132] Būnī rät im zweiten Fall neben der Verabreichung der Schutzelemente in Trinkform zum Verbrennen von wohlriechendem Weihrauch *(baḫūr)*, der aus Aloeholz *(ʿūd)*, Harz des Mastixstrauchs *(maṣṭakā)*, Ambra *(ʿanbar)*, Benzoeharz aus Java *(ǧāwī)*, Moschus *(misk)* und grauer Ambra *(nadd)* besteht. Damit das Vorgehen erfolgreich ist, muss man es am Sonntag *(yawm al-aḥad)* zur Stunde der Sonne *(šams)* oder des Merkurs *(ʿuṭārid)* ausführen. Būnīs Aufzählung der Schutzwirkungen der diskutierten Gottesnamen bzw. der damit verbundenen Kreisfigur bricht hier ab. Weitere Erklärungen würden zu langfädig, wie der Autor bemerkt.[133]

Da die bisher angeführten Beispiele nicht ausschließlich die Schutzfunktion des Kreises beleuchten, soll dessen apotropäischer Charakter selbst im Folgenden anhand von ausgewählten zusätzlichen Belegen nochmals illustriert werden. Ein besonderes Kapitel im *Kitāb Šams al-maʿārif* beschreibt eine Figur, die als *dāʾirat al-anwār* (Lichtkreis) bezeichnet wird.[134] Wer sich in einem komplexen Verfahren dieses Kreises und weiterer Elemente bedient, kann abwesende Personen herbeischaffen *(iḥḍār)*.[135] Beim Verfahren soll der Adept auch eine Beschwörungs-

130 Būnī, *Šams al-maʿārif*, S. 65.12.

131 Obwohl Būnī das Beispiel im Rahmen der Ausführungen über die zwanzig Namen Gottes bzw. der dazu gehörenden Kreisfigur erwähnt, zählt er hier eine Liste mit nur acht Namen auf (S. 65.16). Sie sind außerdem nicht alle in der wenig später folgenden Aufzählung mit den zwanzig Namen enthalten (S. 65.21–24). Diese Ungereimtheit erklärt sich aus der ungesicherten Überlieferung von Būnīs Texten.

132 Būnī, *Šams al-maʿārif*, S. 65.17–20.

133 Būnī, *op.cit.*, S. 65.20.

134 *Loc.cit.*, S. 184.21–185.30; Abbildung des Kreises auf S. 185.

135 *Loc.cit.*, S. 184.24.

formel *(ʿazīma)* rezitieren, die mit einer Anrufung Gottes beginnt.[136] Sie enthält danach einerseits einzelne der Schönen Namen Gottes und Hinweise auf die Macht und Erhabenheit des Schöpfers. Anderseits sind in die Formel wiederholt Konsonantenfolgen eingestreut, deren Vokalisation und Bedeutung nicht unmittelbar ersichtlich sind. Beim Rezitieren dieser Formel ruft der Magier kraft der Gottesnamen auch die mit geistigen Seelenkräften begabten Wesen an, die den Qualitäten der einzelnen Buchstaben des Alphabets zugeordnet sind und ihm die gesuchte Person herbeibringen sollen.[137] Noch nie habe ein Geist *(rūḥ)* den bzw. einen der Namen Gottes gehört, ohne zu gehorchen. Habe er sich widersetzt, sei er vom Blitz getroffen und verbrannt worden.[138]

Der Rezitierende fordert die vornehmen Geister *(al-arwāḥ al-karīma)* anschließend auf, kraft seiner Beschwörungen den Dienern dieser erhabenen Buchstaben *(ḫuddām hāḏihī ăl-ḥurūf al-ʿaẓīma)* Antwort zu geben.[139] Der Bittsteller ruft im vorliegenden Beispiel unter ihnen Ṭūtiyāʾīl, ʿAslahāʾīl, Ṭufyāʾīl, und ʿAṣmāʾīl namentlich an.[140] Sie sollen sich dafür verbürgen, dass die Diener der einzelnen

---

136 *Loc.cit.*, S. 185.13–26.
وهذه العزيمة عزيمة الحروف تقول: بسم الله القدوس الطاهر العلى سلخع هم القاهر رب شيشلخ شلشلعطا جررب رب الدهور الداهرة والزمان منذر الاوقات، والزمان الذى لا يحول ملكه، ولا يزول صاحب العز الشامخ والجلال الباذخ، وبأسمائه دعوتكم يا ذوي الارواح الروحانية المنتقسمين على طبايع هذه الحروف، أن تتوكلوا فيما أمرتكم من جلب ٥٢ بن ٥٢ إلى ٥٢ بن ٥٢ بحق هذه الأسماء النورانية يظهر طهطف هليشقطهوه هلشقطبور يحف طيهوب هين لجشطف ابنار كلشى لاسمه، فأجاب كل حى لدعوته، طرفقش هشراط ويطش، غالب كل شىء هلناليع اشلليموت خوعطشوهش شهعيع شعوص اشطعطيخ، انت ينبوع حياة كل شىء وروح، محشمعطليالف، ما سمع اسمك روح وعصاه إلا صعق واحترق، لشمغلاتيخ حيطهطه أحطمطميه، أجيبوا أيتها الأرواح الكريمة خدام هذه الحروف العظيمة، بحق ما أقسمت عليكم، توكلوا يا طوتيائيل، وأنت يا عسلهائيل، وأنت يا طفيائيل، وأنت يا عصمائيل، بتسخير خدام هذه الحروف الكريمة يقضوا حوائجي، وأن يحضروا إلى مطلوبى مما سميته لكم فى هذه الدائرة من جيب ٥٢ بن فلانة، أينما تكونوا يأت بكم الله جميعا إن الله على كل شىء قدير، وهو على جمعهم اذا يشاء قدير هيا هيا الوحا ألوحا العجل الساعة، بحق ما تلوته عليكم من هذه الاسماء الشريفة المباركة المنيعة ،بحق ما تلوته عليكم.

137 *Loc.cit.*, S. 185.15 f.

138 *Loc.cit.*, S. 185.20: „ما سمع اسمك روح وعصاك إلا صعق واحترق“.

139 *Loc.cit.*, S. 185.21.

140 T. Canaan, „Decipherment“, S. 81 f., zeigt auf, dass auf *–īl* endende Namen Engel bezeichnen. Im vorliegenden Kontext dürften Auffassungen Būnīs eine Rolle spielen, auf die D. Pielow, *Quellen*, S. 100–102, aufmerksam macht. Sie zählt gestützt auf Būnī die Namen von acht Engeln (Rūqiyāʾīl, Ǧibrāʾīl, Samsamāʾīl, Mīkāʾīl, Ṣariyāʾīl, ʿĀniyāʾīl, Kasfiyāʾīl, Tahbaṭmaġilyāʾīl) auf. Ihnen sind die als Geisterfürsten bekannten Dämonen unterstellt, die ebenso hierarchisch geordnet sind wie die soeben angeführten Engel. Es handelt sich um Muḏhib, Murra, Aḥmar, Barqān, Šamhūriš, Abyaḍ und Maymūn (siehe auch T. Canaan, „Decipherment“, S. 145; ders. *Aberglaube*, S. 22 f.). D. Pielow, *op.cit.*, S. 101, Anm. 9, hält fest, dass Būnī bei der Benennung der Engel und Dämonen wenig konsequent sei. Die in der hier diskutierten Būnī-Stelle zitierten

Buchstaben die gesuchte Person herbeischaffen. Die diskutierte Beschwörung endet mit einer Beschleunigungsformel *(al-ʿağal as-sāʿa)*, was nicht unüblich ist.[141]

Allerdings veranlasst nicht nur das Rezitieren dieser Formel die gesuchte Person dazu, sich einzustellen. Beim Herbeiholen *(iḥḍār)* spielt neben dem Verbrennen von Weihrauch[142] vielmehr auch die erwähnte Kreisfigur eine zentrale Rolle, die in der Druckausgabe in einer schlechten Abbildung dargestellt ist.[143] Gemäß Būnīs Beschreibung befindet sich im Innern eines großen Kreises ein kleiner Kreis, wobei man ins Zentrum dieser beiden konzentrisch angeordneten Kreise die Namen der gesuchten Person und ihrer Mutter notiert.[144] Außerdem ist der Kreis in Segmente eingeteilt, die je einen Buchstaben enthalten. Während der Beschwörer seine Formel sieben Mal rezitiert, schlägt er einen reinen eisernen Nagel im Segment mit dem Buchstaben *alif* ein. Falls sich die gesuchte Person nicht einstellt, rückt er den Nagel um ein Feld zum Buchstaben *bāʾ* vor. Der Bittsteller ist gehalten, die Beschwörungsformel weiter zu rezitieren, Weihrauch zu verbrennen und den Nagel Feld um Feld vorzurücken, bis sich der Gesuchte dank der Unterstützung des Dieners *(ḫādim)* des entsprechenden Buchstabens einstellt.[145] Durch ein leicht modifiziertes Vorgehen lassen sich auch Reisende

Namen (Ṭūtiyāʾīl, ʿAslahāʾīl, Ṭufyāʾīl, und ʿAṣmāʾīl) ließen sich in der beigezogenen Sekundärliteratur in der von D. Pielow erwähnten Funktion nicht belegen.

141 Būnī, *op.cit.*, S. 185.25. Zur Verwendung der Beschleunigungsformel vgl. Anm. 97.

142 Būnī, *op.cit.*, S. 184.26 f., fordert den Bittsteller zum Verbrennen folgender Substanzen auf: männlichen Rosmarin *(ḥaṣā lubān*, cf. H. Wehr, *Wörterbuch*, s. v., Rosmarinus officinalis), *Šuʿr*-Safran (A. Kazimirski, *Dictionnaire*, s. v. *šuʿr*, übersetzt mit „safran"), Bergraute-Körner (Peganum harmala, gemäß H. Wehr, *Wörterbuch*) und Benzoeharz.

143 Būnī, *Šams al-maʿārif*, S. 184.24–185.12; Abbildung: S. 185. Einzelheiten lassen sich darauf kaum erkennen. Eine detaillierte Auseinandersetzung mit dieser Kreisfigur ist nur anhand von Handschriften möglich. Beim Konsultieren ausgewählter Manuskripte von Būnīs *Šams al-maʿārif* (Bibliothèque Nationale de France, Code Arabe 2647, 2648, 2650, 2651, 2654, 2655, 6681) fiel auf, dass Illustrationen zu derselben Textstelle und derselben Figur von einer Kopie zur andern stark variieren. Auch enthalten diese Handschriften deutlich weniger Figuren als die benutzte Druckausgabe.

144 Būnī, *op.cit.*, S. 184.25, vgl. S. 185.23. Es fällt auf, dass in der magischen Literatur die matrilineare Abstammung betont wird. Dies steht im Gegensatz zur Bezeichnung nach dem Vater, die in der islamischen Welt allgemein üblich ist (z. B.: Ḥasan b. Muḥammad; Fāṭima bint ʿUmar). Zur Bedeutung der matrilinearen Abstammung in der Magie vgl.: T. Canaan, „Decipherment", S. 96; ders., *Aberglaube*, S. 105 f., ders., „Magic bowls", S. 123 f.; M. el-Gawhary, *Gottesnamen*, S. 88; B. Mershen, *Untersuchungen zum Schriftamulett*, S. 65.

145 Būnī, *op.cit.*, S. 184.28–185.4: „ولم تزل تنقل من حرف إلى حرف وأنت تبخر وتعزم حتى يحضر لك المطلوب عند حرف من تلك الحروف الذى أحضره خادمه، فتدعوه بذلك الحرف والخادم فى كل وقت أردت إحضاره إليك". Die letzte Zeile des Textes dürfte verderbt sein.

herbeischaffen.[146] Der Adept sichert sich den Erfolg der Beschwörung, indem er am Schluss zweihundert Mal *yā malik, yā qadīm* rezitiert.[147] Būnī hält seinen Schüler zuletzt dazu an, die geschilderte Technik nur zu rechtmäßigen Zwecken *(ḥalāl)* einzusetzen. Wer dies missachte, müsse vor Gott Rechenschaft für sein Fehlverhalten ablegen.[148]

9.4 Salomon: ein Herr der Ringe

Die aus den Werken Būnīs, Tilimsānīs und Damīrīs beigebrachten Beispiele zeigen nicht nur die Schutzfunktion von Kreis und Ring auf. Sie weisen vielmehr auch auf die weite Verbreitung magischer Vorstellungen im islamischen Kulturraum hin, deren ausführliche Aufarbeitung jedoch nicht Ziel der vorliegenden Untersuchung ist.[149] Die vorangehenden Hinweise rufen außerdem den bereits aus der Bibel bekannten Salomon in Erinnerung, dem im Bereich des Islams sowohl in Magie als auch Dämonologie eine wichtige Rolle zukommt. Dies soll gerade auch der letzte Teil der vorliegenden Untersuchung verdeutlichen, der Salomons Auseinandersetzungen mit allem Dämonischen ausführlich nachgeht. Bereits bei dieser Gelegenheit sei festgehalten, dass Salomon als Herr der Ringe verstanden werden kann, verfügt er doch über einen Siegelring *(ḫātim)* und zwingt damit die Geister in seinen Dienst.[150]

Auf Salomons Macht über die Geister und seine Rolle in der Zauberei weist im Übrigen bereits Ibn an-Nadīm (gest. 385/995) im Rahmen seiner allgemeinen Klassifizierung der Magie im *Fihrist* hin. Dieser Gelehrte, dessen Auffassungen hier stellvertretend für andere Beispiele aufgegriffen werden, unterscheidet zwischen einer erlaubten Form (*aṭ-ṭarīqa al-maḥmūda*) und einer tadelnswerte Form

146 *Loc.cit.*, S. 185.4–6.

147 *Loc.cit.*, S. 185.9–11.

148 *Loc.cit.*, S. 185.28.

149 Zur Stellung der Magie im Islam vgl.: M. Ullmann, *Die Natur- und Geheimwissenschaften*, Kapitel 6 „Die Magie“, S. 359–426; T. Fahd, Artikel „Siḥr“, in *EI²* IX.567 ff.; ders., *La divination arabe;* ders., „Le monde du sorcier en Islam“; ders., „La magie comme ‚source‘ de la sagesse d'après l'oeuvre d'al-Būnī“; ders., „La connaissance de l'inconnaissable et l'obtention de l'impossible dans la pensée mantique et magique de l'Islam“. J. C. Bürgel, *The feather of Simurgh.*

150 Auch Būnī weiß um die Wirksamkeit von Salomons Siegelring bei der Bezwingung dämonischer Kräfte, widmet er ihm im *Kitāb Šams al-maʿārif* doch ein längeres Kapitel. Die konsultierte Druckausgabe enthält auch Abbildungen von Salomons Siegel und dessen Inschriften: Būnī, *Šams al-maʿārif*, S. 276.19–280.16: 1. *Faṣl: Fī ḏikr ḫātim Sulaymān;* 2. *Faṣl: Wa-qīla inna ḫātim Sulaymān allaḏī kāna fī yadi-hī, wa-fī-hi mulku-hū, wa fī-hi ăl-ism al-aʿẓam allaḏī kāna maktūban ʿalā qalbi Ādam.*

(*aṭ-ṭarīqa al-maḏmūma*) der Magie.[151] Er hält präzisierend fest, dass Bīḏuḫ, Iblīs' Tochter oder Enkelin, die Magie in ihrer tadelnswerten Spielform in Schwung gebracht habe, und führt auch die Namen ihrer wichtigsten Vertreter an.[152] Der Verfasser des *Fihrist* äußert sich allerdings auch zur Existenz einer positiv bewerteten Art der Zauberei (weiße Magie), wozu er die Beschwörungen (*ʿazīma*, pl. *ʿazāʾim*) zählt, durch die die Geister dienstbar gemacht werden. Sulaymān b. Dāwūd habe diese Form der Magie als erster praktiziert.[153] In Übereinstimmung mit Ibn an-Nadīms Bemerkungen zu Salomons Rolle als Beschwörer der Dämonen, bringen auch weitere Quellen Davids Sohn mit der Magie in Verbindung. Sie wissen nämlich davon, dass nach seinem Ableben unter seinem Thron ein Zauberbuch gefunden worden ist.[154]

Das letzte Kapitel der vorliegenden Untersuchung ist der Darstellung Salomons gewidmet. Es beschreibt seine Rolle als Bezwinger alles Dämonischen allerdings nicht anhand seiner Rolle in der magischen Literatur im Bereich des Islams. Vielmehr zielen die weiteren Ausführungen darauf ab, von diesem Herrscher ein allgemein gehaltenes Porträt zu zeichnen. Es wird sich zeigen, dass sich der Kampf wider alles Dämonische wie ein roter Faden durch Salomons ganzes Leben zieht. Immer wieder lassen sich Vorfälle ganz unerwartet auf diesen Grundkonflikt zurückführen.

---

151 Ibn an-Nadīm, *Fihrist* (Ausgabe Mīnovī), S. 370.3: *aṭ-ṭarīqa al-maḥmūda*, und S. 371.16: *aṭ-ṭarīqa al-maḏmūma* (vgl. Übersetzung B. Dodge, S. 727–730). Zur Unterscheidung zwischen weißer und schwarzer Magie im Islam, vgl. T. Fahd, Artikel „Siḥr", in *EI*[2] IX.567 ff.

152 Es handelt sich u. a. um Ḫalaf b. Yūsuf ad-Dustamaysānī, Ḥammād b. Murra al-Yamānī, Abu ăl-Qāsim al-Faḍl b. Sahl al-Ḥarīrī, Ibn Waḥšiyya und seinen Famulus Abū Ṭālib Aḥmad b. al-Ḥusayn az-Zayyāt. Außerdem weist Ibn an-Nadīm auf folgende Beispiele aus der hellenistischen Tradition hin: Kallisthenes, Balīnas und Hermes. Hier zitiert gemäß M. Ullmann, *Natur- und Geheimwissenschaften*, S. 360 (vgl. Ibn an-Nadīm, *Fihrist*, Ausgabe Mīnovī, S. 371 f.).

153 Ibn an-Nadīm, *Fihrist* (Ausgabe Mīnovī), S. 370.4. Vgl. zu dieser Stelle aus dem *Fihrist* auch Kapitel 7, bei Anm. 211–213.

154 Vgl. ausführlicher unten, Kapitel 10.3.4 „Salomon: ein weiser Zauberer?", Schluss.

10 Salomon: Kämpfer wider alles Dämonische

10.1 Einleitende Bemerkungen

Salomon ist eine ursprünglich jüdische Figur. Seine wiederholte Erwähnung im Koran ließ ihn allerdings rasch ins Bewusstsein der Muslime eindringen, wie dies auch auf weitere aus dem *Alten* oder *Neuen Testament* bekannte Personen (z. B. Adam, Abraham, Jesus, Josef, Moses, Noah, David) zutrifft. Während in der Darstellung des biblischen Salomon immer wieder durchscheint, dass es sich um eine historisch greifbare Persönlichkeit handelt, die im 10. Jh. v. Chr. gelebt hat, treten solche Anhaltspunkte in islamischen Quellen in den Hintergrund. Zwar behandeln auch die muslimischen Autoren Salomon grundsätzlich als historische Gestalt, doch gewinnen in ihren Darstellungen mythologische Aspekte an Bedeutung.[1] Die weiteren Ausführungen rücken die Untersuchung dieser mythologischen Elemente in Salomons Leben in den Vordergrund. Historische Überlegungen werden nur am Rand angestellt.

Die Ergebnisse der weiteren Untersuchungen sollen hier nicht vorweggenommen werden. Es ist allerdings darauf hinzuweisen, dass dieses Salomon gewidmete Kapitel die Resultate einer aus dem Jahr 1993 datierenden, bis anhin aber unveröffentlichten Arbeit über den Dämonenglauben im Bereich des Islams aufgreift.[2] Diese frühere Untersuchung wird hier in modifizierter, aber nicht völlig überarbeiteter Form aufgenommen.[3] Sie baut auf einem Studium arabischer Quellen auf, die zwischen 600 (Koran) und 1500 (Suyūṭī) entstanden sind. Persische Quellen werden in diesem letzten Kapitel nur vereinzelt beigezogen.[4]

---

1 Die Forschung datiert Salomons Leben u. a. gestützt auf archäologische Erkenntnisse in die Zeit von ca. 965–926 v. Chr. (vgl. M. Bocian, *Lexikon der biblischen Personen*, S. 450). Ṭabarī, *Ta'rīḫ (Annales)*, I.1071 f., gibt an, dass Jesus 551 Jahre vor der Sendung Muḥammads geboren wurde. 369 Jahre sollen zwischen der Regierungszeit Alexanders und der Geburt Jesus' verflossen sein. Ṭabarī setzt die Salomon zugeschriebene Erbauung Jerusalems 717 Jahre vor Alexander an. Wenn der Ausgangspunkt von Ṭabarīs Berechnungen ins Jahr 600 n. Chr. fällt, ergibt sich grob gerechnet eine Zeit im zehnten vorchristlichen Jahrhundert. Mas'ūdī, *Murūǧ* (Ausgabe Ch. Pellat), § 1435, legt mit Ṭabarī beinahe identisches Zahlenmaterial vor. Weniger überzeugend fallen die Angaben bei Ṯa'labī, *Qiṣaṣ*, S. 296 unten – S. 297 oben, aus, da er wahrscheinlich keine Vorstellung von den wahren chronologischen Verhältnissen hatte.

2 T. Nünlist, *Salomon: Kämpfer wider alles Dämonische. Eine Darstellung anhand arabischer Quellen* (1993).

3 Die vorliegende Darstellung übernimmt die Kapiteleinteilung der früheren Arbeit mit vereinzelten Anpassungen.

4 Hamadānī-Ṭūsī behandelt die Salomon-Legende im *'Aǧāyib-nāma;* siehe die Hinweise dazu

Eine Aufnahme der Ergebnisse dieser früheren Untersuchung in die vorliegende Studie drängte sich aus verschiedenen Gründen auf. Einerseits spielt Salomon in der gesamten islamischen Welt eine eminente Rolle bei der Abwehr alles Dämonischen und übertrifft in seiner Funktion als Beschützer vor den *ǧinn* sogar den Propheten Muḥammad an Bedeutung. Kaum ein Amulett appelliert nicht in der einen oder andern Form an die apotropäische Potenz von Davids Sohn. Anderseits hat die moderne islamwissenschaftliche Forschung der Gestalt Salomons erst wenig Aufmerksamkeit geschenkt. Viele Untersuchungen erwähnen ihn nur im Zusammenhang mit dem Besuch der Königin von Saba in Jerusalem.[5] Auch F. Meier hat sich im Rahmen seiner Auseinandersetzung mit islamischer Dämonologie nur ganz am Rand mit Salomon befasst.[6]

Es zeigt sich außerdem, dass viele grundlegende Untersuchungen zu Salomon bereits hundert Jahre alt sind und sich hauptsächlich aus einer judaistischen Perspektive für Davids Sohn interessieren.[7] Eine Ausnahme stellt J. Lassners Arbeit *Demonizing the Queen of Sheba* dar, die zeitgleich mit meiner früheren Untersuchung erschienen ist und mir deshalb damals nicht bekannt sein konnte. Sie stützt sich neben hebräischen auch auf arabische Berichte.[8] J. Lassners Erkenntnisse bestätigen meine damaligen Resultate weitgehend. Sie rücken allerdings geschlechtsrelevante Aspekte und Fragen der Islamisierung der ursprünglich jüdischen Salomonlegende in den Vordergrund, während meine

in der Ausgabe Ṣādiqī, Einleitung, S. 25, Abschnitt 2 (*ṣafḥa 25*). Angaben der konkreten Textpassagen in den Indizes der Ausgaben Ṣādiqī und Sutūda, jeweils s. v. *Sulaymān b. Dāwūd*. Auch bei Balʿamī, *Tārīḫ-i Balʿamī*, I.559–602, findet sich ein längerer Abschnitt über Salomon. Die Ausführungen dieser beiden Autoren wurden im Rahmen der vorliegenden Untersuchung nicht berücksichtigt.

5 A. Chastel, *La légende de la Reine de Saba* (1939); J. B. Pritchard, *The Queen of Sheba*, (1974; Sammelwerk: Der Teil über die islamische Sage von W. M. Watt bleibt an der Oberfläche); R. Beyer, *Die Königin von Saba* (1987); W. Daum, *Die Königin von Saba* (1988; enthält Übersetzungen arabischer Texte über Bilqīs' Besuch bei Salomon).

6 Vgl. F. Meier, NL Mappe 8, s. v. *Salomo*, 8 Bl. Gar keine Beachtung schenkt F. Meier in seinem Nachlass der für das Verständnis der islamischen Dämonologie besonders wichtigen Königin von Saba (Bilqīs).

7 G. Salzberger, *Die Salomo-Sage in der semitischen Literatur* (1907); ders., *Salomos Tempelbau und Thron in der semitischen Sagenliteratur* (1912). Diese beiden Untersuchungen behandeln Salomon am umfassendsten. Allerdings stützt sich G. Salzberger stärker auf jüdische als auf arabische Quellen. Er übergeht überdies verschiedene für die islamische Tradition besonders wichtige Episoden aus Salomons Leben (z. B. den Besuch der Königin von Saba, Salomons Tod). Für den Einstieg ins Thema eignet sich besonders: M. Grünbaum, *Neue Beiträge zur semitischen Sagenkunde* (1893), S. 189–240.

8 J. Lassner, *Demonizing the Queen of Sheba* (1993; mit umfangreichen Übersetzungen arabischer und hebräischer Quellen im Anhang).

eigene Untersuchung auf Salomons Kampf gegen alles Dämonische fokussiert ist. Die Auseinandersetzung mit den Dämonen zieht sich wie ein roter Faden durch Salomons Leben, das im Folgenden von der Geburt bis zum Tod aufgerollt wird.[9] Dämonologie-relevante Fragestellungen werden erst später behandelt. Die Aufmerksamkeit gilt in einem ersten Schritt Salomons Aufstieg zum mächtigen Herrscher.

10.2 Salomons Aufstieg

10.2.1 Geburt Salomons

Die islamische Offenbarung selbst macht keine unmissverständlichen Aussagen zu Salomons Geburt und seinen Eltern. Während Hinweise auf Salomons Mutter im Koran gänzlich fehlen, sind darin auch keine eindeutigen Angaben zu seinem Vater enthalten. Allein aufgrund der Bemerkung in Sure 38.30: „Und wir gaben David Salomon“[10] lässt sich schließen, dass David bereits zur Zeit Muḥammads als Salomons Vater betrachtet wurde. Auch Sure 27.16 räumt allfällige Vorbehalte nicht gänzlich aus, bezeichnet dieser Vers Salomon doch bloß als Erben und nicht etwa als Sohn Davids.[11]

Diesbezügliche Zweifel könnten auch darin ihre Bestätigung finden, dass der Koran kurz vor der soeben zitierten Stelle aus Sure 38 auf eine Geschichte von zwei Klägern hinweist.[12] Da die beigebrachte Passage diesen Streitfall nur isoliert erwähnt, lässt sich nicht mit Sicherheit entscheiden, ob er bereits hier mit Vorfällen rund um Salomons Geburt in Verbindung zu bringen ist, wie dies in späteren Quellen der Fall sein wird. Allerdings relativiert der knappe Stil des Korans mit

---

9 Die weitere Darstellung sieht davon ab, die Resultate der seit 1993 erschienen Studien zu Salomon oder der Königin von Saba im einzelnen aufzuarbeiten. Es soll hier aber in allgemeiner Form auf wichtige, seither erschienene Veröffentlichungen hingewiesen werden. Sie stammen häufig aus der Judaistik, sind aber auch für das Verständnis der Gestalt Salomons im islamischen Kulturraum relevant. Die folgende Zusammenstellung erhebt keinen Anspruch auf Vollständigkeit: P. A. Torijano, *Solomon, the esoteric king* (2002); M. Przybilsk, „Salomos Wunderwurm – Stufen der Adaptation eines talmudischen Motivs in lateinischen und deutschen Texten des Mittelalters“ (2004); S. Shalev-Eyni, „Solomon, his demons and jongleurs: the meeting of Islamic, Judaic and Christian culture“ (2006). Die zitierten Arbeiten enthalten Hinweise auf weiterführende Sekundärliteratur.

10 Sure 38.30: „Wa-wahab-nā li-Dāwūda Sulaymāna.“

11 Sure 27.16: „Wa-wariṯa Sulaymānu Dāwūda.“

12 Vgl. Sure 38.21 ff., ausführlicher unten bei Anm. 21 ff.

seinen zahllosen Anspielungen die soeben formulierten Einwände. Jedenfalls bezeichnen spätere Kommentare zur Stelle David übereinstimmend als Salomons Vater. Ihre Einigkeit dürfte als Indiz dafür zu werten sein, dass dies auch auf den Koran zutrifft.

Zahlreiche nachkoranische arabische Quellen haben sich für Salomons Eltern interessiert.[13] Die folgenden Ausführungen greifen Darstellungen bei Fārisī (gest. 289/902)[14] auf, der unterschiedliche Fassungen dazu beibringt, wie David Salomons zukünftige Mutter entdeckte. Zwei Überlieferungen der Gewährsleute al-Ḥasan (b. Yasār al-Baṣrī) und Muḥammad b. Kaʿb stimmen miteinander weitgehend überein, wobei sich Muḥammad b. Kaʿb am Anfang präziser äußert[15]: Aus seinem Bericht ergibt sich, dass die Israeliten den Gott Ibrāhīms, Ismāʿīls und Yaʿqūbs anflehten, wenn sie einen Wunsch hatten. David beklagte sich darauf beim Schöpfer, dass seine Untertanen bei der Aufzählung der Namen der Patriarchen seinen eigenen Namen wegließen. Allāh begründet dies damit, dass sich Davids Vorgänger in Geduld geübt hätten, als sie auf die Probe gestellt wurden.[16]

Damit er sich als ebenbürtiger Nachfolger seiner Vorgänger erweisen kann, bittet auch David Gott um eine Heimsuchung und schlägt Warnungen des Schöpfers in den Wind.[17] Er zieht sich zur Rezitation des Psalters in sein Betzimmer zurück, wo bald ein Vogel von wunderbarer Gestalt auftaucht. Während dessen Körper aus Gold ist, bestehen seine Flügel aus mit Perlen besetztem Brokat, sein Schnabel aus grünem Edelstein und seine Beine aus Türkis. Als David ihn

---

13 Vgl. z. B. Kisāʾī, *Qiṣaṣ al-anbiyāʾ*, S. 259–264; Ṯaʿlabī, *Qiṣaṣ al-anbiyāʾ*, S. 279–284; Fārisī, *Qiṣaṣ al-anbiyāʾ*, S. 103–118; Ṭabarī, *Taʾrīḫ (Annales)*, I.563–570; Ibn al-Aṯīr, *Taʾrīḫ*, I.95 f.; Yaʿqūbī, *Taʾrīḫ*, I.52 f.; Masʿūdī, *Murūǧ* (Ausgabe Ch. Pellat), § 104; Maqdisī, *Badʾ*, III.101; Zamaḫšarī, *Kaššāf*, Kommentar zu Sure 38.21 ff., III.365 f.

14 Siehe zu ihm Kapitel 1, Anm. 84.

15 Fārisī, *Qiṣaṣ*, S. 107.6–108.11; Gewährsmann: Muḥammad b. Kaʿb.

16 Fārisī schweigt sich über die Art der Heimsuchungen der Patriarchen aus. Auch Ṭabarī, *Taʾrīḫ (Annales)*, I.563.15 ff., äußert sich nicht näher dazu. Kisāʾī, *Qiṣaṣ*, S. 260, stellt diese Prüfungen teilweise als Auszeichnungen dar, um die David seine Vorgänger beneidet. Aus der Bibel sind folgende Prüfungen der Patriarchen bekannt: An Abraham richtete Gott den Befehl, seinen Sohn Isaak zu opfern (1. *Moses* 22). Im islamischen Kulturbereich könnte ausserdem eine Rolle gespielt haben, dass Ibrāhīm mehrere Tage unbeschadet in einem Kalkofen überlebte, als ihn Nimrod darin verbrennen wollte, da er nicht zur Verehrung der Götzen bereit war (vgl. Sure 21.68 f.; J. C. Bürgel, *Allmacht und Mächtigkeit*, S. 321). Ismael wiederum entrann nur knapp dem Tod, nachdem Abraham ihn zusammen mit seiner Mutter in die Wüste hinausgetrieben hatte (1. *Moses* 21.14 ff.). Die Prüfung Isaaks dürfte darin bestanden haben, dass sein Vater Abraham ihn beinahe als Opfer darbrachte. Die Probe Jakobs bestand in der Trauer um den totgeglaubten Josef (1. *Moses* 37).

17 Ab hier nach der Überlieferung Ḥasans: Fārisī, *Qiṣaṣ*, 104.8–106.7.

fangen will, entwischt ihm das Tier, letztlich eine Verkörperung des Teufels, und lockt ihn in den Garten Urias, wo sich dessen Frau Sābiġ bint Ḥanānā[18] gerade wäscht. Der von ihrer Schönheit betörte David trachtet darauf nach Mitteln, ihren im Krieg weilenden Gatten aus dem Weg zu schaffen. Er beauftragt den Befehlshaber der Truppen deshalb, Uria großen Gefahren auszusetzen. Nachdem Uria beim dritten Kampfeinsatz ums Leben gekommen ist, heiratet David dessen Frau Batseba nach Ablauf der gesetzlich vorgeschriebenen Wartefrist.

Fārisī bringt außerdem eine weitere Fassung der Geschichte von Davids Heimsuchung bei.[19] Nach ihr weisen Rechtsgelehrte bei einer Zusammenkunft darauf hin, dass Menschen keinen einzigen Tag verbringen, ohne zu sündigen. Da David ihre Aussage bezweifelt, zieht er sich zum Gegenbeweis in sein Betzimmer zurück, wo er den Psalter öffnet. Als ihm der Satan in der Gestalt einer goldenen Taube erscheint, kann er der Versuchung auch gemäß dieser Version nicht widerstehen und will den Vogel für seinen Sohn fangen. Er stößt schließlich auf eine begehrenswerte Frau, die er nach dem Tod ihres Gatten heiratet.

David ist sich zu diesem Zeitpunkt noch in keiner Weise bewusst, dass er in der ihm von Gott auferlegten Prüfung kläglich versagt hat.[20] Erst die eingangs erwähnte, in ihrer koranischen Fassung aber unverständliche Geschichte der zwei Kläger macht ihm das Ausmaß seiner Verfehlung deutlich.[21] Die späteren Autoren bringen diesen Streitfall in direkte Verbindung mit Ereignissen im Vorfeld von Salomons Geburt und verstehen ihn als Gleichnis für Davids Fehltritt.

Fārisī erläutert den in Sure 38.21–25 erwähnten Zwischenfall anhand von Berichten der Gewährsleute Ibn ʿAbbās und Ḥasan.[22] Demnach sandte Gott zwei Engel in der Gestalt von Männern zu David.[23] Obwohl sich David jegliche Störung verbeten hatte, dringen die beiden in sein Betzimmer ein. Nachdem David sie zur Rede gestellt hat, bitten ihn die beiden Störenfriede um ein gerechtes Urteil in einem Streitfall zwischen ihnen beiden. Ihre Auseinandersetzung hatte sich daran entzündet, dass der Schwächere ein einziges Schaf besaß, sein Widersacher aber neunundneunzig Schafe sein Eigen nannte. Unter einem bei Fārisī nicht

---

18 Die biblische Batseba aus 2. *Samuel* 11.3. Die arabischen Autoren schreiben ihren Namen auf unterschiedliche Weise.

19 Fārisī, *Qiṣaṣ*, S. 106.7–107.6; Gewährsmann: Bilāl b. Ḥassān.

20 Fārisī, *Qiṣaṣ*, S. 108.9.

21 Vgl. bei Anm. 12.

22 Fārisī, *Qiṣaṣ*, S. 108.11–110.9.

23 Kisāʾī, *Qiṣaṣ*, S. 262.22, identifiziert die beiden Männer mit den Erzengeln Gabriel und Michael.

präzisierten Vorwand zwingt der Reiche den Bedürftigen dazu, ihm sein einziges Schaf zu überlassen. Davids Urteilsspruch schützt darauf die Rechte des Armen, was den Gemaßregelten allerdings nicht zu beeindrucken vermag. Auf Davids Ermahnung hin wendet dieser vielmehr ein, dass er, David, eher Anlass zu Reue hätte, habe er doch gegen sich selbst geurteilt. Erst jetzt erkennt David, dass diese Kritik auf seine eigene Verfehlung gegenüber Uria abzielt, hat er doch Batseba, Urias einzige Frau, seinen eigenen neunundneunzig Frauen hinzugefügt.[24]

Die Vorlagen für die Geschichte um Davids Verfehlung und den Streit zwischen dem reichen und dem armen Schafbesitzer sind biblisch (vgl. 2. *Samuel* 11.1–12.25). Die arabischen Autoren schmücken die Erzählung allerdings viel reicher aus. So fehlt der Goldvogel in der Fassung im *Alten Testament*. Auch bemüht die Bibel keine Engel, sondern lässt den Propheten Nathan David das Gleichnis der beiden Schafzüchter vortragen.[25] Nur die Bibel jedoch weiß, dass Gott das erste Kind aus Davids Ehe mit Batseba zur Strafe sterben lässt.[26] Erst beim zweiten Kind handelt es sich um Salomon.

Obwohl die Araber Davids Fehltritt viel Aufmerksamkeit widmen, stimmen sie in der knappen Abhandlung der eigentlichen Geburt Salomons doch wieder mit der Nüchternheit der Bibel überein.[27] Eine löbliche Ausnahme macht Kisāʾī, dessen Ausführungen hier in Übersetzung wiedergegeben werden[28]:

> Bericht über die Geburt Salomons: Es sprach Wahb b. Munabbih: Als sich David im Königtum und der Prophetschaft gefestigt hatte, erhob er seinen Blick zum Himmel und sprach: ‚Mein Gott und Herr, du hast mir dein Königtum gegeben und mir deine

---

24 Fārisī, *Qiṣaṣ*, S. 110.10–13. Davids Niedergeschlagenheit ist grenzenlos. Seine Reuegebete erstrecken sich bei Fārisī über mehrere Seiten. Absalom, Davids Sohn, nützt die vorübergehende Schwäche seines Vaters zu einem Aufstand aus. Seiner Auflehnung ist allerdings kein Erfolg beschieden, und Absalom wird umgebracht. Ausführlich bei: Kisāʾī, *Qiṣaṣ*, S. 264–269; Ṭabarī, *Taʾrīḫ (Annales)*, I.570; Fārisī, *Qiṣaṣ*, S. 120–123; Yaʿqūbī, *Taʾrīḫ*, I.53; Ṯaʿlabī, *Qiṣaṣ*, S. 287; Ibn al-Aṯīr, *Taʾrīḫ*, I.96 f.; vgl. 2. *Samuel* 15.1–19.9.

25 Unter den konsultierten arabischen Autoren ist diese Auffassung nur Yaʿqūbī bekannt (*Taʾrīḫ*, I.52.14–53.9), der auch sonst stark von den biblischen Darstellungen abhängig ist.

26 So auch Yaʿqūbī, nach biblischer Quelle.

27 2. *Samuel* 12.24 bezeichnet David und Batseba als Salomons Eltern. Die meisten arabischen Autoren fassen sich ebenso kurz. Während Fārisī Davids Versuchung ausführlich schildert, weist er bloß an einer unerwarteten Stelle darauf hin, dass „diese Frau" (*tilka ăl-marʾa*, *Qiṣaṣ*, S. 123.9) Salomons Mutter sei. Nur aus dem Umstand, dass vorher seitenlang von Batseba die Rede war, lässt sich schließen, dass sie auch hier gemeint ist. Andere Autoren bezeichnen Batseba unmissverständlich als Salomons Mutter: vgl. Ṭabarī, *Taʾrīḫ (Annales)*, I.567.20; Ṯaʿlabī, *Qiṣaṣ*, S. 280.6; Yaʿqūbī, *Taʾrīḫ*, I.53.9; Ibn Kaṯīr, *Bidāya*, II.15.25.

28 Kisāʾī, *Qiṣaṣ*, S. 267.20–268.22.

Wohltat erwiesen. Ich bitte dich nun, mir einen rechtschaffenen Sohn zu geben, der mein Nachfolger wird.'

Da offenbarte ihm Gott: ,Ich habe deinem Gebet entsprochen und dein Anliegen erfüllt.' David freute sich sehr über die frohe Nachricht. Damals hatte er [bereits] eine Schar von Kindern, nämlich Absalom, dessen Mutter die Tochter Sauls war, Amnon, Baḥrāmūn, Adonija, Sephatja, Jithream, Elisua, Sobab, Nathan und Daniel. Dann erhob er sich, wusch sich, ging zu seiner Frau Batseba[29] und wohnte ihr bei. Sie wurde mit Salomon schwanger. Eine Stimme rief: ,Iblīs, heute nacht ist ein Mann gezeugt worden, durch den du Leid erfahren wirst und dem deine Kinder dienen werden.' Da erschrak Iblīs, versammelte die *ʿifrīte* und Satane aus Ost und West und teilte ihnen mit, was er gehört hatte. Dann sprach er zu ihnen: ,Bleibt hier, bis ich euch Nachricht gebracht habe.' Als er sich David näherte, sah er die Banner der Engel, die um sein Betzimmer *(miḥrāb)* aufgestellt waren, und vernahm eine Stimme, die sagte: ,Batseba hat Salomon empfangen, der über die Könige der Menschen herrschen wird.' Da fragte Iblīs die Engel, wer denn Salomon sei. Sie erwiderten ihm: ,Der Sohn Davids, der dich und deine Nachkommenschaft ins Verderben stürzen wird.' Da kehrte Iblīs zu seinen Truppen zurück, wobei er vor Kummer dahinschmolz wie Blei im Feuer.

Als die Zeit von Salomons Geburt gekommen war, brachte ihn seine Mutter zur Welt. Sie sah, dass er einen hellen Teint, ein rundes Gesicht, feine Augenbrauen und schwarze Augen hatte. In seinem Gesicht erstrahlte ein gewaltiges Licht. Die Satane verloren ihren Verstand und fielen wie tot hin. Erst nach siebzig Tagen erlangten sie ihr Bewusstsein wieder. Iblīs selbst versank im Großen Meer und blieb siebzig Tage lang untergetaucht. Als er von dorther zur Küste [zurück-]kam, sah er, wie die Welt lachte und sich die wilden Tiere vor David niederwarfen.

David eilte zu seinem Haus und sah die Engel, die in Reihen dastanden und sagten: ,Seit uns unser Herr erschaffen hat, sind wir nur für die Geburt Abrahams und für diese, nämlich die Geburt deines Sohnes Salomon, vom Himmel herabgestiegen.' Da fiel David nieder, war seinem Herrn sehr dankbar und brachte ein großes Opfer dar.

Dieser Bericht über den dramatischen Beginn von Salomons Leben steht unter den konsultierten Quellen isoliert da. Kisāʾīs Schilderung thematisiert Iblīs' Bestürzung über die Mitteilung der Engel, Salomon werde das Geschlecht der Teufel insgesamt auslöschen. Seine Darstellung insistiert jedenfalls auf dem Konflikt zwischen den Kräften des Guten, zu denen Salomon allein deshalb zählt, da die Engel seine Geburt beschützen, und dem Bösen, das durch die Teufel repräsentiert wird.[30] Salomons eigentliche Geburt bildet einen vorläufigen Höhe-

---

29 Im Text: „Sābiġ bint Yāsūʿ".

30 Auch die Beschreibung von Salomons Aussehen weist darauf hin, dass zahlreiche Autoren ihn als Repräsentanten des Guten betrachten. Sein vollkommenes Äußeres (vgl. Kisāʾī), garantiert für einen untadeligen Charakter. Das Licht in Salomons Gesicht bringt seine prophetischen Qualitäten zum Ausdruck. Es kennzeichnet Salomon als Gegenpol zu den Kräften des Dunkeln, zu den Satanen. Auch weitere Autoren äußern sich zu Salomons Aussehen: Taʿlabī, *Qiṣaṣ*, S. 293 oben (mit Hinweisen auf Salomons Reinheit, seinen hellen Teint, seine weiße Kleidung); Ibn al-

punkt in diesem Streit, der später sogar kosmische Dimensionen annimmt: Die Satane verlieren ihre Verstandeskräfte, fallen wie tot hin und erholen sich erst nach siebzig Tagen wieder. Iblīs, das Oberhaupt der Teufel, zieht sich aus der Welt zurück und verbirgt sich vorläufig im Ozean – Wohnsitz der Dämonen und Sinnbild für das Chaos.[31]

10.2.2 Rechtsprechung

Die arabischen Autoren schenken Kindheit und Erziehung Salomons wenig Beachtung. Weitgehend isoliert steht wiederum eine Kisā'ī-Stelle da, in der sich David zur Ausbildung seines Sohnes äußert und dabei den Topos des jungen Helden illustriert.[32] Unter der Anleitung seines Vaters studiert Salomon bereits im Alter von drei Jahren die heiligen Texte der Israeliten und kennt die Thora nach weniger als einem Jahr auswendig. Im Alter von nur vier Jahren beweist Salomon seine Frömmigkeit überdies, indem er zu Versen aus den Psalmen und der Thora täglich hundert *rakʿa* verrichtet. Der Lerneifer seines Sprösslings beeindruckt David derart, dass er seinen Rat bei der Behandlung von Rechtshändeln bald annimmt oder sogar sucht.

Salomons Urteilssprüche in komplexen Streitfällen haben seinen Ruf als weiser und gerechter Herrscher begründet. Während die Bibel den bekannten Zwist der beiden Dirnen um das einzige überlebende Kind in die Herrschaftszeit Salomons datiert,[33] ordnen arabische Quellen dieses und ähnliche Ereignisse in der Regel dem minderjährigen Salomon zu.[34] Die arabischen Autoren modifizie-

Aṯīr, *Ta'rīḫ*, I.97.28 (weißer Körper, weiße Kleidung); Ṭabarī, *Ta'rīḫ (Annales)*, I.573.2 f.; Dīnawarī, *al-Aḫbār aṭ-ṭiwāl*, S. 22.3 f.

31 Zur Bedeutung des Meeres vgl. Kapitel 10.6.1 „Salomons Tempel in Jerusalem als *imago mundi*", v. a. bei Anm. 333–349.

32 Kisā'ī, *Qiṣaṣ*, S. 269.13–20.

33 1. *Könige* 3.16–28 (1. *Könige* 3.1 behandelt den Anfang von Salomons Herrschaft): Gemäß der biblischen Fassung bringen zwei Frauen aus demselben Haus kurz nacheinander zwei Knaben zur Welt. Ein Kind wird nachts von seiner Mutter erdrückt und stirbt. Die leidgeprüfte Mutter legt ihr totes Kind darauf ins Bett ihrer Hausgenossin und nimmt das lebende Kind an sich. Als die Betrogene Verdacht schöpft, tragen die beiden Frauen ihren Streit vor Salomon. Dieser verlangt nach einem Messer, um das überlebende Kind unter den beiden Frauen zu verteilen. Er erkennt die richtige Mutter daran, dass sie aus freien Stücken auf ihren Sprössling verzichtet.

34 Viele arabische Autoren thematisieren Salomons geringes Alter zu dieser Zeit. Sie vertreten häufig die Auffassung, Salomon sei damals erst elfjährig gewesen: Zamaḫšarī, *Kaššāf*, II.579.8 (Kommentar zu Sure 21.78 f.); ebenso der von Zamaḫšarī abhängige Bayḍāwī, *Anwār at-tanzīl*, I.621.7 (Kommentar zu Sure 21.78 f.); Ṯaʿlabī, *Qiṣaṣ*, S. 289.28. Gemäß Ṭabarī, *Ta'rīḫ (Annales)*,

ren den aus der Bibel bekannten Bericht auch inhaltlich, wie u. a. eine Fassung bei Ibn Kaṯīr aufzeigt[35]:

> Der Gesandte Gottes sprach: Es waren einmal zwei Frauen mit ihren beiden Knäblein. Da lief ein Schakalwolf herbei und packte das Knäblein der einen. Da begannen sich die beiden um das andere zu streiten. Die Ältere meinte: ‚Er hat deinen Sohn verschleppt.' – Die Jüngere erwiderte: ‚Nein, er hat vielmehr deinen Sohn verschleppt.' Sie brachten ihren Streit vor David, der den [überlebenden] Sohn der Älteren zusprach. Da gingen die beiden hinaus zu Salomon, der sagte: ‚Bringt mir ein Messer, damit ich ihn halbiere. Jede von euch hat dann eine Hälfte von ihm.' – Da sprach die Jüngere: ‚Bei Gott, tu nur das nicht, es ist ihr Sohn.' Da sprach Salomon ihn der Jüngeren zu.

Bei Ibn Kaṯīr ist die Grundstruktur des biblischen Berichts trotz seines knappen Stils erhalten geblieben. Die präziser informierten Fārisī und Maqdisī lokalisieren den Zwischenfall am Wasser, wo die beiden Frauen ihre Wäsche besorgen bzw. ein Bad nehmen. Auffälligstes Merkmal der arabischen Berichte jedoch ist, dass Salomons Urteil den Schiedsspruch seines Vaters annulliert. Ibn Kaṯīr meint nach kurzem Zögern, dass Salomons Lösung vorzuziehen sei.[36] Jedenfalls illustriert der geschilderte Vorfall auch, dass Salomon bei den Arabern gegenüber seinem Vater in höherem Ansehen steht.[37]

Interessanterweise sind in der islamischen Welt noch weitere Berichte im Umlauf, die Salomons außerordentliches Gerechtigkeitsgefühl thematisieren.[38] Sie sind unter den Muslimen sogar oft bekannter als der soeben erläuterte Streit der beiden Frauen um das Kind. Spräche man einen Araber auf Salomons Rechtssprüche an, würde er sich zweifellos an Sure 21.78 f. erinnern, die festhält:

> Und [gedenke] Davids und Salomons, als sie beide über einen Acker richteten, auf dem die Schafe der Leute nachts umherirrten. Wir sind Zeugen ihres Urteils. Wir ließen Salomon diese Angelegenheit verstehen, und beiden gaben wir Weisheit und Wissen.

I.573.4, soll Salomon bereits volljährig gewesen sein, als er David zu beraten beginnt *(balaġa mablaġa ăr-riǧāl)*.

35 Ibn Kaṯīr, *Bidāya*, II.27.2 ff.; vgl. Maqdisī, *Bad'*, III.104.5 ff.; Fārisī, *Qiṣaṣ*, S. 126.2 ff.; Buḫārī, *Ṣaḥīḥ, Kitāb Aḥādīṯ al-anbiyā', Bāb Qawl Allāh taʿālā „Wa-wahab-nā li-Dāwuda Sulaymāna"*, *Ḥadīṯ* Nr. 3464 (Thesaurus Islamicus). Qazwīnī, *Āṯār al-bilād* (F. Wüstenfeld), II.23, schreibt die Entscheidung einem Richter aus dem Ḥaḍramawt zu.

36 Ibn Kaṯīr, *Bidāya*, II.27.6 f.

37 Auch M. Grünbaum, *Neue Beiträge zur semitischen Sagenkunde*, S. 189, meint, dass Salomon seinen Vater bei den Arabern bei weitem überstrahlt; vgl. bei Anm. 351.

38 Kisā'ī, *Qiṣaṣ*, S. 269.20 f., z. B. weiß, dass „David Salomon in all seinen Angelegenheiten um Rat zu fragen pflegte und nach seinem Spruch urteilte."

Während diese Anspielung im Koran für Muḥammads Zeitgenossen verständlich gewesen sein dürfte, lässt sich das Geschehen heute nur noch dank Erläuterungen in der umfangreichen muslimischen Kommentarliteratur rekonstruieren. Ausgangspunkt der weiteren Erläuterungen sind zwei inhaltlich weitgehend übereinstimmende Versionen dazu bei Ṯaʿlabī[39]: Schafe haben nachts einen Weinberg verwüstet, ohne dass es der Hirte bemerkte.[40] Der Besitzer des Rebbergs beklagt sich darüber bei David, der die Schafe dem Geschädigten zuspricht. Beim Weggehen treffen der Winzer und der Hirt auf den elfjährigen Salomon, der sich nach dem Urteilsspruch seines Vaters erkundigt. Als David zu Ohren kommt, dass Salomon seinen Entschluss missbilligt und ihn zur Milde gegenüber beiden Parteien anhält, ruft er seinen Sohn herbei. Salomon rät, die Schafe dem Winzer zur Nutznießung zu überlassen, bis der Hirt den Schaden am Weinberg behoben hat. Danach sollen der Hirt seine Tiere und der Weinbauer sein Land zurückerhalten. Salomon bringt mit seinem Vorschlag das Kunststück zustande, beiden Parteien Recht widerfahren zu lassen.[41] Sein Ruf als kluger Herrscher beruht auf solchen Richtsprüchen.

Westliche Gelehrte haben einem dritten Streitfall besondere Aufmerksamkeit gewidmet, der wegen seines ungewöhnlichen Anlasses befremdet.[42] Unter den arabischen Autoren ist er allerdings ausschließlich Kisāʾī bekannt.[43] Als Salomon eines Tages vor seinem Vater sitzt, erscheinen zwei Männer und bitten um Klärung ihres Streits. Ihre Auseinandersetzung hat sich daran entzündet, dass der eine von seinem ‚Widersacher' ein Stück Land käuflich erworben hat. Der neue Besitzer entdeckt auf dieser Parzelle später einen Schatz und will ihn dem Verkäufer zurückerstatten. Dieser allerdings verweigert die Annahme mit dem Hinweis, er habe das Land von inzwischen verstorbenen Dritten übernommen. Die beiden Prozessparteien weisen auch Davids Schlichtungsvorschlag zurück, sie sollen

---

39 Ṯaʿlabī, *Qiṣaṣ*, S. 289.11–290.6; die Ausführungen folgen dem Bericht der Gewährsleute Ibn Masʿūd und Šurayḥ (S. 289.25–290.6). Am ausführlichsten ist Ṭabarī, *Tafsīr*, *ǧuzʾ* 17; VI.34.1–36.25; vgl. außerdem Bayḍāwī, *Anwār at-tanzīl*, I.621.4–15; Zamaḫšarī, *Kaššāf*, II.579.6–580.1; Ibn al-Aṯīr, *Taʾrīḫ*, I.97.29–98.7; Kisāʾī, *Qiṣaṣ*, S. 271.11–272.2; Ṭabarī, *Taʾrīḫ (Annales)*, I.573.9–574.1; Ibn Kaṯīr, *Bidāya*, II.26.22–27.2; Fārisī, *Qiṣaṣ*, S. 126.14 ff. (nur kurze Anspielung); Maqdisī, *Badʾ*, III.105.1–6.

40 Die zitierten Quellen (v. a. Ṭabarī, *loc.cit.*) diskutieren endlos, ob es sich beim *ḥarṯ* aus Sure 21.78 um ein Feld kurz vor der Ernte oder einen Weinberg handelt. Diese Haarspaltereien sind für das Verständnis des Geschehens belanglos.

41 G. Salzberger, *Die Salomonsage*, S. 46 f., weist auf eine Parallele zu diesem Bericht im äthiopischen *Kebra Nagast (Gloria Regum)* hin; vgl. C. Bezold, *Kebra Nagast* (Übersetzung), S. 74; D. Sidersky, *Les origines des légendes musulmanes*, S. 112 f.

42 M. Grünbaum, *Neue Beiträge zur semitischen Sagenkunde*, S. 190; G. Salzberger, *Die Salomo-Sage*, S. 48–52; D. Sidersky, *Les origines des légendes musulmanes*, S. 113 f.

43 Kisāʾī, *Qiṣaṣ*, S. 271.1–11.

den Schatz doch untereinander aufteilen. Erst Salomons Eingreifen erlöst David aus seiner Ratlosigkeit[44]:

> Da sprach Salomon: ‚Mein Vater, wenn du es erlaubst, spreche ich.' – Er erwiderte: ‚Sprich!' – Da sagte Salomon zum einen der beiden: ‚Hast du einen Sohn?' – Er antwortete: ‚Ja, ich habe einen volljährigen Sohn.' – Den andern fragte Salomon: ‚Hast du eine Tochter?' – Er bejahte. – Salomon sprach dann: ‚Geh, verheirate deine Tochter mit seinem Sohn und gib das Vermögen den beiden!' Die beiden Männer gingen weg und taten so.

Die beigebrachte Kisāʾī-Stelle unterstreicht Salomons zurückhaltendes Auftreten, als er seinen Vater unterstützt. Diese Version des Streitfalls ist aber v. a. für die Abhängigkeit entsprechender Berichte aufschlussreich, konnten M. Grünbaum und G. Salzberger dazu doch Parallelen in der jüdischen Literatur nachweisen. Dort ist der Streitfall aus dem Alexanderzyklus bekannt[45]: Der bei Kisāʾī geschilderte Rechtsfall wird gemäß den jüdischen Quellen in Gegenwart Alexanders des Großen vor dem König Qazīya verhandelt. Dieser legt die Angelegenheit bei, indem er zur Verschwägerung rät. Jedenfalls weisen diese Parallelen auf allfällige Schnittpunkte zwischen der Alexandersage und dem Salomonzyklus hin.[46]

Aus dem persischen Einflussbereich der Sage dürfte ein viertes Urteil stammen, das den Fall einer keuschen Frau thematisiert, der Sodomie mit einem Hund zur Last gelegt wird. Persische Wurzeln lassen sich vermuten, da nur Maqdisī und Fārisī diesen Prozess erwähnen und beide eine enge Beziehung zu Iran haben.[47] Auch behandeln sie diesen Fall gegenüber den andern Händeln besonders ausführlich.[48] Überzeugend fällt Fārisīs Darstellung des Prozesses aus, der heikle sexuelle Tabus berührt:

---

44 Kisāʾī, *Qiṣaṣ*, S. 271.8 ff.

45 M. Grünbaum, *loc.cit.*, nennt als Beispiele Midrasch Tanchuma (Ausgabe M. Buber, I.152; III.88), Bereschith Rabba, Sect. 33, zu Gen. 8.1. G. Salzberger, *op.cit.*, S. 49 ff., führt verschiedene Stellen mit hebräischem Text und deutscher Übersetzung an.

46 R. G. Stiegner, *Die Königin von Saba in ihren Namen*, S. 113, geht in ihrer Behauptung wohl zu weit, dass Salomon und Alexander in zahlreichen Erzählungen auswechselbar seien. Parallelen zwischen Alexander und Salomon sind zwar zweifellos vorhanden, zumeist dürfte es sich aber um Wandermotive handeln. R. G. Stiegner müsste ihren Standpunkt mit zusätzlichen Beispielen belegen.

47 Maqdisī stammt aus Bust in Sīstān (F. Sezgin, *GAS* I.337; C. Brockelmann, *GAL* S I.222). Im Fall von Fārisī verrät bereits der Name die persische Herkunft. Seine Familie stammt ursprünglich aus Fasā (27 Parasangen im SO von Šīrāz); vgl. R. G. Khoury, *Les légendes prophétiques dans l'Islam*, S. 140.

48 Maqdisī, *Badʾ*, III.103.8 ff.; Fārisī, *Qiṣaṣ*, S. 123.14–126.2.

Eine elegant gekleidete Frau spricht bei einem von Davids Richtern vor, um sich rechtliches Gehör zu verschaffen. Als der Qāḍī ihr Anliegen nicht ernst nimmt, sondern sie zu verführen versucht, weist sie ihn schroff ab. Sie hofft, beim Polizeivorsteher zu ihrem Recht zu kommen. Doch dieser Beamte widersteht ihren Reizen ebenso wenig wie nach ihm noch der Marktvorsteher und Davids Pförtner. Die keusche Frau gibt ihr Anliegen darauf entmutigt auf. Allerdings kommt es für sie noch schlimmer, schwärzen ihre beleidigten Freier, also der Richter, der Polizeichef, der Marktvorsteher und der Pförtner, sie doch bei David an. Sie bezichtigen sie der Sodomie mit einem Hund und behaupten, Augenzeugen ihrer Unzucht geworden zu sein[49]:

> Wir schauten ihr zu, als sie den Hund von der Leine löste. Darauf legte sie sich zu ihm, und er erhielt von ihr, was der Mann von der Frau erhält. Wir schauten zu, wie der steife [Penis][50] in [ihr] Kuḥldöschen (= Scheide) eindrang und wieder herauskam.

Da in der vorliegenden Angelegenheit, wie von den *šarīʿa*-rechtlichen Vorschriften gefordert, eine übereinstimmende Zeugenaussage von vier Männern vorliegt, erteilt David den Befehl, die Frau zu steinigen. Salomon, der beim Spielen mit andern Kindern vom Richtspruch seines Vaters erfährt, stellt darauf die Angelegenheit nach. Er heißt einen Kameraden, die Rolle der beschuldigten Frau zu übernehmen. Vier weitere Knaben wirken als Qāḍī, Polizeichef, Marktvorsteher und Pförtner. Als die vier abgewiesenen Freier die Frau bei Salomon verleumden, der die Stelle Davids eingenommen hat, überprüft er vor weiteren Schritten die Glaubwürdigkeit ihrer Anschuldigungen. Als er die Zeugen getrennt einvernimmt, machen sie prompt unterschiedliche Aussagen zur Farbe des Hundes. Salomon belehrt damit seinen Vater gewissermaßen spielend eines bessern. David lässt darauf an Stelle der Frau ihre Verleumder steinigen.[51]

Die angeführten Beispiele stammen alle aus Salomons Kindheit und betreffen Rechtshändel unter Menschen.[52] Später – Salomon ist ein mächtiger Herr-

---

49 Fārisī, *Qiṣaṣ*, S. 124.15–17.

50 *Al-ʿabl:* Gemäß A. Kazimirski, *Dictionnaire*, s. v., bedeutet *ʿabl* „gros, épais (se dit des membres chez l'homme et les animaux, de l'homme, de son corps".

51 Das persische (?) Vorbild für diesen Prozess ließ sich nicht nachweisen. Sollte aber Maqdisīs Aussage zutreffen (*Badʾ*, III.106.7 ff.), dass die Araber all jene Wunder Salomon zuschreiben, die unter den Persern zu Ǧamšīd im Umlauf sind, wären Parallelen möglicherweise im Ǧamšīd-Zyklus zu erwarten.

52 Nur bei Maqdisī, *Badʾ*, III.104.11 ff., lässt sich ein fünfter Streitfall nachweisen: Ein Mann beklagt sich bei Salomon, dass einer seiner Nachbarn seine Gans gestohlen habe. Salomon thematisiert den Diebstahl bei einer Predigt. Er erzählt von einem Dieb, an dessen Kopfbedeckung immer noch Gänsefedern kleben, als er in die Moschee kommt. Da der im Gotteshaus anwesende

scher – sind seiner Gerichtsbarkeit jedoch nicht mehr nur die Menschen, sondern auch die Tiere unterworfen. Berühmt ist u. a. die Strafe, die Salomon seinem Botenvogel, dem *hudhud* (Wiedehopf), androht, weil er seinen Platz verlassen hat. Erst als der *hudhud* Salomon mitteilt, er habe das Königreich Saba entdeckt, besänftigt sich dieser wieder.[53] Die ʿAnqāʾ wiederum, ein Vogel aus der Mythologie, muss sogar einen Prozess über sich ergehen lassen.[54] Salomon weist im Gespräch darauf hin, dass im Westen ein Jüngling und im Osten ein Mädchen zur Welt gekommen seien. Vom Schicksal sei bestimmt, dass die beiden miteinander Unzucht begehen würden. Um dies zu verhindern, entführt die ʿAnqāʾ das Mädchen auf eine einsame Insel. Später stößt der Jüngling dennoch auf es. Als Salomon vom Geschlechtsverkehr zwischen den beiden erfährt, zieht er die ʿAnqāʾ zur Rechenschaft. Beschämt flieht diese darauf aus der Welt.[55]

Salomons Urteile sind Ausdruck seiner Weisheit und seines Sinns für Gerechtigkeit. Darauf baut seine Macht auf, der sich nicht nur die Menschen, sondern auch die Tiere unterordnen müssen. Salomons Rechtssprüche thematisieren wiederholt, wie dieser Held im Kampf gegen das Böse dem Prinzip des Guten zum Durchbruch verhilft. Später wird aufzuzeigen sein, dass sich selbst die Dämonen seinen Strafen nicht entziehen können. Zuerst aber muss Salomon die Macht auch formell übernehmen, wie im folgenden Abschnitt dargestellt wird.

10.2.3 Salomon: Nachfolger Davids

Das Buch der *Könige* weiß von blutigen Nachfolgekämpfen unter Davids Söhnen.[56] Nach dem Tod seiner älteren Brüder Amnon und Absalom erhebt Adonija Anspruch auf den Thron und lässt sich bei einem Opfermahl am Brunnen Rogel

---

Übeltäter bei diesen Worten zur Kontrolle mit der Hand über seine Kopfbedeckung fährt, kann ihn Salomon des Diebstahls überführen. In diesem Beispiel fehlt auffallenderweise die sonst übliche Rivalität zwischen Salomon und David. Auch lässt sich dieses Urteil nicht als Richtspruch aus Salomons Kindheit interpretieren. Für allfällige Parallelen vgl. G. Salzberger, *Die Salomo-Sage*, S. 56.

53 Vgl. Sure 27.20 ff.; die Kommentare zu dieser Koranstelle sind zahllos, siehe unten Kapitel 10.4.1, bei Anm. 212–218.

54 Persisch: *Sīmurġ*, vgl. Ch. Pellat, Artikel „ʿAnḳāʾ", in *EI²* I.509.

55 Ṯaʿlabī, *Qiṣaṣ*, S. 297–302. Auf jüdische Parallelen weisen hin: M. Grünbaum, *Neue Beiträge zur semitischen Sagenkunde*, S. 233 f., und G. Salzberger, *Salomo-Sage*, S. 79 ff. Die Geschichte ist auch in der persischen Version von Ṭabarīs *Chronik* enthalten: Ṭabarī (Zotenberg), I.585, Anm.; vgl. Ǧāmī (Rosenzweig), S. 200.

56 1. *Könige* 1–2; vgl. 2. *Samuel* 3–4.

bei Jerusalem im Beisein seiner Brüder und weiterer Würdenträger als König feiern. Der Prophet Nathan, Benaja, die Leibwache Davids und sein Halbbruder Salomon allerdings gehören nicht zu den geladenen Gästen; auch Zadok fehlt. Nathan rät Batseba angesichts dieser Entwicklung, David an seinen Schwur zu erinnern, wonach Salomon seine Nachfolge antreten soll.[57] David lässt Salomon darauf vom Priester Zadok und vom Propheten Nathan zum König über Israel salben. Adonijas Gäste erfahren noch während ihres Festes davon, worauf Adonija Zuflucht beim Altar sucht. Salomon schont sein Leben vorläufig. Als aber Adonija nach Davids Tod Batseba bittet, für ihn bei Salomon um die Hand von dessen Konkubine Abisag anzuhalten, deutet Salomon dies als erneute Herausforderung. Er lässt Adonija umbringen und entledigt sich auch weiterer Anhänger Adonijas. Er schickt überdies den Priester Abjathar in die Verbannung und lässt Joab, Davids ehemaligen Heerführer, vor dem Altar töten. Durch diese Maßnahmen sichert er sich die Macht.[58]

Unter den arabischen Quellen lehnt sich der Bericht Yaʿqūbīs eng an die Schilderung im biblischen *Buch der Könige* an.[59] Auch er weiß, dass Adonija[60] Davids Altersschwäche ausnützen will und Gefolgsleute um sich schart, um die Macht an sich zu reißen. David verhindert dies jedoch, indem er Salomon von Nathan und Zadok zum König salben lässt. Yaʿqūbī beschreibt anschließend in wenigen Worten, wie Salomon nach Davids Tod seine Macht festigt, indem er die Teilhaber am Aufstand aus dem Weg räumen lässt. Gemäss Yaʿqūbī erlangt Salomon die Königswürde im Alter von nur zwölf Jahren.[61]

Yaʿqūbīs der Bibel entlehnte Darstellung steht unter den konsultierten Quellen, soweit ersichtlich, isoliert da, beschönigen die andern arabischsprachigen Autoren den Konflikt um Davids Nachfolge doch.[62] Die aus der Bibel

---

57 Die Bibel berichtet zuvor allerdings nicht von einem solchen Versprechen.

58 Bereits der Chronist übergeht diese blutigen Nachfolgekämpfe. Gott selbst erwählt Salomon zum Thronfolger (1. *Chronik* 22.9 f.). David betraut darauf Salomon mit dem Tempelbau (1. *Chronik* 22.2–16). Auch stellt David Salomon den Würdenträgern als Thronerben vor, ohne dass sich Widerstand regt (1. *Chronik* 28.1–10; vgl. 1. *Chronik* 23.1). Der Bericht über die öffentlichen Feierlichkeiten zur Thronbesteigung Salomons hebt den Gehorsam aller Israeliten gegenüber dem jungen König hervor und unterlässt jeglichen Hinweis auf den aus 1. *Könige* bekannten Aufruhr (1. *Chronik* 29.22–25).

59 Yaʿqūbī, *Taʾrīḫ*, S. 56.3–57.8.

60 Hier Adūniyās genannt.

61 Die meisten andern arabischen Quellen bestätigen diese Altersangabe mit geringen Abweichungen: Fārisī, *Qiṣaṣ*, S. 127.8: 12 J.; Ṯaʿlabī, *Qiṣaṣ*, S. 292.26: 13 J.; Zamaḫšarī, *Kaššāf* (Kommentar zu Sure 34.14), III.284.16: 13 J.; Maqdisī, *Badʾ*, III.103.8: 12 J.; Ibn al-Aṯīr, *Taʾrīḫ*, I.97.24: 13 J.; Kisāʾī, *Qiṣaṣ*, macht zwei Angaben (vgl. unten): S. 272.15: 12 J., S. 273.9: 27 J.

62 Verschiedene Autoren begnügen sich mit einer Anspielung darauf, dass David Salomon al-

bekannten blutigen Auseinandersetzungen werden ersetzt durch Hinweise, dass sich Salomon allein durch sein außerordentliches Wissen als Erbe aufgezwungen habe. Bei Fārisī kann sich Salomon sogar unbehelligt von Rivalen als zukünftiger König anpreisen, indem er seine diesbezüglichen Qualitäten unter Beweis stellt. Ṯaʿlabī und v.a. Kisāʾī greifen die biblische Vorstellung von den Auseinandersetzungen um Davids Nachfolge immerhin in der Form eines Wissenswettstreits unter den Thronbewerbern auf.

Wenn sich Davids Sohn bei Fārisī mit einer langen Rede über die Vorzüge des Verstandes *(ʿaql)* des Throns würdig zeigt, steht dahinter nicht zuletzt die Absicht dieses Autors, sich die auch an andern Stellen seines Werks durchscheinende Vorliebe für das rationalistische Weltbild der Muʿtazila vom Propheten Salomon bestätigen zu lassen.[63] Der von seinen Ausführungen beeindruckte David erkundigt sich nach weiteren Einzelheiten und fragt seinen Sohn nach dem Sitz des Verstands. Dieser erwidert ohne Zögern, dass der *ʿaql* mit dem Gehirn in Verbindung stehe.[64] Besonders gut zur Philosophie der Muʿtazila passt, dass Salomon den Verstand als Zentrum des Glaubens betrachtet und hervorhebt, dass der *ʿaql* dessen Anfang, Mitte und Ende sei.[65] Wenn Fārisī, gestützt auf Saʿīd b. Ǧubayr, hinzufügt, dass der Koran durch den *ʿaql* geoffenbart und die Propheten durch den *ʿaql* gesandt worden seien, unterstreicht dies seine Abhängigkeit von der Muʿtazila zusätzlich.[66]

Auch Kisāʾī betrachtet Salomons Klugheit als wichtiges Argument dafür, dass David ihn zu seinem Nachfolger auserkoren hat. Indem Gott David in der Einleitung zum Bericht über die Thronfolge offenbart, dass die Weisheit neunzig Teile umfasse, wovon siebzig Salomon selbst und zwanzig den übrigen Menschen zukämen, bestätigt er diese Auffassung.[67] Aber auch an Kisāʾī sind die Berichte über die Auseinandersetzung um den Thron nicht spurlos vorübergegangen, weiß er doch, dass die israelitischen Würdenträger Salomon um seine Vertrauensstellung beneiden[68]. Göttliches Eingreifen nimmt den Unzufriedenen aber den Wind aus den Segeln, ergeht an David doch die Aufforderung, seinen Sohn zum Prediger einzusetzen. Die weisen Worte, die der zwölfjährige Salomon

lein zu seinem Nachfolger ernennt und seine andern 17 bzw. 19 Söhne übergeht: Zamaḫšarī, *Kaššaf* (Kommentar zu Sure 27.16), III.140.3; Bayḍāwī, *Anwār at-tanzīl* (Kommentar zu Sure 27.16), II.65.3; Ibn al-Aṯīr, *Taʾrīḫ*, I.97.21; Ṭabarī, *Tafsīr* (Kommentar zu Sure 27.16), *ǧuzʾ* 19: VII.79.27.

63 Fārisī, *Qiṣaṣ*, S. 127 f.

64 *Loc.cit.*, S. 128.6 f.

65 *Loc.cit.*, S. 128.2 f.: „فالعقل رأس الإيمان ووسطه وآخره“.

66 *Loc.cit.*, S. 128.12 f.

67 Kisāʾī, *Qiṣaṣ*, S. 272.2.

68 *Loc.cit.*, S. 272.11 f.

von der Kanzel herab an die versammelten Asketen, Gottesdiener und Mönche richtet, überzeugen sie davon, dass er sie an Klugheit übertrifft und deshalb der Bevorzugung durch David würdig ist.[69]

Damit hat sich Salomon bei Kisāʾī das Erbe allerdings noch nicht endgültig gesichert, umfasst seine Darstellung der Thronfolge doch zwei Teile: Als Salomon siebenundzwanzig Jahre alt wird, überbringt Gabriel David ein goldgewirktes Schriftstück mit einem langen Fragenkatalog. Der Erzengel erteilt David den göttlichen Auftrag, diese Liste seinen Kindern vorzulegen, um unter ihnen den würdigsten Nachfolger zu ermitteln[70]:

> Da teilte David seinen Kindern mit, was Gabriel gesagt hatte. David las ihnen diese Fragen vor. Unter ihnen war keines, das sie beantworten konnte, und sie gestanden ihre Unfähigkeit ein. Da sprach David zu Salomon: ‚Mein Sohn, ich werde dir diese Fragen stellen. Was denkst du davon?' – Er antwortete: ‚Frag, mein Vater! Ich hoffe, dass Gott sie mich [richtig] beantworten lässt.' – Da fragte David: ‚Mein Sohn, was ist das Ding?' – Der Gläubige. /[71] [David] sagte: ‚Du hast recht. Was ist das geringste Ding?' – ‚Der Unfähige.' / ‚Was ist nichts?' – ‚Der Ungläubige.' / ‚Woraus besteht alles?' – ‚Wasser, weil alles daraus besteht.' / ‚Was ist das größte Ding?' – ‚Dankbarkeit gegenüber Gott.' / ‚Was ist das süßeste Ding?' – ‚Besitz, Kinder und gute Gesundheit.' / ‚Was ist das bitterste Ding?' – ‚Armut nach dem Reichtum.' / ‚Was ist das hässlichste Ding?' – ‚Unglaube nach dem Glauben.' / ‚Was ist das schönste Ding?' – ‚Die Seele im Körper.' / ‚Was ist das gefürchtetste Ding?' – ‚Ein Körper ohne Seele.' / ‚Was ist das nächste Ding?' – ‚Das Jenseits gegenüber der Welt.' / ‚Was ist das fernste Ding?' – ‚Die Welt gegenüber dem Jenseits.' / ‚Was ist das böseste Ding?' – ‚Eine böse Frau.' / ‚Was ist das beste Ding?' – ‚Eine fromme Frau.' / ‚Was ist das reinste Ding?' – ‚Die Erde.' / ‚Was ist das abscheulichste Ding?' – ‚Der Hund und das Schwein.' David gab ihm bei jeder Frage recht. Als die Befragung zu Ende war, sprach David zu den Gelehrten: ‚Was missbilligt ihr an der Rede meines Sohnes Salomon?' – Sie erwiderten: ‚Wir missbilligen nichts daran.' – Da sprach David: ‚Ich bin zufrieden damit, dass Salomon mein Nachfolger *(ḫalīfa)* ist über euch. Was sagt ihr?' – Sie antworteten: ‚Ja, wir sind zufrieden damit.'

Der Bericht Kisāʾīs unterscheidet sich von den Darstellungen bei Fārisī und Ṯaʿlabī insofern, als sich Salomon hier gegen Rivalen behaupten muss. Jedenfalls fordert Gabriel David bei Kisāʾī auf, unter seinen Söhnen einen Wettkampf um seine Nachfolge zu veranstalten. Salomon überzeugt die Israeliten darauf von seinen Vorzügen, indem er diese Prüfung zu seinen Gunsten entscheidet. Bei Ṯaʿlabī übrigens lässt sich ein Fragenkatalog feststellen, der teilweise mit

69 *Loc.cit.*, S. 272.14–23.
70 *Loc.cit.*, S. 273.12–274.6.
71 Zur besseren Lesbarkeit wird jede aus Frage-Antwort bestehende Einheit durch / kenntlich gemacht.

jenem bei Kisā'ī übereinstimmt.[72] Allerdings tritt der Aspekt des Wettstreits unter Davids Söhnen hier wieder in den Hintergrund, weiß Ṯaʿlabī doch davon, dass sich Salomon allein vor siebzig christlichen Priestern und siebzig jüdischen Religionsgelehrten bewähren muss. Salomon brilliert darauf dadurch, dass er die dreizehn Fragen – bei genauem Nachzählen sind es sieben Doppelfragen – nicht eine nach der andern, sondern alle in einem Anlauf beantwortet. Allerdings geben sich die versammelten Gelehrten mit Salomons Leistung erst zufrieden, nachdem er auch eine Zusatzfrage korrekt beantwortet hat. Salomon bricht ihren Widerstand nämlich, indem er das gestellte Rätsel dahingehend erklärt, dass das Herz des Menschen in jeder Hinsicht eine zentrale Rolle spiele.

Die Angelegenheit ist damit bei Ṯaʿlabī allerdings nicht ausgestanden, begehren die Israeliten doch erneut auf und beklagen sich darüber, dass der Grünschnabel Salomon über sie herrschen soll. Unter ihnen gebe es vorzüglichere und weisere Männer. David glättet die Wogen, indem er zum Stabwunder Zuflucht nimmt. Er hinterlegt die namentlich gekennzeichneten Stäbe der Oberhäupter der Israeliten für eine Nacht in einer Hütte. Nachfolger Davids ist jener, dessen Stab bis am folgenden Morgen Blätter getrieben hat und Früchte trägt.[73] Auch gemäß dieser Fassung erbt schließlich Salomon den Thron, wobei das Stabwunder seine Nachfolge göttlich legitimiert.[74]

Jedenfalls gelingt es David gemäß diesem Bericht, den Fortbestand seines Reichs noch zu seinen Lebzeiten zu sichern. Salomon steht als unangefochtener Nachfolger fest, wie Schilderungen von Davids Tod in verschiedenen Quellen belegen[75]:

> Dann starb David. Er hatte eine Dienerin, die jede Nacht die Türen schloss und ihm die Schlüssel brachte. Darauf zog er sich zu seiner Andachtsübung zurück. Eines Abends, als sie die Türen verriegelt hatte, erblickte sie im Haus einen Mann und fragte ihn:

72 Ṯaʿlabī, *Qiṣaṣ*, S. 290.

73 Das Stabwunder ist aus Bibel und Apokryphen bekannt: Gemäß 4. *Moses* 17 weiht Moses Aaron auf Weisung Jahwes zum ersten Hohepriester. Als sich dagegen Widerstand regt, lässt sich Moses die Wahl durch das Stabwunder bestätigen. Nur Aarons Stab beginnt zu treiben. Siehe auch E. Hennecke, *Neutestamentliche Apokryphen*, I.283 f., der aufmerksam macht auf „Protevangelium des Jakobus" (Kapitel 9): Hier wird durch das Stabwunder Marias Gatte ermittelt. Aus Josefs Stab fliegt eine Taube davon und setzt sich auf das Haupt des zukünftigen Ehemannes.

74 G. Weil, *Die biblischen Legenden der Muselmänner*, S. 217 ff., macht auf weitere Angaben zu diesen Nachfolgestreitigkeiten aufmerksam.

75 Hier nach Ibn al-Aṯīr, *Ta'rīḫ*, I.97.15–21. Bei Kisā'ī, *Qiṣaṣ*, S. 277.7 ff., und Ṯaʿlabī, *Qiṣaṣ*, S. 292, finden sich ähnliche Darstellungen, die auch besser in den Problemkreis von Salomons Thronfolge eingebunden sind. Ibn Aṯīrs Fassung wird bevorzugt, um möglichst unterschiedliche Quellen zu Wort kommen zu lassen.

‚Wer ließ dich ins Haus eintreten?' – Er erwiderte: ‚Ich bin jener, der ohne Erlaubnis bei den Königen eintritt.' – David vernahm seine Worte und sprach: ‚Du bist der Engel des Todes.' – Er bejahte. David erkundigte sich weiter: ‚Bist du nicht zu mir geschickt worden, damit ich mich auf den Tod vorbereite?' – Er entgegnete: ‚Schon oft bin ich zu dir geschickt worden.' – David: ‚Zu welchen gehörte dein Bote?' – Darauf der Engel des Todes: ‚Wo sind dein Vater, dein Bruder, dein Nachbar und deine Bekannten?' – David erwiderte: ‚Sie sind gestorben.' – Er gab zu bedenken: ‚Sie waren meine Boten an dich, weil du sterben wirst wie sie.' – Da ergriff er ihn. Als David gestorben war, erbte Salomon von ihm seine Macht, sein Wissen und seine Prophetschaft.

Dieses Zitat schließt die Ausführungen über Salomons Aufstieg ab. Sämtliche konsultierten arabischen Quellen thematisieren die Weisheit des zukünftigen Machthabers als dominierendes Merkmal seiner Jugendzeit. Seine Klugheit äußert sich sowohl in seinen Richtsprüchen als auch in seiner Beschlagenheit beim Rätsellösen. Die arabischen Autoren betrachten Salomons außerordentliches Wissen stets als Grundlage und Legitimationsquelle seiner Macht. Auch Ibn al-Aṯīr erkennt in ihm den rechtmäßigen Nachfolger Davids, erbt er von ihm neben der Prophetschaft[76] doch auch Wissen und Macht. Diese beiden Attribute sind ständige Begleiter Salomons im Kampf gegen alles Dämonische, mit dem sich das folgende Kapitel eingehender befasst. Die weiteren Ausführungen erkennen in Salomon auch den Archetyp des idealen Herrschers.

10.3 Ein weiser und mächtiger Herrscher

10.3.1 Verleihung von Weisheit und Macht

Weisheit und Machtbewusstsein prägten Salomons Charakter schon in seiner Jugend, wie die vorangehenden Ausführungen aufzeigten. Doch erst Berichte über die Zeit unmittelbar nach seinem Regierungsantritt verstehen diese Attribute als göttliche Auszeichnung. Die Bibel und biblisch beeinflusste Quellen räumen der Klugheit des Königs gegenüber seiner Macht tendenziell einen höheren Stellenwert ein. Dies lässt sich u. a. am Traum in Gibeon belegen, in dem Salomon Gott

76 Auch der Koran betrachtet Salomon als Propheten. In diesem Punkt unterscheidet sich das Salomonbild von Bibel und Koran grundlegend. Muḥammad führt eine Reihe alttestamentlicher Gestalten als Propheten ein, denen diese Rolle nach jüdisch-christlicher Auffassung nie zukam. Es handelt sich um Adam, Seth, Noah, Abraham, Isaak, Ismael, Jakob, Josef, Loth, Salomon, David, Hiob, Aaron und Moses (gemäß der Reihenfolge in Ibn ʿArabīs *Fuṣūṣ al-ḥikam*). Von den eigentlichen Propheten der Bibel ist aber nur Jesus in den Koran aufgenommen worden; vgl. J. C. Bürgel, *Allmacht und Mächtigkeit*, S. 88.

um die Verleihung von Weisheit bittet (1. *Könige* 3.4–15).[77] Nicht biblisch geprägte Überlieferungen schenken seiner Macht größere Aufmerksamkeit und interessieren sich besonders für seinen Siegelring.

Als Gott Salomon im Traum eine Bitte freistellt, wird sich der Thronerbe seiner Unerfahrenheit in der Staatsführung bewusst und verlangt nach einem verständigen Herzen. So könne er trotz seines geringen Alters gerecht über seine Untertanen herrschen. Gott zeigt sich über die Zurückhaltung seines Schützlings erfreut und gewährt ihm zusätzlich Dinge, wonach er in seiner Bescheidenheit nicht verlangt hatte, nämlich Reichtum, Ehre und ein langes Leben[78]:

> Sieh, ich gebe dir ein weises und verständiges Herz, dass deinesgleichen vor dir nicht gewesen ist und deinesgleichen nach dir nicht sein wird. Dazu gebe ich dir auch, was du nicht erbeten hast: Reichtum und Ehre, dass deinesgleichen keiner sein soll unter den Königen dein ganzes Leben lang. Und wenn du in meinen Wegen wandelst, indem du meine Satzungen und Gebote hältst, wie es dein Vater David getan hat, so will ich dir ein langes Leben geben.

Der Koran lehnt sich wohl an diese biblische Formulierung an, verkehrt aber Salomons anfängliche Bescheidenheit in anmaßende Frechheit. Jedenfalls richtet Salomon in Sure 38.35 keine fromme Bitte an Allāh, sondern fordert von ihm eine Macht, wie sie keinem irdischen Wesen nach ihm mehr gebühre.[79] Dieser Koranvers beeinflusst das muslimische Salomonbild maßgeblich, wie sogleich aufzuzeigen ist. Allerdings war die Grundbedeutung von Salomons Traum in Gibeon auch den arabischen Autoren vertraut. Während Yaʿqūbī die biblische Perspektive unverändert übernimmt,[80] ließ sich Kisāʾī davon immerhin beeinflussen[81]:

> Als David gestorben war, stieg Gabriel zu Salomon herab und sagte zu ihm: ‚Gott spricht zu dir: Was ist dir lieber, Macht oder Wissen?‘ – Da fiel Salomon anbetend vor Gott nieder und sprach: ‚Wissen ist mir lieber als Macht.‘ – Da offenbarte Gott Salomon: ‚Ich schenke dir Macht, Wissen, Verstand und einen vollkommenen Charakter.‘

---

77 Vgl. die Parallele in 2. *Chronik* 1.7–12. Der Chronist spricht allerdings nicht von einem Traum, sondern von einer göttlichen Erscheinung. Inhaltlich stimmen die beiden Berichte jedoch überein.

78 1. *Könige* 3.12–14.

79 Sure 38.35: „قال رب اغفر لى وهب لى ملكاً لا ينبغى لأحد من بعدى إنك انت الوهاب“. Im Koran richtet Salomon diese Bitte bzw. Aufforderung allerdings nicht bei seinem Regierungsantritt an Gott. Muḥammad bringt diesen Wunsch vielmehr in Verbindung mit Salomons Heimsuchung; vgl. dazu Kapitel 10.6.2.

80 Yaʿqūbī, *Taʾrīḫ*, S. 57.9–18.

81 Kisāʾī, *Qiṣaṣ*, S. 278.3 ff.

In arabischen Quellen finden sich aber häufiger Berichte, die – wohl in Anschluss an Sure 38.35 – Salomons Macht im Vergleich zu seinem Wissen einen höheren Stellenwert beimessen. Ṭabarī hält im Bericht über Salomons Heimsuchung[82] fest, dass die Macht des Herrschers aus Jerusalem in seinem Siegelring begründet liege.[83] Kisā'ī ist besonders präzis darüber informiert, was es mit diesem Ring auf sich hat und wie Salomon in dessen Besitz gekommen ist[84]:

> Darauf näherte sich Gabriel [Salomon] mit dem Siegelring des Kalifats[85], den er aus dem Paradies genommen hatte. Er leuchtete und glänzte wie ein funkelnder Stern und hatte vier Ecken. Auf der ersten Ecke stand geschrieben: ‚Es gibt keinen Gott außer Allah.' Auf der zweiten Ecke stand: ‚Alles geht zugrunde außer sein Antlitz.' Auf der dritten Ecke: ‚Ihm gehören Macht, Herrlichkeit und Herrschaft.' Auf der vierten Ecke: ‚Gepriesen sei Gott, der beste Schöpfer.'[86]
>
> Jede Ecke war für eine Art von Geschöpfen bestimmt. Die erste Ecke für die rebellischen *ǧinn (maradat al-ǧinn)*, die zweite für die wilden Tiere, die Vögel und die Raubtiere, die dritte für die Könige der Erde und die vierte für die Bewohner von Meeren und Bergen. Da übergab Gabriel ihn Salomon und sprach zu ihm: ‚Dies ist das Geschenk der Herrschaft, die Zier der Propheten und [das Symbol für den] Gehorsam der Menschen, *ǧinn*, wilden Tiere und der übrigen Geschöpfe.' Dies geschah an einem Freitag, dem drittletzten Tag des Monats Ramaḍān.
>
> Als der Siegelring auf Salomons Handfläche fiel, konnte er seinen Anblick nicht ertragen, weil er so stark glänzte, bis er gesagt hatte: ‚Es gibt keinen Gott außer Allah.' Dabei betrachtete er ihn und bemerkte, dass Gott ihm die Kraft gegeben hatte, ihn anzuschauen, wobei er an Licht noch zugenommen hatte in seinen Augen (?).

---

82 Vgl. dazu Kapitel 10.6.2.

83 Ṭabarī, *Ta'rīḫ (Annales)*, I.590.2: „وكان ملكه فى خاتمه".

84 Kisā'ī, *Qiṣaṣ*, S. 278.11–279.1.

85 Vgl. dazu unten, Text nach Anm. 87.

86 Ganz ähnliche Beschreibungen lassen sich bei Fārisī und Ṯaʿlabī nachweisen: Fārisī, *Qiṣaṣ*, S. 158.7–15: „Es sprach Abu ăl-Yās – Wahb b. Munabbih: Salomons Siegelring wurde ihm vom Himmel herab gebracht. Er hatte vier Seiten, wobei auf jeder Seite eine Inschrift stand. Auf der ersten Seite stand: ‚Es gibt keinen Gott außer Allah allein, er hat keinen Gefährten, Muḥammad ist sein Diener und Gesandter.' Auf der zweiten Seite: ‚Sag: Gott, Herr über die Macht, du gibst Macht, wem du willst, und nimmst die Macht weg, wem du willst; du ehrst, wen du willst, und erniedrigst, wen du willst.' Auf der dritten Seite stand geschrieben: ‚Alles geht zugrunde außer Gott.' (vgl. Sure 28.88). Auf der vierten Seite: ‚Mögest du gepriesen werden, mein Gott, du hast keinen Gefährten.' Der Siegelring funkelte und glänzte. Wenn Salomon seinen Siegelring anwandte, versammelten sich bei ihm die *ǧinn*, Menschen, Vögel, Winde, Wolken und Satane." Ṯaʿlabī, *Qiṣaṣ*, S. 323.19, fasst sich viel knapper: „[Salomon] pflegte seinen Siegelring nur zu berühren, wenn er rein war, weil er aus grünem Korund war, den Gabriel gebracht hatte. Darauf stand: ‚Es gibt keinen Gott außer Allah, und Muḥammad ist der Gesandte Allahs.' Salomons Macht lag in seinem Siegelring begründet."

> Dieser Siegelring gehörte Adam, während er im Paradies war. Als Adam daraus vertrieben worden war, flog der Ring weg von seinem Finger und kehrte zurück ins Paradies. Darauf brachte ihn Gabriel zu Salomon herab.

Die physische Beschreibung des Siegelrings interessiert hier nicht weiter. Kisā'īs Hinweis auf den paradiesischen Ursprung des Rings lässt seine wunderbaren Kräfte immerhin erahnen. Sein Bericht präzisiert, dass jede Ecke zur Überwältigung einer Art von Geschöpfen bestimmt war. Während das *Testamentum Salomonis*, ein in Griechisch abgefasstes Werk aus dem Ende des 1. Jh. n. Chr., davon weiß, dass Michael mit einem Ring mit eingeritztem Pentalpha herabsteigt, der Salomon Macht über alle Dämonen verleiht,[87] bezwingt der Herrscher aus Jerusalem damit gemäß Kisā'ī neben den *ǧinn* auch die verschiedenen Tiere, die Könige der Erde und die Lebewesen in den Bergen und Gewässern. Indem der beigezogene Text den Siegelring als *ḫātim al-ḫilāfa* (Ring der Stellvertretung, des Kalifats) bezeichnet, bringt er ausserdem zum Ausdruck, dass Gott Salomons Herrschaft billigt. Das folgende Kapitel (10.3.2.) wird aufzeigen, wie Davids Sohn sein Machtmittel einsetzt.

Angesichts der Vorliebe der Araber für alles Thaumaturgische erstaunt nicht, dass sich zahlreiche weitere Sagen um diesen Ring ranken. Ṯaʿlabī bringt eine völlig neue Erklärung dafür bei, wie Salomon in seinen Besitz kommt. Demnach heiratet Salomon unmittelbar nachdem David ihn zu seinem Nachfolger bestimmt hat. Seine Gattin beklagt sich jedoch bald, dass er ihren Eltern zur Last falle, und fordert ihn auf, selbst für seinen Lebensunterhalt aufzukommen. Nachdem ein erster Versuch auf dem Markt fehlgeschlagen ist, bietet Salomon seine Dienste am nächsten Tag einem Fischer an und erhält zwei Fische als Lohn. Als er sie ausnimmt, entdeckt er einen Siegelring und steckt ihn sich an den Finger. Sogleich unterwerfen sich ihm Vögel und Winde; der Glanz der Macht *(bahā' al-mulk)* fällt auf ihn.[88]

---

87 F.C. Conybeare, *The Testament of Solomon*, S. 2 und 16: Salomon ist dabei, den Tempel zu errichten. Der Text beginnt mit dem Hinweis, dass Salomons Diener nachts vom Vampir Ornias heimgesucht wird. Salomon begibt sich darauf in den beinahe vollendeten Tempel und fleht Gott an, ihm den widerspenstigen Dämon zu unterwerfen. Gott erhört Salomons Gebet und lässt den Erzengel Michael mit einem Siegelring zu Salomon herabsteigen. Dank diesem Ring ist Salomon in der Lage, sich die Dämonen dienstbar zu machen.

88 Ṯaʿlabī, *Qiṣaṣ*, S. 291.17–28, bringt den Vorfall hier erstaunlicherweise mit dem Beginn von Salomons Regierungszeit in Verbindung. Die andern Quellen erwähnen dieses Erlebnis aber im Zusammenhang mit Salomons Heimsuchung, bei der ihm Ṣaḫr den Ring entwendet (vgl. Kapitel 10.6.2). Möglicherweise suchte Ṯaʿlabī oder ein Kopist nach einer Erklärung dafür, wie Salomon überhaupt in den Besitz des Rings kam, und fügte die Episode hier ein. Diese Vermutung findet

Verschiedene Quellen wissen auch davon, was nach Salomons Ableben mit dem Ring passiert. Im äthiopischen *Kebra Nagast* verblasst seine Bedeutung, dient der Ring doch bloß noch als Erkennungszeichen für Salomons Sohn.[89] Aufschlussreicher ist die aus *Tausendundeiner Nacht* und Ṯaʿlabī bekannte Bulūqiyā-Geschichte,[90] die in die Erzählung von Ḥāsib Karīm ad-Dīn hineingeschachtelt ist: Nachdem ihn seine Kameraden hilflos in einer Honiggrube zurückgelassen haben, entdeckt Ḥāsib in seinem Gefängnis einen Spalt, durch den er zur Schlangenkönigin gelangt, die ihm von Bulūqiyā erzählt: Bulūqiyā stößt beim Durchsuchen der von seinem Vater hinterlassenen Schriften auf ein Werk, das die Ankunft des Propheten Muḥammad voraussagt. Er macht sich aus Sehnsucht nach dem Gesandten Gottes auf die Suche und trifft unterwegs auf die Schlangenkönigin. Er verlässt sie aber wieder in Richtung Jerusalem, wo er die Bekanntschaft des Schriftgelehrten ʿAffān macht.

ʿAffān weiß, dass Salomons Siegelring Macht über Menschen, *ǧinn* und alle weiteren Geschöpfe verleiht. Auch hat er bei seinen Studien erfahren, dass der Ring immer noch an Salomons Finger stecke. Sein Leichnam sei über sieben Meere fortgetragen worden. Wolle man dorthin gelangen, müsse man sich die Füße mit dem Saft eines Krauts einschmieren. Dies befähige einen dazu, über das Wasser zu schreiten. ʿAffān überredet Bulūqiyā dazu, zur Schlangenkönigin zurückzukehren; sie allein könne ihm dieses Zauberkraut zeigen. Sie beide, ʿAffān und Bulūqiyā, könnten darauf zu Salomons Grab vordringen und seinen Ring an sich nehmen. Da ihnen dann kein Anliegen verwehrt bleibe, würden sie bis zur Sendung Muḥammads am Leben bleiben. Die beiden wagemutigen Männer erreichen schließlich Salomons Leichnam in der Tat. Als ʿAffān aber versucht, dem Toten den Ring abzustreifen, versengt ihn der giftige Hauch einer Schlange. Nur Gabriels Eingreifen bewahrt Bulūqiyā vor demselben Schicksal. Die Geschichte endet mit der Beschreibung von Bulūqiyās Abenteuern auf der Rückkehr in die bewohnte Welt.

Dieser Bericht betont, dass kein Mensch ebenso mächtig werden soll wie Salomon. Dessen Leichnam wird nach dem Ableben des Herrschers hinter die sieben Meere entrückt und dort von einem Giftwurm bewacht. Dadurch bewahr-

---

darin ihre Bestätigung, dass Ṯaʿlabī die Legende von der Entwendung des Rings durch Ṣaḫr später auch im richtigen Kontext anführt (*Qiṣaṣ*, S. 324.10 ff., vgl. S. 324.29 ff.).

89 C. Bezold, *Kebra Nagast*, S. XLVIII und LVI f.

90 Quellen: *Tausendundeine Nacht:* „Geschichte von der Schlangenkönigin", Nächte 482–536; hier besonders die Nächte 486–490. Parallele dazu bei Ṯaʿlabī, *Qiṣaṣ*, S. 352–359; vgl. Ṭabarī-Balʿamī, *Chronique* (Übersetzung H. Zotenberg), I.60. Zur Geschichte siehe auch: J. Horovitz, „Bulūqijā", und H. Ritter, *Meer der Seele*, S. 115, mit Hinweis auf eine Parallele bei ʿAṭṭār, *Ilāhī-nāma*.

heitet sich die Aussage der Schlangenkönigin, dass kein Mensch den Siegelring Salomons je an sich nehmen könne.[91]

Die folgenden Ausführungen gehen den unterschiedlichen Aspekten von Salomons Macht nach und zeigen auf, dass sein Wissen nur eine subtilere Form davon darstellt.

10.3.2 Aspekte der Macht: Salomon als Weltenherrscher und Bezwinger der Dämonen

Die konsultierten Quellen äußern sich nur selten zu Salomons Schlachten gegen menschliche Widersacher. Tun sie es dennoch, beschränken sie sich auf allgemein gehaltene Angaben. Am häufigsten findet sich die Bemerkung, dass Salomon ein gewaltiger Eroberer gewesen sei. Seine Machtbesessenheit scheint dabei so weit gegangen zu sein, dass er es nicht dulden konnte, von einem noch unbesiegten König zu hören, ohne sogleich mit seinem gesamten Heer gegen ihn loszuziehen.[92] Ausführlich befassen sich die arabischen Quellen hingegen mit Salomons Auseinandersetzungen gegen Feinde, die in irgendeiner Form auf Unterstützung durch Dämonen zählen können, wie in einem zweiten Schritt aufzuzeigen ist.[93] Zuerst stehen aber Berichte über seine ‚normalen' Feldzüge im Vordergrund.

Zwar beschreibt auch Dīnawarī[94] keine Einzelheiten von Salomons Feldzügen gegen menschliche Gegner.[95] Er hält aber immerhin präzis fest, wohin die Eroberungen den Herrscher aus Jerusalem überhaupt führten, indem er die drei folgenden großen Feldzüge unterscheidet: a. Salomon wendet sich zuerst gegen Norden und Osten, wo er Erfolge gegen Kay-Ḫusraw im Irak und gegen Turkvölker erringt.

---

91 *Tausendundeine Nacht:* 490. Nacht; arabischer Text (Dār Ṣādir, 1424), I.745.1–6.

92 Ṭabarī, *Ta'rīḫ (Annales),* I.574.1 f.; Ṭabarī, *Tafsīr* (Kommentar zu Sure 21.81, *ǧūz'* 17) in VI.37.24 f.; Fārisī, *Qiṣaṣ,* S. 132.3 ff.; Ṯaʿlabī, *Qiṣaṣ,* S. 293.13 ff.

93 Dies kommt in einem Bericht in *Tausendundeiner Nacht* (Nächte 570–571; arabischer Text, Dār Ṣādir, 1424, II.44–46) ausgezeichnet zum Ausdruck, der Salomons Krieg gegen die Truppen des Königs eines abgelegenen Eilands behandelt. Die Darstellung ist in die Erzählung von der Messingstadt hineingeschachtelt. Der Dämon Dāhiš b. al-Aʿmaš ist der Befehlshaber eines Geisterheers, das Salomon Widerstand leistet. Beim anschließenden Feldzug gegen diesen König nimmt Salomon dessen Tochter Ǧarāda (ihr Name fällt in *Tausendundeiner Nacht* nicht) gefangen, deren Götzendienst am Hof in Jerusalem zu Salomons Heimsuchung führt; vgl. dazu Kapitel 10.6.2 „Salomons Heimsuchung", bei Anm. 352–363.

94 Arabischer Gelehrter des 3./9. Jh. B. Lewin (Artikel „al-Dīnawarī, Abū Ḥanīfa Aḥmad b. Dāwūd", in *EI*² II.300) betrachtet ihn als wichtigen Historiographen und Vertreter der *Adab*-Literatur, obwohl er v. a. in der islamischen Welt eher wenig Beachtung gefunden hat.

95 Dīnawarī, *al-Aḫbār aṭ-ṭiwāl,* S. 23.1–25.1.

Schließlich dringt er bis nach China vor, von wo er dem Meer entlang Qandahār erreicht. Makrān und Kirmān sind weitere Stationen auf seinem Rückweg durch Persien nach Kaskar und Tadmur.[96] b. Nach der Vollendung des Tempels in Jerusalem rüstet sich Salomon zu einer Fahrt gegen Süden. Kriegerische Absichten rücken dabei in den Hintergrund, will Salomon doch in erster Linie die Pilgerfahrt in Mekka verrichten. Dīnawarīs Hinweis, dass Salomon weiter bis nach Ṣan'ā' vorstößt und dort mit Bilqīs zusammentrifft, ruft aber in Erinnerung, dass Salomon gemäß Sure 27.17 damals mit seinem ganzen Heer unterwegs war. c. Kriegerischere Töne schlägt Dīnawarī wieder bei der Schilderung des Feldzugs in Richtung Westen an. Er erwähnt Überfälle auf Andalusien, Tanger (Ṭanǧa), das Frankenland (Firanǧa), und das Land der Banū Kan'ān b. Ḥām b. Nūḥ in Nordafrika. Dīnawarī spielt dabei auch auf Salomons Kampf gegen Ǧarādas Vater an, beschreibt ihn allerdings nicht als Auseinandersetzung gegen Dämonen.[97]

Es fällt auf, dass Dīnawarī Salomon bei seinen Feldzügen in alle Himmelsrichtungen bis an die Grenzen der damals bekannten Welt vordringen lässt und ihn damit in die Nähe Alexanders des Großen rückt, gegen dessen Machtansprüche die andern Herrscher nichts auszurichten vermochten. Auch drei weitere Quellen bringen Salomon bei der Aufzählung von Weltenherrschern mit Alexander in Verbindung. Die arabischen Texte gestehen diese Würde in der Regel bloß vier Herrschern zu. Ṭabarī überliefert einen auf Muḥammad b. Isḥāq zurückgeführten Bericht, wonach sich sogar nur drei Könige die gesamte Welt haben unterwerfen können. Es handelt sich um Nimrod[98], Ḏū ăl-Qarnayn[99] und Salomon.[100] Auch Ṯa'labī weiß jedoch von Ṭabarīs zweiter Auffassung, wonach es vier Weltenherrscher gegeben habe. Diese beiden Autoren zählen Salomon und Ḏū ăl-Qarnayn zu den gläubigen Königen, ordnen Nimrod und Nebukadnezar aber den ungläubigen Machthabern zu.[101] Besonders ausführlich befasst sich Maqdisī mit der vorliegenden Frage.[102] Nachdem er die Ankunft eines fünften Großkönigs vorausgesagt hat, zählt er die vier bisherigen auf. Er rechnet Nimrod und Aždahak (arabisch: Ḍaḥḥāk) zu den Ungläubigen. Letzterer wird gern durch Nebukadnezar bzw. im Jemen durch Tubba' b. Ma'dikaykarib[103] ersetzt. Salomon und Ḏū ăl-Qar-

96 Kaskar: Name einer Stadt im Irak, vgl. M. Streck und J. Lassner, Artikel „Kaskar", in *EI*² IV.724. Tadmur: das antike Palmyra in Syrien; vgl. C. E. Bosworth, Artikel „Tadmur", in *EI*² X.79.

97 Auch Dīnawarī erwähnt Ǧarādas Namen nicht; vgl. Anm. 93.

98 Die Überlieferung identifiziert ihn mit Ḍaḥḥāk.

99 Gemäss Sure 18.82–98 die arabische Bezeichnung für Alexander den Großen.

100 Ṭabarī, *Ta'rīḫ (Annales)*, I.253.6–14.

101 Ṭabarī, *Ta'rīḫ (Annales)*, I.253.17–254.5; Ṯa'labī, *Qiṣaṣ*, S. 292.27 f.

102 Maqdisī, *Bad'*, III.45.15–46.12.

103 Bei Maqdisī „Malikaykarib".

nayn dagegen sind gläubig. Maqdisī bemerkt, dass bei den Persern oft Ǧamšīd Salomons Platz einnehme.[104]

In Anschluss an den Koran, der in Sure 27.17 angibt, dass Salomons Armee neben Menschen auch *ǧinn* und Vögel umfasste, haben sich auch spätere Autoren mit der Zusammensetzung seiner Truppen befasst. Viele Quellen übernehmen die koranischen Angaben unverändert,[105] häufig erfahren diese aber auch eine Erweiterung. In Anschluss an Ṭabarī hat sich in der arabischen Welt die Ansicht verbreitet, dass sich Salomons Heer über hundert Parasangen erstreckt und seine Armee zu vier gleichen Teilen aus Menschen, *ǧinn*, wilden Tieren und Vögeln besteht.[106]

Es bedarf wohl keiner Erklärung, dass Menschen in Salomons Heer mitkämpfen. Im vorliegenden Kontext relevant ist jedoch, dass sich auch die Vögel, wilden Tiere und sogar die *ǧinn* seinem Befehl fügen. Es fällt außerdem auf, dass sich Salomon diese Wesen – die *ǧinn* sind immerhin seine Erzfeinde – nicht nur vom Leib hält, sondern sich sogar dienstbar macht. Er sichert sich ihre Ergebenheit nicht zuletzt dank der Zwingkraft seines Siegelrings. Die arabischen Quellen schenken dabei der Frage besondere Beachtung, wie es dem Herrscher aus Jerusalem gelingt, die Dämonen in Schach zu halten. Da allerdings selbst Salomon nie einen endgültigen Sieg über seine Widersacher aus dem Geisterreich erringt, dominieren seine Auseinandersetzungen mit den *ǧinn* die arabische Salomonsage richtiggehend. Die folgenden Ausführungen beschäftigen sich mit der Unterjochung der *ǧinn*, wilden Tiere und Vögel durch Salomon und führen damit zum eigentlichen Gegenstand der vorliegenden Arbeit zurück.

Das *Testamentum Salomonis* beschreibt die Unterwerfung der Dämonen durch Salomon besonders ausführlich.[107] Mit dem wunderbaren, von Michael überreichten Siegelring versehen, ruft Salomon alle Geister herbei und erkundigt sich bei einem nach dem andern nach seinem Namen sowie dem Namen des Sternbilds oder Tierkreiszeichens und des Engels, deren Einflüssen er unterliegt. Diese Kenntnisse und die seinem Ring inhärenten Kräfte versetzen den Herrscher in die Lage, den Widerstand der Dämonen zu brechen und sie zum Frondienst beim Tempelbau in Jerusalem zu verpflichten. Die verschiedenen Abschnitte des

---

104 Bei einer andern Gelegenheit erklärt Maqdisī sogar, dass Ǧamšīd für die Perser wahrscheinlich mit Salomon identisch sei: *Badʾ*, III.106.7–11.

105 Bayḍāwī, *Anwār at-tanzīl* (Kommentar zu Sure 27.17), II.65.15; Ibn Kaṯīr, *Bidāya*, II.19.9.

106 Ṭabarī, *Taʾrīḫ (Annales)*, I.575.4 ff.; Ṭabarī, *Tafsīr* (Kommentar zu Sure 27.16), VII.79.30; Ṯaʿlabī, *Qiṣaṣ*, S. 294.7 ff.; Zamaḫšarī, *Kaššāf* (Kommentar zu Sure 27.16), III.140.24 f.

107 F. C. Conybeare, *Testament of Solomon, passim.*

Testamentum schildern die Bezwingung einzelner Geister bzw. Geistergruppen und beschreiben ihre Arbeitsleistungen für Salomon.

Es ist davon auszugehen, dass die Vorstellungen aus dem *Testamentum Salomonis* auch die Araber erreicht haben. Allerdings fehlen in den arabischen Quellen dem *Testamentum* vergleichbare Schilderungen. Viele arabische Texte greifen in unverbindlichen Anspielungen Formulierungen aus dem Koran auf und betonen, dass Salomon über die *ǧinn* herrschte. Nur Kisāʾī und Qazwīnī äußern sich ausführlicher, wobei sich der Wortlaut ihrer Berichte stellenweise deckt.[108] Qazwīnī hält fest[109]:

> Als Gott Salomon die *ǧinn* unterwarf, rief Gabriel: ‚Ihr *ǧinn* und Satane, leistet dem Propheten Salomon, Sohn Davids, mit der Erlaubnis Gottes Folge!' – Da kamen die *ǧinn* und Satane hervor aus den Höhlen, Bergen, Hügeln, Tälern, Wüsteneien und Feldern (?) und sprachen: ‚Zu deinen Diensten, zu deinen Diensten!' Wie die Hirten es mit ihren Schafen tun, trieben die Engel sie vor sich hin, bis sie gehorsam und unterwürfig vor Salomon versammelt waren. Damals umfassten sie 420 Gruppen. Vor Salomon blieben sie stehen. Salomon begann, ihr Aussehen und ihre merkwürdigen Gestalten zu betrachten. Sie waren weiß, schwarz, gelb, blond und gescheckt, sahen aus wie Pferde, Maultiere und Raubtiere, hatten Rüssel, Schwänze, Hufe und Hörner.[110] Salomon warf sich vor Gott nieder und sprach: ‚O Gott, gib mir an Kraft und Autorität so viel, dass ich sie anschauen kann.' – Da kam Gabriel zu ihm und sprach: ‚Gott hat dir Macht gegeben über sie, erheb dich von deinem Platz!' – Salomon erhob sich mit dem Siegelring an seinem Finger. Die *ǧinn* und Satane warfen sich zur Verehrung vor ihm nieder. Darauf erhoben sie ihre Häupter und sprachen: ‚Sohn Davids, wir sind bei dir versammelt worden und haben Befehl, dir zu gehorchen.' – Salomon begann, sie über ihre Glaubensrichtungen, Stämme, Wohnstätten und Nahrung zu befragen, wobei sie ihm Antwort erteilten. Salomon erkundigte sich: ‚Warum habt ihr unterschiedliche Gestalten, wo doch Ǧānn allein euer Vater ist?' – Sie erwiderten: ‚Unser unterschiedliches Aussehen ist bedingt durch die Verschiedenheit unserer Sünden, dadurch, dass Ǧānn mit uns Umgang pflegt, und durch die Verschwägerung

108 Auch Ibn an-Nadīm, *Fihrist,* Ausgabe Mīnovī, S. 370.7–16, Übersetzung B. Dodge, S. 727 f., vermittelt einen Eindruck von der Unterwerfung der *ǧinn* durch Salomon. Die Stelle zählt auch die Namen der unterworfenen Dämonen auf.

109 Qazwīnī, *ʿAǧāʾib al-maḫlūqāt,* Ausgabe F. Wüstenfeld, I.371.30–372.22 (Vorlage für Übersetzung); Ausgabe Miṣr, S. 215.21–216.10; vgl. Kisāʾī, *Qiṣaṣ,* S. 279.3–280.14. Die Stelle bei Kisāʾī geht dem oben erwähnten Bericht unmittelbar voraus, wie Gabriel Salomon den Siegelring überbringt; vgl. bei Anm. 84.

110 Qazwīnīs Beschreibungen unterstreichen die enge Abhängigkeit von Zoologie und Dämonologie bei den Arabern; vgl. dazu oben Kapitel 7, nach Anm. 53. Auch weiteres Quellenmaterial hebt den fließenden Übergang zwischen Tieren und *ǧinn* hervor: Kisāʾī, *Qiṣaṣ,* S. 279.7–9; *Tausendundeine Nacht:* „Erzählung von der Messingstadt", 570. Nacht: Beschreibung des Dämons Dāhiš b. al-Aʿmaš; arabischer Text (Dār Ṣādir, 1424): II.44; Ibn Hišām (Wahb b. Munabbih), *Tīǧān,* S. 135 f.; Ibn al-Aṯīr, *Taʾrīḫ,* I.98.22 f.

mit seinen Kindern.' – Da schaute Salomon sie an und bemerkte, dass die widerspenstigen Dämonen *(al-marada)* Übles im Schild führten, die Engel sie jedoch mit Stangen gerade noch davon abhielten. Salomon fesselte die widerspenstigen Dämonen und wies ihnen unterschiedliche Arbeiten zu, nämlich die Bearbeitung von Eisen und Kupfer, das Behauen von Steinen und Felsblöcken, das Fällen von Bäumen und das Errichten von Festungen. Ihren Frauen befahl er, Seide und Baumwolle zu spinnen und Teppiche und Kissen zu weben. „Einigen von ihnen befahl er, Gebetsnischen, Statuen, Schüsseln gleich Wassertrögen und feststehende Töpfe herzustellen."[111] Da machten sie ihm Töpfe aus Stein, wobei aus jedem dieser Töpfe tausend Menschen aßen. Eine Gruppe von ihnen beschäftigte er beim Mahlen, eine weitere beim Backen, eine dritte beim Schlachten und Häuten, eine vierte beim Tauchen im Meer, damit sie Edelsteine und Perlen heraufholten, eine andere Gruppe beim Graben von Brunnen und Kanälen und beim Stauen (?) von Flüssen, eine sechste Gruppe beim Bergen von Schätzen, die unter der Erde liegen, eine siebte Gruppe bei der Gewinnung von Bodenschätzen und eine letzte Gruppe beim Zureiten störrischer Pferde. Jede Gruppe von ihnen war also mit etwas Schwierigem beschäftigt, damit ihre Verdorbenheit gering sei und Salomons Macht stark bleibe.

Qazwīnīs Bericht betont einleitend, dass Salomon die Dämonen mit der Erlaubnis Gottes unterwirft. Gabriels Vermittlerrolle unterstreicht zusätzlich, dass der Schöpfer die Bezwingung der Geister billigt. Jedenfalls erträgt Salomon den Anblick der *ǧinn* erst, als er vom Erzengel erfährt, Allāh habe ihm Macht über sie verliehen. Bei der Unterwerfung der Dämonen spielt ausserdem der Siegelring eine wichtige Rolle, ergeben sich die *ǧinn* und Satane doch erst, als sich Salomon mit dem Ring am Finger erhebt. Besonders überzeugend fällt in diesem Punkt Kisā'īs Schilderung aus, wonach sich der Herrscher aus Jerusalem des Gehorsams der Dämonen dadurch versichert, dass er jedem den Siegelring auf den Nacken drückt und ihren Widerstand auf diese Weise bricht.[112]

Qazwīnīs Auffassung, dass die Dämonen Salomon beim Verrichten von Arbeiten behilflich sind, stimmt mit identischen Vorstellungen im *Testamentum Salomonis* überein. Qazwīnīs Liste rückt allerdings nicht mehr wie das *Testamentum* die Fronarbeiten der *ǧinn* beim Tempelbau in Jerusalem ins Zentrum, sondern stellt eine Erweiterung zu verschiedenen Koranstellen dar. Die islamische Offenbarung äußert sich in folgenden Versen zu Arbeiten der *ǧinn* für Salomon:

Gewisse Satane tauchten für Salomon [im Meer] und verrichteten noch andere Arbeiten, während wir [Gott] sie bewachten. (Sure 21.82)

Gewisse *ǧinn* arbeiteten vor Salomon mit der Erlaubnis Gottes – wäre einer von ihnen von unserem Befehl abgewichen, hätten wir ihn die Strafe des Fegefeuers

111 *Koran*, Sure 34.12.
112 Kisā'ī, *Qiṣaṣ*, S. 279.15 f.

schmecken lassen. Sie machten für ihn, was er wollte: Gebetsnischen, Statuen, Schüsseln gleich Wassertrögen und feststehende Töpfe. (Sure 34.12 f.)

Wir haben [Salomon ...] die Satane unterworfen, jeder ein Baumeister und Taucher, und noch andere, gebunden in Fesseln. (Sure 38.36 ff.)

In Anschluss an diese Koranverse setzt sich die Vorstellung durch, dass Salomon die *ǧinn* nicht nur unschädlich, sondern sich sogar dienstbar machte. Diese Auffassung prägt das Salomonbild im Bereich des Islams.[113] Der Herrscher aus Jerusalem hindert die Dämonen am Umsetzen ihrer üblen Vorhaben (*fasād,* moralische Verdorbenheit), indem er ihnen Tätigkeiten aufbürdet, die körperlich ermüden oder mit großen Gefahren verbunden sind. Die *ǧinn* werden auf dem Bau, bei der Forstarbeit, im Schlachthof, in der Küche, beim Perlentauchen, beim Bergen von Schätzen, in Bergwerken oder beim Zähmen störrischer Pferde eingesetzt.[114]

Die *ǧinn* und Satane unterwerfen sich Salomon allerdings nicht widerstandslos. Aufbegehrende Dämonen *(al-marada)* nutzen selbst die kleinste Unaufmerksamkeit ihres Bezwingers aus, um sich seiner zu entledigen. Einmal verhindert nur das entschlossene Eingreifen der Engel Schlimmeres.[115] Auch fällt auf, dass sich Salomon gemäß der Legende noch nicht alle Dämonen gefügig machen konnte. Jedenfalls kommt z. B. Kisāʾī nicht umhin, seine eigenen Aussagen zur Unterwerfung der *ǧinn* zu relativieren, scheinen sich mit Ṣaḫr und Iblīs einstweilen doch zwei gewichtige Vertreter des Bösen Salomons Kontrolle entzogen zu haben[116]:

Salomon drückte seinen Siegelring auf die Nacken der Dämonen und verteilte sie auf ihre Wohnstätten; keiner von ihnen widersetzte sich ihm außer der rebellische Ṣaḫr, der sich auf einer Insel im Meer verbarg. Was Iblīs anbetrifft, so blieb er ohne Helfer und floh, bis ihn Salomon fand und zu ihm sprach: ‚Was ist mit dir los, dass du vor mir geflohen bist?' – Iblīs erwiderte: ‚Ich habe mich deinem Vater Ādam nicht unterworfen. Wie soll ich mich also seiner Nachkommenschaft unterwerfen, wo ich doch unsterblich bin bis zum ersten Stoß in die Trompete und mir Macht gegeben worden ist über die Söhne Ādams und die Töchter Evas außer über jene, die Gott vor mir beschützt?'

113 Ausführlich zu den Arbeiten der Dämonen für Salomon siehe unten bei Anm. 130–167. Bereits hier sei festgehalten, dass die übersetzte Qazwīnī-Stelle nur Werke von untergeordneter Bedeutung aufzählt. In den *ʿAǧāʾib al-maḫlūqāt* fehlen Hinweise, dass der Bau Jerusalems und von Salomons Thron Arbeiten der *ǧinn* sind. Immerhin erwähnt Qazwīnī in Anschluss an die diskutierte Passage die fliegende Glasstadt, die Ṣaḫr für Salomon errichtete (siehe *ʿAǧāʾib al-maḫlūqāt,* Ausgabe F. Wüstenfeld, S. 372.25–373.5; vgl. Ausgabe Miṣr, S. 216.12 ff.).

114 Qazwīnī, *Aǧāʾib,* Ausgabe F. Wüstenfeld, S. 372.22 (vgl. Ausgabe Miṣr, S. 216.9 f.): „Jede Gruppe von ihnen (den Dämonen) war also mit etwas Schwierigem beschäftigt, damit ihre Verdorbenheit *(fasād)* gering sei und Salomons Macht stark bleibe."

115 *Loc.cit.*, S. 372.13.

116 Kisāʾī, *Qiṣaṣ*, S. 279.15–21.

Kisā'īs Auffassung läuft darauf hinaus, dass es Salomon zwar gelungen ist, sich das Gros der Dämonen gefügig zu machen. Die beiden prominentesten Vertreter dieser Bösewichte sind ihm allerdings zumindest vorläufig entwischt. Ṣaḫr versteckt sich auf einer entlegenen Insel im Meer.[117] Während sich die *Qiṣaṣ al-anbiyā'* bei dieser Gelegenheit nicht näher zu ihm äußern, beunruhigt Iblīs' Verschwinden Salomon aber offensichtlich so sehr, dass er ihm nachstellt. Als er ihn schließlich einholt, sieht sich Davids Sohn mit der kategorischen Weigerung des Ausreißers konfrontiert, sich seinem Befehl zu fügen. Mit dem Hinweis, er habe sich sogar Gottes Aufforderung zur Verehrung Ādams widersetzt, behauptet Iblīs seine Ungebundenheit auch gegenüber Salomon.[118]

Quellen aus dem islamischen Kulturraum haben wiederholt damit geliebäugelt, auch Satan-Iblīs Salomons Befehl zu unterstellen. Dass dieses Vorhaben *a priori* zum Scheitern verurteilt ist, weist auf eine interessante Rolle des Bösen hin. ʿAṭṭār erzählt im *Muṣībat-nāma* die Geschichte von Salomon als Korbflechter.[119] Als Salomon bemerkt, dass ihm allein Satan noch nicht unterstellt ist, verlangt er trotz der göttlichen Warnung die Unterwerfung auch dieses Unholds. Satan wird darauf gezwungen, sich dienstbereit am Hof in Jerusalem einzustellen. Davids Sohn war sich trotz seines königlichen Reichtums des positiven Einflusses der Armut auf den Menschen bewusst. Er bestritt seinen Lebensunterhalt deshalb in regelmäßigen Abständen als Korbflechter und ließ seine Erzeugnisse auf dem Markt feilbieten. Seit aber auch Satan Salomons Befehl unterstellt ist, finden seine Produkte keine Abnehmer mehr. Salomon leidet Hunger und magert ab. Gott gibt seinem Propheten darauf zu bedenken, dass sich nicht über schleppenden Wirtschaftsgang beklagen soll, wer den Herrn der Märkte, nämlich Satan, in Bande legt.[120]

---

117 Das Meer gilt als Symbol des Urchaos; vgl. dazu unten Kapitel 10.6.1, besonders bei Anm. 332.

118 Vgl. *Koran*, Sure 2.34.

119 H. Ritter, *Meer der Seele*, S. 52 f.

120 J. von Hammer-Purgstall, *Rosenöl*, I.223–232, macht auf eine ausführliche Fassung dieser Geschichte aufmerksam. Gemäß seinem Bericht gelingt es Salomon, Satan-Iblīs in seinen Gehorsam zu zwingen. An seinem Hof kommt es darauf zu eigenartigen Veränderungen. Salomon vermisst seinen Hofstaat und kann seine Körbe als Folge der schlechten Wirtschaftslage nicht verkaufen. Außerdem fordert eine Hungersnot im Reich zahlreiche Opfer. Da alle Bewohner mit frommen Werken beschäftigt sind, ist das Wirtschaftsleben zum Erliegen gekommen. Der Prophet Ḫiḍr beglückwünscht Salomon darauf zu seinem Sieg über das Böse, gibt ihm aber zu bedenken, dass seit dessen Einkerkerung die ganze Welt in Untätigkeit versunken sei. Nur Satans Freiheit unterhalte das Spiel der Leidenschaften und den der menschlichen Gesellschaft nötigen Umtrieb (S. 229). Salomon sieht sich darauf gezwungen, seinen Erzfeind wieder laufen zu lassen.

Soll der Weltengang nicht zum Stillstand kommen, muss das Urprinzip des Bösen frei bleiben und Spielraum haben. Dies bringt auch eine Episode zum Ausdruck, die die arabischen Legendenerzähler kurz vor Salomons Tod ansetzen. Nachdem sich Ṯaʿlabī zu den Aufgaben der *ǧinn* und Satane geäußert hat, fährt er fort[121]:

> Da putzte sich Iblīs für [die *ǧinn* und Satane] heraus, während sie emsig arbeiteten, und fragte: ‚Wie geht's euch?' – Sie erwiderten: ‚Wir können nichts gegen unsere Situation ausrichten.' – Sprach Iblīs: ‚Ihr geht steinetragend weg, kehrt aber in Freiheit, also ohne etwas zu tragen, zurück?' – Sie antworteten: ‚Ja.' – Sagte er: ‚Dann habt ihr's ja bequem.' Da trug der Wind dies Salomon zu, der ihnen befahl, auf dem Hin- und Rückweg [Lasten] zu schleppen. Als sich Iblīs [darauf] nach ihrem Ergehen erkundigte, beklagten sie sich darüber. Iblīs fragte sie dann: ‚Schläft ihr nachts?' – Sie bejahten. – Sprach er: ‚Dann habt ihr's ja bequem.' – Da trug der Wind dies Salomon zu, der ihnen befahl, Tag und Nacht zu arbeiten. Da putzte sich Iblīs für sie heraus. Sie beklagten sich, Tag und Nacht emsig arbeiten zu müssen. Iblīs erkundigte sich darauf: ‚Wie geht's euch?' – Sie erwiderten: ‚Wir können nichts ausrichten gegen unsere Situation.' Iblīs fragte sie: ‚Und er tut, was er will?' Sie bejahten. – Er erklärte: ‚Bald werdet ihr erlöst, denn die Angelegenheit ist zu Ende.' Da dauerte es nur noch kurze Zeit, bis Salomon starb.

Wenn sich Iblīs den *ǧinn* und Satanen auch nicht wirklich nützlich erweisen kann, tritt er Salomon im beigebrachten Bericht doch als unabhängiger Machthaber gegenüber. Während sich das Heer der Dämonen Salomon fügen muss, ist Iblīs selbst vor der Zwingkraft seines Siegelrings offensichtlich gefeit. Jedenfalls weist Ṯaʿlabī mit keinem Wort darauf hin, dass Salomon auch gegen Iblīs, seinen gefährlichsten Widersacher, vorgeht, als er durch den Wind von den konspirativen Gesprächen erfährt. Sein Ring scheint nur gegen die gewöhnlichen Satane und *ǧinn* wirksam zu sein.

Bei dieser Ausgangslage, nämlich der unantastbaren Freiheit des Prinzips des Bösen, erstaunt nicht, dass sich Salomon, der Vertreter des Guten, vom Dämonischen unablässig bedroht fühlt. Salomons Sieg über das Geisterheer hat bloß vorläufigen Charakter. Ṯaʿlabī lässt am Ende seiner Ausführungen jedenfalls durchblicken, dass die *ǧinn* bei Salomons Tod ihre ursprüngliche Freiheit zurückerlangen. Dies bedeutet, dass das Fortbestehen einer geordneten Welt keineswegs gesichert ist und der Kosmos ständig von dämonischen Kräften bedroht wird. Salomon ist zwar ernsthaft darum bemüht, seinen Widersachern das Leben zu erschweren und damit das sich anbahnende Unglück abzuwenden. Seine Furcht vor allem Dämonischen nimmt teilweise geradezu groteske Züge an. So

121 Ṯaʿlabī, *Qiṣaṣ*, S. 326.15–24; Parallele bei Ibn al-Aṯīr, *Taʾrīḫ*, I.104.5–13.

lässt er sich von Ṣaḫr einen durchsichtigen Becher anfertigen, vermutet er doch, dass seine Feinde ihr Unwesen ungestraft treiben, wenn ihm sein Trinkgefäß den freien Blick auf sie versperrt.[122]

Allerdings gilt es, diese Einschränkungen von Salomons absoluter Herrschaft über die Dämonen zu relativieren, beschreibt ihn die arabische Sage doch mit Vorliebe als unantastbaren Machthaber über das Geisterheer. Begehrt ein Dämon gegen Salomon auf, droht ihm schreckliche Strafe im Fegefeuer.[123] Manchmal ist aber auch davon die Rede, dass ein mit einer Feuerpeitsche bewaffneter Engel Salomon zur Seite steht, um den Widerstand der *ǧinn* im Keim zu ersticken.[124] Bereits im Koran übrigens lässt sich die Vorstellung belegen, dass der Sohn Davids unbotmäßige Dämonen in Fesseln legte.[125]

Die konsultierten Quellen schenken der Bestrafung von Salomons Widersachern im Feuer oder mit Feuerpeitschen geringe Beachtung. Es ist gemäß diesen Darstellungen vielmehr üblich, dass die Rebellen eingesperrt werden. Die Unholde werden dabei in einen gespaltenen Steinblock eingeschlossen, der darauf mit einem weiteren Felsstück verrammelt wird. Klammern aus Blei und Eisen halten die Steinstücke zusammen und hindern den Dämon am Ausbrechen.[126] Der Abdruck von Salomons Siegelring soll ein Entrinnen des Bösewichts gänzlich verunmöglichen. Außerdem wird der Dämon nach seiner Einkerkerung im Meer versenkt. Dieses Schicksal erleidet übrigens auch Ṣaḫr, der Salomons Siegelring in seinen Besitz gebracht hat. Sein Gefängnis hat ihm dabei gleich noch den Namen gegeben, bedeutet Ṣaḫr doch Felsblock.[127] In jüngeren Quellen, nämlich in *Tausendundeiner Nacht*, ersetzen Flaschen aus Kupfer und Messing, die Felsblöcke. Salomon soll aufbegehrende Geister in Flaschen gesperrt und diese mit seinem Siegel verschlossen ins Meer geworfen haben. Es kann vorkommen, dass Fischer solche Krüge in ihren Netzen finden. Erbrechen sie das

122 Qazwīnī, *ʿAǧāʾib al-maḫlūqāt*, Ausgabe F. Wüstenfeld, I.372.22–25 (vgl. Ausgabe Miṣr, S. 216.10 ff.): „Wahb b. Munabbih sprach: ‚Wenn Salomon Wasser trank, blickten ihn die Satane finster an, während er sie nicht sah, weil ihn der Krug daran hinderte; dies missfiel ihm. Da machte ihm der *ǧinn* Ṣaḫr Gefäße aus Glas, aus denen er trank, ohne dass sie ihn daran hinderten, die Satane zu sehen.'" Noch deutlicher äußert sich Fārisī, *Qiṣaṣ*, S. 161.9 ff. und 162.4 ff., Er hält fest, dass Salomon zu Ohren gekommen sei, dass gewisse *ǧinn* ihn verspotten *(ġamaza)*, wenn er am Trinken sei.

123 *Koran*, Sure 34.12.

124 Zamaḫšarī, *Kaššāf*, Kommentar zu Sure 34.12, III.282.15; Ṯaʿlabī, *Qiṣaṣ*, S. 304.5 f.

125 *Koran*, Sure 38.38.

126 I. Goldziher, „Eisen als Schutz gegen Dämonen", und P. Schienerl „Eisen als Kampfmittel gegen Dämonen" haben sich mit der dämonenbannenden Kraft von Metallen befasst.

127 Vgl. z. B. Ṭabarī, *Taʾrīḫ (Annales)*, I.591.16 ff.; Kisāʾī, *Qiṣaṣ*, S. 295.2 f.; Ṯaʿlabī, *Qiṣaṣ*, S. 324.16 ff.; Ibn al-Aṯīr, *Taʾrīḫ*, I.103.1 ff.; Fārisī, *Qiṣaṣ*, S. 166.16 ff.

Siegel in Unkenntnis der Gefährlichkeit ihres Funds, entweicht der eingekerkerte Dämon in Form von Rauch.[128]

Das soeben vorgestellte Material deutet darauf hin, dass die Araber Salomon als Bezwinger der Geister schätzen. Dank seinem Siegelring steht ihm ein Heer von Dämonen zu Diensten. Iblīs' und Ṣaḫrs vorläufige Freiheit stellt allerdings eine potentielle Bedrohung seiner Macht dar, worauf später zurückzukommen ist.[129] Vorerst gelingt es Salomon jedoch stets, die Dämonen in Schach zu halten. Die folgenden Ausführungen befassen sich mit ausgewählten Arbeiten und Diensten, die die *ǧinn* für ihren Bezwinger zu verrichten haben. Die Wunderwerke der Dämonen haben die Phantasie der Orientalen beflügelt, wie gerade auch Berichte über Salomons Thron und Fluggerät aufzeigen.

Der Thron ist Sinnbild für königliche Macht und Würde. Je stärker der Herrscher, desto prachtvoller fällt die Gestaltung seines Throns aus. Besonders jüdische Quellen beschreiben Salomons Thron ausführlich. Die frühste Schilderung aus dem Königsbuch hält fest[130]:

> (18) Ferner ließ der König [Salomon] einen großen Thron von Elfenbein machen und mit reinem Gold überziehen. (19) Der Thron hatte sechs Stufen, und Stierköpfe waren hinten am Thron; auf beiden Seiten des Sitzes waren Lehnen, und zwei Löwen standen neben den Lehnen. (20) Zwölf Löwen aber standen auf den sechs Stufen zu beiden Seiten; dergleichen ist niemals für irgendein Königreich gemacht worden.

Diese drei Verse bilden den Ausgangspunkt einer eigentlichen Thronsage unter den Juden. Da G. Salzberger das umfangreiche hebräische Quellenmaterial dazu

---

128 *Tausendundeine Nacht*, „Die Geschichte vom Fischer und dem Dämon", Nächte 3–4, arabischer Text (Dār Ṣādir, 1424): I.18 f. In dieser Erzählung gelingt es dem Fischer allerdings, den entwichenen Dämon mit einer List wieder in die Flasche zurückzulocken. Auch der ägyptische Dramatiker Tawfīq al-Ḥakīm, *Sulaymān al-ḥakīm*, S. 11–21, hat diesen Stoff aufgegriffen. Der iranische Schriftsteller H. Gulšīrī tat dies ebenso *(Ḥadīṯ-i māhīgīr wa dīw)*. *Tausendundeine Nacht*, „Die Geschichte von der Messingstadt", Nächte 566–578, arabischer Text: II.38–55, schildert, wie ʿAbd al-Malik b. Marwān (5. Umayyaden-Kalif, regierte 685–705) zwölf salomonische Flaschen in seinen Besitz bringt. Als seine Gesandten die Flaschen aus einem Land jenseits der Messingstadt an den Kalifenhof in Damaskus bringen, weiß ʿAbd al-Malik nichts Gescheiteres zu tun, als eine nach der andern zu öffnen. Die von Salomon bezwungenen Dämonen erlangen darauf ihre Freiheit zurück. Vgl. auch Dīnawarī, *al-Aḫbār aṭ-ṭiwāl*, S. 25 (zur Messingstadt). In der Erzählung von der Messingstadt lässt sich allerdings auch ein Beispiel für die ursprüngliche Art der Bestrafung der Dämonen nachweisen: Dāhiš b. al-Aʿmaš, das Oberhaupt einer Dämonenarmee, wurde von Salomon bis zu den Achselhöhlen in einem Steinblock versenkt (570. Nacht).

129 Vgl. unten Kapitel 10.6.2 „Salomons Heimsuchung".

130 1. *Könige* 10.18–20; vgl. 2. *Chronik* 9.17–20.

kompetent aufgearbeitet hat,[131] beschränken sich die weiteren Ausführungen auf Beschreibungen bei arabischen Autoren, die vollumfänglich von ihren jüdischen Vorlagen abhängig sind. Der Koran selbst erwähnt Salomons Thron nur beiläufig in einer Anspielung in Sure 38.34. Die spätere Kommentarliteratur bringt diesen Vers mit Salomons Heimsuchung in Verbindung. Zamaḫšarī und Bayḍāwī äußern sich zur Ausgestaltung von Salomons Thron im Rahmen ihrer Aufzählung von Werken, die die Dämonen für ihren Bezwinger ausgeführt haben, und verstehen damit auch ihn als Arbeit der *ǧinn*[132]:

> Man erzählte, dass [die *ǧinn*] für Salomon unten an seinem Thron zwei Löwen gemacht hatten und zwei Adler darüber. Wenn er ihn besteigen wollte, streckten die beiden Löwen ihm ihre Pranken entgegen. Und wenn er sich gesetzt hatte, beschatteten ihn die beiden Adler mit ihren Flügeln.

Während Bayḍāwīs Schilderung knapp ausfällt, sind Fārisī, Kisā'ī und Ṯa'labī besser informiert. Ihre Ausführungen beweisen, dass die jüdische Thronsage auch die Araber erreicht hat[133]:

> Beschreibung von Salomons Thron: Gott, der Erhabene, sprach: ‚Und wir warfen einen Körper auf seinen Thron, dann bereute er.' (Sure 38.34). Man berichtet, dass Gottes Prophet Salomon den Satanen befahl, einen Thron anzufertigen, auf den er sich zur Rechtsprechung setzte. Er befahl, ihn einzigartig und furchteinflößend zu machen, sodass [jeder] Lügner oder Meineidige bei seinem Anblick zurückweichen und in Verwirrung geraten würde. Da machten sie ihm einen Thron aus den Stoßzähnen eines Elefanten und legten ihn aus mit Rubinen, Perlen, Smaragden und sonstigen Edelsteinen. Sie umgaben ihn mit vier goldenen Dattelpalmen, deren Zweige aus rotem Rubin und grünem Smaragd waren. In der Krone von zwei Palmen saßen zwei goldene Pfauen, in der Krone der beiden hintern [Palmen] zwei goldene Adler; sie blickten einander an. Neben den Thron setzten sie zwei goldene Löwen, auf den Kopf eines jeden eine Säule aus grünem Smaragd; über den Dattelpalmen brachten sie Weinstöcke aus rotem Gold an, und sie machten ihre Trauben aus rotem Rubin, so dass eine Laube aus Weinstöcken und Dattelpalmen dem Thron Schatten spendete.
>
> Wenn Salomon den Thron besteigen wollte, setzte er seinen Fuß auf die unterste Stufe. Dann drehte sich der Thron, während sein Fuß darauf stand. Er drehte sich wie eine schnelle Mühle, wobei diese Adler und Pfauen ihre Flügel entfalteten und die beiden Löwen ihre Pranken ausstreckten und mit ihren Schwänzen auf den Boden

---

131 G. Salzberger, *Salomos Tempelbau und Thron*, S. 55–109; vgl. P. Cassel, *Kaiser- und Königsthrone;* D. Sidersky, *Les origines des légendes musulmanes*, S. 116 f.

132 Bayḍāwī, *Anwār at-tanzīl*, Kommentar zu Sure 34.13, II.139.20 f.; vgl. Zamaḫšarī, *Kaššāf*, Kommentar zu Sure 34.13, III.282.21 f.

133 Ṯa'labī, *Qiṣaṣ*, S. 305.29–306.27 (übersetzt: S. 305.29–306.13); vgl. Fārisī, *Qiṣaṣ*, S. 171.14–173.3; Kisā'ī, *Qiṣaṣ*, S. 283.5–23.

schlugen. So verhielt es sich auf jeder Stufe, die Salomon erstieg. Wenn er zuoberst auf dem Thron stand, nahmen die beiden Adler auf den Dattelpalmen Moschus und Ambra und zerbröckelten es über ihm. Dann fasste eine Taube auf einer Edelsteinsäule des Throns die Thora und öffnete sie für Salomon. Er las sie den Menschen vor und rief sie zur Urteilsfällung.

Aus einer einleitenden Bemerkung zu diesem Bericht ergibt sich, dass Salomon den Bau seines Throns den Satanen übertragen hat. Gemäß einer auf Muʿāwiya und Wahb b. Munabbih zurückgeführten zweiten Fassung zieht Ṯaʿlabī allerdings auch die Möglichkeit in Betracht, dass der Dämon Ṣaḫr allein dieses Werk ausführte.[134] Diese Auffassung teilt übrigens auch Kisaʾī.[135] Die Angaben in diesen Überlieferungen lassen erkennen, dass arabische Autoren die Herstellung von Salomons Thron mit den Dämonen in Verbindung bringen.[136] Diese Vorstellung lässt sich in den hebräischen Quellen, soweit ersichtlich, nicht nachweisen und stellt eine Erweiterung gegenüber den jüdischen Vorlagen dar.

Während der üppige Juwelenschmuck an Salomons Thron seinen unerhörten Reichtum zum Ausdruck bringt, haben auch die Tiergestalten, nämlich Löwen, Adler, Pfau und Taube, Symbolcharakter: Löwe und Adler stehen im Tierreich häufig für königliche Würde und Macht. Außerdem fällt auf, dass die in freier Wildbahn einander feindlich gesinnten Adler und Taube vor Salomon friedlich zusammenleben. Die ausgeklügelte Thronmechanik wiederum weist auf den genialen Erfindergeist hin, den die dämonischen Erbauer in Salomons Dienst gestellt haben. Allein die raschen Drehungen des Throns um seine eigene Achse stellen eigentlich ein Ding der Unmöglichkeit dar. Völlig ins Wunderbare gleitet Ṯaʿlabīs Beschreibung ab, wenn sie sich den Tieren am Thron zuwendet, die sich wie richtige Lebewesen verhalten: Während die Vögel ihre Flügel ausbreiten, strecken die Löwen ihre Pranken aus und schlagen mit ihren Schwänzen auf den Boden. Kisāʾīs Schilderung fällt noch lebensnaher aus, weiß er doch, dass die Tiere sogar ihre Stimmen ertönen lassen.[137] Diese Wunder beeindrucken die Menschen derart, dass sie vor dem Ablegen eines Meineids zurückschrecken.[138]

Auch Salomon feindlich gesinnte Machthaber erfahren die Tücken dieser Mechanik, als sie seinen Thron nach dem Ableben des israelitischen Königs in ihren Besitz bringen wollen. Die gut ausgebildete jüdische Sage findet bei den Arabern in diesem Punkt allerdings nur ein schwaches Echo. Am besten infor-

---

134 Ṯaʿlabī, *Qiṣaṣ*, S. 306.18.
135 Kisāʾī, *Qiṣaṣ*, S. 283.7.
136 Fārisī äußert sich nicht dazu, wer Salomons Thron gebaut hat.
137 Kisāʾī, *Qiṣaṣ*, S. 283.17.
138 Ṯaʿlābī, *Qiṣaṣ*, S. 306.1 f.; Kisāʾī, *Qiṣaṣ*, S. 283.21 f.

miert zeigt sich noch Ṯaʿlabī, der davon weiß,[139] dass Nebukadnezar Salomons Thron nach dessen Tod nach Antiochia bringen ließ. Der Usurpator bezahlte seine Unkenntnis der speziellen Mechanik allerdings schmerzlich. Als Nebukadnezar seinen Fuß auf die unterste Stufe setzt, holt der Löwe nämlich zu einem kräftigen Schlag gegen sein Bein aus und schleudert ihn weg. Nebukadnezar hinkt deshalb bis zu seinem Tod und leidet an quälenden Schmerzen.[140] Ṯaʿlabī erklärt abschließend, dass Kyros Salomons Thron wieder nach Jerusalem zurückgebracht habe. Da sich aber niemand habe darauf setzen können, hätten die Könige jegliches Interesse daran verloren. Der Wunderthron sei seither verschollen.[141]

Aus dem arabischen Kulturraum sind außerdem zahlreiche Berichte über Salomons Luftreisen bekannt. Sie haben sich in Anschluss an verschiedene Koranstellen ausgebildet, wonach die Winde dem Herrscher aus Jerusalem auf Gottes Geheiß untertan waren.[142] Diese wunderbare Fähigkeit illustriert in der Regel Salomons nahezu grenzenlose Macht über das Dämonenheer. Während Maqdisī die Salomon zugeschriebene Leistung aus einer rationalistischen Perspektive erklärt,[143] rücken die meisten andern Quellen bei der Beschreibung dieser Fahrten das Thaumaturgische in den Vordergrund.

So weiß Dīnawarī von einem Schrein mit den Darstellungen der islamischen Propheten und beschreibt Salomon als schönen Mann, der auf einem Flügelross sitzt. Das Pferd steht dabei für den Wind, der Salomon bei seinen Fahrten dahinträgt.[144] Bereits zur Zeit Wahb b. Munabbihs war übrigens bekannt, dass Salomon Reisen durch die Lüfte unternahm, nennt dieser Gelehrte ihn doch einen Wind-

139 Ṯaʿlabī, *Qiṣaṣ*, S. 306.21–27.

140 Dīnawarī, *al-Aḫbār aṭ-ṭiwāl*, S. 26.12, weiß, dass Nebukadnezar Salomons Thron in den Irak brachte. Über die Rückschaffung des Thrones nach Jerusalem vgl. *ibid.*, S. 29.12. Zamaḫšarī, *Kaššāf*, Kommentar zu Sure 34.14, III.284.14 f., erzählt eine ähnliche Geschichte von Farīdūn. Auch ihm wird die Mechanik von Salomons Thron zum Verhängnis, als er sich darauf setzen will.

141 Vgl. aber den Hinweis in *Tausendundeiner Nacht* („Geschichte der Schlangenkönigin", 489. Nacht, arabischer Text, Dār Ṣādir, 1424: I.744.7 f. Und 744.16 f.), wonach Salomon nach seinem Tod über die sieben Meere fortgetragen wurde. ʿAffān und Bulūqiyā entdecken ihn dort auf seinem Thron; vgl. oben bei Anm. 89–91.

142 Vgl. *Koran*, Suren 21.81; 34.12; 38.36.

143 Maqdisī, *Badʾ*, III.109.12 f. versteht Sure 34.12 als Gleichnis. Aus der koranischen Aussage, dass sowohl der Morgen- als auch der Abendwind eine Distanz von einer Monatsreise zurücklegen, leitet Maqdisī nicht ab, dass Salomon auf dem Wind in einem Tag tatsächlich so weit reist. Vielmehr schließt er daraus, dass sich Salomons Herrschaft über ein Gebiet von dieser Ausdehnung erstreckt.

144 Dīnawarī, *al-Aḫbār aṭ-ṭiwāl*, S. 22.3 f.

reiter *(ar-rākib ar-rīḥ)*.[145] Die arabische Sage lässt es allerdings nicht bei diesen allgemeinen Aussagen bewenden, sondern befasst sich eingehend mit dem Problem. Ein Bericht bei Kisā'ī zeigt auf, dass die Unterwerfung des Winds unter Salomons Befehl nicht nur Selbstzweck ist, weiß der Herrscher aus Jerusalem aus seinem Einfluss auf diese Naturkraft doch auch praktischen Nutzen zu ziehen[146]:

> Wenn Salomon auf dem Wind reiten wollte, rief er die vier Winde herbei, nämlich den Nord-, den Süd-, den Ost- und den Westwind. Dann breitete er seinen Teppich *(bisāṭ)* aus Seidenbrokat über ihnen aus. Die Innenseite des Teppichs war rot, die Außenseite grün. Gott hat ihn ihm aus dem Paradies gebracht. Allāh allein kannte seine Länge und Breite. Man sagte, dass seine Länge 660 Ellen maß. Dann setzte sich Salomon auf seinen Thron auf einem Teppich *(durnūk)* aus dem Paradies. Die Gelehrten ritten mit ihm. Der Wind trug ihn dahin, und die Vögel beschatteten ihn. Dabei lagen die Zügel des Windes in seiner Hand, wie der Reiter die Zügel seines Pferdes hält.[147] Salomon nahm das Mittagessen ein, nachdem er eine Monatsreise zurückgelegt hatte, und aß zu Abend, nachdem er eine weitere Monatsreise unterwegs gewesen war.

Die Auffassung, dass sich Salomon bei seinen Luftfahrten eines teppichartigen Hilfsmittels – bei Kisā'ī *bisāṭ* genannt – bediente, ist weit verbreitet. Unter den konsultierten Autoren erwähnt nur Ibn Hišām diesen Teppich nicht speziell, sondern gibt an, dass Salomon allein auf dem Thron durch die Lüfte sauste.[148] Kisā'ī wiederum steht mit seiner Erklärung isoliert da, dass Gott selbst den *bisāṭ* aus dem Paradies gebracht habe. Die arabische Überlieferung äußert sich dazu geschlossen anders. Ṯa'labī teilt in einer auf Muqātil zurückgehenden Überlieferung immerhin Kisā'īs Auffassung, dass der Teppich aus Stoff bestehe. Allerdings stammt Salomons Fluggerät gemäß Ṯa'labī nicht aus dem Paradies, sondern die Satane sollen diesen Teppich gewoben haben.[149]

Indem Ṯa'labī und Kisā'ī die Annahme vertreten, Salomons Fluggerät sei aus kostbaren Stoffen angefertigt worden, greifen sie das im Orient beheimatete Motiv vom Zauberer auf, der auf einem Teppich dahinfliegt. In den konsultierten Quellen dominiert allerdings die Auffassung, dass der *bisāṭ* aus Holz und nicht aus Stoff besteht. Wenn Salomon Eroberungsgelüste empfindet, lässt er sich aus Brettern ein Transportmittel zimmern, das seinem gesamten Heer Platz

---

145 Ibn Hišām (Wahb b. Munabbih), *Tīğān*, S. 156.6. Beim Ausdruck *ar-rākib ar-rīḥ* handelt es sich um eine uneigentliche Genitivverbindung.

146 Kisā'ī, *Qiṣaṣ*, S. 285.4–11.

147 Der Text lautet: „وزمام الريح بيده كما يمسك الرجل زمام فرسه“. Auch hier ist die Reitmetapher deutlich ausgearbeitet.

148 Ibn Hišām (Wahb b. Munabbih), *Tīğān*, S. 152.16 f.

149 Ṯa'labī, *Qiṣaṣ*, S. 294.1.

bietet. Zwar unterlassen die Erzähler in diesem Zusammenhang einen expliziten Hinweis auf die Erbauer dieser Konstruktion, halten aber in allgemeiner Form fest, dass Salomons ganze Armee an deren Anfertigung beteiligt war. Da in Salomons Heer auch *ǧinn* und Satane eingeteilt waren, dürften sie an der Herstellung des Gefährts zumindest mitbeteiligt gewesen sein.[150]

Salomon reitet also nicht allein durch die Lüfte, sondern unternimmt seine Reisen und Kriegszüge in Begleitung seines ganzen Hofstaats. Ṭabarī vermittelt in knappen Worten eine treffendes Bild von diesen Luftfahrten[151]:

> Wenn Salomon einen Überfall *(ġazw)* unternehmen wollte, erteilte er seinem Heer Befehl, für ihn Holz zu schlagen. Dann wurde das Heer darauf aufgestellt. Die Leute, Reittiere, Kriegsgeräte, alles wurde darauf geladen. Sobald alles, was er wollte, darauf geladen war, erteilte er dem Sturmwind Befehl, unter diese Holz[konstruktion] zu gehen und sie hochzuheben. Wenn der Sturmwind sie hochgehoben hatte, befahl er dem sanften Wind, sie am Abend eine Monatsreise weit und am Morgen eine Monatsreise weit dahinzutragen, wohin er (Salomon) gerade wollte.

Salomons Flugmanöver interessieren vorläufig nicht weiter. Es fällt aber auf, dass Ṭabarī nicht bloß ein einfaches Transportflugzeug beschreibt, sondern ein Luftschiff von gigantischer Größe schildert. Das Gefährt bietet Salomons gesamter Armee, seinen Leuten, Reittieren und Kriegsgeräten Platz. Gänzlich ins Wunderbare gleiten Berichte bei Fārisī, Ṯaʿlabī und Qazwīnī ab, die nicht mehr bloß von einem schlichten *bisāṭ* reden, sondern das Bild einer Glasstadt entwerfen, mit der Salomon durch die Lüfte brauste[152]:

> Dann befahl Salomon Ṣaḫr, ihm eine Stadt aus Glas zu machen, deren Dächer[153] und Mauern nichts verdeckten. Da baute er eine Stadt, die so lang und breit wie Salomons Heerlager war. Für jeden einzelnen Stamm errichtete er darauf ein Schloss, das tausend auf tausend Ellen maß. In jedem Schloss befanden sich Häuser, Wohnzimmer, Gebäude und Gemächer für Männer und Frauen. Dann erbaute er ein Gemach, das tausend auf tausend Ellen maß, damit darin die Gelehrten und Richter sitzen. Und er errichtete für Salomon ein kunstvolles und wunderbares Schloss, das fünftausend

---

150 Zur Vorstellung, dass Salomon einen hölzernen *bisāṭ* zimmern lässt, vgl.: Ṭabarī *Tafsīr*, Kommentar zu Sure 21.81, *ǧuzʾ* 17 in Bd. VI.37.25 f.; Ṭabarī, *Taʾrīḫ (Annales)*, I.574.4 f.; Fārisī, *Qiṣaṣ*, S. 132.3 ff.; Ṯaʿlabī, *Qiṣaṣ*, S. 294.7 ff.; Ibn al-Aṯīr, *Taʾrīḫ*, I.98.7 f.; Ibn Kaṯīr, *Bidāya*, II.27.14.
151 Ṭabarī, *Taʾrīḫ (Annales)*, I.574.4–8.
152 Qazwīnī, *ʿAǧāʾib al-maḫlūqāt* (Ausgabe F. Wüstenfeld), S. 372.25–373.5 (übersetzte Stelle; vgl. Ausgabe Miṣr, S. 216.12 ff.); siehe auch Fārisī, *Qiṣaṣ*, S. 133.7–20; Ṯaʿlabī, *Qiṣaṣ*, S. 305.18–27.
153 Verbessere *šuqūqu-hā* in *suqūfu-hā;* vgl. Ṯaʿlabī, *Qiṣaṣ*, S. 305.20; Fārisī, *Qiṣaṣ*, S. 132.10., wo von *saqf*, pl. *suquf* („Dächer"), die Rede ist.

auf fünftausend Ellen maß, schmückte es mit verschiedenen Gläsern und legte es mit unterschiedlichen Edelsteinen aus.

Wenn Salomon auf dem Wind auf seinem Teppich dahinritt, sah er alles auf seinem Teppich außerhalb der Stadt, weil das Glas so rein war, sogar die Köche, Bäcker und alle *ǧinn*, Menschen, Pferde, Dienst- und Gefolgsleute[154], die auf seinem Teppich ritten. Alles war vor Salomons Augen, während der Wind auf seinen Befehl sanft wehte, wohin er (Salomon) wollte.

Qazwīnīs Beschreibung von Salomons Hofstaat vermittelt zugleich einen Überblick über seine Machtfülle und seinen Reichtum. Die Aufmerksamkeit der übersetzten Stelle gilt aber hauptsächlich der vom Dämon Ṣaḫr errichteten Glasstadt. Auch Ṯaʿlabī weiß von einem solchen Bau und betrachtet ihn als eines jener Werke, die die *ǧinn* und Satane für den Herrscher aus Jerusalem ausgeführt hatten.

Verschiedene Quellen sind sogar noch präziser als Ṭabarī darüber informiert, wie Salomon sein imposantes Fluggerät überhaupt in die Luft brachte. Fārisī berichtet von Säulen *(ʿumud)*, die unter der Bretterkonstruktion angebracht waren und den Satanen dazu dienten, das Luftschiff zu tragen.[155] Ṯaʿlabī wiederum weiß davon, dass Salomons Glasstadt auf tausend Stützen *(rukn)* ruhte. Jede Stütze ruhte auf der Schulter von zehn Satanen.[156] Bereits Ṭabarī hat übrigens eine ähnliche Vorstellung vertreten, hält er in den *Annalen* doch fest, dass die Satane das Fluggerät vor dem eigentlichen Start anheben mussten, damit es die Winde davontragen konnten.[157] Diese Angaben zeigen außerdem auf, dass die Dämonen nicht nur beim Bau des Luftschiffs eine wichtige Rolle spielten, sondern auch beim Start eine zentrale Funktion ausübten.

Die arabische Sage ist allerdings nicht nur über die Startvorbereitungen informiert, sondern kennt auch Einzelheiten von Salomons eigentlichem Ritt auf Windesrücken. U. a. äußert sich Ibn Kaṯīr zu Salomons Flugkünsten[158]:

Salomon besaß einen Teppich *(bisāṭ)* der aus Brettern *(aḫšāb)* zusammengesetzt war. Er war so groß, dass er Platz bot für alles, dessen Salomon bedurfte an Gebäuden, Schlössern, Zelten, Hausrat, Pferden, Kamelen, Gepäck, Männern von Menschen und *ǧinn* und anderem an Lebewesen und Vögeln. Wenn Salomon eine Reise, eine Spazierfahrt oder eine Schlacht gegen einen König oder Feinde in irgendeinem Land Gottes unternehmen wollte, lud er all die erwähnten Dinge auf den Teppich und befahl dem

154 Lies *ḥašam* anstelle von *ǧašam*.
155 Fārisī, *Qiṣaṣ*, S. 132.5–10.
156 Ṯaʿlabī, *Qiṣaṣ*, S. 305.24.
157 Vgl. die Übersetzung der Ṭabarī-Stelle bei Anm. 151.
158 Ibn Kaṯīr, *Bidāya*, II.27.14–21; vgl. damit Ṭabarī, *Tafsīr*, Kommentar zu Sure 21.81, *ǧuzʾ* 17 in Bd. VI.37.23–31.

> Wind, darunter zu gehen und ihn hochzuheben. Wenn der Teppich zwischen Himmel und Erde hochgehoben worden war, befahl Salomon dem sanften Wind, ihn dahinzutragen. Wenn Salomon es schneller wollte, erteilte er dem Sturmwind Befehl, ihn so rasch wie möglich dahinzutragen. Der Wind setzte Salomon nieder, wo immer er wollte. Es verhielt sich dabei derart, dass Salomon am Anfang des Tages von Jerusalem abreiste, der Wind ihn am Morgen dahintrug und ihn in Iṣṭaḫr[159] in der Entfernung einer Monatsreise niedersetzte. Dort blieb Salomon bis am Ende des Tages. Am Abend brach er wieder auf, und der Wind trug ihn nach Jerusalem zurück, wie Gott sagte: ‚Salomon unterwarfen wir den Wind, der am Morgen die Distanz einer Monatsreise und am Abend die Distanz einer Monatsreise zurücklegt.' (Sure 34.12).

Das Zitat zeigt auf, dass die Winde Salomon Gehorsam schulden. Während bei Ibn Kaṯīr der Wind allgemein den Teppich hochhebt, ist diese Aufgabe gemäß Ṭabarī ausschließlich dem Sturmwind *(al-ʿāṣif min ar-rīḥ)* vorbehalten.[160] Ibn Kaṯīr wiederum präzisiert, dass Salomon die Reisegeschwindigkeit bestimmen kann, indem er sich von Sturm oder milder Brise dahintragen lässt. Auch setzt der Wind Salomon nieder, wo immer es dem Herrscher beliebt. Die Winde erweisen sich allerdings nur solange dienstbereit, als sich Salomon nicht selbstgefälligen Gedanken hingibt, wie eine Episode aus ʿAṭṭārs *Ilāhī-nāma* aufzeigt[161]: Während Davids Sohn auf dem Wind durch die Lüfte saust, denkt er darüber nach, dass ihm kein anderer König auf Erden ebenbürtig ist. In diesem Augenblick knickt eine Ecke des Teppichs ein, was das Leben des Herrschers in größte Gefahr bringt. Als Salomon den Wind ungehalten zurechtweist, rechtfertigt sich dieser damit, dass er ihm nur zu Gehorsam verpflichtet sei, solange sein Herz rein sei.

Gerade in dieser Unterhaltung kommt die Auffassung zum Ausdruck, dass unter dem Wind nicht einfach ein physikalisch erklärbares Naturphänomen zu verstehen ist. Der Wind ist keine abstrakte Kraft, sondern eine von Leben beseelte Naturerscheinung. Naturwissenschaftliche Erklärungen bieten keinen befriedigenden Lösungsansatz in einem gesellschaftlichen Umfeld, das im Universum allenthalben Dämonen entdeckt. Der Wind wird eindeutig mit dem Dämonischen in Verbindung gebracht, wie sich bereits aus früheren Beispielen ergibt und hier verdeutlicht werden kann.[162] Unter dem Wind (*rīḥ*, pl. *riyāḥ*) hat man sich eigent-

159 Iṣṭaḫr gilt als Vorort der Königsresidenz der Achämeniden und ist in der Nähe von Persepolis, bei Šīrāz (Iran), gelegen.

160 Ṭabarī, *Tafsīr*, Kommentar zu Sure 21.81, *ǧuz'* 17 in Bd. VI.37.26.

161 H. Ritter, *Meer der Seele*, S. 114 (mit Hinweisen auf Parallelstellen). G. Salzberger, *Salomo-Sage*, S. 90 f., macht auf eine Kisāʾī-Stelle dazu aufmerksam, die in der Eisenbergschen Textausgabe allerdings fehlt.

162 Vgl. dazu Kapitel 5, bei Anm. 127–134, zur Beziehung zwischen *ǧinn*, Schlangen und Sandstürmen.

liche Windgeister vorzustellen. Dies erklärt auch, weshalb Muḥammad die Unterwerfung der Winde unter Salomons Befehl und die Unterjochung der Dämonen im Koran zusammen erwähnt.[163]

Die vorliegende Darstellung befasst sich bewusst ausschließlich aus der Perspektive der Dämonologie mit Salomons Flugkünsten. Sie wird damit der Komplexität des Flugmotivs nicht gerecht. Salomon ist nämlich bei weitem nicht der einzige Herrscher, der gemäß Darstellungen in orientalischen Sagen durch die Luft fliegen konnte. Es sei ergänzend darauf hingewiesen, dass aus dem persisch-griechischen Raum Berichte über die Himmelsreisen Alexanders des Großen bekannt sind.[164] Auch Kay-Kāʾūs ließ sich ein Fluggefährt anfertigen, das von vier Greifenvögeln getragen wurde, die der Lenker von seinem Thron aus über eine spezielle Vorrichtung dirigieren konnte.[165] Ǧamšīd seinerseits unternahm ebenso Reisen durch die Luft.[166] Und auch von den Schamanen ist bekannt, dass sie zu Besuchen in die Ober- und Unterwelt fliegen. H. von Beit deutet Flugreisen denn auch als Seelenfahrten.[167] Da diese Fähigkeit meistens weltliche und geistige Führergestalten auszeichnet, unterstreicht das Flugmotiv zugleich Salomons außerordentliche Macht.

10.3.3 Aspekte des Wissens: Salomons Kenntnisse der Tiersprache, der Pflanzensprache und der Medizin

Weisheit und Wissen spielen in Salomons Leben bereits früh eine wichtige Rolle, wie sich anhand seiner Urteilssprüche aufzeigen ließ. Während sich der biblische Salomon in blutigen Auseinandersetzungen gegen seine Brüder durchsetzt, stellt sein arabisches Pendant seine Klugheit und damit Eignung als Davids Nachfolger in einem Wettstreit unter Beweis. Sein Wissen tritt nie in reiner Form in Erscheinung, sondern stellt stets einen Aspekt seiner Macht dar, wie sich gerade aus dem Traum von Gibeon ergibt. Als Salomon Wissen verlangt, um in den Regierungsgeschäften zu bestehen, gewährt ihm Gott diese Bitte und weist ihm eine Vorrangstellung unter den Königen zu. Wissen ist eine subtilere Form der Macht.

---

163 Vgl. *Koran,* Sure 21.81 f. und Sure 38.36 f.
164 C. Ott, *Märchen und Mythen vom Fliegen,* S. 140.
165 Firdawsī, *Šāh-nāma* (Ausgabe J. Mohl), II.42–45.
166 Firdawsī, *Šāh-nāma* (Ausgabe J. Mohl), I.52.
167 H. von Beit, *Symbolik des Märchens,* II.152 f.: die Studie ist einem Jungschen Ansatz verpflichtet.

Diese These lässt sich auch anhand von zwei Beispielen aus der arabischen Sage erhärten, war Salomon doch der Sprache der Tiere und Pflanzen mächtig.

Aus Sure 27.17 geht hervor, dass Salomons Heer neben Menschen und *ǧinn* auch Vögel umfasste. Während Männer und Dämonen im Kampf oder bei Fronarbeiten zum Einsatz kommen, besteht die Aufgabe der Vögel darin, dem König und seinen Truppen Schatten vor der brennenden Sonne zu spenden.[168] Die Zugehörigkeit von Vögeln zu Salomons Armee allein beweist, dass sie seiner Macht unterstellt sind. Außerdem brüstet sich der Herrscher aus Jerusalem in Sure 27.16 damit, der Vogelsprache *(manṭiq aṭ-ṭayr)* mächtig zu sein. Der persische Mystiker ʿAṭṭār hat diesen Ausdruck als Titel für eines seiner Epen unverändert übernommen. Er schildert darin die Reise der Vögel zu ihrem König, dem Sīmurġ, wobei der *hudhud* (Wiedehopf) die Vogelschar anführt.[169]

Indem ʿAṭṭār dem Wiedehopf diesen Ehrenplatz zugesteht, lehnt er sich erneut an den Koran an, ist der *hudhud* aus Sure 27.20–28 doch als Salomons Botenvogel bekannt. Es ist der Wiedehopf, der Salomon von der Königin von Saba erzählt und ihr einen Brief seines Gebieters überbringt. Der Wortwechsel zwischen Davids Sohn und dem Wiedehopf im Koran illustriert, dass Salomon die Tiersprache verstand. Dieses Motiv hat auch die nachkoranischen Schriftsteller fasziniert, deren reiche Ausgestaltung von Salomons Plaudereien mit dem *hudhud* später im Rahmen seiner Begegnung mit der Königin von Saba untersucht werden sollen.[170] Bereits bei dieser Gelegenheit sei jedoch festgehalten, dass Muḥammad die *Hudhud*-Geschichte dem Judentum entlehnt hat. Der *Targūm šēnī* zu Esther schreibt

168 Die arabischen Erzähler weisen in allgemeiner Form auf die Pflicht der Vögel hin, Salomons Heer Schatten zu spenden. Sie erwähnen aber auch immer wieder, dass der Wiedehopf *(hudhud)* den ihm zugewiesenen Platz im Vogelschwarm verlassen hatte, um zu Bilqīs, der Königin von Saba, zu fliegen. Da durch die Abwesenheit des *hudhud* ein Loch im Schutzdach entsteht, fällt ein Sonnenstrahl auf Salomons Haupt. Der Herrscher reagiert ungehalten über die Unbotmäßigkeit des Wiedehopfs und stellt ihm schwere Strafe in Aussicht: vgl. Ibn Hišām (Wahb b. Munabbih), *Tīǧān*, S. 155.20; Ṭabarī, *Taʾrīḫ (Annales)*, I.576.1; Ṭabarī, *Tafsīr*, Kommentar zu Sure 27.20, *ǧuzʾ* 19 in Bd. VII.81.13, 19; Zamaḫšarī, *Kaššāf*, Kommentar zu Sure 27.20, III.143.3 f.; Fārisī, *Qiṣaṣ*, S. 131.6 f., S. 136.15 ff. Gemäß Ibn Kaṯīr, *Bidāya*, II.17.7 ff., müssen die Vögel auf Salomons Geheiß Davids Leichnam beschatten.

169 ʿAṭṭār stützt sich in *Manṭiq aṭ-ṭayr* auf Gestaltungen des Stoffs in der *Risālat aṭ-ṭayr* („Sendschreiben der Vögel"), deren arabische Fassung Muḥammad al-Ġazzālī (gest. 1111) und deren persische Version dessen Bruder Aḥmad (gest. 1123) zugeschrieben werden. ʿAṭṭār erweitert diese Vorlagen wesentlich. H. Ritter, *Meer der Seele*, S. 8–18, fasst ʿAṭṭārs Epos zusammen.

170 Vgl. Kapitel 10.4.1, bei Anm. 212–215. Zum *hudhud* siehe auch H. Venzlaff, *Al-Hudhud. Eine Untersuchung zur kulturgeschichtlichen Bedeutung des Wiedehopfs im Islam.*

dem Auerhahn bei der Entdeckung der Heimat der Königin von Saba eine ähnliche Rolle zu wie die Araber dem Wiedehopf.[171]

Jüdische Quellen arbeiten die Vorstellung, dass sich Salomon mit den Tieren im Allgemeinen und den Vögeln im Besonderen unterhalten konnte, nicht vertieft aus. G. Salzberger und H. Speyer sind dieser Auffassung zwar nachgegangen, das von ihnen beigebrachte Quellenmaterial ist allerdings nicht besonders reich ausgestaltet.[172] In arabischen Quellen dagegen lassen sich in Anschluss an den Begriff *manṭiq aṭ-ṭayr* aus Sure 27.16 ausführliche Schilderungen nachweisen, wie sich Salomon mit den Vögeln unterhielt. Bei Ṯaʿlabī und Zamaḫšarī finden sich dazu eigentliche Sammlungen von Berichten über Salomons Gespräche mit Vögeln und oft auch mit weiteren Tieren.[173] Die Darstellungen bei diesen beiden Autoren sind wahrscheinlich eng voneinander abhängig. Während Ṯaʿlabīs Text besser ausgearbeitet ist, enthält die Darstellung des Korankommentators Zamaḫšarī die wesentlichen Elemente in einer knappen Fassung[174]:

> Man erzählt, dass Salomon an einer Nachtigall auf einem Baum vorbeikam, die ihren Kopf bewegte und ihren Schwanz neigte. Da fragte Salomon seine Gefährten: ‚Wisst ihr, was sie sagt?' – Sie erwiderten: ‚Allah und sein Prophet wissen es besser.' – Salomon antwortete, dass sie gesagt habe: ‚Ich aß eine halbe Dattel. Nun mag der Untergang über die Welt kommen.' Und es gurrte eine Ringeltaube. Salomon teilte mit, dass sie gesprochen habe: ‚Wollte doch der Schöpfer, dass sie nicht erschaffen worden wären.' Und es schrie ein Pfau. Da sprach Salomon: ‚Er sagt, dass du gerichtet wirst, wie du richtest.' Und es schrie ein Wiedehopf, der gemäß Salomon gesagt hat: ‚Bittet Gott um Vergebung, ihr Sünder!' Es schrie ein Strandläufer. Da übersetzte Salomon seine Rede: ‚Jedes Lebewesen stirbt, und alles Neue wird alt.' Und es schrie eine Schwalbe. Salomon erklärte ihre Rede: ‚Bringt das Gute dar, das ihr findet.' Und es schrie ein Aasgeier, worauf Salomon übersetzte: ‚Gepriesen sei mein erhabener Herr, der Himmel und Erde ausfüllt.' Und es gurrte eine Turteltaube. Salomon teilte mit, dass sie gesprochen habe: ‚Gepriesen sei mein erhabener Herr!' Der Gabelweih sagte: ‚Alles geht zugrunde außer Gott.' Das Flughuhn sprach: ‚Wer schweigt, ist wohlbehalten.' Der Papagei schrie: ‚Wehe jenem, dem die Welt am Herzen liegt.' Der Hahn sprach: ‚Gedenkt Gottes, ihr Nachlässigen!' Der Geier: ‚Mensch, leb solange du willst, dein Ende ist der Tod!' Der Adler: ‚Weit weg von den Menschen (findet man) vertrauten Umgang [mit Gott] *(uns)*.' Der Frosch: ‚Gepriesen sei mein hochheiliger Herr.'

---

171 *Targūm šēnī* zu Esther I.3., zitiert bei H. Speyer, *Die biblischen Erzählungen im Qoran*, S. 390 f.; vgl. die Übersetzung bei J. Lassner, *Demonizing the Queen of Sheba*, S. 165–167.

172 G. Salzberger, *Die Salomo-Sage*, S. 73 f.; H. Speyer, *Die biblischen Erzählungen im Qoran*, S. 384.

173 Ṯaʿlabī, *Qiṣaṣ*, S. 294.11–295.25; Zamaḫšarī, *Kaššāf*, Kommentar zu Sure 27.16, III.140.4–16; Bayḍāwī, *Anwār at-tanzīl*, Kommentar zu Sure 27.16, II.65.4–13; Ibn Kaṯīr, *Bidāya*, II.18.17–19.4. Vgl. H. Ritter, *Meer der Seele*, S. 219.

174 Zamaḫšarī, *Kaššāf*, Kommentar zu Sure 27.16, III.140.8–16.

Einzig das letzte Tier in dieser Liste, der Frosch, zählt nicht zu den Vögeln. Die andern Beispiele dagegen illustrieren, dass Salomon der Vogelsprache kundig ist. Die Vögel halten in ihrer Rede fromme Gedanken fest, machen den Herrscher aus Jerusalem auf die Vergänglichkeit alles Irdischen aufmerksam und zeigen auf, dass Gott allein Bestand hat. Die Vögel stellen damit nicht Salomons Macht als solche in Frage, sondern treten als moralische Instanz in Erscheinung. Es ist dies jedoch nicht der Ort, ihre für den islamischen Kulturraum charakteristischen Vorstellungen zu erörtern. Festzuhalten ist aber, dass es Zamaḫšarī als hohe Auszeichnung betrachtet, wenn ein Mensch die Rede der Vögel deuten kann.

Während das übersetzte Zamaḫšarī-Zitat keine eigentliche Unterhaltung zwischen gleichberechtigten Partnern schildert, sondern das Mitteilen frommer Ermahnungen beschreibt, lassen sich in den untersuchten Quellen auch Beispiele für einen aktiven Austausch von Argumenten zwischen ebenbürtigen Partnern feststellen. Es sei an Salomons Gespräche mit dem *hudhud* bzw. an seinen Richtspruch über die ʿAnqāʾ erinnert.[175] Aber auch nachkoranische Schriftsteller wissen von richtigen Diskussionen zwischen Salomon und einzelnen Vögeln.[176]

Verschiedene Autoren suchen nach Erklärungen für Salomons außerordentliche Fähigkeit. Ṭabarī meint, dass der israelitische Herrscher die Sprache der Vögel auf gleiche Weise verstand wie jene der Menschen und sieht darin einen Beleg für die besondere Begabung von Propheten.[177] Bayḍāwī seinerseits erklärt Salomons Kunst als Wunderzeichen *(muʿǧiza)* und fügt erklärend hinzu, dass Salomon vermöge seiner heiligen Kraft *(quwwatu-hū ăl-qudsiyya)* die Vorstellungen der Vögel erraten konnte.[178] Auch Ibn Kaṯīr thematisiert in seiner Argumentation das Wunderbare und verwirft die Überlieferung, wonach Salomon den Tieren aus Neid jegliche weitere Unterhaltung mit den Menschen untersagt habe. Hätten früher nämlich alle Menschen die Tiersprache verstanden, würde diese Fähigkeit Salomon nicht besonders auszeichnen.[179] Das Verstehen der Tiersprache zählt zu jenen Wundern, mit denen Gott nach islamischer Auffassung seine Propheten ehrt.

Die soeben diskutierte Ibn Kaṯīr-Stelle hält fest, dass Salomon nicht nur das Zwitschern der Vögel, sondern die Sprache aller Tiere verstand. Auch im Koran lässt sich die Auffassung nachweisen, dass der Herrscher aus Jerusalem neben der Sprache der Vögel auch jene weiterer Lebewesen verstehen konnte. Sure 27.18

175 Zu Salomons Urteilsspruch über die ʿAnqāʾ, vgl. bei Anm. 54–55.
176 Z. B. Ibn Kaṯīr, *Bidāya*, II.18.19–19.4; Taʿlabī, *Qiṣaṣ*, 295.12–25.
177 Ṭabarī, *Tafsīr*, Kommentar zu Sure 27.16, *ǧuzʾ* 19 in Bd. VII.79.28.
178 Bayḍāwī, *Anwār at-tanzīl*, Kommentar zu Sure 27.16, *ǧuzʾ* 19 in Bd. VII.79.28.
179 Ibn Kaṯīr, *Bidāya*, II.20.2–6.

beschreibt, wie der König aus Jerusalem bei einem Feldzug auf eine Ameise stieß, die ihre Artgenossen vor dem heranziehenden Heer warnte und zum Rückzug in ihren Bau aufforderte.[180] Das Verständnis dieser Episode hat den späteren Autoren großes Kopfzerbrechen bereitet:

Die Deutung des Zwischenfalls gestaltet sich besonders schwierig, da seine Fassung in Sure 27.18 f. auf unterschiedliche Elemente bloß anspielt und sie nicht präzisiert. Der koranische Bericht thematisiert einerseits den feindlichen Kontext der Begegnung, hält er doch fest, dass der Herrscher aus Jerusalem mit seinem Heer unterwegs war. Er stellt anderseits aber allfällige feindliche Absichten Salomons unmittelbar anschließend in Frage, weist die Ameisenkönigin[181] doch darauf hin, dass sich Salomon in keiner Weise bewusst war, dass er schwache Geschöpfe hätte zertreten und ihnen ein Leid zufügen können. In Anschluss an diese Argumentation hält Sure 27.19 fest, dass Salomon die Rede der Oberameise verstanden hat und zu Rücksichtnahme gegenüber den Tieren bereit ist. Die koranische Fassung richtet ihre Aufmerksamkeit damit auf Salomons Dankbarkeit gegenüber Gott, der ihm die Kenntnis der Tiersprachen verliehen hat. Indem die späteren Autoren ausgewählte Aspekte dieses Vorfalls in den Vordergrund rücken, andere aber übergehen, gelangen sie zu unterschiedlichen Interpretationen.

Bei Kisāʾī dominiert der feindliche Aspekt der Begegnung, beschreibt er doch, dass Salomon in Richtung Syrien eine dunkle Wolke, nämlich die Truppen (*kardūs* pl. *karādīs*) der Ameisen, wahrnimmt und ihnen mit seiner eigenen Armee entgegenzieht.[182] Seine Schilderung bedient sich wiederholt einer militärischen Terminologie und weiß auch, dass sich Salomon zur Bezwingung der Ameisen seines Siegelrings bediente. Seine Darstellung wirft die Frage auf, ob der Zwischenfall mit der Ameise nicht ein weiteres Mosaiksteinchen in Salomons Kampf gegen alles Dämonische bildet.

In diesem Zusammenhang interessant ist, dass verschiedene Autoren den Namen der Ameisenkönigin selbst bzw. ihres Stamms kennen. Kisāʾī nennt sie

---

180 Vgl. *Koran*, Sure 27.18 f.: Auf diese Episode spielt auch der Titel von Sure 27, *an-Naml* („Die Ameisen"), an. H. Speyer, *Biblische Erzählungen*, S. 401 f., und D. Sidersky, *Les origines des légendes musulmanes*, S. 121 f., haben den m. E. wenig überzeugenden Versuch unternommen, Vorlagen für diese Episode aus dem Judentum beizubringen. Die angeblichen Gemeinsamkeiten zwischen *Sprüche* 6.6–8 und Sure 27.18 f. beschränken sich im Wesentlichen darauf, dass an beiden Stellen von einer Ameise die Rede ist; vgl. ausserdem G. Salzberger, *Salomo-Sage*, S. 17.

181 Die koranische Fassung spricht nur von einer Ameise *(namla)*.

182 Kisāʾī, *Qiṣāṣ*, S. 284.1–20.

Waṭkam.[183] Fārisī und Ibn Kaṯīr geben übereinstimmend an, dass sie Ǧaras hieß.[184] Bei Ṯaʿlabī und Zamaḫšarī lautet ihr Name Ṭāḫiya, „die Schwarze, die Dunkle".[185] Dieser Name lässt sich zwar mit der schwarzen Farbe der Ameisen erklären, könnte aber auch auf eine dämonische Natur hindeuten. Ibn Kaṯīr und Fārisī bestätigen diese Vermutung, geben sie doch an, dass die Ameisenkönigin zu den Banū Šayṣabān, einem wichtigen *Ǧinn*-Stamm, gehört.[186] Damit in Übereinstimmung stünde auch, dass Ameisen Gänge im Boden graben und somit zu den *ahl al-arḍ*, den Erdleuten, also den *ǧinn*, gehören.[187] Salomons Begegnung mit der Ameise würde sich also in den weiteren Kontext seiner Auseinandersetzung mit allem Dämonischen einordnen.

Allerdings rücken arabische Autoren bei der Erklärung des Verhaltens der Ameisen bei der Begegnung mit Salomon auch andere Aspekte in den Vordergrund. Ṯaʿlabī z. B. unterstreicht, dass die Ameisenkönigin ihre Untertanen aus Gottergebenheit dazu auffordert, sich in ihren Bau zurückzuziehen. Hätten die Ameisen Salomons Reichtum gesehen, hätte sie dies vom Lobpreisen *(tasbīḥ)* Gottes abgehalten.[188] In einer weiteren Version weist Ṯaʿlabī darauf hin, wie Salomon das fromme Gebet einer Ameise hört, die Gott um Regen bittet.[189] Zamaḫšarī und Bayḍāwī wiederum erkennen in der Begebenheit einen Hinweis auf Salomons Mitleid mit allen Lebewesen, will er doch den Ameisen keinerlei Schaden zufügen.[190]

Die arabische Legende weiß nicht nur davon, dass Salomon die Sprache der Tiere beherrschte, sondern betrachtet ihn gelegentlich als eigentlichen Anwalt der Tiere, wie Beispiele aus Kisāʾīs Prophetenlegenden belegen.[191] Als sich eine Taube bei Salomon über ihre Sterilität beklagt, fährt er ihr mit der Hand über den Bauch. Sie schenkt darauf einer zahlreichen Nachkommenschaft das Leben.

---

183 Kisāʾī, *Qiṣāṣ*, S. 284.12. Bis anhin ließ sich der Name Waṭkam nicht erklären.

184 Fārisī, *Qiṣaṣ*, S. 134.15; Ibn Kaṯīr, *Bidāya*, II.19.18. Der Begriff *ǧaras* bedeutet „Glocke", was im vorliegenden Zusammenhang keinen unmittelbar ersichtlichen Sinn ergibt.

185 Ṯaʿlabī, *Qiṣaṣ*, S. 297.5; Zamaḫšarī, *Kaššāf*, Kommentar zu Sure 27.18, III.141.13. Ṯaʿlabī kennt außerdem den Namen *Ḫirmā*.

186 Fārisī, *Qiṣaṣ*, S. 134.15; Ibn Kaṯīr, *Bidāya*, II.19.18. Der Name bei Fārisī lautet zwar Šayḍamān; es dürfte sich dabei aber um einen Kopistenfehler handeln. Zu den Banū Šayṣabān vgl. ausführlich Kapitel 5, bei Anm. 133, und Anm. 311–314. A. Kazimirski, *Dictionnaire*, s. v., *Šayṣabān*, führt die Bedeutung „1. Fourmi. 2. Fourmilière. 3. Pou. 4. Démon, diable" an.

187 Zum Begriff *ahl al-arḍ* zur Bezeichnung der *ǧinn* vgl. Kapitel 6.2.1, bei Anm. 16.

188 Ṯaʿlabī, *Qiṣaṣ*, S. 297.14; vgl. G. Weil, *Biblische Legenden der Muselmänner*, S. 237 ff.

189 Ṯaʿlabī, *Qiṣaṣ*, S. 296.1 ff., vgl. S. 295.26 ff.

190 Zamaḫšarī, *Kaššāf*, Kommentar zu Sure 27.19, III.142.12; Bayḍāwī, *Anwār at-tanzīl*, Kommentar zu Sure 27.18, II.65.23 f.; vgl. Ṯaʿlabī, *Qiṣaṣ*, S. 296.4–9.

191 Kisāʾī, *Qiṣaṣ*, S. 270.1–19.

Nachdem eine Kuh gemäß einer andern Darstellung zwanzig Mal gekalbt hat, kann sie die harte Feldarbeit nicht mehr verrichten. Ihr Besitzer will sie deshalb schlachten. Die Kuh beklagt sich darüber bei David, der die Tiersprache offensichtlich ebenso versteht. Er weist ihre Klage mit der Begründung zurück, dass es eben das Schicksal der Kühe sei, geschlachtet zu werden. Salomon jedoch lässt Mitleid walten und erspart der Bittstellerin die ungerechte Behandlung.[192]

Es ist naheliegend, dass die Menschen hinter dem Zwitschern der Vögel einen Sinn vermuteten. Das Verstehen von Tiersprachen ist in der Mythologie ein vielfach belegtes Motiv. Seltsamer mutet demgegenüber die Vorstellung an, dass Salomon sich sogar mit Pflanzen unterhalten konnte, gelten diese Kreaturen normalerweise doch als stumm und geben keine Laute von sich. Beispiele für Salomons Gespräche mit Pflanzen lassen sich in den Quellen dennoch nachweisen, sind allerdings deutlich seltener als Belege für seine Unterhaltungen mit Tieren.

Die arabischen Quellen thematisieren Salomons Kenntnis der Pflanzensprache häufig im Rahmen von Berichten über seinen bevorstehenden Tod. Ṭabarī behandelt den Vorfall in den *Annalen* in zwei Fassungen[193]:

> *[Isnād]* Salomon pflegte sich in den Tempel zurückzuziehen für ein Jahr oder zwei, für einen Monat oder zwei, für kürzere oder längere Zeit. Speise und Trank wurden ihm hineingebracht, wie dies auch jenes Mal geschah, als er starb. Der Anfang davon war, dass Salomon an keinem Tag erwachte, ohne dass im Tempel eine Pflanze[194] wuchs. Dann ging er hin und fragte sie nach ihrem Namen. Die Pflanze antwortete dann: ‚Ich heiße so und so.' Worauf sich Salomon erkundigte: ‚Wozu bist du gewachsen?' – Sie erwiderte: ‚Ich wuchs für das und das.' Dann befahl Salomon, sie abzuschneiden. Wenn sie zum Anpflanzen gewachsen war, pflanzte er sie an. Wenn sie aber als Heilmittel gewachsen war, sprach sie: ‚Ich bin als Heilmittel für das und das gewachsen.' Dann gebrauchte Salomon sie dafür.
>
> Eines Tages wuchs eine Pflanze, die man *ḫarrūba* (Johannisbrotbaum) nannte. Da fragte er diesen Baum nach seinem Namen. Er erwiderte: ‚Ich bin die *ḫarrūba.*' Salomon erkundigte sich: ‚Wozu bist du gewachsen?' – Der Baum erwiderte: ‚Ich bin

192 Kisāʾī, *Qiṣaṣ,* macht auf weitere Beispiele dafür aufmerksam, dass sich Salomon mit den Tieren unterhalten konnte: Beim Füttern der Meerestiere spricht Salomon mit einem Fisch: S. 280.14–281.5; Diskussion Mücke–Salomon: S. 284.20–285.4.

193 Ṭabarī, *Taʾrīḫ (Annales)*: 1. Version: I.594.7 ff.; 2. Version: S. 595.2–17 (hier übersetzt). Die untersuchten Quellen enthalten verschiedene weitere, inhaltlich miteinander übereinstimmende Schilderungen des Vorfalls: Ṭabarī, *Tafsīr,* Kommentar zu Sure 34.14, *ǧuzʾ* 22 in Bd. VIII.45.4–20. Zamaḫšarī, *Kaššāf,* Kommentar zu Sure 34.14, III,284.1 ff.; Kisāʾī, *Qiṣaṣ,* S. 295.13 ff.; Ṯaʿlabī, *Qiṣaṣ,* S. 326.25 ff.; Ibn Kaṯīr, *Bidāya,* II.30.17 ff., S. 31.1 ff.; Ibn al-Aṯīr, *Taʾrīḫ,* I.103.18 ff.; Fārisī, *Qiṣaṣ,* S. 176.7 ff.

194 Gemäß A. Kazimirski, *Dictionnaire,* s. v., bezeichnet *šaǧara* jede Pflanze mit einem Stengel; es kann sich auch um einen Baum handeln.

> zur Zerstörung *(ḫarāb)* dieses Gebetsplatzes gewachsen.' – Salomon sprach: ‚Gott möge ihn nicht zerstören, solange ich lebe. Du bist jener, auf dessen Gesicht mein Untergang und die Zerstörung des Tempels geschrieben stehen.' Da riss er ihn aus und pflanzte ihn in einem Gemäuer *(ḥā'iṭ)* an.

Bei dieser Gelegenheit interessiert nicht, dass Salomon aus seiner Unterhaltung mit dem Johannisbrotbaum von seinem baldigen Ableben und der bevorstehenden Zerstörung Jerusalems erfährt. Relevant ist einzig, dass er mit verschiedenen Pflanzen Gespräche führt. Der König erkundigt sich dabei nach ihren Namen, bringt aber auch ihren Nutzen in Erfahrung. Sein Interesse für die Heilpflanzen ist besonders ausgeprägt. Indem er ihre Wirksamkeit gegen Krankheiten und Gebrechen notiert, ermöglicht er den Menschen, selbst nach seinem Ableben von diesen Kenntnissen zu profitieren.[195] Salomon erweist sich damit als eigentlicher Kulturstifter. Fārisī präzisiert *expressis verbis*, dass der König aus Jerusalem bei dieser Gelegenheit die Grundlage der Medizin legte.[196] Bereits aus jüdischen Quellen ist übrigens bekannt, dass Salomon Kenntnis von der Heilwirkung von Wurzeln und Kräutern hatte.[197] Da Krankheiten gemäß traditioneller muslimischer Auffassung von *ǧinn* verursacht werden, ordnet sich auch dieses Wissen Salomons in den weiteren Kontext seines Kampfs wider alles Dämonische ein.

Die arabischen Quellen berichten aber nicht nur in Darstellungen über Salomons herannahenden Tod von seinen Gesprächen mit Pflanzen. Ibn Hišām thematisiert diese Fähigkeit vielmehr auch in einem Bericht über einen hochgelehrten Mann, der Salomon im Vorfeld der Begegnung mit der Königin von Saba im königlichen Heerlager besucht.[198] Das Treffen findet statt, als Salomon bei seiner Reise in den Jemen in Naǧrān vorbeikommt, wo al-Qalammas b. ʿAmr, Bilqīs' Statthalter, herrscht. Al-Qalammas, dessen Name „sehr kluger, gewitzter Mann" bedeutet, zeichnet sich unter den Arabern durch seine Weisheit aus. Er will Salomons Wahrsagekünste, Weisheit und ärztliche Kenntnisse auf die Probe stellen, muss allerdings seine Unterlegenheit eingestehen. Al-Qalammas ist besonders beeindruckt, als er Zeuge wird, wie verschiedene Kräuter Salomon ihren Namen und ihre Heilkräfte nennen. Da dieses medizinische Wissen das seine übertrifft, anerkennt der Herrscher von Naǧrān Salomons Vorrangstellung und nimmt seinen Glauben an. Der König aus Jerusalem teilt diese Auszeichnung übrigens mit Ǧamšīd.[199]

195 So gemäß Ṭabarī, *Tafsīr*, Kommentar zu Sure 34.14, *ǧuz'* 22 in Bd. VIII.45.5.
196 Fārisī, *Qiṣaṣ*, S. 176.13: „Waḍaʿa aṭ-ṭibb".
197 *Weisheit Salomons* 7.20: in E. Kautzsch, *Apokryphen*, I.490; vgl. 1. *Könige* 5.13.
198 Ibn Hišām (Wahb b. Munabbih), *Tīǧān*, S. 153.16–155.1.
199 Vgl. Firdawsī, *Šāh-nāma* (Ausgabe J. Mohl), I.50 v. 43 f., I.54 v. 73.

10.3.4 Salomon: Ein weiser Zauberer?

Salomons Ruf als kluger und mächtiger Herrscher findet darin eine Erweiterung, dass er als weiser Zauberer gilt.[200] Die folgenden Ausführungen machen nur auf diese Vorstellung aufmerksam, zielen aber nicht auf eine umfassende Klärung dieser hochkomplexen Frage ab. Sure 2.102, der koranische *locus classicus* zur Magie *(siḥr)*, spielt für Salomons Einordnung als Zauberer in der islamischen Welt eine zentrale Rolle:

> Und sie[201] sind dem gefolgt, was die Satane während der Herrschaft Salomons vorlasen.[202] Salomon aber war nicht ungläubig, sondern die Satane waren es, indem sie die Menschen Zauberei lehrten und das, was den beiden Engeln in Babel, Hārūt und Mārūt, geoffenbart worden war. Doch sie beide lehren niemand, ohne zu sagen: Wir sind nur eine Versuchung *(fitna)*, sei also nicht ungläubig.

Diese Koranstelle verteidigt Salomon entschlossen gegen den Vorwurf der Zauberei, stellt die Existenz von Magie aber als Realität dar. Nicht nur die Satane, sondern auch die beiden Engel Hārūt und Mārūt unterrichten die Menschen darin. Die arabische Kommentarliteratur hat sich ausführlich mit Sure 2.102

---

200 Die Entwicklung Salomons zum Magier und König über die Geister ist bereits im *Alten Testament* angelegt: 1. *Könige* 5.9–14 hält fest: „(9) Und Gott gab Salomo Weisheit und hohe Einsicht und einen Verstand so weitreichend wie der Sand am Gestade des Meeres. (10) Und die Weisheit Salomos war größer als die Weisheit aller Söhne des Morgenlandes und als alle Weisheit Ägyptens. (11) Er war weiser als alle Menschen, weiser als Ethan, der Esrahite, und Heman, Chalchol und Darda, die Söhne Mahols, und er war berühmt bei allen Völkern ringsumher. (12) Und er dichtete dreitausend Sprüche, und seine Lieder waren 1005. (13) Er redete von den Bäumen, von der Zeder auf dem Libanon bis zum Ysop, der aus der Mauer wächst. Auch redete er von den großen Tieren, von den Vögeln, vom Gewürm und von den Fischen. (14) Und aus allen Völkern kamen Leute, die Weisheit Salomons zu hören, und von allen Königen auf Erden, die von seiner Weisheit gehört hatten, empfing er Geschenke." Vgl. *Weisheit Salomos*, 7.17–21, in E. Kautzsch, *Apokryphen*, I.490; H. A. Winkler, *Salomo und die Ḳarīna*, S. 176. In jüngerer Vergangenheit hat sich besonders P. Torijano, *Solomon, the esoteric king: from king to magus, development of a tradition* (2002) mit den entsprechenden Vorstellungen im Judentum befasst.

201 Gemeint ist die im vorangehenden Vers erwähnte Gruppe von Monotheisten, die die Offenbarung achtlos wegwarfen.

202 Vgl. J. C. Bürgel, *Allmacht und Mächtigkeit*, S. 199 mit Anm. 124 (S. 378). Die hier vorgeschlagene Übersetzung von *ʿalā mulki Sulaymān* „während bzw. unter Salomons Herrschaft" folgt Ṭabarī, *Tafsīr*, Kommentar zu Sure 2.102, *ǧuzʾ* 1 in I.337.21 ff. Vgl. englische Übersetzung von J. Cooper: *The Commentary on the Qurʾān by aṭ-Ṭabarī*, S. 480; R. Paret übersetzt: ‚unter der Herrschaft Salomons'. H. Bobzin schlägt die Übertragung ‚zur Zeit der Herrschaft Salomons' vor.

befasst,[203] wobei sich Ṭabarī mit den aufgeworfenen Fragen besonders gründlich auseinandersetzt.[204]

Ein auf Šahr b. Ḥawšab zurückgeführter Bericht äußert sich zur Zeit, da Salomon seine Macht vorübergehend verloren hatte.[205] Demnach begannen die Satane während Salomons temporärer Abwesenheit, Zaubersprüche aufzuschreiben. Diese Unholde hielten auf dem Titelblatt ihrer Sprüchesammlung fest, dass Āṣaf b. Baraḫiyā, Salomons Wesir, dieses Wissen für seinen Gebieter festgehalten habe. Indem sie Āṣaf als Verfasser dieser Bände bezeichnen und die Bücher unter Salomons Thron vergraben, beabsichtigen die Satane, diese Texte ihrem Bezwinger selbst in die Schuhe zu schieben.

Nach Salomons Tod stellt sich Iblīs bei den Menschen ein und lässt sie wissen, dass der Dämonenbezwinger eben kein Prophet, sondern ein gemeiner Zauberer *(sāḥir)* gewesen sei. Nachdem er den Leuten das Versteck mit den Zauberschriften gezeigt hat, sind die Anwesenden überzeugt, dass Salomon nur dank seinem Wissen über Magie über schier unbeschränkte Macht verfügte. Allerdings lassen sich die Gläubigen von Iblīs nicht in die Irre führen. Am Schluss der beigebrachten Überlieferung hält Ṭabarī fest, dass die Juden heftige Kritik an Muḥammad äußern, der es im Koran gewagt habe, Salomon zu den Propheten zu rechnen:

> [Die Juden sagten:] Schaut Muḥammad an, wie er Wahres mit Falschem vermischt, indem er Salomon unter den Propheten erwähnt. Salomon war nur ein Zauberer, der auf dem Wind ritt.

Ṭabarī hält abschließend fest, dass Gott seinen Propheten Muḥammad in diesem Streit gegen die Juden unterstützte und ihm zur Verteidigung von Davids Sohn Sure 2.102 offenbarte, die Salomon von jeglichem Verdacht der Zauberei reinwäscht.

Ṭabarī unterstreicht Salomons Unschuld außerdem, indem er eine auf den Gewährsmann Qatāda zurückgehende Überlieferung anführt, dessen Sicht der Dinge sich in wesentlichen Punkten von der vorangehenden Schilderung unter-

---

203 Kommentar zu Sure 2.102: Ṭabarī, *Tafsīr, ǧuz'* 1, I.334–340; Zamaḫšarī, *Kaššāf*, I.301.1–8; Bayḍāwī, *Anwār at-tanzīl*, I.76.2–19; Ibn Hišām (Wahb b. Munabbih), *Tīǧān*, S. 166.4–21; Fārisī, *Qiṣaṣ*, S. 178.15 ff.; Kisā'ī, *Qiṣaṣ*, S. 295.21 ff.

204 Es ist im vorliegenden Rahmen ausgeschlossen, den zahlreichen Überlieferungen dazu nachzugehen. Die weiteren Ausführungen greifen nur ausgewählte Beispiele aus Ṭabarīs Materialsammlung zur Frage auf.

205 Ṭabarī, *Tafsīr*, Kommentar zu Sure 2.102, *ǧuz'* 1, in I.339.22–340.1. Zum vorübergehenden Machtverlust Salomons vgl. unten Kapitel 10.6.2 „Salomons Heimsuchung".

scheidet.[206] Bereits zu Salomons Lebzeiten sollen die Satane Zauberbücher verfasst und die Menschen in Magie unterwiesen haben. Als Davids Sohn Kenntnis von diesen Werken erhält, lässt er sie einziehen und begräbt sie selbst unter seinem Thron. Er tut dies aus Widerwille davor, dass die Leute diese Schriften studieren könnten *(karāhiyata ʾan yataʿallama-hā ăn-nās)*. Die Satane holen diese Schriften nach Salomons Ableben aber wieder hervor, unterweisen die Menschen unbehelligt in Magie und beschuldigen Salomon, diese Zauberbücher den Leuten vorenthalten zu haben. Nur dank seinen Kenntnissen der Magie habe er über unbeschränkte Macht verfügt. Sure 2.102 entkräftet diesen Vorwurf allerdings.

10.4 Die Begegnung mit der Königin von Saba

10.4.1 Die Darstellungen in der Bibel, im Koran und im *Targūm šenī*

Bereits die Bibel weiß von der großen Zahl von Salomons Geliebten. 1. *Könige* 11.3 hält fest, dass am Königshof in Jerusalem neben siebenhundert Hauptfrauen dreihundert Kebsweiber lebten. Auch den arabischen Quellen ist die Vorstellung geläufig, dass Davids Sohn mit tausend Frauen Beischlaf pflegte.[207] Die nachkoranischen Überlieferungen kennen nur vereinzelte Freundinnen Salomons namentlich. Ǧarāda und Amīna spielen bei Salomons Heimsuchung eine wichtige Rolle, wie es noch aufzuzeigen gilt.[208] Wesentlich berühmter ist allerdings die Königin von Saba, die im Orient Bilqīs[209] genannt wird.

Die spätere Überlieferung bringt diese Königin mit dem Jemen in Verbindung. Sie wird im Koran in Sure 27.17–44 und Sure 34.15–21 erwähnt. Während sich Sure 27, *Die Ameisen*, mit dem Treffen der Königin von Saba mit Salomon befasst, spielt Sure 34, *Die Sabäer*, auf das Schicksal ihres Volkes an. Dank diesen beiden Passagen aus der mekkanischen Periode der Offenbarung ging Bilqīs ins Bewusstsein der islamischen Völker ein. Der Bericht aus Sure 27 bildet dabei den Kern der islamischen Legende um den Dämonenbezwinger, hat der Koran doch

---

206 *Ibid.*, S. 339.10–16.

207 Die Einzelheiten (genaue Zahl, Verhältnis angetraute Frauen–Konkubinen) variieren von Autor zu Autor, vgl. Ibn Kaṯīr, *Bidāya*, II.15.23 f.; Ṭabarī, *Taʾrīḫ (Annales)*, I.575.7 f.; Ṭabarī, *Tafsīr*, Kommentar zu Sure 38.40, *ǧuzʾ* 23 in Bd. VIII.93.23 f.; Ibn al-Aṯīr, *Taʾrīḫ*, I.98.10; Zamaḫšarī, *Kaššāf*, Kommentar zu Sure 27.16, III.140.26; Fārisī, *Qiṣaṣ*, S. 153.9.

208 Vgl. Kapitel 10.6.2.

209 Siehe zu ihr jetzt auch A. Havemann, Artikel „Bilqīs", in *EI Three*, Online-Ausgabe, konsultiert am 20. Januar 2012.

keinem andern Element aus dem Salomonzyklus auch nur annähernd so viel Aufmerksamkeit geschenkt wie der Begegnung zwischen diesen beiden Monarchen.[210]

Die folgenden Ausführungen stellen einleitend die wichtigsten Berichte über das Treffen zwischen Salomon und Bilqīs sowohl in der jüdisch-christlichen als auch der islamischen Tradition vor. Die Aufmerksamkeit gilt anschließend der Rezeption und Interpretation dieser Ausgangstexte durch die späteren muslimischen Autoren. Dieses Vorgehen soll den Blick für Abhängigkeiten und Eigenständigkeit des koranischen Berichts schärfen.

Die älteste schriftliche Fassung der Begegnung der beiden Monarchen ist zweifellos jene, die dem westlichen Leser aus der Bibel bekannt ist. Der Bericht in 1. *Könige* 10.1–13 eignet sich als Einstieg ins Thema[211]:

> (1) Als die Königin von Saba von dem Ruhme Salomos hörte, kam sie, ihn mit Rätseln zu erproben. (2) Sie kam nach Jerusalem mit sehr großem Gefolge, mit Kamelen, die Spezerei, Gold in Menge und Edelsteine trugen. Und als sie zu Salomo kam, fragte sie ihn alles, was sie sich vorgenommen hatte, (3) und Salomo gab ihr auf all ihre Fragen Bescheid; es war dem König nichts verborgen, dass er ihr nicht hätte Bescheid geben können. (4) Als aber die Königin von Saba all die Weisheit Salomos sah und den Palast, den er gebaut hatte, (5) und die Speisen auf seinem Tische, die Tafelordnung für seine Beamten, die Aufwartung seiner Diener und ihre Gewänder, seine Trinkeinrichtung und auch sein Brandopfer, das er im Tempel des Herrn darzubringen pflegte, geriet sie vor Staunen außer sich (6) und sprach zum König: Volle Wahrheit ist es gewesen, was ich in meinem Lande über dich und deine Weisheit gehört habe. (7) Ich habe es nicht glauben wollen, bis ich hergekommen bin und es mit eigenen Augen gesehen habe. Wahrlich, nicht die Hälfte ist mir berichtet worden: du hast mehr Weisheit und Reichtum, als das Gerücht sagt, das ich gehört habe. (8) Glücklich deine Frauen, glücklich diese deine Diener, die allzeit vor dir stehen und deine Weisheit hören! (9) Gepriesen sei der Herr, dein Gott, der Wohlgefallen an dir gefunden, so dass er dich auf den Thron Israels gesetzt hat! Weil der Herr Israel liebhat immerdar, darum hat er dich zum König eingesetzt, dass du Recht und Gerechtigkeit übest. (10) Und sie gaben dem König 120 Talente Gold und Spezerei in großer Menge und Edelsteine; nie wieder kam so viel Spezerei ins Land, wie die Königin von Saba dem König Salomo gab. (11) Auch brachten die Schiffe Hirams, die Gold aus Ophir holten, sehr viel Sandelholz und Edelsteine aus Ophir mit. (12) Und der König ließ aus dem Sandelholz Geländer machen für den Tempel des Herrn und für den Königspalast und Lauten und Harfen für die Sänger; so viel Sandelholz ist nie mehr ins Land gekommen noch gesehen worden bis auf diesen Tag. (13) König Salomo aber gab der Königin von Saba alles, was sie begehrte

210 Es fällt auf, dass auch traditionalistisch ausgerichtete Quellen bei der Schilderung dieses Treffens ihre sonst zu beobachtende Zurückhaltung bei der Behandlung von dämonlogie-relevanten Fragestellungen ablegen und sich damit erstaunlich unbefangen auseinandersetzen; vgl. dazu auch Kapitel 2, Anm. 74.

211 Die spätere Parallelstelle dazu in 2. *Chronik* 9.1–12 wiederholt diese Verse nahezu wörtlich.

und erbat, außer dem, was er ihr schenkte, wie ein König zu schenken pflegt. Darnach kehrte sie um und zog in ihr Land samt ihrem Gefolge.

Die Bibel erzählt vor diesem Abschnitt über mehrere Kapitel von Salomons Tempelbau und schildert die Regierungsmaßnahmen, dank denen der weise König seine Macht zu festigen vermag.[212] Der Übergang zum Bericht über den Besuch der Königin am Hof Salomons erfolgt unvermittelt. Höchstens Salomons Ruhm, der in seiner Weisheit, seinem Reichtum und seiner Bautätigkeit begründet liegt und die Königin zur Reise nach Jerusalem veranlasst, stellt das Bindeglied zum Bericht über den Besuch der jemenitischen Herrscherin dar.

Das *Alte Testament* beschreibt in seiner Darstellung des Besuchs der Königin aus dem Süden aber nicht nur Salomons gewaltigen Besitz, sondern widmet seine Aufmerksamkeit auch dem Reichtum der Königin von Saba. Das Königsbuch schildert ihr Gefolge ausführlich. Die fremde Herrscherin tritt jedoch nicht bloß mit Geschenken beladen vor Salomon, sondern stellt ihren Gastgeber auch mit Rätseln auf die Probe. Ihre listigen Fragen bringen ihn allerdings nicht aus der Fassung. Als sie Salomons Reichtum sieht und sich seiner Weisheit bewusst wird, kommt sie nicht mehr aus dem Staunen. Die fremde Herrscherin äußert sich sogar anerkennend über den Gott Israels. Die zitierte Bibelstelle schließt mit einem knappen Hinweis darauf, wie die Königin mit ihrem Gefolge wieder heimzieht, und spielt auf die Geschenke an, die Salomon ihr machte, und auf die Wünsche, die er ihr erfüllte.

Der koranische Bericht über Bilqīs' Besuch bei Salomon hebt sich deutlich von der Darstellung im *Alten Testament* ab. Die islamische Offenbarung bringt zahlreiche neue Elemente ins Spiel, deren Sinn häufig unklar bleibt. Wegen seiner großen Bedeutung für die Entwicklung des Salomonbilds im islamischen Kulturraum wird der Korantext hier in Übersetzung wiedergegeben (Sure 27.17–44):

(17) Für Salomon wurden seine Truppen an *ǧinn*, Menschen und Vögeln versammelt und in Reihen aufgestellt. (18) Als sie zum Tal der Ameisen kamen, sprach eine Ameise: ‚Ihr Ameisen, tretet ein in eure Wohnungen, damit Salomon und seine Truppen euch nicht erdrücken, ohne es zu merken.' (19) Da lächelte er über ihre Rede und sprach: ‚Mein Herr, treibe mich dazu an, dass ich für deine Gnade, die du mir und meinen Eltern erwiesen hast, dankbar bin und dass ich etwas Rechtes tue, womit du zufrieden bist. Und nimm mich kraft deiner Barmherzigkeit auf [in die Schar] deiner rechtschaffenen Diener.' (20) Er musterte die Vögel und sprach: ‚Warum sehe ich den Wiedehopf nicht? Ist er abwesend? (21) Ich werde ihn hart bestrafen oder ihn sogar abschlachten, es sei denn, er bringe mir einen klaren Grund [für sein Fernbleiben].' (22) Der Wiedehopf blieb nicht [mehr länger] fern und sprach: ‚Ich habe erfasst, was du nicht

212 1. *Könige* 6–9.

erfasst hast, und bringe dir von den Sabäern sichere Kunde. (23) Ich habe eine Frau gefunden, die über sie herrscht und mit allem ausgestattet ist, und sie besitzt einen gewaltigen Thron. (24) Ich habe gefunden, dass sie und ihr Volk die Sonne anbeten an Stelle Gottes. Der Satan hat ihnen ihre Handlungen ausgeschmückt und sie vom [rechten] Weg abgehalten, so dass sie nicht rechtgeleitet sind. (25) Warum werfen sie sich nicht nieder vor Gott, der das Verborgene in den Himmeln und auf Erden zum Vorschein bringt, und der weiß, was ihr verbergt, und was ihr offen kundtut? (26) Gott, es gibt keinen Gott außer ihm, dem Herrn des gewaltigen Throns.' (27) [Salomon] sagte: ,Wir werden sehen, ob du die Wahrheit gesprochen hast oder zu den Lügnern gehörst. (28) Geh weg mit diesem meinem Brief und wirf ihn ihnen zu! Dann wende dich von ihnen ab und sieh zu, was sie erwidern!' (29) [Die Königin] sprach: ,Ihr Vornehmen, es ist mir ein edler Brief zugeworfen worden. (30) Er ist von Salomon und ist im Namen Gottes, des barmherzigen Erbarmers. (31) Erhebt euch nicht gegen mich und kommt als Muslime zu mir!' (32) Sie sprach: ,Ihr Vornehmen, gebt mir einen Rat in meiner Angelegenheit! Ich fälle keinen Entscheid, ohne dass ihr bei mir anwesend seid.' (33) Sie erwiderten: ,Wir besitzen Macht und große Stärke, aber die Sache obliegt dir. Siehe du, was du befehlen willst!' (34) Sie sprach: ,Wenn Könige eine Stadt betreten, vernichten sie sie und machen die mächtigsten ihrer Bewohner zu den niedrigsten. So machen die es. (35) Ich will ihnen ein Geschenk schicken und sehen, was die Gesandten zurückbringen.' (36) Als sie zu Salomon kamen, sprach dieser: ,Wollt ihr mich mit Reichtum überschütten? Was Gott mir gegeben hat, ist besser, als was er euch gegeben hat. Und ihr freut euch noch über euer Geschenk! (37) Kehr[t] zu ihnen zurück. Wir werden mit Truppen zu ihnen kommen, gegen die sie nichts auszurichten vermögen, und wir werden sie als sehr niedrige und geringgeachtete Leute aus ihrer Stadt vertreiben.' (38) Er sagte [zu seinen Leuten]: ,Ihr Vornehmen, wer von euch bringt mir ihren Thron, bevor sie als Muslime zu mir kommen?' (39) Ein *ʿifrīt* von den *ǧinn* sprach: ,Ich bringe ihn dir, bevor du dich von deinem Platz erhebst. Ich habe die Macht dazu und bin zuverlässig.' (40) Jener, der Wissen von der Schrift besaß, sprach: ,Ich bring ihn dir, bevor dein Blick zu dir zurückkehrt.' Als er ihn vor sich stehen sah, sprach Salomon: ,Dies geschieht durch die Güte meines Herrn, um mich auf die Probe zu stellen, ob ich dankbar oder undankbar bin. Jener, der [Gott] dankbar ist, ist es zu seinen eigenen Gunsten. Und jener, der [ihm] undankbar ist, [soll wissen, dass] mein Herr sich selbst genügt und edel ist.' (41) Er sprach: ,Macht ihr ihren Thron unkenntlich! Wir wollen sehen, ob sie rechtgeleitet ist oder zu jenen gehört, die nicht rechtgeleitet sind.' (42) Als sie gekommen war, sagte man zu ihr: ,Sieht dein Thron so aus?' – Sie erwiderte: ,Es ist, als ob er es wäre.' – Uns ist vor ihr Wissen gegeben worden, und wir waren Muslime. (43) Was sie an Stelle Gottes anbetete, hat sie [vom rechten Weg] abgehalten. Sie gehörte zu den ungläubigen Leuten. (44) Man sagte zu ihr: ,Betritt das Schloss!' Als sie es sah, hielt sie es für tiefes Wasser und enthüllte ihre Beine. Salomon sprach: ,Es ist ein Schloss, das mit Glas ausgelegt ist.' – Sie sprach: ,Mein Herr, ich habe mir selbst Unrecht getan. Mit Salomon ergebe ich mich Gott, dem Herrn der Welten.'

Diese Koranpassage unterscheidet sich deutlich von der biblischen Darstellung. Während das angeführte Zitat die Rolle des Wiedehopfs als Botenvogel zwischen der Königin und Salomon klar ausarbeitet, ist die Tragweite anderer Elemente schleierhaft. Es bleibt z. B. rätselhaft, was es mit dem Transport des Throns der

Königin von Saba zu Salomon auf sich hat. Auch die Funktion des Glasbodens wird im letzten Vers im obigen Zitat nicht hinreichend verdeutlicht. Die Erzählung vom Besuch der Königin von Saba bei Salomon im *Alten Testament* kann allein deshalb nicht als Vorlage für die koranische Fassung gedient haben, da diese und weitere Elemente darin fehlen.

Während der biblische Bericht dem Austausch von Geschenken zwischen den beiden Monarchen viel Beachtung schenkt, thematisiert der Koran dies sozusagen *ex negativo* und nur insofern, als Salomon die Kostbarkeiten der fernen Herrscherin zurückweist.[213] Wenn der König aus Jerusalem sein Verhalten im Koran damit begründet, dass Gott ihn besser beschenkt hat als die Sabäer, spielt er auf seine religiöse Überlegenheit an. Auch die Erklärungen, die der Wiedehopf bei seiner Rückkehr zu Salomon abgibt, rücken religiöse Argumente in den Vordergrund und charakterisieren die Königin aus dem Jemen als ungläubige Sonnenanbeterin.[214] Salomon aber zählt im Islam zu jenen Propheten,[215] die vor Muḥammad lebten und ist damit dem Monotheismus zuzuordnen. Die Begegnung der beiden Monarchen entpuppt sich also auch als Aufeinanderprallen von Islam und Heidentum.

Mit der Zurückweisung ihrer Geschenke fügt Salomon der fremden Machthaberin noch vor ihrer Ankunft an seinem Hof eine entscheidende Niederlage zu. Die Besucherin muss später allerdings weitere Rückschläge hinnehmen. Weitaus am schmerzlichsten dürfte es für sie sein, dass Salomon ihren im Jemen verwahrten Thron herbeischaffen lässt und sich damit des Symbols ihrer königlichen Gewalt bemächtigt. Auch dieser Raub thematisiert indirekt die Überlegenheit des Eingottglaubens, schlägt doch Salomon das Angebot eines *ʿifrīts* aus und akzeptiert den Beistand jenes Helfers, der ihm den Thron dank seines Wissens von der (heiligen) Schrift herbeischaffen will.[216]

Diese beiden Elemente, die Ablehnung der Geschenke und der Thronraub, nehmen den Höhepunkt des koranischen Berichts vorweg, wird sich die Besucherin aus dem Jemen schließlich doch ihres Irrglaubens bewusst und tritt zum Islam über. Die islamische Offenbarung geht in diesem Punkt über das *Alte Testament* hinaus, wo sich Salomons Ansehen allein dadurch steigert, dass ihm die Königin von Saba ihre Ehre erweist. Zwar spielt auch der Koran auf Salomons

---

213 Sure 27.36.

214 Sure 27.24.

215 Zur Darstellung Salomons als Prophet im Koran vgl. z. B. Sure 4.163.

216 J. Lassner, *Demonizing the Queen of Sheba*, S. 64–87, interpretiert diesen Vorfall in erster Linie als Kampf der Geschlechter. Indem sich Salomon durchgesetzt habe, habe eine patriarchale Ordnung gegenüber einem matriarchalen System die Oberhand gewonnen.

materielle Überlegenheit und Gewalt an. Seine Übermacht impliziert jedoch ein religiöses Moment und zielt darauf ab, den Beweis für die bedingungslose Vorrangstellung des Islams gegenüber jeder andern Religion zu erbringen.

Aus diesen Überlegungen geht hervor, dass zwischen den Darstellungen des Besuchs der Königin von Saba bei Salomon in Bibel und Koran weder in inhaltlicher noch in interpretatorischer Hinsicht enge Bande bestehen. Die Unterschiede zwischen der islamischen Offenbarung und dem *Alten Testament* sind zu zahlreich, als dass die Bibelstelle Muḥammad als direkte Quelle hätte dienen können.

Das im Koran enthaltene Erzählgut stammt bekanntlich nicht allein aus biblischen Quellen, sondern es lehnt sich oft an Legenden an, die zu Muḥammads Zeit im Hedschas im Umlauf waren. Weil viele Sagen den Zuhörern vertraut waren, konnte sich der Prophet im Koran auf knappe Anspielungen beschränken. Die Juden haben bei der Verbreitung dieses Erzählguts eine wichtige Rolle gespielt.[217] Auch der Bericht von der Begegnung der Königin von Saba und Salomon geht wesentlich auf jüdische Überlieferungen zurück, von denen Muḥammad mit großer Wahrscheinlichkeit über mündliche Kanäle erfahren hat. Entsprechende Schilderungen lassen sich in der schriftlichen jüdischen Tradition nachweisen und sind Ausgangspunkt der weiteren Erörterungen.[218]

Auch aus dem Judentum sind aber nur wenige schriftliche Quellen bekannt, die sich eingehend zur Begegnung der beiden Monarchen äußern. Die längste und am besten ausgearbeitete Fassung findet sich im *Targūm šenī* zum Buch Esther.[219] Der Verfasser dieses Textes folgt dem Esther-Buch frei und fügt zahlreiche Legenden in seine Erzählung ein. Die zeitliche Einordnung des *Targūm šenī* ist nicht gesichert. Während die einen als Entstehungszeit das 3. oder 4. Jh. christlicher Zeitrechnung vermuten, setzen ihn andere bedeutend später, nämlich im 7. oder sogar erst im 11. Jh. an.[220] Die Frage, ob dieser Text noch vor Muḥammad

---

217 Vgl. W. M. Watt, *Muhammad at Medina*, S. 192–220. Am besten erforscht sind Muḥammads Beziehungen zur jüdischen Gemeinde in Medina. Die beiden hier relevanten Suren 27 und 34 gehören allerdings noch der mekkanischen Periode an.

218 Vgl. Lou H. Silbermann, „The Queen of Sheba in Judaic Tradition", S. 65–71; A. Geiger, *Was hat Mohammed aus dem Judenthume aufgenommen?* S. 187–194; H. Speyer, *Die biblischen Erzählungen im Qoran*, S. 389–398; D. Masson, *Monothéisme coranique et monothéisme biblique*, S. 422–430. Das jüdische Quellenmaterial ist dank J. Lassners Studie *Demonizing the Queen of Sheba* gut zugänglich.

219 Für eine Übersetzung siehe J. Lassner, *Demonizing the Queen of Sheba*, S. 165–167. Die folgende Zusammenfassung stützt sich auf H. Speyer, *Biblische Erzählungen*, S. 389–398.

220 Vgl. Lou H. Silbermann, „The Queen of Sheba in Judaic Tradition", S. 65 f.; A. Klein-Franke, „Die Königin von Saba in der jüdischen Überlieferung", S. 105.

abgefasst wurde, kann hier jedoch offen bleiben, da er altes, d. h. sicherlich vorkoranisches, Erzählgut enthält.

Der Bericht über den Besuch der Königin von Saba bei Salomon im *Targūm šenī* knüpft an die Beschreibung eines Festgelages an, das der König Achaschwerosch gemäß Esther I.3 für seine Fürsten veranstaltet. Der Verfasser des *Targūm* ist darauf bedacht, Salomons Ruhm im besten Licht darzustellen, und betont, dass der Sohn Davids ein weit eindrücklicheres Lustmahl gab als Achaschwerosch. Bei Salomons Fest versammelten sich nämlich nicht nur die Könige, sondern auch die wilden Tiere, Vögel, Reptilien, Teufel und Dämonen erweisen ihm die Ehre. Nur der Auerhahn leistet Salomons Einladung keine Folge. Seine Unbotmäßigkeit beleidigt Davids Sohn derart, dass er dem fehlbaren Vogel mit dem Tod droht.

Salomons Drohung gegen den Auerhahn im *Targūm šenī* erinnert an die Strafe, die der Herrscher aus Jerusalem im Koran dem Wiedehopf in Aussicht stellt.[221] Auch gemäß der jüdischen Quelle dauert es nicht lange, bis der Auerhahn zu Salomon zurückkehrt. Er berichtet ihm von seinen ausgedehnten Erkundungsflügen, bei denen er nach Gebieten Ausschau hielt, die Salomon noch nicht untertan waren. Er habe dabei eine Stadt namens Qīṭōr entdeckt.[222] Sie befinde sich in einem Land im Osten, wo der Staub, kostbarer als Silber und Gold, wie Mist auf den Straßen herumliege. Der Auerhahn weiß auch, dass dort eine Frau, die Königin von Saba, regiert.

Die auffälligen Parallelen zwischen *Targūm šenī* und Koran bereits am Anfang des Berichts über den Besuch der Königin lassen vermuten, dass jüdische Quellen von der islamischen Offenbarung modifiziert übernommen worden sind. Weitere Gemeinsamkeiten bestätigen diese Annahme: Gemäß der jüdischen Überlieferung nimmt Salomon das Angebot des Auerhahns an, nochmals ins Land Saba zu fliegen. Er gibt seinem Boten einen Brief mit, den er an einen Flügel des Vogels bindet. Unterwegs schließen sich zahlreiche weitere Vögel dem Auerhahn an. Als sie in Qīṭōr ankommen, verfinstert ihr Schwarm die Sonne, worüber die Königin von Saba bestürzt ist.

Die aus dem Judentum entlehnten Elemente im Koran sind leicht erkenntlich. Es fällt aber auf, dass der Bericht im *Targūm šenī* um einiges farbiger ausgestaltet ist als jener in der islamischen Offenbarung. Sure 27 enthält jedenfalls keinen Hinweis darauf, dass schließlich eine ganze Vogelschar im Land Saba

---

221 *Koran*, Sure 27.20 f.

222 P. Cassel leitet den Namen Qīṭōr von hebräisch *qeṭōret* (Rauch des Weihrauchs) ab. Das Land Saba war wegen seines Weihrauchs berühmt (Hinweis bei Lou H. Silbermann, „The Queen of Sheba in Judaic Tradition", S. 66).

ankommt. Auch übergeht sie die Verwirrung der Königin wegen der durch den Vogelschwarm verursachten ‚Sonnenfinsternis'. Anderseits schimpft die jüdische Quelle die Königin nicht explizit eine Sonnenanbeterin, wie dies der Koran tut. Die Beschreibung der Ratsversammlung, die die Königin von Saba gemäß dem Koran nach Erhalt von Salomons Schreiben einberuft, ähnelt wiederum stark dem Rat der Alten und Großen des Reichs im jüdischen Text.[223] Die Berater der Königin spielen Salomons Macht in beiden Quellen herunter oder weisen sogar darauf hin, dass dieser Herrscher ihnen unbekannt sei. Allerdings entscheidet sich die Königin in beiden Fassungen des Stoffs für ein vorsichtiges Verhalten gegenüber Salomon. Der jüdische Text schildert die Ankunft der Königin von Saba in Jerusalem besonders farbig und ausschweifend. Dies kommt u.a. im Hinweis darauf zum Ausdruck, wie die Besucherin einen ihr entgegengeschickten Boten Salomons mit dem Herrscher selbst verwechselt, da seine Schönheit sie derart beeindruckt.

Während solche Details im Koran fehlen, stehen die beiden Texte beim Bericht über die eigentliche Begegnung der beiden Monarchen wieder gut miteinander im Einklang: Weil die fremde Machthaberin annimmt, Salomons Thron stehe mitten im Wasser, hebt sie ihr Kleid hoch und entblößt dadurch ihre Beine.[224] Der *Targūm šenī* fügt hier eine Bemerkung ein, die in der islamischen Offenbarung fehlt: Während die Koranstelle nur von einem Palast mit Glasboden und von den nackten Beinen der Königin spricht, fügt die jüdische Quelle hinzu, dass die Unterschenkel der Besucherin behaart sind und Salomon die Königin deswegen tadelt.[225] Der jüdische Vergleichstext erwähnt darauf, wie die Besucherin die Weisheit ihres Gastgebers mit drei verschiedenen Rätseln auf die Probe zu stellen versucht. Während die islamische Offenbarung diesen Aspekt einfach übergeht, sind die späteren arabischen Autoren darüber bestens informiert.[226]

Während der koranische Text in der bedingungslosen Bekehrung der Königin von Saba zum Islam gipfelt, deutet im *Targūm šenī*, nichts explizit darauf hin, dass sich die Besucherin dem Monotheismus zuwendet. Als Salomon die fremde Herrscherin in seinen Palast führt, äußert sie sich zwar anerkennend über seinen Reichtum und preist den Gott Israels. Diese Bemerkung lässt allerdings nicht zwingend auf ihre Bekehrung schließen. Die Hinwendung der Königin von Saba zum Eingottglauben ist ein spezifisch koranisches Element.[227]

---

223 H. Speyer, *Biblische Erzählungen*, S. 393 ff.

224 Vgl. *Koran*, Sure 27.44.

225 Ausführlich zum Glasboden und den behaarten Beinen oder Füssen: Kapitel 10.5.4.

226 Zur Rätselthematik vgl. Kapitel 10.5.3.

227 Auch das *Neue Testament* weist auf eine Bekehrung der Königin von Saba zum Monothe-

10.4.2 Persischer Einfluss?

Bereits H. Speyer hat in seinen Untersuchungen zu den Legenden über den Besuch der Königin von Saba am Königshof in Jerusalem die Möglichkeit persischer Einflüsse in Erwägung gezogen, blieb schlüssige Beweise für seine Vermutung allerdings schuldig.[228] C. Schedl griff H. Speyers Annahme in einem Aufsatz auf.[229] Wenn auch die Ergebnisse seines Artikels nicht restlos überzeugen, ist es doch C. Schedls Verdienst, auf grundsätzliche Schwierigkeiten im koranischen Bericht über die Begegnung der beiden Monarchen aufmerksam gemacht zu haben. Seine Überlegungen stützen sich auf eine Analyse der Textstruktur sowie motivgeschichtliche Untersuchungen und sollen im Folgenden skizziert werden.[230]

C. Schedl greift eine Arbeit I. Hofmanns und A. Vorbichlers zum Äthiopenlogos bei Herodot auf und findet darin Hinweise dafür, dass die koranische Saba-Perikope persisch beeinflusst ist.[231] Wenn sich auf den ersten Blick auch keine Parallelen nachweisen lassen, sind die beiden Berichte gemäß C. Schedl doch nach demselben mythischen Grundentwurf aufgebaut. In der koranischen Erzählung sei der persische Mythos vom Urmenschen und vom Urkönig abgewandelt worden. Eine Darstellung im *Avesta* (*Yašt* 19) beschreibe Yima als friedfertigen Sonnenkönig des goldenen Zeitalters, auf dem der strahlende Glanz der ‚Herrlichkeit' (*x^{v}arənah*)[232] ruhe. Nachdem er gesündigt habe, sei dieser Glanz jedoch in der Gestalt des Vogels Vāragan von ihm gewichen. Der seiner Herrlichkeit beraubte König irrt darauf betrübt umher. Die Herrlichkeit ruht jetzt im See Vouru.kaša. Viele ziehen dorthin, um ihrer habhaft zu werden. Suchende, die bis zum See vorgestoßen sind, entledigen sich ihrer Kleider und versuchen, die Herrlichkeit schwimmend zu erreichen. Diese weicht jedoch vor den Schwimmern zurück. *Yašt* 19 schließt mit der Bemerkung, dass die Herrlichkeit nicht mehr auf

---

ismus hin, äußert sich aber weniger deutlich als der Koran. Gemäß Matthäus 12.42 wird die Königin aus dem Süden, βασίλεια νότου, es handelt sich um die Königin von Saba, beim Jüngsten Gericht die Ungläubigen verdammen.

228 H. Speyer, *Biblische Erzählungen*, S. 390 Anm. 1.

229 C. Schedl, „Sulaimān und die Königin von Saba".

230 C. Schedl zeigt im ersten Teil seines Aufsatzes auf, dass der Erzählung aus Sure 27.17–44 ein Bauprinzip zugrunde liegt, das eine lunare Zahlensymbolik respektiert (vgl. dazu auch C. Schedls Studie *Muḥammad und Jesus*). Anschließend geht der Artikel motivgeschichtlichen Fragen nach (z. B. Rolle der Ameise, Herbeischaffung des Throns der fremden Königin, zum See (*luǧǧa*, vgl. Sure 27.44) und zum Glaspalast (*ṣarḥ*).

231 I. Hofmann und A. Vorbichler, *Der Äthiopenlogos bei Herodot*.

232 Vgl. dazu Gh. Gnoli, Artikel „Farr(ah)" in *EIr*, Online-Ausgabe, konsultiert am 15. März 2012. Der Begriff *farrah* geht auf Avestisch *X^{v}ARƎNAH* zurück und bedeutet ‚Glanz, Herrlichkeit' (*glory*).

einem Menschen ruhe. Sie habe sich zurückgezogen und sei in die Tiefe des Sees entschwunden.

C. Schedl zieht an diesem Punkt die Möglichkeit in Betracht, dass die Königin von Saba eine Umformung des Sonnenkönigs Yima ist, würden doch beide als friedfertige Herrscher beschrieben. Auch stelle der Koran die Königin explizit als Sonnenanbeterin dar. Für C. Schedls Argumentation entscheidend ist, dass er im Hinweis auf ihren gewaltigen Thron (*ʿarš ʿaẓīm*, Sure 27.23) einen sinngleichen Ausdruck zu Yimas Glücksglanz (*x^{v}arənah*) erkennt. Er erklärt die Schwierigkeit, dass Yima männlich, die Königin von Saba aber weiblich ist, damit, dass im südarabischen Raum die Sonne nicht als Gott, sondern als Göttin verehrt wurde.

Außerdem lassen sich gemäß C. Schedl Parallelen zwischen dem *hudhud* und dem Vogel Vāragan aus dem *Avesta* feststellen. Es sei jedenfalls auffallend, dass der ‚Glücksglanz' der Königin von Saba mit dem Erscheinen des Wiedehopfs zu schwinden beginne und sie ihren Glanz mit dem Raub ihres Throns durch Salomon vollends einbüße. C. Schedl versteht die koranische Angabe, dass die Königin von Saba beim Eintreten in den Glaspalast (*ṣarḥ*) ihre Beine entblößt, weil sie den Bau für ein tiefes Gewässer hält, als konsequente Weiterführung der Erzählung über den Verlust des *x^{v}arənah* in einem See. Der verlorene Thron, das Wasser und das Entblößen der Beine seien den beiden Überlieferungen gemeinsame Elemente.

Der diskutierte Aufsatz schenkt anschließend dem mit Glasplatten ausgelegten Schloss (*ṣarḥ mumarrad min qawārīr*) aus Sure 27.44 eingehend Beachtung. Salomons Befehl an seine Besucherin, das Glasschloss zu betreten, geht dem Höhepunkt der Saba-Perikope, nämlich der Hinführung der heidnischen Herrscherin zum Islam, unmittelbar voraus. Der Artikel greift bei dieser Gelegenheit Erkenntnisse I. Hofmanns und A. Vorbichlers auf, die Glas oder Alabaster im indoiranischen Kulturraum mit Jenseitsvorstellungen in Verbindung bringen. Wenn sich die Königin von Saba vor Salomon anschicke, das Glasschloss zu betreten, stehe sie vor ihrer Heimkehr zum wahren Glauben, von dem sie sich wegen der Einflüsterungen Satans abgewandt habe.

Schwierigkeiten bereitet die Übersetzung des Ausdruckes *ṣarḥ* aus Sure 27.44,[233] die C. Schedl mit Hinweisen auf die Grundbedeutung des Verbs *ṣaruḥa* („rein, klar sein") zu klären versucht. Dieser Sinn sei auch in Ableitungen zum ersten Stamm greifbar. Es ist für ihn nicht verständlich, warum der Ausdruck *ṣarḥ* aus der Reihe tanzen und „Schloss" bedeuten soll. Neben Sure 27.44 findet sich der Begriff *ṣarḥ* in Suren 28.38 und 40.36, wo Pharao jeweils befiehlt, ein

233 Der Begriff *ṣarḥ* wird in der Regel mit „Schloss, Palast, Gebäude, Hof, Halle" übersetzt; vgl. dazu auch Anm. 265.

ṣarḥ zu bauen, damit er zum Gott Moses' hinaufsteigen könne. Diese Aussage erinnert C. Schedl an die Himmelsleiter in Jakobs Traum. Da Sure 40.36 zugleich auf die Zugänge zu den Himmeln (R. Parets Übersetzungsvorschlag für *asbāb as-samāwāt;* ebenso H. Bobzin) anspielt, versteht er *ṣarḥ* als eine Art Himmelsstiege.

Die soeben diskutierten Interpretationsansätze sind äußerst spekulativ. Es ist jedoch C. Schedls Verdienst, mit aller Deutlichkeit auf Unklarheiten im koranischen Bericht in Sure 27.17–44 hingewiesen zu haben. Sein Vorschlag allerdings, im *ṣarḥ* eine Himmelsleiter zu erkennen, kann nicht überzeugen. Es fällt nämlich auf, dass die nachkoranischen Schriftsteller, insbesondere auch die stark persisch beeinflussten Fārisī und Maqdisī, diese Vorstellungen mit keinem Wort erwähnen. Mögen C. Schedls Überlegungen auch nicht *a priori* von der Hand zu weisen sein, bleibt doch festzuhalten, dass die nachkoranischen Quellen diese Angelegenheit nie in seinem Sinn interpretierten. Die folgenden Abschnitte sind ausgewählten Aspekten der Darstellung der Königin von Saba in diesen nachkoranischen Quellen gewidmet. Sie zeichnen von der Herrscherin aus dem Süden ein Bild, das sich grundlegend von den soeben skizzierten Auffassungen unterscheidet.

10.5 Bilqīs, die Königin von Saba, in nachkoranischen Quellen

10.5.1 Kindheit

Im Koran ist die Königin von Saba namenlos. Der Wiedehopf hält gegenüber Salomon nur fest, dass er eine Frau entdeckt habe, die über die Sabäer herrscht.[234] Die andern Koranstellen zur fremden Herrscherin wahren ihre Anonymität gänzlich und spielen bloß mit dem Femininpronomen auf sie an. Erst die nachkoranischen Quellen nennen die Königin geschlossen Bilqīs.[235]

Es fällt auf, dass die Königin von Saba im Koran erst bei ihrem Besuch bei Salomon in Erscheinung tritt und sich die islamische Offenbarung nicht zu ihrem Vorleben, ihrer Geburt, Kindheit und Jugend äußert. Die nachkoranischen Quellen

---

234 Sure 27.23: „إنى وَجَدتُّ امرأةً تَملِكُهُم".

235 Die Etymologie ihres Namens ist ungeklärt. J. Lassner, *Demonizing the Queen of Sheba,* S. 228 Anm. 11, und S. 219 Anm. 51, verwirft Ableitungen aus hebräisch *pilegesh* (Konkubine) oder Naukalis, dem griechischen Namen, mit dem Flavius Josephus die Königin bezeichnet hat. Weitere Vorschläge, darunter auch die von J. Lassner verworfenen, diskutiert R. G. Stiegner, *Die Königin von Saba in ihren Namen,* S. 117–149, bes. 128–136.

füllen diese Lücke aus. Sie sind über die Umstände von Bilqīs' Geburt bestens informiert und halten wiederholt fest, Bilqīs' Mutter gehöre zu den Dämonen.[236] Ibn Hišām (Wahb b. Munabbih) und Ibn al-Aṯīr diskutieren Bilqīs' Abstammung besonders ausführlich,[237] wobei sich verschiedene Elemente aus ihren Berichten auch bei Kisāʾī und Masʿūdī nachweisen lassen.[238] Wenn auch Wahbs Ausführungen jenen des wesentlich jüngeren Ibn al-Aṯīr in nichts nachstehen, dient doch die Überlieferung des Geschichtsforschers Ibn al-Aṯīr als Ausgangspunkt für die weiteren Überlegungen[239]:

> Viele Erzähler sagten, dass ihre Mutter (d. h. Bilqīs' Mutter) eine *ǧinnin* war, und zwar die Tochter des Königs der *ǧinn*. Sie hieß Rawāḥa bint as-Sakr. Man sagte [auch], dass Bilqīs' Mutter Balqama bint ʿAmr b. ʿUmayr al-Ǧinnī hieß. Bilqīs' Vater verheiratete sich mit den *ǧinn*, weil er sagte: ‚Unter den Menschen ist mir keine ebenbürtig.' Da hielt er bei den *ǧinn* um die Hand eines Mädchens an, und sie verheirateten ihn. Die Erzähler sind unterschiedlicher Meinung, weshalb er zu den *ǧinn* kam, um bei ihnen um die Hand eines Mädchens anzuhalten.
>
> Man sagte, dass er die Jagd sehr liebte. Vielleicht jagte er die *ǧinn* in Gazellengestalt und ließ von ihnen ab. Da erschien ihm der König der *ǧinn*, dankte ihm dafür und nahm ihn zum Freund. Da hielt [der Jäger] um seine Tochter an. Der König gab sie ihm zur Ehe unter der Bedingung, dass er ihm die Meeresküste zwischen Hormuz und Aden gebe.
>
> Man sagte, dass ihr Vater eines Tages auszog, um zu jagen. Da sah er zwei Schlangen, die miteinander kämpften, eine weiße und eine schwarze. Die schwarze war daran, die weiße zu besiegen. Er befahl, die schwarze Schlange zu töten, trug die weiße Schlange weg und besprengte sie mit Wasser. Da erholte sie sich. Er ließ sie los, kehrte nach Hause zurück und saß alleine da. Da sah er plötzlich einen schönen Jüngling vor sich und erschrak. Der Jüngling sprach zu ihm: ‚Fürchte dich nicht, ich bin die Schlange, die du gerettet hast. Die schwarze, die du getötet hast, war unser Sklave, der sich uns widersetzt und eine [große] Anzahl der Bewohner meines Hauses getötet hatte.' Der Jüngling bot Bilqīs' Vater Reichtum und Wissen von der Medizin an. Der Vater erwiderte: ‚Was den Reichtum anbetrifft, so bedarf ich dessen nicht, und Medizin ist für einen König verabscheuungswürdig. Wenn du aber eine Tochter hast, so gib sie mir zur Heirat.'
>
> Er gab sie ihm zur Heirat unter der Bedingung, dass er sie nie tadle, was immer sie tue. Wenn er sie tadeln sollte, werde sie ihn verlassen. Er leistete dieser Bitte Folge. Da wurde die Frau von ihm schwanger und gebar ihm einen Knaben, den sie ins Feuer warf. Der Vater war traurig darüber, schwieg [aber] wegen der Bedingung. Dann wurde

---

236 Fārisī, *Qiṣaṣ*, S. 146.4; Ṭabarī, *Tafsīr*, Kommentar zu Sure 27.29, *ǧuzʾ* 19 in Bd. VII.86.18; Ṯaʿlabī, *Qiṣaṣ*, S. 313.1–5; Dīnawarī, *al-Aḫbār aṭ-ṭiwāl*, S. 22.14 f. Maqdisī, *Badʾ*, III.110.4, bezeichnet solche Ansichten als Unsinn.

237 Ibn Hišām (Wahb b. Munabbih), *Tīǧān*, S. 135.1–137.5; Ibn al-Aṯīr, *Taʾrīḫ*, I.98.19–99.11.

238 Kisāʾī, *Qiṣaṣ*, S. 287.3 ff.; Masʿūdī, *Murūǧ* (Ausgabe Ch. Pellat), § 1003.

239 Ibn al-Aṯīr, *Taʾrīḫ*, I.98.19–99.11.

sie von ihm [erneut] schwanger und gebar ihm ein Mädchen, das sie einer Hündin zum Fraß vorwarf. Dies bedrückte ihn, er geduldete sich [aber] wegen der Bedingung.

Als sich einer seiner Gefolgsleute ihm widersetzte, versammelte er sein Heer und zog gegen ihn aus, um gegen ihn zu kämpfen. Seine Gattin begleitete ihn. Schließlich gelangte er in eine wasserlose Wüste. Als er mitten in der Wüste war, sah er, dass all ihre Vorräte mit Dreck vermischt waren und das Wasser aus den Schläuchen vergossen worden war. Da waren sie sich des Untergangs gewiss. Sie wussten [auch], dass dies das Werk der *ǧinn* war, das sie auf Befehl seiner Gattin ausgeführt hatten.

Da konnte der Gatte dies nicht mehr ertragen, ließ seine Frau kommen, setzte sich, zeigte zur Erde und sprach: ‚Erde, ich habe Geduld gehabt mit dir, als du meinen Sohn ins Feuer warfst und meine Tochter der Hündin zum Fraß gabst. Jetzt hast du uns ins Elend gestürzt, indem du uns der Vorräte und des Wassers beraubtest. Wir sind dem Untergang nahe.‘ – Die Frau sprach: ‚Hättest du noch einmal Geduld gezeigt, wäre es für dich gut herausgekommen. Ich werde dir mitteilen, dass dein Feind deinen Minister überlistet hat. Der Minister hat Gift unter die Vorräte und in die Wasserschläuche gemischt, um dich und deine Gefolgsleute zu töten. Befiehl deinem Minister, vom restlichen Wasser zu trinken und von den Vorräten zu essen!‘ Er befahl es ihm. Der Minister weigerte sich aber, und er tötete ihn.

Die Gattin zeigte ihnen Wasser und Vorräte in der Nähe und sprach: ‚Deinen Sohn gab ich einer Amme, die ihn aufzog, er aber ist gestorben. Deine Tochter aber lebt noch.‘ Da trat ein kleines Mädchen aus der Erde hervor, und das war Bilqīs.

Da trennte sich seine Gattin von ihm. Er aber zog gegen seinen Feind und besiegte ihn.

Ibn al-Aṯīrs Bericht enthält zwei Überlieferungen über Bilqīs' Eltern. Beide halten fest, dass Bilqīs' Mutter eine *ǧinnin* war, und zwar die Tochter des Königs der *ǧinn*. Ibn al-Aṯīrs Bemerkung, dass Bilqīs' Vater unter den Menschen keine ihm ebenbürtige Gattin fand und deshalb unter den *ǧinn* nach einer Frau Ausschau hielt, spielt auf die gut belegte Vorstellung von der Überlegenheit der Dämonen gegenüber den Menschen an. Während die erste Fassung bei Ibn al-Aṯīr *expressis verbis* festhält, dass Bilqīs' Mutter aus dem Königsgeschlecht der *ǧinn* stammt, drückt sich die zweite Überlieferung vager aus. Auch hier treten die dämonischen Charaktereigenschaften der Mutter der Königin von Saba jedoch klar in Erscheinung. Der Kampf zwischen der weißen und der schwarzen Schlange wiederum lässt sich als Auseinandersetzung zwischen einem Agatho- und einem Kako-Daimon verstehen.

Der Gatte muss bei der Heirat mit Bilqīs' Mutter überdies die Bedingung akzeptieren, dass er seine Frau nie tadelt. Während schon diese Klausel allein nachdenklich stimmt, drängt sich erst recht die Frage auf, was von einer Mutter zu halten ist, die ihren Sohn verbrennt und ihre Tochter einer Hündin zum Fraß vorwirft. Als schließlich die Vorräte des Heeres ungenießbar sind, ist allen klar, dass die *ǧinn* dies auf Befehl der Frau ihres Königs ausgeführt haben. Der Vater missachtet darauf die bei der Heirat eingegangene Verpflichtung und stellt seine Gattin zur Rede. Dieser Zwischenfall zeigt auf, dass Bilqīs' Mutter nicht einfach eine gewöhnliche Dämonin ist. Da sie den *ǧinn* sogar Befehle erteilt, gehört sie vielmehr zu ihren Vorstehern.[240]

Während die erste Überlieferung bei Ibn al-Aṯīr die Geburt eines Kindes aus der Ehe zwischen dem Jäger und der Tochter des Königs der *ǧinn* verschweigt, erwähnt der zweite Bericht, dass aus dieser Beziehung ein Knabe und ein Mädchen hervorgingen. Beim Mädchen handelt es sich um Bilqīs, die aus der Erde hervortritt, bevor sich ihre Mutter von ihrem Gatten trennt. Diese Überlieferung zählt Bilqīs also zu den „Leuten der Erde" *(ahl al-arḍ)*, worunter im Allgemeinen die *ǧinn* verstanden werden.[241] Ihre Abstammung von einer dämonischen Mutter und ihre Zugehörigkeit zu den *ahl al-arḍ* lassen Auswirkungen auf Bilqīs' Charakter und späteres Leben vermuten, denen in der Folge nachgegangen wird.

10.5.2 Eine Männermörderin

Die untersuchten Quellen äußern sich nicht zur eigentlichen Jugend der Königin von Saba. Sie schenken ihr erst wieder Beachtung, als sie das heiratsfähige Alter erreicht und sich die Herrschaft über den Jemen sichert. Entsprechende Darstellungen lassen sich bei, Kisāʾī, Ṯaʿlabī, Ibn al-Aṯīr und Yaʿqūbī nachweisen.[242] Wenn auch Wahbs *Kitāb at-Tīǧān* den ältesten Bericht zu Bilqīs' Machtübernahme enthält, stützen sich die weiteren Erörterungen doch hauptsächlich auf Darstellungen bei jüngeren Autoren. Die Schlüsselelemente aus Wahbs Bericht sind ihnen in stark modifizierter Form geläufig. Die Fassung im *Kitāb at-Tīǧān* ist als Grundlage für die weiteren Ausführungen ungeeignet, da sie den Höhepunkt der Ereignisse in einem seitenfüllenden Einschub vorwegnimmt und verdoppelt, was den Bericht aus dramaturgischer Sicht jedes überraschenden Moments beraubt. Immerhin hält eine Rahmenerzählung auch bei Wahb die entscheidenden Eckpunkte des Geschehens fest und erleichtert damit den Einstieg ins Thema:

Das *Kitāb at-Tīǧān* weiß von einer alten Feindschaft zwischen Bilqīs' Vater al-Hadhād und ʿAmr Ḏū ăl-Aḏʿār. Als al-Hadhād seinen Tod nahen fühlt, versammelt er seine Untertanen und schlägt ihnen seine Tochter Bilqīs als Nachfolgerin vor. Im Volk regt sich Widerstand dagegen, dass diese Würde einer Frau

---

240 Die Episode erinnert an eine ähnliche Abmachung zwischen Moses und dem Burschen in Sure 18.60–82: Moses musste sich gegenüber dem Burschen verpflichten, ihn nicht zu tadeln, was immer er auch tue. Das Frageverbot wird in Sure 18.70 formuliert.

241 Zu den *ahl al-arḍ* vgl. Anm. 187 und Kapitel 6.2.1, bei Anm. 16.

242 Ibn Hišām (Wahb b. Munabbih), *Tīǧān*, S. 137.6–149.14; Kisāʾī, *Qiṣaṣ*, S. 287.18–289.18; Ṯaʿlabī, *Qiṣaṣ*, S. 313; Ibn al-Aṯīr, *Taʾrīḫ*, I.99.13–21; Yaʿqūbī, *Taʾrīḫ*, S. 196.9 ff.

zukommen soll. Da Bilqīs unter den Leuten keinen Rückhalt findet, kann ʿAmr Ḏū ăl-Aḏʿār sie verjagen.

Den jüngeren Quellen sind kriegerische Auseinandersetzungen zwischen Bilqīs' Vater und ʿAmr Ḏū ăl-Aḏʿār gänzlich unbekannt. Ausgangspunkt ihrer Ausführungen zu den Schwierigkeiten rund um Bilqīs' Machtergreifung sind vielmehr Berichte darüber, dass im Jemen ein König herrscht, der von seinen Untergebenen das *ius primae noctis* einfordert. Seine Untertanen müssen ihm die heiratsfähigen Mädchen des Landes zur Verfügung stellen, worauf er mit ihnen schläft. Kisāʾīs Schilderung von Bilqīs' Begegnung mit diesem Wüstling beschreibt ausgezeichnet eine Tat, die kaum jemand der zukünftigen Königin zugetraut hätte[243]:

Nach dem Tod ihrer Mutter wird Bilqīs bei den *ǧinn* aufgezogen. Weil sie sich dort langweilt, bittet sie, volljährig geworden, ihren Vater, sie zu den Menschen zu bringen. Der Vater verweigert ihr allerdings die Erfüllung ihrer Bitte, fürchtet er doch, dass der tyrannische König auch sie entehren wird. Nachdem Bilqīs ihn lange angefleht hat, baut ihr Vater für sie dennoch ein Schloss bei den Menschen. Der tyrannische König erfährt bald von Bilqīs und hält bei ihrem Vater, der zugleich sein Minister ist, um ihre Hand an. Der Vater teilt dies bestürzt seiner Tochter mit, die ohne Zögern in die Heirat einwilligt. Der König begibt sich darauf zu Bilqīs' Schloss, wo er auf ihr Geheiß allein eintritt. Die junge Frau empfängt ihn freundlich und bietet ihm Wein in großer Menge an. Als der Tyrann betrunken zu Boden stürzt, schneidet sie ihm kurzerhand den Kopf ab.

Bilqīs verbirgt den Mord an ihrem Gatten allerdings vorerst, versammelt die Minister und fordert sie auf, dem tyrannischen König ihre Frauen zu überlassen. Als sie den Zorn der Männer bemerkt, anerbietet sie sich, mit dem König Verhandlungen zu führen. Sie gibt den Ministern jedoch nach kurzem zu verstehen, dass der Unhold auf seinen Forderungen beharre. Als sich Bilqīs der grenzenlosen Wut der Männer sicher ist, erklärt sie sich bereit, den rücksichtslosen Herrscher umzubringen, knüpft dies allerdings an die Bedingung, dass sie selbst nach dem Mord die Macht übernehme. Nachdem die mutige Frau den Kopf des ruchlosen Königs gebracht hat, ernennen die Minister sie voller Freude zur neuen Herrscherin.

Nicht der geringste Hinweis im Koran lässt die dramatischen Umstände erahnen, unter denen Bilqīs an die Macht gekommen ist. Wenn auch die islamische Offenbarung die Königin von Saba keineswegs ins beste Licht rückt, lässt doch nichts im Bericht in Sure 27 in ihr eine Königsmörderin vermuten. Der Mord am König bei Kisāʾī steht innerhalb der nachkoranischen Überlieferung allerdings keineswegs isoliert da. Ähnliche Angaben finden sich bei Ṯaʿlabī, Yaʿqūbī

243 Zusammenfassung nach Kisāʾī, *Qiṣaṣ*, S. 287.18–289.18.

und Ibn al-Aṯīr.[244] Auch in der Rahmenerzählung bei Ibn Hišām (Wahb b. Munabbih, *Kitāb at-Tīǧān*) gelingt es Bilqīs, ihren Widersacher aus dem Weg zu räumen, nachdem er dem Wein übermäßig zugesprochen hat.

Der bis jetzt nicht beachtete, dramaturgisch unglückliche Einschub bei Ibn Hišām (Wahb b. Munabbih) enthält eine interessante Variante von Bilqīs' Männermord. Indem sie auf ihrem besonders raffinierten Vorgehen insistiert, rückt diese Fassung Bilqīs noch näher zu den *ǧinn*, die als listenreiche Wesen bekannt sind. Diese Version beschreibt Bilqīs' Erlebnisse auf der Flucht vor ʿAmr Ḏū ăl-Aḏʿār, auf der sie bei ihrem Onkel Ǧaʿfar b. Qurṭ vorläufig Schutz findet. Ihr Onkel unternimmt alljährlich die Pilgerfahrt zu Hūds Grab und will dabei nur von Frauen und Kindern begleitet werden; waffenfähige Männer sind von seinem Gefolge ausgeschlossen. Unterwegs wird dieser Ǧaʿfar von drei Wegelagerern angegriffen, deren Anführer ʿAmr b. 'Abbād heißt. Bilqīs' greiser Onkel kann ihre Attacke jedoch erfolgreich abwehren und setzt die drei Bösewichte in Gefangenschaft. Später lässt er sie wieder laufen, ohne das geforderte Lösegeld angenommen zu haben. ʿAmr b. ʿAbbād gibt darauf vor, sich bei seinem Wohltäter mit Geschenken erkenntlich zu zeigen. Als er Ǧaʿfar b. Qurṭ an Hūds Grab aufsucht, fällt sein Blick jedoch auf seine bildhübsche Tochter Ǧadǧād. Da er sie heiß begehrt, entschließt er sich, ihren Vater Ǧaʿfar b. Qurṭ umzubringen. Nach seiner Untat will er mit Ǧadǧād schlafen.

Bilqīs ahnt das drohende Unheil und greift entschlossen ein. Sie verlangt von den Frauen, dass man sie an Ǧadǧāds Stelle zu ʿAmr b. ʿAbbād führe. Der Unhold bemerkt das Täuschungsmanöver zwar noch, kann den Reizen der reich geschmückten Bilqīs jedoch nicht widerstehen. Ein Hinweis auf einen als Haarnadel getarnten edelsteinverzierten Dolch in ihren Locken lässt ihre List jedoch erahnen.[245] In einem Handgemenge, das halb Liebesspiel, halb Kampf ums nackte Überleben ist, gelingt es der Frau, ʿAmr b. ʿAbbād zu überwältigen. Bilqīs zieht den Dolch aus ihrem Haar und bringt ihren Widersacher um. Beim Rückzug zur Festung ʿAlʿāl beschützt Bilqīs die Frauen, indem sie auf einem Pferd hinter ihnen herreitet, wie dies die Gewohnheit ihres Onkels gewesen war.

Diese Fassung stellt Bilqīs einerseits als besonders listenreiche Frau dar und rückt sie damit in die Nähe der Dämonen. Die Berichte über den Königsmord bei

---

244 Ibn al-Aṯīr erwähnt zwei Überlieferungen. Gemäß der zweiten Fassung soll Bilqīs selbst den König umgebracht haben. Nach der ersten, besser ausgearbeiteten Version, beauftragt Bilqīs zwei Schergen mit der Tat: Ibn al-Aṯīr, *Taʾrīḫ*, I.99.13–21.

245 Ibn Hišām (Wahb b. Munabbih), *Tīǧān*, S. 147.20 ff.: „Bilqīs hatte das Messerheft aus Gold und die Spitze des Messerhefts aus blauem Edelstein angefertigt. Beim Scheitel steckte sie es in ihre Locken, bis sie es bei ihrem Nacken wieder herausführte, wobei Edelstein und Gold auf ihrer Stirn [sichtbar] blieben."

Kisāʾī und den Anschlag auf ʿAmr b. ʿAbbād bei Ibn Hišām (Wahb b. Munabbih) enthalten anderseits ein zusätzliches gemeinsames Element: In beiden Quellen gelingt es Bilqīs, den sexuellen Übergriffen eines charakterlosen Mannes den Riegel vorzuschieben. Sie gibt sich damit als Kämpferin für die Sache der Frau zu erkennen. Die Gestalt der Königin von Saba steht vor diesem Hintergrund auch für weibliches Selbstbewusstsein.[246]

Wenn auch Bilqīs dank diesem Anschlag gegen den tyrannischen Machthaber zur Nationalheldin des Jemens aufgerückt ist,[247] kommen gewisse arabische Quellen nicht umhin, ihr Befremden darüber zu äußern, dass die Jemeniten so unklug gewesen waren, das Schicksal ihres Landes einer Frau anzuvertrauen. Am weitesten gehen dabei Ṯaʿlabī und Ibn Kaṯīr, die auf ein Prophetenwort verweisen, wonach kein Volk gedeihe, das die Leitung seiner Angelegenheiten einer Frau übertrage.[248]

10.5.3 Rätsel

Bereits der biblische Bericht interessiert sich für die wertvollen Geschenke, die die Besucherin aus dem Süden dem israelitischen Machthaber überbringt.[249] Auch der Koran weiß, dass die fremde Herrscherin Salomon mit reichen Gaben beehrt.[250] Die islamische Offenbarung schreibt diesen Geschenken allerdings eine andere Funktion zu als das *Alte Testament*. Der Koran weist darauf hin, dass die Königin von Saba jegliche kriegerische Auseinandersetzung mit ihrem Widersacher aus Jerusalem vermeiden will. Sie hofft, Salomon mit Geschenken besänftigen zu können und so von einem Kriegszug gegen ihr Land abzuhalten.

Während der Bericht in Sure 27 bloß festhält, dass Salomon die Geschenke zurückweist, erörtern die nachkoranischen Quellen die Schlussfolgerungen,

---

246 In diesem Sinn lässt sich ein Bericht bei Ibn Hišām (Wahb b. Munabbih), *Tīǧān*, S. 151.15 ff., interpretieren, der ausführlich beschreibt, wie Bilqīs die Mädchen erzieht. J. Lassner, *Demonizing the Queen of Sheba*, z. B. S. X, S. 2–4, versteht die *Gender*-Thematik als zentrales Element der Darstellung der Königin von Saba in hebräischen und arabischen Quellen.

247 Nur im Vorbeigehen sei angemerkt, dass Bilqīs' Vorgehen an Judiths Mord an Holofernes im *Alten Testament* erinnert; vgl. E. Zenger, Artikel „Judith/Judithbuch", in *Theologische Realenzyklopädie (TRE)*, XVII.404–408 (v. a. 1. Inhalt); auch Online-Ausgabe, konsultiert am 16. Dezember 2011.

248 Ṯaʿlabī, *Qiṣaṣ*, S. 313.22; Ibn Kaṯīr, *Bidāya*, II.22.1. Vgl. z. B. Buḫārī, *Ṣaḥīḥ*, *Kitāb al-Maġāzī*, *Bāb Kitāb an-nabiyy ilā Kisrā wa-Qayṣar*, *Ḥadīṯ* Nr. 4469 (Thesaurus Islamicus).

249 1. *Könige* 10, vv. 2 und 10.

250 Sure 27.34–36.

die Bilqīs aus der Ablehnung ihrer Gaben zieht. Indem sie ihrer Gesandtschaft an Salomon Geschenke mitgab, wollte die Königin von Saba nämlich in Erfahrung bringen, ob der Herrscher aus Israel ein Prophet oder bloß ein König sei. Nehme Salomon ihre Gaben an, sei er ein König, weise er sie aber zurück, sei er ein Prophet. Im zweiten Fall könne nur die Bekehrung zum Islam Bilqīs vor Salomons Zorn bewahren.[251]

Die Funktion der Geschenke ist allerdings um einiges komplexer, als dies ein erster Blick erahnen lässt. Indem Bilqīs den Machthaber aus dem Norden beschenkt, lässt sie sich mit ihm auf einen eigentlichen Kampf um die Hegemonie ein, der bei den nachkoranischen Schriftstellern sowohl auf einer materiellen als auch auf einer geistigen Ebene stattfindet.

Bilqīs eröffnet das materielle Kräftemessen. Nach einem Bericht bei Ṯaʿlabī sendet sie Salomon je fünfhundert Ziegelsteine aus Gold und Silber und schenkt ihm ausserdem eine reich mit Perlen und Edelsteinen verzierte Krone. Auch Moschus, Ambra und Aloeholz befinden sich unter ihren Gaben.[252] Da der Wiedehopf die Beratungen der Königin von Saba mit ihren Ministern belauscht hat, erfährt Salomon allerdings im Voraus von den Kostbarkeiten, die sie ihm zukommen lassen will. Seine Reaktion darauf lässt deutlich erkennen, dass er diese Gaben nicht nur als Ehrengeschenke der Königin betrachtet, sondern in ihnen auch eine Herausforderung zu einem Kräftemessen sieht.

Der Herrscher lässt sich auf diesen Kampf ein. Er befiehlt den *ǧinn*, einen Platz mit einer Seitenlänge von neun Parasangen mit Gold- und Silberziegeln auszulegen und darum herum eine hohe Mauer aus Gold und Silber zu errichten. Darauf lässt Salomon eine gewaltige Anzahl Tiere auf den Platz bringen und dort anbinden. Als die Gesandten der Königin von Saba den israelitischen Machthaber mitten unter seinen Untertanen thronen sehen, ist ihr Staunen grenzenlos. Der Anblick der Tiere, die mit ihren Exkrementen den wertvollen Boden verschmutzen, bringt sie aus der Fassung. Sie erachten sich selbst als

---

251 Ṯaʿlabī, *Qiṣaṣ*, S. 315.30 ff.; Kisāʾī, *Qiṣaṣ*, S. 291.2 ff.; Ibn al-Aṯīr, *Taʾrīḫ*, I.100.22 ff.; Ṭabarī, *Taʾrīḫ (Annales)*, I.579.7 ff.; Ṭabarī, *Tafsīr*, Kommentar zu Sure 27.35, *ǧuzʾ* 19 in Bd. VII.88.7 ff. und 88.30 ff.; Fārisī, *Qiṣaṣ*, S. 142.7. Ibn Hišām (Wahb b. Munabbih), *Tīǧān*, S. 159.19 ff., verkehrt diese Auffassung in ihr Gegenteil: Ist Salomon ein Prophet, nimmt er die Geschenke an, lehnt er sie ab, ist er bloß König. Der südarabische Erzähler dürfte einem Missverständnis zum Opfer gefallen sein. Gemäß Ibn Hišām (Wahb b. Munabbih), *Tīǧān*, S. 159.11 ff., erkennt Bilqīs Salomon als Propheten, weil er seiner Besucherin erlaubt, sich zu setzen.

252 Ṯaʿlabī, *Qiṣaṣ*, S. 316.17 f. Parallelstellen dafür, dass Bilqīs Salomon mit Gold- und Silberziegeln beschenkt: Ṭabarī, *Tafsīr*, Kommentar zu Sure 27.35, *ǧuzʾ* 19 in Bd. VII.88.18 ff., S. 89.7 ff.; Zamaḫšarī, *Kaššāf*, Kommentar zu Sure 27.35, Bd. III.147.11; Fārisī, *Qiṣaṣ*, S. 142.12.

gering und werfen die mitgebrachten Geschenke weg.[253] Gewiss ist, dass der Kampf um die materielle Hegemonie im Ṯaʿlabī-Bericht eindeutig zugunsten Salomons ausgeht.

Vielen Geschenken der Königin von Saba kommt neben ihrer unmittelbaren Bedeutung noch eine weitere Rolle zu. Sie stellen Rätsel dar, mit denen Bilqīs Salomons Weisheit und Verstand auf die Probe stellt.[254] Damit verlagert sich die Auseinandersetzung zwischen den beiden Machthabern vom materiellen in den spirituellen Bereich.

Bilqīs' Rätsel haben auch die nachkoranischen Erzähler fasziniert, die diesen Aspekt des Wettstreits zwischen den beiden Herrschern nur selten übergehen. Einzig Ibn al-Aṯīr hält sich eng an den Koran und redet in seinem Bericht einfach von einem Geschenk, das die Königin ihrem Gegenspieler zukommen lässt.[255] Ṯaʿlabī dagegen arbeitet die Thematik besonders ausführlich und farbig aus und beschreibt zwei Rätselserien. Während die erste Gruppe die Geschenke umfasst, die die Boten Salomon mitbringen, besteht die zweite Serie aus schwer zu beantwortenden Fragen, die Bilqīs selbst bei ihrer Ankunft am Hof ihrem Gegenspieler stellt. Die weiteren Ausführungen befassen sich zuerst mit den Geschenkrätseln, deren erstes Ṯaʿlabī folgendermaßen beschreibt[256]:

> Bilqīs sandte Salomon Diener und Dienerinnen als Geschenk. Ibn ʿAbbās sprach: ‚Sie bekleidete sie mit gleichen Kleidern, so dass man zwischen den männlichen und weiblichen [Bediensteten] nicht unterscheiden konnte.' Muǧāhid sprach: ‚Sie bekleidete

---

253 Ṯaʿlabī, *Qiṣaṣ*, S. 316.17–317.10; ähnliche Darstellungen auch in den in der vorangehenden Anm. aufgeführten Quellen. Ṯaʿlabī, *Qiṣaṣ*, S. 317.11 ff., führt außerdem eine zweite Version an: Salomon soll den *ǧinn* befohlen haben, auf dem Weg, den die Gesandten kommen mussten, gerade so viel Platz freizulassen, wie man mit ihren Ziegeln hätte auslegen können. Als die Boten die leere Stelle entdecken, befürchten sie, des Diebstahls bezichtigt zu werden, und legen ihre Ziegel an exakt jener Stelle nieder. Bei Ibn Hišām (Wahb b. Munabbih), *Tīǧān*, S. 159.14 ff., widerfährt diese Demütigung nicht den Gesandten, sondern Bilqīs selbst.

254 Bereits frühe Quellen enthalten zahlreiche Beispiele dafür, dass die Königin von Saba Salomon mit Rätseln auf die Probe stellt. Älteste Belegstelle ist 1. *Könige* 10.1. Aus der späteren jüdischen Literatur sind eigentliche Sammlungen von Rätseln bekannt, mit denen die Königin ihren Gastgeber in Jerusalem prüft. Die Rätsel stimmen bei Juden und Arabern teilweise überein. Da es den Rahmen dieser Arbeit sprengen würde, den Einzelheiten nachzugehen, sei auf folgende Untersuchungen zum Thema verwiesen: L. H. Silbermann, „The Queen of Sheba in Judaic Tradition", S. 71–76; R. Beyer, *Die Königin von Saba*, S. 100–109; A. Klein-Franke, „Die Königin von Saba in der jüdischen Überlieferung", S. 106–108; M. Grünbaum, *Neue Beiträge zur semitischen Sagenkunde*, S. 214, 218 ff.; V. K. Ostoia, „Two Riddles of the Queen of Sheba"; J. Lassner, *Demonizing the Queen of Sheba*, u. a. S. 10–13, 147–150.

255 Ibn al-Aṯīr, *Taʾrīḫ*, I.100.22 ff.

256 Ṯaʿlabī, *Qiṣaṣ*, S. 316.1–4 und S. 316.12–17.

die Knaben mit Mädchenkleidern und die Mädchen mit Knabenkleidern.' Über ihre Anzahl sind [die Gelehrten] unterschiedlicher Ansicht [...].

Wahb b. Munabbih und andere Gelehrte sprachen: ,Bilqīs begab sich zu den fünfhundert Mädchen und fünfhundert Knaben. Sie bekleidete die Mädchen mit Knabenkleidern, d. h. mit einer *qabā'* und einem Gürtel. Und sie bekleidete die Knaben mit Mädchenkleidern. Sie legte um ihre Vorderarme Armreifen aus Gold, um ihren Hals Halsbänder aus Gold, und schmückte ihre Ohren mit Ohrgehängen und Ohrringen, die mit verschiedenen Edelsteinen besetzt waren. Die Mädchen wurden von fünfhundert [reinrassigen] Pferden getragen und die Knaben von fünfhundert gewöhnlichen Pferden. Auf jedem Ross war ein Sattel aus Gold, der mit Edelsteinen besetzt war. Ihre Satteldecken waren aus buntem Seidenbrokat.'

Die kostbare Ausstattung der Dienerinnen und Diener unterstreicht ihren Geschenkcharakter. Indem Bilqīs die Kinder aber die Kleider des jeweils entgegengesetzten Geschlechts tragen lässt, verfolgt sie noch eine zusätzliche Absicht. Die Königin gibt ihrem Boten einen Begleitbrief mit und fordert den fremden Herrscher darin auf, zwischen Mädchen und Knaben zu unterscheiden, ohne ihre Intimteile zu berühren.[257] Salomon löst das ihm gestellte Rätsel, indem er den Kindern befiehlt, sich Hände und Gesicht zu waschen. Da die Buben dabei unvorsichtiger vorgehen, erkennt sie der König trotz ihrer weiblichen Kleidung. Salomon beweist damit seine Klugheit und erringt gegen seine Herausforderin einen ersten Sieg auf der geistigen Ebene.[258]

Bei der Beschreibung des zweiten Geschenkrätsels stimmen die Berichte Ṯaʿlabīs und Kisāʾīs überein; Kisāʾīs Fassung hält fest[259]:

Dann legte [Bilqīs] in ein Gefäß aus Gold eine undurchbohrte Perle und einen einzelnen Onyx, der krumm durchbohrt war. [...] Sie schrieb Salomon einen Brief, in dem sie sagte [...]: ,Ich schicke dir eine undurchbohrte Perle, die du ohne Werkzeug durchbohren sollst, und einen durchbohrten Onyx, in den du einen Faden einführen sollst.'

Entscheidend ist nicht, wie Salomon dieses Rätsel löst, sondern nur, dass er der gestellten Aufgabe gewachsen ist.[260] Es zeichnet sich damit ab, dass Bilqīs nach

257 Ṯaʿlabī, *Qiṣaṣ*, S. 316.21 f.
258 Zum Geschlechtsrätsel: Kisāʾī, *Qiṣaṣ*, S. 291.10 f. und l. 22 f.; Ṭabarī, *Tafsīr*, Kommentar zu Sure 27.35, *ǧuzʾ* 19 in Bd. VII.88.9 ff., S. 89.1 (dieses Rätsel fehlt bei Ṭabarī, *Taʾrīḫ*); Zamaḫšarī, *Kaššāf*, Kommentar zu Sure 27.35, Bd. III.147.9 f.; Bayḍāwī, *Anwār at-tanzīl*, Kommentar zu Sure 27.35, Bd. II.68.6 f.; Ibn Hišām (Wahb b. Munabbih), *Tīǧān*, S. 157.7 ff.; Fārisī, *Qiṣaṣ*, S. 142.11 ff.
259 Kisāʾī, *Qiṣaṣ*, S. 291.12 ff.; vgl. Ṯaʿlabī, *Qiṣaṣ*, S. 316.18 ff. und S. 317.18 ff. Ähnlich: Ṭabarī, *Taʾrīḫ (Annales)*, I.579.12 ff.; Zamaḫšarī, *Kaššāf*, Kommentar zu Sure 27.35, Bd. III.147.12 f.; Fārisī, *Qiṣaṣ*, S. 142.15 f., S. 143.3 f. Zum Perlenrätsel vgl. H. Venzlaff und D. König, „Salomon und das Rätsel der Perle".
260 Gemäss Kisāʾī, *Qiṣaṣ*, S. 292.2, befiehlt Salomon einem Wurm *(dūda)*, die Perle zu durchbohren. Dieser Wurm führt auch den Faden in den Onyx ein.

ihrer Niederlage auf der materiellen Ebene auch in der Auseinandersetzung um die geistige Hegemonie das Nachsehen hat.

Nur einzelne Autoren, nämlich Ibn Hišām, Ṯaʿlabī und Ṭabarī, wissen von einem weiteren Fragenkatalog, mit dem Bilqīs das Glück doch noch auf ihre Seite zwingen will.[261] Doch auch diese zweite Rätselserie vermag die drohende Niederlage der Königin von Saba nicht abzuwenden. Dank der Mithilfe der Dämonen fällt Salomon die Beantwortung dieser zusätzlichen Fragen leicht.[262] Jenes Wasser, das weder vom Himmel noch aus der Erde stammt, hält der König richtigerweise für den Schweiß von Pferden. Er ist auch nicht um eine Antwort zum Problem verlegen, weshalb das Kind seinen Eltern ähnlich sieht (Ibn Hišām/Wahb b. Munabbih). Einzig ein Blasphemierätsel – Bilqīs erkundigt sich nach dem Wesen des Herrn – bringt Salomon gänzlich aus der Fassung. Nur das Eingreifen Gottes, der Bilqīs ihre letzte Frage vergessen lässt, hilft ihm aus der Patsche.[263] Selbst diese vorübergehende Verlegenheit Salomons kann damit nicht über die totale Niederlage der Königin von Saba hinwegtäuschen. Nur aus purer Verzweiflung hat sie sich zuletzt der Blasphemie bedient.

Auch A. Chastel versteht den Rätselkampf zwischen der Machthaberin aus dem Süden und Salomon als Ringen um die Hegemonie, hält er doch fest: „Il faut attribuer au jeu des énigmes une valeur d'épreuve dans un conflit pour la prééminence.“[264] Wer Rätsel lösen kann, verfügt über besondere Macht. A. Chastel erkennt in den Rätseln auch die Waffen übernatürlicher Geschöpfe. Sie erlauben es dämonischen Wesen, wie z. B. der Sphinx von Theben, ihre meist schädliche Macht zu demonstrieren. Die Rätselthematik stellt damit ein zusätzliches Element dar, das auf Bilqīs' dämonischen Charakter hinweist.

10.5.4 Verunstaltete Beine

Auch der dunkelste Vers der Koranpassage zur Königin von Saba (Sure 27.44) lässt sich vor dem Hintergrund ihrer Nähe zum Dämonischen erklären:

---

261 Ibn Hišām (Wahb b. Munabbih), *Tīǧān*, S. 160.10 ff.; Ṯaʿlabī, *Qiṣaṣ*, S. 320.25 ff.; Ṭabarī, *Taʾrīḫ (Annales)*, I.581.8 ff.

262 Gemäß Ibn Hišām (Wahb b. Munabbih), *Tīǧān*, S. 160.17 f., allerdings löst Salomon auch diese Rätsel selbst.

263 Vgl. z. B. Ṯaʿlabī, *Qiṣaṣ*, S. 320.30–321.4.

264 A. Chastel, „La légende de la reine de Saba“, 2ᵉ partie, S. 34–39; Zitat: S. 36.

> Man sagte [zur Königin von Saba]: ‚Betritt das Schloss!‘ Als sie es sah, hielt sie es für tiefes Wasser und enthüllte ihre Beine. [Salomon] sprach: ‚Es ist ein Schloss *(ṣarḥ)*[265], das mit Glas ausgelegt ist.‘ – Sie sprach: ‚Mein Herr, ich habe mir selbst Unrecht getan. Mit Salomon ergebe ich mich Gott, dem Herrn der Welten.‘

Während die Tragweite des Verses in der koranischen Fassung schleierhaft bleibt, sind die späteren Schriftsteller über seine Hintergründe gut informiert. Da sich Ṯaʿlabī dazu besonders klar äußert, dient seine Darstellung als Ausgangspunkt für die weiteren Überlegungen[266]:

> Als [Bilqīs] zu Salomon gekommen war, sprach man zu ihr: ‚Betritt das Schloss!‘ (Sure 27.44) Als Bilqīs sich näherte und zu ihm wollte, befahl Salomon nämlich den Dämonen, ihm ein Schloss *(ṣarḥ)* zu bauen, d. h. einen Hof *(ṣaḥn)* aus Glas, das so weiß war, als ob es Wasser wäre. Sie ließen darunter Wasser fließen, und Fische wurden hineingeworfen. Dann stellte er seinen Thron davor auf und setzte sich darauf.
>
> Es ergaben sich ihm die Vögel, die *ǧinn* und die Menschen. Er hatte befohlen, das Schloss zu bauen, weil die Dämonen untereinander sagten: ‚Gott hat Salomon unterworfen, was er ihm unterworfen hat; und Bilqīs ist die Königin von Saba. Wenn er sie heiratet, gebiert sie ihm einen Jüngling, und wir werden uns nie aus Sklaverei und Frondienst befreien.‘ Sie wollten sie (Bilqīs) bei ihm (Salomon) anschwärzen und sagten: ‚Ihr Fuß ist ein Eselsfuß, und sie ist an beiden Beinen behaart, weil ihre Mutter eine *ǧinnin* war.‘ Salomon wollte dies genau wissen und ihre Füße und Beine betrachten. Er befahl, das Schloss zu bauen.

Gemeinsam ist der Koranstelle und der Ṯaʿlabī-Passage der Hinweis, dass Bilqīs ein Schloss *(ṣarḥ)* betreten soll. Während aus der islamischen Offenbarung bloß hervorgeht, dass dieses Schloss aus Glas gebaut bzw. sein Boden mit Glas ausgelegt ist, äußert sich der spätere Bericht weniger enigmatisch. Ṯaʿlabī hält fest, dass Salomon den Dämonen befohlen hat, ein Schloss aus Glas zu errichten. Er denkt wohl in erster Linie an das Verlegen eines Glasbodens, präzisiert er doch sogleich, dass die Dämonen darunter Wasser fließen und Fische schwimmen ließen.

Der Koran unterdrückt jede Anspielung darauf, was Salomon zum Bau eines besonderen Schlosses für den Empfang der Königin von Saba hätte veranlassen

---

265 J. Lassner, *Demonizing the Queen of Sheba,* S. 60 f., mit Anm. 53 (S. 233), versteht das dunkle *ṣarḥ* im Koran gestützt auf Diyarbakrī, *Ḫamīs*, I.281.11 ff., als *ṣaḥn* (Hof). Vgl. auch das folgende Ṯaʿlābī-Zitat (erster Abschnitt). H. Bobzin übersetzt *ṣarḥ* mit ‚Palast‘; siehe zur Frage auch oben bei Anm. 233.

266 Ṯaʿlabī, *Qiṣaṣ,* S. 320.12–19.

können.[267] Ṯaʿlabī ist darüber allerdings nur zu gut informiert: Aus Furcht vor einer Heirat zwischen Salomon und Bilqīs schicken sich die Dämonen an, die Besucherin schlechtzureden. Sie verraten ihrem Bezwinger, dass Bilqīs einen Eselsfuß habe und an beiden Beinen behaart sei. Dieser Makel wiegt in den Augen Salomons derart schwer, dass er sich der Sache selbst vergewissern will. Der spezielle Palastboden soll bei der Königin von Saba die Illusion erwecken, sie müsse durch einen Wasserlauf waten, um zu Salomon zu gelangen. Die Dämonen hoffen insgeheim, dass sich Bilqīs täuschen lässt, ihre Kleider hochschürzt, damit sie trocken bleiben, und dadurch den Blick auf ihre Beine freigibt.[268]

Nicht nur Ṯaʿlabī weiß um die Beinbehaarung der Königin von Saba. Zahlreiche weitere Autoren kennen dieses Motiv und erwähnen ähnliche Verunstaltungen.[269] Ṯaʿlābīs Bericht lässt einfach deshalb nichts an Deutlichkeit zu wünschen übrig, als er neben der Beinbehaarung auch von einem Eselsfuß redet, der die Königin verunziert und in bedrohliche Nähe zu jenen dämonischen Wesen rückt, die man gemeinhin als bockfüßig bezeichnet. Ṯaʿlabī bestätigt diese Vermutung, indem er in seinen Ausführungen zum Eselsfuß und der Beinbehaarung darauf hinweist, dass Bilqīs' Mutter eine *ǧinnin* war. A. Chastel hält in diesem Zusammenhang fest, dass die Bezeichnung *seʿīr* (behaart) im Hebräischen gewisse dämonische Wesen umfasst, die die Wüste bewohnen.[270]

Aus dem oben wiedergegebenen Ṯaʿlabī-Zitat geht überdies hervor, dass den späteren islamischen Legenden die Vorstellung von einer Heirat zwischen Salomon und Bilqīs bekannt war.[271] Bibel und Koran äußern sich zu dieser Frage

267 Das in Sure 27.44 als *ṣarḥ* bezeichnete Gebäude ist mit dem Tempel in Jerusalem nicht identisch.

268 Eigentlich lässt sich der Bau des Glasbodens selbst als Hilfsmittel für eine raffinierte Spiegeldiagnostik erklären. Da auf Glasböden stets Spiegelungen auftreten, könnte es Salomon sogar dann gelingen, einen Blick auf Bilqīs' Beine zu werfen, wenn sie ihr Gewand nicht anhebt.

269 Ibn Hišām (Wahb b. Munabbih), *Tīǧān*, S. 161.10 f.; Kisāʾī, *Qiṣaṣ*, S. 292.18; Ibn al-Aṯīr, *Taʾrīḫ*, I.101.5 f.; Maqdisī, *Badʾ*, III.108.9; Ibn Kaṯīr, *Bidāya*, II.24.16 f.; Fārisī, *Qiṣaṣ*, S. 146.4, 147.8 ff.; Ṭabarī, *Taʾrīḫ (Annales)*, I.583.11 f.; Ṭabarī, *Tafsīr*, Kommentar zu Sure 27.29, *ǧuzʾ* 19 in Bd. VII.86.18 f., Kommentar zu Vers 44, S. 98; Zamaḫšarī, *Kaššāf*, Kommentar zu Sure 27.44, Bd. III.150.19 f. Dass die Königin verunstaltete (behaarte) Beine hat, ist bereits aus dem Judentum (*Targūm šenī* zu Esther) bekannt: vgl. M. Grünbaum, *Neue Beiträge zur semitischen Sagenkunde*, S. 214; H. Speyer, *Die biblischen Erzählungen im Koran*, S. 396 f.; L. H. Silbermann, „The Queen of Sheba in Judaic Tradition", S. 79. Auch die christlichen Legenden kennen das Motiv der Verunstaltung des Fußes der Königin von Saba (Königin Gänsefuß): vgl. R. Beyer, *Die Königin von Saba*, S. 41–48.

270 A. Chastel, „La légende de la reine de Saba", 2e partie, S. 31, vgl. arabisch *šaʿr;* Bilqīs wird als *šaʿrā as-sāqayn* (an beiden Beinen behaart) bezeichnet; siehe z. B. Ṯaʿlabī, *Qiṣaṣ*, S. 320.18 und 24.

271 Die Frage, ob Heiraten zwischen Menschen und *ǧinn* überhaupt möglich sind, wird in den

nicht. Die Furcht vor dieser Verbindung war es aber, die die Dämonen dazu antrieb, Salomon Bilqīs' Makel zu verraten, erwarteten sie aus einer solchen Verbindung doch gewichtige Nachteile. Sie sehen vor allem die Gefahr, dass sie sich nach der Geburt eines Knaben aus dieser Ehe nie würden aus Sklaverei und Frondienst befreien können.

Zamaḫšarī erklärt in seinem Korankommentar den Widerstand der Dämonen gegen eine Heirat Salomons mit Bilqīs damit, dass sie befürchten, ein Kind aus dieser Ehe werde die Gerissenheit *(fiṭna)* von Menschen und *ǧinn* in sich vereinigen. Die Dämonen wären einem Sohn dieses Elternpaars hoffnungslos unterlegen. Seine Macht wäre noch unerträglicher als jene Salomons selbst.[272] Zamaḫšarī thematisiert die Furcht der Satane vor der Geburt eines Sohnes Salomons außerdem im Kommentar zu einer andern Koranstelle, gemäß dem die Satane beschließen, das drohende Unheil dadurch abzuwenden, dass sie das neugeborene Kind umbringen oder es zumindest geistig verwirren.[273]

Die untersuchten Quellen sind unentschlossen, ob Salomon Bilqīs selbst geheiratet hat oder ob er sie dem Ḏū Tubbaʿ, dem König von Hamdān, zur Frau gegeben habe. Viele Autoren erwähnen beide Möglichkeiten, ohne einer bestimmten Version den Vorzug zu geben.[274] Interessant ist in diesem Zusammenhang Ṭabarīs Bericht darüber, wie sich Bilqīs dagegen sträubt, dass Salomon sie mit einem Menschen verheiratet.[275] Ihre Entrüstung darüber, dass sich ihresgleichen mit einem Gatten von den Männern zufriedengeben soll, lässt sich wohl nur damit erklären, dass sich die Dämonen über die Menschen erhaben fühlen.[276]

Quellen kontrovers diskutiert. In dieser Debatte wird immer wieder auf Salomon und die Königin von Saba hingewiesen, die sich angeblich miteinander verheiratet hätten. Solche Verbindungen seien damit möglich. Die Quellen stellen allerdings regelmäßig in Abrede, dass es überhaupt zu dieser Heirat gekommen sei. Sie begründen dies u. a. damit, dass Verbindungen über die Artengrenze hinweg ausgeschlossen seien. Ausführlicher zur Problematik handelt der Anhang ganz am Schluss dieser Arbeit (Kapitel 11): „Zur Möglichkeit ehelicher Verbindungen zwischen *ǧinn* und Menschen"; siehe auch hier direkt anschließend bei Anm. 272–284.

272 Zamaḫšarī, *Kaššāf,* Kommentar zu Sure 27.44, Bd. III.150.18 f. Gute Darstellung der Furcht der Dämonen auch bei Ibn al-Aṯīr, *Taʾrīḫ,* I.101.4 f.

273 Zamaḫšarī, *Kaššāf,* Kommentar zu Sure 38.33, Bd. III.374.14 f.

274 Bayḍāwī, *Anwār at-tanzīl,* Kommentar zu Sure 27.44, Bd. II.70.9; Zamaḫšarī, *Kaššāf,* Kommentar zu Sure 27.44, Bd. III.151.2 f.; Maqdisī, *Badʾ,* III.108.8; Hamdānī. *Iklīl,* X.23; Ibn Hišām (Wahb b. Munabbih), *Tīǧān,* S. 165.9; Ṯaʿlabī, *Qiṣaṣ,* S. 321.16, 321.23 ff.; Ibn al-Aṯīr, *Taʾrīḫ,* I.101.12 ff.; Ibn Kaṯīr, *Bidāya,* II.241.22 ff.; Kisāʾī, *Qiṣaṣ,* S. 292.23; Ṭabarī, *Taʾrīḫ (Annales),* I.584.2, S. 585.2 ff.; Fārisī, *Qiṣaṣ,* S. 148.9 ff.

275 Ṭabarī, *Taʾrīḫ (Annales),* I.585.2 ff.

276 Vgl. damit Iblīs' Weigerung, sich vor Adam niederzuwerfen: Sure 2.34; 7.11–18; 15.31–42; 17.61 f.; 38.74–85.

Ṭabarī weiß außerdem von weiteren Einzelheiten von Salomons Heirat mit Bilqīs zu berichten.[277] Demnach soll sich der Herrscher aus Jerusalem an der Beinbehaarung derart gestört haben, dass er diese noch vor der Heirat beseitigen lassen will. Salomon lehnt es ab, dafür ein Rasiermesser zu verwenden, und verlangt, dass man ihm ein Enthaarungsmittel auf Kalkbasis *(nūra)* herstelle. Denn Bilqīs wehrt sich entschlossen dagegen, dass ein Stück Eisen sie berühre. Ihre abwehrende Haltung kann vor dem Hintergrund der bisherigen Erkenntnisse nicht wirklich erstaunen, gilt Eisen doch als klassisches Schutzmittel gegen Dämonen.[278]

Während im *Kebra Nagast* die Geburt eines Sohnes aus Salomons Ehe mit der Königin von Saba eine zentrale Rolle spielt – die ganze äthiopische Königsdynastie führt sich auf dieses Elternpaar zurück[279] –, äußern sich die arabischen Quellen dazu unklar. Kisā'ī weiß, dass ein Sohn namens Rehabeam aus dieser Beziehung hervorging.[280] Ähnliches berichtet Ibn Hišām.[281] Im *Haft Paykar* wiederum erzählt Niẓāmī davon, dass Bilqīs und Salomon ihr schwerbehindertes Kind heilen können.[282] Der persische Autor bringt damit eine andere Sage ins Spiel, die davon weiß, dass Salomon in einer einzigen Nacht mit all seinen Frauen – oft sind es tausend an der Zahl – schlafen wollte. Er tat dies in der Hoffnung, dass jede einem Kämpfer für die Sache Gottes das Leben schenke. Da er seinen Wunsch dabei nicht Allahs Willen unterordnet, wird ihm allerdings nur ein einziger Sohn geboren, der ausserdem gebrechlich ist.[283]

---

277 Ṭabarī, *Ta'rīḫ (Annales)*, I.583.11–584.2; Ṭabarī, *Tafsīr*, Kommentar zu Sure 27.44, *ǧuz'* 19 in Bd. VII.98.26 ff.

278 Vgl. G. Salzberger, *Salomo-Sage*, S. 97 f. Auch der Dämon Ṣaḫr wird mit Eisen gefesselt. Außerdem sperrt Salomon widerspenstige Dämonen in Messingflaschen. Zur dämonenbannenden Wirkung von Eisen im allgemeinen vgl. I. Goldziher, „Eisen als Schutz gegen Dämonen", und P. Schienerl, „Eisen als Kampfmittel gegen Dämonen".

279 Zum äthiopischen *Kebra Nagast* vgl. R. Beyer, *Die Königin von Saba*, S. 127–174; E. Ullendorf, „The Queen of Sheba in Ethiopian Tradition", S. 104–114; R. Pankhurst, „Die Königin von Saba in der äthiopischen Tradition", S. 111–116. Siehe außerdem: I. Shahîd, „The Kebra Nagast in the light of recent research".

280 Kisā'ī, *Qiṣaṣ*, S. 293.23.

281 Ibn Hišām (Wahb b. Munabbih), *Tīǧān*, S. 162.15, weiß von der Geburt von zwei Söhnen. Sie heißen David und Rehabeam. David stirbt noch zu Lebzeiten seines Vaters.

282 Niẓāmī, *Haft Paykar* (Ausgabe B. Ṯirwatiyān), S. 232, vv. 95–133 (§ 33); Ausgabe W. Dastgirdī: S. 156–158, vv. 95–133; vgl. R. Gelpke, *Die sieben Geschichten der sieben Prinzessinnen*, S. 77 ff.

283 Vgl. z. B.: Ibn Kaṯīr, *Bidāya*, II.29.7 ff.; Fārisī, *Qiṣaṣ*, S. 153.8–154.10; Zamaḫšarī, *Kaššāf*, Kommentar zu Sure 38.33, Bd. III.374.16 ff.; Bayḍāwī, *Anwār at-tanzīl*, Kommentar zu Sure 38.34, Bd. II.187.13 ff.

Es verdient Beachtung, dass in den islamischen Quellen nur selten von der Geburt eines Sohnes aus Salomons Ehe mit Bilqīs die Rede ist, das Neugeborene möglicherweise an schweren Gebrechen leidet oder ein Kind, wie bei Ibn Hišām, sogar stirbt. Die untersuchten Texte aus dem islamischen Kulturraum ziehen die Möglichkeit nicht ernsthaft in Betracht, dass aus dieser Verbindung ein Nachfolger hervorgeht, der über größere Macht über das Dämonenheer verfügt als Salomon selbst. Diese Ausgangslage legt die Vermutung nahe, dass die *ǧinn* nach Salomons Tod ihr Unwesen wieder ungehindert werden treiben können und das Chaos möglicherweise erneut über die Welt hereinbrechen wird.[284]

10.5.5 Keine simple Liebesromanze

Die nachkoranischen Schriftsteller behandeln die Königin von Saba nicht einfach als Sonnenanbeterin. In ihren Berichten treten vielmehr jene Elemente deutlich ausgearbeitet hervor, die auf ihr eigentliches Wesen, nämlich auf ihre dämonische Natur, hinweisen. Die Legenden, die sich um ihre Geburt ranken, ihre Rolle als rätselstellende Besucherin und ihre Beinbehaarung legen diese Schlussfolgerung nahe. Daraus ergibt sich, dass der Besuch der Königin von Saba bei Salomon keinesfalls als simple Liebesromanze missverstanden werden darf. Vielmehr fügt sich die Begegnung dieser beiden Monarchen bestens in Salomons allgemeinen Feldzug gegen alles Dämonische ein, der sich wie ein roter Faden durch sein ganzes Leben zieht.

284 J. Lassner, *Demonizing the Queen of Sheba*, S. 18–23, 151, 167 f., macht auf jüdische Texte aufmerksam, wonach Nebukadnezar aus der Verbindung von Salomon und der Königin von Saba hervorging. Der babylonische Herrscher zerstört schließlich Salomons Tempel in Jerusalem und rächt dadurch die unwürdige Behandlung seiner Mutter durch seinen Vater Salomon (siehe S. 151; jemenitische Erzählung des Saadiah ben Joseph; vgl. Pseudo-Ben Siras Bericht zum Besuch der Königin). Es wäre interessant, der Frage nachzugehen, weshalb jüdische Texte die Möglichkeit in Betracht ziehen, dass ein Sohn der Königin von Saba Salomons Werk schließlich zunichtemacht, während in arabischen Berichten eine solche Entwicklung keine Beachtung findet.

10.6 Kosmos und Chaos

10.6.1 Salomons Tempel in Jerusalem als *imago mundi*

Das Königsbuch schenkt dem Bau, der Einrichtung und der Einweihung des Tempels in Jerusalem durch Salomon eingehend Beachtung.[285] Da die Errichtung dieses Gotteshauses im biblischen Bericht eine zentrale Rolle spielt, erstaunt es, dass dieses Hauptwerk Salomons der islamischen Offenbarung keiner Erwähnung wert ist. Auch bei den nachkoranischen Schriftstellern hat dieser wichtige Aspekt der Salomonsage nur ein äußerst schwaches Echo gefunden. Diese Quellen enthalten zwar immer wieder kürzere Abschnitte über den Tempelbau, aber nur Ṯaʿlabī und Fārisī lassen sich ausführlicher darüber aus.[286] Diesem Mangel an Quellenmaterial ist bei den folgenden Ausführungen stets Rechnung zu tragen. Nur das Beachten scheinbar unbedeutender Details gestattet es, dennoch ein interessantes Bild vom Tempelbau zu zeichnen.

Wenn in den untersuchten Quellen vom Salomonischen Tempel die Rede ist, wird dieses Heiligtum im Allgemeinen als *bayt al-maqdis* bezeichnet. Die meisten Autoren stellen sich darunter eine Moschee *(masǧid)*[287] vor, wie sie in erklärenden Bemerkungen festhalten.[288] Ibn Kaṯīr gibt an, dass der Tempel in Jerusalem erst die zweite Moschee überhaupt sei, die errichtet wurde. Die erste Moschee habe Abraham in Mekka erbaut.[289] Masʿūdī identifiziert *bayt al-maqdis* mit der Aqṣā-Moschee.[290]

Wenn die Darstellungen von Salomons Tempelbau in arabischen Quellen erst am Schluss dieses Kapitels untersucht werden, heißt dies nicht, dass dieses Werk am Ende seines Lebens entstanden ist. Aus dem biblischen Bericht geht hervor, dass der Bau dieses Heiligtums in die erste Hälfte von Salomons Regierungszeit fällt.[291] Beim Besuch der Königin von Saba in Jerusalem erstrahlt das Gotteshaus bereits in vollem Glanz, und die fremde Herrscherin bestaunt es.[292] Auch das Gros der arabischen Autoren geht von der Vorstellung aus, dass das Treffen

---

285 1. *Könige* 6–8.

286 Ṯaʿlabī, *Qiṣaṣ*, S. 306.28–310.29; Fārisī, *Qiṣaṣ*, S. 167.12–171.6.

287 Es wäre neutraler, von einem Gebetsplatz zu reden. Als *nomen loci* zur Wurzel *saǧada* bezeichnet der Ausdruck *masǧid* grundsätzlich einen Ort, wo man sich (beim Gebet) niederwirft.

288 Z. B.: Fārisī, *Qiṣaṣ*, S. 168.12 ff.; Ibn al-Aṯīr, *Taʾrīḫ*, I.97.7; Ṭabarī, *Taʾrīḫ (Annales)*, I.571.4; Ṯaʿlabī, *Qiṣaṣ*, S. 308.2; Dīnawarī, *al-Aḫbār aṭ-ṭiwāl*, S. 23.15.

289 Ibn Kaṯīr, *Bidāya*, II.26.14 ff.

290 Masʿūdī, *Murūǧ aḏ-ḏahab* (Ausgabe Ch. Pellat), § 106.

291 1. *Könige* 6.37 f.

292 1. *Könige* 10.4 f.

zwischen den beiden Monarchen erst nach dem Abschluss der Bauarbeiten am Tempel stattfand. Zweideutig äußern sich dazu eigentlich nur Zamaḫšarī und – in Anschluss an ihn – Bayḍāwī. Auch Zamaḫšarī hält zwar in Übereinstimmung mit der biblisch geprägten Überlieferung fest, dass sich Salomon erst nach der Vollendung des Tempels mit Bilqīs traf.[293] Dieser Angabe steht allerdings eine zweite Äußerung desselben Korankommentators diametral entgegen, wonach der Bau des Tempels selbst beim Tod Salomons noch nicht abgeschlossen war.[294]

Gemäß den biblischen Darstellungen reicht die Vorgeschichte des Tempelbaus weit in Davids Regierungszeit zurück. *Samuelbuch* und *Chronik* berichten übereinstimmend davon, dass sich David sehnlichst wünschte, die Zahl seiner Untertanen in Erfahrung zu bringen und deshalb den Befehl erteilte, die Israeliten zu zählen. Damit zog er Gottes Zorn auf sich, der ihn zur Sühnung seiner Verfehlung vor die Wahl stellte, sich zwischen drei schweren Strafen zu entscheiden.[295] Diese Vorstellungen haben auch verschiedene arabische Autoren erreicht.[296] Ṭabarī greift eine Überlieferung Wahb b. Munabbihs auf und hält fest[297]:

> David wollte wissen, wie groß die Zahl der Israeliten sei. Dazu sandte er Vorsteher und Führer aus mit dem Auftrag, ihm ihre Zahl mitzuteilen. Da tadelte Gott David deswegen und sprach: ‚Du weißt, dass ich Abraham versprochen habe, ihn und seine Nachkommenschaft derart zu segnen, dass ich sie so zahlreich wie die Sterne am Himmel und ihre Zahl unzählbar mache.[298] Du [aber] wolltest jene Zahl wissen, die ich als unzählbar bezeichnet habe. So wählt aus, ob ich euch drei Jahre lang mit Hunger heimsuchen soll oder ob ich dem Feind drei Monate lang Macht über euch geben soll oder dem Tod drei Tage lang!‘ Da beriet sich David mit den Israeliten darüber. Sie sprachen: ‚Wir haben weder die Geduld, drei Jahre lang Hunger zu leiden, noch können wir drei Monate lang dem Feind widerstehen, denn dann bliebe niemand von uns übrig. Wenn es denn keinen Ausweg gibt, soll uns der Tod durch Seine (Gottes) Hand und nicht durch die Hand eines andern ereilen.‘
>
> Wahb b. Munabbih erzählte, dass von ihnen während einer Stunde des Tages Abertausende starben; ihre Zahl konnte man nicht zählen. Als David das große Sterben sah, bedrückte es ihn, er wandte sich Gott zu und betete zu ihm: ‚Mein Herr,

293 Zamaḫšarī, *Kaššāf,* Kommentar zu Sure 27.20, Bd. III.142.22 ff.; vgl. Bayḍāwī, *Anwār at-tanzīl,* Kommentar zu Sure 27.21, Bd. II.66.14 ff.

294 Zamaḫšarī, *Kaššāf,* Kommentar zu Sure 34.14, Bd. III.284.12 ff.; vgl. Bayḍāwī, *Anwār at-tanzīl,* Kommentar zu Sure 34.14, Bd. II.140.11 ff.

295 2. *Samuel* 24 und 1. *Chronik* 21.

296 Ṭabarī, *Ta'rīḫ (Annales),* I.571.2–572.11; Ibn al-Aṯīr, *Ta'rīḫ,* I.97.4 ff.; Ṯaʿlabī, *Qiṣaṣ,* S. 307.9–308.2; Yaʿqūbī, *Ta'rīḫ,* I.55.16 ff.

297 Ṭabarī, *Ta'rīḫ (Annales),* I.571.11–572.11.

298 Vgl. *Genesis* 22.15–18.

> ich esse Sauerampfer, und die Zähne der Israeliten werden stumpf.[299] *Ich* verlangte danach, *ich* befahl den Israeliten, dies zu tun. Was geschah, ist *mein* [Fehler]. Verzeih den Israeliten!‘ Gott erhörte seine Bitte und nahm den Tod von ihnen weg. Da sah David, wie die Engel ihr gezücktes Schwert wieder einsteckten und auf einer goldenen Leiter vom Felsen[300] in den Himmel emporstiegen. David sprach: ‚Dies ist ein Ort, wo eine Moschee *(masğid)* erbaut werden muss.‘ Da wollte David mit ihrem Bau beginnen, aber Gott offenbarte ihm: ‚Dies ist ein heiliges Haus, du aber hast deine Hände mit Blut befleckt. Nicht du sollst es erbauen, sondern ein Sohn von dir, den ich nach dir zum König machen, den ich Salomon nennen und den ich vom Blutvergießen fernhalten werde, soll es errichten.‘ Als Salomon herrschte, erbaute er die Moschee und zeichnete sie aus.

Dieser Bericht Ṭabarīs respektiert die Grundzüge der biblischen Erzählung. David will die genaue Zahl seiner Untertanen in Erfahrung bringen und ordnet eine Volkszählung an. Sowohl im *Alten Testament* als auch bei Ṭabarī zieht David durch sein verwegenes Ansinnen Gottes Zorn auf sich. Die jüdischen Quellen und Ṭabarī stimmen auch darin überein, dass David bzw. die Israeliten zwischen drei Strafen auswählen müssen. Die Ungenauigkeit in Ṭabarīs Fassung, wo bloß allgemein von einem großen Sterben unter den Israeliten die Rede ist, gleichen Ṯaʿlabī und Ibn al-Aṯīr mit dem Hinweis darauf wieder aus, dass das Reich wegen Davids Fehltritt unter einem schweren Pestzug zu leiden habe.[301] Auch gemäß der Bibel sterben die Israeliten an der Pest dahin.

Gut ausgearbeitet ist bei Ṭabarī hingegen die Vorstellung, dass David es nicht würdig ist, den Tempel zu errichten. Er hat seine Hände durch die Anordnung der Volkszählung und die darauf folgende Strafe Gottes mit Blut befleckt und darf diese vornehme Aufgabe nicht übernehmen. Der Verfasser weist das Verdienst, den Tempel in Jerusalem errichtet zu haben, allein Salomon zu. Ein Wortspiel erklärt seinen Namen damit, dass Gott Salomon im Gegensatz zu seinem Vater David vor dem Blutvergießen bewahrt *(sallama)* habe.[302] Ṭabarī folgt übrigens

299 Ṭabarī, *Ta'rīḫ (Annales)*, I.572.3: „أنـا آكل الحمّـاض وبنـو إسـرائل يضرسـون“. A. Kazimirski, *Dictionnaire*, übersetzt *ḍarisa mit* „avoir les dents agacées et engourdies par quelque acide“. Vgl. Jeremia 31.29: „Die Väter haben saure Trauben gegessen, und den Kindern werden davon die Zähne stumpf.“ Parallele bei Ezechiel 18.2. Eine ähnliche Vorstellung lässt sich bei Ṯaʿlabī, *Qiṣaṣ*, S. 307.26 f., nachweisen, der für diese Wendung auch eine Erklärung anführt: „Ich nehme sauren Essig zu mir, und die Israeliten sollen stumpfe Zähne bekommen, d. h. ich habe gesündigt und die Israeliten sollen bestraft werden?“

300 *Aṣ-ṣaḫra:* Gemeint ist damit jener Felsen, über dem später auch der muslimische Felsendom *(Qubbat aṣ-ṣaḫra)* auf dem Tempelberg errichtet wurde.

301 Ṯaʿlabī, *Qiṣaṣ*, S. 307.24; Ibn al-Aṯīr, *Ta'rīḫ*, I.97.4.

302 Ṭabarī, *Ta'rīḫ (Annales)*, I.572.10: „إبـن لـك أسـميه سـليمان أسـلّمه مـن الدمـاء“. Der Eigenna-

der Bibel, wenn er David vom Tempelbau ausschließt.[303] Die Darstellung der Vorgeschichte des Tempelbaus beim prominenten Geschichtsschreiber dürfte auch Ṯaʿlabīs Bericht beeinflusst haben. Dieser jüngere Autor wahrt die Grundzüge seiner Vorlage und übernimmt daraus sogar sprachliche Wendungen, schmückt seine Darstellung aber reicher aus. Ṯaʿlabīs Fassung enthält überdies eine wesentliche Erweiterung:

Als David den Bauplatz für das Heiligtum in Besitz nehmen will, macht ein armer gottesfürchtiger Mann persönliche Rechte daran geltend. Er ist nicht bereit, seine Ansprüche umsonst abzutreten, und weist David darauf hin, dass er das Grundstück für Gott erwerbe. Es schicke sich daher nicht, beim Kaufpreis zu geizen. Mit diesem Argument zwingt der Arme David dazu, sein Angebot wiederholt zu erhöhen. Während der König anfänglich hundert Schafe bietet, akzeptiert er nach langem Feilschen sogar die letzte Forderung des Besitzers: Er lässt einen von einer hohen Mauer umgebenen Garten mit Gold fülle, um den Verkäufer damit zu bezahlen. Dieser verzichtet allerdings im letzten Moment auf seine Forderung. Er habe David nur auf die Probe stellen wollen.[304]

Die Angaben zu den eigentlichen Arbeiten am Tempel interessieren erst später.[305] Vorerst sollen die spärlichen Informationen zum fertigen Tempel ausgewertet werden, die sich in den untersuchten Quellen nachweisen lassen. Dīnawarī gibt an, dass David den Bau der Stadt Jerusalem und ihres Gotteshauses in Angriff genommen habe, sein Sohn Salomon aber die begonnenen Arbeiten zu Ende führte. Zum Heiligtum selbst hält Dīnawarī fest[306]:

> Da baute Salomon Jerusalems Moschee – ein Bau, dessengleichen die Leute nicht gesehen hatten. In stockfinsterer Nacht erstrahlte sie wie ein heller Leuchter wegen der zahlreichen Edelsteine und des vielen Goldes, das er daran angebracht hatte.

Etwas farbiger ist die Beschreibung des Tempels bei Ṯaʿlabī[307]:

---

me Salomon und das Verb *sallama* enthalten dieselben Wurzelkonsonanten. Ganz ähnlich: Ibn al-Aṯīr, *Ta'rīḫ*, I.97.14 f.; Ṯaʿlabī, *Qiṣaṣ*, S. 308.20.

303 1. *Chronik* 17.12.

304 Ṯaʿlabī, *Qiṣaṣ*, S. 308.2–16. Ṯaʿlabīs Bericht lässt Davids Opferbereitschaft in einem vorteilhaften Licht erscheinen. Seine Darstellung greift einen biblischen Bericht auf, gibt ihn allerdings beinahe zur Unkenntlichkeit entstellt wider: Gemäß 2. *Samuel* 24.18–25 (vgl. 1. *Chronik* 21.15–30) will Arauna, der Besitzer des Landstücks, David den Bauplatz für die Errichtung eines Altars umsonst überlassen. David muss ihn geradewegs dazu zwingen, einen gerechten Kaufpreis anzunehmen.

305 Vgl. Kapitel 10.6.1, bei Anm. 310–350.

306 Dīnawarī, *al-Aḫbār aṭ-ṭiwāl*, S. 23.17.

307 Ṯaʿlabī, *Qiṣaṣ*, S. 310.6 ff.

> Salomon erbaute die Moschee mit weißem, gelbem und grünem Marmor, ihre Pfeiler waren aus reinem Kristall[308]. Er bedeckte sie mit Platten aus wertvollen Edelsteinen. Ihr Dach und ihre Mauern legte er mit Perlen, Rubinen und verschiedenen Edelsteinen aus. Ihren Boden bedeckte er mit Platten aus Türkis. Damals befand sich auf der Erde kein Haus, das stärker strahlte und leuchtete als diese Moschee. Nachts leuchtete sie wie der Mond in der Vollmondnacht.

Auch Fārisī, Ibn al-Aṯīr und Kisā'ī wissen davon, dass Salomon zum Bau des Tempels nur die kostbarsten Materialien, z. B. Marmor, Kristall, Rubin und Smaragd, verwendete. Sie weisen in diesem Zusammenhang auch wiederholt darauf hin, dass die Dämonen bei den Bauarbeiten eine wichtige Rolle spielten.[309]

Da Salomon bereits im Koran als Bezwinger der Geister in Erscheinung tritt, erstaunt, dass nicht bereits die islamische Offenbarung die *ǧinn* mit der Errichtung des Tempels in Jerusalem in Verbindung bringt. Die Vorstellung, dass die Dämonen bei den Arbeiten an Salomons Hauptwerk mitwirkten, lässt sich allerdings nicht erst bei den nachkoranischen Schriftstellern belegen, sondern geht auf das *Testamentum Salomonis* zurück. Die folgenden Ausführungen gehen vergleichbaren Aussagen in arabischen Quellen nach. Sie befassen sich jedoch nicht mit der Rolle der farblosen niederen Geister beim Tempelbau, sondern untersuchen die indirekte Mithilfe des möglicherweise berühmtesten Vertreters des Dämonengeschlechts, nämlich Ṣaḫrs, bei der Errichtung dieses Heiligtums.

Während der Koran den Bau des Tempels in Jerusalem gänzlich übergeht, behandeln zwar auch die späteren Quellen dieses Hauptwerk Salomons stiefmütterlich. Sie interessieren sich aber immerhin für ausgewählte Aspekte der Errichtung des Heiligtums. Am meisten Beachtung schenken sie der Episode, wie Davids Sohn in den Besitz des *sāmūr* kam. Qazwīnī weiß, dass es sich beim *sāmūr* um einen Stein handelt, der alle andern Steine schneidet.[310] Die gängigen Lexika übersetzen den Ausdruck mit „Diamant".[311] Die arabischen Quellen schreiben dem Dämon Ṣaḫr eine zentrale Rolle bei seiner Beschaffung zu. Verschiedene Orientalisten haben sich bereits eingehender mit dieser Angelegenheit auseinandergesetzt.[312] Die folgenden Ausführungen wiederholen ihre Erkenntnisse nicht

---

308 A. Kazimirski, *Dictionnaire*, s. v., übersetzt *mahā*, pl. *mahān*, mit „morceau de verre blanc, de cristal".

309 Fārisī, *Qiṣaṣ*, S. 168.10 ff.; Ibn al-Aṯīr, *Ta'rīḫ*, I.97.9 f.; Kisā'ī, *Qiṣaṣ*, S. 282.16 ff.; vgl. Ṯa'labī, *Qiṣaṣ*, S. 308.26 ff.

310 Qazwīnī, *'Aǧā'ib al-maḫlūqāt* (Ausgabe F. Wüstenfeld), S. 218.12 (vgl. Ausgabe Miṣr, S. 130).

311 Vgl. A. Kazimirski, *Dictionnaire*, s. v.

312 Vgl. G. Salzberger, *Salomons Tempelbau und Thron*, S. 36–54; M. Grünbaum, *Neue Beiträge zur semitischen Sagenkunde*, S. 227 ff.; ders., „Beiträge zur vergleichenden Mythologie aus der Hagada", S. 204 ff.; D. Sidersky, *Les origines des légendes musulmanes*, S. 117 ff.

im Detail, sondern rekonstruieren das Geschehen anhand von Berichten bei arabischen Schriftstellern.[313]

Diese nachkoranischen Darstellungen sind vom Talmud abhängig.[314] Ausgangspunkt der jüdischen *Šamir*-Sage ist das biblische Gebot, beim Bau eines Altars nur unbehauene Steine zu verwenden; der Gebrauch von eisernem (Kriegs)-Gerät entweihe ihn.[315] Da sich diese Vorschrift nur auf das Errichten eines Altars bezieht, stößt sich das Königsbuch anfänglich auch nicht daran, dass die Arbeiter beim Legen der Tempelfundamente behauene Steine verwenden.[316] Nur wenige Verse später ist dann allerdings davon die Rede, dass die Steine bereits fertig behauen aus dem Bruch angeliefert wurden und man beim Tempelbau kein eisernes Werkzeug – weder Hammer noch Meißel – hörte.[317]

Die Araber scheinen das jüdische Verbot, beim Bau eines Heiligtums eisernes Werkzeug zu benutzen, entweder nicht gekannt oder dafür kein Verständnis aufgebracht zu haben. Jedenfalls veranlasst nicht mehr ein frommes Pflichtgefühl Salomon dazu, sich diesen wunderbaren Sāmūr-Stein zu beschaffen. Gemäß den islamischen Quellen ist sein Motiv viel prosaischer: Da die Einwohner Jerusalems oder Salomon selbst unter dem Baulärm leiden, suchen sie nach Mitteln, um die Steine lautlos zu schneiden. Abgesehen von dieser geänderten Erklärung stimmen die jüdischen und arabischen Legenden aber weitgehend überein. Kisāʾī beschreibt besonders ausführlich, wie Salomon in den Besitz des *sāmūr* kam[318]:

> Die Leute beklagten sich über den großen Lärm, der beim Schneiden der Steine entstand. Da erkundigte sich Salomon bei den rebellischen Dämonen *(al-marada)*, ob ihnen ein Mittel bekannt sei, Steine lautlos zu schneiden. Sie antworteten: ‚Nein, aber der Rebell Ṣaḫr *(Ṣaḫr al-mārid)* hat Kenntnis davon.' Da befahl Salomon den Satanen, ihn ihm herbeizubringen. Sie aber wandten ein: ‚Wir haben keine Macht über ihn, können ihn aber überlisten. Zu Beginn jedes Monats kommt er zu einer Quelle, um daraus zu trinken. Unser Rat ist es nun, dass du sie mit Wein füllst. Wenn er dort seinen Durst löscht, wird er betrunken. Dann können wir ihn ergreifen und zu dir bringen.' Salomon erlaubte ihnen dies.
>
> Sie füllten die Quelle mit Wein. Als Ṣaḫr durstig war, kam er zur Quelle und stellte fest, dass sie mit Wein gefüllt war. Er schrie: ‚Guter Wein, du raubst den Verstand und

313 Folgende Autoren beachten diese Episode: Ṭabarī, *Tafsīr*, Kommentar zu Sure 38.34, *ǧuzʾ* 23 in Bd. VIII.90.17–26; Kisāʾī, *Qiṣaṣ*, S. 281.11–282.15; Qazwīnī, *ʿAǧāʾib al-maḫlūqāt* (Ausgabe F. Wüstenfeld), I.218 (vgl. Ausgabe Miṣr, S. 130); Ṯaʿlabī, *Qiṣaṣ*, S. 308.30–310.6; Fārisī, *Qiṣaṣ*, S. 168.17–169.12.

314 *Gittin* 68a: zitiert und übersetzt bei D. Sidersky, *Les origines*, S. 118 f.

315 *Exodus* 20.25.

316 1. *Könige* 5.31.

317 1. *Könige* 6.7.

318 Kisāʾī, *Qiṣaṣ*, S. 281.11–282.15.

machst den Weisen dumm. Bei Gott, nichts trinke ich von dir.‘ Da verließ er sie und ging seines Weges. Am folgenden Tag aber, als ihn der Durst zu quälen begann, kehrte er zurück und fand die Quelle in demselben Zustand vor. ‚Was nützt es, vor der Vorherbestimmung auf der Hut zu sein?‘ sprach er, als er brennend vor Durst die Quelle anschaute. Da trank er sie ganz leer.

Die Satane kamen herbei, legten ihn in eiserne Fesseln und brachten ihn zu Salomon. Feuerflammen züngelten aus seinen Nüstern. Als Ṣaḫr Salomons Siegelring erblickte, fiel er auf sein Angesicht nieder und sprach: ‚Prophet Gottes, wie groß ist deine Macht! Aber sie wird von dir weichen.‘ – Salomon sprach: ‚Du hast recht.‘ [...]

Da erzählte Salomon ihm davon, wie sich die Leute über den Lärm beklagten, den die *ǧinn* beim Steineschneiden verursachten. Ṣaḫr antwortete: ‚Prophet Gottes, ich weiß Abhilfe dagegen.‘[319] Dann fügte er hinzu: ‚Schafft mir ein Adlernest mit Eiern herbei!‘ Nachdem sie ihm dies gebracht hatten, verlangte er nach einer Glasglocke[320] und stülpte sie über das Adlernest. [Da kehrte der Adler zu seinem Horst zurück und sah, dass er zugedeckt war. Er stieß mit seinem Fuß gegen die Glasglocke, konnte sie aber nicht zerschlagen.[321]] Er flog gegen Osten und Westen. Am folgenden Tag kehrte er mit einem Stück *Sāmūr*-Stein zurück, das er auf die Glasglocke fallen ließ, die zerbarst.[322] Der Adler trug sein Nest davon, den *Sāmūr*-Stein aber ließ er zurück.

Ṣaḫr brachte den Stein zu Salomon, der sich nach dessen Herkunft erkundigte. Ṣaḫr erklärte: ‚Prophet Gottes, der Stein kommt von einem hohen Berg im äußersten Westen, der Sāmūr-Berg heißt und den niemand erreichen kann.‘ Da sandte Salomon die Satane aus, um davon zu sammeln, so viel sie nötig hatten. Von da an schnitten sie damit Steine, ohne dass man dabei Lärm vernahm.

Ṣaḫrs Parallelfigur heißt in den jüdischen Quellen Ašmedai und wird im Talmud als König der Dämonen bezeichnet.[323] Ihrem Kern nach gehören die Berichte zu Ṣaḫr-Ašmedai allerdings nicht zu den Legenden über den Bau des Tempels, sondern zu den Erzählungen über Salomons Sünde und Fall, die erst später untersucht werden.[324] Vorerst ist auf das oben übersetzte Zitat zurückzukommen, in dem Kisāʾī nicht nur schildert, wie Salomon in den Besitz des Sāmūr kam, sondern auch beschreibt, wie sich der israelitische Herrscher als Dämonenbezwinger hervortut: Beim Anblick von Salomons Siegelring ergibt sich Ṣaḫr unverzüglich, obwohl nur kurz zuvor noch Feuerflammen aus seinen Nüstern gezün-

319 Kisāʾī, *Qiṣaṣ*, S. 382.8: „عندى علم ذلك“.
320 Kisāʾī, *Qiṣaṣ*, S. 382.9: „جام من القوارير“.
321 In Klammern: Ergänzung nach Qazwīnī, *ʿAǧāʾib al-maḫlūqāt* (Ausgabe F. Wüstenfeld), S. 218.20 f. (vgl. Ausgabe Miṣr, S. 130.6 f.). Kisāʾī ist hier undeutlich: ‚Da kam der Adler und sah sein Nest nicht.‘ Der Adler sieht seinen Horst sehr wohl, er ist ja mit Glas bedeckt. Der Vogel möchte aber auch Zugang zu seinen Eiern haben.
322 Qazwīnī, *loc.cit.*, fügt hinzu „lautlos“.
323 D. Sidersky, *Les origines*, S. 119.
324 Vgl. Kapitel 10.6.2.

gelt haben. Ebenso eindrücklich wie Kisāʾī schildern auch Ṭabarī und Ṯaʿlabī die Überwältigung dieses Rebellen. Bei Ṯaʿlabī reicht es für Ṣaḫrs Bezwingung bereits aus, dass Salomon den mit der Gefangennahme beauftragten *ǧinn* Abdrücke seines Siegelrings mitgibt, deren Anblick Ṣaḫr bekanntlich nicht erträgt.[325] Ṭabarī seinerseits meint einfach, dass Salomon seinem Widersacher den Siegelring entweder bloß zeigte oder ihn ihm zwischen die Schultern drückte.[326]

Die beiden zuletzt angeführten Stellen bringen Ṣaḫr übrigens mit dem Meer in Verbindung, befindet sich jene Quelle, wo er seinen Durst zu löschen pflegt, doch auf einer entlegenen Insel. Oft wird Ṣaḫr auch als Herr des Meeres bezeichnet.[327] Der folgende Abschnitt befasst sich mit den engen Beziehungen des Meeres zum Dämonischen. Es ist nicht nur Ṣaḫrs Reich, sondern auch Iblīs' Rückzugsort nach Salomons Geburt.[328]

M. Eliade hat sich wiederholt mit den Vorstellungen auseinandergesetzt, die Menschen aus traditionellen Gesellschaften mit einem Heiligtum in Verbindung bringen.[329] Er stützt sich in seinen Untersuchungen auf das mythologische Gedankengut unterschiedlicher Völker und skizziert ein Weltbild, das sich auch in den arabischen Berichten über den Bau des Salomonischen Tempels nachweisen lässt.

Gemäß M. Eliade stellt der Raum für den religiösen Menschen kein homogenes Ganzes dar. Heiliger Raum unterscheidet sich fundamental von andern, nicht geweihten Räumen.[330] Einzig heiliger Raum existiert wirklich. Alles, was sich außerhalb davon befindet, hat weder Struktur noch Bestand, ist amorph – ein Abbild des Chaos. Das Erkennen dieser Uneinheitlichkeit des Raums stellt für den traditionellen[331] Menschen eine zentrale Erfahrung dar, entspricht sie doch einer Orientierung, einer Gründung der Welt. Wo sich das Sakrale manifestiert, entsteht nicht nur ein Bruch in der räumlichen Einheit, sondern im heiligen

---

325 Ṯaʿlabī, *Qiṣaṣ*, S. 309.5 f.

326 Ṭabarī, *Tafsīr*, Kommentar zu Sure 38.34, *ǧuz*ʾ 23 in Bd. VIII.90.23.

327 Ṭabarī, *Taʾrīḫ (Annales)*, I.590.4: „Da kam zu ihr (Amīna) der Satan, der Herr des Meeres, dessen Namen Ṣaḫr war." Vgl. Ṯaʿlabī, *Qiṣaṣ*, S. 323.22; Zamaḫšarī, *Kaššāf*, Kommentar zu Sure 38.34, Bd. III.374.26.

328 Vgl. dazu oben Kapitel 10.2.1 „Geburt Salomons", bei Anm. 28: zweitletzter Abschnitt des Kisāʾī-Zitats.

329 M. Eliade, *Le mythe de l'éternel retour*, S. 14–29; ders., *Le sacré et le profane*, S. 25–62.

330 M. Eliade verweist zur Erläuterung auf Moses' Erfahrung vor dem brennenden Dornbusch, fordert Gott ihn doch auf, die heilige Stätte nur mit entblößten Füßen zu betreten (vgl. *Exodus* 3.5).

331 M. Eliades Terminologie wird hier im Bewusstsein übernommen, dass sie in einem modernen wissenschaftlichen Diskurs nicht mehr allgemein akzeptiert wird.

Bezirk – er stellt den Kosmos dar – offenbart sich eine absolute Realität, die sich der formlosen Weite des Chaos entgegensetzt. Die Hierophanie gibt der Welt eine Orientierung, offenbart ihren Bezugspunkt, ihr Zentrum.

In diesem Zentrum wird durch die Manifestation des Heiligen allerdings nicht nur die Trennung zwischen sakralem und profanem Raum erlebbar, sondern hier öffnet sich die Welt auch nach unten (Hölle, Totenwelt) und oben (Himmel, Götterwelt). Die drei kosmischen Ebenen Himmel, Erde und Unterwelt, stehen an dieser Stelle miteinander in Verbindung. Die Vorstellung, dass an diesem Ort der Übergang zu andern kosmischen Ebenen möglich ist, wird oft mit dem Bild einer Säule, *axis mundi*, in Beziehung gesetzt.[332] Ihre doppelte Aufgabe besteht darin, Himmel und Erde miteinander zu verbinden und das Himmelsgewölbe zu tragen. An ihrem andern Ende taucht diese Stütze in die Unterwelt ein, die als Urwasser oft auch Sinnbild für das Chaos ist, aus dem der Kosmos hervorgegangen ist.

Von diesem Symbolismus des Zentrums sind unterschiedliche kosmologische Bilder und religiöse Vorstellungen abhängig: a. Das Zentrum, wo die drei kosmischen Bereiche miteinander in Verbindung stehen, ist stets auch Abbild des Kosmos *(imago mundi);* b. die heilige Stadt oder das Heiligtum befindet sich im Zentrum der Welt; c. ein Tempel übernimmt die Funktion des kosmischen Bergs; er verbindet Himmel und Erde miteinander; d. die Fundamente des Tempels tauchen tief ins Urwasser ein.

M. Eliade zeigt gestützt auf verschiedene Quellen aus nicht-islamischen Kulturen auf, dass solche Vorstellungen auch mit Jerusalem in Verbindung gebracht wurden: Der Felsen, auf dem der Tempel errichtet wurde, wurde als Nabel der Erde bezeichnet. Der isländische Pilger Nikolaus von Therva, der Jerusalem im 12. Jh. besuchte, schrieb, dass sich das Heilige Grab in der Weltmitte befinde und die Sonne am Tag der Sommersonnwende senkrecht auf diese Stelle scheine.[333] Auch aus Äußerungen Flavius Josephus' geht hervor, dass der Tempel in Jerusalem eine *imago mundi* darstellt. Während dieser Gelehrte den Tempelhof mit dem Meer, also mit der Unterwelt, gleichsetzt, identifiziert er den Tempel selbst mit der Erde und erkennt im Allerheiligsten ein Abbild des Himmels.[334] Solche und ähnliche Vorstellungen lassen sich auch in den untersuchten arabischen Quellen nachweisen.[335]

---

332 Unterschiedliche Bilder drücken die Vorstellung der *axis mundi* aus: *universalis columna*, Berg, Baum, Liane, Leiter etc.

333 M. Eliade, *Le sacré et le profane*, S. 41.

334 Flavius Josephus, *Antiquitates iudaicae*, II.VII.7, zitiert bei M. Eliade, *op.cit.*, S. 43.

335 Zur Frage vgl. auch A. J. Wensinck, *The ocean in the literature of the Western Semites*.

In der Einleitung zu seinem Bericht über den Bau des Salomonischen Tempels weist Ṯaʿlabī auf ein Prophetenwort hin, das auf den Gewährsmann ʿIbāda b. aṣ-Ṣāmit zurückgeht[336]:

> Der Gesandte Gottes sprach: ‚Der Felsen des Heiligtums *(bayt al-maqdis)* ruht auf einer Dattelpalme des Paradieses *(ǧanna)*. Diese Dattelpalme steht an einem der Paradiesflüsse. An diesem Fluss reihen Āsiya bint Muzāḥim und Maryam bint ʿImrān den Perlenschmuck der Paradiesbewohner bis zum Tag der Auferstehung auf.‘

In dieser Überlieferung überschneiden sich zwei verschiedene Vorstellungen. Einerseits ist aus dem Beginn des obigen Zitats ersichtlich, dass der Tempelfelsen auf einer Dattelpalme im Paradies aufliegt. Aus dieser Aussage lässt sich ableiten, dass Paradies und Salomonischer Tempel miteinander in Verbindung stehen. Wenn M. Eliade festhält, dass sich das Paradies als Abbild eines heiligen Bezirks *par excellence* notwendigerweise im Zentrum der Welt befindet, muss auch der Tempel in Jerusalem in der vorliegenden Überlieferung im Mittelpunkt der Welt stehen.[337] Befremdend mutet anderseits die Vorstellung an, dass sich das Paradies *(ǧanna)* unterhalb des Tempelfelsens befinde.[338] Eine Erklärung bietet sich allenfalls an, wenn dieser Garten *(ǧanna)* nicht mit dem aus dem Koran bekannten Ort der Belohnung der Rechtschaffenen identifiziert wird, sondern als Hinweis auf die vorislamische Auffassung eines Totenreichs und der Unterwelt aufgefasst wird. Die Flüsse in diesem Garten wären dann Abbild des Urwassers, in das die Weltachse eintaucht. Es dürfte übrigens leicht fallen, in der Dattelpalme aus der Überlieferung die *axis mundi* zu erkennen.

Nicht nur bei Ṯaʿlabī lässt sich die Vorstellung nachweisen, dass sich die Weltachse in Jerusalem befindet. Auch weitere arabische Quellen enthalten entsprechende Angaben, wie aus Berichten bei Ṭabarī, Ṯaʿlabī und Ibn al-Aṯīr über jenen Pestzug hervorgeht, der die Israeliten nach Davids Fehltritt heimsuchte.[339] Nachdem David Gott angefleht hat, dem Sterben unter seinen Untertanen Einhalt zu gebieten, sieht er, wie die Todesengel ihre gezückten Schwerter wieder einstecken und auf einer goldenen Leiter vom Felsen, auf den das Heiligtum zu stehen kommen soll, in den Himmel hochklettern. David erkennt dank dieser Hierophanie, also dem Auftreten der Engel beim Tempelfelsen, den besonderen Charakter dieses Orts und wählt ihn zum Bauplatz für eine Moschee.[340] Durch die

---

336 Ṯaʿlabī, *Qiṣaṣ*, S. 307.5–8.

337 M. Eliade, *Le mythe de l'éternel retour*, S. 29.

338 Ṯaʿlabī, *Qiṣaṣ*, S. 307.6: „صخرة بيت المقدس على نخلة من نخيل الجنة“.

339 Ṭabarī, *Taʾrīḫ (Annales)*, I.572.1–7; Ṯaʿlabī, *Qiṣaṣ*, S. 307.29; Ibn al-Aṯīr, *Taʾrīḫ*, I.97.4 f.

340 Kisāʾī, *Qiṣaṣ*, S. 283.1 ff., berichtet davon, dass die Engel nach der Vollendung des Tempels

Manifestation des Heiligen beim Tempelfelsens entsteht ein Bruch in der räumlichen Einheit, also zwischen sakralem und profanem Raum. Die goldene Leiter wiederum, auf der die Engel beim Bauplatz des zukünftigen Heiligtums in den Himmel hochklettern, zeigt an, dass an dieser Stelle ein Übergang zwischen Erde und Götterwelt besteht. Ebenso wie die Dattelpalme bei Ṯaʿlabī symbolisiert auch sie die Weltachse.[341]

Berichte bei Kisāʾī und Fārisī halten fest, dass sich Salomon mit großen Schwierigkeiten konfrontiert sah, als er mit dem Bau des Heiligtums beginnen wollte. Ihre Darstellungen dazu thematisieren auch weitere Elemente, die aus den von M. Eliade nachgewiesenen Vorstellungen bekannt sind. Kisāʾī äußert sich wie folgt zu den Problemen beim Tempelbau[342]:

> Da befahl Gott Salomon, den Tempel beim Miʿrāǧ-Felsen zu erbauen.[343] Salomon versammelte die rebellischen Satane, die *ʿifrīt* unter den *ǧinn* und die weisen Menschen. Er teilte die Satane ein zum Steinschneiden, zum Verlegen von Marmor und zu weiteren Aufgaben. Er gab den Befehl, die Fundamente so tief zu graben, bis man auf Wasser stoße. Dann befahl er, die Fundamente zu legen. Das Wasser [aber] verschlang die Fundamente.[344] Da fertigten die *ǧinn* Kugeln *(falak)* aus Kupfer und Blei an und schrieben darauf: ‚Es gibt keinen Gott außer Allah.' Danach stand das Fundament fest, und der Bau wuchs in die Höhe.

Kisāʾīs Bericht hält fest, dass Salomon neben klugen Menschen auch Dämonen bei den Arbeiten am Heiligtum beschäftigte. Aus seiner Beschreibung und der Parallelstelle bei Fārisī geht hervor, dass Salomon das Fundament tief legen lässt, befiehlt er seinen Untergebenen doch, bis auf das Wasser hinunter zu graben. Mit diesem Wasser hat es eine besondere Bewandtnis, verschlingt es doch die hineingeworfenen Steine (Kisāʾī) oder spuckt sie sogleich wieder aus (Fārisī). Aus Salomons Strategie zur Lösung der anstehenden Schwierigkeiten ist ersichtlich, dass dieses Wasser mit dem Dämonischen in Verbindung steht. Bevor er die Fundamente erfolgreich legen kann, lässt er metallene Behälter im Wasser versenken, auf denen Teile des islamischen Glaubensbekenntnisses eingeritzt sind.

Gott darum bitten, dieses Heiligtum alljährlich, jeden Monat oder sogar jeden Freitag besuchen zu dürfen. Auch diese Bitte bringt den heiligen Charakter des Tempels deutlich zum Ausdruck.

341 Das Bild der Leiter, auf der Engel auf und nieder steigen, ist auch aus Jakobs Traum (*Genesis* 28.12–19) bekannt.

342 Kisāʾī, *Qiṣaṣ*, S. 281.5–11; vgl. damit die wichtige Parallelstelle bei Fārisī, *Qiṣaṣ*, S. 168.1–10.

343 Islamische Quellen kennen die Auffassung, dass Muḥammad seine Himmelfahrt *(miʿrāǧ)* vom bekannten Felsen in Jerusalem aus unternahm. Zur Problematik vgl. T. Nünlist, *Himmelfahrt und Heiligkeit*, Teil I, besonders Kapitel 2.2.

344 Wörtlich: „Das Wasser besiegte *(ġalaba)* die Fundamente." Fārisī, *Qiṣaṣ*, S. 168.3 f., gibt an, dass das Wasser die Steine, die man hineinwirft, wieder ausspuckt.

Die *šahāda* verstärkt bei diesem Vorgehen die dämonenbannende Wirkung von Metallen.

Zur Erklärung dieser Vorstellungen lässt sich wiederum auf M. Eliade verweisen, der bei seinen Untersuchungen festgestellt hat, dass die Fundamente eines Tempels oder einer heiligen Stadt stets vom Urwasser des Chaos umspült werden.[345] Solche Auffassungen sind aus Babylonien bekannt, wo eine Stadt auf *bāb-apsū*, also auf der Pforte der Gewässer, errichtet wurde. Dasselbe Bild ist aber auch bei den Juden verbreitet: Der Tempelfelsen in Jerusalem taucht tief in den Tehōm, hebräisches Gegenstück zu *apsū*, ein. Solche Überzeugungen haben indirekt die Schilderungen bei Kisāʾī und Fārisī beeinflusst.

Apsū und Tehōm symbolisieren das Chaos, die Urflut.[346] In ihnen ist die kosmische Materie enthalten, noch bevor sie Gestalt annimmt. Sie stellen auch das Totenreich dar. Der Übergang zwischen Urwasser und Tempelfelsen bildet nicht nur die Verbindung zwischen Unterwelt und Erde, sondern entspricht einem grundlegenden ontologischen Gegensatz: Die Urflut steht für alles Virtuelle, für das Chaos; der Tempel dagegen ist Sinnbild des Kosmos, eine *imago mundi*. Indem Salomon den Tempel errichtet, erschafft er die Welt und vollzieht den Schöpfungsakt Gottes nach. Diese Vorstellung ist sehr unislamisch.

Nicht nur das Urwasser, in dem die Grundmauern des Salomonischen Tempels schwimmen, ist Abbild des Chaos. Da Wasser[347] ganz allgemein mit der Vorstellung des Chaotischen, des bloß Virtuellen in Beziehung gebracht wird, wird parallel zur Urflut, in die ein heiliger Bezirk eintaucht, auch der die Welt umgebende Ozean *(baḥr muḥīṭ)* mit dem Chaos gleichsetzt. Das Meer steht mit den Kräften des Chaos in Verbindung, ist es doch Ṣaḫrs Heimat und Iblīs' Rückzugsort nach Salomons Geburt.[348] Da die Welt, der Kosmos, auf allen Seiten vom Chaos umfasst wird, ist begreiflich, dass der Mensch nichts mehr fürchtet, als dass die Kräfte des Chaos erneut die Oberhand über den Kosmos gewinnen und die Welt wieder in die Urflut zurückstürzen. M. Eliade setzt den Schrecken des traditionellen Menschen vor dem Chaos mit der Furcht vor dem Nichts gleich.[349]

Vor dem Hintergrund dieser Vorstellungen ist Salomon als Garant für das Fortbestehen des Kosmos zu betrachten. Sein Verdienst bei der Errichtung des

---

345 Vgl. oben, Kapitel 10.6.1, bei Anm. 330–333. Siehe: M. Eliade, *Le sacré et le profane*, S. 42 f.; A. J. Wensinck, *The semitic New Year and the origin of eschatology*, S. 167; ders., *The ocean in the literature of the Western Semites*, z. B. S. 15–19. A. J. Wensincks Studien waren M. Eliade bekannt.

346 *Genesis* 1.2.

347 Ganz besonders das Salzwasser der Meere und Ozeane.

348 Vgl. dazu oben Kapitel 10.2.1 „Geburt Salomons", bei Anm. 28: zweitletzter Abschnitt des Kisāʾī-Zitats.

349 M. Eliade, *Le sacré et le profane*, S. 61.

Tempels beschränkt sich nicht darauf, dass er dieses Abbild des Kosmos auf dem Chaos der Urflut selbst gründete und damit den göttlichen Schöpfungsakt nachvollzog. Sein größter Triumph ist es vielmehr, das *Ǧinnen*-Heer, also die zerstörerischen Kräfte des Chaos, zum Frondienst beim Tempelbau gezwungen zu haben. Er hat sie damit für die Zwecke einer geordneten Welt eingespannt. Die gefährlichsten Vertreter der Dämonen, Ṣaḫr und Iblīs, sind Salomon allerdings noch nicht endgültig hörig. Besonders Ṣaḫr stellt eine ständige Gefahr für den Fortbestand des Kosmos dar. Der folgende Abschnitt beleuchtet seine Rolle ausführlich.

10.6.2 Salomons Heimsuchung in biblischen und arabischen Berichten und ihr mythologischer Hintergrund

Der biblische Bericht über den Fall des Dämonenbezwingers hat tiefe Spuren im jüdischen Salomonbild hinterlassen.[350] Die Hauptschuld an dieser Katastrophe in Salomons Leben tragen gemäß der Darstellung im *Königsbuch* indirekt seine 700 Haupt- und 300 Nebenfrauen. Obwohl Gott ihm Ehen mit Frauen aus fremden Völkern untersagt hat, holt Salomon zahlreiche Ausländerinnen an seinen Hof, die ihn in bereits fortgeschrittenem Alter zur Abgötterei verführen. In seiner Liebe kann Salomon nämlich dem Bitten und Drängen seiner Frauen nicht widerstehen, errichtet Tempel und Altäre für ihre Götzen und lässt sich sogar zur Verehrung Astartes und Milkoms hinreißen. Gottes Zorn über den Fehltritt seines Schützlings lässt nicht lange auf sich warten. Der Schöpfer verkündet Salomon, dass er sein Geschlecht seiner Macht berauben werde. Nur das besondere Verdienst seines Vaters David bewahrt ihn davor, dass die göttliche Strafe sein Haus bereits zu seinen Lebzeiten mit voller Härte trifft.

Das Königsbuch hebt bei der Darstellung von Salomons Fall den Widerspruch zwischen monotheistischer Haltung und Götzendienerei hervor. Besondere Beachtung verdient die Vorrangstellung, die die hebräische Quelle David gegenüber seinem Sohn einräumt. In diesem Punkt unterscheiden sich jüdische und islamische Vorstellungen grundlegend. Während die Juden David ganz besonders verehren, hegen die Muslime eine eindeutige Vorliebe für seinen Sohn.[351] Für die Juden ist Salomons Sünde unverzeihlich; nichts kann sein Vergehen ungeschehen machen. Die Araber hingegen schätzen sein Verschulden als wesentlich leichter ein. Sein Fehltritt hat in den arabischen Darstellungen nicht ebenso gravierende Konsequenzen wie in den jüdischen Quellen. Bei den

---

350 1. *Könige* 11.1–13.
351 Vgl. auch oben bei Anm. 37.

Arabern hat Salomons Verfehlung eine bloß interimistische Suspendierung von seiner Macht zur Folge. Danach erstrahlt der Bezwinger der Geister wieder in umso hellerem Glanz.

Während die Bibel die Ereignisse rund um Salomons Fall gut schildert, hat seine Heimsuchung im Koran nur ein unsicheres Echo gefunden. Es ist fraglich, ob der Hinweis in Sure 38.34, dass Gott Salomon auf die Probe stellte, indem er einen Körper *(ǧasad)* auf seinen Thron warf, worauf sein Prophet das begangene Unrecht einsah und Reue zeigte, mit dem aus der Bibel bekannten Fehltritt in Verbindung zu bringen ist. Die Kommentatoren haben bei der Erklärung dieses Verses die unterschiedlichsten Auslegungen in Betracht gezogen. Verschiedene Quellen erwähnen dabei auch Salomons Fall. Die arabischen Autoren führen zwar ähnliche Gründe wie die Bibel für Salomons Heimsuchung an, schenken den näheren Umständen seiner Bestrafung aber viel eingehender Beachtung. Dabei finden auch Vorstellungen Aufnahme in ihre Ausführungen, die auf mythologisches Gedankengut aus Babylonien und Persien zurückgehen dürften.

Das ausgesprochen reiche Quellenmaterial zu diesem Thema bei den nachkoranischen Schriftstellern kann im Rahmen dieser Arbeit nicht eingehend untersucht werden.[352] Der Bericht in Ṭabarīs *Annalen* eignet sich aber gut für die Darstellung der Geschehnisse rund um Salomons Heimsuchung in der arabischen Literatur. Seine Schilderung wird hier teils in Übersetzung, teils zusammenfassend wiedergegeben. Seine Fassung stützt sich auf Wahb b. Munabbih, wie aus dem einleitenden *isnād* hervorgeht:

Am Anfang von Salomons Heimsuchung steht sein Kriegszug gegen einen mächtigen König auf der Insel Ṣaydūn. Ṭabarī betont, dass diese Insel sehr abgelegen und den Menschen im Allgemeinen unzugänglich sei. Auch Salomon kann mit seinen Truppen aus Menschen und *ǧinn* nur dorthin gelangen, da ihm die Winde untertan sind. Als er die Insel erreicht hat, bringt er den fremden König um und macht große Beute. Zu den Beutestücken gehört auch Ǧarāda, die der Fürst über die Geister wegen ihrer Schönheit für sich selbst auswählt. Ǧarāda, ‚Heuschrecke' bedeutet ihr Name, ist die Tochter des unterlegenen Herrschers. Auf Geheiß ihres neuen Gebieters bekehrt sie sich, widerwillig zwar, zum Islam.

---

352 Folgende Autoren befassten sich mit dem Thema: Ṭabarī, *Tafsīr,* Kommentar zu Sure 38.34, *ǧuzʾ* 23 in Bd. VIII.89–91; Zamaḫšarī, *Kaššāf,* Kommentar zu Sure 38.34, Bd. III.374 f.; Bayḍāwī, *Anwār at-tanzīl,* Kommentar zu Sure 38.34, Bd. II.187; Ṭabarī, *Taʾrīḫ (Annales),* I.586–594; Ṯaʿlabī, *Qiṣaṣ,* S. 322–326; Ibn al-Aṯīr, *Taʾrīḫ,* I.101–103; Kisāʾī, *Qiṣaṣ,* S. 293–295; Fārisī, *Qiṣaṣ,* S. 154–167; Ibn Kaṯīr, *Bidāya,* II.26 (nur Anspielung); Yaʿqūbī, *Taʾrīḫ,* S. 59 f.; Ibn Hišām (Wahb b. Munabbih), *Tīǧān,* S. 166 f.; Maqdisī, *Badʾ*, III.107; Bīrūnī, *Āṯār,* S. 215; Masʿūdī, *Murūǧ* (Ausgabe Ch. Pellat), § 1114.

Obwohl Salomon sie all seinen andern Frauen vorzieht, ist Ǧarāda in ihrem neuen Daheim untröstlich. Davids Sohn stellt sie deshalb zur Rede[353]:

> ‚Wehe dir, was sollen diese Trauer, die nicht von dir weicht, und diese Tränen, die nicht versiegen?' – Sie erwiderte: ‚Ich erinnere mich an meinen Vater, sein Reich, die Stellung, die er innehatte, und daran, was ihm geschah. Dies stimmt mich traurig.' – Salomon wandte ein: ‚Allah gab dir als Ersatz ein größeres Reich und größere Macht als sein Reich und seine Macht; überdies wies er dir den Weg zum Islam, der besser ist als all das.' – Sie antwortete: ‚Gewiss, das stimmt, wenn ich mich aber an ihn erinnere, überkommt mich an Trauer, was du siehst. Wenn du den Satanen Befehl erteilten würdest, mir in meinem Wohnhaus ein Abbild meines Vaters zu formen, so dass ich ihn morgens und abends sehen kann, würde ich hoffen, dass meine Trauer von mir weicht und es meine Sorgen vertreibt.' Da befahl Salomon den Satanen, ihr in ihrem Haus ein Abbild ihres Vaters zu formen, derart, dass sie nichts daran auszusetzen habe.

Die Statue, die die Dämonen für Ǧarāda herstellen[354], sieht ihrem Vater sehr ähnlich, ist aber unbeseelt, wie Ṭabarī betont. Salomons Geliebte gibt sich allerdings nicht damit zufrieden, ihren Vater in ihrer Nähe zu wissen, sondern beginnt, diese Statue zusammen mit ihren Sklavinnen hinter dem Rücken ihres Gebieters anzubeten. Āṣaf b. Baraḫiyā[355], Salomons Berater in wichtigen Angelegenheiten, erfährt vom Götzendienst im Haus des Propheten. Da Āṣaf bereits alt und gebrechlich ist, ersucht er seinen Gebieter, ihn aus Amt und Würden zu entlassen. Vor seinem Rücktritt hält Āṣaf den Israeliten allerdings eine Predigt über die Verdienste der Propheten. Während er die verstorbenen Propheten ausführlich lobt, äußert er sich zu Salomon zurückhaltend[356]:

> ‚Wie milde warst du – in deiner Jugend; wie fromm warst du – in deiner Jugend; wie vortrefflich warst du – in deiner Jugend; wie weise warst du – in deiner Jugend; wie sehr entsagtest du allem Hassenswerten – in deiner Jugend.' Darauf wandte sich Āṣaf ab.

Große Wut packt Salomon in Anschluss an diese Bemerkungen, kann er doch nicht begreifen, weshalb sein engster Berater sich nur zu seiner Jugendzeit positiv äußert, seine späteren Leistungen aber übergeht. Als er Āṣaf zur Rede stellt,

---

353 Ṭabarī, *Ta'rīḫ (Annales)*, I.586.10–19.

354 Indem Ṭabarī das Verb *maṯṯala* verwendet, spielt er auf Sure 34.13 an, wo davon die Rede ist, dass die *ǧinn* für Salomon u. a. Statuen *(tamṯīl)* errichten müssen.

355 Āṣaf b. Baraḫiyā ist aus der Bibel bekannt, wo er in 1. *Chronik* 6.39 und 15.17 erwähnt wird. Der biblische Asaph gehört zu den Leviten, die vor der Bundeslade sangen und spielten, als sie auf Davids Befehl nach Jerusalem gebracht wurde. In der islamischen Welt wird Āṣaf b. Baraḫiyā das Verdienst zugeschrieben, Bilqīs' Thron zu Salomon gebracht zu haben (vgl. Sure 27.40).

356 Ṭabarī, *Ta'rīḫ (Annales)*, I.588.15–18.

erfährt er von ihm jedoch, dass seit vierzig Tagen Götzen in seinem Haus verehrt werden. Salomon begreift sofort, dass ihm von Ǧarāda Unheil droht. Er eilt zu ihrer Wohnung, zerschlägt das Götzenbild, bestraft seine Geliebte und bittet Gott reuevoll um Verzeihung für seinen Fehltritt. Bis hier folgt Ṭabarīs Bericht im Wesentlichen der biblischen Fassung über Salomons Heimsuchung. Danach allerdings wenden sich die arabischen Versionen vom Vorbild aus dem *Alten Testament* ab. Der Verfasser der *Annalen* fährt fort[357]:

> [Nach seinem Reuegebet] kehrte Salomon nach Hause zurück. Die Mutter seines Sohnes, man nannte sie Amīna, näherte sich ihm. Wenn Salomon die Latrinen betrat oder mit einer seiner Frauen Umgang haben wollte, hinterlegte er seinen Siegelring bei ihr, bis er sich gereinigt hatte, denn er berührte seinen Siegelring nur, wenn er [rituell] rein war. Seine Macht befand sich in seinem Ring.
>
> Eines Tages hinterlegte Salomon ihn bei ihr, wie dies seine Gewohnheit war; darauf betrat er die Latrinen. Der Satan, der Herr über das Meer *(ṣāḥib al-baḥr)* war und Ṣaḫr hieß, kam zu ihr in der Gestalt Salomons, ohne dass sie etwas an ihm auszusetzen gehabt hätte. [Der falsche] Salomon sprach zu ihr: ‚Mein Siegelring, Amīna!' Sie händigte ihn ihm aus. Er steckte ihn an seine Hand, ging hinaus, setzte sich auf Salomons Thron, und die Vögel, *ǧinn* und Menschen ergaben sich ihm.
>
> [Der richtige] Salomon kam heraus und ging zu Amīna. Sein Aussehen und seine Gestalt hatten sich verändert. Er sprach: ‚Amīna, mein Siegelring!' – Sie erkundigte sich: ‚Wer bist du denn?' – Er antwortete: ‚Ich bin Sulaymān b. Dāwūd.' – Sie wandte ein: ‚Du lügst, du bist nicht Sulaymān b. Dāwūd. Salomon ist bereits gekommen und hat seinen Siegelring genommen. Dort sitzt er auf seinem Thron in seiner Macht.'
>
> Da wusste Salomon, dass seine Sünde ihn eingeholt hatte. Er ging weg, stellte sich vor eines der Häuser der Israeliten und sprach: ‚Ich bin Salomon, Sohn Davids.' Da bewarfen sie ihn mit Dreck, beschimpften ihn und sprachen: ‚Seht diesen Spinner an! Was sagt er? Er behauptet, er sei Salomon, Sohn Davids.' Als Salomon dies sah, begab er sich zum Meer, wo er für die Seeleute Fische zum Markt trug. Jeden Tag gaben sie ihm zwei Fische. Wenn es Abend wurde, verkaufte er einen seiner beiden Fische für einige Laibe Brot, den andern aber röstete er und verspeiste ihn. Vierzig Tage lang blieb er dabei – dies entspricht der Anzahl Tage, während deren das Götzenbild in seinem Haus verehrt wurde.
>
> Āṣaf und die mächtigen Israeliten missbilligten die Rechtsprechung des Feindes Gottes, des Satans, während dieser vierzig Tage. Āṣaf sprach: ‚Versammlung der Israeliten, habt ihr in der Rechtsprechung von Davids Sohn dieselbe Veränderung festgestellt wie ich?' – Sie bejahten. Āṣaf sprach: ‚Lasst mir Zeit, zu seinen Frauen zu gehen, so dass ich sie darüber befrage, ob sie in seinen privaten Angelegenheiten dasselbe missbilligen, was wir in seinen allgemeinen Angelegenheiten mit den Leuten und seinem öffentlichen Auftreten missbilligen.' – Āṣaf begab sich zu seinen Frauen und sprach: ‚Wehe euch, habt ihr an Salomons Betragen etwas missbilligt, wie wir etwas missbilligt haben?' – Sie erwiderten: ‚Das Schlimmste daran ist, dass er keine Frau von

357 Ṭabarī, *Ta'rīḫ (Annales)*, I.589.17–591.20.

> uns in Ruhe lässt, wenn sie menstruiert, und sich von seiner rituellen Unreinheit nicht reinigt.‘ – Āṣaf sprach: ‚Wir sind Gottes, und zu ihm kehren wir zurück.‘[358] ‚Das ist eine deutliche Prüfung.‘[359] Dann kehrte er zu den Israeliten zurück und sprach: ‚Was er im privaten treibt, ist ungeheuerlicher, als was er in der Öffentlichkeit tut.‘
>
> Als die vierzig Tage vorüber waren, flog der Satan von seinem Sitz weg. Als er zum Meer kam, warf er seinen Siegelring hinein. Ein Fisch verschlang ihn. Ein Fischer sah diesen Fisch und fing ihn. Seit dem Morgen jenes Tages hatte Salomon für ihn gearbeitet. Am Abend gab der Fischermann ihm zwei Fische, darunter auch jenen, der den Ring verschluckt hatte. Salomon ging mit seinen beiden Fischen weg und verkaufte jenen, in dessen Bauch der Siegelring nicht war, für einige Laibe Brot. Darauf wandte er sich dem andern Fisch zu und schnitt ihn auf, um ihn zu rösten. In seinem Bauch fand er seinen Siegelring.[360] Salomon nahm ihn, steckte ihn an seine Hand und fiel anbetend vor Gott nieder. Vögel und *ǧinn* gaben sich ihm hin, die Leute näherten sich ihm. Er wusste, dass das Vorgefallene wegen der Ereignisse in seinem Haus geschehen war. Er kehrte an seine Macht zurück und zeigte Reue über seine Sünde. Salomon befahl den Dämonen, indem er sagte: ‚Bringt ihn (Ṣaḫr) mir!‘ Die Dämonen suchten ihn, bis sie ihn gefangen hatten. Dann wurde er zu Salomon gebracht. Salomon spaltete für ihn einen Steinblock *(ṣaḫra)* und steckte ihn (Ṣaḫr) hinein. Dann verrammelte er den ersten Felsblock mit einem zweiten, band ihn mit Eisen und Blei zusammen und gab darauf Befehl, ihn ins Meer zu werfen.

Ṭabarī schenkt dieser auf Wahb b. Munabbih zurückgehenden Darstellung der Ereignisse rund um Salomons Heimsuchung in den *Annalen* am meisten Beachtung. Unmittelbar anschließend erwähnt er aber noch eine zweite Version, die auf den Gewährsmann Suddī[361] zurückgeht[362]. Auch in dieser Überlieferung spielt eine Frauengestalt namens Ǧarāda eine zentrale Rolle. Sie ist nicht mehr bloß Salomons Lieblingsfrau, sondern übernimmt zugleich auch Amīnas Funktion aus dem vorangehenden Bericht. Als Salomon seinen Siegelring bei Ǧarāda hinterlegt, erzählt sie ihm von einem Streitfall, in den ihr Bruder verwickelt ist, und bittet ihren Geliebten, zu dessen Gunsten zu urteilen. Salomon geht zwar auf den Wunsch seiner Freundin ein, löst sein Versprechen darauf aber nicht ein. Der mächtige Herrscher verliert seine Macht deshalb an einen Teufel namens Ḥabaqīq.

Während sein Widersacher regiert, ist Salomon dazu verdammt, heimatlos umherzuirren. Die Israeliten allerdings bemerken, dass an der ganzen Sache etwas faul ist, fällt der bis anhin für seine Gerechtigkeit bekannte Machthaber

---

358 Sure 2.156.
359 Sure 37.106.
360 Wörtlich: „Sein Siegelring empfing ihn in seinem Bauch.“ – „فاستقبله خاتمه فى جوفها“.
361 Zu Suddī (gest, 127/745) und seiner umstrittenen Rolle als Überlieferer vgl. G. H. A. Juynboll, Artikel „Suddī“, in *EI*² IX.762.
362 Ṭabarī, *Ta’rīḫ (Annales)*, I.591.20–594.3.

doch plötzlich skandalöse Urteile. Sollten sie es tatsächlich noch mit dem richtigen Salomon zu tun haben, hätte dieser in ihren Augen den Verstand verloren. Als die Israeliten vor dem Usurpator von Salomons Thron die Thora ausrollen und heilige Texte rezitieren, packt ihn die Furcht. Er, also der Teufel, flüchtet zum Meer, wo er seinen Ring verliert. Der richtige Salomon hingegen irrt bereits seit Tagen hungrig am Meerufer umher. Als er auf Fischer trifft, stellt er sich ihnen als König Salomon vor. Einer der Männer gerät über diese Unverschämtheit allerdings derart in Rage, dass er den hergelaufenen Bettler blutig schlägt. Ohne dass sie ihn erkannt hätten, haben die andern Fischer jedoch Mitleid mit dem misshandelten Salomon und werfen ihm zwei verdorbene Fische hin.[363] Die Fortsetzung der Geschichte ist aus Ṭabarīs erster Fassung bekannt. Der folgende Abschnitt beleuchtet die Hintergründe der seltsamen Ereignisse, die sich nach Salomons Fall an seinem Hof abspielen.

Ṭabarīs Berichte enthalten verschiedene, für die Interpretation von Salomons Heimsuchung zentrale Elemente. Sie gehören zur zweiten Hälfte seiner Erzählung, der sich nicht mehr auf biblische Vorbilder stützt. Die Geschichte von Salomons Prüfung aus dem *Alten Testament* war den arabischen Quellen zwar bekannt, sie brachten damit aber Vorstellungen in Verbindung, die in der biblischen Fassung fehlen. Diese Elemente stellen allerdings keine genuin islamische Erweiterung der Sage von Salomons Fall dar. Vergleichbare Auffassungen lassen sich vielmehr auch im babylonischen und indoeuropäischen Kulturraum nachweisen.

Mit dem Verlust seines Siegelrings büßt Salomon nicht nur seine Macht ein, sondern auch sein richtiges Aussehen geht an seinen Widersacher über. Da ihn weder seine Untertanen noch die ihm bis anhin treu ergebene Amīna erkennen, muss Salomon vom Königshof fliehen und ziellos im Land umherirren. Als der einst mächtige Herrscher bei seinen Untergebenen um Nahrung bettelt, demütigen sie ihn. Sie beschimpfen ihn, bewerfen ihn mit Dreck und nennen ihn einen Spinner *(maǧnūn)*. Gemäß Ṭabarīs zweiter Fassung schlägt ein Fischer ihn mit einem Stock sogar blutig. Ṣaḫr hingegen herrscht jetzt am Hof in Jerusalem. Die Israeliten bemerken allerdings, dass es mit der einst sprichwörtlichen Gerechtigkeit Salomons dahin ist, fällt der Machthaber doch verwerfliche Urteile. Sie gehen davon aus, dass ihr König den Verstand verloren hat. Sein Verhalten gibt nicht nur in der Öffentlichkeit Anlass zu Kritik, sondern auch im königlichen Privathaushalt herrschen schwerwiegende Missstände. Āṣaf erfährt von Salomons Frauen, dass der Usurpator sogar während ihrer Menstruation sexuell mit ihnen

363 Dass die Fische bereits faul sind, erwähnt z. B. Ṭabarī in seinem Korankommentar zu Sure 38.34, *ǧuz'* 23 in Bd. VIII.91.15.

verkehre und darauf keinerlei Anstalten treffe, sich von seiner rituellen Unreinheit zu waschen.[364]

Vierzig Tage lang herrschen diese Zustände an Salomons Hof. Sie dauern damit ebenso lang, wie Ǧarāda das Abbild ihres Vaters angebetet hatte. Während Jerusalem mit seinem Heiligtum früher als Abbild des Kosmos *(imago mundi)* galt, wo das Leben in geordneten Bahnen verlief, scheint Salomons Fall die Gültigkeit der elementarsten sozialen Regeln annulliert zu haben: Der König Salomon zieht als Bettler durchs Land, wird beschimpft und geschlagen. Die Situation lässt sich am besten damit beschreiben, dass am Königshof in Jerusalem und somit auf der Welt schlechthin nicht nur Unordnung, sondern sogar das pure Chaos herrscht. Dies ist auch nicht weiter erstaunlich, hat doch Ṣaḫr, der Herr über das Meer *(ṣāḥib al-baḥr)*, also ein Vertreter des Chaos selbst, das Zepter[365] von Salomon, dem Bewahrer des Kosmos, übernommen. Mit Salomons Fall ist die schlimmstmögliche Katastrophe eingetreten: Der Kosmos versinkt erneut im Chaos.

Aus Ṭabarīs Bericht geht allerdings auch hervor, dass Ṣaḫr die Herrschaft nur vorübergehend innehat und seine Macht nach seiner Vertreibung wieder an Salomon verliert. Ṭabarīs Schilderung des Dramas, das sich während Salomons Abwesenheit am Königshof in Jerusalem und *eo ipso* auf der Welt zuträgt, ruft Elemente aus den Zeremonien anlässlich des Neujahrsfests bei den unterschiedlichsten Völkern in Erinnerung. Sie sind z. B. aus Babylonien, aber auch aus dem indoeuropäischen Raum, bekannt. Damit haben sich u. a. A. J. Wensinck und M. Eliade befasst.[366]

A. J. Wensinck hält fest, dass das Neujahrsfest in traditionellen Gesellschaften Symbol für die alljährliche Erneuerung der Weltordnung ist und den Sieg des Kosmos über das Chaos darstellt. Solche Auffassungen beruhen auf einem zyklischen Verständnis der Zeit. Das charakteristische Merkmal dieser Feierlichkeiten besteht darin, dass der Neugründung der Welt notwendigerweise eine Periode der Unordnung, des Chaos vorausgeht. Die Rituale zum Abschluss des alten und Beginn des neuen Jahrs rufen diese Spannungen in Erinnerung. Sie stellen eine Inszenierung und Reaktualisierung jener Auseinandersetzungen dar, die *in illo tempore* (M. Eliade) auf der kosmologischen Ebene zwischen Leben und Tod, zwischen den Kräften des Kosmos und des Chaos stattgefunden haben. Es lassen

---

364 Der Islam verlangt nach dem Beischlaf eine vollständige Waschung *(ġusl)*; vgl. G. H. Bousquet, Artikel „Ghusl", in *EI²* II.1104.

365 Bzw. den Siegelring, um das islamische Bild zu wahren.

366 A. J. Wensinck, *The Semitic New Year and the Origin of Eschatology*, v. a. S. 174–187; M. Eliade, *Le mythe de l'éternel retour*, v. a. S. 65–110.

sich auch enge Beziehungen zwischen Königtum und Neujahrszeremonien beobachten, ist es doch Aufgabe des Königs, die Weltordnung aufrecht zu erhalten.

Allerdings setzt der Sieg des Kosmos über das Chaos voraus, dass die Hauptgestalt, also der König als Garant der Weltordnung, leidet. A. J. Wensinck führt in diesem Zusammenhang den Begriff des *suffering servant* ein.[367] Seine Ausführungen dazu lesen sich wie ein Kommentar zu den angeführten Berichten Ṭabarīs. Bezeichnend für das Neujahrsfest in verschiedenen Kulturen ist, dass soziale Hierarchien umgekrempelt werden: Der König wird zum Sklaven, der Sklave aber wird zum Herrscher. Der ehemalige König wird angespuckt, erhält Peitschenhiebe oder wird sonst geschlagen. Besonders interessant ist A. J. Wensincks Bemerkung, dass der König von den Kräften des Chaos selbst misshandelt wird. In Ṭabarīs zweiter Fassung wird Salomon bekanntlich von einem Fischer geschlagen. Diese Rolle kommt möglicherweise ausgerechnet einem Fischer zu, da er durch seinen Beruf mit dem Wasser, also mit dem Chaos, in Beziehung steht. Der falsche König – in Babylonien wird dafür ein verurteilter Verbrecher auserkoren – wird unterdessen ehrenvoll behandelt: Er trägt königliche Kleidung,[368] darf Befehle erteilen und hat Umgang mit den Frauen am Hof. Die Parallelen zwischen diesen Ausführungen und der Darstellung bei Ṭabarī liegen auf der Hand.[369]

Ṭabarīs zweite Fassung der Ereignisse rund um Salomons Heimsuchung arbeitet auch die spätere Vertreibung des Thronusurpators durch die Israeliten schön aus. Salomons Untertanen verjagen den Teufel Ḥabaqīq, Ṣaḫrs Doppelgänger, indem sie die Thora vor ihm ausrollen und heilige Texte rezitieren. Die näheren Angaben bei Ṭabarī legen den Schluss nahe, dass zwischen dieser Vertreibung des Teufels und dem Verjagen der Dämonen bei den Feierlichkeiten rund um das Neujahrsfest ein enger Zusammenhang besteht.[370] Bezeichnend ist außerdem, dass Ṣaḫr-Ḥabaqīq ausgerechnet das Meer als Zufluchtsort wählt, das als Abbild des Chaos aufzufassen ist. Dort verliert er den wunderbaren Siegelring.

Nachdem Salomon seinen Siegelring im Bauch eines Fischs wiedergefunden hat, erhält er auch seine einstige Macht zurück. Es lohnt sich, diesen Vorstellungen eingehender Beachtung zu schenken. Wenn Salomon seinen Siegelring in

---

367 A. J. Wensinck, *The Semitic New Year*, S. 183 ff.

368 Er sieht dem richtigen König damit zum Verwechseln ähnlich. Auch bei Ṭabarī nimmt Ṣaḫr Salomons Gestalt an.

369 Vgl. M. Eliade, *Le mythe de l'éternel retour*, S. 84 f.

370 Vgl. *loc.cit.*, S. 68. Auch aus den Zeremonien rund um das persische *Nawrūz*-Fest sind ähnliche Vorstellungen bekannt, die hier aber nicht näher untersucht werden können; vgl. dazu H. Massé, *Croyances et coutumes persanes*, S. 145–162, mit den Begriffen *Čahāršanba-sūrī* (S. 147 ff.) und *Sīzdah ba dar* (S. 159 f.). Siehe ausserdem Manouchehr Kasheff und ʿAlī-Akbar Saʿīdī Sīrjānī, Artikel „Čahāršanba-sūrī", in *EIr*, Online-Ausgabe, konsultiert am 28. Dezember 2011.

einem Fisch wieder entdeckt, erhält er ihn sozusagen aus dem Meer zurück. Dies entspricht auf der kosmologischen Ebene einer Wiedergeburt, einer Neuentstehung des Kosmos aus dem Chaos. Das Meer darf in diesem Zusammenhang nicht ausschließlich als Abbild des Chaos betrachtet werden, schreiben zahllose Beispiele dem Wasser doch auch eine reinigende Wirkung zu. Wenn Salomon seinen Ring aus dem Meer entgegennehmen kann, bedeutet dies, dass dieser – und damit auch der Protagonist selbst – von allen Verunreinigungen geläutert worden ist. Alle Verfehlungen, die Salomon bei der Ausübung seiner Macht begangen, und die Schuld, die er auf sich geladen hat, gelten als aufgehoben, ungeschehen. Salomon erstrahlt in neuem Glanz.

Die Mythologien verschiedener Völker schreiben dem Neujahrsfest eine kosmologische Bedeutung zu und bringen damit Vorstellungen einer Neuschöpfung der Welt, einer Wiederentstehung des Kosmos aus dem Chaos in Verbindung. Diese Erneuerung wird von heftigen Kämpfen zwischen einem Vertreter des Kosmos und einem Ungeheuer als Repräsentant des Chaos begleitet. Aus Babylonien sind Berichte über entsprechende Auseinandersetzungen zwischen Marduk und dem Monster Tiamat belegt.[371] F. B.J Kuiper wiederum hat die aus dem indischen Kulturraum bekannten Schlachten Indras gegen das Ungeheuer Vṛtra untersucht.[372] Beide Beispiele illustrieren ausgezeichnet jene Auseinandersetzungen, die am Ende eines alten Jahres zwischen den Kräften des Kosmos und des Chaos entbrennen. Marduk und Indra sind Gottheiten, also Vertreter des Kosmos. Tiamat und Vṛtra hingegen stehen als Meerungeheuer mit dem Wasser in Beziehung.[373] Die Vertreter des Kosmos müssen in diesen Schlachten ihren Widersacher, das Meerungeheuer, besiegen, um den Fortbestand der Welt zu sichern.

Diese Überlegungen postulieren keine direkten Einflüsse babylonischer oder indischer Vorstellungen auf die arabische Welt, sondern weisen in allgemeiner Form auf verschiedene Übereinstimmungen hin. Indem Ṭabarī und weitere arabische Schriftsteller[374] Ṣaḫr als Herr über das Meer *(ṣāḥib al-baḥr)* bezeichnen und auf seine Untaten hinweisen, rücken sie ihn in auffällige Nähe zu jenen aus andern Mythologien bekannten Meermonstern. Sie heben damit Salomons Rolle als Erretter und Bewahrer des Kosmos ein weiteres Mal hervor. Die arabischen Quellen betrachten den Herrscher aus Jerusalem als Garanten für das Weiter-

371 M. Eliade, *op.cit.*, S. 70 f., 75 f.
372 F. B. J. Kuiper, *Varuṇa and Vidūṣaka,* S. 5–109. Zusammenfassung in: F. B. J. Kuiper, „The basic concept of Vedic religion", S. 107–120.
373 Vgl. Anm. 371.
374 Vgl. Anm. 327.

bestehen der Welt, hat er doch den Unhold Ṣaḫr, gefangen in Stein und Eisen, bezeichnenderweise an der tiefsten Stelle des Meeres versenkt.[375] Ṣaḫr stellt nach seiner Überwältigung zwar noch eine potentielle Gefahr für die Welt dar, doch ist es Salomon mit dem Sieg über dieses Unwesen gelungen, den Menschen die größtmögliche Gewissheit dafür zu geben, dass die Welt nicht erneut ins Chaos zurückfällt.

Da Ṭabarīs Darstellung derart viele, anderswo zu den Neujahrsbräuchen gehörende Vorstellungen enthält, erstaunt, dass er nicht selbst explizit auf diese Zusammenhänge hinweist. Dies tun später aber Bīrūnī und Fārisī, bezeichnen sie doch jenen Tag, an dem Salomon seinen Siegelring wieder fand und seine Macht zurückerlangte, als Neujahrstag.[376] Indem Bīrūnī die persische Wendung *nawrūz āmad* und Fārisī den Ausdruck *nīrūz* in ihre arabische Werke aufnehmen, weisen sie auch gleich darauf hin, dass solche Vorstellungen möglicherweise aus Persien stammen.[377] Bīrūnī präzisiert dabei, dass Salomon an jenem Tag, da er seine Macht wieder erlangte, im alten Glanz erstrahlte.[378] Fārisī weiß davon, dass Salomon an diesem Glückstag weiße Kleider trug, die glänzten, als wären es Sonnenstrahlen.[379] Diese Bemerkungen sollen nicht näher analysiert werden. Es sei jedoch festgehalten, dass diese Aussage Salomon in auffällige Nähe zu einer Sonnengottheit rückt. Gemäß A. J. Wensincks Erkenntnissen führt oft der Sonnengott den Kampf gegen das Meerungeheuer *(sol invictus)*.[380]

Am Neujahrstag erstrahlt Salomon wieder in vollem Glanz. Vergessen sind sein Fehltritt und weitere Sünden, die er im alten Jahr auf sich lud. Salomon übernimmt nach seiner Heimsuchung, die auf der kosmologischen Ebene mit einem Rückfall ins Chaos gleichzusetzen ist, geläutert und gestärkt die Macht. Hier besteht der grundlegende Unterschied zwischen jüdischem und arabischem Salomonbild: Die Juden verzeihen ihrem gefallenen König nicht, er ist und bleibt verdammt. In der muslimischen Welt hingegen findet Salomon Aufnahme in Berichte, die einen engen Bezug zu den Neujahrsfeierlichkeiten haben. Wie die Sonne erstrahlt Salomon nach einer Periode der Finsternis, Sinnbild für den Rückfall der Welt ins Chaos, in neuem Glanz.

---

375 Fārisī, *Qiṣaṣ*, S. 167.5.

376 Bīrūnī, *Āṯār*, S. 215.4–10; Fārisī, *Qiṣaṣ*, S. 165.14–166.15.

377 Es sei auch auf allfällige Parallelen zwischen Salomon und Ǧamšīd in diesem Punkt hingewiesen; vgl. M. Grünbaum, *Neue Beiträge zur semitischen Sagenkunde*, S. 201.

378 Bīrūnī, *Āṯār*, S. 215.6: „ان سليمان بن داود (ع) لما افتقد خاتمه وذهب عنه ملكُهُ ثم رُدَّ اليه بعد اربعين يوما عاد اليه بهاؤه".

379 Fārisī, *Qiṣaṣ*, S. 165.15: „عاينوه على سريره عليه ثياب بيض كأنها شعاع الشمس".

380 A. J. Wensinck, *The Semitic New Year*, S. 174, 183.

10.6.3 Salomons Tod

Schier grenzenlos ist die Macht, die die Darstellungen aus dem islamischen Kulturraum Salomon zuschreiben. Nicht nur die Menschen und Vögel sind diesem König untertan, selbst die Dämonen sind gut beraten, ihm widerspruchslos Folge zu leisten, wollen sie nicht seinen Zorn auf sich ziehen. Gott scheint also jenes Gebet erhört zu haben, das sein Schützling nach seinem Fall reuevoll an ihn richtete, und gewährte ihm eine Machtstellung, wie sie kein menschliches Wesen seither erreichte.[381] Salomon gilt in der islamischen Welt als Prototyp des idealen Herrschers.

Angesichts von Salomons ungeheurer Machtfülle drängt sich die Frage auf, ob er selbst nicht sogar gegen den Tod gefeit war. Diese Vermutung lässt sich eindeutig negativ beantworten, enthalten doch sämtliche untersuchten Quellen Berichte über das Ableben dieses Fürsten der Geister.[382] Verschiedene Schriftsteller weisen den Leser sogar mahnend auf Salomon hin, der trotz seines märchenhaften Reichtums und seiner großen Macht dem Tod ausgeliefert war. Wenn selbst dieser Herrscher sterblich war, trifft dies auf die übrigen Menschen umso mehr zu.[383]

Der Bibel ist Salomons Tod nur eine äußerst knappe Erwähnung wert, die näheren Umstände erfahren keine Beachtung.[384] Auch der Koran äußert sich in Sure 34.14 nur im Vorbeigehen zu seinem Hinschied:

> Als wir den Tod über ihn (Salomon) beschlossen hatten, zeigte ihnen nichts sein Ableben an als das Tier der Erde[385], das seinen Stab zerfraß. Als Salomon umstürzte, bemerkten die *ǧinn*, dass, wenn sie das Verborgene gekannt hätten, sie nicht [so lange] in erniedrigender Strafe verharrt hätten.

---

381 Vgl. Sure 38.35.

382 Übersicht über die wichtigsten Stellen: Kommentare zu Sure 34.14 bei: Zamaḫšarī, *Kaššāf*, Bd. III.283.11 ff.; Bayḍāwī, *Anwār at-tanzīl*, Bd. II.140.1 ff.; Ṭabarī, *Tafsīr, ǧuzʾ* 22 in Bd. VIII.44.12 ff. Vgl. ausserdem: Ṭabarī, *Taʾrīḫ (Annales)*, I.594.7 ff.; Ibn al-Aṯīr, *Taʾrīḫ*, I.103.18 ff.; Kisāʾī, *Qiṣaṣ*, S. 295.4 ff.; Ṯaʿlabī, *Qiṣaṣ*, S. 326.11 ff.; Ibn Kaṯīr, *Bidāya*, II.30.17 ff.

383 Diesen Gedanken formulieren folgende Quellen: Masʿūdī, *Murūǧ* (Ausgabe Ch. Pellat), §§ 638 und 2087; Ibn Hišām (Wahb b. Munabbih), *Tīǧān*, S. 167.6–169.13 (v. a. S. 167.13 ff.). Bei Fārisī, *Qiṣaṣ*, S. 175.4–176.6 (v. a. S. 175.10 ff.), weist Salomon selbst auf seine Sterblichkeit hin.

384 1. *Könige* 11.43 und 2. *Chronik* 9.31.

385 Der koranische Begriff *dābbat al-arḍ* ruft den Ausdruck *ahl al-arḍ* in Erinnerung, der zur Bezeichnung der Dämonen dient. Unter dieser *dābbat al-arḍ* wird in der Regel eine Termite verstanden.

Während sich der biblische Bericht nüchtern zu Salomons Ableben äußert, enthält die koranische Darstellungen zahlreiche, in dieser Form allerdings unverständliche Anspielungen. Sie lassen erwarten, dass in der muslimischen Welt zu diesem Thema zahlreiche Legenden im Umlauf waren. Es lässt sich vorläufig nicht entscheiden, ob die Sagen rund um Salomons Ableben arabischen Ursprungs sind oder auf fremde Einflüsse zurückgehen. Festzustehen scheint allein, dass sich dafür keine jüdischen Vorlagen nachweisen lassen.[386]

Die Darstellung verschiedener nachkoranischer Schriftsteller helfen mit, jene Unklarheiten auszuräumen, die sich bei der Lektüre von Sure 34.14 ergeben. Es fällt allerdings auf, dass kein einzelner Bericht sämtliche relevanten Elemente gleichzeitig enthält. Die folgenden Ausführungen stützen sich deshalb auf mehrere Quellen. Ṯaʿlabī leitet seine erste Fassung über die Begleitumstände von Salomons Tod mit der aus Ṭabarīs *Annalen* bereits bekannten Erzählung ein, dass dieser Fürst die Pflanzensprache verstand.[387] Nachdem der mächtige Herrscher vom Johannisbrotbaum von seinem baldigen Tod und vom Untergang Jerusalems erfahren hat, ersucht er Gott, diese Katastrophe wenigstens erst nach seinem Tod eintreten zu lassen; er richtet folgende Bitte an den Schöpfer[388]:

> Gott, verschleiere den *ǧinn* meinen Tod,[389] so dass die Menschen wissen, dass die *ǧinn* das Verborgene nicht kennen. Die *ǧinn* teilten den Menschen [nämlich] mit, dass sie das Verborgene kennen und ihnen bekannt sei, was morgen geschehe. Salomon betrat darauf die Gebetsnische, wo er auf seinen Stab gestützt betete. Da starb er. Er verharrte in dieser Stellung, ohne dass einer der Satane von seinem Tod wusste. Aus Furcht davor, dass Salomon heraustrete und sie bestrafe, arbeiteten die Satane trotzdem weiter.

In den arabischen Legenden über Salomons Ableben kommt seiner Bitte an Gott große Bedeutung zu, er möge den *ǧinn* seinen Tod rätselhaft erscheinen lassen. Neben Ṯaʿlabī erwähnen zahlreiche weitere Autoren diesen Wunsch.[390] Die arabischen Quellen begründen dieses Anliegen Salomons einerseits damit, dass die Menschen die (Ehr-) Furcht vor den *ǧinn* verlieren, wenn sie feststellen, dass diese Wesen das Verborgene (im vorliegenden Fall ist damit der Tod ihres Bezwingers

---

386 Vgl. G. Salzberger, *Salomo-Sage*, S. 17.

387 Vgl. Kapitel 10.3.3, bei Anm. 192–199 (zu Pflanzensprache und Medizin).

388 Ṯaʿlabī, *Qiṣaṣ*, S. 327.4–7.

389 „اللهم عَمِّ على الجن موتى".

390 Vgl. Zamaḫšarī, *Kaššāf*, Bd. III.284.5; Bayḍāwī, *Anwār at-tanzīl*, Bd. II.140.12; Ṭabarī, *Tafsīr*, *ǧuz'* 22 in Bd. VIII.45.7; Ṭabarī, *Ta'rīḫ (Annales)*, I.594.16; Ibn Kaṯīr, *Bidāya*, II.30.24; Ibn al-Aṯīr, *Ta'rīḫ*, I.103.26.

gemeint) nicht bemerken. Die *ǧinn* büßen damit einen bedeutenden Teil ihrer Macht über die Menschen ein.

Anderseits muss hier an die Kämpfe erinnert werden, die Salomon zeit seines Lebens wider alles Dämonische ausfocht. Nicht Hochmut veranlasste den Dämonenbezwinger nämlich dazu, mit dem Anliegen an Gott zu treten, den *ǧinn* sein Ableben zu verbergen. Dieser Bewahrer des Kosmos ist vielmehr in größter Sorge um die Ordnung auf der Welt nach seinem Tod. Nachdem der Johannisbrotbaum ihm den baldigen Untergang Jerusalems *(imago mundi)* verkündet hat, scheint für Salomon der Fortbestand der Welt ernsthaft in Frage gestellt zu sein. Damit die Dämonen ihr unheilvolles Treiben nach Salomons Tod nicht unverzüglich wieder aufnehmen und der Kosmos nicht erneut den Kräften des Chaos anheimfällt, sollen sie das Ableben ihres Bezwingers möglichst lange nicht bemerken. Die Furcht vor schwerer Strafe wird diese Unwesen im Zaum halten und der Kosmos nach Salomons Tod zumindest vorläufig nicht bedroht sein.

Mehrere Quellen beschreiben in weitgehend übereinstimmenden Berichten ein besonders raffiniertes Mittel, wie Salomon die Dämonen über seinen Tod hinwegtäuschte. Die folgende Darstellung ist Ṭabarīs Korankommentar entnommen[391]:

> Yūnus – Ibn Wahb – Ibn Zayd sprach über das Koranzitat: ‚Nur das Tier der Erde, das seinen Stab zerfraß, zeigte ihnen seinen Tod an.' Salomon sagte zum Engel des Todes: ‚Engel des Todes, wenn dir Befehl über mich erteilt worden ist, lass es mich wissen.' – Da kam er zu ihm und sprach: ‚Salomon, mir ist Befehl erteilt worden über dich, nur noch ein Weilchen ist für dich übrig geblieben.' – Da rief Salomon die Satane herbei. Sie errichteten über ihm ein Schloss aus Glas, das keine Tür hatte. Auf seinen Stab gestützt stellte sich Salomon hin, um zu beten. Da trat der Engel des Todes bei Salomon ein und ergriff seine Seele, als er auf seinen Stab gestützt war. Salomon tat dies nicht, um vor dem Engel des Todes zu fliehen. Während die *ǧinn* vor Salomon arbeiteten und ihn anschauten, dachten sie, er lebe. Da sandte Gott das Tier der Erde. Es handelt sich um ein Tier, das Holz frisst und Qāriḥ[392] heißt. Es drang in Salomons Stab ein und fraß

---

391 Kommentar zu Sure 34.14 bei: Ṭabarī, *Tafsīr, ǧuz'* 22 in Bd. VIII.46.1–8; Zamaḫšarī, *Kaššāf,* Bd. III.284.5–12; Bayḍāwī, *Anwār at-tanzīl,* Bd. II.140.7–16; Ṯaʿlabī, *Qiṣaṣ,* S. 327.7–10; Ibn Kaṯīr, *Bidāya,* II.31.25–32.8.

392 Nur Ṭabarī erwähnt diesen Namen (die Ausgabe Miṣr, 1323–1330 h.q./1905–1912, liest Qādiḥ). Die andern Stellen identifizieren das koranische Tier der Erde (*dābbat al-arḍ;* Sure 34.14) geschlossen mit der Termite *(araḍa).* F. Meier erwähnt den Namen Qāriḥ in seiner Übersicht über die Eigennamen von Dämonen nicht, kennt aber den Namen Qudāḥ; vgl. F. Meier, NL Mappe 7. Ǧāḥiẓ macht auf die Freundschaft *(ṣadāqa)* zwischen *ǧinn* und Termite *(araḍa)* aufmerksam (siehe Ǧāḥiẓ, *Tarbīʿ* (Ausgabe van Vloten, in *Tria opuscula,* S. 102; hier zitiert nach F. Meier, NL Mappe 9 s. v. *Termiten,* Bl. 1). F. Meier macht ausserdem auf den dämonischen Charakter der Termite im Allgemeinen aufmerksam (vgl. NL Mappe 12, s. v. *Freundschaft: Termite,* 6 Bl.).

> davon, bis, als es ihn ausgehöhlt hatte, er schwach wurde und Salomon zu schwer auf ihm lastete. Da fiel Salomon tot um. Als die *ǧinn* dies sahen, stoben sie auseinander und gingen ihres Weges.[393]

Im Zentrum dieses Berichts aus Ṭabarīs Korankommentar steht Salomons Befehl an die Dämonen, ihm ein gläsernes, türloses Schloss zu errichten. Diesem Glasschloss dürfte eine doppelte Funktion zukommen. I. Hofmann und A. Vorbichler weisen in ihren Untersuchungen zum Äthiopenlogos bei Herodot darauf hin, dass Glas und Alabaster aus den indo-iranischen Jenseitsvorstellungen bekannt sind. Die gläsernen Särge Alexanders des Großen oder der Äthiopierkönige und weitere Beispiele legen eine Verbindung zum Totenreich nahe. Man dachte dabei allerdings nicht an Tod und Verwesung, sondern an eine Insel der Seligen. Man ging von der Annahme aus, dass der auf den Glasberg, die Glasinsel oder in den Glasberg entrückte Tote, in die mythische Urzeit zurückgekehrt und erneut zum ersten Menschen geworden ist. Damit wäre die Himmelsreise der Seele vollendet.[394]

Dieses Glasschloss ist aber nicht nur Ort der Seligen. Die arabischen Quellen schreiben ihm noch eine zusätzliche Bedeutung zu: Da Salomon als Garant für den Fortbestand des Kosmos gilt, ist es von größter Wichtigkeit, dass die

---

393 Die arabischen Schriftsteller schenken der Vorstellung eingehend Beachtung, dass die *ǧinn* den Tod ihres Bezwingers erst bemerken, nachdem ein winziges Tier seinen Stab durchnagt hat. In den *Annalen* schildert Ṭabarī die näheren Umstände dieses Ereignisses in zwei verschiedenen Versionen (vgl. Ṭabarī, *Ta'rīḫ*, I.595.17–596.12; siehe auch die weiteren Ausführungen bis S. 597.4.) In der ersten Fassung weist der Historiker darauf hin, dass sich Salomon zum Gebet in seinen *miḥrāb* (Gebetsnische) zurückgezogen hat, wo er auf seinen Stab gestützt stirbt. Im Unterschied zur Stelle im Korankommentar, wo von einem türlosen Schloss aus Glas die Rede ist, gibt Ṭabarī im *Ta'rīḫ* an, dass der *miḥrāb* hinten und vorn je ein Fenster hat. Die Satane haben sich um die Gebetsnische versammelt. Da sie Salomons Zorn fürchten, arbeiten sie in Unkenntnis seines Todes weiter. Ein besonders dreister Teufel ist erstaunt, dass der mächtige Herrscher bereits seit langem kein Lebenszeichen mehr von sich gegeben hat, und beschließt, so schnell wie möglich durch den *miḥrāb* zu eilen. Er unternimmt dieses Wagnis im Wissen darum, dass jeder Unhold, der Salomon beim Gebet stört, sofort verbrannt wird. Da aber Davids Sohn bereits gestorben ist, bleibt der Eindringling unversehrt. Er ist es, der den Anwesenden Salomons Tod mitteilt. Bei Nachforschungen stoßen die Menschen neben Salomons Leichnam auf seinen Stab, den eine Termite zernagt hat. Sie ermitteln darauf den exakten Zeitpunkt seines Ablebens, indem sie eine Termite auf ein Stück Holz ansetzen, Sie messen wie viel Holz dieses Tierchen in 24 Stunden frisst, und kommen in ihren Berechnungen zum Schluss, dass Salomon bereits ein Jahr lang tot sein musste. Sie gehen dabei offensichtlich von der Annahme aus, dass die Termite erst nach Salomons Hinschied begonnen hat, den Stab zu zerfressen. Kein Wesen hätte sich nämlich zu Lebzeiten des mächtigen Königs zu einer solchen Dreistigkeit verstiegen.

394 I. Hofmann und A. Vorbichler, „Der Äthiopenlogos bei Herodot", S. 121–127, S. 176 f.; vgl. dazu C. Schedl, „Sulaimān und die Königin von Saba", S. 320.

Dämonen über seinen Tod hinaus von der Annahme ausgehen, ihr Bezwinger sei noch am Leben. Indem sich der Fürst über die Geister in das Glasschloss zurückzieht und dort gestützt auf seinen Stab betet, gelingt es ihm, bei seinen Widersachern diese Illusion zu erwecken. Niemand wagt es, ihn in seiner Andacht zu stören. Während Ṭabarī im Korankommentar festhält, dass die *ǧinn* selbst nach Salomons Hinschied weiterarbeiten, ohne dazu nähere Angaben zu machen, treiben Zamaḫšarī und – in Anschluss an ihn – Bayḍāwī die Demütigung der Dämonen auf die Spitze. Sie beschreiben, wie diese Wesen im Glauben daran, dass ihr Bezwinger immer noch lebe, den Tempel in Jerusalem – Abbild des Kosmos – zu Ende bauen.[395]

Es stellt sich auch heraus, dass Salomons Furcht vor einem Aufstand der *ǧinn* absolut begründet war. Ṭabarī hält am Schluss der oben übersetzten Stelle fest, dass diese Unholde ihre Arbeit sofort fallen ließen und auseinanderstoben, als sie den Tod ihres Bezwingers nach einem vollen Jahr endlich bemerkten. Sie erlangen damit ihre ursprüngliche Freiheit und somit Gefährlichkeit für die Menschen zurück.[396] Nach Salomons Tod übernimmt zwar sein Sohn Rehabeam die Macht in Israel, doch unter ihm zerbricht das Reich, das sein Vater aufgebaut hat.[397] Der Götzendienst verbreitet sich erneut: Chaotische Zeiten brechen an.[398]

---

395 Vgl. die Stellenverweise zu Zamaḫšarī und Bayḍāwī in Anm. 391.

396 Bereits Iblīs hatte den Dämonen vorausgesagt, dass sie mit Salomons Tod ihre frühere Ungebundenheit zurückerlangen würden: vgl. oben Kapitel 10.3.2, Zitat bei Anm. 121. Auch Hamdānī, *Iklīl*, VIII.49.10 f., weist darauf hin, dass die *ǧinn* nach Salomons Tod mit ihren Arbeiten aufhörten und vom König der Zauberer zurückgerufen wurden: „وعند موته [يعنى موت سليمان] رفعت الجن ايديها من الخدمة وقبضت رباقها من ملك السحرة“.

397 Zu Rehabeam siehe 1. *Könige* 12 und 14 und 2. *Chronik* 10–12. Vgl. Masʿūdī, *Murūǧ* (Ausgabe Ch. Pellat), § 107; Yaʿqūbī, *Ta'rīḫ*, Bd. I.61.1–62.5; Ibn Hišām (Wahb b. Munabbih), *Tīǧān*, S. 169.14– 170.17; Ṯaʿlabī, *Qiṣaṣ*, S. 328.14 f.; Ibn Kaṯīr, *Bidāya*, II.32.12 f.

398 Die meisten untersuchten Berichte über Salomon äußern sich am Schluss zum Alter, das dieser Herrscher erreicht hat. Gemäß Ṭabarī hat Salomon etwas über 50 Jahre lang gelebt (Ṭabarī, *Ta'rīḫ*, I.597.6 f.). Andere Autoren geben an, dass Salomon 52 Jahre alt geworden sei, vierzig Jahre lang war er König (Ibn Kaṯīr, *Bidāya*, II.32.9 f.; Yaʿqūbī, *Ta'rīḫ*, Bd. I.60.8; Masʿūdī, *Murūǧ* (Ausgabe Ch. Pellat), § 106; Fārisī, *Qiṣaṣ*, S. 178.12). Andere Schriftsteller wissen, dass Salomon vierzig Jahre lang herrschte und im Alter von 53 Jahren starb (Ṯaʿlabī, *Qiṣaṣ*, S. 328.12 f.; Ibn al-Aṯīr, *Ta'rīḫ*, I.104.12 f.; Zamaḫšarī, *Kaššāf*, Kommentar zu Sure 34.14, Bd. III.284.15 f.; Bayḍāwī, *Anwār at-tanzīl*, Kommentar zu Sure 34.14, Bd. II.140.15 f.).

11 Anhang: Zur Möglichkeit ehelicher Verbindungen zwischen *ǧinn* und Menschen[1]

Im Zusammenhang mit einer allfälligen ehelichen Verbindung zwischen Salomon und der Königin von Saba stellen verschiedene Quellen Überlegungen dazu an, ob es grundsätzlich möglich sei, dass sich Menschen mit *ǧinn* vereinigen und mit ihnen allenfalls sogar Nachkommen zeugen. Bereits I. Goldziher ist auf diese Debatte aufmerksam geworden und führt sie als Beispiel dafür an, wie sich islamische Rechtsgelehrte „in törichten Spitzfindigkeiten und öden Deuteleien, in der Ersinnung von Möglichkeiten, die niemals eintreten, und in der Ergründung von kniffligen Fragen verlieren, bei denen sich die spitzfindigste Haarspalterei mit der Betätigung der kühnsten, rücksichtlosesten Phantasie verschwistert."[2]

Diese Einschätzung verrät den Geist des aufgeklärten westlichen Wissenschaftlers.[3] Sie wird aber jener Ernsthaftigkeit nicht gerecht, mit der sich arabische Intellektuelle des Themas insbesondere auch aus *šarīʿa*-rechtlicher Perspektive über mehrere Jahrhunderte angenommen haben.[4] Sie schenkt überdies dem Umstand zu geringe Beachtung, dass eheliche Verbindungen zwischen Menschen und *ǧinn* im Volksglauben und dessen Echo in Quellen der *great tradition*

1 Exkurs zu Kapitel 10.5.4 „Verunstaltete Beine", mit Anm. 271–276.

2 I. Goldziher, *Vorlesungen über den Islam* (Auflage 1925), S. 67; siehe seine Hinweise zu ehelichen Verbindungen zwischen Menschen und *ǧinn* in den arabischen Quellen: S. 68 mit Anm. 131 (S. 319 f.). I. Goldziher, „Excurse und Anmerkungen: II. Die Ǵinnen im Islâm", S. 108, äußert sich weniger polemisch zu den rechtlichen Folgen von Heiraten zwischen Menschen und *ǧinn* *(munākaḥat al-ǧinn)*.

3 E. Badeen und B. Krawietz „Eheschließungen mit Dschinnen nach Badr al-Dīn al-Šiblī", S. 36, machen darauf aufmerksam, dass sich weitere westliche Gelehrte (Th. Nöldeke und O. Rescher) im Zusammenhang mit Šiblīs Ausführungen über allfällige Heiraten zwischen Menschen und *ǧinn* über derart bizarre Aussagen geradezu mokierten. E. Badeen und B. Krawietz plädieren aber trotz diesem „apriorischen Widerwillen" dafür, sich auf einer objektiveren Ebene mit der vorliegenden Problematik auseinanderzusetzen. In der islamischen Welt macht sich auch A. Kasrawī, *Pindar-hā*, S. 48.19–21, über die Vorstellungen von Heiraten zwischen *ǧinn* und Menschen lustig und meint: „Über die *ǧinn* steht manches auch in den Büchern der Mullas und der Sufis. Einige Mullas behaupten, mit den *ǧinn* Bekanntschaft zu haben. Einige haben auch eine Frau von den *ǧinn* geheiratet." Übersetzung F. Meier, NL Mappe 5, s. v. *Liebe und Ehe*, Bl. 23). A. Kasrawī, *Pindār-hā*, S. 47–49, formuliert grundsätzliche Kritik am *Ǧinn*-Glauben.

4 M. Dols, *Majnūn*, S. 214, hält fest, dass die muslimischen Rechtsgelehrten die Frage nach der Möglichkeit von Geschlechtsverkehr zwischen Menschen und *ǧinn* aus *šarīʿa*-rechtlicher Perspektive erörtert haben. Siehe dazu auch A. Fatoum, *Der Ǧinnglaube als islamische Rechtsfrage*, S. 57–61 und 129 (mit Übersetzung einer aus dem Jahr 1993 datierenden Fatwā der Azhar-Universität in Kairo, S. 59–61).

bis heute vielfach belegt sind.[5] Die Stoßrichtungen dieser Debatte werden im Folgenden anhand von ausgewählten Beispielen aus arabischen und persischen Quellen illustriert. Die weiteren Ausführungen verstehen sich als Ergänzung zu früheren Bemerkungen zu konkreten Fällen von solchen Beziehungen[6] und rücken philosophisch-wissenschaftliche sowie *šarīʿa*-rechtliche Aspekte in den Vordergrund. Sie können die Fragestellung aber nicht derart umfassend skizzieren, wie es dem Thema eigentlich gebührte. Eine grundlegende Untersuchung

5 Die Sekundärliteratur erwähnt die Frage der Heirat zwischen Menschen und *ǧinn* vielfach. Ausgehend von Šiblī hat sich F. Leemhuis eingehender mit der Thematik befasst und Belege dafür aus der Moderne beigebracht (F. Leemhuis, „Can you marry a *djinni*?“, und „Epouser un *djinn*? Passé et présent“. Die folgende Zusammenstellung macht auf weitere Hinweise in der westlichen Forschung aufmerksam, erhebt aber keinen Anspruch auf Vollständigkeit: E. Westermarck, *Survivals*, S. 5, meint: „Many man has by mistake married a female *ǧinn* or a *ǧinniyya*.“ Eine solche Frau treibe ihren Mann in der Regel in den Wahnsinn; auch könne nur der Ehemann diese Frau sehen. A. S. Tritton, *Materials on Muslim education in the Middle Ages*, S. 91, macht darauf aufmerksam, dass auch muslimische Gelehrte nicht frei von Aberglauben waren. Die Leute sagten von einem Mann mit wachem Geist jeweils, dass ein Elternteil ein *ǧinnī* gewesen sein musste (ohne Quellenangabe bei A. S. Tritton; dieser Hinweis aus F. Meier, NL Mappe 5, s. v. *Liebe und Ehe*, Bl. 28). A. Winkler, *Die reitenden Geister*, S. 12, hat in den 1930er-Jahren in Gufṭ (Oberägypten) beobachtet, dass eine christliche *ǧinniyya* einem Mann die Ehe angeboten hat. Mit der Frage befasste sich ausserdem J. Henninger, „Geisterglaube“, S. 285 mit Anm. 31–32, S. 292 und S. 299 mit Anm. 137. Siehe auch J. von Hammer-Purgstall, *Geisterlehre*, S. 163 (mit Hinweisen auf Ǧāḥiẓ); J. Wellhausen, *Reste*, S. 154; T. Canaan, *Aberglaube*, S. 13 f. T. Fahd, „Génies, anges et démons“, S. 193, meint: „Copulation et fécondation étaient considérées possibles entre des djinns et des humains“, mit Beispielen und weiterführenden Literaturangaben (arabische Quellen) in Anm. 149–155 (S. 210). Siehe überdies A. Wieland, *Ǧinn-Vorstellung*, S. 34 und 83. M. Schöller, „His master's voice“, S. 48 mit Anm. 46, macht u. a. auf die ungebrochene Relevanz der Frage nach der Möglichkeit von Heiraten zwischen Menschen und *ǧinn (zawāǧ al-ǧānn)* im modernen Ägypten aufmerksam. Besondere Beachtung schenkt der Thematik K. Hentschel, *Geister, Magier und Muslime*, S. 72–76. Er schreibt der Sexualität große Bedeutung in der Interaktion zwischen Mensch und *ǧinn* zu. Die *ǧinn* würden die Sexualität benutzen, um Macht über den Menschen zu gewinnen. Als Höhepunkt komme es schließlich zur Heirat zwischen Mensch und *ǧinnī*. All seine Informanten im modernen Kairo hätten darauf hingewiesen, dass Heiraten zwischen Menschen und *ǧinn* grundsätzlich möglich, aber mit erheblichen Gefahren verbunden seien (K. Hentschel, *op.cit.* S. 73). D. Pielow, *Lilith*, S. 111 f., weist auf Beispiele für geschlechtliche Verbindungen zwischen einem Menschen und einer *ǧinniyya* hin. In Nordmarokko sei die Dämonin ʿĀʾiša al-Qandīša als Gattin von Menschen besonders bekannt (vgl. damit E. Zbinden, *Die Djinn des Islam*, S. 33). Auch M. Maarouf, *Jinn eviction*, belegt für Marokko die Möglichkeit von ehelichen Verbindungen zwischen Menschen und *ǧinn* (S. 2, 157, 219). A. D. H. Bivar, „A Persian Fairyland“, S. 36, 40, 42, geht der Vorstellung im antiken Persien nach und hält fest, dass Heiraten zwischen *parīs* und Menschen möglich sind. Zur Vorstellung von ehelichen Verbindungen zwischen Menschen und *parīs* vgl. unten bei Anm. 63–89.

6 Siehe auch Kapitel 5.6.1: „Erscheinungen von *ǧinn* in Frauengestalt“ (bei Anm. 382–394).

von ehelichen Beziehungen zwischen Menschen und Dämonen steht damit weiterhin aus.[7]

Ǧāḥiẓ befasst sich im Rahmen von Überlegungen zu unterschiedlichen Arten von Mischwesen *(aǧnās al-ḥayawān al-murakkabāt)* u. a. im *Kitāb al-Qawl fī ăl-biġāl* mit der Frage. Seine Äußerungen dazu in diesem Werk stehen im Zentrum der folgenden Darstellung.[8] Ǧāḥiẓ macht in einem ersten Schritt auf tatsächlich existierende Mischwesen aufmerksam, die er bereits in einem andern Zusammenhang erwähnt hat; dazu zählen u. a. Maultiere *(baġl)*, die Mischung zwischen arabischem und kirmanischem Kamel *(buḫt)* oder als *muqraf* bekannte Mischlinge, die aus der Verbindung zwischen einer arabischen Mutter und einem persischen (bzw. nicht-arabischen: *ʿaǧamī*) Vater hervorgegangen sind. Die Existenz anderer Mischwesen aber lehnt Ǧāḥiẓ entschieden ab; er erwähnt dabei den *samʿ* (Wolf-Hyäne), *ʿisbār* (Hyäne-Wolf), *daysam* (Wolf-Hündin), *ʿudār* (Tier-Mensch im Jemen) und die Giraffe *(zarāffa)*.[9] Von solchen und weiteren wunderbaren Wesen erführen wir nur in vereinzelten Versen oder vom Hörensagen. Die Urheber dieser Berichte hätten keine eigenen Untersuchungen angestellt. Ihre Darstellungen verdienten deshalb weder Vertrauen noch Glaubwürdigkeit.

Nach diesen Bemerkungen über Mischwesen im allgemeinen kommt Ǧāḥiẓ auf Darstellungen in Prophetenbiographien *(kutub as-sīra)* und Berichte von Geschichtenerzählern *(qaṣṣāṣ)* zu sprechen, die abends an den Königshöfen vorgetragen werden.[10] Er erinnert in diesem Zusammenhang an Erzählungen über Bilqīs' Geburt.[11] Auch Ǧāḥiẓ weiß von einer Abstammung der Königin von Saba von einer dämonischen Mutter und einem menschlichen Vater. Im Gegensatz zu andern Autoren[12] verneint er aber, dass sich am Kind aus dieser Verbindung irgendwelche Makel hätten feststellen lassen.[13]

---

7 Die folgende Darstellung stützt sich einerseits auf eigene Untersuchungen. Sie berücksichtigt aber auch F. Meiers Hinweise auf Quellen in NL Mappe 5, s. v. *Liebe und Ehe zwischen Mensch und ǧinn*, 48 Bl., arbeitet das von ihm zusammengetragene Material allerdings nicht vollständig auf.

8 Ǧāḥiẓ. *Kitāb al-Qawl fī ăl-biġāl*, S. 130–134 (§§ 204–209); F. Meier, NL Mappe 5, s. v. *Liebe und Ehe*, Bl. 33 f., übersetzt die fragliche Textstelle. F. Meier, „Riemenbeinler", S. 536, weist auf weitere Stellen hin, in denen Ǧāḥiẓ die Problematik erörtert.

9 Ǧāḥiẓ, *Kitāb al-Qawl fī ăl-biġāl*, § 204.

10 Ǧāḥiẓ, *op.cit.*, § 206.

11 Ǧaḥiẓ erwähnt Bilqīs auch *Ḥayawān*, I.187.12 f., VI.197.8 und VI.269.1–5.

12 Vgl. dazu den Ṯaʿlabī-Bericht, Kapitel 10.5.4 „Verunstaltete Beine", bei Anm. 266–270.

13 Ǧāḥīẓ, *Kitāb al-Qawl fī ăl-biġāl*, § 206, S. 131.11–13: „Allerdings gebar jene *ǧinniyya* [Bilqīs' Mutter] ein richtiges, reines und einwandfreies Menschenmädchen; es wies keinerlei Mischung *(šawb)* auf. Und kein Einschlag ließ es sich entfremden. An ihm ließ sich keinerlei Ähnlichkeit [mit seiner dämonischen Mutter] bemerken, sondern es war wie sonst eine der Prinzessinnen." (übersetzt bei F. Meier, NL Mappe 5, s. v. *Liebe und Ehe*, Bl. 33). Ǧāḥiẓ, *Ḥayawān*, VI.235.6–236.8,

Nachdem Ǧāḥiẓ seine Zurückhaltung gegenüber geschlechtlichen Verbindungen zwischen Menschen und *ǧinn* bereits zuvor hat durchscheinen lassen, präzisiert er seine Vorbehalte.[14] Er geht zwar von der Annahme aus, dass es Geschlechtsverbindungen *(tanākuḥ)* zwischen Menschen und *ǧinn* gibt.[15] Er stellt im *Kitāb al-Qawl fī ăl-biġāl* aber in Abrede, dass es dabei zu gegenseitiger Befruchtung *(talāquḥ)* kommt.[16] Ǧāḥiẓ macht zum Vergleich darauf aufmerksam, wie Beduinen oder lüsterne Burschen Kamelstuten, Kühe, Ziegen, Schafe oder weitere Tiere beschlafen. Obwohl dabei menschliches Sperma in die Öffnungen der Gebärmutter dieser Tiere gelange, sei kein einziger Fall bekannt, in dem eines dieser Tiere befruchtet worden sei.

Wenn aber aus dem Geschlechtsverkehr zwischen Menschen und Tieren, die beide aus Fleisch und Blut bestehen, keinerlei Nachkommenschaft hervorgehe, sei dies im Fall von Verbindungen zwischen Menschen und *ǧinn* grundsätzlich ausgeschlossen. Denn während die Menschen aus Lehm erschaffen worden seien *(aṣl al-insān min ṭīn)*, seien die *ǧinn* aus dem Feuer des Glutwinds *(nār as-samūm)* hervorgegangen. Da die Ähnlichkeit zwischen *ǧinn* und Mensch gering sei, könne man sich auch nicht vorstellen, dass aus ihrer Vereinigung Nachkommenschaft hervorgehe. Ǧāḥiẓ zeigt sich ausserdem erstaunt darüber, wenn Fallsucht *(ṣarʿ)* damit erklärt wird, dass sich eben ein *ǧinnī* in sein Opfer, im vorliegenden Fall denkt Ǧāḥiẓ an eine Frau, verliebt habe und dieser wie bei sinnlicher Lust zwischen Mann und Frau üblich zu ihr gekommen sei.[17]

---

besonders VI.235.8–10, weist jedoch auf Baḥrānīs Auffassung hin, dass in Nachkommen aus Menschen und Dämonen die dämonischen Züge überwiegen; siehe dazu Kapitel 5, Anm. 394.

14 Ǧāḥīẓ, *Kitāb al-qawl fī ăl-biġāl*, § 207, S. 131.14–132.7. Im Rahmen von umfassenderen Untersuchungen von Ǧāḥiẓ' Auffassung zu Geschlechtsverbindungen zwischen Menschen und *ǧinn* zu berücksichtigen wären außerdem seine Äußerungen zur Frage in *Ḥayawān*, VI.196.6–198.5 *(Zawāǧ al-aʿrāb li-ăl-ǧinn)*. Wichtig ist ebenso *Ḥayawān*, VI.235.6–237.2: „*Munākaḥat al-ǧinn wa-muḥālafatu-hum*" („Über Ehen und Bündnisse mit den *ǧinn*"). Siehe auch die weiteren Stellenangaben in Anm. 22–23.

15 „فأحسُبُ أنَّ التناكُح يكون بينَ الجن والإنس".

16 Ǧāḥiẓ befasst sich auch *Ḥayawān*, I.188.7–12, mit Geschlechtsverbindungen zwischen Menschen und *ǧinn* („وزَعَموا أنَّ التناكُح والتلاقُح قد يَقَعُ بَينَ الجن والإنس"). Die Befürworter solcher Verbindungen würden sich u. a. auf Koran, Sure 17.64, stützen. In diesem Vers fordert Gott Iblīs auf, am Besitz und an den Kindern der Menschen teilzuhaben („وَشارِكهُم فِى الأموال والأولاد"; siehe dazu Anm. 37).

17 Vgl. Ǧāḥiẓ, *Ḥayawān*, VI.217.12–218.11 („Aṯar ʿišq al-ǧinn fī ăṣ-ṣarʿ": „Wenn der Verrückte *(maǧnūn)* von der *ǧinniyya* und die Verrückte *(maǧnūna)* vom *ǧinnī* niedergeworfen (Verb: *ṣaraʿa*) wird, behaupten [die Araber], dass dies nur aus Liebe, Leidenschaft und Begierde nach Heirat (bzw. Beischlaf) geschieht („هو على طريق العِشق والهوى، وشهوة النِكاح"). Ǧāḥiẓ äußert sich auch *Ḥayawān*, I.188.9–12, zur Entstehung von Epilepsie *(ṣarʿ)* als Folge von gegengeschlechtli-

Ǧāḥiẓ ist sich allerdings bewusst, dass verschiedene Koranstellen seinen Vorbehalten entgegenstehen und geschlechtliche Beziehungen zwischen dämonischen Wesen und Menschen nahelegen. Er verweist auf Sure 2.275, die das Entstehen von Wahnsinn mit der Berührung durch einen *šayṭān* in Beziehung setze.[18] Gemäß F. Meier leitet der Verfasser des *Kitāb al-Qawl fī ăl-biġāl* aus diesem Vers ab, dass es zu geschlechtlichen Verbindungen zwischen Menschen und Dämonen kommt.[19] Auch Sure 6.71 wird als Beleg für die Möglichkeit solcher Beziehungen über die Artengrenze hinweg beigebracht. Gemäß diesem Vers lassen die Satane Menschen draußen auf dem Land umherirren.[20]

Ǧāḥiẓ macht in Anschluss an seine Hinweise auf diese Stellen aus der islamischen Offenbarung auf eine Aussage ʿAmr b. ʿUbayds (gest. 145/762) zu Männern aufmerksam, die liebestoll und planlos durch die Gegend irren *(hāma ʿalā waǧhi-hī)*. Indem ʿAmr b. ʿUbayd Sure 6.71 zitiert, stellt er diese Männer als Opfer von Übergriffen der *šayāṭīn* dar. Er nennt auch die Namen solcher mutmaßlicher Opfer, will sich im konkreten Einzelfall aber nicht dafür entscheiden, ob z. B. ʿAmr b. ʿAdī, ʿUmāra b. al-Walīd, Ṭālib b. Abī Ṭālib, der Sänger al-Ġarīḍ oder Saʿd b. ʿUbāda Leidtragende von Übergriffen durch die Dämonen sind.[21]

Das *Kitāb al-Qawl fī ăl-biġāl* führt anschließend auch Verse von Dichtern an, wonach aus der ehelichen Verbindung zwischen Menschen und *ğinn (tazwīǧ al-insān min al-ğinn)* Mischwesen *(ḫalq murakkab)* hervorgehen.[22] Man habe aus einem Vers sogar *(ḥattā)* ableiten wollen, dass die *siʿlāh* Menschen gebäre.[23] Ähn-

chen Kontakten mit *ğinn*. H. Repp, „Genustausch“, diskutiert ähnliche Vorstellungen ausgehend von linguistischen Phänomenen in arabischen Dialekten in der Moderne.

18 Sure 2.275: „Jene, die sich von Wucher ernähren, stehen nicht anders da wie jener, den der Satan durch Berührung *(mass)* niederstößt.“

19 F. Meier, NL Mappe 5, s. v. *Liebe und Ehe*, Bl. 34. F. Meier, „Riemenbeinler“, S. 536, bestätigt diese im NL noch mit Zurückhaltung formulierte Einschätzung.

20 Sure 6.71: „كالذى استوهَته الشياطينُ فى الأرض حيرانَ له“. Auch Sure 55.56 („وفيهنَّ قاصِراتُ الطَرفِ لَم يَطمِثهُنَّ إنسٌ قبلَهُم وَلا جَانٌّ“) wird als Beweis dafür angeführt, dass geschlechtliche Kontakte zwischen *ğinn* und Menschen möglich sind. Andernfalls müsste der zitierte Koranvers nicht hervorheben, dass auch kein Dämon *(ğānn)* die Huris im Paradies berührt habe. Ǧāḥiẓ vertritt diese Interpretation in *Ḥayawān*, I.188.15–189.2: „فلو كان الجانُّ لا يَفتَضُ الآدَمِيّاتِ، ولم يَكُن ذلك قطّ، وَلَيسَ ذلك فى تَركيبهِ، لَما قال الله تعالى هذا القول“. „Wenn die *ğinn* nicht Menschentöchter entjungfern würden, dies nie eingetreten wäre und dies nicht ihrer Konstitution *(tarkīb)* entspräche, hätte Gott diese Aussage [im Koran] nicht gemacht.“

21 Zu diesen hier namentlich aufgeführten Männern sind in der arabischen Literatur Berichte im Umlauf, dass sich dämonische Wesen in sie verliebt und sie in die Irre haben gehen lassen *(istahwat-hū ăl-ğinn)*. Ch. Pellat, der Herausgeber des *Kitāb al-Biġāl*, macht in Fußnoten auf entsprechende Quellen aufmerksam (Ǧāḥiẓ, *Kitāb al-Biġāl*, § 208, S. 132.15–133.5).

22 Ǧāḥīẓ, *Kitāb al-qawl fī ăl-biġāl*, § 209, S. 133.6–134.6.

23 *Op.cit.*, S. 134.1 f.: „دليل على أَنَّ السعلاة تَلِدُ الناس“. Ǧāḥiẓ zitiert dabei folgenden Vers:

liche Berichte seien außerdem über die *šiqq*, die *wāqwāq*, die *duwāl-bāy*, die *nās* und die *nasnās* im Umlauf.[24] Ǧāḥiẓ selbst allerdings akzeptiert nicht, dass es im Rahmen solcher Verbindungen je zu Empfängnis oder sogar zu Geburten gekommen ist.[25]

Ähnlich wie Ǧāḥiẓ kommt auch der Ḥanbalit Ibn Taymiyya (gest. 728/1328) auf die Entstehung von Epilepsie *(ṣarʿ)* als Folge von gegengeschlechtlichen Übergriffen von Dämonen auf Menschen zu sprechen und stellt in diesem Zusammenhang Überlegungen zu ehelichen Verbindungen *(tanākuḥ)* zwischen Dämonen und Menschen an.[26] Er gibt an, dass aus solchen Beziehungen Kinder geboren werden. Dies sei sehr bekannt.[27] Die Gelehrten würden dafür Beispiele erwähnen und darüber auch ausführlich diskutieren. Die meisten Wissenschaftler aber würden die Heirat mit *ǧinn* verabscheuen.[28]

Diese Aussage Ibn Taymiyyas stimmt mit Beobachtungen E. Badeens und B. Krawietz' überein, wonach sich gerade Ḥanbaliten gegen Ehen zwischen Menschen und Dämonen ausgesprochen hätten.[29] Viele frühere und spätere Autoren verträten aber liberalere Auffassungen, wie aus Ibn an-Nadīms *Fihrist* hervorgehe. Dieses bio-bibliographische Nachschlagwerk zählt die Titel von 16 Büchern auf, die über die Liebe zwischen *ǧinn* und Menschen handeln.[30]

Im Rahmen dieser Debatten zur Zulässigkeit von ehelichen Verbindungen zwischen Menschen und *ǧinn* von ganz besonderer Bedeutung sind Šiblīs (gest.

„يـا قاتَـلَ اللـهُ بَنـي السِـعلاةِ || عَمـراً وَقابوسـاً شِـرارَ النـاتِ“ – „Möge Gott die Söhne der *Siʿlāh* bekämpfen, ʿAmr und Qābūs, die Bösewichter unter den Menschen." Eine Glosse bezeichnet die *nāt* als die *nās* (Menschen); der Reim erfordert diese Variante. Ǧāḥiẓ, *Ḥayawān*, VI.250.5–251.2 (siehe dazu Kapitel 2, bei Anm. 55), macht auf die Bedeutung von Lügen und Übertreibungen in arabischen Gedichten aufmerksam. So würden Beduinen anfänglich behaupten, die *ġūl* gesehen zu haben. Später meinen sie, sie hätten mit der *siʿlāh* gesprochen. Sie gehen dann noch einen Schritt weiter und berichten, sie hätten sie getötet. Dann würden sie sich damit brüsten, mit ihr Kameradschaft geschlossen *(rafaqa)* bzw. sie sogar geheiratet zu haben *(tazawwaǧa)*. Zu Ǧāḥiẓ' Auffassung zu allfälligen Söhnen der *siʿlāḥ* siehe auch Kapitel 5, Anm. 392.

24 Vgl. dazu Ǧāḥiẓ, *Ḥayawān*, I.189.3–7. Siehe zur Problematik überdies *Ḥayawān*, VI.225.1–6 (v.a. Vers des Baḥrānī: S. 225.4): „In der Jugend heiratete ich eine *ġūl* für eine Gazelle, wobei mein Brautpreis ein Schlauch Weins war."

25 F. Meier, „Riemenbeinler", S. 536.

26 Ibn Taymiyya, *Īḍāḥ ad-dalāla*, S. 125.1–3.

27 „وقد يتناكح الانس والجن ويولد بينهما ولد وهذا كثير معروف".

28 „وكَرِهَ أكثَرُ العُلماء مُناكَحة الجِن".

29 E. Badeen und B. Krawietz, „Eheschließungen mit Dschinnen", S. 50 mit Anm. 50. Siehe auch dieselben, „Islamic reinvention", S. 101 f.: Heiraten zwischen menschlichen und dämonischen Partnern seien zwar möglich, aber *šarīʿa*-rechtlich verpönt.

30 Ibn an-Nadīm, *Fihrist* (Flügel), I.308; vgl. Übersetzung B. Dodge, II.723 f.: "The names of the humans in love with the *jinn* and the *jinn* in love with the humans".

1367) *Ākām al-marğān*. Šiblī gibt an, dass es gerade die Frage nach der Möglichkeit von Heiraten zwischen Menschen und *ğinn* gewesen sei, die ihn zum Verfassen seiner Schrift über den *Ğinn*-Glauben veranlasst habe.[31] Während Kapitel 1–14 seiner Abhandlung die körperlichen Voraussetzungen von Verbindungen mit dämonischen Wesen untersuchen, beleuchten Kapitel 15–29 die rechtlichen Voraussetzungen solcher Eheschließungen. Kapitel 30 spricht dann das zentrale Thema, nämlich die Eheschließungen mit *ğinn*, unmittelbar an *(Fī bayān munākaḥat al-ğinn)*. Kapitel 31–35 enthalten darauf Berichte über den gefährlichen Charakter von Begegnungen zwischen Menschen und *ğinn*, wobei gerade sexuelle Aspekte im Vordergrund stehen.[32] Die weiteren Kapitel von Šiblīs Schrift (Kapitel 36–140) äußern sich zu anderen, die *ğinn* betreffenden Fragestellungen.[33]

Während sich Šiblī bereits in Kapitel 14 dazu geäußert hat, dass die *ğinn* untereinander Geschlechtsverkehr haben und Nachkommen zeugen,[34] kommt er in Kapitel 30 auf sexuelle Beziehungen zwischen Menschen und *ğinn* selbst zu sprechen.[35] Er gibt an, die Angelegenheit unter zwei Aspekten zu untersuchen. Er stellt sich einerseits die Frage, ob derartige Beziehungen grundsätzlich möglich sind und auch tatsächlich vorkommen *(fī bayān imkān ḏālika wa-wuqūʿi-hī)*. Anschließend will er sich mit der Klärung der *šarīʿa*-rechtlichen Zulässigkeit *(mašrūʿiyya)* solcher Verbindungen befassen.

Šiblī hält fest, dass ein Mann von den Menschen eine *ğinniyya* heiraten kann, aber auch Beziehungen zwischen einem männlichen Dämon und einer menschlichen Frau möglich seien.[36] Heiraten und Befruchtungen *(at-tanākuḥ wa-ăt-talāquḥ)* kämen zwischen Menschen und *ğinn* vor. Als Beweis für solche Verbindungen erwähnt Šiblī Koran, Sure 17.64, wo Gott Iblīs dazu auffordert an Besitz und Nachkommenschaft *(al-amwāl wa-ăl-awlād)* der Menschen teilzuhaben.[37] Das *Kitāb Ākām al-marğān* führt außerdem mehrere Prophetenworte an, die auf sexu-

---

31 Šiblī, *Ākām al-marğān*, S. 66.15 f.: „وهذا السؤال هو الذى أورد عليَّ فى المسئلة الباعثة على تأليف هذا الكتاب“; vgl. E. Badeen und B. Krawietz, „Eheschließungen mit Dschinnen“, S. 38 f.

32 Infolge ihrer Abhängigkeit von Šiblī finden sich auch bei Suyūṭī, *Laqṭ al-marğān*, §§ 69–103, S. 24.13–36.15 (siehe auch §§ 64–69, S. 23 f.), und Ḥalabī, *ʿIqd al-marğān*, S. 56.5–58.10 *(Dalīl ʿalā anna-hum yatanākaḥūna)* Ausführungen zu ehelichen Verbindungen zwischen Menschen und *ğinn*. Die folgende Darstellung arbeitet die Überlegungen dieser beiden Autoren nicht auf.

33 Diese Angaben zum Aufbau von Šiblīs *Ākām al-marğān* gemäß der Darstellung bei E. Badeen und B. Krawietz, „Eheschliessungen mit Dschinnen“, S. 38 f.

34 Šiblī, *Ākām al-marğān*, S. 33.5–34.4; Kapitel 14: *Fī Bayān anna ăl-ğinn yatanākaḥūna wa-yatawāladūna*.

35 Šiblī, *Ākām al-marğān*, S. 66.1–74.18; Kapitel 30: *Fī Bayān munākaḥat al-ğinn*.

36 *Op.cit.*, S. 66.5: „فنقول نكاح الإنسى الجنية وعكسه ممكن“.

37 Auch Ğāḥiẓ schließt aus diesem Vers auf die Möglichkeit von geschlechtlichen Beziehungen zwischen Dämonen und Menschen; vgl. Anm. 16.

elle Verbindungen zwischen Menschen und Dämonen schließen lassen. Gemäß einem angeführten *ḥadīṯ* muss der Mann vor dem Geschlechtsverkehr mit seiner Frau den Namen Gottes erwähnen *(sammā)*. Unterlasse er dies, steige der *šayṭān*[38] in seine Harnröhre *(iḥlīl)* und vollziehe den Beischlaf mit der Frau zusammen mit ihm. Ibn ʿAbbās wiederum meint, dass der Mann keinen Geschlechtsverkehr mit einer menstruierenden Frau haben dürfe. Tue er es dennoch, gehe ihm der Satan voraus und sie gebäre ihm einen Hermaphroditen *(muḫannaṯ)*. Effeminierte Personen seien die Kinder der *ǧinn*.[39] Letztlich leitet Šiblī auch aus dem Umstand, dass Muḥammad Heiraten mit *ǧinn* untersagt hat und sich die Rechtsgelehrten ablehnend dazu geäußert haben *(kariha)*, ein Argument zugunsten der Möglichkeit solcher Verbindungen ab. Denn es mache *šarīʿa*-rechtlich keinen Sinn, sich zur Zulässigkeit einer Verbindung zu äußern, die grundsätzlich nicht möglich sei.[40]

Šiblī widerlegt danach in drei Schritten jene Argumente, die gegen die Möglichkeit der geschlechtlichen Verbindung zwischen *ǧinn* und Menschen vorgebracht worden sind[41]:

a. Zuerst entkräftet Šiblī den Einwand, wonach es aufgrund der Feuernatur der Dämonen nicht möglich sei, dass der feuchte menschliche Samen in der Gebärmutter der *ǧinniyya* verbleibe. Šiblī gibt zu bedenken, dass nur die Urväter von Menschen und *ǧinn* aus Erde bzw. Feuer erschaffen worden seien. Diese Grunddisposition habe sich unter ihren Nachkommen verloren. So verbrenne auch der Epileptiker *(maṣrūʿ)* nicht, wenn ein *ǧinnī* in ihn eindringe. Außerdem

38 Gemäß Suyūṭī, *Laqṭ al-marǧān*, S. 24.17–25.2, § 70, bezieht sich diese Aussage auf *al-ǧānn:* „إذا جامع الرجل أهله، ولم يُسمِّ، انطوى الجان على إحليله، فجامع معه“. Ein Prophetenwort dieses Wortlauts liess sich in den klassischen *Ḥadīṯ*-Sammlungen nicht nachweisen.

39 Šiblī, *Ākām al-marǧān*, S. 66.9: „فالمؤنثون اولاد الجن“. E. Lane, *Lexicon*, s. v., übersetzt den Ausdruck *muʾannaṯ* mit „an effeminate man; one who resembles a woman in gentleness, and in softness of speech, and in an affectation of languor of the limbs; or a man in the form, or make, of a female“. Etwas später bezeichnet Šiblī, *Ākām*, S. 71.7 f., gestützt auf Abū Manṣūr aṯ-Ṯaʿālibī (gest. 429/1038 h. q., *Fiqh al-luġa;* siehe dazu *GAL* G I.285, S I.500) ein Kind, das aus einer Verbindung zwischen einem Menschen *(insī)* und einer *ǧinniyya* hervorgehe *(mutawallid)* als *ḫuss*. Ein Geschöpf aber, das aus der Beziehung zwischen einem Menschen *(ādamī)* und einer *siʿlāh* entstehe *(mutawallid)*, nenne man *ʿumlūq*. Die korrekte Vokalisation der Begriffe *ḫuss* und *ʿumlūq* ist offen; sie sind bei Šiblī nicht vokalisiert.

40 *Op.cit.*, S. 66.10–12. Die ablehnenden Stellungnahmen der Rechtsgelehrten selbst folgen ab S. 71.9.

41 *Op.cit.*, S. 66.12–67.19; vgl. E. Badeen und B. Krawietz, „Eheschließungen mit Dschinnen“, S. 46 f.

habe der Prophet die Kühle des Speichels des Satans bzw. Iblīs' gespürt, als er einmal mit ihm gekämpft habe.[42]

b. Šiblī verneint anschließend, dass es unmöglich sei, von einem dämonischen Wesen geschwängert zu werden *(ʿulūq)*. Selbst wenn dies tatsächlich ausgeschlossen wäre, würde die fehlende Möglichkeit der Empfängnis *(ʿulūq)* nicht bedeuten, dass solche Ehen unzulässig seien. Denn auch für eine Frau nach der Menopause oder eine sterile Frau bzw. einen sterilen Mann sei die Heirat rechtlich zulässig.

c. Zuletzt widerlegt Šiblī den Standpunkt, dass Eheschließungen zwischen *ǧinn* und Menschen erlaubt sein müssten, wenn sie grundsätzlich möglich wären. Oft sei nämlich etwas möglich *(mumkin)*, unterbleibe aber aus einem andern Hinderungsgrund *(māniʿ)*. So könnten zwar Zoroastrierinnen *(maǧūsiyyāt)* und Götzenanbeterinnen *(waṯaniyyāt)* schwanger werden; es sei aber dennoch nicht erlaubt, sie zu heiraten *(lā yaḥillu nikāḥu-hunna)*. Ähnliche Einschränkungen gälten für nahe Verwandte *(maḥārim)*. Jeder Hinderungsgrund sei gesondert zu berücksichtigen.[43]

Der Verfasser der *Ākām al-marǧān* unterscheidet anschließend zwei Haupthinderungsgründe dafür, dass Heiraten zwischen *ǧinn* und Menschen erlaubt sein könnten.[44] Es handelt sich einerseits um den Gattungsunterschied *(iḫtilāf al-ǧins)*. Anderseits fehlt solchen Verbindungen der für Ehen typische Sinn und Zweck *(ʿadam ḥuṣūl al-maqṣūd)*. Deshalb sei eine Heirat zwischen Menschen und *ǧinn šarīʿa*-rechtlich nicht erlaubt.[45] Da der Gattungsunterschied trotz der Möglichkeit von Geschlechtsverkehr *(wiqāʿ)* und Empfängnis *(ʿulūq)* offensichtlich *(ẓāhir)* sei, befasst sich Šiblī mit diesem Aspekt nicht eingehender. Er äußert sich hingegen näher zum Fehlen des für Ehen typischen Zwecks.[46]

Šiblī argumentiert dabei dahingehend, dass Gott den Menschen eine Gnade erwiesen und für sie unter ihnen selbst Lebenspartner erschaffen habe. Aus der islamischen Offenbarung gehe hervor, dass die Lebenspartner beieinander Ruhe *(sukūn)* finden sollen.[47] Beziehungen zwischen Menschen und *ǧinn* würden aber

42 *Op.cit.*, S. 66.16–67.5; siehe dazu Kapitel 5, bei Anm. 56 f. Vgl. Aḥmad b. Ḥanbal, *Musnad, Musnad Abī Saʿīd al-Ḫudrī, Ḥadīṯ* Nr. 11959.

43 *Op.cit.*, S. 67.16–19.

44 *Op.cit.*, S. 67.19 f.

45 *Op.cit.*, S. 67.21: „عدم حصول الإذن من الشرع فى نكاحهم".

46 *Op.cit.*, S. 67.22–68.18 und 68.18–24.

47 Šiblī führt verschiedene Koranverse an, die dies betonen. Gemäß Sure 42.11 hat Gott für die Menschen Gattinnen unter ihnen selbst erschaffen („جعل لكم من أنفُسِكُم أزواجاً"); vgl. die ähnlichen Aussagen in Suren 4.1; 7.189. Beachte besonders Sure 30.21: „ومِن ءَاياتِهِ أَن خَلَقَ لَكُم مِن أَنفُسِكُم أَزواجاً لِّتَسكُنُوا إِلَيها".

aus Lust und Begierde *(ʿišq wa-hawā)* eingegangen. Wenn der Mensch mit einer *ǧinniyya* dann doch eine Ehe schließe, geschehe dies aus Furcht um sich selbst. Der Mensch habe Angst, dass ihm Schaden zugefügt oder er ganz vernichtet würde, falls er die Dämonin nicht heirate. Da der Mensch unter diesen Voraussetzungen aber keine Ruhe finde, könne eine solche Verbindung den eigentlichen Zweck einer Ehe nicht erfüllen.[48] Auch sei bekannt, dass sich Menschen und *ǧinn* grundsätzlich feind seien.[49] Der aggressive Charakter der *ǧinn* liege in ihrer Erschaffung aus Feuer begründet.

Šiblī bringt nach diesen Überlegungen Beispiele dafür bei, dass Heiraten zwischen *ǧinn* und Menschen tatsächlich vorkommen.[50] Dabei greift auch er die bereits bekannten Berichte über Bilqīs und ihre Eltern auf.[51] Er erwähnt u. a., dass die Königin von Saba einen verunstalteten Fuß hat. Siblī betont, dass Salomon Bilqīs geheiratet und später einmal im Monat im Jemen besucht habe.[52]

Zum Beweis dafür, dass es tatsächlich zu Heiraten zwischen *ǧinn* und Menschen gekommen ist, macht Šiblī außerdem auf das Schicksal eines jungen Mannes aufmerksam, der mit einer Karawane unterwegs war.[53] Als die Reisenden vom Regen überrascht werden, suchen sie in einer Höhle Zuflucht. Als der junge Mann nachts aufwacht, steht eine Frau mit einem einzigen, der Länge nach gespaltenen Auge vor ihm.[54] Sie bietet ihm ihre Tochter an, die schön wie der Mond ist. Obwohl er sich fürchtet, wird der junge Mann gezwungen, die Ehe vor einem Richter und Zeugen einzugehen, die alle der Länge nach gespaltene Augen haben. Auch seine Angetraute, eigentlich ein sehr schönes Mädchen, hat ein solches Auge. Er meidet sie deshalb. Sie weicht aber selbst nicht von seiner Seite, als die Karawane wieder aufbricht. Die Angelegenheit hat erst am vierten Tag ein Ende, als die Mutter ihre verschmähte Tochter zurückholt. Sie fordert den Mann

---

48 Šiblī, *op.cit.*, S. 68.9 f.: „فلا يزال الإنسى فى قَلَقٍ وعدم طمأنينةٍ وهذا يعود على مقصود النكاح بالنقض“.

49 Vgl. Sure 2.36: „وَقُلنا اهبِطوا بَعضُكُم لِبَعضٍ عَدُوٌّ“; Šiblī, *Ākām*, S. 68.11 f.

50 Šiblī, *op.cit.*, S. 68.25–71.8. Auch die Kapitel 31–35 bei Šiblī enthalten Belege dafür, dass es zwischen Menschen und *ǧinn* zu Heiraten bzw. geschlechtlichen Beziehungen kommt.

51 *Op.cit.*, S. 70.16–71.7; vgl. Kapitel 10.5.4, v. a. bei Anm. 271–275.

52 Der Vollständigkeit halber sei hier darauf hingewiesen, dass auch eine weitere Gestalt aus der Salomonlegende die Möglichkeit von geschlechtlichen Verbindungen zwischen Menschen und *ǧinn* beweist. Von Ṣaḫr ist bekannt, dass er mit den Frauen an Salomons Hof sexuell verkehrte. Er schreckte davor nicht einmal während ihrer Menstruation zurück (vgl. Kapitel 10.6.2 „Salomons Heimsuchung“).

53 *Op.cit.*, S. 69.21–70.16.

54 *Op.cit.*, S. 70.2: „لها عين واحدة مشقوقة بالطول“. Zu den der Länge nach gespaltenen Augen als Merkmal der Dämonen siehe Kapitel 7, Anm. 46.

auf, seine dämonische Ehefrau zu verstoßen *(ṭallaqa)*. Diese Aufforderung unterstreicht den rechtlich verbindlichen Charakter solcher Beziehungen.

Das zuletzt geschilderte Beispiel oder auch die bereits angeführte Stellungnahme Ibn Taymiyyas zeigt auf, dass eheliche Verbindungen zwischen Menschen und *ǧinn* tendenziell verpönt waren. Auch bei Šiblī dominieren Aussagen, die die ablehnende Haltung der *šarīʿa* in dieser Frage belegen.[55] Die *Ākām* leiten die entsprechenden Erörterungen mit einem Hinweis darauf ein, dass der Prophet die Heirat mit Dämonen verboten *(nahā)* bzw. dass er solche Verbindungen gehasst *(kariha)* habe. Auch zahlreiche Gelehrte brächten ihr Missfallen gegenüber solchen Ehen deutlich zum Ausdruck. So hätten u. a. Ḥasan al-Baṣrī und Qatāda Ratsuchenden davon abgeraten, ihre Tochter einem Mann von den *ǧinn* zur Ehe zu geben.[56] Diese Haltung entspricht auch der Auffassung zahlreicher weiterer Gelehrter, die Šiblī anführt. Der Ḥanafīt Ǧamāl ad-Dīn as-Siǧistānī habe die Heirat zwischen Menschen und *ǧinn* im *Kitāb Munyat al-muftī* mit dem Hinweis auf den Gattungsunterschied *(iḫtilāf al-ǧins)* zwischen diesen beiden Klassen von Geschöpfen abgelehnt.[57]

Nur vereinzelt äußern sich Gelehrte zugunsten der Zulässigkeit solcher Beziehungen. Dazu zählt al-Aʿmāš.[58] Von ihm ist bekannt, dass er in Kūṯā[59] an einer Heirat zwischen *ǧinn* und Menschen teilgenommen hat *(ḥaḍara)*. Er hätte dies nicht getan, wenn solche Verbindungen verboten wären. Von Zayd al-ʿAmmī wiederum weiß man, dass er eine dämonische Frau hatte und sie ihn auf seinen Reisen begleitete.[60] Auch Mālik b. Anas habe in Heiraten zwischen Menschen

---

55 Šiblī, *Ākām al-marǧān*, S. 71.9–74.18, kommt auf seine einleitend gestellte Frage zurück, ob diese Beziehungen *šarīʿa*-rechtlich zulässig seien.

56 *Op.cit.*, S. 71.16–72.1.

57 *Op.cit.*, S. 72.8–10.

58 *Op.cit.*, S. 74.10–13.

59 Alte Stadt im Iraq, eine Etappe von Bagdad entfernt in Richtung Kūfa gelegen; siehe M. Plessner, Artikel „Kūṯhā", in *EI²* V. 550.

60 *Op.cit.*, S. 74.13–16. Von diesem Zayd al-ʿAmmī berichtet auch Muḥammad Ḥasan Nāʾinī, *Gawhar-i šabčirāġ*, S. 62 f. (hier zitiert gemäß F. Meier, NL Mappe 5, s. v. *Liebe und Ehe*, Bl. 15) im Zusammenhang mit Erörterungen dazu, dass der Prophet die Ehe mit *ǧinn* verboten habe *(nahā ʿan nikāḥ al-ǧinn)*. Nāʾinī kommt anschließend auf eine Diskussion zwischen Šayḫ ʿIzz ad-Dīn ʿAbd as-Salām und dem Philosophen Ibn ʿArabī (gest. 1240) zu sprechen. ʿIzz ad-Dīn kritisiert Ibn ʿArabī als lügenhaft. Sie hätten zusammen einmal über die Heirat mit *ǧinn (nikāḥ al-ǧinn)* diskutiert. Ibn ʿArabī habe dabei die *ǧinn* als feinstofflichen Geist *(rūḥ laṭīf)*, die Menschen *(ins)* aber als dichte Körper *(ǧism kaṯīf)* bezeichnet. Vor diesem Hintergrund sei es ausgeschlossen, dass sich die beiden vereinigen *(yaǧtamiʿāni)*. Ibn ʿArabī sei darauf eine Zeit lang weg gewesen. Als er wieder aufgetaucht sei, sei er am Kopf verwundet gewesen *(šaǧǧa fī raʾsi-hī; šaǧǧa* bedeutet gemäß H. Wehr, *Wörterbuch*, „Kopfwunde, die den Knochen bloßlegt, Schädelbruch").

und *ǧinn* aus religiösen Überlegungen nichts Übles gesehen. Er habe von solchen Ehen vielmehr abgeraten, da er eine Zunahme der moralischen Verderbnis *(fasād)* im Islam befürchtete. Es sei der Moral nicht zuträglich, wenn eine Frau in einer solchen Beziehung schwanger werde und auf die Frage nach ihrem Gatten zur Antwort gebe, er gehöre zu den *ǧinn*.[61]

Trotz dieser häufig negativen Haltung gegenüber der *šarīʿa*-rechtlichen Zulässigkeit von Ehen zwischen Menschen und *ǧinn* lassen sich zahlreiche Belege dafür beibringen, dass solche Beziehungen die Phantasie immer wieder beflügelt haben.[62] Dies soll hier als letztes Beispiel anhand der Erfahrungen des Qāǧāren-Prinzen Šayḫ ul-Mulūk aufgezeigt werden, auf die F. Meier aufmerksam macht.

Ǧahāngīr Mīrzā berichtet im *Tārīḫ-i naw*[63] vom betrügerischen Gaukler und Dämonenbeschwörer Mīrzā Niʿmatullāh Burūǧirdī, der gerade in vornehmen Gesellschaften häufig Kostproben seiner Zauberkünste zum Besten gab. Dieser Burūǧirdī macht sich in Malāyir an Šayḫ ul-Mulūk heran, den er für besonders einfältig *(sāda-lawḥ)* ansieht.[64] Er lässt ihn glauben, er halte ihn für einen *parī*[65] und bewundere ihn wegen seiner außerordentlichen Schönheit. Der Qāǧāren-Prinz fühlt sich geschmeichelt und tut alles, damit sich Burūǧirdīs Zuneigung steigere. Er möchte nämlich von ihm die Geheimnisse der Alchemie *(ʿilm-i kīmiyā)* erlernen, die der Meister nur bei Zuneigung verrate.[66]

Als Ibn ʿArabī darauf angesprochen worden sei, habe er erklärt, dass er eine Frau von den *ǧinn* geheiratet habe. Sie habe ihm diese Verletzung bei einem Streit zugefügt. Ḏahabī verteidigt Ibn ʿArabī darauf damit, dass es sich bei diesem Bericht nicht um eine Lüge, sondern um eine Exerzitienlegende *(min al-ḫurāfāt ar-riyāḍiyya)* handle.

61 *Op.cit.*, S. 74.16–18 und S. 67.5–8 (Zitat): „وقد سُئِلَ مالك بن أنس رضى الله عنه فقيل إن ههنا رجلاً من الجن يخطب إلينا جارية يزعم أنه يريد الحلال فقال [مالك] ما أرى بذلك بأساً فى الدين ولكن أكره إذا وجدت إمرأة حامل قيل لها من زوجك قالت من الجن فيكثر الفساد فى الإسلام بذلك“.

62 Es sei hier an die weiteren Beispiele erinnert, auf die im Zusammenhang mit dem Aussehen von Dämoninnen hingewiesen wurde, siehe Kapitel 5.6.1, bei Anm. 382–394 („Erscheinungen von *ǧinn* in Frauengestalt“).

63 Ǧahāngīr Mīrzā, *Tārīḫ-i naw*, S. 53.4–60.20; vgl. F. Meier, NL Mappe 5, s. v. *Liebe und Ehe*, Bl. 23 f. Zu Ǧahāngīr Mīrzā (1225–1269 h. q./1810–1852) und dem *Tārīḫ-i naw*, der die Ereignisse in Iran von 1240–1267 schildert, siehe Fahmiyya-i ʿAlī-Bīgī, Artikel „جهانگیر میرزا“, in *Dāniš-nāma-i Ǧahān-i Islām:* http://www.encyclopaediaislamica.com/, Online-Ausgabe, konsultiert am 23. März 2012.

64 Ǧahāngīr Mīrzā, *Tārīḫ-i naw*, S. 53.13 f.

65 *Op.cit.*, S. 53.16: „بشر نیست از جنس پری است“. Zu den *parīs* vgl. Anm. 68.

66 *Op.cit.*, S. 54.2–4.

Burūǧirdī lässt den Prinzen nach einiger Zeit wissen, dass ihm ein höherer Auftrag anvertraut worden sei.[67] Eine Fee *(parī)*[68], die Tochter des Geisterkönigs *(az nasl-i pādišāh-i īšān)*, sei in Liebe zu ihm, dem Prinzen, entbrannt. Sie habe ihn, Burūǧirdī, mit Verhandlungen in dieser Angelegenheit betraut. Er müsse allerdings zuerst noch die Einwilligung der Eltern der Fee einholen, sei es bis anhin doch noch nie *(sic)* zu einer ehelichen Verbindung zwischen Mensch und Geist gekommen.[69] Aus einer solchen Ehe ergäben sich allerdings gewaltige Vorteile. Der Prinz werde zu einem zweiten Salomon *(Sulaymān-i ṯānī)*[70]. Er werde nicht nur über Persien, sondern auch über alle andern Reiche herrschen. Und seine Nachkommen behielten diese Macht bis ans Ende aller Zeiten. Während der Unterredung zwischen den beiden Männern ertönt ein merkwürdiger Schrei, der gemäß Burūǧirdīs Erklärungen von der Fee herrührt, die anwesend sei, zugehört habe und soeben in Ohnmacht gefallen sei.[71]

---

67 *Op.cit.*, S. 54.5–55.16.

68 Die *parīs* sind im Avesta als *pairikas* bekannt und gelten als Klasse übernatürlicher Wesen, die wegen ihrer Boshaftigkeit gefürchtet werden. In Darstellungen aus islamischer Zeit lassen sich die *parīs* in einem europäischen Kontext am ehesten mit Feen vergleichen (vgl. U. Marzolph, *Typologie des persischen Volksmärchens*, S. 29 f. und 273 f.; *Enzyklopädie des Märchens*, IV s. v. *Fairy, Fee*). Es gibt allerdings auch männliche *parīs* (von U. Marzolph als „Feenmann" bezeichnet), wie aus Ǧahāngīr Mīrzās Bericht im *Tārīḫ-i naw* hervorgeht (siehe auch M. Afšārī, Artikel „Parī", in *Dāniš-nāma-i Ǧahān-i Islām:* „در داستانهای عامیانه فارسی، پریانِ مُذَکَّر نیز دیده می شوند"). Die *parīs* lassen sich in Quellen aus der islamischen Zeit schlecht von andern Geistwesen (v. a. *ǧinn*) unterscheiden. Dies erklärt sich nicht zuletzt damit, dass der arabische Begriff *ǧinn* in frühen Übersetzungen ins Persischen häufig mit *parī* oder *dīw* wiedergegeben wurde (siehe M. Omidsalar, Artikel „Dīv", in *EIr* VII.428, und Kapitel 1, Anm. 4). Auch in persischen Übersetzungen von *Tausendundeiner Nacht* wird der arabische Ausdruck *ǧinniyya* mit *parī* übersetzt (Quellenangaben bei M. Afšārī). Die *parīs* gelten dabei in der Regel als gut, die *dīw* aber als böse (so auch U. Marzolph, *Typologie*, S. 29 f.). Für ausführlichere Angaben zu den *parīs* siehe: B. Sarkarātī, *Parī;* P. N. Boratav, Artikel „Parī", in *EI²* VIII.271, und v. a. Mihrān Afšārī, Artikel „Parī" in *Dāniš-nāma-i Ǧahān-i Islām*, Online-Ausgabe (http://www.encyclopaediaislamica.com/), konsultiert am 26. März 2012. M. Afšārī macht umfassend auf persisches Quellenmaterial aufmerksam und schenkt dem Motiv von Heiraten zwischen Menschen und *parīs* eingehend Beachtung. Siehe außerdem: A. Christensen, *Démonologie iranienne*, Kapitel 6. „Dīvs, parīs et dragons dans l'épopée néo-persane" (S. 60–71).

69 Ǧahāngīr Mīrzā, *Tārīḫ-i naw*, S. 55.9–11: „وواضح است که از ابتدای آدم تا حال چنین اتفاقی نیافتاده که از نوع پری عاشق نوع بشر شود وانگهی پادشاهزاده نوع پری". Burūǧirdīs Hinweis, dass es noch nie zu einer solchen Verbindung gekommen sei, dürfte hier als rhetorisches Moment zu verstehen sein. Der Gaukler zielt damit darauf ab, den einfältigen Prinzen endgültig für das Unterfangen zu gewinnen.

70 Ǧahāngīr Mīrzā, *Tārīḫ-i naw*, S. 55.12.

71 *Op.cit.*, S. 55.20–22.

Šayḫ ul-Mulūk, über diese Aussichten hocherfreut, bittet Burūǧirdī, die Angelegenheit voranzutreiben. Der Dämonenbeschwörer zieht sich für vierzig Tage in einen Zauberkreis *(mandal)* in seinem Haus zurück.[72] Da er für den Prinzen nicht erreichbar ist, steigert sich dessen Ungeduld. Das veränderte Verhalten des Prinzen fällt auch in seinem Harem auf. Die oberste Dienerin, eine Tochter des Mīrzā Muḥammad Ḫān Qāǧār, beauftragt deshalb Iʿtimād ul-Mulk Īč Āqāsī Bāšī[73] damit, die Zusammenkünfte zwischen dem Prinzen und Burūǧirdī zu belauschen.[74]

Auf diese Weise wird bekannt, dass Šayḫ ul-Mulūk Burūǧirdī ungestüm bedrängt hat, ihm mitzuteilen, ob die Eltern der Fee der geplanten Heirat endlich zugestimmt hätten.[75] Die erste Frau des Harems *(nawwāb-i ʿāliya)*, begibt sich alarmiert zum Besprechungszimmer und droht dem Prinzen aufs übelste, falls er die Fee heirate. Sie drängt ihn schließlich dazu, mit dieser Fee wenigstens nur eine Ehe auf Zeit *(mutaʿ)* einzugehen, wie er das auch im Fall der andern Dienerinnen zu tun pflege.[76]

Obwohl Šayḫ ul-Mulūk weiß, dass der König der Geister einer solchen Bedingung nie zustimmen würde, geht er zum Schein *(ẓāhiran)* darauf ein.[77] Burūǧirdī begreift jetzt, dass er seinen Plan rasch umsetzen muss, will er nicht Gefahr laufen, dass der Prinz durch das Zureden anderer kalte Füße bekommt. Der Gaukler teilt Šayḫ ul-Mulūk mit, dass die Eltern der Fee das Vorhaben inzwischen billigten.[78] Die Heirat könne in der Nacht auf den nächsten Freitag im Paradiesgarten *(Bāġ-i ǧannat)* in Malāyir stattfinden.

Burūǧirdī beschreibt seinem Schützling die für die Heirat zu treffenden Vorkehrungen ausführlich (Bereitstellen von Geld, Kerzen, Teppichen etc.). Auch müsse er am Donnerstag ein Bad nehmen und gepflegt zum Fest erscheinen.[79] Er teilt ihm überdies mit, dass er sich sechs Stunden nach Einbruch der Nacht im besagten Garten einfinden müsse und sein Einzug mit Musik zu erfolgen habe, wie dies für einen Bräutigam üblich sei *(bih rawiš-i dāmādān)*.[80] Sein Gefolge allerdings dürfe nicht in den Park selbst mitkommen. Der einfältige Prinz *(šāh-zā-*

---

72 *Op.cit.*, S. 56.7.

73 Beim Īč Āqāsī Bāšī handelt es sich um den Vorsteher der in einem Harem angestellten Personen *(īč āqāsī)*, vgl. H. Anwarī, *Farhang-i buzurg-i Suḫan*, s. v.

74 *Op.cit.*, S. 56.20–57.3.

75 *Op.cit.*, S. 57.2–6.

76 *Op.cit.*, S. 57.7–22.

77 *Op.cit.*, S. 57.23–58.2.

78 *Op.cit.*, S. 58.5–8.

79 *Op.cit.*, S. 58.17 f.

80 *Op.cit.*, S. 58.20–23.

da-i sāda-lawḥ)[81] nimmt alles für bare Münze, händigt Burūǧirdī die geforderten Gegenstände aus und belohnt ihn überdies mit einem Trinkgeld von 500 Tūmān.

Der Gaukler bereitet in einem Pavillon im Paradiesgarten darauf alles für das Fest vor, legt ein Federkissen[82] ins Bett und deckt es mit Laken zu. In der Nacht auf den Freitag nähert sich der Prinz in Erwartung eines prunkvollen Empfangs durch tanzende Feen mit viel Gepränge dem Garten und tritt dort allein ein.[83] Doch alles bleibt still und stumm; die Tür zum Pavillon ist verschlossen. Als Šayḫ ul-Mulūk durch das Fenster das Bett sieht, meint er, unter dem Laken die Tochter des Königs der *parīs (duḫtar-i šāh-i pariyān)* zu erkennen. Er vermutet, sie sei über sein verspätetes Kommen verärgert.[84] Als alles Zureden nichts nützt, dringt Šayḫ ul-Mulūk schließlich mit Gewalt in den Pavillon ein. Er stürzt zum Lager, doch er erhält keine Antwort. Als er sich aufs Bett wirft, sinkt das Kissen aus Schwanenfedern in sich zusammen.[85] In seiner Erregung hält der Prinz dieses Kissen für die Fee, deren Körper seiner Meinung nach knochenlos ist, und beginnt es zu liebkosen. Als er unter die Decke greift, bekommt er das Band zu fassen, mit dem das Kissen zugeschnürt ist *(band-i muttakā)*, und hält es für das Hosenband der Fee. Mit großer Begierde *(ba šawq-i tamām)* zieht er das Laken zur Seiten und fragt die Fee vorwurfsvoll, weshalb sie kein Wort zu ihm sage. Als er endlich begreift, dass er nur ein Kissen in der Hand hält, meint er, bei der Fee handle es sich um ein abstraktes, körperloses *(muǧarrad)* Wesen, das sich an einer andern Stelle im Raum aufhalte, und richtet lüsterne Worte an sie.[86]

Mīrzā Muḥammad Ḥusayn Ḫān Iʿtimād ul-Mulkī war dem Prinzen im Auftrag der Nawwāb-i ʿĀliya gefolgt. Da er die unglaubliche Einfalt des Prinzen nicht mehr ertragen konnte, betritt er jetzt unvermittelt den Pavillon. Šayḫ ul-Mulūk macht ihm bittere Vorwürfe. Seiner Meinung nach ist Iʿtimād ul-Mulkīs Auftauchen in diesem entscheidenden Moment für das Platzen der Heirat verantwortlich. Die Feen hätten seinetwegen das Weite gesucht. Doch Iʿtimād ul-Mulkī erklärt dem Prinzen, dass er ein Opfer der Gimpelfängerei *(makr wa tazwīr)* des Burūǧirdī

---

81 *Op.cit.*, S. 59.1.

82 *Op.cit.*, S. 59.6: *muttakā-i parī*. Aus der Fortsetzung ergibt sich, dass es sich um ein Federkissen (*par:* Feder) handelt. Dennoch dürfte die Bedeutung *parī* (Fee) im Begriff implizit mitschwingen.

83 Im Harem im Palast wehklagen die Frauen des Prinzen derweil, und viele begehen aus Verzweiflung Selbstmord *(mašġūl bi šuyūn wa ḫūd-kušī būdand)*, Ǧahāngīr Mīrzā, *Tārīḫ-i naw*, S. 59.10 f.

84 *Op.cit.*, S. 59.15–19.

85 *Op.cit.*, S. 59.22 f.: „چون متکا پرِ قو بود“. Schwanenfedern gelten als besonders weich.

86 *Op.cit.*, S. 60.1–6.

geworden sei.[87] Selbst der Prinz zieht diese Möglichkeit schließlich in Betracht und schickt nach dem Betrüger. Doch Burūǧirdī hat sich bei Einbruch der Nacht mit seiner Beute aus dem Staub gemacht und ist mit all jenen Gegenständen, die er für die Heirat verlangt hatte, in seine Heimatstadt geflohen.[88]

Dieser Bericht aus Ǧahāngīr Mīrzās *Tārīḫ-i naw* enthält zwar verschiedene Ungereimtheiten. So will nicht einleuchten, dass der Prinz am Anfang der Darstellung selbst als Geist *(parī)* bezeichnet wird, Ǧahāngīr Mīrzā später aber meint, dass eine Ehe zwischen Mensch und Geist noch nie vorgekommen sei. Beachtung verdient jedoch, dass bei Ǧahāngīr Mīrzā das bereits aus ʿAṭṭārs *Ilāhī-nāma* bekannte Ansinnen des Königssohn, eine Feentochter zu ehelichen, im 19. Jh. zur Zeit der Qāǧāren ein derart groteskes Nachspiel in der Realität gefunden haben soll. Diese Erzählung unterstreicht jedenfalls die ungebrochene Bedeutung dieses Motivs in der islamischen Welt im Allgemeinen und im persischen Kulturraum im Besonderen.[89]

---

87 *Op.cit.*, S. 60.14.

88 *Op.cit.*, S. 60.16 f.; vgl. S. 59.5–8.

89 Aus F. Meiers Zusammenstellung (NL Mappe 5, s. v. *Liebe und Ehe*) geht hervor, dass Beispiele für Liebesbeziehungen zwischen Menschen und Dämonen gerade in der persischen Literatur zahlreich sind. Persische Volksromane thematisieren die Liebe zwischen Menschen und *ǧinn* bzw. *parī* häufig [u. a. *Hamza-Roman* (siehe F. Meier, Bl. 7); Asadī, *Garšāsp-nāma* (siehe F. Meier, Bl. 14); *Farāmarz-nāma* (siehe F. Meier, Bl. 18); Bīġamī, *Dārāb-nāma* (siehe F. Meier, Bl. 32)]. Man beachte zur vorliegenden Frage außerdem M. Gaillard, „Foi héroïque contre magie démoniaque: une lutte exemplaire".
Auch Nihāwandī, *Gulzār-i akbarī*, S. 425.1–10, berichtet von einer allfälligen ehelichen Verbindung zwischen Menschen und *ǧinn* (zu Nihāwandī, 1278–1369 h. q./1861–1949, siehe Kapitel 8, Anm. 376). Gemäß seiner Darstellung suchte ein Mann aus Baḥrayn einmal ein entlaufenes Kamel. Nachdem er es gefunden hatte, kam er auf dem Rückweg am Friedhof von ʿAǧmān (?) vorbei. Dort entdeckte der Mann ein schönes, anmutiges Mädchen, das ihn beim Namen rief und ihn begehrte. Da das Mädchen dem Mann gefiel, stieg er vom Kamel und begab sich zu ihm. Als er es näher betrachtete, bemerkte er, dass seine Beine Ziegenbeine waren; sie waren behaart, schmutzig und behuft. Er erkannte daran, dass es sich bei diesem Mädchen nicht um ein menschliches Wesen, sondern um eine Dämonin handelte. Er fing das Mädchen mit einem Lasso ein und schleppte es hinter seinem Kamel her bis zur Burg von Baḥrayn. Als er dort ankam, war das Mädchen tot. Der benachrichtigte Minister kam vorbei, schaute dieses Geschöpf an und staunte über dessen Hässlichkeit und die vielen Knoten *(girih)* an all seinen Gliedern. Das tote Mädchen blieb noch einige Tag dort liegen; viele Menschen aus nah und fern kamen vorbei, um es anzuschauen (vgl. auch F. Meier, NL Mappe 5, s. v. *Liebe und Ehe*, Bl. 22).

12 Nachwort

Diese Arbeit vermittelt in erster Linie einen Überblick über den Dämonenglauben im Bereich des Islams, wie er in schriftlichen Quellen aus der vormodernen Zeit dargestellt wird. Sie beleuchtet das Thema in Anlehnung an die umfangreiche Materialsammlung dazu im Nachlass F. Meiers. Bereits ihm war aufgefallen, dass in der westlichen Forschung ein Grundlagenwerk zu dieser für das Verständnis muslimischer Mentalitäten zentralen Frage aus der Perspektive der *great tradition* fehlt. Die vorliegende Studie will diese Lücke schließen. Sie macht dabei aber zugleich auf zahlreiche Einzelaspekte und vermeintlich bedeutungslose Details aufmerksam, die auf diesem Gebiet weiterhin der Klärung harren. Die Untersuchung regt damit zu einer vertieften Auseinandersetzung mit dem Geisterglauben und seinen vielfachen Implikationen an.

Wenn diese Arbeit auch die Konstanten des Dämonenglaubens betont, muss doch klar sein, dass der Islam als solcher keine allgemein verbindliche Geisterlehre kennt, die über alle Zeiten und alle geographischen Räume hinweg für sämtliche sozialen Konstellationen uneingeschränkte Geltung beanspruchen könnte. Aus dieser Feststellung lässt sich ableiten, dass sich weitere Arbeiten bei der Untersuchung des Dämonenglaubens aus einer zeitlich und räumlich enger gefassten Perspektive mit der Frage auseinandersetzen sollten, als dies hier – ganz bewusst – geschehen ist.

Die weiteren Ausführungen verstehen sich als Hinweis auf verschiedene Forschungsfragen, die in dieser Untersuchung nicht in der ihnen eigentlich gebührenden Breite und Tiefe geklärt werden konnten. Die anschließende Zusammenstellung ließe sich problemlos verlängern:

Wenn auch das Auftreten der Geister in volkstümlich orientierten schriftlichen Quellen (z. B. *Tausendundeine Nacht*, arabische Volksromane wie die *Sīrat Sayf b. Ḏī Yazan*) für das Verständnis des Wesens und Wirkens der Geister von großer Bedeutung ist, wurde dieses Quellenmaterial hier doch nur ansatzweise ausgewertet. Die darin vertretenen Vorstellungen erreichten dank den professionellen Geschichtenerzählern *(qāṣṣ, naqqāl)* auch ein breites Publikum, bei dem es sich häufig um eine des Lesens und Schreibens nicht mächtige Zuhörerschaft handelte. Ähnliche Feststellungen treffen auf die umfangreiche persische epische Literatur zu, zu der nicht nur Firdawsīs *Šāh-nāma* zählt, sondern der auch später entstandene Texte zuzuordnen sind. Diese Quellen bringen Aspekte ins Spiel, die hier nur am Rand behandelt wurden. Es sei daran erinnert, dass zum Geisterglauben in der persischen epischen Literatur in F. Meiers Nachlass zusätzliches, in dieser Arbeit noch nicht ausgewertetes Quellenmaterial vorhanden ist.

Gerade in dieser volkstümlichen Literatur, aber auch in weiteren Quellen, kommt zum Ausdruck, dass die im Bereich des Islams vertretenen Auffassungen zum Wesen der Geister stark von nicht-islamischen Überzeugungen beeinflusst worden sind. Diese Arbeit macht zwar wiederholt auf entsprechende Hintergründe aufmerksam. Allerdings war es nicht möglich, diesen Zusammenhängen stets umfassend nachzugehen. Die Klärung der entsprechenden Fragen kann nur im Rahmen von Einzeluntersuchungen geleistet werden. Die dabei relevanten Einflüsse hinein und hinaus sind zu komplex, als dass sie hier immer vertieft hätten geklärt werden können.

Ganz allgemein kann festgehalten werden, dass der Geisterglaube im Bereich des Islams ebenso stark von jüdischen und christlichen Vorstellungen geprägt worden ist, wie sich biblische Einflüsse im Koran nachweisen lassen. Selbstverständlich spielen auch die von den Arabern auf der Arabischen Halbinsel vor Muḥammads Auftreten geteilten Auffassungen stets eine Rolle. Darstellungen aus dem iranischen Kulturraum dürften sodann einerseits Elemente enthalten, die auf Überzeugungen aus der Achämeniden- oder Sassanidenzeit zurückgehen (u. a. Zoroastrismus). Aufgrund der Nähe Irans zu Zentralasien oder Indien sind bei einer Auseinandersetzung mit den dortigen dämonologie-relevanten Vorstellungen aber auch Einflüsse aus dem Schamanismus oder dem Buddhismus bzw. dem Hinduismus nicht auszuschließen.

Ganz andere Aspekte wiederum sind bei der Untersuchung von Quellen in Betracht zu ziehen, die in Ägypten oder im Maghreb entstanden sind. Neben christlichen Vorstellungen der Kopten spielen in diesen Zusammenhängen Auffassungen aus der altägyptischen Mythologie eine Rolle. Wenn arabische Quellen die Errichtung der Pyramiden den *ǧinn* zuschreiben, zeigt dies die entsprechenden Abhängigkeiten deutlich auf. Auch sind in diesen räumlichen Kontexten Einwirkungen von aus Schwarzafrika stammenden Auffassungen stets in Betracht zu ziehen. Solche Vorstellungen unterscheiden sich u. U. grundlegend von jenen monotheistischer Systeme. Diese Abhängigkeiten wurden hier nicht immer in allen Details erörtert.

Außerdem skizziert diese Studie die engen Zusammenhänge zwischen Dämonologie und Magie nur ansatzweise (Kapitel 9). Diese Problematik konnte nicht in der ursprünglich geplanten Breite und Tiefe behandelt werden. Gerade die Auffassung, dass sich ausgewählte Individuen, z. B. Zauberer und Heilige, die Geister dienstbar machen können *(tasḫīr al-ǧinn)*, verdient aber eingehendere Beachtung. Diese Vorstellungen aus der breiten magischen Literatur und der damit verbundenen Praxis haben letztlich auch bei der Herstellung von Amuletten und Talismanen eine bedeutende Rolle gespielt. Diesen hier nur angetönten Zusammenhängen geht ein neues Forschungsvorhaben nach, das sich mit qualitativ hochwertigen handschriftlichen Amulettrollen befasst, die ungefähr zwischen dem 13. und 20. Jh. entstanden sind.[1]

Es sei bei dieser Gelegenheit auch in Erinnerung gerufen, dass diese Studie in erster Linie Textmaterial auswertet und nicht auf eigene Feldforschungen zurückgreift. Sie soll aber gerade Ethnologen oder Sozialanthropologen Quellenmaterial und die darin vertretenen Vorstellungen zugänglich machen. Sie lassen sich – in modifizierter Form zwar – auch in modernen Gesellschaften beobachten. Soziologisch oder ethnologisch orientierte Forschungsarbeiten zu den Ausdrucksformen des Dämonenglaubens in ganz konkreten örtlichen und sozialen Konstellationen lassen Erkenntnisse zu bestimmten Phänomenen erwarten, die bei einem bewusst breiter angelegten Blickwinkel zu wenig Beachtung erfahren.

Die Vorstellungen zum Dämonenglauben lassen sich als Folge der Migration aus muslimischen Ländern und der fortschreitenden Globalisierung zunehmend auch im westlichen Kulturraum beobachten. Migranten aus islamisch geprägten Kontexten lassen ihre Dämonen nicht in ihrer Heimat zurück, sondern bringen diese in ihr neues Aufenthaltsland mit. Dies zeigt nicht zuletzt das Beispiel von Studentinnen maghrebinischer Abstammung, die in einer im Herbstsemester 2012 an der Universität Genf gehaltenen Lehrveranstaltung ihre Furcht und ihren Respekt vor allem Dämonischen mehrfach illustrierten, indem sie von Vorfällen aus ihrem persönlichen Umfeld berichteten. Es ist dabei zu beachten, dass die *ǧinn* für physische und psychische Erkrankungen aller Art verantwortlich gemacht werden. Dieser Umstand enthält eine latente soziale Brisanz und stellt gerade westliche Gesundheitssysteme vor bedeutende Herausforderungen. Diese Bemerkungen zeigen auf, dass auch die Untersuchung schriftlicher Quellen zur Klärung aktueller sozialer Probleme beitragen kann. Dies ist selbst dann der Fall, wenn diese Texte aus der Vormoderne stammen.

Diese Untersuchung – so bleibt abschließend festzuhalten – möge nicht nur zu weiteren Forschungen anregen, sondern den *ǧinn* auch ihren Schrecken nehmen. Denn mit Fritz Meier bleibt in Erinnerung zu rufen, dass sich „nicht lauter schwere Jungs vorknöpft“,[2] wer sich mit islamischer Dämonologie befasst.

---

1 Erste Resultate werden in einem Artikel vorgestellt. Er wird erscheinen in S. Günther (Hg.), *Magie im Islam*. Leiden, Brill, Veröffentlichung voraussichtlich 2015 (Reihe *Islamic History and Civilization*).

2 F. Meier, „Die Stellung des Geisterglaubens im Islam“, NL Mappe 11, Bl. 1; vgl. Kapitel 3, Anm. 114.

13 Abkürzungsverzeichnis

EI²	*Encyclopaedia of Islam*. 2nd edition by H. A. R. Gibb … [et al.]. Leiden, Brill, 1960–2009.
EI Three	*Encyclopaedia of Islam Three*. Edited by Marc Gaborieau … [et al.]. Leiden, Brill, 2007–.
EIr	*Encyclopaedia Iranica*. Edited by Ehsan Yarshater. London, Rotledge Nad Kegan, 1982–.
NL	F. Meier, „Nachlass zur Dämonologie", in der Universitätsbibliothek Basel (Handschriftenabteilung) Signatur: NL 323 : D 4.3.1–12.
h. q.	*hiǧrī qamarī:* bei Jahresangaben nach islamischem Mondkalender.
h. š.	*hiǧrī šamsī:* bei Jahresangaben nach islamischem Sonnenkalender (Iran).
s. v.	*sub voce*.

14 Bibliographie

14.1 Primärliteratur

(arabisch und persisch, inklusive Übersetzungen)

Abū Dāwūd Sulaymān b. al-Ašʿaṯ as-Siǧistānī, *Sunan Abī Dāwūd.* Liechtenstein, Thesaurus Islamicus Foundation, 2000.

Abū Dāwūd Sulaymān b. al-Ašʿaṯ as-Siǧistānī, *Sunan Abī Dāwūd.* Ḥaqqaqa aṣla-hū wa-ḍabaṭa ġarāʾiba-hū wa-ʿallaqa ḥawāšiya-hū Muḥammad Muḥyī ăd-Dīn ʿAbd al-Ḥamīd. Miṣr, Maṭbaʿat as-Saʿāda, 1950.

Abū Nuwās, *Dīwān Abī Nuwās al-Ḥasan b. Hāniʾ al-Ḥakamī.* Taḥqīq Īwāld Wāġnir [Ewald Wagner]. Bayrūt, al-Kitāb al-ʿArabī, Barlīn, 2001.

Ahlwardt, Wilhelm (Hg)., *The divans of the six ancient Arabic poets Ennābiga, ʿAntara, Tharafa, Zuhair, ʿAlqama and Imruulqais.* London, Trübner, 1870; Greifswald, *s. n.*, 1899.

Alf layla wa-layla = The book of thousand and one night. Muqābala wa-taṣḥīḥ: Muḥammad Qiṭṭa al-ʿAdawī. Nachdruck. Baġdād, [o. J.]. An original copy of the Bulaq edition of 1252 h. q./1836. 2 Bde.

Alf layla wa-layla. Ṭabʿa aṣliyya wa-kāmila. Bayrūt, Dār Ṣādir, 1424/2003. 2 Bde.

Alf layla wa-layla: Tausendundeine Nacht: Die Erzählungen aus den 1001 Nächten. Übertragen von Enno Littmann. Wiesbaden, Insel-Verlag, 1953. 6 Bde.

al-Alūsī, Maḥmūd Šukrī al-Alūsī, *Bulūġ al-irab fī aḥwāl al-ʿarab.* Baġdād, Maktabat Dār as-Salām, 1314 h. q./1896. 3 Bde.

Āmulī, Šams ad-Dīn Muḥammad b. Maḥmūd Āmulī, *Nafāʾis al-funūn fī ʿarāʾis al-ʿuyūn.* Tihrān, 1377–1379 h. š./1957–1959.

al-Aʿšā, Maymūn b. Qays, *Gedichte von Abū Bašīr Maimūn Ibn Qais al-Aʿšā: nebst Sammlungen von Stücken anderer Dichter des gleichen Beinamens und von al-Musayyab Ibn ʿAlas.* Arabisch herausgegeben von Rudolf Geyer. London, Luzac, 1928.

Asadī Ṭūsī, Abū Manṣūr Aḥmad b. ʿAlī, *Garšāsb-nāma-i ḥakīm Abū Naṣr ʿAlī b. Aḥmad-i Asadī-i Ṭūsī.* Az rū-i nusḫa-hā-i qadīm-i kitābḫāna-hā-i Īrān wa Urūpā. Ba ihtimām-i Ḥabīb-i Nuʿmānī. Tihrān, Birūḫīm, 1317 h. š./1938.

Asadī Ṭūsī, Abū Manṣūr Aḥmad b. ʿAlī, *Le Livre de Gerchāsp: poème persan d'Asadī junior de Ṭous.* Paris, P. Geuthner, 1926–1951.

Asadī Ṭūsī, Abū Manṣūr Aḥmad b. ʿAlī, *Andarz-nāma-i Asadī-i Ṭūsī.* Farā-ham āwaranda Rašīd-i Yāsimī az Garšāsb-nāma. Tihrān, Šarq, 1306 h. š./1927.

al-ʿAskarī, Abū Hilāl al-Ḥasan b. ʿAbdallāh, *Dīwān al-maʿānī.* al-Qāhira, Maktabat al-Qudsī, 1352 h. q./1933.

ʿAṭṭār, Farīd ad-Dīn, *Ilahi-name: die Gespräche des Königs mit seinen sechs Söhnen: eine mystische Dichtung.* Herausgegeben von Hellmut Ritter. Istanbul, Staatsdruckerei, 1940.

ʿAṭṭār, Farīd ad-Dīn, *Manṭiq uṭ-ṭayr. Mantic uttair ou Langage des oiseaux, poème de philosophie religieuse par Farid uddin Attar.* Publié en persan par M. Garcin de Tassy. Paris, Duprat, 1857.

ʿAṭṭār, Farīd ad-Dīn, *Tadhkiratu ʾl-awliyá = Memoirs of the Saints.* Edited in the original Persian, with preface, indices and variants by Reynold A. Nicholson. London, Luzac, 1905–1907.

ʿAṭṭār, Farīd ad-Dīn, *Taḏkirat ul-awliyāʾ*. Bar-rasī, taṣḥīḥ-i matn, tawḍīḥāt wa fahāris az Muhammad-i Istiʿlāmī. Tihran, Intišārāt-i Zawwār, 1346 h. š./1967.

Azraqī, *Aḫbār Makka, Die Chroniken der Stadt Mekka.* Gesammelt und [...] herausgegeben von Ferdinand Wüstenfeld. Leipzig, F. A. Brockhaus, 1857–1861.

al-Baġdādī, ʿAbd al-Qādir b. ʿUmar, *Ḫizānat al-adab wa-lubb lubāb al-ʿarab ʿalā šawāhid šarḥ al-kāfiya allatī hiya bi-maqāṣid al-qawāʿid wāfiya.* Li-ăl-Imām al-muḥaqqiq aš-šahīr bi-ăr-Raḍī. Būlāq, al-Maṭbaʿa al-Mīriyya, 1299 h. q./1882. 4 Bde.

Baḥr ul-fawāʾid: Dāyirat ul-maʿārif: šāmil-i kalām wa taṣawwuf wa fiqh wa siyāsat az mutūn-i fārsī-i nīma-i naḫustīn sada-i šišum-i hiğrī. Ba kūšiš-i Muḥammad Taqī Dāniš-Pažūh. Tihrān, Bungāh-i Tarğuma wa Našr-i Kitāb, 1345 h. š./1966.

[Balʿamī:] aṭ-Ṭabarī, *Tārīḫ-i Balʿamī.* Abū ʿAlī Muḥammad b. Muḥammad b. Balʿamī; mukammala wa tarğuma-i Tārīḫ-i Ṭabarī: Ba taṣḥīḥ-i [...] Muḥammad Taqībahār [...] ba kūšiš-i Muḥammad Parwīn Gunābādī. Tihrān, Zawwār, 1353 h. š./1975.

al-Balḫī, al-Maqdisī, Muṭahhar b. Ṭāhir, *al-Badʾ wa-ăt-taʾrīḫ.* Al-mansūb ilā Abī Zayd Aḥmad b. Sahl al-Balḫī. Paris, Leroux, 1899–1919.

al-Bāqillānī, Muḥammad b. aṭ-Ṭayyib, *Kitāb al-Bayān ʿan al-farq bayna ăl-muʿğizāt wa-ăl-karāmāt wa-ăl-ḥiyal wa-ăl-kihāna wa-ăs-siḥr wa-ăn-nāranğāt.* ʿUniya bi-taṣḥīḥi-hī wa-našri-hī Ritšard Yūsuf Makārṯī. Bayrūt, al-Maktaba aš-Šarqiyya, 1958.

Bausani, Alessandro, „Drammi popolari inediti persiani sulla leggenda di Salomone e della regina di Saba“, S. 168–209, in *Atti del Convegno Internazionale di Studi Ethiopici.* Accademia Nazionale dei Lincei, Nr. 48. Roma 1960.

Bayḍāwī, Nāṣir ad-Dīn Abū Saʿīd ʿAbdallāh b. ʿUmar al-Bayḍāwī, *Anwār at-tanzīl wa-asrār at-taʾwīl.* Edidit: H[einrich] L[eberecht] Fleischer. 2 Bde. Leipzig, Sumtibus F. C. G. Voegeli, 1846–1848. (Bd. 1: Nachdruck 1968). Zitierte Ausgabe.

Bayḍāwī, Nāṣir ad-Dīn Abū Saʿīd ʿAbdallāh b. ʿUmar al-Bayḍāwī, *Tafsīr al-Bayḍāwī, al-musammā Anwār at-tanzīl wa-asrār at-taʾwīl.* Ḥaqqaqa-hū wa-ʿallaqa ʿalay-hi wa-ḫarrağa aḥādīṯa-hū wa-ḍabaṭa naṣṣa-hū Muḥammad Ṣubḥī b. Ḥasan Ḥallāq ... [et al.]. Dimašq, Dār ar-Rašīd, 1421 h. q./2000. 3 Bde.

Bīrūnī, Abū Rayḥān Muḥammad al-Bīrūnī, *al-Āṯār al-bāqiya ʿan al-qurūn al-ḫāliya = Chronology of ancient nations.* Ausgabe C. E. Sachau. 2. Auflage Leipzig, 1923. 1. Auflage: 1878. Auch Nachdruck: Frankfurt 1969.

al-Buḫārī, M. b. Ismāʿīl b. Ibrāhīm b. al-Muġīra al-Buḥārī, *al-Ğāmiʿ aṣ-Ṣaḥīḥ,* Herausgegeben von L. Krehl und Th. W. Juynboll. Leiden, 1908. 4 Bde.

al-Buḫārī, M. b. Ismāʿīl b. Ibrāhīm b. al-Muġīra al-Buḥārī, *Ṣaḥīḥ al-Buḫārī.* Liechtenstein, Thesaurus Islamicus Foundation, 2000.

al-Būnī, Aḥmad b.ʿAlī al-Būnī, *Manbaʿ uṣūl al-ḥikma: al-muštamil ʿalā arbaʿa rasāʾil muhimma fī uṣūl al-ʿulūm al-ḥikmiyya min al-ʿulūm al-ḥarfiyya wa-ăl-wafqiyya wa-ăd-daʿawāt wa-ġayr ḏālika.* al-Qāhira, Šarikat Maktabat wa-Maṭbaʿat Muṣṭafā al-Bābī al-Ḥalabī, [1951], aṭ-ṭabʿa al-aḫīra. Vgl. auch die Ausgabe Bayrūt, al-Maktaba aṯ-Ṯaqāfiyya, o. J.

al-Būnī, Aḥmad b.ʿAlī al-Būnī, *Šams al-maʿārif al-kubrā.* Bayrūt, Dār al-Maḥağğa al-Bayḍāʾ, 1422 h. q./2001.

Cheikho, Louis, *Kitāb Šuʿarāʾ an-naṣrāniyya fī šuʿarāʾ al-ğāhiliyya.* Ğamaʿa-hū [...] al-Ab Luwīs Šayḫū al-Yasūʿī. Bayrūt, Maṭbaʿat al-Abāʾ al-Mursilīn al-Yasūʿiyyīn, 1890. Vgl. damit: *al-Mağānī al-ḥadīṯa ʿan mağānī al-ab Šayḫū.* Bi-idārat Fuʾād Afrām al-Bustānī. Bayrūt, Manšūrat al-Ādāb aš-Šarqiyya, 1946.

aḏ-Ḏahabī, Muḥammad b. Aḥmad, *Mīzān al-iʿtidāl fī naqd ar-riğāl.* Taḥqīq ʿAlī Muḥammad al-Bağāwī. Bayrūt, Dār al-Maʿrifa, [ca. 1382 h. q./1963].

ad-Damīrī, Muḥammad b. Mūsā, *Ḥayāt al-ḥayawān al-kubrā*. Wa-bi-hāmiši-hī *Kitāb ʿAǧāʾib al-maḫlūqāt wa-ăl-ḥayawānāt wa-ġarāʾib al-mawǧūdāt*, li-Zakariyyā b. Muḥammad b. Maḥmūd al-Qazwīnī. Miṣr, al-Maktaba at-Tiǧāriyya al-Kubrā, 1356 h. q./1937.
Dāniš-pažūh, Muḥammad Taqī, *Baḥr ul-fawāʾid: Dāyirat ul-maʿārif: šāmil-i kalām wa taṣawwuf wa fiqh wa siyāsat az mutūn-i fārsī-i nīma-i naḫustīn sada-i šišum-i hiǧrī*. Ba kūšiš-i Muḥammad Taqī Dāniš-Pažūh. Tihrān, Bungāh-i Tarǧuma wa Našr-i Kitāb, 1345 h. š./1966.
ad-Dimašqī, Šams ad-Dīn Muḥammad b. Abī Ṭālib, *Nuḫbat ad-dahr fī ʿaǧāʾib al-barr wa-ăl-baḥr*. Reprint: Baġdād, Maktabat al-Muṯannā, [196–?]. Identisch mit: ad-Dimašqī, Šams ad-Dīn Muḥammad b. Abī Ṭālib, *Cosmographie de Chems-ed-Din Abou Abdallah Mohammed ed-Dimichqui*. Texte arabe publié d'après l'édition commencée par Fraehn et d'après les manuscrits de St.-Pétersbourg, de Paris, de Leyde et de Copenhague par A. F. Mehren. Leipzig, Harrassowitz, 1923.
ad-Dimašqī, Šams ad-Dīn Muḥammad b. Abī Ṭālib, *Manuel de la cosmographie du moyen âge*. Traduit de l'arabe 'Nokhbet ed-dahr fi ʿadjaib-il-birr wal-bahr' de Shems ed-Dîn Abou-ʿAbdallāh Mohammed de Damas; et accompagné d'éclaircissements par A. F. Mehren. Copenhague, C. A. Reitzel, 1874.
ad-Dīnawarī, Abū Ḥanīfa ad-Dīnawarī, *Kitāb al-aḫbār aṭ-ṭiwāl*. Publié par Vladimir Guirgass. Leiden, Brill, 1888: zitierte Ausgabe; vgl. auch die neue Ausgabe von ʿIsām Muḥammad al-Ḥāǧǧ ʿAlī. Bayrūt, Dār al-Kutub al-ʿIlmiyya, 1421 h. q./2001.
ad-Diyārbakrī, Ḥusayn b. Muḥammad ad-Diyārbakrī, *Taʾrīḫ al-ḫamīs fī aḥwāl anfus an-nafīs*. Miṣr, Maṭbaʿat al-Faqīr ʿUṯmān ʿAbd ar-Rāziq, 1302 h. q./1884.
Ḏū ăr-Rumma, Ġaylān b. ʿUqba, *Dīwān šiʿr Ḏī ăr-Rumma; wa-huwa Ġaylān b. ʿUqba al-ʿAdawī*. ʿUniya bi-taṣḥīḥi-hī wa-tanqīḥi-hī Kārlayl Hinrī Hays Makārtnī (C. H. H. Macartney). Kambrīǧ, Maṭbaʿat al-Kulliyya, 1919.
[Ǧarīr b. ʿAṭiyya,] *The Naḳāʾiḍ of Jarīr and al-Farazdaḳ*. Edited by Anthony Ashley Bevan. Leiden, Brill, 1905–1912. 3 Bde.
al-Farazdaq, *Šarḥ Dīwān al-Farazdaq*. ʿUniya bi-ǧamʿi-hī wa-ṭabʿi-hī wa-ăt-taʿlīq ʿalay-hi ʿAbdallāh Ismāʿīl aṣ-Ṣāwī. al-Qāhira, Maṭbaʿat aṣ-Ṣāwī, 1353 h. q./1936.
[Fārisī, ʿUmāra b. Waṯīma al-Fārisī =] Khoury, Raif Georges, *Les légendes prophétiques dans l'Islam depuis le 1er jusqu'au 3e siècle de l'hégire d'après le manuscrit d'Abū Rifāʿa ʿUmāra b. Waṯīma b. Mūsā b. al-Furāt al-Fārisī al-Fasawī: Kitāb Badʾ al-ḫalq wa-qiṣaṣ al-anbiyāʾ*. Avec édition critique du texte. Wiesbaden, Harrassowitz, 1978.
Firdawsī, Abu ăl-Qāsim, *[Šāh-nāma,] Firdusii Liber regum qui inscribitur Schahname*. Editionem Parisiensem diligenter recognitam et emendatam lectionibus variis et additamentis editionis Calcuttensis auxit notis maximam partem criticis illustravit Joannes Augustus Vullers. Lugduni Batavorum, Brill, 1877–1884.
Firdawsī, Abu ăl-Qāsim, *Šāh-nāma*. Ausgabe Nafīsī. Tihrān, Birūḫīm, 1313–1315 h. š./1934–1936.
Firdawsī, Abu ăl-Qāsim, *Le livre des rois*. Par Abou 'lkasim Firdousi. Publié, traduit et commenté par Jules Mohl. Paris, Imprimerie Nationale, 1838–1878; [2. Auflage] Paris, 1976. 7 Bde.
Firdawsī, Abu ăl-Qāsim, Warner, A. G., und E., *The Shahnama of Firdawsi*. Translated into English. 9 vols. London, Trübner, 1905–1925.
al-Fīrūzābādī, Muḥammad b. Yaʿqūb, *al-Maġānim al-muṭāba fī maʿālim Ṭāba*. Taḥqīq Ḥamad al-Ǧāsir. ar-Riyāḍ, Dār al-Yamāma li-ăl-Baḥṯ wa-ăt-Tarǧama wa-ăn-Našr, 1389 h. q./1969.
Ǧād al-Mawlā, Muḥammad Aḥmad, *Qiṣaṣ al-ʿarab*. Taʾlīf Muḥammad Aḥmad Ǧād al-Mawlā, ʿAlī Muḥammad al-Baǧāwī, Muḥammad Abu ăl-Faḍl Ibrāhīm. [al-Qāhira,] ʿĪsā al-Bābī al-Ḥalabī, 1373–1375 h. q./1954–1956.

Ǧahāngīr Mīrzā, *Tārīḫ-i naw: šāmil-i ḥawādiṯ-i dawra-i qāǧāriyya az sāl-i 1240 tā 1267 qamarī.* Ta'līf-i Ǧahāngīr Mīrzā pisar-i ʿAbbās Mīrzā; bi-saʿy wa ihtimām-i ʿAbbās Iqbāl. Tihrān, ʿIlmī, 1327 h. š./1948.
Ǧāḥiẓ, *Kitāb al-Bayān wa-ăt-tabyīn.* [Ta'līf] Abī ʿUṯmān ʿAmr b. Baḥr al-Ǧāḥiẓ. Bi-taḥqīq wa-šarḥ ʿAbd as-Salām Muḥammad Hārūn. al-Qāhira, Maṭbaʿat Laǧnat at-Ta'līf wa-ăt-Tarǧama wa-ăn-Našr, 1367–1369 h. q./1948–1950 (4 Bde.).
Ǧāḥiẓ, *Kitāb al-Ḥayawān.* Bi-taḥqīq wa-šarḥ ʿAbd as-Salām Muḥammad Hārūn. Miṣr, Muṣṭafā al-Bābī al-Ḥalabī, 1356–1377 h. q./1938–1958.
Ǧāḥiẓ, *Kitāb at-Tarbīʿ wa-ăt-tadwīr.* ʿUniya bi-našri-hī wa-taḥqīqi-hī Šarl Pillāt. Dimašq, al-Maʿhad al-firansī li-ăd-dirāsāt al-ʿarabiyya, 1955.
Ǧāḥiẓ, *at-Tarbīʿ*, in: *Ṯalāṯ rasā'il.* Leiden, Brill, 1903; Nachdruck: 1968. Titelblatt in Lateinschrift: Tria opuscula auctore Abu Othman Amr Ibn Bahr al-Djahiz Basrensi quae edidit G. van Vloten.
Ǧāḥiẓ, *Kitāb al-Qawl fī ăl-biġāl.* Ḥaqqaqa al-kitāb wa-ʿallaqa ʿalay-hi wa-waḍaʿa al-fahāris Šārl Billā. Miṣr, Muṣṭafā al-Bābī al-Ḥalabī, 1375 h. q./1955.
Ǧāmī, *Kitāb-i Yūsuf wa Zulayḫā.* Min taṣānīf-i Mawlānā ʿAbd ar-Raḥmān-i Ǧāmī = *Joseph und Suleïcha. Historisch-romantisches Gedicht aus dem Persischen des Mewlana Abdurrahman Dschami.* Übersetzt und durch Anmerkungen erläutert von Vincenz von Rosenzweig. Wien, Anton Schmid, 1824.
Ǧarīr b. ʿAṭiyya, *Dīwān Ǧarīr.* Bayrūt, Dār Ṣādir, o. J. [1964].
[Ǧarīr b. ʿAṭiyya,] *The Naḳā'iḍ of Jarīr and al-Farazdaḳ.* Anthony Ashley Bevan (Hg.). Leiden, Brill, 1905–1912.
al-Ġarnāṭī, Abū Ḥamīd al-Andalusī al-Ġarnāṭī, *Le Tuḥfat al-albāb de Abū Ḥāmid al-Andalusī al-Ġarnāṭī.* Edité par G. Ferrand, in *Journal Asiatique* 207 (Juillet–Septembre 1925) 1–304.
al-Ġazzālī, Muḥammad, *Iḥyā' ʿulūm ad-dīn.* al-Qāhira, Dār as-Salām, 2003.
al-Ġazzālī, Muḥammad, *Makātīb-i fārsī-i Ġazzālī: ba nām-i Faḍā'il al-anām min rasā'il ḥuǧǧat al-islām.* Gird āwaranda yakī az mansūbān-i way; ba taṣḥīḥ wa ihtimām-i ʿAbbās Iqbāl. Tihrān, Čāpḫāna-i Maǧlis, 1333 h. š./1954.
al-Ġazzālī, Muḥammad, *De la perfection: tiré des lettres en persan de Ghazzâli.* Traduit par Mehdi Ghorbanian. Paris, L'Harmattan, 2009.
Gulšīrī, Hūšang, *Ḥadīṯ-i māhīgīr wa dīw.* Tihrān, Mu'assasa-i Intišārāt-i Āgāh, 1363 h. š./1984.
Ḥāǧǧī Ḫalīfa, *Kašf aẓ-ẓunūn* = Kâtip Çelebi, *Lexikon bibliographicum et encyclopaedicum a Mustafa ben Abdallah, Katib Jelebi dicto et nomine Haji Khalfa celebrato, compositum* [...] primum edidit, latine vertit et commentario instruxit Gustavus Fluegel. Leipzig, 1835–1858; Published [...] by R. Bentley, London.
al-Ḥakīm, Tawfīq al-Ḥakīm, *Sulaymān al-ḥakīm.* Kairo 1943; benutzte Ausgabe: [al-Qāhira], Maktabat al-Ādāb, [ca. 1966].
al-Ḥalabī, Nūr ad-Dīn ʿAlī b. Ibrāhīm al-Ḥalabī, *ʿIqd al-marǧān fī-mā yataʿallaq bi-ăl-ǧānn.* Dirāsa wa-taḥqīq: Muṣṭafā ʿĀšūr. al-Qāhira, Maktabat Ibn-i Sīnā, [ca. 1408/1988]: zitierte Ausgabe. Vgl. auch folgende Ausgabe: Taḥqīq wa-taʿlīq Aḥmad Farīd al-Mazīdī. Bayrūt, Dār al-Kutub al-ʿIlmiyya, 1420 h. q./2005.
al-Hamadānī, Badīʿ az-Zamān al-Hamadānī, *Maqāmāt.* Wa-šarḥu-hā li-Muḥammad ʿAbduh al-Miṣrī. Bayrūt, Kāṯūlīkiyya, 1889.
Hamadānī, Muḥammad b. Maḥmūd-i Hamadānī, *ʿAǧāyib-nāma.* Wīrāyiš-i matn: Ǧaʿfar Mudarris-i Ṣādiqī. Tihrān, Našr-i Markaz, 1375 h. š./1996. Vgl. zu diesem Text auch: Ṭūsī, Muḥammad b. Maḥmūd, *ʿAǧā'ib al-maḫlūqāt wa-ġarā'ib al-mawǧūdāt* (Ausgabe M. Sutūda).

al-Hamdānī, al-Ḥasan b. Aḥmad al-Hamdānī, *al-Iklīl, al-ǧuzʾ aṯ-ṯāmin*. Edited with linguistic, geographic and historic notes by Nabih Amin Faris. Princeton Oriental Texts, vol. VII, Princeton University Press, 1940.

al-Hamdānī, al-Ḥasan b. Aḥmad al-Hamdānī, *The antiquities of South Arabia. Being a translation from the Arabic with linguistic, geographic and historic notes of the eighth book of al-Hamdānī's al-Iklīl*. Translated by Nabih Amin Faris. Princeton Oriental Texts, vol. III, Princeton University Press, 1938.

al-Hamdānī, al-Ḥasan b. Aḥmad al-Hamdānī, *al-Iklīl, al-Kitāb al-ʿāšir*. Ausgabe Muḥibb ad-Dīn al-Ḫaṭīb. al-Qāhira, s. n., 1368 h. q./1949. Siehe auch: *al-Iklīl min aḫbār al-Yaman wa-ansāb Ḥimyar. 10, Fī maʿārif Hamdān wa-ansābi-hā wa-ʿuyūn aḫbāri-hā*. Herausgegeben von Muḥibb ad-Dīn al-Ḫaṭīb. Bayrūt, Dār al-Manāhil, 1407 h. q./1987.

al-Hamdānī, al-Ḥasan b. Aḥmad al-Hamdānī, *Die Burgen und Schlösser Südarabiens nach dem Iklīl des Hamdānī*. Herausgegeben von D. H. Müller. Hefte 1 und 2. Wien 1879–1881 (Sitzungsberichte der Akademie der Wissenschaften in Wien. Philosophisch-historische Klasse; Bd. 94, Abh. 6; Bd. 97, Abh. 16).

al-Hamdānī, al-Ḥasan b. Aḥmad al-Hamdānī, *al-Hamdānīs Geographie der Arabischen Halbinsel*. Herausgegeben von David Heinrich Müller. Leiden, Brill, 1884–1891; Amsterdam, Oriental Press, 1968 (Nachdruck).

Ḥamīda, ʿAbd ar-Razzāq, *Šayāṭīn aš-šuʿarāʾ: dirāsa taʾrīḫiyya naqdiyya muqārana, tastaʿīn bi-ʿilm an-nafs*. [al-Qāhira], Maktabat al-Anǧlū al-Miṣriyya, 1375 h. q./1956.

al-Ḫarāʾiṭī, Muḥammad b. Ǧaʿfar al-Ḫarāʾiṭī, *Hawātif al-ǧinnān*. Taḥqīq wa-dirāsat Muḥammad Aḥmad ʿAbd-al-ʿAzīz. Ṭabʿa 1; Bayrūt, Dār al-Kutub al-ʿIlmiyya, 1409 h. q./1989.

al-Harawī, ʿAlī b. Abī Bakr, *Guide des lieux de pèlerinage*. Texte arabe établi par Janine Sourdel-Thomine. Damas, Institut français, 1953–1957.

Ḥassān b. Ṯābit, *Dīwān of Ḥassān Ibn Thābit*. A new edition based on MSS. not previously used as well as on other sources, with notes and comments by Walid N. ʿArafat. London, Luzac, 1971.

Ḥassān b. Ṯābit, *The Dīwān of Ḥassān b. Thābit (ob. A. H. 54)*. Edited by Hartwig Hirschfeld. Leiden, Brill, 1910.

Ḥassān b. Ṯābit, *Šarḥ dīwān Ḥassān b. Ṯābit al-Anṣārī*. Waḍaʿa-hū [...] ʿAbdarraḥmān al-Barqūqī. Bayrūt, Dār al-Kitāb al-ʿArabī, 1410 h. q./1990. Miṣr, al-Maṭbaʿa ar-Raḥmāniyya, 1347 h. q./1929.

Ḥassān b. Ṯābit, *Der Dîwân des Hassân b. Thâbit*. Nach der Ausgabe von Hirschfeld (Gibb Memorial), dem Kommentar von Şêkh Barqûqî (Cairo), mit Verbesserungen und Zusätzen aus der Hs. des Topkapu Saray. Stuttgart, 1953–1954. Basel UB, Handschriftenmagazin, AN 92:5.

al-Ḫazraǧī, ʿAlī b. al-Ḥasan, *The pearl-strings: a history of the Resuliyy dynasty of Yemen by ʿAliyyu ʾbnu ʾl-Ḥasan El-Khazrejiyy*. With translation, introduction, annotations, index, tables and maps by J. W. Redhouse; edited by E. G. Browne ... [et al.]. Leyden, Brill, 1906–1918. 5 Bde.

Huǧwīrī, Ǧullābī, *The Kashf al-maḥjūb: the oldest Persian treatise on Ṣūfism; by ʿAlī b. ʿUthman al-Jullābī al-Hujwīrī*. Translated from the text of the Lahore edition, compared with mss. in the India office and British Museum by Reynold A. Nicholson. London, Luzac, 1936.

Huǧwīrī, Ǧullābī, *Kašf al-maḥǧūb*, li-Abi ăl-Ḥasan ʿAlī b. ʿUṯmān b. Abī ʿAlī al-Ǧullābī al-Ḥuǧwīrī al-Ġaznawī; az rū-i matn taṣḥīḥ šuda-i Wālintīn Žūkūfskī. [Tihrān], Amīr Kabīr, 1336 h. š./1957.

Ibn ʿAbd al-Barr, Yūsuf b. ʿAbdallāh, *al-Istīʿāb fī maʿrifat al-aṣḥāb*. Taḥqīq ʿAlī Muḥammad al-Baǧāwī. al-Qāhira, Maṭbaʿat Nahḍat Miṣr, [1960–1969]. 4 Bde.
Ibn ʿAbd al-Ḥakam, ʿAbdallāh, *Sīrat ʿUmar b. ʿAbd al-ʿAzīz ʿalā mā rawā-hu ăl-imām Mālik b. Anas wa-aṣḥābu-hū*. Nasaḫa-hā wa-ṣaḥḥaḥa-hā wa-ʿallaqa ʿalay-hā Aḥmad ʿUbayd. Miṣr, al-Maṭbaʿa ar-Raḥmāniyya, 1346 h. q./1927.
Ibn ʿAqīl, Abu ăl-Wafāʾ ʿAlī, *The notebooks of Ibn ʿAqīl: Kitāb al-funūn*. Arabic text edition with introduction and critical notes [by] George Makdisi. Beyrouth, Dar el-Machreq Editeurs, 1986.
Ibn al-ʿArabī, Muḥyī ăd-Dīn Muḥammad, *Fuṣūṣ al-ḥikam*. Bayrūt, Dār al-Kitāb al-ʿArabī, 1386 h. q./1966.
Ibn al-ʿArabī, Muḥyī ăd-Dīn Muḥammad, *Die Weisheit der Propheten*. Übersetzt von Hans Kofler. 2. Auflage: Graz 1986. 1. Auflage: Graz, Akademische Druck- und Verlagsanstalt, 1970, unter dem Titel: *Fuṣūṣ al-ḥikam: Das Buch der Siegelringsteine der Weisheitssprüche*.
Ibn al-ʿArabī, Muḥyī ăd-Dīn Muḥammad, *Kitāb Muḥāḍarat al-abrār wa-musāmarat al-aḫyār fī ăl-adabiyyāt wa-ăn-nawādir wa-ăl-aḫbār*. Miṣr, al-Maṭbaʿa al-ʿUṯmāniyya, 1305 h. q./1888.
Ibn al-ʿArabī, Muḥyī ăd-Dīn Muḥammad, *al-Waṣāyā*. Bayrūt, Muʾassasat al-Aʿlamī li-ăl-Maṭbūʿāt, [1973?]; zitierte Ausgabe. Vgl. auch Ausgabe: Bayrūt, Dār al-Īmām, 1408 h. q./1988.
Ibn al-ʿArabī, Muḥyī ăd-Dīn Muḥammad, „ʿUqlat al-mustawfiz", in Ibn al-ʿArabī, *Kleinere Schriften des Ibn al-ʿArabī*. Nach Handschriften in Upsala und Berlin zum ersten Mal herausgegeben und mit Einleitung und Kommentar versehen von H. S. Nyberg. Leiden, Brill, 1919.
Ibn ʿAsākir, ʿAlī b. al-Ḥasan, *Taʾrīḫ madīnat Dimašq*. Dimašq, Maṭbūʿāt al-Maǧmaʿ al-ʿIlmī al-ʿArabī, 1951–.
Ibn al-Aṯīr, ʿIzz ad-Dīn, *Usd al-ġāba*. al-Qāhira, Ǧamʿiyyat al-Maʿārif, 1285–1287 h. q./ 1868–1871.
Ibn al-Aṯīr, Muḥammad b. ʿAbd al-Karīm, *at-Taʾrīḫ al-kāmil*. Miṣr, al-Maṭbaʿa al-Azhariyya, 1301 h. q./1883–1884. 6 Bde.
Ibn Baṭṭūṭa, *Riḥlat Ibn Baṭṭūṭa al-musammāt Tuḥfat an-nuẓẓār fī ġarāʾib al-amṣār wa-ʿaǧāʾib al-asfār*. Miṣr, Maṭbaʿat al-Azhar, 1346 h. q./1928.
Ibn Baṭṭūṭa, *Riḥlat Ibn Baṭṭūṭa*. Bayrūt, Dār Ṣādir, 1384 h. q./1964.
Ibn al-Faqīh al-Hamaḏānī, Aḥmad b. Muḥammad. *Muḫtaṣar Kitāb al-buldān*. Laydan, Brīl, 1302 h. q./1885; zitiert. Nachdruck: [Baġdād, Maktabat al-Muṯannā, 196?].
Ibn Ǧubayr, Muḥammad b. Aḥmad, *Riḥlat Ibn Ǧubayr*. Bayrūt, Dār Ṣādir, 1379 h. q./1959.
Ibn Ǧubayr, Muḥammad b. Aḥmad, *Riḥlat Abi ăl-Ḥusayn Muḥammad b. Aḥmad b. Ǧubayr*. Ausgabe W. Wright, M. J. de Goeje. Laydan, Brīl, 1907.
Ibn Ḥaǧar al-ʿAsqalānī, Aḥmad b. ʿAlī, *Kitāb al-iṣāba fī tamyīz aṣ-ṣaḥāba*. Bayrūt, Dār Iḥyāʾ at-Turāṯ al-ʿArabī, [197–?].
Ibn Ḥaǧar al-ʿAsqalānī, Aḥmad b. ʿAlī, *Kitāb al-iṣāba fī tamyīz aṣ-ṣaḥāba*. Miṣr, Maṭbaʿat as-Saʿāda, 1323–1325 h. q./1905–1907. 8 Bde.
Ibn al-Ḥāǧǧ, Muḥammad b. Muḥammad, *Šumūs al-anwār wa-kunūz al-asrār al-kubrā*. Taʾlīf Ibn al-Ḥāǧǧ at-Tilimsānī al-Maġribī. Miṣr, Maktabat Muḥammad ʿAlī Ṣabīḥ, o. J. [195–?].
Ibn Ḫaldūn, *al-Muqaddima*. Bayrūt, Dār al-Kitāb al-Lubnānī, 1956.
Ibn Ḫaldūn, *The Muqaddimah: an introduction to history*. Translated from the Arabic by Franz Rosenthal. Princeton, Princeton University Press, 2. Auflage 1967/1980. 3 Bde.
Ibn Ḫaldūn, *Discours sur l'histoire universelle*. Traduction, nouvelle préface et notes par Vincent Monteil. Paris, Sindbad, 1978. 3 Bde.

Ibn Ḫallikān, Abu ăl-ʿAbbās Šams ad-Dīn Aḥmad b. Muḥammad b. Abī Bakr b. Ḫallikān, *Wafayāt al-aʿyān wa-anbāʾ abnāʾ az-zamān*. Ḥaqqaqa-hū Iḥsān ʿAbbās. Bayrūt, Dār aṯ-Ṯaqāfa, 1388–1392 h. q./1968–1972.
Ibn Ḫallikān, Abu ăl-ʿAbbās Šams ad-Dīn Aḥmad b. Muḥammad b. Abī Bakr b. Ḫallikān, *Wafayāt al-aʿyān wa-anbāʾ abnāʾ az-zamān*. Ḥaqqaqa-hū Iḥsān ʿAbbās. Bayrūt, Dār Ṣādir, 1973–1977.
Ibn Ḥazm, ʿAlī b. Aḥmad al-Andalusī aẓ-Ẓāhirī, *Kitāb al-Faṣl fī ăl-milal wa-ăl-ahwāʾ wa-ăn-niḥal*. Wa-bi-hāmiši-hī *Kitāb al-Milal wa-ăn-niḥal* li-Abi ăl-Fatḥ ʿAbd al-Karīm aš-Šahrastānī. [Baġdād, Maktabat al-Muṯannā, 1964].
Ibn Hišām, ʿAbdallāh b. Yūsuf, *Gemâleddîni ibn Hisâmi: commentarius in carmen Kaʿbi ben Zoheir Bânat Suʿâd appellatum*. Edidit Ignatius Guidi. Lipsiae, Brockhaus, 1871.
Ibn Hišām, ʿAbd al-Malik, *Kitāb Sīrat rasūl Allāh*. Bearbeitet von Abd el-Malik Ibn Hischâm. Herausgegeben von Ferdinand Wüstenfeld. *Das Leben Muhammed's nach Muhammed Ibn Ishâk*. Göttingen, Dieterichsche Universitätsbuchhandlung, 1858–1860.
Ibn Hišām, ʿAbd al-Malik, *as-Sīra an-nabawiyya*. Ḥaqqaqa-hā wa-ḍabaṭa-hā wa-šaraḥa-hā wa-waḍaʿa fahārisa-hā Muṣṭafā as-Saqqā ... [et al.]. Miṣr, Muṣṭafā al-Bābī al-Ḥalabī, 1355 h. q./1936.
Ibn Hišām, ʿAbd al-Malik, *Kitāb at-Tīğān fī mulūk Ḥimyar ʿan Wahb b. Munabbih*. Riwāyāt Abī Muḥammad ʿAbd al-Malik b. Hišām. Ḥaydarābād, Dāʾirat al-Maʿārif al-ʿUṯmāniyya, 1347 h. q./1928.
Ibn al-Kalbī, *Ğamharat an-nasab: Das genealogische Werk des Hišām Ibn Muḥammad al-Kalbī*. Von Werner Caskel. Leiden, Brill, 1966.
Ibn Kaṯīr, Abu ăl-Fidāʾ Ismāʿīl, *al-Bidāya wa-ăn-nihāya*. Bayrūt, Maktabat al-Maʿārif, 1974–1979. 14 Teile in 7 Bdn. Zitate aus Teil 2.
Ibn Māğa, Muḥammad b. Yazīd, *Sunan Ibn Māğa*. Liechtenstein, Thesaurus Islamicus Foundation, 2000.
Ibn al-Marzubān, *Faḍl al-kilāb ʿalā kaṯīr mimman labisa aṯ-ṯiyāb*. Miṣr, Maṭbaʿat Maḥmūd Tawfīq, 1341 h. q./1923.
Ibn al-Muğāwir, Yūsuf b. Yaʿqūb, *Descriptio Arabiae meridionalis: praemissis capitibus de Mecca et parte regionis Ḥiğāz qui liber inscribitur Taʾrīḫ al-mustabṣir*. Secundum Codicem Constantinopolitanum Hagiae Sophiae 3080, collato Codice Leidensi Or. 5572 cum adnotatione critica edidit Oscar Löfgren. Leiden, Brill, 1951–1954.
Ibn Mūsā, Asad, *Kitāb az-zuhd*. Nouvelle édition revue, corrigée et augmentée de tous les certificats de lecture d'après les deux copies de Berlin et de Damas avec une étude sur l'auteur par Raif Georges Khoury. Wiesbaden, Harrassowitz, 1976.
Ibn an-Nadīm, Muḥammad b. Isḥāq, *Kitâb al-Fihrist*. Mit Anmerkungen herausgegeben von Gustav Flügel; nach dessen Tode besorgt von Johannes Roediger und August Mueller. Leipzig, F. C. W. Vogel, 1871–1872.
Ibn an-Nadīm, Muḥammad b. Isḥāq, *Kitāb al-fihrist*. Ausgabe M. Mīnovī. Tehran, Marvi Offset Printing, [197–?].
Ibn an-Nadīm, Muḥammad b. Isḥāq, *al-Fihrist*. al-Qāhira, [s. n.], 1929.
Ibn an-Nadīm, Muḥammad b. Isḥāq, *The Fihrist of al-Nadîm: a tenth-century survey of Muslim culture*. Edition and translation Bayard Dodge. New York, London, Columbia University Press, 1970.
Ibn al-Qāḍī, Aḥmad b. Muḥammad al-Miknāsī, *Ğiḏwat al-iqtibās fī ḏikr man ḥalla min al-aʿlām madīnat Fās*. ar-Rabāṭ, Dār al-Manṣūr li-ăṭ-ṭibāʿa wa-ăl-wirāqa, 1973.

Ibn Qayyim al-Ǧawziyya, Muḥammad b. Abī Bakr, *al-Manār al-munīf fī ăṣ-ṣaḥīḥ wa-ăḍ-ḍaʿīf*. Ḥaqqaqa-hū wa-ḫarraǧa nuṣūṣa-hū wa-ʿallaqa ʿalay-hi ʿAbd al-Fattāḥ Abū Ġudda. Ḥalab, Maktab al-Maṭbūʿāt al-Islāmiyya, 1390 h. q./1970.

Ibn Qutayba, ʿAbdallāh b. Muslim, *Taʾwīl muškil al-Qurʾān*. Bi-šarḥ wa-taḥqīq Aḥmad Ṣaqr. [al-Qāhira,] ʿĪsā al-Bābī al-Ḥalabī, 1373 h. q./1954.

Ibn Qutayba, ʿAbdallāh b. Muslim, *Taʾwīl muḫtalif al-ḥadīṯ*. Ṣaḥḥaḥa-hū wa-ḍabaṭa-hū Muḥammad Zuhrī an-Naǧǧār. [al-Qāhira,] Maktabat al-Kulliyyāt al-Azhariyya, 1386 h. q./1966.

Ibn Qutayba, ʿAbdallāh b. Muslim, *Le traité des divergences du „Ḥadīṯ" d'Ibn Qutayba (mort en 276/889)*. Traduction annotée du Kitāb „Taʾwīl muḫtalif al-ḥadīṯ" par Gérard Lecomte. Damas, [s. n.], 1962.

Ibn Qutayba, ʿAbdallāh b. Muslim, *Liber poësis et poëtarum: Kitāb aš-šiʿr wa-ăš-šuʿarāʾ, wa-qīla Ṭabaqāt aš-šuʿarāʾ*. Ausgabe M. J. de Goje. Leiden, Brill, 1902 (bzw. 1904 gemäß lateinischem Titelblatt).

Ibn Qutayba, ʿAbdallāh b. Muslim, *Introduction au Livre de la poésie et des poètes = Muqaddimat kitāb aš-šiʿr wa-ăš-šuʿarāʾ*. Texte arabe d'après l'édition De Goeje avec introduction, traduction et commentaire par [Maurice] Gaudefroy-Demombynes. Paris, Les Belles Lettres, 1947.

Ibn Qutayba, ʿAbdallāh b. Muslim, *ʿUyūn al-aḫbār*. [al-Qāhira], al-Muʾassasa al-Miṣriyya al-ʿĀmma, 1383 h. q./1963. Zitierte Ausgabe: *Kitāb ʿuyūn al-aḫbār*. al-Qāhira, Maṭbaʿat Dār al-Kutub al-Miṣriyya, 1343–1349 h. q./1925–1930.

Ibn Rašīq al-Qayrawānī, al-Ḥasan, *al-ʿUmda fī maḥāsin aš-šiʿr wa-ādābi-hī*. Ḥaqqaqa-hū wa-ʿallaqa ḥawāšiya-hū Muḥammad Muḥyī ăd-Dīn ʿAbd al-Ḥamīd. Bayrūt, Dār al-Ǧīl, 1390 h. q./1972.

Ibn Saʿd, *Kitāb aṭ-Ṭabaqāt al-kabīr* (Ausgabe E. Sachau); = *Biographien Muhammeds, seiner Gefährten und der späteren Träger des Islams [bis zum Jahre 230 der Flucht]*. Herausgegeben von Eduard Sachau. Leiden, Brill, 1904–1940. 9 Bde.

Ibn Šahrāšūb, Muḥammad b. ʿAlī, *Manāqib Āl Abī Ṭālib*. Qāma bi-taṣḥīḥi-hī wa-šarḥi-hī wa-muqābilati-hī ʿalā ʿiddat nusaḫ ḫaṭṭiyya lağna min asātiḏat an-Naǧaf al-Ašraf. An-Naǧaf, al-Maṭbaʿa al-Ḥaydariyya, 1376 h. q./1956.

Ibn Sīnā, *Kunūz al-muʿazzimīn*. Taṣnīf-i Abū ʿAlī Sīnā. Bā muqaddama wa ḥawāšī wa taṣḥīḥ-i Ǧalāl ad-Dīn Humāʾī. Tihrān, Anǧuman-i Āṯār-i Millī. 1331 h. š./1952 (ǧild 23).

Ibn Sīnā, *al-Qaṣīda al-ʿayniyya ar-rūḥiyya fī ăn-nafs*. Abgedruckt in Ibn Abū Uṣaybiʿa, Aḥmad b. al-Qāsim, *ʿUyūn al-anbāʾ fī ṭabaqāt al-aṭibbāʾ*. Šarḥ wa-taḥqīq Nizār Riḍāʾ. Bayrūt, Dār Maktabat al-Ḥayāt, 1965.

Ibn Šuhayd, Abū ʿĀmir Aḥmad, *Risālat at-tawābiʿ wa-ăz-zawābiʿ = The treatise of familiar spirits and demons. By Abū ʿĀmir ibn Shuhaid al-Ashjaʿī, al-Andalusī*. Introduction, translation and notes by James T. Monroe. Berkeley, University of California Press, 1971.

Ibn Taymiyya, Aḥmad b. ʿAbd al-Ḥalīm, *Īḍāḥ ad-dalāla fī ʿumūm ar-risāla*. ʿUniyat bi-našri-hā wa-taṣḥīḥi-hā wa-taʿlīq ʿalay-hā [...] Idārat aṭ-ṭibāʿa al-munīriyya. al-Qāhira, Maṭbaʿat aš-Šarq, 1343 h. q./1924.

Ibn aṭ-Ṭiqṭaqā, Muḥammad b ʿAlī, *Al-Fakhrī, Histoire du khalifat et du vizirat depuis leurs origines jusqu'à la chute du khalifat ʿabbaside de Bagdàdh: (11–656 de l'hégire = 632–1258 de notre ère). Avec les prolégomènes sur les principes du gouvernement.* Par Ibn aṭ-Ṭikṭakâ; nouvelle édition du texte arabe par Hartwig Derenbourg. Paris, E. Bouillon, 1895.

Ibn aṭ-Ṭiqṭaqā, Muḥammad b ʿAlī, *Al Fakhri: on the systems of government and the Moslem dynasties. Composed by Muhammad son of ʿAli son of Tabataba.* Translated by C. E. J. Whitting. London, Luzac, 1947.
Ibn Ṭūlūn, Šams ad-Dīn Muḥammad b. ʿAlī, *Rasāʾil tārīḫiyya.* Dimašq, Maṭbaʿat at-Taraqqī, 1348 h. q./1929. 4 Bde. in 1; Teil 4: *al-Lamaʿāt al-barqiyya fī ăn-nukat at-tārīḫiyya.*
Ibn Waḥšiyya, Aḥmad b. ʿAlī, *The book of Nabatean agriculture = al-Filāha al-nabatiyya.* Translated by Abū Bakr b. Waḥshīya. Frankfurt a. M., Institute for the History of Arabic-Islamic Science, 1984.
Ibn Zāfīr, ʿAlī, *Badāʾiʿ al-badāʾih.* Taḥqīq Muḥammad Abu ăl-Faḍl Ibrāhīm. al-Qāhira, Maktabat al-Anğlū al-Miṣriyya, 1390 h. q./1970.
Ibn az-Zayyāt, Yūsuf b. Yaḥyā, *at-Tašawwuf ilā riğāl at-taṣawwuf,* li-Abī Yaʿqūb Yūsuf b. Yaḥyā b. ʿĪsā b. ʿAbd ar-Raḥmān at-Tādilī ʿurifa bi-Ībn az-Zayyāt. Iʿtanā bi-našri-hī wa-taṣḥīḥi-hī Adūlf Fūr. ar-Rabāṭ, Maṭbūʿāt Ifrīqiyā aš-Šimāliyya al-Fanniyya, 1958.
Ibn az-Zayyāt, Yūsuf b. Yaḥyā, *Regard sur le temps des soufis: vie des saints du sud marocain des Ve, VIe, VIIe siècles de l'Hégire.* Ibn al Zayyât al Tâdilî; texte arabe établi, annoté et présenté par Ahmed Toufiq; traduit de l'arabe par Maurice de Fenoyl. [s. l.,] Editions Eddif, 1995.
al-Ibšīhī, Muḥammad b. Aḥmad al-Ibšīhī, *al-Mustaṭraf fī kull fann mustaẓraf.* Taʾlīf Šihāb ad-dīn Muḥammad b. Aḥmad al-Ibšīhī. Taḥqīq Darwīš al-Ğuwaydī. Ṣaydā [etc.], al-Maktaba al-ʿAṣriyya, 1419 h. q./1999.
al-Ibšīhī, Muḥammad b. Aḥmad al-Ibšīhī [Ibshihi], *Démons et merveilles.* Traduction de G. Rat. Classiques arabes 7. Extrait d'„al-Mustatraf fî kull fann mustazraf". Beyrouth, Les Editions Kitaba et Edition de la Méditerranée, 1981.
al-Ibšīhī, Muḥammad b. Aḥmad al-Ibšīhī, *al-Mostaṭraf: recueil de morceaux choisis ça et là dans toutes les branches de connaissances réputées attrayantes par Šihâb-ad-Dîn Aḥmad al-Abšîhî.* Traduit pour la première fois par G. Rat. Paris, Leroux, 1899–1902.
Iḫwān aṣ-Ṣafāʾ, *Rasāʾil Iḫwān aṣ-Ṣafāʾ wa-ḫullān al-wafāʾ.* Bayrūt, Dār Ṣādir, 1367 h. q./1957. Qum, Markaz an-Našr, 1405 h. q./1985. 4 Bde.
Iḫwān aṣ-Ṣafāʾ, *Thier und Mensch vor dem König der Genien: ein arabisches Märchen aus den Schriften der Lauteren Brüder in Basra.* Im Urtext herausgegeben und mit einem Glossar versehen von Fr. Dieterici. Leipzig, Hinrichs'sche Buchhandlung, 1879.
Iḫwān aṣ-Ṣafāʾ, *Mensch und Tier vor dem König der Dschinnen: aus den Schriften der Lauteren Brüder von Basra.* Aus dem Arabischen übersetzt, mit einer Einleitung und Anmerkungen herausgegeben von Alma Giese. Hamburg, Felix Meiner, 1990.
Iḫwān aṣ-Ṣafāʾ, *The case of the animals versus man before the King of the Jinn: a tenth-century ecological fable of the Pure Brethren of Basra.* Translated from the Arabic with introduction and commentary by L. E. Goodman. Boston, Twayne, 1978.
Iḫwān aṣ-Ṣafāʾ, *Risālat Ğāmiʿat al-ğāmiʿa.* [Herausgegeben von] ʿĀrif Tāmir. Bayrūt, Dār an-Našr li-ăl-Ğāmiʿiyyīn, 1378 h. q./1959.
Imruʾ al-Qays, *Dīwān Imruʾ al-Qays.* Taḥqīq Muḥammad Abu ăl-Faḍl Ibrāhīm. al-Qāhira, Dār al-maʿārif, 1990; Reprint der Ausgabe 1377 h. q./1958.
Imruʾ al-Qays, *Die Muʿallaqa des Imrulqais.* Übersetzt und erklärt von Salomon Gandz; in *Sitzungsberichte der kaiserlichen Academie der Wissenschaften in Wien. Philosophisch-historische Classe,* Bd. 170. Wien 1913.
Imruʾ al-Qays, *Šarḥ Dīwān Imriʾ al-Qays; wa-maʿa-hū Aḫbār al-murāqasa wa-ašʿāru-hum fī ăl-ğāhiliyya wa-ṣadr al-islām.* Taʾlīf Ḥasan as-Sandūbī. al-Qāhira, Maṭbaʿat al-Istiqāma, 1939 (?).

al-Iṣbahānī, Abu ăl-Farağ al-Iṣbahānī, *Kitāb al-Aġānī*. Bayrūt, Dār aṯ-Ṯaqāfa, 1374–1383 h. q./1955–1964.
al-Iṣbahānī, Abu ăl-Farağ al-Iṣbahānī, *Kitāb al-Aġānī*. al-Qāhira, Dār al-Kutub al-Miṣriyya, 1345–1394 h. q./1927–1974.
al-Iṣbahānī, Abū Nuʿaym al-Iṣbahānī, Aḥmad b. ʿAbdallāh, *Ḥilyat al-awliyāʾ wa-ṭabaqāt al-aṣfiyāʾ*. Miṣr, Maktabat al-Ḫanǧī, 1351–1357 h. q./1932–1938.
al-Iṣfahānī: siehe auch al-Iṣbahānī.
al-Iṣfahānī, Ḥamza al-Iṣfahānī, *ad-Durra al-fāḫira fī ăl-amṯāl as-sāʾira*. Ḥaqqaqa-hū [...] ʿAbd al-Maǧīd Qaṭāmiš. Miṣr, Dār al-Maʿārif, 1971–1972. 2 Bde.
al-Iṣfahānī, ar-Rāġib al-Iṣfahānī, Abu ăl-Qāsim al-Ḥusayn b. Muḥammad, *Muḥāḍarāt al-udabāʾ wa-muḥāwarāt aš-šuʿarāʾ wa-ăl-bulaġāʾ*. Miṣr, al-Maṭbaʿa al-ʿĀmira aš-Šarafiyya, 1326 h. q./1908.
al-Iṣṭaḫrī, Ibrāhīm b. Muḥammad, *Mamālik wa masālik*. Tarǧuma-i Muḥammad b. Asʿad b. ʿAbdallāh-i Tustarī; ba kūšiš-i Īraǧ Afšār. [Tihrān,] Bunyād-i Mawqūfāt-i Duktur Maḥmūd Afšār, 1373 h. š./1994.
al-Iṣṭaḫrī, Ibrāhīm b. Muḥammad, *Masālik wa mamālik*. Tarǧuma-i fārsī-i al-Masālik wa-ăl-mamālik. Ba kūšiš-i Īraǧ Afšār. Tihrān, Bungāh-i Tarǧuma wa Našr-i Kitāb, 1347 h. š./1969.
al-Iṣṭaḫrī, Ibrāhīm b. Muḥammad, *al-Masālik wa-ăl-mamālik*. Taḥqīq Muḥammad Ǧābir ʿAbd al-ʿĀl al-Ḥīnī. al-Qāhira, Dār al-Qalam, 1381 h. q./1961.
[al-Kalbī], Caskel, Werner, *Ǧamharat an-nasab: Das genealogische Werk des Hišām Ibn Muḥammad al-Kalbī*. Leiden, Brill, 1966.
Kasrawī, Aḥmad, *Pindār-hā*. Tihrān, Bungāh-i Maṭbūʿātī-i Kūtimbirk, 1333 h. š./1954.
Kâtip Çelebi, *Lexikon bibliographicum et encyclopaedicum a Mustafa ben Abdallah, Katib Jelebi dicto et nomine Haji Khalfa celebrato, compositum* [...] primum edidit, latine vertit et commentario instruxit Gustavus Fluegel. Leipzig, 1835–1858; Published [...] by R. Bentley, London.
al-Kisāʾī, Muḥammad b. ʿAbdallāh al-Kisāʾī, *Vita prophetarum = Qiṣaṣ al-anbiyāʾ*. Edidit Isaac Eisenberg. Leiden, Brill, 1922–1923.
al-Kisāʾī, Muḥammad b. ʿAbdallāh al-Kisāʾī, *The tales of the prophets of al-Kisāʾī*. Translated from the Arabic with notes by W. M. Thackston. Boston, Twayne, 1978.
al-Maʿarrī, Abu ăl-Aʿlāʾ al-Maʿarrī, *Risālat al-Ġufrān. Taḥqīq wa-šarḥ Bint aš-Šāṭiʾ*. Miṣr, Dār al-Maʿārif, 1369 h. q./1950.
al-Maʿarrī, Abu ăl-Aʿlāʾ al-Maʿarrī, *Le poète aveugle: extraits des poèmes et des lettres d'Aboū 'l-ʿAlāʾ al-Maʿarrī (363 A. H.)*. Introduction et traduction par Georges Salmon. Paris, Charles Carrington, 1904.
al-Maʿarrī, Abu ăl-Aʿlāʾ al-Maʿarrī, *Paradies und Hölle. Die Jenseitsreise aus dem Sendschreiben der Vergebung*. Aus dem Arabischen übersetzt und herausgegeben von G. Schoeler. München, Beck, 2002.
al-Maʿarrī, Abu ăl-Aʿlāʾ al-Maʿarrī, *Rasāʾil: The Letters of Abu ʾl-ʿAlā of Maʿarrat al-Nuʿmān*. Edited from the Leyden manuscript, with the life of the author by al-Dhahabi and with translation, notes, indices, and biography by D. S. Margoliouth. Oxford, Clarendon, 1898.
al-Maʿarrī, Abu ăl-Aʿlāʾ al-Maʿarrī, *al-Fuṣūl wa-ăl-ġāyāt fī tamǧīd Allāh wa-ăl-mawāʿiẓ*. Ḍabaṭa-hū [...] Maḥmūd Ḥasan Zanātī. al-Qāhira, Maṭbaʿat Ḥiǧāzī, 1356 h. q./1938; Reprint: Bayrūt, al-Maktab at-Tiǧārī, [1960].
al-Maǧāwirī, ʿAbdallāh al-Maǧāwirī, *al-Kawākib al-lammāʿa fī tasḫīr mulūk al-ǧinn fī ăl-waqt wa-ăs-sāʿa*. al-Qāhira, Aḥmad al-Malīǧī, 1910. Übersetzt in el-Gawhary, Mohamed M., *Die*

Gottesnamen im magischen Gebrauch in den al-Buni zugeschriebenen Werken. Bonn, Dissertation, 1968.
Mālik b. Anas, *al-Muwaṭṭa'*. Liechtenstein, Thesaurus Islamicus Foundation, 2000.
al-Maqdisī, Abū Naṣr al-Muṭahhar b. al-Muṭahhar (aw Ṭāhir) al-Maqdisī, *Kitāb al-Bad' wa-ăt-ta'rīḫ*, al-mansūb ta'līfu-hū li-Abī Zayd b. Sahl al-Balḫī; *Le Livre de la création et de l'histoire d'Abou Zaid [...] al-Balkhī*, publié et traduit par Cl. Huart. Paris, Leroux, 1899–1919; Nachdruck: Bagdad, 1962. Zitate aus Teil 3 in Bd. 2.
al-Marzubānī, Muḥammad b. 'Imrān al-Marzubānī, *al-Muwaššaḥ fī ma'āḫiḏ al-'ulamā' 'alā ăš-šu'arā'*. al-Qāhira, al-Maṭba'a as-Salafiyya, 1343 h. q./1924.
al-Mas'ūdī, 'Alī b. al-Ḥusayn al-Mas'ūdī, *Les prairies d'or*. Texte et traduction par C. Barbier de Meynard et Pavet de Courteille. Paris, Imprimerie Nationale, 1917; Reprint: Ṭihrān, Mu'assasa-i Maṭbū'ātī-i Ismā'īliyān, 1970.
al-Mas'ūdī, 'Alī b. al-Ḥusayn al-Mas'ūdī, *Murūǧ aḏ-ḏahab wa ma'ādin al-ǧawhar = Les prairies d'or*. Edition Barbier de Meynard et Pavet de Courteille; revue et corrigée par Ch. Pellat. Bayrūt, Manšūrāt al-Ǧāmi'a al-Lubnāniyya, 1965–1979, 7 Bde.
al-Mas'ūdī, 'Alī b. al-Ḥusayn al-Mas'ūdī, *Les prairies d'or (= Murūǧ aḏ-ḏahab)*. Traduction française de Barbier de Meynard et de Pavet de Courteille; revue et corrigée par Ch. Pellat. Paris, Société Asiatique, 1962–1997.
al-Mas'ūdī, 'Alī b. al-Ḥusayn [= Pseudo-Mas'ūdī], *Aḫbār az-zamān wa-man abāda-hū ăl-ḥidṯān wa-'aǧā'ib al-buldān wa-ăl-ġāmir bi-ăl-mā' wa-ăl-'umrān*. [al-Qāhira,] Maṭba'at 'Abd al-Ḥamīd Aḥmad Ḥanafī, 1357 h. q./1938.
al-Mas'ūdī, 'Alī b. al-Ḥusayn [= Pseudo-Mas'ūdī], *L'abrégé des merveilles*. Traduit de l'arabe et annoté par Carra de Vaux; préface d'André Miquel. Paris, Sindbad, 1984.
Maybudī, Abu ăl-Faḍl Rašīd ad-Dīn, *Kašf ul-asrār wa 'uddat ul-abrār, ma'rūf bi-Tafsīr-i Ḫwāǧa 'Abdallāh Anṣārī*. Tihrān, Maṭba'a-i Maǧlis, 1331–1339 h. š./1953–1961.
Mille et un contes, récits et légendes arabes. Par René Basset (Hg.). Paris, Maisonneuve, 1924–1926.
al-Mufaḍḍal b. Salama, *al-Fāḫir*. Taḥqīq 'Abd al-'Alīm aṭ-Ṭaḥāwī; murāǧa'at Muḥammad 'Alī an-Naǧǧār. [al-Qāhira], 'Īsā al-Bābī al-Ḥalabī, 1380 h. q./1960.
al-Muḥāsibī, al-Ḥāriṯ b. Asad, *ar-Ri'āya li-ḥuqūq Allāh*. Rāǧa'a wa-qaddama la-hū 'Abd al-Ḥalīm Maḥmūd wa-Ṭāhā 'Abd al-Bāqī Surūr. al-Qāhira, Dār al-Kutub al-Ḥadīṯa, [1970].
al-Muḥāsibī, al-Ḥāriṯ b. Asad, *Kitāb at-tawahhum*. 'Uniya bi-našri-hī A. Č. Ārbirī. al-Qāhira, Maṭba'at Laǧnat at-Ta'līf wa-ăt-Tarǧama wa-ăn-Našr, 1356 h. q./1937.
Muslim b. al-Ḥaǧǧāǧ al-Qušayrī, *Ṣaḥīḥ Muslim*. Liechtenstein, Thesaurus Islamicus Foundation, 2000.
Muslim b. al-Ḥaǧǧāǧ al-Qušayrī, *Ṣaḥīḥ Muslim*. Waqafa 'alā ṭab'i-hī [...] wa-'allaqa 'alay-hi mulaḫḫaṣ Šarḥ al-imām an-Nawawī ma'a ziyādāt 'an a'immat al-luġa Muḥammad Fu'ād 'Abd al-Bāqī. [al-Qāhira], 'Īsā al-Bābī al-Ḥalabī, 1374–1375 h. q./1955–1956.
Nahāwandī, 'Alī Akbar, *Kitāb-i mustaṭāb-i Gulzār-i Akbarī wa lāla-i minbarī*. Ba sa'y wa ihtimām-i Muḥammad 'Alī-i 'Ilmī. Tihrān, Muḥammad 'Alī-i 'Ilmī, 1336 h. š./1957.
Nā'īnī, Muḥammad Ḥasan, *Gawhar-i šabčirāġ. Muštamil bar awrād, ad'iya, ṭilismāt wa 'ulūm-i gharība*. Tarǧuma, taṣḥīḥ, tanẓīm wa ta'līq az Muḥammad-i Jawād-i Ḏihnī-i Tihrānī. Qum, Wiǧdānī, 1382 h. š./2003 oder 2004; nachweisbar im Katalog der Bibliothek der Harvard University (HOLLIS: 009517642).
an-Nasā'ī, Aḥmad b. Šu'ayb, *Sunan an-Nasā'ī*. Liechtenstein, Thesaurus Islamicus Foundation, 2000.

an-Naysabūrī, al-Ḥākim an-Naysābūrī Muḥammad b. ʿAbdallāh, *al-Mustadrak ʿalā ăṣ-Ṣaḥīḥayn fī ăl-ḥadīṯ*. Ḥaydarābād, Maṭbaʿat Mağlis Dāʾirat al-Maʿārif an-Niẓāmiyya, 1335–1342 h. š./ 1917–1924.

Nihāwandī, siehe Nahāwandī.

Niẓāmī ʿArūḍī, *Čahār maqāla*. Ba saʿy wa ihtimām wa taṣḥīḥ-i Muḥammad-i Qazwīnī; bā taṣḥīḥ-i muğaddad [...] ba kūšiš-i Muḥammad-i Muʿīn. Tihrān, Zawwār, 1333 h. š./1954.

Niẓāmī Gančawī, *Nāma-i Haft paykar*. Ba taṣḥīḥ-i Waḥīd-i Dastgirdī. Tihrān, Ibn-i Sīnā, 1334 h. š./1955.

Niẓāmī Gančawī, *Haft Paykar*, Ausgabe B. Ṯirwatiyān. Tihrān, Intišārāt-i Amīr Kabīr, 1387 h. š./2008.

Niẓāmī Gančawī, *The Haft Paykar: a medieval Persian romance. Nizami Ganjavi*. Translated with an introduction and notes by Julie Scott Meisami. Oxford, Oxford University Press, 1995.

Niẓāmī Gančawī, *Le sette principesse; Nezāmī di Ganje*. A cura di Alessandro Bausani. Bari, Leonardo da Vinci Ed., 1967.

Niẓāmī Gančawī, *Die sieben Geschichten der sieben Prinzessinnen*. Aus dem Persischen verdeutscht und herausgegeben von Rudolf Gelpke. Zürich, Manesse, 1959.

al-Qazwīnī, ʿAbd al-Ğalīl b. Abi ăl-Ḥusayn ar-Rāzī, *Kitāb an-Naqḍ: maʿrūf bi-Baʿḍ maṯālib an-nawāṣib fī naqḍ baʿḍ faḍāʾiḥ ar-rawāfiḍ*. Bā muqaddama wa taʿlīq wa muqābala wa taṣḥīḥ-i Ğalāl ad-Dīn Ḥusaynī-i Urmawī maʿrūf bi-Muḥaddiṯ. [Tihrān,] Čāpḫāna-i Sipihr, 1331 h. š./1952.

Qazwīnī, Zakarīyā b. Muḥammad al-Qazwīnī, *Kosmographie* [= *Kitāb ʿAǧāʾib al-maḫlūqāt wa-ġarāʾib al-mawǧūdāt*]. Herausgegeben von F. Wüstenfeld. Göttingen, Dieterich, 1848–1849. 2 Bde. Bd. 1: *Kitāb ʿAǧāʾib al-maḫlūqāt;* Bd. 2: *Kitāb Āṯār al-bilād.*

Qazwīnī, Zakarīyā b. Muḥammad al-Qazwīnī, *ʿAǧāʾib al-maḫlūqāt wa-ġarāʾib al-mawǧūdāt*. Miṣr, Muṣṭafā al-Bābī al-Ḥalabī, 1346 h. q./1956.

Qazwīnī, Zakarīyā b. Muḥammad al-Qazwīnī, *Āṯār al-bilād wa-aḫbār al-ʿibād*. Bayrūt, Dār Ṣādir, 1380 h. q./1960.

Qazwīnī, Zakarīyā b. Muḥammad al-Qazwīnī, *Die Wunder des Himmels und der Erde*. Aus dem Arabischen übertragen und bearbeitet von Alma Giese. Lenningen, Erdmann, 2004.

Qazwīnī, Zakarīyā b. Muḥammad al-Qazwīnī, Ansbacher, Jonas, *Die Abschnitte über die Geister und wunderbaren Geschöpfe aus Qazwīnī's Kosmographie*. Zum ersten Male ins Deutsche übertragen und mit Anmerkungen versehen. Dissertation. Kirchhain, Schmersow, 1905.

Qazwīnī, Zakarīyā b. Muḥammad al-Qazwīnī, *Zakarija Ben Muhammed Ben Mahmûd el-Kazwînî's Kosmographie*. Nach der Wüstenfeldschen Textausgabe, mit Benutzung und Beifügung der [...] Anmerkungen [...] des Prof. Fleischer aus dem Arabischen übersetzt von Hermann Ethé. Leipzig, Fues, 1868.

Qurʾān: Kairiner Ausgabe: *al-Qurʾān al-karīm*. al-Qāhira, al-Maṭbaʿa al-Amīriyya, 1375 h. q./1955. Autorisierter Nachdruck der amtlichen Ausgabe Kairo 1924.

Qurʾān, Paret, Rudi, *Der Koran. Übersetzung*. Stuttgart, Kohlhammer, 1966.

Qurʾān, Paret, Rudi, *Der Koran. Kommentar und Konkordanz*. Stuttgart, Kohlhammer, 1971.

Qurʾān, *Le Coran*. Préface par J. Grosjean; introduction, traduction et notes par Denise Masson. Paris, Gallimard, 1967.

Qurʾān, *Der Koran*. Aus dem Arabischen neu übertragen von Hartmut Bobzin. München, Beck, 2010.

al-Qurašī, Abū Zayd Muḥammad b. Abi ăl-Ḫaṭṭāb, *Ǧamharat ašʿār al-ʿarab fī ăl-ǧāhiliyya wa-ăl-islām*. Herausgegeben von Muḥammad ʿAlī al-Hāšimī. Dimašq, Dār al-Qalam, 1406 h. q./1986.

al-Qurašī, Abū Zayd Muḥammad b. Abi ăl-Ḫaṭṭāb, *Ǧamharat aš'ār al-'arab.* Muḥammad b. Abi ăl-Ḫaṭṭāb al-Qurašī. al-Qāhira, al-Maṭba'a ar-Raḥmāniyya bi-Miṣr, 1345 h. q./1926.
al-Qurašī, Abū Zayd Muḥammad b. Abi ăl-Ḫaṭṭāb, *Ǧamharat aš'ār al-'arab.* Bayrūt, Dār Ṣādir, 1383 h. q./1963.
al-Qušayrī, 'Abd al-Karīm b. Hawāzin, *ar-Risāla al-Qušayriyya fī 'ilm at-taṣawwuf.* Wa-'alay-hā hawāmiš min Šarḥ Zakariyyā al-Anṣārī. Miṣr, Dār al-Kutub al-'Arabiyya al-Kubrā, 1330 h. q./1912.
ar-Rāġib al-Iṣfahānī, Abu ăl-Qāsim al-Ḥusayn b. Muḥammad, *Muḥāḍarāt al-udabā' wa-muḥāwarāt aš-šu'arā' wa-ăl-bulaġā',* Miṣr, al-Maṭba'a al-'Āmira aš-Šarafiyya, 1326 h. q./1908.
ar-Rāzī, 'Abd al-Ǧalīl b. Abi ăl-Ḥusayn al-Qazwīnī ar-Rāzī, *Kitāb an-Naqḍ: ma'rūf bi-Ba'ḍ maṯālib an-nawāṣib fī naqḍ ba'ḍ faḍā'iḥ ar-rawāfiḍ.* Bā muqaddama wa ta'līq wa muqābala wa taṣḥīḥ-i Ǧalāl ad-Dīn Ḥusaynī-i Urmawī ma'rūf bi-Muḥaddiṯ. [Tihrān,] Čāpḫāna-i Sipihr, 1331 h. š./1952.
Rāzī, Abu ăl-Futūḥ-i Rāzī, Ḥusayn b. 'Alī, *Tafsīr-i šayḫu-nā ăl-aǧall Abu ăl-Futūḥ-i Rāzī.* Ba taṣḥīḥ wa ḥawāšī-i Mahdī Ilāhī Qumšah'ī. Tihrān, Čāpḫāna-i Muḥammad Ḥasan-i 'Ilmī, 1320–1335 h. š./1941–1956.
ar-Rāzī, Faḫr ad-Dīn Muḥammad b. 'Umar, *at-Tafsīr al-kabīr.* Ṭihrān, Dār al-Kutub al-'Ilmiyya, [197–?].
ar-Rāzī, Faḫr ad-Dīn Muḥammad b. 'Umar, *Kitāb Mafātīḥ al-ġayb al-mašhūr bi-ăt-Tafsīr al-kabīr.* Wa-bi-hāmiši-hī Tafsīr Abi ăs-Sa'ūd. [İstanbul], Maṭba'a-ı 'Āmire, 1307–1308 h. q./1889–1890.
Rāzī, Murtaḍā b. ad-Dā'ī, *Kitāb Tabṣirat al-'awāmm fī ma'rifat maqālāt al-anām.* Ki dar ḥudūd-i nīma-i awwal-i qarn-i haftum-i hiǧrī ta'līf šuda; mansūb ba Murtaḍā b. Dā'ī Ḥasanī-i Rāzī; ba taṣḥīḥ-i 'Abbās Iqbāl. Ṭihrān, Maṭba'a-i Maǧlis, 1313 h. š./1933.
Rūmī, Mawlānā Ǧalāl ad-Dīn Rūmī, *Kulliyāt-i maṯnawī-i ma'nawī.* Muqaddama wa šarḥ-i ḥāl az Badī' az-Zamān-i Furūzānfar; tanẓīm-i fihrist-hā az Ḥasan-i 'Amīd. Tihrān, Intišārāt-i Ǧāwīdān, 1349 h. š./1970.
Sabzawārī, Isma'īl b. Muḥammad Ǧa'far, *Kitāb-i Maǧma' an-nūrayn mašhūr ba Ḥayawān.* Az ta'līfāt-i Isma'īl-i Sabzawārī. Ṭihrān, Kitābfurūšī-i 'Ilmiyya-i Islāmiyya, [195–?].
aṣ-Ṣafadī, Ḫalīl b. Aybak aṣ-Ṣafadī, *Tamām al-mutūn fī šarḥ Risālat Ibn Zaydūn.* Taḥqīq Muḥammad Abu ăl-Faḍl Ibrāhīm. [al-Qāhira,] Dār al-Fikr al-'Arabī, 1389 h. q./1969.
aṣ-Ṣaffūrī, 'Abd ar-Raḥmān b. 'Abd as-Salām, *Nuzhat al-maǧālis wa-muntaḫab an-nafā'is.* [Am Rand:] *Ṭahārat al-qulūb wa-ăl-ḫuḍū'.* al-Qāhira, Maṭba'at 'Alī Ṣabīḥ, 1358 h. q./1939.
aṣ-Ṣāliḥī, Muḥammad b. Yūsuf (gest. 942 h. q./1536), *Subul al-hudā wa-ăr-rašād fī sīrat ḫayr al-'ibād.* Taḥqīq ad-duktūr Muṣṭafā 'Abd al-Wāḥid. Bayrūt, Dār al-Kutub al-'Ilmiyya, 1414 h. q./1993.
aṣ-Ṣanawbarī [= Pseudo-Suyūṭī], *Kitāb ar-Raḥma fī ăṭ-ṭibb wa-ăl-ḥikma.* Exemplar des Orientalischen Seminars der Universität Zürich (Signatur: SB a 49). al-Qāhira, al-Maktaba at-Tiǧāriyya al-Kubrā, 1352 h. q./1933.
as-Samarqandī: siehe: aẓ-Ẓahīrī.
aš-Šiblī, Badr ad-Dīn Abū 'Abdallāh Muḥammad b. 'Abdallāh aš-Šiblī, *Ākām al-marǧān fī aḥkām al-ǧānn.* Miṣr, Maṭba'at as-Sa'āda, 1326 h. q./1908.
Suhrawardī, Šihāb ad-Dīn Yaḥyā as-Suhrawardī, *Ḥikmat al-išrāq,* enthalten in *Opera metaphysica et mystica;* edidit et prolegomenis instruxit Henricus Corbin. Téhéran, Département d'Iranologie de l'Institut français de recherche, 1952. Bd. 2.

as-Suyūṭī, Ǧalāl ad-Dīn ʿAbd ar-Raḥmān as-Suyūṭī, *Laqṭ al-marǧān fī aḥkām al-ǧānn.* ʿAllaqa ʿalay-hi Ḫālid ʿAbd al-Fattāḥ Šibl. al-Qāhira, Maktabat at-Turāṯ al-Islāmī, [1991].

as-Suyūṭī, Ǧalāl ad-Dīn ʿAbd ar-Raḥmān as-Suyūṭī, *Šarḥ šawāhid al-Muġnī.* Ḏuyyila bi-taṣḥīḥāt wa-taʿlīqāt Muḥammad Maḥmūd b. at-Talāmīd at-Tarkazī aš-Šinqīṭī. Dimašq, [s. n.], 1386 h. q./ 1966.

as-Suyūṭī, Ǧalāl ad-Dīn ʿAbd ar-Raḥmān as-Suyūṭī, *Šarḥ šawāhid al-Muġnī.* [ed.] Muḥammad Maḥmūd b. at-Talāmīd at-Tarkazī aš-Šinqīṭī. Miṣr, 1321 h. q./1904.

as-Suyūṭī, Ǧalāl ad-Dīn ʿAbd ar-Raḥmān as-Suyūṭī, *al-Muzhir fī ʿulūm al-luġa wa-anwāʿi-hā.* Ḍabaṭa-hū wa-ṣaḥḥaḥa-hū [...] Muḥammad Aḥmad Ǧād al-Mawlā ... [et al.]. [al-Qāhira], ʿĪsā al-Bābī al-Ḥalabī, [193–?].

as-Suyūṭī [= Pseudo-Suyūṭī], *Kitāb ar-Raḥma fī ăṭ-ṭibb wa-ăl-ḥikma:* siehe aṣ-Ṣanawbarī.

aṯ-Ṯaʿālibī, ʿAbd al-Malik b. Muḥammad, *Ṯimār al-qulūb fī ăl-muḍāf wa-ăl-mansūb.* Taḥqīq Muḥammad Abu ăl-Faḍl Ibrāhīm. al-Qāhira, Dār Nahḍat Miṣr, 1384 h. q./1965.

aṯ-Ṯaʿālibī, ʿAbd al-Malik b. Muḥammad, *Kitāb Ḫāṣṣ al-ḫāṣṣ.* ʿUniya bi-taṣḥīḥi-hī Maḥmūd as-Samkarī. Miṣr, Maṭbaʿat as-Saʿāda, 1326 h. q./1908.

aṯ-Ṯaʿālibī, ʿAbd al-Malik b. Muḥammad, *Ḫāṣṣ al-ḫāṣṣ.* [hrsg. von] Ṣādiq an-Naqwī. Ḥaydarābād, Dāʾirat al-maʿārif al-ʿuṯmāniyya, 1405 h. q./1984.

aṭ-Ṭabarī, Abū Ǧaʿfar Muḥammad b. Ǧarīr aṭ-Ṭabarī, *Annales = Taʾrīḫ ar-rusul wa-ăl-mulūk.* Cum aliis edidit M. J. de Goje. Leiden, 1879–1965. 15 Bde. Reprint: *Annales.* quos scripsit Abu Djafar Mohammed Ibn Djarir at-Tabari; cum aliis edidit M. J. de Goeje. Ṭihrān, Maktabat al-Asadī, [197–?].

aṭ-Ṭabarī, *The history of al-Ṭabarī (= Taʾrīkh al-rusul wa-al mulūk).* [Ehsan Yarshater (general editor)]. Albany (N. Y.), State University of New York Press, 1987–1999.

aṭ-Ṭabarī, *The history of aṭ-Ṭabarī (= Taʾrīkh ar-rusul wa-al-mulūk);* Vol. III: *The Children of Israel.* Translated and annotated by William M. Briner. Albany (N. Y.), State University of New York Press, 1991.

aṭ-Ṭabarī, *The history of al-Tabarī (= Taʾrīkh ar-rusul wa-ăl-mulūk);* Vol. XXXVIII, *The return of the caliphate to Baghdad.* Translated by Franz Rosenthal. Albany (N. Y.), State University of New York Press, 1985.

aṭ-Ṭabarī, *Chronique de Abou-Djafar-Mohammed-ben-Djarir-ben-Yezid Tabari.* Traduite sur la version persane d'Abou-ʿAli Mohammed Belʿami par Hermann Zotenberg. Paris, Besson et Chantemerle, 1958. 4 Bde.

aṭ-Ṭabarī, *Ǧāmiʿ al-bayān fī tafsīr al-Qurʾān. Ǧuzʾ* 1–30 (in 10 Bdn.). Ausgabe Miṣr, 1323–1330 h. q./1905–1912 (daraus zitiert in Kapitel 10); Ausgabe Bayrūt, 1406–1407 h. q./1986–1987 (daraus zitiert in Kapitel 1–9). Siehe dazu: H. Haussleiter, *Register zum Qurʾānkommentar des Ṭabarī.* Strassburg, Trübner, 1912.

aṭ-Ṭabarī, *The Commentary on the Qurʾān by Abū Jaʿfar Muḥammad b. Jarīr aṭ-Ṭabarī. Being an abridged translation of Jāmiʿ al-bayān ʿan taʾwīl al-Qurʾān.* With an introduction and notes by J. Cooper. Vol. I. Oxford, Oxford University Press, 1987.

aṭ-Ṭabarī, *(Muḫtaṣar Tafsīr aṭ-Ṭabarī, al-musammā Ǧāmiʿ al-bayān fī tafsīr al-Qurʾān) Commentaire du Coran.* Abrégé, traduit et annoté par P. Godé. Paris, Edition d'Art Les Heures Claires, 1983–.

aṭ-Ṭabarī, *Tārīḫ-i Balʿamī.* Abū ʿAlī Muḥammad b. Muḥammad b. Balʿamī, *Mukammala wa tarǧama-i tārīḫ-i Ṭabarī.* Taʾlīf Abū Ǧaʿfar Muḥammad b. Ǧarīr Ṭabarī. Ba taṣḥīḥ [...] Muḥammad-i Taqībahār [...] ba kūšiš-i Muḥammad-i Parwīn-i Gunābādī. Tihrān, Zawwār, 1353 h. š./1975.

at-Tādilī, Ibn az-Zayyāt, Yūsuf b. Yaḥyā at-Tādilī, *at-Tašawwuf ilā riǧāl at-taṣawwuf*, li-Abī Yaʿqūb Yūsuf b. Yaḥyā b. ʿĪsā b. ʿAbd ar-Raḥmān at-Tādilī ʿurifa bi-Ībn az-Zayyāt; iʿtanā bi-našri-hī wa-taṣḥīḥi-hī Adūlf Fūr. ar-Rabāṭ, Maṭbūʿāt Ifrīqiyā aš-Šimāliyya al-Fanniyya, 1958.
at-Tādilī, Ibn az-Zayyāt, Yūsuf b. Yaḥyā at-Tādilī, *Regard sur le temps des soufis: vie des saints du sud marocain des Ve, VIe, VIIe siècles de l'Hégire*. Texte arabe établi, annoté et présenté par Ahmed Toufiq; traduit de l'arabe par Maurice de Fenoyl. [S. l.,] Editions Eddif, 1995.
Tāǧ al-ʿarūs: Murtaḍā az-Zabīdī, Muḥammad b. Muḥammad, *Šarḥ al-Qāmūs al-musammā Tāǧ al-ʿarūs min ǧawāhir al-qāmūs*. Li-Muḥibb ad-Dīn Abi ăl-Fayḍ Muḥammad Murtaḍā al-Ḥusaynī al-Wāsiṭī az-Zabīdī al-Ḥanafī. Miṣr, al-Maṭbaʿa al-Ḫayriyya, 1306–1307 h. q./1888–1889.
aṯ-Ṯaʿlabī, Aḥmad b. Muḥammad b. Ibrāhīm aṯ-Ṯaʿlabī, *Qiṣaṣ al-anbiyāʾ*, benannt: *ʿArāʾis al-maǧālis*. Miṣr, Muṣṭafā ăl-Bābī ăl-Ḥalabī, 1374 h. q./1954. Übersetzung:
aṯ-Ṯaʿlabī, *Islamische Erzählungen von Propheten und Gottesmännern: „Qiṣaṣ al-anbiyāʾ" oder „ʿArāʾis al-maǧālis"*. Von Abū Isḥāq Aḥmad b. Muḥammad b. Ibrāhīm aṯ-Ṯaʿlabī. Übersetzt und kommentiert von Heribert Busse. Wiesbaden, Harrassowitz, 2006.
aṭ-Ṭarābulusī, Amǧad, *La critique poétique des Arabes: jusqu'au Ve siècle de l'Hégire (XIe siècle de J. C.)*. Damas, Institut français de Damas, 1955.
Tausendundeine Nacht: Die Erzählungen aus den tausendundein Nächten. Übertragen von Enno Littmann. Wiesbaden, Insel-Verlag, 1953. 6 Bde.
at-Tawḥīdī, Abū Ḥayyān at-Tawḥīdī, ʿAlī b. Muḥammad, *Kitāb al-Imtāʿ wa-ăl-muʾānasa*. Ṣaḥḥaḥa-hū [...] Aḥmad Amīn [... et al.]. Bayrūt, Dār Maktabat al-Ḥayāt, [196–?].
at-Tilimsānī, Ibn al-Ḥāǧǧ, Muḥammad b. Muḥammad, *Šumūs al-anwār wa-kunūz al-asrār al-kubrā*. Taʾlīf Ibn al-Ḥāǧǧ at-Tilimsānī al-Maġribī. Miṣr, Maktabat Muḥammad ʿAlī Ṣabīḥ, [195–?].
at-Tirmiḏī, Muḥammad b. ʿĪsā, *Sunan at-Tirmiḏī*. Liechtenstein, Thesaurus Islamicus Foundation, 2000.
aṭ-Ṭūḫī, ʿAbd al-Fattāḥ as-Sayyid aṭ-Ṭūḫī, *Kitāb Siḥr al-kuhhān fī ḥuḍūr al-ǧānn*. Ägypten, s. l. s. a.
aṭ-Ṭūḫī, ʿAbd al-Fattāḥ as-Sayyid aṭ-Ṭūḫī, *Siḥr Hārūt wa-Mārūt fī-ăl-alʿāb as-sihriyya*. Bayrūt, s. a.
Ṭūsī, Muḥammad b. Maḥmūd, *ʿAǧāyib al-maḫlūqāt*. Ba ihtimām-i Manūčihr Sutūda. Tihrān, Bungāh-i Tarǧuma wa Našr-i Kitāb, 1345 h. š./1966.
al-ʿUlaymī, ʿAbd ar-Raḥmān b. Muḥammad, *al-Manhaǧ al-aḥmad fī tarāǧim aṣḥāb al-imām Aḥmad*. Ḥaqqaqa uṣūla-hā [...] Muḥammad Muḥyī ăd-Dīn ʿAbd al-Ḥamīd. Miṣr, Maṭbaʿat al-Madanī, 1383–1385 h. q./1963–1965.
Wahb b. Munabbih: siehe Ibn Hišām, *Kitāb at-Tīǧān*.
al-Wāqidī, Muḥammad b. ʿUmar, *Muhammed in Medina: das ist Wakidi's Kitab al Maghazi in verkürzter deutscher Wiedergabe*. Herausgegeben von J. Wellhausen. Berlin, Reimer, 1882.
al-Yāfiʿī, *Mirʾāt al-ǧinān*, Hyderabad, Maṭbaʿat Dāʾirat al-Maʿārif an-Niẓāmiyya, 1337. 4 Bde.; Reprint: Bayrūt, Muʾassasat al-Aʿlamī li-ăl-Maṭbūʿāt, 1390 h. q./1970.
al-Yaʿqūbī, Aḥmad b. Abī Yaʿqūb al-Kātib al-ʿAbbāsī al-Yaʿqūbī, *Taʾrīḫ al-Yaʿqūbī*. Bayrūt, Dār Ṣādir, 1379 h. q./1960. 2 Bde. Zitate aus Bd. 1.
Yāqūt b. ʿAbdallāh al-Ḥamawī, *Kitāb Muʿǧam al-buldān*. Ṭihrān, Maktabat al-Asadī, 1965. 6 Bde. Neudruck der Ausgabe F. Wüstenfeld. Leipzig, Brockhaus, 1866–1873.
Yāqūt b. ʿAbdallāh al-Ḥamawī, *The Irshād al-arīb ilā maʿrifat al-adīb, or, Dictionary of learned men of Yāqūt*. Edited by D. S. Margoliouth. Leyden, Brill, 1907–1931. 7 Bde.

az-Zabīdī, Murtaḍā az-Zabīdī, Muḥammad b. Muḥammad, *Šarḥ al-Qāmūs al-musammā Tāǧ al-ʿarūs min ǧawāhir al-qāmūs*. Li-Muḥibb ad-Dīn Abi ăl-Fayḍ Muḥammad Murtaḍā al-Ḥusaynī al-Wāsiṭī az-Zabīdī al-Ḥanafī. Miṣr, al-Maṭbaʿa al-Ḫayriyya, 1306–1307 h. q./1888–1889.

aẓ-Ẓahīrī, al-Kātib as-Samarqandī, Muḥammad b. ʿAlī, *Sindbāḏ-nāma*. Mukaddime ve haşiyelerle neşreden Ahmed Ateş. Istanbul, Milli eğitim basımevi, 1948.

aẓ-Ẓahīrī, Zahiri de Samarkand, (al-Kātib as-Samarqandī, Muḥammad b. ʿAlī), *Le livre des sept vizirs = Sendbādnameh*. Paris, Sindbad, 1976.

Zamaḫšarī, Abu ăl-Qāsim Maḥmūd az-Zamaḫšarī, *al-Kaššāf ʿan ḥaqāʾiq at-tanzīl wa-ʿuyūn al-aqāwīl fī wuǧūh at-taʾwīl*. Bayrūt, Dār al-Maʿrifa, o. J. [197?–]. 4 Bde.

14.2 Sekundärliteratur

(inklusive Übersetzungen von Werken, die nicht aus dem islamischen Kulturraum stammen)

Abela, Eijub, „Beiträge zur Kenntnis abergläubischer Gebräuche in Syrien", in *Zeitschrift des Deutschen Palästinavereins* 7 (1884) 79–118.

Abū Yaḥyā, Aḥmad Ismāʿīl, *al-Ḥayya fī ăt-turāṯ al-ʿarabī*. Qaddama la-hū wa-rāǧaʿa-hū Yāsīn al-Ayyūbī. Bayrūt, al-Maktaba al-ʿAṣriyya, 1417 h. q./ 1997.

Ahlwardt, Wilhelm, *Bemerkungen über die Aechtheit der alten arabischen Gedichte mit besonderer Beziehung auf die sechs Dichter nebst Beiträgen zum richtigen Verständnisse Ennābiga's und ʿAlqama's*. Greifswald 1872. Reprint: Osnabrück, Biblio Verlag, 1972.

Albright, W. F., „Islam and the religions of the ancient Orient", in *Journal of the American Oriental Society*, 60.3 (1940) 283–301.

Anawati, G. C., „Le nom suprême de Dieu", S. 7–58, in *Atti del Terzo Congresso di Studi Arabi e Islamici*. Napoli, Istituto Universitario Orientale, 1967.

Andrae, Tor, *Mohammed: sein Leben und sein Glaube*. Göttingen, Vandenhoeck und Ruprecht, 1932.

Arkoun, M. (Hg.), *L'étrange et le merveilleux dans l'islam médiéval: colloque organisé par l'Association pour l'Avancement des Etudes Islamiques*. Paris, s. n. 1978.

Arnold, Thomas Walker, *The Library of Alfred Chester Beatty: A catalogue of the Indian miniatures*. Revised and edited by J. V. St. Wilkinson. London, Oxford University Press, 1936.

Ashour, Mustafa, *The Jinn in the Qur'an and the Sunna*. London, Dar at-Taqwa, 1989.

Aumer, Joseph, *Die arabischen Handschriften der Königlichen Hof- und Staatsbibliothek in München*. München, Comm. Palm, 1866.

Awn, Peter, *Satan's tragedy and redemption: Iblīs in Sufi psychology*. With a foreword by Annemarie Schimmel. Leiden, Brill, 1983.

Bacqué-Grammont, Jean-Louis et al. (Hg.), *L'arbre anthropogène du Waqwaq, les femmes-fruits et les îles des femmes*. Napoli, Università degli studi di Napoli „L'Orientale" und Institut français d'études anatoliennes, 2007.

Badeen, Edward und Krawietz, Birgit, „Eheschließung mit Dschinnen nach Badr al-Dīn al-Šiblī", in *Wiener Zeitschrift für die Kunde des Morgenlandes* 2002 (92) 33–51.

al-Baġdādī, ʿAbd al-Qādir b. ʿUmar, *Ḫizānat al-adab wa-lubb lubāb al-ʿarab ʿalā šawāhid šarḥ al-kāfiya allatī hiya bi-maqāṣid al-qawāʿid wāfiya.* Li-ăl-Imām al-muḥaqqiq aš-šahīr bi-ăr-Raḍī. Būlāq, al-Maṭbaʿa al-Mīriyya, 1299 h. q./1882. 4 Bde.

Basset, Henri, *Le culte des grottes au Maroc.* Alger, J. Carbonel, 1920.

Basset, Henri, *L'expédition du château d'or et le combat de ʿAli contre le dragon.* Textes arabes publiés et traduits pour la première fois avec une introduction, une version de la version en aljamiado et l'analyse du roman de Râs el Ghoul. Rome, Imprimerie de l'Académie Royale des Lyncei, 1893.

Basset H. und Lévi-Provençal, E., „Chella, une nécropole mérinide", in *Hespéris* 2 (1922) 1–92, 255–316, 385–425; sowie als Sonderdruck: Paris, Larose, 1923.

Basset, R. (Hg.), *Mille et un contes, récits et légendes arabes.* Paris, Maisonneuve, 1924–1926.

Battain, Tiziana, *Le rituel du zār en Egypte. De la souffrance à l'accomplissement.* Unveröffentlichte Dissertation. Paris, EHESS, 1997.

Baumgartner, W., *Zum Alten Testament und seiner Umwelt. Ausgewählte Aufsätze.* Leiden, Brill, 1959.

Bausani, Alessandro, *L'enciclopedia dei fratelli della purità: riassunto, con introduzione e breve commento, dei 52 trattati o epistole degli Ikhwān aṣ-ṣafāʾ.* Napoli, Istituto universitario orientale, 1978.

von Beit, Hedwig, *Symbolik des Märchens.* 3 Bde. Bern, Francke, 1952–1965. Teilweise 2. Auflage.

Bell, Richard, *Bell's introduction to the Qurʾān.* Completely revised and enlarged by W. M. Watt. Edinburgh, University Press, 1970; Auflage 1977.

Bellino, Francesca, „ʿAlī contro geni, demoni e dragoni nella letterratura della maġāzī legendarie", in *Quaderni Studi arabi* N. S. 1 (2006) 155–170.

Benveniste, E., „Le dieu Ohrmazd et le démon Albasti", in *Journal Asiatique* 248 (1960) 65–74.

Bergsträsser, G., „Zu den magischen Quadraten", in *Der Islam* 13 (1923) 227–235.

Beyer, Rolf, *Die Königin von Saba. Engel und Dämon. Der Mythos einer Frau.* Bergisch-Gladbach, G. Lübbe, 1987.

Bezold, Carl (Hg.), *Orientalische Studien: Theodor Nöldeke zum siebzigsten Geburtstag (2. März 1906) gewidmet von Freunden und Schülern.* Giessen, [s. n.], 1906.

Bidault G., und. Debrach, J., „Physique du globe et météorologie au Maroc", *Volume Jubilaire de la Société des Sciences naturelles du Maroc.* 1920–1945. Rabat, Paris, London, 1948.

Bivar, A. D. H., „A Persian Fairyland", Bd. 24, S. 25–42, in: *Papers in honour of Professor Mary Boyce.* Leiden, Brill, 1985.

Blackman, Winfried S., „The Karīn and Karīneh", in *Journal of the Royal Anthropological Institute of Great Britain and Ireland* 56 (1926) 163–169.

Bocian, Martin, *Lexikon der biblischen Personen. Mit ihrem Fortleben in Judentum, Christentum, Islam, Dichtung, Musik und Kunst.* Stuttgart, Kröner, 1989.

Bosworth, Clifford Edmund, *The new Islamic dynasties: a chronological and genealogical manual.* Edinburgh, Edinburgh University Press, Ausgabe 1996.

Boyle, John Andrew, „The hare in myth and reality: a review article", in *Folklore* 84.4 (1973) 313–326.

Brockelmann, Carl, *Geschichte der arabischen Litteratur.* 2., den Supplementbänden angepasste Auflage. Leiden, Brill, 1937–1949.

Browne, E. G., *A year amongst the Persians.* 3rd ed., reprint. London, [s. n.], 1970.

Brugsch, Heinrich, *Im Lande der Sonne: Wanderungen in Persien.* Berlin, Allgemeiner Verein für Deutsche Literatur, 1886.

Brunel, René, *Essai sur la confrérie religieuse des 'Aîssâoûa au Maroc.* Paris, Geuthner, 1926.
Buber, Martin, *Bücher der Geschichte.* Olten, Walter, 1956.
Budge, Ernest Alfred Wallis, *Amulets and superstitions.* Oxford, Oxford University Press, 1930.
Budge, Ernest Alfred Wallis, *Amulets and talismans.* New York, University Books, 1961.
Bürgel, Johann Christoph, *The feather of Simurgh: the „licit magic" of the arts in Medieval Islam.* New York, University Press, 1988.
Bürgel, Johann Christoph, *Allmacht und Mächtigkeit. Religion und Welt im Islam.* München, Beck, 1991.
Bürgel, Johann Christoph, „Der Dichter und sein Dämon. Ein Blick in die Welt des Islam", in Herkommer, Hubert (Hg.), *Engel, Teufel und Dämonen: Einblicke in die Geisterwelt des Mittelalters.* Basel, Schwabe, 2006.
Buhl, Frants, *Das Leben Muhammeds.* Deutsch von H. H. Schaeder. Leipzig, Quelle und Meyer, 1930.
Burton, Richard Francis, *Personal narrative of a pilgrimage to El-Medinah and Meccah.* London, Longman, Brown, Green, & Longmans, 1855–1856. 3 Bde.
Cahen, Claude, „Douanes et commerce dans les ports méditerranéens de l'Egypte médiévale d'après le „Minhadj" d'al-Makhzumi", in *Journal of the Economical and Social History of the Orient* 7.3 (1964) 217–314.
Calasso, Giovanna, „Un 'eopopea musulmana' di epoca timuride: il Xāvar-nāmè di Ebn Ḥosām", in *Atti della Accademia nazionale dei Lincei. Memorie. Classe di scienze morali, storiche e filologiche.* 1979, Serie VIII, vol. XXIII, fasc. 5.
Camelin, S., „Croyances aux djinns et possessions dans le Hadramout", in *Quaderni Studi Arabi* 13 (1995) 159–180.
Camman, Schuyler, „Islamic and Indian Magic Squares", in *History of Religions,* Teil 1: 8.3 (Februar 1969) 181–209; Teil 2: 8.4 (Mai 1969) 271–299.
Canaan, Taufik, *Aberglaube und Volksmedizin im Lande der Bibel.* Hamburg, L. Friederichsen, 1914.
Canaan, Taufik, *Mohammedan Saints and Sanctuaries in Palestine.* London, Luzac, 1927.
Canaan, Taufik, *Dämonenglaube im Lande der Bibel.* Leipzig, Hinrichs, 1929.
Canaan, Taufik, „Arabic magic bowls", in *Journal of the Palestine Oriental Society* XVI (1936) 79–127.
Canaan, Taufik, „The decipherment of Arabic Talismans", in *Berytus* 4 (1937) 69–110; 5 (1938) 141–151. Reprint in Emilie Savage-Smith (Hg.), *Magic and divination in early Islam.* S. 125–178. Aldershot, Ashgate Variorum, 2004.
Cassel, Paulus, *Das Buch Esther. Ein Beitrag zur Geschichte des Morgenlandes.* Im Anhang: Übersetzung des 2. Targum. Berlin, Rothberger, 1891.
Cassel, Paulus, *Zweites Targum zum Buch Esther.* Berlin, Friedrich, 1885.
Cassel, Paulus, *Kaiser und Königsthrone in Geschichte, Symbol und Sage.* Berlin, Gülker, 1874.
Chastel, André, „La légende de la Reine de Saba", in *Revue d'histoire des religions:* 1ère partie: 119 (1939) 205–225; 2e partie: 120 (1939) 27–44; 3e partie: 120 (1939) 160–174.
de Chapeaurouge, Donat, „Die Darstellung der Seele in der bildenden Kunst des Mittelalters", S. 104–122, in Jüttemann, Gerd et al. (Hg.), *Die Seele: ihre Geschichte im Abendland.* Weinheim, Psychologie Verlags Union, 1991 (Neudruck 2005).
Chelhod, Jospeh, *Les structures du sacré chez les Arabes.* Paris, Maisonneuve et Larose, 1964.
Chelhod, Jospeh, *Le sacrifice chez les Arabes: recherches sur l'évolution, la nature et la fonction des rites sacrificiels en Arabie occidentale.* Paris, Presses Universitaires de France, 1955.
Chipman, Leigh, *The world of pharmacy and pharmacists in Mamlūk Cairo.* Leiden, Brill, 2010.

Chittick, William C., „Iblîs and the jinn in al-Futūḥāt al-makkiyya", S. 99–126, in B. Gruendler et al. (Hg.), *Classical Arabic humanities in their own terms.* Leiden, Brill, 2008.
Christensen, Arthur, *Essai sur la démonologie iranienne.* København, Munksgaard, 1941.
Conybeare, F. C., „The Testament of Solomon", in *Jewish Quarterly Review* 11.1 (1898) 1–45.
Cornu, Georgette, *Atlas du monde arabo-islamique à l'époque classique: IX*^{e}*–X*^{e} *siècles.* Leiden, Brill, 1985.
Crapanzano, Vincent, „Saints, jnun, and dreams: An essay in Moroccan ethnopsychology", in *Psychiatry. Journal for the Study of Interpersonal Processes* 38.2 (1975) 145–159.
Crapanzano, Vincent, *The Ḥamadsha: a study in Moroccan ethnopsychiatry.* Berkeley, University of California Press, 1973. Deutsch: *Die Ḥamadša. Eine ethnopsychiatrische Untersuchung in Marokko.* Stuttgart, Klett-Cotta, 1981.
Daneshvari, Abbas, *Of serpents and dragons in Islamic art. An iconographical study.* Bibliotheca Iranica: Islamic Art and Architecture Series 13. Costa Mesa (California), Mazda Publishers, 2011.
Dāniš-nāma-i Ǧahān-i Islām, Online-Ausgabe abrufbar unter: http://www.encyclopaedia-islamica.com/.
Daum, Werner, *Die Königin von Saba. Kunst, Legende und Archäologie zwischen Morgenland und Abendland.* Stuttgart, Belser, 1988.
Dermenghem, Emile, *Le culte des saints dans l'islam maghrébin.* Paris, Gallimard, 1954.
Desparmet, J., *Le mal magique.* Alger, J. Carbonel; Paris, Geuthner, 1932.
Dols, Michael Walters, *The black death in the Middle East.* Princeton, N. J., University Press, 1979.
Dols, Michael Walters, *Majnūn: the madman in medieval Islamic society.* Edited by Diana E. Immisch. Oxford, Oxford University Press, 1992.
Donaldson, Bess Allen, „The Koran as magic", in *Moslem World* 27 (1937) 254–266.
Donaldson, Bess Allen, *The wild rue: a study of Muhammadan magic and folklore in Iran.* London, Luzac, 1938.
Dorpmüller, Sabine, *Religiöse Magie im 'Buch der probaten Mittel': Analyse, kritische Edition und Übersetzung des Kitāb al-Muǧarrabāt von Muḥammad ibn Yūsuf as-Sanūsī (gest. um 895/1490).* Wiesbaden, Harrassowitz, 2005.
Doughty, Charles Montague, *Travels in Arabia deserta.* London, Toronto, Jonathan Cape, 1930. 1. Auflage: Cambridge 1888.
Doutté, Edmond, *Magie et religion dans l'Afrique du nord.* Alger, Jourdan, 1909.
Dovillet, Georges C., „Démons inspirateurs de poètes et génies des tempêtes. Epître par Ibn Shuhayd al-Andalusî (992–1053)", in *Revue des études islamiques* 59 (1991) 1–100.
Dozy, Reinhart, *Supplément aux dictionnaires arabes.* Beyrouth, Librairie du Liban, 1968.
Drieskens, Barbara, *Living with djinns: understanding and dealing with the invisible in Cairo.* London, Saqi Books, 2008.
Dumond, Dirk, *Vivre les invisibles* [Filmmaterial] = *Living with the invisible.* Un film écrit et réalisé par Dirk Dumond; produit par ADR Productions, Paris 2002.
Dussaud, René, *Histoire et religion des Nosairis,* Paris, Bouillon, 1900.
Eichler, Paul Arno, *Die Dschinn, Teufel und Engel im Koran.* Leipzig, Klein, 1928.
Eickelman, Dale, „The Islamic attitude towards possession states", S. 189–192, in Prince, Raymond et al. (Hg.), *Trance and possession states.* Montreal, Bucke Memorial Society, 1968.
Eickmann, Walther, *Die Angelologie und Dämonologie des Korans im Vergleich zu der Engel- und Geisterlehre der Heiligen Schrift.* Leipzig, Eger, 1908.

Eilers, Wilhelm, *Die Āl, ein persisches Kindbettgespenst.* Sitzungsberichte der Bayerischen Akademie der Wissenschaften, Philosophisch-Historische Klasse 7 (1979).

Eilers, Wilhelm, „Iranisches Lehngut im arabischen Lexikon", in *Indo-Iranian Journal* 5 (1962) 203–232.

Einszler, Lydia, „Der Name Gottes und die bösen Geister im Aberglauben der Araber Palästinas", in *Zeitschrift des Deutschen Palästinavereins* 10 (1887) S. 160–181.

Einszler, Lydia, „Das böse Auge", in *Zeitschrift des Deutschen Palästinavereins* 12 (1889) 200–222.

Eisenberg, Isaac, *Die Prophetenlegenden des M. b. ʿAbd Allāh al-Kisāʾī.* Dissertation. Bern 1898; Kirchhain N.-L., Max Schmersow, 1902.

Eisenstein, Herbert, *Einführung in die arabische Zoographie: das tierkundliche Wissen in der arabisch-islamischen Literatur.* Berlin, Reimer, 1991.

Eliade, Mircea, *Schamanismus und archaische Ekstasetechnik.* Zürich, Rascher, 1954.

Eliade, Mircea, „Centre du monde, temple, maison", S. 57–81, in *Le symbolisme cosmique des monuments religieux.* Roma 1957.

Eliade, Mircea, *Le sacré et le profane.* Paris, Gallimard, 1965 (Auflage 1992).

Eliade, Mircea, *Le mythe de l'éternel retour.* Paris, Gallimard, 1969 (Auflage 1989).

Eliade, Mircea, *Briser le toit de la maison. Symbolisme architectonique et physiologie subtile.* Paris, Gallimard, 1986.

Elworthy, Frederick Thomas, *The evil eye: An account of this ancient and widespread superstition.* London, Murray, 1895.

El-Zein, Amira, *Islam, Arabs, and the intelligent world of the jinn.* Syracuse, N. Y., Syracuse University Press, 2009.

Encyclopaedia Iranica. Edited by Ehsan Yarshater. London, Routledge and Kegan, 1982–.

Encyclopaedia of Islam. 2nd edition by H. A. R. Gibb ... [et al.]. Leiden, Brill, 1960–2009. 13 Bde.

Encyclopaedia of Islam Three. Edited by Marc Gaborieau ... [et al.]. Leiden, Brill, 2007–.

Encyclopedia, The Universal Jewish Encyclopedia. Edited by Isaac Landman. New York, 1939–43. 10 Bde.

Encyclopédie de l'Islam. Nouvelle édition, établie par H. A. R. Gibb, J. H. Kramers, E. Lévi-Provençal et al. Leiden, Brill, 1960–2009.

Ess, Josef van, *Die Gedankenwelt des Ḥāriṯ al-Muḥāsibī. Anhand von Übersetzungen aus seinen Schriften dargestellt und erläutert.* Bonn, Selbstverlag des Orientalischen Seminars der Universität Bonn, 1961.

Ess, Josef van, *Theologie und Gesellschaft im 2. und 3. Jahrhundert Hidschra: eine Geschichte des religiösen Denkens im frühen Islam.* Berlin, Walter de Gruyter, 1991–1997. 6 Bde.

Fahd, Toufic, *La divination arabe: études religieuses, sociologiques et folkloriques sur le milieu natif de l'Islam.* Strasbourg, s. n., 1966.

Fahd, Toufic, „Le monde du sorcier en Islam", in *Sources Orientales* VII (1966) 157–204.

Fahd, Toufic, „Anges, démons et djinns en Islam", in *Sources Orientales* VIII (1971) 155–214.

Fahd, Toufic, „Le merveilleux dans la faune, la flore et les minéraux", S. 117–135, in Arkoun, M. (Hg.), *L'étrange et le merveilleux dans l'islam médiéval: colloque organisé par l'Association pour l'Avancement des Etudes Islamiques.* Paris 1978.

Fahd, Toufic, „Sciences naturelles et magie dans Ġāyat al-Ḥakīm du Pseudo-Mağrīṭī", S. 11–21, in Sánchez, E. García (Hg.), *Ciencias de la naturaleza en al-Andalus.* Granada, Consejo superior de Investigaciones cientificas, Escuela de Estudios arabes, 1990.

Fahd, Toufic, „La connaissance de l'inconnaissable et l'obtention de l'impossible dans la pensée mantique et magique de l'Islam“, in *Bulletin d'études orientales* 44 (1992) 33–44 (Spezialband zum Thema „Sciences occultes en Islam“).
Fahd, Toufic, „La magie comme 'source' de la sagesse d'après l'oeuvre d'al-Būnī“, S. 61–107, in Ryka Gyselen (Hg.), *Charmes et sortilèges. Magie et magiciens.* Bures-sur-Yvette, Groupe pour l'étude de la civilisation du Moyen-Orient, 2002. *Res Orientales,* Bd. XIV.
Fartacek, Gebhard, *Die Manifestation des Heiligen. Eine ethnologische Untersuchung zur Konstruktion sakraler Plätze in Syrien.* Diplomarbeit. Wien 1999.
Fartacek, Gebhard, „Begegnung mit Ǧinn. Lokale Konzeptionen über Geister und Dämonen in der syrischen Peripherie“, in *Anthropos* 97 (2002) 469–486.
Fartacek, Gebhard, *Pilgerstätten in der syrischen Peripherie. Eine ethnologische Studie zur kognitiven Konstruktion sakraler Plätze und deren Praxisrelevanz.* Wien, Verlag der Österreichischen Akademie der Wissenschaften, 2003.
Fartacek, Gebhard, „Feinde des Fortschritts und Hüter der Moral“, S. 53–90, in Heiss, Johann (Hg.), *Veränderung und Stabilität. Normen und Werte in islamischen Gesellschaften.* Wien, Verlag der Österreichischen Akademie der Wissenschaften, 2005.
Fartacek, Gebhard, *Unheil durch Dämonen? Geschichte und Diskurse über das Wirken der Ǧinn. Eine sozialanthropologische Spurensuche in Syrien.* Wien, Böhlau, 2010. Stark überarbeitete Fassung einer 2004 an der Universität Wien eingereichten Dissertation mit dem Titel: *Zonen der Ungewissheit: Lokalkulturelle Konzeptionen über Dämonen und deren Relevanz für das Leben in der syrischen Peripherie.*
Fatoum, Aly Abd el-Gaphar, *Der Ǧinn-Glaube als islamische Rechtsfrage nach Lehren der orthodoxen Rechtsschulen.* Frankfurt a. M., Lang, 1999.
Ferré, André, „Un auteur mystérieux Ibrāhīm b. Waṣīf Šāh“, in *Annales Islamologiques* 25 (1991) 139–151.
Fischer, A., „Magnūn 'epileptisch' – muʾaiiad 'beglaubigt'“, in *Zeitschrift der Deutschen Morgenländischen Gesellschaft* 62 (1908) 151–154.
Fleischer, Heinrich Leberecht, *Kleinere Schriften: Gesammelt, durchgesehen und vermehrt.* Leipzig, S. Hirzel, 1885–1888. Auch Nachdruck: Osnabrück, Biblio Verlag, 1968. 3 Bde.
Fodor, Alexander, *Amulets from the Islamic world: catalogue of the exhibition held in Budapest, in 1988.* Budapest, Eötvös Loránd University, Chair for Arabic Studies, 1990 (*Budapest studies in Arabic* 2).
Fodor, Alexander, *Sufism and magic: amulets from the Islamic world.* Keszthely: Helikon Castle Museum, 2009.
Folklore: an encyclopedia of beliefs, customs, tales, music, and art. Herausgegeben von Thomas A. Green. Santa Barbara (Calif.), ABC-Clio, 1998. 2 Bde.
Franke, Patrick, *Begegnung mit Khidr: Quellenstudien zum Imaginären im traditionellen Islam.* Stuttgart, Steiner, 2000.
von Franz, Marie-Louise, *Spiegelungen der Seele.* Küsnacht, Stiftung für Jung'sche Psychologie, 2005.
Gabriel, Alfons, *Durch Persiens Wüsten; Neue Wanderungen in den Trockenräumen Innerirans.* Unter Mitarbeit von Agnes Gabriel-Kummer. Stuttgart, Strecker & Schröder, 1935.
Ǧād al-Mawlā, Muḥammad Aḥmad, *Qiṣaṣ al-ʿArab.* Taʾlīf Muḥammad Aḥmad Ǧād al-Mawlā, ʿAlī Muḥammad al-Baǧāwī, Muḥammad Abu ăl-Faḍl Ibrāhīm. [al-Qāhira,] ʿĪsā al-Bābī al-Ḥalabī, 1373–1375 h. q./1954–1956.

Gaillard, Marina, „Foi héroïque contre magie démoniaque: une lutte exemplaire", S. 109–163, in Gyselen, Rika (Hg.), *Charmes et sortilèges. Magie et magiciens*. Bures-sur-Yvette, Groupe pour l'étude de la civilisation du Moyen-Orient, 2002.
Gaudefroy-Demombynes, Maurice, *Le pèlerinage à La Mekke*. Paris, Geuthner, 1923.
Gaudefroy-Demombynes, Maurice, *Mahomet*. Paris, Albin Michel, 1957.
el-Gawhary, Mohamed M., *Die Gottesnamen im magischen Gebrauch in den al-Buni zugeschriebenen Werken*. Dissertation. Bonn 1968.
al-Ǧawharī, Muḥammad, *ad-Dirāsāt al-ʿilmiyya li-ăl-muʿtaqidāt aš-šaʿbiyya*. al-Qāhira 1978.
al-Ǧawharī, Muḥammad, *ʿIlm al-fūlklūr*. al-Qāhira, 1. Auflage 1975. 4. Auflage: Bd. 1: 1981, Bd. 2: 1980.
Geiger, Abraham, *Was hat Mohammed aus dem Judenthume aufgenommen?* 2. revidierte Auflage: Leipzig, Kaufmann, 1902. Nachdruck: Osnabrück, Biblio Verlag, 1971.
Genequand, Charles, „Autour de la ville de bronze: d'Alexandre à Salomon", in *Arabica* XXXIX.3 (novembre 1992) 328–345.
Gerber, Sophie, *Die Sammlungen Peter W. und Jutta Schienerl*. Diplomarbeit Universität Wien. Fakultät für Sozialwissenschaften, 2008. Betreuer: Christian Feest; vgl. http://othes.univie.ac.at/1382/ Konsultiert am 24. Oktober 2010.
Geyer, Rudolf, *Beiträge zum Dîwân des Ruʾbah*. Wien 1910; Sitzungsberichte der kaiserlichen Academie der Wissenschaften, philosophisch-historische Classe, Bd. 163.3.
Gimaret, Daniel, *Les noms divins en Islam: exégèse lexicographique et théologique*. Paris, Les Editions du Cerf, 1988.
Ginzberg, Louis, *The legends of the Jews*. Philadelphia, Jewish Publication Society of America, 1909–1928. 7 Bde.
Goichon, Amélie Marie, *La vie féminine au Mzab*. Paris, Geuthner, 1927.
Goldziher, Ignaz, *Muhammedanische Studien*. Halle a. S., Niemeyer, 1889–1890.
Goldziher, Ignaz, *Abhandlungen zur arabischen Philologie*. Leiden, Brill, 1896–1899. 2 Bde.
Goldziher, Ignaz, *Vorlesungen über den Islam*. Heidelberg, Carl Winter, 1910; 2. Auflage 1925.
Goldziher, Ignaz, *Die Richtungen der islamischen Koranauslegung: an der Universität Upsala gehaltene Olaus-Petri-Vorlesungen*. Leiden, Brill, 1952.
Goldziher, Ignaz, „Die Ǵinnen der Dichter", in *Zeitschrift der Deutschen Morgenländischen Gesellschaft* 45 (1891) 685–690. Auch abgedruckt in J. Desomogyi (Hg.), *Gesammelte Schriften*. Hildesheim, Olms, 1967–1973: II.400–405.
Goldziher, Ignaz, „Hebräische Elemente in muhammedanischen Zaubersprüchen", in *Zeitschrift der Deutschen Morgenländischen Gesellschaft*, 48 (1894) 358–360. Auch abgedruckt in J. Desomogyi (Hg.), *Gesammelte Schriften*. Hildesheim, Olms, 1967–1973: III.348–350.
Goldziher, Ignaz, „Excurse: Ueber Erscheinungsformen der Ǵinnen I und II", S. 205–210 und 210–212, in I. Goldziher, *Abhandlungen zur altarabischen Philologie*, Teil I. Leiden, Brill, 1896.
Goldziher, Ignaz, „Excurse und Anmerkungen: II. Die Ǵinnen im Islâm", S. 107–117, in I. Goldziher, *Abhandlungen zur arabischen Philologie*, Teil I.
Goldziher, Ignaz, „Der Seelenvogel im islamischen Volksglauben", in *Globus* LXXXIII (1902) 301–304. Auch abgedruckt in J. Desomogyi (Hg.), *Gesammelte Schriften*. Hildesheim, Olms, 1967–1973: IV. 403–406.
Goldziher, Ignaz, „Die Bedeutung der Nachmittagszeit im Islam", V. 23–31, in J. Desomogyi (Hg.), *Gesammelte Schriften*. Hildesheim, Olms, 1967–1973. 1. Veröffentlichung in *Archiv für Religionswissenschaft* IX (1906) 294–302.

Goldziher, Ignaz, „Eisen als Schutz gegen Dämonen", VI.201–206, in J. Desomogyi (Hg.), *Gesammelte Schriften.* Hildesheim, Olms, 1967–1973. 1. Veröffentlichung in *Archiv für Religionswissenschaft* X (1907) 41–46.

Goldziher, Ignaz, „Wasser als Dämonen abwehrendes Mittel", V. 170–196, in J. Desomogyi (Hg.), *Gesammelte Schriften.* Hildesheim, Olms, 1967–1973. 1. Veröffentlichung in *Archiv für Religionswissenschaft* XIII (1910) 20–46.

Goldziher, Ignaz, „Zauberkreise", S. 83–86, in *Aufsätze zur Kultur- und Sprachgeschichte. Vornehmlich des Orients. Ernst Kuhn zum 70. Geburtstag.* Breslau, Marcus, 1916. Und „Nachträge zu meinem Artikel 'Zauberkreise'", in *Zeitschrift der Deutschen Morgenländischen Gesellschaft,* 70 (1916) 272 f. Auch abgedruckt in J. Desomogyi (Hg.), *Gesammelte Schriften.* Hildesheim, Olms, 1967–1973: V. 401–406.

Grimm, Jacob, *Deutsche Mythologie,* Göttingen 1844. Auch als Nachdruck vorhanden (3 Bde.): Hildesheim, Olms, 2001–2003.

Grotzfeld, Heinz, *Das Bad im arabisch-islamischen Mittelalter: eine kulturgeschichtliche Studie.* Wiesbaden, Harrassowitz, 1970.

Grünbaum, M., *Neue Beiträge zur semitischen Sagenkunde,* Leiden, Brill, 1893.

Grünbaum, M., „Beiträge zur vergleichenden Mythologie aus der Hagada", in *Zeitschrift der Deutschen Morgenländischen Gesellschaft* 31 (1877) 183–359.

von Grunebaum, Gustave Edmund, *Kritik und Dichtkunst: Studien zur arabischen Literaturgeschichte.* Wiesbaden, Harrassowitz, 1955.

von Grunebaum, Gustave Edmund, *Arabic poetry: theory and development.* Third Giorgio Levi della Vida Biennial Conference, May 14–16, 1971, Near Eastern Center, University of California, Los Angeles. Wiesbaden, Harrassowitz, 1973.

Guiley, Rosemary Ellen, und Imbrogno, Philip J., *The vengeful djinn: unveiling the hidden agendas of genies.* St. Paul, Minnesota, Llewellyn Enfield: Publishers Group UK [distributor], 2011.

Gwynne, Rosalind Ward, *The „Tafsir" of Abū ʿAlī al-Jubbāʾī: first steps toward a reconstruction, with texts, translations, biographical introduction and analytical essay.* University of Washington 1982 (University Microfilms International, 1982).

Gyselen, Rika (Hg.), *Démons et merveilles d'Orient.* Bures-sur-Yvette, Groupe pour l'étude de la civilisation du Moyen-Orient, 2001 (*Res orientales,* vol. XIII).

Gyselen, Rika (Hg.), *Charmes et sortilèges, magie et magiciens.* Bures-sur-Yvette 2002 (*Res orientales,* vol. XIV).

Gyselen, Rika (Hg.), *Sceaux d'orient et leur emploi.* Bures-sur-Yvette, Groupe pour l'étude de la civilisation du Moyen-Orient, 1997 (*Res orientales,* vol. X).

Hackin, Ria und Kohzad, Ahmad Ali, *Légendes et coutumes afghanes.* Paris, Presses Universitaires de France, 1953.

Ḥamīda, ʿAbd ar-Razzāq, *Šayāṭīn aš-šuʿarāʾ: dirāsa taʾrīḫiyya naqdiyya muqārana, tastaʿīn bi-ʿilm an-nafs.* [al-Qāhira], Maktabat al-Anǧlū al-Miṣriyya, 1375 h. q./1956.

Hammer-Purgstall, Josef von, *Abhandlung über die Siegel der Araber, Perser und Türken.* Wien, Akademie der Wissenschaften, 1850.

Hammer-Purgstall, Josef von, „Geisterlehre der Moslimen", S. 1–42, in: 3. Bd. der *Denkschrift der philosophisch historischen Klasse der Kaiserlichen Akademie der Wissenschaften.* Wien 1852. Sonderdruck. Auch in A. Schimmel (Hg.), *Zwei Abhandlungen zur Mystik und Magie des Islams von Josef Hammer-Purgstall.* Mit Einleitung und Anmerkungen herausgegeben von A. Schimmel als Festgabe der Akademie zum 200. Geburtstag

Hammer-Purgstalls. Wien, Österreichische Akademie der Wissenschaften, 1974; S. 141–203.

Hammer-Purgstall, Josef von, „Das Kamel", in *Denkschriften*. Österreichische Akademie der Wissenschaften, Philosophisch-Historische Klasse, Bd. 6 (1854) 1–84.

Hamori, Andras, *On the art of medieval Arabic literature*. Princeton, Princeton University Press, 1974. „The city of brass", S. 145–163.

Handwörterbuch des deutschen Aberglaubens. Herausgegeben von Hanns Bächtold-Stäubli. Berlin, de Gruyter, 2000.

Harner, Michael J., *Der Weg des Schamanen: das praktische Grundlagenwerk zum Schamanismus*. München, Hugendubel, 1999.

Hartmann, Martin, *Lieder der libyschen Wüste: Die Quellen und die Texte nebst einem Exkurse über die bedeutenderen Beduinenstämme des westlichen Unterägypten*. Leipzig, Brockhaus, 1899.

Hawting, Gerald R., *The idea of idolatry and the emergence of Islam: from polemic to history*. Cambridge, Cambridge University Press, 1999.

Hennecke, Edgar, *Neutestamentliche Apokryphen in deutscher Übersetzung*. 3., völlig überarbeitete Auflage. W. Schneemelcher (Hg.). Bd. 1: *Evangelien*. Bd. 2: *Apostolisches, Apokalypsen und Verwandtes*. Tübingen, Mohr, 1959–1964.

Henninger, Joseph, *Geisterglaube bei den vorislamischen Arabern*. Wien-Mödling, St. Gabriel-Verlag, 1963. Englisch: „Beliefs in spirits among the pre-islamic Arabs", S. 1–54, in Savage-Smith, Emilie, *Magic and divination in early Islam* (The formation of the classical islamic world 42). Aldershot, Ashgate, 2004.

Hentschel, Kornelius, *Ǧinn-Glaube, Zauber- und Heilwesen im heutigen Kairo*. Dissertation. Wien 1987.

Hentschel, Kornelius, *Geister, Magier und Muslime: Dämonenwelt und Geisteraustreibung im Islam*. München, Eugen Diederichs Verlag, 1997. Weitgehend identisch mit vorangehender Dissertation.

Herkommer, Hubert (Hg.), *Engel, Teufel und Dämonen. Einblicke in die Geisterwelt des Mittelalters*. Basel, Schwabe, 2006.

Hermans, Philip, *De wereld van de djinn. Traditionele Marokkaanse geneswijzen*. Amsterdam, Bulaaq, 2007.

Hidāyat, Ṣādiq, *Nayrangistān*. [Tihrān,] Amīr Kabīr, 1342 h. š./1963.

Hofmann, I., und Vorbichler, A., *Der Äthiopenlogos bei Herodot*. Veröffentlichungen des Instituts für Afrikanistik und Ägyptologie der Universität Wien 4. Beiträge zur Afrikanistik, Bd. 3, 1979.

Horovitz, Josef, „Bulūqijā", in *Zeitschrift der Deutschen Morgenländischen Gesellschaft* 55 (1901) 519–525.

Hurwitz, Siegmund, *Lilith – die erste Eva. Eine Studie über dunkle Aspekte des Weiblichen*. Zürich, Daimon, 1980, 1998.

Imhof, Agnes, *Religiöser Wandel und die Genese des Islam: das Menschenbild altarabischer Panegyriker im 7. Jahrhundert*. Würzburg, Ergon, 2004.

ʿĪsā, Hilāl Muḥammad, *Qiṣāṣ al-ǧinn wa-aḫbāru-hum fī ăd-dīn wa-ăt-taʾrīḫ wa-ăl-adab al-ʿarabī*. ar-Riyāḍ, Maktabat ar-Rušd, 1427 h. q./2006.

Jayyusi, Lena, *The adventures of Sayf Ben Dhi Yazan: an arab folk epic*. Translation and narration by Lena Jayyusi. Bloomington, Indiana University Press, 1996.

Jeffery, Arthur, *The foreign vocabulary of the Qur'ān*, Baroda, Oriental Institute, 1938.

Jensen, Ad. E., „Die mythische Vorstellung vom halben Menschen", in *Paideuma. Mitteilungen zur Kulturkunde* 5 (1950/54) 23–43.

Johannes, Dieter, „Der ägyptische 'dib', Wolf oder Ungeheuer", in *Mitteilungen des Deutschen Archäologischen Instituts. Abteilung Kairo* 47 (1991) 187–189.

Johansen, Ulla, „Die Alpfrau: Eine Dämonengestalt der türkischen Völker", in *Zeitschrift der Deutschen Morgenländischen Gesellschaft* 109 (1959) 303–316.

Jung, C. G., *Gesammelte Werke.* Bd. 11: *Zur Psychologie westlicher und östlicher Religion.* Freiburg i. Br., Walter, 1971.

Kahle, Paul, „Zar-Beschwörungen in Ägypten", in *Der Islam* 3 (1912) 1–41.

Keeler, Annabel, *Sufi hermeneutics: the Qur'an commentary of Rashīd al-Dīn Maybudī.* Oxford, Oxford University Press in association with the Institute of Ismaili Studies, 2006.

Khoury, Raif Georges, *Les légendes prophétiques dans l'Islam depuis le 1er jusqu'au 3e siècle de l'hégire d'après le manuscrit d'Abū Rifā'a 'Umāra b. Waṯīma b. Mūsā b. al-Furāt al-Fārisī al-Fasawī: Kitāb Bad' al-ḫalq wa qiṣaṣ al-anbiyā'.* Avec édition critique du texte. Wiesbaden, Harrassowitz, 1978.

Klein-Franke, A. „Die Königin von Saba in der jüdischen Überlieferung", S. 105–110; in Daum, W., *Die Königin von Saba.*

Krawietz, Birgit, „Dschinnen und universelle Ordnung des Islams bei Ibn Taymiyya", in Brunner, R. (Hg.), *Islamstudien ohne Ende: Festschrift für Werner Ende zum 65. Geburtstag.* Würzburg, in Kommission Ergon Verlag, 2002.

Krawietz, Birgit, „Rezension zu: Fatoum, A. A., *Ǧinn-Glaube als islamische Rechtsfrage nach Lehren der orthodoxen Rechtsschulen*", in *Die Welt des Islams* 42.2 (2002) 266–269.

Krawietz, Birgit, und Badeen, Edward, „Islamic reinvention of jinn: Status-cut and success story", S. 93–109, in de la Puente, Cristina (Hg.), *Identidades marjinales.* Madrid, Consejo Superior de Investigaciones Científicas, 2003.

Krawietz, Birgit, und Badeen, Edward, „Eheschließung mit Dschinnen nach Badr al-Dīn al-Šiblī", in *Wiener Zeitschrift für die Kunde des Morgenlandes* 2002 (92) 33–51.

Kriss, Rudolf und Kriss-Heinrich, Hubert, *Volksglaube im Bereich des Islam.* Bd. 1: *Wallfahrtswesen und Heiligenverehrung.* Wiesbaden, Harrassowitz, 1960. Bd. 2: *Amulette, Zauberformeln und Beschwörungen.* Wiesbaden, Harrassowitz, 1962.

Kühn, Herbert, *Kunst und Kultur der Vorzeit Europas: Das Paläolithikum.* Berlin, de Gruyter, 1929.

Kuiper, F. B. J., *Varuṇa and Vidūṣaka. On the origin of Sanskrit drama.* Amsterdam, North-Holland Publishing Company, 1979.

Kuiper, F. B. J., „The basic concept of Vedic religion", in *History of Religions* 15.2 (1975) 107–120.

Lameï, Mahmoud, „Les manuscrits illustrés orientaux dans les institutions publiques suisses II: les manuscrits de la Bibliothèque de la Bourgeoisie de Berne", in *Asiatische Studien* 56.2 (2002) 273–406.

Landolt, Hermann, „Le paradoxe de la 'face de Dieu': 'Azīz-e Nasafī (VIIe/XIIIe siècle) et le 'monisme ésotérique' de l'Islam", in *Studia Iranica* 25.2 (1996) 164–192.

Lane, Edward William, *The manners and customs of the modern Egyptians.* London, Dent; New York, Dutton, [ca. 1892]; London, Dent, 1917. Deutsch: *Sitten und Gebräuche der heutigen Egypter*, London 1856.

Lane, Edward William, *Arabian society in the Middle Ages.* London, Chatto and Windus, 1883.

Lange, Armin et al. (Hg.), *Die Dämonen. Die Dämonologie der israelitisch-jüdischen und frühchristlichen Literatur im Kontext ihrer Umwelt.* Tübingen, Mohr Siebeck, 2003 [Symposion in Tübingen vom 23.–27. Mai 2001].

Lassner, Jacob, *Demonizing the Queen of Sheba: boundaries of gender and culture in postbiblical Judaism and medieval Islam.* Chicago, University of Chicago Press, 1993.

Lazard, Gilbert, „Un texte persan sur la légende de Gayōmart“, in *Journal asiatique* 244.2 (1956) 201–216.

Lebling, Robert, *Jinn. Legends of the fire spirits from Arabia to Zanzibar.* London, Tauris, 2010.

Lecouteux, Claude, *Mondes parallèles: l'univers des croyances du Moyen Âge.* Paris, H. Champion, 2007.

Leemhuis, Fred, „Can you marry a *djinni*? An aspect of *djinn* as persons“, S. 217–228, in Hans G. Kippenberg *et al.* (Hg.), *Concepts of person in religion and thought.* Berlin, New York, Mouton, de Gruyter, 1990.

Leemhuis, Fred, „Epouser un *djinn*? Passé et présent“, in *Quaderni di Studi Arabi,* 11 (1993) 179–192.

Lenz, Oskar, *Timbuktu: Reise durch Marokko, die Sahara und den Sudan: ausgeführt im Auftrage der Afrikanischen Gesellschaft in Deutschland in den Jahren 1879 und 1880.* Leipzig, Brockhaus, 1884.

Librande, Leonard, „Ibn Abī al-Dunyā: Certainty and morality“, in *Studia Islamica* 100/101 (2005) 5–42.

Littmann, Enno, *Arabische Geisterbeschwörungen aus Ägypten.* Herausgegeben, übersetzt und erläutert von E. Littmann. Leipzig, Harrassowitz, 1950.

Loiseleur Deslongchamps, A. Auguste, *Essai sur les fables indiennes et sur leur introduction en Europe, suivi du Roman des sept sages de Rome: en prose. Avec une analyse et des extraits du Dolopathos.* Publié, pour la première fois, d'après un manuscrit de la bibliothèque royale par Le Roux de Lincy. Paris, Techener, 1838.

Lory, Pierre, *La science des lettres en islam.* Paris, Dervy, 2004.

Lory, Pierre, und Regourd, A. (Hg.), *Sciences occultes et islam.* Damas, Institut Français de Damas, 1993.

Luxenberg, Christoph, *Die syro-aramäische Lesart des Koran: ein Beitrag zur Entschlüsselung der Koransprache.* Berlin, Das Arabische Buch, 2000.

Maarouf, Mohammed, *Jinn eviction as a discourse of power. A multidisciplinary approach to Moroccan magical beliefs and practices.* Leiden, Brill, 2007.

Macdonald, Duncan Black, *The religious attitude and life in Islam.* Being the Haskell Lectures on comparative religion delivered before the University of Chicago in 1906. New York, AMS Press, 1970.

al-Maġāwirī, Muḥammad ʿAbduh, *Ḥiwār sāḫīn maʿa ǧinn muslim wa-ǧinn masīḥī.* al-Maṣūra, Maktabat al-Īmān, 1416 h. q./1995.

Maǧrīṭī, *Pseudo-Maǧrīṭī, das Ziel des Weisen.* Studien der Bibliothek Warburg. Leipzig 1933.

Maǧrīṭī, *Pseudo-Maǧrīṭī,* Übersetzung ins Deutsche: von H. Ritter und M. Plessner unter dem Titel: *Picatrix. Das Ziel des Weisen von Pseudo-Maǧrīṭī.* London, The Warburg Institute, University of London, 1962.

Maloney, Clarence (Hg.), *The evil eye.* New York, Columbia University Press, 1976.

von Maltzan, Heinrich, *Meine Wallfahrt nach Mekka: Reise in der Küstengegend und im Innern von Hedschas.* Leipzig, Dyk, 1865. Neuauflage: Tübingen, Erdmann, 1982.

Mann, Oskar, und Hadank, Karl, *Kurdisch-persische Forschungen: Ergebnisse einer von 1901 bis 1903 und 1906 bis 1907 in Persien und der asiatischen Türkei ausgeführten Forschungsreise.* Berlin, Reimer, 1909.

Mannhardt, Wilhelm, *Wald- und Feldkulte.* Hildesheim, Olms, 2002.

Marzolph, Ulrich, *Typologie des persischen Volksmärchens.* Beirut, Orient-Institut der Deutschen Morgenländischen Gesellschaft, und Wiesbaden, Steiner, 1984.
Massé, Henri, *Croyances et coutumes persanes: suivies de contes et chansons populaires.* Paris, Maisonneuve, 1938.
Massignon, Louis, *La passion de Husayn Ibn Mansûr Hallâj: martyr mystique de l'Islam exécuté à Bagdad le 26 mars 922: étude d'histoire religieuse.* Paris, Gallimard, 1975. 1. Auflage: Paris, Geuthner, 1922.
Masson, Denise, *Essai d'interprétation du Coran inimitable.* Traduction par D. Masson. Paris, Gallimard, 1980.
Masson, Denise, *Monothéisme coranique et monothéisme biblique.* Paris, Desclée de Brouwer, 1976.
Mauchamp, Émile, *La sorcellerie au Maroc.* Paris, Dorbon-Ainé, [1911].
Maus de Rolley, Thibaut, *Elévations. L'écriture du voyage aérien à la Renaissance.* Genève, Droz, 2011.
May, Karl, *Ardistan und Dschinnistan 1–2.* Freiburger Erstausgaben: Bd. 31–32; hrsg. von Roland Schmid. Bamberg, Karl-May-Verlag, 1982–1984. Reprint der 1. Buchausgaben von Freiburg i. Br., Fehsenfeld, 1892–1910.
Meier, Fritz, *Maḥmūd Ibn ʿUṯmān. Die Vita des Scheich Abū Isḥāq al-Kāzarūnī. Nach dem arabischen Grundwerk von Ḫaṭīb Imām Abū Bakr Muḥammad b. ʿAbdalkarīm persisch bearbeitet von Maḥmūd Ibn-ʿUṯmān.* Herausgegeben und eingeleitet [...] von Fritz Meier (Dissertation). Leipzig, Brockhaus, 1948.
Meier, Fritz, *Fawāʾiḥ al-ǧamāl wa-fawātiḥ al-ǧalāl des Naǧm ad-Dīn al-Kubrā.* Wiesbaden, Steiner, 1957.
Meier, Fritz, *Bausteine. Ausgewählte Aufsätze zur Islamkunde.* Herausgegeben von Erika Glassen und Gudrun Schubert. Stuttgart, Steiner, 1992. 3 Bde.
Meier, Fritz, *Rückerts Morgenländische Sagen und Geschichten.* Ausgewählt und mit Anmerkungen versehen von Fritz Meier; herausgegeben von Kim Sitzler und Gudrun Schubert. Würzburg, Ergon, 2003.
Meier, Fritz, „Das Problem der Natur im esoterischen Monismus des Islams", in *Eranos-Jahrbuch* 14 (1946) 149–227.
Meier, Fritz, „Some Aspects of inspiration by demons in Islam", in derselbe, *Bausteine,* II.987–995. 1. Veröffentlichung in von Grunebaum, G. E. (Hg.), *The Dream and Human Societies.* Berkeley, University of California Press, 1966.
Meier, Fritz, „Das Volk der Riemenbeinler", in derselbe, *Bausteine,* I.536–563; 1. Veröffentlichung in Wiessner, Gernot (Hg.), *Festschrift für Wilhelm Eilers.* Wiesbaden 1967.
Meier, Fritz, „Orientalische belege für das motiv „nur einmal zuschlagen"", in derselbe, *Bausteine,* I.564–580; 1. Veröffentlichung in *Mélanges d'Islamologie. Volume dédié à la mémoire d'Armand Abel,* 1974.
Meier, Fritz, „Niẓāmī und die mythologie des hahns", in derselbe, *Bausteine,* II.996–1056. 1. Veröffentlichung in *Colloquio sul poeta persiano Niẓāmī e la leggenda iranica di Alessandro Magno.* 1977.
Meier, Fritz, „Ein arabischer bet-ruf", in derselbe, *Bausteine,* I.581–628. 1. Veröffentlichung in *Asiatische Studien* 33 (1979) 153–198, 35 (1981) 67–68.
Meier, Fritz, „Dämonen, Dämonologie, F. Islam, 3", cols 483–484, in *Brepolis Medieval Encyclopaedias = Lexikon des Mittelalters* (Stuttgart, Metzler, [1977]–1999; 10 Bde.). Online: http://www.brepolis.net/bme [konsultiert am 7. November 2006].

Meier, Fritz, „Zum Vorrang des Glaubens und des guten Denkens vor dem Wahrheitseifer bei den Muslimen", in derselbe, *Bausteine*, II.876–925. 1. Veröffentlichung in *Oriens* 32 (1990) 1–49.

Meier, Fritz, „Die stellung des geisterglaubens im islam", unveröffentlichter Vortrag, gehalten am XIX. Deutschen Orientalistentag 1975 in Freiburg i. Br. (Universitätsbibliothek Basel, NL 323:D 4. 3. 11, Schlussfassung des Freiburger Vortrags).

Meier, Fritz, [NL] Nachlass zur Dämonologie: 12 Mappen. Universitätsbibliothek Basel, Handschriftenabteilung, Signatur: NL 323 : D 4.3.1–12.

Meisami, Julie Scott, „Allegorical Gardens in the Persian Poetic Tradition: Nezami, Rumi, Hafez", in *International Journal of Middle East Studies* 17.2 (May 1985) 229–260.

Mershen, Birgit, *Untersuchungen zum Schriftamulett und seinem Gebrauch in Jordanien: dargestellt am Beispiel der Stadt Jarash und ihres ländlichen Umfeldes*. Dissertation. Mainz, s. n., 1982.

Meuli, Karl, *Schweizer Masken*. Zürich, Atlantis-Verlag, 1943.

Mille et un contes, récits et légendes arabes. Par René Basset (Hg.). Paris, Maisonneuve, 1924–1926.

Mischel, Walter, und Mischel Frances, „Psychological aspects of spirit possession", in *American Anthropologist* 60 (1958) 249–260.

Monroe, James T., [Ibn Šuhayd, Abū ʿĀmir Aḥmad] *Risālat at-tawābiʿ wa-ăz-zawābiʿ = The treatise of familiar spirits and demons*. Introduction, translation and notes by James T. Monroe. Berkeley, University of California Press, 1971.

Monroe, James T., „Hispano-Arabic poetry during the caliphate of Cordoba: theory and practice", S. 125–154, in G. E. von Grunebaum (Hg.), *Arabic poetry: theory and development* (Third Giorgio Levi della Vida Biennial Conference, May 14–16, 1971, Near Eastern Center, University of California, Los Angeles). Wiesbaden, Harrassowitz, 1973.

Morabia, A., „Prodiges prophétiques et surnaturel démoniaque selon Ibn Taymiyya", in *Actes du 8ᵉ Congrès de l'Union européenne des arabisants et islamisants* (1976) 161–172.

Morony, Michael G., *Iraq after the Muslim conquest*. Princeton, N. J., Princeton University Press, 1984.

Moynihan, Elizabeth B., *Paradise as a garden: in Persia and Mughal India*. London, Scolar Press, 1980.

Müller, Gottfried, *Ich bin Labīd und das ist mein Ziel: zum Problem der Selbstbehauptung in der altarabischen Qaside*. Wiesbaden, Steiner, 1981.

Müller, Ulrich und Wunderlich, Werner (Hg.), *Dämonen, Monster, Fabelwesen (Mittelalter Mythen 2)*. St. Gallen, UVK, Fachverlag für Wissenschaft und Studium, 1999.

Mūsāpūr, Ibrāhīm, Artikel „Taʿwīḏ", in *Dāniš-nāma-i Ǧahān-i Islām*, VII.569 f. Teheran 1382.

Mūsāpūr, Ibrāhīm, Artikel „Čašm-zaḫm", in *Dāniš-nāma-i Ǧahān-i Islām*, Online-Ausgabe, konsultiert am 1. November 2011 (http://www.encyclopaediaislamica.com/).

Musil, Alois, *Arabia Petraea*. Wien, Hölder, 1907–1908.

Naamouni, Khadija, *Le culte de Bouya Omar*. Casablanca, Ed. Eddif, 1994.

Nagel, Tilman, *Der Koran. Einführung, Texte und Erläuterungen*. München, Beck, 1983.

Nagel, Tilman, *Die Qiṣaṣ al-anbiyāʾ. Ein Beitrag zur arabischen Literaturgeschichte*. Dissertation. Bonn, s. n., 1967.

Nagel, Tilman, „Die 'Grundregel der Auslegung': Zu al-Ġazzālīs Stellung in der Geschichte des sunnitischen Islams". Unveröffentlichter Vortrag; Universität Zürich, 18. Oktober 2012.

Nallino, Carlo Alfonso, *Raccolta di scritti editi e inediti*. A cura di Maria Nallino. Roma, Istituto per l'Oriente, 1939–1948.

Naṣr, Sayyid Ḥusayn, *An introduction to Islamic cosmological doctrines: conceptions of nature and methods used for its study by the Ikhwān al-Safā, Al-Bīrūnī, and Ibn Sīnā.* Cambridge (Mass.), Harvard University Press, 1964.

Németh, Gyula, *Die Türken von Vidin: Sprache, Folklore, Religion.* Budapest [s. n.], 1965.

Neubauer, Eckhardt, „Affe, Laute, Nachtigall. Tiere und Musik im Islam", S. 437–452, in Arnoud Vrolijk, Jan P. Hogendijk (Hg.), *O ye gentlemen. Arabic studies on science and literary culture in honour of Remke Kruk.* Leiden, Brill, 2007.

Neuwirth, Angelika, *Der Koran als Text der Spätantike: ein europäischer Zugang.* Berlin, Verlag der Weltreligionen, 2010.

Nicholson, Reynold Alleyne, *The mystics of Islam.* London, Bell, 1914. Auch reprint: London, Routledge and Kegan, 1966.

Niekrens, Wilhelm, *Die Engel- und Geistervorstellungen des Korans.* Rostock, Universitäts-Buchdruckerei von Adlers Erben, 1906.

Nöldeke, Theodor, *Beiträge zur semitischen Sprachwissenschaft.* Strassburg, Karl J. Trübner, 1904.

Nöldeke, Theodor, *Geschichte des Qorans.* Leipzig, Dieterich'sche Verlagsbuchhandlung, 1909–1929.

Nöldeke, Theodor, *Das iranische Nationalepos.* Berlin und Leipzig, de Gruyter, 1920.

Nöldeke, Theodor, „Die Schlange nach arabischem Volksglauben", in *Zeitschrift für Völkerpsychologie und Sprachwissenschaft* 1 (1860) 412–416.

Nöldeke, Theodor, „Buchanzeige zu Šiblī", in *Zeitschrift der Deutschen Morgenländischen Gesellschaft* 64 (1910) 439–445.

Nöldeke Festschrift. Bezold, Carl (Hg.), *Orientalische Studien: Theodor Nöldeke zum siebzigsten Geburtstag (2. März 1906) gewidmet von Freunden und Schülern.* Giessen, [s. n.], 1906.

Nöldeke-Festgabe. Festgabe für Theodor Nöldeke zum achtzigsten Geburtstage. Göttingen, [s. n.], 1916.

Nünlist, Tobias, *Salomon: Kämpfer wider alles Dämonische. Eine Darstellung anhand arabischer Quellen.* Unveröffentlichte Lizentiatsarbeit. Bern, Institut für Islamwissenschaft, 1993.

Nünlist, Tobias, *Himmelfahrt und Heiligkeit im Islam. Eine Studie unter besonderer Berücksichtigung von Ibn Sīnās Miʿrāǧ-nāmeh.* Bern, Lang, 2002.

Nünlist, Tobias, „Der Dämonenglaube im Bereich des Islams: Eine unbekannte Materialsammlung im Nachlass Fritz Meiers (1912–1998)", in *Asiatische Studien* LVII.4 (2008) 1027–1041.

Nünlist, Tobias, „Von Berittenen und Gerittenen: Aspekte des Dämonenglaubens im Bereich des Islams", in *Asiatische Studien* LXV. 1 (2011) 145–172.

Nünlist, Tobias, „Between change and persistence: Reżā Ǧūlāʾī's short story Mītī-Ǧenn as a mirror of recent social developments in Iran". In print.

Olesen, Niels Henrik, *Culte des saints et pèlerinages chez Ibn Taymiyya.* Paris, Geuthner, 1991.

Omīdsalār, Mahmūd, Artikel „Ǧinn", in *Dāniš-nāma-i Ǧahān-i Islām.* Online-Ausgabe, konsultiert am 1. November 2011 (http://www.encyclopaediaislamica.com/).

Orsini-Sadjed, Sima, „La description de l'arbre de Wâq-Wâq selon les 'Adeptes de la théorie de la métempsychose' rapportée par ʿAziz Nasafi", S. 171–176, in Bacqué-Grammont, Jean-Louis et al. (Hg.), L'arbre anthropogène du Waqwaq, les femmes-fruits et les îles des femmes. Napoli, Università degli studi di Napoli „L'Orientale" und Institut français d'études anatoliennes, 2007.

Ostoia, V. K., „Two riddles of the Queen of Sheba“, in *Metropolitan Museum Journal* 6 (1972) 73–96.

Ott-Koptschalijski, C. und Behringer, W. (Hg.), *Märchen und Mythen vom Fliegen.* Frankfurt a. M., Fischer, 1989.

Pañcatantra: 5 Bücher indischer Fabeln, Märchen und Erzählungen. Aus dem Sanskrit übersetzt mit Einleitung und Anmerkung von Theodor Benfey. Hildesheim, G. Olms, 1966 (reprint); 1. Auflage: Leipzig, 1859.

Pankhurst, R., „Die Königin von Saba in der äthiopischen Tradition“, S. 111–116, in Daum, W. (Hg.), *Die Königin von Saba.* Stuttgart, Belser, 1988.

Paret, Rudi, *Sīrat Saif ibn Dhī Jazan: ein arabischer Volksroman.* Hannover, Lafaire, 1924.

Paret, Rudi, *Die legendäre Maghāzi-Literatur: Arabische Dichtungen über die muslimischen Kriegszüge zu Mohammeds Zeit.* Tübingen, Mohr, 1930.

Pavlovitch, Pavel, „The concept of dahr and its historical perspective in the Ǧāhiliyya and early Islam“, S. 51–59, in Alexander Fodor et al. (Hg.), *Proceedings of the 20th congress of the Union Européenne des Arabisants et Islamisants (Part two), Budapest, 10–17 September 2000.* Budapest, Csoma de Körös Soc, 2003.

Pax, Wolfgang, „Der magische Kreis im Spiegel der Sprache“, in *Forschungen und Fortschritte* xiii (1937) 380.

Peters, J. R. T. M., *God's created speech: a study in the speculative theology of the Mu'tazilî Qâḍî l-Quḍât Abû l-Ḥasan 'Abd al-Jabbâr bn Aḥmad al-Hamaḏânî.* Leiden, Brill, 1976.

Petzold, Leander, „Das Universum der Dämonen und die Welt des ausgehenden Mittelalters“, in Müller, Ulrich und Wunderlich, Werner (Hg.), *Dämonen, Monster, Fabelwesen.* St. Gallen, UVK, Fachverlag für Wissenschaft und Studium, 1999.

Philby, Harry St. John, *The Queen of Sheba.* London, Quartet Books, 1981.

Pielow, Dorothee Anna Maria, *Die Quellen der Weisheit: die arabische Magie im Spiegel des Uṣūl al-Ḥikma von Aḥmad Ibn 'Ali al-Būnī.* Hildesheim, Olms, 1995.

Pielow, Dorothee Anna Maria, *Lilith und ihre Schwestern: zur Dämonie des Weiblichen.* Düsseldorf, Grupello Verlag, 1998.

Pielow, Dorothee Anna Maria, *Der Stachel des Bösen: Vorstellungen über den Bösen und das Böse im Islam.* Würzburg, Ergon, 2008.

Plinius, C. Plinius Secundus der Ältere, *Naturalis historia, Anthropologie* (Naturkunde; Buch 7). Herausgegeben und übersetzt von Roderich König; in Zusammenarbeit mit Gerhard Winkler. [München], Heimeran, 1975.

Pritchard, James B. (Hg.), *The Queen of Sheba.* London, Phaidon, 1974.

Przybilsk, Martin, „Salomos Wunderwurm – Stufen der Adaptation eines talmudischen Motivs in lateinischen und deutschen Texten des Mittelalters“, in *Zeitschrift für deutsche Philologie* 123.1 (2004) 19–39.

Racios, E., „Islamic Exegesis on the Jinn“, in *Studia Islamica* 85 (1999) 127–128.

Ranke-Graves, R., *Die weiße Göttin. Sprache des Mythos.* Aus dem Englischen. Berlin, Medusa Verlag, 1981.

Ranke-Graves, R., *Griechische Mythologie. Quellen und Deutung.* Hamburg, Rowolth, 1984. Original: *The Greek myths.* New York 1955.

Ranke-Graves, R. und Patai, R., *Hebräische Mythologie. Über die Schöpfungsmythen und andere Mythen aus dem Alten Testament.* Hamburg, Rowolth, 1986. Original: *Hebrew myths. The Book of Genesis.* New York 1963.

Redfield, Robert, 1. *The little community;* 2. *Peasant society and culture.* Chicago, The University of Chicago Press, 1960.

Regourd, Anne (Hg.), *Divination, magie, pouvoirs au Yémen.* Roma, Herder, 1995 (= *Quaderni di studi arabi* 13, 1995).

Religion in Geschichte und Gegenwart. 4. Auflage. Tübingen, Mohr Siebeck, 1998–2007. 9 Bde.

Renner, Eduard, *Goldener Ring über Uri: ein Buch vom Erleben und Denken unserer Bergler, von Magie und Geistern und von den ersten und letzten Dingen.* Zürich, Atlantis, 1976.

Repp, Hanna, „Der Genustausch in der Kindersprache des Arabischen und das Komplementärwesen 'Qarīna' – Konzepte des Volksglaubens zur Erklärung eines sprachlichen Phänomens", in *Zeitschrift für arabische Linguistik* 32 (1996) 25–56.

Rescher, Oskar, „Über das 'Geister- und Teufelsbuch' des Schibli (Cairo 1326)", in *Wiener Zeitschrift für die Kunde des Morgenlandes* 28 (1914) 241–252.

Rescher, Oskar, *Beiträge zur arabischen Poesie.* Herausgegeben und übersetzt von Oskar Rescher. Stuttgart, [s. n.], 1953. Basel UB, Handschriftenmagazin, Signatur: AN 92.

Rhani, Zakaria, *Le culte de Ben Yeffou: sainteté, rituel et pouvoir au Maroc.* Thèse de doctorat. Département d'anthropologie, Faculté des arts et des sciences, Université de Montréal. Novembre 2008.

Ritter, Hellmut, *Das Meer der Seele.* Leiden, Brill, 1955; 2. Auflage: 1978.

Ritter, Hellmut, *Pseudo-Mağrīṭī, das Ziel des Weisen.* Studien der Bibliothek Warburg. Leipzig 1933.

Ritter, Hellmut, *Pseudo-Mağrīṭī.* Übersetzung ins Deutsche: von H. Ritter und M. Plessner unter dem Titel: *Picatrix. Das Ziel des Weisen von Pseudo-Mağrīṭī.* London 1962.

Ritter, Hellmut, „Picatrix, ein arabisches Handbuch hellenistischer Magie", S. 94–124; in *Vorträge der Bibliothek Warburg* 1921–1922. Leipzig 1923.

Rodinson, Maxime, „La place du merveilleux et de l'étrange dans la conscience du monde musulman médiéval", S. 167–187, in Arkoun, M. (Hg.), *L'étrange et le merveilleux dans l'islam médiéval: colloque organisé par l'Association pour l'Avancement des Etudes Islamiques.* Paris 1978.

Rösch, Gustav, „Die Königin von Saba als Königin Bilqīs", in *Jahrbuch für Protestantische Theologie* 6.3 (1880) 524–572.

Rückert, Friedrich, *Gesammelte Gedichte.* Erlangen, Carl Heyder, 1834–1838. 6 Bde.

[Rückert, Friedrich,] *Rückerts Morgenländische Sagen und Geschichten.* Ausgewählt und mit Anmerkungen versehen von Fritz Meier; herausgegeben von Kim Sitzler und Gudrun Schubert. Würzburg, Ergon, 2003.

Ṣafā, Ḏabīḥullāh, *Ḥamāsa-sarā'ī dar Īrān: az qadīmtarīn ʿahd-i tārīḫī tā qarn-i čahārdahum-i hiğrī: Taḥqīq dar kayfiyyat-i takwīn wa tadwīn-i riwāyāt-i millī wa naẓm-i ānhā bi-lahğāt-i awistānī wa pahlawī wa darī.* Tihrān, 1945

Salzberger, Georg, *Die Salomo-Sage in der semitischen Literatur.* Berlin-Nikolassee, Harrwitz, 1907.

Salzberger, Georg, *Salomos Tempelbau und Thron in der semitischen Sagenliteratur.* Berlin, Mayer & Müller, 1912.

Sami-Ali, Mahmoud, *De la projection. Une étude psychanalytique.* Paris, Dunod, 2004 (1. Auflage 1970).

Sarkarātī, Bahman, *Parī: taḥqīqī dar hāšiya-i usṭūr-šināsī-i taṭbīqī.* Tabrīz, Dānišgāh-i Tabrīz, 1972.

Savage-Smith, Emilie, *Magic and divination in early Islam.* Aldershot, Ashgate Variorum, 2004.

Schaefer, Karl Rudolf, *Enigmatic charms: medieval Arabic block printed amulets in American and European libraries and museums.* Leiden, Brill, 2006.

Schedl, Claus, „Sulaiman und die Königin von Saba: Logotechnische und religionsgeschichtliche Untersuchungen zu Sure 27.17–44“, S. 305–324, in Roswitha G. Stiegner (Hg.), *al-Hudhud: Festschrift Maria Höfner zum 80. Geburtstag.* Graz, Karl-Franzens-Universität, 1981.

Schedl, Claus, *Muḥammad und Jesus. Die christologisch relevanten Texte des Koran.* Wien, Herder, 1978.

Schienerl, Peter W., *Die antiken Wurzeln des volkstümlichen ägyptischen Schmucks.* Wien, [s. n.], 1980.

Schienerl, Peter W., „Eisen als Kampfmittel gegen Dämonen. Manifestationen des Glaubens an seine magische Kraft im islamischen Amulettwesen“, in *Anthropos* 75.3–4 (1980) 486–522.

Schienerl, Peter W., *Tierdarstellungen im Islam. Am Beispiel des Schmuck- und Amulettwesens.* Göttingen, Edition Herodot, 1984.

Schienerl, Peter W., *Schmuck und Amulett in Antike und Islam.* Aachen, Alano, 1988.

Schienerl, Peter W., *Dämonenfurcht und Böser Blick.* Aachen, Alano, 1992.

Schienerl, Peter W., „Byzanz – Sahara – Nil: zur Genese und Typologie sudanesischer Amulettanhänger“, in *Baessler-Archiv,* Neue Folge 40 (1992) 1–16.

Schienerl, Peter W., „Die Amulettwertigkeit von Schuhwerknachbildungen in der islamischen Welt“, in *Archiv für Völkerkunde* 44 (1990) 163–174.

Schienerl, Peter W., „Der Kamm als Amulett“, in *Baessler-Archiv,* Neue Folge 39 (1991) 13– 27.

Schimmel, Annemarie, *I am wind, you are fire: the life and work of Rumi.* Boston, Shambhala Publications, 1992.

Schmid, Hans et al. (Hg.), *Volkserzählungen aus Palästina: gesammelt bei den Bauern von Bir-Zet und in Verbindung mit Dschirius Jusif in Jerusalem.* Göttingen, Vandenhoeck und Ruprecht, 1918–1930.

Schmidt, Susanne Marianne, „Die *Hawātif al-Ǧinnān:* ein Beitrag zur Geschichte der Islamisierung des Heidentums“. Magisterarbeit. Halle 1997.

Schoeler, Gregor, „Iblīs in the Poems of Abū Nūwās“, in *Zeitschrift der Deutschen Morgenländischen Gesellschaft* 151.1 (2001) 43–62.

Schoeler, Gregor, *Arabische Handschriften, Teil 2* (*Verzeichnis der orientalischen Handschriften in Deutschland,* Bd. 17, Reihe B). Teil 2 unter Mitarbeit von H.-C. Graf von Bothmer, T. Duncker Gökçen und H. Jenni beschrieben von Gregor Schoeler. Stuttgart, Steiner, 1990.

Schöller, Marco, „His Master's Voice: Gespräche mit Dschinnen im heutigen Ägypten“, in *Die Welt des Islams* 41 (2001) 32–71.

Schubert, Gudrun, „Dämon oder Haustier, ungläubig oder heilig. Zur Vielgestaltigkeit der Schlange im Islam“, S. 15–34, in Hornung E. und Schweizer, A. (Hg.), *Die Weisheit der Schlange. Beiträge der Eranos-Tagungen 2003 und 2004.* Basel, Schwabe, 2005.

Schwartz, Martin, „Qumran, Turfan, Arabic Magic, and Noah's Name“, S. 231–237, in Gyselen, Rika (Hg.), *Charmes et sortilèges. Magie et magiciens.* Bures-sur-Yvette, Groupe pour l'étude de la civilisation du Moyen-Orient, 2002.

Séguy, Marie-Rose (Hg.), *Muhammeds wunderbare Reise durch Himmel und Hölle.* München, Prestel, 1977.

Seligmann, Siegfried, *Der böse Blick und Verwandtes: ein Beitrag zur Geschichte des Aberglaubens aller Zeiten und Völker.* Berlin, Hermann Barsdorf, 1910; reprint: Hildesheim, Olms, 1985.

Seybold, C. F., „Miszellen“, in *Zeitschrift der Deutschen Morgenländischen Gesellschaft,* 62 (1908) 568.

Seyed-Gohrab, Ali-Asghar, „Magic in classical Persian amatory literature“, in *Iranian Studies* 32.1 (1999) 71–91.
Seyed-Gohrab, Ali-Asghar, *Laylī and Majnūn: love, madness and mystic longing in Niẓāmī's epic romance.* Leiden, Brill, 2003.
Sezgin, Fuat, *Geschichte des arabischen Schrifttums.* Frankfurt a. M., Institut für Geschichte der Arabisch-Islamischen Wissenschaften an der Johann Wolfgang Goethe-Universität, 1967–2007. 15 Bde.
Sezgin, Ursula, „Al-Masʿūdī, Ibrāhīm b.Waṣīfšāh und das Kitāb al-ʿAǧāʾib: Aigyptiaka in arabischen Texten des 10. Jahrhunderts n. Chr.“, in *Zeitschrift für Geschichte der Arabisch-Islamischen Wissenschaften* 8 (1993) 1–70.
Sezgin, Ursula, „Pharaonische Wunderwerke bei Ibn Waṣīf aṣ-ṣābiʾ und Al-Masʿūdī: einige Reminiszenzen an Ägyptens vergangene Grösse und an Meisterwerke der alexandrinischen Gelehrten in arabischen Texte des 10. Jahrhunderts n.Chr.“ Teil I: 9 (1994) 229–291; Teil II: 11 (1997) 189–249; Teil III: 14 (2001) 217–256; Teil IV: 15 (2003) 281–312; alle in *Zeitschrift für Geschichte der Arabisch-Islamischen Wissenschaften.*
Shahîd, Irfan, „The Kebra Nagast in the light of recent research“, *Le Muséon,* 89 (1976) 133–78.
Shaikh, Khalil, *Der Teufel in der modernen arabischen Literatur: die Rezeption eines europäischen Motivs in der arabischen Belletristik, Dramatik und Poesie des 19. und 20. Jahrhunderts.* Berlin, [s. n.], 1986.
Shalev-Eyni, Sarit, „Solomon, his demons and jongleurs: the meeting of Islamic, Judaic and Christian culture“, in *al-Masāq* 18.2 (September 2006) 145–160.
Sidersky, Denis, *Les origines des légendes musulmanes dans le Coran et dans les vies des prophètes.* Paris, Geuthner, 1933.
Silbermann, Lou H., „The Queen of Sheba in Judaic Tradition“, S. 65–71, in Pritchard, James B. (Hg.), *Solomon and Sheba,* London, Phaidon, 1974.
de Smet, D., „Al-Waqwaq: un chaînon mythique dans le grand cercle de la nature“, S. 205–215, in C. Cannuyer et. al. (Hg.), *L'animal dans les civilisations orientales.* Bruxelles, Société belge d'études orientales, 2001.
de Smet, D., „Anges, diables et démons en gnose islamique“, S. 61–70, in Gyselen, Ryka (Hg.), *Démons et merveilles d'Orient.* Groupe pour l'étude de la civilisation du Moyen-Orient, 2001 (*Res Orientales,* vol. XIII).
Smith, W. Robertson, *Die Religion der Semiten.* Übersetzung aus dem Englischen nach der 2. Auflage von R. Stübe; Vorwort von E. Kautzsch. Freiburg i. Br., Mohr, 1899. Englisch: *Lectures on the Religion of the Semites.* London 1889, zitiert nach 3. Auflage: London 1927.
Smith, W. Robertson, „Zu den Liedern der Hudhailiten“, in *Zeitschrift der Deutschen Morgenländischen Gesellschaft* 39 (1885) 329.
Sonnen, Johannes, *Die Beduinen am See Genesareth: Ihre Lebensbedingungen, soziale Struktur, Religion und Rechtsverhältnisse.* Köln, Bachem, 1952.
Soucek, Priscilla P., „Solomon's Throne, Solomon's Bath: Model or Metaphor?“, in *Ars Orientalis* 23 (1993) 109–134.
Speyer, Heinrich, *Die biblischen Erzählungen im Qoran.* Darmstadt; 2. Auflage: Hildesheim, Olms, 1961.
Stephan, S. H., „Lunacy in Palestinian Folklore“, in *Journal of the Palestinian Oriental Society* 5 (1925) 1–16.
Stiegner, Roswitha G., *Die Königin von Saba in ihren Namen.* Dissertation. Graz 1977.

Strange, Guy Le Strange, *The lands of the eastern Caliphate: Mesopotamia, Persia and Central Asia from the Moslem conquest to the time of Timur.* Cambridge, Cambridge University Press, 1905.

Stumme, Hans, *Tunisische Märchen und Gedichte.* Leipzig, Hinrichs, 1893.

Stumme, Hans, *Märchen und Gedichte aus der Stadt Tripolis in Nordafrika.* Leipzig, Hinrichs, 1898.

Sudhoff, D. (Hg.), *Karl Mays „Ardistan und Dschinnistan".* Paderborn, Igel Verlag Wissenschaft, 1997.

Sunquist, M. E., und Sunquist, F. C., „Family Felidae (Cats)", S. 54–168, in: Don E. Wilson et al. (Hg.), *Handbook of the mammals of the world. 1. Carnivores.* Barcelona, Lynx, 2009.

Teufel, Johann Karl, *Eine Lebensbeschreibung des Scheichs ʿAlī-i Hamadānī (gestorben 1385): die „Xulāṣat ul-manāqib" des Maulānā Nūr ud-dīn Caʿfar-i Badaxšī.* Leiden, Brill, 1962.

Theologische Realenzyklopädie [Elektronische Daten]. Gerhard Müller (Hg.). Berlin, de Gruyter, 2009–.

Thomas, Bertram, *Arabia Felix: across the empty quarter of Arabia.* London, Jonathan Cape, 1932.

Torijano, Pablo A., *Solomon, the esoteric king: from king to magus, development of a tradition.* Leiden, Brill, 2002.

Tritton, A. S., „Spirits and demons in Arabia", in *Journal of the Royal Asiatic Society* 2 (1934) 715–727.

Tritton, A. S., *Materials on Muslim education in the Middle Ages.* London, Luzac, 1957.

Ullendorf, E., „The Queen of Sheba in Ethiopian Tradition", S. 104–114, in Pritchard, James B. (Hg.), *Solomon and Sheba,* London, Phaidon, 1974.

Ullmann, Manfred, *Die Medizin im Islam.* Leiden, Brill, 1970.

Ullmann, Manfred, *Die Natur- und Geheimwissenschaften im Islam.* Leiden, Brill, 1972.

Unvala, Jamshedji Maneckji. *Contribution to modern Persian dialectology: the Lurī and Dizfūlī dialects.* Calcutta, Iran Society, 1959.

Venzlaff, Helga, *Der marokkanische Drogenhändler und seine Ware: ein Beitrag zu Terminologie und volkstümlichem Gebrauch traditioneller arabischer Materia medica.* Wiesbaden, Steiner, 1977.

Venzlaff, Helga, „Ist der Wiedehopf der König der Vögel? Zu Ursprung und Bedeutung einer Swahili-Legende", S. 479–490, in K.-H. Kohl, *Die Vielfalt der Kultur: ethnologische Aspekte von Verwandtschaft, Kunst und Weltauffassung; Ernst Wilhelm Müller zum 65. Geburtstag.* Berlin, Reimer, 1990.

Venzlaff, Helga, *Al-Hudhud: eine Untersuchung zur kulturgeschichtlichen Bedeutung des Wiedehopfs im Islam.* Frankfurt, Lang, 1994.

Venzlaff, Helga, und König, Ditte, „Salomo und das Rätsel der Perle", in *Islam* 62 (1985) 298–310.

van Vloten, G., „Dämonen, Geister und Zauberer bei den alten Araber", in *Wiener Zeitschrift für die Kunde des Morgenlandes* 7: 169–187, 233–247; 8: 59–73.

Vrolijk, Arnoud et al. (Hg.), *O ye gentlemen: Arabic studies on science and literary culture: in honour of Remke Kruk.* Leiden, Brill, 2007.

Vullers, Johann August, *Lexicon Persico-Latinum etymologicum.* Bonnae, Ipensis Ad. Marci, 1855–1864.

Vycichl, Werner, „Der Teufel in der Staubwolke", in *Muséon* 69 (1956) 341–346.

Waardenburg, Jacques (Hg.), *Official and popular religion: analysis of a theme for religious studies*. Edited by Pieter Hendrik Vrijhof and Jacques Waardenburg. The Hague, Mouton, 1979.
Waardenburg, Jacques, „Official and popular religion as a problem in Islamic studies", S. 340–386, in Waardenburg, Jacques (Hg.), *Official and popular religion: analysis of a theme for religious studies*. The Hague, Mouton, 1979.
Watt, W. Montgomery, *Muhammad at Mecca*. Reprint: Karachi 1979. 1. Auflage: Oxford, Clarendon Press, 1953.
Watt, W. Montgomery, *Muhammad at Medina*. Oxford, Clarendon Press, 1956.
Weil, Gustav, *Biblische Legenden der Muselmänner*. Frankfurt a. M., Literarische Anstalt, 1845.
Weipert, Reinhard, und Weninger, Stefan, „Die erhaltenen Werke des Ibn Abī d-Dunyā. Eine vorläufige Bestandsaufnahme." in *Zeitschrift der Deutschen Morgenländischen Gesellschaft*, 146 (1996) 415–455.
Wellhausen, Julius, *Reste arabischen Heidentumes*. 1887. Reprint: Berlin, de Gruyter, 1961.
Wellhausen, Julius (Hg.), [al-Wāqidī, Muḥammad b. ʿUmar], *Muhammed in Medina: das ist Wakidi's Kitab al Maghazi in verkürzter deutscher Wiedergabe*. Berlin, Reimer, 1882.
Wensinck, Arent Jan, *Concordance et Indices de la tradition musulmane: les six livres, le Musnad d'Aldārimī, le Muwaṭṭaʾ de Mālik, le Musnad de Aḥmad ibn Ḥanbal*. Leiden, Brill, 1936–1988.
Wensinck, Arent Jan, *The Muslim creed: its genesis and historical development*. London, Cass, 1965.
Wensinck, Arent Jan, *Studies of A. J. Wensinck*. New York, Arno Press, 1978 (Reprint). Enthält: 1. *The navel of the earth;* 2. *The ocean in the literature of the Western Semites;* 3. *Tree and birds as cosmological symbols in Western Asia*. Erstmals erschienen in den „Verhandelingen der Koninklijke Akademie van Wetenschappen", 1917–1921, Nachdruck der Ausgabe von: Amsterdam, Johannes Müller, 1916–1921.
Wensinck, Arent Jan, „The etymology of the arabic djinn (spirit)", in *Verlagen en Mededeelingen der Koninklijke Akademie van Wetenschappen. Afdeeling Letterkunde*. Vifde Reeks, Vierde Deel. 1920. S. 506–514 und 514a–e.
Wensinck, Arent Jan, „The Semitic New Year and the origin of eschatology", in *Acta Orientalia* 1 (1923) 158–199.
Wensinck, Arent Jan, „Quelques remarques sur le soleil dans le folk-lore des Sémites", S. 267–277, in *Mémorial Henri Basset, Nouvelles études nord-africaines et orientales*. Paris, P. Geuthner, 1928.
Westermarck, Edward, *Marriage ceremonies in Morocco*. London, Macmillan, 1914.
Westermarck, Edward, *The belief in spirits in Morocco*. Åbo:Akademi, 1920.
Westermarck, Edward, *Ritual and belief in Morocco*. New Hyde Park, N. Y., University Books, 1968. 1. Auflage: London, Macmillan, 1926.
Westermarck, Edward, *Survivances païennes dans la civilisation mahométane*. Paris, Payot, 1935.
Westermarck, Edward, *Pagan survivals in Mohammedan civilisation*. London, Macmillan and Co, 1933, Nachdruck: Amsterdam, Philo Press, 1973.
Wheeler, Brannon M., *Prophets in the Quran: an introduction to the Quran and Muslim exegesis*. Selected and translated by Brannon M. Wheeler. London, Continuum, 2002 (Comparative Islamic studies).
Wieland, Almut, *Studien zur Ǧinn-Vorstellung im modernen Ägypten*. Würzburg, Ergon, 1994.

Wieland, Christoph Martin, *Dschinnistan, oder, auserlesene Feen- und Geistermärchen.* Alterswerke: Herausgegeben von Friedrich Beissner. Hildesheim, Weidmann, 1987.

Wilcox, Clifford, *Robert Redfield and the development of American anthropology.* Lanham, Md., Lexington Books, 2004.

Winkler, Hans Alexander, *Siegel und Charaktere in der Muhammedanischen Zauberei.* Berlin, de Gruyter, 1930.

Winkler, Hans Alexander, *Salomon und die Ḳarīna; Eine orientalische Legende von der Bezwingung einer Kindbettdämonin durch einen heiligen Helden.* Stuttgart, Kohlhammer, 1931.

Winkler, Hans Alexander, *Die reitenden Geister der Toten: eine Studie über die Besessenheit des ʿAbd er-Râḍi und über Gespenster und Dämonen, Heilige und Verzückte, Totenkult und Priestertum in einem oberägyptischen Dorfe.* Stuttgart, Kohlhammer, 1936.

Witkam, Jan Just, „Gazing at the sun. Remarks on the Egyptian magician al-Būnī and his work", S. 183–199, in Arnoud Vrolijk und Jan P. Hogendijk (Hg.), *O ye gentlemen. Arabic studies on science and literary culture: in honour of Remke Kruk.* Leiden, Brill, 2007.

Wohlstein, Herman, „Zur Tier-Dämonologie der Bibel", in *Zeitschrift der Deutschen Morgenländischen Gesellschaft* 113 (1963) 483–492.

Wohlstein, Herman, „Zu einigen Zaubermotiven in der biblischen Umwelt", in *Zeitschrift der Deutschen Morgenländischen Gesellschaft* 117 (1967) 223–231.

Yamamoto, Kumiko, *The oral background of Persian epics: storytelling and poetry.* Leiden, Brill, 2003.

Zbinden, Ernst, *Die Djinn des Islam und der altorientalische Geisterglaube.* Dissertation. Bern, Haupt, 1953.

Zwemer, Samuel Marinus, *The influence of animism on Islam: an account of popular superstitions.* New York, [s. n.], 1920.

15 Index

Da die Begriffe *ǧinn*, *Dämonen* und *Geister* in dieser Untersuchung auf nahezu jeder Seite vorkommen, werden sie im Index nur in ausgewählten Fällen aufgeführt. Die Angaben verweisen auf die Seiten. Falls ein Begriff auf einer Seite nur in den Anmerkungen enthalten ist, wird die Stelle präzisiert.

Aaron 115 (Anm. 97), 421 (Anm. 73), 422 (Anm. 76)
Aas, aasfressend 136, 188, 251
Aasgeier 446
Abār; siehe auch Wabār 214 f.
Abār b. Amīm 214
ʿAbbās b. Mirdās 226 f., 254
ʿAbd al-Ǧabbār 106–108, 274
ʿAbd al-Malik b. Marwān (5. Umayyaden-Kalif) 436 (Anm. 128)
ʿAbd al-Qādir al-Baġdādī 371 (mit Anm. 371)
ʿAbd al-Qādir al-Kīlānī 384 f., 387
ʿAbd ar-Rāḍī 266–270
ʿAbd ar-Raḥmān b. Bišr 335
ʿAbdallāh b. ʿAmr b. al-ʿĀṣ 83
ʿAbdallāh b. Hilāl al-Ḥamīrī 280
ʿAbdallāh b. ʿUmar 208
ʿAbdallāh b. az-Zubayr 158, 244 (Anm. 282), 255
Abel 45, 158, 288 (Anm. 209)
Abend; siehe auch Nacht 39, 110, 119, 149 f., 160, 184 f., 201, 209, 219, 221–223, 228 (Anm. 204), 236, 275, 295, 352, 421, 439 (Anm. 143), 440 f., 443, 494–496, 509
Aberglaube, abergläubisch 4, 200, 508 (Anm. 5)
abgeschieden, Abgeschiedenheit; siehe auch Einsamkeit 35 f., 200, 267, 327, 398
Abisag 418
Abort; siehe auch Latrine 197 (Anm. 26), 207, 218
ʿAbqar 214, 215 (Anm. 137)
ʿabqarī, ʿabqaritisch 63, 214, 250 (Anm. 22)
Abraham; siehe auch Ibrāhīm 46, 405, 408 (Anm. 16), 411, 422 (Anm. 76), 480 f.
Abraq al-ʿAzzāf 215 (Anm. 136)
Absalom 410 (Anm. 24), 411, 417
Abtar-Schlange 118 f., 132, 209 (Anm. 97)
Abu ăl-ʿĀliyya 126
Abū Ayyūb al-Anṣārī 182
Abū Bakr (1. Kalif) 328, 333, 366
Abū Bakr b. ʿUbayd 209
Abu ăl-Baqāʾ al-ʿUkbarī al-Ḥanbalī 89 (Anm. 125)
Abu ăl-Bilād aṭ-Ṭuhawī 188
Abū Dāwūd, *Sunan* 42 (Anm. 77), 85 (Anm. 103), 109 (Anm. 59), 116 (Anm. 105), 118 (Anm. 116), 119 (Anm. 121), 124 (Anm. 157), 132 (Anm. 212), 143 (Anm. 274), 206 (Anm. 82), 221 (Anm. 162), 278 (Anm. 165), 287 (Anm. 203), 290 (Anm. 217), 296 (Anm. 23), 310 (Anm. 91), 366 (Anm. 345), 379
Abū Duǧāna 243
Abū Ǧaʿfar Muḥammad b. ʿAlī 205
Abū Ǧahl 155
Abu ăl-ǧinn 56, 63 (Anm. 134), 103
Abū Ḥāmid al-Hindī 391 f.
Abū Ḥamza aṯ-Ṯumālī 334
Abū Ḥanīfa (Gewährsmann) 97, 98 (Anm. 167), 332 (Anm. 184)
Abū Ḫayṯama 277
Abu ăl-Huḏayl 34 (Anm. 34)
Abū Hurayra (Gewährsmann) 47, 62, 85, 101 (Anm. 12), 108, 170 (Anm. 457), 229, 256 (Anm. 52), 276, 309 (Anm. 89), 365
Abū Kilāb al-Ḥaǧǧāǧ b. ʿIlāṭ as-Sulamī 377
Abū Lahab 329 (Anm. 171)
Abū Lubāba b. ʿAbd al-Munḏir al-Anṣārī 122, 208
Abū Miḥǧan 149 f.
Abū Muǧīr 167
Abū Murra, al-Ḥāriṯ Abū Murra 63
Abu ăn-Naǧm al-Iǧlī 250, 352 f.
Abū Nuʿmayy 205
Abū Nuwās 170 f., 257, 259, 358

Abu ăl-Qāsim b. ʿAsākir 102 (Anm. 15)
Abu ăl-Qāsim al-Faḍl b. Sahl al-Ḥarīrī 404 (Anm. 152)
Abu ăl-Qāsim as-Suhaylī 133, 151
Abū Qubays (Berg) 328, 331
Abū Rağā' al-ʿUṭāridī 226
Abū Rifāʿa 320
Abu ăs-Sā'ib 121
Abū Saʿīd al-Ḫudrī 77 (Anm. 55), 121, 204, 209 (mit Anm. 97), 216, 277, 310, 515 (Anm. 42)
Abu ăs-Simṭ Marwān b. Abi ăl-Ğanūb 353 (Anm. 287)
Abū Ṭalḥa 132
Abū Ṭālib 72
Abū Ṭālib Aḥmad b. al-Ḥusayn az-Zayyāt 404 (Anm. 152)
Abū Ṭufayl 82, 147
Abū ʿUbayd 94 (Anm. 143), 357, 363 (Anm. 336)
Abū ʿUmar b. ʿAbd al-Barr 92, 377 (Anm. 18)
Abū ʿUṯmān ʿAmr b. ʿUbayd 274 (Anm. 147)
Abu ăl-Wağīh al-ʿUklī 256
Abū Yaʿlā Muḥammad b. al-Ḥusayn b. al-Farrā' al-Ḥanbalī; siehe auch Ibn al-Farrā' 105 (Anm. 37), 112 (mit Anm. 78)
Abū Yaʿqūb ʿUṯmān b ʿAbdallāh as-Salālğī al-Uṣūlī 223
Abū Yāsīn 338
Abū Yazīd (Grammatiker) 161
Abū Zāġiya 358 f.
Abū Zayd al-Anṣārī 161 (Anm. 390)
Abū Ziyād 149
Abyaḍ 394 *(al-malik al-abyaḍ)*, 401 (Anm. 140)
Achämeniden 443 (Anm. 159), 524
ʿĀd (Stamm) 170 (Anm. 457), 171, 174, 175 (Anm. 487), 211 f., 215 (Anm. 137), 244 (Anm. 287)
Ādam, Adam 43, 45 f., 51–53, 56, 58, 63, 94, 123, 125 f., 225 (Anm. 187), 260, 296, 311, 405, 422, 425, 432 f., 477 (Anm. 276)
Ādam, Stellvertreter *(ḫalīfa)* Gottes auf Erden 45, 51
Ādams Sündenfall 125–127
Adler 140 (Anm. 255), 323, 437 f., 446, 486
Adonija 411, 417 f.
ʿAḍrafūt-Eidechse 249 f.
al-Adras 78 (Anm. 57)
ʿaḍud; siehe auch Oberarm 399
ʿAḍud ad-Dawla 386 (Anm. 66)
ʿAffān 426, 439 (Anm. 141)
Affe 118 (Anm. 115), 169, 173, 178, 179 (Anm. 506), 180 (Anm. 513), 251 f., 349
Affenmenschen 169 (Anm. 444)
Afghanistan 202 (Anm. 54), 203 (Anm.58), 348 (Anm. 260)
Afḫam 78
ʿAfrā 336
Afrika 9, 202 (Anm. 54), 260–262, 269, 428, 524
Afšār, ʿAlī-i Afšār 197 (Anm. 28)
al-ʿAğğāğ, Abu ăl-Šaʿṯā' b. Ru'ba al-ʿAğğāğ 352–354
ʿAğmān (?) 522 (Anm. 89)
Ägypten, ägyptisch; auch Oberägypten 9–11, 15 (Anm. 64), 27 (Anm. 2), 39, 66 (Anm. 156), 67, 127 (Anm. 174), 128, 131, 142 (Anm. 267), 145, 169 (Anm. 444), 266 f., 289, 299 f., 303 (Anm. 61), 436 (Anm. 128), 452 (Anm. 200), 508 (Anm. 5), 524
ahl al-arḍ; siehe auch *sākin al-arḍ* 122 f., 195, 222, 243 f. (Anm. 282), 449, 467, 502 (Anm. 385)
ahl al-bidʿa 89, 96
ahl al-falsafa, *ahl-i falsafa* 104
ahl al-hawā', *ahl al-ahwā'* 88 (Anm. 116)
ahl as-sunna 89, 96
Aḥmad al-Ḫarūf, *muftī* 167 (Anm. 433)
Aḥmar (Engel) 401 (Anm. 140)
al-Aḥqab 78 (Anm. 57)
Ahriman 237 (mit Anm. 257)
al-Aḫṣam 78 (Anm. 57)
Ahura Mazda 237 (mit Anm. 257), 300 (Anm. 44)
ahyā šarahyā 393
ʿĀ'iša (Ehefrau des Propheten) 108–110, 119 (Anm. 120), 308, 309 (Anm. 87), 311, 365 f.
ʿĀ'iša al-Qandīša 508 (Anm. 5)
Akronychie 181 (mit Anm. 524)
Āl 144
Āl al-ʿAdām 323

Āl-i Aḥmad, Ǧalāl 12
ʿAlʿāl 469
Alchemie 518
Alexander der Große; siehe auch Ḏū ăl-Qarnayn 405 (Anm. 1), 415, 428, 444, 505
Alexanderroman 260
Alexandersage 261
Alexanderzyklus 262, 415
ʿAlī b. Abī Ṭālib 87, 91, 130, 141, 155 (Anm. 350), 157 (Anm. 359), 196 (mit Anm. 19), 232 (Anm. 219), 243, 272 (Anm. 131), 320 (Anm. 175), 327 (Anm. 165), 332 (Anm. 184)
ʿAlīs Kampf gegen die *ǧinn* 91 (Anm. 130)
ʿAlī b. al-Ǧahm 354 (Anm. 287)
allein, Alleingänger, Alleinsein; siehe auch Einsamkeit 35 (Anm. 44), 37, 165 (mit Anm. 422), 176, 183 (Anm. 539), 201, 258, 313, 327, 349, 386 (Anm. 66)
Aloeholz; siehe auch *ʿūd* 394 (Anm. 100), 400, 471
Alp, Alpfrau, Alpgeister 256, 270, 312 (Anm. 104), 313 (Anm. 104)
ʿAlqama 94 (Anm. 147), 297
ʿAlqama b. ʿAbada 362 f.
ʿAlqama b. Ṣafwān b. Umayya b. Muḥarrab al-Kinānī 165 f.
Alraun 178
alt, Alter, der *ǧinn* 43 (Anm. 6), 95 (Anm. 147), 103 (Anm. 21), 121 (Anm. 134), 149, 158 (mit Anm. 368), 163, 173, 329 (ein *šayḫ*, 280 Jahre alt), 356 (mit Anm. 314), 369–372
alter ego 292, 301 (Anm. 52)
al-Aʿmāš 517
Ambra 400, 438, 471
Ameise 123, 129, 248 (Anm. 11), 448 f., 454, 456, 462 (Anm. 230)
Amīna 454, 487 (Anm. 327), 495–497
ʿāmir, pl. *ʿummār*, *ʿawāmir*; siehe auch Hausgeister 68, 114, 121 f., 198, 208, 209 (Anm. 97), 243, 251 (Anm. 27), 280, 281 (Anm. 179), 388 (Anm. 68)
ʿĀmir aš-Šaʿbī 54 (Anm. 76), 311 f.
ʿamlūq 171 (Anm. 462)
ʿAmmār b. Yāsir 157
Ammenmärchen 91, 181
Amnon 411, 417
amorph 203, 206, 376, 487
ʿAmr b. ʿAbbād 469 f.
ʿAmr b. ʿAdī 511
ʿAmr b. al-ʿĀṣ 83, 225 (Anm. 181)
ʿAmr b. Ǧābir 78 (Anm. 57), 80, 119
ʿAmr b. al-Ǧawmāna 120 (Anm. 130)
ʿAmr b. al-Ḥāriṯ 363
ʿAmr b. al-Ḥāriṯ b. Abī Šāmir al-Ġassānī 361
ʿAmr b. Kulṯūm 360
ʿAmr b. Qaṭan (Ǧuhunnām) 351 (mit Anm. 275)
ʿAmr b. ʿUbayd 511
al-amr bi-ăl-maʿrūf wa-ăn-nahy ʿan al-munkar 97 (Anm. 160), 118 (Anm. 112)
ʿAmr Ḏū ăl-Aḏʿār 467–469
ʿAmra bint ʿAbd ar-Raḥmān 283
Amulette; siehe auch Talismane 11, 42, 193, 232, 243, 251 (Anm. 27), 285, 288 (Anm. 210), 289, 335 f., 338 (Anm. 207), 374, 378 (Anm. 21), 388 (Anm. 70), 393 (Anm. 96), 395 (Anm. 104), 396, 399 (Anm. 125, 127), 406, 524 f.
Anas b. Mālik 98, 158, 229 (Anm. 209)
ʿanbar 400
Andalusien 428
Angelologie; siehe auch Engel 60
Angst, verängstigt; siehe auch Furcht 5, 36 f., 129, 231, 252, 329, 386 (Anm. 66), 516
Anīn 78 (Anm. 57)
ʿĀniyāʾīl 401 (Anm. 140)
ʿAnqāʾ 181 f., 417
anthropomorph, *ǧinn* in der Gestalt von Menschen 113, 152–191
Anthropomorphisten 88 (Anm. 116)
Antiochia 439
apotropäisch; siehe auch Schutzmittel 109, 156 (Anm. 350), 183, 247 (Anm. 4), 254 (Anm. 43), 285, 375, 378, 386, 390, 400, 406
Apsū 491
ʿaqd al-lisān 397
Aqṣā-Moschee 480
araḍa; siehe auch *dābbat al-arḍ* und Termite 504 (Anm. 392)
ʿArafa 320

Arauna 483 (Anm. 304)
al-ʿArǧ 80 (mit Anm. 70)
arnab; siehe auch Hase 251
al-Arqam 78 (Anm. 57)
ʿarrāf (Seher) 317 (Anm. 123), 322
ʿarrāfa (Seherin) 316
al-arwāḥ al-arḍiyya 195 (Anm. 16)
al-arwāḥ as-sufliyya 195 (Anm. 16)
Arzt, Ärzte, ärztlich 10, 31, 178, 316, 335 f., 375, 451
Aʿšāʾ 38 (Anm. 59), 332 f., 345, 347 f., 351 f., 354, 360, 371–373
Aʿšāʾ Maymūn 350
Aʿšāʾ Sulaym 349 f.
Asad b. ʿAbdallāh 348 (Anm. 260)
Asadī Ṭūsī, *Garšāsp-nāma* 21 (Anm. 108), 175 (Anm. 486), 522 (Anm. 89)
Āṣaf b. Baraḫiyā 453, 494
Ašʿarī 273
al-Ašʿarī, Abū Mūsā al-Ašʿarī (Gouverneur von Baṣra) 319
Ašʿariten 105
Āsiya bint Muzāḥim 489
ʿAslahāʾīl 401, 402 (Anm. 140)
aslama 76, 89 (Anm. 46), 307 (Anm. 78), 308
Asmāʾ bint Abī Bakr 328
al-asmāʾ al-ḥusnā; siehe auch Gottesnamen 398
Aṣmaʿī 190, 243, 360, 363 (Anm. 336)
ʿAṣmāʾīl 401, 402 (Anm. 140)
Ašmedai 486
Assyrer 8
Astarte 492
Astrologie 289 f.
ʿĀšūrā-Zeremonie 332 (Anm. 184)
Athene (Göttin) 138
ʿAṯm (Eilbote der *ǧinn*) 334
ʿAṭṭār, Farīd ud-Dīn 83 (Anm. 90), 197 (Anm. 28), 387 (Anm. 66), 426 (Anm. 90), 433, 443, 445, 522
Audition 342
aʿūḏu 376 (Anm. 17)
Auferstehung (am Jüngsten Tag) 28, 91 f., 95, 128, 383, 489
Aufhocker, aufhocken 259–265
Auge 102 (Anm. 16), 103 f., 111, 136 (Anm. 233), 163, 166, 171 f., 175 (Anm. 486), 189, 192, 213, 234, 268, 320, 337, 339, 348 (Anm. 263), 411, 424, 442, 455
Auge, gespalten 516
Auge, Schlitzauge 192
Auge, senkrecht ausgerichtet 255 (Anm. 46), 516 (mit Anm. 54)
Augenlicht rauben 119, 209 (Anm. 97: Sehkraft)
Aussehen der Dämonen; siehe Gestalt
Austreibung (der *ǧinn*), austreiben; siehe auch Beschwörung, Exorzismus, Geisterbeschwörung 12, 142 (Anm. 266), 266, 269, 286, 288, 291
Avesta 462 f., 519 (Anm. 68)
al-Aʿwar 55
ʿawra 207
axis mundi; siehe auch Weltachse 488 f.
Ayātkār i Žāmāspīk 264
al-ʿAyn; siehe auch Blick, Böser, *čašm*, *čašm-i zaḫm* 42 (Anm. 77), 236 (Anm. 249), 284 (Anm. 195), 290 (Anm. 217), 348 (Anm. 263)
ʿAyn al-Quḍāt al-Hamadānī 335
az mā bihtarān 219 (Anm. 155), 244 (Anm. 284), 279 (Anm. 170)
ʿazama 280 f., 288 (Anm. 207)
ʿAzāzīl, ʿAzāzīl-Iblīs 44 f.
aždahā 258
Aždahak; siehe auch Ḍaḥḥāk 428
ʿazīf al-ǧinn 202, 215 (Anm. 136)
ʿazīf ar-raml 202
ʿazīma, pl. *ʿazāʾim* 42 (arabischer Text), 46, 281 (Anm. 179), 288 (Anm. 209), 291, 340 (Anm. 219), 387 (Anm. 66), 390–393, 395, 401, 404
ʿAzīz-i Nasafī 176–179
Azraqī 17, 72 (Anm. 20), 82, 147, 148 (Anm. 299)

Babylon, Babylonien, Babylonier, babylonisch 8, 145, 479 (Anm.284), 491, 493, 497–500
Bad, Bäder 197, 199, 207, 211, 217 (Anm. 150), 218, 240, 252, 261, 413, 520
Badaḫšī, Ǧaʿfar-i Badaḫšī 69, 87, 95 (Anm. 147), 148, 152 (Anm. 324), 183 (Anm. 539), 207 (Anm. 87)

Badr, Badr-Tag 155, 318, 327 (Anm. 165), 330, 368
Baġdād, Bagdad, Baghdad 105 (Anm. 37), 149 (Anm. 311), 222, 283 (Anm. 195), 326, 384–386, 517 (Anm. 59)
al-baḥr al-muḥīṭ, *Baḥr-i Muḥiṭ*; siehe auch Ozean, Meer 53, 178, 491
Baḥrāmūn 411
Bahrānī 162 (Anm. 394), 347, 510 (Anm. 13), 512 (Anm. 24)
Baḥrayn 318 (Anm. 129), 522 (Anm. 89)
baḫūr; siehe auch Weihrauch 390 f., 400
balā' (Unheil) 233, 338
Bal'amī 17, 43 (Anm. 7), 44 (Anm. 8), 52 (Anm. 59), 69 (Anm. 2), 406 (Anm. 4), 426 (Anm. 90)
Balīnās 404 (Anm. 152)
Balqama bint 'Amr b. 'Umayr al-Ǧinnī 465
Banāt al-mā' 163, 204
Bann, bannend; siehe auch dämonenbannend, Verbannen 251 (Anm. 27), 374–404
Bannkreis; siehe auch Kreis 152 (Anm. 324), 376, 384, 386
Banū 'Amr b. Yarbū' 162
Banū Asad 215 (Anm. 136)
Banū Fazāra, Fazāra 215 (Anm. 136), 254
Banū Fihr 333
Banū ăl-ǧānn 44, 46, 203, 288 (Anm. 209)
Banū Ḥāšim 322
Banū Iqlīqī (?) 78 (Anm. 58)
Banū Ka'b 328
Banū Maḫzūm 166 (Anm. 425)
Banū Mālik 149
Banū Naǧāḥ 192
Banū Numayr 356
Banū Qurayẓa 117
Banū Sa'd 213 (Anm. 128)
Banū Sahm 82 (mit Anm. 84), 318
Banū Šayba 83
Banū ăš-Šayṣabān 120, 149 f., 318, 349 (Anm. 265), 361 (Anm. 328), 362, 363 (Anm. 336), 449
Banū Tamīm 161
Banū Uqays 120
Baqī' al-Farqad-Friedhof 381
al-Bāqillānī, Abū Bakr al-Bāqillānī 105
Baqqār 215 (Anm. 137)
Barā' b. 'Azīb 365, 367
Barāhūt 215 (Anm. 137)
barīd; siehe auch Bote 330 f.
Barqān 401 (Anm. 140)
bašar (menschliche Wesen) 62, 134 (Anm. 218), 170
basmala 386, 396
Baṣra 31 (Anm. 20), 34 (Anm. 34), 215 (Anm. 136), 227 (Anm. 198), 318 (Anm. 129), 319, 332, 342 (Anm. 259), 356 (Anm. 302), 357 (Anm. 307)
Baššār b. Burd 349
Batseba 409–411, 418
Bau, Bauen, Bauwerke 45, 63, 69 (Anm. 2), 147, 155 (Anm. 343), 197, 216 f., 218 (Anm. 150), 249, 282, 405 (Anm. 1), 429, 431 f., 438, 441 f., 448, 455 f., 463 f., 468, 475 f., 480–485, 487, 489 f., 492, 506
Baum, Bäume 81, 98 (Anm. 171), 126, 163, 174, 175 (Anm. 484), 177–179, 187, 196 f., 210 f., 237, 263–266, 335, 431, 446, 450–452, 488 (Anm. 332), 503 f.
Baum des Wissens 45, 260 (Anm. 66)
Baumdämon 210 (Anm. 103)
Baumeister, *ǧinn* als Baumeister; siehe auch Bauen 217 (mit Anm. 145), 432
Bayḍāwī (Korankommentator) 16, 41, 71 (Anm. 11), 105 (Anm. 35), 294 f., 300 (Anm. 46), 305 (Anm. 68), 367 (Anm. 353), 412 (Anm. 34), 414 (Anm. 39), 419 (Anm. 62), 429 (Anm. 105), 437, 446 (Anm. 173), 447, 449, 453 (Anm. 203), 473 (Anm. 258), 477 (Anm. 274), 478 (Anm. 283), 481, 493 (Anm. 352), 502 (Anm. 382), 503 (Anm. 390), 504 (Anm. 391), 506
Bayhaqī 314
bayt al-maqdis 480, 489
bayt maskūn 222, 278 f.
Bdellium; siehe auch *muql azraq* 391, 394 (Anm. 100)
Bedienstete (unter den *ǧinn*) 34 (Anm. 34), 280
Beduinen 37, 66 (Anm. 155), 129, 211,

248–250, 257, 259, 326, 338–340, 510, 512 (Anm. 23)
Begleitdämon; siehe auch Folgegeist 122, 305–307, 310, 313, 316, 318–320, 323–325, 346 (Anm. 250), 350, 352 f., 355, 364
Begleitgeist 303–306, 310, 315
Begrüßung, zwischen Menschen und Dämonen 297
Beigesellen; siehe auch *širk*, Polytheismus 42, 70, 75
Beischlaf; siehe auch Geschlechtsverkehr, Schlaf 186, 284, 454, 498 (Anm. 364), 510 (Anm. 17), 514
Belohnung der *ǧinn* im Jenseits 91, 94–99, 151
Ben Yeffu 12
Benaja 418
Benzoeharz 400, 402 (Anm. 142)
Beräucherungen 46
Berg, Berge, bergig; siehe auch Qāf 43, 64, 73 (Anm. 21), 100 (Anm. 3), 104, 148 f., 158, 164, 172, 173 (Anm. 473), 175 (Anm. 486), 187, 197, 200 f., 205 f., 210, 215–217, 228, 328, 331, 343, 375, 381 f., 424 f., 430–432, 486, 488, 505
Bergraute 402 (Anm. 142)
beritten; siehe auch reiten 247, 256–260, 262, 292, 296, 352, 354 (Anm. 288)
Beschleunigungsformel 393, 402
Beschwörer, Beschwörung; siehe auch Austreibung, Exorzismus, Geisterbeschwörung 42, 45, 223, 228 (Anm. 204), 245, 272, 280 f., 284 (Anm. 195), 288, 290 (Anm. 217), 388–395, 400–404, 518, 520
Besessenheit, besessen; siehe auch Wahnsinn, *ǧunūn* 10, 25 (Anm. 126), 142, 242 f., 244 (Anm. 286), 259, 266–269, 271, 279, 285 f., 288, 316, 342 f.
Bestrafung, der *ǧinn* im Jenseits 91, 94–99, 151, 295
Beten; siehe Gebet
Betruf 376 f.
Beutezug 340
Bīḏuḥ 404
Bīġamī, *Darāb-nāma* 21 (Anm. 108), 522 (Anm. 89)
Bilāl b. al-Ḥāriṯ 205, 381
Bilāl b. Ḥassān 409 (Anm. 19)
Bild (Bilderverbot) 132
Bilqīs; siehe auch Königin von Saba, Saba 162, 406, 428, 445 (Anm. 168), 451, 454, 464, 481, 494 (Anm. 355), 509, 516
Bilqīs, Abstammung 464–467
Bilqīs, Begegnung mit Salomon 454–464
Bilqīs, Bekehrung zum Islam 461, 471
Bilqīs, Etymologie des Namens 464 (Anm. 235)
Bilqīs, Heirat 465
Bilqīs, Heirat mit Salomon 162 (mit Anm. 393), 476 f., 516
Bilqīs, Kindheit 464–467
Bilqīs, Männermörderin 467–470
Bilqīs, Rätsel 470–474
Bilqīs, Sonnenanbeterin 458, 461, 463, 479
Bilqīs, Thron: Raub ihres Throns 458, 463
Bilqīs, verunstaltete Beine 474–479
binn 134 (Anm. 224)
al-Biqāʿ Ḥamdān 355
Biʾr ḏāt al-ʿalam 196 (Anm. 19)
Bīrah 55
al-Bīrūnī 493 (Anm. 352), 501
Bīwarasb 216
Blasphemie 474
Blei 411, 435, 490, 496
blind; siehe Augenlicht rauben
Blick, Böser; siehe auch *al-ʿayn*, *čašm* 192, 198 (Anm. 29), 236, 251 (Anm. 27), 284 (Anm. 195)
Blitz 151, 161, 210, 401
Blut 33, 139, 185, 187, 197, 207, 210, 264 (Anm. 88), 267 (Anm. 101), 360, 482, 497, 510
Blutbahnen 276–278
Blutegel; siehe auch *dīwča* 201, 258
Blutrache 155
Blutvergießen durch die Dämonen 44
bockfüßig 476
Böser Blick; siehe Blick, Böser, *al-ʿayn*, *čašm*
Boswelia carterii; siehe auch *Lubāb ḏakar* 394 (Anm. 102)

Bote, *ǧinn* als Boten, auch Eilbote 330, 334
Brahmane 261 (Anm. 68)
brahmarandhra 285
Brücke 136, 198
Brückenhund 136
Bruder, brüderlich; *ǧinn* als Brüder der Menschen; siehe auch *muḫāwī* 298, 313, 352, 364
Brunnen 34 (Anm. 34), 46, 157, 191, 196, 223, 284 (Anm. 195), 333, 417, 431
buʿbuʿ, pl. *baʿābiʿ* 68
Buchstaben, Buchstabenmagie 290, 395 f., 401 f.
Buchstabengruppen (Koran) 396 (mit Anm. 112), 397
Buchstabenquadrat 396
Buddhismus 524
Buḫārī 16 (Anm. 67), 71 (Anm. 11), 74 f., 75 (Anm. 42), 85, 89 (Anm. 124), 108, 109 (Anm. 53 f., 59), 118 (Anm. 113, 116 f.), 119 (Anm. 120), 122, 132, 143 (Anm. 274), 209 (Anm. 97), 221, 229, 231, 276, 278, 296 (Anm. 23), 298 (Anm. 33), 364, 365 (Anm. 340, 343), 379, 413 (Anm. 35), 470 (Anm. 248)
Bulūqiyā, Bulūqiyā-Geschichte 426, 439 (Anm. 141)
Bundahišn 136 (mit Anm. 235), 144
Bundārī 260 (Anm. 67)
Būnī, Aḥmad al-Būnī 20, 145 (Anm. 289), 232, 281, 296, 338, 389 f., 392 (Anm. 92), 393 (Anm. 95–97), 394 (Anm. 99), 395–403
Burūǧirdī, Mīrzā Niʿmatullāh 518–522
Bust 415 (Anm. 47)

Çaihad 215 (Anm. 137)
čašm, *čašm-i zaḫm*; siehe auch *al-ʿAyn* und Blick, Böser 13 (Anm. 58–59), 236
Ceylon 179
Chaos 195, 203, 206, 412, 433 (Anm. 117), 479 f., 487 f., 491 f., 498–501, 504
Cherubim 61
China 385, 387 (Anm. 66), 428
Christen, christlich 11, 30 f., 33, 60, 65, 74, 88 f., 96, 120 (Anm. 130), 144, 286 (Anm. 198), 291 (Ostchristen), 361 (Anm. 329), 375 (Anm. 6), 421, 422 (Anm. 76), 455, 476 (Anm. 269), 508 (Anm. 5), 524
Christentum 5 (Anm. 21), 48, 60, 287, 301, 374 f.
chthonisch; siehe auch Erde 114 f., 122 f.
čilla-ḫāna 377 (Anm. 21)

ḍabʿ; siehe auch Hyäne 251
dābba, pl. *dawābb* 247
ad-Dabbāġ, ʿUbayd Allāh b. Muḥammad b. ʿAmr ad-Dabbāġ 183
dābbat al-arḍ; siehe auch *araḍa*, Termite 502 (Anm. 385), 504 (Anm. 392)
Dach 124 (Anm. 153), 209, 283, 441, 445, 484
Dach, Spaltung 283–285
daēvas 144
Daġfal 172
aḏ-Ḏahabī 518 (Anm. 60)
aḏ-Ḏahabī, Abū ʿAbdallāh 89 (Anm. 125), 98, 242
aḍ-Ḍaḥḥāk (Überlieferer) 75, 93
aḍ-Ḍaḥḥāk; siehe auch Aždahak 428
Ḍaḥḥāk (Bīwarasb) 216
Dāhiš b. al-Aʿmaš 427 (Anm. 93), 430 (Anm. 110), 436 (Anm. 128)
dāhiya 187, 282 (Anm. 185)
ad-Dahnā 212
dahrī; siehe auch Materialist 274
ad-Daḫūl 370
daimon (δαίμων) 346 (Anm. 246)
dāʾira; siehe auch Kreis, Ring 385 f., 395 (Anm. 105), 397
dāʾirat al-anwār 400
dāʾirat al-iḥāṭa 378 (Anm. 21)
Dalhāb 158 f., 204, 253
Damāwand 216
Damīrī *(Kitāb Ḥayāt al-ḥayawān)* 28, 54, 56 (Anm. 88), 63 (Anm. 135), 71 (Anm. 11), 79–81, 84 f., 89 (Anm. 125), 98 (Anm. 167 und 173), 102 (Anm. 15), 104 (Anm. 29), 116 (Anm. 105), 118–121, 139 (Anm. 247), 142, 147, 151 (Anm. 322), 158, 165, 181 (Anm. 528), 182 (Anm. 532 f., 535), 186 (Anm. 555), 187 (Anm. 559), 188 (Anm. 566), 190 f., 205 (Anm. 75), 215 (Anm. 136), 250 (Anm. 20), 254 (Anm. 44), 294,

308 (Anm. 86), 311 f., 314 f., 333, 377, 382, 384–387, 403
Dämmerung, Morgendämmerung oder Abenddämmerung 181 (Anm. 524), 219, 220 (Anm. 158)
Dämonen *passim*
dämonenbannend; siehe auch Dämonenschreck 135 (mit Anm. 228), 140, 375, 377, 435 (Anm. 126), 478 (Anm. 278), 491
Dämonenfürsten 154
Dämonenglaube, Ägypten 9–11, 27 (Anm. 2), 66 (Anm. 156), 67, 127 f., 131, 266–269, 299 f., 508 (Anm. 5), 524
Dämonenglaube, Einflüsse, koptisch-christlich 11
Dämonenglaube, Einflüsse, römisch-griechisch 11
Dämonenglaube, Iran 12 f., 144, 233 (Anm. 224), 244, 261 f., 312, 518 f.
Dämonenglaube, Iran, spätere Epen 21 (Anm. 108)
Dämonenglaube, Jordanien 12, 374 (Anm. 3)
Dämonenglaube, Kairo 11, 208 (Anm. 92), 508 (Anm. 5)
Dämonenglaube, Marokko 9, 12, 66 (Anm. 153), 131, 145, 219, 279, 297 (Anm. 28), 376, 508 (Anm. 5)
Dämonenglaube, Palästina (Naher Osten) 10, 195 (Anm. 16), 317 (Anm. 122)
Dämonenglaube, Syrien 12, 58, 68 (Anm. 168), 78 (Anm. 55), 95 (Anm. 147), 128, 192, 216, 240, 255 (Anm. 46), 278 f., 298, 303
Dämonenglaube, Vielschichtigkeit 2
Dämonenglaube, volkstümliche Literatur 20, 523 f.
Dämonenschreck; siehe auch dämonenbannend 135 (Anm. 228), 137 (mit Anm. 238), 139 f., 144
Daniel 411
Dār an-nadwa (in Mekka) 155
ḍarb al-mandal 46 (mit Anm. 22)
Darūṭ 394
Dāsim 55
David (Vater Salomons) 405, 407–423, 425, 445 (Anm. 168), 450, 481–483, 489, 492, 494 (Anm. 355)
dawāsiq 64
dawiyy 227 (mit Anm. 197–198)
ad-Daww 212 (mit Anm. 111), 227 (Anm. 198)
Decknamen, siehe auch Euphemismus 219 (Anm. 155), 279 (Anm. 170)
Degradierung, der heidnischen Gottheiten zu Dämonen 2, 324
di'b, *ḏi'b*; siehe auch Wolf 251 f.
Dichter, Dichtung, Dämonen als Dichter; siehe auch Inspiration, Inspirator, *šāʿir* 20, 61 (Anm. 118), 166, 172, 174 (Anm. 480), 254 (Anm. 44), 292, 300 (mit Anm. 42), 318, 325, 328, 332, 341–373
Diener (Bediensteter); siehe auch *ḫādim* 280, 388, 395
dienstbar, Dienstbarmachung (auch Frondienst); siehe auch *tasḫīr al-ǧinn* 244 (Anm. 288), 280 (Anm. 175), 291, 336, 338 (Anm. 207), 373, 387–404, 425 (Anm. 87), 429 f., 432 f., 436, 438, 443, 475, 477, 492, 524
dilhāt, *dilhāṯ* 68 (Anm. 168), 253 (Anm. 38)
Ḍimār (Götze) 226 (Anm. 191), 227
Dimašqī *(Nuḫbat ad-dahr)* 167–169, 171, 174, 180, 187, 212, 248 (Anm. 11)
Dīnawarī 17, 412 (Anm. 30), 427 f., 436 (Anm. 128), 439, 465 (Anm. 236), 480 (Anm. 288), 483
dīw 1 (Anm. 4), 34 (Anm. 34), 39 (mit Anm. 63), 49 (Anm. 47), 96 (Anm. 152), 103 (mit Anm. 26), 104, 133, 148, 152 (Anm. 324: *dēw*), 156, 173 (Anm. 473), 175 (Anm. 486), 177 (Anm. 496), 191, 197 (Anm. 28), 201 f., 216 (Anm. 140), 217 (mit Anm. 146), 235 (Anm. 242), 238 f., 244, 251 (Anm. 27), 258, 272, 380 (Anm. 33), 436 (Anm. 128), 519 (Anm. 68)
dīwāna 244
dīw-bād 148
dīwča; siehe auch Blutegel 201, 258
dīw-mardum 173 (Anm. 473)
Dizful 313 (Anm. 104)
Dols, Michael 2, 25 (Anm. 127), 48 (Anm. 40), 56, 59 (Anm. 111), 196 f., 228 (Anm. 204), 231 (Anm. 214), 253 (Anm. 35), 269 (Anm. 109 f.), 270 (Anm. 116), 271, 276 (Anm. 152), 279 (Anm. 171, 173), 286,

288–291, 313 (Anm. 107), 388 (Anm. 72), 507 (Anm. 4)
Donner 151
Doppelgänger 66 (Anm. 155), 69 (Anm. 5), 91 (Anm. 133), 122 (Anm. 148), 153 (Anm. 333), 278 (Anm. 164), 291–304, 313, 499
Doppelwesen 175 (Anm. 486)
Drache; siehe auch *aždahā* 115 (Anm. 97), 127 (Anm. 174), 200, 237, 239, 258
Dschinnistan; siehe auch Ǧinnistān 7 (Anm. 27), 194
Ḏū ăl-Qarnayn; siehe auch Alexander 428
Ḏū ăr-Rumma 38 (Anm. 59), 202, 227, 355
Ḏū Ṭawā (Ort) 82
Ḏū Tubbaʿ 477
Ḏū ăṭ-ṭufyatayn-Schlange 118, 132, 209 (Anm. 97)
dūda (Wurm) 473 (Anm. 260)
Duft, angenehm; siehe auch Geruch, Gestank, stinken 81, 114, 120
ad-Duġūǧī, ʿAbd al-Ḫāliq b. Yāsīn ad-Duġūǧī 84
duḫān; siehe auch Rauch 46, 49 (Anm. 48)
dulǧā 182
Dummheit, dumm (der Dämonen) 39 f., 83, 142 (Anm. 266), 174 f., 185 (Anm. 545), 339, 369 f., 486
dunkel, Dunkelheit; siehe auch Finsternis 81, 219, 235, 312, 386, 411 (Anm. 30)
ad-Dustamaysānī, Ḫalaf b. Yūsuf ad-Dustamaysānī 404 (Anm. 152)
Duwālpā, *duwāl-bāy*; siehe auch Riemenbeinler 168, 173, 204, 259–266, 355 (Anm. 294), 512

effeminiert 514
Ehe, Eheschließung; siehe auch Heirat 86 (mit Anm. 105), 160–162, 467, 477–479, 492, 507–522
Eidechse 114, 123, 249 f.
Eier, Iblīs' Eier 53–56, 63 f., 191
Eifersucht, eifersüchtig; siehe auch *ġayra* 226 (mit Anm. 187), 245, 308 f.
Eigenname 14, 23 (Anm. 116), 24, 56 (Anm. 91), 65 (Anm. 149), 68, 147, 153 f., 185, 219, 232 (Anm. 223), 363 (Anm. 336), 504 (Anm. 392)
Einbildung, Einbildungskraft 38 (Anm. 59), 180, 200
Eindringen, in den Körper 242, 259, 268–286, 289, 339, 390, 514
Einflüsterer, einflüstern; siehe auch *waswasa* 37, 277, 304, 309 (Anm. 86), 316 (Anm. 116), 347, 350, 373 (Anm. 378), 463
Eingottglaube; siehe Monotheismus
einsam, Einsamkeit; siehe auch allein, Alleingänger, Isolation 35 (mit Anm. 44), 36–38, 83 (Anm. 88), 139, 165 (mit Anm. 422), 183 (Anm. 539), 200, 239, 256 f., 281, 296, 313 (Anm. 105), 392, 394 f., 417
Einsperren der Dämonen 46, 216, 228, 284 (Anm. 195), 288 (Anm. 209), 435, 478 (Anm. 278)
Einweihung, Einweihungsszene 355, 480
Eisen, eisern; siehe auch Metall, metallen 296, 338, 402, 431, 435, 478, 485 f., 496, 501
Elefant 127, 178, 184, 258, 437
Elefantengesicht 104
Eliade, Mircea 284 f., 487–491, 498–500
Elisua 411
Emanation, Emanationslehre 176
Emotion: *E-motion* 246
Engel; siehe auch *malʾak*, pl. *malāʾika* 2 (Anm. 10), 3, 43–45, 47–55, 58–61, 67, 74 f., 103 f., 106, 113, 122, 126, 132, 141, 178 (Anm. 504), 196, 203, 229, 253, 294 (Anm. 7), 302, 305, 307, 309, 343, 344 (Anm. 238), 366–368, 393 (Anm. 96), 401 (Anm. 140), 409–411, 422, 429–432, 435, 452, 482, 489 f., 504
Engel, Erzengel 109, 155, 344, 409 (Anm. 23), 420, 425 (Anm. 87), 431
Engel, Existenz 28, 29 (Anm. 14), 48
Engel, Polizeiorgan 48
Engel, Schreiberengel 307
Entführung, entführen 39, 150, 221 (mit Anm. 162–164), 222, 231, 254, 337, 384–386, 417
Epidemie 270 (Anm. 116), 271
Epilepsie (*ṣarʿ*, *ṣaraʿa)*, Epileptiker; siehe auch Fallsucht, *ṣarʿ* 148, 210, 230, 242,

244, 270 (Anm. 118), 271–273, 275, 510 (Anm. 17), 512, 514
Epos, Epen, epische Literatur 20, 21 (mit Anm. 108), 523
Erde, Erdboden; siehe auch *ahl al-arḍ*, chthonisch 103 (Anm. 21), 114, 121 (Anm. 134), 122 f., 195 (Anm. 16)
Erde, Spalten oder Risse in der Erde 196 f., 220 (Anm. 158)
Erdloch 122, 175 (Anm. 484), 207 (Anm. 87)
Erdoberfläche 122, 195 f., 219, 294 (Anm. 15)
Erkrankung; siehe Krankheit
Erzengel 109, 155, 344, 409 (Anm. 23), 420, 425 (Anm. 87), 431
Esel 102, 104 (Anm. 29), 114, 129, 143, 213, 256, 263, 283 f.
Esel, iahen 143
Eselsfuß 182, 187, 475 f.
Ethnologie, Begriff 9 (mit Anm. 33)
Eule 114, 137–139, 142 (Anm. 268), 181 (Anm. 523)
Euphemismus, euphemistisch; siehe auch Deckname 231, 244 (Anm. 284)
Eva 45, 56, 58 f., 126, 260 (Anm. 66), 432
Existenz der Dämonen 1 f., 4 f., 11, 15, 27–42, 69 (Anm. 3), 102, 104 f., 200, 272 f.
existenzfähig, nicht existenzfähig 200, 209, 292
Exorzist, Exorzismus, exorzistisch; siehe auch Austreibung 42, 65, 66 (Anm. 156), 223, 259, 271 (Anm. 118), 276 (Anm. 152), 279 (Anm. 171), 286–291, 390
Externalisierung 302, 325

faḥl 347 f., 350, 354 (Anm. 288)
Fahne 268, 309
Fallsucht, fallsüchtig; siehe auch Epilepsie, *ṣarʿ* 273, 287, 510
falsafa 104
Farāmarz-nāma 21 (Anm. 108), 173 (Anm. 473), 522 (Anm. 89)
Farazdaq 347–350, 354 (Anm. 288), 356–361
Farbe 57 (Anm. 101), 66, 105, 107, 130, 173, 275 f., 284, 336, 358, 392, 416, 449
Farhād 261 f.
Farīdūn 216, 439 (Anm. 140)
Fārisī 17, 408 f., 410 (Anm. 27), 413, 414 (Anm. 39), 415, 416 (Anm. 49), 418 (Anm. 61), 419 f., 424 (Anm. 86), 427 (Anm. 92), 435 (Anm. 122, 127), 437, 438 (Anm. 136), 441 f., 445 (Anm. 168), 449, 450 (Anm. 193), 451, 453 (Anm. 203), 454 (Anm. 207), 464, 471 (Anm. 251 f.), 473 (Anm. 258 f.), 476 (Anm. 269), 477 (Anm. 274), 478 (Anm. 283), 480, 484, 485 (Anm. 313), 490 f., 493 (Anm. 352), 501, 502 (Anm. 383), 506 (Anm. 398)
farrah 462 (Anm. 232)
farwahar 300 (Anm. 44)
farwar 300
Farwardīn-Fest 300 (Anm. 44)
Fās 110, 389 (Anm. 77)
fasād 28 (Anm. 6), 44, 432, 518
Fasten; siehe auch Ramaḍān 81, 228–230, 274, 392, 394
Fata Morgana; siehe auch Luftspiegelung 144, 152, 228
al-Fātiḥa (Sure 1) 391 f., 395 (Anm. 104), 396
Fāṭima bint an-Nuʿmān 314 f.
Fāṭima bint ʿUmar 402 (Anm. 144)
fatwā 335 (Anm. 196), 507 (Anm. 4)
Fazāra; siehe auch Banū Fazāra 386
Fee 194, 238 f., 519–522
Feengarten 265
feengesichtig 237–239
Fehlgeburt 119, 209 (Anm. 97)
Feien, Feiung 131, 377
Feindschaft, zwischen Dämonen und Menschen 43–47, 199
Fessel, Fesseln, gefesselt 108 (Anm. 50), 109, 161, 189, 229, 265, 338, 431 f., 435, 478 (Anm. 278), 486
Feuer; siehe auch Hölle, Höllenfeuer, *nār* 29 (Anm. 13), 33, 46, 49–51, 54, 58, 65, 98, 143, 160, 183 (Anm. 539), 186, 210, 221, 251 (Anm. 27), 254, 300 (Anm. 46), 340, 383 (Anm. 49), 390, 411, 435, 465 f., 510, 514, 516
Feuer der *saʿālī*, *nīrān as-saʿālī* 160, 383 (Anm. 49)
Feuerflamme; siehe auch Flamme 65, 109, 486
Feuerkult 144
Feuernatur 103, 514

Feuerwesen *(ḥayawān nāriyy)* 103, 383 (Anm. 49)
Fieber; siehe auch Quartanfieber 25, 234 (Anm. 232), 271, 336–338
finster, Finsternis; siehe auch Dunkelheit 25 (Anm. 125), 37, 138, 142, 189, 220, 222 (Anm. 168), 460, 483, 501
Firanǧa, Frankenland 428
Firdawsī, *Šāh-nāma* 21, 190, 217 (Anm. 146), 260–262, 444 (Anm. 165 f.), 451 (Anm. 199), 523
Fisch, Fischer 425, 435, 436 (Anm. 128), 450 (Anm. 192), 452 (Anm. 200), 475, 495–497, 499 f.
fitna 309 (Anm. 86), 452
fiṭna 477
Flamme, auch Feuerflamme 49, 65, 109, 243, 486
Flaschen, Einsperren von Dämonen in Flaschen 46, 288 (Anm. 209), 435, 436 (Anm. 128), 478 (Anm. 278)
Flavius Josephus 464 (Anm. 235), 488
Fliegen, fliegend 64, 138, 151, 159–161, 250 (Anm. 22), 253, 285, 334, 432 (Anm. 113), 440 f., 444, 445 (Anm. 168), 460, 486, 496
Flug, Fluggerät 436, 440, 442, 444
Flügel, geflügelt 64, 138, 140 f., 146, 151, 160, 258, 408, 436–438, 460
Flügelross 439
Folgegeist; siehe auch Begleitdämon 313–320, 322, 324, 342, 347, 351 (Anm. 275), 362, 364
Fortpflanzung; siehe auch Geschlechtsverkehr, Sexualität 53 (Anm. 70), 54 f., 63, 87, 161, 174 (Anm. 483)
Frankenland, (Firanǧa) 428
von Franz, Marie-Louise von Franz 121, 245 f., 325
Frauengestalt 160 f., 187, 496
Fressen; siehe auch Menschenfresser 87, 135 f., 145, 184, 185 (Anm. 545), 187, 265
Friedhof, Friedhöfe 73 (Anm. 21), 84, 138, 197, 208 (Anm. 92), 211, 241, 381, 522 (Anm. 89)
Friedhofseule *(ḥāma)* 139
Frondienst; siehe auch dienstbar, Dienstbarmachung 429, 431, 445, 475, 477, 492
fruchtbar, Fruchtbarkeit 149, 211, 213, 215
Fuchs, Füchse; siehe auch *ṯaʿlab* 249 f., 253
Furcht, furchterregend, sich fürchten; siehe auch Angst 34 (Anm. 34), 36–38, 40, 76, 81–83, 117, 118 (Anm. 113), 129 f., 144, 148, 153, 159, 184, 186 f., 190, 204, 222 f., 225, 231, 232 (Anm. 223), 240, 243, 146, 251 (Anm. 27), 254, 256, 279, 326, 329, 331, 339 f., 343, 372 (Anm. 376), 373, 380 (Anm. 33), 382 f., 385–387, 397, 399, 420, 434, 437, 465, 468, 472 (Anm. 253), 476 f., 491, 497, 503–506, 516, 518, 519 (Anm. 68), 525
Fürsprache 322
Fürsprecher 135, 139, 340
Furz, Furzen 104 (Anm. 29), 188 (Anm. 564)

Gabelweih 132 (Anm. 211), 446
Ǧābir (Überlieferer) 180 (Anm. 517), 182
Ǧābir b. ʿAbdallāh 204 (Anm. 65), 221
Ǧābir b. Ḥayyān 291
Gabriel, Erzengel; siehe auch Ǧibrāʾīl 109, 155, 200, 230, 344, 364–368, 409 (Anm. 23), 420, 423–426, 430 f.
Ǧabriyya 88
ġaddār; siehe auch *ʿudār* 64 (Anm. 138)
Ǧadǧād 469
Ǧaʿfar b. Qurṭ 469
Ǧaʿfar aṣ-Ṣādiq (6. Imām) 140, 142. 334
Ǧaʿfar b. Sulaymān al-ʿAbbāsī 257
Ǧafna 366 (Anm. 350)
Ǧahāngīr Mīrzā 518–522
ǧahannam; siehe auch Hölle 76 f., 95 f.
ǧāhiliyya 2, 48, 53 (Anm. 70), 56, 60 (Anm. 118), 82, 318, 322 (Anm. 152), 323, 337, 347 (Anm. 256), 359 (Anm. 315), 361, 362 (Anm. 331), 366
Ǧāḥiẓ (Verfasser des *Kitāb al-Ḥayawān*) 20, 25 (Anm. 125), 34 (Anm. 34), 35–38, 44 (Anm. 8), 57, 62–64, 66, 94 (Anm. 147), 118, 122 f., 124 (Anm. 157), 125, 133–136, 139, 140 (Anm. 252), 141, 143, 148, 151 (Anm. 318), 154, 161 f., 165 f. 169 f., 182 (Anm. 529), 186, 187 (Anm. 557–560), 188 (Anm. 568), 189, 199 (Anm. 37), 208,

211–213, 215, 216 (Anm. 143), 217, 227, 229 (Anm. 206), 248–250, 251 (Anm. 24–25), 252, 256 f., 259 f., 270 (Anm. 116), 275 (Anm. 150 f.), 280–282, 287, 309 (Anm. 87), 318 f., 320 (Anm. 137), 323, 326, 331–333, 345, 347–350, 351 (Anm. 274 f.), 352 (Anm. 277), 353 (Anm. 284 f.), 354 (Anm. 288), 360, 361 (Anm. 328), 362 (Anm. 332), 366, 367 (Anm. 351), 368, 380 (Anm. 33), 388, 504 (Anm. 392), 508 (Anm. 5), 509–513
Ǧahmiyya 30 f.
Gähnen 276 f.
Ǧālhandar 164
al-Ǧals 205
Ǧamāl ad-Dīn as-Siǧistānī 517
al-Ġamīm 355
Ǧamšīd 416 (Anm. 51), 429, 444, 451, 501 (Anm. 377)
ǧān (persisch, Schlange) 121 (Anm. 134)
ǧān (persisch, Seele) 23
Gang, Gangart *(mašiyya)* 158
Ġanī 149 f.
ǧanīn (Embryo) 25 (Anm. 125)
ǧānn; siehe auch Banū ǎl-ǧānn 1 (Anm. 3), 19, 23, 29 (Anm. 13), 44, 46, 50, 56 (Anm. 88), 57 (Anm. 97), 63 f., 67, 80, 134, 138 (Anm. 244), 180, 203, 244 (Anm. 285), 267 (Anm. 102), 288 (Anm. 209), 299, 329, 430, 511 (Anm. 20), 514 (Anm. 38)
ǧānn, Schlange 82, 110 (mit Anm. 60), 115 (Anm. 97)
Ǧānn, Urvater der *ǧinn* 63 (mit Anm. 134), 64
ǧanna; siehe auch Paradies 25 (Anm. 126), 52, 97, 98 (Anm. 171), 99 f., 489, 520
ǧanna, ḫuzzān al-ǧanna 52 (Anm. 63)
Ǧarāda 427 (Anm. 93), 428, 454, 493–496, 498
Ǧaras 449
al-Ġarīḍ 511
Ǧarīr b. ʿAṭiyya 188, 355–358, 368
Garšāsp-nāma; siehe auch Asadī Ṭūsī 21 (Anm. 108), 175 (Anm. 486), 522 (Anm. 89)
Garten (auch Paradiesgarten) 25 (Anm. 126), 39 (mit Anm. 61), 99, 126, 200 (mit Anm. 43), 202, 210, 236 f., 265, 409, 483, 489, 520 f.
ǧarw 275 f.
Ǧasā 78 (Anm. 57)
Ǧāsak, Ǧāšāk 217
Ġassān 92 (Anm. 137), 361
al-Ġassānī, ʿAmr b. al-Ḥāriṯ b. Abī Šāmir al-Ġassānī 361
ǧāwī (Benzoeharz aus Java) 400
al-Ǧawr 205
Ġāyat al-Ḥakīm 281 (Anm. 180), 389
ġayb 34 (Anm. 34), 302, 341
Ġaylā 185, 201
ġayra 117, 226, 309 (Anm. 87)
Ġayṭala 318
Gazelle 213, 248–250, 253 (Anm. 35), 465, 512 (Anm. 24)
Ġazna 348 (Anm. 260)
Ġazzālī, Aḥmad-i Ǧazzālī 445 (Anm. 169)
Ġazzālī, Muḥammad al-Ġazzālī 29 (Anm. 16), 105 (Anm. 33), 147, 244 f., 445 (Anm. 169)
Ġazzālī-Dreieck 395 (Anm. 105)
Gebet, Ritualgebet; siehe auch *ṣalāt* 71, 73, 75 f., 84, 89, 108–110, 121, 124, 130, 132, 140 f., 144, 146 (Anm. 289), 149, 150 (Anm. 316), 152 (Anm. 324), 158 (Anm. 371), 182, 208 f., 219, 223–225, 231 (Anm. 219), 243, 274, 276, 283 (Anm. 195), 287, 293 (Anm. 4), 298 (Anm. 33), 310, 312, 376, 377 (Anm. 21), 378 (Anm. 21), 379, 382, 390–392, 393 (Anm. 95), 394 f., 398, 399 (Anm. 127), 400, 410 (Anm. 24), 411, 425 (Anm. 87), 449, 480 (Anm. 287), 495, 502, 505 (Anm. 393)
Gebet, unterbrechen 89 (Anm. 124), 109
Gebrüll; siehe auch Lärm 201 f.
Geburt, auch Fehlgeburt 119, 146, 162 (Anm. 392), 168 (Anm. 436), 209 (Anm. 97), 220, 230 f., 233 f., 241, 260 (Anm. 66), 312, 407, 464 f., 467, 477 f., 478 (Anm. 281), 479, 487, 491, 509, 512
Geburt der *ǧinn* aus Eiern; siehe auch Eier 63 f.
Geburt Muḥammads 327 (Anm. 165), 328
Geburt Salomons 407–411, 487, 491
gefangen, Gefängnis 44, 52, 78 (Anm. 55),

150, 161, 203 f., 216, 265, 397, 426, 427 (Anm. 93), 435, 469, 487, 496, 501
Gefolgsdämon; siehe auch Begleitdämon, Folgegeist 349
Gegenteil 100
Geier, Aasgeier; siehe auch *kargas* 380 (Anm. 33), 446
Geisteraustreibung; siehe auch Austreibung, Exorzismus 266, 286 (Anm. 199)
Geisterbeschwörer; siehe auch *mu'azzim* 272, 280
Geisterbeschwörung; siehe auch *ruqya* 42
Geisterfürst 66, 394, 401 (Anm. 140)
Geisterglaube, Kritik am 30–41
Geisterheer 148, 427 (Anm. 93), 434 f.
Geistersichtigkeit, geistersichtig (von Tieren) 102 (mit Anm. 17), 143
Geistesstörung; siehe auch *ǧunūn*, Wahnsinn 222 (Anm. 168)
Geistwesen, Gattungen (Übersicht) 47–50
Geistwesen, Hierarchie 49 f.
Geistwesen, Substanzen 49 f.
Gelächter; siehe Lachen
genius 23 (mit Anm. 117), 24, 300, 316 (Anm. 120), 346 (Anm. 246)
genius loci 121
Genustausch; siehe auch Geschlecht, entgegengesetzt 313 (Anm. 104), 473, 511 (Anm. 17), 512
Gericht, Jüngstes; siehe auch Tag, Jüngster 76 (Anm. 44), 95, 462 (Anm. 227)
geritten; siehe reiten
Geruch; siehe auch Duft 187 (Anm. 563), 237
Gesang; siehe auch Singen 110, 201, 237, 376
Geschichtenerzähler *(qāṣṣ, qaṣṣāṣ, naqqāl)* 21 (Anm. 108), 509, 523
Geschlecht, entgegengesetzt, gegengeschlechtlich 303 (mit Anm. 61), 473, 512
Geschlechtsverkehr; siehe auch Beischlaf, Fortpflanzung, Schlaf, Sexualität 53 f., 55 (Anm. 82), 58 (Anm. 107), 128 (Anm. 186), 161, 173 (Anm. 476), 184 (Anm. 539), 186, 217 (Anm. 150), 260 (Anm. 66), 281, 314 (mit Anm. 110), 417, 507 (Anm. 4), 510, 513–515
Geschwindigkeit; siehe auch schnell 173, 177, 443
Gesicht 148, 157,163, 167, 173, 175 (Anm. 486), 177, 184, 186 f., 189, 192, 211, 213, 238, 243, 255 (Anm. 46), 259, 263, 264 (Anm. 88), 265, 268, 287, 313 (Anm. 104), 330, 366 (Anm. 350), 411, 451, 473
Gesicht, Gestalt mit zahlreichen Gesichtern 111
Gesicht, Affengesicht 349
Gesicht, Elefantengesicht 104
Gesicht, Hundsgesicht 265
Gestalt, der Dämonen 32, 57 (Anm. 101), 60, 82 f., 95 (Anm. 147), 100–193, 209 f., 220 (Anm. 158), 252 f., 255 (Anm. 46), 258, 288, 301, 314 f., 335 (Anm. 196), 337, 354 (Anm. 288), 355, 379 (Anm. 31), 380 (Anm. 33), 384, 391, 430
Gestalt, anthropomorph 64 (Anm. 140), 107 (Anm. 45), 113, 144, 150, 152–191, 210, 220 (Anm. 158), 253, 255 (Anm. 46), 264 (Anm. 88), 268, 335 (Anm. 196), 354 f., 379 (Anm. 31), 380 (Anm. 33)
Gestalt, hochgewachsen 111, 158, 258
Gestalt, menschlich; siehe Gestalt, anthropomorph
Gestalt, pflanzlich 113, 175–179, 260, 335 (Anm. 195)
Gestalt, tierisch 82, 113–144, 156, 162–165, 180, 315, 391, 465
Gestalt, Veränderlichkeit; siehe auch Verwandlung 57 (Anm. 101), 111–114, 171, 495
Gestalt, zoomorph; siehe Gestalt, tierisch
Gestank; siehe auch Stinken, Duft 104 (mit Anm. 29), 238
Gesundheitssysteme 525
Gibeon 422 f., 444
Ǧibrā'īl; siehe auch Gabriel 401 (Anm. 140)
Gīlānī, 'Abd al-Qādir Gīlānī 384
al-Ǧīlī, 'Abd al-Qādir al-Ǧīlī 384
ǧinn passim
ǧinn, Alter; siehe Alter
ǧinn, Anciennität 44, 49
ǧinn, Arten, Übersicht 61–68
ǧinn, Degradierung; siehe auch Degradierung 344 (Anm. 237)

ǧinn, Etymologie 22–26
ǧinn, Farbe 57 (Anm. 101), 66, 105, 107, 130
ǧinn, Feindschaft zwischen *ǧinn* und Menschen 43 f., 46 f., 199
ǧinn, *firqa*, pl. *firaq* 65, 88, 193
ǧinn, Gestalt; siehe Gestalt
ǧinn, Glaube; siehe auch Glaube, Religion 69–99
ǧinn, Hierarchien 43–68
ǧinn, Iblīs' Nachkommen 53–56
ǧinn, Jenseits 94–99
ǧinn, Koexistenz, friedliche Koexistenz mit Menschen 46 f.
ǧinn, Körperlichkeit; siehe auch Körperlichkeit, Gestalt 32, 61, 101, 103, 105–109, 112
ǧinn, moralisch indifferent 1 (Anm. 4), 39 (Anm. 63), 59, 68 f., 374
ǧinn, moralische Einordnung 59–61
ǧinn, Morphologie des Begriffs 23
ǧinn, in Naturerscheinungen; siehe auch Naturerscheinungen 144–152
ǧinn, Predigt Muḥammads vor den *ǧinn*; siehe auch Predigt 71–73, 77–79, 84, 91, 101, 114, 152, 208 (Anm. 92), 247, 297, 379 (Anm. 23, 27)
ǧinn, Propheten 43 (Anm. 6), 44, 93, 94 (mit Anm. 146)
ǧinn, Richter der *ǧinn (qāḍī al-ǧinn)* 84
ǧinn–šayṭān, Abgrenzung 56–59
ǧinn, schlagen, nur einmal zuschlagen 13 (Anm. 61), 95 (Anm. 147), 158 (Anm. 371), 188–190
ǧinn, sehen; siehe auch Sichtbarkeit 108–111
ǧinn, sehen: tödliche Wirkung 110 f.
ǧinn, Stämme; siehe Stamm, Stämme
ǧinn, Stellen im Koran 1 (Anm. 3)
ǧinn, Stellen in der *sunna* 1 (Anm. 3)
ǧinn, Sterblichkeit 94 (Anm. 147), 95, 129
ǧinn, verborgen 24 f., 62, 103 (Anm. 21), 133, 170, 300 (Anm. 46), 350 (Anm. 270)
ǧinn, Wächter des Paradieses *(ǧanna)* 52 (Anm. 63), 99
al-ǧinn wa-ăl-ins; siehe auch *al-ins wa-ăl-ǧinn* 91 (Anm. 134), 92 (Anm. 135), 157, 292 f.
Ǧinn-Nacht; siehe auch *Laylat al-ǧinn* 84
(mit Anm. 97), 108, 247, 374, 377–380, 382 (Anm. 45), 385 (Anm. 63)
ǧinnī, *nomen unitatis*, maskulin 23
Ǧinnistān; siehe auch Dschinnistan 194
ǧinnitis 26
ǧinniyya, *nomen unitatis*, feminin 23
ǧinn-zada 244
ǧiwār; siehe auch Nachbar, Nachbarschaft 338
Glas 273, 442, 457, 463, 475, 486, 504 f.
Glas, Becher aus Glas 435
Glasboden 458, 461, 475, 476 (Anm. 268)
Glasglocke 486
Glaspalast, Glasschloss 462 (Anm. 230), 463, 475, 504–506
Glasstadt 432, 441 f.
Glaube, Glaubensrichtungen, der Dämonen; siehe auch Religion 69–99
Globalisierung 525
Glocke 124 (mit Anm. 155), 449 (Anm. 184)
Gnosis, gnostisch, Gnostizismus 2, 74, 301
Gog und Magog 169 (Anm. 450)
Gottesnamen, Namen Gottes 85 (Anm. 103), 131, 196 (Anm. 19), 232, 247 (Anm. 4), 256 (Anm. 52), 289 f., 393 (Anm. 95), 396 (Anm. 106), 397 f., 400 f., 514
Gottheiten, heidnische G.: Integration in Islam 2 (mit Anm. 10), 41, 48 (mit Anm. 39), 116 (Anm. 99)
Götzen, Götzenverehrung 2, 65, 68 (Anm. 168), 89, 96, 133, 208, 226 (Anm. 191), 227, 329, 344, 408 (Anm. 16), 427 (Anm. 93), 492, 494 f., 506, 515
Grab, Besuch von Gräbern Verstorbener 5 (Anm. 21), 84, 469, 488
Grab, Gräber; siehe auch Friedhof 197, 199, 207, 210, 233 f.
Grab Salomons 426
Grabenkrieg; siehe auch Ḫandaq-Krieg 117 (mit Anm. 106), 121 f., 209 (Anm. 99)
Granatapfelbaum 197 (Anm. 21)
Grenze; siehe auch liminal, Liminalität
Grenze, Grenzen, auch ausgrenzen (räumlich, zeitlich) 44, 128, 193 (Anm. 7), 194 f., 198 f., 206, 208–210, 218, 240 f., 245, 387, 428
Grenzlinie 241 f., 245

Grenzorte 195 (Anm. 13), 206, 218
Grenzsituationen 191, 218, 235
Grenzwesen 191–246
Grenzzeit 218
Grenzzonen 192 f., 197 (Anm. 25), 220
Griechen (Rūm), Griechenland, griechisch 11, 23 f., 31, 64 f., 138, 143, 145, 260, 291, 312, 346 (Anm. 246), 390, 393 (Anm. 96), 425, 444, 464 (Anm. 235)
Groll 46, 123 f. (Anm. 153)
al-Ǧubbāʾī 273
Ǧuhayna 189
Ǧuhunnām (ʿAmr b. Qaṭan) 351
ġūl, pl. *ġīlān*, *aġwāl* 37, 64, 68, 87, 95 (Anm. 147), 130, 131 (Anm. 204), 142, 148, 154, 160 f., 179–191, 201, 249 (Anm. 11), 251 (Anm. 24 und 27), 256, 258, 282 (Anm. 185), 512 (Anm. 23 f.)
ġūl, Geruch 187 (Anm. 563)
ġūl, Geschlecht 184–187
ġūl, *taġawwala* 182 (Anm. 530 und 533)
ġūl, Verwandlungsfähigkeit 186 f., 190 f.
Ǧūlāʾī, Riḍā 240
Gulšīrī, Hūšang 436 (Anm. 128)
Ǧunayd 225
Ġundiyān 104
ǧunna 25, 281 f.
ǧunūn; siehe auch Wahnsinn, *maǧnūn* 23, 26, 275, 342
Ġūr 348 (Anm. 260)
ǧuraḏ 249 f.
ġusl; siehe auch Waschung, rituelle, und *wuḍūʿ* 251, 498 (Anm. 364)

Haare, behaart; siehe auch Pelz 159 f., 163 f., 169 (Anm. 444), 173 (Anm. 473), 175 (Anm. 486), 177, 191 f., 204, 243 (Härchen), 250, 336, 366, 461, 469, 475 f., 478 f., 522 (Anm. 89)
Ḥabaqīq 496, 499
al-Hadhād 467
Ḫadīl-Taube 181
ḫādim; siehe auch Diener 280 f., 388, 391, 402
Ḥāḍir 78 (Anm. 57), 371
Ḥaḍramawt, Hadramawt 190, 212, 371, 413 (Anm. 35)
ḫāfī; siehe *ḫawāfī*
Ḥafṣ aṭ-Ṭāʾifī 159
ḥaǧǧ; siehe auch Pilgerfahrt 79, 274, 378 (Anm. 21)
Ḥaǧǧāǧ, Gouverneur der Umayyaden 157, 280 (Anm. 177), 358
Ḥāǧǧī Ḫalīfa 289, 291, 388 (Anm. 72)
hāǧis 372 f.
al-Ḥaǧūn (Berg) 328, 381
Hahn, auch weißer Hahn 102, 135, 137, 139–144, 446
Hahn, Gebetsrufer 140 f.
Hahn, irdischer 141 f.
Hahn, kosmischer 140 f.
Hahnkrat 142, 185, 200, 224 (Anm. 177), 239, 259
Ḥāʾiṭ Ḥizmān 166
al-Ḥakīm, Tawfīq 436 (Anm. 128)
Ḥalabī (Verfasser *ʿIqd al-marǧān*) 19 f., 28, 42 (Anm. 80), 43 f., 54 f., 55 (Anm. 80–82), 56 (Anm. 88), 79 (Anm. 66), 80 (Anm. 72), 85 (Anm. 101), 90, 92 (Anm. 138), 98 (Anm. 173), 103 (Anm. 20), 105 (Anm. 36), 109, 122, 124 (Anm. 155), 126, 130 (Anm. 198), 133 f., 148, 149 (Anm. 309), 151 (Anm. 322), 155, 156 (Anm. 351), 157 f., 205 (Anm. 75), 206 f., 208 (Anm. 92), 231, 255, 273, 275, 277 (Anm. 160, 162), 278 (Anm. 168), 287, 297 (Anm. 32), 298 (Anm. 34), 311 (Anm. 93), 327, 328 (Anm. 166), 513 (Anm. 32)
Ḫalaf b. Yūsuf ad-Dustamaysānī 404 (Anm. 152)
ḥalāl 403
ḥalāl ad-dam wa-ăl-māl 33
halb 130 (Anm. 200), 165–168, 171–175, 213
Halbieren 413
Halblinge 68 (Anm. 168), 165, 171 f., 212 f.
Halbmensch 170 (Anm. 455), 175 (Anm. 486)
Hälfte; siehe auch Halblinge 164 f., 167 f., 170 (Anm. 455), 171, 173, 264 (Anm. 88), 299 f.
ḫalīfa 45, 51, 420
ḫalwa 397
Hāma b. al-Hayyim 158
Hāma (Vogel) 139, 181

al-Hamadānī, Badīʿ az-Zamān al-Hamadānī 368, 369 (Anm. 362)
Hamadānī-Ṭūsī (Verfasser des *ʿAǧāyib-nāma*) 18 (Anm. 88), 21, 28 f., 34 (Anm. 34), 36 (Anm. 50), 49 (Anm. 47), 103 f., 110, 121 (Anm. 134), 124 (Anm. 157), 127, 133, 151 (Anm. 318), 152 (Anm. 324), 156, 160 f. 164 f. 166 (Anm. 424), 168, 172 (Anm. 467), 173–175, 176 (Anm. 488), 180, 182 (Anm. 529), 183 (Anm. 539), 184 f., 186 (Anm. 555), 187, 190 (Anm. 574), 191, 212, 216, 217 (Anm. 144), 249 (Anm. 17), 251 (Anm. 26 f.), 264 f., 272 f., 380 (Anm. 33), 386 (Anm. 66), 405 (Anm. 4)
Hamadša 12, 279
ḥamāmīṣ 64
Hamdān 477
Ḥamīda, ʿAbd ar-Razzāq Ḥamīda 20, 346 f., 355 (346–371)
al-Ḥamīrī, ʿAbdallāh b. Ḥilāl al-Ḥamīrī 280
Ḥammād b. Murra al-Yamānī 404 (Anm. 152)
ḥammām; siehe Bad
Ḥamza b. ʿAbd al-Muṭṭalib 272 (Anm. 131)
ham-zād 292, 312 f., 372 (Anm. 376)
Ḫandaq-Krieg; siehe auch Grabenkrieg 117, 226
ḥanna, sich sehnen 215 (Anm. 136)
ḥanna, wiehern 62 (Anm. 127)
Ḫanzab 318
Harāt 348 (Anm. 260)
Ḫāriǧiyya 88 (Anm. 116)
al-Ḥarīrī, Abu ăl-Qāsim al-Faḍl b. Sahl al-Ḥarīrī 404 (Anm. 152)
Harnröhre; siehe auch Penis 514
al-Ḥarra 332 (Anm. 184)
ḫarrūba (Johannisbrotbaum) 450
Hārūn ar-Rašīd 332 (Anm. 184)
Hārūt und Mārūt 452
Ḥaṣā (?) 78 (mit Anm. 57)
ḥasad; siehe Neid
Ḥasan [b. ʿAlī] 204 f.
Ḥasan al-Baṣrī 159, 170, 338, 340, 408, 517
Ḥasan b. Ḥasan 283
Hase; siehe auch *arnab* 251 f.
Ḥāsib Karīm ad-Dīn 426
Ḥāṣir 78 (Anm. 57)
Hass 39, 46, 55, 58 (Anm. 107), 245, 276, 344
Ḥassān b. Ṯābit 215 (Anm. 136), 318, 347, 361–368
Ḫaṭar 329
hātif, pl. *hawātif*; siehe auch Rufer (unsichtbar), Stimme 68, 158 (Anm. 366), 226 (Anm. 190), 251 (Anm. 26), 323, 326–333, 338
Hātif-Glaube 80 (Anm. 73), 158 (Anm. 366), 226 (Anm. 190), 242, 292, 325–334
ḫātim (Siegelring) 145 (Anm. 289), 403
ḫātim al-anbiyāʾ 344 (Anm. 238)
ḫātim al-ḫilāfa 425
Haub Dābir 215 (Anm. 137)
Haus; siehe auch Dach
Haus, leer, unbewohnt 198, 223, 233, 241
Hausgeister; siehe auch *ʿāmir*, pl. *ʿummār* 68, 114, 121 f., 198, 208 f., 243
Hausschlange 121 f.
ḫawāfī, sg. *ḫāfī*, die Verborgenen 25, 62, 133 (mit Anm. 217), 134 (Anm. 218), 170, 251 (Anm. 27), 350 (Anm. 270)
al-Hawbar 360
al-Hawǧal 360
Ḥawmal 370
Ḥawmānat ad-Darrāǧ 215 (Anm. 136)
Ḥawrān 58 (Anm. 107)
ḫayāl, *ḫayālāt*; siehe auch *taḫayyul*, *ḫiyāl* 113, 242 (Anm. 276), 323
Ḫayf-Moschee 159
Hāyil-i Biyābānī 201, 235 (Anm. 242)
haykal 281
Haylā 185, 201
ḥayya, pl. *ḥayyāt* 115 (Anm. 97), 117, 121 f., 126 f., 133, 156 (Anm. 351), 226
Heilen, Heilung, Heilkunst, Heiler 142, 286, 316, 325, 335 f., 341, 451, 478
Heilkraft 197, 451
heilkundig 341
Heilmittel 233, 336, 338–340, 399 (Anm. 127), 450
Heilig, Heilige 48 (Anm. 40), 80, 83 f., 178, 197 (Anm. 22), 198 (Anm. 32), 251 (Anm. 27), 267, 289, 291, 315 (Anm. 113), 384–387, 395, 412, 446 f., 458, 482, 487–491, 497, 499, 524
Heilige, das (Manifestation) 488, 490

Heiliger Geist; siehe auch *rūḥ al-qudus* 320, 344, 361, 364–368
Heiligtum 12, 133, 480, 482–485, 487, 489 f., 498
Heirat, verheiratet; siehe auch Ehe, Eheschließung 37, 82, 86 (mit Anm. 105), 87, 117, 148, 150, 160–162, 188, 190 (Anm. 576), 190 (Anm. 576), 209 (Anm. 99), 220, 226, 230, 236, 241, 337, 409, 415, 425, 465 f., 468, 475–478, 507–522
heiratsfähig 467 f.
Helfer, helfen; *ǧinn* als Helfer 47, 291 f., 324, 334–341, 356, 368, 373
Herbeirufung der Geister; siehe auch *istiḥḍār* 387 (Anm. 66), 391, 394
Herbeischaffen; siehe auch *iḥḍār*, *istiḥḍār* 397, 400, 402, 458, 462 (Anm. 230)
Hermaphrodit, siehe auch *muḫannaṯ* 54, 514
Hermes, Hermes-Idrīs 46, 404 (Anm. 152)
Herodot 135, 462, 505
Heuschrecke 249 (Anm. 16), 493
Hidāyat, Ṣādiq 12, 116, 123 (Anm. 153), 169, 180 (Anm. 510), 188 (Anm. 564), 244, 265 (Anm. 88), 312, 377 (Anm. 21)
Ḫiḍr 100 (Anm. 3), 433 (Anm. 120), 467 (Anm. 240: Moses und der Bursche)
Hierarchie der Geistwesen 49 f., 63, 66 (Anm. 156)
Hierophanie 488–490
Ḥiǧr 83
al-Ḫila'ī, Abu ăl-Ḥasan 'Alī b. al-Ḥusayn b. al-Ḥasan b. Muḥammad al-Ḫila'ī 84
Himmel; siehe auch Planetenhimmel 44, 48 (Anm. 39), 52 f., 63, 65, 66 (Anm. 156), 74 f., 83, 103, 191, 193 (Anm. 7), 206, 210, 237, 240, 300 (Anm. 44), 302, 364 (Anm. 339), 410 f., 424 (Anm. 86), 443, 446, 457, 464, 474, 481 f., 488–490
Himmelfahrt 109, 141, 490 (Anm. 343)
Himmelsleiter; siehe auch Leiter 464, 482
Himmelsreise 444, 505
Hinduismus 116 (Anm. 99), 524
ḥinn 62 f., 133 f., 170
Ḥirā' (Berg) 381
Ḫirmā 449
ḫirrāṭīn 176, 178
ḫirrīt 228 (mit Anm. 203)
Hišām b. 'Abd al-Malik 334, 356
Hišām al-Kalbī 363
Hišām b. Zuhra 209, 226
Hitze 219, 227 f.
ḫiyāl (persisch); siehe auch *ḫayāl* 39 f.
Hölle; siehe auch *ǧahannam* 76 f., 94–98, 224, 225 (Anm. 181), 229 f., 302, 305 (Anm. 71), 488
Höllenfeuer, auch Fegefeuer 77, 95, 97, 295, 323, 431, 435
Höllenwächter 258
Holofernes 470 (Anm. 247)
Horn, Hörner 193, 258, 430
Hūd 469
hudan 76 f.
Huḏayl (Stamm) 189 (Anm. 571)
hudhud; siehe auch Wiedehopf 137–139, 417, 445, 447, 463
Huḏlūl-Schwert 166
al-Ḫudrī; siehe auch Abū Sa'īd al-Ḫudrī 77 (Anm. 55), 121, 204, 209 (Anm. 97), 216, 310
Huf, behuft 193, 197 (Anm. 28), 430, 522 (Anm. 89)
hulās 336
ḥulūl 274 (mit Anm. 145)
Ḥumayd b. Ṯawr 38 (Anm. 59)
Humaym 347
ḥummā ar-rib' 336
Ḫunāfir b. at-Taw'am al-Ḥumayrī 322 (mit Anm. 152), 323
Hund, Hündin 62 (Anm. 128), 102, 114, 129 f., 132–137, 151, 167, 171, 189, 249 (Anm. 17), 250, 251 (Anm. 24), 253 (Anm. 35), 334, 415 f., 420, 466, 509
Hund, Brückenhund 136
Hund, Dämonisierung 134–137
Hund, Pfote 164, 264 (Anm. 88)
Hund, vieräugig 136 (mit Anm. 233 f.)
Hundsgesicht 265
Hundsköpfler *(sag-sar)* 264
Hunger, Hungersnot 181 (Anm. 522), 433 (mit Anm. 120), 481
ḫurāfāt 91, 181, 518 (Anm. 60)
Ḫurāsān 348 (Anm. 260)
Hurayra 372

Ḥūrī 96 f., 511 (Anm. 20)
Hurmuz 217
Ḥūš 125
Ḥūšiyya-Kamele, ḥūšitische Kamele 125, 212 f., 213 (Anm. 128), 250 (Anm. 21)
al-Ḥusām b. Qudāma 172
Ḥusayn b. ʿAlī 204 f., 232 (Anm. 219), 332 (Anm. 184), 333 (Märtyrertod)
ḫuss 514 (Anm. 39)
Ḫūzistān 326
Hyäne 129, 192, 251 f., 509

Iahen (des Esels) 143
ʿIbāda b. aṣ-Ṣāmit 489
Iblīs 44 f., 50–58, 60, 62, 63 (Anm. 135), 66 (Anm. 156), 74–76, 78, 99 (Anm. 175), 126, 154 f., 158, 191, 204, 225, 255 (Anm. 46), 276, 280 (Anm. 177), 281, 286 (Anm. 198), 311, 344 (Anm. 237), 356 (arabisch), 359, 361 (Anm. 325), 404, 411 f., 432–434, 436, 453, 477 (Anm. 276), 487, 491 f., 506 (Anm. 396), 510 (Anm. 16), 513, 515
iblīs, pl. *abālīs* 63
Iblīs' Nachkommen 53–59, 311
Iblīs, Vater der *ǧinn* 56, 57 (Anm. 95), 58
Ibn ʿAbbās 50, 52, 57, 62 (Anm. 128), 73 (Anm. 22), 75, 77, 78 (Anm. 57), 93, 94 (Anm. 143, 146), 101 (Anm. 12), 103, 126 (Anm. 168), 134, 155, 158 (Anm. 371), 275 (Anm. 150), 409, 472, 514
Ibn Abi ăd-Dunyā 151 (mit Anm. 321), 283, 327 (Anm. 164)
Ibn Abi ăṣ-Ṣayrafī al-Ḥarrānī ăl-Ḥanbalī 89 (Anm. 125)
Ibn ʿArabī 50 (Anm. 54), 130, 166 (Anm. 426), 179 (Anm. 506), 222 (Anm. 168), 422 (Anm. 76), 517 (Anm. 60)
Ibn al-Aṯīr 17, 43 (Anm. 1), 158, 205 (Anm. 76), 408 (Anm. 13), 410 (Anm. 24), 414 (Anm. 39), 418 (Anm. 61), 419 (Anm. 62), 421 (Anm. 75), 422, 430 (Anm. 110), 434 (Anm. 121), 435 (Anm. 127), 441 (Anm. 150), 450 (Anm. 193), 454 (Anm. 207), 465–467, 469, 471 (Anm. 251), 472, 476 (Anm. 269), 477 (Anm. 272, 274), 480 (Anm. 288), 481 (Anm. 296), 482, 483 (Anm. 302), 484, 489, 493 (Anm. 352), 502 (Anm. 382), 503 (Anm. 390), 506 (Anm. 398)
Ibn Daʾb 369
Ibn Durayd, Abū Bakr b. Durayd 322, 358 f., 363
Ibn al-Faqīh 156, 173 (Anm. 472), 174, 212, 215 (Anm. 136)
Ibn al-Farrāʾ; siehe auch Abū Yaʿlā Muḥammad b, al-Ḥusayn b. al-Farrāʾ al-Ḥanbalī 105, 112 (Anm. 78)
Ibn Ǧinnī 23 (Anm. 116)
Ibn Ǧuʿdān b. ʿAmr 332 f.
Ibn Ǧurayǧ 94 (Anm. 143), 221 (Anm. 165)
Ibn Ḫaldūn 289–291, 342, 388 (Anm. 72), 396 (Anm. 106), 398 (Anm. 118)
Ibn Ḫallikān 54, 311 f., 359
Ibn Ḥanbal, Aḥmad b. Ḥanbal 16 (Anm. 67), 71 (Anm. 11), 90 (Anm. 127), 124 (Anm. 157), 182 (Anm. 530, 534), 204 (Anm. 65), 206 (Anm. 82), 221 (Anm. 162), 247 (Anm. 4), 256 (Anm. 52), 273, 275 (Anm. 150), 287 (Anm. 203 f.), 296 (Anm. 23), 297 (Anm. 32), 306 (Anm. 77), 309, 310 (Anm. 91), 319, 379, 380 (Anm. 31), 515 (Anm. 42)
Ibn Hayyim b. Lāqis b. Iblīs 158
Ibn Ḥazm al-Andalusī 30, 33 f., 107 (Anm. 45), 108 (Anm. 51), 109 (Anm. 55)
Ibn al-Hirmil 284 (Anm. 195)
Ibn Hišām (Verfasser der *Sīrat an-nabiyy*, *Kitāb at-Tīǧān*) 17, 71–73, 78 (Anm. 57), 133 (Anm. 214), 154, 316, 317 (Anm. 121), 318 f., 321, 343 (Anm. 233), 368 (Anm. 355), 377 (Anm. 18), 430 (Anm. 110), 440, 445, 451, 453, 465, 467, 469 f., 471 (Anm. 251), 472 (Anm. 253), 473 (Anm. 258), 474, 476 (Anm. 269), 477 (Anm. 274), 478 f., 493 (Anm. 352), 502 (Anm. 383), 506 (Anm. 397)
Ibn Hišām, Ǧamāl ad-Dīn ʿAbdallāh b. Ḥišām 181, 183 (Anm. 539)
Ibn Hubayra 230
Ibn Ḥuǧr 370
Ibn Isḥāq, Muḥammad b. Isḥāq 17 (Anm. 83), 321, 328 f., 428
Ibn Kaṯīr 17, 410 (Anm. 27), 413, 414 (Anm.

39), 429 (Anm. 105), 441 (Anm. 150), 442 f., 445 (Anm. 168), 446 (Anm. 173), 447, 449, 450 (Anm. 193), 454 (Anm. 207), 470, 476 (Anm. 269), 477 (Anm. 274). 478 (Anm. 283), 480, 493 (Anm. 352), 502 (Anm. 382), 503 (Anm. 390), 504 (Anm. 391), 506 (Anm. 397 f.)
Ibn Māhir 371
Ibn al-Marāġa (= Ǧarīr) 357
Ibn Mas'ūd, 'Abdallāh b. Mas'ūd 81, 85 (Anm. 101), 101 (Anm. 12), 119 f., 126 (Anm. 168), 152 (Anm. 324), 247 (Anm. 4), 306 f., 308 (Anm. 85 f.), 311, 379 (Anm. 24, 31), 380 f., 382 (Anm. 45), 383, 385 (Anm. 63), 414 (Anm. 39)
Ibn Mas'ūd, Sa'd b. Mas'ūd 52
Ibn an-Nadīm (Verfasser des *Fihrist*) 65 (Anm. 149), 281 (Anm. 178), 289, 291, 388 (Anm. 72), 403 f., 430 (Anm. 108), 512
Ibn Rawāḥa 365
Ibn Qutayba 36, 38, 124 f., 134 f., 141, 186 (Anm. 552, 554), 242 f., 316, 336–338, 352 (Anm. 282), 353, 358 (Anm. 309)
Ibn Sīnā 177 (Anm. 500), 315 (Anm. 113), 397 (Anm. 112)
Ibn Šuhayd 345
Ibn Taymiyya 1 (Anm. 5), 5, 8 (Anm. 32), 19, 28, 30 f., 33, 42, 71 (Anm. 11), 73, 85, 90, 93, 96–100, 101 (Anm. 12), 109 (Anm. 55), 116 f., 121, 130, 132, 154, 199, 206, 247 (Anm. 3 f.), 273, 278 (Anm. 168), 287, 295, 297 (Anm. 32), 298 (Anm. 34), 341, 399 (Anm. 127), 512, 517
Ibn 'Umar 118, 132 (Anm. 210)
Ibn Waḥšiyya 187 (Anm. 563), 404 (Anm. 152)
Ibn Yāsīn 338
Ibnā ăl-izb 78 (Anm. 57)
Ibrāhīm (Prophet); siehe auch Abraham 408
Ibrāhīm b. Adham 69 (Anm. 2), 197 (Anm. 28)
Ibrāhīm al-Mawṣilī 131
Ibrāhīm b. as-Sindī 225 (Anm. 183)
Ibšīhī (Verfasser des *al-Mustaṭraf*) 49, 50 (Anm. 50), 53 f., 64 (Anm. 140), 127 f., 169 (Anm. 449), 254 (Anm. 41, 44), 386 (Anm. 66)
Idrīs; siehe auch Hermes-Idrīs 46
'ifr 162 (Anm. 394)
'ifrīt, pl. *'afārīt* 63, 64 (Anm. 140), 67, 89 (Anm. 124), 108 f., 148, 159, 197 (Anm. 24), 208 (Anm. 92), 210, 237, 249, 254, 267 (Anm. 101), 335 (Anm. 196), 386 (Anm. 66), 411, 457 f., 490
Igel; siehe auch *qunfuḏ* 243, 248–250, 251 (Anm. 26), 257 f.
al-'Iğlī, Abu ăn-Nağm al-'Iğlī 250, 352
iğmā' (in Bezug auf die Existenz der *ğinn*) 27, 33
iḫbār 327, 328 (Anm. 167), 330 (Anm. 173), 331 (Anm. 180), 332 (Anm. 184)
iḥḍār; siehe auch *istiḥḍār* 400, 402
iḥrām 132 (mit Anm. 211)
Iḫwān aṣ-Ṣafā' 43–45, 46 (Anm. 22, 24 f., 30), 47 (Anm. 31), 50, 53 (Anm. 67), 61, 62 (Anm. 122), 78, 79 (Anm. 63 f.), 203, 285 (Anm. 197), 288 (Anm. 209), 397 (Anm. 112)
ilhām 344 (Anm. 238)
imago mundi 197 (Anm. 23), 480, 488, 491, 498, 504
Imām, ein *ğinnī* als Imām 89 (Anm. 125)
'imlīq, auch Nasnās b. Umaym b. 'Imlīq 171 (mit Anm. 462)
Imru' al-Qays 181, 358, 359 (Anm. 315), 360, 370
Īnān 78
Inder 31, 64, 380 (Anm. 33), 392 (Anm. 93)
Indien, indisch 110, 136 (Anm. 234), 169, 174 (Anm. 478), 191 (Anm. 585), 217, 260 f., 285, 392 (Anm. 93), 500, 524
Individualität, fehlend 66, 67 (Anm. 159), 153, 299
Indonesien 2, 143 (Anm. 276)
Indra 500
al-ins wa-ăl-ğinn; siehe auch *al-ğinn wa-ăl-ins* 60, 293 (Anm. 4)
al-ins wa-ăl-ğins 297 (Anm. 31)
Insekten 123
Insel 63, 64 (Anm. 140), 78 (Anm. 55), 161, 169, 175 (Anm. 486), 178 f., 203 f., 216 f., 240, 253, 261, 263, 265, 340, 417, 432 f., 487, 493, 505
Inspiration, dichterische Inspiration; inspirieren 254 (Anm. 44), 292, 325, 341–373

Integration heidnischer Gottheiten in Islam 2 (mit Anm. 10), 41, 48 (mit Anm. 39), 116 (Anm. 99)
Internalisierung; siehe Verinnerlichung 302
Intimus 322
Irak 77, 78 (Anm. 55), 111, 216, 288 (Anm. 210), 349 (Anm. 264), 356, 427, 428 (Anm. 96), 439 (Anm. 140)
Irak, Land der Dämonen und Zauberer 77 (Anm. 55)
Iram b. Sām 174
Iran, iranisch 12 f., 15 (Anm. 64), 39 (Anm. 61), 48, 104 (Anm. 28), 136 (Anm. 234), 143 f., 194 (Anm. 8), 203 (Anm. 58), 233 (Anm. 224), 244, 260 f., 262 (Anm. 75), 312, 415, 436 (Anm. 128), 443 (Anm. 159), 463, 505, 518 (Anm. 63), 524
Irreleiten, in die Irre leiten, irregeleitet; siehe auch verirrt 38, 64 (Anm. 140), 133, 183 (mit Anm. 539), 184, 186 (Anm. 555), 188 (Anm. 565), 201, 211, 239, 273, 335, 342 f., 453, 511 (Anm. 21)
Irrsinn; siehe auch Wahnsinn, *ǧunūn* 336
ʿĪsā; siehe auch Jesus 75
Isaak 408 (Anm. 16), 422 (Anm. 76)
iʿṣār; siehe auch Windhose 120, 149 f.
al-Iṣbahānī, al Iṣfahānī, Abū Nuʿaym al-Iṣfahānī, *Ḥilyat al-awliyāʾ* 69 (Anm. 2), 76 (Anm. 41), 216 (Anm. 141)
al-Iṣbahānī, al-Iṣfahānī, Abu ăl-Faraǧ al-Iṣfahānī, *Kitāb al-Aġānī* 131 (Anm. 205), 188 (Anm. 568), 354–357, 365 (Anm. 340), 366 (Anm. 345), 368
al-Iṣfahānī, Ḥamza al-Iṣfahānī 251 (Anm. 27), 353 (Anm. 285)
al-Iṣfahānī, Rāġib al-Iṣfahānī, *Muḥāḍarat al-udabāʾ* 252 (Anm. 28), 360 (Anm. 325)
Islam, alternative Formen 6 (Anm. 21)
Islam, Bekehrung zum Islam (im Zusammenhang mit Dämonenglauben) 78, 227, 254, 307 f., 320, 322 f., 327 (mit Anm. 165), 331, 359, 361, 366, 461, 471, 493
Islam, normativer 5 (Anm. 21)
Islam, Volksislam 3–5, 7 (Anm. 22), 9 (Anm. 33), 101, 270
Islam, Schriftislam 3–7
Ismael; siehe auch Ismāʿīl 408, 422 (Anm. 76)
Ismāʿīl; siehe auch Ismael 408
ʿiṣmat an-nabiyy 308
Isolation; siehe auch Allein, Einsamkeit 36, 269 (Anm. 112)
isrāʾ 109
Iṣṭaḫr 443
istiḥḍār; siehe auch *iḥḍār* 387 (Anm. 66), 391, 394
istirāq as-samʿ 63, 74
ius primae noctis 468
Izb, Ibnā ăl-izb 78 (Anm. 57)
ʿIzz ad-Dīn ʿAbd as-Salām 517 (Anm. 60)

Jagen, Jagd, Jäger 135, 167 f., 171–174, 175 (Anm. 484), 188, 250 (Anm. 20), 252, 253 (Anm. 35), 465, 467
Jahreswechsel; siehe auch Neujahr, *nawrūz* 218 (mit Anm. 152), 221, 241
Jakob; siehe auch Yaʿqūb 408 (Anm. 16), 422 (Anm. 76)
Jakobs Traum 464, 490 (Anm. 341)
Jalandar; siehe auch Ǧālhandar 164 (Anm. 409)
Jemen, jemenitisch 65, 75, 124 (Anm. 157), 133, 147, 167 (Anm. 433), 171, 174, 189, 212–214, 319, 330, 373, 428, 451, 454, 456, 458, 467 f., 470, 479 (Anm. 284), 509, 516
Jenseits 70, 94–99, 170, 251, 304, 391, 420
Jenseits, Belohnung der *ǧinn* im Jenseits 91, 94–99, 151
Jenseits, Bestrafung, der *ǧinn* im Jenseits 70, 91, 94–99, 151, 295
Jenseitsvorstellungen 463, 505
Jerusalem 405 (Anm. 1), 406, 418, 426, 427 (Anm. 93), 428 f., 431, 432 (Anm. 113), 433, 439, 443, 451, 454–456, 461 f., 472 (Anm. 254), 476 (Anm. 267), 479 (Anm. 284), 480, 482–485, 488 f., 490 (Anm. 343), 491, 494 (Anm. 355), 497 f., 503 f., 506
Jesus; siehe auch ʿĪsā 75, 286 (heilt Kranke), 287, 367 (Anm. 353), 405, 422 (Anm. 76)
Jithream 411

Johannisbrotbaum 450 f., 503 f.
Josef (Sohn Jakobs) 405, 408 (Anm. 16), 422 (Anm. 76)
Josef (Gatte Marias) 421 (Anm. 73)
Josef, Brüder Josefs 46, 408
Juden, jüdisch 8, 30 f., 33, 41 (Anm. 74), 58 (Anm. 107), 69, 74, 77 f., 88 f., 96, 117, 138, 286 (Anm. 198), 393 (Anm. 95), 405 f., 415, 417 (Anm. 55), 421, 422 (Anm. 76), 436–438, 446, 451, 453, 455, 459–461, 472 (Anm. 254), 479 (Anm. 284), 482, 485 f., 491 f., 501, 503, 524
Judentum 2, 48, 371, 445, 448 (Anm. 180), 452 (Anm. 200), 460
Judith 470 (Anm. 247)
Jung, Carl Gustav 245, 301, 325, 444 (Anm. 167)
Jungfrau, entjungfern 163, 217 (mit Anm. 150), 384, 511 (Anm. 20)
Jüngster Tag, auch Jüngstes Gericht 28, 76 (Anm. 44), 91, 92 (Anm. 135), 94–96, 181 (Anm. 521), 293–295, 322, 462
Jupiter 281

Ka 300
Kaʿb al-Aḥbār 77 (Anm. 55), 216
Kaʿb b. Mālik 365
Kaʿb b. Zuhayr 181
Kaʿba 82 f., 155 (Anm. 343), 160, 378 (Anm. 21)
kāfir 33, 58, 68, 88, 92, 97
kāhin, pl. *kuhhān* 74, 166 (Anm. 426), 300, 301 (Anm. 52), 304 (Anm. 65), 319–321, 322 (Anm. 150), 323, 329, 341–343, 345
kāhina 318
Kain 45, 158, 288 (Anm. 209)
Kalāhūr 262
al-Kalbī 94 (Anm. 143), 363
Kallisthenes; siehe auch Pseudo-Kallisthenes 404 (Anm. 152)
Kamel 87, 114, 123–129, 158, 176, 189, 202, 207, 212 f., 227, 249 f., 253 (Anm. 35), 254, 268, 270, 283 f., 321, 326, 339, 349, 353, 354 (Anm. 288), 355–357, 360, 369, 371 f., 442, 455, 509 f., 522 (Anm. 89)
Kamel, Dämonisierung 127–129
Kamelhengst 124 (Anm. 157), 125, 128 (Anm. 186), 213, 268, 270, 353, 355, 369, 371
Kamelstute 124, 227, 353, 354 (Anm. 288), 356, 369, 510
Kampfer 399
Kanalisation 197, 211, 240
Kanʿān b. Ḥām b. Nūḥ 428
Karbalāʾ 83, 205 (Anm. 72), 313 (Anm. 104)
Karbāš al-Hindī 281
kargas; siehe auch Geier 380 (Anm. 33)
Karḫ 384
Kasfiyāʾīl 401 (Anm. 140)
Kaskar 428
Kasrawī, Aḥmad-i Kasrawī 12, 196 (Anm. 19), 507 (Anm. 3)
Kater 131, 391 f.
Katze 63, 114, 129–133, 188 (Anm. 564), 189, 255 (Anm. 46)
Katzenkopf 130
Katzenkrallen 131, 160
Kay Ḫusraw 427
Kaykāwūs, Kay-Kāʾūs 261, 444
Kayōmarṯ 144 (mit Anm. 278)
Kebra Nagast 414 (Anm. 41), 426, 478
Kette 108, 229 f., 338 f.
al-Kīlānī, ʿAbd al-Qādir al-Kīlānī 384 f., 387
kīmiyā (ʿilm-i kīmiyā); siehe auch Alchemie 518
Kinda (Stamm), Kinditen 358, 371 (mit Anm. 372)
Kindbett 146, 231
Kindbettdämonin 68, 139 (Anm. 245), 146 (Anm. 290), 231–234, 303
Kirche 5 (Anm. 21), 133, 207 f., 208 (Anm. 91 f.)
Kirmān, kirmanisch 428, 509
Kīš 217
Kisāʾī 17, 408 (Anm. 13, 16), 409 (Anm. 23), 410–412, 413 (Anm. 38), 414 f., 418 (Anm. 61), 419–421, 423–425, 430–432, 435 (Anm. 127), 437 f., 440, 443 (Anm. 161), 448 f., 450 (Anm. 192 f.), 453 (Anm. 203), 465, 467 f., 470, 471 (Anm. 251), 473, 476 (Anm. 269), 477 (Anm. 274), 478, 484–487, 489 (Anm. 340), 490 f., 493 (Anm. 352), 502 (Anm. 382)

Klassifizierung, der Dämonen, der *ǧinn* 63, 133
Kleidervorschriften 110 (Anm. 63)
Klippdachs; siehe auch *wabr* 248–250
Kloster 208 (mit Anm. 92)
Knochen 39, 85, 136, 247, 251 (Anm. 27), 252 (Anm. 32), 262, 265, 297, 298 (Anm. 33), 313 (Anm. 106), 383, 517 (Anm. 60)
knochenlos 521
Kollektiv, die *ǧinn* als Kollektiv, kollektivisch 23, 50 (Anm. 51), 66 f., 153, 299 f.
Komplementärwesen 292, 298, 323–325
Kondensationsprozess 103 (Anm. 25)
König, der Dämonen, der *ǧinn*, der Geister 43 (Anm. 7), 44, 78 f., 384–386, 394 f., 465–467, 486, 519–521
König, Weißer König 394 f.
Königin von Saba, siehe auch Bilqīs 162, 406 f., 445 f., 451, 454–480, 507, 509, 516
Königsmord 468 f.
Kontaktaufnahme mit *ǧinn* 11
Kopten, koptisch 11, 291, 524
Koranrezitation, Koranrezitator 223, 283 (Anm. 195)
Körper, Körperlichkeit der Dämonen; siehe auch Gestalt und *ǧinn*, Körperlichkeit 32, 61, 101, 103, 105–109, 112 (mit Anm. 74), 144, 192 f., 273–276, 517 (Anm. 60), 521
Körper, behindert 478
Körper, durchsichtig 103, 146 (Anm. 289)
Körper, Haus für die *ǧinn* 278–286
Körper, verunstaltet; siehe auch Fuß, Eselsfuß 168 (Anm. 436), 193 (Anm. 4), 474, 476, 516
Körperöffnungen 192, 207, 255 (Anm. 46)
Kosmos 105, 200, 206, 241, 284 f., 434, 480, 488, 491 f., 498–500, 504–506
krank, erkrankt 111, 217 (Anm. 150), 270, 286 f., 316, 325, 336, 339 f., 400
Krankheit; siehe auch Erkrankung, Volksmedizin, Dols, Michael 10, 25, 77 (Anm. 55), 138, 145 f., 216, 217 (Anm. 150), 220, 228 (mit Anm. 203), 230, 231 (Anm. 214), 233 f., 241, 259, 267–272, 279, 282, 286, 317, 325, 336, 400, 451, 525
Krankheit, Geisteskrankheit, siehe auch Wahnsinn, *ǧunūn* 270
Krankheit, psychisch 231 (mit Anm. 214), 241, 271, 525
Krankheit, Würgekrankheit 138
Krankheitsdämonen 145 (Anm. 289), 228 (Anm. 203)
Krankheitsdämonin 146 (Anm. 289)
Krebs (Krankheit) 216
Kreis, Kreisfigur; siehe auch Ring 152 (Anm. 324), 254, 284 (Anm. 195), 288 (Anm. 209), 374–387, 390, 392, 394–403, 520
Kreuzung (biologisch) 260 (Anm. 66)
Kreuzung (Verkehr) 198
Kriechtiere; siehe auch Reptilien 122, 248
Krokodil 191, 238
Krone (eines Herrschers) 471
al-Kubrā, Naǧm ad-Dīn al-Kubrā 301 f.
Kūfa 189, 340, 352 (Anm. 282), 517 (Anm. 59)
kufr; siehe auch *kāfir*, *takfīr*, Unglaube 1, 28 (Anm. 12, persisch), 29, 34, 104, 341
Kuh, Kühe 129, 213, 258, 450, 510
Kult, Kultstätte (nicht-islamisch) 207, 226 (Anm. 191), 227 f.
Kulturvermittler, *ǧinn* als Kulturvermittler 45, 47
Kupfer 355, 431, 435, 490
Kuṯayyir ʿAzza 355
Kyros 439

Labīd 360
Lachen, Gelächter 123, 161, 163, 204, 354, 360
Lāfiẓ b. Lāḥiẓ 370
lahab (Flamme) 49 (Anm. 48)
Lahab 329 (Anm. 171)
Laʿḥam 78 (Anm. 57)
langlebig; siehe Alter
Lanze 117, 158, 225 (Anm. 181), 238, 382
Lärm, Gelärm 111, 202 f., 215 (Anm. 136), 219 (Anm. 154), 258, 284 (Anm. 195), 485 f.
Lasā 78 (Anm. 57)
Latrine; siehe auch Abort 197, 199, 206 f., 209, 211, 240, 252, 495
Lauschen, am Himmel; siehe auch

Sternschnuppen-Mythos 65, 70, 72, 74 f., 191, 193 (Anm. 7)
Läuterung, Läuterungsgrad, läutern 302, 394 f., 500 f.
Laylat al-ǧinn; siehe auch *Ǧinn*-Nacht 73 (Anm. 30), 84 (mit Anm. 97), 108 (Anm. 52), 158 (Anm. 372), 247 (Anm. 2), 374, 377–384
Layṯ b. Abī Salīm 97 f.
al-Layṯ b. Saʿd 212
leer, Leere (leere Orte, Häuser) 129, 203, 223, 233
Lehm 49 f., 52, 360, 510
Leiche 136
Leichenfresser 135 f.
Leichentuch 80
Leidenschaft 238, 282 (Anm. 183), 357 (Anm. 308), 433 (Anm. 120), 510 (Anm. 17)
Leiter, Himmelsleiter 265 f., 464, 482, 488 (Anm. 332), 489 f.
Leute der Erde; siehe auch *ahl al-arḍ* 195, 222, 243 (Anm. 282)
Licht; siehe auch *nūr* 39, 49 f., 142, 187, 220, 236, 241, 245, 255 (Anm. 46), 258, 273, 411, 424
Lichterscheinung, Lichtgestalt 60 f., 144, 397
Lichtkreis 400
Lichtstrahlen 105
Lilith; siehe auch Maṭrūda 58 (Anm. 107), 138, 139 (Anm. 245), 146, 148, 219 (Anm. 154)
Liminalität, liminal; siehe auch Grenze 191–246
List, listenreich 128 (Anm. 186), 185, 238, 252, 288 (Anm. 209), 436 (Anm. 128), 456, 466, 469, 485
Löwe 131 (Anm. 204), 140, 257 (Anm. 56), 436–439
luʿāb aš-šams (Sonnenspeichel) 228 (Anm. 200)
luʿāb aš-šayṭān (Satansspeichel) 228 (Anm. 200)
Luʾayy b. Ġālib 321, 322 (Anm. 149)
lubān 394 (Anm. 102), 402 (Anm. 142)
lubān ḏakar; siehe auch Boswelia carterii 394 (Anm. 102)
Lügen, Lüge, lügnerisch 32, 37, 38 (Anm. 59), 39, 55, 108 (Anm. 51), 119, 182, 257, 321, 340, 437, 457, 495, 512 (Anm. 23), 517 (Anm. 60), 518 (Anm. 60)
luffāḥ 178
Luftspiegelung; siehe auch Fata Morgana 144, 227
Luristan 313
Lust, lüstern 188, 221 (Anm. 164), 239, 359, 510, 516, 521

mā anta? 158
maʿād 176, 178
maʿād al-abdān 28
Maʿarrī, Abu ăl-ʿAlāʾ (Verfasser der *Risālat al-Ġufrān*) 161 (Anm. 391), 332 (Anm. 184), 348 (Anm. 263), 351 (Anm. 274), 358 f., 367 (Anm. 351)
maḏhab, pl. *maḏāhib*, der *ǧinn* 88
madḫūl 282
maḍrūb 279
maǧḏūb 279 (Anm. 173)
Maghreb, maghrebinisch 12 (Anm. 52), 23, 145, 283 (Anm. 195), 317 (Anm. 124), 524 f.
Magie, Magier, magisch; siehe auch *siḥr*, Zauberei 20, 27 (Anm. 4), 46 (Anm. 22), 89, 132, 154, 178, 196 (Anm. 19), 198 (Anm. 30), 233, 266, 280 (Anm. 177), 281, 284 (Anm. 195), 287–291, 338, 373–375, 377, 378 (Anm. 21), 384 f., 387–390, 391 (Anm. 86), 392 (Anm. 93), 394–396, 399, 401, 402 (Anm. 144), 403 f., 452–454, 524
Magier, medischer Stamm 135
maǧnūn 25 f., 125 (Anm. 159), 267, 271, 279 (Anm. 173), 281, 287, 316, 342 f., 497, 510 (Anm. 17)
Maǧrīṭī, Pseudo-Maǧrīṭī 281 (Anm. 180), 291, 338 f., 389
Maǧūs 89, 515
Māhān 21, 38–40, 142 f., 185, 200–202, 224 (Anm. 177), 235–239, 241, 246, 258 f., 265 f., 297
maḫdūm 280, 388
Mahra 264
Makrān 428
Makrokosmos, makrokosmisch 206, 218, 240, 301

mal'ak (auch *malak*), pl. *malā'ika*; siehe auch Engel 3, 47, 113, 366
Malāyir 518, 520
malbūs 279, 280 (Anm. 173)
Mālik (Höllenengel) 229
Mālik b. Anas 16 (Anm. 67), 77 (Anm. 55), 109, 216, 229 (Anm. 205), 310 (Anm. 91), 517
mamlūk 279
Mandäismus 301
mandal, pl. *manādil* (Zauberkreis) 284 (Anm. 195), 288 (Anm. 209), 386 (Anm. 66), 520
mandal: Kitāb al-Mandal as-sulaymānī 65
mandal, *Mandal*-Technik 46
manhal 300
Manichäismus 301
al-Manṣūr (2. ʿAbbasiden-Kalif) 332
manṭiq aṭ-ṭayr; siehe auch Vogelsprache 445 f.
maqrūn 317
Mar (Alpgeist) 256
mār (Schlange) 121 (Anm. 134)
Marduk 500
Marginalität, marginalisiert 193 (Anm. 7)
mārid, pl. *marada* 63, 67, 100 (Anm. 3), 208 (Anm. 92), 229 f., 263 (Anm. 81), 385, 424, 431 f., 485
al-Mārid Irmiš al-Muḫālif 100 (Anm. 3)
māriǧ min an-nār 29 (Anm. 13), 49 f.
markab, pl. *marākib al-ǧinn* 248, 251 (Anm. 25)
Markt, Märkte (u. a. *sūq*) 55, 72 f., 130, 197, 266 (Anm. 93), 425, 433, 495
markūb 280 (Anm. 173)
Marokko 2, 9, 12, 66 (Anm. 153), 131, 145, 219, 223, 279, 297, 376, 508 (Anm. 5)
Mārūt, Hārūt und Mārūt 452
Marw 348 (Anm. 260)
Maryam bint ʿImrān 489
Maṣā, auch Masā 78 (mit Anm. 57)
masaḫa, *masḫ* 168, 170 (Anm. 457), 174 (Anm. 479, arabisch), 264 (Anm. 88)
mashūr 336, 343
masǧid; siehe auch Moschee 109, 159 (Anm. 378), 208 (Anm. 92), 480, 482
Masǧid al-ǧinn 72
Māšī 78 (Anm. 57)
Māṣir 78 (Anm. 57)
maskūn 222, 278–280
maṣlūb 280 (Anm. 173)
Mašrabūʿ 394
maṣrūʿ; siehe auch Epilepsie, *ṣarʿ* 273 (Anm. 139), 287, 514
mass (Besessenheit) 242 f., 275, 511 (Anm. 18)
matriarchal 458 (Anm. 216)
matrilinear (Abstammung) 402 (Anm. 144)
maṣṭakā 400
Masʿūdī (Verfasser der *Murūǧ aḏ-ḏahab*) 19, 29, 34–36, 38, 63 f., 66, 165, 166 (Anm. 424), 169 (Anm. 449), 179 f., 183 (Anm. 539), 185, 186 (Anm. 550, 552, 554 f.), 187 (Anm. 559), 188, 191, 200, 264, 287 f., 326, 327 (Anm. 163), 361 (Anm. 329), 405 (Anm. 1), 408 (Anm. 13), 465, 480, 493 (Anm. 352), 502 (Anm. 383), 506 (Anm. 397 f.)
Masʿūdī, Pseudo-Masʿūdī (Verfasser der *Aḫbār az-zamān*) 18, 44 (Anm. 7), 55 (Anm. 82), 64, 65 (Anm. 143), 107 (Anm. 45), 116 (Anm. 105), 133 (Anm. 215), 160 f., 163, 173 (Anm. 472), 175 (Anm. 484), 204, 255, 264, 354 (Anm. 288)
Masūṭ 55
matbūʿ, *matbūʿa* 317
Materialist *(dahrī)* 274
maṭiyya, pl. *maṭāyā* 124, 248 f., 250 (Anm. 20), 251 (Anm. 25), 280 (Anm. 173)
Maṭrūda; siehe auch Lilith 58
Maul, siehe auch Mund 126, 171, 237 f.
Maultier 193, 430, 509
Maus 132 (Anm. 211), 188 (Anm. 564), 221 f., 248–250, 251 (Anm. 26). 257 (Anm. 56)
Mawṣil 76 (Anm. 41), 77, 358 f.
mawsim 130, 160
May, Karl 194
Maybudī (Korankommentator) 16, 41, 63 (Anm. 134), 71 (Anm. 11), 72 (Anm. 16), 75 (Anm. 41), 77 f., 87 f., 90, 93, 119, 214, 294 f., 382 (Anm. 45)
Maymūn (Geisterfürst) 401 (Anm. 140)
Maymūn b. Qays al-Aʿšā 347 (Anm. 258)

Māzandarān 217, 261 f.
Mazdaismus, mazdaistisch 2, 129, 134–137, 144, 301
mazmūm 339
Medina 80 (Anm. 70), 117, 158, 215 (Anm. 136), 314 f., 328, 330 f., 333 f., 354 f., 363 (Anm. 336), 381 f., 459 (Anm. 217)
Medizin, medizinisch; siehe auch Volksmedizin 334 f., 338, 340, 390, 444, 450 f., 465
Meer; siehe auch *al-baḥr al-muḥīṭ*, Ozean 43, 53, 61, 63, 64 (Anm. 140), 68 (Anm. 168), 78 (Anm. 55), 159, 161, 163 f., 169, 171 f., 178 f., 191, 203–205, 210, 213, 216, 217 (Anm. 147), 240, 253, 411, 412 (Anm. 31), 424, 426, 428, 431–433, 435, 439 (Anm. 141), 450 (Anm. 192), 452 (Anm. 200), 465, 487 f., 491, 495–501
Meer, Rotes Meer 163 (mit Anm. 397), 204
Meerungeheuer, Meermonstrum 253 (Anm. 40), 500 f.
Meerwesen 163 f., 204
Meier, Fritz, Materialsammlung zur Dämonologie 13–15
Mekka, Mekkaner, mekkanisch 2, 23, 71 f., 79–83, 117 (Anm. 106), 130, 143, 147, 152 (Anm. 324), 155, 158, 159 (Anm. 378), 165, 197 (Anm. 22), 208 (Anm. 92), 226 (Anm. 191), 227 (Anm. 198), 314 f., 321, 328, 330–332, 334 f., 339, 377, 381, 428, 480
Menschenfresser 87, 145, 164, 184 (Anm. 543), 185 (Anm. 545), 187, 265
Menstruation, menstruieren 233 f., 251, 367 (Anm. 353), 496 f., 514, 516 (Anm. 52)
Merkur 400
Messing 355, 435
Messingflaschen 478 (Anm. 278)
Messingstadt 427 (Anm. 93), 436 (Anm. 128)
Metall, metallen 189, 435 (Anm. 126), 490 f.
Metamorphose 111
Metempsychose 111
Michael; siehe auch Mīkāʾīl 409, 425, 429
Migration 2, 525
Mīkāʾīl; siehe auch Michael 401 (Anm. 140)
Mikrokosmos, mikrokosmisch 206, 218, 240, 301
al-Miʿlāḥ 362 f.
Milkom 492
Minā 159, 335 (Anm. 196)
Mirabilia; siehe auch Wunder 162, 175 (Anm. 484), 264, 347
Mirabilienliteratur 15, 18 f., 28, 173, 264
miʿrāǧ 109, 490 (Anm. 343)
Miʿrāǧ-Felsen 490
Mirbad 357 (mit Anm. 307)
Mischling 509
Mischwesen 162–191, 260, 509, 511
Misḥal 345 (Anm. 240), 347 f., 350 f.
Misḥal b. Aṯāṯa 372 f.
misk; siehe auch Moschus 400
Mist, Misthaufen 197, 247, 252 (mit Anm. 32), 313 (Anm. 106), 383, 460
Mitgeborener; siehe auch *ham-zād* 312 (mit Anm. 104)
Mittag, Mittagszeit 83 (Anm. 86), 149, 177, 209, 219 f., 224–228, 230, 241 f., 244 (Anm. 282), 254, 355
Mittagsdämon 228
Mittagsschlaf 225 f., 243, 267
Mitternacht 131, 398
Mond, Vollmond, auch Neumond 37, 164, 173 (Anm. 473), 200, 220, 353, 354 (Anm. 288), 484, 516
Mondgesicht, mondgesichtig 177
Monophysiten 361 (Anm. 329)
Monotheismus, monotheistisch; siehe auch *tawḥīd* 5 (Anm. 21), 41, 48, 56 (Anm. 92), 71 (Anm. 9), 227 (Eingottglaube), 295 (Anm. 16: Eingottglaube), 452 (Anm. 201), 458, 461, 492, 524
Monster, Monstrum 169, 238 f., 259, 500
Moos 177
Moral, moralisch: *ǧinn* als Hüter der Moral 110 (Anm. 63), 193, 235–241, 245, 447
moralisch indifferent, *ǧinn* sind 1 (Anm. 4), 39 (Anm. 63), 59, 68 f., 193, 374
moralische Verdorbenheit 175 (Anm. 487), 432, 518
Mord, Mörder, ermorden 45, 82 (Anm. 84), 139, 155, 181 (Anm. 523), 207, 288, 467–469, 470 (Anm. 247)
Moschee; siehe auch *masǧid* 72 (Anm. 21),

80, 159, 208 (Anm. 92), 256 (Anm. 52), 338, 340, 365, 382, 416 (Anm. 52), 480, 482–484, 489
Moschus 81, 399 f., 438, 471
Moses 70, 115, 211 (Anm. 110), 405, 421 (Anm. 73), 422 (Anm. 76), 464, 467 (Anm. 240), 487 (Anm. 330)
Moses' Stabwunder 115
Moshil 345
Muʿāḏ b. Ǧabal 323 (Anm. 152)
muʾaḏḏin 141
muʾannaṯ; siehe auch *muḫannaṯ* 514 (Anm. 39)
Muʿaṭṭila 88 (Anm. 116)
Muʿāwiya (Omayyaden) 330 (Anm. 175), 438
al-Muʿawwiḏatān 220 (Anm. 158), 395 (Anm. 104)
muʿazzim; siehe auch Geisterbeschwörer 272, 280, 281 (Anm. 178), 284 (Anm. 195), 288, 291
muḏahhab 64 (Anm. 140)
al-Mudaybarī, Ṣāliḥ al-Mudaybarī 281
Muḏhib 401 (Anm. 140)
Muǧāhid (Überlieferer) 55, 94 (Anm. 143), 158 (Anm. 371), 256, 472
Muġīṯ b. Sumayy 295
muʿǧiza 447
Muḫabbal, *muḫabbal* 267, 347, 350, 354 (Anm. 288)
Muḥammad (Prophet), Ankündigungen zu M. durch die *ǧinn* 254 (Anm. 45), 327 (Anm. 165), 328 (Geburt), 329 (Sendung)
Muḥammad b. ʿAlī Zayn al-ʿĀbidīn 205 (Anm. 72)
Muḥammad al-Bāqir (5. Imam) 141 f.
Muḥammad b. Kaʿb (Überlieferer) 156 (Anm. 350), 408
Muḥammad an-Nafs az-Zakiyya 334
muḫannaṯ; siehe auch *muʾannaṯ* 514
al-Muḥāsibī, Abū ʿAbdallāh al-Ḥāriṯ al-Muḥāsibī 97 (Anm. 163), 100, 168
muḫāwī 91 (Anm. 134), 292, 298
muḥḍar 206 (mit Anm. 82–84)
Muḥsin b. Ǧawšan an-Naṣrānī 120 (Anm. 130)
muʿīn; siehe auch Helfer 290, 349, 368
mukallaf; siehe auch *taklīf* 89–93, 99, 295
Müll, Mülltonne 199, 207, 240 f.
munādī, siehe auch *nādī*, *hātif*, Rufer, Stimme 331, 337
Mund; siehe auch Maul 167, 192, 224, 237 (Anm. 256), 255 (Anm. 46), 256 (Anm. 52), 266 f., 277, 287, 347 f., 355, 358, 366, 376
munḏir; siehe auch Warner 70 f., 76, 78, 93
Munkar wa-Nakīr 34 (Anm. 34), 295
Munšī 78 (Anm. 57)
Muqātil (Überlieferer) 440
muql azraq; siehe auch Bdellium 391, 394 (Anm. 100)
al-Murādī, Ṣafwān b. Muʿaṭṭil al-Murādī 119
Murǧiʾa 88 f.
Murra 401 (Anm. 140)
Mūsā b. ʿAbdallāh b. Ḥasan 334
muṣāḥib, *muṣḥab* 317
musǧaʿ 280 (Anm. 173)
Musik, Musiker 131, 300, 345, 520
Muslim *(Ṣaḥīḥ Muslim)* 16 (Anm. 67), 42, 71 (Anm. 11), 85 (Anm. 101), 89 (Anm. 124), 108, 109 (Anm. 53, 59), 116 (Anm. 105), 117 (Anm. 109, 111), 118 (Anm. 113, 116), 121, 130 (Anm. 194), 132, 143 (Anm. 274), 180 (Anm. 517), 181, 204 (Anm. 65), 208, 209 (Anm. 97 f.), 221 (Anm. 162, 166), 226, 229 (Anm. 205), 247 (Anm. 4), 276 (Anm. 153), 278 (Anm. 165), 290 (Anm. 217), 294 (Anm. 15), 296 (Anm. 23), 297, 306, 307 (Anm. 78, 80), 308 (Anm. 83), 310 (Anm. 91 f.), 364 f., 366 (Anm. 345), 379, 382 (Anm. 49)
mušrik; siehe *širk*
mustaǧinnāt 62, 133 (mit Anm. 217)
al-Muʿtaḍid (Kalif) 288
mutakallim (Theologe) 34, 104
muṯallaṯ al-Ġazzālī 395 (Anm. 105)
Muṭarrif al-Kinānī 369
mutašayṭina 64 (Anm. 138), 158, 183 (Anm. 539), 253
al-Mutawakkil (Kalif) 332 (Anm. 184)
Muʿtazila 30 f., 34 (Anm. 34), 36, 105 f., 107, 227, 272–275, 290 (Anm. 217), 419
Mutter, Name der Mutter 402
Mystik, mystisch, Mystiker 45 (Anm. 17), 100 (Anm. 2), 121 (Anm. 134), 137, 177, 225

(Anm. 187), 230, 291, 301 f., 338, 344, 374, 384 f., 387, 389, 445

na'ām, na'āma 227, 248, 250, 254, 391
Nabel der Erde 488
Nābiġa 216 (Anm. 143), 358, 359 (Anm. 315), 360, 362 f.
Nachbar, Nachbarschaft 131, 149, 186, 223, 274, 315 (Anm. 113), 326, 338, 416 (Anm. 52), 422
Nachkommen, Nachkommenschaft der *ǧinn*, der Dämonen 53–56, 86, 162, 171, 311, 507, 510, 513 f.
Nachmittag 149, 219
Nachrichten, *ǧinn* als Überbringer von Nachrichten 74 f., 323, 326, 329–334, 341
Nacht, nächtlich nachts; siehe auch *Ǧinn*-Nacht, *Laylat al-Ǧinn* 25 (Anm. 125), 38 f., 71 f., 81, 84, 108, 110 f., 131, 137 f., 140, 142 f., 146 (Anm. 291), 149 f., 152 (Anm. 324), 155, 159, 161, 163–165, 168, 182, 183 (Anm. 539), 185–187, 189, 201 f., 205, 217 (Anm. 150), 219–224, 228–239, 241, 243 f., 246–249, 251 (Anm. 26), 253 (Anm. 35), 254, 255 (Anm. 46), 258 f., 263, 265 f., 267 (Anm. 101), 268, 283 (Anm. 195), 288, 296, 297 (Anm. 29), 308, 318, 321 f. 326, 328, 331, 334, 337, 340, 353, 356, 364 (Anm. 339), 374, 376 (Anm. 17), 377–386, 398, 411 f., 414, 421, 425 (Anm. 87), 434, 478, 483 f., 516, 520–522
Nacht, Neumondnacht 37, 220
Nacht, Vollmondnacht 164, 200, 220, 354 (Anm. 288), 484
Nachtgespenst 146 (Anm. 291)
nadd 400
Nadel 206, 210, 240
nādī; siehe auch *munādī* 331
Naḍr b. 'Amr al-Ḥāriṯī 337
nafs; siehe auch Triebseele 121 (Anm. 134), 302
nafs-i nabātī, nafs-i nāṭiqa, nafs-i ṭabī'ī 177 f., 301
Naǧd 154–156, 205 (Anm. 77)
Nagel, Nägel (Fingernägel, Zehennägel) 163, 176, 192, 238, 262
naǧiyy 292, 299, 320–323
Naǧm ad-Dīn al-Kubrā 301 f.
Naǧrān 451
Naḫ'am 78 (Anm. 57)
an-Naḫa'ī, Ibrāhīm an-Naḫa'ī 81
Naḫl, Baṭn Naḫl 215 (Anm. 136)
Naḫla 71–74, 76, 147
Nahrung, der *ǧinn* 79, 84–87, 247, 252 (Anm. 32), 298 (mit Anm. 33), 313 (Anm. 106), 383, 430
Nā'inī, Muḥammad Ḥasan 293 (Anm. 4), 517 (Anm. 60)
Name der Mutter 402
Namen, Decknamen (der *ǧinn*); siehe auch Euphemismus 219 (Anm. 155), 279 (Anm. 170)
Namen der *ǧinn*; siehe auch Eigenname 153 (Anm. 335)
Namen Gottes; siehe Gottesnamen, *al-asmā' al-ḥusnā* 252 (Anm. 32)
Naphta 46
naqqāl 523
nār; siehe auch Feuer, *nīrān* 49–51, 95, 98
nār; *māriǧ min nār* 29 (Anm. 13), 49 f.
nār as-samūm 50 (mit Anm. 50), 103 (Anm. 20), 510
nār; siehe auch *nīrān as-sa'ālī*
nāriyy, ḥayawān nāriyy 103
narm-pāy 261
nās (Dämonenart) 62, 134 (Anm. 218)
Nasafī, 'Azīz-i Nasafī 176–179
Nasā'ī (Traditionarier) 16 (Anm. 67), 109 (Anm. 59), 132 (Anm. 212), 229 (Anm. 205), 296 (Anm. 23), 310 (Anm. 91)
nāṣiḥ 354 f.
Nāṣir (Dämonenname) 78
an-Nāṣir ('Abbasiden-Kalif) 326
nasnās 62, 68 (Anm. 168), 134 (Anm. 218), 162, 167–179, 212 f., 250 (Anm. 21), 264 (Anm. 88), 512
Nasnās b. Umaym b. 'Imlīq b. Yalma' b. Lāwūḏ b. Sām 171
Nathan 410 f., 418
Naturerscheinungen als Manifestationen des

Dämonischen 113, 144–152, 228, 440, 443
Naturwissenschaft, naturwissenschaftlich 147, 443
nawrūz; siehe auch Jahreswechsel, Neujahr 499 (Anm. 370), 501
na'y 327 (Anm. 165), 333
Nayin 185
an-Naysābūrī (Verfasser des *Mustadrak*) 147
an-Naysābūrī, Abū Riḍā b. ʿAbd as-Salām 176
Naysāpūr 348 (Anm. 261)
an-Naẓẓām, Abū Isḥāq 34 (Anm. 34), 36, 38, 227
Nebukadnezar 428, 439, 479 (Anm. 284)
Neid, neidisch 245, 270, 447
neoplatonisch 346, 389
Neujahr; siehe auch Jahreswechsel, *nawrūz* 498–501
Niesen 276
Nikolaus von Therva 488
Nimrod 46, 408 (Anm. 16), 428
nīrān 383 (Anm. 49)
nīrān as-saʿālī 160
nīranǧāt 280 (Anm. 177)
Niṣībīn 71, 75, 76 (Anm. 41), 77–79, 80 (Anm. 71, 74), 85, 89, 147, 247, 383
Niṣībīn, Begegnungen mit den *ǧinn* aus Niṣībīn 79–81, 147
Niẓāmī, *Haft Paykar* 21, 34 f., 38–41, 142 f., 148, 154, 185, 200–202, 224 (Anm. 177), 235–241, 246, 257–259, 265, 297, 478
Niẓāmī-i ʿArūḍī 176 f.
Noah 31 (Anm. 23), 181 (Anm. 521), 358, 405, 422 (Anm. 76)
Norm, gesellschaftliche Normen 240
Notdurft; siehe auch Urin, urinieren 205 f., 285
Nubien 217 (Anm. 150)
nubuwwa 43 (Anm. 6)
an-Nuḫaʿ 327 (Anm. 165), 330 (Anm. 177)
an-Nuktī 348, 358 f.
nūr; siehe auch Licht 49 (Anm. 47 f.), 50
nūra (Enthaarungsmittel) 478

Oberarm; siehe auch *ʿaḍud* 336, 338, 399
Ödland, öd 36, 114, 119, 148 f., 199 f., 207, 224 (Anm. 177), 235, 250 (Anm. 19), 315 (Anm. 113)
Ohren 163, 192, 250, 255 (Anm. 46)
Ölpresse 197
Omnipräsenz, omnipräsent 194, 199, 206, 209, 218, 240, 341
opus (des Magiers, Alchemisten) 392
Ornias 425 (Anm. 87)
Orte, Aufenthaltsorte, der Dämonen 194–218
Orte, von den Menschen verlassene Orte; siehe auch Einsamkeit 36, 117, 139, 198 (Anm. 32), 207, 210, 215, 223 f., 240, 386
Ozean; siehe auch Meer, *al-baḥr al-muḥīṭ* 174 (Anm. 478), 195 (Anm. 13), 203 f., 206, 261, 412, 491

pairika 519 (Anm. 68)
Palästina 195 (Anm. 16), 317 (Anm. 122)
Palme, Dattelpalme 121, 157, 175 f., 178, 179 (Anm. 506), 209, 211, 380, 437 f., 489 f.
Palmyra; siehe auch Tadmur 216, 428 (Anm. 96)
Pañcatantra 261 (Anm. 68)
pand 236 f., 239
Paradies; siehe auch *ǧanna*, Garten 25 (Anm. 126), 39 (Anm. 61), 45, 52, 94, 96–100, 123, 126 f., 136, 193 (Anm. 7), 200, 215 (Anm. 137), 229, 236 (Anm. 245), 300 (Anm. 44), 302, 305 (Anm. 71), 331, 424 f., 440, 489, 511 (Anm. 20), 520 f.
Parallelisierung der *ǧinn* mit den Menschen 66 (mit Anm. 155), 69 (Anm. 5), 91 (Anm. 133), 134 (Anm. 218), 153 (Anm. 333), 292–303, 311
parī, *pariyān* 1 (Anm. 4), 29 (Anm. 14), 34 (Anm. 34), 83 (Anm. 90), 171, 180, 377 (Anm. 21), 387 (Anm. 66), 508 (Anm. 5), 518–522
parī-ruḫ 237
parī-zād 387 (Anm. 66)
Pass, Passhöhe 242
patriarchal 458 (Anm. 216)
Pavian 169
Pelz; siehe auch Haare 189
Penis; siehe auch Harnröhre 54 f., 252, 416
Pest, Pestzug 228 (Anm. 203), 270, 271 (Anm. 122), 482, 489

Pfau 437 f., 446
Pfeifen; siehe auch *ʿazīf al-ǧinn* 202 f., 215 (Anm. 136)
Pfeifen des Sandes 202
Pfeil, Pfeilschuss (der *ǧinn*) 333
Pferd; siehe auch Ross, Reiten 62 (Anm. 127), 129, 164, 172, 178, 184, 193, 201, 214, 250 f., 256, 257 (Anm. 56), 258, 269 (Anm. 111), 352, 430–432, 439 f., 442, 469, 473 f.
Pflanzensprache 444, 450, 503
Phantasie, Phantasiegebilde 113, 436, 507, 518
Phantasmagorie 113
Pharao 115 (Anm. 97), 463
Philosoph, philosophisch 4 (Anm. 16), 29 (mit Anm. 16), 30 f., 32 (Anm. 27), 104, 105 (Anm. 33), 113, 160 (Anm. 382), 177, 179, 274 f., 346 (Anm. 246), 419, 508, 517 (Anm. 60)
Picatrix (Pseudo-Maǧrīṭī) 389
Pilgerfahrt, der *ǧinn*; siehe auch *ḥaǧǧ* 79, 82–84, 130, 159 f.
Pilgerfahrt, nach Mekka 79–84, 130, 143, 159 f.
Pilgerfahrt, an Hūds Grab 469
Plagiat 369
Planeten, Planetenhimmel 65 (Anm. 146), 394 (Anm. 99)
Planetengeister 66, 389
Platon, platonisch, neoplatonisch 301, 346 (Anm. 246), 389
Plinius, *Naturalis historia* 172 (Anm. 465), 260
Plutarch 301
Pol *(quṭb)* 385
Polytheist, Polytheismus, polytheistisch; siehe auch *širk* 5, 33, 42, 47 f., 342, 366
Poseidonios 301
Prä-Adamiten, prä-adamitisch 94, 134 (Anm. 224)
Predigt (allgemein) 95, 416 (Anm. 52), 494
Predigt, *Ǧinn*-Predigt 71–73, 77–79, 84, 91, 101, 114, 152, 208 (Anm. 92), 247, 297, 379 (Anm. 23, 27)
Projektion, projizieren 245 f., 325
Propheten der *ǧinn* 43 (Anm. 6), 44, 93, 94 (mit Anm. 145 f.)
Prophetschaft; siehe *risālat an-nabiyy*; *nubuwwa*
Psalmen 228 (Anm. 203), 412
Pseudo-Kallisthenes 260, 264, 404 (152)
Pseudo-Maǧrīṭī 281 (Anm. 180), 291, 338 f., 389
Pseudo-Masʿūdī; siehe Masʿūdī, Pseudo-Masʿūdī, al-Wāṣifī
Pseudo-Suyūṭī; siehe Ṣanawbarī
Psychologie, psychologisch 326, 346 (Anm. 250)
Psychologisierung, der *ǧinn* 34–41
Pyramide 217, 524

Qaḍariyya 88 f., 105
qāḍī al-ǧinn 84
Qādisiyya 327 (Anm. 165), 330 f.
Qāf, Berg Qāf 100 (Anm. 3), 173 (Anm. 473), 228
Qāǧāren 518–522
al-Qalammas b. ʿAmr 451
Qalamūn-Gebirge 58 (Anm. 107)
Qālī 361, 363 (Anm. 336)
al-Qamūlī, Yūsuf b. Aḥmad al-Qamūlī 89 (Anm. 125)
Qandahār 428
Qarāfa-Friedhof 84
qarana, *qurina* 311 f., 317 (Anm. 124)
Qāriḥ 504 (mit Anm. 392)
qarīn, pl. *quranāʾ* 66 (Anm. 156), 68, 292, 299–301, 303–313, 317, 323 f., 355, 373
qarīna 68, 301 (Anm. 49), 303, 312
Qarīna 68, 156 (Anm. 355), 232, 303, 312 f., 314 (Anm. 108), 317 (Anm. 124)
Qāsim b. Ṯābit 329
qāṣṣ, *qaṣṣāṣ* (Geschichtenerzähler); siehe auch *naqqāl* 509, 523
Qatāda (Überlieferer) 89, 453, 517
Qāṭūl 265
Qays (Insel) 217, 218 (Anm. 150)
Qays b. Maʿdī Karib 371 f.
Qazīya (König) 415
Qazwīnī (Verfasser der *ʿAǧāʾib al-maḫlūqāt*) 18, 43 (Anm. 1), 48 f., 52 (Anm. 67), 55, 63 (Anm. 134), 65, 103 f.,

118, 124 (Anm. 153), 127, 130, 133, 139, 147, 149 (Anm. 309), 151 (Anm. 318 f.), 156, 158, 159 (Anm. 374), 165, 166 (Anm. 424, 426), 168 (Anm. 436), 169 (Anm. 449), 173, 180, 183 (Anm. 539), 186 (Anm. 555), 188 (Anm. 564, 566, 568), 191–193, 199, 200 (Anm. 39), 203, 204 (Anm. 64–66), 215, 229, 244, 245 (Anm. 289), 253 f., 264, 266 (Anm. 94), 387 (Anm. 66), 413, 430 f., 432 (Anm. 113 f.), 435 (Anm. 122), 441 f., 484, 485 (Anm. 313), 486 (Anm. 321 f.)
Quelle 184, 196, 210, 213, 217 (Anm. 150), 485–487
Quelle, Thermalquelle 197
qibla 398
qird; siehe auch Affe 179 (Anm. 506), 251, 391
Qiṣaṣ al-anbiyā'; siehe auch Fārisī, Kisā'ī, Ṯa'labī 17
Qīṭōr 460
Quartanfieber *(ḥummā ar-rib')* 336–338
Qubbat aṣ-ṣaḫra (Felsendom) 482 (Anm. 300)
Qudāḥ 504
al-Qulzum 163, 204
qunfuḏ (Igel) 243, 248–250
Qurayš, Qurayšiten 72, 82, 155, 316 (Anm. 116), 318, 328, 330 f., 365 f.
Qurayẓa, Banū Qurayẓa 117
qurina 311 (arabischer Text), 317 (Anm. 124)
quṭb 385
quṭrub 63, 87, 190 (Anm. 576), 191
Quṭrub Ġadanfar 131
quṭruba 63

Rabe 132 (Anm. 211), 357 (Anm. 308)
ar-Rabī' b. Anas (Gewährsmann) 43 (Anm. 3), 126 (mit Anm. 168)
Rabī' b. Mālik b. Rabī'a 347 (Anm. 256)
Rābi' bint Mu'awwiḏ b. 'Afrā' 283
Rāfiḍa 88
Rāġib al-Iṣfahānī *(Muḥāḍarat al-udabā')* 252 (Anm. 28), 353 (Anm. 285)
raǧul min al-ǧinn 156, 158 f., 255
Raḥā Biṭān 189
ar-Rā'ī an-Numayrī 356
ra'iyy; siehe auch *ri'iyy* 292, 299, 316, 320–324, 342 (Anm. 227)
rākib, rakiba; siehe auch Reiten 254, 256, 280 (Anm. 173), 440
rākṣasa 261 (Anm. 68)
Ramaḍān 220, 228–230, 424
Rāmhurmuzī *('Aǧā'ib al-Hind)* 264
raml; siehe auch Sand 172, 202
Raml Yabrīn 212, 213 (Anm. 128)
Raṣad, *raṣad* 68 (Anm. 168), 298 (Anm. 36)
Rationalseele 301
Rätsel 421 f., 455 f., 461, 470–474 (Bilqīs' Rätsel), 479
Ratte, Feldratte; siehe auch *ǧuraḏ* 249 f.
Rauch; siehe auch *duḫān* 46, 49 (Anm. 48), 436
Räucherwerk 391, 394
Rauchzeichen 337
Rawāḥa bint as-Sakr 465
ar-Rāzī, 'Abd al-Ǧalīl 90 (mit Anm. 128), 91 f., 93 (Anm. 141)
ar-Rāzī, Abū Bakr ar-Rāzī 273
Rāzī, Abu ăl-Futūḥ-i Rāzī 16, 41, 63 (Anm. 134), 71 (Anm. 11), 87 f., 94, 294
ar-Rāzī, Faḫr ad-Dīn 16, 30–33, 41, 289
Rechenschaft 91, 94 f., 96, 197 (Anm. 22), 223, 235, 239, 241, 294 f., 403, 417
Recht, Rechtsfragen, Rechtsprechung (islamisch); auch *šarī'a*-rechtlich 85 (Anm. 99), 89, 94, 118, 132 (Anm. 211), 150, 159 f., 412–420, 437, 495, 507 f., 512 (Anm. 29), 513–515, 517 f.
rechtschaffen, rechtschaffene Dämonen 59, 76, 79, 80 (Anm. 71), 87 (Anm. 113), 88, 147
Rechtsgelehrte 35, 89, 101 f., 212 (Anm. 121), 409, 507, 514
Redfield, Robert 4 (Anm. 16)
Regen 181 (Anm. 524), 333, 371, 373, 378 (Anm. 21), 449, 516
Regenmacher 378 (Anm. 21)
Rehabeam 478, 506
Reimprosa 342 (Anm. 224)
rein, Reinheit, Reinigen, Reinigung (v. a. rituell) 49, 85 (Anm. 99), 111, 136, 205, 281, 300 (Anm. 44), 302, 323, 367 (Anm.

353), 398, 402, 411 (Anm. 30), 420, 424 (Anm. 86), 442 f., 495 f., 498, 500
Reise, reisen 35 f., 81, 83, 114, 119, 143, 157, 165, 172, 175 (Anm. 484), 176 f., 182 f., 185, 187–190, 196 (Anm. 19), 202 f., 216, 217 (Anm. 150), 228, 262, 296 f., 302, 326, 334 f., 357, 359, 369, 371, 376 f., 381, 386 (Anm. 66), 389 (Anm. 77), 398, 402, 439–445, 451, 456, 505, 516 f.
Reiten, Reiter, Reittiere; siehe auch beritten 84 f., 124, 148, 159, 184, 185, 193 (Anm. 4), 201, 202 (Anm. 55), 210, 227, 235, 243 (Anm. 280), 247–292, 296 (beritten), 326, 352, 354 f., 357 f., 376, 384 (Anm. 59), 385, 390 (Anm. 79), 431, 439–442, 453, 469
Reiterin 269
Religion der Dämonen; siehe auch Glaube, rechtschaffen 43 (Anm. 6), 63, 68, 69–99, 207
Reptilien; siehe auch Kriechtiere 81, 114–123, 151, 460
Retter, retten; Dämonen als Retter 201, 292, 325, 334–341
Rezept (gegen Dämonen, für Heilmittel) 142, 325, 336–338, 390
Rezitieren, Rezitation 37, 42, 70, 73, 75 f., 78, 84, 101, 109–111, 147, 156 (Anm. 350), 172, 174, 182 f., 196 (Anm. 19), 207, 223, 247, 254 f., 283 (Anm. 195), 284 (Anm. 195), 293 (Anm. 4), 296, 318, 321 f., 326, 328–332, 354, 357–360, 362, 369–372, 377, 380, 382 f., 386, 387 (Anm. 66), 390, 392–395, 397 f., 401–403, 408, 497, 499
Ṛgveda 136 (Anm. 234)
Riḍwān (Paradiesengel) 229
Riemenbeinler; siehe auch *duwālpā* 64 (Anm. 137), 204, 217 (Anm. 146), 259–266, 270, 355 (Anm. 294)
Riese, riesig 158, 173, 216 (Anm. 140)
rīḥ aḥmar (sic) 145 (mit Anm. 289)
rīḥ aswad (sic) 145 (Anm. 289)
ri'iyy; siehe auch *ra'iyy* 320 (Anm. 137), 342 (mit Anm. 227)
rimāḥ al-ǧinn 270
rimm 134 (Anm. 224)
Ring; siehe auch Kreis, Salomon, Siegelring 374–378, 403
risālat an-nabiyy; siehe auch *nubuwwa* 28
Riss in der Erde 196, 220 (Anm. 158)
Ritualgebet; siehe Gebet
Rosenwasser 399
Rosmarin 402 (Anm. 142)
Ross; siehe auch Pferd, Reiten 184, 250 (Anm. 19), 258 f., 262, 352, 384–386, 439, 473
rot (Farbe) 130, 183, 193, 336, 358, 404, 407, 437, 440
Rufer, unsichtbar; siehe auch *hātif* 80, 158 (Anm. 366), 226 f., 243, 325–332, 337–339
Rubʿ al-Ḫālī (Wüste) 212
Rūḥ al-qudus 320, 344, 364–366, 367 (Anm. 353)
Ruine, Ruinen 64, 138 f., 198 f., 210, 215, 233, 241, 265, 281, 315 (Anm. 113), 384, 386
rukūʿ 141
ar-ruqā (Bespuckung); siehe *ruqya*, pl. *ruqan*
Ruqiyā'īl 401 (Anm. 140)
ruqya, pl. *ruqan*; siehe auch Geisterbeschwörung 42, 46, 288 (Anm. 209), 291
Ruṣāfa 356, 357 (Anm. 304)
Rüssel 193, 258, 430
Rustam 261 f.

Saba, Land; siehe Bilqīs, Königin von Saba
šaʿbaḏa; siehe auch Taschenspielerei 280 (Anm. 177), 290
Šaʿbān (Monat) 228 (Anm. 204)
aṣ-Ṣabbāġ, Abū ʿAbdallāh Muḥammad aṣ-Ṣabbāġ 110 f.
Sābiġ bint Ḥanānā 409
Ṣābiġ bint Yāsūʿ 411 (Anm. 29)
as-Sabūb 212
Sabzawarī *(Maǧmaʿ un-nurayn)* 123, 133 (Anm. 215), 134 (Anm. 225), 333 f.
Saʿd b. Abī Waqqāṣ 182
Saʿd al-Aws 331
Saʿd b. Ǧubayr 160
Saʿd al-Ḫazraǧ 331
Saʿd b. Ḥišrim 187
Saʿd b. Masʿūd 52
Saʿd b. Ubāda 327 (Anm. 165), 333, 511

Ṣafar-Würmer 180 (Anm. 517), 181
safīhu-nā 339
aš-Šāfiʿī 102 (Anm. 15)
Safran 399, 402 (Anm. 142)
saǧʿ 342 (Anm. 224)
sagdīd 136
sag-sar 264
šahāda 491
ṣāḥib 80, 292, 299, 317–320, 324, 347, 358, 362, 371, 373
ṣāḥib al-baḥr 495, 498, 500
ṣāḥib ad-dīk 135 (Anm. 229), 139
ṣāḥib al-kalb 135 (Anm. 229), 139
ṣāḥiba 318, 362
šāhid, *šāhid al-ġayb* 302
sāḥir; siehe auch Magie, *siḥr*, Zauberer 190, 343, 453
Šāh-nāma; siehe Firdawsī
Ṣaḫr 65, 153, 156, 216, 425 (Anm. 88), 432 f., 435 f., 438, 441 f., 478, 484–487, 491 f., 495–501, 516 (Anm. 52)
Šahr b. Ḥawšab 52, 453
Saʿīd b. Ǧubayr 73 (Anm. 22), 419
ṣāʾiḥ 331
šāʿir; siehe auch Dichter, Inspiration 300, 318, 342 f., 345, 363 (Anm. 336)
šāʿir maǧnūn 343
sākin al-arḍ; siehe auch *ahl al-arḍ* 334
sākin al-balad 279 (Anm. 170)
ṣalāt; siehe auch Gebet 73, 89, 109, 208 (Anm. 92), 274, 276, 390, 394
ṣalāt al-ǧumʿa 89 (Anm. 125)
saʿlawiyya 68 (Anm. 168)
ṣalīb 280 (Anm. 173)
ṣāliḥ, von Dämonen; siehe auch rechtschaffen 59, 88
Ṣāliḥ al-Mudaybarī 281
Salīṭ 78 (Anm. 57)
Salmān al-Fārisī 192 (Anm. 3)
Salomon (Sohn Davids), allgemein 17, 41 (Anm. 74), 64 (Anm. 140), 65, 78 (Anm. 55), 79, 107–109, 123, 130 (Anm. 200), 133, 139, 146 (Anm. 289), 147, 150 f., 156, 162, 168, 192 f., 200, 216, 218 (Anm. 152), 232 (Anm. 222), 233, 289, 403–507, 516, 519
Salomon–Alexander 415, 428, 444, 505
Salomon, Ameise 123, 448 f., 456
Salomon, Arbeiten der Dämonen für Salomon 107 f., 147, 156, 430–432, 434, 436 f., 445, 484–490, 505 (Anm. 393), 506
Salomon, Begegnung mit der Königin von Saba 445, 454–464, 479
Salomon, Flaschen 435, 436 (Anm. 128), 478 (Anm. 278)
Salomon, fliegen, Fluggerät 151, 432 (Anm. 113), 436, 439–444
Salomon–Ǧamšīd 416 (Anm. 51), 429 (mit Anm. 104), 444, 451, 501 (Anm. 377)
Salomon, Geburt 407–412
Salomon, Geliebte 168, 454, 494–496
Salomon, Heimsuchung 423 (Anm. 79), 424, 425 (Anm. 88), 427 (Anm. 93), 437, 454, 492–501
Salomon, Heirat mit Bilqīs 162, 475–479, 507, 516
Salomon–*hudhud* 139, 417, 445, 447, 456 f., 463 f.
Salomon–Iblīs 411 f., 432–434, 436, 453, 487, 491 f., 506 (Anm. 396)
Salomon, idealer Herrscher 422, 502
Salomon als Korbflechter 433
Salomon als Kulturstifter 451
Salomon, Macht 417 f., 422–447
Salomon, Macht; siehe auch Salomon, Heimsuchung
Salomon, Magie 403 f., 452–454
Salomon, Medizin 146 (Anm. 289), 450 f.
Salomon, Nachfolger Davids 417–423
Salomon, Neujahr 218 (Anm. 152), 498–501
Salomon, Pflanzensprache 444 f., 450 f.
Salomon, Prophet 422 (Anm. 76), 458, 471 (Anm. 251)
Salomon, Rätsel; siehe Rätsel
Salomon, Rechtsprechung 412–417
Salomon–Ṣaḫr; siehe Ṣaḫr
Salomon, Sichtbarkeit der Dämonen zu seiner Zeit 107 f.
Salomon, Siegelring 156, 403 (Anm. 150), 423–427, 429–432, 434–436, 448, 486 f., 495–501
Salomons Sohn behindert 426 (mit Anm. 89), 478

Salomon-Tābiʿa 232 (Anm. 222), 233 f.
Salomon, Tempel, Tempelbau 405 (Anm. 1), 418 (Anm. 58), 425 (Anm. 87), 429, 431, 432 (Anm. 113), 450 f., 456, 479 (Anm. 284), 480–492, 506
Salomon, Teppich; siehe auch Teppich 151, 439–443
Salomon, Thron, Thronsage 432 (Anm. 113), 436–440, 453 f., 461, 475. 493, 495, 497
Salomon, Tiersprache 444–450
Salomon, Tod 426, 434, 439, 450 f., 453, 479, 481, 502–506
Salomon, Unterwerfung der Dämonen 64 (Anm. 140), 65, 78 (Anm. 55), 79, 133, 192 f., 200, 216, 403, 425, 427–444
Salomon-Wiedehopf; siehe Salomon-*hudhud*
Salomon, Wind: S. Herrscher über die Winde 150 f., 424 (Anm. 86), 425, 434, 439–444, 453, 493
Salomon, Wissen, Weisheit 419, 422–427, 444–454
Samak-i ʿAyyār 21 (Anm. 108)
Šamhūrīš 401 (Anm. 140)
Sami-Ali, M. 246, 325
aṣ-Ṣammān 212
Samsamāʾīl 401 (Anm. 140)
Šāmūl 394
Sāmūr-Stein 484–486
Ṣanʿāʾ 174, 214 (Anm. 129), 428
Ṣanawbarī, ʿAlī b. Ibrāhīm aṣ-Ṣanawbarī 7 (Anm. 22), 232 (mit Anm. 221 f.), 233 (Anm. 225), 234, 313 (Anm. 107), 390
Sand, sandig, Sandberg 145, 172, 177, 186, 202, 212 f., 315 (Anm. 113), 370, 452 (Anm. 200)
Sand, Singende Sande 202 f.
Sand, Sandsturm 148, 443 (Anm. 162)
Sandelbaum, Sandelholz 187 (Anm. 563), 265, 455
ṣarʿ, *ṣaraʿa*; siehe auch Epilepsie, Fallsucht 210, 242, 272, 275, 510 (mit Anm. 17), 512
šarāhyā 391, 393
Sarbalīṭ 394
šarīʿa, *šarīʿa*-rechtlich 43 (Anm. 6), 89, 91 f., 94, 118 (Anm. 112), 160, 290, 416, 507 f., 512 (Anm. 29), 513–515, 517 f.
Ṣariyāʾīl 401 (Anm. 140)
Sarpatak-i Hindī 387 (Anm. 66)
Šāṣir 78
Sassaniden, sassanidisch 260, 330 (Anm. 176), 524
Satan, der Satan 54 f., 60, 81, 101 (Anm. 13), 104, 124, 130, 152, 154, 157, 158 (Anm. 371), 209 (Anm. 97), 223, 230, 242, 251 (Anm. 27), 256, 276–278, 302, 304, 340, 344, 409, 433, 457, 463, 482, 495 f., 511 (Anm. 18), 514 f.
Satan (als Begleitgeist) 256, 278 (mit Anm. 164), 302, 305 f., 311–313, 318, 320, 388 (Anm. 68)
Satan, Satane; siehe auch *šayṭān* 28 (Anm. 9), 47–52, 54–56, 57 (Anm. 101), 58, 60, 65, 78 (Anm. 55), 86 (Anm. 103), 92 (Anm. 137), 103, 112 f., 117 f., 123 f., 130, 132, 141, 148, 182 (Anm. 533), 191, 199 f., 210, 221 (Anm. 162, 165), 222 (Anm. 166, 168), 224 (Anm. 179), 225, 229, 242, 245, 280, 286 (Anm. 198), 302, 306, 309 (Anm. 87), 320, 337, 388 (Anm. 68), 411 f., 424 (Anm. 86), 430–432, 434, 435 (Anm. 122), 437 f., 440–442, 452–454, 477, 485 f. 490, 494, 503 f., 505 (Anm. 393), 511
Satane, dichterische Inspiration 346–348, 353–356, 358–360, 367 f.
Satan-Iblīs 433
Sattel, satteln 158, 202, 238 (Anm. 258), 248 f., 257 (Anm. 56), 321, 372, 473
Saul 411
Sawād b. Qārib 320 f.
ṣawt 331, 339
sāya, *sāya-zada* 244 f.
Ṣaydūn (Insel) 493
Sayf al-Mulūk 263
Sayf b. Ḏī Yazan 20 (Anm. 104), 142, 265, 523
Šayḫ aus dem Naǧd 154–156
Šayḫ-Kult 267
Šayḫ ul-Mulūk 518, 520 f.
Šayḫ Naǧdī 154 f.
aš-Šayṣabān, Banū ăš-Šayṣabān 120, 149 f., 318, 349 (Anm. 265), 361 (Anm. 328), 362, 363 (Anm. 336), 449
šayṭān, pl. *šayāṭīn*; siehe auch Satan, Satane 3, 20 (Anm. 100), 47 f., 52–61,

63 f., 67, 74 f., 77, 78 (Anm. 55), 86 (Anm. 103), 91, 92 (Anm. 137), 103, 109, 111 (Anm. 79), 113, 115, 117 (Anm. 111), 123–126, 130, 143 (Anm. 274), 151, 152 (Anm. 326), 154, 156 f., 183 (Anm. 536), 186 (Anm. 533), 190, 209 f., 221, 223, 225, 228 (Anm. 200), 229, 242 (Anm. 274), 256, 278, 280, 286 (Anm. 198), 292, 293 (Anm. 4), 299, 303, 306, 308–313, 317–320, 323 f., 326, 346–349, 353 f., 356–358, 360, 366, 373, 511, 514

Šayṭān (Personennamen) 60 (Anm. 118)

aš-Šayṭān, siehe auch Satan, der 54–56, 60, 124, 155 (Anm. 347), 157, 252 (Anm. 274), 278 (Anm. 168)

šayṭān–ǧinn, Abgrenzung 56–59

šayṭān raǧīm 52

šayṭān; šayāṭīn al-ǧinn 72

šayṭān; šayāṭīn al-ins 72

šayṭān: šayāṭīn al-ins wa-ăl-ǧinn 60, 72, 305 (Anm. 4)

šayṭāna 54, 57, 124, 337

Schaf 129, 249 (Anm. 11), 253 (Anm. 35), 409 f., 413 f., 430, 483, 510

Schakal, Schakalwolf 129, 413

Scham 207

Schamanismus, Schamane 301, 444, 524

Scharlatan 341

Schatten, Schattenwesen 83 (mit Anm. 86), 225 (Anm. 181), 241–246, 257, 275, 301, 437, 445

Scheidung *(ṭallaqa)* 517

Schia; siehe auch Šīʿa 6 (Anm. 21), 90 (Anm. 128), 141

Schiiten, schiitisch 16 (Anm. 72), 88 (Anm. 120), 90 (Anm. 128), 141 f., 205 (Anm. 72), 372 (Anm. 376)

Schlacht, Schlachtfeld 121, 155 (Anm. 346), 157, 318, 327 (Anm. 165), 329–331, 368, 427, 442, 500

Schlachten (Töten von Tieren, Dämonen) 87, 175 (Anm. 484), 360, 431, 450, 456

Schlachthof 197, 432

Schlaf, Schlafen, beschlafen; siehe auch Beischlaf 39, 63, 124 (Anm. 153), 143, 156 (Anm. 350), 168, 185 f., 217 (Anm. 150), 219, 221, 223, 225 f. 233, 234 (Anm. 237), 243, 267, 276, 284, 321, 322 (Anm. 149), 434, 454, 468 f., 478, 498 (Anm. 364), 510, 514

Schlafen, zwischen Wachen und Schlafen 321

Schlafmittel 178 (Anm. 505)

Schlag, Schlagen 124 (Anm. 153), 138 f., 158, 166, 181 (Anm. 523), 188, 209 (Anm. 97), 234, 244, 252, 255, 263, 281, 296, 329 f., 385, 438 f., 497–499

Schlagen, beim Exorzismus 287

Schlagen, nur einmal zuschlagen (Motiv) 95 (Anm. 147), 158 (Anm. 371), 188–190

Schlange 64, 80–83, 104 (Anm. 29), 110 (mit Anm. 60), 113 (Anm. 85), 114–123, 125, 126 (Anm. 169), 127, 129, 132 f., 147–151, 156 (Anm. 351), 181 (Anm. 522), 200, 203 (Anm. 59), 208 f., 209 (Anm. 97), 226, 264 (Anm. 88), 266, 283–285, 426, 443 (Anm. 162), 465 f.

Schlange, im Dach 283 f.

Schlange; siehe auch *abtar*, *ḏū ăṭ-ṭufyatayn*, *ḥayya*, *ǧān*, *ǧānn*, *mār*, *ṯuʿbān*

Schlangen töten 117–120, 209 (Anm. 97), 465

Schlangen, weiße 81, 119, 465 f.

Schlangenkönigin 426 f.

Schlangenkult 116 (mit Anm. 99)

Schlucht 197, 206, 210, 215, 217, 240

Schmähvers 349, 356, 365 f., 372

Schmuck, schmücken 11, 438, 442, 469, 473, 489

Schmutz, schmutzig 76 (Anm. 43), 85, 197, 199, 206–208, 240, 252, 471, 522 (Anm. 89)

schnell, Schnelligkeit; siehe auch Geschwindigkeit 127, 146, 172, 200, 210, 250 (Anm. 19), 252, 437, 443, 505 (Anm. 393)

schnellfüßig 173 (Anm. 473), 175 (Anm. 486), 249

Schöne Namen Gottes; siehe auch Namen Gottes 289 (Anm. 212), 396 (Anm. 106), 397 f., 400 f.

Schrecken, Erschrecken, zurückschrecken 37, 39 f., 111, 143, 204, 231, 236, 246, 248, 252, 267 (Anm. 101), 275, 329, 340, 379 (Anm. 31), 384, 438, 491, 525

Schreckbecher 399 (Anm. 127)
Schutz, Schützen 25, 70, 75, 131, 135, 141, 145 (Anm. 289), 164, 182, 184, 187 (Anm. 563), 193 (Anm. 7), 222, 232, 235, 286 (Anm. 199), 309, 317 (Anm. 122), 337, 373 f., 375 (Anm. 6), 376, 378–381, 383–387, 392, 394 f., 396–400, 406, 411, 432, 469, 469
Schutzformel 207, 376 (Anm. 17), 377
Schutzfunktion 374, 395, 400, 403
Schutzgeist, Schutzdämon 300 f., 304 (Anm. 65), 312, 315
Schutzgottheit 24 f.
Schutzkreis; siehe Kreis, Ring
Schützling 74, 364, 373, 423, 492, 502, 520
Schutzmittel; siehe auch apotropäisch 164 (Anm. 408), 232 (Anm. 222), 374, 384, 478
Schwanger, Schwangerschaft 63, 161, 378 (Anm. 21), 411, 465 f., 515, 518
Schwanz, Schwänze 83, 169 (Anm. 444), 193, 264 (Anm. 88), 265, 430, 437 f., 446
schwarz (Farbe) 62 (Anm. 128), 129–134, 139, 151, 152 (Anm. 324), 173, 193, 200, 235, 243, 245, 258, 275, 283 f., 301 (Anm. 51), 334, 336, 380, 384, 391 f., 411, 430, 449, 465 f.
schwarz, Mann 81, 157
Schwefel 46, 216 (Anm. 140)
Schwein 118 (Anm. 115), 197 (Anm. 22), 349, 420
Schwelle, Türschwelle; siehe auch Tür 193 (Anm. 6), 198 (mit Anm. 29), 225 f., 241
Schwert; siehe auch *Huḏlūl*-Schwert 166, 188 f., 238, 296, 378 (Anm. 21), 482, 489
Schwindsucht 336
Seedämon 156 (Anm. 355)
Seefahrer 161, 204, 253 (Anm. 40), 262 f.
Seelenfahrt 444
Seelenvogel 315 (Anm. 113)
Seelenwanderung 179
Seher; siehe auch *kāhin* 268, 304 (Anm. 65), 316
Seherin (*ʿarrāfa*) 316
Sehkraft 106, 209 (Anm. 97)
Sephatja 411
Sexualität, sexuell 160 (Anm. 382), 221 (Anm. 164), 239, 269 (Anm. 112), 271, 282–285, 415, 470, 497, 508 (Anm. 5), 513 f., 516 (Anm. 52)
sexuell, Übergriff 282–285, 470, 512
Šīʿa; siehe auch Schia, Schiiten 88 (Anm. 120), 89, 90 (Anm. 128)
šīʿa, pl. *ašyāʿ* (Helfer) 356, 368
Šiblī 19, 25 (Anm. 125), 28, 31 (Anm. 21, 24), 42 (Anm. 80), 43 (Anm. 1 f., 7), 47, 50 (Anm. 52), 56 (Anm. 88), 57, 59, 62, 63 (Anm. 134), 71 (Anm. 11), 72 (Anm. 16), 73 (Anm. 28), 76 (Anm. 41), 77 (Anm. 51, 55), 78 (Anm. 57), 79 (Anm. 66), 80 (Anm. 72), 81, 85 (Anm. 101, 103), 86–90, 92, 94, 96–100, 102 (Anm. 15), 103, 105–107, 109, 110 (Anm. 62), 112 f., 116 (Anm. 105), 120, 122 (Anm. 145), 123, 124 (Anm. 154), 126, 127 (Anm. 174), 129 (Anm. 192), 130, 131 (Anm. 201), 132–134, 147 f., 150 (Anm. 314), 151 f., 154 f., 156 (Anm. 350), 157–160, 163, 164 (Anm. 406 f.), 165, 171 (Anm. 462), 182, 183 (Anm. 536), 188 (Anm. 564), 190, 205–207, 209, 216 (Anm. 141), 222–226, 229, 242–244, 248 (Anm. 7), 254 (Anm. 45), 255 (Anm. 46), 256, 273 f., 275 (Anm. 150 f.), 276, 277 (Anm. 161, 163), 278 (Anm. 168), 280, 282 f., 284 (Anm. 195), 285, 287, 295, 297 (Anm. 32), 311 (Anm. 93), 314 f., 319 (Anm. 134), 320–322, 327–331, 332 (Anm. 184), 333, 335–341, 355, 356 (Anm. 299), 380 f., 383 (Anm. 51), 385 (Anm. 63), 507 (Anm. 3), 508 (Anm. 5), 512–517
Sichtbarkeit, der *ǧinn* 32, 99–108, 272 f.
Siegelring, Salomons; siehe Salomon, Siegelring
Ṣiffīn 327 (Anm. 165), 330, 332 (Anm. 184)
as-Siǧistānī, Ǧamāl ad-Dīn as-Siǧistānī 517
Šiḥr (Land) 167 f., 171 f., 174 (Anm. 478), 214
siḥr; siehe auch Magie, Zauberei 27 (Anm. 4), 40, 77 (Anm. 55), 190, 220 (Anm. 158), 452
siʿlāh, pl. *saʿālī*, *siʿlayāt* 37, 64, 68 (mit Anm. 163, 168), 87, 160–162, 171 (Anm. 462), 186 (Anm. 555), 188 (Anm. 564), 190 (Anm. 576), 191, 252 (Anm. 27), 253,

361–363, 511, 512 (Anm. 23), 514 (Anm. 39)
as-Siʿlāh 131 (Anm. 204), 361–363
Silber 391 f., 399 (Anm. 125), 460, 471
sīmiyāʾ, *ʿilm as-sīmiyāʾ* 396 (Anm. 106)
Sīmurġ 417 (Anm. 54), 445
Sindbād, Sindbad 262 f.
Singen; siehe auch Gesang 110, 127
Singende Sande 203
Šiniqnāq 349
Sinnestäuschung 38, 152, 227 f., 327
Sinneswahrnehmung 32, 102, 285
šiqq 68 (Anm. 168), 94 (Anm. 147), 162, 165–169, 171 (Anm. 461), 172 (Anm. 465), 173, 175, 264 (Anm. 88), 512
Šiqq b. Aṯmār b. Nizār (Wahrsager) 166 (Anm. 426)
Šiqq b. Saʿb b. Yaškur (Traumdeuter) 166 (Anm. 426)
šiqq ġulām 168
šiqq insān 166 (Anm. 426)
širk, *mušrik*; siehe auch Polytheismus, Beigesellen 5, 33, 42, 75, 290 (mit Anm. 217)
Šiṣār 323
Sīstān 415 (Anm. 47)
Skorpion 113 (Anm. 85), 114, 123, 129, 132 (Anm. 211), 191, 203 (Anm. 59)
Sobab 411
Sodomie 260 (Anm. 66), 415 f.
Sonne 83 (Anm. 86), 187, 221 (Anm. 166), 224, 225 (Anm. 182), 242, 257, 263, 400, 445, 457, 460, 463, 488, 501
Sonne, *sol invictus* 501
Sonnenaufgang 219, 372, 391, 404
Sonnenfinsternis 461
Sonnengott 501
Sonnenkönig 462 f.
Sonnenkult, Sonnenanbetung, Sonnenanbeterin 225 (Anm. 182), 458, 461, 463 479
Sonnenspeichel *(luʿāb aš-šams)* 228 (Anm. 200)
Sonnenuntergang 138, 219, 221 (Anm. 166), 267
Spalt, Spalte, gespalten 141, 173, 189, 197, 220 (Anm. 158), 255 (Anm. 46), 426, 435, 496, 516
Spalt; siehe auch Riss in der Erde 196 (mit Anm. 20)
Spaltung des Hausdachs 283–285
Speichel (kühl) 109, 515
Sperma 217 (Anm. 150), 510
Spiegel 246 (Anm. 292), 476 (mit Anm. 268)
Spiegelbild 303
Spiegeldiagnostik 476 (mit Anm. 268)
Spiegelwesen 246 (Anm. 292)
Spiel, spielen (zumeist der Dämonen) 40, 104, 152, 188 (mit Anm. 564), 222 f., 237, 259, 262, 265 f., 355, 372, 416, 433 (Anm. 120), 434, 469
Spott, Spottverse 104, 343, 351, 355 (Anm. 297), 365, 435 (Anm. 122)
Sprache, Sprechfähigkeit, sprechen (von Dämonen) 163, 172 (Anm. 469), 173 f., 179 f.
Springmaus, Wüstenspringmaus 248, 250, 257 (Anm. 56)
Spuk 138, 142, 222, 224 (mit Anm. 177), 235 (Anm. 242), 239, 258, 279, 297 (Anm. 29)
Sraōša 143
Stabwunder, Davids Stabwunder 421
Stabwunder, Moses' Stabwunder 115 (mit Anm. 97), 421 (Anm. 73)
Stamm, Stämme, der *ǧinn* 52, 62, 64–66, 101 (Anm. 13), 120, 149 f., 153, 210, 251 (Anm. 27), 264 (Anm. 88), 299, 318, 349 (Anm. 265), 362, 430, 441, 448 f.
Staub, Staubwolken 98, 107, 121, 127, 145, 147–150, 156 (Anm. 350), 201, 211, 258, 352, 460
Steinigen, Steinigung 416, 515
steril, Sterilität 449
Stern, Sterne; siehe auch Sternschnuppen-Mythos 191, 193 (Anm. 7), 290, 329, 353, 424, 481
Sternbild 181 (Anm. 524), 429
Sternschnuppen-Mythos; siehe auch Lauschen, am Himmel 53, 74–76, 95 (Anm. 147), 191, 193 (Anm. 7), 329
Stier 140, 436
Stimme, Stimmen; siehe auch *hātif*, Rufer 34 (Anm. 34), 36, 80, 110, 115, 139, 141,

160, 167, 170, 183 (Anm. 539), 202 (Anm. 55), 207 (Anm. 87), 226 f., 243, 251 (Anm. 26), 312, 320, 325–328, 330–333, 337–340, 364 (Anm. 339), 382, 411, 438
Stinken; siehe auch Gestank 104 (Anm. 29), 238
Stolz 52, 282, 309 (Anm. 87), 315 (Anm. 113)
Strauß 159, 193 (Anm. 4), 227, 248, 250, 251 (Anm. 24, 26), 253–255
Sturm, Sturmwind; siehe auch Wind 68 (Anm. 168), 120, 146–148, 151 f., 161, 202–204, 210, 441, 443
Sturmgottheiten 146
Suddī (Gewährsmann) 88 f., 496
Sufyān 307 (Anm. 80)
suğūd 141, 391 f.
as-Suhaylī, Abu ăl-Qāsim as-Suhaylī 133, 151
as-Sulamī, Abū Kilāb al-Ḥağğāğ b. ʿIlāṭ as-Sulamī 377
as-Sulamī, Ṣafwān b. al-Muʿaṭṭil as-Sulamī 80
Sulaymān b. ʿAbd al-Malik 124 (Anm. 157)
Sumayya 372
Sūmiyyā, Šūmiyyā 56 (Anm. 88), 103 (mit Anm. 20–21)
Sumpf 200, 206
Sündenfall Ādams 123, 125–127
sunnitisch 88 (Anm. 116), 141
Sūq ʿUkāẓ; siehe auch ʿUkāẓ 72 (mit Anm. 18), 73–75, 114, 379 (Anm. 27)
Surāqa b. Mālik b. Ğuʿšum 154–156
Sūrat an-Nās 277
Sūrat al-Qadr 391
Sūrat Yā-sīn, Sure *Yāsīn* (Sure 36) 156 (Anm. 350), 183
Šurayḥ 414
Surraq 78 (Anm. 57), 80 (mit Anm. 74)
Suwāğ (Berg) 215 (mit Anm. 138)
Suwayqa 334
Suyūṭī 7 (Anm. 22), 19, 28, 31 (Anm. 21), 42 (Anm. 80), 43 (Anm. 7), 56 (Anm. 88), 57, 58 (Anm. 103), 59, 63 (Anm. 134), 71 (Anm. 11), 77 (Anm. 55), 79 (Anm. 66), 80 (Anm. 72), 85 (Anm. 101), 90, 92 (Anm. 138), 98 (Anm. 169, 173), 99 (Anm. 177), 103 (Anm. 20), 109, 116 (Anm. 105), 118 (Anm. 115), 119 (Anm. 121), 120–122, 124, 126, 130, 133 f., 148, 150, 151 (Anm. 322), 155, 157, 159 (Anm. 375–377), 171 (Anm. 462), 182 f., 186 (Anm. 555), 190, 199 (Anm. 37), 204, 205 (Anm. 75), 206 f., 209 (Anm. 99), 216, 222 (Anm. 171), 225 f. 229, 232 (Anm. 221, 223), 242 f., 248 (Anm. 7), 272 (Anm. 127), 273, 275 (Anm. 150), 276 f., 278 (Anm. 168), 280, 282, 283 (Anm. 191, 195), 287, 297 (Anm. 32), 298 (Anm. 34), 311 (Anm. 93), 313 (Anm. 107), 319 f., 322, 323 (Anm. 154), 327, 331–333, 335 (Anm. 194), 336–338, 339 (Anm. 214–217), 340, 355 (Anm. 298), 361, 362 (Anm. 332), 363, 369, 371, 373, 382 (Anm. 45), 383 (Anm. 51), 390, 405, 513 (Anm. 32), 514 (Anm. 38)
Suyūṭī; siehe auch Pseudo-Suyūṭī
Syrien, syrisch 12, 15 (Anm. 64), 58, 68 (Anm. 168), 78 (Anm. 55), 95 (Anm. 147), 128, 188, 192, 207 (Anm. 87), 216, 240, 261 (Anm. 13), 255 (Anm. 46), 261 (Anm. 68), 278, 298, 303, 330 (Anm. 175), 333, 361 (Anm. 329), 393 (Anm. 96), 428 (Anm. 96), 448

Taʾabbaṭa Šarran 186, 188
Ṯaʿālibī (*Ṯimār al-qulūb*) 348–350, 351 (Anm. 274 f.), 352 (Anm. 277), 353 (Anm. 285, 287), 354 (Anm. 288), 355 (Anm. 298), 358, 359 (Anm. 328)
Ṯaʿālibī, Abū Manṣūr aṯ-Ṯaʿālibī (*Ḫāṣṣ al-ḫāṣṣ*, *Fiqh al-luġa*) 366, 367 (Anm. 351), 514 (Anm. 39)
Ṭabarī 1 (Anm. 4), 16 f., 41, 43, 49 f., 52 f., 54 (Anm. 77), 71, 73–77, 78 (Anm. 57), 93, 99, 101 (Anm. 12), 147, 156, 214, 288, 294 (Anm. 8), 304, 305 (Anm. 68 f.), 316 (Anm. 117), 333 f., 343, 344 (Anm. 234), 382 (Anm. 45, 48), 405 (Anm. 1), 408 (Anm. 13, 16), 410 (Anm. 24, 27), 412 (Anm. 30, 34), 414 (Anm. 39 f.), 417 (Anm. 55), 419 (Anm. 62), 424, 426 (Anm. 90), 427 (Anm. 92), 428 f., 435 (Anm. 127), 441–443, 445 (Anm. 168), 447, 450, 451 (Anm. 195), 452 (Anm. 202), 453, 454 (Anm. 207), 465 (Anm. 236), 471 (Anm. 251 f.), 473 (Anm. 258 f.), 474, 476 (Anm.

269), 477 f., 480 (Anm. 288), 481 f., 485 (Anm. 313), 487, 489, 493–501, 502 (Anm. 382), 503–506
Ṭabasī 244 f.
tabḫīr 391 (Anm. 86)
tābiʿ 292, 299, 313–318, 322 (Anm. 150), 323 f., 355 (Anm. 298), 373
tābiʿ min al-ǧinn 314, 316, 336, 342
Tābiʿa, *tābiʿa* 231–235, 313 f., 316 (Anm. 120), 317, 351 (Anm. 275)
Tabu, tabuisiert 235, 240, 252, 415
Tādilī 84, 110, 111 (Anm. 69), 223 f.
Tadmur 216, 428
Tadschikistan 104 (Anm. 28)
Tag, Jüngster; siehe auch Gericht, Jüngstes 28, 76 (Anm. 44), 91, 92 (Anm. 135), 94–96, 181 (Anm. 521), 293–295, 322, 462 (Anm. 227)
Tagesanbruch 142, 219, 220 (Anm. 158), 224 (Anm. 177)
ṭāġūt, pl. *ṭawāġīt* 68 (Anm. 168), 210 (mit Anm. 102)
taḫayyul; siehe auch *ḫayāl*, *ḫayālāt*, *ḫiyāl* 32, 113
Tahbaṭmaġilyāʾīl 401 (Anm. 140)
Ṭāḫiya 449
at-taḥtiyyūn 195, 267
et-taḥwīt 378 (Anm. 21)
Ṭāʾif 71 f., 318 (Anm. 129)
takfīr 2
taklīf; siehe auch *mukallaf* 89–93, 295
Tal, Täler 73 (Anm. 21), 76, 197, 199–201, 205–207, 215, 240, 330, 339, 376 (Anm. 17), 377, 430, 456
ṯaʿlab, pl. *ṯaʿālib*; siehe auch Fuchs 249 f.
Ṯaʿlabī *(Qiṣaṣ al-anbiyāʾ)* 17, 405 (Anm. 1), 408 (Anm. 13), 410 (Anm. 24, 27), 411 (Anm. 30), 414, 417 (Anm. 55), 418 (Anm. 61), 419–421, 424 (Anm. 86), 425 f., 427 (Anm. 92), 428, 429 (Anm. 106), 434, 435 (Anm. 124, 127), 437–442, 446, 447 (Anm. 176), 449, 450 (Anm. 193), 465 (Anm. 236), 467 f., 470–476, 477 (Anm. 274), 480, 481 (Anm. 296), 482 f., 484 (Anm. 309), 485 (Anm. 313), 487, 489 f., 493 (Anm. 352), 502 (Anm. 382), 503, 504 (Anm. 391), 506 (Anm. 397 f.), 509 (Anm. 12)
tālī 331
Ṭālib b. Abī Ṭālib 511
Talismane; siehe auch Amulette 193 (Anm. 7), 289 f., 388 (Anm. 70), 524
Ṭalq b. Ḫubayb 83
Tammām b. Ġālib (Abū Firās), gemeint ist Farazdaq 347 (Anm. 259), 356 (Anm. 302)
Ṯamūd (Stamm) 174, 211, 244 (Anm. 287)
Ṭanǧa, Tanger 428
Tanzen 164, 258, 269, 521
ṯaqalān 38 (Anm. 59), 90–94, 141, 199, 292–295, 299, 397
Ṯaqīf 71 (mit Anm. 12), 72
taqṣīṣ, *ʿilm at-taqṣīṣ* 390, 392
Ṭarafa 360
Targūm šēnī zu Esther 445, 446 (Anm. 171), 454, 459–461, 476 (Anm. 269)
Taschenspielerei; siehe auch *šaʿbaḏa* 280 (Anm. 177), 290
tasḫīr al-ǧinn; siehe auch Dienstbarmachung 244 (mit Anm. 288), 280 (Anm. 175), 281 (Anm. 180), 291, 338 (Anm. 207), 373, 375, 387–403, 524
Taube 181, 315 (Anm. 113), 409, 421 (Anm. 73), 438, 446, 449
ṭāʿūn; siehe auch Pest 271 (Anm. 122)
Tausendundeine Nacht 7 (Anm. 27), 20, 142 (Anm. 264), 184 (Anm. 545), 262, 263 (Anm. 79), 426, 427 (Anm. 91, 93), 430 (Anm. 110), 435, 436 (Anm. 128), 439 (Anm. 141), 519 (Anm. 68), 523
ṭawāf 82 f., 160
tawahhum 113
tawakkul 83, 297 (Anm. 28)
tawāqīf-ʿifrīt 210 (Anm. 103)
tawātur al-aḫbār 1
tawḥīd; siehe auch Monotheismus 5 (Anm. 21), 27 f., 41, 295 (Anm. 16)
Tehōm 491
Tempel 133, 285
Tempel, Tempelbau, in Jerusalem 418 (Anm. 58), 425 (Anm. 87), 428 f., 431, 450 f., 455 f., 476 (Anm. 267), 479 (Anm. 284), 480–492, 506

Tempelfelsen 489–491
Teppich, fliegender 151, 440, 442 f.
Termite; siehe auch *araḍa*, *dābbat al-arḍ* 502 (Anm. 385), 504 (Anm. 392), 505 (Anm. 393)
Testamentum Salomonis 425, 429–431, 484
Teufel; siehe auch Satan, *šayṭān* 2 (Anm. 10), 27 (Anm. 2), 53 f., 58, 60, 62, 67, 100 (Anm. 3), 145, 154–157, 173 (Anm. 473), 203, 289, 294 (Anm. 7), 305 (Anm. 69), 310, 344 (Anm. 237), 356, 368, 388, 409, 411 f., 460, 496 f., 499, 505 (Anm. 393)
thaumaturgisch; siehe auch Mirablilia, Wunder 425, 439
Theologe *(mutakallim)* 19, 28, 30, 34 (Anm. 34), 42, 92, 96, 104, 106, 124 (Anm. 156), 199, 384 (Anm. 53)
Theologie, traditionalistisch 5, 6 (Anm. 21), 30, 33, 49, 88 (Anm. 116), 288
Theurgie 290
Thora 412, 438, 497, 499
Thron; siehe auch Salomon, Thron 140, 183, 204, 404, 417, 419, 421, 432 (Anm. 113), 436–440, 444, 453–455, 457 f., 461, 462 (Anm. 230), 463, 475, 493, 494 (Anm. 355), 495, 497, 499
Thronvers (Sure 2.255) 164, 182, 395 (Anm. 104)
Tiamat 500
Tiere, *ǧinn* in der Gestalt von Tieren; siehe auch zoomorph 113–144
Tiere, Geistersichtigkeit 102 (mit Anm. 17), 143
Tiere, Raubtiere 137 (Anm. 238), 140, 180, 193, 204, 249 (Anm. 17), 259, 296, 424, 430
Tierkreiszeichen 429
Tiersprache 444 f., 447 f., 450
Tihāma 74, 76, 205 (Anm. 77)
Tilimsānī 20, 148, 206, 210, 240, 281, 338, 389–391, 392 (Anm. 92), 393 (Anm. 96), 394 f., 403
ṭimm 134 (Anm. 224)
ṭīn 49, 50 (Anm. 52), 52, 510
Tinte 399
Tinte abwaschen 399 (Anm. 127)
Tintenspiegel; siehe auch *mandal* 46
Tirmiḏī 16, 71 (Anm. 11), 85 (Anm. 103), 109 (Anm. 59), 132 (Anm. 212), 143 (Anm. 274), 182, 221 (Anm. 162), 229, 247 (Anm. 4), 297 (Anm. 32), 379, 380 (Anm. 31)
Tod 72, 80 f., 95 (Anm. 147), 110, 114, 117 (Anm. 108), 119 f., 136 (Anm. 234), 147, 184, 207 (Anm. 90), 220, 230, 234, 241, 267, 285, 294 (Anm. 15), 300 (Anm. 44), 302, 330–334, 340, 343, 344 (Anm. 238), 406 (Anm. 7), 407, 408 (Anm. 16), 409, 417 f., 421 f., 434, 439, 446, 450 f., 453, 460, 467 f., 479, 481 f., 489, 498, 502–506
Todesengel, auch Engel des Todes 422, 504, 489
Todesfälle, Ankündigen von Todesfällen durch die *ǧinn* 331, 332 (mit Anm. 184), 333 f., 340
Totengeist 207 (Anm. 90), 232 (Anm. 223), 267, 270
Totenklage 332 (Anm. 184), 333
Totenreich 138, 489, 491, 505
tradition, *little* bzw. *great tradition* 3–6, 8, 10 (Anm. 38), 14, 198, 507, 523
Traum, Träumen 110, 131, 256, 267 f., 343 (Anm. 228), 345, 358, 422 f., 444, 464, 490 (Anm. 341)
Traumdeuter 166 (Anm. 426)
Triebe, sexuelle, böse 239, 304 (Anm. 65)
Triebseele; siehe auch *nafs* 121 (Anm. 134)
Trinken, Trinkform (zur Heilung) 234 f., 399 f.
Trinken, der *ǧinn*; siehe Nahrung
Trugbild 40, 239
ṯuʿbān 115 (Anm. 97), 121 (Anm. 134), 283
Tubbaʿ 428
Tubbaʿ b. Maʿdikaykarib 428
Tūdaǧ 394
Tūḍiḥ 357 (Anm. 308)
Ṭufyāʾīl 401, 402 (Anm. 140)
Türe, Türschwelle, Türschloss 131, 185, 198, 221 f., 223–226, 241, 285, 421
Turkestan 176
Ṭūsī; siehe Hamadānī-Ṭūsī (Verfasser des *ʿAǧāyib-nāma*) 21
Ṭūtiyāʾīl 401, 402 (Anm. 140)

‘Ubayd b. Ayyūb 37
‘Ubayd b. Ḥusayn 356 (Anm. 300)
‘Ubayd Muǧǧ 281
Ubayy b. Ka‘b 163, 335
‘ūd; siehe auch Aloeholz 394 (Anm. 100), 400
‘udār; siehe auch *ġaddār* 64 (Anm. 138), 509
‘Uḏrā (Stamm) 336
Übergangsorte 241
Übergangsphasen 230, 234, 241
Übergangszonen 198
Uhud 318
‘Ukab 283
‘Ukāẓ; siehe auch Sūq ‘Ukāẓ 72 (mit Anm. 18), 73–75, 114, 379 (Anm. 27)
al-‘Uklī, Abu ăl-Waǧīh al-‘Uklī 256
al-‘Ulaymī, ‘Abd ar-Raḥmān b. Muḥammad al-‘Ulaymī 230
ulfa, *ulfat* 123, 349
‘Umān 217, 318 (Anm. 129)
‘Umar b. ‘Abd al-‘Azīz 80, 114, 332 (Anm. 184), 354
‘Umar b. ‘Abd ar-Raḥmān b. ‘Awf 328
‘Umar b. Ǧābir (Dämon) 78
‘Umar b. al-Ḫaṭṭāb 77 (Anm. 55), 150, 188, 216, 225 (Anm. 185), 254 (Anm. 41), 318 (Anm. 129), 319–322, 330, 341 (Anm. 184), 347 (Anm. 256), 365, 386 (Anm. 66)
‘Umāra b. al-Walīd 511
‘umlūq 514 (Anm. 39)
Umm Abān bint al-Wāzi‘ 287
Umm al-Layl 138, 139 (Anm. 245), 219 (Anm. 154), 232, 233 (Anm. 223), 314 (Anm. 108)
Umm Ma‘bad 328
Umm Salama 333
Umm aṣ-ṣibyān 230–235, 304 (Anm. 63), 314 (Anm. 108)
Umrundung, umrunden 82, 160, 378 (Anm. 21)
Unbewusste, das 302
unfruchtbar, Unfruchtbarkeit 233 f.
Unglaube; siehe auch *kufr* 1, 29, 34, 77, 104, 171, 341, 420
Unglück, unglücklich 55, 166 (Anm. 424), 207 (Anm. 87), 233, 263, 265, 282 (Anm. 185), 336, 434
Unheil, unheilvoll 36, 82, 111, 144, 185, 234, 239, 296 (Anm. 26), 331, 334, 338 f., 383, 469, 477, 495, 504
unheilbar 77 (Anm. 55), 216
unrein; siehe auch schmutzig 137, 252
Unreinheit, rituell 252, 496, 498
Unterwelt 195 (Anm. 16), 196, 444, 488 f., 491
Unterwerfung, der Dämonen; siehe auch *tasḫīr al-ǧinn* 150, 244 (Anm. 288), 375, 392, 425, 429, 430 (Anm. 108), 431–433, 440, 444
Unzucht 55, 314, 416 f.
Uqays, Banū Uqays 120
Urflut 491 f.
‘Urfuṭa b. Šumrāḥ 192
Uria 409 f.
Urin, urinieren; siehe auch Notdurft 191, 205, 207 (Anm. 87)
‘Urwa b. Ḥizām 316, 336
al-‘uṣāt min al-ǧinn 57, 59
Usurpator 439, 497, 499
‘uṭārid; siehe auch Merkur 400
al-‘Uṭāridī, Abū Raǧā’ al-‘Uṭāridī 226
‘Uṯmān (3. Kalif) 81, 157, 332 (Anm. 184), 347 (Anm. 256), 352 (Anm. 282)
‘Uṯmān b. Abī ăl-‘Āṣ, Muḥammad 318

Vampir, vampirähnlich 138, 425 (Anm. 87)
Vāragan 462 f.
Verbannen; siehe auch Bann 44 f., 99, 193 (Anm. 7), 195 f., 198 (Anm. 30), 218, 228, 418
Verbrühen 95 (Anm. 147)
Vergil 301
Verinnerlichung; siehe auch Internalisierung 302
verirrt, sich verirren; siehe auch Irreleiten 183 (Anm. 539), 184, 201, 213, 325, 335, 371, 373
verlassen; siehe Orte, verlassene
Verteufeln, Verteufelung, der Geister; verteufelt 135, 137, 301 (Anm. 52), 324, 344, 360 (Anm. 325)
verunstaltet, Verunstaltung 168 (Anm. 436), 193 (Anm. 4), 474, 476, 516
Verwandlung, verwandeln, verwandelt; siehe

auch Gestalt, Veränderlichkeit, *masaḫa, masḫ* 52, 57 (Anm. 101), 59, 103 (Anm. 24), 112 f., 115 (Anm. 97), 118 (Anm. 115), 134, 138, 168, 170 (Anm. 457), 173 f., 186 f., 190 f., 197 (Anm. 22), 213, 238 f., 256, 264 (Anm. 88), 284 (Anm. 195), 334, 366, 391 f.
Verwandlungsfähigkeit; siehe auch Gestalt, Veränderlichkeit 112 f.
Verwandlungsfähigkeit; siehe *ġūl*, Verwandlungsfähigkeit 186 f., 191
verwunschen 223
Verwünschung, verwünschen 290 (Anm. 217)
Vidēvdāt 135 f., 143
Vieh, der *ǧinn* 125, 248 (Anm. 7)
Vision, visionäre Erfahrung 302, 342, 397 f.
Vogel, Vögel 53, 55 (Anm. 82), 131 (Anm. 204), 135–144, 159, 170 (Anm. 457), 181, 314 f., 323, 334, 391, 408–410, 417, 424 f., 429, 438, 440, 442, 444–447, 450, 452 (Anm. 200), 456 f., 460–463, 475, 486 (Anm. 321), 495 f., 502
Vogel, Seelenvogel 315 (Anm. 113)
Vogelsprache; siehe auch *manṭiq aṭ-ṭayr* 445, 447
Volksmedizin 10, 335
Volksroman 142, 378 (Anm. 21), 522 (Anm. 89), 523
Vṛtra 500
Vulkan 215 f.

Wabār 125, 168 f., 171, 174 (Anm. 478), 210–215, 250 (Anm. 21), 264 (Anm. 88)
wabr; siehe auch Klippdachs 248–250
wafq; siehe *wifq*
wahāwīs, siehe auch *waswās* 64 (Anm. 136)
Wahb b. Munabbih 17, 87, 130, 159, 190 (Anm. 576), 410, 424 (Anm. 86), 430 (Anm. 110), 435 (Anm. 122), 438 f., 440 (Anm. 145, 148), 445 (Anm. 168), 451 (Anm. 198), 453 (Anm. 203), 465, 467 (Anm. 242), 469 f., 471 (Anm. 251), 472 (Anm. 253), 473 f., 476 (Anm. 269), 477 (Anm. 274), 478 (Anm. 281), 481, 493, 496, 502 (Anm. 383), 506 (Anm. 397)
al-Wāḥidī 94 (Anm. 143)
Wahn, Wahnvorstellungen 36, 38 (Anm. 59)
Wahnsinn, wahnsinnig; siehe auch Besessen, Geistesstörung, *ǧunūn* 131, 142, 211, 213, 242, 259, 269 (Anm. 112), 271, 275, 281 f., 286 f., 508 (Anm. 5), 511
Wahrsagen, Wahrsager; siehe auch *kāhin, kāhina* 46 (Anm. 22), 74, 141, 166 (Anm. 426), 266–269, 289, 300, 317 (Anm. 123), 318–320, 322, 329, 341–343, 345, 451
Wahrsagerin; siehe auch *kāhina* 318 f.
waḥy 344 (Anm. 238)
Wakīʿ b. al-Ǧarrāḥ 332 (Anm. 184)
walhān 64 (Anm. 140)
Walīd b. Muslim, Abu ăl-ʿAbbās al-Walīd b. Muslim ad-Dimašqī 265
waqwāq, *wāqwāq*, *wāq-wāq* 107 (Anm. 45), 163, 178 (mit Anm. 503), 179, 260 (Anm. 66), 512
Waqwāq (Baum) 178
waral; siehe auch Waran 248–250
Waran 248–250
Warner; siehe auch *munḏir* 70 f., 76, 78, 92 f., 247, 340
Waschung, rituelle 84 f., 223, 251 f., 298 (Anm. 33), 380, 498 (Anm. 364)
Wāṣifī (Pseudo-Masʿūdī) 18, 64
Wasser 33, 81, 85 (Anm. 99), 95 (Anm. 147), 127, 131, 149, 157, 164, 196 f., 203–205, 215 (Anm. 136), 217 (Anm. 150), 222 f., 226, 234 f., 267, 281, 287, 335, 337, 380, 391 f., 399, 413, 420, 425 f., 435 (Anm. 122), 457, 461, 463 f., 466, 474–476, 490 f., 499 f.
Wasser, Salzwasser 81, 491 (Anm. 347)
Wasser, Urwasser 488 f., 491
Wasser, Zamzam-Wasser 197 (Anm. 22)
Wasserjungfrauen 163
waswās (Geflüster) 106
waswās, pl. *wasāwīs* (Dämonenart) 64
waswasa 36 f., 276 f., 309 (Anm. 86)
Waṭkam 449
Wechselbalg 168
Weihrauch; siehe auch *baḫūr* 281, 390, 392, 394, 400, 402, 460 (Anm. 222)
Wein, Weinberg 238, 263, 265, 358, 380, 414, 437, 468 f., 485, 512 (Anm. 24)
Weltachse; siehe auch *axis mundi* 489 f.

Weltbild 48, 128, 389, 419, 487
Wiedehopf; siehe auch *hudhud* 137–139, 417, 445 f., 456–458, 460, 463 f., 471
Wiehern, von Pferden 62 (Anm. 127), 184
Wieland, Ch. M. 7 (Anm. 27), 194
wifq 396
Wind; siehe auch Sturm 32, 50 (Anm. 50), 68 (Anm. 168), 87, 107, 113 (mit Anm. 85, 88), 120 f., 133, 144–152, 190 (Anm. 576), 201–203, 210, 236 f., 258, 274, 408, 424 (Anm. 86), 425, 434, 439–444, 453, 493, 510
Wind, Dämonisierung 146
Windeseile 201, 258
Windgeist, Windgeister 121, 151, 210, 258, 345, 444
Windhosen; siehe auch *iʿṣār* 113, 120, 144–150
Windsbraut 145
Wissen 321
Wissen, Dämonen haben bzw. vermitteln Wissen; siehe auch Sternschnuppen-Mythos 159 (mit Anm. 379), 315, 316 (Anm. 116), 319, 326 f., 329, 334 f., 338, 341
Wochenbett 220, 230, 232 (Anm. 223)
Wolf, Schakalwolf 129, 137 (Anm. 238), 251 f., 413, 509
Wolken, Staubwolken, Sturmwolken 120 f., 145, 149–151, 152 (Anm. 324), 424 (Anm. 86), 448
wuḍūʾ; siehe auch *ġusl*, Waschung, rituelle 85, 380
Wunder, Wunderbar, Wunderwerke; siehe auch Mirabilia, Stabwunder, Thaumaturgisches 32, 33 (Anm. 29), 39, 70, 73, 75, 77, 92 (Anm. 135), 108 (Anm. 51), 167, 172 (Anm. 465), 197 (Anm. 22), 236 f., 239, 343 (Anm. 228), 408, 416 (Anm. 51), 425, 429, 436, 438 f., 441, 447, 485, 499, 509
Wurm, Würmer 176, 178, 180 (Anm. 517), 181, 188, 426, 452 (Anm. 200), 473 (Anm. 260)
Wüste, Wüsteneien 25, 36 f., 39, 64, 68, 80 f., 120, 127–129, 137 (Anm. 238), 145, 147 f., 157, 160, 172, 176 f., 183 (Anm. 539), 184 f., 189, 195 (Anm. 13), 199–203, 206, 209–212, 215 (Anm. 137), 226 f., 235 f., 240 f., 246, 251 (Anm. 27), 253 (Anm. 40), 259, 267, 281, 325, 335, 369, 408 (Anm. 16), 430, 466, 476
Wüstenspringmaus 248, 250
Wut, wüten, wütend; siehe auch Zorn 46, 117, 168, 187, 197 (Anm. 22), 234, 241, 256, 277, 468, 494

Yabrīn 212, 213 (Anm. 128), 215 (Anm. 137)
yabrūḥ 178 (Anm. 505)
Yāǧūǧ wa-Māǧūǧ 169 (Anm. 450)
Yaḥyā b. Saʿīd (Gewährsmann) 109
Yaḥyā b. Ṯābit 159, 335 (Anm. 196)
Yaḥyā b. Zakariyā 255 (Anm. 46)
Yām 133
Yama 136 (Anm. 234)
Yamāma 214, 316, 336, 357
al-Yamānī, Ḥammād b. Murra al-Yamānī 404 (Anm. 152)
Yaʿqūb; siehe auch Jakob 408
Yaʿqūbī (Verfasser des *Taʾrīḫ*) 410 (Anm. 24–27), 418, 423, 467 f., 481 (Anm. 296), 493 (Anm. 352), 506 (Anm. 397 f.)
Yāqūt (Verfasser des *Muʿǧam al-buldān*) 19, 63 (Anm. 131), 76 (Anm. 41), 80 (Anm. 70), 104 (Anm. 28), 120 (Anm. 127, 130), 125, 148–150, 169 (Anm. 449), 171–174, 188 (Anm. 568), 202 (Anm. 55), 212–215, 217, 250 (Anm. 21 f.), 326 (Anm. 158), 359 (Anm. 317)
yarbūʿ; siehe auch Wüstenspringmaus, Banū ʿAmr b. Yarbūʿ 248, 250
Yarid 78
Yazdegird III. 330 (Anm. 176)
Yazīd b. Ǧābir (Gewährsmann) 209
Yazīd b. Muzhir 372
Yima 462 f.
Yoga-Tantrismus 285
yunān 134 (Anm. 224)
Yūsuf, Prophet der *ǧinn* 94 (mit Anm. 146)

ẓaby, pl. *ẓibāʾ*; siehe auch Gazelle 248–250
Zadok 418
aẓ-Ẓafariyya 222
zaǧal 202 (Anm. 56)
Zahīrī-i Samarqandī 185 (Anm. 545)

Zahlenquadrat; siehe auch *wifq* 396 (mit Anm. 107)
Zahn, Zähne 163, 181, 192, 220 (Anm. 158), 238, 249, 437, 482
Zalanbūr 55
ẓalīm 254, 386 (Anm. 66)
Zamaḫšarī (Korankommentator) 16, 41, 47, 71 (Anm. 11), 165, 408 (Anm. 13), 412 (Anm. 34), 414 (Anm. 39), 418 (Anm. 61), 419 (Anm. 62), 429 (Anm. 106), 435 (Anm. 124), 437, 439 (Anm. 140), 445 (Anm. 168), 446 f., 449, 450 (Anm. 193), 453 (Anm. 203), 454 (Anm. 207), 471 (Anm. 252), 473 (Anm. 258 f.), 476 (Anm. 269), 477, 478 (Anm. 283), 481, 487 (Anm. 327), 493 (Anm. 352), 502 (Anm. 382), 503 (Anm. 390), 504 (Anm. 391), 506
Zamzam-Wasser 197 (Anm. 22)
zangī 258
Zanzibar 175 (Anm. 486)
Zār, Zār-Kult, Zār-Praktiken 10 f., 259, 266, 269
Zarūd 369
Zauberer 42, 46 (Anm. 22), 77 (Anm. 55), 115 (Anm. 97), 141, 144, 156 (Anm. 350), 190, 198 (Anm. 30), 216, 220 (Anm. 158), 252, 338 (Anm. 207), 343, 389, 393 (Anm. 95), 394, 440, 452 f., 506 (Anm. 396), 524
Zauberei; siehe auch *siḥr*, Magie 40, 42, 198 (Anm. 30), 220 (Anm. 158), 251 (Anm. 27), 288 (Anm. 210), 289, 290 (Anm. 217), 291, 393 (Anm. 95), 403 f., 452 f.
Zaubersprüche 42, 46, 284, 312, 453
Zäumen 340
zawbaʿa, pl. *zawābiʿ* 68 (Anm. 168), 147 f., 210
Zawbaʿa (Eigenname) 77 f., 80 (Anm. 71), 147 f.
Zayd al-ʿAmmī 517
Zayd b. Kaṯwā 251 (Anm. 27)
Zayn ad-Dīn al-Kāfī 397
Zaynab, muslimische *ǧinnin* 208 (Anm. 92)
az-Zayyāt, Abū Ṭālib Aḥmad b. al-Ḥusayn az-Zayyāt 404 (Anm. 152)
Zeit, Zeiten, der *ǧinn* 218–235
Zeit, Echtzeit 326
Zeit, Übergangszeiten 219, 241
Zeugnis 102
Ziege 114, 129, 510
Ziegenbeine 522 (Anm. 89)
ẓill 242–245
Zirr b. Ḥubayš 77 (Anm. 49)
Zisterne 196
Zitrone 84
Zittern 372, 382 f.
Ziyād aḏ-Ḏubyānī 370 f.
Ziyād b. an-Naḍr 336
zizam, *zizim* 202 (Anm. 56)
Zōbāʿah 388 (Anm. 70)
Zoologie–Dämonologie, Abhängigkeiten 114, 164, 257, 430
zoomorph; siehe auch Tiere 113
zoomorphe Manifestation der Dämonen 113–144
Zoroastrismus, Zoroastrier, zoroastrisch 33, 89 (Anm. 123), 134–137, 237 (Anm. 257), 260, 300 (Anm. 44), 515, 524
Zorn; siehe auch Wut 54, 237, 264 (Anm. 88), 309 (Anm. 87), 372, 468, 471, 481 f., 492, 502, 505 (Anm. 393)
az-Zubayr b. al-ʿAwwām 85 (Anm. 101), 381 f.
Zuflucht 174, 190, 199, 215, 236, 254, 258, 297, 313 (Anm. 106), 371, 376 (mit Anm. 17), 383, 418, 421, 499, 516
Zügel 248, 256 (Anm. 52), 257 (Anm. 56), 440
Zuhayr (Dichter) 214, 250 (Anm. 22), 360
Zunge 189, 348
„Zunge binden“; siehe auch *ʿaqd al-lisān* 397
Zurückgezogenheit 397
zuṭṭ 379 (Anm. 31), 380
Zwerg 158
Zwilling *(hamzād)* 312
Zypresse 173 (Anm. 473), 175 (Anm. 484), 177

16 Verzeichnis der Koranstellen

Sure 1 391 f., 395 (Anm. 104)
Sure 2.26 516 (Anm. 49)
Sure 2.30 51
Sure 2.30–34 45 (Anm. 15)
Sure 2.34 433 (Anm. 118), 477 (Anm. 276)
Sure 2.35 126
Sure 2.87 367 (Anm. 353)
Sure 2.102 452–454
Sure 2.156 496 (Anm. 358)
Sure 2.255 (Thronvers) 164, 182, 395 (Anm. 104)
Sure 2.256–257 68 (Anm. 168)
Sure 2.257 210 (Anm. 102)
Sure 2.275 511
Sure 2.285–286 395 (Anm. 104)
Sure 4.1 515 (Anm. 47)
Sure 4.36–38 305
Sure 4.51 68 (Anm. 168), 210 (Anm. 102)
Sure 4.60 68 (Anm. 168), 210 (Anm. 102)
Sure 4.76 68 (Anm. 168), 210 (Anm. 102)
Sure 4.163 458 (Anm. 215)
Sure 5.60 210 (Anm. 102)
Sure 6.61 308 (Anm. 81)
Sure 6.71 180 (Anm. 515), 511
Sure 6.100 1 (Anm. 3)
Sure 6.112 1 (Anm. 3), 60, 293 (Anm. 4)
Sure 6.128 1 (Anm. 3)
Sure 6.130 1 (Anm. 3), 91 (Anm. 134), 92 (mit Anm. 135), 93–95, 293 (Anm. 4)
Sure 6.151 88 (Anm. 116)
Sure 7.10–18 45 (Anm. 17), 52 (Anm. 59)
Sure 7.11–18 477 (Anm. 276)
Sure 7.12 50 (mit Anm. 52)
Sure 7.19 126
Sure 7.27 101, 106
Sure 7.38 1 (Anm. 3), 95, 293 (Anm. 4)
Sure 7.46 98 (Anm. 171), 98 (Anm. 171)
Sure 7.48 98 (Anm. 171)
Sure 7.106–123 115 (Anm. 97)
Sure 7.179 1 (Anm. 3), 96 (Anm. 150), 293 (Anm. 4)
Sure 7.181 515 (Anm. 47)
Sure 7.184 1 (Anm. 3)
Sure 9.106 88 (Anm. 119)
Sure 10.2 343
Sure 11.119 1 (Anm. 3), 95
Sure 15.6 342
Sure 15.14 50 (Anm. 52)
Sure 15.15 1 (Anm. 3)
Sure 15.17–18 74 (Anm. 33)
Sure 15.26 50 (Anm. 52)
Sure 15.26–33 51
Sure 15.27 1 (Anm. 3), 50 (mit Anm. 52), 103 (Anm. 20)
Sure 15.28–40 45 (Anm. 17)
Sure 15.31–42 477 (Anm. 276)
Sure 15.32 50 (Anm. 52)
Sure 16.36 210 (Anm. 102)
Sure 17.47 343
Sure 17.61 45 (Anm. 17), 50 (Anm. 52), 477 (Anm. 276)
Sure 17.64 510 (Anm. 16), 513
Sure 17.88 1 (Anm. 3), 293 (Anm. 4)
Sure 18.45 397 (Anm. 113)
Sure 18.50 1 (Anm. 3), 45 (Anm. 17), 51 f., 54, 60
Sure 18.60–82 467 (Anm. 240)
Sure 18.70 467 (Anm. 240)
Sure 18.82–98 428 (mit Anm. 99)
Sure 19.1 396 (Anm. 110)
Sure 20.17–21 115 (Anm. 97)
Sure 20.64–70 115 (Anm. 97)
Sure 20.116 45 (Anm. 17)
Sure 21.5 343
Sure 21.28 150
Sure 21.32 74 (Anm. 33)
Sure 21.68 408 (Anm. 16)
Sure 21.78–79 413, 414 (Anm. 40)
Sure 21.81 439 (Anm. 142), 444 (Anm. 163)
Sure 21.82 431
Sure 23.25 1 (Anm. 3)
Sure 23.70 1 (Anm. 3)
Sure 25.8 343
Sure 26.36–51 115 (Anm. 97)
Sure 26.112 74 (Anm. 33)
Sure 26.224–227 343
Sure 27 454, 459 (Anm. 217), 460, 468, 470
Sure 27.10 1 (Anm. 3), 115 (Anm. 97)

Sure 27.16 407, 445 f.
Sure 27.17 1 (Anm. 3), 293 (Anm. 4), 428 f., 445
Sure 27.17–44 454, 456 f., 464
Sure 27.18 447 f.
Sure 27.19 448
Sure 27.20 ff. 417 (Anm. 53), 460 (Anm. 221)
Sure 27.20–28 445
Sure 27.23 463, 464 (Anm. 234)
Sure 27.24 458 (Anm. 214), 462 (Anm. 230)
Sure 27.34–36 470 (Anm. 250)
Sure 27.36 458 (Anm. 213)
Sure 27.39 1 (Anm. 3), 67 (Anm. 160)
Sure 27.40 494 (Anm. 355)
Sure 27.44 461 (Anm. 224), 462 (Anm. 230), 463, 474 f., 476 (Anm. 267)
Sure 28.31 1 (Anm. 3), 115 (Anm. 97)
Sure 28.38 463
Sure 28.88 424 (Anm. 86)
Sure 30.21 515 (Anm. 47)
Sure 31.19 143 (Anm. 274)
Sure 32.13 1 (Anm. 3), 95
Sure 34 454, 459 (Anm. 217)
Sure 34.8 1 (Anm. 3)
Sure 34.12 1 (Anm. 3), 150, 217 (Anm. 143), 432, 435 (Anm. 123), 439 (Anm. 142 f.), 443
Sure 34.13 108 (mit Anm. 49), 494 (Anm. 354)
Sure 34.14 1 (Anm. 3), 502 f., 504 (Anm. 392)
Sure 34.15–21 454
Sure 34.41 1 (Anm. 3)
Sure 34.46 1 (Anm. 3)
Sure 36; siehe auch Sure *Yā-sīn* (Index) 156, 183
Sure 36.1–9 156 (Anm. 350)
Sure 37.7 67 (Anm. 161)
Sure 37.7–10 74 (Anm. 33)
Sure 37.35–36 343
Sure 37.51–56 304, 305 (Anm. 71, 73)
Sure 37.106 496 (Anm. 359)
Sure 37.158 1 (Anm. 3)
Sure 38.4 343
Sure 38.21–25 409
Sure 38.30 407
Sure 38.34 437, 493
Sure 38.35 423 f., 502 (Anm. 381)
Sure 38.36 150, 432, 439 (Anm. 142), 444 (Anm. 163)
Sure 38.38 108, 435 (Anm. 125)
Sure 38.71–76 45 (Anm. 17)
Sure 38.74–76 51
Sure 38.74–85 477 (Anm. 276)
Sure 38.76 50 (Anm. 52)
Sure 39.17 210 (Anm. 102)
Sure 40.18 397 (Anm. 113)
Sure 40.36 463 f.
Sure 41.12 74 (Anm. 33)
Sure 41.22–26 304
Sure 41.25 1 (Anm. 3), 95 (Anm. 147), 293 (Anm. 4), 304, 305 (Anm. 73)
Sure 41.29 1 (Anm. 3), 293 (Anm. 4)
Sure 42.1–2 396 (Anm. 111), 397 (Anm. 113)
Sure 42.11 515 (Anm. 47)
Sure 43.19 53 (mit Anm. 70)
Sure 43.36–39 305
Sure 43.80 308 (Anm. 81)
Sure 44.13–14 343
Sure 46 73
Sure 46.18 1 (Anm. 3), 293 (Anm. 4)
Sure 46.29 1 (Anm. 3), 74, 76, 93
Sure 46.29–31 70, 71 (mit Anm. 13), 72 (Anm. 14), 76
Sure 50.16–28 305
Sure 50.17–21 308 (Anm. 81)
Sure 51.41 171 (Anm. 459)
Sure 51.56 1 (Anm. 3), 69 f., 96, 293 (Anm. 4)
Sure 52.29 343
Sure 52.30 343
Sure 55 73, 91, 92 (Anm. 139), 95, 294 (Anm. 7)
Sure 55.13 ff. 293
Sure 55.14 29
Sure 55.15 1 (Anm. 3), 29 (Anm. 13), 50 (mit Anm. 52), 63 (Anm. 134)
Sure 55.31 91 (mit Anm. 132), 293
Sure 55.32 92
Sure 55.33 1 (Anm. 3), 91 (Anm. 134), 92 (Anm. 135), 293 (mit Anm. 4)
Sure 55.39 1 (Anm. 3)
Sure 55.39–45 95
Sure 55.46–47 96
Sure 55.56 1 (Anm. 3), 96 f., 511 (Anm. 20)
Sure 55.74 1 (Anm. 3)

Sure 59.22 397 (Anm. 113)
Sure 67.5 74 (Anm. 33)
Sure 68.2 343
Sure 68.51 343
Sure 69.38–42 343
Sure 72 1, 41, 73, 76, 101 f., 394
Sure 72.1 1 (Anm. 3), 72 (Anm. 15). 77, 101 (Anm. 11)
Sure 72.1–2 70 f., 72 (Anm. 15), 75 f., 91
Sure 72.1–3 147
Sure 72.4 339 (Anm. 213)
Sure 72.5 1 (Anm. 3), 293 (Anm. 4)
Sure 72.6 1 (Anm. 3), 199 (Anm. 38), 376
Sure 72.8–9 74 (Anm. 33)
Sure 72.11 59, 77 (Anm. 45), 87 (mit Anm. 113), 89
Sure 72.11–15 76
Sure 72.15 95
Sure 72.19 101
Sure 81.14–16 397 (Anm. 113)
Sure 81.22 343
Sure 82.10–12 308 (Anm. 81)
Sure 86.4 308 (Anm. 81)
Sure 97 391 f.
Sure 113 220 (Anm. 158), 395 (Anm. 104)
Sure 114 220 (Anm. 158), 277, 395 (Anm. 104)
Sure 114.5 277 (Anm. 161)
Sure 114.6 1 (Anm. 3)

www.ingramcontent.com/pod-product-compliance
Lightning Source LLC
Chambersburg PA
CBHW020344170426
43200CB00005B/41
* 9 7 8 3 1 1 0 6 0 9 4 5 5 *